TAXPAYER RIGHTS

조세절차와 납세자권리론

납세자권리란 무엇인가

한국납세자권리연구소장 구재이 저

SAMIL | 삼일인포마인

| 머리말 |

"납세자권리는 납세의무와 동등하다." 도대체 '납세자권리'가 뭐길래, 헌법이 정한 국민의 3대의무인 '납세의무'와 그 무게가 같다고? 그간 납세의무에 따라 부여받은 과세권을 행사하는 정부는 '납세자권리'를 시혜처럼 여겨왔다. 이런 가운데 저자의 이 말은 정당한 과세권을 제약하고 납세자를 선동하는 말처럼 여겨졌다.

하지만, 지금 한술 더 떠 말한다. "납세자권리는 납세의무에 우선한다."
국민이 납세의무를 다하면서 납세자권리가 침해된다면 아무리 헌법상 납세의무라도 정당성을 상실한다. 납세의무란 국민이 공동체를 영위하기 위해 적정한 수단으로 각자의 부담을 하기로 한 약속이기에 본질적으로 국민의 기본권을 넘어설 수 없다. 정부도, 국민 스스로도 잊지 말아야 할 것은 세금의 주권자가 오직 국민자신이란 사실이다.

세무조사 절차에서 시작해 '납세자권리'를 연구한지 20년이 되었다. 국세와 지방세를 통합해 조세절차법을 함께 다루면서 적법절차의 원리와 납세자권리의 시각으로 다룬『조세절차론』을 처음 낸지도 꼭 10년이 지났다. 우리 조세법학의 태두였던 설림 최명근 교수님은 우리 조세를 항상 걱정했고 정부에 쓴 소리를 마다하지 않으셨으며 돌아가실 때까지 우리 국민에게 올바른 조세를 제시하기 위해 펜을 놓지 않으셨다. 선생님의 유지에 '납세자권리의 보장수준 연구'를 완성해 영전에 바쳤고 단행본으로『조세절차론』을 냈다.

책을 낸 이유는 명확하다. 흔한 이론서나 실무서가 아니라 진정으로 국민과 국가의 조세를 세우려면 조세입법과 행정현장에 제대로 된 지침서가 필요했다. 다들 법인세법, 소득세법, 부가가치세법 등 조세실체법에 관심일 때 아무도 들여다보지 않던 조세절차법에 집중했고, 그것도 단순히 '조세총론'이 아니라 '절차론'으로 접근했다.

책을 통해 옅은 지식이지만, 현행 세법과 행정에 대한 문제의식을 고스란히 드러냈고 걸어가야 할 지향점도 제시했다. 그 덕분인지 조세법에도 지난 10년간 많은 변화가 있었다.
무모하게도, 세법이 정한 조세절차를 위반하여 세무조사를 한 결과 탈세 등 과세요건이 확인되어 한 과세처분의 효력은 당연무효나 취소되어야 한다고 주장했다. 과세권의 행사를 제약할 이 말에 당국의 헛웃음은 물론 법원도 입법사항을 훈시적 규정으로 보아 외면했다. 당장 탈세사실이 명확한데 '사소한' 절차를 놓쳤다고 세금이 무효라니 황당한 주장이라 치부할 수밖에 없었다.

하지만 형사법에서 그러하듯 절차적 정당성, 즉 적법절차가 확보되지 않는 채 정당한 과세요건과 처분만 바라본다면 세금제도를 만든 국민을 보호하고자 만든 법률이 정당성을 잃고 형해화되기에 그 '황당한 주장'을 멈출 수 없었다. 드디어 2016년 대법원이 처음 당연무효를 선언하여 이를 받아들였고 이후 지금 과세당국도 절차적 중요성을 새삼 인식한 세무행정을 펼치고 있다.

이외에 조세절차와 납세자권리의 문제점을 직설화법으로 지적해 가져온 단편적인 변화도 적지 않다. 부과권의 행사기간(최소 5년)에 비해 짧은 3년의 결정·경정청구기간이 2015년 5년으로 확대되었고 과세관청의 고시로 낮은 이율로 정하던 환급가산금 규정도 2012년 법규명령으로 상향되고 이자율도 높여졌다.

과세관청의 과세권 행사 위주이던 세무조사 절차도 2018년 세부적으로 입법되었다. 조사개시 10일전에나 가능했던 세무조사 사전통지도 프랑스와 같이 15일 전으로, 기한조차 없던 결과통지도 프랑스처럼 조사종결 후 7일 내는 아니지만 조사종결 후 20일 내에는 통지가 의무화되었다. 징수유예신청 등 납세자의 민원도 기한 내 회신 않으면 승인된 것으로 의제된다. 2017년 지방세 형벌권도 「조세범처벌법」에서 분리해 「지방세기본법」에 독립적 규정을 두었고, 각 세법에 중복된 포상금제도도 통합되었다.

변화는 꽤 고무적이지만, 아직 갈 길은 멀다. 단편적이고 외형적인 조세제도와 세무행정의 변화가 진정 세금주권자인 국민을 위한 것이라고 보기 어렵기 때문이다. 지금도 변함없이 세법의 대부분이 국민의 대의기관인 국회가 아니라 정부가 입안하고, 세무행정은 국민을 대할 때 세금주권자가 아니라 납세의무자라는 인식을 벗어나지 못하고 있다.

오래 전 앞으로의 세금은 '얼마나 부담하고 납부하느냐'가 아니라 '얼마나 기분 좋게 내느냐?'가 중요해 질 것이라고 예견했다. '좋은 세금'은 조세의 오랜 명제였던 조세부담과 공평한 조세 수준이나 피동적인 절차적 정당성에 머물러선 안된다. 세금주권자로서 자부심과 책임성의 국민, 그 국민을 진정성으로 섬기는 나라와 공직자를 꿈꾼다.

하여 조급한 마음에 다분히 점잖고 학문적이었던 『조세절차론』보다는 『납세자권리란 무엇인가』라는 다소 '도발적'인 책이름을 택했다. 거기에 '조세절차와 납세자권리론'이라는 부제를 붙였다.

납세자권리는 납세의무와 동등하다. 아니, 납세자권리는 납세의무에 우선한다. 이제 과세권은 세금주권자를 위한 한계를 명확히 하고, 세금주권자로서 납세자권리는 세금부과의 적법절차를 넘어 세금을 공평하게 거둬 제대로 썼는지 보고받고 검증할 권리까지 나아가야 한다.

500년전 갈릴레오 갈릴레이가 종교재판에서 '그래도 지구는 돈다'(Eppur si muove)고 중얼거렸던 것처럼, 아직도 척박한 조세현실에서 나는 독백한다.
"그래도, 납세자권리가 우선이다."

2020년 8월
한국납세자권리연구소 구 재 이

"바쁜데 연회까지 참석하고 글까지 주어서 고맙소
구 선생은 이미 연구실적이 깊고 많이 쌓인 분이오
내 나이 쯤 되면 아마도 한국에서
조세학문에서 잊을 수 없는 사람이 되리라 믿어 의심치 않으오
특히 국민의 기본권 존중에
세법 이론의 초점을 맞추고 있는 것은 인상적이오
지난 해 전국경제인연합회 용역으로 쓴 보고서도 읽어 보았소
그러한 보폭으로 열심히 전진하기를 바라고 있소
계속 이 사람은 구 선생의 연구를 지켜 볼 것이오
정진을 부탁하며...."

2003. 10. 15.

최 명 근

큰 가르침으로 길을 내어주신
스승님의 영전에
부끄러운 이 책을
삼가 바칩니다.

| 차 례 |

제5장　조세확정절차 / 365

제6장   **조세채권의 확보 / 415**

제 1 장

세금의 기초

"세상에서 분명한 것은 죽음과 세금뿐이다."
In this world nothing is certain but death and taxes.

- 벤자민 플랭클린Benjamin Franklin(1706-1790)

"세금은 사회 구성원으로서 특권을 누리기 위해 지불하는 대가이다."
Taxes are the dues that we pay for the privileges of membership in an organized society.

- 프랭크린 루즈벨트Franklin D. Roosevelt(1882-1945)

"왜 우리는 '세금'을 내야할까?" "세금을 내지 않으면 안되는 걸까?" 누구나 살아가면서 문득 문득 이런 의문을 가진 적이 있을 겁니다. 정말 왜 우리는 세금을 내야하는 걸까요?

세상에 세금은 대부분 왕이나 절대군주 등 권력자가 재산과 권리를 공동체의 구성원들에게 나눠주고 생산물이나 소득의 일부를 내도록 하면서 시작되었습니다. 당연히 세금의 규모는 공동체 사람들의 의사와는 무관하게 절대갑인 군주가 일방적으로 정했습니다. 군주의 시혜이기에 아무리 세금이 무거워도 따질 수 없었습니다.

이러다보니 세금은 갈수록 무거워졌고, 사람들의 고통과 불만은 커졌습니다. 임의적인 세금 규모와 형평성에 어긋난 세금부담은 견디기 힘든 상황까지 몰고 갔습니다. 전쟁이나 큰 토목공사를 하거나 흉년과 전염병이 돌땐 더욱 고통스러웠습니다. 때문에 인류 역사에서 세금문제는 대체로 국민들의 민생고와 혁명사와 괘를 같이합니다.

동서양을 막론하고 '무거운 세금'과 '불공평한 세금'에 대한 많은 민초들의 저항이 있었습니다. 서양에서 근대 시민혁명과 동양의 근대화 과정에서도 공평하고 무겁지 않은 세금에 대한 국민의 요구의 요구가 가장 컸습니다. 민의가 가장 중요한 가치가 된 민주주의가 시작되면서 '대표 없이 세금없다'는 '조세법률주의'에 따라 세금제도를 두도록 하는 것이었습니다. 드디어 이렇게 해서 지금의 세금제도와 성문화된 세법이 탄생했습니다.

하지만 세법으로 세금을 거두는 지금도 적정한 부담과 공평한 세금의 문제는 쉽게 해결되지 않습니다. 국민의 대의기관인 국회가 정하는 세법을 정하더라도 얼마나 세금을 내고 어떤 방식으로 세금을 부담하게 하는 것이 맞는지 고민과 논란은 여전합니다. 진보와 보수 등 정권의 지향점에 따라 달라지기도 하지만, 더 중요한 것은 국가의 역할과 목표에 대한 인식과 밀접하게 연결되어 있습니다. 국가의 기능을 국방과 경찰 등 전통적인 역할에 그친다면 재정지출도 적으니 세금도 크지 않겠지만, 사회복지·교육 등 공공서비스와 제대로 된 경제민주화와 소득재분배까지 원한다면 세금부담은 만만치않게 커질 수밖에 없습니다.

무엇이 최선인지는 각 사회가 정할 문제지만, 대체로 오늘날 국민들은 사회안전망 등 복지사회를 지향하고 공동체의 안정적 발전 기능까지 요구하기 때문에 세금부담이 늘어나는 것은 필연적이라 할 수 있습니다. 분명한 것은 적정하고 공평한 세금부담이 되기 위해서는 권력이나 특정세력의 이해가 아니라 구성원의 사회적 합의에 따라 세금의 크기와 방식이 정해져야 한다는 것입니다.

그런데 공평한 세금부담 못지않게 중요한 것은 거둔 세금을 낭비없이 쓰는 일입니다. 함부로 세금을 걷는 것처럼 함부로 세금을 쓰며 낭비한다면 이 또한 많은 세금부담을 지게되기 때문입니다. 정부와 국회가 예산과 재정을 제대로 편성하고 확정하고 제대로 집행하는 지가 중요합니다. 납세자권리는 세금을 거둘 때 기본권을 보장받는 일뿐만 아니라 세금을 낭비없이 제대로 쓰는지 감시하고 보고받을 권리를 포함합니다.

세금을 낼 때나 세금을 쓸 때나 잊지말 것은 내가 세금의 주인이라는 '세금주권'입니다. 세금의 기초를 이루는 조세의 기본원칙과 우리나라 세금체계와 법적 근거, 그리고 모든 세금이 지켜야할 조세법률주의와 조세평등주의의 원리를 제대로 알게 된다면 세금은 남의 것이 아니라 소중한 '내 주머니'가 될 것입니다.

제1절

조 세

1 조세의 의의

(1) 조세(세금)의 개념

'조세'란 무엇인가? '조세'租稅, tax; [독] Steuer, 즉 '세금'이란, 국가나 지방자치단체 등 과세 권자가 재정수입을 조달하기 위해 법률이 정한 과세요건을 충족하는 국민 등 납세자로부터 직접적인 반대급부 없이 징수하는 금전급부金錢給付를 일컫는다.[1]

인간이 공동생활을 시작할 때부터 이미 조세의 속성을 띤 수입이 있었으므로, 그 역사는 인류의 공동체 생활과 같이한다.

동·서양을 막론하고 절대군주 시대에는 국가뿐만 아니라 모든 국민의 재산을 군주의 사유물로 여겨 국가가 필요로 하는 경비도 군주의 사유물로 충당했기 때문에, 조세가 있다 해도 임시적이고 보충적인 재정 조달수단에 불과하였다.

이후 근대 시민사회로 진입하면서 국가가 재산을 거의 소유하지 않게 되자, 그 재산은 시민의 소유가 되었고 시민들은 국가를 운영하는데 필요한 경비를 의회에서 정한 조세로서 분담하기로 하였다.

이처럼 시민들은 국가에 과세권을 부여하면서도 자신의 재산권이 지나치게 침해되는 것을 막기 위해, 조세의 종류와 부담 정도는 반드시 시민의 대의기관代議機關인 의회(국회)에서 법률로 정하도록 그 한계를 엄격히 하였다.

하지만 갈수록 국가의 기능과 권한이 강화됨에 따라 국가의 과세권과 국민의 재산권의 충돌이 심각해졌고, 그 속에서 서로의 조화를 위한 노력을 통해 시민사회가 성숙하고 민주 주의의 토대도 공고해질 수 있었다.

---

[1] 조세에 관한 입법상 개념정의는, 우리나라에서 1394년 조선시대 정도전이 지은 「조선경국전」朝鮮經國典의 '부전'賦典 편에서 "부세賦稅, 즉 세금이란 국방과 국가수요를 충족하기 위하여 백성들이 바치는 금전과 곡식錢穀"이라고 정의했다. 서양에서는, 조세의 전통적 개념은, 1919년 비스마르크 독일제국Reich의 「조세기본법」Reichsabgabenordnung에서 "조세는 특별한 반대급부 없이 납세의무에 따라 법률이 정하는 요건에 해당되는 모든 자에게 공법상의 단체가 수입 목적으로 부과하는 금전급부이다."라고 정의한 것에서 출발한다. 한편 '조세'는 대체로 법률적, 학술적인 용어일 뿐, 국민생활에 있어서 일반적으로는 '세금稅金'이라고 부른다. 이런 점을 감안해 최근의 입법에 있어서도 '조세'라는 용어대신 '세금'이라는 용어를 쓰기 시작하였다.

한편, 조세에 대한 인식도 이러한 역사적 과정을 통해 작지 않게 변화하였다. 과거에는 전통적으로 국가가 조세의 유일한 주체로서 반대급부 없이 강제로 징수하는 것이라고 보았지만, 이제는 구성원인 국민이 자발적인 합의로 재정수요를 분담하는 것이라는 인식이 확산되었다.

이렇듯 인간의 역사 속에서 그 산물인 조세의 개념과 성질에 대한 인식은 끊임없이 변모되어 왔고 지금도 계속 변화하고 있다.

이러한 조세의 일반적 개념을 조세의 당사자, 부과목적, 부과요건, 성격, 지불수단으로 나누어 구체적으로 살펴보면 다음과 같다.

1) 조세의 당사자

조세를 부과하는 주체인 과세권자는 국가國家나 지방자치단체地方自治團體이다. 그러므로 공공단체가 공공사업에 필요한 경비에 충당하기 위하여 부과하는 공과금公課金은 조세라 할 수 없다.[2]

반면에, 조세를 부담하는 객체인 납세자는 국가나 지방자치단체의 관할에 있는 국민이나 주민이다.[3]

2) 조세의 부과목적(기능)

조세는 국가나 지방자치단체의 활동에 필요한 재정수입을 조달하기 위하여 부과한다. 그러므로 아무리 국가나 지방자치단체가 부과한다 해도 위법행위에 대한 제재를 위해 부과하는 벌금罰金, 과료料, 과태료過怠料는 조세라고 할 수 없다.

하지만 오늘날에는 재정수입의 조달이라는 1차적 목적 이외에도 경제·사회정책적인 목적으로 조세부과나 감면을 통해 경제의 안정성장을 돕고, 자원을 효율적으로 배분하면서 소득을 재분배하는 등 2차적 목적이 점점 강조되고 있다.[4]

---

2) "공과금"이란 「국세징수법」에서 규정하는 체납처분의 예에 따라 징수할 수 있는 채권 중 국세, 관세, 임시수입부가세, 지방세와 이에 관계되는 체납처분비를 제외한 것을 말한다[국기법 §2(8)]. 조세가 직접적인 반대급부가 없는 데 비해 공과금은 수익자 부담원칙에 따라 부과된다.

3) 이 책에서는 특별한 언급이 없는 한 조세의 당사자로서의 성격을 분명하게 하고 단순화를 위해 '과세권자', '과세관청', '납세자'로 통칭하였다. 조세의 부과권을 가진 세무서장, 지방국세청장, 국세청장과 지방자치단체의 장 등 각 행정기관에 따라 명칭이 다르지만 '과세권자'·'과세관청', 납세를 하는 국민과 주민은 납세의무자·연대납세의무자·제2차 납세의무자 등 법적 개념에 따라 각각 다르지만 모두 '납세자'로 부른다.

4) 걸로프W. Gerloff는 주목적에 부합되는 조세를 '재정적 조세', 부목적에 부합되는 조세를 '규제적 조세'라고 하였다. 기능재정론자인 러너A.P.Lerner는 조세의 본래의 목적보다 국민경제에 미치는 효과, 특히 총수요조절의 목적을 강조하고 있다. 오늘날에 와서는 부수적인 경제정책적 목적이 조세를 필요로 하는 보다 중요한 이유로 등장해있다(우명동, 『조세론』, 도서출판 해남, 2007).

3) 조세의 부과요건

조세를 부과하기 위해서는 법률이 정하는 '과세요건'이 충족되어야 한다. 과세요건課稅要件, tax requisition은 조세를 부과할 때 필요한 납세의무자, 과세대상, 과세표준, 세율로서 국민의 대의기관인 국회가 제정한 법률로만 정할 수 있다.

조세는 본질적으로 과세요건을 충족하면 당연히 부과되어야 하고, 과세권자나 납세자의 의사에 따라 조세를 부과할지 여부를 결정할 수 없다.

4) 조세의 성격

조세를 부담한 국민이나 주민은 과세권자가 제공하는 국방·치안을 비롯한 사회복리의 혜택을 받게 되지만, 이는 그들의 납세액에 비례하거나 개별적으로 제공되는 것이 아니다.

조세의 경우 직접적인 반대급부가 없는 것으로 명백한 대가성代價性을 찾기 힘들며, 국가나 지방자치단체가 제공하는 특정한 용역에 대한 대가로서 받는 수수료, 사용료나 특허료 등은 조세라고 할 수 없다.

5) 조세의 지불수단

조세는 금전으로 납부하는 것이 원칙이지만, 어떤 조세에서는 금전납부金錢納付 뿐만 아니라 세법이 정한 경우 부동산 등 물납物納도 허용된다.[5]

하지만 물납의 경우도 납부한 물건은 직접 사용하기 위한 사용가치使用價值, value in use가 아니라 금전으로 환가하기 위한 교환가치交換價値, exchange value로 다뤄질 뿐이다.

(2) 조세의 본질

국가나 지방자치단체가 부과·징수하는 조세(세금)란 무엇이며, 국민은 왜 세금을 납부하여야 하는가?

이 질문에 답하려면 조세의 정체성, 즉 조세의 본질에 대해 알아야 한다. 이에 대한 논의는 서양에서는 역사적으로 18세기부터 시작되었다.[6]

---

5) 과거에는 생산물 등 현물로 조세를 납부하는 것이 기본이었으나, 화폐경제를 바탕으로 한 자본주의체제 이후 금전급부가 기본이 되었다. 현행 세법에서도 물납이 조세회피 수단이 된다는 판단에 따라 현재는 상속세, 종합부동산세, 재산세에서만 허용되고 있을 뿐이다. : ① 상속재산(상속재산에 가산하는 증여재산을 포함) 중 부동산과 유가증권(국내에 소재하는 부동산 등 물납에 충당할 수 있는 재산 한정)의 가액이 해당 상속재산가액의 1/2을 초과하고, 상속세 납부세액이 2천만원을 초과하며, 상속세 납부세액이 상속재산가액 중 금융재산의 가액을 초과하는 경우 신청을 받아 물납을 허가할 수 있다[상증법 §73]. ② 종합부동산세액으로 납부할 세액이 1천만원을 초과하는 경우 물납을 허가할 수 있다[종부법 §19]. ③ 재산세의 납부세로 납부할 세액이 1천만원을 초과하는 경우 납세자의 신청을 받아 해당 지방자치단체의 관할구역에 있는 부동산에 대해서만 물납을 허가할 수 있다[지방법 §117].

이에 관한 주장은 크게 기계론적 국가관에 기초를 둔 '이익설'利益說과 유기체적 국가관(=국가유기체설)에 기초를 둔 '능력설'能力說로 나뉜다.

1) 이익설利益說, benefit principle

조세의 본질에 관한 논의는, 18세기 루소J. J. Rousseou와 케네F. Kesney, 고전학파 경제학자들을 중심으로 '국가가 과연 개인에게 어떤 존재인가?'에 관한 고민에서 본격화되었다.

그들은 국가는 개인의 집합체이고 국가와 개인을 계약관계로 보는 '기계론적 국가관'mechanistic view을 갖고, 조세란 경제적 측면에서 개인이 시장에서 충족될 수 없는 공공서비스로 받는 유·무형의 이익에 대한 대가로서 마치 시장에서 공급되는 재화의 대가와 같은 것이라고 여겼다.

조세에 대한 이런 인식을 '이익설'利益說, '응익원칙'應益原則이라고 하며, 조세를 국가의 급부에 대하여 구성원의 주관적 평가에 따른 반대급부로 인식하였기 때문에 '교환설'交換說로도 부른다. 전통적으로 지방세나 목적세의 과세근거로 받아들이고 있다.

페티W. Petty가 처음 주장한 이후, 홉스T. Hobbes의 '교환설', 린달E. Lindahl의 '자발적 교환설'voluntary exchange theory, 아담 스미스A. Smith의 '이익설' 등이 여기에 해당한다.

하지만 이익설을 취하게 되면 지출편익이 개인에게 제대로 배분되었는지를 측정하는 것이 곤란하고, 이익에 따른 납세를 지향하므로 현대 조세에서 강조되는 소득재분배와 경제안정화를 이루기는 어렵게 된다.

2) 능력설能力說, ability-to-pay principle

19세기에 들어서 고전학파에 맞선 디잇츨C. Dietzel, 셀리그만E. Seligman 등 독일 '역사학파'[독]Historische Schule와 급진적 사회주의를 경계한 바그너W. Wagner 등 '신역사학파' 경제학자들은, 국가는 개인의 집합체가 아니라 개인을 초월한 존재로서 스스로 존속하는 유기체有機體라고 여겼다.

그들은 시장에서의 개인은 개인적 이익의 극대화를 행동원리로 하는 반면에, 국가는 개인을 초월한 국가적·공공적 이익의 극대화를 행동원리로 한다고 주장하였다.

이러한 '유기체적 국가관'organic view에 입각해, 조세는 본원적으로 반대급부가 없는 강제

---

6) 조세에 대한 인식에 관한 역사적 기록에서 우리나라에도 서양보다 앞선 기록이 많이 있다. 정도전은 1394년 『조선경국전』에서, "세금제도를 둔 이유는 나라에서 함께 사는 공동체와 백성을 법으로 다스려서 편안하게 하는 대가로 세금을 부과하는 것이고, 통치자는 백성들이 자기를 봉양하는 것만큼 백성에게 국방이나 치안 등 반대급부를 잘하여 민생을 안정시키고자 해서다. 만약 가렴주구苛斂誅求를 일삼으면서도 세금이 부족하다고 불평하면, 백성들도 이를 본받아서 서로 일어나 다투고 싸우니 화란禍亂이 일어나게 된다."고 하였다(오기수, 『조선시대의 조세법』, 어울림, 2012.).

성을 가진다고 보았다. 즉, 개인의 생명은 유한하지만 국가의 생명은 무한히 존속하므로, 국가가 아무런 급부를 제공하지 않더라도 의무를 지거나 국민의 희생을 강요할 수 있어야 한다고 생각하였다.

국가와 조세에 대한 이러한 인식에서 개인이 받는 편익과 관계없이 자신의 지불능력에 따라 부담하는 것이므로 '능력설'이라 불렀다. 국민의 의무로 여기거나 국가에 대한 희생으로 인식하여 '의무설'義務說 또는 '희생설'犧牲說로 부르기도 한다.

루소J. J. Rousseau, 밀J. S. Mill로부터 시작하여 카나르Canard의 '희생설'[독]Opfertheorie[7], 에헤베르크V. Eheberg의 '의무설'[독]Pflichttheorie이 여기에 속한다.

'능력설'은 오늘날 법률에 정해진 바에 따라 납세자로서 조세를 납부할 의무를 진다는 '법규의무설'과 함께 조세의 근거에 관한 통설로 인식된다.

3) 그 밖의 주장

이외에도, 국가나 지방자치단체에게 공공복리를 증진시키는 책무를 다할 수 있도록 조세가 필요하다는 '공공수요설'公共需要說, 국가가 개인의 생명이나 재산을 보호하는 보험자이고 조세는 피보험자인 국민이 지불하는 보험료라고 보는 '보험설'保險說 등도 주장된다.

| 경제학의 흐름과 재정 · 조세연구 |

시기	주류경제학	학자	주요 내용	배경
15C ~ 18C	중상주의 Mercantilism	W.Petty 『조세공납론』 (1662) T. Mun 『무역에 의한 영국의 재화』(1664)	• 부국강병 · 상업자본 형성으로 재정지출의 증가 • 물품세 등 간접세 위주의 조세를 강조 • 조세의 근거로 '이익설', '노동가치설' 주창	식민지개척기 상업자본 출현 (보호무역)
	관방학파 Cameralism, [독]Kameralismus	V. L. Seckendorff, J. H. G. Justi	• 독일 절대왕정 하에서 관방학官房學의 연구 • 조세의 근거로 '공공수요설' 주창	
	중농학파 Physiocracy	F. Quesnay 『경세표』(1758)	• 사회계급은 생산 · 지주 · 비생산계급으로 분류하고 계급 간 관계를 파악 • 농업만이 잉여생산물이 가능하다고 주장	

---

7) "희생설"은 조세를 시민이 누리는 자유와 안전의 반대급부라고 보는 교환설 등 '대가성이론'을 보다 발전시켜 국민의 담세력에 의한 조세부담을 주장한 것이다. 국가가 비록 개인이 제공한 것보다 더 큰 이익을 제공하지 않더라도 모든 국민은 담세력에 따라 국가임무를 위한 재정충당을 위해 금전적 부담을 해야 한다고 보았다.

시기	주류경제학	학자	주요 내용	배경
18C ~ 19C	고전학파 Classic School	A. Smith 『국부론』(1776)	• 중상주의 비판, 분업 등 노동생산성 증대의 필요성 역설(노동가치설) • '보이지 않는 손'(자유시장의 가격기구), 값싼 정부론 • 조세의 근거로 '이익설' 주창	산업혁명기 산업자본출현 (자유방임)
		D.R. Ricardo 『정치경제학과 과세원리』(1817)	• 차액지대설差額地代說 : 비옥도가 높은 토지가 최대의 지대地代 • 계급3분배 이론 : 노동자(임금), 자본소유(이윤), 지주(지대) 계급으로 생산물이 분배	
		J. S. Mill 『정치경제학의 원리』(1848)	• 시장실패의 치유를 위한 정부역할을 강조 • 소득분배의 불평등을 해소하기 위한 누진과세를 지지 • 조세의 근거로 '균등희생설' 주창	
1870~ 1910년대	사회주의학파 Socialism School	K. Marx 『자본론』(1867)	• 고전학파의 자유방임주의에 대한 반동으로 태동 • '잉여가치설' 주창 : 노동착취설로 자본주의 체제의 변혁요구(자본주의붕괴이론)	산업자본 축적기 국민경제 중요성 부각
	역사학파 [독]Historische Schule	A. Wagner 『정치경제학의 기초』(1876) A. Marchall 『경제원론』(1890)	• 경비팽창의 법칙 : 문화발전 결과 국가경비는 계속 팽창(역사적 상대성 강조하는 후진자본주의) • 조세의 원칙 : 소득 재분배 기능을 강조 • 조세의 근거로 '의무설'(국가유기체설) 주창	
	오스트리아 학파 Austirian school	K. Men´ger 『국민경제학원리』 (1871) W.S.Jevons 『정치경제학이론』 (1871)	• 주류 역사학파와 사회주의의 노동착취설에 대항해 주관적가치(한계효용이론)로 자유방임지지 • 경제현상에 대해 주관적·개인적 접근	

시기	주류경제학	학자	주요 내용	배경
1870~1910년대	로잔학파 Lausanne school	L. Walras 『순수경제학의 요소』(1874) V.Pareto 『경제학 강의』(1897)	• 일반균형모형 : 합리적 경제주체는 한계효용=한계비용을 선택(수리경제학) • Pareto최적 : 자원배분의 효율성 강조, 소득분배는 제외(일반균형이론을 통해 후생경제학 발전)	
1930~1960년대	케인즈학파 Keyensian school (수정자본주의)	J. M. Keynes 『고용·이자·화폐의 일반이론』(1936) A. Hansen, A. Lerner	• 대공황 이후 1931년 금융위기에서 정부개입을 강조(혼합경제 모델) • 완전고용의 실현·유지를 위해 자유방임주의가 아닌 소비와 투자 등 유효수요를 확보하기 위한 공공지출의 필요성을 강조	1929년 대공황 금융위기시기 (통화보다 공공지출 강조)
	신재정학파 Neo-classical school (신고전주의)	P. Samuelson 『경제학원론』(1948)	• 공공재도 정부가 생산, 효율적인 배분이 가능하다고 수학적으로 증명 • 거시경제학의 출발	
		R.A. Musgrave 『공공재정이론』(1959)	• 정부의 경제적 기능은 자원배분·소득분배·경제안정 중요 • 조세의 6원칙 제시 : 소득재분배 효과 강조	
1970년대 ~	시카고학파 Chicago school (신자유주의)	M. Friedman 『자본주의와 자유』(1962) R. Lucas 『경제발전의 역학』(1988)	• 통화주의(Monetarism, 70년대) : 시장기구에 의한 자원배분 강조, 정부 팽창정책은 실업율 증가 초래(자연실업 가설), 감세강조 • 합리적 기대이론(80년대) : 규제완화, 민영화를 통한 구조개혁 • 국제간 자유무역으로 '신자유주의' 주창	1970년 오일쇼크 (스테그플레이션 발생)

시기	주류경제학	학자	주요 내용	배경
1980년대 ~	신케인즈학파 New Keyensian	J. Tobin 『경제학논문집』 (1982) N.G. Mankiw 『경제학원리』 (1997) P. Krugman 『불황경제학』 (1999)	• 미시분석을 통해 민간의 가격·임금조정의 어려움과 정부의 단기적 정책효과 주장 • 완전고용을 위한 정부역할 강조 • 토빈 : '자산선택이론' 창시, 국경을 넘나드는 투기자본 과세(토빈세)로 규제 • 크루그먼 신무역이론 : 비교우위론＋게임이론	1997년 금융위기기 (정부의 역할 강조)

(3) 조세의 기능

조세는 국가의 기능으로서 공공재를 공급하는 데 필요한 재정수요를 조달하기 위해 부과되기 시작하였다. 이렇듯 조세의 본래적 기능을 '조세의 세수기능稅收機能'이라고 한다.

하지만 오늘날 조세는 '재정수요의 조달'이라는 전통적인 기능 이외에도, 조세의 부과나 감면을 통해 경제의 비효율성을 제거하거나 소득분배의 역할을 수행하게 되었고 최근 그 역할이 더욱 강조되고 있다.

이렇게 조세가 '제2차적 기능'으로써 국가와 지방자치단체에서의 자원의 효율적인 배분, 자유로운 경제활동의 보장과 지속적인 경제안정 등을 수행하는 것을 조세의 '경제정책적經濟政策的 기능'이라고 하며, 국가와 지방자치단체 내의 구성원 간에 소득을 재분배하는 것을 '사회정책적社會政策的 기능'이라고 한다.

> **참고** 준조세準租稅도 조세인가?
>
> **■ 준조세의 개념**
> '준조세'準租稅, quasi-tax란, 조세의 형식은 아니지만 조세의 성질과 유사하게 공익목적을 위해 강제적으로 징수되어 국민이 납부하는 조세 이외의 모든 급부의무를 말한다.[8]
> 이렇게 국민이 비자발적으로 부담하는 조세 이외의 금전부담 일체를 '광의의 준조세'라 하며,

---

8) 「부담금관리 기본법」에 따라 정부가 2002년부터 국회에 연례적으로 제출하는 『부담금운용 종합보고서』에서는 '준조세'를 다음과 같이 설명하고 있어 준조세에 대한 정부의 인식을 보여주고 있다. "준조세는 법정용어가 아니며 학문적으로도 합의된 개념이 존재하지 않고 다양한 개념으로 사용되고 있다. 기업은 생산·판매 활동과 직접 관련이 있는 세금 이외의 모든 비용을 준조세로 간주하는 경향이 있으며 여기에는 부담금, 사회보험료, 행정 제재금, 행정요금, 기부금·성금 등을 포함하기도 한다. 특별부담금, 사회보험료, 행정 제재금, 행정요금과 기부금·성금 등은 법률에 의거하여 부과돼 자발적 의사에 의해 지불하는 경우 등 서로 다양한 목표와 다의적인 개념을 내포하고 있어 이들을 막연하게 준조세라고 통칭하는 것은 지양해야 한다."

여기에는 특별부담금·사회보험료·행정제재금·행정요금 등 법정부담금과 기부금·성금 등 비자발적 부담이 포함된다.

'협의의 준조세'는 국가나 지방자치단체 등 행정주체에 의해 강제적으로 부담하게 되는 경제적 부담 중 반대급부가 명백한 것과 사회비용 유발에 대한 교정책임이나 사회질서 위반에 따르는 경제적 제재의 결과(벌과금)로 부과되는 것을 제외한다.

> ■ 준조세의 분류 : 법정부담금 + 기부금·성금
> - 법정부담금 : 부과대상과 특정 공익사업간 밀접한 관련성이 있는 것(= 조세 외 금전부담)
>   • 특별부담금 : 조세성 부담금, 수익자 부담금, 원인자 부담금, 유도성 부담금
>   • 사회보험료 : 국민연금, 건강보험, 고용보험, 산재보험[9]
>   • 행정제재금 : 과징금, 과태료, 이행강제금 등
>   • 행정 요금 : 행정수수료, 공원입장료, 사용료 등
> - 기부금·성금·협회비 등

■ 준조세 현황

준조세는 징수에 있어 조세에 비해 국민의 저항이 크지 않은 재원조달수단이고 기금이나 특별회계의 형태로 관리·감독도 엄격하지 않다. 이 때문에 매년 그 종류와 규모가 증가하여 사회보험료를 포함한 광의의 준조세 규모가 2017년 기준 약 139조원으로 추정되었다.[10] 이중 「부담금관리기본법」을 적용받는 특별부담금[11]의 경우 매년 그 부담액이 증가하여 2018년 현재 특별부담금은 종류가 90개, 징수액은 20조9,920억원에 달하고 있다.

| 연도별 부담금 추이 |

연도별		2002년	2005년	2010년	2015년	2018년	2020년
종류 (개)	계	102	102	97	94	90	90
	증가	2	1	3	0	2	0
	감소	1	1	8	3	6	0
징수액 (원)	계	7조4,482억	11조4,296억	14조4,591억	19조1,076억	20조9,920억	21조0649억
	증감 (전년대비)	10.3%	13.8%	−2.3%	11.2%	4.1%	−0.2%
국세 대비(%)		7.60%	8.96%	8.13%	9.63%	7.17%	

(자료 : 기획재정부, 『부담금운용 종합보고서』, 2020년은 예정자료)

■ 준조세의 문제점

대표적인 준조세인 '법정부담금'法定負擔金의 경우, 조세에 비해 국민의 저항이 크지 않은 재원조달수단이기 때문에 그 징수액은 해마다 늘고 있다. 하지만 대부분 기금이나 특별회계의 형태로 관리되어 국회 등 감독기관의 감시가 엄격하지 않고 부과주체마다 개별적으로 운용되고, 징수의 원칙과 기준이 분명하지 않아 국가재정 전체의 효율성을 크게 저해하고 있다.

또한 국민경제에 미치는 초과부담도 조세에 비해 적지 않다.

그러므로 타당성이 결여된 것은 폐지하고 중복되는 것은 통합하며 부과의 대상과 방식이 불합리한 것은 제도를 개선하는 것이 필요하다.

2002년부터 「부담금관리 기본법」을 시행하여 부담금의 범위를 정해 부담금의 신설을 금지하고 부과주체·부과목적·사용용도를 명시하였으며 징수와 사용내역의 공개를 의무화했으나, 법정부담금만을 대상으로 할 뿐 그보다 더 많은 다른 부담금은 그 적용대상에서 제외되고 부담금 일몰제도도 없어 국민의 준조세 부담을 줄인다는 본래의 취지를 제대로 살리지 못하고 있다.

또한 비자발적인 기부금·성금을 없애기 위해서 기부금품 모집자나 공무원이 본인의 의사에 어긋나게 기부금품의 출연을 강요하지 못하도록 「기부금품 모집 및 사용에 관한 법률」을 개정하였으나 실효성을 거두지 못하고 있다.

■ 준조세와 조세와의 관계

준조세(특히 부담금)는 공익사업의 재원을 마련하는 점에서 그 목적에 있어서 조세와 유사하다.

하지만 ① 조세는 일반 재정수요의 충당을 목적으로 하는데 비해, 부담금은 특정 공익사업의 경비에 충당할 목적으로 징수되며, ② 조세는 일반 국민을 대상으로 하는데 비해, 부담금은 특정 사업과 관계된 자를 대상으로 하며, ③ 조세는 담세력을 기준으로 하는데 비해, 부담금은 사업 소요경비, 사업과의 관계 등을 기준으로 부과되는 점에서 차이가 있다.

준조세는 '숨겨진 조세'이다. 조세와는 달리 국회의 통제를 제대로 받지 않고 징수에 대한 원칙도 없어, 국민부담이 가중되고 그 징수액의 사용도 투명하지 못하다. 조세에 비해 부과와 징수에 있어 조세저항이 적고, 일단 징수되면 기금이나 특별회계로 편입되어 국민적 통제를 별로 받지 않게 된다.

그러므로 준조세는 일몰제日沒制를 통해 최대한 조속히 폐지하고, 불가피한 경우에는 조세로 전환하는 것이 바람직하다. 예컨대 건강보험료, 국민연금, 고용보험 등의 기여금의 경우 성질상 조세와 동일하고 그 운용규모와 국민부담이 지나치게 커졌음에도 조세와 같은 국민통제와 지출체계를 구축하지 못하고 있다. 하지만 미국은 고용주와 종업원이 나눠 부담하고 추후 연금이나 의료 등 재원으로 사용하는 '사회보장세'Social Security Tax, '의료보호세' Medicare tax, '연방고용세'Federal Unemployment tax, FUTA로 징수하고 있다. 우리나라도 변칙적인 '준조세'가 아닌 완전한 '조세'로 서둘러 전환을 모색하는 것이 바람직하다.

---

9) 사회보험료는 최근 국민복지의 확충정책에 따라 크게 증가하여 국민연금이나 고용보험 등 부담액이 전체 준조세에서 차지하는 비중이 약 50%를 넘고 증가속도도 급격하여 국민과 기업에 많은 부담이 되고 있다. 이에 사회보장세의 도입, 고용보험과 퇴직연금제도의 조정, 퇴직금제도 폐지 등 제도적 개선과 부담액의 합리적 조정 등의 필요성도 제기되고 있다.

10) 『준조세 추이와 정책시사점』, 한국경제연구원 보도자료, 2018.

11) "부담금"이란 중앙행정기관의 장, 지방자치단체의 장, 행정기관을 위탁받은 공공단체·법인의 장 등 법률에 따라 금전적 부담의 부과권자가 재화 또는 용역의 제공과 관계없이 특정 공익사업과 관련하여 법률이 정하

② 조세의 분류

조세(세금)는 그 성질에 따라 다양하게 분류된다. 누가 세금을 걷느냐, 즉 세금을 부과하는 주체에 따라 '국세'와 '지방세', 누가 세금을 부담하느냐, 즉 조세부담자에 따라 '직접세'와 '간접세', 걷은 세금의 용도는 정해졌는지, 즉 조세의 사용목적에 따라 '보통세'와 '목적세', 세금을 산정하는 기준에 따라 '인세'와 '물세', 과세대상 물건의 측정단위에 따라 '종가세'와 '종량세', 세금의 독립성 여부에 따라 '독립세'와 '부가세'로 구분할 수 있다.

또한 세율에 따라 '정액세', '정률세'(비례세)와 '누진세', 과세대상에 따라 '수익세', '소득세', '재산세', '소비세'와 '유통세', 담세력擔稅力의 측정기준에 따라 '응익세'와 '응능세' 등으로 나누기도 한다.

(1) 과세주체에 따른 분류

① **국세國稅, national tax** : 국가가 부과하는 세금으로, 크게 '내국세'와 '관세'로 구분된다.
② **지방세地方稅, local tax** : 지방자치단체가 부과하는 세금으로, 주로 재산이나 사업장을 과세의 기초로 삼는다.

(2) 조세부담자에 따른 분류

① **직접세直接稅, direct tax** : 입법에 있어 법률상의 납세의무자가 조세를 부담할 것으로 예정하는 세금으로 소득세, 법인세, 상속세 등이 여기에 속한다.
② **간접세間接稅, indirect tax** : 입법에 있어 법률상의 납세의무자에게 부과된 조세가 다른 자에게 전가될 것으로 예정하는 세금으로[12] 부가가치세, 주세, 개별소비세 등이 여기에 속한다.

(3) 사용용도에 따른 분류

① **보통세普通稅, ordinary tax** : 조세수입의 용도가 따로 정해지지 않고 일반 경비에 충당되는 세금으로서 소득세, 부가가치세 등 대부분의 조세가 여기에 속한다.

는 바에 따라 분담금·부과금·예치금·기여금 그 밖의 명칭에 불구하고 부과하는 조세 외의 금전지급의무를 말한다[부담금관리기본법 §2].
12) 전통적으로 직접세는 전가되지 않고 간접세만 전가되는 것으로 간주한 것은 각각 누진세율과 비례세율을 적용하는 근거가 되었다. 하지만 현실에서는 직접세도 전가될 수 있다는 사실이 실증적으로 밝혀지고 있으므로 직접세와 간접세의 공평성 논의에서는 전가는 물론 세수의 소득탄력성, 소득분위별 조세부담분포 등까지 고려해 과세표준과 세율 등이 설계되어야 한다.

② **목적세**目的稅, earmarked tax : 조세수입을 일정한 용도에만 사용하도록 특별히 정해져 있는 세금이다. 우리나라에서는 국세로서 교육세, 농어촌특별세, 교통·에너지·환경세, 지방세로서 지역자원시설세, 지방교육세가 있다.

(4) 과세표준의 산정기준에 따른 분류

① **인세**人稅, personal tax : 납세의무자를 중심으로 인적 측면에 주안점을 두어 부과되는 세금이다. '주체세'主體稅, subject tax라고도 하며 일반적으로 누진세율을 적용한다.
② **물세**物稅, real tax : 과세물건을 중심으로 물적 측면에 주안점을 두어 부과되는 세금이다. '객체세'客體稅, object tax라고도 하며 일반적으로 비례세율을 적용한다.

(5) 과세물건의 측정단위에 따른 분류

① **종가세**從價稅, ad valorem duty : 과세물건을 화폐단위로 측정하는 세금으로서 과세표준이 금액으로 세율은 백분율(%)로 표시된다. 인지세나 주정酒精·탁주·맥주에 대한 주세를 제외한 대부분의 세금이 여기에 해당한다.
② **종량세**從量稅, specific duty : 과세물건을 화폐 이외의 단위로 측정하는 세금으로서, 과세표준을 수량으로, 세율을 금액으로 표시한다. 우리나라에서는 인지세, 주정·탁주·맥주에 대한 주세가 여기에 해당한다.[13]

(6) 조세의 독립성에 따른 분류

① **독립세**獨立稅, independent tax : 독립적인 과세물건을 가진 세금을 말한다. 부가세附加稅를 제외한 모든 세금이 이에 해당한다.[14]
② **부가세**附加稅, surtax : 독립적인 과세물건을 갖지 못하고 다른 세금에 딸려 부과되는 세금이다. 우리나라에서는 교육세, 농어촌특별세가 여기에 해당한다.

---

13) 인지세는 부동산·선박·항공기의 소유권 이전에 관한 증서 등 과세문서 별로 1통마다 100원~35만원으로 정하고 있다[인지세법 §3①]. 주세는 1949년 우리나라에서 처음 만들어질 때는 모두 종량세였으나, 이후 주정을 제외하고는 종가세로 전환되었고, 2020년부터 탁주와 맥주도 종량세로 전환되었다. 주류제조장에서 출고한 수량이나 수입신고하는 수량을 기준으로, 주정의 세금은 $1k\ell$당 57,000원, 탁주(막걸리)의 세금은 $1k\ell$당 41,700원, 맥주의 세금은 $1k\ell$당 830,300원으로 정했다[주세법 §22①].
14) 지방소득세의 경우 그동안 소득세와 법인세의 부가세surtax에 머물러 있었으나, 2015년 지방세법을 고쳐 '독립세화'하는 세법개정으로 독립적인 과세체계를 갖추었다. 2016년부터는 법인, 2020년부터는 개인 지방소득세도 독립세가 되었다. 하지만 지방세분야에서 처음으로 '소득과세'가 실현되는 등 독자적인 과세가 가능해졌다고는 하지만, 소득세와 법인세의 과세물건을 그대로 따르고 감면배제 외에는 이중적인 체계로 부가세에 비해 복잡하기만 할 뿐 실효성이 떨어진다는 비판도 적지 않다.

(7) 세율에 따른 분류

① **정액세**定額稅, lump-sum Tax : 과세대상의 크기에 관계없이 일정금액이 부과되는 세금을 말한다.
② **정률세**定率稅, proportional tax : 과세대상의 크기에 관계없이 동일한 세율이 적용되는 세금을 말하며, 흔히 '비례세'라고 한다.
③ **누진세**累進稅, progressive tax : 과세대상의 크기에 따라 누진적인 세율을 적용하는 세금을 말한다.

(8) 과세대상에 따른 분류

① **수익세**收益稅, profit tax : 소득을 발생시키는 원천의 외형 자체에 따라 부과하는 세금으로, 통상 비례세율로 부과된다.
② **소득세**所得稅, income tax : 소득창출행위를 과세대상으로 부과하는 세금이다.
③ **재산세**財産稅, property tax : 소득의 잉여가 축적되거나 이전될 때 부과하는 세금이다.
④ **소비세**消費稅, consumption tax : 소득이 지출되는 사실에 부과하는 세금이다.
⑤ **유통세**流通稅, transfer tax : 권리나 이전에 대하여 부과하는 세금으로, '거래세'라고도 한다.

(9) 담세력의 측정기준에 따른 분류

① **응익세**應益稅, benefit tax : 과세에 있어서 담세력을 수익에 따라 측정하는 세금을 말한다. 일반적으로 소득세와 재산세가 이에 해당한다.
② **응능세**應能稅, ability-to-pay tax : 과세에 있어서 담세력을 납세자의 부담능력에 따라 측정하는 세금을 말한다. 일반적으로 소비세와 유통세가 이에 해당한다.

| 조세(세금)의 분류 |

분류기준	분류명	내 용	해당 조세(예)
과세의 주체	국 세	국가가 부과하는 세금	소득세, 주세
	지방세	지방자치단체가 부과하는 세금	취득세, 재산세
조세수입의 용도	보통세	일반적 재정수요에 충당되는 세금	법인세, 담배소비세
	목적세	특정용도에만 충당하도록 한 세금	교육세, 농어촌특별세
조세부담의 전가	직접세	납세의무자가 부담할 것으로 예정한 세금	소득세, 주민세
	간접세	타인에게 전가될 것으로 예정한 세금	부가가치세, 주세
과세표준의 산정기준	인 세	납세의무자를 중심으로 부과되는 세금	소득세, 주민세
	물 세	과세물건을 중심으로 부과되는 세금	부가가치세, 등록면허세
과세물건의 측정단위	종가세	과세물건을 화폐단위로 측정하는 세금	소득세, 취득세
	종량세	과세물건을 화폐 이외의 단위로 측정하는 세금	인지세, 주세 (주정, 탁주, 맥주), 개별소비세(입장행위), 담배소비세, 자동차세
조세의 독립성	독립세	독립적인 과세물건을 가진 세금	소득세, 취득세, 지방소득세
	부가세	다른 조세에 부가되는 세금	교육세, 농어촌특별세
세율	정액세	일정금액을 부과하는 세금	등록면허세(기타등기·등록), 지역자원시설세(특정자원·특정시설분), 인지세, 면허세, 주민세
	정률세	일정한 세율을 부과하는 세금	취득세, 부가가치세, 지방소득세, 양도소득세(단기양도 등)
	누진세	과세대상의 크기에 따라 누진적인 세율을 적용하는 세금	소득세, 법인세, 상속세, 증여세
과세대상	수익세	소득원천의 외형에 대한 세금	부가가치세(간이과세자), 레저세
	소득세	소득창출행위에 대한 세금	소득세, 법인세
	재산세	재산 자체에 대한 세금	재산세, 상속세, 증여세
	소비세	소비에 과세하는 세금	부가가치세, 개별소비세
	거래세	권리나 이전에 대한 세금	취득세, 증권거래세
담세력 측정기준	응익세	수익으로 담세력을 측정하는 세금	재산세, 소득세, 법인세
	응능세	부담능력으로 담세력을 측정하는 세금	취득세, 부가가치세, 주세

③ 조세의 기본원칙

'조세의 기본원칙'租稅 基本原則, tax principles이란, 국가나 지방자치단체 등 과세권자가 공공 재정수요를 충족하기 위하여 국민으로부터 조세를 부과·징수할 때 지켜야 하는 조세의 준칙이나 규범을 말한다.

이는 조세를 납세자에게 어떻게, 얼마나 분담시킬 것인가를 정하기 위한 합리적인 기준과 한계를 설정할 수 있게 한다.

18세기 이후 조세의 기본원칙에 관한 인식이 활발해지면서 아담 스미스Adam Smith의 '조세부과의 4원칙', 아돌프 바그너Adolf Wagner의 '조세 9원칙', 그리고 머스그레이브Richard Abel Musgrave의 '조세 6원칙' 등이 잘 알려져 있다.[15]

하지만 조세의 기본원칙은 항상 고정불변한 것이 아니라 시대에 따라 수시로 변동되는 것이다.

(1) 아담 스미스A. Smith의 '조세부과의 4원칙'

근대 서양에서 조세에 대한 학문적인 연구는 영국의 고전학파 경제학자 아담 스미스A. Smith로부터 출발하였다. 그는 1776년 『국부론』國富論, The Wealh of Nations[16]에서 산업혁명의 이론적 바탕이 된 경제적 자유주의를 전제로 '조세부과의 4원칙'four maxims of taxation을 제시하였다.

① 비례성 원칙

'비례성Proportionality 원칙'[17]은 모든 국민이 특권계급 없이 누구나 국가의 보호를 받아 실현한 소득에 비례하여 평등하게 과세되어야 하며, 이때 '평등'이란 소득의 많고 적음에 관계 없이 세율이 같아야 한다는 비례세比例稅로서의 평등을 의미한다.

② 투명성 원칙

'투명성Transparency 원칙'[18]은 조세를 부과할 때 조세의 납부방법, 시기, 금액 등은 납세자

---

15) 이외에도 겔로프W. Gerloff, 한센A.H. Hansen, 노이마르크F. Neumark, 스티글리츠J. Stiglitz 등이 조세의 원칙을 설명하였다.

16) 영국의 고전파 경제학의 시조인 A. Smith가 1776년에 발간한 전 5편으로 구성된 저서인 『국부의 성질과 원인에 관한 고찰』An Inquiry into the Nature and Causes of the Wealth of Nations의 약칭. 책은 총5편으로, 제1편은 '분업·화폐·가치·가격·임금·이윤·시장', 제2편은 '자본', 제3편은 '경제사', 제4편은 '경제제도', 제5편은 '재정론'으로 구성되어 있으며, 조세부과의 4원칙은 제5편 '재정론' 중 제2장 '조세론'에 기술되어 있다.

17) 통상 '공평성의 원칙'으로 해석하나, 수평적·수직적 공평성 차원이 아닌 누구에게나 비례성이 있는 평등성을 의미하므로 '비례성의 원칙'으로 했다.

18) 통상 '명확성의 원칙'으로 해석하나, 정확성보다는 투명한 제도로 누구의 임의성도 배제되는 것에 중심이

는 물론 모든 사람들이 이해할 수 있도록 간단하고 명백하여야 하며, 징세하는 과세권자의 의사에 따라 임의로 조작하거나 변경해서는 안된다.

③ 편의성 원칙

'편의성Convenience 원칙'은 조세를 부과할 때 납세자가 납부하기에 가장 편리한 시기, 장소, 방법이 강구되어야 한다.

④ 효율성 원칙

'효율성Efficiency 원칙'[19]은 조세를 부과할 때 국고 수입액 이상의 부담을 납세자에게 지워서는 안 되며, 조세를 징수하는 비용이 가장 적게 드는 방법을 선택하여야 한다.

참고   **아담 스미스**A. Smith와 『**국부론**』[20]

■ **아담 스미스**A. Smith**의 생애**

아담 스미스Adam Smith(1723~1790)는 영국의 스코틀랜드 커콜디Kirkcaldy 부근의 작은 마을에서 세관원 집안의 유복자로 태어났다. 글래스고우Glasgow대학교를 졸업한 1740년부터 스넬Snell장학생으로서 1746년까지 옥스포드Oxford대학교에서 수학하였다. 1751년부터 1764년 초까지 모교인 글래스고우Glasgow대학교에서 도덕철학을 강의하면서 『국부론』에 큰 영향을 미친 첫번째 저서인 『도덕감정론』(1759)을 집필하였다. 이후 1764년부터 1766년까지 프랑스에 체류하면서 프랑수와 케네François Quesnay 등 중농학파 학자와 교류를 하면서 많은 영향을 주고받았다.

1776년 경제분석을 체계화한 『국부론』을 집필하여 경제학의 창시자가 되었다. 유고집으로는 『철학에세이』와 당시의 학생수강노트를 모은 『법학강의』와 『수사학강의』가 있다. 그는 자유방임주의laissez-faire를 주창하여 국방·치안·공공사업만 담당하는 '작은 정부'가 바람직한 정부형태라고 주장했다.

■ 『**국부론**』**의 배경**

아담 스미스A. Smith가 『국부론』을 저술할 당시 시대적인 상황은 산업혁명이 다가와 사회가 빠른 속도로 변화되던 때였다. 방적기의 개량, 제련·제철기계와 증기기관의 발전 등 많은 기술혁신을 통해 사회·경제가 변동되고 산업도 크게 발전하였다.

상공업 도시에서는 공장제 수공업이 일반화되면서 분업과 노동생산성의 고도화가 이루어지고 있었으나, 아직도 여전히 대부분의 산업은 농업위주였다. 『국부론』은 이러한 경제현실을 반영하여 다소 추상적인 관점에서 경제 질서의 운행을 체계적으로 설명하려고 했고 국부와 경제발전이 어떻게 극대화될 수 있는가에 대한 실제적·실용적이고도 정책적인 방안을 제시하였다.

    있다.

19) 통상 '경제성의 원칙'으로 해석되나, 경제적 측면보다 효율적인 징수와 납세를 의미한다.

『국부론』은 자연신학·윤리학·법학·경제학으로 구성된 도덕철학체계 중 '자연법학'의 틀에서 다뤄졌으며, 그 철학적·윤리적 기초는 윤리학 저서인 『도덕감정론』에서 찾을 수 있다. 이 때문에 그의 경제분석은 도덕이나 법의 영역을 지배받는 경제인에 대한 가정을 기초로 하게 되어 그의 경제학을 제대로 이해하기 위해서는 그의 윤리학과 법학 연구에 대한 충분한 사전이해가 있어야 한다.

■ 『국부론』의 구성

『국부론』의 원제는 『국부의 성질과 원인에 대한 고찰An Inquiry into the Nature and Causes of the Wealth of Nations』이다. 이 책은 오늘날 경제학을 새로운 독립과학으로 분리시킨 최초의 저술로서, 모두 5편 32장으로 구성되어 있으며, 각 편의 주요내용은 다음과 같다.

제1편과 제2편은 오늘날 경제이론이라 부르는 내용을 담고 있다. 제1편에서는 노동생산력 개선의 여러 원인과 노동생산물이 국민의 여러 계급 간에 자연적으로 분배되는 질서에 관하여 논의하고 있는데, 분업론(1~3장), 화폐론(4장), 가치론과 가격론(5~7장), 임금, 이윤, 시장의 문제를 다루는 분배론(8~11장)으로 구성되어 있다.

제2편은 자본의 성질·축적·사용에 대한 설명을 하고 있는데, 구체적으로는 자본의 분류(1장), 화폐이론(2장), 자본의 축적과 생산적·비생산적 노동과의 관계(3장), 이자이론(4장), 자본의 용도(5장) 등이 있다.

제3편은 로마의 멸망 이후 유럽의 경제사에 관한 내용으로, 유럽의 국가 간 국부의 성장 차이가 어떻게 이루어졌는지를 다루고 있다(1~4장).

제4편은 '경제제도'에 관한 것으로, 경제학의 여러 체계에 대한 견해와 정책에 대한 비판을 담고 있는데, 중상주의 학파에 대한 구체적인 비판(1~8장)과 중농주의 학파에 대한 간략하고 호의적인 비판(9장)을 하고 있다.

제5편은 '재정론'으로, 경비론(1장), 조세론(2장), 공채론(3장)으로 구성되어 있다.

■ 『국부론』의 내용

【제1편】 노동의 생산력 향상의 요소Book Ⅰ: Of the Causes of Improvement in the productive Powers of Labour

분업론에서는 사회적 분업이 생산기술 발전에 미치는 중요성을 강조하면서 분업의 결과로 노동생산성의 증진, 노동의 숙련, 기교의 향상 등을 들고 있다. 분업의 효과인 생산성을 설명하기 위하여 예를 든 핀pin 제조업자 이야기는 유명하다.

그런데 분업이 널리 행해질수록 자신의 노동생산물로 자신의 생활상의 필요를 충족시키는 부분은 점차 축소되므로 잉여생산물을 자기가 필요로 하는 물자와 교환함으로써 그가 필요로 하는 모든 생활필수품을 획득할 수 있게 된다.

이처럼 분업의 초기에는 물물교환을 통하여 경제생활이 유지되었으나, 시장이 확대되자 물물교환은 운영상의 혼란을 야기하였기 때문에 화폐의 등장이 요구된다. 이렇듯이 여러 사람이 화폐와 재화를 교환하는 경우가 보편화 된다면 사람들이 시장을 통한 교환행위에서 자연히 준수해야 하는 법칙이 존재할 것이고 이 때문에 가치론이 대두되었다.

상품의 교환가치와 관련하여, 상품의 교환가치의 척도는 어떤 상품이 지배하는 노동이며, 모든 상품의 가격은 궁극적으로 임금, 이윤, 지대 중 어느 하나가 전부로 구성된다고 주장하였다. 한편 그는 가격을 자연가격(임금, 이윤, 지대의 자연율의 합으로 결정)과 시장가격(시장에서 실제로 공급된 상품의 양과 유효수요의 상호작용으로 결정)으로 구분하는데, 장기적으로 볼 때 시장가격은 수급의 조절에 의해 자연가격에 일치하게 된다고 보았다.

이 편에서는 임금론, 이윤론, 지대론으로 구성된다. 임금론은 임금의 결정에 대한 논의는 생존비설, 임금기금설, 협상설 등 다양한 견해를 포함하고 있는데, 임금의 증가는 국부 그 자체가 아니라 국부의 성장에 의해서만 가능하다고 하였다. 이윤론은 소득의 다른 원천인 이윤은 임금과 마찬가지로 사회의 부의 증가나 감소에 의존하는데, 경제성장과 더불어 자본간의 경쟁이 심화하기 때문에 이윤율은 감소한다고 보았다. 지대론은 지대를 토지의 사유화로 인한 독점지대, 즉 절대지대·차액지대로서 보았다. 이렇게 지대가 가격의 결과일 뿐 원인이 아니라는 주장은, 가치론에서 지대가 임금과 이윤과 더불어 상품가격을 구성한다고 주장한 것과 서로 모순된다.

【제2편】자본의 상태, 축적, 조달 Book Ⅱ : Of the Nature, Accumulation, and Employment of Stock
경제성장의 견인차 역할을 하는 자본의 축적에 관한 주장은 이후 고전경제학의 재생산론, 자본축적론의 고전적 원형이 있다.

자본을 유동자본(유통에 따라 수입을 가져오는 자본)과 고정자본(유통하지 않고도 수입이나 이윤을 가져오는 자본)을 구분하고 직접의 소비를 위하여 유보될 수 있는 자본은 고정자본과 유동자본에 의하여 유지되고 증가되는데 국민에게 의식주를 공급하게 되는 이러한 자본공급의 크기가 빈부를 결정한다고 하였다. 그런데 유동·고정 자본의 공급량은 고용된 생산적 노동자의 수로 결정되고 생산적 노동자의 수는 자본축적에 의해 결정된다고 보았다.

이러한 경제성장의 메커니즘은 자본축적이 생산적 노동자의 비율과 분업의 고도화에 의해 생산성을 높이고 임금수준의 상승을 통해 노동자의 생활개선을 이룸으로써 이어진다. 이 때문에 모든 낭비는 사회에 해로우며 모든 절약은 사회에 유익하다고 보았다.

한편 자본의 용도, 즉 자본의 자연적 투하순서에서 농업은 공업에 우선하며 공업은 상업에 우선한다고 하였다. 농업이 가장 생산적이고 공업은 그 다음으로 생산적이며, 상업 서비스도 중요하기는 하지만 직접적인 생산적 노동고용력이 작다.

특히 외국무역은 국내 상업과 비교하여 생산자본회수력도, 생산적 노동고용력도 열등하므로 자본의 투하순서에서 가장 하위를 차지한다고 하였다.

【제3편】각국의 경제사 Book Ⅲ : Of the different Progress of Opulence in different Nations
유럽 제국의 역사에 대해 자연적 자본투하에 따른 사회생산력의 발전이 따르지 못하였고 각국의 분업구조가 상당히 부자연스러운 정책에 의해 크게 왜곡되었다고 지적하였다. 즉 외국무역이 수출에 적절한 비교적 정교한 제조업을 먼저 도입하고 그 이후에 제조업과 외국무역의 상호영향력이 농업의 개량을 촉진시킴으로써 사물의 자연적 순서가 전도되어 왔다고 진단하였다.

【제4편】 정치적 경제제도Book Ⅳ : Of Systems of political Economy

유럽 제국의 경제정책을 중상주의와 중농주의로 구분하였다. 당시 유럽의 실제적인 정책이었던 중상주의 개입정책을 비판하면서 개인과 공동체 사이의 자연적 조화를 상징하는 '보이지 않는 손invisible hand'의 원리에 입각하여 최선의 정책으로 자연적 자유의 체제를 주장하였다. 화폐와 부를 동일시하는 중상주의적 개입정책 체계가 자연적인 분업구조나 자본축적 기구를 인위적으로 왜곡시켜 무역이익이 대폭 감소되는 것을 입증하기 위해 수입제한, 수출장려, 식민지 무역독점이라는 세 가지 지주로 지탱되는 중상주의적 정책들을 하나씩 열거하면서 비판하였다.

정부의 인위적인 간섭과 통제 정책 대신에 자연적 자유의 체제를 주장한 그가 '작은 정부'를 지향하거나 다양한 영역에서의 정부의 역할을 필요악으로 보고 있는 것은 아니다. 그 이유는 그가 경제성장을 위한 경제정책으로 경제적 자유주의를 옹호한 것이지 국방, 사법, 공공사업과 공공시설, 외교, 사회정책 등 다른 영역에서는 정부의 역할을 인정하고 있기 때문이다.

【제5편】 재정론Book Ⅴ : Of the Revenue of the Sovereign or Commonwealth

재정론은 국가의 경비론, 조세론, 공채론 등 3개의 장으로 구성되어 있다. 특히 조세론에서는 비례성·투명성·편의성·효율성 등 조세부과의 4원칙을 밝혀 조세이론의 발달에 중요한 초석을 쌓았다.

■ 『국부론』의 영향

아담 스미스A. Smith는 『국부론』을 통해 당시 시장경제를 지배하는 경제력에 대한 분석을 통해 일관성이 없었던 경제 분석을 집대성하였고, 경제이론의 체계화를 이룩하여 이후 많은 경제학자들의 주장을 그 논박과 수정에 그치도록 하였다. 특히 중상주의 정책 하의 각종 통제, 속박과 독점행위에 대한 비판 등 자연적 질서관에 입각한 경제적 자유주의 이념은 사상적으로나 정책적으로 신자유주의 경제학자 등 후대 주류경제학의 사상적 틀이 되었다.

또한 민간주도형 경제 질서에 관한 '보이지 않는 손'의 경제철학은 90년대 초 사회주의 경제권이 완전히 붕괴되자 시장경제의 우월성 측면에서 그 통찰력과 의미가 어느 정도 부각되기도 하였다.

---

20) 최임환 역, 『국부론』, 삼성출판사, 2004의 내용을 요약하여 정리하고 일부 내용을 수정하였다.

(2) 아돌프 바그너A. Wagner의 '조세 9원칙'

독일의 '신역사학파' 경제학자인 아돌프 바그너Adolf Wagner[21]는 사회정책적 이론을 재정학에 도입하여, 조세부과에 있어서도 재정조달기능 뿐만 아니라 소득의 재분배기능 등 조세의 사회정책적 측면을 강조하였다.

그의 조세원칙은, 성질에 따라 4개 분야별 원칙과 그 밑에 '9개의 실천원칙'을 두어 설명하였다. 이러한 바그너Wagner의 기본원칙은 독일사회에서 국가 활동의 확대를 위한 경비조달과 자본축적·계급투쟁의 완화 등 사회정책적인 요구에 대한 타협의 산물이었다.

① 재정정책적 원칙 : 충분성·탄력성

'재정정책적 원칙'은 조세의 본원적 기능인 재정수입의 조달이라는 국고적國庫的인 목적을 달성하기 위해 필요한 원칙이다.

이를 위해 조세수입은 재정수요를 충족할 수 있어야 한다는 '충분성sufficiency' 원칙과 재정수요의 증감에 따라 탄력적으로 적응시킬 수 있는 조세제도를 선택하여야 한다는 '탄력성elasticity' 원칙을 두었다.

② 국민경제적 원칙 : 세원·세목의 선택

'국민경제적 원칙'은 조세가 국민경제의 발전을 저해하여서는 안된다는 원칙이다.

조세를 선택함에 있어 세원稅源은 국민경제가 저해되지 않는 것을, 세목稅目은 국가가 조세를 부담시키려고 하는 사람에게 제대로 그 부담이 돌아가도록 선택해야 한다.

'세원선택' 원칙은 조세를 부담하기 위하여 세원이 되는 재산의 원본을 처분하지 않으면 안 되는 조세는 바람직하지 않다는 것이다. 세원이 되는 소득, 재산이나 자본 중에서 재산이나 자본에 과세하면 결국 세원이 고갈되어 더 이상 세금을 받을 수 없을 때가 올 수 있다.[22]

'세목선택' 원칙은 실질적으로 누가 조세를 부담하는 지를 고려하여 적당한 세목을 선택해야 한다는 것이다. 적당한 세목을 선택하기 위해서는 조세법에 누구를 납세의무자로 할 것이냐 하는 법적 귀착法的 歸着, statutory incidence보다 조세의 부과로 인해 누구의 소득이 실질적으로 감소하느냐 하는 경제적 귀착經濟的 歸着, economic incidence을 더 중요하게 고려해야 한다.[23]

---

21) A. Wagner(1835~1917)는 신역사학파 경제학자이자 정치가로, '국가사회주의'[독]Staatssozialismus Stae Socialism를 주창하여 후일 Keynes의 적극적인 재정정책을 통한 사회개혁이론의 토대를 이뤘다.

22) 1618년 보니츠J. Bornitz는 "암탉을 아예 잡아먹어 없애면 달걀은 영영 맛볼 수 없다"라고 하여 원칙적으로 세원은 소득이 되는 것이 바람직하다고 하여 '세원선택'의 원칙을 웅변하였다.

③ 사회정책적 원칙 : 보편성·공평성

'사회정책적 원칙'은, 조세는 경제적 불평등을 시정하기 위하여 각 개인의 능력에 비례하여 과세해야 한다는 원칙으로 '보편성의 원칙'과 '공평성의 원칙'으로 구성된다.

'보편성'의 원칙은, 모든 사람이 그 나라의 국적을 가진 이상 신분과 특권에 관계없이 세금을 부담해야 하고 최저생계비에 그치는 소득자라도 원칙적으로 납세하여야 한다는 것이다. '공평성'의 원칙은, 부담능력이 있는 사람은 누구를 막론하고 납세의무를 가지며 그 부담은 평등해야 된다는 것이다.

그러나 사회정책적인 배려 차원에서 '비례세'에 의한 평등보다는 '누진세'에 의한 평등이 바람직하며, 최저생활비에 대해서는 면세하고, 조세의 경감은 재산소득보다는 근로소득을 더 고려하여 한다고 주장하였다.

④ 조세행정적 원칙 : 명확성·편의성·경제성

'조세행정적 원칙'은 조세를 징수하는 조세행정을 가장 합리적으로 집행하기 위한 원칙으로, 여기에는 명확성·편의성·경제성 원칙이 포함된다.

'명확성' 원칙은 간소한 조세체계, 명확한 법규 표현, 정확한 납세기간, 납세액, 납세에 필요한 충분한 해설 등 조세의 징수를 위한 조세행정이 명확해야 한다는 것이다. '편의성' 원칙은 납세기일, 납세장소, 납세방법 등 조세의 납부절차는 납세자에게 가장 편리한 방법으로 이뤄져야 한다는 것이다.

또한 '경제성'(최소징세비) 원칙은 조세를 징수하는 데 있어 과세관청과 납세자 모두 부과징수와 납세를 위한 비용이 최소화되도록 하여야 한다는 것이다.

(3) 머스그레이브Musgrave의 '조세 6원칙'

20세기 들어 케인즈Keynes와 사무엘슨Samuelson에 이어 현대 재정학을 집대성한 미국의 경제학자 머스그레이브R. A. Musgrave는 『공공재정이론』The Theory of Public Finance, 1959에서, 조세의 소득재분배 효과에 관한 실증연구를 통해 정부의 경제적 역할governmental economic activity로서 '자원배분'resource allocation, '소득재분배'income redistribution, '거시경제 안정'macroeconomic stabilization 등 3대 기능 조세체계three-function framework를 강조한 것으로 유명하다.

그는 후생경제학적 관점에 기초해 시장경제의 실패에 따른 공공욕구public wants를 충족하

---

23) 이와 같이 조세부담의 귀착으로 세목선택을 하게 되면 조세를 부담하는 것은 결국 가계家計가 될 것이므로 가계의 '실질가처분소득'RDI, Real Disposable Income의 변화로 조세의 부담수준을 측정하기도 한다. 예컨대 소득세는 직접적으로, 부가가치세는 재화 가격의 인상을 통하여 사용측면에서 가계의 실질가처분소득의 감소를 가져온다.

기 위해 필요한 국가예산을 조달하기 위하여 바람직한 조세제도로서 이상적인 조세기준으로 '조세 6원칙'을 제시하였다.

① **공평성 원칙** : 조세의 부담은 공평해야 한다. 즉 모든 사람이 각 자의 '공정한 몫'fair share에 따라 납세하도록 하여야 한다.

② **중립성 원칙** : 조세는 시장경제에 대한 간섭이 최소화되도록 선택하여야 한다. 효율적 시장에서 경제주체들이 경제적 의사결정을 하는 데 조세가 간섭하면 초과부담excess burden을 초래하므로, 민간의 자원배분이 왜곡되지 않도록 조세간섭을 최소화할 수 있는 세목을 선택하여야 한다.

③ **조세정책 수행 원칙** : 조세가 민간부문의 비효율을 시정할 수 있는 적절한 수단이 될 수 있다면 그 기능도 수행하여야 한다.

④ **탄력성 원칙** : 조세구조는 경제의 안정과 성장을 위해 재정정책을 용이하게 실행할 수 있는 수단이 되어야 한다.

⑤ **효율적 조세행정 원칙** : 조세제도는 조세행정이 능률적이고 자의성이 없이 집행될 수 있어야 하고, 납세자가 이해하기 쉬워야 한다.

⑥ **최소징세비 원칙** : 징세기관이 조세를 징수하는 비용인 징세비용徵稅費用과 납세자가 납세를 하는 데 소요되는 납세순응비용納稅順應費用, compliance cost이 충분히 낮아서 다른 목표와 양립할 수 있어야 한다.

| 조세의 기본원칙에 관한 주장 |

구분	A. Smith	A. Wagner		R. A. Musgrave
시기	1776 『국부론』	1890 『정치경제학의 기초』		1959 『공공재정이론』
조세 원칙	공평성	재정정책	충분성	
			탄력성	탄력성
		국민경제	세원선택	중립성
			세목선택	
		사회정책	보편성	조세정책 수행
			공평성	공평성
	명확성	조세행정	명확성	효율적 조세행정
	편의성		편의성	
	경제성		경제성	최소징세비
특성	이익설에 근거, 비례세 강조	능력설에 근거, 누진세를 통한 수직적 공평 강조		수평적 공평과 시장에의 조세중립성 강조
환경	산업자본주의 조세원칙	독점자본주의 조세원칙		혼합경제체제 조세원칙

④ 최적 조세구조

'**최적 조세체계**'最適 租稅體系, optimal tax structure란, 한 국가나 지방자치단체가 필요로 하는 재정수요를 충족하기 위한 조세체계를 두는 데 있어 사회적으로 가장 바람직한 조세구조를 말한다.

이를 통하여 조세부과에 따른 사회적 피해를 최소화하면서 구성원이 공평하게 부담할 수 있는 조세구조가 무엇인지를 알아볼 수 있다.

그렇다면 세금을 어떤 대상에 어떤 세율로 과세하여야 우리가 지향하는 최적 조세구조가 될 수 있을까?

바람직한 최적의 조세구조가 되기 위해서는 조세의 1차적인 기능인 재정수요를 충분히 조달하면서도, 조세의 효율성과 공평성이 경제와 잘 조화를 이뤄 사회의 후생을 극대화할 수 있어야 한다. 이 때문에 전통적으로 조세의 '**효율성**效率性, efficiency'과 '**공평성**公平性, fairness'은 최적 조세구조 논의에서 가장 중요한 요소로 여겨왔다.

하지만 조세의 효율성과 공평성은 서로 상충관계相衝關係, trade-off에 있고 그 측정과 인식 방법도 시대와 상황에 따라 달라질 수밖에 없어, 조세의 최적 조세구조에 관한 합리적인 의사결정을 하는데 어려움이 생기게 된다.

이처럼 효율성과 공평성에 관한 평가와 측정에 있어서 객관적인 기준을 마련하는 것이 쉽지 않고 동시에 모두 만족하기도 어렵기 때문에, 부득이 적절한 타협을 통해서 최적 조세구조를 찾게 된다.

하지만 최적 조세구조에서 효율성과 공평성만이 절대적으로 고려되어야 하는 요소는 아니다. 최근에는 조세행정에 있어서 법의 적정절차 원리가 강조됨에 따라 조세절차의 민주성 등도 중요한 요소로 등장하고 있다.

(1) 효율성

1) 의 의

효율적인 세금제도란 무엇인가? 납세자가 조세를 납부하려면 필연적으로 금전적 부담이 따르므로, 그 부담을 줄이기 위해 자신의 경제적 행동을 변화시키게 된다.

이러한 조세에 따른 납세자의 경제적 행동의 변화를 이용하여 정부가 우회적으로 유용한 행동을 이끄는 경우도 있지만, 일반적으로 조세는 사회적 경제 전반에 부정적인 영향을 미치게 된다.

'**효율성**'效率性이란 일정한 조세의 부과로 발생하는 경제적 왜곡經濟的 歪曲, economic distortion

을 최소화하는 것으로, 전통적인 최적 조세구조에 관한 논의에서 가장 중요시되었다.[24]

이처럼 조세는 효율성에 바탕을 두기 때문에 조세의 중립성이 무엇보다도 중요하지만 조세가 민간부문에서 공공부문으로 자원을 이전하는 속성 때문에 부득이 시장기능에 여러 가지 왜곡현상을 초래할 수밖에 없게 된다.

예컨대 근로소득세를 지나치게 부과하면 근로자는 근로의욕을 잃고, 법인세·부가가치세·취득세가 많으면 기업의 영업·투자활동이나 공장의 설립을 위축시키며, 양도소득세를 주택에 중과세하면 주택공급이 동결되어 주택가격이 상승하게 될 수 있다.

이와 같이 조세가 경제주체의 의사결정 등 정상적인 경제행위를 교란하는 왜곡현상인 '조세왜곡'租稅歪曲, tax distortion을 일으켜 효율적인 자원배분 상태에서 이탈하면 필연적으로 '초과부담'超過負擔 문제가 발생하게 된다.

이 때문에 정부는 일정한 자원을 민간부문으로부터 공공부문으로 이전시킬 때 발생하는 손실을 최소화하기 위하여 초과부담을 줄이는 조세정책을 수립하게 된다.

2) 초과부담 문제

'초과부담'超過負擔, excess burden이란, 정부가 납세자로부터 어떤 조세를 징수하는 경우 일반적으로 조세징수액보다 민간에서 경제적인 효율성 상실efficiency loss로 인한 부담이 더 크게 발생하는 것을 말한다.[25] 민간부문이 지는 부담이 조세수입보다 더 커지게 되는 점을 강조하여 '조세의 후생비용'厚生費用, welfare cost이라고도 한다.[26]

만약 누군가가 개별소비세가 부과되는 값비싼 물건을 구입하려고 할 때 무거운 조세 때문에 구입을 포기하고 개별소비세가 부과되지 않는 값싼 다른 물건을 구입하였다면, 조세로 인하여 국민의 소비지출 성향이 왜곡되었다 할 것이다. 이처럼 초과부담은 조세부과로 민간부문의 의사결정이 교란되어 발생한다.

하지만 조세로 인한 초과부담이 발생한다고 하여 일률적으로 누구에게나 어떤 물건에든 같은 조세를 부과할 수도 없다. 이는 초과부담을 희생해서라도 더 중요한 가치라 할 수 있

---

24) '최적조세구조'에 대한 연구는 1920년대 효율성에 중점을 둔 램지F. Ramsey, 보아뛰M. Boiteux의 연구로 시작하여 본격적인 연구는 1970년대 영국의 멀리즈J. A. Mirrlees에 의하여 이루어졌다. 최적조세구조 연구는 전통적으로 효율성 측면을 강조하여 조세수입을 얻기 위해 효율성 상실을 최소화하는 방안을 강구하는 데 관심을 가졌으며 공평성 문제는 도외시되어 왔다. 분석대상에 따라 물품세의 최적과세이론과 소득세의 최적과세 이론으로 구분된다.

25) 초과부담의 근본적인 원인은 조세부과로 상대가격이 변화하게 되면 대체효과로 인해 민간부문의 자율적인 의사결정이 왜곡되기 때문이다. 소득효과는 발생시키면서도 자원배분의 왜곡을 초래하는 대체효과를 발생시키지 않는 조세로서 '중립세'(中立稅, lump-sum tax; 정액세)가 주장되지만, 이도 완전하게 초과부담 문제를 해결하지 못한다. 대표적인 예로 '인두세'人頭稅, poll tax가 있다.

26) 이외에도 '효율비용'效率費用, efficiency cost, '사중손실'死重損失, deadweight loss 등 관점에 따라 붙는 많은 별칭을 가지고 있다.

는 공평성을 확보하여야 하기 때문이다.

그러므로 초과부담의 문제와 조세의 공평성 확보는 서로 상충관계에 놓여있다고 볼 수 있다.[27]

한편, 조세의 신고납부·징수에 있어서 직접적으로 발생하는 과세권자의 징세비용과 납세자의 납세협력비용도 초과부담을 구성하는 요소가 될 것이다.

'징세비용'徵稅費用, tax collect costs: 징세비은 정부나 지방자치단체 등 과세권자가 조세를 부과·징수하는데 소요되는 비용으로, 징수한 세금의 순 가액을 감소시킨다. '납세협력비용'納稅協力費用, tax compliance costs은 납세자가 조세에 관한 학습, 장부기장, 과세자료의 제출과 세무조정, 과세표준신고 등 세법을 이해하고 준수하기 위하여 지출하는 비용이다.

이처럼 과세권자의 징세비용과 납세자의 납세협력비용은 그것이 의도되었든 그렇지 않았든 결국 초과부담을 초래하게 되므로, 각국은 조세제도를 운용하면서 발생할 수밖에 없는 이들 비용을 최소화하고자 노력하고 있다.

우선 정부의 징세비용을 축소하기 위해 조세행정의 효율성과 전문성을 높이도록 조직과 인원을 정비하고, 납세자의 납세협력비용을 줄이기 위해서 조세법을 단순화하고 납세자편의 위주의 조세행정을 지향하고 있다.

우리나라의 경우, 최근 세원관리의 강화와 납세의식의 개선으로 정부의 조세수입과 납세자의 조세부담이 증가하면서도 정부의 징세비용은 대폭적으로 감소하고 있다. 반면에 납세자의 납세협력비용은 크게 증가하고 있다.[28]

---

27) 램지Frank Plumpton Ramsey는 「조세이론에 대한 공헌」이라는 논문에서, 소비자가 효용을 극대화한다는 전제에서 조세수입을 확보할 수 있는 '물품세 체계' 연구를 통해 조세의 초과부담과 사회적 비효율을 최소화할 수 있는 조세구조를 연구하였다. Ramsey는 '모든 물품수요 감소율이 동일하여지도록 각 물품세율을 결정하여야 한다'는 결론에 도달했는데, 이를 램지규칙Ramsey Rule, 최적 조세구조를 위해 '사회적 비효율'을 최소화하기 위한 조세를 '램지최적조세'라 한다. 이에 따라 조세의 초과부담을 최소화하려면 가격탄력성이 낮은 재화에 높은 세율로 과세하여야 한다고 주장하였는데, 가격탄력성이 낮은 재화는 소득탄력성도 낮아 보통 저소득층에게 고세율로 과세되는 결과가 빚어져 소득재분배에는 치명적인 결과를 가져온다. 이 때문에 최적과세에 대한 논의는 공평성을 고려한 최적조세 연구가 시작되었으며, 1970년대 이후 멀리즈Mirrlees 등에 의해 최적 조세구조에 관한 논의가 본격화되었다.

28) 우리나라 과세관청의 과세행정의 효율성은 세계최고 수준이다. 징세비용은 가장 적고 공무원 1인당 징수액은 가장 높다. 이는 과세행정을 효율적으로 집행한 결과라기보다 납세자에게 납세의무 이행을 위한 신고납부·자료제출 의무는 물론 원천징수의무·연말정산·신용카드사용·전자신고 의무 등 징세편의를 위해 납세자에게 협력의무를 과도하게 지워 과세권자가 부담해야 할 징세비가 대부분 납세자의 납세협력비용으로 전가시켰기 때문이다. 국세청은 한국조세재정연구원과 함께 OECD 표준원가모형[세금 신고·납부 전과정을 단위행위(등록, 증빙수수, 기장, 신고, 조사, 불복 등)별로 표준화하여 전체 납세협력비용을 계산]을 토대로 개발한 「납세협력비용 측정모형」으로 납세협력비용을 측정한 결과, 2007년 기준 총 7조140억원(GDP의 0.78%), 2011년 기준 9조8878억원(GDP의 0.8%)에 달하는 것으로 발표했다. 1인당 평균 165만원(법인 1007만원, 개인 80만원)이 소요된 것으로 밝혔다. 2014년 국회 국감자료에 의하면, 납세자가 부담하는 납세협력비용은 과세관청의 징세비용에 비해 7.2배에 달하는 것으로 알려졌다.

| 조세징수액과 징세비용 추이 |

연도별	1985	1990	1995	2000	2005	2010	2015	2018
내국세 징수액(조원)	8.94	22.67	51.74	86.60	120.42	166.01	208.16	283.53
징세비용(조원)	0.10	0.21	0.47	0.69	0.98	1.34	1.48	1.64
세수1만원당 징세비용(원)	115	93	91	80	86	81	71	58
공무원 1인당 징세비용(백만원)	8	15	31	46	63	72	78	84

(국세청, 『국세통계연보』, 각 연도)

이는 조세제도나 과세행정이 효율적이기 때문이라기보다, 납세자에게 과도한 책임과 부담을 지움으로써 납세자의 납세협력비용이 크게 증가했기 때문이다.

현행 세법은 납세자에게 신고, 납부 등 본연의 납세의무 이외에도 과세권자의 징세편의·세원관리 업무를 위하여 납세자에게 원천징수와 연말정산,[29] 각종 과세자료 제출, 영업거래에 있어 신용카드 등의 사용, 전자신고 등 다른 나라에서는 찾아보기 힘든 수많은 협력의무를 부여하고 있고, 이를 어긴 경우 가산세 등 부담도 매우 크다.

그 결과, 대폭적인 조세수입의 증가에 비해 정부의 징세비는 제자리걸음을 하는 반면, 납세자는 조세부담의 급격한 증가와 아울러 각종 협력의무를 이행하기 위한 납세협력비용이 증가함으로써 우리나라에서 초과부담은 더욱 가중되고 있다.

(2) 공평성

'공평성'公平性, equity은 납세자의 경제적 능력에 맞게 조세부담을 지우는 것으로, 최적 조세구조에서 효율성 못지않게 중요하게 다뤄진다.

역사적으로 최적 조세구조 논의에서 처음에는 조세수입을 위해 부득이하게 발생하는 효율성의 상실을 최소화하는 데만 관심을 가졌으나, 분배에 있어 공평성이 강조되면서 효율성과 함께 공평성도 함께 강조되게 되었다.

1) 공평성에 관한 주장

'공평한 세금제도'란 무엇인가? 조세제도가 공평하기 위해서는 국가나 지방자치단체 등 공동체를 유지하는 데 드는 비용을 국민 등 모든 구성원이 '공정한 몫'fair share에 따라 납세

---

29) 세법에서 징수수단으로 많이 사용하고 있는 고용주 등 원천징수의무자에게 '원천징수' 의무와 근로자의 종합소득세신고인 '연말정산' 제도는 과세권자의 입장에서는 매우 효율적인 조세징수수단이다. 하지만 원천징수의무자의 입장에서는 업무부담과 가산세 등의 위험, 비밀유지 의무 등으로 많은 납세협력비용, 즉 초과부담을 발생시킨다. 자신의 세금도 아닌 것을 징수수탁을 받거나 연말정산 업무를 대행함으로써 많은 납세협력비용을 지출하고 있으므로, 이 제도를 계속 유지하고자 한다면 정부가 받는 효익(징세비 절감액)만큼 세액공제나 보조금을 지급하는 방법으로 초과부담을 최소화해야 한다.

할 수 있어야 한다.

그렇다면, 국민이 조세로서 부담하여야 할 '공정한 몫'이란 무엇인가?

조세의 공정한 몫, 즉 공평성을 측정하는 기준에 대한 논의는 조세의 본질에 관한 논의에서 출발한다. 여기에는 납세자가 누리는 편익을 기준으로 과세하는 것이 공평하다는 '이익설'과 조세를 부담할 경제적 능력을 기준으로 과세하는 것이 공평하다는 '능력설'로 나뉜다.

이 때문에 '능력설'ability-to-pay principle은 조세의 부담기준을 납세자의 부담능력에 두기 때문에 국세의 근거가 되고, '이익설'benefit approach principle은 조세의 부담기준을 과세권자로부터 공공서비스라는 편익에 두기 때문에 지방세의 존립 근거가 되고 있다.

① 이익설에서의 '공평성'

'이익설'利益說, benefit approach principle은 정부가 국민 각자에게 제공하는 공공서비스로부터 얻은 이익, 즉 편익benefit에 비례하여 조세를 부담하는 것이 공평하다고 보는 견해이다(= 응익과세원칙應益課稅原則).

이때 국민이 조세로서 부담하여야 할 '공정한 몫'fair share은 정부 등 과세권자로부터 제공받는 공공서비스의 편익과 동등한 수준이 되어야 하므로, 국민의 조세부담이 공평한지를 알기 위해서는 과세권자가 공공지출에 의해 창출되어 각자에게 제공하는 편익을 측정할 수 있어야 할 것이다.

하지만 개인들이 얻은 편익의 크기는 표준화할 수 없어 개별적인 편익규모를 정확히 측정하는 것은 사실상 불가능하다. 설사 가능하다 해도 정부의 공공지출구조의 특성에 따라 조세제도가 달라져야 하며, 조세의 소득재분배 기능을 기대하기 어렵게 되고 더구나 '무임승차자 문제'無賃乘車者 問題, free-rider problem[30]도 대두된다.

그러므로 현실적으로 편익기준에 의해 공평한 조세제도를 두는 것은 매우 어렵게 된다. 하지만 재산세처럼 재산보유에 따른 과세의 경우 이익설이 유효한 과세논리를 제공한다.

② 능력설에서의 '공평성'

'능력설'能力說, ability-to-pay principle은 정부의 공공지출구조와 관계없이 정부를 운영하는 데 필요한 재정수요액이 결정되면 국민은 각자에게 배분된 몫의 조세부담을 요구받게 되며, 이 때 국민이 나눠 져야할 각자의 희생equal sacrifice은 각자의 부담능력에 의해 결정되어

---

30) "무임승차자 문제"란 공공재의 생산비는 부담하지 않으면서 생산된 공공재를 이용만 하려는 사회구성원의 속성을 말한다. 조세로 충당되는 국가재정에 의해 공급되는 공공재는 정당한 대가를 지불하지 않아도 소비에서 배제되지 않는 비배제성non-exclusion과 다른 사람이 공공재를 소비해도 자신의 소비에 영향을 미치지 않는 비경합적 소비nonrival consumption라는 속성을 가지므로, 모든 사회구성원이 자유로이 소비할 수 있다. 이 때문에 자발적으로 공공재의 대가를 지불하지 않고 공공재를 소비만 하려고 하는 사회구성원이 필연적으로 생길 수밖에 없게 되는 무임승차자 문제가 발생한다.

야 공평하다는 견해이다(＝응능과세원칙應能課稅原則).

조세정책은 일반적으로 정부의 공공지출에 의하여 국민 각자에게 제공되는 편익과 관계 없이 독자적으로 수립되고 결정되므로, 각자의 경제적 능력을 기준으로 삼는 '능력설'은 소 득재분배 문제를 해결하는 데도 적합하여 오늘날 조세정책 수립의 지침이 되고 있다.

하지만 각자의 조세부담의 기준이 되는 경제적 능력을 어떻게 측정할 것인가는 매우 어 려운 문제이다. 여기에는 소득, 재산, 소비 등의 기준이 제시되며, 이 가운데서도 경제적 능 력을 가장 잘 나타내는 효용수준을 측정하기 위하여 오늘날 가장 많이 사용하는 것은 '소득' 이다.

2) 공평의 분류

조세를 각자의 부담능력에 따라 담세하여야 한다고 볼 때 같은 능력을 가진 사람은 같은 금액의 조세를 부담하고 부담능력이 큰 사람은 더 많은 조세를 부담하도록 해야 공평하다 고 할 수 있다. 조세의 공평성을 나눌 때 앞의 것을 '수평적 공평'horizontal equity이라고 하고 뒤의 것을 '수직적 공평'vertical equity이라고 한다.

조세의 공평성은 소득의 많고 적음에 따라 조세 부과를 달리하는 수직적 공평과 조세부 담자의 조건이 같다면 차별 없이 조세를 부담하도록 하는 수평적 공평을 모두 고려하여야 한다.

수직적 공평과 수평적 공평은 서로 불가분의 관계이므로 둘 다 적절히 충족되어야 진정 한 조세의 공평성을 이룰 수 있게 된다.

① 수평적 공평

'수평적 공평'水平的 公平, horizontal equity이란 조세부담의 배분에 있어서 가장 기본이 되는 기준으로 경제적 능력이 같은 사람에게 같은 크기의 조세를 부담하게 하는 것이다.

국가자원의 공평한 배분을 연구했던 머스그레이브R. Musgrave와 마틴 펠드스타인M. Feldstein는 만약 조세부과 이전에 두 사람이 동일한 효용수준을 누리고 있었다면 납세 이후 에도 두 사람의 효용수준이 동일해야 수평적으로 공평하다고 보았다.

이를 위해서 정책 목적의 조세지원은 적극적으로 배제하고 시장의 효율적 선택을 위해 조세가 '중립성'을 지켜야 수평적 공평을 달성할 수 있다고 주장하였다.

하지만 현실적으로는 개인의 효용수준을 명확히 측정하는 것은 매우 어려우므로 일반적 으로 소득·소비·재산 등에 따라 납세자의 경제적 능력을 측정하게 된다.

② 수직적 공평

'수직적 공평'垂直的 公平, vertical equity은, 조세부담기준을 경제적 능력 중 소득으로 측정하는 경우, 소득이 많을수록 세액의 비율이 점점 많아지게a rising ratio of tax to income 조세를 부담해야 공평하다는 것이다.[31]

하지만 수직적 공평을 위하여 경제적 능력이 클수록 보다 많은 세금을 납부하게 하는 누진과세를 해야 한다는 것은 분명하지만, 조세부담이 어느 정도로 누진적이어야 하느냐에 대하여는 견해가 엇갈린다.

일반적으로 많은 조세에서 '소득'을 경제적 능력으로 보아 조세부담의 기준으로 삼고 있으나 이 경우에도 문제점이 없는 것은 아니다.

소득을 조세부담의 기준으로 삼는 경우 여가餘暇와 노동勞動에 대한 개인적인 선호를 반영하지 못하고, '주택임대소득'처럼 시장을 통하지 않고 얻은 소득이나 부동산의 가치상승 등 실현되지 않은 '자본이득'은 과세되지 않거나 당장 과세되지 않고 이연된다.[32]

또 소득에 대한 누진과세에서는 기간귀속에 따라 동일한 소득 규모인데도 세 부담이 달라질 수 있고, 인플레이션일 때에는 실질소득에 변화가 없음에도 조세부담이 증가하게 된다.

이 때문에 수직적 공평을 실현하기 위하여 소득과세에 있어서 세율구조는 대부분 '초과누진세율'超過累進稅率, progressive tax rate을 적용하는 경향이 있다.[33]

3) 귀착과 전가

조세는 성질상 국민이 자발적으로 부담하는 것이 아니라 법률에 따라 강제적으로 부과되는 부담이므로, 납세자는 조세를 회피하려고 하거나 그 부담을 다른 사람에게 이전시키려

---

31) 이에 관한 것으로는 J. S. Mill의 '균등희생설'이 대표적이다. '균등희생설'은 유기체주의적 국가관에 입각하여 조세를 국민의 당연한 의무이자 사회를 위한 희생으로 보고, 조세납부에 따른 개인의 희생의 크기가 균등해질 때 공평한 과세를 달성할 수 있다고 보았다. 균등희생의 개념은 조세납부에 따른 모든 개인의 희생의 절대적인 크기(즉, 절대적인 효용상실분)의 크기가 동일해야 한다는 균등절대희생, 조세납부로 인해 상실된 효용의 비율이 모든 사람에게 동일해야 조세부담의 공평성이 달성된다는 균등비례희생, 조세납부로 인한 한계효용의 감소가 모든 사람에게 동일해질 때 조세부담의 공평성이 실현된다는 균등한계희생의 3가지로 구분된다. 균등희생설은 소득의 한계효용을 기수적으로 측정하거나 개인간 효용의 비교가 불가능하며 모든 개인의 한계효용곡선이 동일하다는 가정이 비현실적이라는 한계가 있다.
32) 우리나라는 부동산 등의 양도차익을 '(양도)소득세'로 과세하여 '소득'에 대한 과세처럼 여기고 있으나, 본질적으로 이는 '소득income'이 아닌 '자본이득capital gain'이다. 이런 이유로 많은 나라들이 '소득세'가 아닌 '자본이득세'로 과세한다.
33) 단순누진세율이 과세표준의 증가와 함께 변경된 세율을 과세표준 전체에 대하여 적용시키는 방법인데 비해 초과누진세율은 단순누진세율의 불합리한 점을 회피하기 위하여 과세표준을 여러 단계로 구분하여 각 단계마다 누진적인 기초세액을 정하고 초과하는 부분에 대해서만 변경된 세율을 적용하는 것으로 수직적 공평을 확보하기 위해 소득세, 상속세, 증여세 등 직접세에서 주로 사용되고 있다.

고 하는 속성을 갖는다.

이 때문에 법률상의 납세자와 실제 부담자는 서로 다를 수 있다. 만약 어떤 조세를 기업이나 가계에 과세하는 경우, 기업은 제품의 판매가격을 조정하고 소비자인 가계는 제품의 구입량을 조정함으로써 다른 기업이나 개인의 경제상태에 영향을 미치게 된다. 이처럼 조세가 부과될 때 조세부담의 일부나 전부를 다른 경제주체에게 이전시키는 행위를 '전가'轉嫁, shifting라고 한다.

한편, 조세는 궁극적으로 특정한 한 개인이 부담하게 된다. 만약 기업에게 법인세를 과세하더라도, 유보소득에 대한 배당을 받아야 하는 주주나 기업의 이익으로 보수를 받아야 하는 종업원의 소득에 영향을 미치게 되고 제품의 원가에도 영향을 미쳐 그 제품을 소비하는 소비자가 간접적으로 법인세를 부담하게 된다. 이처럼 조세의 부담이 최종적으로 특정한 사람에게 귀속되는 현상을 '귀착'歸着, incidence이라 한다.

이처럼 조세가 전가와 귀착을 거쳐 최종적으로 배분되면, 세법에 따른 납세의무자와 경제적 귀착이 이루어지는 실제 부담자 사이에는 큰 차이가 생기게 되는 것이다.[34]

그렇다면, 입법자는 세법을 만들 때 조세의 전가와 귀착을 고려할 것인가? 조세법의 입법자는 부가가치세나 법인세 등의 조세를 사업자에게 부과하면 소비자에게 그 조세의 전가와 귀착이 될 것을 잘 알고 있어 이를 고려해 세제를 설계한다고 보는 것이 합리적이다. 조세부과를 소비자가 아닌 사업자에게 하는 것은 징세편의를 위한 방편일 뿐이다.

하지만 세법을 만들 때 아무리 전가를 염두에 둔다 해도 경제적 환경 등 상황에 따라서는 전가가 이뤄지지 않는 경우도 있어 새로운 조세문제가 발생하기도 한다.

⑤ 한국의 조세체계

(1) 현행 조세체계

1) 현 황

'조세체계'租稅體系, tax system란, 여러 종류의 조세가 경제적·재정적·행정적 관점에서 유기적으로 결합하여 편성한 통일적인 조직을 말한다.

조세체계는 조세의 원칙을 준수하고 국민의 담세능력인 소득·소비·재산을 과세기준으로 하는 조세제도를 포괄하는 것으로, 그 형태와 범주는 항상 고정되어 변치않는 것이 아니라 효율성과 공평성을 최대한 확보하기 위해 계속 변한다.

---

34) 일반적으로 개별 물품에 대한 과세를 하면 부과된 재화의 요소를 많이 사용하는 요소공급자에게 조세부담이 귀착된다. 우리나라에서 간접세로 분류되는 부가가치세와 개별소비세가 대표적인 예이다.

우리나라의 조세체계는 세목을 기준으로 할 때 국세 14개와 지방세 11개 등 총 25개로 구성되어 있다.[35)]

| 우리나라 조세체계 |

구분			세목	법률형식
국세 (14개)	내국세	보통세	직접세	소득세, 법인세, 상속세, 증여세, 종합부동산세	분법주의 (1세목1세법) *「상속세 및 증여세법」제외
			간접세	부가가치세, 개별소비세, 주세, 인지세, 증권거래세	
		목적세[36)]		교통·에너지·환경세, 교육세, 농어촌특별세	
	관　세				
지방세 (11개)	특별· 광역시세	보통세		취득세, 레저세, 담배소비세, 주민세, 자동차세	단일법주의[37)] (「지방세법」)
		목적세		지역자원시설세, 지방교육세	
	도세	보통세		취득세, 등록면허세, 레저세	
		목적세		지역자원시설세, 지방교육세	
	구세	보통세		등록면허세, 재산세	
	시·군세	보통세		담배소비세, 주민세, 자동차세, 재산세	

국세는 내국세와 관세로 나뉘고, 내국세는 보통세와 목적세로, 보통세는 직접세와 간접세로 나눈다. 직접세로는 소득세, 법인세, 상속세, 증여세, 종합부동산세 등이 있고 간접세로는 부가가치세, 개별소비세, 주세, 인지세, 증권거래세 등이 있다. 목적세에는 국세로서 교통세·에너지·환경세, 교육세, 농어촌특별세 등이, 지방세로서 지역자원시설세, 지방교

---

35) 국세 중 목적세인 '교통·에너지·환경세'는 「교통·에너지·환경세」 폐지법률[2009.1.30. 법률 제9346호]에 따라 폐지되었음에도 그 시행일을 수차례 연장하여 10년 넘게 계속 부과징수하고 있다. 지방세 중 등록세와 면허세, 도시계획세와 공동시설세, 취득세와 등기·등록을 필요로 재산의 등록세 등을 통합하여 개정 전 총 16개에 이르던 세목을 11개의 세목으로 통합, 조정하는 등 「지방세법」을 개정하여 2011년부터 시행하고 있다.

36) 정부는 2009년 조세체계를 간소화하고 세수중립성을 유지하기 위하여 교통세(1994년부터 시행), 농어촌특별세(1984년부터 시행), 교육세(1982년부터 시행) 등 목적세를 폐지하고자 2009년 초 「교통·에너지·환경세법」을 폐지하였으나 이해집단의 반발로 「농어촌특별세법」, 「교육세법」의 폐지가 무산되자 다시 원상회복시켜 시행하도록 하고 폐지를 3년간 유예하였다. 하지만 만약 목적세가 폐지되더라도 국민의 조세부담은 줄어드는 것이 아니라 본세의 세율을 목적세만큼 조정하는 방식으로 본세에 흡수하는 형식에 그치게 된다.

37) 2010년 3월 「지방세법」을 나눠 「지방세기본법」, 「지방세법」, 「지방세특례제한법」 등 지방세관계법을 입법하면서, 국세가 '분법주의'인 데 반해 지방세는 '단일법주의'여서 그 구성이 복잡하여 개정의 필요성이 있다고 밝히고 있으나, 분법주의(1세목1세법주의)나 단일법주의는 세목을 기준으로 한 법률의 제정형식을 의미하는 것으로 개정 후에도 지방세의 모든 11개 세목 모두 「지방세법」에서 정하고 있어 종전과 비교할 때 실체법에서 지방세의 과세체계가 달라졌다고 보기 어렵다.

육세 등이 있다.

지방세는[38] 부과·징수하는 지방자치단체에 따라 특별시·광역시, 도세, 시·군·구세로 나뉘고, 각각 조세수입의 목적에 따라 지방자치단체의 일반적인 재정수요를 충당하기 위한 보통세와 특별한 목적으로 징수되는 목적세로 나뉜다.

특별시·광역시세로는 보통세인 취득세, 레저세, 담배소비세, 지방소득세, 주민세, 자동차세, 도세로는 보통세인 취득세, 등록면허세, 레저세가 있으며, 특별시·광역시세와 도세 모두 목적세인 지역자원시설세, 지방교육세를 두고 있다.

또, 구세로는 보통세로서 등록면허세, 재산세(특별시의 구는 특별시와 공동세)가 있으며 시·군세로는 보통세인 지방소득세, 담배소비세, 자동차세, 재산세가 있으며, 구세와 시·군세는 목적세를 따로 두지 않고 있다.

| 지방자치단체의 조세(지방세) |

구분	세목	특별시	광역시	도세	구	시·군
보통세	취득세	○	○	○	−	−
	레저세	○	○	○	−	−
	담배소비세	○	○	−	−	○
	지방소비세	○	○	○	−	−
	주민세	○	○	−	−	○
	지방소득세	○	○	−	−	○
	자동차세	○	○	−	−	○
	등록면허세	−	−	○	○	−
	재산세	−	−	−	○ (특별시 공동세)	○
목적세	지역자원시설세	○	○	○	−	−
	지방교육세	○	○	○	−	−

* 광역시의 군郡 지역은 도세를 광역시세로 한다.
* 특별시 관할의 구區의 경우 재산세는 특별시와 공동세로 한다.

---

38) 지방세의 체계는 2010년까지 단일법(「지방세법」)의 형태를 띠고 국세의 통칙규정을 준용하여 왔으나 2011년부터 「지방세기본법」, 「지방세법」, 「지방세특례제한법」 등 3법 형태로 확대·분리되었다. 그러나 아무리 국세와 지방세가 그 과세주체와 과세원리에 있어 차이가 있어 입법의 필요성이 있다고 해도 「국세기본법」과 거의 동일한 원리와 절차에 따라 「지방세기본법」을, 「조세특례제한법」에서 지방세를 분리하여 「지방세특례제한법」을 추가로 신설한 것은 과잉입법에 해당하는 것으로 바람직하다고 볼 수 없다. 오히려 국세와 지방세를 통합적으로 규정하는 「조세기본법」과 국세와 지방세의 장章으로 구분되는 「조세특례제한법」으로 운용하는 것이 바람직하다. 이 책도 이러한 원리를 따라 국세와 지방세를 통합적으로 기술하였다.

한편, 입법형식에 따라 조세체계를 구분하는 경우 국세와 지방세 모두 '절차법'과 '실체법'으로 나눌 수 있다.

절차법으로는 조세의 기본적 사항과 공통적인 사항을 다룬 「국세기본법」, 「국세징수법」, 「지방세기본법」, 「지방세징수법」과 국세에 관한 조세범칙과 그 처벌절차(지방세에 관한 조세범칙은 「지방세기본법」에서 다룬다)를 다루는 「조세범처벌법」, 「조세범처벌절차법」이 있으며, 실체법으로는 각각의 세목에 따라 개별법으로 입법된 각 세법과 모든 지방세의 과세요건과 세율을 규정한 「지방세법」과 함께 조세감면을 다룬 「조세특례제한법」, 「지방세특례제한법」 등으로 구분할 수 있다.

2) 우리나라 조세체계의 문제점

① 복잡한 세목과 어려운 세법

경제와 사회 발전에 따라 국세와 지방세 모두 많은 세목을 두고 있다. 한번 만들어진 조세제도는 그 조세수입의 세출이 정해지고 이해관계자가 생겨 쉽게 고치거나 폐지하는 것이 매우 어렵기 때문이다.

최근 정부는 교육이나 농어촌 개발 등 특정 재원에 충당할 목적으로 한시적으로 징수하고자 만들었던 교통·에너지·환경세, 교육세, 농어촌특별세 등 목적세를 폐지하고자 하였지만 관련 이해단체와 정부부처의 반대로 무산되었다. 설사 폐지되더라도 목적세 부담액이 그대로 본세로 흡수되어 세 부담도 사실상 줄어들지 않게 된다.

그러므로 복잡한 조세체계를 간소화하기 위해서는 새로운 조세를 만들지 않는 것이 바람직하지만 설사 국민의 세 부담이 감소되지 않는다 해도 국민이 알기 쉽도록 잘 정비하는 것이 필요하다.

| 현행 조세체계에서 세목별 문제점 |

문제점	현행	개선
시행되지 않고 휴면 중인 조세	자산재평가세	폐지
세수가 적고 행정력만 소요되는 조세	주민세·면허세	폐지
행정력이 미치지 못하고 유명무실한 조세	인지세	폐지나 과세방식 변경
세수를 특정목적에 사용하지 않는 목적세	지역자원시설세, 농어촌특별세, 교육세, 교통·에너지·환경세	폐지
하나의 세목으로 통합이 가능한 조세	등록세(→취득세) 통합존속	통합폐지

한편, 세법은 납세자 일반이 자신이 보고자하는 조문을 쉽게 찾을 수 있고 그 내용도 쉽

게 이해할 수 있도록 만들어져야 한다.

우리나라 세법은 처음 만들어질 때 독일이나 일본의 세법을 기초로 하여 법률의 구성과 문체가 매우 복잡하고 어렵게 되어 있다. 대부분 위임입법委任立法을 전제로 하는 세법 구조에서 과세요건을 완전하게 확인하기도 어려우며, 세법에 사용된 문장이 복잡하고 용어가 생소하여 이해하기도 쉽지 않다.

더구나 오늘날 대부분 납세의무의 이행방식이 신고납세제도로 전환되었음에도 세법은 아직도 부과과세제도를 기초로 한 세법의 틀을 벗어나지 못하고 있어 납세자가 세법만 의지하여 스스로 납세의무를 이행하기가 힘들다.

이처럼 조세제도가 복잡한 것은 우선 과세요건 등을 파악하기 어려운 모호한 규정이 대부분이고 세금 계산구조도 복잡한데다 납부할 세금과 관계없는 협력의무와 보충적 규정을 많이 두고 있는데다, 그 내용도 너무 지나치게 자주 개정되기 때문이다.

조세제도가 복잡해지면 기업활동과 납세자의 효율을 저하시키고 납세자의 성실신고를 어렵게 만들고 납세협력비용을 증가시킨다.

그러므로 달라진 조세환경에 맞춰 납세자가 스스로 납세하는데 어려움이 없도록 조세체계의 틀과 세법의 구성을 단순하고 명료하게 개편하는 것이 필요하다.[39]

왜냐하면 아무리 공평한 세제라 해도 그 내용이 복잡하고 어려운 경우 국민의 자발적인 납세순응이 불가능하고 조세의 초과부담에 더 영향을 주어 경제적 후생비용을 증가시키기 때문이다.[40]

② 간접세 위주의 조세체계

우리나라의 조세구조에서 부가가치세 등 소비과세에 의한 간접세수의 비중은 아직도 높은 편이다. 소득과세, 재산과세에 따른 직접세수에 비하여 간접세수의 비중이 높은 것이 반드시 바람직하지 못하다고 할 수 없지만, 간접세수의 비중이 높은 경우 소득수준에 따른 각 계층 간에 공평성은 낮아질 수밖에 없다.[41]

---

39) 1990년대 후반부터 영국·오스트레일리아 등이 조세법령의 체계·편제·표현방식 등 보다 형식적 문제에 초점을 맞추어 조세법을 간소화하는 조세법령 새로쓰기tax law rewriting에 영향을 받아, 우리나라에서도 2011년 '조세법령 새롭게 다시 쓰기' 프로젝트에 착수했다. 기획재정부에 '조세법령개혁위원회'를 구성하여 입법방향을 정하고 업무를 총괄하는 부서로서 '조세법령개혁팀' 조직을 가동하면서 컨트롤타워 역할을 맡겼다. 성안작업은 이들 국가와 달리 외부전문가에 맡기되 정부가 입안에 대한 최종 책임을 지는 방식으로 진행했다. 2011년 「부가가치세법」, 2013년 「법인세법」과 「소득세법」, 2015년에는 「상속세 및 증여세법」과 「국세기본법」을 대상으로 하였고 그 중에서 2012. 6월 「부가가치세법」이 처음으로 입법화되었다.

40) 최명근, 「2000년대 우리나라 세제·세정의 개혁과제」, 한국경제연구원, 2000. 후생손실welfare cost, deadweight cost이란 세금부과 등으로 거래가 축소되는 등 시장왜곡으로 발생하는 총잉여의 감소분을 말한다. 조세로 인한 경우는 초과부담(excess burden, 후생감소분－조세징수액)이라고 한다.

41) 최근 OECD를 비롯한 국제기구에서는 사회복지와 경제활성화 등 사회·경제정책을 위한 재정확충을 위해

부가가치세, 개별소비세, 주세 등 간접세 위주의 조세체계를 갖게 되면 과세관청에게는 조세저항이 적어 조세남용의 우려가 높은 반면, 세 부담이 전가되어 국민 일반, 특히 저소득층의 조세부담액이 커진다.

| OECD 각국의 간접세수 비중 |

국가별	한국	미국	일본	독일	프랑스	OECD평균
간접세수 비중	42.7%	6.9%	41.5%	57.7%	52.9%	48.4%

(자료 : 한국조세재정연구원, 2017 : 국세, 2015년 기준)

③ 조세감면의 남용

우리나라는 세목별로 명목세율은 매우 높은 반면 과도한 조세감면으로 실효세율은 낮다. 근로자·농어민·중소기업과 사회보장 등 사회개발을 위한 지원을 위한 조세감면 규모는 징수할 전체금액의 13%, 실제 내국세 수입의 15%에 달한다.

이처럼 과도한 조세감면은 결국 감면을 받지 않는 다른 납세자의 부담을 증가시켜 계층 간 조세부담의 불균형을 초래하고 조세의 중립성을 해친다.

이 때문에 지나친 조세감면을 축소하기 위하여 1998년 조세감면의 기한을 정하는 '일몰제도'日沒制度와 1999년 조세감면액을 세출로 산정하는 '조세지출예산'租稅支出豫算, tax expenditure budget제도를 도입하여 시행하고 있지만 이후에도 감면규모는 줄지 않고 오히려 확대되고 있다.

| 조세감면 규모 |

연도	2000년	2005년	2010년	2015년	2018년
조세감면액(억원)	13조2824억	20조169억	29조9997억	35조9017억	43조9533억
세수총액(억원)	83조2214억	119조3654억	177조7184억	217조8851억	293조5704억
감면비율(%)	13.8%	14.36%	14.4%	14.1%	13.0%

(자료 : 기획재정부, 『조세지출예산서』, 각 연도)

④ 지방분권을 가로막는 세제

우리나라는 전통적으로 조세제도를 국세 중심으로 운영하여 세원이 중앙정부에 집중되어왔기 때문에 지방자치단체의 조세, 즉 지방세의 세수는 미미하다.

간접세를 늘려야 한다고 주문하고 있다. 실제로 유럽 제국은 간접세의 비중이 50%를 넘고 복지 국가로 이름 높은 핀란드의 경우 간접세 비중이 2015년 기준 68.5%에 달하고 있다.

자주적 지방재정이 요체인 지방자치가 정착된 미국 등 선진국은 지방세 비중이 약 40% 이상이지만 우리나라는 1995년부터 본격적으로 지방자치를 실시하고 있으면서도 아직도 지방세의 비중은 전체 조세수입 중 약 22%에 머무르고 있다.[42]

| 각국의 지방세 비중 |

연방제 구분	연방제 국가(9개국)			비연방제국가(27개국)			
국가별	미국	독일	평균	일본	한국	영국	평균
지방세 비중	44.2%	52.1%	32.9%	39.2%	22.3%	6.1%	15.1%

(자료 : OECD, 『Revenue Statistics』, 2018년 기준)

이처럼 조세제도를 '국세' 위주로 운영하게 되면 지방자치제도에서 필수적인 재정분권財政分權이 미흡하여 지방재정은 크게 부족할 수밖에 없게 된다. 이 때문에 중앙정부의 재정으로 지방재정을 보충하는 '지방재정조정' 제도를 두고 있는 데, '지방교부세'와 '국고보조금' 제도가 그것이다.

이들은 지방자치단체의 재정 부족분을 중앙정부가 메워주는 성격을 공통적으로 갖고 있다. '지방교부세'地方交付稅의 경우, 특별교부세를 제외하고는 중앙정부가 국세의 일부를 지방자치단체에 교부하면서 사용범위나 용도를 정해주지 않는 지방자치단체의 일반재원이 되므로 지방재정의 독립성을 크게 해치지 않는다. 반면에 '국고보조금'國庫補助金은 중앙정부의 사무대행에 대한 대가로서 지급하는 것으로 사용범위를 정하여 교부하는 특정재원으로, 지방자치단체가 중앙정부에 예속될 수 있기 때문에 바람직하지 않게 된다.

이 때문에 부족한 지방재정을 충당하고 자주적인 지방세원을 개발하기 위하여 국세와 지방세의 구조조정을 통한 조세체계의 개편 노력을 기울이고 있다. 최근 생산중심 경제에서 용역중심 경제로 산업구조가 급격히 개편되면서 소비과세가 정부와 지방자치단체의 재정편익財政便益: fiscal benefit을 위한 핵심적인 세원稅源으로 각광받자, 우리나라도 2010년 국세인 부가가치세의 일부를 지방세로 징수하는 '지방소비세'를 도입하였다.[43]

---

42) 국세와 지방세 세수비중이 22%에 머무르고 있어 문재인 정부에서 지방 재정분권을 위해 7 : 3이나 6 : 4의 비중으로 바꿔나가겠다고 하는데, 정부 일각에서는 국세와 지방세의 세수비중과 중앙정부와 지방정부의 재정규모는 다른 것이며, 국세와 지방세의 세수 비중은 약 78 : 22의 수준이나 지방교부세 등을 통해 지방으로 이전되는 재원 포함시 총 조세수입의 약 63%를 지방정부가 사용한다고 주장한다.

43) 독일도 1969년부터 법인세·소득세는 물론 영업세를 대상으로 징세지 기준으로 한 '공동세'를 도입하였고 일본도 1997년부터 국세(소비세)의 일정비율을 지방세로 부과하는 '지방소비세'를 시행하고 있다.

(2) 한국 조세제도의 변천사[44]

1) 8·15 광복 후 세제

우리나라의 현대적 조세체계는 8·15 광복 이후 1934년 일본의 세제를 이어받은 미 군정의 법령이 그 출발이었다. 당시의 조세체계는 수득세收得稅·유통세·소비세 계통의 국세에 지방세를 합친 것으로, 일제시대에 운영되던 세목과 과세대상·세율 등 무질서한 조세체계를 정비하였다.

1948년 정부수립 직후부터 「세제개혁위원회」를 설치하고 경제부흥에 중점을 둔 세제개혁을 추진하였고 1949년에는 독자적인 소득세·법인과세 제도를 마련하였다. 하지만 이듬해 6·25전쟁의 발발로 막대한 전쟁비용을 조달하기 위한 전시세제戰時稅制로 전환될 수밖에 없었다.

2) 1950년대 세제

6·25전쟁 기간 중 「임시 조세증징법」臨時 租稅增徵法과 「임시 토지수득세법」臨時 土地收得稅法을 제정하고, 법인과세에 처음으로 누진세율을 적용하여 원활한 전비조달을 위한 전시세제戰時稅制를 운영하였다.

휴전이 되자, 1954년 UN 조세전문가의 진단과 개편안을 바탕으로 전시세제에서 평시세제로 환원하는 세제개혁을 단행하였다.

이 개혁에서는 전시세제인 「임시조세증징법」과 「조세특례법」을 폐지하고 소득세 등 대부분의 세목을 개정하였다. 분류소득세分類所得稅에만 초과누진세율을 적용하던 것을 분류소득세와 종합소득세를 병행하는 제도로 개편하여, 분류소득세에는 비례과세하고 종합소득세에는 누진세율을 적용하도록 하였다.

1956년에는 전후 복구를 위한 부흥세제復興稅制개혁을 단행하였다. 그 핵심은 기업자본의 축적과 주요 핵심산업의 발전을 위해 소득세·법인세 등 직접세는 부담을 줄이고 조세저항이 적은 간접세 중심으로 조세체계를 전환했다. 1950년대 후반에는 자산재평가세·임시외환특별세·교육세·자동차세 등을 신설하였으며, 종합소득세를 폐지하였다.

3) 1960년대 세제

박정희 정부가 경제부흥을 위해 강력히 추진한 「경제개발 5개년계획」의 실시에 따라 1961년 이후 몇 번에 걸쳐 경제개발계획에 따른 재원을 조달하기 위한 세제개편을 단행하였다.

---

44) 최광·현진권, 『한국조세정책 50년』, 한국조세연구원, 1997.에서 기술한 내용을 요약정리하였으며, 없는 기간의 조세사는 추가하였다.

개발지원에 필요한 내자를 조달하기 위해 국세와 지방세를 전반적으로 개편하고 공개법인의 육성, 저축의 증대, 중요전략산업의 육성과 과학진흥 등을 위한 조세지원이 가능하도록 「조세감면규제법」을 제정하였다.

또한, 1966년 경제개발을 위한 조세징수를 보다 더 강력하고 원활하게 하기 위해 국세징수를 전담하는 행정기관으로 재무부 산하에 외청外廳으로 「국세청」을 설치하였다.

4) 1970년대 세제

1970년대는 경제개발을 보다 더 뒷받침하기 위해서 세제를 보다 종합적이고 체계적으로 정비하는 시기였다.

1974년에는 퇴직소득·산림소득·양도소득을 제외한 나머지 소득을 종합소득으로 하여 초과누진세율로 종합과세하고 양도소득세 과세제도를 새로이 도입하였다. 또 국세에 관한 기본적이고 공통적인 사항을 체계화하면서 납세자 권익을 보호하기 위해 「국세기본법」을 제정하였다.

1976년에는 영업세·유흥음식세 등을 포함한 8개의 세목과 55개의 복잡한 세율구조로 되어있던 간접세 체계를 단일세율의 부가가치세로 통합하여 1977년 7월부터 전면 시행하였고, 추가적으로 사치성 품목에는 특별소비세를 추가로 과세할 수 있도록 「특별소비세법」을 제정하였다.

이로써 간접세 체계는 2개의 세목으로 통폐합되어 대폭 간소화되었고 경제개발에 필요한 안정적인 재원을 마련할 수 있게 되었다.

1970년대 후반 들어 재벌이 등장하고 경제개발의 성과로 소득계층 간 소득격차, 사치풍조와 부동산투기가 심해지자 이에 대해 중과세하는 제도를 도입하였다. 1978년에는 투기성향과 사치풍조를 진정시키고 물가를 안정시키기 위해 고소득층의 재산소득과 투기목적의 부동산 거래에 대하여 중과세하였으며, 법인의 부동산투기를 막기 위해 특별부가세를 신설하는 등 조세의 소득재분배 기능이 강조되었다.

5) 1980년대 세제

정치적으로도 큰 변혁기였던 1980년대는, 그동안 정부 주도의 경제계획에 의한 경제발전을 지원하기 위한 세제에서 벗어나 신고납세제도 위주의 조세체계로 개편하는 등 조세제도가 보다 성숙되는 시기였다.

1982년에는 법인세가 신고납세제도로 전환되어 종합소득세, 부가가치세와 함께 3대 세목 모두 신고납세제도로 운영됨으로써 우리나라 조세사에 있어 근대적 조세체계가 어느 정도 확립되는 계기가 되었다.

1980년대 말에는 전국적으로 기승을 부린 부동산투기를 막기 위해 '토지공개념'土地公概念을 도입하고 지방세로서 '종합토지세', 국세로서 '토지초과이득세'를 시행하였으나 이후 '토지초과이득세'는 1994년 위헌결정에 따라 1998년 말 폐지되었다.

6) 1990년대 세제

김영삼 정부가 1993년과 1995년에 각각 전격적으로 시행한 '금융실명제'와 '부동산실명제'는 경제·사회적 제도는 물론 세제도 크게 변화시켰다. 이를 바탕으로 과표 양성화를 위한 소득파악이 용이하게 되어 이후의 세제 개편에서는 과세형평성을 가장 우선할 수 있게 되었다.

1996년에는 '금융실명제'를 바탕으로 이자·배당 등 금융소득에 대한 '금융종합과세' 제도를 시행하여 자산소득에 대한 과세를 강화하였다. 금융소득 종합과세는 이듬해 외환위기 사태로 유보되기는 하였지만 2000년부터 다시 시행되고 있다.

한편 「경제협력개발기구」OECD에 가입을 위하여 국제적인 규범에 맞춰 1996년 「납세자권리헌장」을 제정하고 「국세기본법」에 세무조사 절차에 있어서 납세자권리 규정을 새로이 도입하게 되었다. 이는 세무행정에 있어 적정한 조세절차와 납세자권리에 대한 인식을 새롭게 하는 계기가 되었다.

7) 2000년대 세제

1997년 외환위기 직후 경제난 속에서 역사상 처음으로 여·야간에 정권교체를 통하여 출범한 김대중 정부는 조세제도보다 주로 조세행정에 대한 변화와 개혁에 집중하였다.

1999년 조세행정의 부조리를 예방한다는 이유로 국세청의 행정조직을 개편하여 '세목별 조직'에서 '기능별 조직'으로 바꾸었다. 이어 2001년에는 신문·방송 등 언론사에 대한 일제 세무조사를 실시하고 공표하게 되자 정치적 목적의 세무조사 논란이 커졌다. 그 결과 적정한 조세절차에 대한 사회적 인식이 확산되어 「국세기본법」에 세무조사의 남용을 금지하는 내용이 입법화되었다.

2003년 김대중 정부를 승계한 노무현 정부는 소득재분배를 위한 세제의 대혁신을 통해 정부의 정책목표가 성장이 아니라 분배임을 더욱 분명히 했다.

2005년 지방세인 종합토지세를 흡수하여 국세로서 '종합부동산세'를 전격적으로 도입하여 보유세를 대폭 강화하는 한편 부동산 과다보유를 막기 위해 다주택 소유자와 비사업용 부동산에 대하여 50% 이상의 세율을 적용하는 중과세 제도를 시행하였다.

또 상속세·증여세는 변칙적인 부의 이전을 막기 위해 완전포괄주의 과세제도로 전환하고, 양도소득세도 기준시가 기준의 부과과세제도에서 실지거래가액에 의한 신고납세제도로 변경하였다.

　이렇듯 부동산 등 자본이득에 대한 중과세와 고소득을 올리는 자산가에 과세를 집중하는 과세체계의 개편을 통해 부동산투기와 자원배분의 집중을 막는 성과를 어느 정도 거둘 수 있었다.

　하지만 '보유세 강화'와 '거래세 완화'라는 정책목표 속에서도 취득세 등 거래세는 크게 완화되지 않고 1세대1주택과 사업용 자산에까지 종합부동산세가 중과세됨으로써, 세 부담이 급격히 늘어난 부유층의 반발과 중산계층의 사회적 부담으로 정권을 내주고 말았다.

　그 결과 2008년 이명박 정부의 등장과 함께 그동안 사회적 논란의 핵심이던 종합부동산세는 과세대상과 세율이 대폭 완화되어 중과세제도로서의 실효성을 잃고 유명무실하게 되었고, 기업하기 좋은 조세제도와 조세의 국제경쟁력 강화라는 명분하에 법인세·소득세율을 대폭 인하함으로써 다시 대기업과 자산가의 세 부담이 완화된 조세제도로 회귀하게 되었다. 2011년부터는 일본세법에서 이어받은 어려운 세법을 성숙한 국민의식과 납세자의 시각에 맞춰 명확하고 알기 쉽게 바꾸기 위한 '조세법령 새로 쓰기(taxlaw rewriting)'가 정부주도로 시작되어 이후 10여 년간 추진되어 많은 부분이 입법화되었다.

　2013년 출범한 박근혜 정부는 늘어나는 복지재정수요를 충족할 재정과 공약을 이행하기 위해 따로 증세하지 않더라도 지하경제 양성화와 세무행정 강화를 통해 달성하겠다고 '증세 없는 복지'를 주장하였다. 하지만 재정여건이 더욱 어려워지자 그동안 감세가 이어온 대기업과 재벌 등에 대한 과세를 정상화하는 대신에 소득공제의 세액공제 전환, 봉급생활자, 중소기업과 농민의 비과세·감면 축소, 담배세금의 인상 등을 통해 세수확대를 꾀함으로써 세 부담의 증가로 인한 계층간 간극이 더욱 확대되었다.

　2017년 박근혜 대통령의 탄핵을 가져온 '촛불시민혁명'으로 탄생한 문재인 정부는 '과세형평 제고와 납세자친화적 세정'이라는 국정과제를 설정하고, 그간 효과없이 낙수효과에 기댔던 '부자감세'를 회복하기 위해 과표 3,000억원 초과분에 대해 법인세율을 25%로 인상하고 소득세 최고세율도 과표 5억원 초과분에 대해 42%로 인상했다.

　아울러 심각한 저출산·고령화로 폭증하는 사회복지지출을 조달하기 위한 보편적 증세와 소득재분배 세제에 대한 사회적 합의를 위해 대통령직속으로 「재정개혁특별위원회」를 가동하였다. 하지만 당시 부동산가격 폭등에도 종합부동산세 등 보유세 강화를 통한 효과적인 대응을 제대로 하지 못했을 뿐만 아니라 금융종합과세 강화, 상장주식 양도차익과세, 환경세제 개편 등 개혁과제도 대부분 내·외부적으로 증세에 대한 반발여론을 넘지 못했다. 그 결과 급증하는 복지수요를 충족하고 심각한 소득양극화를 해소할 수 있는 조세·재정개혁을 할 호기를 놓치고 말았다.

제 2 절

조세법

1 조세법의 의의

'조세법'租稅法, tax law이란, 국가나 지방자치단체 등 과세권자와 국민인 납세자 사이에 형성되는 조세에 관한 법률관계를 규율하기 위하여 조세의 부과 · 징수와 불복과 처벌 등을 정한 법규를 말한다. 일반적으로 '세법'稅法이라 부른다.

조세에 관한 과세요건을 정하고 있는 조세실체법의 경우 국세는 '1세목1세법주의'에 따라 상속세와 증여세를 함께 규정한 「상속세 및 증여세법」을 제외하고 세목 별로 각각 별개의 세법을 두고 있으며, 지방세는 하나의 세법(「지방세법」)에서 모든 세목을 통괄적으로 규정하고 있다.

조세실체법에서 정한 과세요건으로 납세의무가 있음에도 조세정책적인 목적으로 조세감면의 범위와 방법을 정하고 있는 조세법으로는 국세에 관한 「조세특례제한법」과 지방세에 관한 「지방세특례제한법」이 있다.

한편, 국세에 관한 기본적 · 공통적 사항을 정하고 있는 「국세기본법」에서는 '세법'의 범위를, 국세의 종목과 세율을 정하고 있는 법률(조세실체법)과 「국세징수법」, 「조세특례제한법」, 「국제조세 조정에 관한 법률」, 「조세범 처벌법」, 「조세범 처벌절차법」으로 정하고 있다[국기법 §2(2)].[45)]

2 조세법의 법원

'법원'法源, source of the law, [독] Rechtsquelle이란 법의 연원淵源이나 존재형식으로 법원이 재판의 근거나 기준으로 삼는 것을 말한다.

조세관계를 규율하는 법으로서 조세법의 존재형식인 법원은, 크게 '성문법'written law, [독]geschriebenes Recht과 '불문법'unwritten law, [독]geschriebenes Recht으로 나눈다. 성문법으로는 헌

---

45) 이는 「국세기본법」에서 지칭하는 '세법'의 범주를 말하는 것으로 세법으로 보는 법률상의 범위를 의미하는 것은 아니다. 그러므로 「국세기본법」, 「지방세법」, 「관세법」 뿐만 아니라 조세에 관한 내용을 규정하고 있는 법률이라면 모두 '조세법'이라 할 것이다.

법, 법률, 조약, 명령, 조례, 규칙과 불문법으로는 판례, 관습법, 조리 등이 있다.

(1) 성문법

1) 헌 법

「헌법」憲法, constitution은 조세법을 비롯한 모든 법률에 있어서 최고의 법원法源이다. 「헌법」은 "모든 국민은 법률이 정하는 바에 의하여 납세의무를 진다"[§38]고 밝혀 국민의 납세의무를 정하고, "조세의 종목과 세율은 법률로 정한다"[§59]고 규정하여 '조세법률주의'租稅法律主義를 선언하고 있다.

2) 조세법

'조세법'租稅法, tax law은, 헌법에 따라 국회에서 조세의 과세요건과 절차 등을 담아 제정한 법률로 가장 중요한 조세의 법원이다.

우리나라의 조세법은 크게 국세에 관한 조세법과 지방세에 관한 조세법으로 나눌 수 있다.

이 중에서 「조세특례제한법」, 「지방세특례제한법」은 조세정책 목적을 위해 국세나 지방세 감면을 통하여 개별 세법의 적용방법을 수정하도록 한 것으로, 국세와 지방세 등 모든 개별 세법을 적용할 때 함께 검토되어야 하는 특수한 법률이다.

① 국세에 관한 조세법

「소득세법」, 「법인세법」, 「부가가치세법」 등과 같이 원칙적으로 각 조세의 종류, 즉 세목별로 별개의 법률로 존재하며 각각 과세요건을 정하고 있다[1세목1세법주의].[46]

하지만 이외에도 통칙법의 성격을 지닌 「국세기본법」, 「국세징수법」, 「조세범 처벌절차법」 등을 두고 조세에 관한 행정절차를 하거나 개별 세법에 규정이 없는 경우 공통적으로 적용하도록 하고 있다.

② 지방세에 관한 조세법

지방자치단체가 부과하는 취득세·등록면허세·주민세 등 모든 세목을 모아 「지방세법」이라는 하나의 실체법을 두고 있다[단일법주의]. 하지만 국세와 비슷하게 지방세에 관한 기본적인 사항과 지방세에 관한 범죄와 처벌에 관해서는 「지방세기본법」에서, 지방세의 징수절차에 관한 사항은 「지방세징수법」, 지방세의 감면 범위에 관한 사항은 「지방세특례제한법」에서 따로 규정하고 있다.

---

46) 예외적으로 「상속세 및 증여세법」은 재산가액의 평가, 과세방법, 세율 등에서 공통점을 가지고 있어 하나의 조세법에서 상속세와 증여세 등 2가지 세목을 같이 규정하고 있다.

3) 조약과 국제법규

'헌법에 의하여 체결·공포된 조약'과 '일반적으로 승인된 국제법규'는 국내법과 같은 효력을 가진다[헌법 §6①].

조세행정에서 외국과의 거래에 있어 많이 적용되는 '조세조약'租稅條約, tax treaty[47]은 외국과 체결한 조약이지만, 국회의 승인을 받지 않으므로 국내법에 있어서 '위임입법'의 하나로 보아야 한다.[48]

이러한 조세조약은 국내 세법에 대하여 '특별법'의 위치에 있으므로, '특별법 우선의 원칙'에 따라 조세조약이 체결된 국가의 거주자에 대하여는 조세법보다 우선하여 적용된다.

하지만 일반적으로 조세조약은 소득의 종류별로 '소득원천지국'所得源泉地國과 '거주지국'居住地國 간의 과세권 배분에 관한 내용만 정하고 있으므로 과세대상, 세율의 적용 등에 있어서만 우선 적용될 뿐 구체적인 과세방법이나 절차 등에 관해서는 국내 조세법을 따르게 된다.[49]

'일반적으로 승인된 국제법규'public international law란 우리나라가 당사국이 아니라 해도 국제사회에서 일반적으로 규범성이 승인된 조약과 국제관습법을 말한다. 이에 따라 국제사회에서 보편적 규범으로 다수의 의미있는 국가[50]에 의하여 승인되고 있는 법규라면 우리나라가 명시적으로 동의하거나 승인하지 않았다 해도 법원으로 인정된다.

---

47) "조세조약"tax treaty, tax convention은 소득·자본·재산에 대한 조세나 조세행정의 협력을 위해 체결한 조약·협약·협정·각서 등 국제법에 따라 규율되는 모든 유형의 국제적 합의[국조법 §2①]를 말한다. 실무적인 공식명칭은 '소득 및 자본에 관한 조세의 이중과세회피 및 탈세방지를 위한 협약Convention for the avoidance of double taxation and the prevention of fiscal evasion with respect to taxes o n income and capital'이며, 그 내용은 명칭title, 전문preamble, 본문(조약의 적용범위, 정의, 소득에 대한 과세, 자본에 대한 과세, 이중과세방지, 특별규정, 효력규정), 의정서protocol 등으로 구성된다. 1970년 일본을 시작으로 현재 우리나라는 총 95개국과 조세조약을 체결하고 있다. 조세조약은 조약체결 양국의 개인과 법인 등 거주자에 대하여 적용되며, 부가가치세 등에는 적용되지 않고 소득세, 법인세, 지방소득세(미국 등 일부국가는 제한세율로 정하고 있지 않아 지방세법에 따라 별도징수)에만 적용된다.

48) 조약은 일반적으로 국회 동의를 필요로 하지만 조약의 성립요건은 아니다. 국회 동의는 국가배상 효력이 없지만 국내법상으로는 효력 발생요건이 되기 때문이다. 국회의 동의를 받지 않는 조세조약은 대통령령과 동일한 효력을 가지나 그 위법성에 관해서는 대법원이 최종적인 판결을 하게 된다. 법원은 만약 조세조약이 헌법에 위반된다고 판단한 경우에는 그 적용을 거부할 수 있다.

49) 비거주자나 외국법인의 국내원천소득의 구분에 있어서는 「소득세법」[§119], 「법인세법」[§93]에 불구하고 조세조약의 규정이 우선하여 적용되며, 비거주자나 외국법인의 국내원천소득 중 이자·배당 소득이나 지적재산권 등의 사용대가에 대하여는 조세조약상의 제한세율과 「소득세법」[§156①(3)], 「법인세법」[§98①(3)]에서 정한 세율 중 낮은 세율을 적용한다[국조법 §28, §29].

50) "의미있는 국가"란 세계 200여개 국가 중 근대적인 법률문화를 공유하는 선진국이 포함된 경우로 해석된다. 일반적으로 승인된 국제법규 중 국제관습법으로는 제네바협정, 외교관의 대우에 관한 국제법상의 원칙, 내정 불간섭의 원칙, 민족자결의 원칙, 조약준수의 원칙 등이, 조약으로는 「유엔헌장」일부, 「포로에 관한 제네바 협정」, 「집단학살의 금지협정」, 「부전조약」不戰條約 등이 있다. 조세의 경우 「OECD가이드라인」과 「조세협약 주석서」Commentary 등을 들 수 있다.

4) 명 령

'명령'命令, order이란, 국회에서 제정된 법률이 아닌 대통령·국무총리·각 부 장관 등 행정부가 제정하는 법규로서 세법은 시행령施行令, enforcement ordinance으로 '대통령령', 시행규칙施行規則, enforcement regulation으로 '기획재정부령'(국세)·'행정안전부령'(지방세)을 두고 있다.

명령은 법규성法規性을 가지고 있으므로 훈령·고시 등 행정규칙과 구분하여 '법규명령'法規命令, legal order이라고도 부르며, 법률의 개별적인 권한위임이 필요한 '위임명령'委任命令과 세부적인 집행절차를 규정한 '집행명령'執行命令으로 분류한다.

세법은 어떠한 다른 법률에서보다 매우 폭넓고 상세한 명령을 두고 광범위하게 적용하고 있다.

원칙적으로 조세에 관한 모든 사항은 '조세법률주의'에 따라 당연히 국회가 제정한 법률로써 제정되어야 한다.

하지만 조세법이 규율해야 하는 현대의 사회·경제적인 현상은 매우 복잡하고 그 변화가 급격하게 이뤄지고 있어 일일이 국회에서 제정한 법률로 모두 규정하기가 사실상 불가능하므로, 시행을 위한 세부적인 사항은 행정부가 정하는 '명령'에 따르도록 한 것이다.

이처럼 '위임명령'이 불가피하게 필요하고 조세에 관한 명령이 발달하다 보니 입법에 있어서 조세법률주의에 어긋나는 '포괄위임'包括委任 입법이 늘어나 국민의 기본권과 재산권이 침해되는 일이 빈번해지고 있다.

하지만 조세분야에 대한 명령이 아무리 발달하고 불가피하다 해도 법률의 제정권자인 국회의 엄격한 심사와 통제를 받아야 한다. 특히, 「헌법」[§75]에 따라 위임의 범위와 한계를 '구체적으로 범위를 정하지 않는' 포괄위임包括委任 입법[51]은 효력을 인정받을 수 없다.

---

51) 입법을 위임할 경우에는, 법률에 미리 대통령령으로 규정될 내용과 범위의 기본사항을 구체적으로 규정하여 둠으로써 행정권에 의한 자의적인 법률의 해석과 집행을 방지하고 의회입법과 법치주의의 원칙을 달성하고자 하는 「헌법」 제75조의 입법취지에 비추어 볼 때, '구체적으로 범위를 정하여'라 함은 법률에 대통령령 등 하위법규에 규정될 내용·범위의 기본사항이 가능한 한 구체적이고도 명확하게 규정되어 있어서 누구라도 당해 법률 그 자체로부터 대통령령 등에 규정될 내용의 대강을 예측할 수 있어야 함을 의미한다고 할 것이다. 그 예측가능성의 유무는 해당 특정조항 하나만을 가지고 판단할 것은 아니고 관련 법조항 전체를 유기적·체계적으로 종합 판단하여야 하며, 각 대상법률의 성질에 따라 구체적·개별적으로 검토하여야 한다. 이와 같은 위임의 구체성·명확성의 요구 정도는 그 규율대상의 종류와 성격에 따라 달라질 것이지만, 특히 처벌법규나 조세법규와 같이 국민의 기본권을 직접적으로 제한하거나 침해할 소지가 있는 법규에서는 구체성·명확성의 요구가 강화되어 그 위임의 요건과 범위가 일반적인 급부행정의 경우보다 더 엄격하게 제한적으로 규정되어야 한다. 반면에, 규율대상이 지극히 다양하거나 수시로 변환하는 성질의 것일 때에는 위임의 구체성·명확성의 요건이 완화되어야 할 것이다(헌법재판소 1997.10.30. 선고, 96헌바92 결정 참조).

| 법규명령과 행정규칙 |

구분	명령(법규명령)	행정규칙
법 원	조세법의 법원	조세법의 법원성없음
성 질	행정(형식), 입법(실질)	행정(형식 · 실질)
근 거	위임명령(상위 법령 개별적 수권 필요), 집행명령(상위 법령근거 불필요)	법령근거 불필요(행정상 권능)
규율관계	일반 공권력(일반 국민대상)	공법상 특별권력(공무원 대상)
법규성	법규성(위법)	비법규성(단순한 징계사유)
형 식	조문條文 형식	조문과 구두 모두 가능
위반행위	행정소송 가능	행정소송 불가

5) 조례 · 규칙

지방자치단체는 법률의 범위에서 조례 · 규칙 등 자치에 관한 법규를 제정할 수 있다. '조례'條例, ordinance는 지방의회가, '규칙'規則, regulation은 지방자치단체의 장이 제정하는 자치에 관한 법규를 말한다.

「지방세기본법」[§5]은 지방자치단체가 지방세의 세목, 과세대상, 과세표준, 세율 등 부과 · 징수에 관해 필요한 사항을 「지방세기본법」, 「지방세징수법」, 「지방세법」, 「지방세특례제한법」등 지방세관계법에서 정하는 범위에서 조례로 정하고 조례의 시행에 따른 절차 등은 규칙으로 정할 수 있도록 하고 있다.

그러므로 조례와 규칙은 「지방세법」등 지방세관계법의 법원이 된다.[52]

(2) 불문법

'불문법'不文法, common law은 일반적으로 조세법의 법원으로 인정되지 않는다. 하지만 일반적으로 대법원 판례, 조리, 관습법은 법에 명문규정이 없더라도 조세법의 법원성을 인정하는 경향이 있다.

1) 판 례

'판례'判例, precedent는 실정법상 법률의 법원으로 인정하고 있지 아니하다. 영 · 미법계 국가에서는 '선례구속력의 원칙'先例拘束力 原則, doctrine of stare decisis에 따라 판례가 가장 중요한 법원이 되지만, 대륙법의 영향을 받은 우리나라에서 법원의 판결은 본래 판결이 내려진 해

---

52) 조례의 법원성을 부정하는 견해도 있지만 지방의회나 지방자치단체에 의한 조례나 규칙도 민사에 관한 것일 때에는 민사법규에 대한 보충적 효력을 갖는다고 볼 수 있으므로 대부분 조례의 법원성을 인정하고 있다.

당 사건에만 기속력羈束力을 가질 뿐 다른 사안에는 그 효력이 미치지 않는다.

하지만 세법의 법원으로 명시되어 있지 않다 해도 대법원의 판례는 실질적으로 하급법원이 따라야 하고,[53] 과세관청도 대법원의 판례가 있는 경우에는 과세권을 유지를 위해 고려하지 않을 수 없으므로 '사실상의 법원'이 되고 있다.

특히 대법원에서 반복적으로 과세관청이 패소한 사례가 있는 경우 이를 기준으로 세법을 개정하고 있어, 실질적으로 대법원 판례는 세법을 개폐改廢하는 기능을 수행한다고 할 수 있다.

2) 관습법

'관습법'慣習法, customary law이란 자연적으로 발생한 관행慣行이나 관례慣例가 '법적 확신'[54]을 기초로 법규범이 된 것을 말한다.

일반적으로 조세법률주의가 지배하는 조세법에서 국민의 관습가운데 사회의 법적 확신을 얻은 '관습법'慣習法, [라]de jure은 법원으로 인정되지만, 관습법에 이르지 못하고 사회적 관행인 사실에 불과한 '관습'慣習, [라]de facto은 법률행위의 해석기준이 될 뿐 법원이 되지는 못한다.[55]

3) 조 리

'조리'條理, reason : [독] Natur der Sache는 사물의 당연한 이치로서 특히 법 해석의 기본원리로 중요성이 있다.

조세법의 기초라 할 수 있는 「민법」에서는 조리의 법원성을 명문으로 인정하고 있으며,[56] 모든 법을 지배하는 평등의 원칙, 재산권 보장, 비례의 원칙, '조세법률주의', '신의성

---

53) 대법원이 이미 판시한 헌법·법률·명령이나 규칙의 해석적용에 관한 의견을 변경하기 위해서는 대법관 전원의 3분의 2 이상의 합의체에서 하도록 엄격히 제한하고 있고, 대법원의 판례는 그 사건에 관하여 하급심을 기속하며 그 사건이 아니라 하더라도 하급법원이 대법원의 판례와 다른 판결을 하게 될 경우에는 대법원에서 패소되거나 파기될 가능성이 많기 때문에 소송 당사자나 하급법원에서는 대법원의 판례를 중요시할 수밖에 없다.

54) "법적 확신"法的 確信, [라]opinio juris, [독]Rechts berzeugung이란, 19세기 독일의 사비니F. K. Savigny의 표현에서 비롯된 것으로, 법은 민족정신의 발현의 결과로서 민족의 법적확신으로부터 분리되어 정책적으로 입법해서는 안 된다고 주장하였다.

55) "관습법"이란 사회의 거듭된 관행으로 생성한 사회생활규범이 사회의 법적 확신과 인식에 의하여 법적 규범으로 승인·강행되기에 이른 것을 말한다. 관습법은 법원으로서 법령에 저촉되지 아니하는 한 법칙으로서의 효력이 있다(대법원 1983.6.14. 선고, 80다3231 판결 참조) : 사회의 거듭된 관행으로 생성한 어떤 사회생활 규범이 법적 규범으로 승인되기에 이르렀다고 하기 위해서는 「헌법」을 최상위 규범으로 하는 전체 법질서에 반하지 아니하는 것으로서 정당성과 합리성이 있다고 인정될 수 있는 것이어야 하고, 그렇지 아니한 사회생활규범은 비록 그것이 사회의 거듭된 관행으로 생성된 것이라고 할지라도 이를 법적 규범으로 삼아 관습법으로서의 효력을 인정할 수 없다(대법원 2003.7.24. 선고, 2001다48781 판결 참조).

실의 원칙'과 조세법에 내재內在하는 원리인 '실질과세의 원칙'은 조리로서 비록 법률에 명문의 규정이 없더라도 당연히 지켜져야 한다.

하지만 조리는 법률에 흠결欠缺이 있는 경우를 보충하기 위하여 정의와 형평의 관념에서만 예외적으로 인정된다.

예컨대 청구권 등 어떠한 권리가 조리로서 인정되기 위해서는 정의와 형평상 권리구제의 필요성이 인정되고, 기존의 법체계 아래에서는 다른 법적 구제수단이 없는 경우에 해당되어야 한다.[57]

(3) 행정규칙의 법원성

'행정규칙'行政規則, [독] Verwaltungsvorschrift이란, 상급 행정기관이 하급 행정기관의 행정집행과 절차 등 권한 행사를 지휘하기 위해 제정하는 훈령, 예규, 통첩 등을 말한다.
조세에 관한 행정규칙으로는 다음과 같은 것이 있다.

① **훈령**訓令, instruction : 소속 직원의 사무집행에 대한 지침서로 '사무처리규정'의 형태로 정형화되어 국세청장 등 행정기관의 장이 제정한다.

② **예규**例規, published rulings : 법령 해석에 관한 질의에 대해 국세는 기획재정부장관·국세청장이, 지방세는 행정안전부장관이 회신하는 형식으로 제정한다.

③ **통첩**通牒, note : 국세청장 등이 제정하는 법령의 해석이나 운영에 관한 지침으로 각 세법의 '기본통칙'基本通則, ruling의 형식으로 존재한다. 예규와 통첩을 묶어 '예규통첩'이라고 부른다.

이러한 행정규칙은 원칙적으로 행정기관 내부의 업무지침이나 세법해석의 기준에 불과할 뿐 국민이나 법원을 구속하는 법규로서의 대외적 효력이 없으므로 법원이 되지는 못한다.[58]

---

56) 「민법」 제1조는 "민사에 관하여 법률의 규정이 없으면 관습법에 의하고 관습법에 없으면 조리에 의한다."하고, 제185조는 "물권은 법률 또는 관습법에 의하는 외에는 임의로 창설하지 못한다."라고 하여 물권의 종류와 내용에 있어서는 법률과 관습법에 따라 인정되고 관습법으로 인정되지 않는 사실인 관습은 법률행위의 해석기준이 된다고 밝히고 있다.

57) 조리를 객관적인 규범으로 인식하는 '긍정설'과 조리를 법의 흠결을 보충하는 하나의 해석기준으로 삼는 '부정설'로 나뉜다. 우리나라는 법에 구제수단이 없어 조리로서 인정되어야 하는 경우 등 법의 흠결을 보충하는 것에 한정하는 부정설에 가깝다. 후발적 사유의 발생에 기초한 납세자의 이러한 경정청구권은 법률상 명문의 규정이 있는지의 여부에 따라 좌우되는 것이 아니라, 조리상 당연히 인정되는 것이다. 「국세기본법」이 수정신고제도만을 두고 있다가 제45조의2를 신설하여 후발적 사유에 의한 경정청구제도를 신설한 것은 조리상의 법리를 확인한 것이다(헌법재판소 2000.2.24. 선고, 97헌마245 판결 참조).

58) 하지만 행정규칙의 일반적 효력과 관계없이 법령에서 특정한 행정기관에게 그 법령내용의 구체적 사항을 정할 수 있는 권한을 부여하고 절차나 방법을 특정하고 있지 않아 행정규칙으로 법령의 위임사항을 구체적으로 정한 경우, 이러한 행정규칙은 위임한계를 벗어나지 아니하는 한 법령규정과 결합하여 대외적인 구속력이 있는 법규명령으로서의 효력을 갖게 된다(대법원 1987.9.29. 선고, 86누484 판결).

하지만 행정규칙은 과세관청이 과세 등 조세행정사무를 집행하는 데 중요한 기준으로 사용하고 있어 실제로는 조세행정에서 납세자에게 미치는 영향력은 매우 크다.[59]

---

59) 이와 관련하여 법제처는 국민생활과 기업활동에 직접적인 영향을 미치는 훈령·예규를 정비하기 위해 2009년 4월 「훈령·예규 등의 발령 및 관리에 관한 규정」을 제정하여 일정기간마다 주기적으로 존속필요성을 재검토하여 존폐토록 하는 '훈령·예규 일몰제도'를 도입하였다. 이에 따라 과세관청도 모든 사무처리규정에 '유효기간'에 관한 조항을 두게 되었다.

제 **3** 절

조세법의 기본원칙

'조세법의 기본원칙'租稅法 基本原則이란 조세법을 해석하거나 적용하는데 있어서[60] 마땅히 지켜져야 하는 기본이념을 말한다.

조세법의 기본원칙으로는 조세가 본질적으로 국민의 합의에 의한 것이므로 재산권이 부당하게 침해되지 않도록 하는 것이 중요하므로 '조세법률주의'와 모든 구성원이 공평하게 조세를 부담하여야 한다는 의미에서 '조세평등주의'가 가장 중요하게 다뤄지고 있다.

조세법률주의는 '과세요건 법정주의'와 '과세요건 명확주의', 조세평등주의는 '실질과세 원칙'과 '신의성실 원칙'을 주된 내용으로 하고 있다.

하지만 이외에도 지방자치에서의 재정분권의 중요성을 강조하여 '자립재정自立財政 원칙'이나 적정한 조세절차의 중요성을 강조하여 '적법절차適法節次 원칙'도 주장된다.

| 조세법의 기본원칙 |

기본원칙	하부 원칙	세부 내용
조세법률주의	과세요건 법정주의	실질적 조세법률주의
	과세요건 명확주의	소급입법금지 원칙, 엄격해석 원칙
조세평등주의	실질과세 원칙	귀속·거래내용에 대한 실질과세
	신의성실 원칙	행정상 소급과세금지

① 조세법률주의

'조세법률주의'租稅法律主義, No Taxation without Law란 국가나 지방자치단체 등 과세권자는 국회에서 제정한 법률에 의하여만 조세를 부과·징수할 수 있고, 국민은 법률에 의하여만 납세의무를 지도록 하는 조세원리이다.

---

60) 조세법에서 '해석'이란 조세법의 실질적인 의미 내용을 밝혀내는 것이며 '적용'이란 해석된 세법을 구체적인 행위, 사실에 맞춰 법적 효과를 발생시키는 작용을 말한다. 그러므로 세법의 해석·적용에 있어서는 법의 해석, 사실인정, 법의 적용, 법률효과의 발생의 과정을 거치게 된다.

이 원리는 역사적으로 영국과 미국 등 근대 서양에서 봉건영주나 절대군주의 자의적인 조세부과에 맞서 시민들이 "대표없이 세금없다"No Taxation without Representation며 자신의 재산권을 보호받고자 저항하면서 확립된 것이다.[61]

이에 따라 조세가 법률에 근거하지 않은 경우 국가는 부과·징수할 수 없을 뿐만 아니라 국민은 부담하지 않아도 된다.

우리 헌법도 "모든 국민은 법률이 정하는 바에 의하여 납세의 의무를 진다"[§38]고 하고 "조세의 종목과 세율은 법률로 정한다"[§59]고 하여 '조세법률주의'를 선언하고 있다.

이 때 법률로 정해야 하는 조세의 '종목種目'과 '세율稅率'이란, 형식적인 의미에서 세목稅目과 세율은 물론 납세의무자, 과세물건, 과세표준, 세율 등 모든 과세요건과 부과·징수 절차까지를 포함하는 것으로 본다.

이에 따라 과세요건과 부과·징수 절차는 법률에 정하지 않고 명령에 위임할 수 없으며, 불가피하게 명령으로 위임하는 경우라도 위임의 근거와 대강의 내용, 그 위임의 한계를 법률에 명백히 하여야 하고 그 위임의 정도도 최소한에 그쳐야 한다.

(1) 실질적 조세법률주의

우리 헌법에서 조세의 종목과 세율은 법률로만 정하도록 하여 국민의 납세의무와 그 '한계'를 선언한 것은 조세법률주의를 특별히 선언한 것이라 볼 수 있다. 이는 역사적으로 서양에서 정부의 과세권에 맞서 시민의 재산권을 지키기 위한 저항의 산물이다.[62]

모든 국민에게 '신체의 자유'와 '사유재산권 보장'은 민주주의 국가에서 가장 핵심적인 가치이다. 신체의 자유를 속박할 수 있는 죄형에 대하여 '죄형법정주의'罪刑法定主義가 요구되듯이, 국민의 재산권을 침해하게 되는 세금에 대하여는 반드시 조세법률주의를 지키도록 한 것이다.

조세법률주의에 따라 과세관청은 세법에서 정한 과세요건을 벗어나 납세자의 재산권을

---

61) 근대서양에서 시민들의 저항과 권리선언에 따른 '조세법률주의' 확립은 다음과 같이 정리할 수 있다: ① 「대헌장」The Great Charter, Magna Carta, 1215 : 영국에서 봉건제도를 유지하고자 하는 문서로서, 근대적 의미의 조세법률주의와는 그 의의를 같이 하지 않으나, 이후 국왕과 의회의 항쟁과 타협을 통해 조세법률주의 원칙이 확립하였다. ② 「권리청원」Petition of Rights, 1629 : 영국에서 의회의 동의 없는 과세금지 등 대헌장의 원칙을 문서로서 재확인하였다. ③ 「권리장전」Bill of Rights, 1689 : 영국에서 명예혁명 결과 시민의 권리로 조세법률주의 원칙을 천명하였다. ④ 「독립선언서」Virginia Bill of Rights, 1776 : 미국 독립혁명의 결과 조세법률주의를 확인하고 시민의 저항권을 명시하였다. ⑤ 「인간과 시민에 관한 권리선언」[불] Déclaration des droits de l'Homme et du citoyen, 1789 : 프랑스 대혁명 당시 자유, 평등, 국민주권 등 시민의 기본권을 선언한 것으로 평등한 조세, 법률에 의한 조세를 선언하였다.

62) 영국과 프랑스 등 서양에서는 역사적으로 시민의 조세부담 문제가 법치주의의 핵심문제로 다뤄졌고 오랜 투쟁의 산물로 조세법률주의가 확립되었지만, 우리나라는 서양문물의 하나로 현대적인 의미의 법치주의 원리가 도입되었기 때문에 우리나라의 조세법률주의는 이론적인 측면이 강하다.

부당하게 침해하는 처분을 할 수 없게 되고, 납세자는 법률이 정한 요건을 확인하여 자신의 장래 행동을 결정하고 그 법적 효과를 예측하여 과세상·형사상의 불이익을 피할 수 있게 된다.[63]

이처럼 조세법률주의는 국민에게 세금을 부과할 수 있는 권능이자 국민이 세금을 부담할 의무가 비로소 생성되는 과세요건의 형식에 관한 것으로, '과세요건 법정주의'와 '과세요건 명확주의'으로 구분해서 설명된다.

'과세요건 법정주의'課稅要件 法定主義란, 조세는 본질이 국민의 재산권을 침해하는 것이므로 납세의무를 성립시키는 납세의무자, 과세물건, 과세표준, 과세기간, 세율 등의 과세요건과 조세의 부과·징수 절차는 모두 국민의 대의기관인 국회에서 제정된 법률로 규정해야 한다는 것이다.

'과세요건 명확주의'課稅要件明確主義란, 비록 과세요건이 법률로 규정되어있다고 해도 그 내용이 추상적이고 명확하지 않으면 과세관청의 자의적인 해석과 집행을 초래하므로 명확하고 일의적一義的이어야 한다는 것이다.[64]

그럼에도 조세법률주의는 과세요건에 대하여 법정주의나 명확주의라는 형식적 측면 뿐만 아니라, 실질적 측면에서 조세법의 목적이나 내용이 국민의 기본권 보장이라는 헌법의 이념과 원칙에 합치되는 것이 더 중요하다.

헌법에서 국민에게 납세의무를 부여하고 세법이라는 법률의 형식으로 조세의 부과·징수를 인정하였기 때문에 그 자체로는 재산권의 침해라고는 할 수 없다.

그럼에도 해당되는 세법조항이 '실질적 조세법률주의'에 위반되고 이로 인한 자의적인 과세권 행사로 납세자의 사유재산에 관한 이용·수익·처분권이 중대한 제한을 받은 경우에는 부당하게 재산권이 침해된 것으로 보아야 한다.[65]

(2) 과세요건 법정주의

1) 의 의

'과세요건 법정주의'課稅要件 法定主義란, 국민에게 납세의무를 성립시키는 요건, 즉 조세의 부과에 있어 과세요건과 부과·징수에 관한 절차는 반드시 법률에 규정해야 한다는 원칙을 말한다.

본질적으로 조세는 국민의 재산권에 대해 침해적인 것이기 때문에 원칙적으로 그 과세요

---

63) 헌법재판소 1990.9.3. 선고, 89헌가95 결정 참조.
64) 헌법재판소 2006.6.29. 선고, 2004헌바8 결정; 2008.7.31. 선고, 2006헌바95 결정 참조.
65) 헌법재판소 1997.11.27. 선고, 95헌바38 결정; 1999.5.27. 선고, 97헌바66 결정; 2002.1.31. 선고, 2000헌바35 결정 참조.

건과 조세의 부과·징수에 관한 사항은 국민의 대의기관인 국회에서 제정된 법률로 정하여야 하고, 대통령이나 기획재정부장관 등 행정부에서 발하는 시행령이나 시행규칙과 같은 법규명령으로는 정할 수 없다. 만약 법률의 근거 없이 명령에 새로이 과세요건을 정한 경우 그 효력은 인정되지 않는다.

과세요건 법정주의는 정부에 의한 자의적인 과세권의 행사를 방지함으로써, 국민의 재산권을 보호하고 국민생활에 있어 법적 안정성法的 安定性, legal stability과 예측가능성豫測可能性, predictability을 보장하기 위한 것이다.[66]

| 법적 안정성 |

구분	내용
의의	법적 안정성[독]Rechtssicherheit : 법에 의해 보장된 사회생활의 질서와 안정
존재 가치	법의 이념 중 하나 * 라드브루흐G. Radbruch의 법의 이념 : 정의正義, Gerechtigkeit, 합목적성合目的性, Zweckmässigkeit, 법적 안정성法的 安定性, Rechtssicherheit
내용	• 결정의 강제 : 법의 결정이 올바른지를 판단하기 전에 결정 자체가 존재해야 한다. • 법의 실정화 : 법의 결정에는 실효성·명확성을 갖춘 일정한 형식이 있어야 한다. • 법적 결정의 안정성 : 법을 담당하는 기관의 결정은 임의로 취소·변경해선 안된다(법률은 개정절차, 행정행위는 행정심판·소송, 법원판결은 재심절차로만 다툰다). • 법적 사실의 안정성 : 법이 부당해도 개정이나 폐지가 더 큰 불이익한 경우 질서유지를 위해 존속해야 한다(법률 불소급원칙, 시효제도).
상충 관계	법적 안정성과 정의正義는 항상 대립하면서도 같이 작용하며, 서로 의존하면서 비교형량하게 된다. 법이 법적 안정성의 이름으로 정의에 반하는 정도가 참을 수 없을 정도에 이르렀을 때 부당한 법률의 효력이 부인된다. 보통 법 제정기에는 법적 안정성이 우위에 있고 질서 유지기에는 정의가 우위에 있다. • 정의 : "하늘이 무너져도 정의는 세워라" • 합목적성 : "국민이 원하는 것이 법이다" • 법적 안정성 : "악법도 법이다"
사례	법적 안정성을 고려하여 위헌법률 심판시 '헌법불합치 결정'을 하는 것이 정당한가?

2) 위임입법과의 관계

조세법률주의에도 불구하고 급변하는 경제적 환경 속에서 이를 제대로 반영한 세법을 수시로 제정하거나 조세에 관한 사항을 모두 세법에서 규정하는 것은 쉬운 일이 아니다.

세법은, 변화하는 경제상황에 대처하여 정확하게 과세대상을 포착하고 적정하게 과세표준을 산출하여 담세력에 맞는 공평과세를 달성해야 하는 특수한 목표를 지니고 있고, 입법

---

66) 헌법재판소 1994.7.29. 선고, 92헌바49 결정; 1995.11.30. 선고, 93헌바32 결정; 2000.6.29. 선고, 98헌바92 결정, 2002.8.29. 선고, 2000헌바50 결정 참조.

기술상의 문제로 순수하게 국회에서 제정하는 법률로만 조세를 부과하는 것은 사실상 어렵다.

이에 따라 조세법률주의를 견지하면서도 조세평등주의와의 조화를 위하여 경제현실에 따라 공정한 과세를 할 수 있게 하고 탈법적인 조세회피행위에 대처할 필요성이 대두된다.

이를 위하여 세법의 구체적인 행정절차는 물론 납세의무의 중요한 사항과 본질적인 내용에 관련된 것이라 하더라도, 경제현실의 변화나 전문적 기술의 발달 등에 대응할 수 있는 세부적인 사항에 대해서는 국회가 제정하는 법률보다 탄력적인 법규명령에 위임할 필요가 생기게 되었다.[67]

하지만 이렇게 시행령·시행규칙 등 법규명령에 위임하는 경우도 위임하는 범위를 구체적으로 정하지 않는 포괄위임包括委任, comprehensive mandate은 인정되지 아니하며 세법에 구체적인 위임의 범위를 정하여 위임하는 개별위임個別委任, individual mandate에 한해 인정된다.[68]

「헌법」도 "대통령은 법률에서 구체적으로 범위를 정하여 위임받은 사항과 법률을 집행하기 위하여 필요한 사항에 관하여 대통령령을 발할 수 있다"[§75]고 하고, "국무총리 또는 행정 각부의 장은 소관 사무에 관하여 법률이나 대통령령의 위임 또는 직권으로 총리령 또는 부령을 발할 수 있다"[§95]고 하여 위임입법을 허용하고 그 근거와 한계를 규정하고 있다.

그러므로 과세요건 법정주의에 따라 조세에 관한 모든 사항은 세법에 완결적으로 규정하거나 구체적으로 위임의 범위를 정해 위임되어야 하며, 법률에 위임받은 근거 없이 대통령령이나 부령으로 과세요건을 신설, 확대, 축소, 변경하거나 포괄적으로 위임하는 것은 허용되지 않는다.

(3) 과세요건 명확주의

'과세요건 명확주의'課稅要件明確主義, Principle of Definitude of Tax requisition는 과세요건을 정하는 세법의 규정은 명확하며 일의적一義的이어야 한다는 원칙이다.

법률에 정한 과세요건의 내용이 만약 추상적이거나 다의적多義的인 경우, 과세관청은 이를 자의적으로 해석하거나 적용하여 행정을 집행하게 되어 국민생활의 법적 안정성과 예측가능성이 크게 침해된다.

법률은 속성상 일반성·추상성을 지니고 있어 어느 정도 법 해석의 여지가 있다 해도 최소한 조세법의 의미가 그 일반이론이나 체계·입법취지에 비추어 분명해질 수 있어야 하

---

67) 헌법재판소 2002.1.31. 선고, 2001헌바13 결정 참조.
68) 이를 '포괄위임입법 금지의 원칙'이라고 한다. 하지만 예외적으로 지방자치단체의 조례제정권의 경우 지방자치단체의 고유사무를 위해 독자적으로 제정하도록 허용한 것이므로 포괄위임 입법금지의 원칙을 적용받지 않는다.

며, 그렇지 못한 경우에는 과세요건 명확주의에 어긋난다 할 것이다.[69]

한편, 법률을 제정한 입법기관이나 법률의 해석에 관한 소관부처(법제처)도 아닌 조세 법률관계의 한 당사자로 과세권을 행사하는 행정집행기관인 과세관청이 세부적인 행정절차에 관한 내용을 넘어 과세요건이나 중요한 부과·징수절차에 관해 해석하는 예규통첩例規通牒을 빈번히 내고 이를 기준으로 부과·징수권을 행사하는 것도 과세요건 명확주의에 어긋나는 것으로 일정한 제한이 있어야 한다.[70]

(4) 소급입법금지 원칙

'소급과세금지 원칙'遡及課稅禁止 原則, Principle of Prohibition of Retroactive Taxation이란, 납세자에게 이미 성립한 납세의무는 새로운 법률·해석·관행에 따라 소급함으로써 불리하게 적용할 수 없다는 조세원칙이다.

그 중에서 새로운 세법을 제정할 때에 이미 완결된 사실에 대하여 새로운 세법을 적용하지 못하도록 하는 것을 구별해서 '소급입법금지'遡及立法禁止, prohibition of ex post facto law나 '입법상 소급과세금지'로 부른다.

세법은, 조세를 납부(세법에 징수의무자가 따로 규정되어 있는 국세의 경우에는 이를 징수하여 납부할 의무를 포함한다)할 의무가 성립한 소득·수익·재산·행위·거래에 대해서는 그 성립 후의 새로운 세법에 따라 소급하여 과세되지 않도록 소급과세금지의 원칙을 선언하고 있다[국기법 §18②; 지기법 §20②].

이는 "모든 국민은 소급입법에 의하여 참정권의 제한을 받거나 재산권을 박탈당하지 아니한다"는 헌법[§13②]상 '소급입법금지 원칙' 또는 '법률불소급 원칙'에서 비롯된 것으로, 납세의무가 존재하지 않았던 과거에 소급하여 과세하는 입법을 금지함으로써, 조세 법률관계에서 법적 안정성을 꾀하고 납세자의 신뢰이익을 지키기 위한 것이다.

소급입법금지 원칙은 새로운 법률을 제정하여 소급적용함으로써 납세자의 재산권을 침해하는 등 불이익을 받는 경우에만 적용되며, 소급과세로 오히려 조세부담이 감소하는 경우에는 적용되지 않는다.

예컨대 세율을 인하하거나 세액공제·비과세의 금액이나 대상을 확대하는 등 조세부담을 경감시키는 새로운 법률을 제정하여 소급적용하는 경우에는 납세자에게 이익을 주는 경

---

69) 헌법재판소 1995.11.30. 선고, 94헌바40 결정 참조.
70) 「국세기본법」[§18의2]은 세법의 해석기준, 소급과세금지의 원칙에 적합한 세법해석을 위하여 기획재정부에 「국세예규심사위원회」를 두도록 하고 있다. 조세행정의 집행기관인 국세청은 세법해석을 담당하는 법적 기구가 없으나 납세자의 질의에 답변하는 형식으로 수많은 예규를 생산하고 '기본통칙'을 제정하고 있는데, 그 해석의 범주가 세부적인 행정집행방법에 그치지 않고 대부분 과세요건 사실의 유무에 대한 판단에까지 미치고 있다.

우이므로 소급과세금지 원칙에 어긋나지 않는다.

소급입법은 입법과정에서 새로운 법률이 이미 종료된 사실관계나 법률관계에 소급하여 적용되는 '진정 소급입법'眞正 遡及立法, authentic retroactive legislation과 현재 진행 중인 사실관계나 법률관계에만 적용되는 '부진정 소급입법'不眞正 遡及立法, non-authentic retroactive legislation으로 구분된다.

'진정 소급입법'은 이미 있는 법으로 인정된 법적지위를 사후입법으로 박탈하는 것이므로 입법에 있어 허용되지 않는다. 하지만 소급입법을 예상할 수 있었던 경우, 보호할 신뢰이익이 적거나 소급입법해도 개인의 손실이 경미한 경우, 신뢰보호의 요청에 우선하는 심히 중대한 공익상의 사유가 소급입법을 정당화하는 경우 등 특별한 사정이 있으면 예외적으로 허용될 수 있다.

반면에 '부진정 소급입법'은 원칙적으로 허용되지만, 만약 소급효遡及效를 요구하는 공익적 필요성과 신뢰보호의 요청 사이의 중요성을 판단하여 신뢰보호의 요청이 더 큰 경우에는 허용되지 않는다.[71)]

| 소급입법 금지의 원칙 |

구분	원칙	예외
진정소급	허용되지 않는다	① 국민이 소급입법을 예상할 수 있었던 경우 ② 법적 상태가 불확실하고 혼란스러워서 보호할 만한 신뢰이익이 적은 경우 ③ 소급입법에 의한 당사자의 손실이 없거나 아주 경미한 경우 ④ 신뢰보호의 요청에 우선하는 심히 중대한 공익상의 사유가 소급입법을 정당화하는 경우
부진정소급	허용된다	소급효를 요구하는 공익상의 사유와 신뢰보호의 요청 사이의 비교형량 과정에서 신뢰보호의 관점이 더 중대한 경우

---

71) 헌법재판소 1995.10.26. 선고, 94헌바12 결정; 1999.7.22. 선고, 97헌바76 결정; 2004.7.15. 선고, 2002헌바63 결정 참조.

참고 | **기간과세에 있어 부진정 소급입법[72]**

■ '부진정 소급입법'의 의의

새로운 법규가 시행되기 전부터 계속되고 있는 사실이나 법률관계에 대하여 새로운 법규를 적용하는 것을 말한다.

부진정 소급입법의 사례로, 세법개정을 통해 양도소득세 감면신청기한을 단축한 경우, 납세자에게 유리한 탄력세율 적용기한을 축소하여 개정한 경우, 과세기간 중 법이 개정되어 비과세대상이 과세대상으로 된 경우, 사업연도 중 세율이 인상된 경우 등을 들 수 있다.

■ 부진정 소급입법에 대한 주장

부진정 소급입법에서 특히 문제되는 것은 법인세·소득세·부가가치세 등과 같이 기간과세하는 조세에서 기간의 진행 중에 납세의무자에게 불리하게 법 개정이 된 경우이다.

이에 대해서는 기간 종료한 때의 법에 따라 납세의무의 유무와 범위를 결정하여야 한다는 견해(종료당시 법적용설)와, 종전의 법률 실시기간과 새로운 법률 실시기간으로 나누어 구분적용하여야 한다는 견해(구분적용설)로 나뉜다.

① 종료당시 법적용설 : 납세의무는 각 세법에 따른 과세요건이 완성될 때 성립하므로, 과세기간 진행 중에 법이 개정되었더라도 과세요건 완성 당시 개정법이 적용되어야 한다. 세법은 공익상이나 정책상 필요 등에 따라 변경될 것이 예견되므로, 과세기간 진행 중에 법이 개정되어도 납세의무자의 법적 안정성과 예측가능성이 크게 침해되는 것은 아니고, 세법이 개정되는 경우 세율 이외의 개정사항은 현실적으로 1과세기간 중에서 다시 분할·구분 적용할 수 없는 경우가 대부분이다.

② 구분적용설 : 조세의 부과처분은 수량적인 행정처분이므로 분할계산이 가능하고, 비과세나 저율과세를 예상하고 법률행위를 하였음에도 법률의 개정으로 납세자의 예견가능성을 무너뜨리는 것은 부당하고, 법인의 사업연도를 어떻게 정하고 있는지에 따라 개정법 적용 여부가 정하여지는 것은 공평의 원칙에도 어긋난다는 것이다.

■ 기간과세 분 소급입법에 대한 판례의 입장

판례는, 기간과세의 경우 기간이 끝날 때에 납세의무가 성립하므로 그 때의 법을 적용하는 것은 당연하고 소급과세의 문제는 생기지 아니한다고 판시하여 왔다. 부진정 소급입법을 소급과세로 보든 소급과세가 아니라고 보든 그 허용 여부는 조세 법률관계에서 법적 안정성을 보장하고 납세자의 신뢰이익의 보호라는 측면에서 결정되어야 하며, 기간과세의 경우 일반적으로 그 기간이 개시하는 때부터 소급하여 적용하는 것은 납세자의 법적 안정성과 신뢰보호를 크게 저해하지 않는다고 보기 때문에 특별한 사정이 없는 한 허용되고 있다.

---

[72] 대법원 1996.7.9. 선고, 95누13067 판결 참조.

(5) 엄격해석 원칙

'엄격해석 원칙'嚴格解釋 原則, Hard and Fast Rule은, 조세법을 해석할 때 조세법의 문언文言에 충실해야 하고 보정補正이나 보충補充은 전혀 허용되지 않는다.

조세법의 해석은 '문리해석'文理解釋, literally interpretation에 의하는 것을 원칙으로 하고, 그래도 의미를 확정할 수 없는 때에는 보충적이고 제한적으로 입법의 취지와 목적을 고려하는 '논리해석'論理解釋, logical interpretation도 가능하다.

하지만 조세법의 문언을 넓은 의미로 해석하는 '확장해석'擴張解釋, extension inter pretation이나 조세법에 규정되지 않은 것을 법 규정에 따라 적용하도록 하는 '유추해석'類推解釋, analogical interpretation은 국민의 재산권을 크게 침해할 우려가 커서 어떤 경우에도 허용되지 않는다.[73]

이러한 엄격해석의 원칙에도 불구하고 과세관청은 조세행정에서 스스로 국고주의적國庫 主義的이고 징세편의적徵稅便宜的인 예규통첩을 생산하고 이를 기준으로 부과·징수 등 조세 절차를 집행하는 경우가 적지 않다.

그러므로 과세요건과 중요한 조세절차에 관한 세법의 해석은 과세관청(기획재정부·행정 안전부·국세청)이 직접 행사하는 것을 지양하고, 법률의 제정권자(국회)나 법률의 해석권자 (법제처)가 맡는 것이 바람직하다.[74]

---

73) 과세처분을 취소하는 확정판결의 기판력은 확정판결에 나온 위법사유에 대하여만 미치는 것이므로, 환급된 세액의 납부고지 처분에 대한 취소소송에서 사실과 다른 세금계산서에 해당하지 아니한다는 이유로 판결이 확정되어 부과처분을 취소한 후에, 나머지 미환급세액에 대하여 신의성실의 원칙에 위배된다는 이유로 환급 을 거부한 처분은 위 확정판결의 기판력에 저촉되지 아니한다(대법원 2012.10.11. 선고, 2012다15596 판결).
74) 행정기관의 법집행작용은 구체적 사실을 확인하고 적용될 법령의 의미와 내용을 해석, 적용하는 것이고, 법 제처의 '정부 유권해석'은 법집행작용을 위한 해석의 기준을 제시하여 주는 기능을 수행하므로, 정부 유권해 석과 어긋나게 관계 행정기관이 집행할 경우 부적절한 집행이 된다. 현재 납세자의 경우 법제처에 세법 해석 을 직접 의뢰할 수 없고 기획재정부·행정안전부 등의 행정기관이 법률에 위반된다고 판단되는 경우 정부 유권해석을 해줄 것을 그 중앙행정기관에 요청할 수 있을 뿐이다. 다만, 정립된 판례나 법령해석기관의 법령 해석이 있는 경우, 구체적 사실인정에 관한 사항인 경우, 행정심판이나 행정소송이 계속 중이거나 절차가 완료된 경우, 구체적인 처분의 위법·부당 여부에 관한 사항인 경우, 그 밖에 이와 유사한 사유로서 명백히 법령해석기관에 대한 해석요청이 불필요하다고 인정되는 경우 제외되어, 납세자는 행정기관으로부터 불리 한 해석을 받는 경우 부득이 객관적인 법률심사보다는 판결에 의존해야 한다([법제업무운영규정 §26⑥⑦], 법제처).

■ 법 해석방법

법해석에 있어서 가져야 하는 기본사고는 법적 안정성(일반적 확실성)과 구체적 타당성이다. 세법의 해석은 엄격해석의 원칙에 의해 원칙적으로 문리해석만 인정되고 제한적·보충적으로 논리해석이 허용되기도 하지만, 어떤 경우에도 유추해석·확장해석은 허용되지 않는다. 법의 해석방법은 구체적 해석방법과 그 해석방법의 법적 효력 유무에 따라 분류할 수 있다.

1) 구체적 해석방법에 따른 분류

① 문리해석文理解釋 : 법규의 문장·용어를 기초로 하여 그 문자가 가지는 보통의 의미에 따라서 하는 해석방법으로, 법해석의 기초를 이룬다.

② 논리해석論理解釋 : 법규를 일정한 법적 연관관계 속에서 파악하여 조문마다 각각 적당한 지위에 두어 전체 체계와의 연관성에 따라 논리적 의미를 밝히는 해석방법이다.

③ 반대해석反對解釋 : 서로 비슷한 A, B라는 두 사실이 있을 때 A사실에 대해서만 규정이 있는 경우 B는 A에 있어서와 반대의 결과로 인정하는 해석방법이다.

④ 유추해석類推解釋 : 서로 비슷한 A, B라는 두 사실이 있을 때 A사실에 대하여만 규정이 있는 경우 B도 마찬가지의 결과라고 인정하는 해석방법이다.

⑤ 물론해석勿論解釋 : 법문에 규정된 사항의 입법취지를 고려하여 규정되어 있지 않은 다른 사항까지 포함시키는 것이 당연하다고 인정하는 해석방법이다.

⑥ 확장해석擴張解釋 : 문리해석 만으로 법령의 진의眞意를 실현할 수 없는 경우 법령의 문언을 보통의 의미보다 넓게 보는 해석방법이다.

⑦ 축소해석縮小解釋 : 문리해석 만으로 법령의 진의를 실현할 수 없는 경우 법령의 문언을 보통의 의미보다 좁게 보는 해석방법이다.

2) 해석의 효력에 따른 분류

① 유권해석有權解釋 : 법규의 특정의 용어의 뜻을 다른 법규로서 확정하는 것. 유권해석은 입법해석, 사법해석, 행정해석으로 나눈다.

② 무권해석無權解釋 : 법원이나 학설에 의한 해석[=학리해석學理解釋]

■ 세법해석의 주요 쟁점

세법의 해석에 있어서 주요 쟁점은 목적론적 해석이 인정되는지, 세법규정이 모호한 경우 바람직한 해석방법은 무엇인지, 차용개념의 해석방법은 무엇인지 등에 관한 것이다.

① 세법의 목적론적 해석[독]Teleologische Auslegung

법률의 의미에 대한 해석이 상이한 경우 법률의 목적에 따라 하는 해석방법으로, '객관적 해석'이라고도 한다. 확장해석·축소해석은 대체로 목적론적 해석방법의 일종이다.

세법은 세법을 해석·적용할 때에는 과세의 형평과 해당 조항의 합목적성에 비추어 납세자의 재산권이 부당하게 침해되지 아니하도록 하여야 한다[국기법 §18①, 지기법 §20②]고 하여 목적론적 해석을 인정하고 있다.

하지만, 세법에서 목적론적 해석을 인정한다면 세법의 우선적 취지가 조세의 원활한 징수라 할 것이므로 결국 과세관청의 자의적인 해석이 가능한 것으로 귀결되므로 조세법률주의가 지배하여야 하는 세법에서는 허용될 수 없어 부정되기도 한다.

미국과 영국에서는 조세법률주의 전통에 따라 오랫동안 목적론적 해석을 인정하지 않다가 20세기 들어 세법이라 해서 일반 법률과 다를 바 없다는 판례가 확립되었다.

② 세법규정이 모호한 경우 해석방법

세법의 규정이 모호할 때 그 해석은 국고가 아닌 납세자의 이익으로 보아야 한다(의심스러울 때는 납세자의 이익으로 : in dubio contra fiscum)[= '납세자이익주의'納稅者利益主義].
그 이유는, 법률규정이 모호하게 된 책임은 국가에게 있고, 모호한 법률을 개폐할 수 있는 권한을 국가가 가지고 있으며, 국가공권력에 의한 국민의 권익침해는 원상회복이 거의 불가능하기 때문이다. 그러므로 국고에 유리하게 해석하는 것(의심스러울 때는 국고의 이익으로 : in dubio pro fisco)은 인정되지 않는다.

한편, 세법규정이 모호한 경우에는 법해석 문제가 아니라 사실인정의 문제라고 보는 시각이나 이를 조세법률주의의 관점에서 해결하려는 시도도 있다.

③ 차용개념의 해석방법

사법私法분야의 개념을 많이 차용하고 있는 세법이 사용하는 용어의 개념을 '차용개념'이라 하는 데, 그 의미내용을 원래의 사법 분야에서 사용하는 개념 그대로 사용할 것인가 아니면 세법의 독자적인 의미로 해석할 것인가에 관한 문제이다. 여기에는 '통일설'과 '독립설'이 있다.

(i) 통일설 : 조세법률주의에 근거한 법적 안정성 차원에서 세법에서 명문이 없는 한 다른 법에서 사용하는 개념과 동일하게 해석해야 한다(Henssel, Gealer 주장).

(ii) 독립설 : 사법과 세법은 이념을 달리하므로 그 개념의 정의도 독립하여 구성되어야 한다(E. Becker, Ball 주장).

일반적으로 통일설이 유력하다. 하지만 두 주장에서 모두 아무리 사법에서 용어를 차용하였다 해도 조세법의 입법자가 자주적으로 용어의 개념을 형성할 수 있는 권한을 가진다는 것은 부정하지 않는다.

 조세 평등주의

'조세 평등주의'租稅平等主義, Equality of Tax burden Principle란 조세에 관한 입법은 모든 국민에게 공평하게 조세부담이 배분되도록 하여야 하며, 세법을 해석·적용은 모든 국민을 평등하게 취급되어야 한다는 원칙을 말한다.

조세평등주의는 우리 「헌법」에서 "모든 국민은 법 앞에 평등하다. 누구든지 성별·종교 또는 사회적 신분에 의하여 정치적·경제적·사회적·문화적 생활의 모든 영역에 있어서 차별을 받지 아니한다"[§11①]고 한 평등의 원칙을 조세 법률관계에서도 실현하기 위한 것이다.

이에 따라 조세를 부과할 때에는 개인의 담세능력을 고려하여 담세능력이 같은 사람에게 는 원칙적으로 평등하게 조세가 부과되어야 하고 합리적인 이유 없이 특정한 납세자를 불리하게 차별하거나 우대하는 것은 허용되지 않는다.[75]

이는 정의의 이념에 따라 '평등한 것은 평등하게, 불평등한 것은 불평등하게'[76] 취급함으로써 조세법의 입법이나 집행과정에서 조세정의를 실현하기 위한 것이다.

조세 평등주의에 따라 세 부담의 공평한 배분이라는 이념을 구체화하기 위하여 세법은 법의 형식이나 외관보다는 특별하게 경제적 실질을 중시하는 경제적 관찰방법을 사용한다.

「국세기본법」은 조세 평등주의를 실현하기 위해 세법을 적용할 때 지켜야 할 구체적 기준으로 '실질과세의 원칙'과 '신의성실의 원칙'을 두고 있다.

하지만 실질과세의 원칙의 경우 조세회피를 방지하거나 조세정의를 실현하기 위하여 개별 세법에서 특별한 규정을 두고 예외를 허용하고 있다.

(1) 실질과세 원칙

'실질과세 원칙'實質課稅 原則, Substance Over Form Doctrine이란, 과세요건사실의 인정 등 세법을 적용할 때 법적 형식이나 외관外觀, form이 실질實質, substance과 다른 경우 실질을 과세의 기초로 삼는 원칙을 말한다.

이는 조세법에 내재하는 조리條理로서 세법상 조세 평등주의를 실현하기 위한 원칙의 하나로 명문화되어 있다.[77]

실질과세 원칙에 따라 과세요건과 관련하여 소득의 귀속이나 거래의 형태에 대한 세법의 해석은 반드시 법의 테두리에서 법적 실질에 따라야 하지만, 세법의 적용은 경제적 관찰방법에 의한 실질(경제적 실질)에 기초하여 인정·확인해야 한다.

이에 따라 실질과세 원칙은 조세법의 해석·적용에 포괄적으로 적용되는 것이 아니라 단

---

75) 조세평등주의는 조세의 부과·징수의 요건이나 절차와 직접 관련되는 것은 아니지만 조세감면에도 적용된다. 조세란 공공경비를 국민에게 강제적으로 배분하는 것으로서 납세의무자 상호간에는 조세의 전가관계가 있으므로 특정인이나 특정계층에 대하여 정당한 이유 없이 조세감면의 우대조치를 하는 것은 특정한 납세자군이 조세의 부담을 다른 납세자군의 부담으로 떠맡기는 것과 같다. 그러므로 조세감면의 근거도 법률로 정해야 국민주권주의나 법치주의의 원리에 부응한다(헌법재판소 1996.6.26. 선고, 93헌바2 결정 참조).

76) 고대 로마의 법학자 울피아누스D. Ulpianus는 정의正義란 각자에게 그의 몫을 돌려주려는 항구적인 의지意志라고 하고 정의의 본질인 평등을 '상대적 평등'으로 표현하였다. 불평등한 것을 불평등하게, 즉 차별을 하기 위해서는 구체적 기준이 필요하며 일반적으로 '합리성'이나 '비자발성非自發性'이 기준이 된다.

77) 실질과세의 원칙은 응당 담세력있는 자에게 세금을 부과하여야 한다는 조세의 성질에 기초하여 조세법에 내재하는 기본원리이다. 그러므로 세법[국기법 §14, 지기법 §17]이 명문의 규정을 두고 있다고 해도 이는 창설적인 것이 아니라 확인적·선언적인 규정에 불과한 것이다.

지 세법의 적용에 있어서의 원리일 뿐이다.

조세는 다양한 경제활동에 대하여 한정된 법형식인 세법의 적용을 통해 이뤄지는 것이므로, 만약 단순히 법 형식에만 의존하여 과세하게 되면 실질을 그르치게 되어 납세자로 하여금 조세를 회피하게 하거나 그들에게 불공평한 조세부담을 초래할 수 있게 된다.

그러므로 담세력에 맞는 과세를 통해 조세의 형평성을 유지하기 위해서는 소득 등 과세물건의 귀속자와 거래내용에 대하여 형식이 아닌 실질에 따라 세법을 적용해야 할 필요가 있고 이 경우에는 법적 실질이 아닌 경제적 실질에 따라야 한다.

하지만 조세법의 적용에 있어서 조세평등주의를 실현하기 위해 실질과세 원칙을 지나치게 적용하는 경우 조세 법률관계의 법적 안정성과 납세자의 예측가능성이 침해되기 쉽다. 이에 따라 실질과세 원칙은 조세법률주의의 취지에 맞는 범위에서만 제한적으로 적용되게 된다.

1) '귀속'에 관한 실질과세

과세의 대상이 되는 소득·수익·재산·행위나 거래의 귀속歸屬, attribution이 명의名義뿐이고 사실상 귀속되는 사람이 따로 있을 때에는 사실상 귀속되는 사람을 납세의무자로 하여 세법을 적용한다[국기법 §14①; 지기법 §17①].

만약 실질소득을 얻는 사람이 따로 있으면서 외관상 타인의 명의를 내세워 위장하고 경제적 행위를 하는 경우 실질귀속자實質歸屬者, substantial beneficiary이 아닌 명의자에게 과세하게 되면 경제력 없는 사람에게 세 부담을 지우는 결과를 초래된다.

그러므로 형식이나 외관상의 명의자가 아니라 사실상의 귀속자가 가지는 담세력을 기준으로 과세하여야 조세의 형평성에 어긋나지 않는다.

귀속에 따른 실질과세원칙을 적용하는 사례로는 다음과 같은 것이 있다.

① 세법상 사업자등록이 명의 뿐이고 실질적으로 사업을 영위하는 사람이 따로 있는 경우에는 실질적인 사업자를 납세의무자로 본다.

② 회사의 「주주명부」에 주주로 되어 있더라도 회사의 대표자가 임의로 기재한 것일 뿐 회사의 주주로서 권리를 행사한 사실이 없으면 그 명의자인 주주를 세법상 주주로 보지 않는다.[78]

---

78) 실질과세의 원칙 중 실질귀속자 과세의 원칙은 소득이나 수익, 재산, 거래 등의 과세대상에 관하여 귀속 명의와 달리 실질적으로 귀속되는 자가 따로 있는 경우에는 형식이나 외관을 이유로 귀속 명의자를 납세의무자로 삼을 것이 아니라 실질적으로 귀속되는 자를 납세의무자로 삼는 것이다. 지방세법 상 법인의 과점주주에 대한 간주취득세 과세에 있어서도 과점주주가 되면 해당 법인의 재산을 사실상 임의처분하거나 관리·운용할 수 있는 지위에 서게 되어 실질적으로 그 재산을 직접 소유하는 것과 크게 다를 바 없다는 점에서 담세력이 있다고 보는 것이므로, 취득세의 납세의무를 부담하는 과점주주에 해당하는지 여부는 주주명

③ 공부상 등기·등록이 다른 사람의 명의로 되어 있더라도 사실상 다른 사업자가 취득하여 사업에 사용한 경우에는 그 실질적인 사업자의 사업용 자산으로 본다.

2) '거래내용'에 관한 실질과세

세법 중 과세표준과 세액의 계산에 관한 규정은 소득·수익·재산·행위나 거래의 명칭이나 형식에도 불구하고 그 실질내용實質內容, substantial content에 따라 적용한다[국기법 §14②; 지기법 §17②].

만약 제3자를 통한 간접적인 방법이나 둘 이상의 행위나 거래를 거치는 방법으로 세법의 혜택을 부당하게 받기 위한 것으로 인정되는 경우에는, 경제적 실질내용에 따라 당사자가 직접 거래를 한 것으로 보거나 연속된 하나의 행위나 거래를 한 것으로 보아 세법을 적용한다[국기법 §14③].[79]

이 경우 행위나 거래의 실질내용은 형식상의 기록 내용이나 거래의 명의에 의존하지 않고 구체적인 증빙, 거래당시의 정황, 상거래 관례나 사회통념 등을 고려하여 판정한다.

'거래내용'去來內容, transaction content에 대한 실질과세는 거래내용을 변조하는 행위를 통한 조세회피를 방지할 수 있게 하여 과세의 형평성을 확보하기 위한 것으로 이를 구현하기 위해 세법상 규정한 대표적인 내용은 다음과 같다.

① **부당한 행위·계산의 부인** : 특수관계인 간의 거래로 조세를 부당히 감소시킨 것으로 인정되는 경우 그 행위나 계산에 관계없이 소득금액을 따로 계산한다[법법 §52; 소법 §101; 부법 §13①(3)(4)].

② **배우자 등에 대한 양도 시 증여추정** : 배우자나 직계존비속에게 양도한 재산은 양도한 때 증여받은 것으로 추정하여 배우자 등의 증여재산가액으로 한다[상증법 §44].

③ **재화의 공급으로 보지 않는 양도담보 등** : 질권, 저당권이나 양도담보의 목적으로 동산, 부동산, 부동산상의 권리를 제공하는 것은 재화의 공급으로 보지 아니한다[부법 §10⑧ 1호].

부상의 주주 명의가 아니라 그 주식에 관하여 의결권 등을 통하여 주주권을 실질적으로 행사하여 법인의 운영을 지배하는지 여부를 기준으로 판단하여야 한다. 따라서 과점주주의 주식 비율이 증가되었는지 여부 역시 주주권을 실질적으로 행사하는 주식을 기준으로 판단하여야 한다(대법원 2016.3.10. 선고, 2011두26046 판결; 2018.11.9. 선고, 2018두49376 판결 참조).

79) 지방세도 국세와 마찬가지로 실질과세원칙이 적용되지만 소득금액의 계산에 있어서 국세와 같이 부당행위 계산부인 규정을 따로 두지 않고 있다.

> **참고**   **법적 실질론과 경제적 실질론**

실질과세 원칙에 있어 핵심이 되는 '실질'의 의미에 관한 이론에는 '법적 실질론'과 '경제적 실질론'이 있다. 경제적 실질economic substance은 세법 고유의 원리인 반면 법적 실질legal substance은 조세법뿐만 아니라 사법私法의 영역에서도 인정되는 것이다.

① **법적 실질론**

실질과세의 의미를 '법적 형식' 대 '법적 실질'로 파악한다. '법적 형식'은 법률사실의 가장된 표면적으로 보이는 사실을 말하며, '법적 실질'은 법률의 적용에 있어서 진실한 법률사실을 의미한다. 이 때 '실질'은 경제력의 실질이나 지배권의 귀속이라는 넓은 의미가 아니라 진실한 법률사실에 국한시켜 제한적이고 소극적으로 해석해야 하며, 실질과세의 원칙과 경제적 관찰방법은 서로 다른 별개라고 본다.

법적 실질론의 입장에서 실질과세의 원칙은 진실한 법률적 사실에 세법이 적용되도록 세법을 해석하고 과세요건사실을 인정·판단하는 것으로, 과세의 형평성보다 국민의 재산권 보장을 위한 법적 안정성과 예측가능성의 확보를 중시한다.

현행법상 법적 실질론에 대한 사례로는, 배우자나 직계존비속 등 특수관계인 간의 증여행위를 매매의 형식으로 한 경우 증여로 추정하는 규정[상증법 §44] 등이 있다.

② **경제적 실질론**

실질과세의 의미를 '법적 형식' 대 '경제적 실질'로 파악한다. '법적 형식'이란 과세요건을 충족한 외관상의 법률사실을, '경제적 실질'이란 경제적 성과가 귀속된 사실을 의미한다. 경제적 실질론의 입장에서 실질과세의 원칙은 세법에서 사용되는 형식적 문언이 아닌 실질적·경제적인 개념이나 의미로 세법을 해석하고 과세요건의 사실관계를 인정·판단하는 것으로, 국민의 재산권 보장을 위한 법적 안정성과 예측가능성보다 과세형평성의 확보를 중시한다.

현행법상 경제적 실질론의 사례로는, 부동산에 대하여 등기부 등 공부상 지목이나 용도에 불구하고 실제 사용하고 있는 용도에 따라 세법을 적용하는 경우를 들 수 있다.

(2) 신의성실의 원칙

조세법에 있어서 '신의성실의 원칙'信義誠實 原則, Principle of Trust and Estimate, [독]Prinzip von Tru und Glaubenl은 과세관청이 직무를 수행하거나 납세자가 의무를 이행할 때에는 신의에 따라 성실하게 하여야 한다는 원칙이다.

이는 조세에 있어서도 상대방의 합리적인 기대나 신뢰를 배반할 수 없다는 조세법의 원칙으로 사법私法관계를 지배하는 원리인 약속에 의한 '금반언'禁反言, Promissory Estoppel에의 법리에서 발전한 것이다.[80]

국가와 국민의 신뢰관계를 기초로 하는 공법관계인 조세채권·채무도 사법상 채권·채무관계와 유사하고 세법은 전문성과 기술성이 있으므로 세법을 해석하거나 적용할 때에도 신의성실의 원칙이 인정되어야 한다.

이와 같이 세법에서 신의성실의 원칙을 좀 더 구체화한 것으로 과세관청의 해석이나 관행에 어긋나는 소급과세를 금지하는 '행정상 소급과세금지의 원칙'이 있다.

신의성실의 원칙이 과세관청과 납세자를 대상으로 모든 권리의 행사나 의무의 이행에 대하여 적용되는 데 비해, 행정상 소급과세금지의 원칙은 납세자에게는 적용되지 않고 과세관청만 적용된다.

1) 요 건

과세관청이나 납세자의 행위에 대하여 신의성실의 원칙이 적용되기 위해서는 매우 엄격한 요건을 필요로 한다.

과세관청의 직무수행에 대하여 신의성실의 원칙을 적용하기 위한 요건은 다음과 같다.[81]

(ⅰ) 납세자가 신뢰할 만한 과세관청의 '공적인 견해표시'가 있어야 한다.[82]

(ⅱ) 납세자가 과세관청의 견해표시를 신뢰하고, 그 신뢰에 있어 납세자의 책임(귀책사

---

80) '신의성실의 원칙'은 로마법의 '일반적 악의의 항변惡意 抗辯, exceptio doli generalis'에서 유래된 신의칙이나 금반언禁反言의 원칙에서 출발한 것으로, 근대법에서는 이를 사법(거래법)을 지배하는 최고의 원리로 삼았다[프랑스민법 §1134; 독일민법 §157, §242; 스위스민법 §2② 외]. 우리나라 민법도 "권리의 행사와 의무의 이행은 신의에 좇아 성실히 하여야 한다"[§2①]고 규정하고 있다. 권리의 행사가 신의성실의 원칙에 어긋나게 되면 권리남용으로 무효가 되며, 의무의 이행이 신의성실의 원칙에 어긋나게 되면 의무불이행의 책임을 지게 된다.

81) 대법원 2004.2.13. 선고, 2002두12144 판결; 2002.11.26. 선고, 2001두9103 판결 참조.

82) 행정규칙은 다음의 경우에는 과세관청의 공적견해 표명으로 보지 않는 것으로 들고 있다(국기법 집행기준 15-0-4): ① 세무공무원의 상담, ② 납세자가 제시한 자료에 근거한 세액계산, ③ 실가로 수정신고한 양도소득세를 기준시가로의 경정, ④ 수정신고 권장행위, ⑤ 조사복명서·의견서, ⑥ 국세청장의 업무지침, ⑦ 면세사업자등록증 교부, ⑧ 국세종합상담센터의 답변(단순한 상담내지 안내수준인 행정서비스의 한 방법) ⑨ 국세청 예규(과세관청 내부의 세법해석 기준·집행기준을 시달한 행정규칙에 불과, 의정부지법 2008구합4430, 2009.12.22.) ⑩ 과세쟁점자문위원회의 의결(선행처분과 경위에 비추어 과세쟁점자문위원회의 의결과 그에 따른 선행처분이 있다고 신뢰 대상 공적 견해표명 아님, 광주지법 2009구합2337, 2009.12.17.), ⑪ 과세처분 지연(과세처분을 빨리 했을 때보다 많은 가산세 부담시 신의성실의 원칙에 반하지 않음, 서울행정법원 2008.11.12. 선고, 2008구합15862 판결), ⑫ 당초 법령해석 오류(당초 부과처분이 법령해석 오류로 결정취소 후 재부과, 서울고법 1999.10.22. 선고, 99누5056 판결 참조). 이에 반해 판례에 따라 다음의 경우에는 신의성실 원칙에 위배되는 것으로 예시하고 있다: ① 국세청장이 동종의 훈련교육용역의 제공이 부가가치세 면세사업인 사업경영상담업에 해당한다는 견해를 명시적으로 표명하였다가 원고가 폐업한 후에 비로소 위 용역의 제공이 상담업에 해당하지 않는다고 하면서 부가가치세 부과처분을 한 것이 신의칙에 위배(대법원 1994.3.22. 선고, 93누22517 판결), ② 명의신탁받은 부동산을 임대한 것으로 가장하여 매입세액 환급받은 후, 자가공급 과세하자 명의신탁을 주장한 것은 신의칙에 위배(대법원 2009.4.23. 선고, 2006두14865 판결), ③ 국고유출에 해당하는 금지금 부정거래인데도 납세자가 조세수입의 감소를 초래한다는 사정을 알았거나 중대한 과실로 이를 알지 못하고 부가가치세 매입세액의 공제 환급을 구하는 것이라면 신의칙에 위배한다(대법원 2011.1.20. 선고, 2009두13474 판결).

유)이 없어야 한다.

(ⅲ) 납세자가 과세관청의 견해표시에 대한 신뢰를 바탕으로 어떤 행위를 하여야 한다.

(ⅳ) 과세관청이 적법하게 처음의 견해표시에 어긋난 행정처분을 하여야 한다.[83]

(ⅴ) 과세관청이 새로운 행정처분으로 납세자가 불이익을 받아야 한다.

또, 납세자의 의무이행에 대하여 신의성실의 원칙을 적용하기 위해서는 다음과 같은 요건을 갖춰야 한다.[84]

(ⅰ) 납세자의 행위에 객관적으로 모순된 사실이 존재해야 한다.

(ⅱ) 납세자의 행위가 심한 배신행위로 비롯된 것이어야 한다.

(ⅲ) 과세관청이 납세자의 행위에 대하여 신뢰 보호를 받을 가치가 있어야 한다.

2) 한 계

과세관청의 처분이 만약 본래 적법한 것이라 해도 만약 신의성실의 원칙에 위반된다면 그 과세처분을 취소할 수 있게 되지만, 이런 경우 조세법률주의에 따른 합법성의 원칙에 어긋나게 된다.

과세관청의 경우 합법성 규정에 따라 납세자에게 과세요건이 충족되면 법률에 따라 반드시 조세를 부과·징수해야 하고, 과세 여부에 대하여 재량권을 행사하는 것은 허용되지 않는다.

만약 과세관청이 세법을 잘못 해석하여 납세의무를 면제한 경우에도 당연히 합법성의 원칙을 관철하기 위해서는 그 잘못을 바로잡아 과세처분을 하여야 할 것이다.

하지만 신의성실의 원칙은 상대방이 한 신뢰를 우선적으로 보호받도록 하기 위한 것이므로, 합법성에 어긋나도 허용되는 문제점이 발생하게 된다.

그러므로 신의성실의 원칙은 '합법성'이라는 일반적이고 추상적 가치를 포기함으로써 상실되는 법익法益(법이 보호하는 이익이나 가치)보다, 상대방의 행위에 대한 '신뢰이익'信賴利益)의 보호가치가 더 크다고 인정되는 개별적이고 구체적 사안에 대해서만 제한적으로 허용된다.

---

83) 일반적으로 조세 법률관계에서 과세관청이 납세자에게 신뢰의 대상이 되는 공적인 견해를 표명한 경우 그에 반하는 과세관청의 행위에 대하여는 신의성실의 원칙이 적용될 수 있지만, 이는 과세관청이 공적인 견해를 표명할 당시의 사정이 그대로 유지됨을 전제로 하는 것이 원칙이므로 사후에 그와 같은 사정이 변경된 경우에는 공적 견해는 더 이상 납세자에게 신뢰의 대상이 된다고 보기 어려운 만큼 특별한 사정이 없는 한 과세관청이 견해표명에 반하는 처분을 하더라도 신의성실의 원칙에 위반된다고 할 수 없다(대법원 2011.4.13. 선고, 2008두19659 판결).

84) 대법원 2009.4.23. 선고, 2006두14865 판결: 2007.6.28. 선고, 2005두2087 판결 참조.

국세청은 2008.10월부터 '세법해석 사전답변稅法解釋事前答辯, Advance Ruling' 제도를 시행하고 있다.

'세법해석 사전답변' 제도는 과세관청이 세법해석의 적용에 대해 명확히 답변한 경우, 답변을 신뢰한 납세자의 이익을 침해하지 않도록 스스로를 구속함으로써 '신의성실의 원칙'에 따른 보호를 확실히 받을 수 있도록 한 제도이다.

이 제도는 일반 질의회신제도와는 달리 납세자의 구체적인 사안에 대한 질의에 대하여 명확한 공적인 견해표시를 통해 납세자로 하여금 세법해석과 관련한 세무문제의 불확실성을 최소화하고 기업활동의 예측가능성을 높이도록 하기 위한 것이다.

과세관청을 구속하는 세법해석제도는 미국의 Private Letter Ruling, Closing Agreement, Determination Letter 등 영국의 Ruling Regimes, 일본의 '사전조회에 대한 문서회답' 등과 같이 선진국을 중심으로 23개국에서 운영 중이다.

국세청은 훈령으로 세법해석 사전답변에 관한 내용을 포함한 「법령사무처리규정」을 두고 제도운영에 관한 기본적인 사항과 사무처리절차를 규정하고 있다.

■ 신 청

세법해석 사전답변 제도의 신청인은 「부가가치세법」, 「소득세법」, 「법인세법」상 사업자와 국내사업장이 없는 비거주자, 외국법인 비사업자로 특정한 거래와 직접 관련 있는 자(장래의 거래로 납세의무를 부담할 자를 포함)가 된다.

신청대상은 신청인의 사업과 관련된 '특정한 거래'(이미 개시되었거나, 가까운 장래에 개시될 것이 관련자료 등에 의해 객관적으로 확인될 수 있는 거래)에 대하여 하는 것으로 다음의 경우는 제외된다.

• 신청인에 대한 세법적용과 관련 없는 사항
• 가정의 사실관계, 사실관계의 판단에 관한 사항
• 신청에 관련된 거래 등이 법령에 저촉되거나 저촉될 우려가 있는 경우
• 신청에 관련된 거래 등의 관계자가 조세조약에 있어서 명확한 정보교환협정이 없는 경우 등 국세청의 정보 수집이나 사실 확인이 곤란한 국가나 지역의 거주자가 신청한 경우
• 일련의 조합된 거래 등의 일부만을 신청하는 경우
• 조세의 회피나 탈루 목적의 신청에 해당되는 경우

신청은 국세의 법정 신고기한(원천징수 소득세·법인세의 경우 원천징수 납부기한, 종부세의 경우 납부기간 개시일 전일)까지 「세법해석 사전답변 신청서」에 실명을 기재하여 직접 신청하거나 세무사·변호사 등 대리인에게 위임하여 신청할 수 있다.

신청 후 사실관계 확인이나 검토에 필요한 자료와 장래 거래인 경우 그 내용을 확인할 수 있는 구체적 자료를 요구할 수 있다.

■ 답 변

신청의 내용이 다음 중 하나에 해당하는 경우 답변할 대상이 아니라는 사실을 신청인에게

통지한다.
- 신청 이후 신청내용에 대한 세무조사 조사통지나 결정·경정 등이 있는 경우
- 신청내용이 포괄적이거나 쟁점이 불분명하여 세법해석이 곤란한 경우
- 신청인에게 보정요구를 하였으나, 보정요구 기한까지 보정하지 아니한 경우
- 법령 개정이 진행 중인 이유 등으로 견해표명이 바람직하지 않다고 판단되는 경우
- 조세회피나 탈루목적의 신청에 해당하는 것으로 판단되는 경우

답변내용은 국세법령정보시스템에 공개하되, 공개연기가 필요하다고 판단되는 경우 상당한 기간이 지난 후에 공개하도록 하고 있다.

■ 효과와 문제점

납세자가 답변의 내용을 정당하게 신뢰하고 전제 사실대로 특정한 거래 등을 이행한 경우, 과세관청은 그 거래에 대한 과세처분을 할 때 답변내용을 따르도록 하여 사전답변을 받은 납세자의 신뢰를 최대한 보호하였다.

그러므로 사전해석 답변제도를 통한 과세관청의 답변은 명시적인 공적 견해 표명에 해당되어 '신의성실의 원칙'이 적용되므로, 납세자가 세법해석 사전답변 내용대로 세무처리를 하였다면 추후 과세문제로 인한 다툼이 발생하지 않게 된다.

하지만 세법해석 사전답변 제도는 그 대상에 있어서 사실판단 사항을 제외하고 있어 제도운영에 제한이 많으며, 근본적으로 해석권자로서 객관적으로 세법해석을 하는 것이 아니라 과세권자로서 과세권 행사에 대한 견해표명에 불과함에도 징세기관이 과도하게 세법적용을 이유로 세법해석의 기능을 수행한다는 문제점이 있다.

아울러 법적 근거 없이 행정적으로 운영되어 법적 제한을 받지 않으므로 제도의 객관성과 신뢰성을 확보하기 위해서는 입법화가 필요하다.

(3) 행정상 소급과세금지 원칙

'행정상 소급과세금지 원칙'行政上 遡及課稅禁止 原則, Administrative Principle of Prohibition of Retroactive Taxation은 조세행정에서 새로운 해석이나 관행에 따라 과세를 하는 경우 장래에 대하여만 적용되고 과거의 시점으로 소급하여 과세할 수 없도록 한 원칙을 말한다.

세법의 해석이나 행정의 관행이 일반적으로 납세자에게 받아들여진 후에는[85] 그 해석이나 관행에 의한 행위나 계산은 정당한 것으로 보며, 새로운 해석이나 관행에 의하여 소급하여 과세되지 아니한다[국기법 §18③; 지기법 §20③].

행정상 소급과세금지 원칙은 신의성실의 원칙을 보다 구체화한 것이다. 이 원칙은 과세

---

85) "세법의 해석이나 행정의 관행이 일반적으로 납세자에게 받아들여진 후"란 성문화의 여부와 관계없이 행정처분의 선례가 반복됨으로써 납세자가 그 존재를 일반적으로 확신하게 된 것을 말하며 명백하게 법령을 위반한 경우는 제외한다[국기통 18-0…1 참조].

관청이 세법을 해석·적용할 때에 지켜야 할 '세법적용의 원칙'의 하나로서 조세행정상 합법성에 우선하여 납세자의 신뢰보호가 중요한 경우에 적용된다.

판례는[86] 소급과세 원칙이 적용되기 위해서는 먼저 '비과세 관행'이 성립해야 한다고 하고 있다. 즉 상당기간에 걸쳐 과세관청이 비과세한 객관적인 사실이 존재하고, 과세관청이 과세할 수 있음에도 어떤 특별한 사정으로 과세하지 않는다는 의사표시를 해야 한다.

행정상 소급과세금지 원칙에 따라 새로운 해석·관행은 납세의무가 새롭게 성립하는 분부터 적용되어야 한다. 만약 행정처분이 일단 취소된 경우에는 취소처분이 중대하고도 분명하게 위법하여 무효나 행정쟁송절차에 의해 취소되는 경우를 제외하고는 그 처분의 효력을 회복시킬 수 없다.

---

86) 대법원 2001.4.24. 선고, 2000두5203 판결 참조.

"동 · 서양 역사속의 세금 : 이집트 '파피루스'와 신라 '목간'

이집트 아메스 파피루스

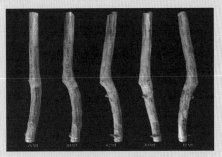

경산 소월리 신라목간

• … 1858년, 투탕카멘 등 파라오의 집단 지하무덤 터인 '왕들의 계곡'이 있는 나일 강 상류의 룩소르에서 두루마리형태 파피루스로 '현존 최초의 수학책'이 발견됐다. 기원전 1650년경 서기書記였던 아메스가 기록한 이 책에는 사칙연산과 분수, 원과 삼각형의 넓이, 피라미드의 부피 구하기 등 85가지 문제가 빼곡하게 적혀 있다.

서문에서 아메스가 "모든 사물과 비밀에 대한 지식을 제시하겠다"고 현학적으로 밝힌 이 책은 경지 면적이나 곡식 창고의 용량 등을 측정해 세금을 징수하는 장부다. 이집트는 대홍수로 땅이 유실되면 측량 후 유실된 땅만큼 세금을 빼줬다. 그래서 여러가지 꼴의 토지 넓이를 재는 기술이 발달했다. 나일 강이 범람했다 다시 물이 빠진 농토 경작지 면적을 재는 것은 조세행정에서 가장 기초적인 자료였다.

당시 서기는 재산을 파악해 세금을 매기고 징수하는 일을 담당했다. 궁정 사람들도 서기에게 청탁하러 올 정도였다. 부와 명예, 권력을 한손에 쥔 서기 외에 주인이 되는 직업은 없다고 했을 만큼 사람들은 어떤 직업보다도 서기가 되기 위해 죽도록 공부했다.

• … 2019년 말 경산 소월리에서 독특한 신라 유품이 발견되었다. 나무꼬챙이에 촘촘히 쓰인, 옛 신라 관리들의 행정용 목간(나무쪽 문서)이다. 나뭇가지 모양의 목간 표면에는 6세기 경산 일대 계곡 지역의 저수지 둑과 농토를 상대로 신라인들이 토지 운영과 세금을 받기 위해 단위 면적을 기록으로 추정되는 내용이 담겨 있다. 5면 98자를 판독한 결과 '감말곡'甘末谷, '구미곡'仇彌谷, '내리'內利, '하지시곡'下只尸谷 같은 경산 일대 옛 마을에서 논을 뜻하는 '답'畓과 밭을 뜻하는 '전'田에 '결'結과 '부'負라는 면적 단위를 매겨 세금을 걷는 장부로 사용된 것으로 보인다. 소월리 신라목간은 1m 80㎝ 깊이로 정성껏 구덩이를 판 뒤 다시 펄 흙을 1m 50㎝ 높이로 가득 채워넣고 그 위에 사람 얼굴 토기와 함께 묻어 제례 등의 목적으로 공들여 묻었다.

그렇다면 이 목간을 당시 관리들은 어떻게 지니며 썼을까? 지팡이나 지휘봉처럼 세무 관리를 알리는 징표로 들고 다녔거나, 말뚝처럼 논에 꽂아놓고 현장 수첩으로 활용했을지 모른다.

• … 기원전 16세기 고대 이집트와 서기 6세기 삼국시대 신라의 세금문서, 동서양의 그 시대 사람들이 그토록 중요하게 생각하고 남기고 싶어 했던 것에 세금문서가 있었다. 동서양을 막론하고 세금을 거두는 일은 정부의 가장 큰 역할이고 기록과 측정에 따라 공정하게 세금을 거두는 것은 가장 큰 과제였다는 것을 보여준다. 지금은 어떠한가? 그 시대보다 국가와 국민에게 공평하고 불만 없는 세금의 중요성은 결코 작아지지 않았다. 그것을 위해 또한 이 책을 쓴다.

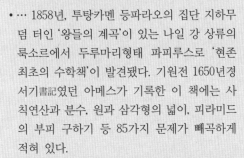

제 **2** 장

조세절차법

"이 세상에 좋은 세금이란 없다."
There is no such thing as a good tax.

― 윈스턴 처칠Winston Chuchill(1874-1965)

"세상에 '좋은 세금'은 있다. '좋은 세금'이란 납세자와 정부가 함께 만족하는 세금이다."
There is such a good tax. Good tax is a tax that satisfies both taxpayers and the government, not both.

― 한국납세자권리연구소 구 재 이

세법을 통해 공평하게 누구에게 얼마만큼 세금을 부과할 것인지를 정했다 하더라도 실제로 세금을 매기려면 그 절차와 방법을 구체적으로 정하지 않으면 세금을 제대로 거둘 수 없습니다. 만약 세법(조세실체법)에 세금을 매길 수 있는 대상과 요건만 정해놓고 세금을 실제 부과하거나 징수하는 절차를 따로 정한바 없다면 어떻게 될까요? 세금을 낼 의무가 있다고 무차별적으로 과세권과 징수권을 행사해 가렴주구의 무법천지가 될 수도 있습니다.

'조세절차법'은 국민의 기본권을 지키면서 질서있게 세금을 징수하게 하는 법입니다. 정부 등 과세권자는 조세절차법에 따라 각 세금을 부과하고 징수합니다. 그러기에 '조세절차법'에서는 국민이 정부에 부여한 '과세권'을 행사할 방법과 한계를 구체적으로 정하고, 그 가운데 헌법이 정한 재산권과 사생활권 등 국민의 기본권을 어떻게 지킬지도 정하고 있습니다.

조세절차법에는 세법의 기본적이고 공통적인 사항을 정하고 조세불복절차까지 정한 기본법과 세금의 징수절차를 정한 징수법, 조세범조사와 처벌에 관한 사항을 정한 조세범처벌에 관한 법률 등이 있습니다. 법인세법, 소득세법, 부가가치세법 등 각 세법(조세실체법)이 정한 과세표준과 세율 등 과세요건은 이러한 조세절차법에 따라 세금을 부과하고 징수하고 납세자의 이의 등 과세관청과의 다툼이 있는 경우 어떻게 처리할 지를 정하고 있습니다.

세금을 부과할 때는 납세자의 권리를 보장하기 위해 신의·성실 원칙, 근거과세 원칙, 조세감면 사후관리 원칙을 따라야 하고, 특별히 '실질과세 원칙'을 정하고 있습니다. 이 원칙은 조세법에만 있는 과세기준으로 계약이나 등기·등록 등 외관이나 형식과 관계없이 법적이나 경제적 실질에 따라 세금을 매기는 특별기준입니다. 형식과 계약을 중시하는 일반 현실과 다르기 때문에 조세마찰도 많습니다. 그러기에 이러한 과세원칙은 조세법률주의의 테두리에서만 허용됩니다.

과세관청이 세법을 적용할 때는 납세자의 재산권을 부당하게 침해하거나 소급과세할 수 없고 재량의 한계를 잘 지켜야 합니다. 이러한 세법기준은 헌법에서 정한 기본권과 함께 세법이 정한 과세요건과 절차가 적정하고 정당한지를 가리는데 중요한 기준이 됩니다.

이처럼 조세절차법은 세부적인 신고, 납부, 징수, 체납처분, 불복청구 등 조세절차를 정하면서도 세금을 부과하고 세법을 적용하는 '조세원칙'을 정하고 있어 헌법과 함께 납세자권리를 보호하는데 중요한 토대가 되고 있습니다. 오랫동안, 그리고 여전히 세금을 얼마나 부담하는 지가 가장 중요한 관심사지만, 앞으로 더 높은 수준의 사회가 될수록 '세금주권자' 국민들은 세금을 어떻게 낼 것인가를 더 중요하게 생각할 것으로 믿습니다.

제1절

조세절차법

① 조세절차법의 의의

(1) 조세절차법의 개념

1) 절차법

'절차법'節次法, procedural law : [독]Verfahrensrecht이란 법률관계와 권리·의무의 실질적 내용을 구체적으로 실현하기 위한 절차와 형식을 정한 법률을 일컫는다. 이는 권리·의무의 발생과 소멸 등 법률관계의 실체를 정한 '실체법'實體法, substantive law : [독]Materiellesrecht과 구별된다.

대표적인 절차법으로 소송·재판 절차를 규율하는 법률인 「민사소송법」, 「형사소송법」이 있는데, 이들은 사건의 실체를 규율하는 실체법인 「민법」, 「상법」, 「형법」 등과 대비된다.

절차법은 실체법을 정당하고 효율적으로 집행하기 위해 존재하며, 실체법에서 서로 대립하는 이해를 통제하거나 조화를 이루면서 질서 있게 적용할 수 있도록 대부분 수단적·기술적인 성격을 가진다.

성질에 있어서 실체법이 목적이라면 절차법은 수단을 의미하고, 실체법의 목적은 절차법의 수단을 통해 구현되므로 절차법의 적용은 신중을 기해야 한다.

만약 실체법상으로 아무리 실체적 진실에 부합된다 해도 절차법상 절차적 하자가 있는 경우에는 '법의 적정절차의 원리'due process of law와 행정절차를 정한 법률에 따라 효력을 인정받을 수 없게 된다.

하지만, 절차법이라 해서 현실적으로 오로지 절차에 관한 내용만을 규율하고 있는 경우는 드물고, 실체법에서 다루거나 절차상 필요한 기본적이고 공통적인 개념까지 포괄하여 규정하고 있는 경우가 많다.

2) 조세절차법

조세법은 과세관청과 국민의 조세 법률관계를 규율하는 법률로 조세채권의 실현을 위한 조세절차를 정하는 '조세절차법'과 과세요건과 세액의 산정기준을 정하는 '조세실체법'으로

구분된다.[87]

'조세절차법'租稅節次法이란 조세실체법의 구체적인 실현을 위한 조세절차를 정한 법규를 포괄적으로 일컫는 것이다.

좁은 뜻으로는 조세의 부과·징수 절차를 정한 실정법을 의미하는 것으로「국세징수법」,「지방세징수법」,「조세범 처벌절차법」등이 이에 해당한다.

「국세기본법」의 경우 통칙법적 성격을 가지고 있어 조세절차법의 범주에 속하지 않는 것으로 여기기도 하지만,[88] 조세의 부과절차와 납세자의 납세의무 이행을 위한 기본적이고 공통적인 사항과 함께 세무조사·조세불복에 관한 절차를 담고 있으므로 조세절차법으로 보아야 할 것이다.

| 조세절차법과 조세실체법 |

구분	세법
조세절차법	「국세기본법」,「국세징수법」,「지방세기본법」,「지방세징수법」,「조세범 처벌 절차법」
조세실체법	「소득세법」,「법인세법」,「지방세법」,「국제조세조정에 관한 법률」,「조세특례 제한법」,「지방세특례제한법」,「조세범처벌법」 등

(2) 조세절차법의 기능

1) 과세권의 절차적 통제

국민적 합의의 소산물所産物인 조세를 분담하기 위하여 국민들은, 국회에서 정한 세법에 과세권자에게 특별한 권능을 부여하고 각자에게 공평하고 적정한 수준이 되도록 하였다.

과세권자는 세법에 따라 조세부과에 있어서 '세무조사권'稅務調査權, 조세징수에 있어서 '자력집행권'自力執行權이라는 특별한 권한을 부여받아 납세자나 다른 채권자보다 월등하게 우월한 지위를 갖게 되었고, 이를 바탕으로 갈수록 징세편의적인 행정을 집행하거나 권한을 남용하는 일이 잦아졌다.

이처럼 다른 행정에서보다 강력하면서도 배타적으로 행사할 수 있는 많은 권능을 부여받은 과세관청이 스스로 적정한 절차와 한계를 지키는 것은 쉽지 않은 일이다.

---

87) 조세법은 각 조세의 성립, 확정, 소멸 등 구체적인 조세법률 관계의 실체를 규율하는 조세실체법, 조세의 부과·징수 등 조세채권 실현을 위한 절차를 규율하는 조세절차법, 조세의 부과·징수 등의 처분에 대한 불복신청 등 납세자의 권리구제를 규율하는 조세구제법, 조세법 위반에 대한 제재, 처벌에 관한 사항과 절차를 규율하는 조세처벌법으로 구분하기도 한다.
88)「국세기본법」이 조세불복 절차를 규정하고 있는 점을 중시하여 조세실체법과 조세절차법 등의 구분 이외에 '조세구제법'으로 구분하기도 한다.

이에 「헌법」은 국민의 납세의무를 정하면서도 과세권 행사를 통제하기 위하여 조세를 부과·징수함에 있어서 반드시 법률에서 과세요건을 정하도록 하고, 법의 적정절차의 원리에 따라 적정한 조세절차를 준수할 것을 요구하고 있다.[89]

과세관청이 과세권 행사에 있어서 적정한 절차와 한계를 지키려면 납세자의 권리와 이익을 보호하고 법적 안정성과 예측가능성이 확보되도록 상세하게 부과·징수 등 절차를 정한 조세절차법을 따로 갖추는 게 바람직하다.

하지만 우리나라의 부과·징수 등 조세절차는 통일적인 법규 없이 각 세법에 산만하게 규정되어 있고 그 내용도 상세하지 못하다.

국세의 경우, 신고나 결정 등 조세의 부과에 관한 절차는 대부분 각 세목별 실체법에서 따로 따로 두면서, 통일적인 조세징수절차는 「국세징수법」, 세무조사와 조세불복절차는 「국세기본법」, 조세범칙조사와 처벌 절차는 「조세범 처벌절차법」에서 정하고 있다.

2) 조세절차법에 의한 조세행정

'조세행정'租稅行政, tax administration은 과세관청이 세법에 의하여 부여받은 과세권을 실제적으로 행사하여 조세수입을 확보하는 수입행정을 말하며, 흔히 행정실무를 강조하여 '세무행정'稅務行政이라고 부르기도 한다.

과세관청이 구체적으로 조세정책을 집행하기 위해 조세를 부과하고 징수하는데 필요한 과세대상의 탐색, 세무조사, 신고 수리, 결정과 납세고지, 체납처분, 조세불복 등 일련의 조세절차가 모두 조세행정의 영역이 된다.

이러한 조세행정은 조세법과 어떤 관련성이 있는 것인가? 조세행정에 있어서 과세권자가 과세권을 정당하게 행사하고 부당하게 납세자의 재산권을 침해하는 것을 막기 위해서는 '조세법'이 제대로 갖춰져야 한다.

우선 조세의 종목과 세율을 정하고 있는 조세실체법에서 과세대상과 세율을 정함에 있어 합리성과 공평성이 확보되어 납세자가 자신의 납세에 대하여 수긍할 수 있는 정도가 되어야 한다. 만약 같은 재산, 소득이거나 사정이라면 과세에 있어 납세자에 따라 차별하거나 과중한 부담을 지워서는 안 될 것이다.

---

89) 헌법 제12조 제1항("모든 국민은 신체의 자유를 가진다. 누구든지 법률에 의하지 아니하고는 체포·구속·압수·수색 또는 심문을 받지 아니하며, 법률과 적법한 절차에 의하지 아니하고는 처벌, 보안처분 또는 강제노역을 받지 아니한다")에서 정하고 있는 '법의 적정절차의 원리' 또는 '적법절차의 원칙'은 형사소송절차에 국한되지 아니하고 모든 국가작용 전반에 대하여 적용되며(헌법재판소 1992.12.24. 선고, 92헌가8 결정), 세무조사는 국가의 과세권을 실현하기 위한 행정조사의 일종으로서 과세자료의 수집, 신고내용의 정확성 검증 등을 위하여 필요불가결하며, 종국적으로는 조세의 탈루를 막고 납세자의 성실한 신고를 담보하는 중요한 기능을 수행하지만 이러한 세무공무원의 세무조사권의 행사에서도 이 원리는 마땅히 준수되어야 한다(대법원 2014.6.26. 선고, 2012두911 판결).

아울러 합리적이고 공평한 조세실체법과 함께 조세를 부과·징수하는 절차가 조세절차법으로서 상세하고도 민주적으로 갖춰져 있어야 한다.

만약 납세자의 재산권이 침해될 수밖에 없는 조세를 부과하고 징수하는 절차가 제대로 법률로써 정하지 않거나 과세관청이 징세하기에 편의한 방법으로만 정한 경우 조세행정에서 납세자는 일방적으로 불리한 대우를 받게 되고 과세관청은 우월한 지위를 이용하여 재량권을 남용하게 된다.

물론 아무리 좋은 조세법을 갖추어도 실제로 이를 집행하는 과세관청이 법적 통제없이 국고주의國庫主義와 행정편의주의行政便宜主義적 입장에서 법률을 해석하고 적용한다면, 납세자의 성실한 납세는 기대할 수 없게 되고 조세절차에 있어서 과세관청과 납세자의 마찰은 끊임이 없을 것이다.

그러므로 조세행정을 제대로 집행하기 위해서는 합리성과 공평성이 확보된 조세실체법은 물론 민주적인 조세절차법을 잘 갖춰야 한다.

이와 같이 조세실체법, 조세절차법과 이를 집행하는 조세행정은 서로 밀접한 관련성을 가지고 있어서 이 중 어느 하나가 제대로 갖춰지지 않거나 작동되지 않는다면 한 나라의 조세수준은 매우 낮게 평가될 수밖에 없다.

이처럼 오늘날 조세제도에 있어서 조세절차법은 국민에게는 자발적이고 성실한 납세를 하고, 과세관청에게는 민주적인 절차에 따라 과세권을 행사하도록 하는데 매우 중요한 역할을 담당한다.

| 조세실체법 · 조세절차법과 조세행정 |

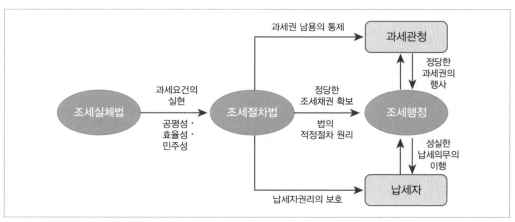

② 조세통칙법

조세에 관한 기본적이고 공통적인 사항과 조세 절차를 정하는 통칙법에는 「국세기본법」, 「국세징수법」과 「지방세기본법」, 「지방세징수법」이 있다.

「국세기본법」은 국세의 납세의무에 관한 기본적·공통적인 내용과 조세에 관한 불복절차를, 「국세징수법」은 국세의 징수절차를, 그리고 「조세범처벌법」과 「조세범처벌절차법」은 내국세에 관한 조세범의 단속과 처벌절차를 각각 정하고 있다.

「지방세기본법」은 지방세에 관한 기본적·공통적인 사항, 지방세 불복절차와 지방세 범칙행위에 대한 처벌에 관한 사항을, 「지방세징수법」은 지방세의 징수에 필요한 절차를 각각 정하고 있다.

(1) 국세기본법

「국세기본법」國稅基本法은 국세에 관한 법률관계를 확실하게 하고 과세관청의 공평한 과세와 납세자의 원활한 납세의무 이행을 위해 국세에 관한 기본적이고 공통적인 사항과, 위법하거나 부당한 과세처분에 대한 불복절차 등을 규정한 세법이다[국기법 §1].

이 법은 국세에 관한 세법의 통칙법으로서, 모든 조세에 걸쳐 적용되는 것이 아니라 원칙적으로 지방세나 관세가 아닌 내국세만을 적용대상으로 하고 있다.[90]

---

90) 「지방세기본법」[§153]은 "지방세의 부과·징수에 관하여 이 법 또는 지방세관계법에서 규정한 것을 제외하고는 「국세기본법」과 「국세징수법」을 준용한다"고 규정하고 있다.

| 「국세기본법」의 구성 |

구분	조항	내용
총칙	§1~§13	기간·기한, 서류의 송달, 인격
국세부과 원칙 · 세법적용 원칙	§14~§20의2	• 국세부과 원칙 : 실질과세, 신의성실, 근거과세, 조세감면 사후관리, 중장기 조세정책운용계획 • 세법적용 원칙 : 세법해석의 기준, 소급과세금지, 재량한계 엄수, 기업회계존중
납세의무 이행절차	§21~§34	납세의무의 성립·확정·소멸 납세의무의 승계, 연대납세의무, 납세담보
국세와 일반채권과의 관계	§35~§42	국세우선권, 제2차 납세의무, 물적 납세의무
과세·환급절차	§43~§54	관할관청, 수정신고·경정청구, 가산세의 부과·감면, 국세환급금
심사와 심판	§55~§81	이의신청, 심사·심판청구 등 조세불복절차
납세자의 권리	§81의2~§81의19	납세자권리헌장, 세무조사 절차(사전통지·착수·진행·결과통지), 과세전적부심사, 납세자보호위원회
보칙	§82~§87	과세자료 제출의무, 조세행정
벌칙	§88~§90	직무집행 거부, 금품수수·공여자 과태료

1) 법적 성격

「국세기본법」은, 「소득세법」이나 「법인세법」등 각 조세에 관한 실체법인 세법에서 공통적으로 사용되는 개념과 납세의무의 기본적이고 공통적인 사항과 함께 조세불복절차에 관한 규정을 담은 법률로, 다음과 같은 법적 성격을 갖고 있다.

① 국세통칙법

국세에 관한 세법의 입법형식은 '1세목1세법주의'로 여러 가지 국세를 각각 별개의 세법에서 규정하고 있다. 이에 따라 세목별로 각각 다른 과세요건 이외에 각 세법에서의 중복적인 규정을 피하고 세법체계의 일관성을 유지하기 위하여, 각 세법에서 필요한 기본적이고 공통적인 사항들을 따로 모아 별도의 통칙법을 두게 되었다.

「국세기본법」은 국세에 관한 기본적인 사항과 공통적인 사항과 함께 내국세에서의 고유한 법 원리를 규정하고 있다.

「국세기본법」에 담겨있는 조세법의 고유한 법 원리와 절차로는, 조세법률주의, 실질과세의 원칙, 신의성실의 원칙, 납세의무의 성립·확정과 조세의 부과권·징수권의 행사·소멸 등이 있다.

이는 국민의 기본권 보장과 평등의 원칙 등 헌법이념을 상위규범으로 하여 유출한 것이다. 하지만 「국세기본법」을 국세에 관한 통칙법으로 삼고 있지만, 개별세법에 과세요건이나 세액산정에 관해 기본적이고 공통적인 절차를 따로따로 정하는 등 기본적이고 공통적인 사항과 절차가 산재되어 있다.

그러므로 이를 모두 통합적으로 「국세기본법」에 규정하면 복잡하고 어려운 세법이 간단하고 이해하기 쉬운 구조의 법체계를 갖추게 될 것이다.[91]

또, 징수절차에 관한 통칙법으로 「국세징수법」을 따로 두고 있음에도 일부 징수절차는 「국세기본법」에 규정하여 세법체계상 혼재된 내용도 발견된다.

예컨대 「국세기본법」에서 다루고 있는 '국세우선권'(국세채권 우선의 원칙)과 '보충적 납세의무'에 관한 규정은 조세징수절차에 해당하는 것으로, 「국세징수법」에 두어야 마땅하다.[92]

그러므로 통칙법·절차법과 실체법 간의 관계와 입법형식을 고려하여 세법 간의 내용을 통합·조정하고, 조세원칙·기준, 납세의무·신고납세, 결정·경정 절차 등에 있어서 미비하거나 상세하지 못한 내용을 제대로 갖추는 등 세법체계에 관한 근본적인 개편이 필요하다.

② 불복절차법

국세에 관한 세법에 따른 처분으로서 위법하거나 부당한 처분을 받았거나 필요한 처분을 받지 못함으로 인하여 이익을 침해당한 납세자와 침해당하게 될 이해관계인은 그 처분의 취소나 변경을 청구하거나 필요한 처분을 청구할 수 있다.

그러므로 「국세기본법」은 이의신청·심사청구·심판청구 등 조세불복을 제기하는 절차를 규정하고 있으므로 '불복절차법'으로서의 성격을 가진다.[93]

2) 다른 법률과의 관계

① 세 법

다른 세법에서 별도의 규정을 둔 것을 제외하고는 「국세기본법」을 적용한다. 과거에는 「국세기본법」에서, 각 세법에 특례를 두는 경우 이를 우선하여 적용하도록 하는 규정을 두

---

91) 조세통칙법적 성격을 가진 「국세기본법」에 일괄적으로 규정되어야 할 각 세법의 내용으로, 세무조사(질문검사권), 과세자료의 제출, 비밀 보호·유지, 조세확정절차(신고, 결정·경정, 추계결정·경정의 사유, 수시부과 결정, 과세표준·세액의 통지), 납부, 징수와 환급, 납세관리인, 법인격 없는 단체의 취급, 실질과세의 원칙, 장부의 비치·기장, 사업자등록 등에 관한 규정을 들 수 있다(김완석, 『알기쉬운 조세법체계로의 개편 방향』, 한국조세연구원, 2006, p.54).

92) 최명근, 「조세법학, 어떻게 접근할 것인가」, 『조세연구』, 한국조세연구포럼, 2001.

93) 세법에 따른 과세관청의 위법·부당한 처분과 부작위 처분에 대하여 그 처분의 취소·변경이나 필요한 처분의 청구는 원칙적으로 「행정심판법」의 규정을 적용하지 아니한다. 하지만 심사청구나 심판청구에 관하여는 「행정심판법」 제15조(선정대표자), 제16조(청구인의 지위승계), 제20조부터 제22조까지, 제29조, 제36조 제1항, 제39조, 제40조, 제42조, 제51조를 준용한다[국기법 §56].

고 있었으나, 2020년부터 이를 폐지하여 다른 세법에 특례규정을 두고 있는 경우에는 그 세법을 적용하도록 변경되었다.

그러므로 다른 세법에 특별한 규정이 있는 경우에는 「국세기본법」 규정은 효력이 없다. 이는 기본적이고 공통적인 사항을 통일적으로 두도록 한 「국세기본법」의 취지를 살리기 위한 것이지만, 개별세법에 특별규정을 두더라도 이를 제한 없이 인정할 수 있도록 함으로써 통칙법으로서의 성질을 상실했다.

| 「국세기본법」보다 우선하여 적용되는 다른 세법의 특례규정(사례) |

국세기본법		다른 세법의 규정
① 연대납세의무자에 대한 서류 송달(§8②)		상속세 상속인이나 수유자가 다수인 경우 1명만 통지하면 통지효력(현재 삭제, 구 상증법 §77)
② 국세부과의 원칙 (제2장 1절)	실질과세원칙 (§14)	• 명의신탁재산의 증여의제(상증법 §45의2) • 기준시가에 의한 양도차익 계산(소법 §100) • 배우자 등에 양도한 재산의 증여추정(상증법 §44) • 귀속불분명한 사외유출액 대표자상여 처분(법법 §67, 법령 §106①) • 간주임대료 과세표준(부법 §29⑩, 부령 §65①) • 사업용부동산 특수관계인 무상임대과세(부법 §12②) • 보증금등, 자가소비액, 업무용승용차 매각가액의 총수입금액 산입(소법 §25) • 임대보증금 등의 간주익금(조특법 §138) • 특수관계인 간 거래 시 부당행위계산부인(소법 §41, 법법 §52, 부법 §29④)
	근거과세의 원칙(§16)	• 소득금액 추계조사결정(소법 §80③) • 소득금액 추계결정·경정(법법 §66③)
③ 납세의무의 승계(제3장 2절)		• 청산인의 원천징수소득세 납세의무 승계(소법 §157) • 피상속인 소득금액의 상속인 납세의무(소법 §2의2②)
④ 연대납세의무(제3장 3절)		• 공동소유나 공동사업소득에 대한 공동사업자별 과세(소법 §43) • 연결법인의 연대납세의무(법법 §2④) • 증여세의 연대납세의무(상증법 §4의2⑤)
⑤ 납세의무의 소멸(§26)		영세개인사업자의 결손처분세액의 납세의무 소멸 특례(조특법 §99의5)
⑥ 납세담보(제3장 5절)		주세의 담보, 보증(주법 §36)
⑦ 제2차납세의무(제4장 2절)		정비사업조합의 체납액은 잔여재산 분배·인도받은 자 제2납세의무(조특법 §104의7④)

국세기본법		다른 세법의 규정
⑧ 관할관청(제5장 1절)		• 과세관할(법법 §12) • 과세관할(소법 §11)
⑨ 경정청구(§45의2)		후발적 경정청구 기간 2월 이내 아닌 3~6월 이내 경정청구 특례(상증법 §79)
⑩ 기한 후 신고(§45의3)		비영리내국법인은 원천징수된 이자소득을 과세표준 신고 제외가능, 이 경우 각 사업연도 소득금액에 제외(법법 §62)
⑪ 가산세의 부과와 감면 (제5장 3절)		근로장려금 초과신청 시 초과환급가산세 적용제외(조특법 §100의10②)
⑫ 국세환급금의 충당과 환급 (§51)		• 분식회계로 인한 환급금 5년간 소득에서 우선공제 후 잔액 환급(법법 §58의3) • 부가가치세 조기환급(부법 §59②) • 농업·임업·어업용 기자재에 대한 부가가치세의 환급에 관한 특례(조특법 §105의2) • 외국인 관광객에 대한 부가가치세, 특별소비세 환급(조특법 §107의2) • 외국인관광객 미용성형 의료용역에 대한 부가가치세 환급 특례(조특법 §107의3)
⑬ 국세환급가산금(§52)		근로장려금 환급 시 가산금 지급 제외(조특법 §100의10)
⑭ 불복(§55)		지방세를 본세로 하는 농어촌특별세 불복절차(농특법 §11)
⑮ 보칙 (제8장)	납세관리인(§82)	• 부가가치세 납세관리인(부법 §73) • 납세조합의 납세관리인(소법 §153) • 상속 등의 경우의 납세관리인(상증법 §8)
	고지금액 최저한도 (§83)	• 소액부징수(소법 §86) • 간이과세자에 대한 납세의무의 면제(부법 §69①)
	장부등의 비치·보존(§85의3)	• 장부의 비치·기록(소법 §160) • 장부의 비치·기장(법법 §112)

또 「관세법」과 「수출용 원재료에 대한 관세 등 환급에 관한 특례법」에서 세관장이 부과·징수하는 국세에 관하여 특례규정을 두고 있는 경우에도 그 규정을 따른다[국기법 §3②].

② 「민법」과의 관계

「국세기본법」은 조세채권·채무 관계에 있는 과세관청과 납세자 간의 조세 법률관계를 규율하는 법률이다.

「국세기본법」은 공법관계公法關係를 규율하는 법률임에도 기간과 기한[§4], 연대납세의무[§25의2], 국세징수권의 소멸시효[§27②]와 환급금의 소멸시효[§54②] 등 많은 부분에서 사법관계私法關係를 다루는 「민법」 규정을 차용借用하거나 준용準用하도록 하고 있다.

하지만 「국세기본법」에서 「민법」을 적용하도록 한 경우에도 세법에서 따로 특례규정을 두었다면 이를 우선하여 적용한다.

| 「국세기본법」의 민법 준용 규정 |

구분	내용
기간과 기한 (국기법 §4)	이 법 또는 세법에서 규정하는 기간의 계산은 이 법 또는 그 세법에 특별한 규정이 있는 것을 제외하고는 「민법」에 따른다
연대납세의무 (국기법 §25의2)	이 법 또는 세법에 따라 국세 및 체납처분비를 연대하여 납부할 의무에 관하여는 「민법」 제413조부터 제416조까지, 제419조, 제421조, 제423조 및 제425조부터 제427조까지의 규정을 준용한다.
국세징수권의 소멸시효 (국기법 §27)	① 국세의 징수를 목적으로 하는 국가의 권리는 이를 행사할 수 있는 때부터 다음 각 호의 구분에 따른 기간 동안 행사하지 아니하면 소멸시효가 완성된다. 1. 5억원 이상의 국세 : 10년 2. 제1호 외의 국세 : 5년 ② 제1항의 소멸시효에 관하여는 이 법 또는 세법에 특별한 규정이 있는 것을 제외하고는 「민법」에 따른다.
국세환급금 (국기법 §54)	① 납세자의 국세환급금과 국세환급가산금에 관한 권리는 행사할 수 있는 때부터 5년간 행사하지 아니하면 소멸시효가 완성된다. ② 제1항의 소멸시효에 관하여는 이 법 또는 세법에 특별한 규정이 있는 것을 제외하고는 「민법」에 따른다. 이 경우 국세환급금과 국세환급가산금을 과세처분의 취소 또는 무효확인청구의 소 등 행정소송으로 청구한 경우 시효의 중단에 관하여 「민법」 제168조 제1호에 따른 청구를 한 것으로 본다.

③ 「행정절차법」·「행정조사기본법」과의 관계

행정기관이 구체적 사실에 관한 법집행으로 공권력을 행사하거나 거부하는 행정절차는 다른 법률에 특별한 규정이 있는 경우를 제외하고는 「행정절차법」을 적용받는다[행절법 §3①].

이에 따라 조세에 관한 행정절차도 「국세기본법」에 특별한 규정을 두지 않았다면 「행정절차법」을 따라야 할 것이다.

한편, 「국세기본법」에서 다루고 있는 세무조사는 행정조사의 일종으로서 행정조사에 관한 기본원칙·행정조사의 방법과 절차를 규정하고 있는 「행정조사기본법」을 적용하여야 하지만, 그 적용대상을 정하면서 '조세에 관한 사항'은 제외하도록 하여 원칙적으로 이 법률이 적용되지 않는다[행조법 §3②(5)].

④ 「행정심판법」・「감사원법」과의 관계

과세관청으로부터 위법하거나 부당한 처분을 받거나 필요한 처분을 받지 못해 권리나 이익을 침해당한 사람은 「국세기본법」에 따라 이의신청・심사청구・심판청구를 할 수 있다.

일반적으로 행정기관의 처분에 대하여 불복하고자 하는 경우에는 행정심판 절차를 통하여 행정청의 위법하거나 부당한 처분處分이나 부작위不作爲로 침해된 국민의 권리나 이익을 구제하도록 마련된 「행정심판법」에 따라 심판청구를 제기하여야 한다.

하지만 「행정심판법」이 다른 법률에 특별한 규정이 있는 경우에는 행정심판법보다 우선하여 적용하도록 하고 있어[행심법 §3①] 세법에 따른 처분의 경우 「국세기본법」에 불복에 관한 규정을 두고 있어 원칙적으로 「행정심판법」의 적용이 배제된다.94)

그러므로 「국세기본법」은 「행정심판법」에 대하여 특별법적인 지위에 있다.

한편 과세관청은 감사원의 감사를 받는 행정기관이므로, 과세관청의 처분에 이해관계가 있는 사람은 「국세기본법」에 따른 불복청구 이외에도 「감사원법」에 따른 심사청구도 가능하다[감사원법 §43①].95)

(2) 국세징수법

「국세징수법」國稅徵收法은 국세수입을 확보하기 위하여 과세관청이 하는 납세의 고지・독촉과 체납처분 등 국세의 징수에 관한 일련의 절차에 관한 내용을 규정한 법률을 말한다.

「국세징수법」은 실질적 의미에서 국세의 징수에 관하여 필요한 사항을 규정한 법률을 의미하기도 한다.

---

94) 하지만 「행정소송법」의 적용을 완전히 배제하는 것은 아니며 일부 규정을 준용하도록 하고 있고, 더욱 확대되는 추세에 있다. 심사청구와 심판청구에 있어는 「행정심판법」 §15(선정대표자), §16(청구인의 지위승계), §20(심판참가), §21(심판참가의 요구), §22(참가인의 지위), §36①(증거조사), §39(직권심리), §40(심판청구등의 취하), §51(행정심판 재청구의 금지) 등의 규정을 준용한다.

95) 하지만 「감사원법」에서 정하고 있는 심사청구는 독립된 불복절차라기보다는 엄밀한 의미에서 감사절차나 민원업무 절차라고 보는 것이 합당하다. 「감사원법」은 감사원의 조직, 직무 범위, 감사위원의 임용자격, 감사 대상 기관, 공무원의 범위와 그 밖에 필요한 사항을 규정함을 목적으로 하고 있으며[§1], 감사원의 감사를 받는 자의 직무에 관한 처분이나 그 밖의 행위에 관하여 이해관계가 있는 자가 감사원에 그 심사의 청구를 하여 시정을 받을 수 있도록 하고 있기 때문이다[§43].

| 「국세징수법」의 구성과 내용 |

구분	조항	내용
총칙	§1∼§7의5	징수순위, 납세보전제도(납세증명서, 관허사업 제한 등)
임의징수절차	§8∼§23의2	정상징수절차[위탁징수, 납세고지, 독촉] 특별징수절차[납기 전 징수, 징수유예]
강제징수절차	§24∼§88	체납처분절차[압류, 교부청구, 매각, 청산, 결손처분, 체납처분유예]

1) 법적 성격

① 절차법

「국세징수법」은 주로 납세고지 이후의 국세징수에 관한 상세한 절차를 규정한 법률로,[96] 「법인세법」 등 조세의 과세요건을 규정한 실체법과는 구별되는 '절차법'으로서의 성격을 가진다.[97]

② 세 법

세법은 조세의 부과·징수·감면에 관한 사항과 그 절차를 정한 법률이다. 그러므로 「국세징수법」은 국세의 징수절차를 정한 세법의 하나이다.

「국세기본법」도 「국세징수법」을 '세법'으로 보도록 하고 있다[국기법 §2(2)]. 하지만 이는 「국세기본법」의 적용에 있어서 개별 세법과 같이 세법으로 다루는 것일 뿐 「법인세법」, 「부가가치세법」 등 실체법과 같은 세법을 의미하는 것은 아니다.

③ 징수절차에 관한 일반법

「국세징수법」이 정한 국세징수 등 규정 중에서 「국세기본법」 등 다른 세법에 규정된 것이 있는 경우에는 그 법률의 규정을 우선하여 적용한다[국징법 §2].

그러므로 다른 세법에서 조세의 징수절차에 관한 규정을 따로 두고 있는 경우 징수절차에 관한 통칙법通則法인 「국세징수법」은 특별법이 아닌 일반법一般法으로서의 성격을 가지고 있다.

④ 통칙법

「국세징수법」은 국세의 징수절차로서 납세자의 의사에 따르는 납세고지·독촉 등 임의

---

96) 절차법은 공정하고 적정하면서도 신속하고 경제적으로 처리하기 위한 기술적 고려가 주된 내용이 된다. 「국세징수법」은 조세의 징수절차에 관한 내용으로만 이뤄진 것이 아니라 행정적인 절차, 민사상의 절차는 물론 실체적 규정도 포함되어 있다.

97) 「국세징수법」은 조세실체법을 집행하기 위해 조세채권자인 국가 등에게 우월한 지위와 강력한 권력적 수단을 부여하고 있으므로 과세권자와 납세자의 관계인 조세 법률관계에서 '조세채무 관계설'을 따르는 것으로 볼 수 있다.

적 징수절차와 과세권자의 자력집행권自力執行權, self-enforcement에 기초한 강제적 징수절차를 두고 있다.

특히 「국세징수법」에서 정한 강제적 징수절차는 자력집행권을 가진 다른 조세와 공과금의 징수절차를 정한 많은 법률에서 '국세징수의 예' 또는 '국세 체납처분의 예' 등의 방식으로 준용되고 있다.

이처럼 「국세징수법」은 자력집행권을 가진 다른 조세와 공과금 등의 징수절차를 정한 법률이 따르는 통칙법通則法의 성격을 갖고 있다.[98]

| 「국세징수법」의 통칙법적 규정 |

법률	국세징수절차 준용 규정(예시)
법인세법	**【§893(징수)】** ① 납세지 관할 세무서장은 내국법인이 제86조에 따라 납부하여야 할 청산소득에 대한 법인세의 전부 또는 일부를 납부하지 아니하면 그 미납된 법인세액을 「국세징수법」에 따라 징수하여야 한다. **【§98(외국법인에 대한 원천징수 또는 징수의 특례)】** ④ 납세지 관할 세무서장은 원천징수의무자가 제1항 및 제5항부터 제12항까지의 규정에 따라 외국법인의 각 사업연도의 소득에 대한 법인세로서 원천징수하여야 할 금액을 원천징수하지 아니하였거나 원천징수한 금액을 제1항에 따른 기한까지 납부하지 아니하면 지체 없이 국세징수의 예에 따라 원천징수의무자로부터 그 징수하는 금액에 「국세기본법」 제47조의5 제1항에 따른 금액을 가산하여 법인세로 징수하여야 한다.
부가가치세법	**【§58(징수)】** ① 납세지 관할 세무서장은 사업자가 예정신고 또는 확정신고를 할 때에 신고한 납부세액을 납부하지 아니하거나 납부하여야 할 세액보다 적게 납부한 경우에는 그 세액을 「국세징수법」에 따라 징수하고, 제57조에 따라 결정 또는 경정을 한 경우에는 추가로 납부하여야 할 세액을 「국세징수법」에 따라 징수한다.
주세법	**【§25(납부 및 징수)】** ③ 제1항 또는 제2항에 따라 주세를 납부하여야 할 자가 그 납부하여야 할 세액의 전부 또는 일부를 납부하지 아니한 경우에는 관할 세무서장 또는 관할 세관장은 그 내지 아니한 세액을 국세 징수 또는 관세 징수의 예에 따라 징수한다.

---

98) 「국세징수법」은 조세의 징수에 있어서 원칙과 기준을 정하고 있다는 점에서 통칙법이 아닌 '총칙법'(總則法)의 성격도 가진다고도 볼 수 있다.

법률	국세징수절차 준용 규정(예시)
지방세 징수법	**【§107(체납처분에 관한 「국세징수법」의 준용)】** 지방자치단체의 징수금의 체납처분에 관하여는 「지방세기본법」, 이 법이나 지방세관계법에서 규정하고 있는 사항을 제외하고는 국세 체납처분의 예를 준용한다.
국제조세 조정에 관한 법률	**【§30(조세징수의 위탁)】** ③ 체약상대국에 납부할 조세를 우리나라에서 징수해 주도록 조세조약에 따라 체약상대국의 권한 있는 당국으로부터 위탁을 받은 경우에는 기획재정부장관이나 국세청장은 대통령령으로 정하는 바에 따라 납세지 관할 세무서장에게 국세 징수의 예에 따라 징수하도록 할 수 있다.
조세특례 제한법	**【§106의3(금지금에 대한 부가가치세 과세특례)】** ⑧ 사업장 관할세무서장 또는 관할세관장이 다음 각호의 구분에 따라 징수하는 금액은 국세징수의 예에 따라 부가가치세로 징수하는 것으로 본다.
조세범 처벌법	**【§16(금품수수 및 공여)】** ④ 제1항에 따라 징계부가금 부과처분을 받은 자가 납부기간 내에 그 부가금을 납부하지 아니한 때에는 징계권자는 국세체납처분의 예에 따라 징수할 수 있다.
세무사법	**【§17(징계)】** ⑤ 기획재정부장관은 세무사가 제2항 제3호에 따른 과태료를 납부기한까지 내지 아니하면 국세 체납처분의 예에 따라 징수할 수 있다.
국유재산법	**【§73(연체료 등의 징수)】** ② 중앙관서의 장등은 국유재산의 사용료, 관리소홀에 따른 가산금, 대부료, 변상금 및 제1항에 따른 연체료가 납부기한까지 납부되지 아니한 경우에는 다음 각 호의 방법에 따라 「국세징수법」 제23조와 같은 법의 체납처분에 관한 규정을 준용하여 징수할 수 있다.
개발이익 환수에 관한 법률	**【§21(납부 독촉 및 가산금)】** ① 국토교통부장관은 개발부담금의 납부 의무자가 제18조 제1항에 따라 지정된 기간에 그 개발부담금을 완납하지 아니하면 납부 기한이 지난 후 10일 이내에 독촉장을 발부하여야 한다. ② 개발부담금 또는 체납된 개발부담금을 납부 기한까지 완납하지 아니한 경우에는 「국세징수법」 제21조를 준용한다. **【§22(체납처분 등)】** ① 국토교통부장관은 개발부담금의 납부 의무자가 독촉장을 받고도 지정된 기한까지 개발부담금과 가산금 등을 완납하지 아니하면 국세 체납처분의 예에 따라 징수할 수 있다.

법률	국세징수절차 준용 규정(예시)
국민연금법	**【§95(연금보험료의 독촉 및 체납처분)】** ④ 건강보험공단은 제1항에 따라 독촉을 받은 자가 그 기한까지 연금보험료와 그에 따른 징수금을 내지 아니하면 보건복지부장관의 승인을 받아 국세 체납처분의 예에 따라 징수할 수 있다. 이 경우 징수한 금액이 체납된 연금보험료와 그에 따른 징수금에 미치지 못하는 경우에는 그 징수한 금액을 대통령령으로 정하는 바에 따라 체납된 연금보험료와 그에 따른 징수금에 충당하여야 한다.
국민건강 보험법	**【§81(보험료 등의 독촉 및 체납처분)】** ③ 공단은 제1항에 따른 독촉을 받은 자가 그 납부기한까지 보험료 등을 내지 아니하면 보건복지부장관의 승인을 받아 국세 체납처분의 예에 따라 이를 징수할 수 있다. ④ 공단은 제3항에 따른 국세 체납처분의 예에 따라 압류한 재산의 공매에 대하여 전문지식이 필요하거나 그 밖에 특수한 사정으로 직접 공매하는 것이 적당하지 아니하다고 인정하는 경우에는 「금융회사부실자산 등의 효율적 처리 및 한국자산관리공사의 설립에 관한 법률」에 따라 설립된 한국자산관리공사에 공매를 대행하게 할 수 있다. 이 경우 공매는 공단이 한 것으로 본다.

(3) 지방세기본법

「지방세기본법」은 지방세에 관한 기본적 · 공통적 사항과, 위법하거나 부당한 처분에 대한 불복절차, 그리고 지방세 범칙행위에 대한 처벌에 관한 사항 등을 규정하고 있다.

본래 지방세는 별도의 통칙법을 두지 않고 「지방세법」에서 규정하거나 「국세기본법」을 준용하도록 하였으나, 지방세에 관한 법률관계를 확실하게 하기 위하여 2010년 2월 「지방세법」을 전면 개편하여 「지방세법」, 「지방세특례제한법」과 함께 새로이 「지방세기본법」을 제정하였다.[99]

1) 법적 성격

「지방세기본법」은 「지방세법」에서 분리된 법률이지만 그 형태는 「국세기본법」과 같이 순수한 통칙법으로서 성격만을 가지는 것이 아니라 지방세의 부과 · 징수절차와 이에 대한 불복절차는 물론 조세범처벌에 관한 사항까지 규정하고 있어 그야말로 조세총칙법의 모습을 지니고 있다.

국세에 관한 세법의 입법체계와 비교하면 「국세기본법」, 「국세징수법」과 「조세범 처벌

---

99) 「지방세징수법」은 2016.12. 「지방세기본법」과 「국세징수법」의 징수절차를 담아 법률을 신설하여 공포 후 3개월 이후부터 시행되었다.

법」, 「조세범 처벌절차법」을 합친 것과 같다.

① 지방세통칙법

「지방세기본법」은 지방세에 관한 기본적인 사항을 정하고 있어 지방세에 관한 통칙법으로서의 성격을 가진다.

② 지방세 신고납세에 관한 절차법

「지방세기본법」은 납세자가 지방세를 신고납부하거나 과세관청이 지방세를 부과하는 절차를 정하고 있어 절차법의 성질을 가진다.

그동안 「지방세기본법」에서 정했던 지방세 징수절차는 2017년부터 시행된 「지방세징수법」으로 이관되어 정하게 되었다.

③ 불복절차법

「지방세기본법」은 지방세에 관한 불복절차를 정하고 있으므로 '불복절차법'으로서의 성격을 가진다[지기법 제8장].

납세자가 「지방세기본법」・「지방세법」・「지방세특례제한법」에 따른 처분으로서 위법하거나 부당한 처분을 받았거나 필요한 처분을 받지 못하여 권리나 이익을 침해당한 경우에는 이 법에 따라 이의신청이나 심판청구를 할 수 있다.

지방세에 관한 이의신청・심판청구는 원칙적으로 「행정심판법」의 적용이 배제된다[지기법 §125].

하지만 지방세 이의신청에 있어서는 「행정심판법」중 선정대표자[행심법 §15], 청구인의 지위승계[§16], 심판참가[§20], 심판참가의 요구[§21], 참가인의 지위[§22], 청구의 변경[§29], 직권이나 당사자신청에 의한 증거조사[§36①], 직권심리[§39], 심리의 방식[§40], 발언내용의 비공개[§41], 심판청구 등의 취하[§42] 등 일부 규정은 준용된다.

④ 조세 형법

「지방세기본법」은 「지방세법」등 지방세관계법을 위반한 지방세 범칙행위에 대한 처벌내용과 그 절차를 정하고 있어 '조세형법'으로서의 성질을 가진다[지기법 제9장].[100]

당초 지방세에 관한 범칙행위에 대하여는 '지방세포탈범', '체납처분 면탈범' 등만 정하고 나머지는 지방세의 범칙행위를 완결적으로 정하지 않고 「조세범처벌법」을, 그 처벌절차는 「조세범처벌절차법」을 각각 준용하도록 하고 하였다.

---

100) '조세형법'은 조세에 관한 범죄와 형벌을 정한 법률로 공법公法인 특별형법(행정형법)의 일종이다. 조세형법은 실체법으로 대표적인 것으로는 「조세특례제한법」과 「특정경제범죄 가중처벌 등에 관한 법률」이 있고 조세형법을 구체적으로 실현하는 절차를 규정한 조세형사소송법으로는 「조세범처벌절차법」을 들 수 있다.

하지만 이러한 입법형식은 조세에 관한 범죄와 형벌을 구체적으로 정해야 하는 조세형법의 모습이라 볼 수 없으므로, 2011년 말 「지방세기본법」은 지방세에 관한 범죄와 형벌은 물론 처벌절차까지 모두 따로 정하였다.

| 「지방세기본법」상 조세범 |

조세범	조항	범죄	형벌
지방세 포탈	§129	사기나 그 밖의 부정한 행위로써 지방세를 포탈하거나 지방세를 환급·공제	2년 이하의 징역 또는 포탈세액등의 2배 이하에 상당하는 벌금
		①, ②중 하나에 해당하는 경우 ① 포탈세액등이 3억원 이상이고, 그 포탈세액등이 신고납부하여야 할 세액의 100분의 30 이상인 경우 ② 포탈세액등이 5억원 이상인 경우	3년 이하의 징역 또는 포탈세액등의 3배 이하에 상당하는 벌금
체납처분 면탈	§131	납세의무자·납세의무자의 재산을 점유하는 자가 체납처분의 집행을 면탈하거나 면탈하게 할 목적으로 그 재산을 은닉·탈루하거나 거짓 계약	3년 이하의 징역 또는 3천만원 이하의 벌금
		압수물건의 보관이나 압류물건의 보관자가 그 보관한 물건을 은닉·탈루하거나 손괴나 소비	
		사정을 알고도 체납처분 면탈행위를 방조하거나 거짓 계약을 승낙	2년 이하의 징역 또는 2천만원 이하의 벌금
장부 소각·파기 등	§130의2	지방세를 포탈하기 위한 증거인멸의 목적으로 장부·증거서류를 법정신고기한이 지난 날부터 5년 이내에 소각·파기나 은닉	2년 이하의 징역 또는 2천만원 이하의 벌금
성실신고 방해	§130의3	납세의무자를 대리하여 세무신고를 하는 자가 지방세의 부과·징수를 면하게 하기 위하여 타인의 지방세에 관하여 거짓으로 신고	2년 이하의 징역 또는 2천만원 이하의 벌금
		납세의무자로 하여금 과세표준의 신고를 하지 아니하게 하거나 거짓으로 신고하게 한 자, 지방세의 징수나 납부를 하지 않을 것을 선동하거나 교사	1년 이하의 징역 또는 1천만원 이하의 벌금
명의대여 등	§130의4	지방세의 회피, 강제집행의 면탈을 목적으로 타인의 성명으로 사업자등록을 하거나 타인의 성명으로 등록된 사업자등록을 이용하여 사업을 영위	2년 이하의 징역 또는 2천만원 이하의 벌금

조세범	조항	범죄	형벌
명의대여 등	§130의4	지방세의 회피, 강제집행의 면탈을 목적으로 타인이 자신의 성명으로 사업자등록을 할 것을 허락하거나 자신의 성명으로 등록한 사업자등록을 타인이 이용하여 사업을 영위하도록 허락	1년 이하의 징역 또는 1천만원 이하의 벌금
특별징수 불이행	§131	특별징수의무자가 정당한 사유 없이 지방세를 징수하지 아니한 경우	1천만원 이하의 벌금
		특별징수의무자가 정당한 사유 없이 징수한 세금을 납부하지 아니한 경우	2년 이하의 징역 또는 2천만원 이하의 벌금
명령사항 위반	§132	①, ②중 하나에 해당하는 경우 ① 자동차·건설기계의 인도명령을 위반한 자 ② 질문·검사권 규정에 따른 세무공무원의 질문에 대하여 거짓으로 진술하거나 직무집행을 거부·기피한 자	500만원 이하 과태료
비밀유지의무 위반	§134의9	비밀유지의무를 위반하여 과세자료를 타인에게 제공·누설하거나 목적 외의 용도로 사용	3년 이하의 징역 또는 3천만원 이하의 벌금

(4) 지방세징수법

「지방세징수법」地方稅徵收法은 지방세 징수에 필요한 사항을 규정함으로써 지방세수입을 확보함을 목적으로 제정한 세법이다. 지방세의 신고·부과와 징수는 지방세기본법과 국세징수법에 따라 적용해왔으나, 지방세관계법의 분화과정에서 최종적으로 지방세징수법이 2016년 말 제정되어 2017년부터 시행되었다.

| 「지방세징수법」의 구성과 내용 |

구분	조항	내용
총칙	§1~§11	징수순위, 납세보전제도(납세증명서, 관허사업 제한 등)
임의징수절차	§12~§32	정상징수절차(위탁징수, 납세고지, 독촉) 특별징수절차(납기 전 징수, 징수유예)
강제징수절차	§33~§107	체납처분절차(압류, 교부청구, 매각, 청산, 결손처분, 체납처분유예)

1) 법적 성격

① 절차법

「지방세징수법」은 과세관청이 지방세를 징수하기 위하여 지방세 납세고지 이후의 지방세를 징수하는 상세한 절차를 규정한 법률로, 「지방세법」등 실체법과 다른 절차법으로서의 성격을 가진다.

② 세 법

「지방세징수법」은 지방세의 징수절차를 정하고 있으므로 세법의 하나이다.

(5) 조세범 처벌법과 조세범 처벌절차법

「조세범 처벌법」은 세법의 실효성을 높이고 국민의 건전한 납세의식을 확립하기 위하여 세법을 위반한 자에 대한 형벌과 과태료 등에 관한 사항을 규정한 세법이다.

대부분 '조세포탈죄' 등 조세범칙행위와 그 처벌내용을 담고 있어 실체법으로서의 성질을 가지지만 '고발전치주의', '공소시효기간' 등의 내용도 담고 있어 절차법적인 규정도 있다.

「조세범 처벌절차법」은 조세에 관한 범칙사건을 간편하고 신속하게 처리하기 위하여 조세범칙조사나 그 결과에 따른 통고처분, 고발과 무혐의처분 등 조세범의 처벌절차를 규정한 절차법이다.

일반적으로 세법은 행정법의 범주에 속하지만 「조세범 처벌법」과 「조세범 처벌절차법」은 세법의 하나이면서도 조세에 관한 형사절차를 다루고 있는 조세형법租稅刑法으로서 '형사법'으로서 성질도 지니고 있다.

제2절

조세절차의 기초개념

조세의 신고·부과·징수 등 행정절차는 과세관청과 납세자 간의 많은 권리의무에 관한 관계로 엮여 있다.

이 때문에 과세표준·세액의 산정과 각종 조세절차에서 세법상 법률효과가 수반되는 기간과 기한, 서류의 송달, 인격 등에 관한 기본개념을 설정할 필요가 있게 된다.

즉 세법은 필연적으로 납세자가 신고·납부 등 납세의무를 이행할 기한을 정해야 하고 과세권자의 경우도 과세권의 행사기간을 정해야 하기 때문에 통칙으로서 기간과 기한의 개념을 명확히 확정하는 것이 필요하다. 아울러 과세표준의 신고나 기한연장이나 경정청구의 신청, 그리고 불복 등의 청구서가 유효하게 제출되었는지, 반대로 과세관청이 부과결정 시 「납세고지서」가 유효하게 송달되었는지를 판정하는 기준이 설정되어 있지 아니하면 혼란이 오게 될 것이다.

또 외형 상 개인이나 등기된 법인 중 어느 것에도 속하지 않는 특수한 형태의 단체에 대하여는 세법상 어떻게 취급하느냐에 따라 납세의무가 크게 달라지므로 이에 대한 그 성격과 범위를 정할 필요가 있다.

이처럼 조세절차에서 필수적으로 필요한 기간과 기한, 서류의 송달 효력, 그리고 납세자로서의 지위 등의 개념과 범위를 미리 정하는 것은 적정한 조세절차를 위해 매우 중요하게 된다.

기간과 기한

'기간'期間, period이란 어느 일정한 시점에서 다른 일정한 시점까지의 계속된 시간을 말하며, '기한'期限, due date이란 법률행위의 효력이 발생·소멸하거나 특정한 채무를 이행하도록 정해진 일정한 시점을 말한다.

「국세기본법」은 공통적으로 세법에서 사용되는 기간과 기한에 관한 내용을 규정하고 있으며, 세목별로 과세요건을 정하고 조세의 신고·납부와 부과·징수를 정하고 있는 개별세법에서도 기간과 기한에 관해 많은 세부적인 규정을 두고 있다.

(1) 기간의 계산방법

「국세기본법」을 비롯한 세법에서 규정하는 기간의 계산은 그 법률에 특별한 규정이 있는 것을 제외하고는 「민법」에 따른다[국기법 §4; 지기법 §23].

그러므로 만약 세법에 특별한 규정이 있는 경우에는 그 규정을 따르고 「민법」은 세법에 규정이 없는 경우만 보충적으로 적용된다.[101]

「민법」은 기간 계산에 있어 시작인 '기산점'과 끝인 '만료점'에 대하여 다음과 같이 규정하고 있다.

1) 기간의 기산점

기간을 일日·주週·월月이나 연年으로 정한 때에는 기간의 첫날(= 초일初日)은 포함하지 않는다(초일불산입의 원칙). 하지만 그 기간이 오전 0시부터 시작하는 때에는 첫날(초일)을 산입하며 연령 계산을 할 때는 출생일을 포함한다[민법 §157].

2) 기간의 만료점

기간을 일·주·월이나 연年으로 정한 때에는 기간이 끝나는 날(말일末日) 지나면 기간이 끝난다[민법 §159].

기간을 주·월이나 연으로 정한 때에는 기간을 일수로 환산하지 않고 달력(= 역曆)에 따라 계산한다.

이 경우 주, 월, 연의 처음부터 기간계산을 시작하지 아니하는 때에는 마지막 주, 월, 연에서 그 기산일에 해당한 날의 전날에 기간이 끝난다. 또 만약 월이나 연으로 기간을 정한 경우에 마지막 월에 해당한 날이 없는 때에는 그 월의 말일에 기간이 끝난다[민법 §160].

만약 기간의 말일이 토요일이나 공휴일에 해당하는 때에는 기간은 그 다음날로 끝난다[민법 §161].

(2) 기한의 특례

세법에 규정하는 신고, 신청, 청구, 그 밖에 서류의 제출, 통지, 납부, 징수에 관한 기한이 「관공서의 공휴일에 관한 규정」(대통령령)에 따른 공휴일, 토요일이거나 「근로자의 날 제정에 관한 법률」에 따른 근로자의 날(5월 1일)일 때에는 그 다음날을 기한으로 한다[국기법 §5①; 지기법 §24①].

---

101) 기간의 계산은 법령, 재판상의 처분 또는 법률행위에 다른 정한 바가 없으면 본 장의 규정에 의한다[민법 §155].

「민법」에서는 일정한 기간의 말일이 토요일이나 공휴일인 경우 그 다음날에 기간이 끝나도록 하고 있지만 세법에서는 신고·납부나 청구기간 만료일이 토요일이나 공휴일은 물론 근로자의 날인 경우에도 그 다음날을 기한으로 하고 있는 점이 다르다.

한편, 세법에 따른 신고기한 만료일이나 납부기한 만료일이 되는 날에 국세 정보통신망, 지방세 통합정보통신망이 정전, 통신상의 장애, 프로그램의 오류나 그 밖의 부득이한 사유로 가동이 정지되어 전자신고·전자청구나 전자납부[102]를 할 수 없게 된 경우에는 그 장애가 복구되어 신고나 납부를 할 수 있게 된 날의 다음날을 기한으로 한다[국기법 §5③; 지기법 §24②].

(3) 우편·전자 신고나 청구

민사상 서류송달 등 의사표시의 효력은 일반적으로 그 서류가 상대방에게 '도달하는 날'에 발생한다(도달주의 원칙)[민법 §111①].[103]

이에 따라 조세절차에 있어서도 일반적인 서류제출이라면 과세관청이 납세자에게 우편으로 제출하거나 납세자가 과세관청에게 우편으로 제출하는 경우에 정해진 기간까지 도달하여야 그 효력이 인정될 것이다.

하지만 납세자가 납세의무를 이행하거나 권리를 행사하기 위해 제출하는 과세표준신고·과세표준수정신고서·경정청구서나 불복청구서 등의 경우에는 납세자가 '발신한 날'에 서류송달의 효력이 인정된다. 이처럼 납세자의 납세의무 이행이나 권리행사에 있어서 일반적인 서류송달의 원칙인 '도달주의'到達主義가 아니라 특별히 '발신주의'發信主義를 허용하는 것은 납세자의 사정과 편의를 특별히 고려한 것이다.[104]

---

102) "전자신고·전자청구"란 과세표준신고서 등 세법에 따른 신고·청구 관련 서류를 조세에 관한 정보통신망을 이용하여 신고하거나 청구하는 것이며, "전자납부"란 세법에 따라 납부할 국세를 통신망을 이용하여 납부하는 것을 말한다[국기법 §2(19), §5③].

103) 상대방이 있는 의사표시는 상대방에게 도달한 때에 그 효력이 발생한다[민법 §111①].

104) 민법상 '도달주의'의 중대한 예외로서 '발신주의'가 인정되는 경우는, 능력제한자의 상대방으로부터 추인 여부에 대한 확답(§15), 사단법인 총회의 1주 전 소집통지(§71), 대리권 없는 자의 상대방의 최고에 대한 확답(§131), 채무인수 시 채권자의 승낙 여부에 확답(§455), 승낙기간을 정한 계약의 승낙연착, 지연의 통지(§528), 격지자隔地者 간의 승낙의 통지(§531) 등이 있으며, 상법 상 격지자 간의 승낙의 통지(§52), 청약에 대한 승락통지(§53), 매도인의 목적물의 공탁, 경매의 통지(§67), 대리업 대리 또는 중개의 통지(§88), 주식회사 주주총회의 소집통지(§363) 등이 있다. 또한 소송서류의 송달(§189)에 관한 민사소송법 규정도 '발신주의'를 취하고 있다.

| 도달주의와 발신주의 |

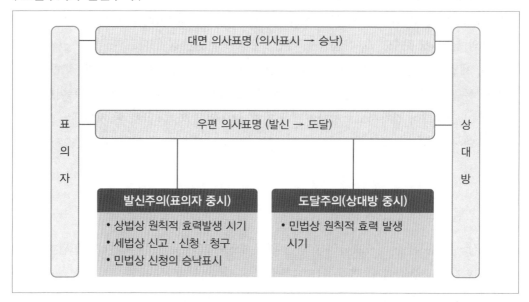

1) **우편신고·청구** : [과세표준신고 서류] 우편날짜도장이 찍힌 날, [불복청구 서류] 불복청
구기한 만료일

　우편으로 과세표준신고서·과세표준수정신고서·경정청구서나 이에 관련된 서류를 제
출한 경우, 「우편법」에 따른 우편날짜도장(＝통신일부인通信日附印)[105]이 찍힌 날에 신고되거
나 청구된 것으로 본다(도달주의의 특례[106])[국기법 §5의2①; 지기법 §25①].

　만약 우편날짜도장이 찍히지 아니하였거나 분명하지 아니한 경우에는 '통상 배송일수配
送日數를 기준으로 발송한 날로 인정되는 날'에 신고되거나 청구된 것으로 본다.

　또 세법에 따른 불복청구기간에 우편으로 이의신청·심사청구나 심판청구 서류를 제출
한 경우, 그 기간을 지나서 도달하였다고 해도 그 기간의 만료일에 적법한 신청이나 청구를
한 것으로 본다[국기법 §61③; 지기법 §121②].

---

105) 체신관서에서 우편물의 접수확인과 우표소인을 위해 찍는 것으로 날짜가 찍히는 도장을 말한다. 우편 날짜
　　도장이 분명하지 아니한 경우 발송인정일(통상 걸리는 운송일수를 기준으로 발송한 날로 인정되는 날)은
　　부득이 관할 세무서장이 제반사정을 종합적으로 고려하여 사실판단하여야 한다.
106) 세법이 '우편날짜도장이 찍힌 날'을 신고일로, '불복청구기간 만료일'을 불복청구일로 간주하는 현행 세법
　　의 입법형식은 순수한 형태의 '발신주의'가 아니라 엄밀한 의미에서 보면 '도달주의의 특례'라 할 것이다.
　　왜냐하면 불복청구의 경우 청구기간이 지나서 도달한 경우라도 우편날짜도장이 찍힌 날이 아닌 불복청구
　　기간의 만료일에 적법한 청구를 한 것으로 보도록 하고 있어 통상적인 발신주의의 경우와 다른 '도달주의'
　　의 특례형식을 취하고 있기 때문이다. 순수한 의미에서 '발신주의'라면 「민사소송법」(§189)에서와 같이 서
　　류를 발송한 때에 송달한 것으로 보도록 입법되어야 한다.

2) 전자신고 · 전자청구 : 정보통신망으로 국세청장에게 전송된 날[국세], 정보통신망에 저장된 때[지방세]

국세의 경우, 납세자가 과세표준신고서 · 과세표준수정신고서 · 경정청구서와 이와 관련된 서류를 '국세 정보통신망'[107]을 이용하여 제출(전자신고 · 전자청구)하는 경우에는 해당 신고서와 청구서가 '국세청장에게 전송電送된 때'에 신고나 청구된 것으로 본다.[108] 국세청장은 고시를 통해 납세자가 전자신고나 전자청구를 할 때 그 신고 · 청구와 관련된 서류 중 별도로 정하는 서류에 대하여는 10일의 범위에서 제출기한을 연장할 수 있다.

지방세의 경우, '지방세 통합정보통신망'으로 제출하는 과세표준신고서 · 과세표준수정신고서와 경정청구서는 '지방세 정보통신망에 저장된 때'에 신고되거나 청구된 것으로 본다.

하지만 이러한 전자신고 · 전자청구는 납세자의 선택에 따라 모든 세목에 걸쳐 제한 없이 가능한 것이 아니라 국세청장이나 행정자치부장관이 그 신고대상이 되는 세목, 방법, 절차 등 상세한 내용을 세목별 특성이나 기술적 · 지리적 여건 등을 고려하여 미리 정한 경우에만 가능하다.

| 도달주의와 발신주의 |

법률	도달주의	발신주의
세 법	• 일반적인 세무서류 송달의 효력이 발생하는 원칙	• 과세표준신고서 · 수정신고서 · 경정청구서, 관련된 서류의 송달 • 이의신청 · 심사청구 · 심판청구서류의 송달(도달주의의 특례)
민 법	• 멀리 떨어진 장소에 있는 당사자(＝격지자隔地者) 사이의 의사표시의 효력발생 원칙[§111①] • 대화자 사이의 계약에 있어 청약과 승낙 통지[§528] • 격지자 사이의 계약 시 승낙통지[§531] • 변경을 한 승낙통지[§534]	• 무능력자 · 무권대리인 상대방의 최고에 대한 본인의 확답 통지[§15, §131] • 채권자의 채무인수의 승낙 여부에 대한 본인의 확답 통지[§455] • 사원총회의 소집 통지[§71] • 격지자 사이의 계약의 승낙 통지[§531]

---

107) "정보통신망"이란 「전기통신기본법」에 따른 전기통신설비를 활용하거나 전기통신설비와 컴퓨터, 컴퓨터의 이용기술을 활용하여 국세 · 지방세에 관한 정보를 수집, 가공, 저장, 검색, 송신, 수신하는 정보통신체계를 말한다.

108) 납세자가 국세에 관한 신고서 등을 국세 정보통신망을 이용하여 제출하는 경우에 '정보통신망에 입력된 때'에 신고된 것으로 보았으나, 2016년부터 정보통신망에 입력하는 것에 그치지 않고 '국세청장에 실제로 전송된 때'를 신고된 때로 보도록 개정했다. 만약 납세자가 전송확인한 때와 국세청장에게 실제로 전송된 시기가 다를 경우 국세청장에 전송된 때를 신고시기로 본다면 이는 발신주의를 포기한 것으로 볼 여지가 있다. 하지만 지방세는 '지방세 정보통신망에 저장된 때'에 신고된 것으로 보아 국세와 차이가 있다.

법률	도달주의	발신주의
상 법	• 보험계약자의 고지의무 위반으로 인한 계약해지의 통보[§651]	• 격지자 사이의 청약의 통지[§52] • 청약에 대한 승낙·거부 통지[§53] • 매도인이 하는 목적물의 공탁·경매 통지[§67] • 대리상이 하는 대리·중개의 통지[§88] • 주식회사의 주주총회의 소집 통지[§363]
민사 소송법		• 소송서류의 송달[§189]
행정 절차법	• 행정청에 통지로써 의무가 종료되는 신고[§40②] • 송달은 송달받을 자에게 도달 함으로써 효력[§15①]	

(4) 기한의 연장

납세자에게 천재지변天災地變 등 세법이 정하는 사유가 있어 납세자가 조세에 관한 신고·신청·청구·서류의 제출·통지와 납부를 정해진 기한까지 할 수 없다고 인정되는 경우나 납세자가 과세관청에게 그 기한의 연장을 신청한 경우에는 그 기한을 연장期限延長, extension of due date할 수 있다.

세법의 규정에 의한 의무의 이행기한 내에 기한연장 사유가 발생하여 기한연장을 받은 납세자가 과세관청에게 기한연장신청을 하여 승인받거나 직권으로 기한연장을 받은 경우 연장된 기한까지 신고나 납부에 관한 세법상 의무가 늦춰지며, 그 기한까지는 의무를 해태한 것에 대한 가산세를 부과 받지 아니한다.[109]

신고·청구와 그 서류 제출이나 납부기한의 연장은, 세법에서 ① 천재지변 등으로 인한 신고·청구기한과 납부기한의 연장과 ② 송달불능으로 인한 납부기한의 연장으로 구분하여 취급된다.

---

109) 세법에 따라 가산세를 부과하는 경우에도 그 부과의 원인이 되는 사유가 국기법 제6조 제1항에 따른 기한연장 사유에 해당하거나 납세자가 의무를 이행하지 아니한 데 대한 정당한 사유가 있는 때에는 해당 가산세를 부과하지 아니한다[§48①] ; 국기령 제4조에 의한 기한연장의 승인이 있는 때에는 그 승인된 기한까지는 국기법 제47조의 가산세는 부과하지 아니한다[국기통 48-0…1] ; 가산세의 부과원인이 되는 기한 즉, 세법의 규정에 의한 의무의 이행기한 내에 기한연장 사유가 발생한 경우에 한하여 가산세를 감면할 수 있다[국기통 48-0…2].

유형	사유	연장대상 기한	연장의 방법
천재지변 등으로 인한 기한연장	천재지변 등	신고 · 신청 · 청구 등 서류의 제출 · 통지 · 납부의 기한	• 납세자의 신청과 승인(10일 내 통지않는 경우 승인간주) • 과세관청의 직권연장
송달불능으로 인한 기한연장	납세고지서 · 독촉장의 송달지연	납부기한	신청이나 승인 없이 자동적으로 연장

1) 천재지변 등으로 인한 기한연장

① 기한연장 사유

납세자에게 천재지변 등의 사유가 있어 세법에 따른 신고 · 신청 · 청구서와 그 밖에 서류의 제출 · 통지 · 납부를 정해진 기한까지 할 수 없다고 과세관청이 스스로 인정하는 경우와 납세자가 기한의 연장을 신청한 경우에는 그 기한을 연장할 수 있다[국기법 §6, 국기령 §2① : 지기법 §26].[110]

(ⅰ) 천재지변天災地變을 당한 경우

(ⅱ) 납세자가 화재 · 전화戰禍 그 밖의 재해를 입거나 도난을 당한 경우

(ⅲ) 납세자나 그 동거가족이 질병으로 위중하거나 사망하여 상중喪中인 때

(ⅳ) 납세자가 그 사업에 심한 손해를 입거나, 그 사업이 중대한 위기에 처한 경우[111] (납부기한의 연장에 한한다)

(ⅴ) 정전, 프로그램의 오류 그 밖에 부득이한 사유로 한국은행(그 대리점 포함) · 체신관서의 정보통신망의 정상적인 가동이 불가능한 경우

(ⅵ) 한국은행 국고대리점 · 국고수납대리점인 금융회사나 체신관서의 휴무 그 밖에 부득이한 사유로 인하여 정상적인 세금납부가 곤란하다고 국세청장이 인정하는 경우

(ⅶ) 권한있는 기관에 장부 · 서류가 압수나 영치된 경우

(ⅷ) 납세자의 형편, 경제적 사정 등을 고려하여 기한의 연장이 필요하다고 인정되는 경

---

110) 지방세에서 기한연장 사유로는, 납세자가 ① 천재지변, 사변事變, 화재火災, ② 재해 등을 입거나 도난당한 경우, ③ 납세자나 그 동거가족이 질병으로 인하여 위독하거나 사망하여 상중喪中인 경우, ④ 권한 있는 기관에 장부 · 서류가 압수되거나 영치된 경우, ⑤ 정전, 프로그램의 오류, 그 밖의 부득이한 사유로 지방자치단체의 금고가 운영하는 정보처리장치, 지방세 수납대행기관이 운영하는 정보처리장치, 세입금 통합수납처리시스템 중 어느 하나에 해당하는 정보처리장치나 시스템을 정상적으로 가동시킬 수 없는 경우, ⑥ 납세자가 그 사업에 심각한 손해를 입거나 그 사업이 중대한 위기에 처한 경우(납부의 경우에 한정한다) ⑦ ①~③의 규정에 준하는 사유가 있는 경우를 들고 있다[지기법 §26①, 지기령 §5].

111) "사업에 심한 손해"란 물리적 · 법률적 요인으로 사업의 경영이 곤란할 정도의 현저한 손해를 말하며, "사업의 중대한 위기"란 판매의 급감, 재고의 누적, 거액 매출채권의 회수곤란, 거액의 대손발생, 노동쟁의 등으로 인한 조업중단, 일반적인 자금경색으로 인한 부도발생이나 기업도산의 우려가 있는 경우 등을 말한다.

우로서 국세청장이 정하는 기준에 해당하는 경우(납부기한의 연장에 한한다)

(ix) 「세무사법」[§2③]에 따라 납세자의 장부 작성을 대행하는 세무사(등록한 세무법인을 포함)나 공인회계사(등록한 회계법인 포함)가 화재, 전화, 그 밖의 재해를 입거나 도난을 당한 경우

(x) 위 (ii), (iii)나 (vii)에 준하는 사유가 있는 경우

참고   **기한연장**

■ **기한연장 사유**

세법에서 납세자의 특별한 사정을 고려하는 중요한 기준이 된다.

구분	기간 연장 사유
신고·신청 ·청구· 납부기한	① 천재지변(天災地變)
	② 납세자가 화재, 전화(戰禍) 그 밖의 재해를 입거나 도난을 당한 경우
	③ 납세자나 그 동거가족이 질병으로 위중하거나 사망하여 상중(喪中)인 경우
	④ 정전, 프로그램의 오류 그 밖의 부득이한 사유로 한국은행(그 대리점 포함)·체신관서의 정보통신망의 정상적인 가동이 불가능한 경우
	⑤ 한국은행 국고대리점·국고수납대리점인 금융회사나 체신관서의 휴무 그밖에 부득이한 사유로 인하여 정상적인 세금납부가 곤란하다고 국세청장이 인정하는 경우
	⑥ 권한 있는 기관에 장부·서류가 압수나 영치된 경우
	⑦ 납세자의 장부 작성을 대행하는 세무사나 회계사가 천재, 전화, 그 밖의 재해를 입거나 도난을 당한 경우
	⑧ ①, ②, ③, ⑥에 준하는 사유가 있는 경우
납부기한	⑨ 납세자가 그 사업에 심한 손해를 입거나 그 사업이 중대한 위기에 처한 경우
	⑩ 납세자의 형편, 경제적 사정 등을 고려하여 기한의 연장이 필요하다고 인정되는 경우로서 국세청장이 정하는 기준에 해당하는 경우

■ **'기한연장 사유'가 발생한 납세자의 여건과 사정을 고려하기 위한 세법적용 규정**

• 신고·납부기한의 연장사유 : 법정 신고기한·납부기한의 연장[국기령 §6①; 지기법 §26①]

• 가산세 면제사유 : 가산세 부과의 원인이 되는 사유가 '기한연장 사유'에 해당하는 경우 가산세를 부과하지 않는다[국기법 §48①; 지기법 §54①].

• 심사·심판청구기간의 연장사유 : 심사청구, 심판청구 시 '기한연장 사유'(납부기한의 연장 사유는 제외)로 청구기간에 청구가 불가능한 경우 그 사유가 소멸한 날부터 14일 이내에 청구할 수 있다[국기법 §61④; 지기법 §121①].

• 조세 부과권의 행사기간에 있어서 기산일 : 과세표준 신고기한이나 법정납부기한이 연장된 경우 부과권의 행사기간 계산에 있어 기산일은 연장된 기한의 다음날이 된다[국기령 §12의2②(2)].

② 기한연장의 신청

신고·청구기한의 연장은 과세관청이 납세자의 신청을 받아 하거나 납세자의 신청이 없이 직권으로 할 수 있다.

납세자가 납기연장을 받고자 신청하는 경우, 기한의 만료일 3일 전까지 기한의 연장을 받고자 하는 기한·사유 등을 기재한 「기한연장 승인신청서」[국기칙 별지 제1호 서식]이나 「납부기한 연장 승인신청서」[국기칙 별지 제1호의2 서식](납부기한의 연장 신청인 경우)로 관할 과세관청에게 신청하여야 한다.

만약 납세자가 기한 만료일 3일 전까지 신청할 수 없다고 인정하는 경우에는 기한의 만료일까지 신청하게 할 수 있다[국기령 §3].

③ 기한연장의 승인통지

과세관청은 기한을 연장하거나 기각하는 경우에는 그 승인 여부를 기재한 「기한연장 승인·기각통지서」, 「납부기한연장 승인·기각통지서」로 바로 관계인에게 통지하여야 한다.

납세자로부터 기한연장의 신청을 받은 경우 과세관청은 기한이 끝나는 날 전까지는 승인 여부를 통지하여야 한다. 이 때, 통지는 납세자에게 개별적으로 해야 하지만 만약 정전, 프로그램의 오류 그 밖에 부득이한 사유로 한국은행·체신관서의 정보통신망의 정상적인 가동불능이 전국적으로 일시에 발생하는 때, 기한연장의 통지대상자가 불특정 다수인인 때와 기한연장의 사실을 그 대상자에게 개별적으로 통지할 시간적 여유가 없는 때에는 납세자에게 개별 통지하지 않고 관보나 일간신문에 공고할 수 있다.

만약 납세자가 세법에서 정한 납부기한 만료일 10일 전까지 납부기한의 연장을 신청한 경우에는 과세관청이 신청일부터 10일 이내에 승인 여부를 통지하지 않은 때에는 그 10일이 되는 날에 납부기한의 연장을 승인한 것으로 본다[국기법 §6③; 지기법 §26③].

④ 납부기한 연장 승인 시 담보

과세관청은 조세에 관하여 납부기한을 연장하는 경우 납부할 금액에 상당하는 담보를 제공하도록 요구할 수 있다. 하지만, 다음의 사유로 납부기한을 연장받는 납세자에게는 담보를 제공하라고 요구할 수 없다[국기법 §6②, 국기령 §2②; 지기법 §26②].

（ⅰ）납세자가 사업에서 심각한 손해를 입은 때

（ⅱ）사업이 중대한 위기에 처한 경우로서, 관할 세무서장이 납부하여야 할 금액, 연장되는 납부기한이나 납세자의 과거 조세나 체납액 납부내역 등을 고려하여 납세자가 그 연장된 납부기한까지 해당 조세를 납부할 수 있다고 인정하는 경우

（ⅲ）납세자가 화재, 전화戰禍, 그 밖의 재해를 입거나 도난을 당한 때

（iv）정전, 프로그램의 오류, 그 밖에 부득이한 사유로 한국은행·체신관서의 정보통신망의 정상적인 가동이 불가능한 때

（ⅴ）한국은행 국고대리점·국고수납대리점인 금융회사나 체신관서의 휴무 그밖에 부득이한 사유로 인하여 정상적인 세금납부가 곤란하다고 인정하는 때

（ⅵ）납세자가 화재, 전화戰禍, 그 밖의 재해를 입거나 도난을 당한 경우나 납세자나 그 동거가족이 질병이나 중상해로 6개월 이상의 치료가 필요하거나 사망하여 상중喪中인 경우에 준하는 사유에 해당하는 경우

⑤ 납부기한 연장의 취소

납부기한을 연장 받은 납세자가 다음 중 하나에 해당하게 된 때에는 연장을 해준 과세관청은 그 납부기한의 연장을 취소하고 연장이 취소된 조세를 즉시 징수할 수 있다. 이 때에는 납세자에게 그 사실을 통지하여야 한다[국기법 §6의2: 지기법 §27].

（ⅰ）담보를 제공하거나 변경하라는 과세관청의 요구에 응하지 아니한 경우

（ⅱ）'납기 전 징수 사유'[국징법 §14①: 지징법 §22②]에 해당되어 그 연장한 납부기한까지 해당 그 조세의 전액을 징수할 수 없다고 인정되는 경우

（ⅲ）재산상황의 변동과 정전, 프로그램의 오류, 그밖에 부득이한 사유로 국세청장이 정상적인 세금납부가 곤란하다고 인정하여 납부기한의 연장을 받은 후 그 사유가 해소되어 정상적인 세금납부가 가능하게 되어 납부기한을 연장할 필요가 없다고 인정되는 경우

2) 송달지연에 따른 납부기한의 연장

납세자가 과세관청으로부터 「납세고지서」, 「납부통지서」, 「독촉장」이나 「납부최고서」를 송달받은 경우 송달지연으로 도달한 날에 이미 납부기한이 지났거나 도달한 날부터 14일 (지방세의 경우 7일) 이내에 납부기한이 되는 경우에는 도달한 날부터 14일이 지난날을 납부기한으로 한다.[112]

만약 '납기 전 징수'에 따른 고지의 경우 그 고지서의 납부기한 전에 도달한 경우에는 납부기한 만료일, 그 고지서가 납부기한이 지난 후 도달한 경우에는 도달할 날을 납부기한으로 한다[국기법 §7②: 지기법 §31②].

---

112) "송달지연"이란 과세관청의 책임 유무에 불구하고 「납세고지서」등을 받을 납세자에게 현실적으로 송달이 지연되는 것을 말한다. 송달지연으로 도달한 날부터 국세의 경우 14일, 지방세의 경우 7일 이내에 납부기한이 되는 경우에는 도달한 날부터 14일 후를 납부기한으로 하도록 하고 있다. 이에 따라 만약 납부기한이 6.30.인 납세고지서(납기 전 징수 아닌)가 송달지연으로 납세자에게 6.20. 도달한 경우 국세의 납부기한은 7.4.이 되는 반면 지방세의 경우는 납세고지서 상 납부기한인 6.30.이 된다.

② 서류의 송달

'서류의 송달'書類 送達, delivery of document이란 조세에 관한 행정처분과 이에 관련되는 사항을 당사자나 이해관계인에게 문서로써 알리는 절차를 말한다.

「국세기본법」과 「지방세기본법」은 국세나 지방세 등 조세에 관한 공통적인 사항의 하나로서 서류의 송달에 관한 규정을 두고 있다.

(1) 송달장소

세법에서 규정하는 서류의 송달은 다음과 같이 송달받을 사람에게, 송달받을 장소로 하여야 한다[국기법 §8; 지기법 §28].

① 일반적인 송달

세법에서 규정하는 서류는 그 명의인(송달하는 서류에 수신인으로 지정되어 있는 사람)의 주소[113]·거소居所[114]·영업소나 사무소로 송달한다.[115]

② 정보통신망을 이용한 송달(=전자송달)

국세에서 전자송달은 정보통신망을 이용하여 송달(=전자송달)하는 경우, 명의인의 전자우편주소(정보통신망에 저장하는 경우 명의인의 사용자확인기호를 이용하여 접근할 수 있는 곳)에 송달한다.

지방세에서 전자송달은 지방세 통합정보통신망에 가입된 명의인의 전자우편주소나 지방세정보통신망의 전자사서함[「전자서명법」제2조에 따른 인증서(서명자의 실지명의를 확인할 수 있는 것을 말한다)나 행정안전부장관이 고시하는 본인임을 확인할 수 있는 인증수단으로 접근하여 지방세 고지내역 등을 확인할 수 있는 곳]이나 연계정보통신망의 전자고지함(연계정보통신망의 이용자가 접속하여 본인의 지방세 고지내역을 확인할 수 있는 곳)에 송달한다.

---

113) "주소"란 생활의 근거가 되는 곳을 말한다. 이는 생계를 같이하는 가족·자산의 유무 등 생활관계의 객관적 사실에 따라 판정하며, 주소가 2이상인 때에는 「주민등록법」상 등록된 곳을 말한다. 또 법인의 주소는 본점이나 주사무소의 소재지에 있는 것으로 본다.

114) "거소"란 다소의 기간 계속하여 거주하는 장소로서 주소와 같이 밀접한 일반적 생활관계가 발생하지 아니하는 장소를 말한다. 주소를 알 수 없는 때와 국내에 주소가 없는 경우에는 거소를 주소로 한다.

115) 송달을 받아야 할 자가 「민법」에 따른 무능력자인 경우에는 그 법정대리인의 주소나 영업소에, 파산선고를 받은 때에는 파산관재인의 주소나 영업소에 송달한다. 만약 송달을 받을 자가 교도소 등에 수감 중이거나 이에 준하는 사유가 있는 경우에는 그 사람의 주소지에 서류를 송달하지만 주소가 불명인 경우와 서류를 대신 받아야 할 자가 없는 경우 그 사람이 수감되어 있는 교도소 등에 서류를 송달한다. 한편 법인의 소재가 불명한 때에는 법인 대표자(청산 중인 경우는 청산인)의 주소지를 확인하여 송달하고, 대표자의 주소지도 불명하여 송달이 불가능한 때에는 공시송달한다.

③ 연대납세의무자에 대한 송달

연대납세자에게 세법에서 규정하는 서류를 송달하는 경우에는 연대납세의무자 중 대표자를 명의인으로 하고 대표자가 없는 때에는 연대납세의무자 중 조세를 징수하기에 유리한 사람[116]를 명의인으로 송달한다. 하지만 납세의 고지와 독촉에 관한 서류인 경우에는 연대납세의무자 모두에게 각각 송달한다.

④ 상속개시로 상속재산관리인이 있을 때의 송달

상속이 개시되어 상속재산관리인이 있는 경우에는 상속재산관리인의 주소나 영업소에 송달한다.

⑤ 납세관리인이 있을 때의 송달

납세의 고지와 독촉에 관한 서류는 납세관리인의 주소나 영업소에 송달한다. 만약 서류의 송달을 받을 사람이 주소나 영업소 중에서 송달받을 장소를 「송달장소(변경)신고서」[국기칙 별지 제3호 서식]로 관할 과세관청에게 신고하거나 변경한 경우에는 그 신고·변경된 장소에 송달하여야 한다[국기법 §9; 지기법 §29].

⑥ 교정시설·유치장 등에 있을 때의 송달

송달받아야 할 사람이 교정시설이나 국가경찰관서의 유치장에 체포·구속되거나 유치留置된 사실이 확인된 경우에는 해당 교정시설의 장이나 국가경찰관서의 장에게 송달한다.

(2) 송달방법

세법에 따른 서류의 송달은 교부·우편이나 전자송달의 방법에 의한다(지방세의 경우 이 중에서 지방자치단체의 조례로 정하는 바에 의한다)[국기법 §10③; 지기법 §30].

서류를 송달함에 있어 직접 교부할 것인지 아니면 우편으로 송달할 것인지는 송달하는 사람의 자유로운 의사에 의하여 선택할 수 있다. 하지만 어떤 경우든 그 송달받아야 할 사람이 주소나 영업소를 이전한 때에는 주민등록표 등으로 확인하고 이전한 장소에 교부 송달하여야 한다.

---

116) 연대납세의무자에게 서류를 송달함에 있어 징수하기 유리한 사람에게 송달하도록 한 것은 징세편의만 고려한 것으로 바람직하지 않다. 대표자가 지정되지 않은 경우 대표자를 지정하도록 하여 대표자에게 송달하거나 연대납세의무자 전부에게 송달하여야 할 것이다.

1) 교부송달

'교부송달'交付送達, personal service은 교부에 의해 서류를 송달하는 방법으로, 과세관청의 소속공무원이 송달할 서류를 '송달할 장소'에서 '송달받아야 할 사람'에게 건네줌으로써 이뤄진다.

하지만 다음과 같은 경우 송달할 장소나 송달받아야 할 사람에 해당하지 않더라도 교부송달할 수 있다.

① '송달할 장소'의 예외 : 송달할 장소가 아니더라도 송달받아야 할 사람이 송달받기를 거부하지 아니하면 다른 장소에서 송달받아야 할 사람에게 교부할 수 있다.

② '송달받아야 할 사람'의 예외 : 송달할 장소에서 서류를 송달받아야 할 사람을 만나지 못하였을 때에는 그 사용인이나 그 밖의 종업원이나 동거인으로서 사리를 판별할 수 있는 사람에게 서류를 송달할 수 있다.

③ 송달받아야 할 사람 등이 수령을 거부한 경우[117] 유치송달留置送達 : 서류의 송달을 받아야 할 사람이나 그 사용인 그 밖의 종업원이나 동거인으로서 사리를 판별할 수 있는 사람이 정당한 사유 없이 서류 수령을 거부할 때에는 서류를 송달할 장소에 둘 수 있다.

한편, 서류를 교부하였을 때에는 수령인에게 「송달서」[국기칙 별지 제4호 서식]에 서명이나 날인하게 해야 하며 만약 서명이나 날인을 거부한 경우 그 사실을 「송달서」에 적어야 한다.

2) 우편송달

'우편송달'郵便送達, post delivery은 국가의 체신기관을 통해 서류를 송달하는 송달방법으로, '등기우편송달'과 '일반우편송달'이 있다.

① 등기우편송달 : 납세의 고지·독촉·체납처분과 세법에 따른 과세관청의 명령에 관계되는 서류 등 납세자의 권리의무에 관한 중요한 서류의 송달을 우편으로 할 때에는 반드시 등기우편으로 하여야 한다.[118]

하지만 (i)「소득세법」[§65①]에 따른 중간예납세액, (ii)「부가가치세법」[§48③]에 따른 예정고지세액, (iii) 신고납세제도를 적용받는 세목의 과세표준신고서를 법정신

---

117) "송달받아야 할 사람 등이 수령을 거부한 경우"란 송달을 받아야 할 사람의 주소나 영업소에서 서류를 송달하려 하였으나 그 수령을 거부한 때를 가리키는 것으로, 그 이외의 장소에서 서류를 송달하여 하였으나 수령을 거부한 경우는 포함되지 아니한다(대법원 1996.6.28. 선고, 96누3562 판결 참조).

118) 「국세환급금통지서」의 송달은 등기우편에 의한다. 다만, 납세자가 금융기관·체신관서에 계좌를 개설하고 세무서장에게 계좌를 신고하여 계좌이체 입금방식으로 국세환급금을 지급하는 경우에는 통상의 우편으로 「국세환급금통지서」를 송달할 수 있다[국기칙 §17②].

고기한까지 제출하였으나 과세표준신고액에 상당하는 세액의 전부나 일부를 납부하지 아니하여 이를 징수하기 위하여 발급하는 「납세고지서」로서 고지세액 50만원 미만에 해당하는 경우에는 일반우편으로 송달할 수 있다.

② **일반우편송달** : 등기우편 이외의 우편에 의한 송달로서, 만약 일반우편으로 서류를 송달하였을 때에는 해당 과세관청은 서류의 명칭, 송달받아야 할 사람의 성명, 송달 장소, 발송일과 서류의 주요내용 등을 확인할 수 있는 기록을 작성하여 갖춰 두어야 한다.

3) 전자송달

'전자송달'電子送達, electronic delivery은, 서류를 송달받아야 할 사람이 과세관청에게 서류를 송달할 때 전자송달 방식에 의하도록 신청한 경우에 그 납세자에게 송달하는 방법이다.

① 전자송달의 대상과 송달불능

전자송달을 할 수 있는 서류로는 「납세고지서」, 「납부통지서」, 「환급금통지서」, 신고안내문이나 그 밖에 과세관청이 정하는 서류가 있다.

「납세고지서」, 「납부통지서」나 「국세환급금통지서」의 전자송달은 납세자로 하여금 정보통신망에 접속하여 해당 서류를 열람할 수 있게 하고, 그 밖의 서류의 전자송달은 해당 납세자가 지정한 전자우편주소로 송달하여야 한다.

만약 국세나 지방세 정보통신망의 장애로 전자송달을 할 수 없거나 그 밖에 전자송달이 불가능한 경우로 과세관청이 정하는 사유가 있는 경우에는 교부나 우편의 방법으로 송달할 수 있다.

② 전자송달의 신청·철회

전자송달을 신청하거나 그 신청을 철회하고자 하는 납세자는 국세의 경우 전자송달과 관련한 안내를 받을 수 있는 전자우편주소, 전자송달의 안내방법과 신청(철회) 사유 등을 기재한 「홈택스이용신청서」[국기칙 별지 제3호의2 서식]를 관할 과세관청에게 제출하여야 한다.

만약 납세고지서가 송달되기 전에 납세자가 국세정보통신망을 통해 소득세 중간예납세액, 부가가치세 예정납부세액을 금융회사 등을 통해 인터넷, 전화통신 장치, 자동입출금기 등의 전자매체를 활용하여 계좌이체의 방법으로 세액을 전액 납부한 경우, 그 자진납부한 세액은 자진납부 시점에서 전자송달을 신청한 것으로 본다.

전자송달의 개시나 철회는 신청서를 접수한 날의 다음날부터 적용하며, 신청을 철회한 후 재신청하고자 하는 경우에는 철회 신청일부터 30일이 지난 날 이후에나 다시 가능하다.

4) 공시송달

'공시송달'公示送達, conveyance by public announcement이란, 과세관청이 서류를 송달함에 있어 송달받을 사람에게 송달받을 장소에서 교부·우편이나 전자송달이 불가능한 경우에 송달할 서류의 주요 내용을 공고하여 송달에 갈음하는 절차를 말한다.

공시송달을 하는 경우 서류의 주요 내용을 공고한 날부터 14일이 지나면 서류가 적법하게 송달된 것으로 본다.

공시송달 제도는 정상적인 송달이 불가능한 경우 보충적인 방법으로 송달의 효력을 부여하는 것으로 과세관청의 행정을 원활하게 집행할 수 있도록 한다.

이러한 공시송달 제도는 납세자가 송달받을 서류를 실제로 받지 못한 채 송달의 법적 효력을 발생시키는 것이어서, 납세자에게는 권리행사와 의무이행에 있어 큰 피해를 줄 수 있기 때문에 매우 엄격하게 적용해야 한다.

① 공시송달 사유

과세관청은 서류를 송달받아야 할 사람이 다음 중 어느 하나에 해당하여 송달할 장소를 객관적으로 알 수 없어 교부나 우편에 의한 송달이 불가능한 경우 공시송달할 수 있다[국기법 §11; 지기법 §33].

（ⅰ）주소나 영업소가 국외에 있고 그 송달이 곤란한 경우[119]

（ⅱ）주소나 영업소가 분명하지 아니한 경우[120]

（ⅲ）서류를 등기우편으로 송달하였으나 받을 사람이 없는 것(수취인 부재)[121]으로 확인되거나 수취를 거부하여 반송되어 납부기한까지 송달이 곤란하다고 인정되는 경우

（ⅳ）세무공무원이 2회 이상 납세자를 방문[처음 방문과 마지막 방문의 기간이 3일(토요일, 공휴일 제외) 이상이어야 함]하여 서류를 교부하고자 하였으나 수취인이 부재중으로 확인되어 납부기한까지 송달이 곤란하다고 인정되는 경우

---

119) 국외이주자라는 사실만으로 공시송달 할 수 없고 국외에 주소를 두고 있고 동시에 객관적으로 송달이 곤란한 경우에 해당함을 입증하여야 한다.

120) "주소나 영업소가 분명하지 아니한 경우"란 주민등록표·법인등기부 등에 의하여도 이를 확인할 수 없는 경우[국징령 §7]로, 선량한 관리자의 주의를 다하여 송달을 받아야 할 자의 주소나 영업소를 시·읍·면·동의 주민등록사항, 인근자, 거래처·관계자 탐문, 등기부 등에 의하여 조사하였으나 그 주소나 영업소를 알 수 없는 경우를 의미한다(대법원 1999.5.11. 선고, 98두18701 판결; 1998.6.12. 선고, 97누17575 판결 참조).

121) "받는 사람이 없는 것(수취인 부재)"이란 단순한 외출 등의 사유로 일시적으로 없는 경우를 말하는 것이 아니라 납세의무자가 송달할 장소로부터 장기간 이탈한 경우로서 과세권 행사에 장애가 있는 경우로 한정 해석하여야 할 것이다(대법원 2000.10.6 선고, 98두18916 판결 참조).

② 방 법

국세에서 공시송달은 송달하여야 할 서류의 주요 내용을 담은 「공시송달서」를 (ⅰ) 국세 정보통신망을 통한 송달, (ⅱ) 세무서와 서류의 송달장소를 관할하는 특별자치시·특별자치도·시·군·구의 홈페이지에 게재, (ⅲ) 세무서와 그 지방자치단체의 게시판이나 그 밖의 적절한 장소에 게시, (ⅳ) 관보나 일간신문에 게재하는 방법으로 한다.

지방세에서 공시송달은 (ⅰ) 지방세 통합정보통신망으로 송달, (ⅱ) 지방자치단체의 정보통신망이나 게시판에 게시, (ⅲ) 관보·공보나 일간신문에 게재하는 방법으로 한다.

만약 국세 정보통신망이나 지방세 통합정보통신망이나 지방자치단체의 정보통신망을 이용하여 공시송달을 할 때는 다른 공시송달방법과 함께 하여야 한다.

(3) 송달의 효력발생시기

1) 교부·우편송달과 전자송달 : 도달주의

세법에서 규정한 서류를 직접 교부하거나 우편으로 송달하는 경우 그 송달받아야 할 사람에게 도달[122]한 때부터 효력이 발생한다.

전자송달의 경우, 송달받을 사람이 지정한 전자우편(이메일)주소에 입력된 때에, 국세 정보통신망이나 지방세 통합정보통신망에 저장하는 경우에는 저장된 때에 그 송달을 받아야 할 사람에게 도달한 것으로 본다[국기법 §12①: 지기법 §32].

2) 공시송달 : 공고일부터 14일 후

세법에서 규정한 서류를 공시송달로 송달하는 경우 서류의 주요 내용(요지)을 공고한 날부터 14일이 지나면 서류가 송달된 것으로 본다[국기법 §11①: 지기법 §33①].[123]

---

122) "도달"이란 송달을 받아야 할 자에게 직접 교부할 것임을 요하는 것이 아니고, 상대방의 지배권에 들어가 사회통념상 일반적으로 그 사실을 알 수 있는 상태에 있는 때(예컨대, 우편이 수신함에 투입된 때, 동거하는 가족·친족이나 고용인이 수령한 때)를 말하며, 일단 유효하게 송달된 서류가 후에 반송되더라도 송달의 효력에는 영향이 없다.

123) 「민사소송법」[§196②]은, 외국에 거주하는 자에 대한 공시송달은 그 게시한 날부터 2월이 지나야 효력이 생기도록 하는 등 일률적으로 효력발생시기를 2주(14일) 후로 하지 않고 탄력적으로 효력발생시기를 부여하고 있으나, 세법은 이 경우에도 송달의 효력발생시기에 있어 차이를 두지 않고 똑같이 공고한 날부터 14일로 정하고 있다.

(3) 특수관계인

세법은 실질과세 원칙을 실현하고 납세보전을 위해 다양한 제도적 장치를 마련하고 있으면서, 특히 인·친척 등 일정한 관계에 있는 경우에는 이를 '특수관계인'으로 정해 이들 간의 거래나 이익의 이전 등에 있어서 경제적 실질에 따른 인식이나 증여의제 등 세법상 특별한 취급을 하도록 하였다.

이러한 특수관계인의 범위는 세법뿐만 아니라 다른 법률에서도 입법례를 찾을 수 있지만,[124] 아무리 필요성이 인정된다 해도 현대사회 변화에 따라 과도하거나 형식적인 측면에서 설정된 경우에는 이를 실제적이고 실질적인 범위로 한정할 필요가 있다.

또한 세법에서 특수관계인의 범위를 정해 이들의 경제적 거래나 행위를 조세회피 등의 목적이 있는 것으로 추정하거나 의제하는 세법상 제도는 아무리 특수관계인에 해당되어도 조세회피 목적이 없거나 독립적 지위가 인정되는 등 정당하고 합리적인 사유가 있는 경우에는 세법상 규제대상에서 제외할 수 있도록 하는 등 특수관계인 제도를 통한 규제에 있어서 적정한 한계가 준수되도록 해야 한다.

(1) 특수관계인의 범위

'특수관계인'特殊關係人, affiliate person이란 본인과 일정한 관계에 있는 자를 말한다. 이 경우 본인도 그 특수관계인의 특수관계인으로 취급하여, 특수관계인을 판단할 때는 '상호관계'로 판단한다[125][국기법 §2(20), 국기령 §1의2; 지기법 §2①(34), 지기령 §2].

국세에서 과세요건 등을 판단할 때 '특수관계인'의 기준은 「국세기본법」과 「지방세기본법」에서 정한 특수관계인의 범위를 적용한다. 하지만 상속세와 증여세의 과세요건을 정한 「상속세 및 증여세법」[§2⑩]에 이어 법인세에 관한 과세요건을 정한 「법인세법」[§2⑫]도 2019년부터 '특수관계인' 규정을 두어 따로 적용하게 하였다.[126]

---

124) '특수관계인'에 관한 규정을 두고 규제를 하는 경제관련 법령은 30여개에 이르고, 그 6촌 이내의 혈족과 4촌 이내의 인척 등 친족의 범위는 세법상 내용과 대동소이하다. 하지만 변화된 가족·사회상을 반영하지 못한 채 일률적이고 과도하게 규제하고 있어 독립적 관계에 대한 반증의 기회 부여 등 제도적 개선이 시급하다(허원, 『특수관계인 관련법령의 문제점 및 개선방안』, 한국경제연구원, 2019.12.).

125) 2011.12. 각 세법에 흩어져 규정하던 '특수관계자' 규정을 통일적으로 규정하기 위하여 「국세기본법」[§2] '정의' 규정에 '특수관계인'을 신설하여 '특수관계인'의 뜻과 범위를 정했다. 각 세법에서 규정할 때는 '특수관계자'라는 용어를 '특수관계인'으로 수정하고, 그 관계를 어느 일방이 타방의 특수관계인에 해당되는 경우 세법을 적용할 때 타방도 그 일방의 특수관계인에 해당되는 것으로 보도로 하는 규정을 신설하였다.

126) 「상속세 및 증여세법」 제2조 제10호에서 정한 '특수관계인'의 범위는 「국세기본법」이나 「지방세기본법」에서 정한 특수관계인과 비교할 수 없을 정도로 넓다. 세법의 기본적인 사항과 공통적인 사항을 통칙법에서 통일적으로 정했음에도 다른 세법에서 '특수관계인'의 범위를 지나치게 확장하여 따로 정한 것은 그 필요성이 있다 해도 납세자에게 혼란과 불편을 초래하므로 「국세기본법」의 특수관계인 범위를 적용해야 한다.

1) 국세·지방세의 특수관계인의 범위

| 「국세기본법」상 특수관계인의 범위 |

구분	내용	비고
친족관계	1. 6촌 이내의 혈족 2. 4촌 이내의 인척 3. 배우자(사실혼 관계를 포함한다) 4. 친생자로서 다른 사람에게 친양자 입양된 자, 그 배우자·직계비속	
경제적 연관관계	1. 임원과 그 밖의 사용인 2. 본인의 금전이나 그 밖의 재산으로 생계를 유지하는 자 3. 1~2호와 생계를 함께하는 친족	사용인은 법인의 사용인을 제외한다.
경영지배 관계	1. 본인이 개인인 경우 : 가. 본인이 직접 또는 그와 친족관계나 경제적 연관관계에 있는 자를 통하여 법인의 경영에 대하여 지배적인 영향력을 행사하고 있는 경우 그 법인 나. 본인이 직접 또는 그와 친족관계, 경제적 연관관계나 가목의 관계에 있는 자를 통하여 법인의 경영에 대하여 지배적인 영향력을 행사하고 있는 경우 그 법인 2. 본인이 법인인 경우 : 가. 개인이나 법인이 직접 또는 그와 친족관계나 경제적 연관관계에 있는 자를 통하여 본인인 법인의 경영에 대하여 지배적인 영향력을 행사하고 있는 경우 그 개인이나 법인 나. 본인이 직접 또는 그와 경제적 연관관계나 가목의 관계에 있는 자를 통하여 어느 법인의 경영에 대하여 지배적인 영향력을 행사하고 있는 경우 그 법인 다. 본인이 직접 또는 그와 경제적 연관관계, 가목·나목의 관계에 있는 자를 통하여 어느 법인의 경영에 대하여 지배적인 영향력을 행사하고 있는 그 법인 라. 본인이 「독점규제 및 공정거래에 관한 법률」에 따른 기업집단에 속하는 경우 그 기업집단에 속하는 다른 계열회사와 그 임원	※ 지배적인 영향력 : 1. 영리법인 가. 법인 발행주식총수나 출자총액의 30% 이상 출자한 경우 나. 임원의 임면권의 행사, 사업방침의 결정 등 법인의 경영에 대하여 사실상 영향력을 행사하고 있다고 인정되는 경우 2. 비영리법인 가. 법인의 이사의 과반수를 차지하는 경우 나. 법인의 출연재산(설립을 위한 출연재산만 해당)의 30% 이상을 출연하고 그 중 1인이 설립자인 경우

|「지방세기본법」상 특수관계인의 범위|

구분	내용	비고
친족관계	1. 6촌 이내의 혈족 2. 4촌 이내의 인척 3. 배우자(사실상의 혼인관계에 있는 자를 포함한다) 4. 친생자로서 다른 사람에게 친양자 입양된 자와 그 배우자·직계비속	
경제적 연관관계	1. 임원과 그 밖의 사용인 2. 본인의 금전이나 그 밖의 재산으로 생계를 유지하는 자 3. 제1호·제2호의 자와 생계를 함께하는 친족	사용인은 법인의 사용인을 제외한다.
경영지배 관계	1. 본인이 개인인 경우 : 본인이 직접 또는 그와 친족관계나 경제적 연관관계에 있는 자를 통하여 법인의 경영에 대하여 지배적인 영향력을 행사하고 있는 경우 그 법인 2. 본인이 법인인 경우 : 가. 개인이나 법인이 직접 또는 그와 친족관계나 경제적 연관관계에 있는 자를 통하여 본인인 법인의 경영에 대하여 지배적인 영향력을 행사하고 있는 경우 그 개인이나 법인 나. 본인이 직접 또는 그와 경제적 연관관계나 가목의 관계에 있는 자를 통하여 어느 법인의 경영에 대하여 지배적인 영향력을 행사하고 있는 경우 그 법인	※ 지배적인 영향력 : 1. 영리법인 가. 법인 발행주식총수나 출자총액의 50% 이상 출자한 경우 나. 임원의 임면권의 행사, 사업방침의 결정 등 법인의 경영에 대하여 사실상 영향력을 행사하고 있다고 인정되는 경우 2. 비영리법인 가. 법인의 이사의 과반수를 차지하는 경우 나. 법인의 출연재산(설립을 위한 출연재산만 해당)의 30% 이상을 출연하고 그 중 1인이 설립자인 경우

특수관계인 판단에 있어서 촌수寸數를 계산할 때, 직계혈족直系血族은 자기로부터 직계존속에 이르고 자기로부터 직계비속(자녀 손자)에 이르러 그 세수世數를 정하며, 방계혈족傍系血族은 자기로부터 동원同源(같은 뿌리)의 직계존속에 이르는 세수와 그 동원의 직계존속으로부터 그 직계비속에 이르는 세수를 통산하여 그 촌수를 정한다[민법 §770].

인척姻戚은 배우자의 혈족에 대하여는 배우자의 그 혈족에 대한 촌수에 따르고, 혈족의 배우자에 대하여는 그 혈족에 대한 촌수에 따른다[민법 §771].

2) 국세·지방세의 '특수관계인'간 차이

「국세기본법」과「지방세기본법」에서 '특수관계인'의 범위는, 모두 ① 혈족·인척 등 친족관계, ② 임원·사용인 등 경제적 연관관계, ③ 주주·출자자 등 경영지배관계를 따져 판단한다.

이때 특수관계인의 범위 중 '혈족·인척 등 친족관계'와 '임원·사용인 등 경제적 연관관계'의 경우 국세와 지방세에서 모두 동일한 범위이지만, '주주·출자자 등 경영지배관계'는 그 범주에 약간의 차이가 있다.

특수관계인 범위를 판단할 때, 경영지배관계의 범주는 지방세보다 국세가 넓고, 지배적인 영향력 판단도 지방세는 50% 이상 출자한 경우에 한하지만 국세는 30% 이상 출자를 한 경우까지 포괄한다.

그러므로 특수관계인 범위는 지방세보다 국세에서 더 넓다고 할 수 있다.[127)]

| 「국세기본법」과「지방세기본법」의 특수관계인 비교 |

구분		국세기본법	지방세기본법
친족관계		1. 6촌 이내의 혈족 2. 4촌 이내의 인척 3. 배우자(사실상의 혼인관계에 있는 자를 포함한다) 4. 친생자로서 다른 사람에게 친양자 입양된 자와 그 배우자·직계비속	
경제적 연관관계		1. 임원과 그 밖의 사용인 2. 본인의 금전이나 그 밖의 재산으로 생계를 유지하는 자 3. 제1호·제2호의 자와 생계를 함께하는 친족	
경영지배관계	1. 본인이 개인인 경우	가. 본인이 직접 또는 그와 친족관계나 경제적 연관관계에 있는 자를 통하여 법인의 경영에 대하여 '지배적인 영향력'을 행사하고 있는 경우 그 법인	
		나. 본인이 직접 또는 그와 친족관계, 경제적 연관관계나 가목의 관계에 있는 자를 통하여 법인의 경영에 대하여 '지배적인 영향력'을 행사하고 있는 경우 그 법인	(해당없음)
	2. 본인이 법인인 경우	가. 개인이나 법인이 직접 또는 그와 친족관계나 경제적 연관관계에 있는 자를 통하여 본인인 법인의 경영에 대하여 '지배적인 영향력'을 행사하고 있는 경우 그 개인이나 법인	

---

127) 특수관계인 범위를 정하는 데 있어서 불필요하게 세법이 복잡하고 납세자의 혼란을 야기하므로 근본적인 차이가 없다면「국세기본법」이나「지방세기본법」은 물론「상속세 및 증여세법」상 특수관계인 범위를 달리 정하고 있을 이유가 없다. '특수관계인의 범위'는 통일적으로 정하고 이를 기준으로 각 세법의 취지에 따라 과세범위와 과세요건을 달리 정하면 될 것이다.

구분		국세기본법	지방세기본법
경영지배 관계	2. 본인이 법인인 경우	나. 본인이 직접 또는 그와 경제적 연관관계나 가목의 관계에 있는 자를 통하여 어느 법인의 경영에 대하여 '지배적인 영향력'을 행사하고 있는 경우 그 법인	
		다. 본인이 직접 또는 그와 경제적 연관관계나 가목, 나목의 관계에 있는 자를 통해 어느 법인의 경영에 대하여 '지배적인 영향력'을 행사하고 있는 그 법인	(해당없음)
		라. 본인이 「독점규제 및 공정거래에 관한 법률」에 따른 기업집단에 속하는 경우 그 기업집단에 속하는 다른 계열회사와 그 임원	(해당없음)
지배적인 영향력 판단	영리 법인	가. 법인 발행주식총수나 출자총액의 30% 이상 출자한 경우	가. 법인 발행주식총수나 출자총액의 50% 이상 출자한 경우
		나. 임원의 임면권의 행사, 사업방침의 결정 등 법인의 경영에 대하여 사실상 영향력을 행사하고 있다고 인정되는 경우	
	비영리 법인	가. 법인의 이사의 과반수를 차지하는 경우	
		나. 법인의 출연재산(설립을 위한 출연재산만 해당)의 30% 이상을 출연하고 그 중 1인이 설립자인 경우	

(2) 세법상 특수관계인을 통한 규제

1) 특수관계인 범위

2012년 각 세법에 흩어져있던 '특수관계인'에 관한 기준을 「국세기본법」에서 통일적 규정을 두었다. 하지만 「상속세 및 증여세법」과 「국제조세 조정에 관한 법률」은 독립적인 특수관계인 규정을 유지하였고, 2019년부터는 「법인세법」도 따로 '특수관계인' 규정을 두었다.

이로써 과세문제가 가장 크게 발생하는 법인세와 상속세·증여세 분야에서 규제를 강화할 목적으로 따로 '특수관계인' 규정을 따로 신설함으로써 기본적이고 통일적인 규정을 두고자 했던 「국세기본법」의 입법취지는 의미가 크게 퇴색했다.

2) 특수관계인 규제법령

세법은 거의 모든 소득·거래에 있어서 상대방이 '특수관계인'에 해당하는 경우에는 조세회피 목적이 있는 것으로 판단하고 세법상 일정한 규제를 하고 있다. 특히 특수관계인간의 거래는 시가와의 차액이 있는 경우에는 조세회피한 것으로 보아 일률적으로 부당행위·계산부인을 통해 소득세, 법인세, 부가가치세를 부과한다.

하지만 특수관계인 간의 거래에 대한 규제를 하는 경우에도 법적형식이 아닌 경제적 실질에 따라 과세하고 세법상 증여로 보는 경우도 정당한 사유가 있는지를 살펴 과세 등 규제의 대상으로 삼을지 정하는 것이 바람직하다.

| 세법상 특수관계인 관련 주요 규제 |

구분	법령	내용	적용대상 특수관계인
과점주주 제2차납세의무	국기법 §39 지기법 §46	법인재산으로 조세·체납처분비에 부족한 경우 납세의무성립일 현재 주주와 특수관계인으로 50% 초과하고 권리를 실질행사하는 자는 부족액 한도로 제2차납세의무	국기령 §1의2 지기령 §2
과점주주 간주취득세	지방법 §7⑤	주식취득해 주주와 특수관계인으로 50% 초과한 과점주주된 경우 해당법인의 부동산을 취득한 것으로 간주	지기령 §2
부당행위 계산부인	법법 §52① 소법 §41, §101①	법인, 사업·기타·양도소득자의 행위·소득금액계산이 특수관계인과의 거래로 소득에 대한 조세부담을 부당하게 감소시킨 것으로 인정되는 경우, 행위·소득금액계산과 관계없이 소득금액을 재계산	법법 §2⑤ 국기령 §1의2
증여후 양도소득 부당행위계산 부인	소법 §101②	특수관계인에게 증여 후 수증자가 5년 내 타인 양도시 증여세와 양도세 합계액이 증여자가 직접 양도시 세액보다 적은 경우, 증여자의 직접양도로 간주(단, 양도소득이 해당 수증자에게 실질귀속시 제외)	국기령 §1의2
부당행위계산 부인	부가법 §29④	특수관계인에게 공급하는 재화·용역에 대한 조세부담을 부당감소 인정시 공급한 재화·용역의 시가를 공급가액으로 간주	국기령 §1의2 법법 §2⑤
접대비 손금불산입 한도	소법 §35 법법 §25	특수관계인과 거래분은 접대비 한도액 계산분의 10%만 인정	국기령 §1의2 법법 §2⑤
지급이자 손금불산입	법법 §28①(4)나목	특수관계인에 대한 업무무관가지급금 관련 차입금이자 손금불산입	법법 §2⑤
유가증권 저가매입 익금산입	법법 §15②(1)	특수관계있는 개인으로부터 유가증권을 저가매입한 경우 시가와 차액 익금산입	법법 §2⑤

구분	법령	내용	적용대상 특수관계인
증여의제 · 추정	상증법 §44	① 배우자 · 직계존비속에게 양도한 재산은 양도한 때 증여추정 ② 특수관계인에게 양도한 재산을 특수관계인 양수자가 양수일부터 3년 내에 당초 양도자 배우자등에게 다시 양도한 경우 양도당시 배우자등이 수증받은 것으로 추정(만약 당초 양도 · 양수자 부담 양도세합계액이 증여세보다 큰 경우 제외)	상증령 §2의2
특정외국법인의 유보소득 배당간주	국조법 §17①	법인 실제부담세액이 소득의 15% 이하인 국가에 본점 둔 외국법인에 출자한 경우, 내국인과 특수관계 외국법인의 연도 말 배당가능 유보소득 중 내국인에게 귀속될 금액을 배당간주	국조령 §30의2

❹ 법인으로 보는 단체

다른 사법私法에서처럼 세법도 자연인과 더불어 권리와 의무가 귀속되는 주체로서 법인격法人格을 인정한다.

하지만 세법이 정하고 있는 '자연인自然人'과 '법인法人'에 대한 납세의무는 서로 큰 차이가 있어 특수한 경우 법인격을 인정할지 아니면 인정하지 않아 자연인으로 볼지, 또 법인격을 인정하더라도 어떻게 인정할 지에 따라 납세의무와 조세의 부담은 크게 달라진다.

특히 세법은 사단법인社團法人이나 재단법인財團法人과 같이 외형상 등기된 법인은 물론, 법인으로 등기되지 않아 외형상 법인으로 볼 수 없지만 중요한 법인설립절차를 마치거나 수익을 구성원에게 분배하지 아니도록 정한 경우와 특정인에게 귀속시키면 불합리한 경우 실질과세의 원칙에 부합하도록 세법상 필요에 따라 법인으로 취급하도록 하고 있다.

(1) '법인 아닌 단체'의 법인의제法人擬制

세법상 내국법인이나 외국법인에 해당하지 아니한 사단, 재단, 그 밖의 단체(법인이 아닌 단체)로서 일정한 요건을 갖춘 경우에는 등기되지 않았지만 세법 상 '법인으로 보는 단체'Organization to be treated as Corporation로서 법인 납세자로서 권리를 행사하거나 의무를 이행한다.

1) 항상 법인으로 보는 단체

법인(법인세법상 내국법인 · 외국법인)이 아닌 사단, 재단, 그 밖의 단체가 다음의 어느 하나의 요건을 갖추고 수익을 구성원에게 분배하지 아니하는 경우에는 세법상 법인으로 본다 [국기법 §13①].

① 주무관청의 허가나 인가를 받아 설립되거나 법령에 따라 주무관청에 등록한 사단, 재단, 그 밖의 단체로서 등기되지 아니한 것

② 공익을 목적으로 출연出捐된 기본재산이 있는 재단으로서 등기되지 아니한 것

사단이 주무관청의 설립허가를 받고 재단이 재산을 출연하였다면, 비록 사단법인이나 재단법인처럼 비록 설립등기는 하지 못했지만 비영리법인으로서 필수적이고 중요한 설립절차를 끝마친 것이어서 이를 법인으로 보도록 하였다.

이에 따라 이들 단체는 법인세나 증여세의 납세의무 등에 있어서 '비영리법인'으로 보아 납세의무를 이행하여야 한다.**128)**

2) '승인'에 의하여 법인으로 보는 단체

항상 법인으로 보는 사단, 재단, 그 밖의 단체가 아니더라도 다음의 요건(=승인요건)을 모두 갖춘 법인 아닌 단체로서 대표자나 관리인이 관할 세무서장으로부터 '법인으로 보는 단체'로 승인을 받은 것도 법인으로 보아 세법을 적용한다[국기법 §13②]. 이 경우 그 사단, 재단, 그 밖의 단체의 계속성과 동질성이 유지되는 것으로 본다.

① 사단, 재단, 그 밖의 단체의 조직과 운영에 관한 규정(規程)을 가지고 대표자나 관리인을 선임하고 있을 것

② 사단, 재단, 그 밖의 단체 자신의 계산과 명의로 수익과 재산**129)**을 독립적으로 소유 · 관리할 것

③ 사단, 재단, 그 밖의 단체의 수익을 구성원에게 분배하지 아니할 것

이처럼 세법에서 외형이 법인으로 등기되지 아니하여 법인의 인격이 없음에도 세법에서 법인으로 취급하는 것은 다른 법률에서는 거의 인정되지 않는 것이기에 실질과세의 원칙을 감안하더라도 매우 독특한 것이다.

---

128) 「법인세법」[§1(2)다목]은 「국세기본법」 제13조 제4항에 따른 법인으로 보는 단체(법인으로 보는 단체)를 「민법」 제32조에 따라 설립된 법인, 「사립학교법」이나 그 밖의 특별법에 따라 설립된 법인으로서 「민법」 제32조에 규정된 목적과 유사한 목적을 가진 법인과 함께 '내국법인' 중에서 '비영리내국법인'으로 보도록 하였다.

129) 법인 아닌 사단의 사원이 집합체로서 재산(물건)을 소유할 때에는 공유共有나 합유合有보다 단체적인 결합관계가 매우 강한 총유總有, [독]Gesanteigentom로 보며 총유물의 관리, 처분은 사원총회의 결의에 따른다.

이는 종교단체, 종중 등 임의단체의 경우 대표자나 관리인이 선임되어있고 자기의 독립적인 재산이 있어 사회적으로 법인의 실체성이 인정되어 왔던 것을 존중하여 세법상 법인으로 보게 한 것이다.[130]

법인 아닌 단체가 '법인으로 보는 단체'로 승인을 얻고자 하는 경우에는 고유사업, 재산상황, 정관이나 조직과 운영에 관한 규정 등을 기재한 「법인으로 보는 단체의 승인신청서」[국기칙 별지 제6호 서식]를 관할 과세관청에 제출하여야 한다. 법인 아닌 단체의 대표자나 관리인으로부터 법인으로 보는 단체로서 승인신청을 받은 관할 과세관청은 그 승인 여부를 신청한 날부터 10일 이내에 통지하여야 한다.

이를 통해 법인 아닌 단체가 '법인으로 보는 단체'로 승인을 얻게 되면, 법인으로 보는 단체의 '승인 요건'[국기법 §13②(1)~(3)]을 갖추지 못하게 되어 승인취소를 받는 경우를 제외하고는[131] 승인받은 날이 속하는 과세기간과 그 과세기간이 끝난 날부터 3년이 되는 날이 속하는 과세기간까지는 소득세의 납세의무자인 거주자居住者나 비거주자非居住者로 변경할 수 없다.

(2) 법인으로 보는 단체의 납세의무

법인으로 보는 단체의 납세의무는 그 대표자나 관리인이 이행하여야 한다[국기법 §13④].

국세에 관한 의무를 이행하기 위하여 대표자나 관리인을 선임하거나 변경한 경우 대표자나 관리인(변경의 경우에는 변경 전, 변경 후의 대표자나 관리인)의 성명과 주소 나 거소, 그 밖에 필요한 사항을 기재한 문서를 관할 세무서장에게 신고하여야 한다[국기법 §13⑤]. 만약 대표자나 관리인의 선임·변경 사실을 신고하지 아니한 경우에는 관할 세무서장이 그 단체의 구성원이나 관계인 중 1명을 납세의무를 이행하는 사람으로 지정할 수 있다.

법인으로 보는 단체로 승인하는 경우 관할 세무서장은 그 단체에 관한 과세자료의 효율적인 처리를 위하여 고유번호를 부여하고 「고유번호증」을 교부한다. 하지만 법인으로 보는 단체가 수익사업을 개시하는 경우에는 「사업자등록증」으로 변경해 교부하여야 한다[국기령 §8③: 부령 §12②].

---

130) 전환 국립대학 법인(「고등교육법」 제3조에 따른 국립대학 법인 중 국·립학교로 운영되다가 법인별 설립근거가 되는 법률에 따라 국립대학 법인으로 전환된 법인)에 대한 국세의 납세의무(국세를 징수하여 납부할 의무는 제외)를 적용할 때에는 전환 국립대학 법인을 별도의 법인으로 보지 아니하고 국립대학 법인으로 전환되기 전의 국·공립학교로 본다. 만약 전환 국립대학 법인이 해당 법인의 설립근거가 되는 법률에 따른 교육·연구 활동에 지장이 없는 범위 외의 수익사업을 하는 경우의 납세의무에 대해서는 그러하지 아니하다.

131) 법인으로 승인을 얻은 법인 아닌 단체가 승인받은 이후 수익분배 등을 함으로써 승인요건을 어긴 경우에는 그 행위를 한 때부터가 아니라 승인권자로부터 승인취소통지서를 받은 날부터 법인으로 보지 않는다(국세청 서삼 46019-10049, 2004.1.9.).

| 법인 아닌 단체에 대한 개별세법의 취급 |

세법	성격	과세대상
법인세법	법인으로 보는 법인 아닌 단체는 '비영리내국법인'으로 취급(§1⑵다)	비영리 내국법인의 수익사업에서 발생한 소득(§3③)
상속세 및 증여세법	(법인으로 보는 단체, 비영리법인에 대한 정의 규정 없음)	본점이나 주사무소가 국내에 있는 비영리 법인인 수증자가 증여받은 모든 증여재산 (§2①⑴)
소득세법	법인으로 보는 단체 외의 법인 아닌 단체는 국내에 주사무소나 사업의 실질적 관리장소를 둔 경우에는 거주자로, 그 밖의 경우에는 비거주자로 취급 (§2③)	거주자는 「소득세법」에 따른 모든 과세소득, 비거주자는 국내원천소득에 대해서만 과세(§3)

제 3 절

조세부과의 원칙과 세법적용의 원칙

조세법의 기본원리인 '조세법률주의'와 '조세평등주의'는 조세 법률관계의 당사자인 과세관청과 납세자가 조세법을 적용하거나 해석하는 데 있어서 당연히 지켜야 하는 기본이념이다.

이를 바탕으로 조세를 과세관청이 부과·징수하고 납세자가 신고·납부할 때에 반드시 지켜야 하는 기준이 도출된다.

조세에 관한 기본적이고 공통적인 사항을 정하고 있는 「국세기본법」과 「지방세기본법」은, 과세관청이 납세자에게 조세를 부과하는 기준으로 '조세부과의 원칙'과 세법을 적용하는 데 필요한 기준으로 '세법적용의 원칙'을 두어 세법을 적용하고 해석하는 기준으로 삼도록 하였다.

이러한 조세부과의 원칙과 세법적용의 원칙은 세법이 새로이 창설한 것이 아니라 조세법에 당연히 내재하는 조리條理로서 선언적인 것이므로 법률에 규정이 없더라도 당연히 인정되는 것이다.

| 조세부과의 원칙과 세법적용의 원칙 |

구분	내용	특징
조세 부과의 원칙	① 실질과세 원칙[국기법 §14: 지기법 §17] ② 신의·성실 원칙[국기법 §15: 지기법 §18] ③ 근거과세 원칙[국기법 §16: 지기법 §19] ④ 조세감면 사후관리 원칙[국기법 §17]	• 개별 세법의 특례 허용 • 과세권자·납세자에게 모두 적용
세법 적용의 원칙	① 재산권 부당침해 금지 원칙[국기법 §18①: 지기법 §20 ①] ② 소급과세 금지 원칙[국기법 §18②③: 지기법 §20②③] ③ 재량한계 준수 원칙[국기법 §19: 지기법 §21] ④ 기업회계 존중 원칙[국기법 §20: 지기법 §22]	• 개별 세법의 특례 불허 • 과세권자에게만 적용

① 조세부과의 원칙

'조세부과의 원칙'租稅賦課 原則, principles to levy on tax은 조세를 부과할 때 따라야 할 기준으로 실질과세 원칙, 신의성실 원칙, 근거과세 원칙, 조세감면 사후관리의 원칙[132] 등이 제시된다.

조세부과의 원칙은 정부나 지방자치단체 등 과세권자가 조세를 부과하는 기준이지만, 오늘날 납세자의 신고로서 조세채무가 확정되는 신고납세제도가 일반화되었으므로 과세권자뿐만 아니라 납세자에게도 적용된다.

한편, 실질과세 원칙, 신의성실 원칙, 근거과세 원칙, 조세감면 사후관리 원칙 등 조세부과의 원칙에 대하여 개별 세법에 특례규정이 있는 경우에는 그 개별 세법의 규정이 「국세기본법」에 우선하여 적용하여야 한다.

(1) 실질과세 원칙

1) 의 의

'실질과세 원칙'實質課稅 原則; Substance－Over－Form Doctrine이란 법적 형식이나 외관外觀, form에 관계없이 실질實質, substance에 따라 세법을 해석하고 과세요건사실을 인정하여야 한다는 원칙이다.

이는 실질과 괴리된 법 형식法 形式을 통해 조세부담을 회피하는 행위를 방지하고 담세력에 맞는 과세를 실현하기 위한 것이다.

하지만 실질과세 원칙을 지나치게 적용하는 경우 납세자의 법적 안정성과 예측가능성을 침해할 위험이 있으므로 무제한적으로 허용되지 않고 조세법률주의의 범주에서만 제한적으로 허용되어야 한다.

2) 세법 내용

① '귀속'에 관한 실질과세

세법을 적용할 때 과세의 대상이 되는 소득·수익·재산·행위·거래의 서류상 귀속되는 자는 명의名義만 있을 뿐이고 사실상 귀속되는 자가 따로 있을 때에는 사실상 귀속되는 자를 납세의무자를 과세의 대상으로 한다[국기법 §14①; 지기법 §17①].

이처럼 귀속 명의와 달리 실질적으로 지배·관리하는 자가 따로 있는 경우에는 형식이나 외관을 이유로 귀속명의자를 납세의무자로 삼을 것이 아니라 실질과세 원칙에 따라 실질적

---

132) 「국세기본법」에서 국세부과의 원칙의 하나로 제시되는 '조세감면 사후관리 원칙'은 「지방세기본법」에서는 따로 규정하고 있지 않고 있다.

으로 당해 과세대상을 지배·관리하는 자를 납세의무자로 삼아야 한다.[133]

② '거래내용'에 관한 실질과세

조세를 부과할 때 과세표준과 세액을 계산할 때는 소득·수익·재산·행위·거래의 명칭이나 형식에 관계없이 그 실질내용에 따라 한다[국기법 §14②; 지기법 §17②].

이처럼 귀속과 거래내용이 실질과세 대상에 해당하는 지 여부는 명의사용의 경위와 당사자의 약정 내용, 명의자의 관여 정도와 범위, 내부적인 책임과 계산 관계, 과세대상에 관한 독립적인 관리·처분 권한의 소재 등 여러 사정을 종합적으로 고려하여 판단해야 한다. 그 입증책임은 원칙적으로 주장하는 쪽에 있다.

③ '경제적 실질'에 따른 과세원칙economic substance doctrine

제3자를 통한 간접적인 방법이나 2 이상의 행위나 거래를 거치는 방법으로 세법의 혜택을 부당하게 받기 위한 것으로 인정되는 경우에는 그 경제적 실질내용에 따라 당사자가 직접 거래를 한 것으로 보거나 연속된 하나의 행위나 거래를 한 것으로 보아 그 법률을 적용한다[국기법 §14③].

이처럼 부당한 거래에 대한 '경제적 실질'에 따른 세법의 독특한 영역을 이루고 있다. 그런데 그 과세 규정은 「국세기본법」에만 있고 「지방세기본법」은 별도 규정을 두고 있지 아니하지만, 지방세도 실질과세원칙을 선언하고 있는 이상 과세에 있어서 경제적 실질에 따른 과세원칙이 적용된다고 할 것이다.

(2) 신의·성실 원칙

1) 의 의

'신의·성실 원칙'信義·誠實 原則; Good faith은 과세관청이 직무를 수행하거나 납세자가 그 의무를 이행할 때 신의에 따라 성실하게 하여야 한다는 원칙으로, 이는 본래 민사 상 채권·채무관계를 규율하기 위한 '신의칙信義則의 원리'[라]bona fides; [프]bonne foi에서 나온 것이다.

만약 법률에 따라 과세요건에 해당되더라도 과세관청과 납세자가 서로 과세되지 않는 것으로 신뢰한 경우에는 그 신뢰이익을 지켜야 한다는 것이다.

---

133) 실질과세의 원칙은 비거주자나 외국법인이 원천지국인 우리나라의 조세를 회피하기 위하여 조세조약상 혜택을 받는 나라에 명목회사를 설립하여 그 법인형식만을 이용하는 국제거래뿐만 아니라, 거주자나 내국법인이 거주지국인 우리나라의 조세를 회피하기 위하여 소득세를 비과세하거나 낮은 세율로 과세하는 조세피난처에 사업활동을 수행할 능력이 없는 외형뿐인 이른바 '기지회사'基地會社, base company를 설립하여 두고 그 법인형식만을 이용함으로써 그 실질적 지배·관리자에게 귀속되어야 할 소득을 부당하게 유보하여 두는 국제거래에도 마찬가지로 적용된다(대법원 2015.11.26. 선고, 2014두335 판결 참조).

신의·성실 원칙은 조세법률주의와 모순되는 것이므로 합법성合法性을 포기함으로써 상실되는 법익法益보다 신뢰이익信賴利益의 보호가치가 더 크다고 인정되는 개별적이고 구체적인 사안에 한해 제한적으로만 허용될 뿐이다.

2) 내 용

납세자와 세무공무원은 신의信義에 따라 성실하게 납세의무를 이행하거나 직무를 수행하여야 한다[국기법 §15; 지기법 §18].

그러므로 신의·성실 원칙은 조세부과의 원칙 중 하나이지만, 과세관청은 물론 납세자에게도 적용된다.

신의·성실 원칙이 과세관청에 적용되기 위해서는, ① 과세관청이 납세자에게 공적인 견해표명을 하고 ② 납세자가 그 견해표명에 정당하다고 신뢰함에 있어 귀책사유가 없으며 ③ 납세자가 신뢰행위에 기하여 어떤 행위를 하고 ④ 과세관청이 견해표명에 반하는 처분을 하여 결과적으로 납세자의 이익이 침해되어야 한다. 이러한 요건이 모두 충족된 때에는 과세관청의 처분이 신의·성실 원칙에 위반되는 행위로서 위법하다고 볼 수 있게 된다.

만약 신의·성실 원칙을 납세자에게 적용하기 위해서는, ① 객관적으로 모순되는 행태가 존재하고, ② 그 행태가 납세의무자의 심한 배신행위에 기인하였으며, ③ 그에 따라 야기된 과세관청의 신뢰가 보호받을 가치가 있어야 한다.

하지만 이 때라도 과세관청의 경우 얼마든지 우월한 지위에서 세무조사를 할 수 있고 과세나 가산세 부과 등 불이익한 처분을 할 수 있는 점을 감안하여 납세자에게 신의·성실 원칙을 적용하는 것은 극히 제한적으로 인정하여야 하고 이를 확대해석하면 안될 것이다.[134]

(3) 근거과세 원칙

1) 의 의

'근거과세 원칙'根據課稅 原則, Documentary Taxation이란, 과세관청이 조세를 부과할 때는 과세표준과 세액의 산정은 납세자가 세법에 따라 갖추어 기록하고 있는 장부와 그 증명서류에 의하여야 한다는 원칙이다.

이는 과세권자가 납세자의 과세표준과 세액을 조사·결정할 때 그 근거가 없거나 불충분한 경우에도 과세권을 남용하여 근거 없는 과세를 함으로써 납세자의 재산권이 부당하게 침해되는 것을 방지하기 위한 것이다.

---

134) 대법원 1997.3.20. 선고, 95누18383 판결 참조.

근거과세 원칙은 과세요건과 관련한 신뢰할만한 증거credible evidence를 누가 제시하여야 하는가 하는 '입증책임'立證責任, burden of proof 문제에 관한 기초적 근거를 제시하지만, 그렇다고 세법이 명확하게 '입증책임 분배'135)의 기준과 방법을 정하고 있지는 않다.

일반적으로 과세관청이 과세표준과 세액을 결정하는 경우 그 과세처분의 적법성에 대한 입증책임은 과세를 하는 과세관청에게 있으며, 세법에 따라 신고의무를 지는 납세자가 신고한 내용의 정당성에 대한 입증책임은 그 신고를 한 납세자가 진다.

또 과세소득을 확정할 때 기초가 되는 필요경비나 비용(손금)의 경우에는 그 입증책임도 원칙적으로 과세관청이 지는 것이 원칙이지만, 그 사실관계에 관한 자료를 대부분 납세자가 보유하고 있는 경우가 많으므로 과세관청이 입증하기 곤란하거나 납세자가 입증하는 것이 합리적인 경우에는 납세자가 입증책임을 지게 된다.

하지만 과세권을 가진 과세관청은 세무조사를 하거나 과세표준을 결정할 때 조사내용과 과세의 근거를 제대로 유지하지 않을 뿐만 아니라 납세자와 사전논의 없이 일방적인 과세를 하는 경우가 적지 않아 납세자가 과세관청에 입증책임을 주장하는 것이 쉽지 않다.

그러므로 객관적인 '입증책임의 분배기준'을 제대로 정하는 것이 매우 중요하고 이를 위해서는 세법에서 입증책임이나 그 분배와 전환 기준에 관한 명문의 규정을 두어야 한다.136)

---

135) "입증책임의 분배"란 법률효과를 발생시키는 요건사실에 대해 어느 당사자가 입증책임을 지는지를 정하는 것으로, 만약 법률에 입증책임의 분배에 관하여 규정하고 있으면 그 규정에 따르지만 그 외에는 권리를 주장하는 한 당사자가 권리근거사실을 입증해야 하고 그 권리를 부인하는 상대방은 권리가 없다는 요건사실을 입증해야 한다. 입증책임 분배의 원칙이 예외적으로 수정되는 경우를 '입증책임의 전환'이라고 한다.
136) 미국세법[I.R.C. §7491(a)]은 입증책임의 일반기준general rule과 한계limitations, 조정coordinations에 관한 내용을 정하고 있다.

| 조세에 있어서 입증책임 |

구분	과세관청	납세자
과세 요건사실의 입증책임 일반	과세처분(결정·경정)의 내용	과세표준 신고의 내용
매출누락·가공경비 과세	매출누락·가공경비 계상의 사실	• 사외유출 되지 않은 사실 • 채권의 회수불능사실 • 매출대응분 필요경비 존재
비상장주식 보충적 평가	보충적 평가 과세 시 시가 미확인의 사실	보충적 평가 신고 시 시가 미확인의 사실
증여세 과세요건사실	증여(의제)의 과세요건 해당	법률상 증여추정 시 추정효력을 배제하기 위한 반증의 제시(증여추정 시 증여가 아니라는 사실)
신의·성실 원칙 위반	납세자의 모순된 행위	• 비과세 관행 등의 존재 • 공적 견해표명의 사실
추계 결정	추계과세의 요건(근거과세의 불능)	장부와 증거서류의 존재

2) 내 용

① 과세관청의 근거과세

납세자가 세법에 따라 장부를 갖추어 기록하고 있는 경우에는 해당 조세의 과세표준에 대한 조사와 결정은 그 장부와 이에 관계되는 증거자료에 의하여야 한다[국기법 §16; 지기법 §19].

만약 조세를 조사·결정할 때 장부의 기록내용이 사실과 다르거나 장부의 기록에 누락된 것이 있을 때에는 그 부분만 정부가 조사한 사실에 따라 결정할 수 있다.

이때 장부의 기록 내용과 다른 사실이나 장부 기록에 누락된 것을 조사하여 결정하였을 때에는 정부가 조사한 사실과 결정의 근거를 「결정서」에 적어야 한다.

② 납세자의 열람·복사요구권

납세자는 조사 결정을 한 과세관청에게 「결정서」를 열람·복사하거나 그 등본이나 초본이 원본과 일치함을 확인해 달라고 직접 요구하거나 대리인을 통하여 확인받을 수 있다.

이러한 요구는 서면은 물론 구술口述로도 가능하다. 하지만 해당 과세관청이 필요하다고 인정하면 그 열람하거나 복사한 사람의 서명을 요구할 수 있다.

(4) 조세감면 사후관리 원칙

1) 의 의

'조세감면 사후관리 원칙'租稅減免 事後管理 原則, Post control of tax exemption은, 과세관청이 납세자에게 조세정책상의 이유로 조세를 감면한 경우에는 그 감면의 목적을 달성하기 위하여 필요한 감면조건이나 감면액의 운용범위를 정해야 한다는 원칙이다.

이는 법률에 따라 조세감면을 하는 경우라도 그 감면에 그치지 않고 사후관리를 통해 감면목적을 제대로 달성할 수 있도록 함으로써 조세의 공평성과 효율성을 최대한 지키기 위한 것이다.

세법에서 조세감면에 관한 사항과 그 사후관리의 대부분은 「조세특례제한법」과 「지방세특례제한법」에서 규정하고 있다.[137]

2) 내 용

과세관청은 조세를 감면한 경우에 그 감면의 취지를 성취하거나 조세정책을 수행하기 위하여 필요하다고 인정하면 세법에서 정하는 바에 따라 감면한 세액에 상당하는 자금이나 자산의 운용범위를 정할 수 있다.

만약 이러한 운용범위에 따르지 아니한 자금이나 자산에 상당하는 감면세액은 세법이 정하는 바에 따라 감면을 취소하고 징수할 수 있다[국기법 §17].

하지만 조세감면 중 '중소기업특별세액감면' 제도 등 기간감면의 경우 과거에는 기업합리화적립금 등 적립 등 사후관리 의무를 두었으나, 현재는 아무런 사후관리 의무를 두고 있지 않고 있다. 이는 조세부과의 원칙의 하나인 조세감면의 사후관리 원칙을 벗어난 것이라 볼 것이다.[138]

---

137) 하지만 「지방세기본법」은 조세감면의 사후관리 원칙을 별도의 조세부과의 원칙이나 세법적용의 원칙의 하나로 열거하고 있지 아니하다.

138) 중소기업특별세액감면제도의 목적은 산업정책상 중소기업이 시설투자나 장기채무상환 등 기업재무구조를 개선에 사용하도록 하기 위한 것으로 볼 수 있어 해당 감면세액에 상당하는 금액을 해당 용도에 사용할 수 있도록 사후관리규정이 필요하다. 과거에는 기업합리화적립금 등의 적립의무가 있었으나, 현재는 기간감면의 경우 어떠한 사후관리의무도 두지 않고 있다.

② 세법적용의 원칙

'세법적용의 원칙'稅法適用 原則, principle of tax law application이란, 과세관청이 세법을 적용할 때 세법규정의 의미를 명확히 하고 구체적인 사실이 법규에 해당하는 지를 확인함으로써 적정하게 법률효과가 발생하도록 하기 위해 따라야 할 기준을 말한다.

「국세기본법」과 「지방세기본법」은 세법적용의 원칙으로, '재산권 부당침해 금지 원칙', '소급과세 금지 원칙', '재량한계 준수 원칙'과 '기업회계 존중 원칙'을 제시하고 있다.

이러한 세법적용의 원칙은 조세법에 내재하고 있는 조리條理로서 당연히 인정되는 것이므로, 창설적創設的인 것이 아니라 선언적選言的인 규정으로 보아야 한다.

(1) 재산권 부당침해금지 원칙

'재산권 부당침해금지 원칙'財産權 不當侵害 禁止 原則, Principle of Prohibition of Unfair Infringement of Property Rights은, 과세관청이 세법을 해석·적용할 때 과세의 형평衡平과 해당 조항의 합목적성合目的性에 비추어 납세자의 재산권이 부당하게 침해되지 않도록 하여야 한다는 원칙이다. 이는 세법을 해석하거나 적용할 때의 기준을 선언한 것이다.

조세는 본질적으로 국민의 재산권을 침해하는 성격을 지니고 있기 때문에 헌법상 비례의 원칙에 따라 세법에 근거한 정당한 재산권의 침해는 어느 정도 용인되지만 과세권을 행사하는 데 있어 그 권한을 남용하여 부당하게 재산권을 침해하는 것은 허용되지 않는다.

또한 정당한 재산권의 침해라 해도 가능한 최소한에 그쳐야 하며 그 침해를 하는데 있어서 선택 가능할 때에는 납세자의 피해를 최소화할 수 있는 방법을 선택하여야 한다.

1) 세법해석 기준

세법을 해석하거나 적용할 때에는 과세의 형평과 해당 조항의 합목적성合目的性[139]에 비추어 납세자의 재산권이 부당하게 침해되지 않도록 하여야 한다[국기법 §18①; 지기법 §20①].

원칙적으로 조세법률주의에 따라 세법의 해석은 항상 법문대로 해석하여야 하고, 합리적 이유 없이 확장해석이나 유추해석 하는 것은 허용되지 않는다.

하지만 법규 상호 간의 해석을 통하여 그 의미를 명백히 할 필요가 있는 경우 조세 법률주의에 따라 국민의 법적 안정성과 예측가능성을 해치지 않는 범위에서 입법 취지와 목적

---

139) "해당 조항의 합목적성"이란, 세법을 해석함에 있어서 입법 목적과 취지에 부합하도록 해석하여야 하고, 해당 조항이 세법 전체의 질서에 반하지 않는 범위에서 조화롭게 세법의 목적을 달성할 수 있도록 해석하여야 한다는 것이다.

을 고려하여 합목적적으로 해석하는 것은 인정된다.[140]

이는 세법에서 세법의 해석에 관한 기준을 제시한 것으로 유일한 것이다.

2) 국세예규심사위원회

국세에 관한 세법의 해석·적용할 때 납세자의 재산권을 부당하게 침해하거나 새로운 세법이나 해석·관행에 따라 소급과세하지 않도록 그 기준에 맞는 세법의 해석, 「관세법」의 해석과 이와 관련되는 「자유무역협정의 이행을 위한 관세법의 특례에 관한 법률」, 「수출용원재료에 대한 관세 등 환급에 관한 특례법」의 해석을 위하여 기획재정부에 「국세예규심사위원회」를 둔다[국기법 §18의2].

「국세예규심사위원회」는 그동안 법률적 근거 없이 재정경제부 훈령으로 운영되어 오다가 2009년 입법화되었다.[141]

하지만 과세관청의 감독기관이자 정부의 세법개정안을 마련하는 기획재정부에 입법된 세법의 해석에 관한 사항을 심의할 수 있는 권한을 부여한 것이 과연 정당한 지 의문이다.

세법의 해석체계는 일반적인 법령해석의 경우 원칙적으로 정부의 법률 제정심사기관인 「법제처」에서 하도록 하고, 최종적인 해석은 입법기관인 「국회」에서 담당하는 것이 바람직하다.

이에 따라 기획재정부의 「국세예규심사위원회」나 징세기관인 국세청은 납세자의 권리·의무와 관계없는 부과·징수절차에 관한 세부적 사항에 한해 해석하도록 하는 것이 바람직하다.[142]

① 심의사항

기획재정부에 설치하는 「국세예규심사위원회」는 다음 중 하나에 해당하는 사항중 위원장이 위원회에 상정하는 것을 심의한다[국기령 §9의3①].

---

140) 대법원 2008.2.15. 선고, 2007두4438 판결; 2009.6.11. 선고, 2007두11401 판결 참조.

141) 「국세기본법 시행령」 제10조는 '기획재정부장관' 뿐만 아니라 '국세청장'도 세법의 해석과 관련된 질의에 대하여 세법해석의 기준에 따라 해석하여 회신하도록 하고 있다. 그런데 그 모법은 「국세기본법」 제18조의2(국세예규심사위원회)로서 기획재정부의 세법해석을 위한 기구를 법제화한 것일 뿐이고, 국세청장은 기획재정부의 「국세예규심사위원회」와 직접관련은 없으므로 모법의 위임을 벗어난 것이라 볼 수 있다. 세법해석기준에 관한 「국세기본법」 규정은 과세관청이 과세권행사를 하면서 일반적인 세법해석의 기준을 정한 일 뿐 세법해석기구를 두거나 해석권을 가지도록 한 법적 근거는 아니다.

142) 국세청은 2008년 10월부터 '세법해석 사전답변advance ruling' 제도를 시행하고 있다. 이는 과세관청이 세법해석의 적용에 대해 명확히 답변한 경우, 답변을 신뢰한 납세자의 이익을 침해하지 않도록 스스로를 구속함으로써 신의성실의 원칙을 지켜 납세자의 법적 안정성을 확보하게 하기 위한 것이다. 하지만 이는 '세법에 대한 해석'의 문제가 아니라 '사실관계가 과세요건에 해당하는 지 여부'에 관한 과세관청의 판단일 뿐이고 진정한 세법의 해석이라 할 수 없어 집행기관의 세법적용에 있어서의 견해표명에 불과한 것이다.

(ⅰ) 세법과「관세법」(이와 관련되는「자유무역협정의 이행을 위한 관세법의 특례에 관한 법률」·「수출용 원재료에 대한 관세 등 환급에 관한 특례법」을 포함한다)의 입법취지에 따른 해석이 필요한 사항

(ⅱ) 기존의 세법의 해석이나 일반화된 국세 행정의 관행을 변경하는 사항과「관세법」(이와 관련되는「자유무역협정의 이행을 위한 관세법의 특례에 관한 법률」·「수출용 원재료에 대한 관세 등 환급에 관한 특례법」)의 해석이나 일반화된 관세 행정의 관행을 변경하는 사항

(ⅲ) 그 밖에 납세자의 권리·의무에 중대한 영향을 미치는 사항

② 구 성

「국세예규심사위원회」는 기획재정부 세제실장이 위원장이 되고, 위원장을 포함한 50명 이내로 하여 다음 중 하나에 해당하는 사람이 위원이 된다[국기령 §9의3②~⑦].

(ⅰ) 기획재정부 소속 3급 공무원이나 고위공무원단에 속하는 공무원 중 위원장이 지명하는 사람

(ⅱ) 국세청의 3급 공무원이나 고위공무원단에 속하는 공무원 중 국세청장이 추천하는 사람

(ⅲ) 관세청의 3급 공무원이나 고위공무원단에 속하는 공무원 중 관세청장이 추천하는 사람

(ⅳ) 조세심판원의 3급 공무원이나 고위공무원단에 속하는 공무원 중 조세심판원장이 추천하는 사람

(ⅴ) 변호사·공인회계사·세무사 자격이 있는 사람,「고등교육법」[§2(1)(3)]에 따른 학교에서 법률·회계 등을 가르치는 부교수 이상으로 재직하고 있거나 있었던 사람과 법률·회계나 경제전반에 대한 학식과 경험이 풍부한 사람으로서 기획재정부장관이 위촉하는 사람(=민간위원)

위원장은「국세예규심사위원회」를 대표하고 그 업무를 총괄한다. 만약 부득이한 사유로 위원장이 직무를 수행할 수 없는 경우에는 기획재정부 소속 위원 중 위원장이 미리 지명한 위원이 그 직무를 대리한다.

공무원이 아닌 민간위원의 임기는 2년이며 한 차례만 연임할 수 있다. 또한 그 직무수행에 지장이 있다고 인정하는 때에는 임기 중이라도 해촉^{解囑}할 수 있다.

③ 회 의

위원장은 심의대상이 있는 경우「국세예규심사위원회」회의를 소집하고 그 의장이 된다.

회의마다 위원은 위원장과 위원장이 지정하는 12명 이상 20명 이내로 구성하되, 민간위원이 3분의 1 이상을 포함되도록 하여야 한다.

회의는 구성원 과반수의 출석으로 개의開議하고 출석위원 과반수의 찬성으로 의결한다.

위원장은 심의를 위하여 필요하면 관련 전문가 등의 의견을 들을 수 있으며, 회의는 공개하지 아니하는 것이 원칙이지만 위원장이 필요하다고 인정하는 때에는 공개할 수 있다.

④ 위원의 제척과 회피

「국세예규심사위원회」의 위원은 다음의 어느 하나에 해당하는 경우에는 위원회의 심의·의결에서 제척除斥된다. 위원이 어느 하나에 해당하는 경우에는 스스로 해당 안건의 심의·의결에서 회피回避하여야 한다.

(i) 세법 해석 등에 관하여 질의를 한 자나 질의자의 위임을 받아 질의 업무를 수행하거나 수행하였던 자인 경우
(ii) (i)에 해당하는 사람의 친족이거나 친족이었던 경우
(iii) (i)에 해당하는 사람의 사용인이거나 사용인이었던 경우
(iv) 질의의 대상이 되는 처분이나 처분에 대한 이의신청, 심사청구나 심판청구에 관하여 증언이나 감정을 한 경우
(v) 질의일 전 최근 5년 이내에 질의의 대상이 되는 처분, 처분에 대한 이의신청·심사청구·심판청구나 그 기초가 되는 세무조사에 관여하였던 경우
(vi) (iv)나 (v)에 해당하는 법인이나 단체에 속하거나 질의일 전 최근 5년 이내에 속하였던 경우
(vii) 그 밖에 질의자·질의자의 위임을 받아 질의 업무를 수행하는 자의 업무에 관여하거나 관여하였던 경우

3) 질의 회신

① 질의 회신에 있어 세법해석의 기준 준수

기획재정부장관이나 국세청장은 물론 조세법을 해석하는 다른 기관이 세법의 해석과 관련된 질의에 대하여 회신하는 경우에는 과세의 형평과 적용할 조항의 합목적성에 비추어 납세자의 재산권이 부당히 침해되지 않도록 세법해석의 기준을 따라야 한다[국기령 §10].

② 국세청장 질의회신문의 기획재정부 송부

국세청장은 세법의 해석과 관련된 질의에 대하여 회신한 문서의 사본을 해당 문서의 시행일이 속하는 달의 다음달 말일까지 기획재정부장관에게 송부하여야 한다.

③ 「국세예규심사위원회」에의 이송

국세청장은 세법의 해석과 관련된 질의가 기획재정부에 설치된 「국세예규심사위원회」의 '심의사항'에 해당하는 경우에는 기획재정부장관에게 의견을 첨부하여 해석을 요청하여야 한다.

또 「국세예규심사위원회」의 심의결과에 따른 기획재정부장관의 해석에 대하여 국세청장이 이견이 있는 경우에는 그 이유를 붙여 다시 한번 해석再解釋을 요청할 수 있다.

④ 기획재정부장관에게 제출된 질의의 처리

기획재정부장관에게 제출된 세법해석과 관련된 질의는 국세청장에게 이송하고 그 사실을 민원인에게 통지하여야 한다. 하지만 다음에 해당하는 경우에는 기획재정부장관이 직접 회신할 수 있으며, 이 경우 회신한 문서의 사본을 국세청장에게 송부하여야 한다.

(i) 「국세예규심사위원회」의 심의사항에 해당하여 그 위원회를 거쳐야 하는 질의

(ii) 국세청장의 세법해석에 대해 다시 질의한 사항으로서 국세청장의 회신문이 첨부된 경우의 질의(사실판단과 관련된 사항은 제외한다)

(iii) 세법이 새로이 제정이나 개정되어 이에 대한 기획재정부장관의 해석이 필요한 경우

4) 지방세법규해석심사위원회

지방세관계법과 지방세 관련 예규 등의 해석과 관련된 질의가 있는 경우 행정안전부장관은 지방세 해석의 기준 등에 따라 해석하여 회신하여야 한다. 만약 지방자치단체의 장이 지방세 예규 등에 대한 해석을 요청할 때에는 해석과 관련된 의견을 첨부하여야 한다.

시장·군수·구청장이 지방세 예규에 대한 해석을 요청할 때에는 시·도지사를 경유하고, 이때 시·도지사는 해당 해석 요청에 대한 의견을 첨부하여야 한다.

지방세관계법의 입법취지에 따른 해석, 기존해석이나 일반화된 지방세 업무의 관행의 변경, 지방자치단체 간 운영 등이 달라 조정이 필요하다고 인정하는 사항, 예규 등 해석에 관한 사항을 심의하기 위하여 행정안전부에 「지방세법규해석심사위원회」를 둔다[지기법 §148].

위원회는 위원장을 포함하여 행정안전부 소속 4급 이상 공무원이나 고위공무원단에 속하는 공무원, 지방자치단체·법제처·조세심판원의 4급 이상 공무원이나 고위공무원단에 속하는 공무원 중 해당 행정기관의 장이 추천하는 공무원과 변호사, 공인회계사, 세무사로 5년 이상 종사한 사람, 법률·회계·조세 등을 가르치는 부교수 이상으로 재직한 사람 등 30명 이내의 위원으로 성별을 고려하여 구성한다. 위원장은 행정안전부에서 지방세에 관한

사무를 총괄하는 실장이 되며, 위원회를 대표하고, 위원회의 업무를 총괄한다. 민간위원의 임기는 2년으로 하며, 한 차례만 연임할 수 있다.

위원회 회의는 위원장과 위원장이 회의마다 지정하는 8명 이상 14명 이내의 위원으로 구성하되, 민간위원이 3분의 1 이상 포함되어야 한다. 회의는 구성원 과반수의 출석으로 개의하고, 출석위원 과반수의 찬성으로 의결한다.

위원회 위원은 공정한 심의를 기대하기 어려운 사정이 있다고 인정될 때에는 회의에서 제척除斥되거나 회피回避하여야 한다. 위원회의 위원 중 공무원이 아닌 사람은 「형법」과 그 밖의 법률에 따른 벌칙을 적용할 때에는 공무원으로 본다.

(2) 소급과세 금지 원칙

1) 의 의

'소급과세 금지 원칙'遡及課稅禁止 原則: Prohibition of Retroactive Taxation이란 새로운 법률이나 새로운 해석·관행은 납세자에게 이미 성립한 납세의무에 소급하여 적용할 수 없도록 제한하는 원칙을 말한다.

여기에는 새로운 세법을 제정함에 있어 이미 완결된 사실에 대하여 새로운 세법을 적용하지 못하도록 하는 '입법상 소급과세금지'소급입법금지와 세법의 해석·관행이 일반적으로 납세자에게 받아들여진 후에는 새로운 해석·관행에 의한 과세를 제한하는 '행정상 소급과세금지'로 나뉜다.

2) 내 용

① 입법상 소급과세금지

조세를 납부할 의무(세법에 징수의무자가 따로 규정되어 있는 조세의 경우에는 이를 징수하여 납부할 의무를 말한다)가 성립된 소득·수익·재산·행위·거래에 대해서는 그 성립 후 새로운 세법에 따라 소급하여 과세하지 아니한다[국기법 §18①; 지기법 §20②].

세법의 해석에 있어서도 새로운 세법해석이 종전의 해석과 상이한 경우에는 새로운 해석이 있는 날 이후에 납세의무가 성립하는 분부터 새로운 해석을 적용하여야 한다.

② 행정상 소급과세금지

세법의 해석이나 조세행정의 관행이 일반적으로 납세자에게 받아들여진 후에는 그 해석이나 관행에 의한 행위·계산은 정당한 것으로 보며 새로운 해석이나 관행에 의하여 소급하여 과세되지 아니한다[국기법 §18②; 지기법 §20③].

이때 '일반적으로 납세자에게 받아들여진 후'란 성문화 여부에 관계없이 행정처분의 선례(先例)가 반복되어 납세자가 그 존재를 일반적으로 확신하게 된 것을 말하는데, 법령에 명백히 위반된 경우는 제외된다.

행정처분은 일단 취소한 후에는 그 취소처분의 위법이 중대하고 명백하여 무효나 행정쟁송절차에 의해 취소되는 경우를 제외하고 그 취소처분 자체의 위법을 이유로 다시 취소처분을 취소하여 맨 처음 행정처분의 효력을 회복시킬 수 없다.

(3) 재량권 한계 준수 원칙

1) 의 의

'재량권 한계 준수 원칙'裁量權 限界 遵守 原則, Discretion Limit은, 과세권자로서 세무공무원이 조세를 부과하거나 징수하기 위하여 재량권裁量權을 행사하는 경우 과세의 형평과 해당 세법의 목적에 비추어 일정한 한계를 지켜야 한다는 원칙이다.

이는 조세에 관한 모든 사항을 법률로써 규정할 수 없어 부득이 과세관청에 행정 상 재량행위裁量行爲: [독]Ermessensakte를 허용하는 데 있어 지켜야 할 한계를 규정한 것으로, 단순한 입법기술 상의 문제가 아니라 헌법 상 '비례의 원칙'比例 原則 또는 '과잉금지 원칙'過剩禁止 原則을 세법에 구현한 것이다.[143]

과세관청이 구체적인 행정목적을 실현하기 위하여 조사·결정·징수 등 행정을 집행함에 있어서는 그 목적과 수단 사이에 적정한 균형이 유지되어야 하며, 만약 그 한계를 벗어난 경우에는 효력을 인정받을 수 없게 된다.

이처럼 세무공무원이 부당하게 재량의 범위를 일탈逸脫하여 재량권을 남용한 행위를 한 경우 설사 정당한 과세라도 위법한 것이 된다.

그러므로 과세권자가 조세를 부과·징수할 때에도 그 권한 행사에 있어서 "참새를 잡기 위해 대포를 쏘아서는 안된다"[144]는 '비례의 원칙'이 제대로 준수되도록 재량권의 한계를 지켜야 한다.

2) 내 용

세무공무원이 재량裁量으로 직무를 수행할 때에는 과세의 형평과 해당 세법의 목적에 비추어 일반적으로 적당하다고 인정되는 한계를 엄수하여야 한다[국기법 §19; 지기법 §21].

---

143) 「국세기본법」[§19]의 '세무공무원의 재량의 한계' 조항에 대하여 직접적으로 비례의 원칙을 표현하고 있지 않지만 이는 행정상 과잉금지와 비례의 원칙을 구현한 것이다. 비례의 원칙은 국가기관의 모든 권력적 작용으로 확장되고 일반적인 행정에 있어 적법절차의 원칙으로 강제된다.

144) 기본권을 제한하는 입법의 헌법적 한계인 비례의 원칙과 관련해 독일의 플라이너Fritz Fleiner는 "경찰이 참새를 잡기 위해 대포를 쏘아서는 안된다"Die Polizei soll nicht mit Kanonen auf Spatzen schieen라고 표현하였다.

'비례의 원칙'比例 原則, Principle of Proportionality, [독]Grundsatz der Verhältnismäßigkeit은 행정주체가 구체적인 행정목적을 실현하고자 수단을 선택함에 있어 목적과 그 수단 사이에 합리적인 비례관계가 있어야 한다는 원칙이다. 단순히 비례성에 그치지 않고 적합성·필요성의 원칙까지 포함하여 '과잉금지 원칙'過剰禁止 原則으로 발전하였다.

이 원칙은 경찰비례의 원칙에서 출발하여 급부행정에서의 공익목적과 관계인 이익의 정당한 비례 여부, 재량행위 중 재량권의 남용과 일탈 여부 등 모든 행정영역에서 적용되며, 대법원 판결과 헌법재판소의 결정에서도 폭넓게 원용되고 있다.

■ 근 거

「헌법」에 비록 명확한 명문규정이 없다 해도 비례의 원칙은 단순히 조리 상의 원칙에 그치지 아니하고 법치국가의 원리에서 나온 실정법 상 일반원칙이라 할 것이다. 그러므로 비례의 원칙을 위반한 경우에는 위법한 것이 된다.

학설과 헌법재판소 등의 판례는 비례의 원칙에 대한 근거를 「헌법」 제37조 제2항에서 찾고 있다(헌법재판소 1997.9.25. 선고, 96헌가1616 결정).

* 「헌법」 제37조 제2항 : "국민의 모든 자유와 권리는 국가안전보장·질서유지 또는 공공복리를 위하여 필요한 경우에 한하여 법률로써 제한할 수 있으며, 제한하는 경우에도 자유와 권리의 본질적인 내용을 침해할 수 없다."

■ 내 용

비례의 원칙(과잉금지 원칙)의 위반 여부는 적합성·필요성·상당성의 원칙을 단계적·종합적으로 고려하여 사회통념에 맞는 지를 심사하여야 한다.

• 적합성適合性, [독]Geeignetheit : 목적의 정당성과 수단의 적합성
  행정목적의 달성에 법적·사실적으로 적합하고 유용한 수단을 사용해야 한다.
• 필요성必要性, [독]Erforderlichkeit : 피해의 최소성
  행정목적의 달성을 위한 다양한 적법한 수단이 있는 경우 필요하고도 최소한의 침해를 주는 수단을 선택하여야 한다.
• 상당성相當性, [독]Angemessenheit : 법익의 균형성
  행정기관의 조치가 최소한의 침해를 주는 경우에도 그 침해의 정도는 공익목적의 필요정도보다 크면 안되며, 이와 상당한 비례가 유지되어야 한다. 상당성(균형성)의 원칙은 본래의 비례 원칙이므로 '협의의 비례원칙'Verhältnismäßigkeit, i. e. s으로 불리운다.

(4) 기업회계 존중 원칙

1) 의 의

'기업회계 존중 원칙'企業會計尊重 原則, Principle of Respect for Financial Accounting Standards은, 과세관청이 조세의 과세표준을 조사·결정할 때에는 납세자가 계속 적용하고 있는 기업회계의 기준이나 관행을 존중해야 한다는 것이다.

이는 세법에 과세표준의 계산을 위한 규정이 있는 것을 제외하고는 기업회계의 기준이나 관행을 최대한 인정함으로써 과세관청의 간섭과 납세자의 협력비용을 줄이기 위한 것이다.

2) 내 용

세무공무원이 조세의 과세표준과 세액을 조사·결정하는 때에는 해당 납세의무자가 계속하여 적용하고 있는 기업회계의 기준이나 관행으로서 일반적으로 공정·타당하다고 인정되는 것은 존중하여야 한다.

하지만 세법에 특별한 규정을 둔 경우에는 그 규정을 따라야 한다[국기법 §20; 지기법 §22].

세금 없는 지상낙원, 북한 지금은?

1974년 4월 1일, 북한은 "세금제도를 완전히 없앤 데 대하여"라는 최고인민회의 법령을 채택하고 "지구상에서 처음으로 세금없는 나라가 되었고, 자본주의처럼 세금으로 고통받는 인민이 없는 지상낙원이 되었다"고 선언하였다. 당시 김일성 주석의 꿈은 사회주의가 지향했던 "화폐가 없는 경제, 돈이 아무 힘을 쓰지 못하는 경제"였는데 지금껏 북한은 분배 중심의 경제를 지향하고 있다. 실제 내용을 들여다보면, 당시 북한이 '세금제도'를 없앤 것은 노동자와 사무원에게 받는 소득세, 지방자치세, 협동농장 농장원의 농업 현물세 등이다.

그렇다면 정말 북한에는 세금제도가 없고, 북한 인민들이 세금을 내지 않는 것일까?

세금이 공식적으로 없어진 북한의 국가예산을 충당하는 수입은, 북한 「사회주의 헌법」 제35조에서 "인민 경제발전 계획에 따르는 국가예산을 편성하여 집행한다"는 규정에 따라 「국가예산수입법」을 제정하여 '사회주의 경리수입'으로 징수하고 있다. 이 법은 우리의 '세법'의 성격으로 세금제도를 없앤지 30년만인 2005년에 제정되어 수차례 개정되어 시행되고 있다. 이 법에 따라 징수하는 수입은 '거래수입금', '국가기업이익금', '협동단체이익금', '봉사료수입금', '기타 수입' 등으로 나뉜다. '거래수입금'은 일종의 부가가치세로 가장 큰 세원이며, '국가기업이익금'은 법인세, '협동단체이익금'은 소득세의 일종이다.

그러므로 북한도 공산주의 국가로서 국민들로부터 받는 노동력을 제공받는 것 이외에 실질적인 간접세, 직접세 등 세금이나 부담금의 형태로 징수되고 있다고 볼 수 있다. 이러한 '거래수입금'은 국영기업소나 생산협동조합이, '국가기업이익금'은 모든 국영기업소가, '협동단체이익금'은 생산협동조합, 편의협동조합, 수산협동조합이, '봉사료수입금'은 편의봉사부문 독립채산제 기업소들이, '기타수입'은 부대수입을 올리는 기업소가 각각 위원회, 성, 연합기업소 등을 통해 소관부처인 재정부으로 세입된다.

어려서부터 외국에서 유학한 김정은 시대에 들어선 더욱더 인민들의 민생문제와 경제문제 해결과 산업과 군사 등 국가예산 마련을 위해 부심하고 있다. 이를 위해 기업소들의 자율성을 보장하고 시장가치 등 시장경제 기반을 일부 확대하고 특구를 지정하여 외자와 투자를 유치하는 등 시장경제를 통해 경제를 살리려는 시도가 이어지고 있다.

앞으로 북한은 성공적인 시장경제체계를 받아들인 중국이나 베트남은 물론 계획경제의 본보기인 싱가폴 등 외국의 사례를 거울삼아, 세금 없는 사회주의 경제에서 세금있는 시장경제로의 전환을 추구하고 시도할 가능성이 크다. 북한에서 시장경제체제를 도입하기 위해서는 우선 '세금제도'가 잘 갖춰져야 하므로 북한의 세제와 세정에도 큰 질적·외형적 변화가 있을 것으로 예상된다.

제**3**장

납세자권리론

"납세자권리는 납세의무와 동등하다."
Taxpayer right is equivalent to tax obligation.

"납세자권리는 납세의무에 우선한다."
Taxpayer right has priority over tax obligation.

— 한국납세자권리연구소 구 재 이

대한민국 헌법은 제38조에서 "모든 국민은 법률이 정하는 바에 의하여 납세의 의무를 진다"고 국민의 납세의무를, 제59조에서 "조세의 종목과 세율은 법률로 정한다"고 조세법률주의를 정하고 있습니다.

그런데 헌법은 '납세의무'만 정했지 '납세자권리'는 따로 정하지 않았습니다. 헌법이 폭넓게 정한 자유권과 재산권 등 국민의 기본권은 국민생활 모든 분야에 적용되므로 조세분야도 예외가 아닐 것입니다. 하지만 국민의 기본권을 침해하기 쉬운 납세의무(과세권) 만큼 납세자권리를 보장받을 수 있도록 '모든 국민은 법률이 정하는 바에 의하여 납세의 의무와 납세자로서 일정한 권리를 가진다'라고 선언하는 것은 어떨까요? 헌법이 납세를 국민의 의무로만 강조하니 납세자권리는 헌법이 아닌 하위법률에서 정해야하는 반대급부나 시혜로 인식될 수 있습니다.

사실 헌법은 국가권력구조보다 국민을 앞세우고, 국민의 의무보다 국민의 권리를 우선하고 있습니다. 전문과 총강을 지나 10조에서 39조까지 국민의 자유와 권리를 선언하고 국가의 보장의무를 명시하고 있습니다. 국민의 의무라고는 국민의 자유와 권리 뒤에 납세의무와 국방의무만 초라하게 정하고 있을 뿐이고 국회, 대통령 등 국가권력구조도 그 다음에야 등장합니다.

그런데 헌법과 달리 세법은 도대체 무엇이기에 세금의 납세절차와 부과징수에 관한 내용만을 앞세우고 국민, 즉 과세요건 아닌 납세자의 권리는 마치 보칙에 가깝게 다뤄지고 편제되어 있습니다.

이런 지경이다보니 세무조사 절차에서의 납세자권리(납세자기본권)는 1996년부터 세법에서 명시되었지만, 세법에 따른 조세절차를 위반하면 당연히 위법한 처분이지만, 정부는 물론 사법부도 이유도 없이 선언적 규정으로 여겨 납세자권리를 지키지 못했습니다. 이런 상황에서 저는 오랫동안 세법에서 정한 세무조사 절차를 위반했다면 설사 조세탈루한 사실이 드러나도 과세처분의 효력이 인정되지 않는다고 주장했습니다. 드디어 최근 대법원은 세무조사 결과통지 등 세무조사 절차를 위반한 과세처분은 취소대상이라고 판시하기 시작했고, 과세관청도 조세절차의 중요성을 인식하고 이를 기준으로 세무행정을 집행하기 시작했습니다.

이제 세무행정에서 조세절차의 중요성은 새삼스레 이야기하지 않아도 될 정도로 성장하고 확립되었습니다. 하지만 불행하게도 납세자의 권리의 '실질적 향상' 보다는 세법상 과세권 행사가 제약될 것을 우려한 '강요된 인식'이 강합니다. 게다가 세무조사분야에서만 진전이 있을 뿐 신고 · 납부 · 징수 · 불복 등 조세절차 전반에는 '납세자친화적'으로 전면적인 재설계가 필요할 정도로 세제의 민주화가 절실합니다.

아직도 헌법에서 정한 '신성한' 납세의무를 위해 납세자권리는 충분히 희생될 수 있고, 납세자권리는 납세의무의 하위개념이라는 인식이 팽배합니다. 하지만 납세의무는 납세자의 동의와 기본권보장을 전제로 형성된 것이기에 납세자권리의 무게는 납세의무와 동등한 것입니다. 아니 오히려 조세절차를 위반하면 과세요건에 해당되어도 과세처분이 취소되는데서 보듯 납세자권리는 납세의무보다 우선한다고까지 할 것입니다.

이러한 납세자권리에 대한 새로운 인식의 정립과 확장은 강학적인 관념이나 이론, 선언적인 세법 규정에 그치지않고 납세자에게 국민의 권리와 이익을 실질적으로 지키게 하고 과세관청에게 정당한 과세권 행사를 가능하게 하는 '최후의 보루'가 될 것입니다.

제 **1** 절

납세자권리론

 1 납세자권리

'납세자권리'納稅者權利, taxpayer rights란, 납세자가 납세의무를 이행하면서 권리와 이익을 침해당하지 않도록 과세관청으로부터 적정한 조세부담과 조세절차를 보장받을 권리를 말한다.

넓게는 국가·지방자치단체 등 과세권자가 징수한 조세수입을 지출할 때 그 재정을 조달한 납세자로서 과세권자에게 합법성과 타당성을 요구할 권리를 포함한다.[145]

실정법 상으로는 「국세기본법」·「지방세기본법」에서 법률로 정한 납세자권리 규정과 국세청·지방자치단체의 장 등 과세관청이 제정한 「납세자권리헌장」을 통해 납세자가 보호받을 권리를 의미한다.

한편, 납세자권리와 함께 사용되는 '납세자기본권'taxpayer fundamental rights이란 국민이 납세자로서 납세의무를 이행하면서 보장받는 불가침의 기본적 인권이라는 뜻인바, 헌법상 기본권만을 의미하는 것으로 보는 경우도 있으나 원리상 헌법에 열거되지 않았다 해도 납세자로서 국민의 자유와 권리에 해당한다면 이를 포괄할 수 있다고 보아야 한다.

이에 따라 납세자기본권은 헌법에서의 기본권으로 제한적으로 해석해야 하는 경우가 아니라면 일반적으로 납세자권리와 동일한 개념으로 보는 것이 타당하다.

만약 세법에서 정한 납세자권리가 기본권으로서의 성질이 없다면 실질적 조세법률주의와 적법절차의 원리에 어긋난 공권력의 행사나 불행사한 경우 행정소송의 대상은 될 수 있으나 납세자권리(납세자기본권)을 침해당한 것으로 헌법소원憲法訴願은 제기할 수 없게 된다.[146] 이는 법률에 따라 부여된 권리와 권한이라면 기본권 침해를 이유로 헌법소원을 제기할 수 없는 것과 같다.[147]

---

145) 최명근, "한국의 납세자권리, 그 문제점과 개선방안", 제3회 자유주의워크숍, 자유기업원, 1996, p.9. ; 납세자권리의 확장은 이론적으로는 가능하지만 납세자권리를 정부가 징수된 조세를 사용하는 방법까지 납세자가 통제할 수 있는 권리로 하는 것은 헌법과 현행 실정법 체계를 고려할 때 법적 개념으로 받아들이기는 어려워 일반적으로 이를 제외하고 있다.

146) 김웅희, "납세자기본권의 헌법적 연구", 『세무와 회계 연구』 제1권 제1호, 한국세무사회, 2012, p.92.

147) 헌법재판소 1995.2.23. 선고, 90헌마125 결정 ; "헌법 제68조 제1항의 규정에 의한 헌법소원은, 헌법이 보장하는 기본권의 주체가 국가기관의 공권력의 행사 또는 불행사로 인하여 그 기본권을 침해받았을 경우 이를

(1) 납세자권리의 범위

납세자권리는 헌법에서 보장하고 있는 국민의 기본권에서 출발한 것이지만 구체적으로 조세제도에 있어서는 조세법률주의와 법의 적정절차의 원리에 따라 구현된다.[148]

이들은 정부·지방자치단체 등 과세권자가 국민에게 조세를 부담시키는 근거와 함께 한계를 선언한 것으로 납세자권리의 보장에 있어서 외형적인 범주를 구성한다.

① 실질적 조세법률주의

'조세법률주의'租稅法律主義, [독]Gesetzmäßigkeit der Besteuerung란, 국가나 지방자치단체 등 행정기관은 국민의 대의기관인 국회에서 제정한 법률에 근거하지 않으면 국민에게 조세를 부과·징수할 수 없고 국민은 그 부담을 지지 않는다는 것이다.

「헌법」은 "모든 국민은 법률이 정하는 바에 의하여 납세의 의무를 진다"[§38]고 납세의무와 조세법률주의를 선언하고, "조세의 종목과 세율은 법률로 정한다"[§59]라고 하여 과세권의 행사와 조세부담의 한계를 설정하고 있다.

오늘날 조세법률주의는 단순히 세법에 조세의 종목과 세율 등 과세요건을 정해야 한다는 '형식적 조세법률주의'에 머무르는 것이 아니라 납세의무를 이행하는 모든 조세절차에서 납세자로서의 권리와 이익을 보장하는 '실질적 조세법률주의'로 발전하였다.[149]

이는 조세제도를 두고 민주사회를 운영하는 국가에서는 특별히 국민의 재산권 보장과 국민생활의 안정은 필수불가결한 것이기 때문이다.

조세에 있어 과세권자와 납세자와의 관계에 대한 인식도 과거에는 국가의 일방적인 급부명령을 국민이 수동적으로 따라야 하는 것으로 보았지만, 이제는 국가의 운영을 위하여 국민이 자발적인 합의에 따라 조세채무를 분담하는 것으로 변모하였다.

이와 같이 납세자는 국가재정의 조달자로서 과세권자와 동등한 법적 지위가 보장되고 모든 조세절차에 있어서 우선적으로 납세자의 권리와 이익이 존중되고 보호되어야 하며 그렇지 못한 경우 실질적 조세법률주의에 어긋나게 되는 것이다.

구제하기 위한 수단으로 인정된 것이므로, 헌법소원을 청구할 수 있는 자는 원칙으로 기본권의 주체로서의 국민에 한정되며 국민의 기본권을 보호 내지 실현할 책임과 의무를 지는 국회의원 등 국가기관이나 그 일부는 헌법소원을 청구할 수 없다."

148) 일반적으로 납세자의 권리는 법의 적정절차의 원리에 근거하는 것으로 다루고 있으나(최명근(1999), 앞의 책, p.19), 조세법의 상위법령인 「헌법」에 국민의 기본권 선언과 조세의 법률유보에 관한 규정은 납세자권리작용에도 매우 중요한 지위와 역할을 차지하므로 조세법률주의와 법의 적정절차의 원리를 모두 납세자권리의 기본원리로 본다.

149) 헌법재판소 1992.2.25. 선고, 90헌가69, 91헌가5, 90헌바3(병합) 결정 ; "헌법 제38조, 제59조가 선언하는 조세법률주의도 실질적 법치주의를 뜻하는 것이므로 비록 과세요건이 법률로 명확히 정해진 것일지라도 그것만으로 충분한 것이 아니고 조세법의 목적이나 내용이 기본권 보장의 헌법이념과 이를 뒷받침하는 헌법상의 제 원칙에 합치되지 않으면 안된다."

② 법의 적정절차 원리

'법의 적정절차 원리'法 適正節次 原理, Due Process of Law란 국가의 법 집행은 본래 법률이 정한 공정한 절차에 따라 해야 한다는 원리로서, '적법절차 원칙'이라고도 한다. 본래 권력자가 자의적으로 권력을 행사하는 것으로부터 상대적으로 약자인 국민을 보호하기 위한 법 원리였다.

이는 영국, 프랑스, 미국 등 서구에서 오랜 사법사와 시민권리운동의 역사 속에서 확립된 것으로[150] 오늘날에는 형사 절차뿐만 아니라 모든 국가 권력의 행사에 있어서 적정성과 합리성을 요구하는 수준으로 발전하였다.

이 원리에 따라 국가는 국민의 권리나 자유에 영향을 미치는 행위를 할 때는 정당한 권한이 있어야 하고 상대방에게 고지·청문의 절차와 함께 변호인을 보장해야 하며 서로의 권리와 의무에 대한 판정은 정의의 원칙과 헌법의 기본이념에 따라야 한다.[151]

최근 민주사회가 성숙됨에 따라 절차적 중요성이 더욱 강조되어 법의 적정절차 원리는 단순히 구호나 실질만이 아니라 실제로 국민의 권리와 이익에 영향을 미치는 법률에 명확하고 상세하게 규정할 것을 요구하고 있다.

그러므로 형사법에 못지않게 국민의 기본권을 제한하는 세법에 따라 집행하는 조세절차는 국민이 수긍할 수 있도록 공정하고 상세하게 정해져야 하며, 그렇지 못한 경우 법의 적정절차 원리에 어긋나는 것이 될 것이다.

(2) 납세자권리의 분류

1) 헌법상 기본권으로서 납세자권리

납세자권리는 헌법이 보장하는 국민의 생명과 자유에 관한 권리, 재산권 등 국민적 기본권에서 출발하였고 궁극적으로 서로 맞닿아 있다. 그러므로 조세법률주의와 법의 적정절차 원리에 따라 납세자권리로 보호할 본질적인 대상은 국민의 생명권·자유권·재산권이 될 것이다.

이에 헌법에서 기본권으로 정하고 있는 생명권·자유권과 재산권을 조세절차에 있어 납세자권리와 관련하여 살펴본다.

---

150) 1215년 영국 대헌장The Great Charter 제39조, 자유인은 누구도 그의 동료의 적법한 재판, 국법에 의하지 아니하고는 체포, 감금, 침탈, 추방 기타의 방법에 의한 침해를 받지 아니한다No freeman shall be taken or imprisoned or disseised or exiled or in any way destroyed, .except by the lawful judgment of his peers, or by the law of the land. ; 1791년 미국 연방헌법 수정 제5조The Fifth Amendment : 누구든지...적정한 법의 절차에 의하지 아니하고는 그의 생명, 자유, 재산을 박탈당하지 아니한다No person shall...be deprived of life, liberty, or property without due process of law.
151) 권영성, 『헌법학원론』, 법문사, 2004, p.342 참조.

① 생명권

'생명권'生命權, life right이란 생명에 대한 불법적인 침해로부터 보호받을 권리이다. 과세관청이 국민의 생명을 직접적으로 위협하는 행위를 하는 일은 없겠으나 간접적으로 생명권을 침해할 수 있다.

조세징수절차에서 체납세금을 징수하기 위하여 기초생활에 필수적인 생활용품을 압류하거나 임금채권에서 최저생계비를 고려하지 않고 징수함으로써 최소한의 생계조차 곤란하게 하는 경우 생명권을 침해하였다고 할 수 있다.

② 자유권

'자유권'自由權, liberty right은 신앙·학문·사상·언론·집회·결사·직업선택과 거주이전의 자유 등 개인의 자유로운 영역에 대하여 국가권력의 간섭이나 침해를 받지 않을 권리이다.

이는 행복을 추구하는 인간의 본질적 권리로 삶의 질을 향유할 권리 등 육체적·정신적 자유를 포함하는 매우 넓은 개념이다.

자유권은 조세법과 조세행정에서도 많이 관계되며 그 침해도 적지 않게 이뤄질 수 있다. 예컨대 조세행정에서 납세자가 체납액이 있다하여 사업자등록을 거부하거나 관허사업을 제한하는 조세입법은 국민의 직업선택을 제약하거나 사생활권을 침해하는 경우에 해당한다고 할 수 있다.[152]

③ 재산권

'재산권'財産權, property right은 물권·채권·무체재산권 등 재산상의 이익을 보장받을 권리로 조세법을 입법하거나 조세행정을 집행할 때 법의 적정절차의 원리에 따라 가장 핵심적으로 보장되어야 하는 권리이다.

조세는 본질이 국민의 재산권을 보장한 「헌법」의 중대한 예외로서 강제성·일방성이라는 속성 때문에 재산권에 대한 침해적 성격이 매우 강하여 조세법률주의와 법의 적정절차 원리가 제대로 작동될 것을 특별히 요구받는다.

「헌법」도 국민의 자유와 권리는 공공복리를 위해 법률로 제한할 수 있도록 하면서 이 때에도 본질적인 내용은 침해할 수 없도록 하고 있다.[153] 특히 조세부과와 징수절차가 납세

---

152) 하지만 조세법이 직업선택의 자유를 침해한 것으로 보려면 광범위한 직업수행이나 직업선택이 객관적으로 불가능한 정도여야지 단순히 직업선택의 자유를 방해한 정도에 불과한 경우 공공복리를 위한 합목적적 고려에 의하여 정당화될 수 있다고 보기도 한다(김두형, "조세법의 해석론에 관한 연구", 박사학위논문, 경희대학교, 1996, p.45).

153) 원칙적으로 조세의 부과·징수는 국민의 납세의무에 기초하는 것으로서 재산권의 침해가 되지 않으나 그에 관한 법률조항이 조세법률주의에 위반되고 이로 인한 자의적인 과세처분권 행사에 의하여 납세의무자의 사유재산에 관한 이용·수익·처분권이 중대한 제한을 받게 되는 경우에는 예외적으로 재산권의 침해가 될 수 있다(헌법재판소 2001.12.20. 선고, 2001헌바25 결정).

자의 재산권이 비례의 원칙과 과잉금지의 원에 위배되어 본질적으로 침해된 경우에는 효력이 없다.

2) 세법상 고유한 권리로서 납세자권리

헌법은 모든 국민이 국가권력과 다른 사람으로부터 생명권·자유권·재산권을 보장받도록 명시하고 있어 세법 등 관련된 법률을 입법하는 데 있어 이러한 국민의 기본권을 침해하지 않도록 해야 한다.

헌법은 국가에게 국민의 재산권을 어느 정도 침해하여 재정을 충당하도록 용인하고 이를 위해 조세를 부과·징수할 수 있는 과세권을 국가에 부여하면서도 그 권한을 적정한 범위를 지켜 사용하도록 요구하고 있다.

하지만 이렇게 국가가 과세권을 행사하면서 적절한 한계를 스스로 지키는 것은 쉬운 일이 아니어서 조세절차에서 국민의 재산권을 부당하게 침해하는 것은 물론 국민의 기본권도 무시되는 일이 흔하게 발생하였다.

이에 조세절차에 있어서의 고유한 원리로 조세법의 기본원칙인 실질적 조세법률주의와 공권력 행사에 있어 일반원칙인 법의 적정절차의 원리를 바탕으로 실질적으로 납세자가 권리와 이익을 보장받도록 하는 고유한 납세자권리가 나타났다.

① 절세권

'절세권'節稅權, right to pay only the amount of tax legally due이란 납세자가 절세를 추구하여 정당하게 최소한으로 세금을 낼 권리를 말한다. 납세자는 탈세나 조세회피가 아닌 한 조세부담의 최소화하기 위하여 자신의 정당한 세무계획으로 조세를 감소시키는 것이 인정되며 이를 과세관청이 비난할 수 없다.

과세관청은 납세자에게 보장된 절세권에 따라 납세자가 세법상 각종 공제·감면을 적용하지 못한 경우 납세자의 요청이 없어도 당연히 이를 적용시켜줄 의무를 진다.

아울러 납세자가 최소의 경비로 납세의무를 이행할 수 있도록 가장 쉽고 간편한 세법체계와 행정절차를 두도록 해야 한다.

하지만 현재 우리나라 세법은 절세권을 납세자권리로 명시하고 있지 않으며, 「납세자권리헌장」 등 조세행정에서도 적극적으로 보장하고 있지 않다.

② 정당한 사유를 인정받을 권리

'정당한 사유를 인정받을 권리'正當事由 認定權, right to be recognized for justifiable cause는 납세자가 회피할 수 없는 부득이한 사유로 납세의무의 이행을 지체한 경우 이로 인한 가산세 부담이나 책임을 지지 않을 권리를 말한다.

납세자가 이행하여야 할 납세의무와 세법상 협력의무를 다하지 못한 데 대하여 '정당한 사유'가 있는 경우에는 이로 인하여 불이익을 받아서는 안 되며 과세관청은 그 정당성을 적극적으로 인정해야 한다.

이에 따라 부득이한 이유로 세법상 의무를 이행하지 못하거나 과세관청이 필요한 조치를 하지 않거나 지연한 경우 선의의 납세자는 가산세의 적용을 면제하거나 경감받을 수 있다.[154]

세법에서는 납세자에게 정당한 사유가 있는 경우에는 그 의무를 이행하지 못한 데 대한 조세의 부담을 면할 수 있도록 정하고 있더라도 그 '정당한 사유'를 구체적으로 제시하지 않아 인정받지 못하는 경우가 많다. 또한 조세행정에서 그 적용을 하지 않거나 매우 협소하게 인정하여 납세자가 그 권리를 제대로 보장받지 못하고 있다.

③ 납세자 방어권

'납세자 방어권'納稅者防禦權, right to defend이란 과세관청이 과세권을 행사할 때 납세자가 자신의 권리와 이익을 지킬 수 있도록 사전에 통지받을 권리right to notice와 위법하거나 부당한 처분을 받은 경우 공정한 청문의 기회opportunity of to be heard를 가질 권리를 말한다.

과세관청은 재정수요를 충당하기 위하여 공권력의 하나인 과세권을 행사하면서 납세자의 성실성을 검증하기 위하여 과세요건사실을 확인하는 세무조사와 강제적인 징수절차를 동원하게 된다.

이렇게 조세를 부과·징수하기 위한 여러 가지 조세절차는 다른 행정절차보다 납세자에게 많은 경제적 부담을 지우는 것은 물론 국민의 기본권과 생활의 안정을 해칠 가능성이 매우 높으므로, 이에 대항하여 납세자가 자신의 권리와 이익을 지킬 수 있도록 일정한 방어권이 인정된다.

이에 따라 과세권의 행사는 공평과 비례의 원칙에 따라 납세자의 사정과 능력을 제대로 고려하였는지, 법의 적정절차의 원리에 따라 공정한 청문절차는 충분히 보장하였는지에 대하여 심사받아야 한다.

납세자 방어권이 제대로 보장되기 위해서는 우선 세법에서 조세 법률관계의 당사자인 과세관청과 납세자의 지위가 상하관계가 아니라 형평한 관계로 설정되어야 한다. 과세관청에게 우월한 지위를 보장하고 납세자에게 일방적인 부담과 책임만 강조하는 제도적 틀에서는 근본적으로 납세자권리가 제대로 보장되기 어렵다.

---

154) 우리나라에서는 '절세권'과 '정당한 사유를 인정받을 권리'를 납세자권리로서 명시적으로 인정하지 않고 있지만 미국, 프랑스 등 선진국에서는 대부분 세법과 「납세자권리헌장」에 납세자권리의 하나로 명시하고 있다. 미국 납세자권리헌장은 정당한 세금 이상 부담하지 않을 권리, 즉 절세권을 규정하고 있으며, 정당한 사유와 관련해서는, 예컨대 담당공무원이 장기교육 등 과세관청의 귀책으로 지체되어 발생한 가산세는 경감받을 수 있다고 정하고 있다.

세법에서 납세자 방어권은 모든 조세절차에 폭넓게 인정되지 않고 세무조사 절차로서 사전통지와 결과통지, 그리고 과세전적부심사 제도로 수용되어 있다. 하지만 그마저도 기간, 대상과 절차가 형식적이고 많은 예외를 인정하고 있어 납세자방어권이 제대로 보장되지 못하고 있다.

④ 자기납세정보 접근권

'자기납세정보 접근권'自己納稅情報 接近權, right to access tax information of oneself은 납세자가 납세의무를 이행하면서 과세관청이 보유하고 있는 인적정보와 납세정보에 대하여 접근해 확인하고 수정받을 권리를 말한다.

납세자는 공공복리에 소요되는 재정을 충족하기 위하여 정부나 지방자치단체가 자신에게 직접적으로 출자하거나 이해관계가 없음에도 자신의 재산권을 희생하면서 헌법이 정한 납세의무를 이행한다.

이처럼 납세자는 많은 희생 속에서 공공재정을 분담하게 되므로 자신의 납세가 정당하고 공평한 분담기준과 절차에 의한 것이라는 사실을 검증할 수 있는 권리를 당연히 갖는다.

먼저, 납세자 자신의 납세정보는 언제든지, 어떤 것이든지 접근 가능하여야 한다. 납세자는 과세관청이 과세에 사용하였거나 사용하기 위하여 관리하고 있는 자기의 납세정보에 대하여 항상 접근이 허용되고 만약 잘못된 정보가 있으면 즉시 시정을 받을 수 있어야 한다.

아울러 과세관청은 개별 납세자의 납세정보에 대하여 비밀을 유지하고 타인에게 공개되지 않도록 관리할 책임이 있다.

한편, 납세자는 과세관청이 세법과 조세행정을 효율적이고 공정하게 집행하고 다른 납세자들이 성실하게 납세를 이행하고 있는 지를 비교할 수 있도록 공적 납세자료를 공개하거나 제공하도록 요구할 권리가 있다. 이에 따라 과세관청은 모든 과세권의 행사에 관한 사항을 통계적으로 분석하여 납세자에게 제공하거나 공개할 의무를 가진다.

일반적인 행정정보의 공개는 국민의 알권리 충족을 위하여 다른 법률에서도 허용되지만 특히 납세정보의 제공과 공개의 수준은 납세자가 자신의 조세부담 수준과 과세권 행사의 공평성을 평가할 정도가 되어야 한다.

3) 「납세자권리헌장」의 납세자권리

「납세자권리헌장」은 국민이 납세자로서 가지는 권리를 보호하기 위하여 국가나 지방자치단체 등이 그 권리의 개괄적인 내용을 선언한 문서이다.

국세의 경우 「국세기본법」[§81의2①]에 따라 납세자가 납세의무를 이행하는 데 있어서 가지는 납세자권리를 담아[155] 국세청장이 제정하고, 지방세에서는 「지방세기본법」[§76①]

과 조례에 따라 지방자치단체장이 정한다.

납세자는 과세관청으로부터 세무조사를 받을 때 「납세자권리헌장」이 담긴 문서를 교부받아 세법으로 보장되는 자신의 권리를 알고 행사할 수 있게 된다.

이 헌장에서는 국민이 납세의무를 성실하게 이행할 수 있도록 과세관청은 필요한 정보와 편익을 최대한 제공하여야 하고 납세자권리가 보호되고 실현될 수 있도록 최선을 다할 의무가 있다고 선언하고 있다.

국세청장이 제정한 「납세자권리헌장」의 경우 「국세기본법」의 '납세자권리'의 장에서 정한 내용을 중심으로 다음과 같은 납세자권리를 기술하고 있다.

① 납세자권리를 보호받을 권리

납세자의 권리는 헌법과 법률에 따라 존중되고 보장된다.

② 납세자의 성실성·세무자료의 진실성을 추정받을 권리

납세자는 기장·신고 등 협력의무를 이행하지 않았거나 구체적인 조세탈루 혐의가 없는 한 성실하다고 추정되고 법령에 의해서만 세무조사 대상으로 선정된다.

③ 세무조사의 사전·결과통지와 연기신청·결과통지를 받을 권리

납세자는 증거인멸의 우려 등이 없는 한 세무조사 기간과 사유를 사전에 통지받으며, 사업의 어려움으로 불가피한 때에는 조사의 연기를 요구하여 그 결과를 통지받을 권리가 있다.

④ 세무조사에서 전문가의 도움을 받을 권리와 재조사를 받지 않을 권리

납세자는 세무대리인의 조력을 받을 수 있고 명백한 조세탈루혐의 등이 없는 한 중복조사를 받지 아니하며, 장부·서류는 탈루혐의가 있는 경우로서 납세자의 동의가 있어야 세무관서에 일시 보관될 수 있다.

⑤ 세무조사 기간 연장 시 문서로 통지받을 권리

납세자는 공정한 과세에 필요한 최소한의 기간과 범위에서 조사받을 권리가 있고, 세무조사 기간이 연장·중지되거나 조사범위가 확대될 때, 그리고 조사가 끝났을 때 그 사유와 결과를 서면으로 통지받을 권리가 있다.

---

155) 「국세기본법」은 세법에서 정하고 있는 납세자권리에 관한 사항을 모두 「납세자권리헌장」에 담도록 하고 있지만 세법에서 정한 납세자권리조차 제대로 수록되지 못하고 있다. 「납세자권리헌장」은 2007년과 2017년 두차례 개정이 있었지만 「국세기본법」이 규정한 세무조사에 있어서 납세자권리 조항을 그대로 담는 수준이지 절세권, 사생활보호권 등 납세자의 기본권을 선언하는 수준에는 이르지 못하고 있다.

⑥ 권익 침해시 공정한 청문과 정당한 권익을 보호받을 권리

납세자는 위법·부당한 처분이나 절차로 권익을 침해당하거나 침해당할 우려가 있을 때 그 처분의 적법성에 대하여 불복을 제기하여 구제받을 수 있으며, 납세자보호담당관과 보호위원회를 통하여 정당한 권익을 보호받을 수 있다.

⑦ 자기 납세정보의 비밀을 보호받고, 권리행사에 필요한 정보를 제공받을 권리

납세자는 자신의 과세정보에 대해 비밀을 보호받고, 권리행사에 필요한 정보를 신속하게 제공받을 수 있다.

⑧ 공정한 대우를 받을 권리

납세자는 납세의무를 이행하는 과정에서 세무공무원으로부터 언제나 공정한 대우를 받을 권리가 있다.

이와 같이 세법과 「납세자권리헌장」에서 정하고 있는 납세자의 권리나 과세관청의 의무는 대부분 세무조사 절차와 관련된 것이다.

하지만 「납세자권리헌장」은 그 대상과 보호 절차에 있어 세무조사에 국한되거나 「국세기본법」에서 강행규정으로 둔 내용을 그대로 되풀이하는 정도에 그쳐서는 안되고 절세권·사생활보호권 등 헌법의 기본권과 세법에서 정한 기본원리에서 비롯된 광범위한 납세자권리까지 포괄하여 선언되어야 한다.

아울러 「납세자권리헌장」에 그치지 않고 납세자가 제대로 인식하지 못하고 놓치기 쉬운 권리를 중심으로 '납세자권리를 위한 실무적용기준(매뉴얼)'을 따로 두어 납세자와 조사공무원이 활용할 수 있게 하는 것이 필요하다.[156]

(3) 납세자권리의 제한

조세법률주의가 태동하여 강력한 정부의 과세권 행사로부터 국민의 재산권을 보호하기 위한 노력은 계속되었지만, 갈수록 국가재정이 팽창되면서 나라마다 과세권 행사를 통한 조세수입의 확충이 지상과제였기 때문에 세원의 노출이 미약했던 시기에는 납세자권리에 대한 목소리가 높지 않았다.

이 때에 납세자들은 허술한 과세체계와 자의적인 조세행정에 기대어 탈세효익에 젖어 낮은 납세의식과 납세수준을 유지하였으므로 납세자권리를 주장할 필요가 없었다.

하지만 현대국가는 사회복지 등으로 그 기능이 크게 확대되어 더 많은 재정수입이 필요

---

156) 미국의 경우 「납세자권리헌장Taxpayer bill of right」외에 각 납세자권리에 관한 세부적인 내용을 담아 해설서 publication인 「납세자로서 당신의 권리Your right as a taxpayer」와 세무조사절차에 관한 각종 안내책자guide book를 두고 세무조사, 불복, 부과와 환급 등 과정에 있어서 납세자권리의 구체적인 실행방법을 담고 있다.

하게 되고 정보통신 기술의 발달로 세원이 손쉽게 포착할 수 있게 되면서 과세권을 강력하게 행사하게 되었고 당연히 과세관청과 납세자의 마찰이 빈번해졌다.

납세자들은 높은 수준의 납세의무와 조세부담에 걸맞는 정당하고 공정한 대우를 요구하게 되었고 이를 의식하여 국민의 대의기관인 국회와 과세권을 행사하는 정부는 무분별한 과세권의 행사를 통제하고 보다 민주적인 조세절차를 만들기 위해 노력하고 있다.

납세자권리는 처음에는 납세자가 최소화된 조세를 부담하도록 재산권을 보호하기 위해 시작되었지만 오늘날에는 공공재정의 조달자로서 납세자에 대한 정당한 예우와 기본권의 보장을 더욱 중요하게 다루고 있다.

일반적으로 세법 체계에 납세자권리가 반영되고 보호되는 단계를 보면, 처음에 세법을 통해 납세자권리의 존재를 인정하는 단계에서 출발하여 과세권이 적법하게 행사되도록 남용을 규제하는 단계에 이른 후 최종적으로 남용되는 납세자권리를 규제하고 과세권과 균형을 이루는 단계로 나아가게 된다.[157]

과세권의 남용을 통제하기 위해 납세자권리가 시작되었듯이 납세자권리 또한 충분히 보장되는 상황에서 그 행사가 남용된다면 여기에도 일정한 제한을 둘 필요성이 대두될 수 있다.

이런 경우 가능하면 성실한 납세자에게는 납세자권리를 더욱 충실히 보장될 수 있도록 하면서도 불성실한 납세자나 납세자권리를 남용하는 납세자에 대하여는 그 권리를 일정부분 제한하는 방안을 강구해야 한다.

한편 현행 세법과 조세행정은 세무조사 절차에 있어서 납세자권리를 보장하면서도 과세권이 제약되는 것을 막고 납세자권리가 남용되지 않도록 많은 예외와 위임을 인정하고 있다.

이처럼 불성실한 납세자를 단속하기 위하여 납세자권리에 많은 예외와 위임사항을 두고 이를 남용하는 경우 납세자권리는 심각하게 침해되고 성실한 납세자마저 보호받기 어렵게 될 수 있다.

② 납세자권리와 과세권

조세는 국가·지방자치단체 등 공권력체公權力體가 재정수요를 충족하기 위하여 국민경제의 내부에서 생산된 부의 일부를 국가·지방자치단체로 이전시키는 수단이 된다.[158]

---

157) 안창남, 『프랑스 조세절차법 연구』, 한국세무사회 한국조세연구소, 2001, pp.20~21; 연구에서는 우리나라의 납세자권리 보장수준은 이 중 첫 단계에 속한다고 하였다. 최근 세법에 납세자권리가 확충된 수준을 고려하고 조세행정상 납세자권리 보장을 위한 외형이 많이 갖춰진 것을 고려하면 가운데 단계로 이전되는 과정에 있다고 볼 수 있다.

이 때 국가·지방자치단체가 헌법과 법률에 따라 조세를 납세자로부터 정당하게 징수할 수 있는 권능을 '과세권課稅權'이라 한다.

넓은 의미의 과세권은 단순히 조세를 부과하는 것뿐만 아니라 과세관청이 조사·징수·체납처분 등 조세채권을 확보하기 위한 일련의 사전적·사후적 행정활동을 포함한다.

역사적으로 전제국가 시대에서는 권력자가 자의적으로 국민으로부터 조세를 징수할 때에는 과세권을 당연히 권력자에게 포괄적으로 부여되는 것이라는 생각을 하였지만, 현대에 와서 과세권은 국민의 재산권을 보장하기 위하여 반드시 국민의 대의기관을 통하여 만들어진 법률에 의하여만 형성되는 것으로 인식이 바뀌었다.[159]

이에 따라 과세권의 행사는 오로지 조세법에 따라서만 이뤄지게 되며 여기에는 조세채권을 발생시키는 「소득세법」, 「법인세법」과 같은 조세실체법 뿐만 아니라 발생된 조세채권을 구체적으로 실현하는 절차와 형식을 정한 조세절차법도 포함된다.

조세절차법은 과세권의 행사와 납세의무의 구체적인 실현을 위한 절차를 규정한 법률로서 실제로 '조세절차법'이라는 명칭의 법률은 없고 「국세기본법」, 「국세징수법」, 「지방세기본법」, 「지방세징수법」, 「조세범처벌법」, 「조세범처벌절차법」과 각 실체법에서 두고있는 납세절차에 관한 규정 등 다양한 법률형식으로 존재한다.

세법은 대부분 재정수요의 충족을 당면과제로 두고 있는 정부 등 과세권자에 의하여 발의된다. 이 때문에 국민이 부담할 조세의 크기를 정하는 실체법인 세법에서 적정한 한계를 넘어 과세권자의 과세권을 보다 공고히 하는 방향으로 국고주의적으로 입법되고 있다.

부과·징수 등의 조세절차를 정한 조세절차법에서도 마찬가지다. 국민의 기본권을 보장하고 평등한 조세 법률관계를 형성하기보다는 부과권의 행사기간, 가산세 등 과세관청이 우월한 지위에서 국고우선주의와 징세편의만을 위해 만드는 조세절차가 대부분을 차지하게 되었다.

하지만 본원적으로 국민이 합의하여 국가나 지방자치단체에게 과세권을 부여하였음에도 과세권을 부여받은 과세권자가 위임받은 과세권을 행사하면서 오히려 국민의 기본권을 침해하는 것은 있을 수 없는 일이다.

왜냐하면 국민들이 공공재정을 조세로서 조달할 수 있도록 자신의 재산권을 희생하도록 허용한 것은 인격을 갖춘 정부가 과세권 행사를 하는 데 있어서 적정한 한계를 지킬 것을 전제한 것이기 때문이다.

---

158) 최명근, 『세법학총론』, 세경사, 2007, p.29.
159) 김종률, "헌법상 납세자기본권의 절차적 보장에 관한 연구", 『변호사』 제28집, 1998, pp.72~73. ; 헌법에서 정하고 있는 납세의무도 국가공동체를 형성하고 유지하기 위한 국민의 실정법상의 의무에 불과하다고 본다.

(1) 납세자권리와 과세권의 관계

인간은 자신의 생존을 공고히 보장하기 위해서 국가를 만들었고 구성원들이 인간의 존엄과 가치를 지키기 위해 조세를 통해 국가의 유지비용을 분담한다.[160]

이때 조세의 납부는 국민이 피동적으로 부담을 지는 명령된 의무가 아니라 자신이 형성한 국가의 재정활동에 능동적으로 참여하는 기본권 행사의 하나라고 할 것이다.

하지만 과세관청은 본질적으로 침해적 속성이 큰 과세권을 행사하면서 납세자에게 보장받아야 하는 납세자권리와 조화를 이루지 못하고 자주 충돌하게 된다. 특히 재산권은 그 침해도가 매우 커서 과세관청의 과세권 행사와 납세자의 재산권 보장은 상충관계에 놓이게 된다.

과세관청이 조세제도와 세무행정을 국민이 동의한 대로 운용하더라도 재산권의 침해는 피할 수 없지만 과세 · 징세시스템의 효율만을 강조하고 과세권을 통제할 장치가 충분하지 못한 경우 납세자권리의 침해수준은 더욱 높아지고 납세자의 납세인식도 부정적이게 된다.

본질적으로 과세권과 납세자권리는 각각 과세권자와 납세자에게 일방적으로 부여된 것이 아니라 조건이나 의무가 부여된 권리로 보아야 한다. 과세권자는 권리로서 과세권을 부여받은 대신 납세자권리의 보장을 승인하고, 납세자는 납세자권리를 주장할 수 있는 대신 의무로서 성실한 납세를 받아들인 것이다.

납세자권리는 과세관청의 과세권 · 납세자의 납세의무와 서로 상충관계trade-off에 있다고 볼 수 있으며, 이를 표로 나타내면 다음과 같다.

| 납세자권리와 과세권 · 납세의무의 상충관계 |

조세 법률관계자	권리	의무
과세권자	과세권	납세자권리
납세자	납세자권리	납세의무

이처럼 납세자권리는 납세자에게 국민적 동의에 따른 납세의무를 이행하는 재정분담자로서 가지는 권리인 동시에 과세권자에게는 국민으로부터 부여받은 과세권을 행사하는 행정집행자로서 지켜야할 의무가 된다.

(2) 과세권과 납세자권리의 형평성

납세자가 납세의무를 이행하면서 권리를 보호받을 수 있는 적정한 조세절차는 조세법에 상세하고도 실효성 있게 규정되어야 제도적인 보장이 가능하다.

---

160) 최명근, 『납세자의 권익보장 제고에 관한 연구』, 한국조세연구소, 1996, p.13.

법률상 제도적 장치가 없는 납세자권리를 조세행정에서 보호받기도 어렵지만 제도가 마련되어 있다 해도 지키지 않았을 때의 제재와 같이 실효성을 담보할 수 있는 장치가 없다면 납세자권리가 제대로 보장될 수 없기 때문이다.

이러한 면에서 우리나라의 납세자권리의 보장 수준은 아직도 초보적인 단계에 불과하다 할 것이다.

1996년 이후 「국세기본법」을 중심으로 세무조사 절차와 관련한 납세자권리에 관한 내용은 크게 확충되었지만, 과세관청에게 적정한 절차의 이행을 명확히 강제하고 납세자가 조세절차에서 확실히 자신의 권리를 주장할 수 있는 실효성있는 제도적 장치는 아직도 갖춰지지 못하고 있다.

이는 세법이 과세권자에게만 우월한 지위를 부여하고 납세자를 과세권 행사의 대상으로만 인식하는 데서 비롯된 것이다.

조세 법률관계를 규율하는 세법에서 과세관청과 납세자 간의 형평성 차원에서 볼 때 차별적인 규정은 다음과 같은 것이 대표적이다.

1) 과세권과 결정·경정청구권

과세관청은 납세자의 과세요건사실을 발견하면 부과권의 행사기간(부과의 제척기간)에는 언제든지 결정·경정할 수 있다.

하지만 납세자는 자신이 착오로 과세표준신고를 잘못하거나 과세관청이 잘못된 결정을 한 경우 최대한으로 법정 신고기한이 지난 후 5년 이내에만 결정·경정청구를 통해 적정한 조세액으로 수정할 수 있을 뿐이다.

즉, 법정신고기한까지 신고를 한 납세자가 신고한 과세표준과 세액이 세법에 따라 납부하여야 할 납부세액을 초과하거나 환급받아야 할 환급세액에 미달하는 경우에는 법정 신고기한이 지난 후 5년 이내에 결정·경정청구할 수 있다.

또 신고 당시에는 정당하였으나 판결에 의하여 과세표준과 세액의 계산의 근거가 되는 거래·행위 등이 다른 것으로 확정된 경우, 과세관청의 결정·경정으로 인하여 소득 등 과세대상의 귀속이 제3자에게 변경되었거나 다른 과세기간의 과세표준이 과다하게 된 경우 후발적 사유가 발생하면 그 사유가 발생한 것을 안 날부터 90일 이내에 결정·경정청구할 수 있다.

제도 구분 (적용시기)		감액수정신고	결정 · 경정청구			
			신설 (1994.12.22.)	1차 개정 (2001년 이후)	2차 개정 (2005.7.13. 이후)	3차 개정 (2015년 이후)
적용대상		94.12.31. 이전 과세기간분	95.1.1. 이후 과세기간분	2000.12.29. 속하는 과세기간분	2005.7.13 이후 결정 · 경정 청구분	2015년 이후 결정 · 경정 청구분
기 간	원칙적	6월, 3월, 1월	1년	2년	3년	5년
	후발적	–	사유발생일부 터 2월	사유가 발생한 것을 안 날부터 2월		사유 안 날부터 90일내
확정력		없음 (경정필요)	없음	없음		없음

부과권의 행사기간(부과의 제척기간)에는 언제든지 결정 · 경정을 할 수 있도록 과세관청이 갖는 권리인 과세권과 마찬가지로 납세자에게 결정 · 경정청구권은 납세자의 권리보호 뿐만 아니라 담세력에 맞는 적정한 납세를 위해서도 매우 필수적이고도 중요한 것이다.

오늘날 대부분의 조세가 신고납세제도로 운영되고 있어 과세관청이 아닌 납세자가 과세표준을 인식하고 세액을 산정하여 신고할 의무를 지고 있지만, 조세에 관한 전문지식이 없는 납세자가 법정신고기한까지 정확하게 과세표준과 세액을 인식 · 산정하고 신고서를 작성하는 등 신고 · 납부의무를 이행하는 것은 쉽지 않은 일이다.

이런 환경에서 납세자는 무지나 착오로 과다 · 과소 신고를 하는 경우가 빈번하게 발생하게 되고 스스로 발견하는 것도 어렵다.

그럼에도 납세자의 과소 신고에 대하여는 부과권의 행사기간에 과세관청 자신이 직접 경정결정도 할 수 있고 납세자 스스로도 언제든지 수정신고를 할 수 있게 하면서도 과다하게 신고 납부한 것은 부과권의 행사기간보다 짧은 기간 내에 결정 · 경정청구하지 않으면 설사 정확하고 정당한 조세부담액일 지라도 수정할 수 없도록 제한하고 있는 것이다.

신고납세제도에서 감액 수정신고제도인 결정 · 경정청구를 통해 정확하게 납세의무를 확정하는 것은 일반적으로 납세자권리의 핵심적 장치로 여겨지는 과세관청의 부과결정에 대한 불복청구권과 비교해도 그 중요성이 떨어지지 않는다.

하지만 세법은 확정력 있는 감액수정신고를 인정하지 않고 과세관청에게 결정 · 경정을 청구하는 제도를 두면서 그 청구기간조차 비교적 단기간으로 제한하고 있다.

즉 조세 부과권의 행사기간은 선진 외국보다도 훨씬 긴 5년에서 15년까지로 정하고 특정한 상속세 · 증여세의 경우 사실상 무한정 부과결정이 가능하도록 하고 있는 데 반해 결정 · 경정청구 기간은 오히려 짧다.

이는 조세행정을 원활하게 운영하고 조세 법률관계를 조속히 안정시킨다는 명분을 두고 있지만, 조세를 부과하는 때에는 조세 법률관계를 불안정한 상태로 두어도 되고 환급할 때 는 조속하게 안정시켜야 한다는 주장은 지나친 것이다.

부과권의 행사기간을 지속적으로 장기간 확대하고 있거나 납부할 세액이 있다면 언제든 지 수정신고할 수 있도록 하고 있는 것과 비교하면, 결정·경정청구권을 아무리 길게 하더 라도 과세권자가 결정·경정을 하는 데 제약요인이 거의 없으므로 오로지 국고주의적 규정 이라고 밖에 볼 수 없다.

| 결정·경정청구권과 부과권의 행사기간 제도의 연혁 |

결정·경정청구권		부과권	
적용 시기	통상적 청구기간	적용 시기	통상적 행사기간(제척기간)
2015.1.1.~ 현재	5년	1996.1.1.~	5년 (무신고 7년, 부정행위 10~15년)
2005.7.13.~2014.12.31.	3년		
2000.1.1.~2005.7.12.	2년		
1996.1.1.~1999.12.31.	1년		

* 결정·경정청구 기간은 후발적 결정·경정청구 제외

결국 결정·경정청구 기간의 제한으로 납세자는 자신의 담세력에 맞게 정당한 과세액으 로 수정하지도, 과도하게 낸 세금을 환급받지도 못하게 되어 조세를 불공평하게 부담할 수 밖에 없게 된다.

그러므로 신고납세제도의 취지에 따라 확정력 있는 '감액수정신고'로 전환하고 결정·경 정청구 기간은 부과권의 행사기간과 가급적 더 일치시키는 것이 좋다.

2) 환급가산금과 가산세의 이자율

납세자와 과세관청이 그 의무를 게을리하여 의무기간이 지나 뒤늦게 납세의무를 이행하 거나 조세를 환급하는 경우에는 그 의무를 불이행한 기간에 대한 이자를 더하여 지급하여 야 한다.

즉 납세자는 '납부지연가산세'로서 조세를 납부하지 않은 기간에 대한 이자를, 과세관청 은 환급금에 더하여 '환급가산금'을 지급하면서 과·오납한 기간에 대한 이자를 부담한다.

이처럼 환급가산금과 납부지연가산세는 서로 성질이 유사하지만 각각에 적용되는 이자 율은 큰 차이가 있다.

	환급가산금		납부지연가산세	
	적용 시기	이 자 율	적용 시기	이 자 율
이 자 율	2020.3.13.~현재	연 1.80%	2019.2.19.~현재	연 9.125% (1일 25/10만)
	2019.3.20.~2020.3.12.	연 2.10%[161]		
	2018.3.19.~2019.3.19.	연 1.80%		
	2017.3.15.~2018.3.18.	연 1.60%		
	2016.3.7.~2017.3.14.	연 1.80%		
	2015.3.6.~2016.3.6.	연 2.50%		
	2014.3.14.~2015.3.5.	연 2.90%		
	2013.2.23.~2014.3.13.	연 3.40%		
	2012.3.1.~2013.2.22.	연 4.00%		
	2011.4.11.~2012.2.29.	연 3.70%		
	2010.4.1.~2011.4.10.	연 4.30%		
	2009.5.1.~2010.3.31.	연 3.40%		
	2007.10.15.~2009.4.30.	연 5.00%		
	2006.5.1.~2007.10.14.	연 4.20%		
	2004.10.15.~2006.4.30.	연 3.65%		
	2003.4.2.~2004.10.14.	연 4.38%	2003.1.1.~2019.2.18.	연 10.95% (1일 30/10만)
	2002.4.6.~2003.4.1.	연 4.75%		
	2001.4.1.~2002.4.5.	연 5.84%		
	2000.1.1.~2001.3.31.	연 10.95%	1999.1.1.~2002.12.31.	연 18.25%
근거	「국세기본법 시행규칙」[§19의3]		「국세기본법 시행령」[§27의4]	
산정 기준	금융회사 등의 예금이자율 등을 고려하여 대통령령으로 정하는 이자율[국기법 §52]		금융회사 등이 연체대출금에 대하여 적용하는 이자율 등을 고려하여 대통령령으로 정하는 이자율[국기법 §47의4]	

납부지연가산세가 조세미납租稅未納이라는 의무불이행에 대한 징벌적 성격을 가지고 있어 환급가산금과 그 성질이 다른 것으로 보는 견해도 있다.

하지만 환급가산금의 경우도 납세자가 과세표준신고에서 세법에 따라 낸 예납세액을 환급하거나 결정·경정청구에 의한 환급결정의 경우에는 대부분 적용되지 아니하고 과세관청의 과다부과·과소환급 등 잘못된 과세권의 행사에 대하여만 제한적으로 적용되므로 이

---

161) 2020년 2월부터 국세와 지방세 조세불복 인용확정일부터 40일 이후 국세와 지방세의 환급금 지급시 환급가산금 이자율의 1.5배를 적용하여 지급한다.

자율을 차별하여 달리 적용할 이유가 없다.[162]

더구나 이는 환급가산금과 납부지연가산세의 존재형식을 보면, 그 인식과 취급이 얼마나 차별적이고 징세편의적인지 잘 알 수 있다. 납부지연가산세는 그 이율을 법률과 시행령의 위임으로 시행규칙에서 정하다가 2007년 시행령에서 상향한데 반해, 환급가산금은 개정이 좀더 쉽도록 법률·시행령·시행규칙의 위임으로 '국세청장 고시'로 정하다가 2009년 '기획재정부장관 고시'로 변경하였고 2012년에야 입법형식으로 상향하여 시행규칙에서 정하고 있다.[163]

| 환급가산금과 납부지연가산세 이자의 법적 형식 |

법적형식	환급가산금	납부지연가산세
시행령 위임	국세기본법[§52]	국세기본법[§47의4①(1)(2)]
시행규칙 위임	국세기본법 시행령[§43의3②]	국세기본법 시행령[§27의4]
구체적 내용 규정	국세기본법 시행규칙[§19의3]	-

그러므로 납세자와 과세관청이 각각 그 의무를 게을리 하여 적용하는 납부지연가산세와 환급가산금의 이자율은 같은 형식과 이자율로 정해야 하고 달리 차별할 이유를 찾기 힘들다.

한편, 과세관청의 부과결정에 있어서 납세자의 정당한 사유를 폭넓게 인정하여 가산세를 감면하는 제도적 장치가 마련되면, 환급가산금도 그 적용을 배제하는 과세관청의 정당한 사유를 둘 수 있을 것이다.

이외에도 과세권자의 우월한 지위를 남용한 차별적인 조세제도는 조세법령에서 매우 많다. 이는 과세관청에게 강력한 징세정책으로 당장 효과가 있어 보이지만 장기적으로는 국민의 납세의식에 부정적인 영향을 미치고 조세저항을 유발하므로 과세권자와 납세자를 형평한 조세관계로 설정하는 것이 필요하다.

과세관청이 과세권을 행사할 때에는 필연적인 이해관계자인 납세자에 대한 권리침해의 수준은 어떠한 지, 조세절차에 있어 권리보호수단은 무엇인지 등 철저한 검증을 가능하게 하는 제도적 장치를 갖추고 과세권과 납세자권리가 균형을 이루는 선진화된 조세제도가 되

---

162) 환급금의 성질은 일종의 부당이득이고 환급금에 부담금의 납부일부터 실제 지급일까지의 기간 동안의 소정의 비율을 곱하여 산정되는 환급가산금은 부당이득에 대한 이자라고 할 것이므로, 환급가산금은 환급금과 별개의 독립한 것이 아니라 환급금 채권·채무에 대한 법정이자의 성격을 가지고 있다(대법원 2004.12.24. 선고, 2002다8858 판결).

163) 납부지연가산세(구. 납부불성실가산세)의 이율은 법률과 시행령의 위임으로 줄곧 시행규칙에서 정하다가 시행령으로 상향한데 반해, 환급가산금은 법률, 시행령, 시행규칙의 위임으로 '국세청장 고시'로 정하다가 2009.4.16. '기획재정부장관 고시'로 상향하였고, 다시 2012.2.2. '기획재정부령'으로 상향조정하였다.

도록 하는 노력이 필요하다.

(3) 납세자권리와 납세성실도의 관계

과세관청이 헌법과 세법에 따라 부여받은 과세권은 본질적으로 납세자의 재산권을 침해하는 성질을 가지고 있고 그 한계도 분명하지 않아 납세자가 가지는 납세자권리에 비해 상대적으로 남용될 소지가 크다.

그렇다고 사사건건 과세권을 제약하는 것도 바람직하지 않으므로 과세권 행사의 합리적인 원칙과 절차를 두고 남용되지 않도록 통제하는 것이 납세자권리를 보장하는 데 있어 출발점이 될 것이다.[164]

그렇다면 납세자권리는 납세의무를 성실하게 이행한 사람만 보호받을 수 있는 것인가?

납세자권리는 조세법률주의와 법의 적정절차의 원리에 의해 납세자 국민에게 당연히 부여되는 기본적 권리이므로 과세관청이 지켜야 할 납세자권리의 보호 의무는 납세자가 납세의무를 성실하게 지켰는지를 놓고 판단하는 것은 아니다. 만약 납세의무의 성실한 이행을 전제로 납세자권리를 보장하도록 한다면 과세권자는 납세자의 불성실성을 이유로 납세자권리를 침해할 수 있게 되어 납세자권리 보장에 큰 허점이 생기게 된다.

조세탈루 혐의가 있다고 명백히 인정되는 납세자는 물론 탈세범으로 확정된 납세자라 하더라도 보호되어야 할 정당한 납세자권리가 있다. 납세자권리의 보장은 단순히 과세권자가 국민에게 베푸는 시혜施惠가 아니라 국민이 당연히 누려야 하는 기본권의 재확인에 불과하기 때문이다.

하지만 납세자가 납세의무를 게을리 하는 등 세법이 정한 일정한 경우에는 조세절차와 관련된 납세자권리는 일부 제약될 수 있다. 이 경우에도 납세자의 기본권과 같은 본질적인 납세자권리를 침해할 수 있는 것은 아니다.

❸ 신고납세제도와 납세자권리

(1) 신고납세제도

납세자의 조세채무는 법률이 정한 과세요건의 충족에 따라 납세의무가 성립한 것을 과세표준과 세액을 계산하는 방법으로 조세 법률관계의 당사자 중 한 쪽이 확인하는 절차를 통

---

164) 「국세기본법」 제18조와 「지방세기본법」 제20조에서, 세법을 해석・적용할 때에는 과세의 형평과 해당 조항의 합목적성에 비추어 납세자의 재산권이 부당하게 침해되지 않도록 세법과 조세행정에 있어서 재산권 침해의 한계를 정하고 있다.

해 확정된다.

즉, 정부·지방자치단체 등 과세권자가 확정하는 '부과과세제도'(정부부과제도)와 납세자가 확정하는 '신고납세제도'(자기부과제도)로 나뉘는데 우리나라는 일부 세목을 제외하고는 대부분 납세자의 자진신고에 의하여 확정하는 신고납세제도를 채택하고 있다.

부과과세제도에서 납세를 위한 신고행위는 과세표준을 확정시키는 효과는 없고 단지 과세관청이 부과처분을 하는데 필요한 참고자료를 제출하는 협력의무를 이행하는 것인데 비해, 신고납세제도에서의 신고행위는 납세자와 과세관청 간의 구체적인 조세 법률관계가 발생하여 신고내용의 적정성 여부를 떠나 추후 과세관청의 결정·경정이 있더라도 일단 납세자의 조세채무가 확정되는 효력을 가진다.

신고납세제도는 납세자의 자발적인 신고를 통해 조세액을 확정하게 되므로 보다 선진적인 조세제도로 각광받고 있으며 갈수록 확대되고 있다.

그런데 납세자 입장에서 볼 때 신고납세제도에서 납세의무를 이행하는 납세자가 과연 부과과세제도를 적용받는 것보다 더 바람직한 납세제도일까?

신고납세제도에서 납세자는 자신이 직접 조세부담을 결정하는 대신 각종 협력의무와 가산세, 조세범처벌 등 상당한 의무와 책임을 부여받게 되어 부과과세제도에서보다 상대적으로 책임성이 강하고 경제적·시간적 부담도 커진다.

이 때문에 납세자는 세액을 과소 납부하는 경우 가산세 등 많은 징벌적 부담을 지는 것은 물론 법률에 의하여 부담하여야할 금액을 초과하여 과다 납부해도 납세자가 결정·경정청구를 하지 않는 한 과세관청은 감액경정 의무를 지지 않는다.[165]

납세자는 자신의 조세액 산정에 필요한 조세법과 제도에 관한 지식과 정보력이 부족할 수밖에 없는데도 전문성과 과세정보를 가지고 과세권을 직접 행사하는 과세관청과 같이 복잡한 조세액 산정의 부담을 지는 것이다.

이처럼 신고납세제도는 납세자에게 많은 납세협력의무를 부담할 것을 전제로 하고 고도의 전문적 지식까지 요구하고 있다.

만약 신고·납세에 필요한 정보를 충분히 제공받거나 간편한 세액계산 절차를 마련하지 않으면 납세자는 성실한 납세의무이행을 위한 경제적 부담과 사회적 비난을 질 수 밖에 없어 신고납세제도에서 납세자권리 보호는 심각한 구조적 허점을 드러낸다.

---

165) 조세의 실체적 진실발견 추구의 이념에 비춰 그 내용에 있어 중대한 착오가 있고 그 착오가 객관적으로 명백하여, 조세법이 정한 수정신고 이외의 방법으로 이를 시정하지 않는 경우 납세자에게 심히 불이익한 결과를 초래할 때는 예외적으로 취소, 즉 정정통지를 인정하여 시정하여야 한다(김두천, 『세법학』, 박영사, 1994, p.479.).

(2) 수정신고와 결정·경정

신고납세제도에서 법률이 정한 기간에 신고확정한 후 수정신고·결정·경정청구와 결정·경정을 통하여 세액의 증감이 있는 경우에 후발적 확정절차는 당초 확정분에 대한 세법상 권리·의무관계에 대한 영향이 전혀 없이 증감부분에 한해 각각 독립적으로 확정의 효력을 가진다.[166]

즉, 수정신고를 하는 경우 당초신고는 부과권의 행사기간을 산정할 때 수정신고분과 구분하여 별도로 판단하며 과세관청이 결정·경정하는 경우 정당한 신고확정 분에 대하여는 취소되지 않고 잔여부분만 증감 결정·경정하게 된다.

또 신고납세제도에서 기한 후 신고는 납부세액이 있으면 납부하여야 효력이 인정되고 기한 후 신고의 확정력이 없어 과세관청이 과세표준과 세액을 결정하는 절차를 밟아야 한다.[167]

그러므로 기한 후 신고에 대하여도 납세의무의 확정력을 인정하고 납부세액을 납부하지 않아도 기한 후 신고의 효력을 제한하여서는 안 된다. 이런 경우 법률이 정한 기한까지 신고하지 않은 데 대하여는 가산세 등 의무불이행에 대한 부담을 지우면 되기 때문이다.

④ 납세자방어권

최근 「국세기본법」과 「지방세기본법」 등 세법에서 조세절차상 납세자권리에 관한 대강의 내용이 입법화되면서 납세자권리 보호에 있어서 외형상 괄목할 만한 진전이 있었다.

하지만 그 수준은 과세관청이 적정한 조세절차와 납세자권리 보호를 실질적으로 담보하고 납세자가 조세행정상 납세자권리를 기꺼이 주장할 수 있는 실효적인 장치까지는 이르지 못하고 있다.

이 때문에 과세관청에게 납세자권리는 과세권 행사에 있어 우선적으로 고려해야 하는 요소가 아니라 권한 행사에 제약이 되지 않는 범위에서 시혜적인 수준에 그치고 있다.

---

166) 종전에는 명문규정없이 판례에서 감액경정의 경우 분리설(단계설)을, 증액경정의 경우 흡수설을 취해 납세자에게 유리하게 해석하였으나 2002년 경정 등의 효력규정[국기법 §22의2]이 제정되어 모두 분리설로 통일되었다.

167) 기한 후 신고라고 할 지라도 신고납세 제도 하에서는 확정력을 인정하여야 할 것이다. 일본 「국세기본통칙법」 제18조에서는 명문규정을 두어 기한후 신고의 확정력을 인정하고 있다. 한편, 2006.12. 세법개정을 통해 기한 후 신고의 대상을 '법정신고기한까지 과세표준신고서를 제출하지 않은 자'로 확대하여 납부세액이 없는 경우에도 기한 후 신고를 할 수 있도록 개정하였다. 그간 납세자의 기한 후 신고를 납부세액이 있는 납세자로 제한하였던 것은 납세자의 사정을 고려한 담세력을 제대로 측정하려고 하지 않고 오로지 세수증대만을 위한 것으로 여겨진다.

그러다보니 과세관청의 위법·부당한 과세처분에 따라 행정심판과 행정소송을 통해 시정받은 경우에도 열세한 지위에 놓여있는 납세자는 행정처분으로 입은 경제적·정신적 손해에 대하여 배상을 요구하는 경우를 찾기 어렵다.

그러므로 세법에 과세관청이 세무조사 등 행정집행을 함에 있어 세법이 정한 절차와 요건을 위반한 경우 납세자가 거부권을 행사할 수 있고, 이러한 절차에 기초한 과세처분은 무효나 취소의 대상이 되며, 관련 공무원에 대하여는 처벌대상과 손해배상의 책임이 있음을 명시해야 할 것이다.

이는 세무행정에서 납세자권리를 중시하고 침해된 납세자권리를 조속히 회복할 수 있도록 하는 제도적 장치가 될 것이다.

과세관청에게 부여된 과세권행사에 있어서 납세자에게 보장되어야 하는 방어권은 다음과 같다.

① 절차위반 세무조사에 대한 거부권
② 절차위반 과세처분의 효력 제한
③ 위법행위 공무원에 대한 처벌요구권
④ 위법행위로 인한 손해배상권

(1) 절차위반 세무조사에 대한 거부권

세무조사는 과세관청이 납세자를 대상으로 과세요건사실의 충족 여부를 확인하는 절차로, 세무조사를 받는 납세자는 세무조사에 의한 자료제출, 질문검사 등에 협조하여야 하며 이에 응하지 않는 경우 「국세기본법」에 따라 과태료를 부과한다.[168]

하지만 만약 세무조사가 정당한 절차와 요건을 갖추지 못한 경우라도 납세자는 세법에 따라 무조건 받아들여야만 하는 것인가?

세무조사와 관련하여 조사권을 남용하거나 납세자의 권리를 부당하게 침해한 경우란, 예컨대 세무조사를 하면서 관련 장부나 증명서류를 영장 없이 압수·수색하는 경우, 조사관할 관서장의 승인 없이 임의로 조사기간을 연장하거나 조사대상기간을 확대하는 경우, 부당하게 재조사를 하는 경우 등이 해당한다.

이런 경우 위법·부당한 세무조사가 되어 아무리 조사를 받는 납세자로 세법상 협력의무

---

168) 관할 세무서장은 세법의 질문·조사권 규정에 따른 세무공무원의 질문에 대하여 거짓으로 진술하거나 그 직무집행을 거부 또는 기피한 자에게 2천만원 이하의 과태료를 부과·징수한다[국기법 §88]고 규정하여 조세범처벌법에서 처벌규정이 아니라 과태료로 손쉽게 제재할 수 있도록 강화했다. 하지만 질문·조사권이 정당성에 대하여는 언급이 없다. 그러므로 '정당한' 또는 '정당성이 인정되는' 질문이나 직무집행에 한정할 필요가 있다.

를 지더라도 거부할 수 있고 이러한 행위는 세법상 과태료의 부과대상이 되지 않게 명시되어야 한다.[169)]

행정조사의 하나인 세무조사가 법적 한계를 일탈逸脫한 경우 그 행정행위는 위법한 것이되고, 위법한 행정행위가 명백한 경우 납세자는 질문에 답변하지 않는 등 세무조사를 거부해도 정당한 사유로 인정되기 때문이다.[170)]

(2) 절차위반 과세처분의 효력 제한

과세관청이 세무조사의 사전통지, 납세자에 대한 청문이나 납세고지를 할 때 이유의 부기 등 세법에 따른 절차를 위반한 경우 이에 기초한 부과처분은 효력이 있는 것인가?

그동안 판례에서는, 실체적 진실에 부합한다면 긍정하는 것으로 보는 시각[171)] 과 행정규칙의 청문절차를 결여한 행정행위까지 위법으로 보는 시각[172)]이 엇갈렸다.

프랑스에서는, 「조세절차법」이 정한 세무조사의 절차를 무시하거나 소홀히 취급하면 과세처분과 불법한 경로로 입수한 자료에 따른 과세처분은 그 자료가 진실이라도 당연무효로 취급하는 것은 물론, 세무조사에서 세무공무원이 납세자와 조사내용에 대하여 충분한 대화[불]débat oral없이 종결하더라도 과세처분은 당연무효가 된다.[173)]

미국의 경우, 세무조사의 위법한 행사는 거의 모두 법원의 개입으로 사전에 억제되나 과세관청이 세무조사 사전통지 등의 요건을 위반하는 경우 경정처분은 납세자가 알면서 따랐다면 무효가 되지는 않고 납세자가 모른 경우에는 무효로 본다.[174)]

최근 과세관청이 세무조사결과통지를 하지 않아 납세자의 과세전 심사받을 권리를 박탈한 과세처분에 대하여 당연무효로 본 이래,[175)] 최근에는 세법이 정한 조세절차를 위반한

---

169) 이태로, "질문조사권", 『법학』, 서울대학교 법학연구소, 1972, p.110.

170) 국회 「재정경제위원회」, "우리나라의 세무조사 현황과 개선방향", 『정책자료집』, 국회, 2001, pp.424~425 ; 영미법계 국가와 같이 위법한 조세절차에 기초한 과세처분을 무효화하는 것은 법체계상 어려우나 절차위반에 대하여 처벌규정을 두는 방안을 강구해야 한다.

171) 대법원 1987.2.10. 선고, 84누350 판결 참조.

172) 대법원 1992.2.11. 선고, 91누11575 판결; 1984.9.11. 선고, 82누166 판결 참조.

173) 안창남(2001), 앞의 책.

174) 김민훈(2005), 앞의 논문, pp.223~224 ; 세무조사시 사전통지를 의무화하고 있는 미국 내국세입법IRC §7605(b)을 위반한 데에 대하여, 경정처분을 알면서 무효로 보지 않은 경우는 Field Enterprises, Ins. vs US 사건(1965), 경정처분을 납세자가 모른 경우 무효로 본 경우는 Reineman vs US 사건(1962)이 있다.

175) 원심은 과세전적부심사 제도는 과세처분 이후의 사후적 구제제도와는 별도로 과세처분 이전 단계에서 납세자의 주장을 반영함으로써 권리구제의 실효성을 높이기 위하여 마련된 사전적 구제제도이지만, 과세처분의 필수적 전제가 되는 것은 아닐 뿐만 아니라 납세자에게 과세전적부심사의 기회를 주지 않았다고 하여 납세자의 권리의무에 직접 어떠한 영향을 끼치는 것은 아니며, 사후적 구제절차로서 법령에서 규정한 이의신청 · 심사 · 심판청구나 행정소송 등의 절차를 통하여 과세의 적부에 대하여 불복할 수 있는 절차가 남아 있는 점 등을 감안할 때, 과세관청이 감사원의 감사결과 시정요구에 따르기 위해 부과처분을 하면서 과세

과세처분을 당연무효로 보는 판례가 확대되고 있다.

이에 따라 그동안 탈세사실만 있다면 과세처분은 정당하다고 보았던 과세관청과 조세심판원 등 재결청의 입장도 변화되고 있다. 하지만 조세소송이 아니라 조세현장에서 납세자 권리가 우선 보장되기 위해서는 입법적 보완이 필요하다.

우리나라도 법의 적정절차의 원리(적법절차의 원칙)가 헌법의 기본이념으로 강조되는 점에서 세법이 정한 절차위반에 기초한 과세처분은 위헌으로 보아야 할 것이며, 위법한 조사절차상 사실에 기초하여 이뤄진 부과처분은 당연무효나 취소 대상임을 세법에 명문화해야 한다.

예고 통지를 하지 아니하였거나 과세전적부심사의 기회를 주지 않았다고 하더라도 그것은 과세처분이 위법하다고 볼 만한 중대한 절차 위반에 해당하는 것으로 볼 수 없다고 판단하였다.

하지만 첫째, 「헌법」 제12조 제1항에서 규정하고 있는 적법절차의 원칙은 형사소송절차에 국한되지 아니하고 모든 국가작용 전반에 대하여 적용되며, 세무공무원이 과세권을 행사하는 경우에도 이러한 적법절차의 원칙은 마찬가지로 준수하여야 하며(대법원 2014.6.26. 선고, 2012두911 판결 참조), 둘째, 과세예고 통지는 과세관청이 조사한 사실 등의 정보를 미리 납세자에게 알려줌으로써 납세자가 충분한 시간을 가지고 준비하여 과세전적부심사와 같은 의견청취절차에서 의견을 진술할 기회를 가짐으로써 자신의 권익을 보호할 수 있도록 하기 위한 처분의 사전통지로서의 성질을 가진다.

셋째, 과세처분 이후에 행하여지는 심사·심판청구나 행정소송은 시간과 비용이 많이 소요되어 효율적인 구제수단으로 미흡한 측면이 있다는 점과 대비하여 볼 때, 과세전적부심사 제도는 과세관청이 위법·부당한 처분을 행할 가능성을 줄이고 납세자도 과세처분 이전에 자신의 주장을 반영할 수 있도록 하는 예방적 구제제도의 성질을 가진다.

넷째, 납세자의 권익 향상과 세정의 선진화를 위하여 도입해 과세예고 통지를 받은 자가 청구할 수 있는 과세전적부심사는 위법한 처분은 물론 부당한 처분도 심사대상으로 삼고 있어 행정소송과 같은 사후적 구제절차에 비하여 그 권리구제의 폭이 넓다. 이와 같이 사전구제절차로서 과세예고 통지와 과세전적부심사 제도가 가지는 기능과 이를 통해 권리구제가 가능한 범위, 이러한 제도가 도입된 경위와 취지, 납세자의 절차적 권리 침해를 효율적으로 방지하기 위한 통제방법 등을 종합적으로 고려하여 보면, 「국세기본법」과 시행령이 과세예고 통지의 대상으로 삼고 있지 않다거나 과세전적부심사를 거치지 않고 곧바로 과세처분을 할 수 있는 예외사유로 정하고 있는 등의 특별한 사정이 없는 한, 과세관청이 과세처분에 앞서 필수적으로 행하여야 할 과세예고 통지를 하지 아니함으로써 납세자에게 과세전적부심사의 기회를 부여하지 아니한 채 과세처분을 하였다면, 이는 납세자의 절차적 권리를 침해한 것으로서 과세처분의 효력을 부정하는 방법으로 통제할 수밖에 없는 중대한 절차적 하자가 존재하는 경우에 해당하므로, 그 과세처분은 위법하다고 보아야 할 것이다.

그리고 「국세기본법」 제81조의15 제2항 각 호는 긴급한 과세처분의 필요가 있다거나 형사절차상 과세관청이 반드시 과세처분을 할 수밖에 없는 등의 일정한 사유가 있는 경우에는 과세전적부심사를 거치지 않아도 된다고 규정하고 있는데, 과세관청이 감사원의 감사결과 처분지시나 시정요구에 따라 과세처분을 하는 경우라도 국가기관 간의 사정만으로는 납세자가 가지는 절차적 권리의 침해를 용인할 수 있는 사유로 볼 수 없고, 그와 같은 처분지시나 시정요구가 납세자가 가지는 절차적 권리를 무시하면서까지 긴급히 과세처분을 하라는 취지도 아니므로, 이와 같은 사유는 과세관청이 과세예고 통지를 생략하거나 납세자에게 과세전적부심사의 기회를 부여하지 아니한 채 과세처분을 할 수 있는 예외사유에 해당한다고 할 수 없다.

(3) 위법행위 공무원에 대한 처벌

「국세기본법」[§81의4④]에는 누구든지 세무공무원으로 하여금 법령을 위반하게 하거나 지위나 권한을 남용하게 하는 등 공정한 세무조사를 저해하는 행위를 하여서는 아니 된다고 규정하고 있다. 이는 세무조사 대상으로 선정하거나 선정하지 못하도록 하는 등 세무조사에 있어서 부당한 압력을 행사하여 세무조사권이 남용되는 것을 방지하도록 한 것이다.

이처럼 과세관청 외부나 내부의 관리자로부터 세무조사를 하는 세무공무원이 위법 부당한 압력을 받아 세무조사를 하는 경우 납세자는 부당한 세무조사의 대상이 되거나 면제대상이 된다. 이는 납세자를 부당하게 차별하는 것은 물론 적정한 과세권 행사를 방해하는 것으로 반드시 지양해야 한다.[176]

그러므로 정치적 압력 등으로부터 세무조사의 독립성과 공정성을 지키기 위해서 정치적 압력 행사를 금지하고 이를 행사할 수 있는 위치에 있는 고위공직자 등에 대한 처벌규정을 도입해야 한다. 또한 외부로부터 부당한 지시를 받은 경우 세무공무원은 반드시 감사원 등에 신고를 의무화해야 한다.

하지만 과세권이 정치권력 등으로부터 영향을 받거나 남용되지 않기 위해서는 다음과 같은 세무행정을 위한 외부적 환경이 갖춰져야 한다.[177]

(ⅰ) 국세청장은 국회의 청문을 거쳐 대통령이 임명하되, 만약 국회가 부적격하다고 판단하여 동의안을 부결시키거나 의견을 내지 않은 경우에는 대통령이 다른 사람을 임명해야 한다.

(ⅱ) 국세청장의 임기는 법으로 정해 보장하되 대통령의 임기와는 서로 일치하지 않도록 한다.[178] 만약 임기가 끝나기 전에 대통령이 국세청장을 해임하는 경우에는 그 사유를 청문기관인 국회에 통지하도록 하여 독립성을 보장한다.

(ⅲ) 대통령을 비롯한 고위 공직자가 세무조사에 대하여 정치적 영향력을 행사하는 것을 금지하고 이를 위반하는 경우 형사처벌을 하도록 입법한다.[179]

(ⅳ) 조세행정을 견제하며 각종 전략적 계획을 사전에 심의하고 사후에 성과를 객관적으로 평가하는 감독기구로 국세청 외부에 「국세행정감독위원회」를 설치한다. 위원회는 국세청장 후보자를 대통령에게 추천하고 국세청장의 해임을 대통령에게 건의할

---

176) 2018년 국세청 「국세행정개혁 태스크포스TF」는 수개월간 활동결과 5건의 비정기세무조사에서 야당정치인 등 정치적 탄압 목적 등 세무조사의 정치적 중립성과 공정성이 의심된다고 발표했다. 이에 따라 국세청은 세무조사 독립성을 위한 처벌규정 도입 등 독립성 확보방안 입법을 강구하기로 했다.

177) 이하의 방안은 최명근, 『우리나라 세무행정의 개혁방안』, 한국경제연구원, 2004. 9. 참조

178) 미국의 「국세청개혁법」은 대통령의 임기 4년에 국세청장의 임기는 5년으로 하고 임기를 보장하도록 하여 대통령으로부터 독립성을 유지하도록 하였다.

179) 미국의 「국세청개혁법」은 세무조사에 정치적 영향력을 행사하면 5년 이하의 징역으로 처벌하도록 하고 있다.

수 있는 권한을 가진다.

(4) 위법행위로 인한 손해배상권

과세관청이 세무조사 등 조세절차를 위법하게 진행하였거나 과세관청의 처분이 불복결과 위법·부당한 처분으로 결정되어 취소된 경우, 이로 인한 납세자의 경제적·정신적 손해에 대하여 과세관청과 관련 공무원은 배상할 책임을 지는가?

「헌법」과「국가배상법」[180]은 공무원의 직무상 불법행위는 물론 위법한 세무조사로 인해 손해가 발생한 경우나 세법해석에 있어서 주의의무를 다하지 못한 경우에도 배상청구권賠償請求權을 인정하고 있다.

이는 위법한 과세처분에 대하여 불복이나 행정소송 절차를 통하여 과세처분의 취소를 구하지 못하고 불복이나 제소기간이 지나 행정소송을 제기할 수 없는 경우도 위법한 행정처분이고 그 처분이 공무원의 직무상 고의·과실로 인한 경우여서 불법행위를 구성하는 경우에는 국가를 상대로 국가배상법상 손해배상을 청구할 수 있다.

하지만 현실에서는 납세자가 행정처분으로 손해를 입은 경우라도 배상청구권을 행사하기 위해 공무원의 고의·과실을 입증하는 것이 쉽지 않을 뿐만 아니라, 우월적 지위를 가지고 계속적으로 과세권을 행사하는 과세관청의 속성을 의식하게 되어 불복비용 등 손해배상 책임을 묻는 경우가 드물다.[181]

그러므로 납세의무와 과세권 행사의 속성을 고려하여「국가배상법」에서 손해배상에 관한 일반적 규정을 두고 있다 하더라도, 납세자가 과세관청의 위법·부당한 처분을 받은 경우 그 처분의 취소는 물론 손해배상 청구권을 제기할 수 있다는 것과 이를 배상하는 일정한 기준을 세법에 명시할 필요가 있다.

이는 부과처분은 물론 과세관청의 모든 행정행위에 대하여 가능해야 한다.[182]

---

180) 공무원의 직무상 불법행위로 손해를 받은 국민은 법률이 정하는 바에 의하여 국가·공공단체에 정당한 배상을 청구할 수 있다. 이 경우 공무원 자신의 책임은 면제되지 아니한다[헌법 §29①]. ; 국가나 지방자치단체는 공무원이 직무를 집행하면서 고의나 과실로 법령을 위반하여 타인에게 손해를 입히거나,「자동차손해배상보장법」에 따라 손해배상의 책임이 있을 때에는 이 법에 따라 그 손해를 배상하여야 한다(단서생략)[국가배상법 §2①].

181) 미국에서 정당하지 못한 징세행위로 인한 손해에 대하여 배상권을 폭넓게 인정하고 있다. 행정심판에서 인용결정을 받은 납세자는 합리적인 금액범위에서 행정심판비용을 과세관청의 결정이나 소송을 통해 배상받을 수 있으며(IRC 7430), 공무원의 미필적 고의recklessly, 고의intentionally인 경우 100만불을 한도로, 과실negligent로 인한 경우 10만불을 한도로 2년 내에 연방법원 소송을 통해 배상받을 수 있다(IRC 7433).

182) 부과처분취소소송이 진행 중임에도 이를 확인하지 아니한 채 납세자의 인적사항과 체납내역에 대한 전산자료를 전국은행연합회에 제공하였던 바, 체납정보제공은 위법한 것이고 처분청 소속 담당공무원은 법령에 위반하여 직무를 집행하였다고 할 것이므로 과세관청은 국가배상법에 따라 이로 인하여 원고가 입은 손해를 배상할 책임이 있다. 이에 대하여 과세관청은 제공된 체납정보가 국세청 내부망에서는 삭제되었으

이 때 해당 공무원이 객관적 주의의무를 소홀히 함으로써 과세관청의 처분이 위법·부당한 처분으로 확정된 경우로서, 그 위법·부당성의 정도, 침해받은 이익이나 손해의 정도 등 객관적 정당성을 상실한 정도에 따라 달리하도록 하는 손해배상의 원칙을 두고, 「민법」과 「소송촉진 등에 관한 특례법」을 준용하여 손해액에 대하여 이자상당액 등 지급기준도 제시할 필요가 있다.[183]

또한 납세자가 위법·부당한 과세처분으로 행정심판을 제기하여 과세처분이 취소된 경우, 이에 소요된 비용 중 일정한 부분은 별도의 배상청구를 하지 않더라도 행정소송[184]의 경우와 같이 행정심판 결정시 배상을 결정하도록 하는 것도 납세자의 배상청구권을 손쉽게 실현시킬 수 있는 방안이 될 수 있을 것이다.

나 금융기관에 공문으로 통보되지 아니하여 신용하락의 상태가 지속되는 상황에서 피고의 제2차 체납정보 제공이 이루어졌으므로 그로 인하여 원고의 명예나 신용이 더 하락되었다고 보기 어렵고, 다른 손해 배상 청구소송에서 제2차 체납정보제공까지 참작하여 원고에 대한 손해배상액을 정하였으므로, 청구가 부당하다는 취지로 주장한다.

하지만, 제1차 체납정보제공으로 인하여 납세자의 신용이나 명예가 이미 훼손되었다고 하더라도 제2차 체납정보제공으로 인한 신용이나 명예훼손의 피해가 발생하지 않았다고는 할 수 없으며, 손해배상청구소송에 대한 항소판결에서는 원고에 대한 위자료 참작사유에서 제2차 체납정보제공은 고려하지 않는다는 점을 명백히 하고 있다. 이때 손해배상책임의 범위는 공무원의 위법한 직무집행으로 인하여 이루어진 제2차 체납 정보 제공으로 원고의 명예와 신용이 훼손되었고, 이로 인하여 원고가 정신적 고통을 받았으리라는 사정은 경험칙상 분명하므로, 과세관청은 금전으로나마 이를 위자할 의무가 있고, 변론에 나타난 일체의 사정을 감안할 때 그 위자료 액수는 3,000,000원으로 정함이 상당하다(부산지방법원 동부지원 2009.7.15. 선고, 2009가단4734 판결).

183) 어떠한 행정처분이 후에 항고소송에서 취소되었다고 할지라도 그 기판력에 의 하여 당해 행정처분이 곧바로 공무원의 고의 또는 과실로 인한 것으로서 불법행위를 구성한다고 단정할 수는 없고, 그 행정처분의 담당공무원이 보통 일반의 공무원을 표준으로 하여 볼 때 객관적 주의의무를 결하여 그 행정처분이 객관적 정당성을 상실하였다고 인정될 정도에 이른 경우에 「국가배상법」 제2조 소정의 국가배상책임의 요건을 충족하였다고 봄이 상당하다. 이때에 객관적 정당성을 성실하였는지 여부는 피침해이익被侵害利益의 종류와 성질, 침해행위가 되는 행정처분의 양태樣態와 그 원인, 행정처분의 발동에 대한 피해자 측의 관여의 유무, 정도와 손해의 정도 등 제반 사정을 종합하여 손해의 전보책임을 국가·지방자치단체에게 부담시켜야 할 실질적인 이유가 있는지 여부에 의해 판단해야 한다(대법원 2000.5.12. 선고, 99다70600 판결).

184) 「민사소송법」 제99조의2에서 재판비용, 당사자비용, 소송대리를 한 변호사에게 지급하였거나 지급할 변호사비용 중 대법원규칙으로 정하는 범위의 금액은 소송비용에 산입하도록 하고 있다.

제 2 절

외국의 납세자권리

납세자권리의 보장을 위한 선진 외국의 공통적인 특징은 조세절차에 관한 법률을 제정하여 과세권이 남용되지 않도록 일일이 상세하게 조세절차를 정하고 모든 조세제도를 납세자의 입장에서 납세자 중심으로 운용하고 있는 점이다.

즉, 조세절차는 매우 실무적이고 세부적인 내용이라 해도 과세권 남용이 우려되거나 납세자권리를 해칠 수 있다고 판단되는 부분에 대하여는 지나치다고 싶을 정도로 모두 조세절차에 관한 법률로 규정하고 있다.

또 과세권 행사와 납세자권리 보호의 우선순위에 있어 일단 과세권을 행사한 후 사후적이고 시혜적으로 해결하는 것이 아니라 과세권 행사 단계에서부터 사전적으로 검토되고 협의하는 것을 원칙으로 한다.

납세자권리를 납세자에게 인정된 정당하고 당연한 권리로 인식하고 납세자의 사정과 비용을 최대한 고려하여 많은 사전적 심사를 거친 후에야 과세할 수 있도록 하고 과세관청의 위법·부당한 처분으로 발생한 손해와 비용은 최대한 보상하도록 하고 있다.

한편, 납세자가 보장받아야 하는 납세자권리는 세무조사 절차에서의 권리에 그치지 않고 절세권, 사생활권을 보호받을 권리, 가산세 부담을 지지 않을 권리 등 납세자가 누려야 하는 다양한 권리까지 포괄하고 실질적인 보장이 되도록 강제력을 부여하고 있다.

① OECD의 납세자권리

(1) 납세자권리 보호규범

우리나라에서 납세자권리에 관한 입법이 1996년 「경제협력개발기구」OECD에 가입에 즈음하여 이뤄진 것에서 알 수 있듯이, OECD는 조세제도에 있어서 과세관청의 과세권행사와 균형을 이루도록 납세자권리를 중시하고 있다.

OECD는 납세자의 기본권basic rights으로 다음과 같은 권리를 들고 회원국들에게 입법하고 보장할 것을 요구하고 있다.[185]

① 정보와 조력을 제공받을 권리와 청문권right to be informed, assisted and heard

② 이의제기권right of appeal

③ 절세권right to pay no more than the correct amount of tax

④ 과세요건이 명확할 권리right to certainty

⑤ 사생활을 보호받을 권리right to privacy

⑥ 납세정보 비밀유지의 권리right to confidentiality and secrecy

이중에서 '절세권'과 '사생활을 보호받을 권리'는 우리나라에서 납세자권리로 아직까지 명문화되지 못하고 있다.

'절세권'節稅權은 납세자가 정당한 세액만 납부할 권리로, 과세관청은 납세자가 당연히 누려야 하는 각종 공제·감면을 받을 수 있도록 협력할 의무가 있다. 이에 따라 납세자가 세무계획에 의하여by legitimate tax planning 조세채무액을 감소하는 것이 허용되므로 과세관청은 입법자의 의사에 명백히 어긋나는 조세회피나 탈세와는 구별하여야 한다.

'사생활을 보호받을 권리'私生活保護權는 납세자가 과세관청으로부터 사생활을 간섭받지 않을 권리로, 과세관청은 불필요한 가택조사와 정당한 조세의 결정과 관계없는 정보를 요구하는 것이 금지된다. 만약 납세자나 제3자로부터 세무정보를 얻기 위해 가택·사업장에 출입하려면 상대방의 동의가 필요하며 그 집행을 위해서도 엄격한 규칙을 두어야 한다.

아울러, OECD는 납세자권리가 제대로 보장되는 경우 납세자는 납세의무를 이행하는 데 최선을 다해야 할 의무가 있으며, 납세자권리가 잘 지켜지고 납세의무를 성실하게 이행하게 되면 한 나라의 조세제도는 성공적으로 운영될 수 있다고 보고 있다.

납세자권리의 보장에 따른 납세자의 의무로는 진실성의 의무, 납세협력의 의무, 정확한 자료제출의 의무, 장부보관의 의무, 성실납세의 의무 등을 제시하였다.

(2) 납세자권리헌장

OECD의 납세자권리에 대한 일반선언에 따라 대부분의 회원국들은 '납세자권리헌장'taxpayer's rights charter을 제정하여 시행하고 있다. 거기에는 납세의무와 납세자권리의 균형均衡, balance없이는 조세제도가 효과적이고 능률적으로 제 기능을 다할 수 없다는 것을 인식하고 납세자권리와 납세의무의 내용을 중심으로 납세자와 세무공무원 간의 기대되는 행동을 담았다.

---

185) OECD, "Principles of Good Tax Administration-Practice Note", OECD Committee of Fiscal Affair Forum of Tax Administration, 2003. ; Taxpayer's Rights and Obligations: A Surveys of the Legal Situation in OECD Countries, 1990.

미국의 「납세자권리장전」Taxpayer Bill of Rights, 1988, 영국의 「납세자헌장」Taxpayer's Charter, 1986, 캐나다의 「납세자권리선언」Declaration of Taxpayer Rights, 1985, 프랑스의 「납세자헌장」Charte du Contribuable Vérifié, 1987 등이 대표적이다. **186)**

| 주요 국가의 납세자권리헌장 |

구분	미국	영국	프랑스	한국
근거법률	내국세입법(IRC)	조세관리법	조세절차법	국세기본법
공포자	국세청장	국세청장	경제·예산·재정부장관	국세청장
명칭	납세자권리장전	납세자헌장	납세자헌장 : 세무조사에서의 귀하의 권리와 의무	납세자 권리헌장
제정년도	1988	1986	1987	1997

* 자료 : 국회예산처, "납세자의 권리보호를 위한 개선방향", 『정책보고서』 제96-13호, 1996. 참고요약

② 미국의 납세자권리

(1) 납세자권리 보호체계

① 납세자권리 보호입법

영미법계 국가인 미국은 납세자권리 보장을 위한 '법의 적정절차의 원리'가 자연스럽게 법률과 판례에 수용되었다.

1946년 제정된 미국의 「연방행정절차법」APA, Administrative Procedure Act은, 정부가 공권력을 행사할 때 상대방에게 미리 통지하도록 하는 통지받을 권리right to notice와 청문hearing 절차를 반드시 거치도록 함으로써 당연히 조세행정도 따르도록 하고 있다.

하지만, APA가 일반행정 전반에 적용되기 때문에 조세절차의 특수성을 반영하지 못하게 되자 「내국세입법」IRC, Internal Revenue Code을 제정하여 '사전청문'이라는 독특한 조세 청문 절차를 두고 있다.**187)**

미국의 사전청문 절차는 국세청IRS, Internal Revenue Service이 납세자에게 과세할 때에는 납세자가 동의하지 않는다면 수차례에 걸친 심사과정을 거쳐 최종적으로 조세법원의 판결까지 받은 후라야 과세할 수 있게 한 것이다.

---

186) 동북아시아에서는 중국의 경우 2009년 납세자의 14개의 권리와 10개 의무를 담아 국가세무총국이 「납세인 권리와 의무에 관한 공고」를 발표하였고, 일본은 오랜 관료중심의 행정과 문화 영향으로 필요성에 대한 인식이 부족하지만 세리사회 등 납세자단체를 중심으로 '납세자권리헌장' 제정 논의가 오랫동안 진행되고 있으나, 아직 제정하여 발표되지는 못하고 있다.
187) 최명근, 『납세자기본권』, 경제법륜사, 1997, pp.34~35.

즉 과세하기 전에 과세할 내용을 납세자에게 사전에 통지하여 동의를 받아야 하고, 동의를 받지 못하면 납세자에게 청문신청을 알리는 「30일 서한」30days letter을 보내고 이에 불복하면 국세청 심사국Appeals office of IRS에서 청문협의과정을 거친다.

이러한 임의적 협의절차에서 납세자와 심사관이 합의하는 경우 동의서를 제출하여 합의한 대로 과세되지만 만약 납세자가 합의하지 못하면 다시 「90일 서한」90days letter을 보내서 「연방 조세법원」Tax Court of US에 소송을 제기하도록 통지한다.[188]

이같은 미국의 세무조사와 과세절차를 보면, 일반 행정절차상의 청문에서보다 특히 조세절차에서 적법절차 원칙을 더욱 충실하게 구현하기 위해 노력하고 얼마나 과세권이 철저하게 통제되고 있는 지 알 수 있다.

한편, 1988년 납세자를 보호하기 위해서 상세한 조세절차법인 「포괄적 납세자권리보장법」TAMRA, Technical And Miscellaneous Revenue Act[189]을 제정하였다.

이 법은 세무조사에서 무리하게 과세권을 행사하는 것을 원천적으로 차단하기 위하여 간결하고 비전문적인 문체로 쓰여진 「납세자권리헌장」을 교부하고 「납세고지서」에 세액산출 근거와 과세이유를 명확하고 자세하게 기재하며 세무공무원의 근무평가를 조세의 부과·징수실적으로 하지 못하도록 하고 있다.

또 세무조사에 앞서 세무조사대상으로 선정된 근거와 납세자가 갖는 권리를 사전에 고지하는 등 상세한 세무조사기준audit standards을 「국세청 편람」IRS Manual으로 공표하게 했다.

2019년에는 「납세자우선법」Taxpayer First Act을 입법하여 저소득층 납세자에 대한 세금조정액이나 수수료를 면제하고 용역업체를 통한 세금징수대상에서 제외하였으며, 「납세자보호관」Taxpayer Advocate의 독립적 지침을 국세청장이 변경·철회·이행하도록 하고 이를 받아들이지 않는 경우에도 의회에 연례보고하도록 의무화하였다.

② 납세자보호관 제도

미국은 납세자보호를 강화하기 위해 1979년부터 운영되던 「납세자옴부즈맨」Taxpayer Ombudsman제도를 개편하여 1996년 「납세자보호관」을 두고 독립적인 지위에서 과세관청과 분쟁 중에 있는 납세자의 이익을 대변할 수 있게 하였다.

납세자보호관은 세법에 전문적인 소양을 갖추고 납세자의 조세변호인 역할을 수행하였

---

188) IRC. 6213(a)에서 납세자는 「90일 서한」을 받은 후 과세 전인 90일 이내에 부족세액에 대한 재조정을 연방조세법원에 제기할 수 있으며 그 판결이 확정될 때까지 과세를 할 수도 없고 징수나 체납처분 할 수 없도록 하고 있다Sue now, Pay later. 만약 조세가 부과된 경우 조세법원은 부과와 징수를 자동적으로 취소하도록 한다.
189) 미국 연방의회는 1988년 납세자의 권리보호 강화를 주요 골자로 하는 TAMRA를 통과시켰는데, 조세의 징수와 관련하여 납세자보호관의 창설, 세무조사, 손해배상 등의 상세하고 광범위한 내용을 담고 있어 「포괄적 납세자권리 보장법」Omnibus Taxpayer Bill of Rights Act이라고도 부르고 있다.

던 민간인을 선발하여 상당한 보수를 받고 독립적으로 납세자보호 업무를 수행한다.

특히 IRS에서 업무를 수행하는 「연방 납세자보호관」National Taxpayer Advocate은 IRS가 재량권을 남용하거나 관례로써 확립된 절차를 따르지 않거나 법률에 어긋나게 행정을 집행함으로써 어려움에 처하거나 처할 우려가 있는 납세자를 대상으로 「납세자 구제명령」TAO, Taxpayer Assistance Order을 발동할 수 있다. 아울러 의회에 납세자보호에 관한 업무수행 결과와 개선사항을 국세청에 요구하고 「연차보고서」로 제출하게 하여 납세자가 조세절차에 있어 실질적으로 납세자의 권익이 보장되도록 하였다.

이같은 미국의 납세자권리보호 제도의 특징은 과세권자의 과세권 행사에 대응하여 납세자로서 가장 절실한 과세 전 심사기능과 납세자보호 조직을 충분하고도 독립적으로 잘 갖췄다는 것이다.

오늘날 납세자권리보호 제도는 사전통지와 공정한 청문 절차로 귀결된다. 미국에서 납세자가 과세처분을 받아들이지 않는 경우 과세 전에 사법심사까지 받는 '사전통지와 청문' 제도와 의회의 도움을 받아 실질적으로 독립성이 보장되는 「납세자보호관」 제도는 우리나라에서 과세관청 자신이 단 한차례만 심사하는 '과세전적부심사' 제도와 외형만 갖춘 채 공무원 조직으로 과세관청의 영향에서 운영되는 '납세자보호관' 제도와 비교할 때 작지않은 시사점을 던져준다.

③ 조세행정의 독립성

미 의회는 조세징수 위주의 지역단위 과세행정조직을 납세서비스 위주로 하는 납세자 단위의 조직구조로 개편하고, 납세자는 민간부문으로부터 받는 수준의 서비스를 과세관청으로부터 받을 권리를 가진다고 선언했다.

또 국세청장의 임기제를 도입하고 납세자 권리보호와 과세행정을 감독하는 「국세청 감독위원회」IRS Oversight Board를 설치하고, 재무부에는 과세권 남용과 국세청의 독립을 해치는 외부의 압력을 감시하기 위한 감사기구인 「조세행정총괄감사관」TIGTA, Treasury Inspector General for Tax Administration을 두는 등 과세관청에 대한 행정감시 기능과 독립성을 크게 강화하였다.

(2) 납세자권리헌장

미 국세청은 1988년 「납세자권리장전」Taxpayer Bill of Rights을 제정하고 「납세자로서의 당신의 권리」Your Rights as a Taxpayer라는 지침서publication를 납세자에게 배포한다.

미국의 「납세자권리헌장」은 국세청 업무를 처리할 때 납세자가 갖는 10가지 기본권을 강조하는 기초문서로서, 모든 납세자가 각자의 세금문제에 관해 국세청 업무를 해야 할 필요가 있을 때 납세자권리를 알고 적용할 수 있도록 공개적으로 강조하고 정기적으로 직원들에게 교육하고 있다.

미국이 「납세자권리헌장」으로 보호하는 10가지의 기본권은 다음과 같다.

① 세법 준수를 위한 알 권리Right to Be Informed : 납세자는 세법을 준수하기 위해 무엇을 해야 하는지 알 권리가 있다. 모든 세무서식, 지침, 간행물, 고지 및 통신문에 있어서 세법과 행정절차에 관한 명확한 설명을 받으며, 세금부과에 대한 결정을 통보받을 때 산출근거를 설명받을 권리가 있다.

② 우수한 서비스를 받을 권리Right to Quality Service : 납세자는 국세청의 업무를 볼때 신속하고 친절하고 전문적인 지원을 받을 권리가 있다. 이해하기 쉬운 방법으로 설명을 듣고, 분명하고 이해하기 쉬운 매체수단을 통해 받고, 부적절한 서비스에 대하여 상급관리자에게 말할 수 있는 권리를 포함한다.

③ 정확한 세금만을 납부할 권리Right to Pay No More than the Correct Amount of Tax : 납세자는 가산세와 과태료를 포함하여 법적으로 정해진 세금액 만을 납부하고, 모든 세금 납부절차를 국세청으로부터 적절하게 제공받을 권리를 가진다.

④ 처분에 이의제기하고 청문할 권리Right to Challenge the IRS's Position and Be Heard : 납세자들은 국세청의 처분이나 예정된 처분에 대하여 이의제기하고 추가서류를 제시할 권리가 있다. 합법적인 불복청구와 적합한 서류를 제출한 경우 국세청이 신속하고 공정하게 심사할 것을 기대하고, 만약 납세자의 입장에 동의하지 않을 경우 회신받을 수 있다.

⑤ 처분에 대한 독립적 심사권Right to Appeal an IRS Decision in an Independent Forum : 납세자는 가산세를 포함한 대부분의 처분에 대해 공정하고 공평하게 불복청구를 할 권리가 있다. 「행정심판소」Office of Appeals 결정에 관한 서면회신을 받으며, 일반적으로 법원에서 재판받을 권리를 가진다.

⑥ 최종적인 기간에 대해 알 권리Right to Finality : 납세자는 국세청의 처분에 이의제기를 할 수 있는 최종적인 기간에 대하여 알 권리가 있다. 특정 과세연도에 대한 세무조사나 납부하지 않은 세금을 징수할 수 있는 최종적인 기간과 국세청이 언제 세무조사를 종결할 것인지를 포함한다.

⑦ 사생활을 보호받을 권리Right to Privacy : 납세자는 국세청의 모든 소명요구, 세무조사, 강제적 과세권 행사가 세법을 준수하고 필요 이상으로 간섭받지 않을 권리가 있다. 수색과 압수에 있어서 보호의무를 포함해 모든 절차적 권리를 존중받고, 적법한 징수절차에 따라 필요한 청문을 제공받을 수 있다.

⑧ 납세정보 비밀보장 권리Right to Confidentiality ： 납세자는 국세청에 제출하는 모든 납세정보가 납세자나 법률이 허용하는 경우를 제외하고 비밀이 유지될 것을 기대할 권리가 있다. 납세자는 신고정보를 부당하게 사용하거나 공개하는 공무원과 신고서 작성대행자 등에 대해 적절한 조치를 취할 것을 기대할 수 있다.

⑨ 대리인을 선임할 권리Right to Retain Representation ： 납세자는 국세청 대응을 위해 자신이 선택한 대리인을 선임할 권리가 있다. 대리인을 선임할 경제적 능력이 없을 경우 「저소득납세자 클리닉」Low Income Taxpayer Clinic의 지원을 받을 수 있다.

⑩ 공평한 조세제도를 기대할 권리Right to a Fair and Just Tax System ： 납세자는 조세제도가 자신의 기본채무, 담세력이나 적시에 정보를 제공할 능력에 영향을 주는 현실과 환경을 배려하도록 기대할 권리를 갖는다. 만약 재정적인 어려움에 처하거나 국세청이 정규 절차를 통해 자신의 세금 문제를 적시에 적절히 해결하지 않을 경우 「납세자보호기구」Taxpayer Advocate Service로부터 지원을 받을 수 있다.

| 미국의 납세자권리헌장 |

③ 프랑스의 납세자권리

(1) 납세자권리 보호체계

프랑스는 세계에서 유일하게 조세절차에 관한 법률을 별도로 제정하여 운용하고 있는 나라이다. 1981년 제정 공포되어 1982년부터 시행된 「조세절차법」Livre des Procédures Fiscales은 세무조사를 비롯한 조세부과 절차는 물론 권리구제 절차까지 모두 상세하게 담고 있다.[190]

그 내용은 '협의과세'forfait에 의해 조세채무를 결정하는 절차, 세무조사에 의하여 조세채무를 결정하는 절차contrôle fiscal, 조세쟁송절차contentieux 그리고 조세징수절차recouvrement 등 총 4편으로 되어 있다.

이 법은 납세자를 특단의 사유가 없는 한 성실하다고 보는 '선의'善意, bonne foi의 기본철학을 바탕을 두고 있다. 이는 '시민이 국가를 만들었고 그 국가를 지탱하기 위하여 시민 스스로 자발적으로 재정 부담하는 것이며, 세법은 이러한 시민을 존중하고 보호하는 정신'이라고 규정한 「프랑스 인권선언」Déclaration des droits de l'Homme et du citoyen의 사상적인 배경에 입각한 것이다.[191]

프랑스의 조세체계는 부과권의 행사기간, 조세쟁송에 관련된 입증책임의 분배 등에서 지나치다 싶을 정도로 납세자에게 유리하게 배려하고 있다.

「조세일반총국」DGI: Direction Generale des Impots은 세무조사란 본질적으로 행복추구권, 주거 침해를 받지 않을 자유, 사생활의 비밀과 자유, 기업의 경제상 자유 등 헌법상 권리를 현저히 침해할 수 있다고 보아 최대한 '서면'과 '조회'의 방식으로 진행하고 있다.

이는 세무조사의 실효성을 이유로 사전통지를 생략하거나 영장 없이 서류를 예치하는 등 납세자의 사생활과 사업상·개인적 자유를 침해하기 쉬운 현장조사만을 고집하거나 납세자와 협의 없이 일방적인 세무조사 절차 끝에 결정고지하는 우리에게 시사하는 바가 크다.

또한 세무조사 절차에서 납세자의 조세부담을 변론 등 일정한 규칙에 의한 공방을 거쳐 결정하는 「대심적 경정절차」[192]對審的 更定節次, Procédure de Redressement Contradictoire를 통해 조세

---

190) 프랑스 「조세절차법」은 1960년에 제정논의가 시작되어 1980년대에야 완결될 수 있었는데, 이는 「조세절차법」의 제정은 필연적으로 과세관청이 누렸던 우월적인 지위prérogatives를 상실시킬 것이라는 우려가 법률제정을 늦춘 주된 이유 중의 하나라는 점은 우리에게 시사하는 바가 크다[안창남(2001), 앞의 책, p.46].

191) 한국조세연구포럼, "조세분쟁의 사전·사후조정제도의 도입방안에 관한 연구", 2005, p.18. ; 프랑스 인권선언 제13조는 납세의무와 조세평등주의, 제14조는 조세법률주의를 정하고 있다. *Art. 13 La société doit favoriser de tout son pouvoir les progrès de la raison publique, et mettre l'instruction à portée de tous les citoyens. Art. 14 Le peuple est souverain: le gouvernement est son ouvrage et sa propriété, les fonctionnaires publics sont ses commis. Le peuple peut, quand il lui plaît, changer son gouvernement, et révoquer ses mandataires.*

192) '대심적 경정절차'란 세무조사에서 과세관청과 납세자간에 과세대상과 소명 등 서면에 의한 의견교환을

법률주의에 충실하면서도 납세자를 세액결정 과정에 참여시키는 균형잡힌 세법 체계를 두고 있는 점이 독특하다. 아울러 과세예고통지 후에도 '상호합의' 절차를 두어 납세자와의 합의과정을 한번 더 거치게 된다.

이른바 '납세자를 위한 제도'라 일컬어지는 프랑스 세법체계가 보여주는 높은 납세자권리의 보장수준은 역사적으로 높은 시민의식에서 비롯된 것이지만, 과세당국도 납세자권리와 과세권자 간에 동등한 관계를 선언하고 이를 행정에서 실천적으로 이행하고 있기 때문에 가능한 것이다.

(2) 납세자권리헌장

프랑스는 1974년 「세무조사에 관한 헌장」Charte du Contrivuable Verifié을 제정한 이후 개정을 거듭하여, 1987년 「납세자헌장 : 세무조사에서의 귀하의 권리와 의무」라는 총 5장으로 된 선언문을 제정하였다.

이는 조사통지, 조사진행, 조사결론, 조사결과통지, 구제절차 등 세무조사에 한정해 구체적인 세법의 규정이나 실무상의 취급을 설명해 놓은 것으로, 세무조사에 앞서 납세자에게 반드시 교부하여 납세자가 세무조사를 받을 때 납세자권리의 보장 내용을 구체적으로 숙지하도록 하고 있다.[193]

프랑스의 「납세자권리헌장」은 그 이념을 '조세제도가 납세자나 과세당국의 의무와 권리 사이에 균형을 확보하는 사명'이라고 천명하고 있다.

이에 따라 모든 세무조사 절차 하나 하나에 납세자의 권리가 존재하고 실제로 보장받을 수 있다는 것을 알 수 있도록 납세자에게 구체적으로 정보가 제공되고 있다.

무엇보다도 납세자가 불복할 경우 「납세자권리헌장」에 포함된 납세자권리가 납세자가 불복할 경우 과세관청에 대항할 수 있는 직접적인 효력이 있음을 명시적으로 밝히고 있다는 점에서 우리나라와 차이가 있다고 할 수 있다.

1) 세무조사의 통지

세무조사의 통지에서는 조사대상 조세, 조사예고 통지, 대리인과 조사공무원 등에 관한 규정을 두고 있다.

통해 협의하는 과정으로 상호합의를 도모하는 절차를 말한다. 조사관이 '조사적출통지서'를 납세자에게 보내면 납세자가 통지내용에 동의하지 않는 경우 30일 내에 소명내용을 담은 회신문을 제출한다. 회신문을 수령한 과세관청은 이를 수용하거나 거부할 수 있으며 각자 주장 여부에 따라 입증책임이 달라진다. 조사가 종결되면 '조사종결보고서'를 작성하여 사후관리해야 한다.
193) 안창남(2001), 앞의 책, pp.214~240, 프랑스의 납세자헌장은 간결한 문체로 설명된 선언문으로 세무조사 통지서 등의 서식까지 삽입된 두꺼운 형태로 되어 있다.

세무조사는 일반적으로 모든 세목을, 조사사업연도는 최근 3년간을 대상으로 조세변호인을 선택할 상당한 시간이 지난 후에 실시하며, 「조사통지서」에는 조사공무원의 인적사항을 명기하도록 하였다.

2) 세무조사 진행절차

기업에 대한 세무조사는 기업 안의 장소에서 하는 것이 통상적이지만, 사업장에서 조사를 받는 것이 불가능할 때에는 납세자는 세무서에서 조사를 하도록 요청할 수 있다.

하지만 만약 조사방해 행위가 있는 경우 추계결정을 하게 되며 일반적인 세무조사에서의 납세자권리를 보장받지 못하고 무거운 과태료와 범칙금이 부과된다. 또 회계장부와 부속자료의 제시를 거부하면 벌금의 부과대상이 되며 입증책임도 납세자에게 전가된다.

세무조사 기간은 소규모기업에 대한 '실지조사'CFE: contrôle fiscal externe의 경우 3개월을 초과하지 않아야 하며, '서면조사'CSP: contrôle sur pièces는 1년 내에 종결하여야 하지만 납세자가 거래활동을 은폐한 사실이 발견되면 2년으로 연장할 수 있다.

구체적인 조사절차는 조사공무원과의 대화를 통해 시작하고, 대화를 통해서도 해결되지 않는 문제는 문서로 설명을 하거나 입증을 요구할 수 있고 납세자는 자신의 의견을 소명할 수 있다.

3) 세무조사 결과의 통지

세무조사가 끝난 후 과세관청은 '신고시인 통지'와 '조세부과예정 통지'avis d'imposition의 2가지로 나누어 조사결과를 통지한다.

납세자는 조세부과예정 통지를 받는 경우 '대심적 경정절차'로서 동의나 동의거절 등의견을 제출하는 의견서 진행절차를 밟게 된다.

이 때 납세자가 선의가 아닌 고의라는 의사결정은 조사공무원이 아닌 상급자가 직접 결정하며, 이 때 조사공무원은 의견서에 대하여 명확하고 자세하게 답변할 의무를 진다.

또 행정소송을 하는 경우 예외적인 경우를 제외하고 입증책임은 과세관청에 있음을 명시적으로 알려주어야 한다.

4) 세무조사 이후의 절차

세무조사가 끝나면 납세자는 납부할 세금을 징수할 때 불성실가산세를 경감하고 납부를 유예받을 수 있는 '상호합의'transaction를 신청할 수 있다. 이때에는 일체의 불복소송 절차를 포기한다는 약속을 하여야 한다.

과세관청은 '조세부과예정통지'를 발송할 때 납세자에게 상호합의를 신청할 수 있다는 것을 통지하고, 납세자의 신청이 있어 과세관청과 상호합의에 이른 경우 과세관청은 납세자에게 상호합의서를 보내고 납세자가 30일 이내에 수용여부를 답변하여 성립한다.

만약 '상호합의'에 의한 타협을 신청하지 않고 납세자가 이의제기를 한 경우 과세관청으로부터 답변서를 송부받고 「주임조사관」(세무서장 급)에게 설명을 신청하거나 국장이 임명한 「지방상담관」interlocuteur과 상담할 수 있으며, 「도 직접세·간접세 위원회」·「도 화해위원회」 등 제3의 조정기관에 조정을 요청할 수 있다.

5) 조사결과에 대한 불복절차

납세자는 납세고지서를 받은 경우 '행정심판 전치주의'에 따라[194] 고지서를 받은 해부터 3년째의 연도 말이나 세금을 납부한 해부터 2년째의 연도 말까지 과세관청에 '이의신청'réclamation할 수 있다. 납세자가 이의신청할 때는 담보를 제공하면 자동적으로 납기연장을 받을 수 있고, 만약 이의가 받아들여지면 담보제공에 소요된 비용도 환급받을 수 있다.

이의신청을 받은 과세관청은 6개월 이내에 인용, 전부기각, 일부기각 등 결정하여 통지해야 하며, 기각된 경우 납세자는 결정통지일부터 2개월 이내 또는 이의신청 후 6개월이 경과하면 「지방행정법원」Tribunaux Administratifs에 행정소송을 제기할 수 있다.[195] 지방행정법원 판결 후 2개월 이내에 해야 하는 2심행정법원은 「항소행정법원」Cour Administrative d'Appel, 다시 2심판결부터 2개월 이내에 해야 하는 행정소송 최종심(최고행정법원)은 「국사원」콩세유데타Conseil d'Etat이 담당한다.[196]

한편 행정소송의 1심에서 납세자가 승소한 경우에는 과세관청이 설사 항소하여 최종적인 결정이 되지 못한다 해도 납부한 세액은 환급가산금과 함께 환급받는다.

---

194) 과세관청에 이의신청을 거치지 않고 행정소송을 제기하거나 청구기한이 경과된 후 제기한 행정소송은 각하(却下)의 대상이 된다.
195) 프랑스는 납세자 뿐만 아니라 과세관청도 행정소송을 제기할 수 있다. 과세관청이 행정소송을 제기하는 것은 이의신청을 받은 과세관청이 6개월 이내에 결정을 내리지 못하여 납세자가 행정소송의 제기를 못할 우려가 있는 경우에 납세자가 선의의 피해를 입는 것을 막기 위해서다.
196) 한국은 1심만 행정법원인데 반해, 프랑스는 1심 뿐만 아니라 2심과 최종심(콩세유데타)까지 따로 행정법원으로 하고 있다. 행정이 발달한 프랑스는 행정기관 내부에서 1, 2심 행정법원이 탄생했지만 그 행정판사는 법관의 지위를 갖고 행정기관을 통제한다. 「국사원」은 최고행정법원인 동시에 행정기관의 자문기관, 하급법원의 감독기관이기도 하다.

④ 독일의 납세자권리

(1) 납세자권리 보호체계

독일은 대표적인 대륙법계 국가로 '독일 행정법의 아버지'라고 불리우는 오토 마이어Otto Mayer로 대표되는 전통적인 행정법학의 영향으로 오랫동안 절차법과 절차적 원리를 중요하게 생각하지 않았다.

하지만 행정의 비대화에 따라 행정법원의 부담이 증가하고 사전적 구제절차가 필요하다는 인식이 확산되자, 「연방행정절차법」Verwaltungsverfahrensgesetz을 제정하였다.[197] 이 법은 '행정절차의 기본원칙'을 규정함으로써 원칙법주의를 취하면서, 정교하고 구체적인 체계가 요구되는 조세행정은 별도의 조세절차를 마련하여 따로 적용하도록 하였다.

그리하여 1976년 「연방행정절차법」의 이념을 세무행정 분야에서 실행하기 위하여 전문 415조의 방대한 「조세기본법」AO, Abgabenordnung이 탄생하였다.

이 법은 조세행정에서 임의대리인·보좌인 선임권, 편견의 배제, 행정행위의 명확성과 서면교부, 청문, 토지·건축물에 대한 출입 제한, 특정 직업인의 정보제공 거부권, 이유부기, 고지, 세무조사와 관련하여 원칙, 사전통지, 최종협의, 조사보고서에 대한 소명, 시인통지서, 구속확약 등의 세부적인 절차를 상세히 담고 있다.

특히 납세자권리에 관한 규정을 많이 두면서 과세관청에게 '사실관계를 직권으로 조사하는 권한'을 부여하고 있다. 이 경우 과세관청이 재량에 의한 행정행위를 하는 때에는 그 목적에 맞게 재량권을 행사하고 법률에서 정한 한계를 준수하도록 하였다.

이와 같이 독일은 절차적 행정원리에 대한 준비와 경험이 미흡했음에도 국민의 이익을 절차적으로 보장하기 위하여 고지와 청문 절차를 도입하는 등 적법절차 원칙을 명문화하였다.

독일의 입법사례는 대륙법계 국가로 일부의 절차적 조항을 도입하였다 하여 전면적이고 상세한 조세절차에 관한 입법에 소극적인 우리나라에게 시사 하는바가 크다.

(2) 「조세기본법」의 납세자권리 보호

독일은, 프랑스와 같이 세무조사 절차를 간결하게 설명하거나 미국과 같이 사안별로 납세자의 권리를 설명한 「납세자권리헌장」 형식의 선언문은 존재하지 않는다.

---

197) 독일 「연방행정절차법」은 행정절차법을 제정하라는 학계의 건의를 받아 1963년 10월 정부가 제정하겠다고 밝히고 1964년 연방 「Land합동위원회」에서 행정절차법 심의를 거쳐 1964년 3월 「연방행정절차법」 초안을 공표하였고 그 후 12년이 경과한 1976년 5월 이 초안에 근거하여 전문 103조로 제정하여 1977년 1월부터 시행하고 있다.

대신에 「조세기본법」에서 다른 어느 나라보다도 더 상세하게 납세자권리 보호차원에서
세무조사의 종류·선정·절차를 설명하고 있다.

즉, 은행고객의 보호, 대리인·보좌인, 직권에 의한 대리인의 임명, 조사공무원 기피신청,
조사의 원칙, 조언·정보, 납세자의 협력의무, 납세자의 의견청취, 입증책임, 납세자·관련
인의 정보제공 의무, 토지·가택의 출입, 친족의 정보제공 거부권·선서 거부권, 일정한 직
업상 비밀유지 의무에 따른 정보제공 거부권, 실지조사Aussenpruefung의 한계, 실지조사의 범
위, 조사명령, 조사명령의 고지, 신분증명 의무·세무조사의 개시, 세무조사의 기본, 납세의
무자의 협력의무, 사전적 권리구제절차로 '종결협의'終結協議 등을 두고 있다.

조세 불복절차는 과세처분이 있은 때로부터 1개월 이내에 이의신청(심사청구 포함)을 할
수 있으며, 행정소송은 「조세법원」Finanzgerichte, 「연방조세법원」Bundesfinaz-gerishte 등 2심제로
만 운영하고 있다.

| 납세자권리 보장제도 비교 |

제도	미국	프랑스	한국
납세자권리 보장 근거법	「내국세입법」, TAMRA	「조세절차법」 (독립된 절차법)	「국세기본법」(통칙법)
납세자권리헌 장의 준수의무	법적 구속력	준수의무 명시, 위반 시 과세처분 무효	교부의무 (판례는 교부안해도 효력 무관)
세무조사 절차 운용 기준	「내국세입법」(IRC)	「조세절차법」, 납세자 권리헌장	국세기본법, 조사사무처리규정
조사실적에 의한 평가	법령(RRA)에 금지조항	―	금지조항 없음 (심사분석지표로 활용)
사전적 권리구제 제도	30일서한·90일서한제도, 불복 시 법원 판결 후 과세 (복수의 사전구제)	대심적 경정절차 (결정 전 세액결정에 납세자가 참여 확정)	과세전적부심사 제도 (과세예고통지)
절차위반 과세처분의 효력	중대한 경우 무효	조사결과통지 등 절차위반 시 위법·무효 (조세절차법 §48)	세법 규정없음 (판례로 결과통지와 과세전적부심사 위반시 당연무효 사유)
위법·부당 과세 취소시 손해배상권	부실과세 손해배상권 (고의 100만불, 과실 10만불 한도)	과세관청 자유재량	세법규정 없음 (「국가배상법」에 규정, 배상청구권 활용 미흡)

제도	미국	프랑스	한국
과세처분의 입증 책임	부과결정은 과세관청 책임 (반증없으면 납세자 주장 수용)	부과결정은 과세관청, 협의과세는 납세자에 입증책임	세법규정 없음 (판례는 부과결정 과세관청 책임)
가산세 적용	선의 입증 시 제외, 신의칙에 해당 시 이자세·가산세경감 (IRC §6404)	고의 아닌 실수분 감면, 적법과세도 '조세감면신청'으로 탕감	정당한 사유 해당 시 감면 (경정 시 가산세 면제대상 비고려 획일적 과세)
결정·경정 청구 기간	신고 후 3년 (납부 후 2년) * 부과권 행사 : 3년	3년 * 부과권 행사기간 : 3년이 되는 연도말	신고일부터 5년 * 부과권행사(최소) : 5년
납세자 옴부즈만	납세자보호관 (외부인사·재무부조직)	옴부즈만	납세자보호관 (외부인사·과세관청조직)
세무행정 감시기구	국세청 외부감독위원회 (재무부 설치, 국회통제), TIGTA	—	국세청 납세자보호위원회, 국세행정개혁위원회 (과세관청 내부조직, 외부통제 불가)

자료 : OECD, 「*Taxpayers' Rights and Obligations*」, 1990. 외

제 **3** 절

우리나라의 납세자권리

우리나라에서 납세자권리는 해방 이후 만들어진 많은 세법을 통하여 과세권을 확장하면서 같이 태동하였다. 하지만 따로 법률로서 납세자권리를 인식하고 보장한 것은 아니고, 실질과세원칙·신의성실의 원칙 등 과세의 원칙을 선언하는 수준에 불과하였다.

이후 매년 정기적으로 이뤄지는 세제개편은 주로 경제개발 자금을 조달하기 위해 과세의 효율성을 높여 세수증대를 위한 것이 대부분으로 국민의 권익을 보호하는 제도와는 거리가 멀었다.

납세자권리에 대한 입법은, 1996년 「국세기본법」에 세무조사 절차와 관련된 납세자권리 규정을 둔 것이 효시이다.

정부는 「경제협력개발기구」OECD 가입에 즈음하여 선진국 수준의 납세자권리에 관한 내용을 입법화해야 할 필요성이 있자, 세무조사에 있어서의 납세자권리를 서둘러 규정하였다.

세무조사의 사전통지와 연기신청, 세무조사 시 「납세자권리헌장」의 교부, 세무조사 시 조력을 받을 권리, 납세자의 성실성 추정, 세무조사 결과의 통지, 비밀유지, 정보의 제공, 과세전적부심사 등 주로 세무조사 절차상 납세자의 권리에 관한 내용이 입법됨으로써 우리나라 조세사에 있어서 매우 의미있는 진전을 이루게 되었다.[198]

이후 납세자권리에 대한 학계의 연구가 활발해졌고 일반 국민들의 인식과 요구도 몰라보게 높아졌다.

하지만 법률로 도입된 납세자권리에 관한 제도는 역사적인 의미가 큰 것이지만 오랫동안 납세자를 의식하지 않고 징세편의적으로 조세절차를 운용해온 과세관청에게는 어색하고 고통스러운 것이었다.

더구나 납세자권리를 입법하면서도 그 준수를 담보하는 제도적 장치가 마련되지 않아 과세관청이 제대로 지키지 않아도 처벌되거나 과세권을 행사하는데 제약이 되지못하고 사실상 선언적 규정에 불과했다.

최근 입법적으로 세무조사의 절차규정이 상당히 보완되기는 하였으나, 아직도 납세자권리의 법적 보호수준과 제도적 장치는 부족한 수준이다.[199]

---

198) 구재이, 『우리나라 세무조사제도와 그 개선방안에 관한 연구』, 고려대학교, 2002, p.1.

이처럼 납세의무를 위해 정하고 있는 부과·징수 절차에 비해 납세자권리의 보호를 위한 절차와 법적 통제수단이 미흡하게 되면, 납세자가 조세행정에서 실질적으로 과세권자와 대등하게 법적 지위와 권리가 보장되는 권리주체가 아니라 과세권자의 과세권 행사의 객체로서의 위상에 머무르게 된다.

① 조세법의 납세자권리

우리나라의 조세법은 처음에는 국가재정확보를 위한 목적에서 출발하여 조세탈루를 막기 위한 과세당국의 그간 노력이 반영되어 「소득세법」, 「법인세법」 등 조세실체법의 경우 그 과세체계가 상당한 수준에 이르렀다.

하지만 납세절차를 정하는 조세절차법은 독립적이고도 상세한 단일 법률로 통합 규정되지 못하고 신고·부과·징수 등 조세절차가 「국세기본법」, 「국세징수법」 등 통칙법과 실체법인 개별세법에 흩어져 있다.

더구나 조세에 관한 기본적이고 공통적인 개념과 절차를 정하고 있는 「국세기본법」의 경우 각 세법에서 따로 정한 특례의 우선적 효력을 인정하고 있어 이중적 구조로 되어 있을 뿐만 아니라, 서로 중복되거나 상충적인 조세절차에 관한 규정이 각 세법에 산재하여 그 질서가 매우 어지럽다.[200]

조세법에서 정하고 있는 납세자의 권리는 대부분 '세무조사' 절차와 관련된 것이다. 1996년 제정 당시부터 세무조사에서 납세자에게 교부하도록 한 「납세자권리헌장」의 법적 근거가 필요했기 때문이다.

2001년 언론사에 대한 일제 세무조사를 계기로 세무조사의 오·남용에 관한 정치적·사회적 논란이 있은 후 세무조사권의 남용금지 조항이 신설되었고, 세무조사 대상의 선정, 세무조사 기간 등 매년 세부적인 절차 규정이 약간씩 추가되고 있다.

---

199) 납세자권리의 보장수준에 대한 납세자와 세무대리인, 세무공무원 간의 인식에서 그 차이가 매우 크다. 납세자와 세무대리인은 납세자권리의 보장수준이 매우 낮은 것으로 인식하는데 반해, 세무공무원은 납세자권리의 보장이 잘 되고 있으며 오히려 남용되고 있다고 인식하였다(구재이, 『납세자권리의 보장수준에 관한 연구』, 가천대학교, 2007).

200) 최명근·김면규·이승문, 『조세확정의 적정절차 보장에 관한 연구 : 납세자권익보호를 중심으로』, 연구보고서 제3집, 한국조세연구소, 1998, p.14.

(1) 세무조사에서의 납세자권리

세무조사는 정부가 조세행정 목적을 달성하기위하여 필요한 과세정보나 자료를 수집하는 활동으로 과세요건사실을 확인함으로써 납세의무의 성실한 이행을 담보하게 하는 중요한 수단이다.

세무조사의 법적 근거는 '세무공무원이 직무수행상 필요한 경우 질문·조사를 할 수 있다'고 '질문검사권'質問檢查權을 규정한 각 세법의 「보칙」補則에서 찾을 수 있다.

하지만 여기서는 법적 근거와 함께 세무조사의 남용을 금지하는 내용을 담고 있을 뿐 세무조사에 관한 구체적인 개념이나 절차는 따로 정하지 아니하고 「국세기본법」, 「지방세기본법」에서 납세자권리와 관련해 세무조사의 기본적인 절차규정을 두고 있을 뿐이다.[201]

세무공무원이 납세자와 직접 대면하면서 이해관계를 달리하게 되는 세무조사 절차는 납세자의 권리와 이익이 침해될 소지가 가장 크다. 세무조사 등 조세절차를 더 상세히 법령으로 수용하라는 요구에 대해 과세관청은 조세법에 세무조사 절차를 모두 담는 것은 불가능할 뿐 아니라 설사 담을 수 있다 해도 과세권이 심각하게 제약될 것이라고 우려한다.[202]

이러한 상황에 세무조사는 세법보다 「조사사무처리규정」등 과세관청의 내부업무처리지침인 훈령에서 정하는 세부적인 기준과 방법에 따라 집행할 수밖에 없게 된다.[203]

과거 오랫동안 과세관청이 납세 성실도를 검증하는 세무조사를 전가의 보도로 여기며 다른 목적으로 오·남용하는 동안, 조세제도는 소득이 자연스레 노출되도록 하는 과세인프라를 제대로 구축하지 못했고 그 결과 국민의 납세의식과 납세자권익은 향상되지 못했다.

이것은 세무조사를 다른 정책목적이나 납세자를 징벌하는 수단으로 오·남용해 온 과세관청과 세무조사로 인한 추징세액보다 더 큰 탈세효익脫稅效益을 얻어 온 납세자가 서로 본분을 일탈하여 서로 밀월관계蜜月關係를 유지했기 때문이다.

하지만 2000년 이후 신용카드 조세지원 정책과 현금영수증 제도 등 과세인프라가 본격적

---

201) 그동안 다른 세법보다 「국세기본법」의 세무조사 절차규정을 우선하여 적용하여 왔으나 2020년부터 다른 세법에 규정이 있는 경우 우선할 수 없도록 하여 「국세기본법」의 세무조사절차상 납세자권리가 침해될 수 있는 여지가 생겼다.

202) 국세청은 2006.2.20. 「조사사무처리규정」을 전면개정(국세청훈령 제1606호)하면서 세무조사규정을 공개하라는 판례를 존중하여 납세자의 권리행사와 관련된 사항은 최대한 공개하되 조세행정의 원활한 운영에 현저한 지장을 초래할 사항은 공개에서 제외한다고 밝히고 있다. 즉 세무조사 회피요령 습득을 통한 탈세행위 조장, 외부청탁·압력노출 등 공정한 업무수행에 지장을 초래할 우려가 있는 사항, 성실도 평가기준 등 조사대상자 선정에 관한 세부기준과 방법, 조사기간·방법, 보고·승인체계, 「조세범칙조사 심의위원회」구성·심의절차 등은 공개하지 않는다고 밝혔다.

203) 행정규칙인 「조사사무처리규정」에서 세무조사에 있어서 납세자의 권리·의무관계를 두는 것은 잘못이다. 예컨대 규정 제14조에서는 "조사받는 납세자 또는 거래관계가 있다고 인정되는 자는 각 세법의 규정에 의한 조사공무원의 질문조사에 성실히 응하여야 한다."고 규정하고 있다.

으로 구축되면서 점점 소득이 투명하게 노출되기 시작하자, 정책수단으로서 세무조사의 효용성은 현저하게 줄게 되었다.

앞으로 조세행정에서 세원관리는 전적으로 세무조사에 의존해서는 안 되고, 촘촘한 과세인프라 시스템에 기반을 두고 불성실한 납세자에 한정하여 보조적인 수단으로 곁들이는 것이 바람직하다. 신고납세제도가 일반화된 납세환경에서 세무조사는 납세자의 자발적인 신고 성실성을 높이는데 그 목적이 있기 때문이다.

이러한 환경이 확보되면 당연히 납세자권리에 대한 침해는 줄어들고 과세관청에 대한 신뢰는 높아질 것이다.

| 세무조사 단계별 납세자권리 |

세무조사 단계	납세자권리		예외·한계	관련법규
조사대상 선정	① 성실납세자로 추정 받을 권리		명백한 탈세혐의, 무작위추출방식의 조사대상 선정	국기법 §81의3 지기법 §78
	② 세무조사권을 남용받지 않을 권리		세액탈루혐의 인정되는 명백한 자료 있는 경우 등	국기법 §81의4 지기법 §81
	③ 공정한 세무조사 선정을 받을 권리	세무조사 관할, 대상자 선정기준의 객관적 수립·공개·준수를 요구할 권리	관할조정 가능, 세무조사 면제기준 해당시 선정제외	국기법 §81의6 지기법 §82
		통합조사 받을 권리	특정 세목조사 대상, 부분조사	국기법 §81의11 지기법 §84의3
조사 착수	④ 세무조사의 사전통지 받고 연기신청할 권리		증거인멸 우려로 조사목적 달성 불가시	국기법 §81의7 지기법 §83
	⑤ 「납세자권리헌장」을 교부받고 그 권리를 보장받을 권리			국기법 §81의2 지기법 §76
조사 진행	⑥ 세무조사에 있어 전문가의 도움을 받을 권리			국기법 §81의5 지기법 §81
	⑦ 최소기간으로 세무조사를 받을 권리		기간연장사유, 여러 기간걸친 세금탈루 등 범위확대사유 해당시	국기법 §81의8,9 지기법 §84
	⑧ 세무조사에 있어 납세 자 권 리 를 보 호 받 을 권리	장부와 증명서류를 세무관서에 보관받지 않을 권리	납세자의 장부등 임의제출, 납세자의 동의시 보관가능	국기법 §81의10 지기법 §84의2
		과세관청으로부터 보호받을 권리		국기법 §81의16 지기법 §77

세무조사 단계	납세자권리		예외 · 한계	관련법규
		「납세자보호위원회」 설치, 심의요청과 결과통지		국기법 §81의18,19
		세무조사 · 제출명령 에 성실 협력의무		국기법 §81의17 지기법 §79
조사 종결	⑨ 세무조사 결과를 통지받을 권리		기간 내 조사결과통지 불가 시 납세자동의로 부분통지	국기법 §81의9 지기법 §85
	⑩ 과세전 심사를 받을 권리		부과권의 행사기간 만료일 3개월 미만 등	국기법 §81의10 지기법 §88
	⑪ 과세정보의 비밀유지를 받을 권리		법률 · 국회의 제공요구시 사 용목적 범위에서 제공가능	국기법 §81의11 지기법 §86
	⑫ 자기납세정보를 제공받을 권리			국기법 §81의12 지기법 §87

1) 성실성 추정을 받을 권리

납세자는 과세관청이 세법에서 세무조사의 '수시선정' 사유로 정하고 있는 경우를 제외하고는 성실하며 납세자가 제출한 서류와 증명서류가 진실한 것으로 추정되어야 한다[국기법 §81의3; 지기법 §78].

납세자에 대한 성실성 추정에서 예외로 하고 있는 세무조사의 '수시선정' 사유[국기법 §81의6②; 지기법 §82②]는 다음과 같다.

① 납세자가 세법에서 정하는 신고, 「성실신고확인서」의 제출, 세금계산서 · 계산서의 작성 · 교부 · 제출, 「지급명세서」의 작성 · 제출 등의 납세협력의무를 이행하지 아니한 경우

② 무자료거래, 위장 · 가공거래 등 거래내용이 사실과 다른 혐의가 있는 경우

③ 납세자에 대한 구체적인 탈세제보가 있는 경우

④ 신고내용에 탈루나 오류의 혐의를 인정할만한 명백한 자료가 있는 경우

⑤ 납세자가 세무공무원에게 직무와 관련하여 금품을 제공하거나 금품제공을 알선한 경우

⑥ 납세자가 지방세관계법에서 정하는 신고 · 납부, 담배의 제조 · 수입 등에 관한 장부의 기록과 보관 등 납세협력의무를 이행하지 아니한 경우

⑦ 납세자가 세무조사를 신청하는 경우(지방세에 한함)

그러므로 현행 법령에 의하면 성실도를 분석한 결과 불성실 혐의가 있다고 인정하는 경우, 최근 4과세기간 이상 같은 세목의 세무조사를 받지 아니한 납세자에 대하여 신고 내용이 적정한지를 검증할 필요가 있는 경우, 무작위추출방식으로 표본조사를 하려는 경우 등 '정기선정' 사유인 경우에 해당되어야만 성실성 추정이 적용되고, '수시선정' 사유에 해당하면 성실성 추정 규정이 적용되지 아니하는 것으로 해석될 수 있다.

이렇게 되면 구체적인 조세탈루가 확인되지 않았는데도 납세자가 제출한 신고서의 내용이 진실한 것으로 받아들일 수 없게 되어 납세자에 대한 성실성 추정원칙은 형해화形骸化된다.

하지만 현행 신고납세제도에서 세무조사는 불성실한 납세자에 대한 세무조사에 그치는 것이 아니므로, 납세자의 성실성 추정과 세무조사의 대상선정과 아무런 연관성이 없고 아무리 수시선정 사유가 있더라도 부실기장이나 조세탈루 등 과세요건사실이 확인되고 확정되지 않는 한 계속 인정되어야 할 것이다.

그러므로 납세자에 대한 성실성 추정은 실제 납세자의 성실성 여부나 세무조사의 선정사유와 무관한 것이어서 수시선정 사유를 예외로 할 것은 아니다.

이처럼 납세자에게 성실성 추정의 원칙을 적용하면서도 아무런 연관성이 없는 예외의 범위를 두는 것은 세무조사 선정사유를 제약할 수 있으므로, 성실성 추정이 배제되는 사유는 인정하지 않아야 할 것이다.

2) 세무조사권을 남용받지 않을 권리[204]

과세관청은 세무조사를 하는 경우 적정하고 공평한 과세를 실현하기 위하여 필요한 최소한의 범위에서만 세무조사를 하여야 하며, 다른 목적 등을 위하여 조사권을 남용해서는 안 된다[국기법 §81의3; 지기법 §80].

그러므로 과세목적 외에 정치적 이유 등 다른 목적으로 세무조사를 실시한 사실이 확인되는 경우에는 세무조사의 정당성은 부인될 것이다. 하지만 이는 대부분 세무조사 대상선정과정에 대한 세부적인 내용이 공개되지 않으므로 제대로 확인할 수 없어 세무조사의 남용을 금지하는 선언적인 규정이 되고 있다.

또한, 세무조사가 설사 적정한 목적이라고 하더라도 다음과 같은 경우가 아니라면 '같은 세목'이나 '같은 과세기간'에 대하여 중복하여 재조사再調査를 할 수 없다[국기법 §81의4②: 지기법 §80②].

① 조세탈루의 혐의를 인정할 명백한 자료가 있는 경우

② 거래상대방에 대한 조사가 필요한 경우

---

204) 세무조사의 기본원칙 중 하나로, 김대중 정권시기인 2001년 방송·신문 등 언론사에 대한 국세청의 일제 세무조사 이후 여·야 간 정치적 세무조사 등의 조사권남용에 관한 논란을 거쳐 2002년 12월 입법화되었다.

③ 2개 이상의 과세기간(사업연도)과 관련하여 잘못이 있는 경우

④ 「국세기본법」[§65①⑶단서] · [§81의15⑤⑵단서]와 「지방세기본법」[§88⑤⑵단서] · [§96①
⑶단서]에 따른 재조사 결정에 따라 조사를 하는 경우(「결정서」 주문에 기재된 범위의 조
사에 한정한다)

⑤ 납세자가 세무공무원에게 직무와 관련하여 금품을 제공하거나 금품제공을 알선한
경우

⑥ 「국세기본법」[§81의11③] · 「지방세기본법」[§84의3③]에 따른 부분조사를 실시한 후 해
당 조사에 포함되지 아니한 부분에 대하여 조사하는 경우

⑦ 부동산투기 · 매점매석 · 무자료거래 등 경제질서 교란 등을 통한 탈세혐의가 있는 자
에 대하여 일제조사를 하는 경우

⑧ 과세관청 외의 기관이 직무상 목적을 위해 작성하거나 취득해 과세관청에 제공한 자
료의 처리를 위해 조사하는 경우

⑨ 국세 · 지방세 등 조세 환급금의 결정을 위한 확인조사를 하는 경우

⑩ 「조세범 처벌절차법」[§2⑴]에 따른 조세범칙행위의 혐의를 인정할 만한 명백한 자료
가 있는 경우(만약 해당 자료에 대하여 「조세범 처벌절차법」[§5①⑴]에 따라 「조세범칙조사심
의위원회」가 조세범칙조사의 실시에 관한 심의를 한 결과 조세범칙행위의 혐의가 없다고 의결한
경우에는 조세범칙행위의 혐의를 인정할 만한 명백한 자료로 인정하지 아니한다)

3) 공정한 세무조사 선정을 받을 권리

① 세무조사 선정기준의 객관성을 요구할 권리

납세자는 과세관청이 세무조사 대상을 선정할 때 정기적으로 신고내용의 적정성을 검증
하기 위한 '정기선정'과 조세탈루 사실을 검증하기 위한 '수시선정'에 따라 객관적인 기준에
따라 공정하게 선정될 권리가 있다[국기법 §81의6; 지기법 §82].

세무조사의 '정기선정'은 과세관청이 정기적으로 신고의 적정성을 검증하기 위하여 납세
자가 다음 중 하나에 해당하는 경우 세무조사 대상으로 할 수 있다. 이 경우 세무공무원은
객관적 기준에 따라 공정하게 그 대상을 선정하여야 한다.

(i) 국세청장이 납세자의 신고 내용에 대하여 과세자료, 세무정보나 「주식회사의 외부
감사에 관한 법률」에 따른 감사의견, 외부감사 실시내용 등 회계성 실도자료 등을
고려하여 정기적으로 성실도를 분석한 결과 불성실 혐의가 있다고 인정하는 경우

(ii) 최근 4과세기간 이상 같은 세목의 세무조사를 받지 아니한 납세자에 대하여 업종,
규모, 경제력 집중 등을 고려하여 납세자의 이력이나 세무정보 등을 고려하여 국세

청장이 정하는 기준에 따라 신고 내용이 적정한지를 검증할 필요가 있는 경우

(iii) '무작위추출방식'無作爲抽出方式으로 표본조사를 하려는 경우

한편, '정기선정' 사유 이외에 과세관청은 다음에 해당되는 납세자를 세무조사 대상으로 '수시선정'으로 조사대상을 선정할 수 있다.

(i) 신고내용에 탈루나 오류의 혐의를 인정할만한 명백한 자료가 있는 경우[205]

(ii) 납세자에 대한 구체적인 탈세제보가 있는 경우

(iii) 무자료거래, 위장·가공거래 등 거래내용이 사실과 다른 혐의가 있는 경우(국세에 한한다)

(iv) 납세자가 세법에서 정하는 신고, 「성실신고확인서」의 제출, 세금계산서·계산서의 작성·교부·제출, 「지급명세서」의 작성·제출 등의 납세협력의무를 이행하지 아니한 경우(국세에 한한다)

(v) 납세자가 지방세관계법에서 정하는 신고·납부, 담배의 제조·수입 등에 관한 장부의 기록과 보관 등 납세협력의무를 이행하지 아니한 경우(지방세에 한한다)

(vi) 납세자가 세무조사를 신청하는 경우(지방세에 한한다)

이처럼 납세자에 대한 세무조사를 실시함에 있어서 대상자를 선정할 때는 객관적인 기준에 따라 공정하게 이뤄져야 하며, 이를 위해서는 세무조사의 선정기준을 공개할 수 있어야 한다.

한편 국세에 관한 세무조사에 있어서는 일정규모 이하의 영세사업자와 장부기장 등 일정한 협력의무를 이행한 사업자에 대해 '수시선정' 대상에서 제외하도록 하고 있다.

즉 업종별 수입금액이 개인의 경우 간편장부대상자[소법 §160③], 법인의 경우 법인의 수입금액(과세기간이 1년 미만인 경우에는 1년으로 환산한 수입금액을 말한다)이 1억원 이하인 자로서, 장부 기록 등이 다음과 같은 요건을 충족하는 사업자에 대하여는 수시선정에 의한 세무조사를 하지 아니할 수 있다.

하지만 객관적인 증거자료에 의하여 과소신고한 것이 명백한 경우에는 그러하지 아니다.

(i) 모든 거래사실이 객관적으로 파악될 수 있도록 복식부기방식으로 장부를 기록·관리할 것

(ii) 과세기간 개시 이전에 「여신전문금융업법」에 따른 신용카드가맹점으로 가입하고

---

205) 「국세기본법」에서 정한 세무조사대상 선정사유에 해당하지 아니함에도 세무조사대상으로 선정하여 과세자료를 수집하고 그에 기하여 과세처분을 하는 것은 적법절차의 원칙을 어기고 구 「국세기본법」 제81조의5와 제81조의3 제1항을 위반한 것으로서 특별한 사정이 없는 한 그 과세처분은 위법하다(대법원 2014.6.26. 선고, 2012두911 판결 참조).

해당 과세기간에 발급거부나 사실과 달리 발급하지 아니할 것(현금영수증가맹점으로 의무가입 사업자만 해당한다)

(iii) 과세기간 개시 이전에 「조세특례제한법」[§126의3]에 따른 현금영수증가맹점으로 가입하고 해당 과세기간에 발급거부나 사실과 달리 발급하지 아니할 것(현금영수증가맹점으로 의무가입 사업자만 해당한다)

(iv) 사업용계좌[소법 §160의5]를 개설하여 사용할 것(개인인 경우만 해당한다)

(v) 업종별 평균수입금액 증가율 등을 고려하여 국세청장이 정하여 고시하는 수입금액 등의 신고기준에 해당할 것

(vi) 해당 과세기간의 법정신고·납부기한 종료일 현재 최근 3년간 조세범으로 처벌받은 사실이 없을 것

(vii) 해당 과세기간의 법정신고·납부기한 종료일 현재 국세의 체납사실이 없을 것

한편, 지방세에서는 세무조사의 선정 제외대상에 대하여 따로 정하고 있지 않다.

② 통합조사를 받을 권리

과세관청이 세무조사를 실시할 때는 납세자의 사업과 관련하여 세법에 따라 신고·납부 의무가 있는 세목을 통합하여 실시하여야 한다. 이는 납세자의 사업의 편의와 조사로 인한 부담을 덜어주기 위한 것이다.

하지만 다음에 해당하는 경우에는 특정한 세목만을 조사할 수 있다[국기법 §81의11; 지기법 §84의3].

(i) 세목의 특성, 납세자의 신고유형, 사업규모 또는 세금탈루 혐의 등을 고려하여 특정 세목만을 조사할 필요가 있는 경우

(ii) 조세채권의 확보 등을 위하여 특정 세목만을 긴급히 조사할 필요가 있는 경우

(iii) 그 밖에 세무조사의 효율성이나 납세자의 편의 등을 고려하여 특정 세목만을 조사할 필요가 있는 경우

한편 다음 중 하나에 해당하는 경우에는 일정한 사항을 확인을 위하여 필요한 부분에 한정한 '부분조사'를 실시할 수 있다.

(i) 결정·경정 등의 청구에 대한 처리, 조세환급금의 결정을 위하여 확인이 필요한 경우

(ii) 불복청구 의결에 따른 재조사 결정에 따라 사실관계의 확인 등이 필요한 경우

(iii) 거래상대방에 대한 세무조사 중에 거래 일부의 확인이 필요한 경우

(iv) 납세자에 대한 구체적인 탈세 제보가 있는 경우로서 해당 탈세 혐의에 대한 확인이 필요한 경우

(ⅴ) 명의위장, 차명계좌의 이용을 통하여 세금을 탈루한 혐의에 대한 확인이 필요한 경우

(ⅵ) 그 밖에 세무조사의 효율성이나 납세자의 편의 등을 고려하여 특정 사업장, 특정 항목 또는 특정 거래에 대한 확인이 필요한 경우로서, 법인이 주식을 시가보다 높거나 낮은 가액으로 거래하거나 「법인세법 시행령」[§88①⑧⑧의2]의 자본거래로 인하여 해당 법인의 특수관계인인 다른 주주 등에게 이익을 분여分與하거나 분여받은 구체적인 혐의가 있는 경우로서 해당 혐의에 대한 확인이 필요한 경우나 무자료거래, 위장·가공 거래 등 특정 거래 내용이 사실과 다른 구체적인 혐의가 있는 경우로서 조세채권의 확보 등을 위하여 긴급한 조사가 필요한 경우

하지만 설사 (ⅲ)~(ⅵ)에 해당하는 사유로 인한 부분조사라 하더라도 같은 세목이나 같은 과세기간에 대하여 2회를 초과하여 실시할 수 없다.

4) 세무조사 사전통지받고 연기신청을 할 권리

① 사전통지받을 권리

납세자는 세무공무원이 납세자의 장부 등을 세무조사 하는 경우 조사를 시작하기 15일 전까지 조사대상 세목·조사기간·조사사유 등 세무조사에 관한 사항을 사전에 통지를 받을 권리가 있다[국기법 §81의7; 지기법 §83].

하지만 사전에 알릴 경우 증거인멸 등으로 세무조사의 목적을 달성할 수 없다고 인정되는 경우에는 사전통지를 생략될 수 있다.

납세자가 만약 과세관청의 세무조사 사전통지를 받지 아니하고 세무조사를 받는 경우에는 세무조사를 개시할 때 사전통지 사항, 사전통지를 하지 아니한 사유 등이 포함된 「세무조사통지서」를 세무조사를 받을 납세자에게 교부하여야 한다. 만약 납세자가 세무조사 대상이 된 사업을 폐업한 경우, 납세자가 납세관리인을 정하지 아니하고 국내에 주소나 거소를 두지 아니한 경우, 납세자나 납세관리인이 세무조사통지서의 수령을 거부하거나 회피하는 경우 등의 경우에는 교부하지 않을 수 있다.

세무조사의 사전통지는 납세자의 청문권hearing을 보장하는 과세전적부심사청구제도와 함께 가장 핵심적인 납세자권리 보장제도의 하나이다.

그럼에도 과세관청이 세무조사 사전통지하면 조사목적을 달성할 수 없다고 판단하면 사전통지를 생략해도 가능하도록 한 것은 납세자권리 보호에 중대한 허점이 생길 수 있으므로, 조세범칙조사나 국세청장의 사전 승인을 받는 특별한 사정이 있는 경우에만 생략할 수 있도록 엄격히 제한해야 한다.**206)**

---

206) 세무조사 절차에 있어서 납세자의 권리를 규정하면서 과세관청의 임의에 맡기는 예외규정을 두는 것은 그 권

② 연기신청을 할 권리

납세자는 세무조사의 사전통지를 받고 다음과 같은 사유로 조사를 받기 곤란한 경우 세무관서장에게 세무조사 연기신청서[별지 제55호 서식]로 조사를 연기해 줄 것을 신청할 권리가 있다[국기법 §81의7: 지기법 §83].

(i) 화재, 그 밖의 재해로 사업상 심각한 어려움이 있을 때

(ii) 납세자나 납세관리인의 질병·장기출장 등으로 세무조사가 곤란하다고 판단될 때

(iii) 권한 있는 기관에 장부, 증거서류가 압수되거나 영치되었을 때

(iv) (i)~(iii)의 규정에 준하는 사유가 있을 때

연기신청을 받은 관할 세무관서의 장은 연기신청 승인 여부를 결정하고 그 결과를 조사개시 전까지 통지하여야 한다.

5) 「납세자권리헌장」을 교부받고 그 권리를 보장받을 권리

① 제정과 교부받을 권리

국세청장과 지방자치단체의 장 등 과세관청은 「납세자권리헌장」[207]을 행정규칙(고시)나 조례로 제정하고 세무조사를 하거나 사업자등록증을 발급하는 때 등에 납세자에게 내주어야 한다[국기법 §81의2: 지기법 §76].

「납세자권리헌장」納稅者權利憲章, taxpayer's right charter은 납세의무를 지는 납세자가 과세관청에 대하여 주장할 수 있는 권리를 담은 선언문이다.

본질적으로 '헌장'의 형식은 권리의 주체가 상대방을 향하여 하는 주체적主體的 선언문이 되어야 하므로 납세자가 그 권리를 선언하고 과세관청이 수용하는 형식이 되어야 할 것이다.

하지만 납세자권리를 침해할 우려가 있는 과세관청이 납세자의 권리를 선언하는 형식을 취하고 있어 과세관청의 행정방침을 정하고 이를 공개하는 형식을 취하고 있다.

세법은 세무조사에서 납세자권리 규정을 새로이 도입하면서 과세관청으로 하여금 「납세자권리헌장」을 제정하게 하면서[208] 국세청장과 지방자치단체의 장은 행정규칙(고시)나 조

리에 관한 규정을 두지 않는 것과 동일하다. 세무조사 사전통지는 「국세기본법」 제81조의7에 근거한 것이기는 하나 일종의 '처분의 사전(예정)통보' 성격으로 그 자체가 불복의 대상이 되는 처분은 아니므로 불복청구대상이 아닌 걸로 판단하는 심판결정을 한 예를 보면 더욱 심각하다(조심 2017.5.23. 선고, 2017서1366 결정).

207) 지방세(1997.8.30. 지기법 §65), 관세(2000.12.29. 관세법 §110)도 「납세자권리헌장」이 도입되었으며, 내용은 국세청장이 제정한 「납세자권리헌장」과 거의 유사하다. 국세청장이 제정한 「납세자권리헌장」은 1997.1.24. 국세청에 11명의 민간전문가와 공무원으로 구성된 「납세자권리헌장 제정위원회」가 설치되어 실무작업반의 시안을 놓고 각계 의견과 외국사례를 참고하여 심의하여 처음 제정되었다(「국세청 고시」 제1997-16호, 1997.6.30. 제정). 이후 2007.3.2. 헌장 중 제4호(세무조사 연기시의 통지받을 권리), 제8호(위법·부당한 과세를 받을 우려가 있는 경우 처분전 구제받을 권리)를 추가하는 등 「국세기본법」 내용을 반영하여 10여년 만에 개정(제2007-6호, 2007.3.2. 제정)하였고, 2018년 다시 「국세청 고시」 제2018-1호로 전면개정하였다.

례로 제정하여 세무조사를 하거나 사업자등록증을 발급하는 때 등의 경우 납세자에게 내주도록 하였다.

국세청은 1997년 국세청 훈령으로 「납세자권리헌장」을 처음 제정한 이후[209] 개정세법에서 새로이 규정한 납세자권리 관련 규정을 담아 2007년 1차 개정한 이후 2018년에 추가입법된 세무조사 절차내용을 반영하여 2차 개정하였다.

하지만 두 번의 「납세자권리헌장」 개정과정에서 독립적인 기구와 전문가가 참여하여 조세원리에 바탕을 둔 충실한 검토를 거쳐 만든 것이 아니라 과세관청 내부의 필요에 따라 작성되었고, 그 내용도 세법규정을 피동적으로 담는 정도에 그쳐 납세자의 포괄적인 기본권과 구체적인 권리행사에 따른 방법을 제대로 담지 못했다.

이처럼 세무조사와 관련한 「납세자권리헌장」의 제정과 운용형식에 따르는 경우 납세자에게 권리의식을 높여 납세자권리를 주장하고 과세관청으로 하여금 적정절차를 지켜 납세자권리를 실질적으로 보장하는 제도적 장치는 될 수 없게 된다.[210]

② 「납세자권리헌장」의 납세자권리를 보장받을 권리

국세청장과 지방자치단체의 장은 「납세자권리헌장」에서 정한 납세자권리를 납세자가 보장받을 수 있도록 해야 한다.

국세청장과 지방자치단체의 장이 제정한 「납세자권리헌장」은 납세자의 기본권과 권익에 관한 내용과 실제로 납세자가 보호받을 구체적인 내용을 선언하지 못하고, 대부분 세법에서 강행규정으로 정한 세무조사의 절차에 따른 납세자의 권리를 다시 담는 형식을 취하고 있다.

그 내용 범주도 신고·납부 등 조세절차와 관련한 세무행정상 납세자권리에 관한 '일반선언'이 아니라 대부분 '세무조사'와 관련한 권리에 국한된 것임에도 이를 표시하지 않고 있다.

납세자권리에 관한 일반 선언이 되려면 조세절차에서 납세자에게 보장되어야 하는 납세

---

208) 국세에 이어 지방세(1997.8.30. 지방세법 §65), 관세(2000.12.29. 관세법 §110)에서도 「납세자권리헌장」이 도입되었으며, 내용은 국세청장이 제정한 「납세자권리헌장」과 거의 유사하다.

209) 우리나라의 「납세자권리헌장」은 1997.1.24. 국세청에 11명의 민간전문가와 공무원으로 구성된 「납세자권리헌장 제정위원회」가 설치되어 실무작업반의 시안을 놓고 각계 의견과 외국사례를 참고하여 심의하여 처음 제정되었다(「국세청고시」 제1997-16호, 1997.6.30. 제정). 이후 2007.3.2. 헌장 중 제4호(세무조사 연기시의 통지받을 권리), 제8호(위법·부당한 과세를 받을 우려가 있는 경우 처분전 구제받을 권리)를 추가하는 등 「국세기본법」 내용을 반영하여 10여년 만에 개정(제2007-6호, 2007.3.2. 제정)하였고, 2018년 다시 「국세청 고시」 제2018-1호로 전면개정하였다.

210) 과세관청은, 「납세자권리헌장」의 경우 납세자에게 한번 더 납세자의 권리보호사항을 알게 하기 위한 것이므로 세무조사의 적법성에 문제가 없는 한 「납세자권리헌장」의 교부여부는 조사의 효력에 영향이 없다고 판단하고 있다(국세청 서삼 46019-11588, 2003.10.10.; 서면1팀-1108, 2007.8.7.).

자권리의 기초적 내용을 모두 포함되어야 할 것이다.

　우선 납세자와 과세관청은 기본적으로 조세채무관계에 따라 서로 대등한 법적 지위를 가진 것과 납세자가 정당한 납세액 이상을 지불하지 않을 권리인 '절세권'[211]이나 조세절차에 있어 '사생활을 보장받을 권리' 등 중요한 납세자권리가 대부분 언급조차 되지 못하고 있다.

　이와 같은 「납세자권리헌장」의 내용과 형식은 세법상 규정을 옮겨놓은 것에 불과하여 입법되지 않은 납세자권리가 조세행정에서 어떻게 취급되고 있는 지를 잘 보여준다

| 국세청장이 제정한 납세자권리헌장 |

납세자권리헌장

납세자의 권리는 헌법과 법률에 따라 존중되고 보장됩니다.

납세자는 신고 등의 협력의무를 이행하지 않았거나 구체적인 조세탈루 혐의가 없는 한 성실하다고 추정되고 법령에 의해서만 세무조사 대상으로 선정되며, 공정한 과세에 필요한 최소한의 기간과 범위에서 조사받을 권리가 있습니다.

납세자는 증거인멸의 우려 등이 없는 한 세무조사 기간과 사유를 사전에 통지받으며, 사업의 어려움으로 불가피한 때에는 조사의 연기를 요구하여 그 결과를 통지받을 권리가 있습니다.

납세자는 세무대리인의 조력을 받을 수 있고 명백한 조세탈루혐의 등이 없는 한 중복조사를 받지 아니하며, 장부·서류는 탈루혐의가 있는 경우로서 납세자의 동의가 있어야 세무관서에 일시 보관될 수 있습니다.

납세자는 세무조사 기간이 연장 또는 중지되거나 조사범위가 확대될 때, 그리고 조사가 끝났을 때 그 사유와 결과를 서면으로 통지받을 권리가 있습니다.

납세자는 위법·부당한 처분 또는 절차로 권익을 침해당하거나 침해당할 우려가 있을 때 그 처분의 적법성에 대하여 불복을 제기하여 구제받을 수 있으며, 납세자보호담당관과 보호위원회를 통하여 정당한 권익을 보호받을 수 있습니다.

납세자는 자신의 과세정보에 대해 비밀을 보호받고 권리행사에 필요한 정보를 신속하게 제공받을 수 있으며, 국세공무원으로부터 언제나 공정한 대우를 받을 권리가 있습니다.

국　세　청　장

---

* 자료 : 국세청 고시 제2018-1호, 2018.2.1.

---

211) 미국, 영국, 호주, 캐나다 등 외국의 「납세자권리헌장」은 납세자가 '최소한의 세금으로 조정할 권리'를 명시하고 있다.

6) 세무조사에서 전문가의 도움을 받을 권리

납세자는 조세범칙조사나 세무조사를 받는 경우에 세무사, 공인회계사, 변호사로 하여금 조사에 참석하게 하거나 의견을 진술하게 할 수 있다[국기법 §81의5: 지기법 §81].

이는 세무조사에 있어 전문가의 도움을 받을 권리는 단순한 조력助力을 받을 권리일 뿐 조세전문가가 납세자를 대신하여 세무조사를 받는 수준의 실질적인 조사대리는 되지 못하고 있다.

또한 세무조사 사전통지를 할 때도 세무조사에서 전문가의 도움을 받을 수 있다는 사실을 명시하여야 하며, 과세관청에 등록된 세무사 등 세무대리인이 있는 경우에는 세무대리인에게도 통지해야 할 것이다.[212]

7) 최소기간으로 세무조사를 받을 권리

① 세무조사 최소기간 원칙

납세자가 받는 세무조사는 조사대상 세목·업종·규모, 조사난이도 등을 고려하여 그 세무조사 기간이 최소한이 되도록 하여야한다[국기법 §81의8: 지기법 §84].

특히 조사대상 과세기간 중 연간 수입금액이나 양도가액이 가장 큰 과세기간의 연간 수입금액이나 양도가액이 100억원 미만인 납세자에 대한 세무조사 기간은 20일 이내로 한정한다.

지방세의 경우, 지방자치단체의 장은 조사대상 세목·업종·규모, 조사 난이도 등을 고려하여 세무조사 기간을 20일 이내로 하여야 한다.

② 세무조사 기간의 연장

국세와 지방세에 관한 세무조사를 하는 경우 과세관청은 다음에 해당하면 세무조사 기간을 연장할 수 있다.

(ⅰ) 납세자가 장부·서류 등을 은닉하거나 제출을 지연하거나 거부하는 등 조사를 기피하는 행위가 명백한 경우

(ⅱ) 거래처 조사, 거래처 현지확인이나 금융거래 현지확인이 필요한 경우

(ⅲ) 세금탈루 혐의가 포착되거나 조사 과정에서 「조세범 처벌절차법」·「지방세기본법」에 따른 조세범칙조사를 개시하는 경우

(ⅳ) 천재지변이나 노동쟁의로 조사가 중단되는 경우

---

212) 「세무사법」은 "세무공무원은 제9조에 따라 제출된 신고서·신청서·청구서를 조사할 필요가 있다고 인정되면 해당 세무사에게 조사할 일시와 장소를 알려야 한다."(제10조 조사통지)라고 규정하고 있다. 하지만 「국세기본법」과 「지방세기본법」은 납세자에게만 사전통지하도록 되어있을 뿐 이에 관한 절차를 두고있지 아니하여 납세자 권익보호를 위한 입법개선과 행정집행이 필요하다.

(ⅴ) 납세자보호관·납세자보호담당관이 세금탈루혐의와 관련하여 추가적인 사실 확인이 필요하다고 인정하는 경우

(ⅵ) 세무조사 대상자가 세금탈루혐의에 대한 해명 등을 위하여 세무조사 기간의 연장을 신청한 경우로서 납세자보호관등이 인정하는 경우(지방세의 경우는 신청 자체만으로 연장할 수 있다)

과세관청이 세무조사 기간을 연장할 때는 최초로 연장하는 경우 관할 세무관서의 장, 2회 이후 연장의 경우 관할 상급 세무관서의 장의 승인을 받아야 하며, 각각 20일 이내에서 연장할 수 있다. 지방세의 경우에는 그 사유가 해소되는 날부터 20일 이내로 세무조사 기간을 연장할 수 있다

하지만 국세에 관한 세무조사가 다음에 해당하는 경우에는 기간의 제한이나 세무조사 연장기간의 제한을 받지 아니한다.

(ⅰ) 무자료거래, 위장·가공거래 등 거래 내용이 사실과 다른 혐의가 있어 실제거래 내용에 대한 조사가 필요한 경우

(ⅱ) '역외거래'를 이용하여 세금을 탈루脫漏하거나 국내 탈루소득을 해외로 변칙유출한 혐의로 조사하는 경우

(ⅲ) 명의위장, 이중장부의 작성, 차명계좌의 이용, 현금거래의 누락 등의 방법을 통하여 세금을 탈루한 혐의로 조사하는 경우

(ⅳ) 거짓계약서 작성, 미등기양도 등을 이용한 부동산 투기 등을 통하여 세금을 탈루한 혐의로 조사하는 경우

(ⅴ) 상속세·증여세 조사, 주식변동 조사, 범칙사건 조사나 출자·거래관계에 있는 관련자에 대하여 동시조사를 하는 경우

더구나 이들 세무조사 기간의 연장 사유에 대한 판단은 전적으로 과세관청에 맡기고 있어 세무조사 기간의 연장에 법적 제약요인이 없는 실정이다.

③ 세무조사의 중지대상 제한

세무공무원은 다음의 사유로 세무조사를 진행하기 어려운 경우에는 세무조사를 중지할 수 있다. 그 중지기간은 세무조사 기간이나 세무조사 연장기간에는 포함하지 아니한다.

(ⅰ) 세무조사 연기신청 사유에 해당하는 사유가 있어 납세자가 조사중지를 신청한 경우

(ⅱ) 국외 자료의 수집·제출, 상호합의절차 개시에 따라 외국 과세기관과의 협의가 필요한 경우

(ⅲ) 납세자의 소재 불명·해외 출국, 장부·서류 등의 은닉·제출 지연이나 거부, 노동

쟁의 발생 등 사유로 세무조사를 정상적으로 진행하기 어려운 경우

(ⅳ) 납세자보호관·납세자보호담당관이 세무조사의 일시중지를 요청하는 경우

세무공무원은 세무조사의 중지기간 중에는 납세자에 대하여 조세의 과세표준·세액을 결정·경정하기 위한 질문을 하거나 장부나 증명서류의 검사·조사나 그 제출을 요구할 수 없다.

세무조사를 중지한 후 그 중지사유가 소멸하게 되면 즉시 조사를 재개하여야 한다. 하지만 중지사유가 소멸되기 전이라도 조세채권의 확보 등 긴급히 조사를 재개하여야 할 필요가 있는 경우에는 중지사유가 소멸되기 전이라도 세무조사를 재개할 수 있다.

8) 세무조사에 있어 납세자권리를 보호받을 권리

① 과세관청의 장에게 보호받을 권리

국세청장과 지방자치단체의 장은 직무를 수행할 때에 납세자의 권리가 보호되고 실현될 수 있도록 성실하게 노력하여야 한다[국기법 §81의16; 지기법 §77].

이를 위해 국세청에는 납세자 권리보호업무를 총괄하는 「납세자보호관」을 두고, 세무서와 지방국세청에 납세자 권리보호업무를 수행하는 「납세자보호담당관」을 각각 1명을 둔다.

「납세자보호관」은 조세·법률·회계 분야의 전문지식과 경험을 갖춘 사람으로서 세무공무원이나 세무공무원으로 퇴직한 지 3년이 지나지 아니한 사람을 대상으로 공개모집하여 '개방형직위'로 운영한다.

국세청장은 「납세자보호관」과 「납세자보호담당관」이 업무를 수행함에 있어 독립성이 보장될 수 있도록 하여야 하며, 납세자 권리보호 업무의 추진실적 등의 자료를 일반 국민에게 정기적으로 공개하여야 한다.

지방자치단체의 장은 「납세자보호관」을 배치하여 지방세 관련 고충민원의 처리, 세무상담 등 지방세 납세자 권리보호업무를 전담하여 수행하게 해야 한다.

② 「납세자보호위원회」를 통한 권리보호

세무서, 지방국세청과 국세청에는 납세자 권리보호에 관한 사항을 심의하기 위하여 「납세자보호위원회」를 두어야 한다. 또한, 「납세자보호관」은 「납세자보호위원회」 의결사항에 대한 이행여부 등을 감독하여야 한다[국기법 §81의18].

납세자는 세무조사 기간이 끝나는 날까지 세무서장이나 지방국세청장에게 세무조사 기간 연장, 세무조사 범위 확대에 대한 중소규모 납세자의 세무조사 일시중지·중지 요청, 위법·부당한 세무조사, 세무조사 중 세무공무원의 위법·부당한 행위에 대한 납세자의 세

무조사 일시중지나 중지 요청에 관한 사항에 대하여 심의를 요청할 수 있다.

이에 세무서장이나 지방국세청장은 「납세자보호위원회」의 심의를 거쳐 결정을 하고, 요청을 받은 날부터 20일 이내에 납세자에게 그 결과를 통지하여야 한다.

그 결과를 통지를 받은 납세자는 7일 이내에 세무서나 지방국세청의 「납세자보호위원회」 심의를 거친 후 소관 세무서장이나 지방국세청장의 결정에 대하여 국세청장에게 취소나 변경을 요청할 수 있다.

이에 국세청장은 국세청 「납세자보호위원회」의 심의를 거쳐 세무서장이나 지방국세청장의 결정을 취소하거나 변경할 수 있으며, 요청받은 날부터 20일 이내에 그 결과를 납세자에게 통지하여야 한다.

이때 「납세자보호관」이나 「납세자보호담당관」은 납세자의 요청이 있으면 납세자가 세무조사를 기피하려는 것이 명백하지 않는 한 「납세자보호위원회」 심의 전까지 세무공무원에게 세무조사의 일시중지 등을 요구할 수 있다.

만약 심의요청을 받은 「납세자보호위원회」는 그 의결로 세무조사의 일시중지나 중지를 세무공무원에게 요구할 수 있다. 만약 정당한 사유 없이 위원회의 요구에 따르지 아니하는 세무공무원에 대하여는 국세청장에게 징계를 건의할 수 있다.

이 때 심의요청을 한 납세자는 세무서장, 지방국세청장이나 국세청장에게 의견을 진술할 수 있다.

③ 장부나 증명서류를 세무관서에 보관받지 않을 권리

납세자는 세무공무원의 적법한 질문·조사, 제출명령에 대하여 성실하게 협력하여야 하지만, 세무공무원이 세무조사(「조세범 처벌절차법」, 「지방세기본법」에 따른 조세범칙조사를 포함한다)의 목적으로 납세자의 장부나 증명서류를 세무관서에 임의로 보관할 수 없다[국기법 §81의10; 지기법 §84의2].

하지만 조사 목적에 필요한 최소한의 범위에서 납세자, 소지자나 보관자 등 정당한 권한이 있는 자가 임의로 제출한 장부나 증명서류를 납세자의 동의를 받아 세무관서에 일시 보관할 수 있다. 이 경우 세무공무원은 납세자로부터 일시 보관 동의서를 받아야 하고 일시 보관증을 교부하여야 한다.

이렇게 과세관청이 일시 보관하고 있는 장부나 증명서류를 납세자가 반환해달라고 요청한 경우에는 세무조사에 지장이 없다고 판단되면 즉시 반환하고, 보관이 필요한 경우에는 그 반환을 요청한 날부터 14일 이내에 장부나 증명서류를 반환하여야 한다.

만약 과세관청이 조사 목적을 달성하기 위하여 필요한 경우에는 「납세자보호위원회」 심의를 거쳐 한 차례만 14일 이내의 범위에서 보관 기간을 연장할 수 있다.

장부나 증명서류를 반환하는 경우라도 세무공무원은 장부등의 사본을 보관할 수 있으며, 그 사본이 원본과 다름없다는 사실을 확인하는 납세자의 서명이나 날인을 요구할 수 있다.

9) 세무조사 결과를 통지받을 권리

① 세무조사 결과의 전부·일부를 통지받을 권리

세무공무원이 세무조사를 마쳤을 때는 그 조사를 마친 날부터 20일(주소·영업소가 국외에 있고 송달하기 곤란한 경우, 주소·영업소가 분명하지 아니한 경우, 송달할 장소에 없어 등기우편으로 송달하였으나 수취인 부재로 반송되는 경우 등의 경우 40일) 이내에 다음 사항이 포함된 조사결과를 납세자에게 설명하고, 서면으로 통지하여야 한다[국기법 §81의12; 지기법 §85].

(ⅰ) 세무조사한 내용

(ⅱ) 결정·경정할 과세표준·세액과 산출근거

(ⅲ) 세무조사 대상 세목·과세기간

(ⅳ) 과세표준·세액을 결정·경정하는 경우 그 사유

(ⅴ) 관할 세무관서장이 해당 조세의 과세표준·세액을 결정·경정하여 통지하기 전까지 수정신고가 가능하다는 사실

(ⅵ) 과세전적부심사를 청구할 수 있다는 사실

② 세무조사 결과의 부분통지를 받을 권리

세무공무원은 다음에 해당하는 사유로 세무조사 결과통지를 할 기간 이내에 조사결과를 통지할 수 없는 부분이 있는 경우에는 납세자가 동의하는 경우에 한정하여 조사결과를 통지할 수 없는 부분을 제외한 조사결과를 납세자에게 설명하고, 이를 서면으로 통지할 수 있다.

(ⅰ) 「국제조세조정에 관한 법률」이나 조세조약에 따른 국외자료의 수집·제출이나 상호합의절차 개시에 따라 외국 과세기관과의 협의가 진행 중인 경우

(ⅱ) 해당 세무조사와 관련하여 세법의 해석·사실관계 확정을 위하여 기획재정부장관이나 국세청장에 대한 질의절차가 진행 중인 경우

이 경우 상호합의절차 종료, 세법의 해석이나 사실관계 확정을 위한 질의에 대한 회신 등으로 부분통지 사유가 해소된 때에는 그 사유가 해소된 날부터 20일(40일) 이내에 이미 통지한 부분 외에 대한 조사결과를 납세자에게 설명하고, 이를 서면으로 통지하여야 한다. 만약 납세자가 폐업하였다고 해도 임의로 생략할 수 없고 반드시 서면으로 통지해야 한다.

③ 세무조사 결과통지를 생략할 수 있는 경우

국세에 관한 세무조사를 할 때 다음과 같은 경우에는 세무조사 결과에 대한 설명과 결과통지를 생략할 수 있다.

(i) 납세관리인을 정하지 아니하고 국내에 주소·거소를 두지 아니한 경우
(ii) 「국세기본법」[§65①(3)단서, §81의15⑤(2)단서]의 불복절차에서 재조사 결정에 따라 조사를 마친 경우
(iii) 「세무조사결과통지서」의 수령을 거부하거나 회피하는 경우

지방세 세무조사에서는 조사결과를 통지하기 곤란한 경우로서 다음에 해당하면 과세전적부심사청구 대상은 물론 세무조사의 결과통지까지 생략할 수 있도록 함으로써 납세자의 권리가 과도하게 침해되고 있다.

(i) 납기 전 징수[지징법 §22]의 사유가 있는 경우
(ii) 조사결과를 통지하려는 날부터 조세 부과권의 행사기간 만료일이나 조세 징수권의 소멸시효 완성일까지의 기간이 3개월 이하인 경우
(iii) 납세자의 소재가 불명하거나 폐업으로 통지가 불가능한 경우
(iv) 납세관리인을 정하지 아니하고 국내에 주소·영업소를 두지 아니한 경우
(v) 「지방세기본법」[§88⑤(2)단서, §96①(3)단서·§96⑥ 등]의 불복절차에서 재조사 결정에 따라 조사를 마친 경우
(vi) 「세무조사결과통지서」의 수령을 거부하거나 회피하는 경우

세무조사의 결과통지는 세무조사에 있어서 납세자권익을 보호하는 데 매우 중요한 절차이다. 그 통지시기는 세무조사를 마친 날부터 20일 내로 정하고 있다.[213]

하지만 세무조사 기간이 일반적으로 20일 내로 정하는 것에 비하면 세무조사를 마친 후에 통지하여야 할 기간이 지나치게 길어 실질적으로 세무조사의 기간을 연장하는 효과가 생기고, 이런 경우 납세자는 세무조사 기간이 끝나도 정상적인 생활이나 경제활동을 할 수 없게 된다.

그러므로 어떠한 경우에도 예외 없이 대표자 등 임원에게라도 통지하거나 공시송달하도록 의무화하고, 그 통지의 시기도 세무조사의 결과 과세요건사실을 발견하든지 못하든지 간에 조사기간의 만료일과 조사가 사실상 종료된 날 중 빠른 날부터 7일 이내에는 통지해야 납세자가 생활과 사업에 관한 일상을 회복하고 법적 안정을 도모할 수 있을 것이다.

---

213) 세무조사결과통지는 과거에는 결과통지 의무만 있을 뿐 결과통지의 기한이 없어 세무조사 기간이 늘어나는 효과가 있어 통지기간을 두어야 한다는 지적에 따라 2018년부터 세무조사 종결일부터 20일 내로 정해졌다.

10) 과세전 심사를 받을 권리

납세자의 권리구제절차는 납세고지를 기준으로 사전적 권리구제와 사후적 권리구제로 나누어진다.

사전적인 납세자권리 구제수단으로 유일한 제도인 '과세전 적부심사'는 납세자가 과세관청으로부터 과세처분을 받기 전에 재산권을 침해받지 않은 상태에서 과세의 적정성에 대하여 항변하는 제도이다.

과세예고 통지와 과세전 적부심사청구 제도는 과세권자의 과세권에 대하여 사전적으로 납세자권리를 구제하는 절차로서, 납세자권리의 핵심적인 사항인 '사전통지'(notice)와 '공정한 청문'(hearing)을 받을 권리를 구현한 것이다.[214]

이처럼 두 제도는 납세자의 중요하고도 유일한 사전구제절차로서의 기능과 권리구제가 가능한 범위, 납세자의 절차적 권리 침해를 효율적으로 방지하기 위한 통제방법 등을 종합적으로 고려할 때 납세자 고유의 권리로서 반드시 보장해야 한다.

그러므로 만약 과세예고 통지를 받을 권리와 과세전심사청구권을 박탈해야 할 매우 특별한 사정이 없다면, 과세관청은 과세처분에 앞서 필수적으로 이행해야 할 것이다.

만약 과세관청이 임의로 이를 거치지 않고 과세처분을 하였다면 납세자의 절차적 권리를 중대하게 침해한 것으로서 과세처분의 효력마저 부정되는 중대한 절차적 하자로써 당연무효에 해당한다.[215]

세법도 납세자의 사전적 권리구제를 강화하기 위하여 2005년 과세전 적부심사 제도의 대상을 세무조사와 감사결과 부과처분에 한정되던 것을 과세자료에 대한 결정 등 대부분의 과세관청의 결정으로 확대하였고, 청구기한도 20일에서 30일로 연장하였다.

하지만 그 심사는 '과세예고통지를 한 해당 세무관서'에서 '단 1회의 심사'에 그치므로 그 심사의 객관성과 절차에 있어서 충분하다고 볼 수 없다.

그러므로 과세전 적부심사는 상급기관 재심이나 독립적 심사기구를 통한 복수의 심사절차를 도입하는 등 과세 전에 납세자에게 최대한 소명과 심사를 할 수 있는 실효성 있는 사전적 권리구제절차로서 충분한 기능을 수행할 수 있도록 하는 것이 바람직하다.

---

214) 일단 위법·부당한 과세처분이 행해지면 취소·변경된다 해도 과세처분을 행하기 전의 상태로 원상회복하기는 어렵다. 명예나 신용의 실추, 쟁송비용의 부담, 시간과 노력의 낭비 등은 회복할 수 없는 불이익의 전형적인 예이다. 여기에서 사전구제 제도의 존재의의를 찾을 수 있다(김완석, 『납세환경의 개선에 관한 연구』, 한국조세연구소, 2000, p.180).

215) 대법원 2016.4.15. 선고, 2015두52326 판결; 2016.12.27. 선고, 2016두49228 판결 참조.

11) 과세정보에 관한 비밀유지를 받을 권리

과세관청은 납세자가 세법에서 정한 납세의무를 이행하기 위하여 제출한 자료나 조세의 부과·징수를 위하여 업무상 취득한 자료(과세정보)을 타인에게 제공·누설하거나 목적 외의 용도로 사용해서는 안 된다.

하지만 국세·지방세 등 과세정보의 비밀유지의 예외로서 다음의 경우에는 과세관청이 그 사용 목적에 맞는 범위에서 납세자의 과세정보를 제공할 수 있다. 만약 과세관청이 이를 위반해서 과세정보를 제공하도록 요구받은 경우에는 정보제공을 거부해야 한다[국기법 §81의13; 지기법 §86].

(i) 국가행정기관, 지방자치단체 등이 법률에서 정하는 조세, 과징금의 부과·징수 등을 위하여 사용할 목적으로 과세정보를 요구하는 경우

(ii) 국가기관이 조세쟁송이나 조세범 소추訴追를 위하여 과세정보를 요구하는 경우

(iii) 법원의 제출명령이나 법관이 발부한 영장에 의하여 과세정보를 요구하는 경우

(iv) 국세의 경우 세무공무원 간, 지방세의 경우 지방자치단체 간에 조세의 부과·징수, 세무조사, 질문·검사 등에 필요한 과세정보를 요구하는 경우

(v) 통계청장이 국가통계작성 목적으로 과세정보를 요구하는 경우

(vi) 「사회보장기본법」[§3⑵]에 따른 사회보험의 운영을 목적으로 설립된 기관이 관계 법률에 따른 소관 업무를 수행하기 위하여 과세정보를 요구하는 경우

(vii) 국가행정기관, 지방자치단체나 「공공기관의 운영에 관한 법률」에 따른 공공기관이 급부·지원 등을 위한 자격의 조사·심사 등에 필요한 과세정보를 당사자의 동의를 받아 요구하는 경우

(viii) 「국정감사 및 조사에 관한 법률」[§3]에 따른 조사위원회가 국정조사의 목적을 달성하기 위하여 조사위원회의 의결로 비공개회의에 과세정보의 제공을 요청하는 경우 (국세에 한한다)

(viii) 다른 법률의 규정에 따라 과세정보를 요구하는 경우

(ix) 행정안전부장관이 지방세 통합정보통신망 운영, 고액·상습 체납자 공개 등 업무 처리하기 위하여 과세정보를 요구하는 경우(지방세에 한한다)

비밀유지의 예외로서 과세정보의 제공을 정당하게 요구하려는 납세자는 해당 세무관서의 장에게 반드시 문서로 하여야 한다. 이를 통해 과세정보를 제공받은 자는 과세정보의 유출을 방지하기 위한 시스템의 구축 등 과세정보의 안전성 확보를 위한 조치를 하여야 한다.

정당한 요구절차에 따라 과세정보를 제공받아 알게 된 사람은 타인에게 제공·누설하거나 그 목적 외의 용도로 사용해서는 안 된다. 하지만 행정안전부장관이 알게 된 지방세 등

과세정보를 지방세 통합정보통신망을 이용하여 제공하는 경우는 제외한다.

이와 관련해「형법」이나 그 밖의 법률에 따른 벌칙을 적용할 때에는 과세정보를 제공받아 알게 된 사람 중 공무원이 아닌 사람도 공무원으로 본다.

12) 자기 납세정보를 제공받을 권리

납세자나 세무사 등 납세자로부터 세무업무를 위임받은 자가 과세관청에게 납세자 본인의 권리 행사에 필요한 정보를 요구하는 경우 세무공무원은 신속하게 정보를 제공하여야한다[국기법 §81의14; 지기법 §87].

이 때 납세자 본인이 정보 제공을 요구하는 경우, 세무공무원은 납세자 본인의 납세와 관련된 정보 전부를, 납세자로부터 세무업무를 위임받은 자가 요구하는 경우 이 정보 중「개인정보 보호법」[§23]에 따른 민감정보에 해당하지 아니하는 정보를 제공할 수 있다.

납세정보를 요구하는 때에는 주민등록증 등 신분증명서에 의하여 납세자 본인이나 납세자로부터 세무업무를 위임받은 자임을 확인해야 한다. 만약 세무공무원이 정보통신망을 통하여 정보를 제공하는 경우에는 전자서명 등을 통하여 그 신원을 확인한다.

 ## 조세행정의 납세자권리

조세행정은 세법에 따라 조세의 부과·징수 등 일련의 조세정책을 집행하는 과정이다. 하지만 조세행정이 따라야 할 세법은 기본적인 조세절차를 정하고 있을 뿐 상세한 규정을 두고 있지 않다.

세법에 정책적 목적이나 의도까지 상세히 규정하면 양적·질적 팽창을 가져와서 복잡성이 더해지고 상세히 규정한다 해도 사회변동에 탄력적으로 대응하는 데 한계가 있기 때문에 부득이 조세행정에 상당한 재량권을 인정하고 있다.

(1) 행정상 납세자권리헌장

1996년「국세기본법」에 따라 국세청 고시로 제정됨으로써 최초 도입된「납세자권리헌장」은 과세관청이 세무조사를 착수하거나 사업자등록증을 교부하는 경우 납세자에게 교부하게 되어 있다.

「납세자권리헌장」은 조세행정에 있어서 납세자가 보호받아야 하는 납세자의 권리가 있음을 납세자에게 설명하는 형식을 취하고 있다.

하지만 세법과「납세자권리헌장」을 통해 보장되고 있는 납세자권리는 납세자와 과세관청간의 동등한 조세관계에 대한 기본 선언과 납세자의 기본권으로서 절세권, 사생활 보호권, 가산세 경감권 등 중요한 권리가 명시되지 않고, 납세자권리를 침해한 절차와 이에 기초한 처분에 대하여 제재하거나 효력을 제한하는 장치가 결여되어 있으며, 많은 필수적인 사항들이 대통령령 등 하위법령에 폭넓게 위임되고 있다는 비판을 받고 있다.

세무행정에서 과세관청은 세무조사를 할 때마다 「납세자권리헌장」을 교부하고 낭독하는 형식으로 납세자권리의 존재와 법적 보호를 납세자에게 알리게 하였지만, 이에 따라 실제 절차에서 절차위반에 대한 직접적인 항변에 나서는 등 제대로 작동되거나 납세자권리 보호에 활용되지는 못하고 있다.

이러한 현실 때문에 과세관청은 납세자권리를 경시하게 되고 조세 법률관계에 있어 우월한 지위에 있는 과세관청에 비해 열세劣勢한 지위에 있는 납세자는 자신의 권리를 스스로 주장하는 것이 어렵게 된다.

(2) 조사행정에서의 납세자권리

세무조사는 조세신고·부과절차에 있어서 과세요건사실을 확인하는 절차로서 납세자가 성실하게 납세의무를 이행하도록 담보하는 기능을 수행한다.

조세행정에서 납세자권리의 보장에 관한 논의는 조세법과 마찬가지로 대부분 세무조사 절차와 관련되어 있다. 조세탈루의 혐의가 명백하여 조세범칙조사를 하는 경우가 아님에도 세무조사 절차를 납세자가 예측할 수 없게 과세관청이 일방적으로 집행하거나 세무조사의 실적을 독려하기 위하여 조사실적으로 세무공무원이나 기관평가를 하게 되면 정상적인 세무조사제도가 왜곡되어 운영되고 납세자의 권리가 심각하게 침해될 우려가 크다.[216]

하지만 세법에서 정한 납세자권리 규정은 과세관청이 현실적인 필요에 의하여 몇 번의 공청회를 거쳐 입법화한 후에도 많은 입법개선을 통해 변모되어 왔지만, 모두 단편적인 변화에 불과해 상세하고도 실효성 있는 납세자권리 보호의 제도적 장치가 마련되었다고 보기 어렵다.

이에 따라 프랑스·미국 등 선진 외국에 비하여 세법상 세무조사 등 조세절차에 관한 법규는 내용이 상세하지 않고 재량권이 지나치게 넓어 조세절차에 관한 규정이 미흡하다.

또한 외형적인 절차 법규에서 뿐만이 아니라 조세행정에서의 실질적인 납세자권리 보장 수준도 걸음마 단계라 할 수 있다.[217]

---

216) 2007.5.18. 한국세정신문 ; 매 분기 전국 세무관서를 대상으로 실시하는 심사분석에서 조사성과 평가항목 중 중요 탈루소득 적출, 추징세액에 대하여는 일정 이상 가중치를 부여하는 등 강화된 세무조사 활동을 예고하고 있다.

217) 미국은 세무조사에서 녹음권Right of audio-recording을 보장하고 세무조사 대리인 의뢰시 일반조사에서는 본

이 때문에 세무조사 행정에서 납세자와의 다툼이 자주 일어나고 있지만 절차적 하자를 이유로 과세처분이 취소되는 경우는 매우 드물고[218] 더구나 조사공무원이나 과세관청의 책임을 묻는 사례는 더욱 찾아보기 어렵다.

이와 더불어 과세관청은 세무조사 절차상의 문제점을 인식하고 해소하기 위하여 세무조사를 중심으로 한 행정개혁작업을 통해 다양한 행정상 세무조사 관련 제도를 도입해 시행하고 있다.

즉 조사공무원의 업무집행지침인 「조사사무처리규정」을 전면 개정하고,[219] 조세범칙조사와 마찬가지로 영장없이 장부와 증명서류의 수색과 압수를 하는 등 조사방법으로 조사권의 남용수단으로 비판받던 '특별조사'를 폐지하여 '심층조사'로 개편하고[220] 수시선정 등 세무조사의 대상도 대폭 축소하였다.

또 조사대상 선정의 객관성과 투명성을 높이기 위해 「국세행정개혁위원회」를 설치하여 매년 세무조사 대상의 선정기준과 중점관리방향 등을 정해 공개하고 있다.

조사 집행에 있어서는 조사조직을 통제하고 납세자의 고충을 청취하는 기능을 담당하는 「조사상담관」을 두고, 부실과세를 방지하기 위해 「과세쟁점자문위원회」를 운영하는 등 세무조사를 통제하고 재량권을 제한하기 위한 다양한 시도를 하고 있다.

| 행정상 세무조사 제도의 연혁 |

구분	시기	시행 사유	시행 내용	평가
조사 전담조직	1999.10.	조사기능 강화, 세원관리와 조사조직 상호견제	대규모 조사부서 신설(총원의 30% 조사조직 근무)	조사조직 비효율로 축소진행(세수의 3%만 조사로 충당)

인 입회는 요구받지 않을 수 있도록 하는 한편(IRC §7521) 이의신청 등으로 과세취소되는 경우 쟁송비용을 보상하도록 명시(IRC §7433)하는 등 세무조사 제도와 관련된 납세자권리에 관한 규정은 내용과 실질보장 측면에서 우리와 상당한 차이가 있다.

218) 김민훈(2005), 앞의 논문, p.223 : 만약 사인에게 적법절차에 의해서만 처분을 받는다는 의미에서의 절차적 권리가 있다면 절차위반은 당연히 권리침해로서 처분의 취소나 무효사유가 되는 것이며, 절차는 단순히 처분의 내용의 공정성을 담보하는 것일 뿐 그 자체 독립적인 절차적 권리가 생긴 것이 아니라고 본다면 절차위반은 당연히 처분의 효력에 영향을 미치지 아니한다.

219) 과세관청은 대부분의 세무조사 절차를 「조사사무처리규정」등 행정규칙을 기준으로 운영해 왔다. 2001년 언론사 일제 세무조사 이후 「조사사무처리규정」을 비공개로 전환하여 전면개정한 후 2006년 3월 일부 내용을 제외하고 재공개한다고 발표하였다. 납세자와 과세관청의 상호작용일 수밖에 없는 세무조사 절차에서의 납세자권리를 행정규칙으로 정하고 공개·비공개를 스스로 결정하고 있다.

220) 국세청은 2003년 5월 '세무조사개혁안'을 발표하면서 그동안 사전통지의 생략, 장부의 임의예치 등으로 납세자에게 불편과 불안감을 주었던 특별조사를 일반조사로 대체하여 세법이 정한 질문조사권의 범위에서 납세자의 협조를 얻어 장부와 서류를 제시하도록 하는 방법으로 과세증거를 확보한다고 밝혔으나, 이후에 명칭만 심층조사로 변경되었을 뿐 종전과 같이 영장 없이 임의제출의 형식으로 장부의 예치를 그대로 실시하고 있다.

구분	시기	시행 사유	시행 내용	평가
조사조직 비노출운용	2003.4.	조사조직 노출로 조사의 독립성 유지와 청탁배격 곤란	조사조직의 인사 비공개, 방문 통제	형식적 비공개, 공개된 관리자에 청탁 소지로 폐지
특별세무조사 폐지	2003.8.	예치, 사전통지 생략 등 조사권 남용방지	특별조사 폐지, 심층조사제도 도입	특별조사와 다름없는 조사방법 등 운용
조사상담관	2003.8.	조사조직의 조사권 남용, 피조사 납세자의 권익침해 우려	지방청단위 상담관 배치, 공식적 접촉창구 일원화	외부인사 참여배제, 독립성 결여
국세행정 실명제	2004.1.	공무원의 책임감 확보 납세자권익 침해소지 억제	조사복명서 적출항목에 조사관 실명을 기재	형식적 운영으로 책임의식 확보 미흡
지도조사	2005.6.	탈루세액 추징 목적의 부정적 조사 이미지 탈피	창업중소기업 대상 지도·상담 등 세무컨설팅 조사	중복조사금지 적용상 난점, 실효성 미흡
과세쟁점 자문위원회	2005.9.	조사·자료처리시 부실과세 방지위한 사실판단 등 과세	지방청·세무서에 설치운영	납세자참여 제외, 내부심의 한계, 활용미흡
조사대상선정 자문위원회	2006.9.	조사업무 객관성·합리성 제고	외부전문가 위촉으로 세무조사업무에 대한 자문	정부 조사지침에 대한 정당성 부여 (「국세행정개혁위원회」로 통합)
조사인력 풀pool제	2007.3.	조사공무원의 전문성·객관성 확보	분야별 전문조사원 수시 배치운영	형식적 운영, 실효성 저하
「그린북」 제도	2008.5.	납세자에게 신뢰받을 수 있도록 세무조사 절차쇄신	세무조사오리엔테이션, 컨설팅조사 도입, 「그린북」[221]에 의한 조사절차	절차상 번거로움으로 조사공무원의 실천의지· 실행 미흡
납세자보호 위원회 (법제화)	2008.5.	위법·부당한 세무조사절차의 통제, 납세자고충처리	세무조사의 범위 ·기간연장의 통제	세무조사 남용에 일정한 효과, 형식적 운영
세법해석 사전답변제도	2008.10.	납세자의 예측가능성 보장, 과세상 불확실성 제거	특정한 거래의 과세여부 유권해석, 신의칙 보호	납세자에 불리한 세법해석 과다발생 소지
납세자보호관 (법제화)	2009.7.	납세자 권익보호 강화, 세무조사의 객관성 확보	세무조사의 중지명령권, 납세자권익보호 총괄수행 외부인사 발령	독립된 옴부즈만 아닌 공무원 조직으로 독립성 결여

221) 국세청이 2008.5월 도입한 「그린북」Green Book은 세무조사 착수에서 종결까지 모든 세무조사 진행과정에 대하여 조사공무원, 조사받는 납세자에 대한 세무조사 가이드북으로, 납세자에게 세무조사 선정방법, 납세자를 배려하기 위한 각종 제도, 조사단계별 준비하여야 할 사항, 권리구제 방법 등을 상세히 설명하고 있으

구분	시기	시행 사유	시행 내용	평가
성실납세협약제	2011.1.	성실납세 담보, 세무위험과 불확실성 제거	성실납세이행협약을 체결한 법인은 3년간 정기세무조사 면제 (수평적성실납세협약)	중소기업등 대상 확대, 대안수준되도록 법적 근거 필요
사후검증제도	2013.1.	세무조사 대상 아닌 신고내용의 신속한 검증, 성실신고 유도	세무조사대상 외 변형된 세무조사로 운영 ('13년 10만건, '15년 3만건)	사실상 세무조사, 납세자권익 침해 ('18년 신고검토제로 변경)

이처럼 과세관청이 세무조사 제도의 객관성을 유지하고 납세자권리를 보호하고자 다양한 행정상 제도를 도입하여 시행하는 것은 매우 고무적인 것이지만 그 효과는 높지 않았다.

이는 정책운용이 지속적이지 못하고 한시적이며 법적 강행규정이 없어, 과세권을 통한 조세수입 확보를 주된 임무로 하는 세무공무원은 과세권이 침해되지 않는 범위에서만 소극적으로 집행하기 때문이다.

한편 세무조사를 할 때 구체적인 절차 집행을 「조사사무처리규정」에 의존하게 되면, 제도를 아무리 개선해도 실효성은 없고 형식적 운영에 그치기 쉬운 것은 물론 강제력이 없어 궁극적으로 납세자권리를 보호할 수 없다.

그간 과세관청이 세무조사 제도의 개혁을 위해 많은 노력을 기울였음에도 납세자권리를 제대로 보장하거나 객관성을 확보하지 못한 것으로 평가되는 주요한 원인은 법적 근거를 갖춘 제도적 절차의 도입과 확충보다는, 전시적이고 임의적으로 운영되기 쉬운 행정적 방안에 매달렸기 때문이다.

(3) 세법해석에서의 납세자권리

세법은 그 해석·적용에 있어서 납세자의 재산권이 부당히 침해되지 아니하도록 하기위해 '의심스러울 때는 납세자의 이익으로'라는 '납세자이익주의'納稅者利益主義를 추구하고 있다.

그럼에도 세법의 해석권을 가진 정부는 조세행정에 있어서 대부분 세법에 대한 국고주의적인 해석으로 '의심스러운 경우에는 국고의 이익'으로 해석하는 경우가 많다.

법률의 제정자나 납세자와는 아무런 논의도 없이 기본통칙과 예규 등 행정해석을 통해

며 조사공무원에게는 법령에 규정된 각종 조사절차와 권리사항을 제시하여 조사공무원이 법령, 훈령에 정해진 조사절차를 준수하고 있는지 납세자 스스로 점검할 수 있도록 진행단계별 체크리스트를 수록하여 세무조사절차의 적정한 준수를 안내하고 있다.

자기의 잣대로 과세의 근거로 삼을 뿐만 아니라, 심지어는 이의신청, 심사청구는 물론 보다 독립성이 요구되는 심판청구에서까지 행정해석을 결정의 근거나 이유로 삼기도 한다.

조세행정에서 과세관청이 행정목표를 조세수입에만 두는 경우, 세무공무원은 과세요건의 사실인정에 있어서 조세법을 해석·적용하고 조세절차를 집행할 때 국고주의國庫主義에 따른 판단과 징세편의徵稅便宜를 중시하는 행동을 보이게 된다.

그러므로 과세관청이 납세자의 납세편의를 위해 조세절차를 보다 상세하게 해석하는 것에 그치지 아니하고 과세요건과 관련한 내용까지 해석하는 것은 바람직하지 않으므로 그 한계를 지키도록 해야 한다.

또한 과세관청의 입장에서 만들어진 예규·기본통칙 등 행정규칙을 과세에 있어 근거로 삼거나 불복절차에 있어서 결정의 근거로 삼지 못하도록 제한하는 것이 필요하다.

(4) 과세관청 감독기구

행정기관인 과세관청이 적정하게 부과·징수기능을 수행하였는지에 대한 감독권은 감사원에 있으나, 감사원의 감독기능은 업무감사로서 과세권의 적정한 행사보다 부과징수의 누락 등 과세권의 확대에 초점을 맞춰져 있다.

그럼에도 과세관청만이 가지는 배타적인 전속권專屬權인 '과세권'을 적정하게 행사하는지를 상시적으로 감독·통제하는 기능을 담당하는 조직이나 기구는 현실적으로 없는 실정이다.

그동안 과세관청은 납세 제도를 개선하고 치밀한 과세기반을 구축하여 과세의 효율을 크게 높여 왔지만, 반면에 실질적이고도 제도적으로 납세자권리를 제대로 보장하고 적극적으로 지키려는 노력은 부족하였다.

무엇보다 재정수요의 충족이라는 근본적인 한계를 안고 있는 과세관청에게 과세권 남용을 막고 납세자권리를 보호하기 위해 뼈를 깎는 자기 성찰과 통제를 기대하는 것은 쉬운 일이 아니다.

그러므로 납세자의 권익을 침해하는 과세권의 남용을 통제하고 납세자권리를 충실히 보장할 수 있도록 과세관청의 자기 행정개혁 활동을 지원하고 평가하며, 감독할 수 있는 독립기구를 두는 것이 필요하다.

이를 위해서는 가장 민주적이고 효율적인 조세행정을 집행하는 것으로 평가받는 미국이 국세청 구조개혁을 위해 「국세청 구조조정 및 개혁법」RRA, IRS Restructuring and Reform Act을 제정하고 「국세청 감독위원회」IRS Oversight Board를 둔 사례를 참고할 필요가 있다.[222]

---

222) 2009년 청와대 주도로 '국세청 개혁방안'의 하나로 「국세청 외부감독위원회」를 설치하는 것을 추진하였으나

1) 「국세청 외부감독위원회」의 구성

미국은 재무부에 과세관청의 업무를 감사하고 외부의 청탁 등 조세범죄를 조사하는 「조세행정총괄감사관」TIGTA, Treasury Inspector General for Tax Administration를 두고 또 다시 외부에서 조세행정을 감시·감독하는 「국세청 외부감독위원회」IRS Oversight Board를 창설하였다.

이는 조직과 업무가 일부 중첩될 정도로 일견 과도한 통제로 보이지만, 조세정책과 조세행정을 납세자의 시각에서 심사하고 평가하면서 개선해나가는 기능을 얼마나 중시하는 지를 잘 보여준다.

미국도 처음에는 재무부가 행정조직상 과세관청의 감독기능을 수행하였으나 조세행정의 조직과 기술이 전문적이고 실무적이어서 스스로 장기적인 발전전략에 의한 행정집행과 방향제시를 하기가 어렵게 되자, 국민의 기본권을 지킬 책무를 가진 의회가 직접 나서 구조조정과 납세자권리 보장을 위한 개혁 작업에 나선 것이다.

「국세청 외부감독위원회」는 상원의 동의를 얻어 대통령이 임명하는 민간위원 6명과 국세청장, 재무부장관과 상원의 동의를 얻은 연방정부 공무원 등 공무원위원 3명을 포함하여 총 9명의 위원으로 구성된다.

임기 5년의 민간위원은 정치적 관련성이 없고 대규모 시민사회단체를 운영하였거나 연방세법과 조세행정에 전문적인 지식과 경험이 있는 사람이 위촉되며, 그 중 1명이 위원장이 된다.

2) 「국세청 외부감독위원회」의 주요임무[223]

「국세청 외부감독위원회」는 조세정책적 관점에서 세법에 대하여 의견을 표명하고 세무조사, 조세부과·징수절차, 조세범칙조사 등 조세행정의 집행을 감시하며 국세청장과 국세청 고위직 공무원에 대하여 후보를 추천하거나 그 해임을 건의할 수 있다.

① 납세자가 세무공무원으로부터 적정한 대우받도록 국세청이 세운 연간·장기적인 계획 등 업무전략과 그와 관계된 조직변경 등을 심사하고 인준한다.

② 국세청에 대한 감사권을 가지고 조세제도의 현대화, 조세행정인력의 아웃소싱, 경영상의 경쟁력, 훈련과 교육에 관한 계획 등에 대하여 정밀심사를 할 책임과 권한이 있다.

③ 국세청에 대한 일정한 인사권을 가지고 국세청장 등 고위직 임명후보자의 추천·해임

최종적으로 '국세청 개혁방안'이 백지화되면서 국세청 외부에 독립적인 감독기구가 아닌 내부에 비상설 자문기구인 「국세행정위원회」를 두게 되었다. 2017년에도 문재인정부 출범시 「국정기획자문위원회」 주도로 「국세청 외부감독위원회」 도입을 논의하였으나 국세청에 기획재정부장관이 위원장을 위촉하는 「납세자보호위원회」를 설치하는 것으로 후퇴하였다.

223) 최명근, 「미국 내입세입청 감독위원회 신설과 그 시사점」, 『월간 조세』 2002년 11월호, 영화조세통람사, 2002.

을 권고할 수 있다.

④ 국세청 예산의 심사권을 가져 국세청장이 예산안을 편성할 때 위원회에 심사와 인준을 받도록 하며, 요구된 예산이 국세청의 연차계획이나 장기전략적인 계획을 뒷받침한다.

한편 「국세청 외부감독위원회」는 매년 대통령과 의회에 위원회 활동에 관한 「연례보고서」를 제출하여야 하며, 이 보고서의 요구를 국세청장이 수용할 수 없는 경우 그 사실도 의회에 보고하여야 한다.

(5) 비권력적 행정에서의 납세자권리

조세행정에서는 개별 납세자나 납세자 집단의 신고수준을 향상시키기 위하여 강제성을 띠지 않고 납세자의 임의적 협력을 구하는 비권력적非權力的 행정수단도 빈번하게 사용된다.

대표적인 사례로는, 개별 납세자에게 구체적인 조세탈루 사실이 확인되지 않았으면서도 매출이나 소득금액 비율이 낮다는 이유로 특정 업종이나 계층에게 '수정신고 안내'를 하는 것이다.

또 신고서 등 세법이 정한 서류 이외에도 행정편의를 위한 자료제출을 임의로 요구하거나 세무사 등 세무대리인이나 납세조합 등 납세협력단체를 활용하여 과세관청이 정한 수준의 납세와 협력의무를 이행하도록 강조하기도 한다.

이런 경우 과세관청은 비권력적 행정을 하면서도 납세자가 이를 따르지 않는 경우 세무조사 등 강제적 수단을 동원할 것임을 예고하는 경우가 많다.

과세관청은 이에 대하여 납세자의 자발적인 협력에 의하여 이뤄지는 것일 뿐 강제성이 수반되지 않는다고 하지만, 조세행정에서 납세자는 과세관청에 대하여 열세한 위치에 있어 아무리 성실한 납세자라 해도 과세관청의 요구를 쉽게 거부하기는 힘들다.

이렇게 과세관청의 요구에 대하여 납세자가 수정신고 등을 하는 경우 형식상 납세자의 자발적 행위로 이루지는 것이어서 사후적으로 납세자가 구제받기가 어렵게 된다.

그러므로 과세관청이 세법의 근거 없이 납세자의 권리를 침해하거나 부담을 증가시키는 비권력적 행정을 하는 경우 법률적·행정적으로 적절한 통제가 필요하게 된다.[224]

---

224) 박근혜정부의 '증세없는 복지' 정책에 따라 '지하경제 양성화'를 통한 재원조달을 한다고 2013년부터 진행된 '사후검증' 제도는 세무조사대상으로 선정하지 않고서도 수십만 명의 중소기업 등 납세자를 대상으로 신고내용을 전산분석하여 소명요구하고 수정신고를 권장함으로써 납세자의 큰 원성을 샀고, 그 규모가 대폭 축소되었다가 2018년 폐지되었다.

제4절

과세 전 납세자권리 구제

과세관청이 세무조사 등을 통해 납세자의 과세표준을 산정하고 세액을 결정고지를 하기 위해서는 사전에 납세자와 충분한 협의와 동의를 필요로 한다.

조세 법률관계가 과세관청과 납세자의 채권채무관계로 인식되는 한 납세자에게 조세채무를 지게 하기 위해서는 과세관청은 과세 전에 납세자로부터 충분한 의견표명과 증거제시를 통한 설득과정이 선행되어야 할 것이다.

이렇게 과세 전에 이뤄지는 사전적 권리구제 절차는 납세자의 권리보호를 위해 매우 중요하다. 이를 통하여 납세자는 과세에 있어 납세자의 사정과 사유를 충분히 반영시키고, 과세관청도 정확한 과세대상과 과세표준을 산정하여 불필요한 불복절차로 행정력을 낭비할 필요가 없게 된다.

사전적 권리구제를 위한 절차로는, 납세자가 과세대상의 확정절차에 참여하는 '과세조정' 과 과세관청이 확정한 과세대상과 가액에 대하여 결정고지 전에 납세자에게 통지하여 이의가 있는 경우 심사받도록 하는 '과세전 심사'로 구분할 수 있다.

하지만 현재 우리나라에선 세법에 따라 조세행정에서 제도적으로 운영하는 것은 과세전적부심사 제도가 유일하다.

① 과세조정

(1) 의 의

'과세조정'課稅調整 제도란 과세관청이 과세를 할 때 납세자나 대리인과 과세할 대상이나 가액 등 그 규모에 대하여 협상과 타협을 통하여 과세가액을 확정하는 절차를 말한다.

일반적으로 과세관청이 납세자에 대하여 세무조사를 하여 그 결과 과세요건사실이 확인된 사항에 대하여 납세자로부터 소명을 받아 정당한 것으로 인정할 것인지에 대한 의견조율을 하거나, 과세관청이 과세하고자 하는 사항에 대하여 납세자의 이의가 있어 과세 후 불복이 예상되는 경우 납세자와 협상과 타협을 하는 절차를 말한다. 여기에는 납세자가 과세대상이 되는 행위에 대하여 과세가액에 포함하여 신고하지 못한 정당한 사유가 있는 지를 포함한다.

과세 전 권리구제 제도로서 과세조정 절차는 현재 명시적으로 도입되지 않았다. 최근 세무조사 결과통지에 관한 개정을 통해, 과세관청이 세무조사를 마쳤을 때에는 그 조사를 마친 날부터 20일 이내에 조사결과를 납세자에게 '설명'하고, 이 때 과세관청이 과세표준과 세액을 결정·경정하여 통지하기 전까지 '수정신고가 가능하다는 사실을 안내'하도록 하였다[국기법 §81의12, 국기령 §63의13①(3)].[225]

하지만 이러한 절차가 단순히 세무조사 결과통지를 할 내용을 우편으로 보내고 중복하여 납세자에게 결과를 설명하는 것에 불과하다면 '사전설명'이란 불필요한 것이다. 이 제도의 본래의 취지는 납세자가 세무조사 '과정'에서 의견제시와 소명을 충분하게 할 수 있는 제도적 장치를 마련하는 한편 신고납세제도에서 세무조사에 있어서도 납세자의 자발성을 최대한 존중해야 한다는 것이다.

또 세무조사 중 과세관청의 조사내용에 대한 납세자의 소명과 의견교환 절차를 따로 두지 않고 '조사결과'만 납세자에게 설명하는 것도 무의미하다. 그마저도 상세한 절차와 방법을 구체적으로 두지 않으면 그동안 세무조사 결과통지를 할 내용을 우편으로 보내는 것에서 납세자와 대면해 조사결과를 일방적으로 '통보'하는 정도로 변화된 것에 불과하게 될 것이다.

세무조사가 납세자의 성실성을 검증하고 이를 재검토하게 하는 행정조사로서 기능한다면 세무조사를 통한 결정·경정에 앞서 납세자의 자발적인 수정신고를 권장하는 제도는 매우 바람직하다. 하지만 결과통지 전 수정신고가 활성화되기 위해서는 납세자가 불복청구없이 자진하여 수정신고하는 경우라면 가산세 경감 등 인센티브가 주어져야 하며, 과세관청도 신고납세제도에서 과세관청의 일방적인 결정·경정보다 납세자의 자발적인 신고납부가 정상적이고 바람직한 것임을 인식해야 한다.

세무공무원과 납세자간 사전적 협의절차인 과세조정과 세무조사 수정신고우선권장 제도가 제대로 작동되면 납세자의 과세불복을 크게 줄이고 세무행정에 대한 순응도를 크게 높여 세무행정에 대한 신뢰를 높일 수 있을 것이다.

현대 조세행정에서 조세절차에 있어서 납세자의 권리보호에 대한 요구가 높아지고 과세 후 불복의 제기와 부실과세가 증가하고 있는 점을 고려할 때, 과세 전 협의절차로서 과세조

---

225) 이는 2017년 출범한 문재인정부의 대통령직 인수위원회 격인 「국정기획자문위원회」 경제1분과에 저자가 전문위원으로 참여하여 '과세형평 제고와 납세자친화적 세정구축'이라는 국정과제를 정하고 그 구체적인 실현방안으로 '세무조사 종결 전 납세자 설명과 수정신고 우선권장제'를 도입하도록 하자 정부의 세법개정안으로 반영되어 2017년 말 입법된 것이나, 과세조정절차로서의 취지를 충분히 살리지 못했다.

정 제도를 보다 확충하여 과세결정 전에 납세자와 공식적인 협의를 의무화하고 중재자의 의견이 충분히 반영될 수 있는 제도적 장치를 더욱 확대해 나갈 필요가 있다.

(2) 과세사실 판단자문

'과세사실 판단자문'課稅事實 判斷諮問[226]이란 세무공무원이 세무조사를 하거나 과세자료를 처리할 때 거래사실이 과세요건에 해당하는 지에 대하여 납세자와 견해를 달리하는 경우 객관적인 사실판단을 「과세사실판단 자문위원회」에 의뢰하여 결정하는 제도를 말한다.

이 제도는 세무조사에 있어서 당사자인 조사공무원의 일방적인 판단으로 부당하게 과세하는 것을 막고 납세자의 권리를 신속하게 구제하기 위하여 국세청이 도입하여 운영하고 있는 제도이다.

종전에 납세자와 세무공무원을 대상으로 운영하던 '과세쟁점자문' 제도를 개편한 것으로, 현재는 과세관청 내부의 의사결정을 위한 제도로만 운영되고 있다.

1) 대상과 절차

세무공무원은 세무조사, 과세자료처리, 환급 등 현지확인, 압류와 제2차 납세의무자 지정, 결정·경정청구·수정신고·무신고에 따른 결정, 감사 등에 있어서 과세대상으로 삼고자 하는 것이 거래사실에 대한 인식과 과세요건에 해당하는 지에 관하여 과세사실의 자문을 신청할 수 있다.

자문 신청은 세무조사의 경우에는 세무조사가 끝난 날부터 3일까지, 그 외에는 결정이나 결과통지를 위한 사실관계 확정일 전까지 「납세자보호담당관」에게 하여야 한다.

또 「납세자보호담당관」은 영세납세자 지원 등의 업무처리 과정에서 납세자와 세무공무원 사이에 필요한 과세사실의 판단이 필요한 사안을 발견한 때에는 「과세사실판단자문위원회」에 직권으로 심의를 요구할 수 있다.

만약 심의대상 세액이 3억원(서울·중부지방국세청의 경우 5억원) 이상인 경우나 각 세무서에 공통적으로 파생된 사안 등 중요한 사항에 대하여는 지방국세청의 「과세사실판단자문위원회」에 자문대상을 인계할 수 있다.

---

226) "과세사실 판단자문"은 국세청 훈령(「과세사실판단사무처리규정」)에 근거한 것으로 입법화 되지 않았다. '과세쟁점자문'이라는 명칭으로 시행되던 초기에는 납세자와 조사공무원 모두 조사과정에서 발생하는 사실판단의 착오 등 사실관계에 대한 이견이 발생할 경우 과세쟁점을 회부하여 불필요한 과세전적부심사청구를 예방하고 조사공무원의 독단적인 사실판단으로 인한 부실과세를 방지하도록 한 것이다. 하지만 납세자의 참여가 저조하자 2007년 6월부터 근거규정을 사무처리규정으로 하고 사실상 납세자의 참여를 배제한 채 내부자문제도로만 이용하고 있다(조세일보 2007.11.22.; 세정신문 2006.6.16.).

2) 과세사실판단자문위원회

「과세사실판단자문위원회」는 세무서·지방국세청·국세청에 설치되며 그 구성은 외부인사 없이 전문적인 식견이 있는 소속 공무원으로만 충당된다.

위원회는 「납세자보호관」·「납세자보호담당관」이 위원장이 되며 소속 공무원 4~8명으로 위원을 구성한다.

심의결과 출석위원의 과반 이상이 과세불가, 일부과세, 과세, 기타 결정 중 하나를 의결할 수 있으며, 그 결과는 신청일부터 21일(지방국세청·국세청의 경우 30일) 이내에 통지하여야 한다.

과세사실판단 자문신청을 하는 공무원은 객관적이고 공정한 사실판단이 이루어질 수 있도록 자문신청을 하기 전에 쟁점사실에 대한 신청인 의견을 납세자에게 제공하여 납세자 등과 충분한 의견 교환을 하고 관련 증빙서류 등을 함께 제출하도록 하고 있다.

세무조사와 관련된 과세사실판단 자문신청을 받은 납세자보호관은 신청할 때 「납세자동의서」를 붙이지 않은 경우 납세자에게 과세사실판단자문 신청한 사실을 통지하여 동의를 받아야 하며, 심의로 인하여 세무조사 결과통지가 늦어질 수 있다는 사실을 통지하여야 한다.

이 경우 이를 제외한 조사가 완료된 부분에 대하여는 먼저 조사를 종결하고 자문신청한 사항은 그 결과의 통지를 받는 때에 종결할 수 있으나, 이러한 경우에도 세무조사 결과통지를 하여야 하는 기간을 도과할 수는 없다.

3) 한 계

과세사실 판단자문은 과세관청이 세무조사를 마치기 전에 납세자와 견해를 달리하는 사항이 있는 경우 보다 객관적인 심사를 하여 무리한 과세를 막고 납세자의 권익을 보호하기 위한 제도이다.

그럼에도 세무조사 등 조세절차에 있어서 납세자와의 이해관계가 충돌하는 상황임에도 외부인사 없이 과세관청의 소속 공무원만으로 위원회를 구성하여 판단하도록 하고 있고 납세자의 의견진술 없이 비공개로 진행되어 객관성이 현저하게 떨어져 납세자권리를 실질적으로 보호하기는 어렵다.

그러므로 제도 운영에 있어서 납세자도 판단자문을 신청하고 공정하게 참여할 수 있도록 하고 위원회에는 외부인사가 절반 이상 포함되도록 하는 등 객관성과 실효성을 확보하도록 개선할 필요가 있다.

이런 경우 과세관청의 내부 업무처리지침으로 운영할 것이 아니라 납세자가 그 대상과 절차를 잘 알 수 있도록 법령에 근거하거나 최소한 법률의 위임을 받은 고시 등 행정규칙에 따라야 할 것이다.

(3) 납세자보호관

「납세자보호관」納稅者保護官: Tax Advocate은 과세관청의 업무수행 과정에서 납세자의 권익을 침해한 경우 이를 자체적으로 시정하여 납세자를 보호하도록 한 전담조직을 말한다.

납세자의 권리보호를 위한 행정조직으로 국세청에는 납세자 권리보호 업무를 총괄하는 「납세자보호관」을, 세무서·지방국세청에는 납세자 권리보호업무를 수행하는 「납세자보호담당관」을 각각 1명을 둔다[국기법 §81의16].

국세청장은 「납세자보호관」과 「납세자보호담당관」이 업무를 수행함에 있어 독립성이 보장될 수 있도록 해야 한다.

지방자치단체의 장은 「납세자보호관」을 배치하여 지방세 관련 고충민원의 처리, 세무상담 등 납세자 권리보호업무를 전담하여 수행하게 하여야 한다[지기법 §77②].

2005년 「지방세법」에서 국세보다 앞서서 각 지방자치단체에 「납세자보호관」을 둘 수 있도록 근거규정을 마련하였으나, 임의규정으로 활성화되지 못하다가 2018년부터 설치가 의무화되었다[지기법 §77②].

1) 근 거

납세자의 권리보호 업무를 담당하는 '납세자보호관' 제도로서 국세청에는 「납세자보호관」과 세무서·지방국세청에는 「납세자보호담당관」을 둔다.

국세청 「납세자보호관」 제도는 2000년 국세청 훈령인 「납세자보호사무처리규정」에서 각급 세무관서에 「납세자보호담당관」을 두도록 한 것이 시초였으며, 2009년 국세청에 「납세자보호관」의 직위를 신설한 후 「국세기본법」에 '국세청장의 납세자 권리보호 의무'를 규정하면서 법적 근거를 마련하였다.

오랫동안 납세자의 권익보호에 중요한 역할을 수행해온 「납세자보호담당관」은 과세조직의 하나로 설치되어 납세자 권리보호 수행자로서 지위를 보장받지 못했고 「정부조직법」을 제외하고는 법적 근거도 없이 운영되어 오다가 2010년 국세청 「납세자보호관」과 함께 「국세기본법」[§81의16]에 입법화되었다.

이에 비해 지방세의 경우 일찍부터 세법에서 「납세자보호관」을 배치하여 지방세 관련 고충민원의 처리, 세무상담, 세무조사·체납처분 등 권리보호요청, 「납세자권리헌장」의 준수·이행 여부에 대한 심사, 세무조사 기간 연장·연기, 그 밖에 납세자 권리보호와 관련하여 조례로 정하는 업무를 전담하여 수행하도록 하였다[지기법 §77].

2) 납세자보호관 · 납세자보호담당관

가. 국세청 「납세자보호관」

① 설 치

국세청 「납세자보호관」은 개방형 직위開放形 職位로 하여, 조세·법률·회계 분야의 전문지식과 경험을 갖춘 사람으로서 세무공무원, 세무공무원으로 퇴직한 지 3년이 지나지 아니한 사람이 아닌 사람을 대상으로 공개모집한다.

② 직무와 권한

국세청 「납세자보호관」은 다음과 같은 직무와 권한을 가지며, 업무를 효율적으로 수행하기 위하여 「납세자보호담당관」에게 그 직무와 권한을 일부 위임할 수 있다.

(i) 위법·부당한 세무조사, 세무조사 중 세무공무원의 위법·부당한 행위에 대한 일시중지나 중지

(ii) 세무조사 중 위법·부당한 행위를 한 세무공무원 교체명령과 징계요구

(iii) 위법·부당한 처분(세법에 따른 납세의 고지는 제외한다)에 대한 시정요구

(iv) 위법·부당한 처분이 행하여 질 수 있다고 인정되는 경우 그 처분 절차의 일시중지나 중지

(v) 납세서비스 관련 제도·절차 개선에 관한 사항

(vi) 납세자의 권리보호 업무에 관하여 세무서·지방국세청에 납세자 권리보호업무를 수행하기 위하여 두는 「납세자보호담당관」에 대한 지도·감독

(vii) 세금 관련 고충민원의 해소 등 납세자 권리보호에 관한 사항

(viii) 그 밖에 납세자의 권리보호와 관련하여 국세청장이 정하는 사항[227]

「납세자보호관」의 핵심적인 권한은 과세관청이 하는 세무조사가 위법·부당한 경우, 그 세무조사를 중지시키거나 납세고지를 제외한 과세관청의 모든 처분과 그 처분을 위한 절차가 위법·부당한 경우 중지시키거나 시정을 요구하는 것이다.

또 조세행정에서 과세관청의 처분이나 세무조사 등 조세절차가 위법·부당하여 납세자가 권익을 침해당한 경우, 납세자로부터 권리보호의 요청을 받은 「납세자보호관」은 납세자 권리를 침해하는 행위를 해소함으로써 납세자의 권리와 이익을 보호한다.[228]

---

227) 「납세자보호사무처리규정」[§6]은 「납세자보호관」과 「납세자보호담당관」의 업무를 다음과 같이 정하고 있다. 1. 세금관련 각종 고충민원의 처리에 관한 사항 2. 세무조사 등 세금관련 상담·권리보호 요청제도 운영에 관한 사항 3. 「납세자권리헌장」에 관한 사항 4. 조사기간 연장·조사범위 확대에 관한 사항 5. 「납세자보호위원회」에 관한 사항 6. 그 밖에 납세자 권리보호와 관련된 사항

228) 「납세자보호사무처리규정」[§7]에서 「납세자보호관」과 「납세자보호담당관」은 다음의 권한을 갖는다고 규정

나. 세무서 · 지방국세청 「납세자보호담당관」

① 설 치

납세자의 권리보호를 위하여 세무서, 지방국세청에 납세자 권리보호업무를 수행하는 「납세자보호담당관」을 각각 1명을 둔다. 「납세자보호담당관」은 국세청 소속 공무원 중에서 그 직급 · 경력 등을 고려하여 국세청장이 정하는 기준에 해당하는 사람으로 한다.

② 직무와 권한

「납세자보호담당관」은 다음과 같은 직무와 권한을 가진다.

(i) 세금과 관련한 고충민원을 해소하는 등 납세자 권리보호에 관한 사항
(ii) 「납세자보호관」으로부터 위임받은 업무
(iii) 세무조사 실시 중에 세무공무원의 적법절차 준수여부 점검(실시간 모니터링)[229]
(iv) 일정 규모(업종별 매출액이 1억5천만원~6억원) 이하의 납세자에 대한 세무조사 입회
(v) 그 밖에 납세자 권리보호에 관하여 국세청장이 정하는 사항

다. 지방자치단체 「납세자보호관」

① 설 치

지방자치단체의 장은 「납세자보호관」을 배치하여 지방세 관련 고충민원의 처리, 세무상담 등 납세자 권리보호업무를 전담하여 수행하게 하여야 한다.

지방세 「납세자보호관」은 지방자치단체 소속 공무원이나 조세 · 법률 · 회계 분야의 전문지식과 경험을 갖춘 사람 중에서 그 직급 · 경력 등을 고려하여 해당 지방자치단체의 조례로 정하는 바에 따라 지방자치단체의 장이 임명하거나 위촉한다.

② 권 한

지방자치단체 「납세자보호관」은 소관 업무를 처리하기 위하여 다음과 같은 권한을 가진다.

(i) 위법 · 부당한 처분에 대한 시정요구

하고 있다. 1. 위법 · 부당한 처분이 행하여 질 수 있다고 인정되는 경우 그 처분 절차의 일시중지권, 중지권. 2. 위법 · 부당한 세무조사, 세무조사 중 세무공무원의 위법 · 부당한 행위에 대한 일시중지권, 중지권과 조사팀 교체 명령권. 3. 세무조사 과정에서 세무공무원의 조사절차 준수 여부에 대한 점검. 4. 국세청장이 정하는 일정 규모 미만 납세자에 대한 세무조사 입회. 5. 위법 · 부당한 처분(세법에 따른 납세고지는 제외한다)에 대한 시정요구권. 6. 근거가 불명확한 처분에 대한 소명요구. 7. 과세자료열람 · 제출 요구, 질문 · 조사

229) 세무서나 지방국세청 「납세자보호담당관」은 세무조사에 대하여 세무공무원의 적법절차 준수 여부에 대한 점검을 하고 납세자보호위원회 심의, 의결시 그 결과를 「납세자보호관」에게 보고하고, 「납세자보호관」이 해당 세무공무원을 교체명령하거나 징계요구할 수 있다.

(ⅱ) 위법·부당한 세무조사의 일시중지 요구와 중지 요구

(ⅲ) 위법·부당한 처분이 행하여 질 수 있다고 인정되는 경우 그 처분 절차의 일시중지 요구

(ⅳ) 그 밖에 납세자의 권리보호와 관련하여 조례로 정하는 사항

3) 한 계

과세관청의 과세요건사실을 확인하고 세무조사 등에 있어서 과세권을 행사함으로써 국민의 재산권을 침해할 수밖에 없는 과세관청에서 「납세자보호관」은 조세행정에서 과세권 남용을 막고 국민의 권익보호를 위한 '옴부즈만'Ombusman으로 역할을 수행하여야 한다.

하지만 과세관청의 내부 행정조직의 하나로 운영되는 한, 조세를 부과·결정하는 과세관청의 정책과 독립하여 활동하는 것이 어려워 독립성이 미약하다.

아무리 법률에 「납세자보호관」등 납세자보호조직의 설치근거와 독립성 보장을 규정하였다 해도 과세관청 내부조직의 하나로 조직되어 과세권 행사를 임무로 하는 과세관청의 인사와 정책에 의존하는 상황에서는 자주적으로 과세관청의 정책과 편의보다 납세자의 권리보호를 우선하기는 어렵다.

결국 「납세자보호관」이나 「납세자보호담당관」이 직제상 과세관청 내부에 속해있으면 납세자 권리보호의 핵심조직임에도 과세관청의 과세권 행사 일부로 업무를 수행할 수밖에 없고 부과·징수 조직과 서로 인사 교류를 하게 되어 독립성이 심각하게 침해될 수밖에 없다.

이는 세법에서 국세청장이 「납세자보호관」과 「납세자보호담당관」이 업무를 수행함에 있어 '독립성'이 보장될 수 있도록 한 국세청장의 의무가 훼손되는 것을 의미한다.

그러므로 국세청 「납세자보호관」은 조세수입을 목표로 하는 과세관청의 소관 조직에서 벗어나 상급기관인 기획재정부나 국무총리 소속으로 격상하고, 일선 과세관서의 「납세자보호담당관」도 공무원이 아닌 외부전문가인 옴부즈만으로 구성하는 등 독립성을 확보할 수 있는 제도적 보완이 필요하다.

(4) 납세자보호위원회

1) 의 의

「납세자보호위원회」는 납세자 권리보호에 관한 사항을 심의하기 위하여 세무서, 지방국세청과 국세청에 각각 설치된 심의기구이다.

세무서·지방국세청에 두는 납세자보호위원회는 다음 사항을 심의한다.

(ⅰ) 세무조사의 대상이 되는 과세기간 중 연간 수입금액이나 양도가액이 가장 큰 과세기간의 연간 수입금액이나 양도가액이 100억원 미만(부가가치세에 대한 세무조사의 경

우 1과세기간 공급가액의 합계액이 50억원 미만)인 중소규모 납세자 외의 납세자에 대한 세무조사(「조세범 처벌절차법」에 따른 조세범칙조사는 제외한다) 기간의 연장. 이 때는 세무조사를 받는 납세자가 해명 등을 위해 연장을 신청한 경우는 제외한다.

(ⅱ) 중소규모 납세자 이외의 납세자에 대한 세무조사 범위의 확대

(ⅲ) 세무조사 기간 연장이나 세무조사 범위 확대에 대한 중소규모납세자의 세무조사 일시중지나 중지 요청

(ⅳ) 위법·부당한 세무조사나 세무조사 중 세무공무원의 위법·부당한 행위에 대한 납세자의 세무조사 일시중지나 중지 요청

(ⅴ) 장부와 증명서류의 일시보관 기간 연장

(ⅵ) 그 밖에 납세자의 권리보호를 위하여 「납세자보호담당관」이 심의가 필요하다고 인정하는 안건

국세청 「납세자보호위원회」는 세무서·지방국세청 「납세자보호위원회」의 심의를 거쳐 세무서장·지방국세청장이 내린 결정에 대하여 납세자가 그 취소나 변경을 요청하는 경우나, 그 밖에 납세자의 권리보호를 위한 세무행정의 제도·절차 개선 등으로서 「납세자보호위원회」의 위원장이나 「납세자보호관」이 필요하다고 인정하는 사항을 심의한다.[230]

2) 납세자보호위원회

① 위원회 구성

「납세자보호위원회」는 위원장 1명을 포함한 18명 이내의 위원으로 구성한다. 위원회를 대표하고 위원회의 업무를 총괄하는 위원장은 세무서 「납세자보호위원회」의 경우 공무원이 아닌 사람 중에서 세무서장의 추천을 받아 지방국세청장이 위촉하는 사람, 지방국세청 「납세자보호위원회」의 경우 공무원이 아닌 사람 중에서 지방국세청장의 추천을 받아 국세청장이 위촉하는 사람, 국세청 「납세자보호위원회」는 공무원이 아닌 사람 중에서 기획재정부장관의 추천을 받아 국세청장이 위촉하는 사람이 된다.

위원장이 부득이한 사유로 직무를 수행할 수 없을 때에는 위원 중 국세청장(세무서에 두는 위원회의 경우 지방국세청장)이 위촉하는 위원 중 위원장이 미리 지명한 위원이 그 직무를 대행한다.

위원회 위원은 세무 분야에 전문적인 학식과 경험이 풍부한 사람과 관계 공무원 중에서

---

230) 국세청 「납세자보호위원회」는 2018년 4월 신설되어 2020년 3월까지 2년 동안 세무서장·지방청장 심의결정에 재심의를 요청한 172건 중 39건에 대해 세무조사 기간 연장 승인 축소 등 일부 시정조치 하고, 명백한 자료 없이 중복 세무조사에 착수하는 등 적법절차를 위반한 세무조사 26건에 대하여는 세무조사 중지결정을 했다(국세청, 보도자료, 2020.4.21.).

국세청장(세무서 「납세자보호위원회」 위원은 지방국세청장)이 임명하거나 위촉한다.

② 회 의

「납세자보호위원회」 회의는 재적위원 과반수의 출석으로 개의하고, 출석위원 과반수의 찬성으로 의결한다. 위원회 회의는 공개하지 않는 것을 원칙으로 하지만, 위원장이 필요하다고 인정하는 경우에는 「납세자보호관」이나 「납세자보호담당관」인 위원의 의견을 들어 공개할 수 있다.

|「납세자보호위원회」의 구성|

구분		세무서	지방국세청	국세청
	위원장	공무원이 아닌 사람 중에서 세무서장의 추천을 받아 지방국세청장이 위촉하는 사람	공무원이 아닌 사람 중에서 지방국세청장의 추천을 받아 국세청장이 위촉하는 사람	공무원이 아닌 사람 중에서 기획재정부장관의 추천을 받아 국세청장이 위촉하는 사람
	전체 위원수	14명 이내	18명 이내	18명 이내
	민간위원 임기	2년(1차례 연임가능)	2년(1차례 연임가능)	2년(1차례 연임가능)
구성	민간위원[231)	세무서장이 추천하는 변호사, 세무사, 교수 등으로서 법률·회계에 관한 학식과 경험이 풍부한 사람 중에서 지방국세청장이 위촉하는 13명 이내의 사람	지방국세청장이 추천하는 변호사, 세무사, 교수 등으로서 법률·회계에 관한 학식과 경험이 풍부한 사람 중에서 국세청장이 위촉하는 17명 이내의 사람	① 5년 이상 경력가진 조세·법률·회계 전문가중 기획재정부장관, 「비영리민간단체지원법」[§2] 따른 비영리민간단체가 추천하여 국세청장이 위촉하는 사람 각 4, 5명 ② 한국세무사회장, 한국공인회계사회장, 대한변호사협회장이 추천하는 5년 이상 경력의 세무사, 공인회계사, 변호사로서 국세청장이 위촉하는 사람 각 2명
		13명 이내	17명 이내	17명 이내
	공무원인 위원	납세자보호담당관	납세자보호담당관	납세자보호관
		1명	1명	1명

구분		세무서	지방국세청	국세청
심리	소집	위원장, 납세자보호담당관, 5명(위원장이 납세자보호담당관의 의견들어 지정)	위원장, 납세자보호담당관, 7명(좌동)	위원장, 납세자보호관, 7명(위원장이 납세자보호관의 의견을 들어 지정)
	의결	재적위원 과반수출석 개의, 출석위원 과반수찬성 의결	재적위원 과반수출석 개의, 출석위원 과반수찬성 의결	재적위원 과반수출석 개의, 출석위원 과반수찬성 의결

③ 위원의 책임

공정한 심의를 기대하기 어려운 사정이 있다고 인정되는 위원회의 위원은 위원회 회의를 할 때는 제척除斥되거나 회피回避하여야 한다.[232]

위원이 업무 중 알게 된 과세정보는 타인에게 제공·누설하거나 목적 외의 용도로 사용하지 말아야 한다. 아울러 위원 중 공무원이 아닌 사람은 「형법」[§127, §129~§132]을 적용할 때에는 공무원으로 본다.

④ 감독

「납세자보호관」은 세무서·지방국세청과 국세청 「납세자보호위원회」의 의결사항에 대한 이행여부 등을 감독한다[국기법 §81의18⑪].

(5) 대체적 조세분쟁해결 절차

조세의 신고·부과·징수 등 조세절차에 있어서 이해관계가 다른 과세관청과 납세자 간에 이해를 조정하는 제도로, 납세고지를 기준으로 사전적으로 과세전적부심사와 사후적으

---

231) 「납세자보호위원회」 민간위원은 다음 중 어느 하나에 해당하는 사람은 될 수 없다. 1. 「공직자윤리법」 제17조에 따른 취업제한기관에 소속되어 있거나 취업제한기관에서 퇴직한 지 3년이 지나지 않은 사람, 2. 최근 3년 이내에 해당 위원회를 둔 세무서, 지방국세청, 국세청에서 공무원으로 근무한 사람, 3. 「세무사법」 제17조에 따른 징계처분을 받은 날부터 5년이 지나지 않은 사람, 4. 그 밖에 공정한 직무수행에 지장이 있다고 인정되는 사람으로서 국세청장이 정하는 사람. 아울러 민간위원이 다음과 같은 사유가 있을 때 해촉할 수 있다. 1. 심신장애로 인하여 직무를 수행할 수 없게 된 경우, 2. 직무와 관련된 비위사실이 있는 경우, 3. 직무태만, 품위손상이나 그 밖의 사유로 인하여 위원으로 적합하지 아니하다고 인정되는 경우, 4. 위원 스스로 직무를 수행하는 것이 곤란하다고 의사를 밝히는 경우, 5. 기피나 회피사유가 되는데도 회피하지 아니한 경우

232) 「납세자보호위원회」의 제척이나 회피대상은 다음과 같다. 1. 세무조사를 받는 자(조사대상자)나 조사대상자의 세무조사에 대하여 조력을 제공하거나 제공하였던 자, 2. 제1호에 규정된 사람의 친족이거나 친족이었던 경우, 3. 제1호에 규정된 사람의 사용인이거나 사용인이었던 경우, 4. 심의의 대상이 되는 세무조사에 관하여 증언·감정을 한 자, 5. 세무조사 착수일 전 최근 5년 이내에 조사대상자의 세법에 따른 신고·신청·청구에 관여하였던 자, 6. 제4호나 제5호에 해당하는 법인이나 단체에 속하거나 세무조사 착수일 전 최근 5년 이내에 속하였던 자, 7. 그 밖에 조사대상자나 법 제81조의5에 따라 조사대상자의 세무조사에 대하여 조력을 제공하는 자의 업무에 관여하거나 관여하였던 자

로 이의신청·심사청구·심판청구 등 불복절차가 있다.

이 제도들의 공통점은 과세관청과 납세자가 서로의 상황과 사정을 고려하지 않고 자신의 관점에서 상대방의 행위의 부당성만을 주장하는 것으로 타협을 인정하지 않는 '대립적對立的 분쟁해결' 방식이라는 점이다.

과세전 적부심사를 비롯한 현행의 조세분쟁해결방식은 과세관청과 납세자는 서로의 사정을 전혀 고려하거나 협상하지 않은 채 일방적으로 과세대상과 가액을 확정하고 세금납부를 강제함으로써 서로 대립하게 되고 불복절차가 끝나더라도 신뢰를 잃게 된다.

이처럼 조세의 부과징수에 납세자를 참여시키거나 협의를 하지 않는 조세절차와 사후적이고 대립적인 분쟁해결 방식은 많은 시간과 비용을 유발한다. 납세자는 불복청구를 하는데 많은 시간과 비용이 들고 그 권리구제도 쉽지 않은 반면 이에 일일이 대응해야 하는 과세관청, 재결청과 법원까지 많은 행정력을 낭비하게 된다. 무엇보다 중요한 것은 국회를 통해 과세관청에 과세권을 위임한 주권자인 국민의 신뢰를 잃는다는 것이다.

무엇보다 과세 전부터 납세자와 과세관청이 공식적으로 충분히 협상이나 타협의 절차를 가지면서 납세자와 과세관청이 서로 이해와 요구를 반영해 줄 수 있는 '대체적 조세분쟁해결'代替的 租稅紛爭解決, Alternative Dispute Resolution, ADR 제도의 도입이 필요해진다.

'대체적 조세분쟁해결'이란 과세관청과 납세자 당사자 간이나 제3자인 조정자를 통해 과세에 있어서의 쟁점에 관하여 충분히 의견을 교환하고 중재하는 것을 말한다.

조세절차에 있어서 이 제도가 도입되면 납세자에게는 시간과 비용을 부담하지 않고 자신의 입장을 보다 충실하게 반영할 수 있고 과세관청은 납세자와의 논의를 통해 설명과 이해가 가능하여 행정의 신뢰를 높일 수 있어 불복으로 인한 행정력 낭비도 줄일 수 있게 된다.

세무행정상 제도로 운용되는 '과세사실 판단자문'과 '현장파견 조사상담관' 제도는 물론 법률상 절차인 '과세전 적부심사'까지 대체적 조세분쟁해결 절차를 통한 과세조정 제도로 통합·발전시킬 수 있을 것이다.[233]

특히 과세전 적부심사청구와 이의신청·심사청구·심판청구 등 조세불복 등 준사법 절차는 물론 세무조사 과정이나 종결절차 등 조세행정절차에서도 대체적 분쟁해결 방식인 화해和解·조정調整 제도가 의무화되고 진행된다면 과세행정은 획기적으로 '납세자 친화적'으로 변모될 수 있다.

이를 위해 세무조사 과정이나 종결절차에 앞서 지금처럼 과세관청이 일방적으로 조사진행·종결과 통보하는 절차가 아니라 ① 우선 세무조사 종결 전 공식적인 사전협의절차(납세자보호관 참여 협의·조정·중재)를 의무화하고, ② 세무조사 결과에 대한 전문적인 심사(위

---

233) 이전오, 「대체적 조세분쟁조정절차의 도입에 관한 연구」, 『세무학연구』 제24권 제1호, 2007. 3, 한국세무학회, 2007. pp.175~195.

원회 통한 과세판단심의)를 강화하며, ③ 최종적인 결과에 대하여도 납세자에게 상세한 설명과 수정신고를 우선 권장하고, ④ 과세전 적부심사, 심사·심판청구 등 불복절차에서 새로운 종결(결정)방식의 하나로 화해(조정 합의)를 도입할 필요가 있다.

조세절차	대체적 분쟁해결 방안
세무조사 진행	• 납세자보호(담당)관의 적극적 조사 등 감독권 행사의무 • 과세대상의 쟁점과 사실판단에 관한 협의절차 의무화
세무조사 종결	• 과세쟁점 있는 경우 납세자보호위원회 등의 과세판단자문 의무화 • 최종조사 결과 납세자 설명과 수정신고 우선권장(가산세 혜택)
과세전 적부심사, 심사·심판청구	• 심사결정(종결)절차에 화해(합의, 조정) 방식을 도입, 입법화

이처럼 대체적 조세분쟁 해결절차를 도입하면 과세권 행사와 납세의무를 지속해야 하는 과세관청과 납세자 간의 신뢰를 근본적으로 회복할 수 있을 것이다.

> **참고** **대체적 분쟁해결(ADR)**
>
> ■ 개념
> '대체적 분쟁해결'ADR, Alternative Dispute Resolution은 법원의 소송을 거치지 않고 중립적인 제3자의 조정·중재로 이해당사자가 분쟁해결 과정에 직접 참여하여 서로 수용할 수 있는 합의를 이끌어내는 자율적인 분쟁해결 절차이다. 대체적 분쟁해결절차로는 '조정', '중재', '화해' 등이 있다.
>
> ■ 종류
> ① 조정Mediation : 분쟁당사자의 합의에 따라 중립적인 제3자가 조정자가 되어 분쟁을 해결하는 방법이다. 조정자는 협상과정에서 분쟁당사자에게 분쟁 해결에 도움만 줄 수 있을 뿐 해결방법을 내놓을 권한은 없다. 이 때문에 조정을 '구속력이 없는 조정'non-binding mediatio이라고도 부른다. 대체적 분쟁해결방식이 강제력이 없다면 과세관청의 조사공무원이나 중재자로 참여한 자가 감사나 징계 등의 위험에 처하므로 제도가 정착되기 힘들다. 민사소송은 물론 행정소송에서도 '조정'으로 종결되는 사례가 많으므로 조세불복절차에서 대체적 분쟁해결방식을 입법하기 전이라도 우선 당사자합의방시인 '조정'이 가능하도록 권고와 합의 등 조정절차를 두는 것도 가능하다.
> ② 중재Abitration : 분쟁당사자가 합의하여 선정한 중재자가 분쟁당사자에게 스스로 해결책을 내놓도록 하거나 중재자 자신이 합리적인 해결책을 내놓아 분쟁을 조정하는 방법이다. 중재자는 중재과정에서 해결이 곤란할 경우 판사와 같이 소송에 대한 대안을 제시할 수 있으므로 중재를 '구속력이 있는 중재'binding abitration라고 부르기도 한다. 법적 근거가 필요한 것은 아니다. 세무조사 진행 중이라면 「납세자보호관」, 세무조사가 종결된 경우라면 「납세자보호

위원회」가 그 역할을 수행할 수 있을 것이다.

③ 화해Settlement : 중재자가 대안을 제시하여 분쟁당사자의 의견을 조정하는 과정이다. 법원의 민사조정이나 개인정보, 전자거래, 금융분쟁, 무역분쟁 등 특별법상 조정제도가 화해의 일종이다.

과세전적부심사청구·심사청구와 심판청구의 결정방법인 '기각, 인용, 각하, 재조사' 외에 새로운 종결방식으로 정할 수 있으며, 우리 「민법」[§731~§733]도 화해의 의의와 효력 등 '화해 계약'에 대하여 다루고 있다.

구분	조정	중재	화해
중 재 자	○	○	-
대안제시	○	○	-
대안의 법적구속력	-	○	○

■ 장단점

대체적 분쟁해결은 재판을 통한 권리구제로 인한 비용의 증가와 권리구제의 지연을 해소하고, 분쟁해결과정에서 이해관계자를 참여시켜 분쟁조정결과에 대한 순응도가 매우 높으며 정보에 대해 낮은 취득비용과 높은 신뢰성 확보가 가능하고 다양한 ADR전문가 등 사회단체의 활동이 가능하다.

하지만 국민의 준법정신과 법치주의의 이념을 퇴색시키고 국민의 재판을 받을 권리right to fair trial를 침해할 우려도 제기되고 있다.

■ 미국의 ADR[234]

미 의회는 정책결정 과정에 있어서 분쟁의 해결을 위한 대체적 분쟁해결ADR의 유용성을 인식하고 국세청IRS을 비롯한 연방정부에 ADR의 적용을 권장해 왔다.

1991년 「행정분쟁해결법」Administrative Dispute Resolution Act과 「협상에 의한 규칙제정법」 Negotiated Rulemaking Act을 제정하고, 1996년에는 연방기관에 대하여 분쟁해결·사건관리에 대안적 방안을 활용하는 정책을 채택하는 지침을 내리면서 IRS에게는 중재를 위한 구속력 있는 시범프로그램을 개발하도록 하였다.

1998년에는 ADR을 반영하여 「국세청 구조조정 및 개혁법」RRA, IRS Restucturing and Reform Act을 제정하였으나, IRS는 ADR을 포괄적으로 수용하지 않고 일부의 조정·중재프로그램 등 매우 제한적인 ADR프로그램만을 운용하고 있다. 이는 심사청구appeals Examination 절차가 끝나야 착수할 수 있어 신속한 분쟁 해결이 불가능하고 조정자를 외부의 제3자가 아닌 IRS 에서 심사청구절차를 담당하는 직원이 담당하여 중립성이 낮고 강제가 아닌 선택적인 절차이기 때문이다.

하지만 미국의 조세절차에서 ADR은 제도의 수준과 적용빈도를 더 높이면서 계속 발전시키고 있다.[235]

---

234) Lucy Lee, 「새로운 조세분쟁해결 방법으로서 ADR」, 법률신문, 2009.2.12. 참조.

② 과세전 적부심사

(1) 과세전 심사권

'과세전 심사권'課稅前 審査權, Right to review legality of the taxation이란, 납세자가 과세관청으로부터 조세를 부과받기 전에 과세처분할 내용을 미리 통지받아 그 내용에 이의가 있는 경우 사전에 심사를 받게 하는 제도이다.

이는 납세자로 하여금 과세 전에 보다 객관적인 심사를 받을 수 있게 하여 위법·부당한 과세로 인한 납세자의 손해를 막기 위한 것으로, 사전적 권리구제제도로서 납세자에게 중요한 권리이다.

이의신청·심사청구·심판청구 등 사후적 권리구제 제도의 경우 납세자가 납세고지나 압류 등 체납처분을 받은 후에 진행하는 것이어서 피해를 보지 않은 상태에서 납세자의 권리를 신속히 구제하기는 어렵다.

이에 납세자의 피해를 방지하기 위하여 납세자가 부과처분을 받기 전에 과세할 내용을 사전에 통지받아 통지의 부당성을 주장하는 과세 전 심사 절차로 '과세전 적부심사' 제도를 도입하였다.

과세전 적부심사는 과세관청으로부터 세무조사 결과에 대한 서면통지나 과세예고통지를 받은 납세자에게 통지를 받은 날부터 30일 이내에 통지내용의 적법성에 관한 심사를 해당 과세관청에 청구할 수 있게 한 제도이다.

국세의 경우 1996년 국세청 훈령인 「과세적부심사 사무처리규정」으로 '과세적부심사' 제도로 도입되었다가 1999년에는 「국세기본법」에 '과세전 적부심사'로 명문화되었다. 지방세는 1997년 「지방세법」에서 과세전 적부심사 제도로 먼저 입법되었다.

그동안 과세전 적부심사 절차가 세법에 명백하게 도입되었지만, 과세관청은 물론 사법부마저도 과세전 적부심사제도가 사전적 권리구제로 시혜적인 것으로 인식하여 이를 빠뜨리거나 과세관청의 판단으로 제외해도 이를 중대한 절차적 위반이 아니라고 보았다.[236]

---

235) 미국의 연방대법원은 1984년 분쟁의 해결을 위해 다양한 접근책을 제공하는 ADR 프로그램을 제도화하였다. 오늘날 소송이 제기되는 사건의 5% 이하만이 판사나 배심원이 있는 법정에 이르고 대부분이 ADR 절차에 의하여 해결된다고 한다(윤선희, "ADR에서의 지적재산권분쟁", 중재학회지, Vol.13 No.1, 2003, p.125. 참조). 2018.6월 애플과 삼성의 7년간의 특허분쟁이 중재에 의한 협상과 합의라는 ADR로 종결된 것은 유명하다.

236) "과세전적부심사"는 과세관청이 조세의 부과처분을 하기 전에 처분의 내용을 납세자에게 미리 통지하고 통지내용에 이의가 있는 납세자에게 의견 진술이나 반증을 할 수 있는 기회를 주어 납세자의 주장에 정당성이 있는 경우에 사전에 보정하는 제도이다. 만약 납세자에게 과세전적부심사청구의 기회를 주지 않았다고 하더라도 납세자의 권리의무에 직접 어떠한 영향을 미치는 것은 아니라 할 것이고, 과세전적부심사청구의 기회를 부여하지 않고 처분을 하였더라도 처분의 내용이 담긴 납세고지서로 처분의 내용을 알게 된 이상 처분에 대하여 이의신청·조세심판원에 대한 심판청구 등 절차를 통하여 과세의 적부에 대하여 불복

하지만 사법심사에서 적정절차의 원칙과 사전적 권리구제가 강조되고, 「국세기본법」상 '납세자권리'에 대하여 법규적 효력이 인정되면서 과세전 적부심사 절차를 위반한 경우에는 중대한 절차적 하자로서 당연무효가 된다.

이처럼 과세전 적부심사 제도는 납세자가 과세처분을 받기 전에 그 적정성을 심사받는 과세 전 심사를 통한 권리구제 제도로서 매우 중요한 역할을 수행하고 있다.

(2) 과세전 심사받을 대상

1) 과세전 적부심사 청구대상

납세자가 다음 중 하나에 해당하는 내용을 과세관청으로부터 서면으로 통지를 받은 때에는 그 통지를 받은 날부터 30일 이내에 통지를 한 과세관청에 통지 내용에 대한 적법성에 관한 심사를 청구할 수 있다[국기법 §81의15②; 지기법 §88②].

① 세무조사 결과에 대한 서면통지

② 업무감사 결과(국세의 경우 현지에서 시정조치하는 경우, 지방세의 경우 지도·점검 결과 등을 포함한다)에 따라 과세하기 위한 과세예고 통지(지방세의 경우 「지방세기본법」·「감사원법」등에 따른 시정요구에 따라 과세 처분하는 경우로서 시정요구 전에 과세처분 대상자가 지적사항에 대한 소명안내를 받은 경우는 제외한다)

③ 세무조사에서 확인된 것으로 조사대상자 외의 자에 대한 과세자료·현지확인조사에 따라 세무서장·지방국세청장이 과세하기 위한 과세예고 통지

④ 납세고지하려는 세액이 국세의 경우 1백만원, 지방세의 경우 30만원 이상인 과세예고 통지(국세의 경우 「감사원법」[§33]에 따른 시정요구에 따라 세무서장·지방국세청장이 과세처분하는 경우로서 시정요구 전에 과세처분 대상자가 감사원의 지적사항에 대한 소명안내를 받은 경우, 지방세의 경우 「지방세법」에 따라 정한 납기에 따라 납세고지하는 경우는 제외한다)[237]

⑤ 지방세 비과세·감면의 신청을 반려하는 통지[238]

할 수 있는 절차가 남아 있기에 처분이 위법하다고 할 수 없어 중대한 절차 위반이 있었다고 보기 어렵다 (대법원 2012.4.13. 선고, 2011두32263 판결 참조).

237) 「국세기본법」 제81조의15 제2항 각 호는 긴급한 과세처분의 필요가 있다거나 형사절차상 과세관청이 반드시 과세처분을 할 수밖에 없는 등의 일정한 사유가 있는 경우에는 과세전부심사를 거치지 않아도 된다고 규정하고 있는데, 과세관청이 감사원의 감사결과 처분지시나 시정요구에 따라 과세처분을 하는 경우라도 국가기관 간의 사정만으로는 납세자가 가지는 절차적 권리의 침해를 용인할 수 있는 사유로 볼 수 없고, 그와 같은 처분지시나 시정요구가 납세자가 가지는 절차적 권리를 무시하면서까지 긴급히 과세처분을 하라는 취지도 아니므로, 위와 같은 사유는 과세관청이 과세예고 통지를 생략하거나 납세자에게 과세전적부심사의 기회를 부여하지 아니한 채 과세처분을 할 수 있는 예외사유에 해당한다고 할 수 없다(서울고법 2016.10.28. 선고, 2016누41264 판결 참조).

238) 비과세·감면신청에 대한 거부처분, 결정·경정청구에 대한 거부처분에 대하여 과세전적부심사권을 부여한 것은 사실상 부과처분이라는 의미를 가지므로 국세에서도 보장할 필요가 있다. 반면에 지방세법령과

하지만 국세에 관한 과세전 적부심사청구를 할 때 아래에 해당하는 경우에는 통지를 한 세무서장·지방국세청장에게 하지 않고 국세청장에게 청구할 수 있다.

① 법령과 관련하여 국세청장의 유권해석을 변경하여야 하거나 새로운 해석이 필요한 것

② 국세청장의 훈령·예규·고시 등과 관련하여 새로운 해석이 필요한 것

③ 세무서·지방국세청에 대한 국세청장의 업무감사 결과(현지에서 시정조치하는 경우는 제외한다)에 따라 세무서장·지방국세청장이 하는 과세예고 통지에 관한 것

④ ①~③에 해당하지 아니하는 사항 중 과세전 적부심사청구 금액이 10억원 이상인 것

이와 같이 과세전 적부심사청구의 대상에 해당함에도 과세관청이 과세전 적부심사를 위한 통지를 하지 않거나 과세전 적부심사의 심사결정을 받지 않고 부과를 위한 결정을 한 경우 그 부과처분은 취소의 대상이 된다.[239]

2) 과세전 심사받을 권리의 제외

납세자는 다음과 같은 경우에는 세무조사 결과통지나 과세예고통지를 받았다 해도 과세처분을 받기 전에 보장되어야 하는 과세전 심사권을 인정하지 않는다[국기법 §81의15③; 지기법 §88③].

① 「국세징수법」[§14], 「지방세징수법」[§22①]에 따른 납기 전 징수의 사유가 있거나 세법에서 규정하는 수시부과의 사유가 있는 경우[240]

② 「조세범 처벌법」 위반으로 고발·통고처분하는 경우나 지방세 조세범칙사건을 조사하는 경우

③ 세무조사 결과통지·과세예고통지를 하는 날부터 조세 부과권의 행사기간(부과 제척기간) 만료일까지의 기간이 3월 이하인 경우[241]

관련하여 유권해석을 변경하여야 하거나 새로운 해석이 필요한 경우에는 과세전적부심사청구대상에서 제외한 것은 지나치게 소극적인 것으로 사전적 권리구제를 받을 권리를 침해하는 것이다.

239) 과세전적부심사청구에 대하여 심사결정 없이 양도소득세를 부과고지한 것은 납세고지 전 권리구제제도인 「국세기본법」을 위반한 부당한 과세처분으로 심사결정 후 다시 부과처분하는 것은 별론으로 하더라도 부과처분은 취소하여야 한다(국세청 심사 양도 2008-56, 2008.7.22.).

240) 과세전적부심사청구 당시 납기전징수 사유가 발생하지 아니하여 과세전적부심사청구가 허용된 경우라도 그 후 납기전징수 사유가 발생하였다면 과세전적부심사청구에 대한 결정이 있기 전이라도 과세처분을 할 수 있다(대법원 2012.10.11. 선고, 2010두19713 판결).

241) 세무행정에서 과세관청간 자료통보와 소명, 처리 과정에서 많은 시간이 소요되거나 방치하고 있다가 부과권의 제척기간이 만료시점에서 과세하는 경우가 비일비재하다. 이런 경우 과세예고통지와 과세전적부심사청구대상에서 제외되는 바, 과세관청이 업무처리를 태만히 하고 지연한 명백한 과실이 입증된다면 이를 생략한 것은 중대한 절차적 위반으로 당연무효일 것이다. 하지만 1년 넘게 지체한 과세처분에 이후 원고의 경정청구, 관련인의 불복 등 복잡한 과정을 거치고 과세관청이 종합적으로 검토하여 처분하는 과정에서 일부 지체된 것이라고 인식하고 과세전적부심사 기회를 박탈하기 위하여 과세자료를 고의로 장기간 방치

④ 「국제조세조정에 관한 법률」에 따라 조세조약을 체결한 상대국이 상호합의 절차의 개시를 요청한 경우

⑤ 「국세기본법」[§65①(3)단서(국기법 §66⑥, §81에서 준용하는 경우 포함), §81의15⑤(2)단서]·「지방세기본법」[§88⑤(2)단서, §96①(3)단서, §96⑥]에 따른 재조사 결정에 의한 조사를 하는 경우

⑥ 지방세 법령과 관련하여 유권해석을 변경하여야 하거나 새로운 해석이 필요한 경우

⑦ 납세고지하려는 세액이 30만원 이상 과세예고통지(「지방세법」에서 정한 납기에 따라 납세고지하는 경우는 제외한다) 중 법정신고기한까지 신고한 세액에 대한 납세고지, 세무서장·지방국세청장이 결정·경정한 자료에 따른 지방소득세 납세고지

이처럼 납세자가 과세예고통지를 받은 경우에도 조세채권을 확보하는 데 시간적 여유가 없는 경우 등 특별한 상황에 놓이게 되면 과세전 적부심사청구를 허용하지 않고 있다. 하지만 납세자에게 사전적 권리구제로 유일한 과세전 심사청구권을 박탈하는 것이므로 이는 최소한에 그쳐야 할 것이다.

예컨대 아무리 조세 부과권의 행사기간이 3개월 이내에 만료된다고 해도 과세전 심사를 받을 권리를 박탈할 이유는 없다. 세무조사결과통지 등 과세예고통지를 한 후 과세전 적부심사 결정전이라도 물리적으로 불가능한 경우가 아니라면 부과권의 행사기간 내에 심사를 마치거나 진행할 수 있기 때문이다.

한편 과세전 적부심사의 통지를 받은 납세자가 과세전 적부심사를 청구하지 아니하는 경우에는 그 통지를 한 과세관청에 통지받은 내용대로 과세표준·세액을 조기에 결정·경정하여 줄 것을 「조기결정신청서」[국기칙 별지 제56의4호 서식]에 의하여 신청(조기결정신청) 할 수 있다.[242] 신청을 받은 과세관청은 조기결정의 신청받은 내용대로 즉시 결정·경정을 하여야 한다[국기법 §81의15⑧: 지기법 §88⑦].

그러므로 통지를 받은 납세자가 조기결정신청을 하면 과세전 심사권을 포기한 것으로 보아야 할 것이다. 하지만 이 경우라도 해당 납세자가 「납세고지서」를 받은 후에 「국세기본법」이나 「지방세기본법」에 따른 이의신청·심사청구·심판청구하는 것을 제한하지는 않는다.

하였다고 보기 어렵다는 이유로 절차상 하자가 중대하여 위법하다고 볼 수 없다고 판시한 바 있다(대법원 2019.11.14. 선고, 2019누49496 판결). 이런 경우는 세무행정에서 흔하게 일어나고 가산세의 부과에 있어서 다툼과 불만소지도 많다. 이런 경우 납세자는 '고의성'을 입증하기가 쉽지 않으므로 과세자료 처리 등에 있어서 일정한 기간적 제약을 두어야 한다.

242) "조기결정신청"은 납세자에게 가산세 등 부담을 줄이고자 「국세기본법」에 신설되어 2009.1.1. 이후 최초로 통지하는 분부터 적용한다. 하지만 조기결정신청을 하는 경우라도 납세자가 과세에 동의하거나 과세 후 불복청구를 포기하는 것을 의미하지 않는다. 과세관청이 세무조사결과통지시 조기결정신청서를 함께 보냄으로써 착오로 제출할 수 있으므로 법령에 과세전적부심사에서 제외되는 것을 명백히 할 필요가 있다.

(3) 과세전 적부심사청구

1) 청구 절차

과세관청으로부터 세무조사 결과통지 등을 받은 납세자는 해당 통지를 한 과세관청(국세의 경우 세무서장·지방국세청장이나 국세청장, 지방세의 경우 지방자치단체의 장)에게 통지받은 날짜, 청구세액, 청구내용·이유 등을 적고 증거서류나 증거물을 첨부한 「과세전적부심사청구서」[국기칙 별지 제56의2호 서식]를 제출한다.

국세의 경우 「과세전적부심사청구서」가 통지를 한 세무서장·지방국세청장 외의 세무서장·지방국세청장이나 국세청장에게 제출된 경우에는 해당 청구서를 소관 세무서장·지방국세청장이나 국세청장에게 즉시 송부하고, 그 뜻을 해당 청구인에게 통지하여야 한다.

지방세의 경우 관할을 달리한 지방자치단체에 청구한 경우에는 신고·납부와 같이 그 청구의 효력이 없는 것으로 보아야 한다.

2) 청구 효과

납세자가 과세예고통지를 받고 과세전 적부심사청구를 한 경우 과세관청은 그 청구부분에 대하여 결정이 있을 때까지 해당 조세의 과세표준·세액의 결정·경정을 유보하여야 한다.

하지만 과세전 적부심사 대상이 아닌 경우와 납세자로부터 조기결정신청을 받은 경우에는 당초 통지한 내용대로 결정할 수 있다.

과세전 적부심사청구가 적법한 요건을 갖춘 경우 과세전 적부심사에 대한 결정이 나지 않은 상태에서 과세관청이 과세표준·세액을 결정·경정한 경우에는 그 결정·경정처분은 효력이 없다.

3) 청구의 심리

과세전 적부심사청구가 있는 경우 해당 과세관청은 「국세기본법」과 「지방세기본법」에 따른 이의신청·심사청구·심판청구 절차와 청구인의 권리에 관한 규정[국기법 §58, §59, §60 의2, §61③, §62②, §63, §64①단서, §64②, §65④~⑥, 지기법 §92, §93, §94②, §95, §96①단서, ④, ⑤]이 준용된다[국기법 §81의15⑥: 지기법 §88⑧].

이에 따라 과세전 심사청구에서도 청구에 관계되는 서류를 열람하거나 재결청에 의견을 진술할 수 있고, 세무사 등 조세전문가를 대리인으로 선임할 수 있다.

또 재결청은 청구의 내용이나 절차가 세법 등에 적합하지 않거나 보정할 수 있다고 인정되는 때에는 20일 이내의 기간을 정해 서류 등의 보정補正을 요구할 수 있다.

한편 이의신청·심사청구·심판청구에서 준용되는 「행정심판법」의 일부 규정도 과세전

적부심사청구에도 준용된다. 행정심판법 중 선정대표자(§15), 청구인의 지위승계(§16), 심판참가(§20), 심판참가의 요구(§21), 참가인의 지위(§22), 청구의 변경(§29), 증거조사(§36①), 직권심리(§39), 심리의 방식(§40), 심판청구 등의 취하(§42)는 국세·지방세 과세전 심사절차에서 모두 준용되고, 발언내용 등의 비공개(§41)는 지방세 과세전 심사절차에서만 준용하도록 하고 있다.

| 과세전 적부심사의 준용규정 |

구분	준용대상	준용규정
국세	「국세기본법」	관계서류의 열람·의견진술권(§58), 대리인(§59), 정보통신망을 이용한 불복청구(§60의2), 발신주의기준 청구기간(§61③), 발신주의기준 청구절차(§62②), 청구서의 보정(§63), 청구기간 도과분 위원회 제외(§64①단서), 국세청장의 재심의요구권(§64②), 보정기간 불산입(§65④), 재조사결정(§65⑤~⑥)
지방세	「지방세기본법」	관계서류의 열람·의견진술권(§92), 이의신청 등의 대리인(§93), 발신주의 청구기간(§94②), 보정요구(§95), 청구기간 도과분 위원회 제외(§96①단서), 재조사결정(§96④⑤)
국세·지방세	「행정심판법」	• 국세·지방세 공통 준용 : 선정대표자(§15), 청구인의 지위승계(§16), 심 판참가(§20), 심판참가의 요구(§21), 참가인의 지위(§22), 청구의 변경(§29), 증거조사(§36①), 직권심리(§39), 심리의 방식(§40), 심판청구 등의 취하(§42) • 지방세만 준용 : 발언 내용 등의 비공개(§41)

(4) 과세전 적부심사

납세자가 과세전 적부심사를 청구한 경우 그 심리와 결정은 국세의 경우 세무서·지방국세청·국세청에 각각 설치된 「국세심사위원회」, 지방세의 경우 「지방세심의위원회」가 담당한다[국기법 §81의15④; 지기법 §88④].

국세의 경우 종전에는 과세전 심사만을 위해 과세관청에 「과세전적부심사위원회」를 따로 두었으나 2009년부터는 「국세심사위원회」에서 각급 과세관청이 수행하는 사후적 권리구제절차인 이의신청(세무서·지방국세청에 두는 「국세심사위원회」), 심사청구(국세청에 두는 「국세심사위원회」)와 통합하여 심리하게 되었다.

1) 국세심사위원회

국세에 관한 과세전 적부심사청구의 결정은 「국세심사위원회」에서 한다. 만약 청구기간이 지난 후에 과세전 적부심사청구가 제기되는 등 각하 결정 사유에 해당하는 경우나 청구

금액이 3천만원 미만으로서 사실판단과 관련된 사항이거나 유사한 심사청구에 대하여 위원회의 심의를 거쳐 이미 결정된 사례가 있는 경우에는 위원회를 거치지 않고 과세관청이 재결청裁決廳으로서 직접 결정할 수 있다.

각급 세무관서에 두는 「국세심사위원회」 위원은 위원장 1명 외에 4~10명의 공무원인 위원과 16~24명의 민간위원으로 구성된다. 위원장은 세무서에 두는 「국세심사위원회」의 경우 세무서장, 지방국세청에 두는 「국세심사위원회」의 경우 지방국세청장, 국세청에 두는 「국세심사위원회」의 경우 국세청차장이 되며, 위원장이 부득이한 사유로 직무를 수행할 수 없을 때는 세무서·지방국세청의 경우 소속공무원 중 그 직무를 대리하는 사람이, 국세청의 경우 국세청장이 지명하는 사람이 직무를 대리한다.

위원회에서 과세전 적부심사를 하는 경우에도 이의신청이나 심사청구와 마찬가지로 구성원 과반수(1/2 이상)의 출석으로 개의開議하고 출석위원 과반수의 찬성으로 의결한다.

국세청장은 「국세심사위원회」 의결이 법령에 명백히 위반된다고 판단하는 경우 구체적인 사유를 적어 서면으로 「국세심사위원회」로 하여금 한 차례에 한해서 다시 심의할 것을 요청할 수 있다[국기법 §64②].[243]

① 세무서에 두는 「국세심사위원회」

세무서에 두는 「국세심사위원회」는 위원장인 세무서장을 포함한 21명 이내의 위원으로 구성한다.

위원회의 위원은 공무원인 위원의 경우 소속 지방국세청장이 해당 세무서 소속 공무원 중에서 임명하는 4명 이내의 사람, 민간위원의 경우 법률이나 회계에 관한 학식과 경험이 풍부한 사람 중에서 16명 이내의 사람을 위촉하여 구성한다.

위원회의 회의는 위원장과 위원장이 매 회의마다 지정하는 6명으로 구성하되, 민간위원이 4명 이상 포함되어야 한다.

② 지방국세청에 두는 「국세심사위원회」

지방국세청에 두는 「국세심사위원회」는 지방국세청장인 위원장을 포함한 27명 이내의 위원으로 구성된다.

---

243) 「국세심사위원회」의 의결에 대한 국세청장의 재의요구권은 2019.12. 입법되어 2020년부터 시행되었다. 당초 이는 국세심사위원회의 결정절차(§64②)에 불과했으나, 입법시 새로운 내용이면서도 항번을 추가로 부여하지 않고 비공개회의의 원칙 규정의 항번(②)은 새로운 항번(③)을 부여하면서까지 당초 비공개회의의 원칙 항번(②)을 부여함으로써 준용조문(§81의15⑥)의 추가개정 없이도 자동으로 과세전적부심사청구의 준용대상이 되게 하였다. 이로써 납세자권리 보장에 있어서 매우 중요한 절차인 불복청구, 특히 납세자가 선택할 수 없고 과세관청에서만 가능한 과세전적부심사청구의 경우 위원회의 결정이 과세관청에게 불리할 때는 재심요구를 할 수 있게되어 중요한 권리구제제도를 형해화하였다.

위원회의 위원은 공무원인 위원의 경우 국세청장이 해당 지방국세청 소속 공무원 중에서 임명하는 6명 이내의 사람으로, 민간위원의 경우 법률이나 회계에 관한 학식과 경험이 풍부한 사람 중에서 국세청장이 위촉하는 20명 이내의 사람으로 구성한다.

위원회의 회의는 위원장과 위원장이 매 회의마다 지정하는 8명으로 구성하되, 민간위원이 과반수(50%초과 인원)가 포함되도록 해야 한다.

③ 국세청에 두는 「국세심사위원회」

국세청에 두는 「국세심사위원회」는 국세청 차장인 위원장 1명을 포함한 35명 이내의 위원으로 구성한다.

위원회 위원은 공무원인 위원의 경우 국세청장이 소속 공무원 중에서 임명하는 10명 이내의 사람으로, 민간위원의 경우 법률이나 회계에 관한 학식과 경험이 풍부한 사람 중에서 국세청장이 위촉하는 24명 이내의 사람으로 구성된다.

위원회 회의는 위원장과 위원장이 매 회의마다 지정하는 10명으로 구성하되 민간위원이 과반수가 포함되도록 해야 한다.

| 국세심사위원회의 구성 |

구분		세무서	지방국세청	국세청
구성	위원장	세무서장	지방국세청장	국세청 차장
	위원수	21명 이내	27명 이내	35명 이내
	공무원인 위원	소속 공무원 중 세무서장이 임명	소속 공무원 중 지방국세청장이 임명	소속 공무원 중 국세청장이 임명
		4명 이내	6명 이내	10명 이내
	민간위원	법률이나 회계에 학식과 경험이 풍부한 사람 중 각 기관장이 위촉하는 사람		
		16명 이내	20명 이내	24명 이내
심리	소집	공정한 심의를 기대하기 어려운 사정이 인정될 때 회의에서 제척·회피		
		6명(민간위원 과반수)	8명(민간위원 과반수)	10명(민간위원 과반수)
	결정	구성원 과반수 출석으로 개의, 출석위원 과반수 찬성으로 의결		

2) 지방세심의위원회

과세전 적부심사청구에 대하여 심의·결정하는 「지방세심의위원회」는 위원장 1명과 부위원장 1명을 포함하여 성별을 고려한 19~25명 이내의 위원(조례로 6~10명의 범위에서 더 늘릴 수 있다)으로 구성된다.

위원장은 민간위원 중 전체 위원으로부터 호선되는 사람으로 하고 위원은 지방세에 관한 전문지식이 있는 지방자치단체의 공무원과 외부인사로 하여 지방자치단체의 장이 임명하거나 위촉한다.

위원회의 회의는 위원장·부위원장과 매 회의마다 지정하는 7~9명의 위원으로 구성하되, 외부인사가 과반수가 되어야 한다.

구분		특별시·광역시·특별자치시·도	시·군·구
구성	위원장	민간위원(위촉위원) 중 전체 위원으로부터 호선되는 사람	
	부위원장	지방세사무 담당 실장·국장·본부장	지방세사무 담당 실장·국장 (직제 없는 경우 과장·담당관)
	위원수	25명 이내 (조례로 10명 이내 증원가능)	19명 이내 (조례로 6명 이내 증원가능)
	공무원인 위원	지방세사무 담당 4급 이상 공무원	지방세사무 담당 5급 이상 공무원
	민간위원 (위촉위원)	① 판사, 검사, 군법무관, 변호사, 공인회계사, 세무사, 감정평가사의 직職에 3년 이상 종사한 사람 ② 대학에서 법학, 회계학, 세무학, 부동산평가학을 교수하는 사람으로서 조교수 이상의 직에 재직하는 사람 ③ 그 밖에 지방세에 관하여 전문지식과 경험이 풍부한 사람	
		전체 위원수의 과반수	전체 위원수의 과반수
심리	소집	공정한 심의를 기대하기 어려운 사정이 인정될 때 회의에서 제척·회피	
		• 위원장(지자체장 요구, 위원장 소집) • 부위원장 • 위원장이 회의시마다 지정하는 9명 (민간위원 과반수)	• 위원장(지자체장 요구, 위원장 소집) • 부위원장 • 위원장이 회의시마다 지정하는 7명 (민간위원 과반수)
	결정	구성원 과반수 출석으로 개의, 출석위원 과반수 찬성으로 의결	

(5) 과세전 적부심사의 결정·통지

납세자로부터 과세전 적부심사청구를 받은 과세관청은 위원회(국세의 경우 「국세심사위원회」, 지방세의 경우 「지방세심의위원회」)의 심사를 거쳐 결정을 하고 결과를 청구를 받은 날부터 30일 이내에 청구인에게 통지하여야 한다.

만약 과세전 적부심사에 대한 결정통지기간 이내에 그 결과를 통지하지 않은 경우 청구를 받은 날부터 30일이 지나서 결정·통지가 지연된 기간에는 납부지연가산세의 50%를 경감한다[국기법 §48②(3)가목; 지기법 §54②(3)].**244)**

---

244) 과세전적부심사 제도를 둔 것은 납세자의 권익을 보호하기 위한 것이고, 납세자가 의무를 이행하지 아니한 데에 정당한 사유가 있는 경우 가산세를 부과하지 않도록 규정[국기법 §48①; 지기법 §54①]하고 있음에도 납부지연가산세의 50%만 감면하는 것은 입법체계나 조세원리에도 맞지 않는다.

납세자의 과세전 적부심사청구에 대하여 위원회는 심의를 거쳐 다음과 같이 결정한다[국기법 §81의15④; 지기법 §88⑤].

① 청구가 이유없다고 인정되는 경우 : '채택하지 아니 한다'는 결정
② 청구가 이유있다고 인정되는 경우 : '채택'하거나 '일부 채택'하는 결정. 하지만 구체적인 채택의 범위를 정하기 위하여 사실관계 확인 등 추가적으로 조사가 필요한 경우에는 과세예고통지를 한 세무서장·지방국세청장, 지방자치단체장으로 하여금 이를 재조사하여 그 결과에 따라 당초 통지 내용을 수정하여 통지하도록 하는 '재조사 결정'을 할 수 있다.
③ 청구기간이 지났거나 보정기간에 보정을 하지 아니하는 경우 : '심사하지 아니한다'는 결정

과세관청은 청구를 받으면 「국세심사위원회」의 의결에 따라 결정을 하여야 한다. 그러므로 과세전 적부심사 결정은 과세 후 불복절차에서의 결정과 같이 재결裁決로서 과세관청을 기속하고 불가변력不可變力을 갖게 된다.**245)**

그런데 2020년 이후부터 국세청장이 「국세심사위원회」 의결이 법령에 명백히 위반된다고 판단하는 경우에는 구체적인 사유를 적어 서면으로 「국세심사위원회」로 하여금 한 차례에 한정하여 다시 심의할 것을 요청할 수 있도록 하였다.

이러한 국세청장의 '재심청구권'은 납세자권익 보호를 위한 권리구제, 특히 거의 유일한 사전적 권리구제 제도인 과세전 적부심사를 형해화하는 것으로 결코 허용되어서는 안된다. 만약 위원회 결정의 법령위반 등 특별한 고려가 필요하다면 아예 과세관청의 상급기관에서 하는 과세전 적부심사의 재심사 절차를 공식적으로 허용하고 납세자와 과세관청 모두 재심청구를 할 수 있도록 하여 상급 기관을 통한 과세전 심사를 제도화하는 사전적 권리구제도 2심제를 도입해야 한다.

---

245) 과세전적부심사 청구는 사후적 권리구제제도인 심사청구, 심판청구, 행정소송과 같이 과세관청의 위법·부당한 처분을 사전에 바로잡아 납세자의 권리를 구제하기 위한 것이므로, 「국세심사위원회」에서 결정된 내용은 명백히 위법·부당한 경우가 아니라면 설령 그 판단근거가 부분적으로 잘못이 있다 하더라도 그 결정 내용은 존중되어야 한다.

제 **5** 절

과세 후 납세자권리 구제

1 조세불복제도 개관

납세자가 과세관청으로부터 위법·부당한 처분을 받거나 과세관청에 한 청구에 대하여 거부당하여 필요한 처분을 받지 못한 경우에는 그 행정처분에 대하여 소송을 제기할 수 있다.

하지만 행정처분은 소송을 제기하기 전에 '행정심판전치주의'行政審判前置主義[246]에 따라 행정심판 절차를 거쳐야 하는데, 조세행정에 관한 행정심판의 경우 일반적인 행정심판절차를 정한 「행정심판법」이 우선 적용되지 않고 국세의 경우 「국세기본법」, 지방세의 경우 「지방세기본법」에 따른 불복절차에 관한 규정을 따라야 한다.[247]

조세불복제도로는 「국세기본법」[§55①]과 「지방세기본법」[§89①]에서 이의신청·심사청구·심판청구 제도를 두고 있으며, 납세자가 위법·부당한 과세처분을 받거나 필요한 처분을 받지 못하여 권리나 이익의 침해받은 경우 그 처분의 취소·변경이나 필요한 처분을 청구할 수 있도록 하고 있다.

(1) 조세불복의 분류

납세자가 과세관청의 처분에 불복하여 이의를 제기하는 조세불복은 청구와 심사의 기관에 따라 이의신청·심사청구·심판청구로 나뉜다.

이의신청은 국세의 경우 세무서장·지방국세청장이, 지방세의 경우 도지사(도세의 경우), 시장·군수(시·군세의 경우)가 재결청裁決廳이 되고, 심사청구는 국세의 경우 국세청장, 지방세의 경우 도지사가 재결청이 된다.

이러한 조세불복은 과세관청으로부터 부과처분을 받는 경우와 같이 의무를 발생시키거나 과세관청이 납세자의 결정·경정청구에 대하여 결정·경정을 거부하는 때와 같이 권리

---

246) "행정심판전치주의"는 행정의 자기통제와 행정심판이라는 전문기술성을 활용하여 국민의 시간과 비용을 절약할 수 있도록 하는 것으로 사법기능을 보완하기 위한 준사법절차이다. 지방세의 경우 선택적 전심절차로 운영되었으나, 2020년부터는 국세와 마찬가지로 필요적 전치주의로 전환되었다.

247) 「행정심판법」[§3①] 행정청의 처분, 부작위에 대하여는 다른 법률에 특별한 규정이 있는 경우 외에는 이 법에 따라 행정심판을 청구할 수 있다.

를 행사할 수 없게 하는 등 행정기관의 처분으로 의무를 발생시키거나 권리의 행사를 불가능하게 된 경우 이미 침해된 권리를 회복하거나 의무를 면제받기 위하여 하는 사후적인 권리구제 절차로서의 의의를 가진다.

그러므로 납세자가 과세관청으로부터 권리의무를 발생시키는 처분이 있기 전에 그 처분이 있을 것을 통지받는 경우 본원적 처분이 아닌 예비적 처분인 통지처분을 취소하도록 청구하는 사전적 권리구제 제도와는 차이가 있다.

① 이의신청異議申請, Reconsideration Appeal

과세관청으로부터 처분을 받은 납세자가 원칙적으로 그 처분을 한 과세관청에게 직접 제기하는 불복절차이다. 이의신청은 조세불복을 제기하는 납세자가 반드시 거쳐야 하는 것이 아니라 처분을 한 과세관청에 다시 심사해주도록 요청하는 임의적인 절차이다.

② 심사청구審査請求, Reexamination Appeal

납세자가 과세관청으로부터 처분을 받거나 이의신청에 대한 과세관청의 결정에 불복하는 경우 처분을 한 과세관청에 대한 감독권을 가진 국세청장에게 제기하는 불복절차이다. 심사청구는 같은 처분에 대하여 심판청구와 중복해서 청구할 수 없으며 심사청구에서 의견이 받아들여지지 않으면 행정소송을 제기하여야 한다.

③ 심판청구審判請求, Appeal to Tax Tribunal

과세관청으로부터 처분을 받거나 이의신청에 대한 과세관청의 결정에 불복하는 납세자가 조세심판원장에게 제기하는 불복절차로 심판청구는 납세자가 내국세에 관한 처분뿐만 아니라 관세와 지방세에 관한 처분을 받은 경우에도 제기할 수 있다.

심판청구는 같은 처분에 대하여 심사청구와 중복하여 청구할 수 없으며, 조세심판원에 하는 심판청구와 행정기관에 하는 심사청구 중 하나만 선택하여 행사할 수 있다. 만약 심판청구에서 의견이 받아들여지지 않으면 행정소송을 제기하여야 한다.

④ 「감사원법」에 따른 심사청구監査院 審査請求, Appeal to BAI

감사원의 감사를 받는 기관인 과세관청으로부터 처분을 받은 납세자는 감사원장에게 심사의 청구를 할 수 있다. 감사원 심사청구는 같은 처분에 대하여 과세관청에게 직접 청구하는 심사청구, 조세심판원장에게 청구하는 심판청구와 중복하여 청구할 수 없으며, 감사원 심판청구에서 의견이 받아들여지지 않으면 행정소송을 제기하여야 한다.

- **【헌법 §107】**

   ③ 재판의 전심절차로서 행정심판을 할 수 있다. 행정심판의 절차는 법률로 정하되 사법절차가 준용되어야 한다.

- **【행소법 §18(행정심판과의 관계)】**

   ① 취소소송은 법령의 규정에 의하여 당해 처분에 대한 행정심판을 제기할 수 있는 경우에도 이를 거치지 아니하고 제기할 수 있다. 다만, 다른 법률에 당해 처분에 대한 행정심판의 재결을 거치지 아니하면 취소소송을 제기할 수 없다는 규정이 있는 때에는 그러하지 아니하다.

   ② 제1항 단서의 경우에도 다음 각호의 1에 해당하는 사유가 있는 때에는 행정심판의 재결을 거치지 아니하고 취소소송을 제기할 수 있다.

   1. 행정심판청구가 있은 날로부터 60일이 지나도 재결이 없는 때
   2. 처분의 집행 또는 절차의 속행으로 생길 중대한 손해를 예방하여야 할 긴급한 필요가 있는 때
   3. 법령의 규정에 의한 행정심판기관이 의결 또는 재결을 하지 못할 사유가 있는 때
   4. 그 밖의 정당한 사유가 있는 때

   ③ 제1항 단서의 경우에 다음 각호의 1에 해당하는 사유가 있는 때에는 행정심판을 제기함이 없이 취소소송을 제기할 수 있다.

   1. 동종사건에 관하여 이미 행정심판의 기각재결이 있은 때
   2. 서로 내용상 관련되는 처분 또는 같은 목적을 위하여 단계적으로 진행되는 처분 중 어느 하나가 이미 행정심판의 재결을 거친 때
   3. 행정청이 사실심의 변론종결 후 소송의 대상인 처분을 변경하여 당해 변경된 처분에 관하여 소를 제기하는 때
   4. 처분을 행한 행정청이 행정심판을 거칠 필요가 없다고 잘못 알린 때

   ④ 제2항·제3항의 규정에 의한 사유는 이를 소명하여야 한다.

(2) 조세불복의 심급구조

「국세기본법」과 「지방세기본법」등 세법에서 정하고 있는 조세불복제도는 이의신청과 심판청구가 있으며, 국세에서 심판청구와 선택적 불복절차로서 국세청 심사청구를 두고 있다.

그러므로 행정심판절차 중 하나인 조세불복은 원칙적으로 1심급제이며 선택적으로 2심급제로 운영된다.[248]

---

248) 조세불복 절차는 1999년까지 심사청구 결정을 받은 후 심판청구를 하도록 하는 '선택적 3심급' 제도로 운영되다가 2000년부터 심사청구나 심판청구 중 하나만 거치도록 하는 '선택적 2심급' 제도로 변경되었다.

납세자가 국세에 관한 조세불복을 할 때에는 행정청에 대한 심사청구와 조세심판원장에 대한 심판청구는 중복하여 제기할 수 없고 오로지 하나만 선택하여 제기할 수 있다. 만약 이의신청을 처분을 한 세무서장·지방국세청장에게 직접 하여 그 결정을 받은 경우에도 국세청장에 심사청구를 하거나 조세심판원장에 심판청구를 선택할 수 있다.

지방세 이의신청을 한 납세자는 도지사로부터 이의신청 결정통지를 받으면 조세심판원장에게 심판청구를, 시·도지사나 시장·군수로부터 이의신청 결정 통지를 받으면 조세심판원장에게 심판청구를 할 수 있다.

이 경우 결정기간에 이의신청에 대한 결정 통지를 받지 못한 때에는 결정 통지를 받기 전이라도 그 결정기간이 지난 날부터 심사청구나 심판청구를 할 수 있다.

| 국세의 조세불복 제도 |

구분		이의신청	심사청구	심판청구
청구	청구권자	위법·부당한 처분을 받거나 필요한 처분을 받지 못해(부작위) 권리와 이익을 침해받은 납세자		
	심급성격	선택적(국세청장의 처분으로 인한 경우 제외)	심사청구와 심판청구 중 택일	
	재결청	세무서장· 지방국세청장	국세청장	조세심판원장
	청구기간	처분이 있은 것을 안 날부터 90일 이내	처분이 있은 것을 안 날(또는 이의신청 결정통지를 받은 날)부터 90일 이내	
심리	청구인 권리	의견진술권·관계서류의 열람		
	심리방법	-	-	직권탐지주의 자유심증주의
	보정기간	20일 이내	20일 이내	상당한 기간
결정	결정기관	세무서장· 지방국세청장 (「국세심사위원회」의결)	국세청장 (「국세심사위원회」의결)	「조세심판관회의」· 「조세심판관 합동회의」
	결정기간	청구일부터 30일 이내	청구일부터 90일 이내	
	결정원칙	불고불리의 원칙, 불이익변경금지의 원칙 (해석상)		불고불리의 원칙, 불이익변경금지의 원칙(명시적)
	결정효력	관계 행정청에 기속력, 결정의 불가변력·불가쟁력 발생		
효력	불복효력	집행부정지의 원칙(환가처분은 불가)		

(3) 조세불복의 효력

① 처분집행의 부정지不停止

이의신청·심사청구·심판청구는 세법에 특별한 규정이 있는 것을 제외하고는 불복청구의 대상이 되는 해당 처분의 집행에 효력을 미치지 아니한다[국기법 §57; 지기법 §99]. 이를 '집행부정지의 원칙'執行不停止 原則이라 한다.

하지만 해당 재결청裁決廳이 처분의 집행이나 절차의 속행 때문에 이의신청인, 심사청구인이나 심판청구인에게 중대한 손해가 생기는 것을 예방할 필요성이 긴급하다고 인정할 때에는 처분의 집행나 절차 속행의 전부·일부의 정지를 결정할 수 있다[국기법 §57].

이 경우 재결청은 집행정지나 집행정지의 취소에 관하여 심리·결정하면 지체 없이 당사자에게 통지하여야 한다.

② 공매 유보

「국세기본법」나 「지방세기본법」에 따른 이의신청·심사청구·심판청구 절차가 진행 중이거나 행정소송이 계속 중인 국세의 체납으로 압류한 재산(부패, 변질, 감량되기 쉬운 재산으로서 속히 매각하지 아니하면 재산가액이 줄어들 우려가 있는 경우는 제외한다)은 그 신청·청구에 대한 결정이나 소訴에 대한 판결이 확정되기 전에는 공매할 수 없다[국징법 §61④; 지징법 §71④].

하지만 압류재산에 대하여 공매 등 매각처분을 유보해도 과세관청이 처분의 집행을 계속하는 것은 납세자의 재산권을 심각하게 침해할 수 있다.

예컨대 납세자가 불복절차를 밟고 있는 중에도 처분의 집행을 계속하여 채권이나 부동산을 압류하는 경우 금융거래가 정지되거나 거래관계가 중단되어 매우 심각한 피해를 입게 되고 심한 경우 개인의 생명 자체가 위협받거나 사업이 도산에 이르게 된다.

그러므로 납세자가 과세관청의 처분이나 그 집행, 절차의 속행으로 생길 회복하기 어려운 손해를 예방하기 위하여 긴급한 필요가 있다고 인정할 때에는 당사자의 신청이나 직권에 의하여 처분의 집행, 절차의 속행의 중지, 처분의 효력정지를 결정할 수 있어야 할 것이다.

이를 위해서는 이의신청·심사청구와 심판청구서에 처분의 집행정지신청에 관한 항목을 명시적인 청구대상으로 포함하여 이를 심사할 수 있어야 한다.

「행정심판법」 상 심판청구의 집행정지

【행심법 §30(집행정지)】

① 심판청구는 처분의 효력이나 그 집행 또는 절차의 속행續行에 영향을 주지 아니한다.

② 위원회는 처분, 처분의 집행 또는 절차의 속행 때문에 중대한 손해가 생기는 것을 예방할 필요성이 긴급하다고 인정할 때에는 직권으로 또는 당사자의 신청에 의하여 처분의 효력, 처분의 집행 또는 절차의 속행의 전부 또는 일부의 정지(이하 "집행정지"라 한다)를 결정할 수 있다. 다만, 처분의 효력정지는 처분의 집행 또는 절차의 속행을 정지함으로써 그 목적을 달성할 수 있을 때에는 허용되지 아니한다.

③ 집행정지는 공공복리에 중대한 영향을 미칠 우려가 있을 때에는 허용되지 아니한다.

④ 위원회는 집행정지를 결정한 후에 집행정지가 공공복리에 중대한 영향을 미치거나 그 정지사유가 없어진 경우에는 직권으로 또는 당사자의 신청에 의하여 집행정지 결정을 취소할 수 있다.

⑤ 집행정지 신청은 심판청구와 동시에 또는 심판청구에 대한 제7조 제6항 또는 제8조 제7항에 따른 위원회나 소위원회의 의결이 있기 전까지, 집행정지 결정의 취소신청은 심판청구에 대한 제7조 제6항 또는 제8조 제7항에 따른 위원회나 소위원회의 의결이 있기 전까지 신청의 취지와 원인을 적은 서면을 위원회에 제출하여야 한다. 다만, 심판청구서를 피청구인에게 제출한 경우로서 심판청구와 동시에 집행정지 신청을 할 때에는 심판청구서 사본과 접수증명서를 함께 제출하여야 한다.

⑥ 제2항과 제4항에도 불구하고 위원회의 심리·결정을 기다릴 경우 중대한 손해가 생길 우려가 있다고 인정되면 위원장은 직권으로 위원회의 심리·결정을 갈음하는 결정을 할 수 있다. 이 경우 위원장은 지체 없이 위원회에 그 사실을 보고하고 추인追認을 받아야 하며, 위원회의 추인을 받지 못하면 위원장은 집행정지 또는 집행정지 취소에 관한 결정을 취소하여야 한다.

⑦ 위원회는 집행정지 또는 집행정지의 취소에 관하여 심리·결정하면 지체 없이 당사자에게 결정서 정본을 송달하여야 한다.

❷ 조세불복의 대상

(1) 조세불복의 당사자

1) 청구권자

이의신청, 심사청구나 심판청구를 할 수 있는 대상은 '위법·부당한 처분을 받거나 필요한 처분을 받지 못하여 권리나 이익을 침해당한 납세자'이다.

하지만 현실적으로는 납세자가 부과처분을 받은 경우 위법·부당한 처분을 받았는지 확정적이지 않고 또 필요한 처분을 받지 못하여 권리나 이익을 침해당한 자인지도 객관적으로 확인되지 않으므로, 불복청구를 할 수 있는 자는 불복청구의 대상이 되는 처분을 받거나 받지 못한 자라 해도 무방할 것이다.

이처럼 불복청구를 할 수 있는 납세자 이외에도 세법에 따른 처분에 의하여 권리나 이익을 침해당하게 될 이해관계인으로서 다음 중 하나에 해당하는 자는 위법·부당한 처분을 받은 자의 처분에 대하여 그 처분의 취소나 변경을 청구하거나 그 밖에 필요한 처분을 청구할 수 있다[국기법 §55②].[249]

（ⅰ） 제2차 납세의무자로서 납부통지서를 받은 자

（ⅱ） 물적 납세의무를 지는 자로서 납부통지서를 받은 자

（ⅲ） 「부가가치세법」[§3의2]에 따라 물적 납세의무를 지는 자로서 납부통지서를 받은 자

（ⅳ） 보증인

2) 대리인

이의신청, 심사청구나 심판청구를 하는 납세자와 과세관청은 세무사, 「세무사법」[§20의2①]에 따라 등록한 공인회계사, 변호사를 대리인으로 선임할 수 있다.

납세자의 경우 신청이나 청구의 대상이 국세의 경우 3천만원, 지방세의 경우 1천만원 미만인 경우에는 그 배우자, 4촌 이내의 혈족, 그 배우자의 4촌 이내의 혈족도 대리인으로 선임할 수 있다.

이때 대리인은 그 권한이 있음을 서면으로 증명하여야 하며, 대리인을 해임한 때에도 서면으로 재결청에 신고하여야 한다[국기법 §59].

대리인은 본인을 위하여 신청·청구에 관한 모든 행위를 할 수 있으나, 신청·청구의 취하는 특별한 위임을 받은 경우에만 할 수 있다.

이의신청인, 심사청구인, 심판청구인, 과세전적부심사 청구인은 재결청(과세전적부심사의 경우는 통지한 과세관서의 장을 말한다)에 다음 요건을 모두 갖춘 세무사, 공인회계사, 변호사를 '국선대리인'國選代理人으로 선정하여 줄 것을 신청할 수 있다.

（ⅰ） 신청인이나 청구인의 최근 과세기간의 종합소득금액이 5천만원, 토지와 건물, 승용자동차, 전세금(임차보증금을 포함한다), 골프회원권, 콘도미니엄회원권, 주식이나 출자지분 등 소유재산의 평가가액 합계액이 5억원 이하일 것

（ⅱ） 신청인이나 청구인이 법인이 아닐 것

---

249) 친권자, 후견인, 법원이 선임하는 부재자의 재산관리인, 상속재산관리인 등의 법정 대리인은 「민법」에 따라 본인을 대리하여 법률행위를 할 수 있으므로 불복청구도 할 수 있다.

(ⅲ) 신청금액이나 청구금액이 3천만원 이하인 신청이나 청구일 것

(ⅳ) 상속세, 증여세, 종합부동산세가 아닌 세목에 대한 신청이나 청구일 것

신청을 받은 재결청은 신청이 요건을 충족한 경우 지체 없이 국선대리인을 선정하고, 신청을 받은 날부터 5일 이내에 그 결과를 신청인이나 청구인, 국선대리인에게 각각 통지하여야 한다.

3) 재결청

'재결청'裁決廳이란 납세자의 신청·청구 등 불복청구를 수리하고 결정을 할 수 있는 권한을 가진 행정청의 상급기관을 말한다. 납세자가 과세전 적부심사청구를 세무서장에게 한 경우 이의신청에서는 지방국세청장, 심사청구에서는 국세청장, 심판청구에서는 조세심판원장이 재결청이 된다.[250]

청구가 제기되면 재결청은 심리를 위하여 즉시 이의신청·심사청구의 경우 「국세심사위원회」, 심판청구의 경우 「조세심판관회의」에 회부하여야 한다.

이는 재결의 공정성을 확보하기 위하여 심리의 권한을 「국세심사위원회」·「조세심판관회의」 등에 주고 재결청이 관여하지 못하게 하기 위한 것이다.

하지만 재결청은 「국세심사위원회」·「조세심판관회의」 등의 구성원의 선임권[국기령 §53②, 국기법 §67③], 「국세심사위원회」 민간위원에 대한 임기 중 수시 해촉권[국기령 §53⑧], 위원회 결정을 보고받을 권리[국기령 §53⑭], 「국세심사위원회」 의결에 따른 결정, 재심요구권[국기법 §64] 등을 가진다.

이처럼 스스로 심사기구를 두고 있는 재결청은 불복절차에서 형식적인 재결기능만 수행해야 함에도 세법은 그 권한과 의무의 한계를 분명히 하지 못하고 있다.

만약 조세불복의 심리·결정과정에서 재결청이 한계를 벗어난 권한을 행사하게 되면 독립성이 유지되어야 하는 심사기구에 큰 영향을 미치게 되어 조세불복의 객관성과 공정성을 해치게 된다.

(2) 조세불복의 대상

1) 원칙적 대상

이의신청·심사청구·심판청구 등 불복청구를 제기할 수 있는 대상은 세법에 따른 처분으로서 위법·부당한 처분을 받거나 필요한 처분을 받지 못하여 권리나 이익을 침해당한

---

250) 재결청은 처분청의 직상급기관을 의미하므로 세무서장이나 지방국세청장 등 처분을 내린 기관이 직접 심사하는 이의신청 기관은 재결청이라 할 수 없다.

자이다[국기법 §55①; 지기법 §89①].

그러므로 불복의 대상은 과세관청으로부터 납세자가 받은 조세에 관한 위법·부당한 처분과 받지 못한 필요한 처분이라 할 수 있다.

납세자가 과세관청으로부터 받지 못한 필요한 처분이란 다음을 명시적이거나 묵시적으로 거부하는 것을 말한다.

(i) 공제·감면신청에 대한 결정
(ii) 국세의 환급
(iii) 사업자등록신청에 대한 등록증 교부
(iv) 허가·승인
(v) 압류해제
(vi) 청구에 대한 결정·경정
(vii) 그 밖에 위에 준하는 것

하지만 이러한 대상에 해당되는 경우라도, 국세청의 감사결과로서의 시정지시에 따른 처분, 세법에 따라 국세청장이 하여야 할 처분은 이의신청이 허용되지 않는다[국기법 §55③].

2) 불복의 대상에서 제외되는 처분

다음의 처분에 대하여는 권리구제 절차가 중복되거나 사법절차로 보아 이의신청·심사청구나 심판청구 등 세법에 따른 불복을 청구할 수 없다[국기법 §55⑤; 지기법 §89②].

① 이의신청·심사청구·심판청구에 대한 처분

이의신청·심사청구나 심판청구에 대한 처분에 대하여는 불복청구에 대한 결정이므로 불복을 할 수 없으나, 이의신청의 경우에는 이의신청 결정에 대하여 심사청구나 심판청구를 할 수 있다.

또한 심사청구나 심판청구 결과 재조사 결정에 따른 처분청의 처분에 대해서는 해당 재조사 결정을 한 재결청에 대하여 심사청구나 심판청구를 제기할 수 있다. 하지만 이의신청에 대한 처분과 이의신청에 대한 재조사 결정에 따른 처분청의 처분에 대해서는 이의신청을 할 수 없다.

이는 불복청구에 대한 결정에 대하여는 심사의 반복을 피하기 위하여 같은 심급에서는 할 수 없고 상급심에서만 다툴 수 있도록 한 것이다.

② 「조세범 처벌절차법」에 의한 통고처분

'통고처분'은 조세범칙조사에 통해 범칙의 확증을 얻었을 때 국세청장, 지방국세청장, 세무서장이 범칙자에게 벌금이나 과태료를 납부할 것을 통지하는 준사법행위이다.

통고처분을 받은 후 벌금 등을 납부하지 않으면 고발의 절차를 거쳐 공소제기로 형사절차를 밟게 되므로 조세불복의 대상에서 제외된다.

③ 「감사원법」에 따른 심사청구 처분

「감사원법」에 따라 심사청구를 한 처분이나 그 심사청구에 대한 처분은 감사원장이 심사청구에 대하여 내린 결정으로 불복하는 경우, 행정소송을 제기할 대상이므로 「국세기본법」에 따른 불복의 대상에서 제외한다.

또 「감사원법」에 따른 심사청구를 통해 내린 결정에 대한 처분에 대한 행정소송은 그 심사청구에 대한 결정의 통지를 받은 날부터 90일 이내에 처분청을 당사자로 하여 제기하여야 한다[감사원법 §46의2].

④ 과태료 처분

「국세기본법」이나 「지방세기본법」에 따른 과태료 처분에 대하여는 이의신청 등 불복청구를 할 수 없다.

(i) 직무집행 거부 등에 대한 과태료 : 세법의 질문·조사권 규정에 따른 세무공무원의 질문에 대하여 거짓으로 진술하거나 그 직무집행을 거부·기피한 자에게 2천만원(지방세의 경우 500만원) 이하의 과태료를 부과·징수한다.

(ii) 금품수수·공여자에 대한 과태료 : 세무공무원에게 금품을 공여한 자에게 그 금품 상당액의 2배 이상 5배 이하의 과태료를 부과.·징수한다(하지만 「형법」 등 다른 법률에 따라 형사처벌을 받은 경우에는 과태료를 부과하지 아니하고, 과태료를 부과한 후 형사처벌을 받은 경우에는 과태료 부과를 취소한다).

(iii) 비밀유지의무 위반에 대한 과태료 : 국세청장은 과세정보를 타인에게 제공·누설하거나 그 목적 외의 용도로 사용한 자에게 2천만원 이하의 과태료를 부과·징수한다(만약 「형법」 등 다른 법률에 따라 형사처벌을 받은 경우에는 과태료를 부과하지 아니하고, 과태료를 부과한 후 형사처벌을 받은 경우에는 과태료 부과를 취소한다).

(iv) 명령사항 위반에 대한 과태료 : 지방자치단체의 장은 자동차·건설기계의 인도명령을 위반한 자에게 500만원 이하의 과태료를 부과한다.

③ 조세불복의 절차

(1) 청구기간

이의신청, 심사청구나 심판청구를 하고자 하는 납세자는 부과처분 등 불복청구의 대상이 되는 처분이 있은 것을 안 날(처분의 통지를 받은 때에는 그 받은 날)부터 90일 이내에 청구하여야 한다[국기법 §61①; 지기법 §91].

심사청구나 심판청구를 하기 전에 납세자가 이의신청을 먼저 거치는 경우에는 이의신청 결정처분의 통지를 받은 날부터 90일 이내에 청구할 수 있으며, 만약 결정기한까지 결정의 통지를 받지 못한 경우에는 결정의 통지를 받기 전이라도 그 결정기한이 지난 날부터 심사청구나 심판청구를 할 수 있다.

신청·청구기간 내에 우편으로 제출(우편날짜도장이 찍힌 날)한 신청·청구서가 청구기간을 지나서 도달한 경우에는 그 기간의 만료일에 적법한 신청·청구를 한 것으로 본다.

신청·청구인이 「국세기본법」·「지방세기본법」의 신고·신청·청구와 그 밖의 서류의 제출·통지에 관한 '기한연장 사유'에 해당하여 법정기간에 신청·청구할 수 없을 때에는 그 사유가 소멸한 날부터 14일 이내에 할 수 있다.

이 때에는 법정기간 내에 이의신청이나 심판청구를 할 수 없는 사유, 그 사유가 발생한 날과 소멸한 날, 그 밖에 필요한 사항을 기재한 문서를 함께 제출하여야 한다.

> **참고** **이의신청·심사청구나 심판청구의 청구기한 연장사유**
>
> 이의신청·심사청구나 심판청구의 기한을 연장할 수 있는 사유는 기한연장 사유[국기법 §6①, 국기령 §2①; 지기법 §26①] 중 '신고·신청·청구와 그 밖의 서류의 제출·통지에 관한 기한연장 사유'에 해당하여야 한다[국기법 §6①; 지기법 §94①].
> ① 납세자가 화재, 전화戰禍, 그 밖의 재해를 입거나 도난을 당한 경우
> ② 납세자나 그 동거가족이 질병이나 중상해로 6개월 이상의 치료가 필요하거나 사망하여 상중喪中인 경우
> ③ 정전, 프로그램의 오류, 그 밖의 부득이한 사유로 한국은행(그 대리점을 포함한다)·체신관서의 정보통신망의 정상적인 가동이 불가능한 경우
> ④ 금융회사 등(한국은행 국고대리점·국고수납대리점인 금융회사 등만 해당한다)·체신관서의 휴무, 그 밖의 부득이한 사유로 정상적인 세금납부가 곤란하다고 국세청장이 인정하는 경우
> ⑤ 권한 있는 기관에 장부나 서류가 압수·영치된 경우
> ⑥ 「세무사법」 제2조 제3호에 따라 납세자의 장부작성을 대행하는 세무사(같은법 제16조의4에 따라 등록한 세무법인을 포함한다), 같은 법 제20조의2에 따른 공인회계사(「공인회계사

법」제24조에 따라 등록한 회계법인을 포함한다)가 화재, 전화, 그 밖의 재해를 입거나 도난을 당한 경우

⑦ ①, ②, ⑤에 준하는 사유가 있는 경우

만약 국세에 관한 「심사청구서」나 「조세심판청구서」가 해당 처분을 하였거나 하였어야 할 세무서장 이외의 다른 세무서장, 지방국세청장, 국세청장에게 제출된 때는 그 때에 심사청구나 심판청구를 한 것으로 본다.

한편 「국제조세조정에 관한 법률」에 따른 상호합의절차가 개시된 경우 상호합의절차의 개시일부터 종료일까지의 기간은 「국세기본법」・「지방세법」상 불복청구 기간과 결정기간에 산입하지 않는다[국조법 §24①]. 이때 상호합의절차에 의한 기간의 특례를 적용받고자 하는 납세자는 납세지 관할 세무서장・지방자치단체의 장에게 신청하여야 한다.

(2) 청구서의 제출과 보정

1) 청구서의 제출

불복을 하고자 하는 납세자는 반드시 세법이 정하는 불복의 사유를 갖추어 불복대상이 되는 처분을 하였거나 하여야 할 과세관청을 거쳐 소관 업무를 담당하는 기관에 서면으로 제출하여야 한다.

이 때에는 처분이 있은 것을 안 연월일(처분통지를 받은 경우에는 그 받은 연월일), 통지된 사항, 처분의 내용, 불복의 이유 등을 기재한 청구서(이의신청의 경우 「이의신청서」, 심사청구의 경우 「심사청구서」, 심판청구의 경우 「조세심판청구서」)를 관계 증거서류나 증거물을 첨부하여 제출한다.

① 이의신청

납세자가 과세관청의 처분에 대하여 이의신청을 하고자 하는 경우에는 불복의 사유를 갖추어 해당 처분을 하였거나 하였어야 할 과세관청에 하여야 한다.

국세에서 이의신청은 통지를 한 세무서장에게 하거나 세무서장을 거쳐 관할 지방국세청장에게 하여야 한다. 하지만 지방국세청장의 조사에 따라 과세처분한 경우나 세무서장에게 과세전 적부심사를 청구한 경우에는 관할 지방국세청장에게 이의신청을 하여야 하며, 세무서장에게 한 이의신청은 관할 지방국세청장에게 한 것으로 본다[국기법 §66①].

지방세의 이의신청은 대상 처분이 있은 것을 안 날(처분의 통지를 받았을 때에는 그 통지를 받은 날)부터 90일 이내에 불복의 사유를 적어 특별시세・광역시세・도세[251]의 경우에는

시·도지사에게, 특별자치시세·특별자치도세의 경우에는 특별자치시장·특별자치도지사에게, 시·군·구세의 경우에는 시장·군수·구청장에게 하여야 한다[지기법 §90].

② 심사청구

심사청구는 불복의 사유를 갖추어 해당 처분을 하였거나 하였어야 할 세무서장을 거쳐 국세청장에게 하여야 한다[국기법 §62①].

심사청구서를 받은 세무서장은 이를 받은 날부터 7일 이내에 그 청구서에 처분의 근거·이유, 처분의 이유가 된 사실 등이 구체적으로 기재된 의견서를 첨부하여 국세청장에게 송부하여야 한다.

만약 해당 심사청구의 대상이 된 처분이 지방국세청장이 조사·결정·처리하였거나 하였어야 할 것인 경우나 지방국세청장에게 이의신청을 한 자가 이의신청에 대한 결정에 이의가 있거나 그 결정을 받지 못한 경우에 해당하는 심사청구의 경우에는 그 지방국세청장의 의견서를 첨부하여야 한다. 이 의견서가 제출되면 국세청장은 지체 없이 해당 의견서를 심사청구인에게 송부하여야 한다[국기법 §62③④].

지방세는 심사청구 제도가 없다. 과거에는 시장·군수의 결정에 대하여 도지사에게 심사청구를 하거나 조세심판원장에게 심판청구를 선택하여 할 수 있으나 지방세 심사청구 제도는 2020년부터 폐지되었고 바로 이의신청을 거쳤든지 아니든지 간에 조세심판원장에게 심판청구만 할 수 있다[지기법 §91①].

③ 심판청구

심판청구는 납세자가 과세관청의 처분이 있은 것을 안 날(처분의 통지를 받은 경우에는 통지를 받은 날)부터 90일 내에 세무서장이나 조세심판원장에게 한다[국기법 §69; 지기법 §91].

국세에 관한 심판청구를 하려는 자는 불복의 사유 등이 기재된 「조세심판청구서」를 그 처분을 하였거나 하였어야 할 세무서장이나 조세심판원장에게 제출하여야 한다. 심판청구서를 받은 세무서장은 이를 지체 없이 조세심판원장에게 송부하여야 한다.

조세심판원장은 「조세심판청구서」를 받은 경우에는 지체 없이 그 부본을 그 처분을 하였거나 하였어야 할 세무서장에게 송부하여야 한다.

이처럼 「조세심판청구서」를 받거나 그 부본을 받은 세무서장은 이를 받은 날부터 10일 이내에 그 심판청구서에 대한 답변서를 조세심판원장에게 제출하여야 한다. 만약 국세청장이나 지방국세청장의 감사결과 처분에 대한 청구인 경우에는 국세청장이나 지방국세청장

---

251) 이 때 도세 중 소방분 지역자원시설세, 시·군세에 부가하여 징수하는 지방교육세와 특별시세·광역시세 중 특별시분 재산세, 소방분 지역자원시설세, 구세(군세·특별시분 재산세를 포함한다)에 부가하여 징수하는 지방교육세는 시·도지사가 아니라 시장·군수·구청장에게 이의신청한다.

의 답변서를 첨부하여야 한다. 이때 답변서에는 이의신청에 대한 결정서, 처분의 근거·이유, 처분의 이유가 된 사실을 증명할 서류, 청구인이 제출한 증거서류·증거물, 그 밖의 심리자료 일체를 첨부하여야 한다. 이 답변서가 제출되면 조세심판원장은 지체 없이 그 부본(副本)을 해당 심판청구인에게 송부하여야 하며, 기한까지 세무서장이 답변서를 제출하지 아니하는 경우에는 기한을 정하여 답변서 제출을 촉구할 수 있다.

세무서장이 기한까지 답변서를 제출하지 아니하는 경우에는 증거조사 등을 통하여 심리절차를 진행하도록 할 수 있다.

지방세 심판청구의 경우, 이의신청을 거친 후에 심판청구를 할 때에는 이의신청에 대한 결정 통지를 받은 날부터, 이의신청을 거치지 아니하고 바로 심판청구를 할 때에는 그 처분이 있은 것을 안 날(처분의 통지를 받았을 때에는 통지받은 날)부터 90일 이내에 조세심판원장에게 심판청구를 하여야 한다.

이의신청 결정기간에 결정 통지를 받지 못한 경우에는 결정통지를 받기 전이라도 그 결정기간이 지난 날부터 심판청구를 할 수 있다.

2) 청구서의 보정

재결청이 받은 이의신청, 심사청구이나 심판청구가 신청·청구의 서식이나 절차에 결함이 있거나 불복사유를 증명할 자료의 미비로 심의할 수 없다고 인정되는 등 청구의 내용이나 절차가 세법에 적합하지 않지만 보정補正할 수 있다고 인정하는 경우에는 청구에 대하여 보정요구할 수 있다.

보정요구는 심사청구의 경우 20일 이내, 심판청구의 경우 상당한 기간을 정하여 보정할 사항, 보정을 요구하는 이유, 보정할 기간 등을 기재한 「보정요구서」로 한다[국기법 §63①, §81: 지기법 §95, §100]. 보정할 사항이 경미한 경우에는 직권으로 보정하고 그 뜻을 청구인에게 통지할 수 있다.

보정요구를 받은 청구인은 재결청에 출석하여 보정할 사항을 구술하고 그 구술내용을 재결청 소속공무원이 기록한 서면에 날인하여 보정할 수 있다. 이렇게 청구서를 보정하는 기간은 결정기간에 산입하지 아니한다.

(3) 조세불복의 심리

조세불복절차에서 '심리'審理란 재결裁決의 기초가 될 사실관계나 법률관계를 명확히 하기 위하여 당사자·관계인의 주장과 소명을 기초로 증거, 그 밖의 자료를 수집·조사하는 일련의 절차를 말한다.

조세심판관은 심판청구에 대한 심리와 결정에 있어서 조사 · 심리의 결과와 과세의 형평을 고려하여 자유심증自由心證, free evaluation of evidence; [독]freien Beweiswürdigung으로 사실을 판단한다[국기법 §77].[252]

불복에 있어서 심리절차는 '요건심리'와 '본안심리'로 나뉘며, 우선 요건심리에서 결격이 없는 청구에만 본안심리를 하게 된다.

1) 요건심리

'요건심리'要件審理란 청구가 형식적으로 적법한 지를 검토하는 심리를 말한다. 해당 청구가 법이 요구하는 형식적 요건, 즉 처분의 존재, 청구자 적격, 청구기간의 준수, 전심절차의 경유 등을 충족하고 있는가를 심리한다.

요건심리를 한 결과 청구의 내용이나 절차가 적합하지 않지만 보정할 수 있다고 인정되는 때에는 재결청은 일정한 기간(심사청구는 20일 이내, 심판청구는 상당한 기간)을 정하여 보정할 것을 요구할 수 있으며 보정할 사항이 경미한 경우에는 직권으로 보정할 수 있다.

또 불복청구인의 청구가 적법하지 아니한 때, 법정청구기간이 지난 후에 청구되었거나 청구 후 보정기간에 필요한 보정을 하지 않았을 때에는 그 청구를 각하하는 결정을 한다[국기법 §65①; 지기법 §96①].

2) 본안심리

'본안심리'本案審理란 불복청구가 적법하게 제기된 사실이 확인되면 수리하여 청구주장의 적정성을 심리를 하는 절차를 말한다.

① 본안심리의 대상 : 직권탐지주의

재결청이 본안심리를 하는 그 대상은 청구인이 주장하지 않은 사실에 관하여도 심리할 수 있고 청구인이 제출하지 아니한 증거에 대하여도 조사할 수 있다.[253]

---

252) 사실판단에 있어서 법관 등의 양식을 전적으로 신뢰하고 그의 자유로운 판단[자유심증]에 따라 판결 · 결정하도록 하는 것을 '자유심증주의'自由心證主義, the Rule of free and independent Findings of Fact : [독]Prinzip der freien Beweiswurdigung라 한다. 반대되는 개념으로는 법관 · 심판관의 자의적인 판단을 막기 위하여 증거능력이나 증거력을 법률로 정해놓고 법관 또는 심판관이 사실인정에 있어 반드시 증거법칙에 구속되어 판결 · 결정을 하도록 하는 법정증거주의가 있다. 자유심증주의는 근대 소송법상의 원칙으로 도입되어 법정증거주의의 불합리성을 극복하고 실체적 진실을 발견하는 데 보다 적합하여 대부분의 국가에서 형사재판 절차의 기본원리로 인정하고 있다. 세법에서 자유심증을 명시하고 있는 심판청구와 달리 이의신청 · 심사청구의 경우 명시 또는 준용규정이 없지만 준사법적 절차에서 자유심증주의가 당연히 인정된다.

253) "직권탐지주의"職權探知主義, [독]Untersuchungsgrundsatz는 당사자주의[독]Parteienprinzip의 규제적 · 보충적 기능을 하는 것으로 「형사소송법」에서 법원이나 심판기관에게 소송에서의 주도적 지위를 인정하는 소송구조인 '직권주의'職權主義, Offizialprinzip의 일종이다. 직권주의는 실체적 진실을 발견하기 위해 법원 등이 직권으로 증거를 수집 · 조사하는 '직권탐지주의'와 법원이 직권으로 사건을 심리할 것을 요구하는 '직권심리주의'가 있다.

② 본안심리의 방법 : 서면 · 구술심리와 질문검사

재결청이 본안심리를 하는 방법은 서면에 의하는 것을 원칙으로 하고 있으나 청구인이 의견진술을 신청하면 의견진술도 할 수 있어 구술심리도 가능하다[행심법 §26].

담당 조세심판관은 심판청구에 관한 조사와 심리를 위하여 필요하면 직권이나 청구인의 신청에 의하여 청구인 · 처분청(심판청구사건의 쟁점 거래사실과 직접 관계있는 자를 관할하는 세무서장 · 지방국세청장을 포함한다) · 관계인과 참고인에 대해 질문하거나 청구인 등의 장부 · 서류 · 그 밖의 물건을 제출하도록 요구하고 청구인 등의 장부 · 서류 · 그 밖의 물건의 검사, 감정기관에 대한 감정을 의뢰할 수 있다[국기법 §76①].²⁵⁴⁾

이 경우 청구인이 정당한 사유 없이 응하지 아니하여 청구의 전부 · 일부에 대하여 심리 · 결정하는 것이 현저히 곤란하다고 인정할 때에는 그 부분에 관한 청구인의 주장을 인용認容하지 않을 수 있다.

④ 조세심판원

'조세심판원'租稅審判院, Tax Tribunal은 「국세기본법」 · 「지방세기본법」에서 정한 행정심판 절차인 심판청구에 대한 조사와 결정을 담당하는 독립적인 준사법기관準司法機關이다.²⁵⁵⁾ 조세심판원은 그 권한에 속하는 사무를 독립적으로 수행한다.

과거 국세의 심판청구의 경우 기획재정부 산하에 설치되었던 '국세심판원'에서 하고 지방세의 경우 심사청구 절차 이외에 별도의 심판청구 절차가 없었으나, 지방세와 관세를 포함한 조세분야의 통합심판기구로서 2008년 3월 국무총리 소속으로 조세심판원이 출범했다.

조세심판원의 구성, 조사와 심리 등에 관한 규정은 주로 「국세기본법」 제7장 제3절에서 규정하고, 지방세 심판청구에서도 지방세관계법에서 규정한 특별한 것을 제외하고는 이를 준용하도록 하고 있다[지기법 §96⑥].²⁵⁶⁾

---

254) 담당 조세심판관 외의 조세심판원 소속 공무원은 조세심판원장의 지시에 따라 심판청구인, 처분청, 관계인, 참고인에 대한 질문과 장부 · 서류 · 그 밖의 물건의 검사, 감정기관에 대한 감정의뢰를 할 수 있다. 다만 청구인 등에 대한 장부 · 서류 등의 제출요구는 할 수 없다[국기법 §76②].

255) 국무총리실 소속으로 설치된 조세심판원은 운영의 독립성을 위해 2008.9. 「국내기본법」, 「관세법」, 「지방세법」에서 정하고 있는 조세심판 관련 사항과 절차를 통합한 「조세심판원법」을 제정하기 위하여 입법예고까지 하였으나 아직 입법화되지 못하고 있다.

256) 하지만 조세심판원이 내국세는 물론 관세와 지방세까지 포괄하고 확정력이 인정되는 중요한 행정심판절차이고 부서를 넘어 국무총리에 설치된 독립적인 조직이므로 설치근거, 심판공무원의 업무와 책임, 상세하고 적극적인 국민권익보호의무 등을 담아 별도의 '조세심판원법'을 두는 것이 바람직하다.

(1) 조직과 구성

조세심판원은 원장과 조세심판관을 둔다. 원장과 원장이 아닌 상임 조세심판관은 고위공무원단에 속하는 일반직 공무원 중에서 국무총리의 제청으로 대통령이 임명한다[국기법 §67]. 이 경우 원장이 아닌 상임 조세심판관(경력직공무원으로서 전보·승진의 방법으로 임용되는 상임 조세심판관은 제외한다)은 임기제공무원으로 임용한다.

비상임 조세심판관의 경우에는 자격 외에 위촉에 관한 사항을 구체적으로 정하고 있지 않다.

하지만 조세심판관은 조세·법률·회계 분야에 관하여 전문적인 지식과 경험을 갖춘 사람으로 다음의 자격을 가진 사람이어야 한다[국기령 §55의2].

① 조세에 관한 사무에 4급 이상 국가공무원·지방공무원, 고위공무원단에 속하는 일반직 공무원으로서 3년 이상 근무한 사람, 5급 이상의 국가공무원·지방공무원으로서 5년 이상 근무한 사람

② 판사·검사·군 법무관, 변호사·공인회계사·세무사·관세사, 조세 관련 분야를 전공하고 「고등교육법」 제2조에 따른 학교의 조교수 이상에 해당하는 각각의 직에 재직한 기간을 합하여 10년 이상인 사람

만약 관세·지방세에 관한 사무에 근무한 기간을 포함한 경력으로 자격요건에 해당되어 조세심판관이 된 사람과 관세사의 직에 6년 이상 재직한 경력으로 상임 조세심판관과 비상임 조세심판관은 각각 2명을 초과할 수 없다.

원장을 제외한 조세심판관의 임기는 3년으로 한 차례만 연임할 수 있으며, 금고金錮이상의 형을 선고받았을 때나 장기간 심신이 쇠약하여 직무를 수행할 수 없게 된 때를 제외하고는 자신의 뜻과 달리하여 면직되거나 해촉되지 아니하는 등 신분이 보장된다[국기법 §67⑤].

심판청구 사건에 대한 조사사무를 처리하기 위하여 심판조사관과 조사관을 보좌하는 직원을 둔다. 심판조사관은 3급 공무원이나 4급 공무원으로서 국세(관세를 포함한다)나 지방세에 관한 사무에 2년 이상 근무한 사람, 변호사·공인회계사·세무사·관세사의 직에 5년 이상 재직한 사람으로 한다.

(2) 조세심판관회의

① 구 성

「조세심판관회의」租稅審判官會議는 심판청구인으로부터 심판청구를 받은 조세심판원장이 심판청구에 관한 조사와 심리를 담당하게 하기 위하여 주심 조세심판관 1명과 배석 조세심

판관 2명 이상을 지정하여 구성한다[국기법 §72].

조세심판원장이 담당 조세심판관을 지정한 경우나 담당 조세심판관을 변경한 경우에는 지체 없이 그 뜻을 적은 문서로 해당 조세심판관과 심판청구인에게 통지하여야 한다. 만약 당초 지정통지한 담당 조세심판관 중 일부를 제외하는 경우는 통지하지 않아도 된다.

「조세심판관회의」 의장은 주심 조세심판관이 되고 의장은 심판사건에 관한 사무를 총괄한다. 만약 주심 조세심판관이 부득이한 사유로 직무를 수행할 수 없는 때에는 조세심판원장이 배석 조세심판관 중에서 그 직무를 대행할 사람을 지정한다.

② 회 의

「조세심판관회의」는 담당 조세심판관 3분의 2 이상의 출석으로 개의開議하고 출석 조세심판관 과반수의 찬성으로 의결한다. 회의 내용은 원칙적으로 공개하지 아니하지만 조세심판원장이 필요하다고 인정하는 때에는 공개할 수 있다[국기법 §72].

주심 조세심판관은 「조세심판관회의」에서 심판청구사건에 대한 심리가 종료되었을 때에는 지체 없이 그 심리 내용을 조세심판원장에게 통보해야 한다.

이 때 조세심판원장은 통보받은 날부터 30일 이내에 해당 심판청구사건이 「조세심판관합동회의」의 심리를 거쳐야 하는 사건인지를 결정해야 한다. 이 경우 중요 사실관계의 누락, 명백한 법령해석의 오류가 있는 경우에는 주심조세심판관으로 하여금 재심리 요청사유를 구체적으로 담아 서면으로 재심리해 줄 것을 요청할 수 있다.

조세심판원장은 청구한 심판청구에 대한 「조세심판관회의」가 있는 경우에는 회의 개최일 14일 전까지 심판청구를 한 납세자와 처분을 한 과세관청에게 「조세심판관회의」의 일시와 장소를 통지하여야 한다.

또한 심판청구인과 과세관청은 「조세심판관회의」에 앞서 「조세심판 사건조사서」[257]를 사전에 열람할 수 있다.

아울러 개최일 7일 전까지 자신의 주장과 그 이유를 정리한 '요약서면'을 제출하여 조세심판관회의 심리시 사건조사서와 함께 이를 심리에 활용할 수 있다.

---

257) 「조세심판 사건조사서」는 심판조사관이 심판청구 사건의 처분개요, 청구인 주장, 처분청 의견과 함께 사실관계 조사내용 등을 정리한 문서로 조세심판관회의시 기본 심리자료로 사용된다.

(3) 조세심판관합동회의

① 구 성

「조세심판관 합동회의」租稅審判官 合同會議는 보다 면밀한 심리를 위해 조세심판원장과 상임 조세심판관 모두와 상임 조세심판관과 같은 수 이상으로 조세심판원장이 지정하는 비상임 조세심판관으로 구성한다.

② 회 의

「조세심판관 합동회의」는 「조세심판관회의」의 의결이 다음 중 하나에 해당한다고 의결하는 경우에 이를 심리와 최종 의결을 하기 위해 구성한다[국기법 §78②].

(i) 해당 심판청구사건에 관하여 세법의 해석이 쟁점이 되는 경우로서 이에 관하여 종전의 조세심판원 결정이 없는 경우

(ii) 종전에 조세심판원에서 한 세법의 해석·적용을 변경하는 경우

(iii) 「조세심판관회의」간에 결정의 일관성을 유지하기 위한 경우

(iv) 해당 심판청구사건에 대한 결정이 다수의 납세자에게 동일하게 적용되는 등조세행정에 중대한 영향을 미칠 것으로 예상되어 국세청장이 조세심판원장에게 「조세심판관 합동회의」에서 심리하여 줄 것을 요청하는 경우(조세심판관회의 개최통지를 받기 전까지 한 경우에 한한다)

(v) 그 밖에 해당 심판청구사건에 대한 결정이 조세행정이나 납세자의 권리·의무에 중대한 영향을 미칠 것으로 예상되는 경우

「조세심판관 합동회의」에 상정하는 안건에 대한 의결은 상임 조세심판관회의 구성원 3분의 2 출석으로 개의하고 출석위원 과반수 찬성으로 의결한다.

(4) 심리절차

1) 심판관의 제척·회피와 기피신청

① 심판관의 심판관여 제척

조세심판원장은 조세심판관이 다음과 같은 제척의 사유에 해당하는 경우에는 심판관여에서 제척除斥[258] 해야 한다[국기법 §73①].

(i) 심판청구인이나 그 대리인인 경우(대리인이었던 경우를 포함한다)

---

258) "제척"exclusion, [독]Ausschliessung이란 재판을 공정하게 하고 신뢰를 지키기 위하여 해당 사건과 법관이나 법원사무관이 특수관계에 놓인 경우 그 사건에 대한 직무수행을 배제하도록 하는 것을 말한다. 한편, 2011년 이후부터는 조세심판관 뿐만 아니라 심판 조사관도 제척등의 규정이 적용된다.

(ⅱ) (ⅰ)에 규정된 사람의 친족이거나 친족이었던 경우

(ⅲ) (ⅰ)에 규정된 사람의 사용인이거나 사용인이었던 경우

(ⅳ) 불복의 대상이 되는 처분이나 처분에 대한 이의신청에 관하여 증언이나 감정을 한 경우

(ⅴ) 심판청구일 전 최근 5년 이내에 불복의 대상이 되는 처분, 처분에 대한 이의신청, 그 기초가 되는 세무조사(「조세범 처벌절차법」에 따른 조세범칙조사를 포함한다)에 관여하였던 경우

(ⅵ) (ⅳ), (ⅴ)에 해당하는 법인·단체에 속하거나 심판청구일 전 최근 5년 이내에 속하였던 경우

(ⅶ) 그 밖에 심판청구인과 그 대리인의 업무에 관여하거나 관여하였던 경우

② 조세심판관의 회피

조세심판관은 자신에게 제척除斥의 원인이 있는 때에는 주심 조세심판관이나 배석 조세심판관의 지정에서 스스로 회피回避하여야 한다.

③ 납세자의 조세심판관 기피忌避 신청

심판청구인도 담당 조세심판관을 기피할 수 있다. 만약 심판청구인이 담당 조세심판관에게 공정한 심판을 기대하기 어려운 사정이 있는 때에는 그 조세심판관의 기피忌避를 조세심판원장에게 신청할 수 있다[국기법 §74].

심판청구인이 담당 조세심판관의 기피 신청은 기피하려는 담당 조세심판관의 성명, 기피의 이유, 담당조세심판관의 지정·변경통지를 받은 연월일 등을 적은 문서[별지 제38호 서식 담당 조세심판관 기피 신청서]로 담당 조세심판관의 지정이나 변경 통지를 받은 날부터 7일 이내에 하여야 한다.

심판청구인으로부터 기피신청을 받은 조세심판원장은 신청이 이유있다고 인정하는 때에는 승인하여야 한다.

2) 사건의 병합과 분리

담당 조세심판관은 필요하다고 인정하면 여러 개의 심판사항을 병합併合하거나 병합된 심판사항을 여러 개의 심판사항으로 분리할 수 있다[국기법 §75].

⑤ 조세불복의 결정

(1) 결정기간

국세와 지방세에 관한 이의신청의 결정기간은 신청을 받은 날부터 30일 이내이고, 심사청구와 심판청구는 청구를 받은 날부터 90일 이내이다.

국세 이의신청을 받은 세무서장, 지방국세청장은 「국세심사위원회」의 심의를 거쳐 세무서장·지방국세청장이 신청을 받은 날부터 30일 이내에 결정하며, 심사청구는 국세청장이 「국세심사위원회」의 심의를 거쳐 청구를 받은 날부터 90일 이내에 결정하여야 한다.

지방세 이의신청을 받은 지방자치단체의 장은 그 신청을 받은 날부터 90일 이내에 해당 지방자치단체의 「지방세심의위원회」의 의결에 따라 결정하여야 한다.

국세·지방세의 심판청구에 대한 조세심판원의 결정기간은 청구를 받은 날부터 90일 이내에 조세심판원장이 「조세심판관회의」나 「조세심판관 합동회의」의 의결에 따라 하여야 한다.

(2) 심리와 결정의 원칙

① 불고불리不告不理의 원칙

'불고불리의 원칙'不告不理 原則; [라]Nemo iudex sine actore이란 소송법상 법원은 원고가 심판을 청구한 때만 심리를 개시할 수 있고, 심판을 청구한 사실에 대해서만 심리·판결한다는 원칙이다[형소법 §254; 민소법 §203].

세법도 이의신청·심사청구와 심판청구에 대한 결정을 할 때에 신청·청구를 한 처분 외의 처분에 대해서는 그 처분의 전부·일부를 취소·변경하거나 새로운 처분의 결정을 하지 못한다고 명시하고 있다[국기법 §65의3, §79].

그러므로 이의신청과 심사청구에 대한 결정을 하는 「국세심사위원회」와 심판결정을 담당하는 「조세심판관회의」·「조세심판관합동회의」는 심판청구를 한 처분 외의 다른 처분에 대해서는 그 처분의 전부·일부를 취소·변경하거나 새로운 처분의 결정을 할 수 없다[국기법 §79①].**259)**

---

259) 이는 본래 소송법상의 원칙인 '불고불리의 원칙'不告不理 原則, Nemo iudex sine actore에 기초한 것으로, 법원은 원고가 심판을 청구한 경우만 심리를 개시할 수 있고 심판을 청구한 사실에 대하여만 심리와 판결을 할 수 있다는 것이다. 「민사소송법」[§203(처분권주의)]에서 법원은 당사자가 신청하지 아니한 사항을 판결할 수 없어 당사자처분권주의에 의하고, 「형사소송법」상 '기소없이 심판없다'는 형사재판 개시에 관한 원칙에 따라 검사의 공소제기, 즉 공소장의 범죄내용만을 놓고 심리한다. 하지만 「행정소송법」[§26(직권심리)]은 "법원은 필요하다고 인정할 때에는 직권으로 증거조사를 할 수 있고, 당사자가 주장하지 아니한 사실에

지방세 이의신청도 「국세기본법」의 규정을 준용하도록 하고 있으므로 「지방세심의위원회」의 결정에도 마찬가지로 적용된다고 보아야 할 것이다.[260]

② 불이익변경 금지의 원칙

'불이익변경 금지의 원칙'不利益變更禁止原則: [독]Verbot der reformatio in peius은 소송법 상의 원칙으로 피고인이 항소나 상고한 사건과 피고인을 위하여 항소·상고한 사건에 관하여 상소심은 원심판결의 형보다 중한 형을 선고하지 못한다는 원칙을 말한다[형소법 §368; 민소법 §415].[261]

행정심판의 하나인 이의신청·심사청구과 심판청구에 있어서는, 심판청구의 대상이 되는 처분보다 불이익이 되는 결정을 하지 못한다고 '불이익변경 금지의 원칙'을 명시하고 있다[국기법 §65의3, §79②].

그러므로 이의신청·심사청구에 대한 결정을 담당하는 「국세심사위원회」가 이의신청·심사청구를 한 처분보다 불이익이 되는 결정을 하거나,[262] 심판결정을 담당하는 「조세심판관회의」, 「조세심판관합동회의」가 심판청구를 한 처분보다 청구인에게 불이익이 되는 결정을 하는 경우 무효인 처분이 될 것이다.

그 '불이익'을 판단할 때는, 여러 개의 사업연도에 대한 청구인 경우 전체의 청구세액 기준이 아닌 각 사업연도별 처분액을 기준으로 하여야 하고 이때 각 연도별 세율차이나 가산세액은 영향을 미치지 아니한다.[263]

이와 같이 납세자가 청구한 처분에 대해서만 결정하도록 하고 납세자에게 불이익한 처분을 하지 못하도록 하는 것은 불복제도가 납세자에 대한 권리 구제를 위해 존재하는 것임을 감안한 것이다.

대하여도 판단할 수 있다"고 규정하고 있다. 이는 행정청의 부당한 공권력 행사를 견제하려는 취지에서 비롯된 것이다.

260) 「지방세기본법」 제100조 : 이 장에서 규정한 사항을 제외한 이의신청 등의 사항에 관하여는 「국세기본법」 제7장(같은 법 제56조는 제외한다)을 준용한다.

261) 「행정소송법」 제8조에서 행정소송에 관해서는 다른 법률에 특별한 규정이 있는 경우를 제외하고는 이 법이 정하는 바에 의하며, 이 법에 특별한 규정이 없는 사항에 대하여는 「법원조직법」과 「민사소송법」, 「민사집행법」의 규정을 준용한다고 규정하여 행정소송도 '불이익변경금지의 원칙'이 준용된다.

262) 심사청구에서의 불이익변경금지의 원칙은 그간 명시적으로 입법되지 않다가 2018.12월 명시적으로 입법되었다.

263) 대법원 2004.12.9. 선고, 2003두278 판결 참조.

(3) 결정절차와 기관

① 이의신청·심사청구의 결정

세무서장·지방국세청장이 이의신청이나 심사청구를 받았을 때는 「국세심사위원회」, 지방자치단체장이 이의신청을 받았을 때는 「지방세심의위원회」의 의결에 따라 결정한다.

국세청장은 이의신청이나 심사청구에 대한 「국세심사위원회」 의결이 만약 법령에 명백히 위반된다고 판단한 경우 구체적인 사유를 적어 서면으로 「국세심사위원회」로 하여금 한 차례에 한정하여 다시 심의할 것을 요청할 수 있다[국기법 §64].

하지만 납세자가 청구한 국세에 관한 이의신청과 심사청구가 다음에 해당하는 경우에는 「국세심사위원회」의 심리를 거치지 아니하고 해당 세무관서장이 결정할 수 있다[국기령 §54 ⑭].

(i) 신청·청구금액이 국세의 경우 3천만원 미만으로서 사실판단과 관련된 사항이거나 유사한 신청·청구에 대하여 「국세심사위원회」의 심의를 거쳐 결정된 사례가 있는 경우(이 경우라도 「국세심사위원회」의 결정사항과 배치되는 새로운 조세심판, 법원 판결이나 기획재정부장관의 세법해석 등이 있는 경우, 「국세심사위원회」의 위원장이 「국세심사위원회」의 심의를 거쳐 결정할 필요가 있다고 인정하는 경우에는 「국세심사위원회」를 거쳐야 한다)

(ii) 각하결정 사유에 해당하는 경우

(iii) 신청·청구가 그 청구기간이 지난 후에 제기된 경우

한편 지방세 이의신청이 다음에 해당하는 경우에도 「지방세심의위원회」의 의결을 거치지 아니하고 결정할 수 있다.

(i) 각하결정 사유에 해당하는 경우

(ii) 이의신청 금액이 100만원 이하로서 유사한 이의신청에 대하여 지방세심의위원회 의결을 거친 결정이 있었던 경우

(iii) 이의신청이 그 신청기간이 지난 후에 제기된 경우

② 심판청구의 결정

조세심판원장이 심판청구를 받았을 때에는 「조세심판관회의」가 심리를 거쳐 결정한다.

납세자의 심판청구가 다음에 해당하는 경우에는 「조세심판관회의」의 심리를 거치지 아니하고 주심조세심판관이 심리하여 결정할 수 있다[국기법 §78①].

(i) 심판청구금액이 국세의 경우 3천만원, 지방세의 경우는 1천만원 미만으로서 청구사항이 법령의 해석에 관한 것이 아닌 것이거나, 법령의 해석에 관한 것으로서 유사한 청구에 대하여 이미 「조세심판관회의」의 의결에 따라 결정된 사례가 있는 것

(ii) 심판청구가 과세표준·세액의 결정에 관한 것 이외의 것으로서 유사한 청구에 대하여 이미 「조세심판관회의」의 의결에 따라 결정된 사례가 있는 것

(iii) 청구기간이 지난 후에 심판청구를 받은 것 조세심판원장이 심판청구를 받은 때에는 「조세심판관회의」가 심리를 거쳐 결정한다[국기법 §78].

이처럼 이의신청과 심사청구의 결정은 「국세심사위원회」, 「지방세심의위원회」의 의결에 따르고, 심판청구의 결정은 「조세심판관회의」, 「조세심판관합동회의」에서 심리를 거쳐 결정한다.[264]

(4) 결정의 종류

① 각 하

'각하'却下, dismissal란 신청·청구에 대하여 우선 요건심리 결과 본안심리를 할 수 있는 요건에 미비한 때에 본안심리를 하지 않고 신청·청구 자체를 배척하는 결정이다.

이 결정은 신청·청구의 대상이 되는 처분이 존재하지 않거나 신청·청구의 적격자가 아닌 사람이 신청·청구하는 등 불복청구인의 신청·청구가 부적법한 경우, 신청·청구기간이 지났거나 보정기간에 보정을 이행하지 않은 경우에 한다.

재결청은 다음에 해당하면 신청·청구를 '각하'하는 결정을 한다[국기법 §65①(1), §81; 지기법 §96①(1)].

(i) 심판청구를 제기한 후 심사청구를 제기(같은 날 제기한 경우도 포함한다)한 경우(심사청구에 한한다)

(ii) 신청·청구기간이 지난 후에 신청·청구된 경우

(iii) 이의신청·심사청구나 심판청구 후 보정기간에 필요한 보정을 하지 아니한 경우

(iv) 이의신청·심사청구나 심판청구가 적법하지 아니한 경우

② 기 각

'기각'棄却, rejection이란 신청·청구에 대하여 본안심리의 결과 신청·청구가 이유없다고 판단하여 신청·청구인의 주장을 배척하는 결정이다.

재결청은 이의신청·심사청구나 심판청구가 이유 없다고 인정될 때에는 그 신청·청구를 '기각'하는 결정을 한다[국기법 §65①(2), §81; 지기법 §96①(2)].

---

264) 종전에는 심사청구를 받으면 국세청장이 「국세심사위원회」 심의를 거쳐 결정을 하도록 하였으나, 심사청구 결정의 공정성과 투명성을 높이기 위하여 2020년부터 「국세심사위원회」의 의결에 따르고, 만약 국세청장이 「국세심사위원회」 의결이 법령에 명백히 위반된다고 판단하는 경우에는 국세청장이 다시 심의하도록 요청할 수 있도록 하였다[국기법 §64].

③ 인 용

'인용'認容, acceptance이란 신청·청구에 대하여 본안심리의 결과 신청·청구가 이유있다고 판단하여 신청·청구인의 주장을 받아들이는 것으로 그 신청·청구의 대상이 된 처분의 취소·변경이나 필요한 처분을 결정을 하는 것이다.

재결청은 신청·청구가 이유 있다고 인정될 때에는 그 신청·청구의 대상이 된 처분의 '취소'·'경정' 결정을 하거나 '필요한 처분'의 결정을 한다[국기법 §65①(3), §81; 지기법 §96① (3)].

만약 취소·경정이나 필요한 처분을 하기 위하여 사실관계 확인 등 추가적으로 조사가 필요한 경우에는 처분청으로 하여금 재조사하여 그 결과에 따라 취소·경정하거나 필요한 처분을 하도록 하는 '재조사' 결정을 할 수 있다.

이러한 재조사 결정이 있는 경우 처분청은 재조사 결정일로부터 60일 이내에 결정서 주문에 기재된 범위에 한정하여 조사하고, 그 결과에 따라 취소·경정하거나 필요한 처분을 하여야 한다. 이 경우 처분청은 조사를 연기하거나 조사기간을 연장하거나 조사를 중지할 수 있다[국기법 §65⑤].

(5) 결정의 효력

불복청구인이 재결청에 청구한 불복에 대하여 결정기관에서 결정할 때 그 결정은 다음과 같은 효력을 가진다.

① 기속력

이의신청·심사청구·심판청구 등 불복에 대한 결정은 관계 행정청을 기속羈束하므로 관계 행정청은 결정의 취지에 따라 즉시 필요한 결정을 하여야 한다[국기법 §80].[265] 이를 '기속력'羈束力, effect of sentence; [독]bindende Kraft이라 한다.

이의신청·심사청구·심판청구에 대한 결정은 관계 행정청을 기속羈束한다.[266] 그러므로 불복청구에 대한 결정이 있으면 해당 과세관청은 결정의 취지에 따라 즉시 필요한 처분을 하여야 하며, 청구를 인용하거나 재조사 결정을 한 재결청의 결정에 어긋나는 처분을 할

---

265) 「행정심판법」도 위원회의 재결은 피청구인인 행정청과 그 밖의 관계 행정청을 기속하도록 하고 있다. 즉 처분이 절차의 위법·부당을 이유로 재결로써 취소된 경우 행정청은 지체없이 그 재결의 취지에 따라 결정 하여야 하고 만약 행정청이 처분을 하지 않는 경우에는 직접 처분할 수 있다[행심법 §37].

266) 세액감면이 정당하다고 조세심판원이 결정하여 과세관청이 처분을 취소된 후, 과세관청의 상급관청의 감사지적을 이유로 세액감면을 부인하여 재처분한 경우 이는 '납세자가 허위의 자료를 제출하는 등 부정한 방법에 기초하여 직권취소가 되었다고 볼 만한 사정'과 같이 종전 처분을 되풀이할 수 있는 '특별한 사유' 가 없다면 과세관청은 조세심판원의 결정 이후 동일한 내용의 처분을 하는 것은 심판청구의 기속력을 부인한 것으로 위법하다(대법원 2019.1.31. 선고, 2017두75873 판결).

수 없다.[267]

② 불가변력

불복에 대한 결정은 결정을 한 재결청 자신도 스스로 구속되므로 결정을 취소하거나 변경하는 것이 허용되지 않는다.

행정청이 불복에 대한 재결을 취소·변경·철회할 수 없는 것을 '불가변력'不可變力 또는 '실질적 확정력'實質的 確定力이라 하며, 이에 따른 외부적 효력으로 '일사부재리의 원칙'一事不再理 原則, principle of double geopardy이 적용된다.

이와 같이 불복에 대한 재결이 불가변력을 가지는 것은 행정소송에 의한 판결과 같은 준사법적 행위로 보기 때문이다.

③ 불가쟁력

불복에 대한 결정에 대하여 청구권자가 청구기간에 다음 심급에 불복을 하지 않거나 일정한 기간에 행정소송을 제기하지 않으면 그 결정은 형식적으로 확정된다.

이렇게 행정행위의 상대방이 더 이상 효력을 다툴 수 없게 되는 것을 '불가쟁력'不可爭力 또는 '형식적 확정력'形式的 確定力, [독]formale Rechtskraft이라 한다.

불가쟁력(형식적 확정력)이 형식적 요건이므로 불가변력(실질적 확정력)도 당연히 이를 기다려서 생기게 된다.[268]

---

267) 이의신청·심사청구·심판청구에 대한 결정의 한 유형인 재조사 결정은 재결청의 결정에서 지적사항에 관하여 처분청의 재조사결과를 기다려 그에 따른 후속처분의 내용을 심판청구 등에 대한 결정의 일부분으로 삼겠다는 의사인 '변형결정'이므로, 과세관청은 재조사 결정의 취지에 따라 재조사를 한 후 그 내용을 보완하는 후속 처분만을 할 수 있다. 따라서 처분청이 재조사 결정의 주문과 그 전제가 된 요건사실의 인정과 판단, 즉 처분의 구체적 위법사유에 관한 판단에 반하여 당초처분을 그대로 유지하는 것은 재조사 결정의 기속력에 저촉된다(대법원 2017.5.11. 선고, 2015두37549 판결 참조).

268) 하지만 무효인 행정행위는 당연무효이므로 불가쟁력의 영향을 받지 않는다. 또 불가쟁력이 있다 해도 국가배상 등 다른 구제수단은 가능하다. 독일에서는 불가쟁력이 발생한 행정행위에 대하여 재심제도가 운영되고 있는 데 그 행정행위의 기초가 되는 법률 사실관계를 변경하거나 관계자에게 유리한 새로운 증거를 발견한 경우 등에 적용된다.

| 결정의 확정력 |

구분	실질적 확정력(불가변력)	형식적 확정력(불가쟁력)
법적효력	실체법적 효력	절차법적 효력
적용대상	특수한 행정행위	모든 행정행위
발생사유	준사법적 행정행위(행정심판 재결) 확인행위	불복기간의 도과, 행정심판 재결
구속력	처분청(관계 행정청)	행정행위의 상대방 및 이해관계인
변경가능성	취소 · 철회하면 위법	불복 재청구 시 각하 사유, 위법 시 행정청 직권취소 가능

(6) 결정 · 불복방법의 통지

① 이의신청

국세에 관한 이의신청에 대한 결정은 이의신청을 받은 날부터 30일 이내에 하여야 한다. 만약 이의신청인이 송부받은 의견서에 대하여 결정기간 내에 항변하는 경우에는 이의신청을 받은 날부터 60일 이내에 하여야 한다[국기법 §66⑦].

지방세 이의신청을 받은 지방자치단체의 장은 신청을 받은 날부터 90일 이내에 신청인에게 그 이유를 함께 기재한「결정서」를 송달하여야 한다[지기법 §96①].

② 심사청구와 심판청구

심사청구나 심판청구를 받은 재결청은 심사청구나 심판청구받은 날부터 90일인 결정기간 내에 그 이유를 기재한「결정서」로 청구인에게 통지하여야 한다[국기법 §65③].

문서로 된「결정서」에는 주문主文과 이유를 적고 심리에 참석한 조세심판관의 성명을 밝혀 심판청구인과 세무서장에게「우편법」에 따른 특별송달 방법으로 송달하여야 한다[국기법 §78⑤].

③ 불복방법의 통지

이의신청, 심사청구나 심판청구의 재결청은 결정서에 그 결정서를 받은 날부터 90일 이내에 이의신청인은 심사청구나 심판청구를, 심사청구인이나 심판청구인은 행정소송을 제기할 수 있다는 내용을 적어야 한다.

이의신청, 심사청구나 심판청구의 재결청은 그 신청 · 청구에 대한 결정기간이 지나도 결정을 하지 못하였을 때에는 이의신청인은 심사청구나 심판청구를, 심사청구인 · 심판청구인은 행정소송 제기를 결정의 통지를 받기 전이라도 그 결정기간이 지난 날부터 할 수 있다는 내용을 서면으로 지체 없이 그 신청인 · 청구인에게 통지하여야 한다[국기법 §60].

만약 재결청이 결정기간이 지나도 결정을 하지 못하면서도 행정소송을 제기할 수 있다는 통지를 하지 않음으로써 행정소송을 제기하지 못한 경우, 과세관청은 이 규정이 주의적 규정에 불과하므로 재결청의 잘못은 없다고 본다. 하지만 불복청구인에 비해 더욱 전문적인 지식을 가진 행정관청에 통지의무를 부여한 것을 주의적^{注意的} 규정으로 보아 위반해도 불법행위로 보지 않는 것은 잘못이다.

⑥ 조세불복과 다른 법률과의 관계

(1) 행정소송법

납세자가 조세소송을 제기하고자 하는 경우에는 「국세기본법」, 「지방세기본법」에 따라 불복절차를 거쳐야 한다.

행정처분에 대한 불복은 원칙적으로 「행정소송법」상 '행정심판 전치주의'^{行政審判 前置主義}에 따라 행정심판을 거쳐야 하지만[269] 조세에 관한 것은 그 예외를 두고 있는 것이다.

행정소송에서 행정심판 전치주의를 두는 것은 일차적으로 처분을 한 기관에게 자기시정·자기감독의 기회를 주고 법원에는 대량적·반복적으로 발생하는 행정쟁송으로 인한 부담을 덜어주면서 전문적·기술적인 행정소송 사건의 쟁점을 명확히 할 수 있는 효과가 있기 때문이다.

하지만 「행정소송법」은 위법·부당한 행정처분에 의해 권리와 이익을 침해당한 사람은 행정심판 없이도 행정소송을 제기할 수 있도록 '선택적 행정심판 전치주의'를 채택하고 있다.[270]

선택적 행정심판 전치주의에도 불구하고 조세에 관한 행정심판은 「국세기본법」[§56②]과 「지방세기본법」[§98③]에 따라 심사청구, 심판청구와 결정을 거치지 않으면 행정소송을 제기할 수 없다.

---

269) 1998년 3월 1일부터 시행된 「행정소송법」은 종전의 '필요적 행정심판전치주의'를 폐지하고 '선택적 행정심판전치주의'를 채택하였다. 이에 따라 위법·부당한 행정처분으로 인하여 권익이 침해당한 사람은 원칙적으로 행정심판을 거치지 않고 행정소송을 제기할 수 있다. 하지만 조세소송과 같이 「국세기본법」, 「지방세기본법」 등 다른 법률에 의하여 행정심판의 재결을 거치도록 한 경우에는 예외적으로 필요적 행정심판전치주의를 유지하고 있다.

270) 취소소송은 법령의 규정에 의하여 해당 처분에 대한 행정심판을 제기할 수 있는 경우에는 이를 거치지 않고 제기할 수 있다. 다만 다른 법률에 당해 처분에 대한 행정심판의 재결을 거치지 아니하면 취소소송을 제기할 수 없도록 규정하고 있는 경우에는 그러하지 아니하다[행소법 §18①]. 그럼에도 국세 뿐만 아니라 지방세에서도 「재정개혁특별위원회」의 권고에 따라 2020년부터 '선택적 행정심판 전치주의'에서 '필요적 행정심판 전치주의'로 전환되어 심판청구를 거치도록 했다.

하지만 조세에 관한 취소소송으로 다음과 같은 경우에는 불복절차를 거치지 않아도 행정소송을 제기할 수 있다.[271]

① 둘 이상의 과세처분이 단계적·발전적 과정에서 이루어져 서로 내용상 관련이 있는 경우

② 조세소송 진행 중에 종전의 과세처분을 취소하고 최종적인 과세처분을 하여 납세자가 그 해당 처분의 소를 구하는 것으로 변경한 경우

③ 당초처분과 최종처분 간에 위법사유가 공통되고 같은 위법사유를 들어 전심절차를 적법하게 거친 경우

이렇게 행정심판을 거치지 않아도 되는 경우를 인정하고 있는 것은 이미 행정심판에서 기본적인 사실관계와 법률문제에 대하여 판단할 수 있는 기회를 부여하였고 납세자에게도 중복하여 불복절차를 거치는 것이 지나치게 가혹하기 때문이다.

그러므로 선택적 행정심판 전치주의라는 「행정소송법」의 취지에 따라 납세자가 행정심판과 조세소송을 선택할 수 있도록 하는 것이 바람직하다.

위법·부당한 처분으로 납세자의 권익이 침해된 경우라면 「행정소송법」에 따라 행정소송을 제기하는 데 있어서 장애가 없어야 하며, 세법에 따른 불복 절차를 거치도록 한 것도 조세행정의 전문성과 자기시정 기회를 부여할 수 있도록 고려한 것일 뿐 납세자의 편익이 훼손될 정도로 엄격해서는 안되기 때문이다.

한편 심사·심판청구를 한 경우 행정소송을 제기할 수 있는 기간은 그 청구에 대한 결정의 통지를 받은 날부터 90일 이내로 만약 결정기간에 결정의 통지를 받지 못한 경우에는 결정의 통지를 받기 전이라도 그 결정기간이 지난 날부터 행정소송을 제기할 수 있다[국기법 §56③].

(2) 행정심판법

세법에 의한 처분으로서 위법·부당한 처분을 받거나 필요한 처분을 받지 못함으로써 권리·이익의 침해를 당한 납세자는 「행정심판법」에 따른 행정심판을 하지 않고 「국세기본법」에 따라 심사청구, 심판청구를 하여 그 처분의 취소, 변경이나 필요한 처분을 청구할 수 있다.

그러므로 조세에 관한 처분에 대하여는 원칙적으로 「행정심판법」의 규정을 적용하지 않는다. 하지만 국세에 대한 심사청구, 심판청구, 지방세에 대한 이의신청, 심사청구는 다음과

---

271) 대법원 2006.4.14. 선고, 2005두10170 판결 참조.

같은 「행정심판법」이 준용된다[국기법 §56①; 지기법 §125①].

① 선정대표자[행심법 §15] : 공동으로 청구하는 경우 3인 이하의 대표자를 선정하여 청구 행위 등을 할 수 있다.

② 청구인의 지위승계[행심법 §16] : 청구인이 사망·합병한 경우 상속인·합병법인 등 법정권리자가 지위를 승계한다.

③ 심판참가[행심법 §20] : 심판결과에 관한 이해관계자인 제3자·행정청은 허가를 얻어 사건에 참가할 수 있다.

④ 심판참가의 요구[행심법 §21] : 위원회는 필요하다고 인정하면 그 행정심판 결과에 이 해관계가 있는 제3자나 행정청에 그 사건 심판에 참가할 것을 요구할 수 있으며, 이 요구를 받은 제3자나 행정청은 바로 그 사건 심판에 참가할 것인지 여부를 위원회에 통지하여야 한다.

⑤ 참가인의 지위[행심법 §22] : 참가인은 행정심판 절차에서 당사자가 할 수 있는 심판절 차상의 행위를 할 수 있으며, 당사자가 위원회에 서류를 제출할 때에는 참가인의 수만 큼 부본을 제출하여야 하고, 위원회가 당사자에게 통지를 하거나 서류를 송달할 때에 는 참가인에게도 통지하거나 송달하여야 한다.

⑥ 청구의 변경[행심법 §29] : 청구인은 청구의 기초에 변경이 없는 범위에서 청구의 취지 나 이유를 서면으로 신청하여 변경할 수 있으며, 행정심판이 청구된 후에 피청구인이 새로운 처분을 하거나 심판청구의 대상인 처분을 변경한 경우에는 청구인은 새로운 처분이나 변경된 처분에 맞추어 청구의 취지나 이유를 변경할 수 있다.

⑦ 직권심리[행심법 §39] : 위원회는 필요하면 당사자가 주장하지 아니한 사실에 대하여 도 심리할 수 있다

⑧ 심리의 방식[행심법 §40] : 행정심판의 심리는 구술심리나 서면심리를 원칙으로 하고, 구술심리를 신청한 경우에는 서면심리만으로 결정할 수 있다고 인정되는 경우 외에 는 구술심리를 하여야 하며 그 허가 여부를 결정하여 신청인에게 간이통지방법으로 알려야 한다.

참고 법령

○ 조세불복청구에서 준용되는 「행정심판법」 규정

【§15(선정대표자)】

① 여러 명의 청구인이 공동으로 심판청구를 할 때에는 청구인들 중에서 3명 이하의 선정 대표자를 선정할 수 있다.

② 청구인들이 제1항에 따라 선정대표자를 선정하지 아니한 경우에 위원회는 필요하다고 인정하면 청구인들에게 선정대표자를 선정할 것을 권고할 수 있다.

③ 선정대표자는 다른 청구인들을 위하여 그 사건에 관한 모든 행위를 할 수 있다. 다만, 심판청구를 취하하려면 다른 청구인들의 동의를 받아야 하며, 이 경우 동의받은 사실을 서면으로 소명하여야 한다.

④ 선정대표자가 선정되면 다른 청구인들은 그 선정대표자를 통해서만 그 사건에 관한 행위를 할 수 있다.

⑤ 선정대표자를 선정한 청구인들은 필요하다고 인정하면 선정대표자를 해임하거나 변경할 수 있다. 이 경우 청구인들은 그 사실을 지체 없이 위원회에 서면으로 알려야 한다.

【§16(청구인의 지위 승계)】

① 청구인이 사망한 경우에는 상속인이나 그 밖에 법령에 따라 심판청구의 대상에 관계되는 권리나 이익을 승계한 자가 청구인의 지위를 승계한다.

② 법인인 청구인이 합병合倂에 따라 소멸하였을 때에는 합병 후 존속하는 법인이나 합병에 따라 설립된 법인이 청구인의 지위를 승계한다.

③ 제1항과 제2항에 따라 청구인의 지위를 승계한 자는 위원회에 서면으로 그 사유를 신고하여야 한다. 이 경우 신고서에는 사망 등에 의한 권리·이익의 승계 또는 합병 사실을 증명하는 서면을 함께 제출하여야 한다.

④ 제1항 또는 제2항의 경우에 제3항에 따른 신고가 있을 때까지 사망자나 합병 전의 법인에 대하여 한 통지 또는 그 밖의 행위가 청구인의 지위를 승계한 자에게 도달하면 지위를 승계한 자에 대한 통지 또는 그 밖의 행위로서의 효력이 있다.

⑤ 심판청구의 대상과 관계되는 권리나 이익을 양수한 자는 위원회의 허가를 받아 청구인의 지위를 승계할 수 있다.

⑥ 위원회는 제5항의 지위 승계 신청을 받으면 기간을 정하여 당사자와 참가인에게 의견을 제출하도록 할 수 있으며, 당사자와 참가인이 그 기간에 의견을 제출하지 아니하면 의견이 없는 것으로 본다.

⑦ 위원회는 제5항의 지위 승계 신청에 대하여 허가 여부를 결정하고, 지체 없이 신청인에게는 결정서 정본을, 당사자와 참가인에게는 결정서 등본을 송달하여야 한다.

⑧ 신청인은 위원회가 제5항의 지위 승계를 허가하지 아니하면 결정서 정본을 받은 날부터 7일 이내에 위원회에 이의신청을 할 수 있다.

【§20(심판참가)】

① 행정심판의 결과에 이해관계가 있는 제3자나 행정청은 해당 심판청구에 대한 제7조 제6항 또는 제8조 제7항에 따른 위원회나 소위원회의 의결이 있기 전까지 그 사건에 대하여 심판참가를 할 수 있다.

② 제1항에 따른 심판참가를 하려는 자는 참가의 취지와 이유를 적은 참가신청서를 위원회에 제출하여야 한다. 이 경우 당사자의 수만큼 참가신청서 부본을 함께 제출하여야 한다.

③ 위원회는 제2항에 따라 참가신청서를 받으면 참가신청서 부본을 당사자에게 송달하여

야 한다.

④ 제3항의 경우 위원회는 기간을 정하여 당사자와 다른 참가인에게 제3자의 참가신청에 대한 의견을 제출하도록 할 수 있으며, 당사자와 다른 참가인이 그 기간에 의견을 제출하지 아니하면 의견이 없는 것으로 본다.

⑤ 위원회는 제2항에 따라 참가신청을 받으면 허가 여부를 결정하고, 지체 없이 신청인에게는 결정서 정본을, 당사자와 다른 참가인에게는 결정서 등본을 송달하여야 한다.

⑥ 신청인은 제5항에 따라 송달을 받은 날부터 7일 이내에 위원회에 이의신청을 할 수 있다.

【§21(심판참가의 요구)】

① 위원회는 필요하다고 인정하면 그 행정심판 결과에 이해관계가 있는 제3자나 행정청에 그 사건 심판에 참가할 것을 요구할 수 있다.

② 제1항의 요구를 받은 제3자나 행정청은 지체 없이 그 사건 심판에 참가할 것인지 여부를 위원회에 통지하여야 한다.

【§22(참가인의 지위)】

① 참가인은 행정심판 절차에서 당사자가 할 수 있는 심판절차상의 행위를 할 수 있다.

② 이 법에 따라 당사자가 위원회에 서류를 제출할 때에는 참가인의 수만큼 부본을 제출하여야 하고, 위원회가 당사자에게 통지를 하거나 서류를 송달할 때에는 참가인에게도 통지하거나 송달하여야 한다.

③ 참가인의 대리인 선임과 대표자 자격 및 서류 제출에 관하여는 제18조, 제19조 및 이 조 제2항을 준용한다.

【§39(직권심리)】

위원회는 필요하면 당사자가 주장하지 아니한 사실에 대하여도 심리할 수 있다.

【§40(심리의 방식)】

① 행정심판의 심리는 구술심리나 서면심리로 한다. 다만, 당사자가 구술심리를 신청한 경우에는 서면심리만으로 결정할 수 있다고 인정되는 경우 외에는 구술심리를 하여야 한다.

② 위원회는 제1항 단서에 따라 구술심리 신청을 받으면 그 허가 여부를 결정하여 신청인에게 알려야 한다.

③ 제2항의 통지는 간이통지방법으로 할 수 있다.

(3) 감사원법

납세자가 과세관청의 처분에 불복하고자 할 때는 「국세기본법」, 「지방세기본법」에 따라 심사청구, 심판청구를 하는 방법 이외에도 「감사원법」에 따라 심사청구를 할 수 있다.

감사원의 감사를 받는 공무원의 직무에 관한 처분이나 그 밖의 행위에 관하여 이해관계가 있는 사람은 「감사원법」에 따라 심사를 청구할 수 있다[감원법 §43].

「감사원법」에 따른 심사청구와 그 결정을 거친 경우 납세자는 해당 과세관청을 당사자로 하여 그 결정의 통지를 받은 날부터 90일 이내에 행정소송을 제기할 수 있다[감원법 §46의2].

> **참고** 「감사원법」에 따른 심사청구 절차【제3장 심사청구】
>
> **【§43(심사의 청구)】**
> ① 감사원의 감사를 받는 자의 직무에 관한 처분이나 그 밖의 행위에 관하여 이해관계가 있는 자는 감사원에 그 심사의 청구를 할 수 있다.
> ② 제1항의 심사청구는 「감사원규칙」으로 정하는 바에 따라 청구의 취지와 이유를 적은 심사청구서로 하되 청구의 원인이 되는 처분이나 그 밖의 행위를 한 기관(이하 "관계기관"이라 한다)의 장을 거쳐 이를 제출하여야 한다.
> ③ 제2항의 경우에 청구서를 접수한 관계기관의 장이 이를 1개월 이내에 감사원에 송부하지 아니한 경우에는 그 관계기관을 거치지 아니하고 감사원에 직접 심사를 청구할 수 있다.
>
> **【§44(제척기간)】**
> ① 이해관계인은 심사청구의 원인이 되는 행위가 있음을 안 날부터 90일 이내에, 그 행위가 있은 날부터 180일 이내에 심사의 청구를 하여야 한다.
> ② 제1항의 기간은 불변기간(불변기간)으로 한다.
>
> **【§45(심사청구의 심리)】**
> 심사청구의 심리는 심사청구서와 그 밖에 관계기관이 제출한 문서에 의하여 한다. 다만, 감사원은 필요하다고 인정하면 심사청구자나 관계자에 대하여 자료의 제출 또는 의견의 진술을 요구하거나 필요한 조사를 할 수 있다.
>
> **【§46(심사청구에 대한 결정)】**
> ① 감사원은 심사의 청구가 제43조 및 제44조와 감사원규칙으로 정하는 요건과 절차를 갖추지 못한 경우에는 이를 각하한다. 이해관계인이 아닌 자가 제출한 경우에도 또한 같다.
> ② 감사원은 심리 결과 심사청구의 이유가 있다고 인정하는 경우에는 관계기관의 장에게 시정이나 그 밖에 필요한 조치를 요구하고, 심사청구의 이유가 없다고 인정한 경우에는 이를 기각한다.
> ③ 제1항 및 제2항의 결정은 특별한 사유가 없으면 그 청구를 접수한 날부터 3개월 이내에 하여야 한다.
> ④ 제2항의 결정을 하였을 때에는 7일 이내에 심사청구자와 관계기관의 장에게 심사결정서 등본을 첨부하여 통지하여야 한다.
>
> **【§46의2(행정소송과의 관계)】**
> 청구인은 제43조 및 제46조에 따른 심사청구 및 결정을 거친 행정기관의 장의 처분에 대하

여는 해당 처분청을 당사자로 하여 해당 결정의 통지를 받은 날부터 90일 이내에 행정소송을 제기할 수 있다.

【§47(관계기관의 조치)】
관계기관의 장은 제46조에 따른 시정이나 그 밖에 필요한 조치를 요구하는 결정의 통지를 받으면 그 결정에 따른 조치를 하여야 한다.

【§48(일사부재리)】
제46조에 따른 심사결정이 있은 사항에 대하여는 다시 심사를 청구할 수 없다. 다만, 각하한 사항에 대하여는 그러하지 아니하다.

7 조세소송

납세자가 「국세기본법」, 「지방세기본법」 등 세법에 따른 심사청구나 심판청구, 「감사원법」에 따른 심사청구를 통해서도 권리구제를 받지 못한 경우에는 조세에 관한 행정소송을 제기할 수 있다.

헌법은 "모든 국민은 헌법과 법률이 정한 법관에 의하여 법률에 의한 재판을 받을 권리를 가진다"[§27①]고 하여 국민의 재판받을 권리를 보장하고 있다.

세법과 「감사원법」에서 심사청구와 심판청구 절차를 둔 것은 행정소송을 제기하기 전에 납세자에게 시간과 비용을 줄이고 행정관청에게 자기 시정의 기회를 부여하기 위한 것일 뿐 처분을 받은 납세자의 재판을 받을 권리를 제한하는 것은 아니다.

이는 납세자와 과세관청 간에 조세에 관한 권리관계의 다툼을 해결하고 조정하기 위한 조세 민사소송도 마찬가지다.

이처럼 과세관청으로부터 조세에 관한 행정처분을 받은 납세자는 세법이 정한 불복절차에도 불구하고 재판을 통하여 독립적이고 객관적인 심사를 받을 권리가 있다.

(1) 조세소송의 종류

조세소송에는 법원에 제기하는 조세 행정소송, 조세 민사소송과 헌법재판소에 제기하는 헌법소송이 있다.

행정처분에 대한 소송으로서 법원에 제기하는 '행정소송'과 '민사소송' 간의 차이는 무엇인가?

우선 행정소송은 세법에 따른 전심절차를 거친 경우에야 가능하지만, 민사소송은 무효인 행정처분이 있으면 언제든지 가능한 점에서 가장 큰 차이가 있다.

하지만 일반적으로 과세관청의 처분이 무효일지 취소대상일 지는 소송을 해보아야 알 수 있고, 무효임을 전제로 조세를 반환받고자 하는 민사소송도 「행정소송법」에서 당사자 소송인 행정소송 절차를 따르도록 하고 있기 때문에, 소송절차에 있어서는 큰 차이가 없다.[272]

| 조세 행정소송과 조세 민사소송 |

구분	조세 행정소송	조세 민사소송
행정 심판	행정심판전치주의 적용	행정심판전치주의 적용되지 않음
적용 법률	행정소송법	민사소송법, 국가배상법
규율 대상	공법상 권리관계	사법상 권리관계
소 제기기간	심사청구·심판청구 결정일·결정기일부터 90일 이내	무효인 처분 언제든지
당사자 적격	법률상 이익이 있는 자	법률상 이익이 있는 자
소송 구분	• 부과·징수·거부처분 취소소송 • 부작위 위법 확인소송 • 조세채무 부존재 확인소송	• 부당이득 반환소송 • 손해배상소송 • 짜고 한 거짓 담보 설정행위 취소소송 • 짜고 한 거짓 양도 행위 취소소송

1) 조세 행정소송

'조세 행정소송'租稅 行政訴訟은 조세에 관한 과세관청의 위법한 행정처분에 대하여 그 처분의 취소나 무효 등의 확인을 요구하는 조세소송을 말한다.

납세자가 조세행정소송을 제기하기 위해서는 반드시 「국세기본법」·「지방세기본법」에 따른 심사청구나 심판청구, 「감사원법」에 따른 심사청구 중 하나를 거쳐야 한다[행소법 §18①단서].

조세 행정소송은 심사청구나 심판청구(지방세의 경우는 심판청구에 한정)와 그에 대한 결정을 거치지 아니하면 제기할 수 없다. 하지만 심사청구나 심판청구에 대하여 재결청의 재조사 결정에 따른 처분청의 처분에 대한 행정소송은 그러하지 아니하다[국기법 §56②④; 지기법 §98③].

이 때 재결청의 재조사 결정에 따른 처분청의 처분에 대한 행정소송을 제기할 수 있는 때는 다음과 같다.

(i) 심사청구나 심판청구를 거치지 아니하고 제기하는 경우 : 재조사 후 행한 처분청의 처분의 결과 통지를 받은 날부터 90일 이내. 다만, 재조사 결정에 따른 처분청의 처

---

272) 이창희, 「세법강의」, 박영사, 2018.

분기간(조사를 연기하거나 조사기간을 연장하거나 조사를 중지한 경우에는 해당 기간을 포함한다)에 처분청의 처분 결과 통지를 받지 못하는 경우에는 그 처분기간 이 지난 날부터 행정소송을 제기할 수 있다.

(ⅱ) 심사청구나 심판청구를 거쳐 제기하는 경우 : 재조사 후 행한 처분청의 처분에 대하 여 제기한 심사청구나 심판청구에 대한 결정의 통지를 받은 날부터 90일 이내. 다 만, 심사청구나 심판청구의 결정기간에 결정의 통지를 받지 못하는 경우에는 그 결 정기간이 지난 날부터 행정소송을 제기할 수 있다.

조세 행정소송은 심사청구나 심판청구에 대한 결정의 통지를 받은 날부터 90일 이내에 제기하여야 한다. 다만, 심사청구나 심판청구의 결정기간에 결정의 통지를 받지 못한 경우 에는 결정의 통지를 받기 전이라도 그 결정기간이 지난 날부터 행정소송을 제기할 수 있다 [국기법 §56③].

조세 행정소송도 다른 재판과 같이 3심제로 운영된다. 1심은 처분을 한 과세관청의 관할 지방법원(중앙행정기관이 피고인 경우에는 대법원 소재지의 행정법원), 2심은 관할 고등법원, 최 종 3심은 대법원에서 각각 재판을 하게 된다[행소법 §9①].

행정소송이 제기된 경우에도 과세관청은 징수절차의 집행을 정지하지 않고 계속 진행할 수 있지만 납세자의 재산을 압류한 경우에는 판결이 확정될 때까지는 공매 할 수 없다[국징 법 §61④].

여기에는 항고소송, 당사자소송 등이 있다.

참고자료 **행정소송의 종류**

행정소송은, 행정법규의 정당한 적용과 개인의 권리구제를 목적으로 하는 주관적 소송主觀的 訴訟인 '항고소송'·'당사자소송', 행정법규의 정당한 적용만을 목적으로 하고 권리구제와는 상관없는 객관적 소송客觀的 訴訟인 '민중소송'·'기관소송'으로 분류된다[행소법 §3].

① 항고소송抗告訴訟 : 행정관청이 하는 구체적 사실에 관한 법 집행으로서 공권력의 행사나 그 거부와 그밖에 이에 준하는 행정작용, 행정심판에 대한 재결·부작위[273]에 대하여 제 기하는 소송

② 당사자소송當事者訴訟 : 행정관청이 하는 구체적 사실에 관한 법집행으로서의 공권력의 행 사 나 그 거부와 그 밖에 이에 준하는 행정작용, 행정심판에 대한 재결을 원인으로 하는 법률관계에 관한 소송, 그 밖에 공법상의 법률관계에 관한 소송으로서 그 법률관계의 한 쪽 당사자를 피고로 하는 소송

③ 민중소송民衆訴訟 : 국가나 공공단체의 기관이 법률에 위반되는 행위를 한 때에 직접 자기 의 법률상 이익과 관계없이 그 시정을 요구하기 위해 제기하는 소송

④ 기관소송機關訴訟 : 국가나 공공단체의 기관 상호간에 있어서 권한의 유무나 그 행사에 관한 다툼이 있을 때에 제기하는 소송. 다만, 「헌법재판소법」 제2조에 따라 헌법재판소의 관장사항이 되는 소송은 제외한다.

2) 조세 민사소송

'조세 민사소송'租稅民事訴訟은 납세자나 과세관청 중 한 당사자의 조세와 관련한 법률행위로 상대방의 권리나 법률관계에 영향을 미쳐 생긴 다툼의 그 해결을 요구하는 조세소송을 말한다.

납세자가 과세관청의 행정처분이 당연무효라는 전제로 과세관청의 결정이나 자진신고에 의해 이미 낸 조세를 반환할 것을 과세관청에 청구하기 위해서는 민사소송을 하여야 한다.

만약 과세관청의 부과처분이나 신청·청구에 대한 거부처분·부작위가 명백한 흠결이 있는 경우에는 납세자가 이미 조세를 납부한 경우 부당이득반환,274) 조세를 납부하지 아니한 경우 채무부존재 확인에 관한 민사소송을 청구한다.

여기에는 납세자가 제기하는 것으로 부당이득반환 청구소송, 공무원으로부터 부당한 공권력 행사를 받은 경우에 제기하는 국가배상 청구소송(손해배상 청구소송)이 있고, 과세관청이 청구하는 것으로 「국세기본법」·「지방세기본법」[국기법 §35⑥; 지기법 §71④]에 따른 '짜고 한 거짓 담보설정행위'와 관련한 취소소송, 「국세징수법」·「지방세징수법」[국징법 §30; 지징법 §39]에 따른 '짜고 한 거짓 양도행위'와 관련한 취소소송(사해행위 취소소송) 등이 있다.

---

273) "부작위"는 행정관청이 당사자의 신청에 대하여 상당한 기간 내에 일정한 처분을 하여야 할 법률상 의무가 있음에도 불구하고 이를 하지 아니하는 것을 말한다[행소법 §2①(2)].

274) 부당이득반환 청구소송 대상인 부당이득인 조세의 과오납은 납세나 조세의 징수가 실체법적으로나 절차법적으로 전혀 법률상의 근거가 없거나 과세처분의 하자가 중대하고 명백하여 당연무효이어야 하고, 과세처분의 하자가 단지 취소할 수 있는 정도에 불과할 때에는 과세관청이 이를 스스로 취소하거나 항고소송절차에 의하여 취소되지 않는 한 그로 인한 조세의 납부가 부당이득이 된다고 할 수 없다(대법원 1994.11.11. 선고, 94다28000 판결). 이 때 과세처분이 당연무효라고 하기 위해서는 그 처분에 위법사유가 있다는 것만으로는 부족하고 그 하자가 중요한 법규를 위반한 것이고 객관적으로 명백한 것이어야 하는데, 하자가 중대하고도 명백한 것인가를 판별함에 있어서는 해당 과세처분의 근거가 되는 법규의 목적, 의미, 기능 등을 목적론적으로 고찰함과 동시에 구체적 사안 자체의 특수성에 관하여도 합리적으로 고찰할 필요가 있다. 만약 과세대상이 되는 법률관계나 사실관계가 전혀 없는 사람에게 한 과세처분은 그 하자가 중대하고도 명백하다 할 것이지만 과세대상이 되지 아니하는 어떤 법률관계나 사실관계에 대하여 이를 과세대상이 되는 것으로 오인할 만한 객관적인 사정이 있어 그것이 과세대상이 되는지가 그 사실관계를 정확히 조사하여야 비로소 밝혀질 수 있는 경우라면 그 하자가 중대한 경우라도 외관상 명백하다고 할 수 없어 이와 같은 과세요건사실을 오인한 위법이 있는 과세처분을 당연무효라고 볼 수 없다(대법원 2001.7.10. 선고, 2000다24986 판결; 서울고등법원 2018.6.8. 선고, 2018나2009539 판결).

① 조세 환급소송

'조세 환급소송'租稅 還給訴訟은 납세자가 과세관청으로부터 받은 부과·징수 등 행정처분이 당연 무효인 경우 그 행정처분으로 과세관청에 잘못 귀속된 조세를 반환해 줄 것을 요구하는 소송이다.

이 소송은 '부당이득 반환청구소송'이라고도 하는 데 소송을 다툴 수 있는 권리인 '조세 환급청구권'이 사법상 부당이득에 대한 청구권의 하나이기 때문이다.[275]

② 국가 배상소송

'국가 배상소송'國家賠償訴訟은 납세자가 과세관청에 속한 공무원의 직무수행 과정에서 불법행위로 인하여 손해를 받은 경우 국가로 하여금 배상하도록 요구하는 소송을 말한다.

「국가배상법」[§2①]은 국가나 지방자치단체는 공무원이 직무를 집행하면서 고의나 과실로 법령을 위반하여 타인에게 손해를 입히거나, 「자동차손해배상 보장법」에 따라 손해배상의 책임이 있을 때에는 그 손해를 배상하여야 한다고 하고 있다.

이에 따라 납세자는 세무공무원의 고의나 과실로 위법한 부과·징수 등 행정처분을 함으로써 손해를 입은 경우 과세관청은 납세자의 손해에 대하여 배상을 청구할 권리가 있다.

국가 배상소송은 과세관청의 행정처분을 취소시킨다는 점에서 취소소송과 유사하지만, 취소소송이 부과·징수처분을 취소하는 데 그치는 반면, 국가배상소송은 세무공무원의 불법행위를 취소시킬 뿐만 아니라 불법행위로 입은 손해도 배상받을 수 있다는 점에서 차이가 있다.

3) 헌법 소송

'헌법 소송'憲法訴訟은 헌법재판소가 국가기관 간이나 국가기관과 국민 사이에 법률이 국가의 최고의 규범인 헌법에 부합하는 지, 국민이 공권력에 의해 기본권을 침해받았는지를 심사하는 소송을 말한다.

이를 통해 국민은 「헌법」에 위반된 법률과 국가 공권력의 잘못된 집행으로부터 국민의 기본권을 보호받을 수 있다.

---

275) 조세의 과오납이 부당이득이 되기 위해서는 조세의 징수나 납세가 실체법적으로나 절차법적으로 전혀 법률상의 근거가 없거나 과세처분의 하자가 중대하고 명백하여 당연 무효이어야 하고, 과세처분의 하자가 단지 취소할 수 있는 정도에 불과할 때는 과세관청이 이를 스스로 취소하거나 항고소송절차에 의하여 취소되지 않는 한 그로인한 조세의 납부가 부당이득이 된다고 할 수 없다(대법원 1994.11.11. 선고, 94다28000 판결 참조).

조세행정의 경우 과세권이라는 공권력으로부터 국민의 재산권을 침해받을 우려가 크고, 세법이 대부분 주로 과세관청에 의해 발의되어 입법됨으로써 내용이 비례의 원칙에 어긋나거나 형식이 포괄위임에 해당되는 경우가 많이 발생하고 있다.

이 때문에 조세 분야의 헌법 소송은 날로 늘어나 조세에 있어서 위헌적인 입법을 방지하고 납세자의 기본권을 확보하기 위한 최후의 보루로서 헌법 소송의 역할과 중요성은 날로 커져가고 있다.

헌법 소송은 다양한 심판절차를 두고 있으나, 조세소송과 관련되는 것으로는 '위헌법률심판'과 '헌법소원'이 있다.

① 위헌법률심판

'위헌법률심판'違憲法律審判은 법률이 헌법에 위반되는지 여부를 심사하고 헌법에 위반된다고 결정되면 그 법률의 효력을 잃게 하거나 적용하지 못하게 하는 소송을 말한다.

특히 세법은 위헌법률심판에 따라 위헌이나 헌법불합치 결정을 받은 예가 많다.

위헌법률심판의 절차는 법률이 공포된 후 법원의 구체적인 사건에 적용하여 재판을 하면서 그 법률이 위헌인지 여부가 문제될 경우에만 이루어진다.

법원이 직권 또는 당사자가 법원에 제기한 위헌법률심판 제청신청이 기각된 때는 직접 헌법재판소에 헌법소원을 제기하여 위헌법률심판을 청구할 수도 있다.

헌법재판소의 위헌결정의 효력은 원칙적으로 장래에 대하여 미치고 소급효를 인정하지 아니하지만 실효성을 위하여 개별사건에 대하여는 소급효를 인정하고 있어 권리구제의 효과도 거둘 수 있다.

헌법소송의 결정은 '합헌', '위헌' 만이 아니라 '헌법불합치', '한정위헌', '한정합헌' 등 다양한 변형 결정이 이뤄지고 있다.

② 헌법소원

'헌법소원'憲法訴願은 국가기관이 공권력을 행사하거나 행사하지 않아 국민이 헌법상 기본권이 침해된 경우 직접 헌법재판소에 심판을 청구하는 소송이다.

하지만 헌법소원은 다른 법률에 구제절차가 있는 경우 그 절차를 모두 거친 후에 청구를 하여야 하는 보충성補充性의 원칙이 적용되므로 과세관청의 과세처분에 대하여는 우선 조세쟁송 절차를 거쳐야 한다.

다만, 예외적으로 헌법재판소가 위헌으로 선언한 세법을 적용한 재판인 경우에는 조세쟁송 절차 없이 헌법소원의 청구가 가능하다.

(2) 조세 행정소송과 조세불복

행정소송 중 일반적인 취소소송은 소송대상이 되는 처분에 대한 행정심판을 제기할 수 있는 경우에도 거치지 아니하고 할 수 있지만, 조세 행정소송은 전심절차를 거치지 않으면 취소소송을 제기할 수 없다.

「국세기본법」[§56②]과 「지방세기본법」[§98③]에 따라 위법한 처분에 대한 행정소송을 하고자 하는 경우 국세의 경우 심사청구나 심판청구, 지방세의 경우 심판청구를 반드시 거치도록 하고 있기 때문이다.

하지만 다음의 경우에는 납세자가 심사청구나 심판청구 등 불복청구의 결정을 거치지 아니하여도 취소소송을 제기할 수 있다[행소법 §18②].

① 청구가 있은 날로부터 60일이 지나도 결정이 없는 때
② 처분의 집행이나 절차의 속행으로 생길 중대한 손해를 예방하여야 할 긴급한 필요가 있는 때
③ 법령에 따른 결정기관이 결정을 하지 못할 사유가 있는 때
④ 그 밖의 정당한 사유가 있는 때

또, 납세자가 취소소송을 제기하는 경우 다음 중 하나에 속하는 사유가 있는 때에는 행정심판을 제기함이 없이 취소소송을 제기할 수 있다[행소법 §18③].

① 같은 종류의 사건에 관하여 이미 심사청구나 심판청구의 기각하는 결정이 있은 때
② 서로 내용상 관련되는 처분이나 같은 목적을 위하여 단계적으로 진행되는 처분 중 어느 하나가 이미 조세불복의 결정을 거친 때
③ 사실심의 변론을 종결한 후 행정청이 소송의 대상인 처분을 변경하여 그 변경된 처분에 관하여 다시 소를 제기하는 때
④ 처분을 한 행정청이 조세불복절차를 거칠 필요가 없다고 잘못 알린 때

이렇게 조세불복의 결정을 거치지 않고 취소소송을 제기하거나 조세불복 없이 취소소송을 제기하는 사유에 해당하는 경우에는 그 사유를 행정소송을 담당하는 재판부에 소명하여 그 정당성이 인정되어야 한다.

| 조세 불복과 조세 행정소송의 비교 |

구분	조세 불복	조세 행정소송
쟁송대상	과세관청의 부과 · 징수와 거부 · 부작위 처분(개괄주의)	과세관청의 부과 · 징수와 거부 · 부작위 처분(개괄주의)
결정 · 판결기관 (성질)	과세관청 · 조세심판원 (행정작용)	법원 (사법작용)
원고 적격	법률상 이익이 있는 자	법률상 이익이 있는 자
재결의 범위	불고불리의 원칙 · 불이익변경금지의 원칙, 사정재결	불이익변경금지의 원칙, 사정판결 276)
심리방법	구술 · 서면심리, 비공개주의	구술심리주의, 공개주의
집행의 영향	집행부정지의 원칙 (집행정지 결정가능, 공매는 제한)	집행부정지의 원칙 (공매는 제한)

(3) 조세 행정소송의 종류

조세 행정소송은 '항고소송'抗告訴訟과 '당사자소송'當事者訴訟 등으로 나뉘고 항고소송에는 취소소송, 무효 등 확인소송, 부작위 위법 확인소송, 당사자소송에는 환급세액 지급 청구소송 등이 해당된다.277)

1) 취소소송

'취소소송'取消訴訟이란 납세자가 과세관청으로부터 위법한 부과 · 징수 등 행정처분을 받은 경우 그 취소나 변경을 구하는 항고소송이다.

이 소송의 성격은 이미 발생한 조세채무가 없음을 확인하는 '확인소송'에 불과하다는 견해도 있으나, 성질상 조세채무의 유무를 단순히 확인하는 정도에 그치지 않고 적극적으로 부과 · 징수 등 권력적 처분을 취소하는 '형성소송'形成訴訟의 성질이 더 강하다고 볼 수 있다.

---

276) "사정판결"事情判決은 원고의 청구가 이유 있다고 인정하는 경우에도 처분 등을 취소하는 것이 현저히 공공복리에 적합하지 아니하다고 인정하는 때에는 법원은 원고의 청구를 기각할 수 있도록 한 것이다. 이 경우 법원은 그 판결의 주문에서 그 처분 등이 위법함을 명시하여야 하며, 미리 원고가 그로 인하여 입게 될 손해의 정도와 배상방법 그 밖의 사정을 조사하여야 한다[행소법 §28].

277) 부가가치세법령의 내용, 형식 및 입법취지 등에 비춰보면, 납세의무자에 대한 국가의 부가가치세 환급세액 지급의무는 그 납세의무자로부터 어느 과세기간에 과다하게 거래징수된 세액상당을 국가가 실제로 납부받았는지와 관계없이 부가가치세법령의 규정에 의하여 직접 발생하는 것으로서, 그 법적성질은 정의와 공평의 관념에서 수익자와 손실자 사이의 재산상태 조정을 위해 인정되는 부당이득 반환의무가 아니라 부가가치세법령에 의하여 그 존부나 범위가 구체적으로 확정되고 조세정책적 관점에서 특별히 인정되는 공법상 의무라고 봄이 타당하다. 그렇다면 납세의무자에 대한 국가의 부가가치세 환급세액 지급의무에 대응하는 국가에 대한 납세의무자의 부가가치세 환급세액 지급청구는 민사소송이 아니라 행정소송법 제3조 제2호에 규정된 당사자소송의 절차에 따라야 한다(대법원 2013.3.21. 선고, 2011다95564 판결).

이에 따라 같은 사실을 놓고 과세관청이 이유를 달리하여 부과·징수하는 것이 허용되지 않는다.

취소소송에는 부과처분 취소소송, 징수처분 취소소송, 거부처분 취소소송이 있다.

① 부과처분 취소소송

'부과처분 취소소송'賦課處分 取消訴訟은 납세자가 과세관청으로부터 받은 부과·징수 등 행정처분이 법률에 위반되는 경우 그 처분의 취소·변경을 요구하는 소송이다.

행정소송의 대부분은 부과처분 취소소송이 차지한다.

② 징수처분 취소소송

'징수처분 취소소송'徵收處分 取消訴訟은 납세자가 과세관청으로부터 조세징수에 관한 위법한 처분을 받은 경우 그 위법한 징수절차의 취소를 구하는 소송이다.

징수처분 취소소송에서 청구가 받아들여져 징수처분이 취소되면 해당 징수처분의 효력은 소급하여 소멸된다.

③ 거부처분 취소소송

'거부처분 취소소송'拒否處分 取消訴訟은 납세자가 과세관청에 일정한 행정처분을 청구하여 거부당한 경우 그 거부처분의 취소를 요구하는 소송이다.

거부처분 취소소송에서 그 청구가 받아들여지면 거부처분의 위법성이 확인되고 과세관청은 납세자의 청구에 따른 처분을 하여야 한다.

2) 확인소송

'확인소송'確認訴訟은 과세처분이 명백한 무효인 경우에 하는 소송으로, 조세소송 전에 거쳐야 하는 행정심판전치주의가 적용되지 않으며 그 제소기간에 제한이 없어 언제든지 다툴 수 있다.

확인소송은 무효 확인소송, 채무부존재 확인소송, 부작위 위법 확인소송 등이 있다.

① 무효 확인소송

'무효 확인소송'無效確認訴訟은 납세자가 과세관청으로부터 받은 부과·징수 등 행정처분의 하자가 중대하고도 명백한 경우 그 처분에 대하여 당연무효의 확인을 요구하는 소송이다.

무효 확인소송은 세법에 따른 조세불복절차 등 전심절차를 거칠 필요가 없어 과세관청의 처분에 명백한 하자가 있는 경우 바로 조세소송을 제기할 수 있다.[278]

---

278) 취소소송에서 당초 처분이 정당한 것으로 확정된 이후 과세 처분이 무효임을 전제로 국가를 상대로 부당이득반환 청구하였으나, 확정된 관련 행정사건의 법률관계는 이 사건의 선결문제로서 기판력이 작용하고, 행

② 채무부존재 확인소송

'채무부존재 확인소송'債務不存在 確認訴訟은 납세자가 과세관청으로부터 받은 행정처분의 존재 자체가 인정되지 않는 경우 그 사실의 확인을 청구하는 소송이다.

③ 부작위 위법 확인소송

'부작위 위법 확인소송'不作爲 違法 確認訴訟은 납세자가 과세관청에게 정당한 청구를 하였음에도 일정한 기간까지 결정이나 통지 등 필요한 행정처분을 받지 못하여 자신의 권리·이익이 침해를 받은 경우 그 회복을 요구하는 소송이다.

조세불복에서는 과세관청의 부작위不作爲에 대하여 필요한 처분을 하도록 하는 결정이 인정되지만 행정소송에서는 부작위 위법 확인소송만을 인정할 뿐이다.

(4) 조세 행정소송의 절차

1) 소송대상

조세 행정소송은 과세관청이 하는 행정처분과 이에 대한 조세불복의 결정을 대상으로 한다. 다만 조세불복의 결정에 대한 취소소송은 결정 자체에 고유한 위법이 있는 경우에 한다[행소법 §19, §38].

이 소송의 대상이 되는 행정처분은 과세관청이 하는 부과·징수 등 구체적 사실에 관한 법집행으로서 공권력의 행사, 그 거부와 이에 준하는 행정작용이다.

그러므로 상대방에게 구체적 법률상의 변동이나 효과를 발생하지 않는 과세관청 내부의 행위나 권유, 사실상의 통지와 종국적 처분의 중간과정에서 이루어지는 절차에 관한 처분은 따로 독립하여 소송의 대상이 되지 않는다.

2) 당사자 적격

조세 행정소송에 있어서 원고 적격자原告 適格者는 과세관청의 처분의 취소·무효 등을 구할 법률상 이익이 있는 사람이다.

취소소송의 경우 처분의 취소를 구할 법률상 이익이 있는 사람, 무효·부존재 확인소송의 경우 처분의 효력 유무나 존재 여부의 확인을 구할 법률상 이익이 있는 사람, 부작위 위법 확인소송은 처분의 신청을 한 자로서 부작위의 위법 확인을 구할 법률상 이익이 있는 사람이 각각 소송을 제기할 수 있다[행소법 §12, §35, §36].

정사건의 기판력은 국세의 귀속자인 국가에 미치므로 원고의 청구는 이유 없다(대법원 2018.2.13. 선고, 2017다283295 판결).

뿐만 아니라 처분의 효과가 기간의 경과, 행정처분의 집행, 그 밖의 사유로 소멸된 뒤에도 그 판결로 회복되는 법률상 이익이 있는 사람도 원고가 될 수 있다[행소법 §12후단].

그러므로 비록 제3자라고 하더라도 소송의 대상이 되는 과세관청의 행정처분이 취소·변경되어 법률상 직접적이고 구체적 이익을 가지게 되는 사람은 소송을 제기할 수 있지만, 그 행정처분의 직접적인 상대방이라 할지라도 법률상 이익과 무관하고 간접적인 관계만 가지는 사람은 소송을 제기할 수 없다.[279]

한편 조세 행정소송에서 피고被告는 소송 대상이 되는 행정처분을 한 과세관청이다. 실제 소송에 있어서 피고는 소송 대상이 되는 처분을 한 세무서장이나 지방자치단체장이 된다.

하지만 행정처분이나 행정심판에 대한 재결이 있은 뒤에 그와 관계되는 권한이 다른 행정관청에 승계된 때에는 그 승계한 행정관청을 피고로 한다[행소법 §13].

3) 제소기간

취소소송·부작위 위법 확인소송 등 대부분의 조세 행정소송은 행정처분이나 행정심판의 재결이 있음을 안 날부터 90일 이내에 제기하여야 하고 이 기간이 지나면 더 이상 다툴 수 없다.

이때 제소기간은 세법에 따라 심사청구이나 심판청구를 한 경우, 행정관청이 행정심판청구를 할 수 있다고 잘못 알린 경우 재결서의 정본을 송달받은 날부터 기산하여 세법에 따른 심사결정이나 심판결정이 있은 날부터 1년이 지나면 정당한 사유가 있는 때를 제외하고는 더 이상 제기할 수 없다[행소법 §20②].

하지만 무효·부존재 확인소송의 경우에는 제소기간에 관계없이 언제든지 제기할 수 있다[행소법 §38①].

4) 심 리

조세 행정소송은 행정심판절차와는 달리 '공개심리주의'와 '구술변론주의'를 채택하고 있다.

① 공개심리주의

'공개심리주의'公開審理主義는 재판의 심리와 판결의 선고를 일반인이 방청할 수 있는 상태에서 하는 것이다. 이는 국민에게 재판절차를 공개하여 재판의 공정성과 국민의 신뢰를 유지하고 구술口述에 의한 재판에 있어서 허위진술이나 증언을 방지하도록 하기 위한 것이다.[280]

---

279) 대법원 1993.7.27. 선고, 93누1381 판결; 1993.4.24. 선고, 92누17099 판결 참조.
280) 헌법은 '재판공개의 원칙'을 선언하고 있다 ; 재판의 심리와 판결은 공개한다. 다만, 심리는 국가의 안전보

② 구술변론주의

'구술변론주의'口述辯論主義는 행정소송에 있어서 소송자료 제출에 있어서의 원칙인 '변론주의'와 소송의 심리방식에서의 원칙인 '구술주의'의 심리형태를 동시에 가지는 것을 말한다.[281] 이는 구술 변론을 통하여 쟁점을 정리하고 공방과 증거 검토를 시행하도록 하여 심리를 단순화하고 신속한 사건 처리를 할 수 있도록 한다.

「행정소송법」[§26]은 법원에게 필요하다고 인정될 때에는 직권으로 증거조사를 할 수 있고, 당사자가 주장하지 않은 사실에 대하여도 판단할 수 있도록 하여 '직권탐지주의'를 선언하고 있다.

행정소송에 있어서 '직권주의'가 가미되어 있다고 하더라도 여전히 '변론주의'를 기본구조로 하므로 직권조사 사항[282]을 제외하고는 그 취소를 청구하는 사람이 위법사유에 해당하는 구체적 사실을 먼저 주장하여야 한다.

5) 집행의 정지

조세에 관한 취소소송을 제기하는 경우에는 조세 행정처분의 효력이나 그 집행이나 절차의 속행에 영향을 주지 아니한다.

하지만 법원은 조세에 관한 행정처분, 집행, 절차의 속행으로 생길 수 있는 '회복하기 어려운 손해'를 예방하기 위하여 '긴급한 필요'가 있다고 인정될 때[283]에는 당사자의 신청이나 직권에 의하여 처분의 집행이나 절차의 속행 전부나 일부에 대하여 집행정지를 결정할 수 있다[행소법 §23].

아울러 행정처분의 효력정지도 결정할 수 있으나, 우선적으로 행정처분의 집행이나 절차

장 또는 안녕질서를 방해하거나 선량한 풍속을 해할 염려가 있을 때에는 법원의 결정으로 공개하지 아니할 수 있다[헌법 §109].

281) '변론주의'는 재판과 관련된 자료의 수집과 제출을 당사자의 성의와 능력에 일임하고 법원이 나서지 않는 원칙이며, '구술주의'는 제출된 자료에 대하여 당사자 등의 구술에 의하여 재판을 하도록 하는 소송방식을 말한다. 구술주의는 변론이나 증거조사를 구술로 행하는 것을 말하며 구술심리주의라고도 하며 서면심리주의와 대립되는 방법이다. 하지만 실제 재판에 있어서는 '준비서면' 등 서면심리주의에 의하고 구술주의가 잘 지켜지지 않고 있다.

282) 직권조사 사항은 소송요건으로서 행정소송에서 쟁송의 대상이 되는 행정처분의 존부 등으로 설사 그 존재를 당사자들이 다투지 않아도 의심이 있는 경우 직권으로 밝히도록 하고 있다(대법원 2001.11.9. 선고, 98두892 판결: 1983.12.27. 선고, 82누484 판결: 1993.7.27. 선고, 92누15499 판결).

283) '회복하기 어려운 손해'란 특별한 사정이 없는 한 금전으로 보상할 수 없는 손해로서 금전보상이 불가능한 경우, 금전보상으로는 사회관념상 행정처분을 받은 당사자가 참고 견딜 수 없거나 참고 견디기가 현저히 곤란한 경우의 유형, 무형의 손해를 일컫는다. '긴급한 필요'가 있는지 여부는 처분의 성질, 양태와 내용, 처분상대방이 입는 손해의 성질·내용과 정도, 원상회복·금전배상의 방법과 난이도 등은 물론 본안청구의 승소가능성 정도 등을 종합적으로 고려하여 구체적·개별적으로 판단하여야 한다(대법원 2011.4.21. 선고, 2010무111 판결).

의 속행을 정지함으로써 목적을 달성할 수 있는 경우나 공공복리에 중대한 영향을 미칠 우려가 있을 때에는 허용되지 아니한다.

행정처분의 집행정지결정을 신청하는 때에는 신청이유에 대한 소명을 하여야 하고, 집행정지결정이 기각된 경우 즉시 항고할 수 있지만 항고하였다 해도 그 사실만으로 집행정지를 하는 효력은 없다.

법원은 집행정지 결정이 확정된 후 그 집행정지가 공공복리에 중대한 영향을 미치거나 정지사유가 없어진 때에는 당사자의 신청에 의하거나 직권으로 집행정지의 결정을 취소할 수 있다[행소법 §24].

(5) 조세 행정소송 판결의 효력

조세에 관한 행정처분을 취소하는 확정판결은 그 사건에 관하여 처분을 한 당사자인 과세관청과 그 밖의 관계된 행정관청을 기속한다. 법원이 과세관청의 부과처분을 취소하라는 확정판결을 한 경우에는 그 처분을 한 과세관청은 즉시 부과처분을 취소하여야 한다.

또 판결에 결정·경정청구에 대한 결정·경정거부 처분과 같이 당사자의 신청을 거부하는 처분이 취소된 경우와 신청에 따른 처분이 절차상 위법하여 취소되는 경우에는 그 처분을 한 과세관청은 판결의 취지에 따라 결정·경정청구에 대한 결정·경정 등 신청에 따른 처분을 하여야 한다[행소법 §30].

만약 이러한 판결이 있은 후에도 과세관청이 판결에 따른 처분을 하지 아니한 때에는 제1심 법원은 당사자의 신청에 따라 상당한 기간을 정하여 과세관청이 그 기간까지 이행하지 않은 지연기간에 따라 일정한 배상을 하거나 즉시 손해배상을 할 것을 명할 수 있다[행소법 §34①].

또한 조세 행정소송에서 조세에 관한 처분을 취소하는 확정판결은 제3자에 대하여도 효력이 미친다.

이때 처분을 취소하는 판결로 권리나 이익의 침해를 받은 제3자는 자기에게 책임없는 사유로 소송에 참가하지 못하여 판결의 결과에 영향을 미칠 공격이나 방어방법을 제출하지 못한 때에는 확정판결이 있음을 안 날부터 30일 이내에, 판결이 확정된 날부터 1년 이내에 확정된 판결에 대하여 재심청구를 할 수 있다[행소법 §29, §31].

스웨덴 국세청이 어떻게 최고의 국민신뢰기관이 되었나?

스웨덴 국세청 행정개혁사례가 발표된 '국제납세자권리 컨퍼런스'

• …세계 어느나라를 막론하고 국세청은 국민에게 세금을 거두는 곳이기에 국민들이 싫어할 수밖에 없는 기관이고 납세자에게 공포와 두려움의 대상이 된다.

그런데 스웨덴에서 놀라운 일이 일어났다. '거만한 감시자'에서 '봉사하는 기관'으로 '두려워하는 기관'에서 '사랑받는 기관'이 된 것이다. 우리나라 과세당국의 청사 앞에 붙어있는 거창한 캐치프레이즈 같다. 하지만 스웨덴에서는 국민이 느끼는 '실제상황'이다. 국세청이 국민들로부터 가장 신뢰받는 기관이 되었다.

스웨덴 국세청도 불과 30년전까지만 해도 국민들에게 두려움과 불신의 대상이었다. 세무공무원에 대한 국민신뢰도도 최저수준이어서 공무원들은 자기직업이 세무공무원이라는 사실을 숨길 정도였다. 어떻게 이렇게 극적으로 변할 수 있을까?

• … 스웨덴 국세청의 높은 국민신뢰도는 2006년부터 '자발적 법 준수 전략'과 '공직자의 국민을 대하는 태도 변화' 전략을 수립하여 일관성있게 '신뢰기반행정'(Trust-oriented administration)을 구축하는 개혁작업을 시작한 것에서 비롯되었다.

이 작업은 대통령이나 국민 등 외부의 명령이나 권고, 압박 때문에 시작한 것이 아니라 국세청 내부에서 외부의견을 수렴해 '신뢰를 형성하지 않으면 장기간에 걸친 성실신고는 지속 가능하지 않다'는 점을 인지하고 '신뢰구축'을 핵심키워드로 전략적으로 착수한 것이다. '자발적 법 준수 전략'은 국가권력 행사에 있어 강압과 협박 등 강제력에 의존하는 법 준수 방식이 아니라 공정성에 기초해 합법적으로 공권력을 행사하는 전략을 말한다. 어느 나라나 탈세를 하려는 사람은 있게 마련이다. 탈세동기가 다양한 개별 납세자의 도덕성이나 가치관을 바꾼다는 것은 불가능하기에 '공정한 세금을 분담하는 공동체'라는 보편적인 사회적 목표를 달성할 수 있도록 국민신뢰를 기반으로 한 사회적 규범 강화 전략을 구사한 것이다.

한편, 스웨덴 국세청의 공무원이 국민을 대하는 태도 3가지는 ▲거만하고 질책하는 우월적인 태도(A타입) ▲공식적이고 규칙에 얽매여 납세자를 인격체가 아닌 채무자로 보는 태도(B타입) ▲협력적이고 미래지향적이며 공감하는 태도(C타입)가 있는데, A,B타입은 신뢰를 낮추고 C타입일때 신뢰는 크게 증가한다는 것을 확인했다.

우리에게 스웨덴은, '요람에서 무덤까지'라는 최상의 복지국가와 높은 세금을 내는 나라로 알려져 있지만, 사실 그 바탕에는 투명한 행정, 신뢰에 기반한 행정이 뒷받침되고 있는 것이다.

우리나라 국세청도 국민들로부터 신뢰받는 기관으로 거듭나기 위해서는 스웨덴의 신뢰기반 행정 개혁작업을 참고하여 전략적이고 지속적인 개혁작업에 서둘러야 한다.

제4장

납세의무

"국민이 진정 자유롭기 위해서는 어떤 경우도 국민의 동의 없이 과세되거나 개인적
이유로 세금이 오르지 않게 해야 한다."

– 존 디킨슨John Dickinson(1732-1808)

"인간의 지혜가 발달했다 해도 지금껏 공평한 과세방법을 제대로 고안해 내지 못했다."

– 앤드류 잭슨Andrew Jackson(1767-1845)

헌법에서 납세의무는 '법률'에 따라 구체적으로 정하도록 하고 있는데, 그 법률은 바로 '세법' 입니다.

어떤 사람의 '세금을 낼 의무'는 처음 어떻게 생성되는 걸까요? 법인세, 소득세, 부가가치세 등 각 세목에 따라 정한 납세의무의 성립과 확정, 소멸 등 생멸의 기준을 세법은 정하고 있습니다. 일정한 기간이 되면 납세의무가 성립하고 그로부터 일정한 시기가 되면 신고나 납세고지 등을 통해 납세의무가 구체적으로 확정되게 됩니다. 납부나 체납이 되는 등 세법이 정한 사유가 있거나 일정한 기간이 지나면 그 납세의무는 소멸됩니다.

세법은 조세를 부과할 수 있는 기간(제척기간)을 따로 정하고 있습니다. 세금을 무한정 부과 할 수 있다면 국민들은 삶과 사업에서 법적 안정성이나 예측 가능성을 확보할 수 없기 때문에 일정기간이 지나면 세금을 부과할 수 없도록 제한했습니다. 또한 세금을 징수하는 기간(소멸시 효)도 두어 정해진 기간이 지나면 더 이상 세금을 징수할 수 없습니다.

과세권이나 징수권을 가진 정부지만 일정한 기간이 지나 세금을 부과하거나 징수할 수 없게 되면 국민들은 생활안정이 가능하게 되지만, 만약 정당한 세금을 넘어 지나치게 많이 낸 경우라 면 어떻게 될까요? 과세관청은 이를 이유로 환급해주지 않습니다. 과연 정당한 것일까요?

반면에 세법은 조세채권을 최대한 실현할 수 있도록 하는 대체적인 수단도 마련해 놓았습니 다. 본래의 납세자 외에도 납세의무를 승계하거나 연대납세의무, 제2차 납세의무를 지우는 것이 그것입니다. 조세채권을 보다 확실하게 확보할 수 있도록 납세담보를 받는 장치도 마련해 놓았 습니다.

이러한 확장된 납세의무로 조세채권은 원활하게 확보할 수 있겠지만, 지나치면 납세자에겐 과도한 부담이 되므로 남용되지 않는 일정한 한계를 지켜야 할 것입니다.

이처럼 국민이 지켜야 할 납세의무의 성립과 확정, 그리고 소멸 등 납세의무가 생멸되는 모든 과정은 명확하고 합리적이어야 하므로 본래적·확장된 납세의무와 그 한계, 정당한 과세권의 행사에 관한 지원과 남용방지 등에 관한 제도적 장치가 제대로 입법되어야 합니다.

본래의 납세의무

국가나 지방자치단체가 국회에서 정한 세법에 따라 조세를 부과·징수할 수 있는 과세권을 가질 때 국민은 납세의무를 지게 된다.

그렇다면 조세 법률관계, 즉 국가나 지방자치단체 등 과세권자와 국민과 주민 등 납세자 간의 관계는 어떻게 보아야 하며, 납세자가 지는 납세의무는 어떤 성질을 갖고 있을까?

오랫동안 조세 법률관계는 국가와 국민을 상하 복종관계로 보아 정부의 공권력 행사에 따라 납세의무를 지는 것으로 보는 '조세 권력관계'租稅權力關係로 인식해 왔다. 하지만 최근에는 국가와 국민을 대등한 관계로 놓고 상호 간의 채권 채무관계로 보는 '조세 채무관계'租稅債務關係로 설명되고 있다.

조세 권력관계에 따르던 종래 전통적인 인식은 납세의무가 과세관청의 부과처분에 의해 창설되는 것으로 보아 납세의무의 성립과 확정을 구별할 수 없었다. 그러나 오늘날 지지를 받고 있는 조세 채무관계 인식은 과세관청의 어떠한 행위도 필요 없이 과세요건이 충족되면 납세의무가 자동적으로 성립하는 것으로 본다.

이 경우 과세관청의 부과처분은 단지 과세요건이 충족되어 이미 성립된 납세의무를 확인하는 절차에 불과하여 오늘날 중시되는 부과·징수 등 절차적 법률관계를 충분히 설명하지는 못한다.[283]

「국세기본법」이나 「지방세기본법」 등 세법에서 납세의무의 성립과 확정을 따로 구별하고 있는 것은 조세 채무관계의 관점에 따른 것이다.

> **참고 | 조세 법률관계 학설**
>
> ■ 조세 법률관계의 의의
>
> '조세 법률관계'租稅法律關係, [독]Steuerrechtsverhältnis란 조세를 부과·징수하는 과세권자와 조세를 납부하는 지위에 있는 납세의무자 간의 법률관계를 말한다. 그러므로 조세 법률관계의 당사자는 과세권자와 납세의무자가 된다.
>
> 일반적으로 권리주체인 사람 간에 법을 적용하여 권리·의무 등 법적 효과가 발생하는 관계

---

283) 박윤흔, 『최신행정법강의』, 박영사, 1996, pp.741~742.

를 '법률관계'라 하고 그 법률관계 중 조세법률의 규율대상이 되는 관계를 '조세 법률관계'라 할 수 있다. 사법상의 법률관계는 계약에 의해 자유로이 형성되지만 공법상의 조세 법률관계는 조세법에서 정한 과세요건이 충족되면 강제적으로 성립한다.

■ 조세 법률관계설

조세 법률관계의 당사자인 과세권자와 납세의무자의 관계와 납세의무의 성질에 대한 주장은 '조세 권력관계설'과 '조세 채무관계설', '조세 권리의무설' 등으로 나뉜다.

① 조세 권력관계설theory of Power Relationship : [독] Steurgewaltverhaltnis

조세법률관계를 국가의 국민에 대한 지배구조로서 명령복종관계로 보며, 납세의무는 국민으로부터 조세를 부과할 수 있는 권한을 부여받은 행정청이 법률에 따라 국민에게 일정한 의무를 부과하는 공권력의 행사로 파악한다.

세법은 행정법의 일종으로 행정행위는 법률행위로서 특정한 요건을 충족할 때 효력이 발생하는 것임에도 세법상 과세요건과 사법상의 요건사실을 통일시하여 대표적인 권력관계인 조세 법률관계를 채권채무관계로 이해하는 것은 잘못이라고 주장한다.

그러므로, 과세관청의 부과·징수 등 강제집행 절차는 법에 의한 행정원리에 따라 법률의 규제를 받게 되며 이 때문에 절차법이 중시된다. 이 주장은 오토 마이어Otto Mayer의 전통 행정법이론에 기초를 둔 것으로, 오토빌러Otto Bühler가 주창했다.

② 조세 채무관계설theory of Debt Relationship : [독] Steurschuldverhaltnis

조세법률관계를 과세권자와 납세자가 대등한 것으로 보며, 납세의무는 세법에 근거한 채권·채무자간 대립되는 공법상 채권·채무관계로 파악한다.

이에 따라 납세자의 조세채무는 과세관청이 부과함으로써 성립하는 것이 아니라, 세법에 규정하는 납세의무자, 과세표준, 세율 등의 법적 과세요건이 충족되면 별도의 절차 없이 성립한다고 인식한다. 이 때문에 정부의 부과처분은 과세요건이 충족됨으로써 이미 성립한 조세채무의 구체적인 확인행위에 불과하다고 본다.

1919년 나찌Reich독일의 「조세기본법」Reichsabgabenordnung이 "조세채무는 법률이 조세를 결합시키고 있는 요건이 충족되는 때에 성립한다"는 규정(제81조)이 법률적 인식의 시초이다.

이 주장은 알베트 헨젤Albert Hansel이 주창하였으며, 오늘날 납세의무의 주된 확정방식으로 자리잡은 신고납세제도의 이론적 토대가 된다.

③ 조세 권리의무설(일원론)

과세권자와 납세자 간 조세 법률관계를 조세의 부과, 징수, 소멸, 구제, 처벌 등 전반에 걸친 권리·의무관계로 인식하는 것이다.

■ 우리나라 조세법의 입장

우리나라에서 조세 법률관계의 기초는 「국세기본법」, 「지방세기본법」과 「국세징수법」, 「지방세징수법」 등에서 다뤄지고 있다. 「국세기본법」과 「지방세기본법」은 납세의무의 성립과 확정을 구별하고 있는 점 때문에 '조세 채무관계설', 「국세징수법」과 「지방세징수법」은 조세채권자에게 우월적 지위와 권력적 수단을 부여하고 있는 점에서 '조세 권력관계설'에 기초하고 있다고 볼 수 있다. 이 때문에 세법 상 조세 법률관계에 대한 인식은 '조세 권력관계설'과 '조세 채무관계설'을 절충하고 있는 것으로 평가된다.

① 납세의무의 성립

조세 법률관계에서 납세자의 납세의무가 언제 처음 발생하는 것일까? 납세의무의 태동을 일컫는 '납세의무의 성립'納稅義務 成立, realization of tax liability은 세법이 정하는 '과세요건'이 구체적으로 충족됨으로써 납세자에게 납세의무가 발생하는 것을 말한다.

하나의 납세의무는 납세자에게 특정한 시기에 어떤 사실이나 상태가 존재하여 세법에서 정하는 과세대상인 물건이나 행위가 귀속됨으로써 세법상 과세표준을 산정하고 세율을 적용할 수 있으면 성립한다.

이처럼 납세의무의 성립은 과세관청이나 납세의무자의 어떠한 행위도 필요하지 않고 과세요건이 충족되면 법률상 당연히 이뤄지는 것이다.

하지만 아무리 과세요건이 충족되었다 할지라도 그 시점에서는 그 내용이 무엇인지 구체적으로 확인되지 않는 것이 일반적이므로 납세의무가 성립되는 단계를 '추상적 납세의무'抽象的 納稅義務라고 부른다.

(1) 과세요건

납세의무는 세법이 정한 과세요건이 충족되면 성립한다. 이때 '과세요건'課稅要件, tax requisition이란 납세의무의 성립에 필요한 법률상의 요건으로 구체적으로 과세권자, 납세의무자, 과세물건과 그 귀속, 과세표준과 세율 등을 말한다.

이는 납세의무의 성립에 필수적인 요소이므로 조세법률주의에 따라 반드시 세법에서 정하여야 하며 하나라도 시행령이나 시행규칙 등 하위법령에 위임할 수 없다.

1) 과세권자와 납세의무자

어떤 조세에 있어서 조세 법률관계의 당사자는 '과세권자'와 '납세의무자'이다.

'과세권자'課稅權者, taxation assessor는 세법이 정하는 바에 따라 조세채권이 귀속되는 주체로서, 학문적으로는 '과세주체'나 '조세채권자'라고도 한다. 국세의 과세권자는 국가, 지방세의 과세권자는 지방자치단체가 된다.

'납세의무자'納稅義務者, taxpayer; taxation subject는 세법에 따라 조세를 납부할 의무가 있는 자, 즉 조세채무자를 말한다.

이는 법률상 납부의무자로 조세를 실제적으로 부담하는 '담세자'擔稅者, tax-bearer와는 구별된다.[284]

2) 과세물건과 귀속

'과세물건'課稅物件, object of taxation은 세법이 과세의 대상으로 정하고 있는 물건, 행위, 사실로써, 구체적으로 납세의무자의 소득, 소비, 재산 등이 된다.

과세물건은 납세의무의 성립을 위한 물적 요소로서 실질적인 담세능력을 나타내는 지표가 되며 조세부담의 공평성과 효율성에 큰 영향을 미치게 된다.

한편 '과세물건의 귀속'歸屬이란 과세물건과 납세의무자의 결합관계를 말하는 것으로 과세물건이 귀속되는 자에게 납세의무가 성립하게 된다. 이 때 '귀속'은 소유나 취득의 형식이나 정당성과 관계없이 경제력에 대한 사실상의 지배를 의미한다.

이와 같이 과세물건에 대한 인식은 명칭이나 형식이 아닌 실질내용에 따라야 하며 과세물건의 귀속도 사실상의 귀속에 따라야 한다.

3) 과세표준과 세율

'과세표준'課稅標準, tax base은 세법에 따라 직접적으로 세액산출의 기초가 되는 과세물건의 수량이나 가액으로, 과세물건이 갖는 담세력擔稅力의 측정치가 된다.

과세표준을 화폐단위로 측정하여 그 가치에 따라 금액으로 나타내는 조세를 '종가세'從價稅, ad valorem tax, 화폐 외의 단위로 측정하여 수량·중량·면적 등으로 나타내는 조세를 '종량세'從量稅, specific tax라고 한다.

'세율'稅率, tax rate은 과세표준에 대한 세액의 비율을 말한다. 종가세에 있어서 세율은 백분율(%)이나 천분율(‰) 등으로 표시하며 종량세의 경우는 금액으로 표시한다.

세율은 과세표준의 크기와 관계없이 그 비율이 일정한 '비례세율'比例稅率, regressive tax rates과 과세표준의 크기에 따라 세율이 증가하는 '누진세율'累進稅率, progressive tax rates로 나눠진다. 다시 누진세율은 과세표준이 증가하면 세율도 증가하는 '단순누진세율'과 과세표준을 단계적으로 구분하여 순차적으로 세율이 증가하는 '초과누진세율'로 나뉜다.

---

284) 「국세기본법」[§2(9)(10)], 「지방세기본법」[§2①(11)(12)]은 '납세의무자'와 '납세자'를 구별하고 있다. '납세의무자'는 세법에 따라 조세를 납부할 의무(조세를 징수하여 납부할 의무를 제외한다)가 있는 자를, '납세자'는 납세의무자(연대납세의무자, 제2차 납세의무자, 보증인을 포함한다)와 세법에 따라 조세를 징수하여 납부할 의무를 지는 자를 말한다.

(2) 납세의무의 성립시기

납세의무의 성립시기는 세법이 정한 과세요건이 충족되는 시점이다. 세법은 납세의무의 성립시기를 다음과 같이 정하고 있다[국기법 §21; 지기법 §34].

1) 원칙적인 납세의무 성립시기

성격	구분	세목	납세의무의 성립시기
기간세	국세	소득세 법인세 부가가치세	① 일반적 : 과세기간이 끝나는 때 ② 청산소득에 대한 법인세 : 법인이 해산하는 때 ③ 수입재화에 대한 부가가치세 : 세관장에게 수입신고하는 때
	지방세	지방소득세	과세표준이 되는 소득에 대하여 소득세·법인세의 납세의무가 성립하는 때
		지방소비세	부가가치세의 납세의무가 성립하는 때
수시세	국세	상속세	상속이 개시되는 때
		증여세	증여에 의하여 재산을 취득하는 때
		종합부동산세	과세기준일(6월 1일)
		재평가세	자산재평가를 하는 때
		개별소비세, 주세, 교통· 에너지·환경세	① 과세물품을 반출하거나 판매하는 때 ② 과세장소에 입장하거나 유흥음식행위를 한 때 ③ 수입물품의 경우 세관장에게 수입신고를 하는 때
		인지세	과세문서를 작성한 때
		증권거래세	해당 매매거래가 확정되는 때
	지방세	취득세	취득세 과세물건을 취득하는 때
		등록면허세	① 등록 : 재산권 그 밖의 권리를 등기나 등록하는 때 ② 면허 : 과세대상이 되는 면허를 받는 때, 납기가 있는 달의 1일
		레저세	승자투표권, 승마투표권 등을 발매하는 때
		담배소비세	담배를 제조장 등으로 반출하거나 국내로 반입하는 때
		자동차세	① 소유 : 납부기한이 있는 달의 1일 ② 주행 : 과세표준인 개별소비세의 납세의무가 성립하는 때
		주민세	① 균등·재산 분 : 과세기준일 ② 종업원 분 : 종업원에게 급여를 지급하는 때
		재산세	과세기준일(6월 1일)

성격	구분	세목	납세의무의 성립시기
		지역자원 개발세	① 발전용수 : 수력발전에 사용하는 때 ② 지하수 : 채수採水하는 때 ③ 지하자원 : 채광採鑛하는 때 ④ 원자력, 화력발전 : 발전하는 때 ⑤ 컨테이너 : 컨테이너를 입·출항하는 때 ⑥ 특정부동산 : 과세기준일
부가세 附加稅		교육세	① 국세·지방세 교육세 : 본세의 납세의무가 성립하는 때 ② 금융·보험업자 교육세 : 과세기간이 끝나는 때
		농어촌특별세	본세의 납세의무가 성립하는 때
가산세			① 무신고가산세, 과소신고·초과환급신고가산세 : 법정신고기한이 경과하는 때 ② 납부지연가산세(납부지연이자 성질), 원천징수납부 등 불성실가산세 : 법정납부기한 경과 후 1일마다 그 날이 경과하는 때 ③ 납부지연가산세(체납제재 성질) : 납세고지서에 따른 납부기한이 경과하는 때 ④ 원천징수 등 납부지연가산세 : 법정납부기한이 경과하는 때 ⑤ 그 밖의 가산세 : 가산할 조세의 납세의무가 성립하는 때

2) 예외적인 납세의무 성립시기

구분	납세의무의 성립시기
원천징수하는 소득세·법인세	소득금액이나 수입금액을 지급하는 때
납세조합이 징수하는 소득세, 예정신고 납부하는 소득세	과세표준이 되는 금액이 발생한 달의 말일
중간예납하는 소득세·법인세, 예정신고 기간·예정부과기간의 부가가치세	중간예납기간·예정신고기간·예정부과기간이 끝나는 때
수시부과하여 징수하는 국세·지방세	수시부과 할 사유가 발생한 때
특별징수하는 지방소득세	과세표준이 되는 소득에 대하여 소득세·법인세를 원천징수한 때
「법인세법」[§67]에 따라 처분되는 상여賞與에 대한 주민세 종업원분	① 법인세 과세표준을 결정이나 경정하는 경우 : 「소득세법」[§131②(1)]에 따른 「소득금액변동통지서」를 받은 날 ② 법인세 과세표준을 신고하는 경우 : 신고일이나 수정신고일

② 납세의무의 확정

납세자가 세법이 정한 과세요건을 충족하면 납세의무가 발생한다. 이렇게 성립한 납세의무는 일정한 세액계산 과정을 거쳐 구체적으로 세금으로 확정된다.

납세자가 세법에 따른 세액을 신고하거나 과세관청이 세법에 따라 세액을 부과통보 하는 등 일정한 절차에 따라 세금이 구체적으로 확정하는 것을 '납세의무의 확정'納稅義務 確定, establishment of tax liability이라고 한다.

납세의무를 확정하기 위해서는 이미 성립한 납세의무에 대하여 과세요건사실을 파악하고 여기에 세법을 적용하여 과세표준과 세액을 계산하는 절차를 거쳐야 한다.

이처럼 납세의무의 확정은 이미 과세요건이 충족하여 성립한 납세의무를 사후적으로 확인하는 것이며 이 절차를 통하여 과세권자는 조세채권을 갖게 되고 납세자는 조세채무를 지게 되므로 '구체적 납세의무'具體的 納稅義務라고 한다.

납세의무의 확정절차에는 납세의무자의 신고·납부에 따라 납세의무를 확정하는 신고납세제도와 과세관청의 부과처분에 따라 납세의무를 확정하는 '부과과세제도'의 2가지가 있다.

(1) 납세의무의 확정 방식

1) 신고납세제도

'신고납세제도'申告納稅制度, self-assessment system는 납세자가 납세의무를 이행할 때 납세의무의 확정권한을 원칙적으로 납세의무자에게 부여하고 보충적으로 과세권자가 행사하도록 하는 납세방식을 말한다(＝자기부과제도).

신고납세제도에서 납세의무의 확정은 납세의무자의 과세표준·세액의 신고에 의하며 구체적으로는 「과세표준신고서」를 정부에 제출하는 때에 이루어진다. 만약 신고가 없거나 그 내용에 오류나 탈루가 있는 때에는 과세관청이 직접 결정을 통하여 납세의무를 확정하게 된다.

이처럼 납세자의 신고로 납세의무가 확정되는 조세에는 소득세, 법인세, 부가가치세, 개별소비세, 주세, 증권거래세, 교육세 등이 있다.

이 제도는 과세요건의 실체적인 사실을 잘 아는 납세자에게 스스로 납세의무를 확정하도록 하여 정부의 행정력을 절감할 수 있을 뿐만 아니라 납세자로 하여금 국가 재정권의 행사에 직접 참여할 수 있게 한다는 점에서 매우 민주적이고 선진적인 납세방식으로 인식되고 있다.

하지만 조세에 관한 지식과 능력이 부족할 수밖에 없는 납세자가 스스로 납세의무를 확정하도록 하면서도 조세에 관하여 전문성을 갖춘 과세관청이 부과결정할 때와 마찬가지로 복잡한 과세요건의 판정과 세액의 산정 등의 방식이 적용되는 경우 납세자에게 매우 위험하고 불리하게 된 것이다.

왜냐하면 납세자가 스스로 성실 신고하는 것이 어려운 조세체계임에도 신고납세제도라는 이유로 납세자에게는 많은 의무와 책임이 전가되어 많은 시간과 조세비용을 요구하기 때문이다.

우리나라에서도 많은 조세를 신고납세제도로 바꾸었지만 어려운 세액계산구조를 그대로 두고 납세자에게 기장·자료제출 등 수많은 협력의무를 부여함으로써 납세자의 책임과 경제적 부담만 대폭 증가하였다.

오늘날 일반화된 납세의무의 확정방식인 신고납세제도가 합법성을 유지하고 정당한 납세방식으로 자리 잡기 위해서는 과세권자에게는 보다 간편하고 저렴한 과세체계와 징세절차를, 납세자에게는 높은 납세의식과 성실한 납세가 요구된다.

2) 부과과세제도

'부과과세제도'賦課課稅制度, assessment system는 납세자가 납세의무를 이행할 때 납세의무의 확정권한을 과세권자에게만 부여하고 과세권자의 결정 등 부과처분에 의하여 납세의무를 확정하는 납세방식을 말한다(= 정부부과제도).

부과과세제도에서 납세의무의 확정은 과세권자가 결정하는 내용을 담은 '결정통지서'가 납세의무자에게 도달되는 시기에 이루어진다.

하지만 실제로는 납세자에게 납세의무를 확정하기 위한 결정통지서를 송달하지 않고 조세채권을 징수하기 위한 이행청구방법으로서 「납세고지서」가 송달되므로 「납세고지서」가 송달되는 때에 납세의무가 확정된다.

이처럼 과세권자의 부과처분에 의하여 납세의무가 확정되는 조세에는 상속세, 증여세, 종합부동산세,[285] 농어촌특별세 등이 있다.

부과과세제도를 채택하고 있는 조세에서도 신고납세제도처럼 납세자에게 과세표준신고의무를 지우고 있다. 하지만 이 때의 과세표준신고는 과세권자의 결정에 필요한 근거자료를 제시하는 협력의무의 이행에 불과할 뿐 납세의무를 확정시키는 효력은 없다.

---

285) 종합부동산세는 신고납세제도로 운영되다가 2008년부터 원칙적으로 부과과세제도로 전환되었으나, 납세자의 신고가 있는 경우에는 신고에 의하여 납세의무가 확정된다[종부법 §16③]. 부과과세제도를 신고납세제도로 변환하는 사례는 많으나 종합부동산세처럼 신고납세제도를 부과과세제도로 변경하는 예는 흔치않다.

구분	신고납세제도		부과과세제도
	1차적 확정	2차적 확정	
납세의무 확정권	납세의무자	무신고·과소신고한 경우 과세권자	과세권자
절차 확정 주체	납세의무자	과세권자	과세권자
절차 확정 방식	과세표준 신고	과세표준 결정	과세표준 결정
절차 확정 시기	신고서를 제출한 때	결정통지서(고지서)가 납세의무자에게 송달된 때	결정통지서(고지서)가 납세의무자에게 송달된 때
조세포탈범의 기수시기	신고납부 기한이 지난 때		결정통지서 상 납부기한이 지난 때
적용 세목	소득세, 법인세, 부가가치세, 개별소비세, 주세, 증권거래세, 교육세, 교통·에너지·환경세, 종합부동산세*, 취득세		상속세, 증여세, 종합부동산세, 재평가세, 농어촌특별세, 재산세

* 종합부동산세의 확정시기는 원칙적으로 과세관청이 과세표준과 세액을 결정하는 때이지만, 만약 납세자가 종합부동산세의 과세표준과 세액을 신고하는 경우에는 신고하는 때로 한다.

(2) 납세의무의 확정시기

세법은 납세의무의 확정과 관련하여 일정한 절차에 따른 납세의무의 확정 방법과 시기를 구체적으로 정하고 있다.

국세에 있어 납세의무의 확정시기는 다음과 같다[국기법 §22①].

① 소득세, 법인세, 부가가치세, 개별소비세, 주세, 증권거래세, 교통·에너지·환경세, 교육세, 종합부동산세(신고하는 경우) : 납세자가 해당 국세의 과세표준과 세액을 정부에 신고하는 때

② ①의 조세의 과세표준과 세액을 정부가 결정하는 경우 : 결정하는 때

③ 종합부동산세 : 정부가 과세표준과 세액을 결정하는 때. 하지만 납세자가 과세표준과 세액을 신고하는 때에는 그 신고하는 때

④ ①, ③ 이외의 조세 : 과세권자가 해당 조세의 과세표준과 세액을 결정하는 때

한편, 지방세에 있어 납세의무의 확정시기는 다음과 같다[지기법 §35].

① 납세의무자가 과세표준과 세액을 지방자치단체에 신고·납부하는 지방세 : 신고하는 때

② 지방세의 과세표준과 세액을 지방자치단체가 결정하는 경우 : 결정하는 때

③ ① 이외의 지방세 : 해당 지방세의 과세표준과 세액을 해당 지방자치단체가 결정하는 때

납세의무를 확정하기 위해서는 추상적으로 성립한 납세의무를 확인하는 별도의 절차를

거쳐야 한다. 신고납세제도나 부과과세제도에서 납세의무의 확정을 위해서는 납세자의 과세표준신고나 과세관청의 결정과 같이 세법에 따른 일정한 절차가 필요하게 된다.

그런데 이처럼 일정한 확정절차를 필요로 하는 경우도 있지만 별도의 확정절차가 필요없어 납세의무의 성립과 동시에 확정되는 경우도 있다. 다음과 같은 경우에는 납세의무가 성립하는 때에 특별한 절차 없이도 납세의무가 확정되도록 정하고 있다[국기법 §22②: 지기법 §35②].

① 인지세

② 원천징수하는 소득세・법인세[286]

③ 납세조합이 징수하는 소득세

④ 중간예납 하는 법인세(세법에 따라 정부가 조사・결정하는 경우는 제외한다)

⑤ 납부지연가산세・원천징수 등 납부지연가산세(납세고지서에 따른 납부기한 후의 가산세로 한정한다)

⑥ 특별징수하는 지방소득세

| 납세의무의 확정시기 |

구분	세목	납세의무의 확정시기
신고납세제도	① 소득세, 법인세, 부가가치세, 개별소비세, 주세, 증권거래세, 교통・에너지・환경세, 지방세	납세자가 해당 국세의 과세표준과 세액을 정부에 신고하는 때
	② ①의 조세의 과세표준과 세액을 과세권자가 결정하는 경우	결정하는 때
	③ 납세자가 종합부동산세의 과세표준과 세액을 신고하는 경우	신고하는 때
부과과세제도	④ 정부가 종합부동산세의 과세표준과 세액을 결정하는 경우	결정하는 때
	⑤ ①, ③ 외의 조세(상속세, 증여세)	과세권자가 해당 조세의 과세표준과 세액을 결정하는 때
성립과 동시 확정	⑥ 인지세	과세문서를 작성하는 때
	⑦ 원천징수하는 소득세・법인세	소득금액이나 수입금액을 지급하는 때
	⑧ 납세조합이 징수하는 소득세	과세표준이 되는 금액이 발생한 달 말일
	⑨ 중간예납 법인세	중간예납기간이 끝나는 때
	⑩ 납부지연가산세・원천징수 등 납부지연가산세(납세고지분)	납부기한이 끝난 때
	⑪ 특별징수 지방소득세	과세표준이 되는 소득에 대하여 소득세・법인세를 원천징수한 때

286) 원천징수하는 소득세는 납세의무의 성립과 동시에 확정하도록 하고 있으므로, 인정상여 등으로 소득금액 변동통지를 받는 경우 원천징수의무자의 납세의무 확정시기는 「소득금액변동통지서」를 받은 날이 된다.

(3) 확정된 납세의무의 변경

아무리 신고나 결정에 따라 납세의무가 확정되었다 해도 납세의무를 잘못 이행한 경우에는 이를 담세력에 맞게 변경하지 않으면 안된다.

확정된 납세의무에 대하여 그 내용에 오류나 탈루가 있어 변경하는 절차로는 납세자가 수정신고하거나 결정·경정청구 절차를 진행하는 경우와 과세관청이 결정한 후 경정결정을 하는 경우가 있다.

이처럼 당초 확정되었던 납세의무가 변경된 경우에는 납세자와 과세관청 간 조세 법률관계에 있어 어떤 변화가 있는 지가 매우 중요하다.

1) 납세자의 수정신고와 결정·경정청구에 따른 결정

신고납세제도에서 확정된 납세의무를 변경하는 절차로는 납세자가 수정신고를 하는 경우와 납세자가 결정·경정청구[287]를 하여 과세관청이 결정이나 경정하는 경우가 있다.

「과세표준신고서」를 법정신고기한까지 제출한 납세자가 당초신고에 오류나 탈루가 있어 납세자가 스스로 수정신고하는 경우 신고납세제도에서는 당초신고에 따라 확정된 과세표준과 세액을 증액하여 확정하는 확정력確定力이 있으나, 부과과세제도에서는 수정신고를 하더라도 과세관청의 결정이 있어야 확정되므로 확정력이 없다.

또, 납세자가 과세표준 신고를 한 후 그 신고가 정당한 담세력을 초과하여 과다 신고한 사실을 발견하고 과세관청에 결정·경정청구를 하더라도 신고납세제도에서나 부과과세제도에서나 납세의무를 감액하는 확정력은 없다.

납세자의 결정·경정청구는 단지 과세관청에게 결정·경정을 청구한 내용에 따라 결정·경정을 촉구하는 기능만 부여하고 있어 과세관청이 그 청구에 대한 결정·경정을 해야 비로소 확정력이 발생한다.

2) 신고납세제도에서의 결정과 부과과세제도에서의 경정

신고납세제도에서 납세자가 신고한 후 과세관청이 결정을 하거나 부과과세제도에서 과세관청이 결정한 후 그 결정을 수정(경정)하는 경우 확정된 납세의무가 변경된다.

납세자의 자진신고나 과세관청의 부과처분에 따라 확정된 납세의무에 오류나 탈루가 있는 경우 그 신고나 과세처분을 취소하지 않고 내용을 수정하여 새로이 하는 과세처분에는 당초에 확정된 과세표준과 세액을 증가시키는 증액 경정처분과 감소시키는 감액 경정처분

---

287) 통상적으로 통용되고 있는 '경정청구제도'에서 '경정청구'라는 용어는 부적절하다. 경정청구제도의 대부분은 정부의 결정에 대한 '경정청구'보다는 납세자가 당초 신고내용을 감액신고하여 정부가 처음으로 '결정'하도록 청구하는 경우가 대부분이므로 '결정청구'라 하는 것이 맞다.

이 있다.

3) 당초처분과 경정처분과의 관계

납세의무를 확정하는 납세자의 신고나 정부의 부과처분[당초처분(當初處分, 선행처분[288])]을 다시 수정하는 처분[경정처분(更正處分, 후행처분)]은 서로 어떤 관계가 있을까?

납세의무가 이미 확정된 후 과세관청이 결정·경정처분을 통해 다시 납세의무를 변경하여 확정한 경우 그 둘 사이의 법률관계가 어떻게 되는 지에 대한 인식은 조세불복이나 소송의 대상, 징수권의 소멸시효, 체납처분 등에 많은 영향을 준다.

양자 간의 관계를 설명하는 이론으로 '흡수설', '역흡수설'과 '병존설'이 있으며 이외에도 '흡수병존설', '역흡수병존설'[289] 등이 있다.

당초처분과 경정처분 중 어느 것이 불복청구의 대상이 되는 지에 관하여 세법과 판례는 각자 다른 입장을 취하고 있다.

세법은 당초 확정된 세액을 증가시키는 경정(증액경정)은 당초 확정된 세액에 관한 세법상 권리·의무관계에 영향을 미치지 아니하며, 당초 확정된 세액을 감소시키는 경정(감액경정)은 그 경정으로 감소되는 세액 외의 세액에 관한 세법 상 권리·의무관계에 영향을 미치지 아니한다고 정하고 있다[국기법 §22의2; 지기법 §36].

그러므로 세법은 국세와 지방세 모두 감액경정처분의 경우 '역흡수설'의 입장을 취하지만 증액경정처분의 경우 '병존설'의 입장을 취한다고 할 수 있다. 이에 반해 판례에서는 감액경정처분의 경우 '역흡수설'의 입장을 따르면서도 증액경정처분의 경우 '흡수설'을 취하는 것으로 평가된다.

① 흡수설

경정처분의 효력이 과세표준·세액의 '전체'에 미치는 것으로 보는 견해로, 당초처분은 경정처분에 흡수되어 소멸하므로 '소멸설'消滅說이라고도 한다.

이 견해에 따르면 불복청구의 대상은 당초처분이 아닌 경정처분만이 될 수 있으며, 당초처분은 효력을 상실하고 징수권의 소멸시효는 경정처분에서 정한 납부기일을 기산일로 하여 진행되게 된다.

---

288) 납세의무를 확정시킨 과세표준 신고는 '처분'이라 할 수 없으므로 '당초처분'이라는 용어가 적합하지 못하므로 이때 당초처분은 '당초확정' 또는 '당초처분 등'으로, 결정 이후 당초 결정을 수정하는 의미를 가진 경정·재경정 등은 '제2차 결정', '제3차 결정' 등으로 표현하는 것이 보다 정확한 표현이 될 것이다.
289) '흡수병존설'(병존적 흡수설)이란, 당초처분이 경정처분에 흡수되어 소멸하지만 당초처분의 효력이 여전히 유지되고 경정처분의 효력은 그 처분에 의하여 변경된 증감세액에 관한 부분에만 미쳐 소송의 대상이 된다고 보며, '역흡수병존설'(병존적 역흡수)은 당초처분과 경정처분은 결합하여 일체로서 병존하지만 소송의 대상은 경정처분으로 수정된 당초처분이라는 견해이다.

이에 따라 납세자는 당초처분에 대해 불복의 기회를 상실하였다 해도 경정처분 후에 새로이 과세처분 전체에 대하여 권리구제가 가능하게 되는 반면, 과세관청은 당초처분을 근거로 한 체납처분 등 징수권의 행사는 효력을 상실하게 된다.

② 역흡수설

경정처분은 당초처분으로 흡수되어 소멸되고 경정된 금액만큼 당초처분의 과세표준과 세액을 증감시키는 효력을 갖는 것으로 보는 견해로, '경정신축설'^{更定伸縮說}이라고도 한다.

만약 불복청구가 진행되던 중 경정처분이 이뤄지면 새로운 청구를 제기하지 않고 그 증감된 금액에 따라 청구취지를 확장하거나 축소할 수 있을 뿐이다. 이 경우 당초처분을 전제로 한 행위는 아무런 영향을 받지 아니하며 징수권의 소멸시효는 당초처분을 기준으로 기산한다.

역흡수설은 주로 감액경정처분에서 인정되는 것으로 국세와 지방세에 관한 세법은 물론 판례에서 감액경정처분을 따르고 있다.

③ 병존설

경정처분의 효력은 그 처분으로 증감된 부분에만 미치고 당초처분과 경정처분은 서로 독립하여 별개로 존재한다고 보는 것으로, '분리설'^{分離說}이라고도 한다.

이에 따르면 당초처분을 전제로 한 행위는 경정처분이 있더라도 어떤 영향도 받지 아니하므로 과세관청은 당초처분에 따라 납부, 독촉, 압류 등 체납처분절차를 속행할 수 있으며 조세 징수권의 소멸시효도 기산일을 달리하여 각각 진행된다.

과세관청의 처분에 대하여 납세자가 불복청구를 하는 경우에는 당초처분과 경정처분이 각각 별개의 청구대상이 된다. 만약 당초처분에 대한 청구기간이 지난 후에 경정처분이 된 경우에는 납세자는 오로지 경정처분으로 증감된 부분에 대하여만 다툴 수 있게 된다.

이처럼 '병존설'은 당초처분과 경정처분이 같은 조세채무를 확정하기 위한 절차임에도 이를 각각 별개로 취급되어 각각의 처분으로 보아 판단한다는 문제점이 있다.

국세·지방세 증액경정을 하는 경우 세법은 '병존설'을 따르고 있다.

| 당초처분과 경정처분과의 관계 |

구분	흡수설	역흡수설	병존설
두 처분간의 관계	당초처분이 경정처분에 흡수	경정처분이 당초처분에 흡수	당초처분과 경정처분이 각각 병존
불복청구의 대상	경정처분	당초처분	각 해당처분
당초처분을 다투는 중 경정처분을 한 경우	당초처분 소멸·각하 경정처분 다시 쟁송	당초처분에 흡수되어 쟁송대상에 포함	증감액에 따라 청구취지를 변경
당초처분에 따른 체납처분의 효력	무효	유효	유효
단점	감액경정 처분의 법률관계 해석 곤란	증액경정 처분의 법률관계 해석 곤란	당초처분과 경정처분을 각각 별개의 처분으로 취급
적용 입장	판례에서 증액경정처분에 인정	세법과 판례에서 감액경정처분에 인정	세법에서 증액경정처분에 인정

> **참고** **소송에 있어서 당초처분과 경정처분과의 관계**
>
> ■ 증액경정처분 : 흡수설의 입장
> ① 신고납세제도에서도 납세자의 과세표준신고 내용에 오류·탈루가 있어 증액경정처분을 한 경우 신고확정된 과세표준·세액이 증액부분에 포함되어 전체의 과세표준·세액을 다시 결정하게 되므로, 증액경정처분을 하게 되면 신고확정의 효력은 증액경정 처분에 흡수 소멸되는 것으로 본다.
> ② 경정처분은 당초처분을 그대로 둔 채 당초처분에서의 과세표준과 세액을 초과하는 부분만을 추가 확정하려는 처분이 아니고, 재조사에 의하여 판명된 결과에 따라서 당초처분에서의 과세표준과 세액을 포함시켜 전체로서의 과세표준과 세액을 결정하는 것이므로, 증액경정처분이 되면 먼저 된 당초처분은 증액경정 처분에 흡수되어 당연히 소멸한다(대법원 1992.5.26. 선고, 91누9596 판결: 1987.12.22. 선고, 85누599 판결).
> ③ 납세자는 증액경정 처분 만을 쟁송대상으로 삼을 수 있으며, 이 경우 납세자는 당초신고에 의하여 확정된 과세표준·세액도 다시 증액된 부분과 함께 위법성을 다툴 수 있다(대법원 1987.3.10. 선고, 86누911 판결). 이 경우 증액경정처분 후 과세관청이 이를 취소해도 변함이 없다(대법원 1991.7.26. 선고, 90누8244 판결).
>
> > 20××.1.15. 종합소득세 2,000만원을 부과받은 후 20××.7.15. 이에 대하여 500만원을 증액경정하는 처분을 통지받은 경우, 불복청구의 대상은 20××.7.15. 종합소득세 2,500만원의 부과처분이다.

■ **감액경정처분 : 역흡수설의 입장**

① 감액경정 처분은 당초처분 일부에 대한 취소에 불과하여 감액경정처분에 따라 감소된 세액부분에만 법적 효과가 미친다고 본다. 즉 감액경정처분은 당초처분과 별개 독립된 것이 아니고 당초처분의 변경으로 보는 것이다(대법원 1991.9.13. 선고, 91누391 판결).

② 항고소송의 대상은 당초처분 중 경정결정에 의하여 취소되지 않고 남아 있는 부분인 감액된 당초처분이고, 전심절차나 제소기간의 준수 여부도 당초처분을 기준으로 판단하며 당초처분 중 감액부분은 소의 이익이 없게 된다.

> 20××.1.15. 종합소득세 2,000만원을 부과받은 후 20××.7.15. 이에 대하여 500만원을 감액경정하는 처분을 통지받은 경우, 소송의 대상은 '20××.1.15. 종합소득세 1,500만원의 부과처분'이다.

③ 납세의무의 소멸

세법이 정한 과세요건이 충족되어 성립한 납세의무는 세법이 정한 절차로 확정되어 세금이 결정되면 납세자가 납부하거나 과세관청이 부과취소 결정을 하는 등 세법에서 정한 사유로 소멸한다[국기법 §26; 지기법 §37].

납세의무의 소멸 사유로는 조세채권이 실현되어 소멸하는 것으로 '납부'와 '충당'이 있으며, 조세채권이 실현되지 않고 소멸되는 것으로 '부과취소', '조세부과권의 행사기간(부과제척기간) 만료', '조세징수권의 소멸시효 완성' 등을 들 수 있다.

(1) 실현된 조세채권의 소멸

과세관청의 조세채권이 실현되어 납세의무가 소멸되는 사유로는 '납부'와 '충당'이 있다.[290]

1) 납 부

'납부'納付, tax payment는 납세자가 자진하여 신고 납부하거나 과세관청이 발부한 「납세고지서」나 「독촉장」에 의하여 고지세액을 국고 등에 납입하는 것을 말한다. 납부는 납세의무의 소멸사유로 가장 일반적인 것이다.

---

290) '납부'는 「민법」에서 채무의 변제辨濟, '충당'은 상계相計, 강제집행强制執行과 각각 대응되는 개념으로 볼 수 있다.

2) 충 당

'충당'充當, appropriation은 납부할 세액을 조세 환급금 등 납세자가 환급받을 금액으로 상계하거나 체납액을 체납처분절차에 따른 공매대금으로 상계하여 납세의무를 소멸시키는 것을 말한다.

(2) 실현되지 않은 조세채권의 소멸

일단 유효하게 성립하고 확정된 납세의무는 조세채권이 실현되어야 소멸되는 것이지만 그렇지 않은 경우에도 납세의무가 소멸되기도 한다. 이는 법률적으로 조세 법률관계를 조속히 안정시켜 납세자의 법적 안정성과 예측가능성을 확보하기 위한 것이다.

정부는 조세의 '부과권'과 '징수권'을 가지며, 대부분의 조세는 부과권과 징수권에 따라 존재한다. '부과권'은 이미 성립한 조세채권의 구체적인 내용을 확인하는 형성권의 하나이며, '징수권'은 부과권에 따라 확정된 세액의 이행을 청구하는 청구권적 성질을 가진다.

여기서 조세채권이 실현되지 않고 납세의무가 소멸되는 경우란 정부가 부과권이나 징수권으로 인한 권리나 이익을 포기하는 것으로 부과취소, 부과권 행사기간의 만료, 징수권 소멸시효의 완성 등이 여기에 해당한다.[291]

1) 부과취소

'부과취소'賦課取消, annulment of assessment는 과세권자가 일단 유효하게 성립된 조세를 부과한 후 그 부과처분이 위법하거나 부당한 것으로 확정되는 등 그 성립에 흠결이 발견되어 법률상 효력을 소급하여 상실시키는 처분을 말한다.[292]

부과취소는 납세자의 청구 없이 과세관청이 스스로 행하는 '직권취소'와, 납세자의 불복청구에 따라 재결청이 부과처분을 취소한다고 인용결정을 하는 경우 그 결정의 기속력羈束力에 따라 하는 '인용결정에 따른 부과취소'가 있다.

2) 조세 부과권의 행사기간 만료

과세관청이 세법에서 정한 '조세를 부과할 수 있는 기간'에 조세를 부과하지 아니하고 그

---

291) "결손처분"은 1996년까지 납세의무의 소멸사유에 해당하였지만 이후에는 납세의무 소멸사유에서 제외되었다. 한편, 「조세특례제한법」[§99의5]은 영세사업자를 지원하기 위해 일정규모 이하로 폐업한 사업자가 2010~2013년 중 개업이나 취업한 경우, 2012년 이전에 결손처분한 종합소득세와 부가가치세 500만원을 한도로 한시적으로 납세의무의 소멸사유로 두기도 하였다.

292) 부과취소와 달리 '부과철회'는 납세의무의 소멸사유가 아니다. 부과철회는 「납세고지서」 등을 송달할 수 없는 경우 부과결정을 일단 철회하는 것으로, 이후 납세자의 행방이나 재산을 발견한 때에는 즉시 부과·징수의 절차를 밟아야 하기 때문이다.

기간이 끝난 때는 조세를 부과할 수 없다. 조세를 유효하게 부과할 수 있는 기간을 '조세 부과권의 행사기간'(＝부과의 제척기간)이라 하는데, 이 기간이 끝나면 아무리 과세대상이 되는 과세물건을 새로이 발견해도 더 이상 부과결정을 할 수 없게 된다.

3) 조세 징수권의 소멸시효 완성

과세관청은 부과결정을 한 후 징수권을 행사하여 부과한 조세를 징수할 수 있는 일정한 기간에 징수하여야 하지만 그렇지 못한 경우 그 기간이 지나면 더 이상 징수할 수 없게 된다.

이와 같이 부과한 조세를 징수할 수 있는 기간이 지나서 징수권의 소멸시효가 완성되면 아무리 징수할 재산이 새로이 발견되어도 더 이상 조세를 징수할 수 없다.

❹ 조세 부과권의 행사기간

납세의무가 성립하면 과세권자는 세법에서 정한 '부과권'을 행사할 수 있지만, 언제든지 조세에 관한 결정할 수 있는 것은 아니다.

정부에 부여된 부과권은 세법에서 행사할 수 있도록 정한 기간에만 가능하며 그 기간이 지난 후에는 부과권을 행사해도 효력이 없다.

과세권자가 조세에 관하여 경정결정, 재경정결정이나 부과취소 등 행정처분을 유효하게 할 수 있는 기간을 '조세 부과권의 행사기간'租稅 賦課權 行使期間, limitation to levy tax＝조세 부과권의 제척기간[293]이라 한다. 이때 '부과권'은 조세를 부과하는 조세부과(증액경정)에 관한 권한은 물론 환급(감액경정) 등을 할 수 있는 '경정권'까지 포괄하는 것을 의미한다.

이처럼 조세 부과권의 행사기간을 따로 정해 두는 것은 조세에 관한 법률관계를 조속히 매듭지어 납세자에게 법적 안정성을 확보하게 하기 위한 것이다.

(1) 조세 부과권의 행사기간

1) 원칙적인 부과권의 행사기간

① 일반적인 조세 : 부과권의 행사기간은 조세를 부과할 수 있는 날부터 5년간이다. 하지만 '역외거래'[294]와 관련된 조세는 부과할 수 있는 날부터 7년으로 한다.

---

293) "제척기간"[독]Ausschlussfrist은 일방적 의사표시에 의하여 법률효과가 발생하는 권리에 법률이 부여한 존속 기간을 말한다. 세법[국기법 §26의2 제목: 지기법 §38 제목]에서는 '부과의 제척기간'이라고 표현하고 있으나 과세관청의 조세권능인 과세권이 부과권과 징수권으로 구성되고 소멸시효를 갖는 징수권과 견주어 볼 때 부과권의 경우 '제척기간'보다 '행사기간'이라 표현하는 것이 적절하다.

294) "역외거래"는 「국제조세조정에 관한 법률」[§2①(1)]에 따른 국제거래나 거래 당사자 양쪽이 거주자(내국

② **상속세 · 증여세** : 상속세와 증여세는 과세물건을 포착해 과세하는 것이 비교적 어렵고 부과과세제도인 점을 고려해 그 부과권의 행사기간은 부과할 수 있는 날부터 10년간으로 한다. 만약 납세자가 부정행위로 상속세 · 증여세 등 조세를 포탈하거나 환급 · 공제받은 경우, 법정신고기한까지 상속세 · 증여세 「과세표준신고서」를 제출하지 않은 경우, 상속세 · 증여세 「과세표준신고서」를 제출하였지만 거짓신고 · 누락신고한 경우(그 거짓신고나 누락신고한 부분만 해당한다)에는 부과할 수 있는 날부터 15년간으로 한다.

③ **부담부 증여에 의한 소득세** : 부담부 증여負擔附 贈與에 따라 증여세와 함께 「소득세법」[§88①]에 따른 양도소득세가 과세되는 경우 그 양도소득세는 일반적인 소득세 부과권의 행사기간이 아닌 증여세에 대한 부과권의 행사기간을 적용한다.

즉 부담부 증여에 따라 과세되는 소득세는 통상 부과할 수 있는 날부터 10년간, 부담부 증여분 「양도소득세 과세표준 신고서」를 제출하지 않거나 부정행위로 인한 경우에는 15년간 부과할 수 있다.

2) 무신고 · 부정행위에 대한 부과권의 행사기간 특례

① **무신고시 부과권의 행사기간** : 납세자가 법정신고기한까지 과세표준 신고서를 제출하지 않은 경우 해당조세를 부과할 수 있는 날부터 7년간('역외거래' 관련 조세는 10년, 상속세 · 증여세는 15년)

② **부정행위 포탈신고시 부과권의 행사기간** : 납세자가 사기나 그 밖의 부정한 행위(=부정행위)로 국세를 포탈逋脫하거나 환급 · 공제를 받은 경우 그 조세를 부과할 수 있는 날부터 10년('역외거래'에서 발생한 부정행위로 조세를 포탈하거나 환급 · 공제받은 경우에는 15년). 이 경우 부정행위로 포탈하거나 환급 · 공제받은 국세가 법인세이면 이와 관련하여 소득처분된 금액에 대한 소득세나 법인세를 포함한다.

③ **부정행위로 가산세 부과대상시 부과권의 행사기간** : 납세자가 부정행위를 통해 세금계산서 · 계산서 허위 발급 등으로 소득세, 법인세, 부가가치세 가산세 부과대상이 되는 경우에는 해당 가산세를 부과할 수 있는 날부터 10년

법인과 외국법인의 국내사업장을 포함한다)인 거래로서, 국외에 있는 자산의 매매 · 임대차, 국외에서 제공하는 용역과 관련된 거래를 말한다[국기법 §26의2①].

| 부정행위로 인한 가산세 부과권의 행사기간 특례 적용대상 |

가산세 구분	미발급	재화·용역공급 하지않고 발급	재화·용역 공급 후 실공급자 아닌자명의발급	재화·용역공급 받고 실공급자 아닌자명의발급	재화·용역공급 받지않고 발급
계산서	○	○	○	○	
세금계산서·신용 카드매출전표 등	○ (과세기간 내)	○	○	○	
사업자가 아닌 자의 발급		○			○

④ 부정행위로 상속세·증여세 고액 포탈시 부과권의 행사기간 : 납세자가 부정행위로 상속세·증여세를 포탈하는 경우로서 다음 중 어느 하나에 해당하는 경우에는 해당 재산의 상속·증여가 있음을 안 날부터 1년 이내에 상속세·증여세를 부과할 수 있다. 이 경우에는 상속인이나 증여자·수증자受贈者가 사망한 경우와 포탈세액 산출의 기준이 되는 재산가액이 50억원을 초과한 경우만 적용한다[국기법 §26의2⑤].

(i) 제3자의 명의로 되어 있는 피상속인나 증여자의 재산을 상속인이나 수증자가 취득한 경우

(ii) 계약에 따라 피상속인이 취득할 재산이 계약이행기간에 상속이 개시됨으로써 등기·등록이나 명의개서가 이루어지지 아니하고 상속인이 취득한 경우

(iii) 국외에 있는 상속재산이나 증여재산을 상속인이나 수증자가 취득한 경우

(iv) 등기·등록이나 명의개서가 필요하지 아니한 유가증권, 서화書畵, 골동품 등 상속재산·증여재산을 상속인이나 수증자가 취득한 경우

(v) 수증자의 명의로 되어 있는 증여자의 「금융실명거래 및 비밀보장에 관한 법률」[§2⑵]에 따른 금융자산을 수증자가 보유하거나 사용·수익한 경우

(vi) 「상속세 및 증여세법」[§3⑵]에 따른 비거주자인 피상속인의 국내재산을 상속인이 취득한 경우

(vii) 「상속세 및 증여세법」[§45의2]에 따른 명의신탁재산의 증여의제에 해당하는 경우(해당 명의신탁과 관련한 국세도 포탈규모 50억원 기준을 적용할 때 포함한다)

이처럼 상속세·증여세의 조세포탈 행위에 대하여는 조세 부과권의 행사를 언제든지 할 수 있도록 한 것은 상속세·증여세를 조세포탈하게 되면 과세관청이 탈루사실의 발견이 매우 어려운 반면 일반적으로 포탈세액의 규모는 크다는 점을 고려한 것이다.

하지만 아무리 필요성이 인정된다고 해도 납세자에게 이익이 되는 경우가 아님에도 지나

치게 부과권의 행사기간을 늘려 사실상 기간의 제한을 두지 않게 하는 것은 조세 부과권의 행사기간을 둔 취지를 형해화하여 국민생활의 안정성이 크게 침해될 수 있으므로 개선이 필요하다.

3) 이월결손금에 대한 부과권의 행사기간 특례

원칙적인 부과권의 행사기간(5년, 7년)이나 무신고한 경우 부과권의 행사기간(7년, 10년)이 끝난 날이 속하는 과세기간 이후의 과세기간에 「소득세법」, 「법인세법」에 따라 이월결손금을 발생한 과세기간 이후 10년간 공제하는 경우 결손금이 발생한 과세기간의 소득세·법인세의 부과제척기간은 이월결손금을 공제한 과세기간의 법정신고기한부터 1년으로 한다.

이는 납세자가 이월결손금을 공제받는 경우 결손금이 발생한 과세기간의 과세표준을 결정·경정할 수 있도록 하기 위한 것이다.

| 조세 부과권의 행사기간 |

부과권의 행사대상		상속세·증여세 (부담부 증여시 소득세)[주4]	그 밖의 국세	모든 지방세
① 부과권의 원칙적인 행사기간		10년	5년 (역외거래 7년)	5년
② 법정신고기한까지 과세표준신고서를 제출하지 않은 경우(무신고)		15년	7년 (역외거래 10년)	7년
③ 법정신고기한까지 과세표준신고서를 제출하였으나 거짓신고·누락신고한 경우[주1]		15년	5년	5년
부정행위 관련	④ '부정행위'로 조세를 포탈하거나 환급·공제받은 경우 (소득처분 분 포함)[주2]	15년 (상속·증여세를 50억원 초과 포탈시 안 날부터 1년)	10년간	10년
	⑤ 세금계산서·계산서·신용카드매출전표관련 부정행위 가산세	–	10년 (소득세·법인세·부가세)	–
	⑥ 역외거래에서 발행한 부정행위(소득처분 분 포함)	–	15년	15년
⑦ ①, ②의 부과권 행사기간이 끝난 날이 속하는 과세기간 이후의 과세기간에 이월결손금 공제를 하는 경우, 결손금 발생한 과세기간에 대한 부과권[주3]		–	이월결손금공제 과세기간의 법정신고기한으로부터 1년간 (소득세·법인세)	–

주1) 상속세·증여세의 '거짓신고·누락신고'(해당 부분만 15년을 적용)[국기령 §12의2]
　　① 상속·증여재산가액에서 가공架空의 채무를 빼고 신고한 경우
　　② 권리의 이전이나 그 행사에 등기, 등록, 명의개서 등을 필요한 재산을 상속인·수증자의 명의로 등기
　　　등을 하지 않은 경우로서 그 재산을 상속·증여재산의 신고에서 누락한 경우
　　③ 예금, 주식, 채권, 보험금, 그 밖의 금융자산을 상속·증여재산의 신고에서 누락한 경우
주2) 소득처분 분 : 부정행위로 포탈하거나 환급·공제받은 국세가 법인세인 경우 「법인세법」[§67]에 따라 처
　　분된 금액에 대한 소득세나 법인세는 10년간(역외거래에서 발생한 부정행위로 법인세를 포탈하거나 환
　　급·공제받아 처분된 금액에 대한 소득세나 법인세의 경우 15년간)
주3) 이월결손금 공제기간이 5년에서 10년으로 확대되면서 신설된 것으로, 2009.1.1. 이후 최초로 개시하는 과
　　세기간에 발생하는 결손금부터 적용한다.
주4) 부담부 증여에 따라 증여세와 함께 「소득세법」[§88①후단]에 따른 소득세가 과세되는 경우 그 소득세는
　　증여세에 대하여 정한 기간

(2) 조세 부과권의 행사기간 연장

　　조세를 부과할 수 있는 기간을 정해 놓은 것은 납세자의 재산권에 영향을 주는 부과권이
지나치게 오랫동안 행사되는 것을 방지하여 과세관청에게는 권리 위에 잠자지 않도록 하는
한편 국민에게는 생활의 안정을 도모하도록 한 것이다.

　　하지만 납세자가 불복청구나 결정·경정청구 등을 통해 정부가 결정·경정을 하여야 함
에도 부과권의 행사기간이 끝나 결정·경정을 할 수 없다면 납세자에게 오히려 불이익이
돌아오게 된다.

　　이 때문에 조세 부과권의 행사기간이 지났다고 해도 조세불복이나 상호합의에 따른 결정
이 있거나 결정·경정청구가 있는 경우에는 과세관청에게 결정이나 경정할 수 있도록 하였
다[국기법 §26의2②; 지기법 §38②].

1) 결정·판결에 따른 결정·경정

① 조세불복의 결정·행정소송의 판결이 있는 경우

　　과세관청은 「국세기본법」·「지방세기본법」에 따른 이의신청, 심사청구, 심판청구, 「감사
원법」에 따른 심사청구에 따른 결정, 그리고 「행정소송법」에 따른 소송에 대한 판결이 있는
경우에는 그 결정·판결이 확정된 날부터 1년이 지나기 전까지 그에 따라 결정·경정이나
그 밖에 필요한 처분을 할 수 있다.

　　또한 그 결정·판결이 확정됨에 따라 그 결정·판결의 대상이 된 과세표준·세액과 연동
된 다른 과세기간의 과세표준·세액을 조정할 필요가 있는 경우에도 그 결정이나 판결이
확정된 날부터 1년간은 조세 부과권을 행사할 수 있다.

　　이 때 결정·판결에서 명의대여名義貸與의 사실이 확인된 경우에는 그 결정·판결이 확정
된 날부터 1년 이내에 명의대여자에 대한 부과처분을 취소하고 실제로 사업을 경영한 사람

에게 결정·경정이나 그 밖에 필요한 처분을 할 수 있다[국기법 §26의2③; 지기법 §38③].

또한 불복청구 결정이나 소송에 의한 판결에서 「소득세법」·「법인세법」에 따른 국내원천소득의 실질귀속자가 확인된 경우에는 그 결정이나 판결이 확정된 날부터 1년 이내에 당초의 부과처분을 취소하고 국내원천소득의 실질귀속자나 원천징수의무자에게 결정·경정이나 그 밖에 필요한 처분을 할 수 있다.

이는 조세에 관한 불복절차가 장기화되어 조세 부과권의 행사기간이 지난 후 결정이나 판결이 이뤄지는 경우 이에 따른 결정이나 경정을 할 수 없다면 조세불복이나 소송에 따른 결정이나 판결이 무의미해지게 되므로 그 실효성을 확보하도록 한 것이다.

② '판결'에 의해 과세표준·세액이 달라진 경우

최초의 신고, 결정·경정에서 과세표준·세액의 계산 근거가 된 거래나 행위 등이 그 거래·행위 등과 관련된 소송에 대한 판결(판결과 같은 효력을 가지는 화해나 그 밖의 행위를 포함한다)에 의하여 다른 것으로 확정된 경우 과세관청은 판결이 확정된 날부터 1년간 결정·경정이나 그 밖에 필요한 처분을 할 수 있다

2) 국제거래와 관련한 결정·경정

① '상호합의' 절차가 종결된 경우

조세조약에 부합하지 않는 과세의 원인이 되는 조치가 있는 경우 그 조치가 있음을 안 날부터 3년 이내(조세조약에서 따로 규정이 있는 경우에는 그 규정에 따른다)에 그 조세조약에 따른 '상호합의' 절차相互合意 節次, Mutual Agreement Procedure(MAP)가 진행되어 상호합의가 이루어진 경우에 과세관청은 상호합의 절차가 종결된 날부터 1년이 지나기 전까지 해당 상호합의에 따라 결정이나 경정 등 필요한 처분을 할 수 있다[국기법 §26의2⑥(2)].

이는 외국법인에 대한 과세에 있어 권한 있는 당국 간의 상호합의가 장기화되어 부과권의 행사기간이 끝난 후에야 종결된 경우라도 상호합의에 따라 과세소득을 조정할 수 있도록 하기 위한 것이다.

한편 조세 부과권의 행사기간에 관하여 조세의 이중과세를 방지하기 위하여 체결한 조세조약에 따라 상호합의 절차가 진행 중인 경우에는 「국제조세조정에 관한 법률」[§25]에서 정한 바에 따라 우선 적용한다.

② '조정권고'가 있는 경우

「국제조세조정에 관한 법률」[§10의3]에 따른 '조정권고'가 있는 경우 과세관청은 조정권고일부터 2개월간 결정·경정을 할 수 있다. 이 때 조정권고로 인하여 그 결정·경정청구나

조정권고의 대상이 된 과세표준·세액과 연동된 다른 과세기간의 과세표준·세액의 조정이 필요한 경우에 조정권고일부터 2개월간 결정·경정이나 그 밖에 필요한 처분을 할 수 있다[국기법 §26의2⑥(3)(4)].

③ '조세정보'에 의한 조세 부과권 행사

역외거래와 관련한 조세 부과권의 행사기간이 지나기 전에 「국세조세조정에 관한 법률」 [§31①]에 따라 조세의 부과와 징수에 필요한 '조세정보'를 외국의 권한 있는 당국에 요청한 후 요청일부터 2년이 지나기 전까지 조세정보를 받은 경우 과세관청은 조세정보를 받은 날부터 1년간 결정·경정이나 그 밖에 필요한 처분을 할 수 있다[국기법 §26의2⑥(6)].

3) 결정·경정청구에 의한 결정·경정

조세 부과권의 행사기간이 지났다고 해도 납세자가 「국세기본법」, 「지방세기본법」에 따른 '후발적 결정·경정청구' 사유[국기법 §45의2②: 지기법 §51②]로 '결정·경정청구'를 하거나 「국제조세조정에 관한 법률」[§10의2①, §20②]에 따라 '결정·경정청구'295) 한 경우 과세관청은 그 청구한 날부터 2개월이 지나기 전까지 결정·경정을 할 수 있다[국기법 §26의2⑥ (1)(1)의2(3)(4)].

참고　　국세 부과권의 행사기간이 연장되는 결정·경정청구

■ **국기법[§45의2] 후발적 경정청구**
② 과세표준신고서를 법정신고기한까지 제출한 자 또는 국세의 과세표준 및 세액의 결정을 받은 자는 다음 각 호의 어느 하나에 해당하는 사유가 발생하였을 때에는 제1항에서 규정하는 기간에도 불구하고 그 사유가 발생한 것을 안 날부터 3개월 이내에 결정 또는 경정을 청구할 수 있다.
　1. 최초의 신고·결정 또는 경정에서 과세표준 및 세액의 계산 근거가 된 거래 또는 행위 등이 그에 관한 소송에 대한 판결(판결과 같은 효력을 가지는 화해나 그 밖의 행위를 포함한다)에 의하여 다른 것으로 확정되었을 때
　2. 소득이나 그 밖의 과세물건의 귀속을 제3자에게로 변경시키는 결정 또는 경정이 있을 때
　3. 조세조약에 따른 상호합의가 최초의 신고·결정 또는 경정의 내용과 다르게 이루어졌을 때
　4. 결정 또는 경정으로 인하여 그 결정 또는 경정의 대상이 되는 과세기간 외의 과세기간에 대하여 최초에 신고한 국세의 과세표준 및 세액이 세법에 따라 신고하여야 할 과세

---

295) 국외 특수관계인으로부터 물품을 수입하는 거래와 관련하여 납세의무자가 신고한 국세의 정상가격과 세관장의 경정처분한 관세의 과세가격 간의 차이를 조정하기 위한 경정청구[§10의2], 특정외국법인이 내국인에게 실제로 배당을 지급하는 때에 외국납부세액으로 보아 소득금액을 계산하는 것으로 경정청구할 수 있다[§19④].

표준 및 세액을 초과할 때

5. 제1호부터 제4호까지와 유사한 사유로서 대통령령으로 정하는 사유가 해당 국세의 법정신고기한이 지난 후에 발생하였을 때

■ **국기령 [§25의2] 후발적 사유**

법 제45조의2 제2항 제5호에서 "대통령령으로 정하는 사유"란 다음 각 호의 어느 하나에 해당하는 경우를 말한다.

1. 최초의 신고·결정 또는 경정을 할 때 과세표준 및 세액의 계산 근거가 된 거래 또는 행위 등의 효력과 관계되는 관청의 허가나 그 밖의 처분이 취소된 경우

2. 최초의 신고·결정 또는 경정을 할 때 과세표준 및 세액의 계산 근거가 된 거래 또는 행위 등의 효력과 관계되는 계약이 해제권의 행사에 의하여 해제되거나 해당 계약의 성립 후 발생한 부득이한 사유로 해제되거나 취소된 경우

3. 최초의 신고·결정 또는 경정을 할 때 장부 및 증거서류의 압수, 그 밖의 부득이한 사유로 과세표준 및 세액을 계산할 수 없었으나 그 후 해당 사유가 소멸한 경우

4. 제1호부터 제3호까지의 규정과 유사한 사유에 해당하는 경우

■ **국조법 [§10의2] 국세의 정상가격과 관세의 과세가격간 조정을 위한 경정청구**

① 국외특수관계인으로부터 물품을 수입하는 거래와 관련하여 납세의무자가 과세당국에 법인세 또는 소득세의 과세표준신고서를 제출한 후「관세법」제38조의3 제4항에 따른 세관장의 경정처분으로 인하여 관세의 과세가격과 신고한 법인세 또는 소득세의 과세표준 및 세액의 산정기준이 된 거래가격 간에 차이가 발생한 경우에는 그 경정처분이 있음을 안 날(처분의 통지를 받은 때에는 그 받은 날)부터 3개월 내에 대통령령으로 정하는 바에 따라 과세당국에 법인세 또는 소득세의 과세표준 및 세액의 경정을 청구할 수 있다.

■ **국조법 [§20②] 외국납부세액의 공제 및 경정청구**

① 특정외국법인이 내국인에게 실제로 배당을 지급할 때에 외국에 납부한 세액이 있는 경우 제19조에 따라 익금등에 산입한 과세연도의 배당간주금액은 국외원천소득으로 보고, 실제 배당 시 외국에 납부한 세액은 제19조에 따라 익금등에 산입한 과세연도에 외국에 납부한 세액으로 보아「법인세법」제57조 제1항·제2항 또는 「소득세법」제57조 제1항·제2항을 적용한다.

② 제1항을 적용받으려는 자는 실제로 배당을 받은 과세연도의 법인세 또는 소득세 신고기한으로부터 1년 이내에 대통령령으로 정하는 바에 따라 납세지 관할 세무서장에게 경정을 청구할 수 있다.

(3) 조세 부과권의 기산일

1) 행사기간의 기산일

조세 부과권의 행사기간(부과의 제척기간)을 계산할 때 '국세나 지방세 등 조세를 부과할 수 있는 날'을 기준이 되는 첫날로 한다.

조세 부과권의 행사기간의 기산일이 되는 '국세나 지방세 등 조세를 부과할 수 있는 날'은 과세표준과 세액의 신고의무가 있는 지에 따라 다음과 같이 구분된다[국기령 §12의3].

① 과세표준과 세액을 신고하는 조세 : 과세표준 신고기한의 다음날. 이 경우 중간예납·예정신고기한과 수정신고기한은 신고기한에 포함되지 않는다.
② 종합부동산세·인지세, 신고의무가 없는 지방세 : 납세의무가 성립한 날
③ 원천징수의무자에게 부과되는 국세, 특별징수의무자에게 부과되는 지방세, 납세조합에 부과하는 국세와 지방세 : 법정납부기한의 다음날
④ 과세표준 신고기한이나 법정납부기한이 연장되는 경우 : 연장된 기한의 다음날
⑤ 공제, 면제, 비과세나 낮은 세율의 적용 등에 따른 세액을 의무불이행 등으로 징수하는 경우 : 해당 공제세액 등을 징수할 수 있는 사유가 발생한 날

한편 제2차 납세의무자에 대한 조세 부과권 행사기간의 기산일은 세법에 따로 규정을 두고 있지 않지만, 제2차 납세의무가 성립한 날이라고 할 수 있는 시기인 본래의 납세자에 대한 결정·경정에 따른 「납세고지서」상 납부기한이 지난 때가 될 것이다.[296]

2) 행사기간의 중단과 정지

조세 부과권의 행사기간은 권리의 행사로 인해 중단되지 않으며 설사 권리를 행사할 수 없는 상태에 있다 해도 정지되지 않는다.

(4) 조세 부과권 행사기간 만료의 효과

과세관청이 조세를 부과하지 못하고 조세 부과권의 행사기간이 끝나면 부과권은 장래를 향해 소멸되어 과세권자는 더 이상 결정·경정이나 부과취소를 할 수 없다.[297]

조세 부과권의 행사기간에 부과되지 않은 조세는 설사 납세의무가 성립하였다고 해도 확정되지 않은 채 소멸된다. 그러므로 따로 결손처분을 할 필요는 없다.

---

296) 제2차 납세의무자에 대한 납부통지는 주된 납세의무자에 대한 부과처분과는 독립된 부과처분의 성격을 가지며 제2차 납세의무가 성립하기 위해서는 주된 납세의무자의 체납 등 요건에 해당되는 사실이 발생하여야 하므로 그 성립시기는 적어도 '주된 납세의무의 납부기한'이 경과한 이후여서 제2차 납세의무도 주된 납세의무와는 별도로 부과권의 행사기간이 진행되며 그 기간은 특별한 사정이 없는 한 제2차 납세의무가 성립한 날로부터 5년간으로 본다(대법원 2008.10.23. 선고, 2006누11750 판결 참조).
297) 부과권의 행사기간은 달력(역)에 따라 계산되므로 그 기간의 말일이 지나면 끝난다. 만약 한 해의 중도에서 시작되는 경우 마지막 해의 시작한 날의 전 날이 지나면 끝나게 된다.

⑤ 조세 징수권의 소멸시효

조세 징수권은 구체적인 조세채무가 확정된 이후 조세를 징수할 수 있는 청구권請求權으로 일정한 소멸시효를 두고 있다. '조세 징수권의 소멸시효'租稅 徵收權 消滅時效, extinctive prescription on collection of tax란, 확정된 납세의무에 대하여 과세관청이 독촉, 체납처분 등 징수권을 행사할 수 있는 때부터 일정기간 동안 행사하지 않는 경우에 그 권리를 소멸시키는 제도이다.

일반적으로 국가나 지방자치단체 등 과세관청은 국세·지방세에 대한 징수권을 행사할 수 있는 때부터 5년간 행사하지 않으면 시효[298]로 인하여 소멸한다[국기법 §27; 지기법 §39].

하지만 세액이 5억원 이상(가산세를 제외한다)인 국세, 5천만원 이상인 지방세의 경우에는 징수권을 행사할 수 있는 때부터 10년간 행사할 수 있다. 이는 고액의 체납조세에 대하여는 그 징수권 행사시기를 보다 확장하여 확정된 조세채권을 보다 충실하게 실현할 수 있도록 한 것이다.

조세 징수권의 소멸시효에 관해서는 세법에 특별한 규정이 있는 것을 제외하고는 「민법」의 규정을 따른다.

(1) 조세 징수권의 소멸시효 기산일

과세관청이 갖는 조세 징수권의 소멸시효는 국세·지방세 등 조세의 징수를 목적으로 하는 권리를 '행사할 수 있는 때'부터 진행된다.

조세 징수권을 '행사할 수 있는 때'란, 납세의무의 확정시기에 따라 다음과 같이 달라진다[국기법 §27③; 지기법 §39, 지기령 §20].

1) 신고로 납세의무가 확정되는 조세로서 신고한 세액

국세의 경우 법정 신고·납부기한의 다음날로 한다. 이는 신고납세제도인 국세 중 신고 후 자진납부하지 않은 세액에만 제한적으로 적용된다. 지방세의 경우 납세고지에 의한 납부기한의 다음날로 한다고 규정하여 신고 후 자진납부하지 아니한 경우 조세 징수권의 소멸시효는 따로 정하고 있지 아니하다.

---

298) '시효'時效 제도란, 어떤 사실상태가 오랫동안 계속된 경우 그 상태가 진실한 권리관계에 합치되지 않더라도 그 사실 상태대로 권리관계를 인정하려는 것이다. 권리를 행사하고 있는 사실상태가 일정한 기간 계속한 경우에 권리의 취득을 인정하는 것이 취득시효取得時效이고 권리불행사權利不行使의 상태가 일정한 기간 계속된 경우에 권리의 소멸을 인정하는 것이 소멸시효消滅時效이다.

2) 과세관청이 결정·경정이나 수시부과 결정하는 경우 고지한 세액

납세고지에 의한 납부기한의 다음날로 한다. 이는 부과과세제도에 의하여 과세관청의 결정·경정으로 납세의무가 확정되는 조세는 물론 신고납세제도에 의한 조세도 신고하지 않거나 과소 신고하여 과세관청이 납세고지를 하는 경우까지 포함한다.

3) 그 밖의 기산일

다음의 경우에는 납세의무의 확정시기와 관계없이 국세·지방세 등 조세의 징수를 목적으로 하는 국가·지방자치단체의 권리를 행사할 수 있는 때를 조세 징수권의 소멸시효에 있어 기산일로 한다[국기법 §27④; 지기령 §20].
① 원천징수의무자, 특별징수의무자로부터 징수하는 국세·지방세, 납세조합으로부터 징수하는 국세·지방세 등 조세 : 납세고지에 의한 납부기한의 다음날
② 납세고지한 인지세액 : 납세고지에 따른 납부기한의 다음날
③ 법정 신고납부기한이 연장되는 경우 : 연장된 기한의 다음 날
이처럼 국세와 지방세가 신고로서 확정되는 세목인 경우 징수권의 소멸시효 기산일이 서로 다르다.

즉 법인세·소득세나 부가가치세 등 신고로서 확정되는 국세의 경우 징수권의 소멸시효는 신고기한의 다음날부터 기산되지만, 취득세 등 신고로서 확정되는 지방세의 경우에는 신고로서 확정되는 조세임에도 신고기한이 아니라 '납세고지에 의한 납부기한'의 다음날을 기산일로 삼고 있도록 한 것은 입법미비로 보인다.

(2) 조세 징수권 소멸시효의 중단과 정지

조세 징수권의 소멸시효가 진행되기 위해서는 징수권을 가진 과세관청이 그 권리를 행사할 수 있음에도 행사하지 않는 상태가 계속되어야 한다.

그러므로 과세관청이 시효의 진행 중에 적극적으로 징수권을 행사하였거나 세법에 따라 징수권을 행사할 수 없는 경우에는 소멸시효의 진행이 중단되거나 정지된다.

이는 아무리 징수권의 소멸시효 제도가 국민의 법적 안정성을 확보하기 위한 것이라 해도 과세관청이 객관적으로 그 권리를 적극적으로 행사하였거나 제대로 행사할 수 없는 경우에는 그 이익을 보호할 수 있도록 한 것이다.

① 조세 징수권의 소멸시효 중단

조세 징수권의 소멸시효 '중단'이란 이미 경과한 시효기간의 효력이 상실되는 것이다. 조세 징수권의 소멸시효가 진행되는 중에 과세관청이 납세고지,[299] 독촉이나 납부최고納付催

告, 교부청구과 압류300) 등과 같이 징수권을 행사한 경우에는 징수권을 정당하게 행사하였으므로 소멸시효가 중단된다.

중단된 조세 징수권의 소멸시효는 고지·독촉이나 납부최고에 의한 납부기한, 교부청구 중의 기간, 압류해제까지의 기간이 지난 때부터 새로이 진행된다[국기법 §28; 지기법 §40①].301)

예컨대 과세관청이 납세자에 대하여 체납처분을 하던 중 재산을 발견하여 압류하게 되면 그 압류를 해제할 때까지는 징수권의 소멸시효가 중단되는 것이다.

② 조세 징수권의 소멸시효 정지

조세 징수권의 소멸시효가 진행되는 중에 과세관청이 징수권을 행사할 수 없는 일정한 사유가 생긴 경우에는 그 기간 동안 시효를 '정지'하여 그 완성을 유예한다. 이후 그 사유가 종료되면 계속해서 시효가 진행되고 이후 남은 기간이 지나면 시효는 완성된다.

조세 징수권의 소멸시효가 진행 중에 있을 때에 세법에 따른 분납(분할납부)·징수유예·체납처분유예·연부연납年賦延納 승인을 받은 기간과 「국세징수법」[§30]·「지방세기본법」[§97]에 따른 사해행위詐害行爲 취소소송이나 「민법」[§404]에 따른 채권자대위債權者代位 소송이 진행 중인 기간302)에는 소멸시효가 진행되지 않고 정지된다[국기법 §28③; 지기법 §40③].

이처럼 소멸시효의 '정지'는 사실상 징수권을 행사할 수 없는 기간에 대하여 이미 진행한 시효가 효력을 잃지 않고 그 기간이 지난 후 다시 계속 진행되기 때문에 이미 진행한 시효기간이 사라지는 소멸시효의 '중단'과는 구별된다.

(3) 조세 징수권 소멸시효 완성의 효과

조세 징수권의 소멸시효가 완성되면 기산일에 소급하여 징수권이 소멸되며, 이때 국세·지방세 등 본세는 물론 체납에 따라 발생한 체납처분비도 함께 소멸된다.

---

299) '납세고지'가 조세 징수권의 시효중단의 사유가 되려면 시효진행 중에 있어야 하므로 신고납세제도의 세목으로서 법정신고기한까지 세액을 신고한 후 납부하지 않아 납세고지한 경우에 해당해야 한다. 반면에 부과과세제도에서의 납세고지, 신고납세제도에서의 무신고·과소신고로 인한 결정·경정으로 인한 납세고지는 징수권의 소멸시효 중단사유가 될 수 없다.

300) 징수권의 중단사유인 '압류'는 실제로 재산을 압류하지 않고 재산을 압류하기 위해 수색을 하였으나 압류할 재산이 발견되지 않아 압류를 실행하지 못하고 「수색조서」만 작성된 경우도 포함된다(대법원 2001.8.21. 선고, 2000다12419 판결 참조). 한편, 과세관청이 압류 후 적절한 시기에 환가하지 않고 장기간 압류상태로 방치하는 경우에도 징수권의 소멸시효를 중단하는 것은 부당하므로 일정한 기간을 정하여 제한하는 것이 필요하다.

301) 「민법」은 소멸시효의 중단에 따라 이미 지난 시효기간은 기간계산에 포함하지 않으며[§178①], 시효중단의 효력은 당사자와 그 승계인 간에만 미친다[§169]고 하고 있다.

302) 사해행위 취소나 채권자대위 소송을 제기하여 발생한 시효정지는 소송이 각하, 기각, 취하된 경우에는 당연히 효력이 없다.

만약 주된 납세자의 납세의무가 소멸시효가 완성되어 소멸되면 제2차 납세의무자, 납세보증인과 물적 납세의무자에도 그 효력이 미친다.

지방세의 경우 징수권의 소멸시효가 완성되면 체납처분을 중지하거나 체납자의 행방불명 등으로 징수할 수 없다고 인정될 때와 마찬가지로 확정된 납세의무에 대하여 행정적으로 결손처분을 할 수 있다[지징법 §106①(3)].

| 조세 부과권의 행사기간과 조세 징수권의 소멸시효의 비교 [303] |

구분	조세 부과권의 행사기간	조세 징수권의 소멸시효
제도 취지	조세를 부과할 수 있는 기간이 지나면 부과권을 소멸시키는 제도	징수권을 장기간 행사하지 않는 경우 징수권을 소멸시키는 제도
대상 권리	부과권(형성권의 일종)	징수권(청구권의 일종)
기 간	5년~15년 (50억원 초과 상속·증여세 포탈행위, 명의신탁증여세는 세무공무원이 안 날로부터 1년)	5년 (5억원 이상 국세, 5천만원 이상 지방세는 10년)
기산일	부과권을 행사할 수 있는 날 (신고의무에 따라 구분)	징수권을 행사할 수 있는 날 (납세의무의 확정시기에 따라 구분)

중단과 정지	없음	① 징수권 행사하는 때 중단
		   (납세고지, 독촉, 교부청구, 압류)
		② 징수권 행사가 불가능할 때 정지
		   (징수유예기간 등)

기간만료 효과	장래를 향해 부과권 소멸	기산일에 소급하여 징수권 소멸

---

303) 세법상 표현대로 볼 때 '부과의 제척기간'과 '징수권의 소멸시효'를 직접 비교하는 것은 자연스럽지 못하다. 법률적으로 제척기간[독]Ausschlussfrist는 일정한 권리에 관하여 법률이 미리 정하고 있는 그 권리의 존속기간을 의미하는 '기간개념'인데 반해 소멸시효[독]Verjahrung는 권리의 불행사로 인하여 권리가 종료되는 '기한개념'이어서 개념과 성격이 다르기 때문이다. 만약 이를 '기간개념'으로 통일하는 경우 '부과권의 행사기간'과 '징수권의 행사기간'으로 표현되어야 한다. 한편, 사법에서 권리행사 기간의 의미로 사용되는 '제척기간'을 부과권에 사용하는 것은 제외하거나 배제한다는 '제척'의 의미로 볼 때 적절하지 않으므로 세법상 용어에도 불구하고 부과권의 '행사기간'이 적절하다.

제 **2** 절

확장된 납세의무

납세의무는 본래 과세물건의 귀속자인 납세의무자가 지는 것이 당연하다. 하지만 일정한 사유가 있는 경우에는 과세물건의 귀속자인 본래의 납세의무자가 아닌 그 와 특별한 관계에 있는 자에게까지 추가로 그 납부책임을 지도록 하였다.

이는 국가나 지방자치단체의 재정수입을 담당하는 과세권자에게 조세채권을 보다 더 충실하게 확보할 수 있도록 하기 위해 납세의무를 '확장'擴張한 것이다.

이러한 '납세의무의 확장'에는 납세의무의 승계, 연대납세의무, 보충적 납세의무 등이 있다. 납세의무의 확장은 본래의 납세자에 대한 납세담보, 국세·지방세 등 조세우선권 제도 등과 함께 조세채권을 제대로 보전하도록 하기 위한 '납세보전'納稅保全 제도의 하나로 인정되고 있다.

이 밖에 본래의 소득자가 아님에도 소득 지급자에게 원천징수와 신고·납부 의무를 부여하거나, 납세조합에 조합원에 대한 신고·납부 의무를 부여하고 그 대리의무를 소홀히 한 경우 납부 책임을 지우는 것 등도 납세보전제도라고 할 수 있다.

| 본래의 납세의무와 확장된 납세의무 |

확장된 납세의무	본래의 납세의무 상태	납세의무 부담 범위
납세의무의 승계(상속·합병)	소멸 필요	전액
연대납세의무	소멸 불필요	전액
보충적 납세의무 (제2차 납세의무, 물적 납세의무)	소멸 불필요	부족분

① 납세의무의 승계

'납세의무 승계'納稅義務 承繼란 법인의 합병이나 상속 등 일정한 사유로 본래의 납세자로부터 다른 납세자에게로 납세의무가 이전되는 것을 말한다. 법인의 합병과 상속으로 납세의무를 승계 받은 자는 승계하는 자의 모든 세법상 지위까지 승계받게 된다.

여기에는 본래의 납세의무자가 지는 제2차 납세의무, 원천징수의무, 각종 협력의무와 함께 승인받은 납기연장·징수유예, 제공한 납세담보는 물론 불복청구권, 환급청구권 등 세법상 모든 권리가 포함된다.

이 제도는 본래의 납세자가 법률상 소멸하고 권리·의무의 포괄승계가 이뤄지는 경우라면, 본래의 납세자의 채무인 조세에 대한 납부책임도 포괄승계하게 하여 조세채권을 보전하기 위한 것이다.[304]

(1) 조세통칙법에서 납세의무 승계

1) 법인 합병

법인이 합병한 경우에 합병 후 존속하는 법인이나 합병으로 설립된 법인(합병법인)은 합병으로 소멸된 법인(피합병법인)에 부과되거나 그 법인이 납부할 국세·지방세와 체납처분비를 납부할 의무를 진다[국기법 §23; 지기법 §41].[305]

여기서 납세의무가 승계되는 '부과될' 조세는 이미 납세의무가 성립하였지만 아직 확정되지 않은 것을, '납부할' 조세는 이미 납세의무가 확정되었지만 아직 납부되지 아니한 것을 의미한다.

그러므로 납세의무의 확정 여부와 상관없이 합병 후의 존속법인이나 합병으로 인한 신설법인이 그 본점소재지에서 합병등기를 한 때를 기준으로 납세의무가 성립한 조세는 모두 승계된다고 볼 수 있다.

이 때 납세의무의 승계액에 대한 한도에 대하여는 따로 정하고 있지 아니하므로 합병으로 소멸하는 법인(피합병법인)에게 이미 성립한 납세의무라면 합병법인은 모두 승계받게 된다.

한편 납세의무를 승계할 때에 소멸법인이 납기연장이나 징수유예, 체납처분유예를 신청 중에 있거나 승인을 받은 경우, 담보를 제공한 경우 등 소멸한 법인의 세법상 지위와 상태는 존속법인에 그대로 인정된다.

2) 상 속

상속이 개시된 때에 그 상속인[민법 §1000, §1001, §1003, §1004]에 따른 상속인으로, 상증법 §2 ⑸에 의한 수유자受遺者를 포함한다]이나 「민법」[§1053]에 따른 상속재산관리인[306]은 피상속인

---

304) 납세의무의 승계는 강행적强行的인 것으로 당사자의 의사와 관계없이 이뤄지며, 법률상 요건이 충족되면 별도의 처분이나 행위를 필요로 하지 않고 당연히 납세의무가 승계된다. 한편 「국세기본법」과 「지방세기본법」은 납세의무의 승계대상을 '법인의 합병'과 '상속'으로 국한하고 있지만, 권리와 의무를 승계하는 '법인의 분할'도 포함되어야 할 것이다.

305) 「상법」[§235]도 합병 후 존속한 회사나 합병으로 인하여 설립된 회사는 합병으로 인하여 소멸된 회사의 권리의무를 승계한다고 규정하고 있다.

(죽어 상속해주는 사람)에게 부과되거나 그 피상속인이 납부할 국세·지방세(지방자치단체의 징수금), 체납처분비를 상속으로 받은 재산의 한도에서 납부할 의무를 진다[국기법 §24①; 지기법 §42].

이때 상속인이 납세의무를 승계받을 때 한도가 되는 '상속으로 받은 재산'이란, 상속으로 받은 자산총액에서 부채총액과 그 상속으로 부과되거나 납부할 상속세를 공제한 가액을 말하며, 이때 '자산총액'과 '부채총액'은 「상속세 및 증여세법」[§60~§66]을 준용하여 평가한다.

만약 상속으로 인한 납세의무 승계를 피하면서 재산을 상속받기 위하여, 피상속인이 상속인을 수익자로 하는 보험계약을 체결하고 상속인은 「민법」[§1019①]에 따라 상속을 포기한 것으로 인정되는 경우로서 상속포기자가 피상속인의 사망으로 인하여 상증법[§8]에 따른 보험금을 받는 때에는 상속포기자를 상속인으로 보고 보험금을 상속받은 재산으로 보아 납세의무를 승계시킨다.

2명 이상의 상속인이 피상속인의 국세와 지방세를 승계받는 경우 각 상속인은 「민법」에 따른 상속 분에 따라 나누어 계산한 국세·지방세, 체납처분비를 상속으로 받은 재산의 한도에서 연대連帶하여 납부할 의무를 진다.

한편 피상속인의 납세의무를 승계시키기 위하여 각 상속인은 상속인 중에서 피상속인의 국세·지방세, 체납처분비를 납부할 대표자를 정하여 상속개시 후 30일까지 관할 과세관청에 신고하도록 하고 있으며, 과세관청은 신고가 없는 경우에 상속인 중에서 1명을 대표자로 지정하여 문서로 통지한다.

만약 상속인이 있는지 분명하지 않은 때[307] 과세관청은 상속인에게 하여야 할 납세의 고지, 독촉, 그 밖에 필요한 사항에 대한 통지를 상속재산관리인에게 해야 한다. 만약 상속인이 있는지 분명하지 않고 상속재산관리인도 없는 때에는 상속개시지를 관할하는 법원에 상속재산관리인을 선임해달라고 청구할 수 있다.

상속으로 인한 납세의무를 승계하는 경우 피상속인에 대하여 한 처분이나 절차는 상속인이나 상속재산관리인에 대하여도 이미 유효하게 한 것으로 본다.

---

306) 상속재산관리인은 상속인이 있는 지가 분명하지 아니한 때 피상속인의 친족이나 그 밖의 이해관계인이나 검사의 청구에 의하여 법원이 선임하고 그 사실을 공고한다[민법 §1053].
307) "상속인이 있는지 분명하지 않은 때"란 재산상속인이나 포괄적 수유자가 한 사람도 나타나지 않으나 어딘가에 상속인이 있을지도 모르는 '상속인의 부존재'를 가리킨다. 이는 상속인이 있는 것이 명백하지만 그 소재가 불분명한 경우나 상속이 개시된 후 상속권에 쟁송이 있는 경우와는 다른 것이다.

| 납세의무의 승계 |

구분	주된 납세자	승계 납세의무자	대상조세	납부책임의 한도
법인합병	피합병법인	합병법인	성립·확정분	전액
상 속	피상속인	상속인이나 수유자	성립·확정분	상속으로 받은 재산 한도

(2) 다른 세법에서의 납세의무 승계

1) 소득세법

법인이 합병한 경우에 합병 후 존속하는 법인이나 합병으로 설립된 법인은 합병으로 소멸된 법인이 원천징수를 하여야 할 소득세를 납부하지 아니하면 그 소득세를 납부할 책임을 진다[소법 §157②].

또한 피상속인의 소득금액에 대하여 과세하는 경우에는 그 상속인이 납세의무를 진다[소법 §2의2②].

이에 따라 통상 피상속인의 소득금액에 대한 소득세로서 상속인에게 과세할 것과 상속인의 소득금액에 대한 소득세는 구분하여 계산해야 한다. 하지만 연금계좌의 가입자가 사망하였으나 그 배우자가 연금 외 수령 없이 해당 연금계좌를 상속으로 승계하는 경우에는 해당 연금계좌에 있는 피상속인의 소득금액은 피상속인이 아닌 상속인의 소득금액으로 보아 소득세를 계산한다[소법 §44].

2) 법인세법

법인이 합병이나 분할로 인하여 소멸한 경우 합병 후 존속하는 법인이나 합병으로 설립된 법인은 합병으로 소멸된 법인이 이자소득 등 원천징수해야 할 법인세를 징수하지 아니하였거나 징수한 법인세를 납부하지 아니한 경우 납부할 책임을 진다[법령 §116②].

② 연대 납세의무

'연대 납세의무'連帶 納稅義務, joint and several obligation for tax liability란 여러 사람이 동일한 납세의무에 관하여 각각 독립하여 전액 부담하고, 그 가운데 한 사람이 전액을 납부하면 모든 사람의 납부의무가 소멸하는 납세의무를 말한다. 세법은 '연대 납세의무'에 관한 정의를 따로 두고 있지 않다.

이 제도는 실질적으로 하나의 조세채권에 불과하지만 보충적으로 관련인을 납세의무자로 삼음으로써 과세관청이 보다 확실하게 채권을 확보할 수 있는 가장 강력한 조세채권 보전제도租稅債權 保全制度의 하나이다.

통상 공유물이나 공동사업에 관한 권리의무는 공동소유자나 공동사업자에게 실질적, 경제적으로 공동으로 귀속하게 되는 관계로 담세력도 공동의 것으로 파악하는 것이 실질과세원칙에 따라 합리적이기 때문에 조세채권의 확보를 위하여 그들에게 연대납세의무를 지우는 것이다.

이는 자신의 조세채무를 넘어 타인의 조세채무에 대하여 납세의무를 부당하게 확장하고 불평등한 취급을 한 것으로 여길 수 있으나 세법상 정한 연대 납세의무의 범위를 준수하였다면 「헌법」의 평등권, 재산권 보장의 원리에 위배된다고 볼 수 없다.

(1) 조세통칙법의 연대 납세의무

세법은 공유물, 공동사업과 그 공동사업에 속하는 재산의 경우와 법인이 분할되거나 분할합병되는 경우에 연대 납세의무를 정하고 있다.

1) 공유물, 공동사업에 대한 연대 납세의무

공유물, 공동사업[308]이나 그 공동사업에 속하는 재산에 관계되는 국세·지방세, 체납처분비는 공유자나 공동사업자가 연대하여 납부할 책임이 있다[국기법 §25①; 지기법 §44①].

이러한 공유물, 공동사업이나 그 공동사업에 속하는 재산에 관계되는 납세의무와 관련하여 연대납세의무자에 해당하는 지 여부는 납세의무의 성립일을 기준으로 판단한다.

2) 법인분할이나 분할합병 시 연대 납세의무

① 분할법인이 존속하는 경우

법인이 분할되거나 분할합병되는 경우 분할되는 법인에 대하여 분할일이나 분할합병일 이전에 부과되거나 납세의무가 성립한 조세는 분할되는 법인, 분할이나 분할합병으로 설립되는 법인, 분할되는 법인의 일부가 다른 법인과 합병하여 그 다른 법인이 존속하는 경우에는 그 다른 법인(존속하는 분할합병의 상대방법인)이 연대하여 납부할 책임을 진다[국기법 §25②; 지기법 §44②].

---

308) "공유물"은 「민법」[§262]에 의한 공동소유의 물건을 말하며, "공동사업"이란 사업이 당사자 전원의 공동의 것으로서 공동으로 경영되고 따라서 당사자 전원이 사업의 성공 여부에 대하여 이해관계를 가지는 사업을 말한다. 지방세에서는 '공유물'의 범위에 공동주택은 제외한다고 명시하고 있다[지기법 §44①].

② 분할법인이 해산되는 경우

법인이 분할이나 분할합병으로 해산되는 경우 해산되는 법인에 부과되거나 그 법인이 납부할 조세는 분할이나 분할합병으로 설립되는 법인, 존속하는 분할합병의 상대방법인이 연대하여 납부할 책임을 진다[국기법 §25③; 지기법 §44③].

3) '신회사'의 연대납세의무

「채무자 회생 및 파산에 관한 법률」[§215]에 따라 회생채권자·회생담보권자·주주·지분권자에 대하여 새로 납입이나 현물출자를 하지 아니하고 주식이나 출자지분을 인수하게 함으로써 법인이 주식회사나 유한회사인 '신회사新會社'를 설립하는 경우 기존의 법인에 부과되거나 납세의무가 성립한 조세는 '신회사'가 연대하여 납부할 책임을 진다[국기법 §25④; 지기법 §44④].

(2) 다른 세법에서의 연대 납세의무

연대 납세의무에 관한 「국세기본법」의 규정에 대하여 「소득세법」을 비롯한 개별세법은 대부분 특례규정을 두고 우선하여 적용하고 있다.

1) 연대 납세의무

① 법인세법

(ⅰ) 연결법인은 각 연결사업연도의 소득에 대한 법인세(각 연결법인의 토지등 양도소득에 대한 법인세와 미환류소득에 대한 법인세를 포함한다)를 연대하여 납부할 의무가 있다[법법 §2④].

(ⅱ) 법인이 해산한 경우에 원천징수해야 할 법인세를 징수하지 아니하였거나 징수한 법인세를 납부하지 아니하고 잔여재산을 분배한 때에는 청산인과 잔여재산을 분배받은 자는 분배한 재산의 가액과 분배받은 재산의 가액을 한도로 그 법인세를 연대하여 납부할 책임을 진다[법령 §116①].

② 소득세법

(ⅰ) 거주자 1인과 특수관계인이 공동사업자에 포함되어 있는 경우로서 손익분배비율을 거짓으로 정하는 등의 일정한 사유가 있는 공동사업[소법 §43③]에 있어서 그 특수관계인의 소득금액은 그 손익분배비율이 큰 공동사업자의 소득금액으로 합산과세되는 경우 주된 공동사업자의 특수관계인은 그 소득금액에 대하여 그의 손익분배비율에 따른 소득금액을 한도로 주된 공동사업자와 연대납세의무를 진다[소법 §2의

2①].

(ii) 조세를 부당하게 감소시키기 위하여 특수관계인 간 증여한 후 수증자가 5년 이내에 타인에게 양도함으로써 증여자가 자산을 직접 양도로 간주한 것으로 보는 경우, 그 양도소득에 대해서는 증여자와 증여받는자(수증자)가 연대하여 납세의무를 진다[소법 §2④].

(ii) 법인이 해산한 경우에 원천징수를 해야 할 소득세를 징수하지 아니하였거나 징수한 소득세를 납부하지 아니하고 잔여재산을 분배한 때에는 청산인은 그 분배액을 한도로 분배를 받은 자와 연대하여 납세의무를 진다[소법 §157①].

③ 상속세 및 증여세법

상속인이나 수유자가 상속을 받는 경우[309] 상속인이나 수유자는 상속재산(상속재산에 가산하는 증여재산 중 상속인이나 수유자가 받은 증여재산을 포함한다) 중 각자가 받았거나 받을 재산을 기준으로 상속인이나 수유자 각자가 받았거나 받을 재산[310]을 한도로 연대하여 납부할 의무를 진다[상증법 §3의2①③].

또 증여자는 다음과 같은 경우 증여받는 자가 납부할 증여세에 대하여 연대납세의무를 진다. 하지만 세법상 직접적인 증여가 아닌 증여자가 이익을 증여한 것으로 보아 증여세를 과세하는 경우[311]에는 제외한다[상증법 §4의2⑥].

(i) 증여받는 자의 주소나 거소가 분명하지 아니한 경우로서 증여세에 대한 조세 채권

---

309) '상속인'에서 특별연고자 중 영리법인을, '수유자'에서 영리법인은 각각 제외한다.

310) 연대납세의무의 범위를 한정하는 "받았거나 받을 재산"이란 상속세 과세대상이 되는 상속재산을 같은 법에서 규정한 평가방법에 따라 평가한 재산가액에서 과세불산입 재산의 가액을 제외하고 채무 등을 공제하는 과정을 거쳐 이를 상속분으로 나누어 산정된 상속인 별 재산가액을 의미한다. 즉 [상속자산 총액 − 상속부채 − 상속세]로 산정하여 각 상속분 별로 귀속시킨 재산가액이 될 것이다. 이러한 해석 하에 '재산'이란 '재산가액'을 의미하는 것으로 보아 상속인에 대하여 상속재산이 아닌 상속인의 고유 재산에 대하여 까지 압류 등 체납처분을 할 수 있다고 보고 있다(대법원 2001.11.13. 선고, 2000두3221 판결 참조).

311) 통상 증여자는 수증자가 자력이 없는 경우 연대납세의무를 지게 되지만 다음의 경우 증여받는 자(수증자)의 증여세에 대한 연대납세의무를 지지 않는다 : 현저히 낮은 대가를 주고 재산이나 이익을 이전받음으로써 발생하는 이익이나 현저히 높은 대가를 받고 재산이나 이익을 이전함으로써 발생하는 이익 증여[상증법 §4 ①(2)], 재산 취득 후 해당 재산의 가치가 증가한 경우의 그 이익[§4①(3)], 저가 양수·고가 양도에 따른 이익의 증여[§35], 채무면제등에 따른 증여[§36], 부동산 무상사용에 따른 이익의 증여[§37], 합병에 따른 이익의 증여[§38], 증자에 따른 이익의 증여[§39], 감자에 따른 이익의 증여[§39의2], 현물출자에 따른 이익의 증여[§39의3], 전환사채 등의 주식전환 등에 따른 이익의 증여[§40], 초과배당에 따른 이익의 증여[§41의2], 주식등의 상장 등에 따른 이익의 증여[§41의3], 금전 무상대출 등에 따른 이익의 증여[§41의4], 합병에 따른 상장 등 이익의 증여[§41의5], 재산사용 및 용역제공 등에 따른 이익의 증여[§42], 법인의 조직 변경 등에 따른 이익의 증여[§42의2], 재산 취득 후 재산가치 증가에 따른 이익의 증여[§42의3], 특수관계법인과의 거래를 통한 이익의 증여 의제[§45의3], 특수관계법인으로부터 제공받은 사업기회로 발생한 이익의 증여[§45의4], 특정법인과의 거래를 통한 이익의 증여의제[§45의5], 공익법인등이 출연받은 재산에 대한 증여[§48] 과세시 출연자가 해당 공익법인의 운영에 책임이 없는 경우로서 일정한 경우 등에 해당하는 경우

을 확보하기 곤란한 경우

(ii) 증여받는 자가 증여세를 납부할 능력이 없다고 인정되는 경우로서 체납처분을 하
여도 증여세에 대한 조세채권을 확보하기 곤란한 경우

(iii) 증여받는 자가 비거주자인 경우

④ 조세특례제한법

개별 종교단체나 개별 향교가 소유한 주택이나 토지 중 개별단체가 속하는 「향교재산법」
에 따른 일정한 종교단체(종단)이나 향교재단의 명의로 조세포탈을 목적으로 하지 아니하
고 등기한 주택이나 토지가 있는 경우에는 실제 소유한 개별단체를 「종합부동산세법」 과세
기준일(6월 1일) 현재 각각 주택 분 재산세 납세의무자, 토지 분 재산세 납세의무자로 보아
개별단체가 종합부동산세를 신고할 수 있다. 이 경우 대상주택이나 토지는 종합부동산세를
과세할 때만 개별단체의 소유로 본다.

개별단체가 종합부동산세를 신고하는 경우 종단이나 향교재단은 과세대상 주택이나 토
지의 공시가격을 한도로 그 개별단체와 연대하여 종합부동산세를 납부할 의무가 있다[조특
법 §104의13].

⑤ 지방세법

법인설립 시에 발행하는 주식이나 지분을 취득하여 과점주주가 된 경우를 제외하고 법인
의 주식이나 지분을 취득하여 '과점주주'(주주와 특수관계인이 50% 초과한 지분을 가지고 실질적
으로 권리행사를 하는 자들)가 되었을 때에는 그 과점주주가 해당 법인의 부동산등(법인이 「신
탁법」에 따라 신탁한 재산으로서 수탁자 명의로 등기 · 등록이 되어 있는 부동산등을 포함한다)을 취
득한 것으로 본다. 이 경우 과점주주의 연대 납세의무는 「지방세기본법」 제44조(연대납세의
무)를 준용한다.

2) 공동사업에 있어서 연대 납세의무의 예외

공동사업에 있어서 연대하여 납세의무를 지게 한 연대 납세의무에 관한 일반적인 세법규
정과는 달리, 「소득세법」은 원칙적으로 공동사업에 관한 소득금액을 계산하는 경우에는 해
당 공동사업자별로 납세의무를 지도록 하고 연대 납세의무를 지우지 않고 있다.

즉 사업소득이 발생하는 사업을 공동으로 경영하고 그 손익을 분배하는 공동사업(경영에
참여하지 아니하고 출자만 하는 출자공동사업자가 있는 공동사업을 포함한다)의 경우에는 해당 사
업을 경영하는 장소(공동사업장)를 1거주자로 보아 공동사업장 별로 소득금액을 계산한다.

공동사업에서 발생한 소득세 소득금액은 해당 공동사업자 간에 약정된 손익분배비율(약
정된 손익분배비율이 없는 경우에는 지분비율)에 의하여 분배되었거나 분배될 소득금액에 따라

각 공동사업자별로 분배하여 각각의 공동사업자가 납세의무를 진다[소법 §43].

(3) 연대 납세의무에 따른 절차

세법에서 '납세자'는 세법에 따라 조세를 납부할 의무(조세를 징수하여 납부할 의무는 제외한다)가 있는 자를 의미하는 '납세의무자'와 세법에 따라 조세를 징수하여 납부할 의무를 지는 '징수의무자'를 포함한다.

여기서 '납세의무자'는 본래의 납세의무자 뿐만 아니라 '연대 납세의무자'와 납세자를 갈음하여 납부할 의무가 생긴 경우의 '제2차 납세의무자', '보증인'을 포함하는 개념이다[국기법 §2⑩].

그러므로 연대 납세의무자에 대한 취급은 납세의무의 이행에 있어서 본래의 납세자와 동일하게 이행해야 하므로, 납세의 고지와 독촉에 관한 서류는 연대납세의무자 모두에게 각각 송달하여야 한다[국기법 §8②].[312]

하지만 연대 납세의무자에게 서류를 송달할 때에는 그 대표자를 명의인으로 하며, 대표자가 없을 때에는 연대납세의무자 중 조세를 징수하기에 유리한 자를 명의인으로 할 수 있다.

국세와 지방세의 연대 납세의무는 「민법」상 '연대채무'連帶債務에 관한 규정[§413~§416, §419, §421, §423, §425~§427]을 준용한다[국기법 §25의2; 지기법 §44⑤].

③ 제2차 납세의무

'제2차 납세의무'第2次 納稅義務, secondary tax liability란, 과세권자가 주된 납세의무자의 재산에 체납처분을 하여도 납부하여야 할 국세·지방세, 체납처분비에 충당하는 데 부족한 경우에는 주된 납세자와 일정한 관계가 있는 사람에게 그 부족액을 보충적으로 부담하게 하는 납세의무를 말한다.

이는 형식적으로는 주된 납세자 이외의 명의로 재산이 귀속되어 있지만 실질적으로는 주된 납세의무자와 동일한 책임을 인정해도 공평성을 잃지 않을 특별한 관계에 있는 제3자를 '제2차 납세의무자'로 보충적인 납세의무를 지워서 실질과세의 원칙을 구현하고 조세채권의 확보라는 공익을 달성하기 위한 것이다.

---

312) 연대납세의무자라 할지라도 각자의 구체적 납세의무는 개별적으로 확정함을 요하는 것이어서 연대납세의무자 각자에게 개별적으로 구체적 납세의무 확정의 효력발생요건인 부과처분의 통지가 있어야 하고(대법원 1998.9.4. 선고, 96다31697 판결; 1987.5.12. 선고, 86누702 판결 참조), 부과처분의 통지는 해당 조세의 부과제척기간 내에 이루어져야 한다(서울행법 2015.9.25. 선고, 2014구합63886 판결 참조).

제2차 납세의무는 물적 납세의무, 납세보증채무 등과 함께 보충적 납세의무의 하나로서, 주된 납세자의 징수부족액에 대하여만 책임을 지며 본래의 주된 납세의무자의 납세의무가 소멸하면 제2차 납세의무도 당연히 소멸되게 된다.

이에 따라 제2차 납세의무는 주된 납세의무의 성립·변경·소멸의 효력이 그대로 미치는 성질(부종성附從性)과[313] 주된 납세자의 재산에 대하여 체납처분을 한 결과 징수할 금액에 부족한 경우에 그 부족액에 대하여만 납부책임을 지는 성질(보충성補充性)을 가진다.[314]

주된 납세의무와는 별개로 성립하여 확정되는 제2차 납세의무는 당연히 별도의 납세고지 등 독립된 부과절차를 거쳐야 조세채무가 발생된다.

제2차 납세의무는 주된 납세의무가 성립하고 아울러 주된 납세의무자의 체납과 징수부족 등 법률이 정한 요건사실이 발생하여야 성립하는 것이지만, 제2차 납세의무자에게 「국세징수법」[§12], 「지방세징수법」[§15]에서 정한 「납부통지서」로 납세고지를 하여야 비로소 납세의무가 확정된다.[315]

한편 제2차 납세의무와 관련한 판결로 과세처분이 취소하거나 변경되더라도 그 효력은 주된 납세의무자에게 미치지 아니한다.

하지만 납부통지를 받은 제2차 납세의무자가 제2차 납세의무의 요건에 대하여 불복을 하는 경우에는 주된 납세의무자에 대한 부과처분에 대해 무효나 부존재의 하자도 다툴 수 있다. 또 주된 납세자의 부과처분이 취소사유에 불과하더라도 주된 납세의무의 위법 여부의 확정과 무관하게 주된 납세의무자에 대한 부과처분의 하자도 주장할 수 있다.[316]

제2차 납세의무자로는 ① 비상장법인의 제2차 납세의무를 지는 무한책임사원과 과점주주, ② 무한책임사원과 과점주주의 제2차 납세의무를 지는 그 법인, ③ 사업양도인의 제2차 납세의무를 지는 사업양수인, ④ 해산법인의 제2차 납세의무를 지는 청산인과 청산 후 남은 재산을 분배·인도받는 자가 있다.

---

313) 제2차 납세의무는 주된 납세의무가 무효이거나 취소되면 함께 무효로 되고, 주된 납세의무의 내용이 변경되면 함께 변경되며, 주된 납세의무가 소멸하면 함께 소멸한다.
314) 징수할 금액의 부족액은 주된 납세의무자의 재산에 대하여 현실적으로 체납처분을 한 결과 발생한 징수부족액에 국한되는 것은 아니고, 주된 납세의무자의 재산에 대하여 체납처분을 하더라도 객관적으로 징수부족액이 생길 것이라고 인정되면 족하다(대법원 1996.2.23. 선고, 95누14756 판결 참조).
315) 제2차 납세의무와 관련해 「국세기본법」 제35조에서 규정한 국세우선권이 인정될 것인가의 여부를 가림에 있어서도 제2차 납세의무 자체의 납부기한(즉 「국세징수법」 제12조에서 규정한 「납부통지서」에 의하여 지정된 납기일)을 기준으로 하여야 하는 것이므로 세무서장이 주된 납세의무자인 법인의 과점주주(제2차 납세의무자)에 대하여 「납부통지서」에 의한 납부고지를 하지 않았다면 국가의 위 과점주주에 대한 조세채권 및 그 납부기한은 구체적으로 확정되었다 할 수 없고 구체적으로 확정되지도 않은 조세채권에 기한 국세우선권 또한 인정될 수 없는 것이다(대법원 1990.12.26. 선고, 89다카24872 판결 참조).
316) 대법원 2009.1.15. 선고, 2006두14926 판결 참조.

제2차 납세의무	주된 납세자	제2차 납세의무자	대상 조세	납부책임의 한도
주주(출자자)의 제2차 납세의무	비상장법인 (유가증권시장 상 장법인 적용배제)	• 무한책임사원 • 일정한 과점주주	확정 불필요	• 무한책임사원 : 부족액 전액 • 일정한 과점주주 : 부족액 × 지분율
법인의 제2차 납세의무	• 무한책임사원 • 과점주주	법인	확정분	(자산 − 부채) × 지분율
사업양수인의 제2차 납세의무	사업양도인	사업양수인	확정분	양수한 재산가액
청산인 등의 제2차 납세의무	해산법인	• 청산인 • 남은 재산분배·인도 받은 자	확정 불필요	분배·인도받은 재산 가액

(1) 주주의 제2차 납세의무

'주주(출자자)의 제2차 납세의무'[317]는 조세로 체납한 법인의 재산으로 그 법인에 부과되거나 그 법인이 납부할 국세·지방세·체납처분비에 충당하여도 부족한 경우[318] 그 조세의 납세의무 성립일 현재 법인의 무한책임사원과 '일정한 과점주주'가 그 부족액에 대하여 지는 납세의무를 말한다.

일정한 과점주주가 지는 제2차 납세의무는 그 부족한 금액을 그 법인의 발행주식(출자지분) 중 의결권 없는 분을 제외한 주식총수(출자총액)으로 나눈 금액에 해당 과점주주가 실질적으로 권리를 행사하는 주식 수(출자액)을 곱하여 산출한 금액을 한도로 한다[국기법 §39①; 지기법 §47].

법인의 주주 중 무한책임사원에게 그 법인의 체납액에 대하여 제2차 납세의무를 지우는 것은 법률상 책임관계로 볼 때 가능하지만, 일정한 과점주주寡占株主의 경우 주주에게 법인

---

317) 세법상 '출자자의 제2차 납세의무'라고 표현하고 있으나 상법과 세법에서 대부분 주식회사를 대상으로 하고 출자자는 특수한 경우 외에는 적용되지 않으므로 직접적으로 '주주의 제2차 납세의무'라고 바꿔 표현하였으며 실무에서도 제2차 납세의무를 지는 대표적인 것이 '주주'이므로 이를 가장 먼저 기술하였다.

318) 제2차 납세의무는 원래 납세의무가 없는 자에게 보충적인 납세의무를 부과하는 것이기 때문에 제2차 납세의무를 부담하게 되는 자의 법적 안정성에 대한 침해 정도를 최소한으로 제한하기 위하여 엄격한 보충성을 요건으로 한다. 따라서 과점주주에 대한 제2차 납세의무는 ㉠ 주된 납세의무의 체납, ㉡ 주된 납세의무자의 재산에 대한 체납처분의 실시, ㉢ 조세에 충당한 결과 부족액의 발생이라는 요건이 모두 충족되어야 비로소 그 미납세액의 한도에서 성립한다. 그러므로 제2차 납세의무를 지는 과점주주에 해당되는지 여부를 주된 납세의무의 성립일을 기준으로 판별한다고 하여 그들의 제2차 납세의무가 주된 납세의무의 성립 시나 체납 시에 발생한다고 볼 수는 없는 것이다(헌재 2006헌가14, 2007.6.28.).

의 체납액에 대한 납세의무를 지우는 것은 상법상 '주주유한책임의 원칙'株主有限責任 原則[319)]에 어긋난다.

그럼에도 주주 1명과 특수관계인의 지분이 50%를 초과하는 실질적 운영자인 과점주주는 법인격을 이용하여 채무나 손실을 법인에 떠넘기고 회피할 우려가 있어 '법인격 부인 법리'法人格否認 法理[320)]에 근거하여 제2차 납세의무를 지우도록 하였다.

일정한 과점주주에게 법인의 제2차 납세의무를 지도록 한 것은 법인을 실질적 지배하는 실질적인 운영자인 과점주주의 경우 회사의 수익을 자신에게 귀속시키고 그 손실은 회사에 떠넘길 수 있는 위치에 있어 회사의 법인격을 악용하여 법인에 대한 과세를 형해화하는 것을 방지하기 위한 것이다.

이처럼 사법질서를 어지럽히는 것을 최소화하고 실질적인 조세평등을 이루기 위한 방편으로 실질적으로 법인의 운영을 지배할 수 있는 주주에 한정해 보충적인 납세의무를 지도록 하였다.[321)]

하지만 일정한 과점주주에 대한 제2차 납세의무는 사법상 '주주유한책임의 원칙'에 대한 중대한 예외로서 본래의 납세의무자가 아닌 제3자에게 보충적인 납세의무를 부과하는 것이므로 최소한으로 인정되어야 하고 그 적용요건은 매우 엄격하게 정하고 해석되어야 한다.

1) 제2차 납세의무자로서 '일정한 과점주주'

법인에게 부과되거나 납부할 국세·지방세의 제2차 납세의무를 지는 '일정한 과점주주'의 범위는 다음의 3가지 요건에 모두 다 해당되어야 한다.[322)]

---

319) 「상법」[§331]은 "주주의 책임은 그가 가진 주식의 인수가액을 한도로 한다"고 하여 '주주 유한책임의 원칙'을 선언하고 있다. '주주 유한책임의 원칙'이란 주주는 회사에 대하여 출자의무를 부담하므로 인수가액의 범위 내에서 유한책임을 질 뿐 회사의 채권자에 대하여 아무런 책임이 없고 주식의 인수가액을 납입한 경우 더 이상의 책임이 없다는 것이다. 과점주주에 대한 제2차 납세의무 제도는 법인격부인의 법리와 함께 주주 유한책임의 원칙의 예외의 하나이다.

320) '법인격 부인 법리'法人格 否認 法理, Doctrine of the Disregard of the Corporate Entity는 19세기 후반 미국의 판례에서 생성 발전된 법리로, 회사의 법인격이 법이 본래 의도한 목적과는 달리 남용되는 경우에 회사의 특정한 법률관계에 한하여 일시적으로 법인격을 제한하는 것이다. 하지만 법인격을 영구히 제한하는 것이 아니며 법인의 배후에 있는 실체를 기준으로 하여 법률적인 취급을 하는 것이다.

321) 헌법재판소 1997.6.26. 선고, 93헌바49등 결정; 대법원 1995.6.13. 선고, 94누1463 판결 참조.

322) 과점주주의 제2차 납세의무의 범위는 납세자의 과점주주(1차 과점주주)에 한정하고, 납세자의 과점주주의 과점주주(2차 과점주주)는 납세자의 체납세액을 그의 과점주주(1차 과점주주)가 다시 체납하더라도 그에 대한 제2차 납세의무를 지지 않는다. 즉 모회사가 자회사의 지분 100%를 보유하고 있고 자회사가 손자회사의 지분 100%를 보유하고 있는 구조에서 손자회사의 체납세액이 발생한 경우 손자회사의 체납세액에 대해 자회사는 과점주주로서 제2차 납세의무를 부담하지만, 자회사가 제2차 납세의무자로서 지는 손자회사의 체납세액을 다시 체납하는 경우 모회사는 자회사의 체납세액에 대해 책임을 지지 않는 것이다(대법원 2019.5.16. 선고, 2018두36110 판결).

(ⅰ) 주주나 유한책임사원 1명과 그의 「국세기본법」[국기령 §1의2] 상 특수관계인 중 ① 친족관계, ② 경제적 연관관계, ③ 경영지배관계 중 본인이 개인이라면 ㉮ 본인이 직접 또는 그와 친족관계나 경제적 연관관계에 있는 자를 통하여 법인의 경영에 대하여 지배적인 영향력을 행사하고 있는 경우 그 법인, 본인이 법인이라면 ㉯ 개인이나 법인이 직접 또는 그와 친족관계나 경제적 연관관계에 있는 자를 통하여 본인인 법인의 경영에 대하여 지배적인 영향력을 행사하고 있는 경우 그 개인이나 법인, ㉰ 본인이 직접 또는 그와 경제적 연관관계이나 ㉯의 관계에 있는 자를 통하여 어느 법인의 경영에 대하여 지배적인 영향력을 행사하고 있는 경우 그 법인

(ⅱ) 그들의 소유주식 수(출자액 합계)가 해당 법인의 발행주식 총수(출자총액)의 50%를 초과하는 자[323]

(ⅲ) 그 주식에 관한 권리를 실질적으로 행사하는 자

그러므로 무한책임사원 이외에 '과점주주'에게 제2차 납세의무를 지우기 위해서는 단순히 친족 등 특수관계인에 해당하거나 형식상 주주로 등재되어 있는 것으로 그치지 않고, 먼저 일정한 과점주주로서 3가지 요건이 충족되어야 하는 것은 물론 실질적인 출자사실이나 주주총회에 참석한 사실 등 실제로 권리를 행사한 사실과 지배권이 확인되어야 한다.[324]

2) 납부책임의 한도

① 무한책임사원

무한책임사원은 출자액이나 경영 지배 여부와 관계없이 법인의 재산으로 충당한 후에도 부족한 금액 전부에 대하여 제2차 납세의무를 진다.[325]

---

323) 종전에 제2차 납세의무를 지는 과점주주의 주식보유비율이 '51% 이상'으로 규정하여 50%를 초과하고 51% 미만인 경우는 과점주주에서 제외되어왔으나, 이 경우에도 실질적 경영권을 행사하는 것임을 감안하여 2006.12.30. '50% 초과'로 개정되었다. 이때 주주의 판정은 주주명부 등에 기재 여부와 관계없이 사실상 주주권을 가진 자를 말한다.

324) 입법목적을 고려할 때 과점주주라 하더라도 단지 일정 비율의 주식만을 소유하고 있거나 특히 친족관계 등으로 인한 명목상의 주주와 같이 사실상 그 조세와는 관련이 없는 제3자에 대하여 조세를 부과하는 것이므로 실질적 조세법률주의에 위반될 것이다. 그러므로 법인을 실질적으로 운영하면서 이를 조세회피의 수단으로 이용할 수 있는 지위에 있는 자, 즉 경영을 사실상 지배한 과점주주 등에 한정되어야 할 것이다.

325) 무한책임사원에 대하여 경영의 지배 여부나 출자액과 상관없이 일률적으로 제2차 납세의무를 부과한 「국세기본법」 제39조 제1항 제1호가 조세평등주의 등을 위배한 것인지 여부에 대하여, 헌재는 인적회사의 특수성에 따라 회사 채권자를 보호하기 위한 무한책임사원 제도의 취지를 조세법에 반영하여 조세형평을 기하고 조세징수를 확보하고자 하는 입법목적을 가지고 있으므로, 비록 무한책임사원이라는 형식상의 외관이나 명목에 치중하여 과세하도록 하고 있는 것은 조세회피의 방지나 조세정의의 실현을 위한 것이라 할 것이므로, 그 입법목적이 정당하지 않다거나 그 입법의 수단방법이 부적절하지 않아 조세평등주의나 재산권을 침해한 것이라 할 수 없어 헌법에 위반되지 않는다라고 결정하였다(헌재 98헌바2, 1999.3.25.).

한편 「상법」상 합자·합명회사의 무한책임사원의 제2차 납세의무에 대하여는 일정한 과점주주의 경우 일정한 과점주주와 같이 주주권을 실제로 행사하여야 한다는 요건을 규정하지 않고 있지만 외형뿐이고 실질이 다른 경우 실질과세원칙의 예외가 될 수 없다.[326]

② 일정한 과점주주

법인의 경영에 사실상 영향력을 행사하는 과점주주는 법인의 재산으로 충당한 후에도 부족한 세금을 그 법인의 의결권이 있는 발행주식총수(출자총액)으로 나눈 금액에 실질적으로 권리를 행사하는 소유주식수(출자액)을 곱하여 산출한 금액을 한도로 제2차 납세의무를 진다.

$$\text{한도액} = \text{법인의 납부 부족액} \times \frac{\text{일정한 과점주주의 소유·행사주식수(출자액)}}{\text{법인의 발행주식총수(출자총액)}}$$

(2) 법인의 제2차 납세의무

'법인의 제2차 납세의무'는 조세의 납부기간 만료일 현재 법인의 무한책임사원이나 일정한 과점주주가 소유한 법인의 주식(출자지분)을 제외한 재산으로 납부할 국세·지방세, 체납처분비에 충당하여도 부족한 경우로서 체납자인 주주의 주식(출자지분)을 환가할 수 없는 때에 그 법인이 그 부족한 금액에 대하여 지는 납세의무를 말한다[국기법 §40①; 지기법 §47].

여기서 '환가할 수 없는 때'란 정부가 주주의 소유주식을 재공매再公賣하거나 수의계약隨意契約으로 매각하려 하여도 희망자가 없는 경우나, 법률이나 그 법인의 정관의 규정에 의해 주주의 소유주식이 양도가 제한된 경우를 말한다.

1) 제2차 납세의무를 지는 법인

법인이 주주의 제2차 납세의무를 지기 위해서는 ① 그 주주가 체납한 조세의 납부기한(둘 이상의 조세의 경우 뒤에 오는 납부기한) 현재 '무한책임사원'이나 '일정한 과점주주'에 해당하고 ② 해당 주주가 체납하여 법인의 주식 외에 다른 재산을 체납처분해도 체납액에 부족하고 법인의 주주가 보유한 주식이 환가가 불가능하여야 한다.

---

326) 법인의 무한책임사원에게 제2차 납세의무를 부과시키기 위해서는 체납국세의 납세의무 성립일 현재 실질적으로 무한책임사원으로서 그 법인의 운영에 관여할 수 있는 위치에 있음을 요하고, 단지 형식상 법인의 등기부상 무한책임사원으로 등재되어 있다는 사유만으로 곧 무한책임사원으로서 납세의무를 부과시킬 수 없다(대법원 1990.9.28. 선고, 90누4235 판결): 과세관청이 제2차 납세의무를 부과함에 있어 법인등기부등본 등 자료에 의하여 입증하면 되고 자료에 의하여 일견 무한책임사원으로 보이는 경우에도 실질적으로 무한책임사원으로 그 법인의 운영에 관여할 수 있는 위치에 있지 않았다는 사정은 이를 주장하는 자가 입증하여야 한다(대법원 2004.7.9. 선고, 2003두1615 판결 참조).

이 2가지 요건이 구비되지 않으면 주주의 체납을 이유로 법인에게 제2차 납세의무를 지울 수 없다.

2) 납부책임의 한도

법인이 무한책임사원이나 일정한 과점주주에 대하여 지는 제2차 납세의무는, 그 법인의 자산총액에서 부채총액을 뺀 가액[327]을 그 법인의 발행주식 총액(출자총액)으로 나눈 가액에 제2차 납세의무를 지는 주주의 소유주식 금액(출자액)을 곱하여 산출한 금액을 한도로 한다. 이처럼 법인이 제2차 납세의무를 지는 한도를 계산식으로 나타내면 다음과 같다.

$$한도액 = (법인의\ 자산총액 - 법인의\ 부채총액) \times \frac{주주의\ 소유주식\ 금액(출자액)}{발행주식\ 총액(출자총액)}$$

(3) 사업양수인의 제2차 납세의무

'사업양수인의 제2차 납세의무'는 사업이 양도·양수된 경우에 양도일 이전에 양도인의 납세의무가 확정된 그 사업에 관한 국세·지방세, 체납처분비를 양도인의 재산으로 충당하여도 부족할 때에 사업상 권리와 의무를 포괄적으로 승계하는 사업의 양수인이 그 부족한 금액에 대하여 양수한 재산의 가액을 한도로 지는 납세의무를 말한다[국기법 §41; 지기법 §49].

'사업의 양수인'은 경제적 목적을 달성할 수 있는 인적·물적 수단의 조직적 경영단위로서 담세력이 있다고 인정되는 정도의 기업체를 양도인과의 법률행위에 의하여 포괄적으로 이전받은 사람으로, 사회통념상 사업장의 경영자로서의 양도인의 법적 지위와 동일시되는 정도의 변동이 인정된 양수인을 의미한다.[328]

사업양수인이 제2차 납세의무를 지는 '사업의 양도·양수'란 계약의 명칭이나 형식에 관계없이 실질상 사업에 관한 권리와 의무 일체를 포괄적으로 양도와 양수를 하는 것이다.[329]

---

327) 자산총액과 부채총액의 평가는 해당 조세(2 이상의 조세의 경우에는 납부기한이 뒤에 오는 조세)의 납부기간 종료일 현재의 시가에 의하며, 평가일 현재 납세의무가 성립한 법인의 조세는 부채총액에 포함하여 계산한다.
328) 대법원 1988.5.10. 선고, 88누803 판결 참조.
329) 사업양도·양수도의 경우 사업의 양도·양수계약이 그 사업장내의 시설물, 비품, 재고상품, 건물·대지 등 대상목적에 따라 부분별, 시차별로 별도로 이루어졌다 하더라도 결과적으로 사회통념상 사업전부에 관하여 행하여진 것이라면 사업의 양도·양수에 해당하며, 상법 상 해당 절차가 준수되어야 한다. 즉, 합명회사, 합자회사는 총 사원 과반수 이상의 결의, 주식회사·유한회사는 특별결의가 필요하다.

1) 제2차 납세의무의 대상

사업양수인에게 제2차 납세의무를 지우기 위해서는 그 국세·지방세과 체납처분비가 다음의 요건을 갖춰야 한다.

① '양수사업'에 관한 조세

사업양수인은 사업양수일 이전에 사업양도인의 납세의무가 확정된 양수하는 사업에 관한 조세에 대하여만 제2차 납세의무를 진다. 그러므로 사업용 부동산을 양도함으로써 발생한 양도소득세나 양도차익에 대한 법인세는 포함되지 않는다.

만약 사업양도인에게 2 이상의 사업장이 있고 이 중에서 1사업장을 양수한 경우 그 사업양수인의 제2차 납세의무는 양수한 사업장에 관계되는 조세(2 이상의 사업장에 공통되는 조세가 있는 경우는 양수한 사업장에 배분되는 금액을 포함)에 대해서만 제2차 납세의무를 진다.

② 사업양도일 이전에 납세의무가 확정된 조세

사업양수인은 사업양수일까지 확정된 조세에 대하여 제2차 납세의무를 지고, 이미 성립되었다 해도 그때까지 확정되지 아니한 조세는 제2차 납세의무를 지지 아니한다.[330]

이는 사업양수인이 양수시점에서 확인하기가 어려운 조세를 부담시키는 경우 사업양수인의 예측가능성을 크게 침해하기 때문이다.

2) 납부책임의 한도

사업양수인의 제2차 납세의무는 '양수한 재산의 가액'을 한도로 한다.[331] '양수한 재산의 가액'이란 사업양수인이 사업양수의 대가로서 양도인에게 지급하였거나 지급하여야 할 금액(사업양도가액)을 말한다.

만약 그 금액이 없거나 불분명한 경우나 시가에 비하여 현저하게 낮은 경우에는 양수한 자산과 부채를 「상속세 및 증여세법」[§60~§66]에 따라 평가한 자산총액에서 부채총액을 뺀 금액(사업양도 평가액)으로 한다. 만약 사업양도가액과 시가의 차액이 3억원 이상이거나 시가의 30% 이상인 경우에는 사업양도가액과 사업양도 평가액 중 큰 금액으로 한다.

---

330) 포괄적 사업양수인의 제2차 납세의무를 판단함에 있어 '사업 양도일 이전에 양도인의 납세의무가 확정된 당해 사업에 관한 국세'에는 사업 양도일 이전에 당해 사업에 관하여 예정신고가 이루어진 부가가치세도 포함된다(대법원 2011.12.8. 선고, 2010두3428 판결).
331) 사업양수인으로 하여금 양수한 재산의 가액을 초과하여 제2차 납세의무를 지도록 규정한 구 「국세기본법」 (1974.12.31. 법률 제2679호로 제정되고, 1993.12.31. 법률 제4672호로 개정되기 전의 것)의 위헌판결(헌법재판소 1997.11.27. 선고, 96헌바38 결정)에 따라 사업양수인의 제2차 납세의무가 '양수한 재산의 가액'을 한도로 제한되었다.

(4) 청산인·잔여재산을 받은 자의 제2차 납세의무

'청산인, 잔여재산을 받은 자의 제2차 납세의무'는 법인이 해산하여 청산하는 경우에 그 법인에 부과되거나 그 법인이 납부할 국세·지방세, 체납처분비를 납부하지 아니하고 해산으로 잔여재산을 분배하거나 인도하였을 때에 그 법인에 대하여 체납처분을 집행하여도 징수할 금액에 미치지 못하는 경우에 청산인, 잔여재산을 분배받거나 인도받은 자가 그 부족한 금액에 대하여 지는 납세의무를 말한다[국기법 §38; 지기법 §45].

1) 제2차 납세의무의 요건

청산 후 남은 재산을 분배하거나 인도하였을 때에 청산인이나 청산 후 남은 재산을 분배받거나 인도받은 자가 제2차 납세의무를 진다. 여기서 '분배'分配란 잔여재산을 출자비율에 따라 주주 등에게 나눠 주는 행위를, '인도'引渡란 청산 후 남은 재산을 귀속자에게 이전시키는 등 재산을 처분하는 행위를 말한다.

청산인 등이 제2차 납세의무를 지게 되는 '법인이 해산한 경우'란 해산등기의 유무에 관계없이 ① 주주총회 기타 이에 준하는 총회 등에서 해산한 날을 정한 경우에는 그 날이 경과한 때, ② 해산할 날을 정하지 아니한 경우에는 해산결의를 한 때, ③ 해산사유(존립기간의 만료, 정관에 정한 사유의 발생, 파산, 합병 등)의 발생으로 해산하는 경우에는 그 사유가 발생한 때, ④ 법원의 명령·판결에 의하여 해산하는 경우에는 그 명령·판결이 확정된 때, ⑤ 주무관청이 설립허가를 취소한 경우에는 그 취소의 효력이 발생하는 때 등을 말한다.

2) 납부책임의 한도

① 청산인 : 분배하거나 인도한 재산의 가액
② 잔여재산을 분배받거나 인도받은 자 : 각자가 받은 재산의 가액
이 때 한도액이 되는 재산가액의 평가는 분배하거나 인도할 때의 시가에 의한다.

❹ 물적 납세의무

납세자가 국세·지방세나 체납처분비를 체납한 경우에 그 납세자에게 '양도담보재산'讓渡擔保財産[332]이 있을 때에는 그 납세자의 다른 재산에 대하여 체납처분을 집행하여도 징수할 금액에 미치지 못하는 경우에만 그 양도담보재산으로써 납세자의 국세·지방세나 체납처

---

332) "양도담보재산"이란 당사자 간의 계약에 의하여 납세자가 그 재산을 양도하였을 때에 실질적으로 양도인에 대한 채권담보의 대상이 된 재산을 말한다[국기법 §42②; 지기법 §75②].

분비를 징수할 수 있다[국기법 §42: 지기법 §75].

채권자인 양도담보권자에게 양도담보재산의 소유권을 이전시킨 양도담보설정자가 국세·지방세를 체납한 경우 양도담보재산은 실질적으로 양도담보설정자의 재산이지만 체납처분을 할 수 없게 된다.

이에 따라 양도담보재산이 있는 납세자가 국세·지방세나 체납처분비를 체납하여 과세관청이 그 납세자의 다른 재산에 대하여 체납처분을 집행하여도 징수할 금액에 미치지 못하는 경우, 그 양도담보재산으로써 국세·지방세나 체납처분비를 징수할 수 있도록 하고 있다.

이렇게 양도담보설정자(소유권을 이전하는 채무자나 제3자)가 납부의무가 이행되지 않은 경우, 양도담보권자(채권자)에게 그 부족분에 한하여 납부의무를 지우는 것을 '양도담보권자의 물적 납세의무'物的 納稅義務라 한다.

양도담보권자의 물적 납세의무는 제3자의 '일반재산'에 대하여 징수권을 행사할 수 있는 제2차 납세의무와는 달리 '특정재산'인 양도담보재산에 대하여만 징수권을 행사할 수 있을 뿐이다.

하지만 양도담보설정자가 체납하여 다른 재산에 체납처분해도 징수할 금액이 부족한 경우에 해당된다 해도, 그 국세·지방세의 법정기일 전에 담보의 목적이 된 양도담보재산에 대하여는 양도담보권자가 물적 납세의무를 지지 않는다.

(1) 양도담보권자 물적 납세의무의 요건

① 납세자(양도담보설정자)의 조세체납

재산권을 채권자에게 이전하는 납세자(양도담보설정자)가 국세·지방세나 체납처분비를 체납한 경우에 성립한다.

② 양도담보재산의 존재

물적 납세의무라는 성격 때문에 납세자(양도담보권자)에게 「납부통지서」가 송달되는 시점에 양도담보재산이 반드시 존재해야 한다.

③ 법정기일 후 양도담보 설정

납세자(양도담보설정자)가 체납한 국세·지방세의 법정기일[333] 후에 양도담보가 설정되

---

333) 양도담보권자의 물적 납세의무에서 국세의 '법정기일'이란 그 문언상이나 그 규정의 해석상 납세자의 국세의 법정기한(양도담보권자가 부담하게 되는 물적 납세의무의 법정기한이 아니다)으로 봄이 상당하며, 납세자의 국세의 법정기한은 같은법 제35조 제1항 제3호 가, 나, 다목에 따라 결정된다(대법원 1995.9.15. 선고, 95다21983 판결 참조).

어야 한다.

만약 조세의 징수를 회피하기 위해 법정기일 전에 양도담보가 설정된 경우에는 통정허위의 담보권설정계약으로 보아 취소될 수 있다.

④ 징수부족액의 발생

납세자(양도담보설정자)의 일반 재산(양도담보재산은 제외)에 대하여 체납처분을 집행하여도 징수할 금액에 부족하여야 한다.

설사 현실적인 체납처분을 집행한 결과가 아니더라도 양도담보설정자에게 귀속되는 것으로 압류할 수 있는 재산의 가액이 징수할 조세에 미달하는 것이 명백하게 인정되어야 한다.

(2) 양도담보권자 물적 납세의무의 효과

① 부종성과 보충성

양도담보권자의 물적 납세의무가 발생하는 요건이 충족한 경우 양도담보설정자의 다른 재산에 대하여 체납처분을 집행하여도 징수할 금액에 부족한 금액에 대하여 그 양도담보재산을 대상으로 양도담보설정자의 국세·지방세나 체납처분비를 징수하게 된다.

이와같이 양도담보권자의 물적 납세의무는 양도담보설정자의 다른 재산에 체납처분을 전제로 하여 징수부족분에 한하여 납부책임을 지며(＝부종성附從性), 그 납세의무의 책임은 양도담보재산가액을 한도로 한다(＝보충성補充性).

② 체납처분 대상의 한정성

양도담보권자에게 물적 납세의무가 발생되면 우선 「납세고지서」를 첨부하여 「납부통지서」로 고지하며, 양도담보권자가 기한까지 납부하지 아니한 경우에는 양도담보재산을 압류·매각·청산 등의 강제징수절차를 거치게 된다.

양도담보권자에게 납세고지가 있은 후 양도담보재산의 양도에 의하여 담보된 채권이 채무불이행이나 그 밖의 변제 이외의 이유로 소멸되어도(양도담보재산의 환매, 재매매의 예약, 그 밖에 이에 유사한 계약을 체결한 경우에 기한의 경과, 계약의 이행 이외의 이유로 계약에 효력이 상실된 때를 포함한다) 양도담보재산으로서 존속하는 것으로 본다[국징법 §13].

⑤ 납세담보

'납세담보'納稅擔保, tax lien는 납세자가 조세채무의 성실한 이행을 담보하기 위하여 본인이나 제3자가 조세채권자인 국가나 지방자치단체에게 제공하는 재산적 가치가 있는 담보물을 말한다.

과세관청은 과세권을 행사하면서 다음에 해당하는 경우에는 조세채권의 보전을 위하여 본인이나 제3자에게 납세담보의 제공을 요구할 수 있다.

① 납부기한을 연장하는 경우[국기법 §6②; 지기법 §26②]

② '징수유예'나 '체납처분유예'를 하는 경우[국징법 §18, §85의2; 지징법 §25, §105]

③ '확정 전 보전압류'를 해제하는 경우[국징법 §24⑤; 지징법 §33②]

④ 상속세·증여세를 연부연납하는 경우[상증법 §71①]

⑤ 문화재자료·등록문화재 등에 대한 상속세·증여세를 징수유예하는 경우[상증법 §74④]

⑥ 국외전출자가 출국일부터 국외전출자 국내주식등을 실제로 양도할 때까지 납세지 관할 세무서장에게 양도소득세 납부의 유예를 신청하여 납부를 유예받으려는 경우[소법 §118의16①]

⑦ 개별소비세 과세물품을 수입신고 수리 전에 보세구역으로부터 반출하는 경우[개소법 §10④]

⑧ 과세관청이 과세유흥장소나 과세영업장소의 경영자에 대하여 납세보전 상 필요하다고 인정하는 경우[개소법 §10⑤]

⑨ 과세관청이나 세관장이 주세가 면제되는 주류에 대하여 필요하다고 인정한 경우[주세법 §31④]

⑩ 과세관청이 주류 제조자에게 주세 보전을 위하여 필요하다고 인정하는 경우[주세령 §41①]

⑪ 지방세 특별징수의무자가 자동차세의 납세보전을 위하여 제조자·수입판매업자 등 「교통·에너지·환경세법」 제3조에 따른 납세의무자에게 담보의 제공을 요구하는 경우[지방세법 §137의2]

⑫ 제조자·수입판매업자의 주사무소 소재지를 관할하는 지방자치단체의 장이 담배소비세의 납세보전을 위하여 제조자, 수입판매업자에게 담보의 제공을 요구하는 경우[지방세법 §64①]

(1) 납세담보의 제공

1) 납세담보의 종류

납세담보는 담보로 제공하는 재산의 특성에 따라 납세보증인의 일반재산에 의한 '인적 납세 담보'人的 納稅擔保와 납세자나 제3자의 특정재산에 의한 '물적 납세담보'物的 納稅擔保로 나뉜다.

인적 납세담보는 납세자의 재산으로부터 조세를 징수할 수 없을 때 보증인의 일반재산으로 징수하게 되며, 물적 납세담보는 납세자가 제공한 특정재산으로 조세를 다른 채권에 우선하여 징수할 수 있게 된다.

인적 납세담보에는 은행 등 보증인의 「납세보증서」가 인정된다. 인적담보로 인정되는 「납세보증서」는 ① 「은행법」에 따른 은행, ② 「신용보증기금법」에 따른 신용보증기금, ③ 보증 채무를 이행할 수 있는 자금능력이 충분하다고 세무서장이 인정하는 사람의 것만 인정된다.

물적 납세담보로는 금전, 국채증권 등 일정한 유가증권, 납세보증보험증권, 토지, 보험에 든**334)** 등기·등록된 건물·공장재단·광업재단·선박·항공기·건설기계 등이 인정되고 있다[국기법 §29; 지기법 §65].

물적 납세담보로 인정되는 '유가증권'에는 ① 「자본시장과 금융투자업에 관한 법률」[§4③]에 따른 국채증권, 지방채증권이나 특수채증권, ② 「자본시장과 금융투자업에 관한 법률」[§9⑬]에 따른 증권시장에 주권을 상장한 법인이 발행한 사채권 중 보증사채·전환사채, ③ 증권시장에 상장된 유가증권으로서 매매사실이 있는 것, ④ 「자본시장과 금융투자업에 관한 법률」[§4⑤]에 따른 수익증권으로서 무기명 수익증권, 환매청구가 가능한 수익증권, ⑤ 양도성 예금증서가 포함된다.

이처럼 납세담보는 세법에서 열거한 납세담보물만 제공할 수 있을 뿐 아무리 가치가 있거나 그 밖에 동등한 재산적 가치가 있다고 해도 납세담보로 허용되지 않는다.**335)**

2) 납세담보의 평가와 제공

납세자가 납세담보로서 제공하는 재산에 대한 평가와 제공하여야 하는 담보액은 다음과 같다.

① 유가증권 : 담보로 제공하는 날의 전날을 평가기준일로 하여 「상속세 및 증여세법 시행 령」[§58①]을 준용하여 계산한 가액으로 평가하고, 담보할 조세의 120%를 제공한다.
   (ⅰ) 거래소에서 거래되는 국채·지방채증권 : 평가기준일 이전 2개월간 공표된 매일의 거래소 최종 시세가액과 평가기준일 이전 최근일의 최종 시세가액 중 큰

---

334) '보험에 든' 재산의 보험계약금액은 그 재산에 의하여 담보된 조세·가산금과 체납처분비의 합계액(선순위에 피담보채권이 있을 때는 그 피담보채권액을 가산한 금액) 이상이어야 한다.

335) 대법원 2000.6.13. 선고, 98두10004 판결 참조.

가액

(ⅱ) 타인으로부터 매입한 국채·지방채증권(국채 등의 발행기관·발행회사로부터 액면 가액으로 직접 매입한 것을 제외한다) : 매입가액에 평가기준일까지의 미수이자상 당액을 가산한 금액

(ⅲ) 그 밖의 국채 등 : 평가기준일 현재 처분하는 경우 받을 수 있다고 예상되는 금 액으로 하며, 처분예상금액을 산정하기 어려운 경우에는 「자본시장과 금융투자 업에 관한 법률」에 따라 인가를 받은 투자매매업자, 투자중개업자, 「공인회계사 법」에 따른 회계법인이나 「세무사법」에 따른 세무법인 중 둘 이상의 자가 상환 기간·이자율·이자지급방법 등을 감안하여 평가한 금액의 평균액

② **토지·건물** : 「상속세 및 증여세법」[§61]을 준용하여 평가한 가액으로 하되, 납세자가 납세담보의 제공과 함께 둘 이상의 「부동산 가격공시 및 감정평가에 관한 법률」[§2 ⑼]에 따른 감정평가업자가 그 제공일 전 6개월 이내에 평가한 감정가액을 제시하는 경우에는 그 평균액을 평가액으로 하여 담보할 조세의 120%를 제공한다.

③ **공장재단, 광업재단, 선박, 항공기나 건설기계** : 「부동산 가격공시 및 감정평가에 관한 법률」에 따른 감정평가업자의 평가액이나 「지방세법」에 따른 시가표준액을 평가액으 로 하여 담보할 조세의 120%를 제공한다.

④ **납세보증보험증권** : 은행의 경우 담보할 조세의 110%, 그 밖의 보증인은 120%를 보험 금액으로 증권을 발급받아 제공한다. 납세담보로 제공하는 납세보증보험증권은 그 보 험증권의 보험기간이 납세담보를 필요로 하는 기간에 30일 이상을 더한 것이어야 한다.

⑤ **납세보증서** : 담보할 조세의 110%를 보증액으로 보증서를 발급받아 제공한다.

| 납세담보의 제공과 평가 |

종류		평가산정	제공방법	담보액
인적 담보	은행 등 보증인의 납세보증서	보증액	「납세보증서」 제출	조세의 110% (은행), 120%(기타)
물적 담보	금전		공탁후 「공탁수령증」 제출	조세의 110%
	국채증권 등 일정한 유가증권	① 국채등 채권 : 제공한 날 전날 의 상증령[§58①⑵]에 의한 평 가액 ② 상장주식 : 제공일 전일의 최 종시세가액과 기준일 전후 2개 월 평균종가 중 큰 금액[336]	① 공탁 후 「공탁수령 증」 제출 ② 등록된 국채 등 : 담 보제공사실 「등록필 증」 제출	조세의 120%

종류		평가산정	제공방법	담보액
물적 담보	토지·건물 ·공장(광업) 재단·선박 ·항공기· 건설기계	① 토지·건물 : 국세의 경우 상증법[§61]에 따른 평가액이나 제공자의 2이상의 감정평가평균액, 지방세의 경우 지방세법[§4①②]에 따른 시가표준액 ② 기타 재산 : 감정가액이나 지방세법 상 시가표준액	「등기필증, 등기완료통지서, 등록필증」을 세무관서에 제시 (토지 이외 「화재보험증권」 제출)	조세의 120%
	납세보증 보험증권	보험금액(보험기간이 담보필요 기간에 30일 추가)	「납세보증보험증권」 제출	조세의 110%

3) 납세담보의 변경과 보충

납세담보를 제공한 납세자는 필요에 따라 문서로 제공한 담보를 변경할 수 있다.

보증인의 「납세보증서」에 갈음하여 다른 담보재산을 제공한 경우, 제공한 납세담보가 가액의 변동으로 과다하게 된 경우와 납세담보로서 제공한 유가증권 중 상환할 때가 된 경우에 신청을 받은 과세관청은 승인하여야 한다[국기법 §32: 지기법 §68].

한편 과세관청은 납세담보물의 가액이나 보증인의 자력資力, 지급능력이 감소되거나 그 밖의 사유[337]로 납세담보로는 국세·지방세나 체납처분비의 납부를 담보할 수 없다고 인정할 때에는 담보를 제공한 사람에게 문서로 담보물을 추가로 제공하거나 보증인을 변경하도록 요구할 수 있다.

(2) 납세담보에 의한 납부·징수

1) 납 부

납세담보로서 금전金錢을 제공한 납세자는 그 금전으로 담보한 국세·지방세와 체납처분비의 납부할 수 있다[국기법 §33: 지기법 §69].

---

336) 납세담보로 인정되는 '증권시장에 상장된 유가증권으로서 매매사실이 있는 것'[상증법 §13①(3)]을 납세담보로 제공하고자 하는 경우 담보의 가액을 얼마로 할 것인지에 대하여는 세법상 규정이 따로 없다. 구 상증법 시행령[§13①(1)]에서는 '담보로 제공하는 날의 전날에 유가증권시장이나 코스닥시장에서 공표된 최종 시세가액'이라고 명시하고 있었으나 2012.2.2. 시행령 개정 시 '담보로 제공하는 날의 전날을 평가기준일로 하여 「상속세 및 증여세법 시행령」 제58조 제1항을 준용하여 계산한 가액'으로 하여 일반적인 채권의 평가방법을 따를 수밖에 없게 되었다.
337) 그 밖의 사유로는, ① 담보로 제공된 후 그 담보물에 대하여 소유권의 귀속에 관한 소가 제기된 경우 등으로 담보로서의 효력에 영향이 있다고 인정된 때 ② 담보물에 설정된 보험계약이 효력을 잃은 때 ③ 담보로 제공된 후에 압류조세채권이 증가함으로써 그 담보물로서는 국세·체납처분비의 납부를 담보할 수 없다고 인정된 때를 들고 있다.

2) 징 수

납세담보를 제공받은 국세·지방세와 체납처분비가 담보의 기간에 납부되지 아니하면 과세관청은 제공된 담보로써 조세를 징수한다. 납세자나 제3자가 담보기간에 조세를 납부하지 않으면 과세관청은 별도의 고지나 압류 등의 절차 없이 충당·매각·환가를 통해 담보권을 행사할 수 있다.

과세관청이 납세담보로 국세·지방세와 체납처분비를 징수하고자 할 때에는 다음과 같은 방법으로 징수하거나 환가換價한 금전을 해당 국세·지방세와 체납처분비에 충당한다.

① 금전 : 제공한 금전을 국세·지방세와 체납처분비에 충당

② 국채, 지방채, 그 밖의 유가증권, 토지, 건물, 공장재단, 광업재단, 선박, 항공기나 건설기계 : 공매절차에 따라 매각

③ 납세보증보험증권 : 납세보증보험 사업자에게 보험금의 지급을 청구

④ 납세보증서 : 납세보증인으로부터의 징수절차에 따라 징수

(3) 납세담보의 해제

과세관청은 납세담보를 제공 받은 국세·지방세와 체납처분비가 납부되면 지체 없이 담보해제 절차를 밟아야 한다[국기법 §34; 지기법 §70].

납세담보를 해제할 때는 문서로 담보를 제공한 납세자에게 통지하고, 저당권의 등기·등록이 필요한 경우에는 관계관서에 저당권 말소의 등기·등록을 촉탁하여야 한다.

희한한 세금, 세상에는 이런 세금도 있다.

세상에는 이런 세금도 있다? 가장 대표적인 예가 창문세window tax다.

1303년 창문세를 최초로 만든 사람은 프랑스의 필립4세지만, 프랑스에서는 이후에도 백년전쟁이던 1370년, 프랑스 대혁명 시기인 1789년에도 창문세가 있었다.

프랑스 창문세는 창문의 폭에 따라 세금을 달리했는데, 창문이 많고 큰 것은 그만큼 부유하고 잘 살기 때문에 세금을 매길 수 있는 기준이 된 것이다. 그런데 문제는 사람들이 세금을 내지 않기 위해 집을 지을 때 창문을 만들지 않는 것이었다. 폭이 좁고 길이가 긴 창문을 만들게 되어 오늘날 '프랑스식 창문'이 만들어지게 되었다.

영국에서도 창문세를 널리 활용했다. 과거 사생활침해 논란이 있던 '벽난로세' 대신 1696년 영국왕 윌리엄 3세는 전쟁비용에 충당하기 위해 창문의 개수에 따라 '창문세'를 부과했다. 창문이 많을수록 고급저택이었기 때문에, 창문이 6개 이상이 되는 주택을 대상으로, 창문이 7~9개인 경우는 2실링, 10~19개는 9실링, 20개 이상은 10실링의 창문세를 내게 했다. 이에 국민들이 창문세를 내지 않기 위해 창문을 아예 막아버리거나 집지을 때 창문을 만들지 않게 되었다. 하지만 1851

년 폐지될 때까지 창문세는 200여년간 국민들의 햇빛 없는 삶을 강요하면서 실제로 존재했다.

19세기 제정러시아의 표트르 대제는 러시아 근대화를 위해 러시아사람들의 구레나룻 수염을 깎고 짧은 소매옷을 입게 하기 위해 '수염세'를 부과했다. 그러자 매서운 추위에도 전통을 강조하던 귀족들까지 수염을 다 깎고 다녔다.

기원전 18년 로마시대 아우구스투스에는 만 30세를 넘는 미혼 독신에게는 법률까지 제정해 '독신세'를 부과하고 선거권까지 박탈했다 한다. 이탈리아 무솔리니도 25~30세 미혼남녀에게 연간 3파운드, 30세 이상은 2파운드의 '독신세'를 부과했다.

2018년 4월 영국이 비만예방 등 국민건강을 위해 '설탕세'를 부과해 엄청난 세수를 확보하고 있다. 음료제조업자들은 설탕세를 피하기 위해 음료의 50% 이상이 설탕함유량을 대폭 줄여 국민건강도 챙겼다. 핀란드, 멕시코, 필리핀, 노르웨이 등이 도입했고, 세계보건기구WTO에서는 권장하고 있다. 창문세 등과 같은 악세惡稅와 달리 '1석2조' 거두는 세금이니 서민과 경제 부담을 배려한다면 우리도 적극검토할 일이다.

제**5**장

조세확정절차

"세상에서 가장 이해하기 어려운 것이 소득세이다."
The hardest thing in the world to understand is the income tax.

"세금은 수학자가 아니라 철학자를 필요로 한다."
This is too difficult for a mathematician. It takes a philosopher.

– 아인쉬타인Albert Einstein(1879 – 1955)

납세자의 납세의무는 헌법에서 '법률이 정하는 바'에 따라 구체적으로 지도록 하고있어 실제 세금은 해당 세법에 따라 납세의무의 성립, 확정, 소멸의 단계를 거치게 됩니다.

마치 생명도 잉태되는 순간과 태어나는 순간이 있듯이 납세의무도 성립되는 시기와 확정되는 시기가 있습니다. 세금은 언제, 어떻게 '탄생'하는 걸까요? 생명이 잉태되는 시기가 납세의무의 성립이라면 아기의 실제 얼굴을 처음 대하게 되는 출산시점이 납세의무의 확정시기라 할 수 있습니다.

납세의무를 구체적으로 확정하는 방법에는 두 가지가 있습니다. 정부가 세금을 결정하는 '정부부과제도'와 납세자가 세금을 정하는 '신고납세제도'입니다. 고대는 물론 봉건주의 절대군주 시대나 시민혁명 이후에도 권력자나 정부가 세금을 결정했지만 20세기 이후 최근에는 정부가 아닌 국민이 직접 세금계산과 신고를 통해 대부분의 세금을 정하고 있습니다.

바로 납세자의 '과세표준신고'가 그것입니다. 거의 대부분의 세목에서 각종 세금산정과 납부가 이뤄지는 납세의무의 확정기준이 되었고, 심지어는 상속세와 증여세처럼 정부부과제도에서도 협력의무로서 과세표준신고의무는 부여됩니다. 아울러 과세표준신고에 대한 변경으로써 (증액)수정신고와 (감액)결정·경정청구 제도는 물론 신고기한을 넘긴 후에는 '기한 후 신고'도 할 수 있습니다. 하지만 각각에는 엄격한 기준과 책임이 뒤따릅니다.

신고납세제도는 납세자가 납세의무를 성실하게 이행할 것을 기초로 하는 매우 '민주적'인 납세방식입니다. 하지만 만약 납세자가 세법이 정한 세금제도와 절차를 준수하여 세금을 제대로 계산하고 납부하기에 어렵다면 '독이 든 성배'에 불과할 것입니다. 민주적인 제도라지만 국민 일반에게는 가산세 부담과 형사처벌 등 법적 책임만 훨씬 무거운 제도가 되기 때문입니다.

결국 아무리 선진화되고 민주적인 세금제도라 하더라도 보통 국민인 납세자가 충분한 사전정보를 제공받지 못하고 어려운 세법지식을 익힐 수 없는 상태에서 신고납세를 이행해야 한다면 이는 조세원칙에 명백히 어긋납니다. 그러기에 납세자가 납세를 직접 수행하기에 어려움이 없게 쉽고도 상세한 납세절차가 잘 준비되어야 할 것입니다.

제 1 절

납세자의 신고 · 청구

오늘날 대부분의 국가에서 조세제도는 과세권자가 납세자의 납세액을 일일이 결정하던 부과과세제도에서 납세자가 스스로 자신의 납세규모를 결정하는 신고납세제도로 전환되었다.

조세의 부과 · 징수제도로서 신고납세제도는 성실한 납세자가 양심에 따라 스스로 과세표준신고를 통해 자신의 세액을 결정하여 납부하게 되므로 성실성만 담보하게 된다면 매우 이상적이고 선진적인 제도라고 할 것이다.

하지만 아무리 성실성이 담보된다 해도 부과과세제도에서 과세권자가 납세의무를 확정할 때보다 신고납세제도에서 납세자가 납세의무를 제대로 이행하기 위해서는 납세자에게 세법 등 조세에 관한 많은 지식과 정보가 필요한 것은 물론 시간과 비용의 부담도 요구된다.

그러므로 납세자가 최소의 비용으로 과세표준과 세액에 대하여 '자기결정권'을 스스로 행사하기 위해서는 전문가가 아닌 보통의 납세자도 손쉽게 과세요건을 인식하고 세액을 계산할 수 있는 제도적 환경이 뒷받침되지 않으면 안될 것이다.

만약 세법과 조세행정이 복잡한 조세체계와 세액계산 방식을 고수하면서도 납세자의 선의善意를 인정하지 않고 많은 의무와 책임만 일방적으로 지운다면 납세자에게 조세제도로서 신고납세제도는 '악법惡法'이 될 수밖에 없다.

세법에서는 이러한 점을 감안하여 과세표준신고를 통해 납세의무를 확정하거나 협력의무를 이행하는 경우에 과세표준신고 후 신고내용을 수정할 수 있도록 수정신고와 결정 · 경정청구 제도, 법정신고기간에 신고하지 못한 경우 그 기한이 지난 후 신고할 수 있는 기한 후 신고 제도를 두고 있다.

이처럼 납세자의 과세표준신고를 변경하는 수정신고, 결정 · 경정청구, 기한 후 신고 등의 제도는 각각 법적 효력을 달리하고 있기 때문에 납세자의 권리와 이익에 큰 영향을 미치게 된다.

신고절차		기한	효과
당초	변경		
법정신고기한까지 신고(과소)	수정신고	과세관청의 결정·경정 전까지	① 가산세 부담의 경감 ② 법정신고기한과 동일한 효과 ③ 매출누락 사외유출분 회수시 유 보처분 가능
법정신고기한까지 신고(과대)	결정·경정 청구	법정신고기한이 지난 후 5년 이내	① 결정·경정청구 확정력 없음 ② 결정·경정청구 후 2월 이내 환 급, 부작위·거부시 불복청구
법정신고기한까지 신고, 결정·경정 (후발적 사유 발생)	결정·경정 청구	후발적 사유가 발생한 사실을 안 날부터 90일 이내	① 결정·경정청구 확정력 없음 ② 결정·경정청구 후 2월 이내 환 급, 부작위·거부시 불복청구
법정신고기한까지 무신고	기한후 신고	과세관청의 결정 전까지	① 기한 후 신고의 확정력 없음 ② 가산세 부담의 경감

① 과세표준신고

'과세표준신고'課稅標準申告, tax-base return는 납세자가 자신의 납세의무를 확정하거나 과세관청으로 하여금 납세의무를 확정하도록 세법에 따른 신고기한까지 과세표준·세액 등을 기재한 「과세표준신고서」를 납세지를 관할하는 과세관청에 제출하는 것을 말한다.

과세표준신고는 소득세, 법인세 등 신고납세제도의 조세뿐만 아니라 상속세, 증여세 등 과세관청이 결정하여 납세의무가 확정되는 부과과세제도의 조세에서도 납세자의 협력의무로 정하고 있다.

(1) 과세표준신고의 관할

과세표준신고는 국세의 경우 납세자가 신고할 때에 해당 조세의 납세지를 관할하는 과세관청에 제출하여야 한다. 전자신고를 하는 경우에는 지방국세청장이나 국세청장에게 제출할 수 있다.

하지만 과세표준신고서가 관할 세무서장이 아닌 다른 세무서장에게 제출된 경우도 과세표준신고의 효력에는 영향이 없다.

한편 납세자로부터 과세표준신고를 받은 후 결정·경정은 국세의 경우 해당 조세의 납세지를 관할하는 세무서장이 한다. 주소지·사업장이 이전되거나 납세지의 지정에 따라 납세지가 변경된 경우, 세무서 등 관할구역이 변경된 경우에는 변경된 후 납세지를 관할하는 세무서장이 과세표준과 세액을 결정·경정한다.

| 납세지와 관할 |

구분		과세표준 신고, 수정신고, 결정·경정청구	결정과 경정
국세		신고(수정신고, 결정·경정청구 포함)할 때의 국세의 납세지를 관할하는 세무서장	결정·경정처분 당시의 납세지를 관할하는 세무서장
지 방 세	취득세	부동산 등 취득물건의 소재지 관할납세지를 관할하는 시장·군수	
	개인 지방소득세	① 소득세법상 주소지, 원천징수는 사업장 소재지 관할하는 시장·군수 ② 사업연도가 끝나기 전에 근무지를 변경하거나 둘 이상의 근로소득을 받는 경우 개인지방소득세를 연말정산 환급·추징 시 연말정산일 현재 새 근무지나 주된 근무지 관할하는 시장·군수	
	법인 지방소득세	① 법인의 등기부에 따른 본점이나 주사무소, 원천징수는 사업장 소재지 관할 시장·군수 ② 법인이 둘 이상의 지방자치단체에 사업장이 있는 경우 각각 안분계산하여 사업장 소재지 관할 시장·군수(특별시·광역시 내 2 이상의 사업장은 주된 사무소의 구청장에게 총괄 신고·납부) ③ 법인세 분 지방소득세는 법인의 사업연도 종료일 현재 해당 법인의 사업장 소재지를 관할하는 시장·군수[지법령 §87①]	
	주민세	① 균등분은 주소지(비사업 개인), 사업소 소재지(사업소 둔 개인, 법인) ② 재산분은 과세기준일 현재 사업소 소재지를 관할하는 시장·군수 ③ 종업원분은 매월 말일 현재의 사업소 소재지 관할하는 시장·군수	

(2) 과세표준신고의 효력과 혜택

1) 확정력

소득세·법인세 등 신고납세제도에서 납세자의 과세표준신고는 납세의무를 확정시키는 효력이 있다. 그러므로 납세자가 법정신고기한까지 과세관청에 과세표준신고를 한 경우 그 확정력이 인정된다.

반면 상속세·증여세 등 부과과세제도에서 과세표준신고는 신고납세제도에서와 동일한 방법으로 하지만 그 자체로 확정력을 가지지 못하고 반드시 과세관청의 결정이 있어야만 납세의무가 확정된다. 그러므로 부과과세제도를 적용받는 조세에서 납세자의 과세표준신고는 과세관청의 결정에 필요한 자료를 제공하는 협력의무를 이행하는 것에 불과하다.

2) 신고세액공제

부과과세제도의 조세에서 납세자의 과세표준신고는 협력의무의 이행에 불과하지만, 일반적으로 납세자가 과세표준신고와 동시에 세액의 납부의무를 이행하는 경우 일정한 세액공제를 허용하고 있다.[338]

상속세·증여세 등 부과과세제도를 채택하고 있는 조세에서 신고세액공제는 신고한 과세표준에 대한 산출세액의 일정률로 공제하는바, 이는 과세표준의 적정한 결정을 위해 자발적으로 성실한 신고를 유도하기 위한 것이다. 납부할 세액을 자진납부했는지 여부나 피상속인이 거주자·비거주자 여부와 상관없이 공제받을 수 있다.

3) 무신고·과소신고시 가산세

신고납세제도에서 과세표준신고를 하지 않은 경우 납세자는 신고·납부 의무불이행에 대한 무신고·납부지연 가산세를 부담하지만, 부과과세제도에서 과세표준신고를 하지 않은 경우는 세액공제 등 협력의무 이행에 따른 혜택을 받지 못하게 될 것이다.

하지만 세법은 납세의무의 확정절차로서의 신고납세제도에서와 마찬가지로 협력의무로서의 부과과세제도에서도 납세자가 과세표준신고를 하지 아니한 경우 똑같이 무신고나 과소신고가산세를 부과하고 있다.

부과과세제도에서 납세자가 과세표준신고를 하였다 해도 이는 본래적인 신고의무가 아닌 과세자료 수집을 위한 협력의무를 이행하는 것이고 납부도 예납적 절차에 불과한 것으로 볼 수 있다.

그러므로 과세관청의 결정 전까지는 납세의무가 확정되지 않았음에도 세액공제 등 인센티브를 부여하지 않거나 신고납세제도에서와 마찬가지로 동일한 규모로 무신고·납부지연 등 가산세를 부담지우는 것은 조세의 확정방식을 고려할 때 지나친 것이다.

| 과세표준신고의 효과 |

구분	신고납세제도	부과과세제도
확정력	있음	없음
세액공제	없음	있음
무신고·과소신고 가산세	있음	있음
조세포탈범 기수시기	납세자의 신고납부기한	과세표준 결정 후 납부기일 (단, 조세포탈목적 무신고시 신고기한)

---

338) 상속세·증여세 등 부과과세제도인 조세에서 과세표준신고를 한 경우 산출세액에서 공제·감면되는 금액을 뺀 금액의 일정률(현재는 3%)에 해당하는 신고세액공제를 허용하고 있다. 하지만 부가가치세, 소득세, 법인세 등 신고납세제도의 조세에서는 신고세액공제를 인정하지 않고 있다. 양도소득세의 경우 2000년 부과과세제도에서 신고납세제도로 전환되었지만 2009년까지 예정신고를 하는 경우 10%의 세액공제를 유지한 사례가 있다.

② 수정신고

'수정신고'修正申告, amended tax return는 납세자가 제출한 과세표준신고가 해야 할 과세표준·세액에 미달하거나 신고한 결손금액이나 환급세액이 과대한 경우 납세자가 스스로 당초의 신고내용을 정정하여 신고하는 것을 말한다.

신고납세제도에서든 부과과세제도에서든 납세자의 과세표준신고를 의무화하고 있는 상황에서, 납세자가 단 1회의 신고에 오류를 범하거나 누락한 내용이 있는 경우 이를 정정할 수 없다면 신고납세제도의 장점을 잃어버린 채 세무행정이 복잡해지고 납세자의 권익이 크게 침해된다.

이 때문에 과세표준신고에 대하여 수정신고 제도를 두어 납세자가 스스로 정당한 과세표준·세액으로 보정補正할 수 있도록 한 것이다.

이같이 수정신고를 통하여 정당한 조세부담으로 시정하는 경우, 과세관청은 행정력을 절감하고 납세자는 가산세를 경감 받거나 향후 적발될 때 무거운 가산세의 부과를 피할 수 있게 된다.

하지만 어렵고 복잡한 조세체계와 세액계산 방식을 유지하고 있는 현실에서 세무지식이 납세자가 신고·납부할 때 정확하고 간편하게 과세표준신고를 하는 것은 매우 어렵기 때문에 세무신고에 있어서 오류는 빈번하게 발생하게 된다.

이러한 점을 고려할 때 신고납세제도에서 악의적인 조세회피에 대한 가산세의 부담은 더욱 무겁게 하는 대신에 과세표준신고 후 일정한 기간에 스스로 당초 신고내용을 보정하여 신고하는 경우에는 과소신고로 인한 가산세 부담을 면제하거나 크게 경감하는 것이 바람직하다.[339]

(1) 대상과 요건

「과세표준신고서」를 법정신고기한[340]까지 제출하거나 「기한후 과세표준신고서」를 제출한 납세자는 그 신고한 내용이 일정한 요건에 해당하는 경우, 관할 과세관청이 각 세법에 따라 해당 조세의 과세표준과 세액을 결정이나 경정하여 통지하기 전으로서 부과권의 행사기간(부과 제척기간)까지 「과세표준수정신고서」를 제출할 수 있다[국기법 §45; 지기법 §50].

---

339) 관세의 경우, 악의적인 허위·부당신고에 대하여는 40%의 가산세를 부과하는 대신 신고 후 6개월 내에 부족액이나 신고내용에 오류를 발견하고 스스로 수정하는 '보정'을 하는 경우 일체의 가산세를 부과하지 않는다[관세법 §38의2].
340) "법정 신고기한"은 각 세법에 따른 과세표준과 세액에 대한 신고기한이나 신고서의 제출기한을 말한다. 만약 「국세기본법」에 따라 신고기한이 연장된 경우에는 그 연장된 기한을 법정신고기한으로 본다.

1) 대 상

과세표준 신고 후 수정신고를 할 수 있는 대상은 법정신고기한까지 「과세표준신고서」를 제출하거나 「기한후 과세표준신고서」를 제출한 납세자이다.[341] 그러므로 법정신고기한을 지나서 기한 후 신고를 한 납세자도 수정신고를 할 수 있다.

2) 요 건

납세자가 과세관청에 한 과세표준신고나 기한 후 과세표준신고가 다음의 '일정한 요건'에 해당하는 경우에는 수정신고를 할 수 있다[국기법 §45①; 지기법 §50①].

① 세법에 따른 「과세표준신고서」에 기재된 과세표준과 세액이 세법에 따라 신고하여야 할 과세표준과 세액에 미치지 못할 때

② 세법에 따른 「과세표준신고서」에 기재된 결손금액이나 환급세액이 세법에 따라 신고하여야 할 결손금액이나 환급세액을 초과할 때

③ 원천징수의무자의 정산 과정에서 일정한 소득[소법 §73①(1)~(7)]의 누락, 세무조정 과정에서 「법인세법」[§36①, §37①]에 따른 국고보조금, 공사부담금에 상당하는 금액을 익금과 손금에 동시에 산입하지 아니하는 등 불완전한 신고[342]를 한 때(국기법 [§45의 2]에 따라 결정·경정청구를 할 수 있는 경우를 제외한다)

④ 지방세 특별징수의무자의 정산과정에서 누락 등이 발생하여 과세표준과 세액이 지방세관계법에 따라 신고하여야 할 과세표준과 세액 등보다 적을 때

(2) 수정신고 기한

수정신고는 부과권의 행사기간이라면 과세관청이 각 세법에 따라 해당 조세의 과세표준·세액을 결정·경정하여 통지하기 전까지는 언제든지 할 수 있다.[343]

---

341) 여기에는 「소득세법」[§73①(1)~(7)]에 따라 해당 소득에 대하여 과세표준 확정신고를 하지 아니할 수 있는 자 즉, ① 근로소득만 있는 자, ② 퇴직소득만 있는 자, ③ 공적연금소득만 있는 자, ④ 원천징수되는 사업소득으로서 보험모집인 등 일정한 사업소득만 있는 자, ⑤ 원천징수되는 기타소득으로서 종교인소득만 있는 자, ⑥ 근로소득과 퇴직소득만 있는 자, ⑦ 퇴직소득, 공적연금소득만 있는 자, ⑧ 퇴직소득, 원천징수되는 사업소득만 있는 자의 경우가 포함된다[국기칙 §12①]. 아울러 기한 후 신고에 대하여도 2020년 이후 수정신고가 허용되었다.

342) 「법인세법」에 따라 합병, 분할, 물적 분할, 현물출자에 따른 양도차익에 대하여 과세를 이연移延받는 경우로서 세무조정 과정에서 양도차익의 전부나 일부 금액을 익금과 손금에 동시에 산입하지 아니한 것을 포함한다. 하지만 이 경우 ① 정당한 사유 없이 「법인세법 시행령」[§80, §82, §83의2, §84, §84의2]에 따라 과세특례를 신청하지 아니한 경우로서 경정할 것을 미리 알고 제출한 경우[법령 §29(1)(2)]에 해당하는 경우에는 수정신고 할 수 없다.

343) 여기에는 환급신고를 한 경우 환급결정을 한 후 환급통지를 하는 경우를 제외하는 것으로 판단되며, 이에 따라 환급신고 후 환급결정통지를 받은 경우라도 증액 수정신고는 가능할 것이다.

그러므로 신고납세제도의 조세는 물론 부과과세제도의 조세에서 과세관청의 결정·경정에 포함되지 아니하여 과소하게 된 과세표준과 세액에 대해서는 부과권의 행사기간(부과의 제척기간)이 끝날 때까지 수정신고를 할 수 있다.

(3) 수정신고 절차

수정신고를 하고자 하는 납세자는 당초 신고한 과세표준·세액, 수정신고하는 과세표준·세액 등을 기재한 「과세표준수정신고 및 추가자진납부계산서」[국기칙 별지 제16호 서식]를 납세지 관할 과세관청에 제출하여야 한다.

이 때 수정한 부분에 관하여 당초의 「과세표준신고서」에 첨부한 서류가 있는 때에는 수정한 서류를 첨부하여야 한다.

수정신고를 하는 납세자는 이미 납부한 세액이 수정신고하는 과세표준·세액에 미달하여 추가납부세액이 발생한 경우에는 수정신고와 동시에 납부하여야 한다[지기법 §49②].[344] 만약 수정신고로 인하여 추가자진납부하여야 할 세액 중 일부만 추가로 자진납부한 경우에는 납부한 범위에서만 가산세를 경감받을 수 있다.

(4) 수정신고의 효력

1) 신고납세제도에서의 확정력

납세자가 신고납세제도 세목의 과세표준신고서를 법정신고기한까지 제출한 후 과세표준과 세액을 증액 변경하는 수정신고는 당초의 신고에 따라 확정된 과세표준과 세액을 증액하여 확정하는 효력을 가진다[국기법 §22의2①; 지기법 §49].[345]

하지만 수정신고는 당초 신고에 따라 확정된 세액에 관한 세법에서 규정하는 권리·의무관계에 영향을 미치지 아니한다[국기법 §22의2②].

한편 상속세·증여세 등 부과과세제도에서 납세자가 과세관청의 결정·경정 이후에 하는 수정신고는 납세의무를 확정하는 효력이 없다. 이 경우에도 법정신고기한까지 한 과세표준신고와 마찬가지로 따로 과세관청이 결정해야만 확정된다.

---

344) 수정신고시 납세의무에 대하여 「지방세기본법」은 명시하고 있는 반면, 국세의 경우에는 명시적으로 규정하고 있지 않다. 수정신고로 인하여 납부할 세액이 있는 경우 수정신고를 할 때 그 세액을 납부하여야 하지만, 만약 납부하지 않아도 수정신고의 효력(확정력 등)에는 영향이 없고 수정신고에 따른 가산세의 경감혜택을 받지 못할 뿐이다.
345) 법정신고기한까지 과세표준신고서를 제출한 납세자의 수정신고에 대해서만 납세의무를 확정하는 효력이 인정된다.

2) 조세포탈죄의 기수시기와 무관

조세의 수정신고는 당초 신고에 따라 확정된 세액에 관한 세법에서 규정하는 권리·의무 관계에 영향을 미치지 아니한다.

아울러 「조세범 처벌법」에서 '조세포탈죄'의 기수시기既遂時期, consummated time[346]는 신고 납세제도를 채택하는 조세에서는 법정 신고기한이 지난 때, 부과과세제도를 채택하는 조세에서는 부과 결정한 세액의 납부기한이 지난 때이다.

그러므로 이미 기수시기가 지나 조세포탈죄가 성립한 후에는 아무리 수정신고를 하더라도 조세포탈죄의 성립에 영향을 미치지 않는다.

하지만 조세포탈죄를 범한 사람이 포탈세액에 대하여 법정신고기한이 지난 후 2년 이내에 수정신고한 경우에는 형을 감경減輕받을 수 있다[조범법 §3③].

(5) 수정신고의 혜택

1) 과소신고·초과환급가산세의 경감

납세자가 법정신고기한이 지난 후 2년 내에 수정신고를 한 경우에는 국세나 지방세에 있어서 과소신고가산세나 초과환급신고가산세[국기법 §47의3; 지기법 §53(1)]의 10~90%의 범위에서 다음과 같이 감면한다[국기법 §48②(1); 지기법 §54②].[347]

① 법정신고기한이 지난 후 1개월 내 수정신고 : 과소신고·초과환급가산세의 90% 경감

② 법정신고기한이 지난 후 1개월 초과 3개월 내 수정신고 : 과소신고·초과환급가산세의 75% 경감

③ 법정신고기한이 지난 후 3개월 초과 6개월 내 수정신고 : 과소신고·초과환급가산세의 50% 경감

④ 법정신고기한이 지난 후 6개월 내 1년 이내 수정신고 : 과소신고·초과환급산세의 30% 경감

⑤ 법정신고기한이 지난 후 1년 초과 1년 6개월 내 수정신고 : 과소신고·초과환급가산세의 20% 경감

⑥ 법정신고기한이 지난 후 1년 6개월 초과 2년 내 수정신고 : 과소신고·초과환급가산

---

346) "기수시기"는 범죄의 구성요건이 완전하게 실현되는 때를 말한다. 「형법」은 기수범既遂犯만을 처벌하는 것을 원칙으로 하고, 미수범未遂犯은 특별한 규정을 둔 경우에만 처벌한다. 조세법에서는 주세포탈 미수범, 관세법은 관세포탈범 등 특별히 정한 경우에만 제한적으로 미수범을 처벌하도록 하고있다.

347) 종전에는 법정신고기한으로부터 6개월 이내 수정신고하는 때에는 50%를 일률적으로 경감하도록 되어 있었으나 2009년부터 법정신고기한으로 부터 2년 이내에 수정신고하는 경우 6개월 단위로 기간별로 10~50%를 차등감면하였다. 하지만 2020년부터는 6개 기간별로 10~90%로 감면하도록 더욱 세분화하였다.

세의 10% 경감

하지만 납세자가 법정신고기한이 지난 후 2년 내에 수정신고를 한 경우라도, 해당 조세에 관하여 세무공무원이 조사에 착수한 것을 알게 되거나(국세·지방세의 경우) 관할 세무서장으로부터 과세자료 해명 통지를 받은 경우(국세의 경우) 등 과세표준·세액을 경정할 것을 미리 알고서[348] 「과세표준수정신고서」를 제출한 경우는 가산세 경감대상에서 제외한다[국기법 §48②(1), 국기령 §29; 지기법 §57②, 지기령 §36].

2) 법인세 수정신고 시 상여처분 제외

내국법인이 수정신고기한까지 매출누락이나 가공경비 계상 등을 통하여 부당하게 사외유출된 금액을 회수하고 세무조정으로 익금에 산입하여 수정신고하는 경우에는 '사내유보'로 소득처분 한다[법령 §106④].[349]

이는 수정신고가 소득이 누락되거나 잘못된 신고에 대하여 자기시정의 기회를 갖도록 하는 것이므로 사외로 유출되었으나 회수한 경우에는 상여처분을 피할 수 있게 하여 수정신고를 통한 자기시정을 유도하기 위한 것이다.

하지만 다음과 같이 '경정이 있을 것을 미리 알고' 사외유출된 금액을 익금산입하는 경우에는 사내유보 처분할 수 없다.

① 세무조사의 통지를 받은 경우
② 세무조사가 착수된 것을 알게 된 경우
③ 세무공무원이 과세자료의 수집이나 민원 등을 처리하기 위하여 현지출장이나 확인업무에 착수한 경우
④ 납세지 관할세무서장으로부터 과세자료 해명 통지를 받은 경우
⑤ 수사기관의 수사나 재판 과정에서 사외유출 사실이 확인된 경우
⑥ 그 밖에 ①~⑤에 따른 사항과 유사한 경우로서 경정이 있을 것을 미리 안 것으로 인정되는 경우

---

348) 「국세기본법 시행령」 제29조와 「지방세기본법 시행령」 제36조(가산세감면제외사유)에서 '경정할 것을 미리알고 제출한 경우'의 구체적인 내용을 들고 있으나, 이는 모법에 위임근거가 없이 시행령에서 임의로 규정한 것으로 보아야 한다.
349) 사외유출된 금액을 회수하여 수정신고 시 소득처분을 유보로 하는 규정[법령 §106④]은, 2003.12.30. 삭제되었다가 2005.2.19. 다시 신설되었고 이후 수정신고하는 분부터 적용하도록 하였다. 따라서 2003.12.31.~ 2005.2.18. 기간에 해당하는 과소신고 분을 2005.2.19. 이후 수정신고하는 경우에도 사외유출된 금액을 회수하기만 하면 유보처분이 가능하다.

3) 조세감면의 적용

법인이나 사업소득이 있는 납세자가 「조세특례제한법」에서 정하고 있는 조세감면을 누락하여 과세표준신고한 경우에는 과대신고한 세액에 대하여 수정신고를 통하여 「조세특례제한법」에 따른 세액감면이나 세액공제를 적용받을 수 있다[조특법 §128③, 조특령 §122①].

① 창업중소기업·창업벤처기업에 대한 법인세·소득세 세액감면[조특법 §6]

② 중소기업에 대한 법인세·소득세 특별세액감면[조특법 §7]

③ 중소·중견기업 내국인 특허권등 기술이전·대여소득에 대한 법인세·소득세 세액감면[조특법 §12①③]

④ 연구개발특구에 입주하는 첨단기술기업 등에 대한 법인세·소득세 세액감면[조특법 §12의2]

⑤ 창업중소기업·창업벤처기업·지방 소도시 농공단지에 입주하여 농어촌소득개발사업을 영위하는 기업, 개발촉진지구 등에 입주한 중소기업과 수도권외의 지역으로 이전하는 중소기업, 농업회사법인이 감면기간이 지나기 전에 중소기업 간의 통합하는 경우 남은 감면기간에 대하여 양도소득세 등의 이월과세[조특법 §31④⑤]

⑥ 양도소득세가 이월과세 되는 법인전환에 따라 설립되는 창업중소기업세액감면·과밀억제권역 밖 지방이전세액감면·세액공제의 승계[조특법 §32④]

⑦ 사업전환 중소기업과 무역조정지원기업에 대한 법인세·소득세 세액감면[조특법 §33의2]

⑧ 성장관리권역에 소재 이전공공기관 본사 혁신도시이전 시 법인세·소득세 감면[조특법 §62④]

⑨ 수도권 과밀억제권역 외 지역 이전 중소기업에 대한 법인세·소득세 세액감면[조특법 §63]

⑩ 법인의 공장·본사를 수도권 밖으로 이전하는 경우 법인세·소득세 세액감면[조특법 §63의2②]

⑪ 농공단지입주기업 등에 대한 법인세·소득세 세액감면[조특법 §64]

⑫ 영농조합법인·영어조합법인·농업회사법인에 대한 법인세 세액면제[조특법 §66~§68]

⑬ 사회적기업과 장애인 표준사업장에 대한 법인세·소득세 세액감면[조특법 §85의6①②]

⑭ 소형주택 임대사업자에 대한 법인세·소득세 세액감면[조특법 §96]

⑮ 상가건물 장기임대사업자에 대한 법인세·소득세 세액감면[조특법 §96의2]

⑯ 위기지역 창업기업에 대한 법인세·소득세 감면[조특법 §99의2②]

⑰ 산림개발소득에 대한 법인세·소득세 세액감면[조특법 §102]

⑱ 해외진출기업의 국내복귀에 대한 법인세·소득세 세액감면[조특법 §104의24①]

⑲ 제주첨단과학기술단지입주기업에 대한 법인세·소득세 세액감면[조특법 §121의8]

⑳ 제주투자진흥지구나 제주자유무역지역 입주기업에 대한 법인세·소득세 세액감면
　　[조특법 §121의9②]

㉑ 기업도시개발구역 입주기업 등에 대한 법인세·소득세 세액감면[조특법 §121의17②]

㉒ 아시아문화중심도시 투자진행지구 입주기업 등에 대한 법인세·소득세 세액감면[조
　　특법 §121의20②]

㉓ 금융중심지 창업기업 등에 대한 법인세·소득세 세액감면[조특법 §121의21②]

㉔ 첨단의료복합단지 입주기업에 대한 법인세·소득세 세액감면[조특법 §121의22②]

　하지만 이 경우도 납세자가 제출한 과세표준 수정신고서의 과세표준과 세액을 과세관청
이 경정할 것을 미리 알고 수정신고서를 제출한 경우[350]에는 과소신고금액(=「국세기본법」
제47조의3 제2항 제1호에 따른 부정과소신고 과세표준으로, 개인의 경우에는 이를 준용하여 계산한 금
액을 말한다)에 대하여 감면적용을 받을 수 없다.

 결정·경정청구

　'결정·경정청구'決定·更正請求, claim for reassessment[351]는 「과세표준신고서」를 법정 신고기한
까지 제출하거나 「기한후 과세표준신고서」를 제출한 납세자가 최초 신고나 수정신고한 경
우와, 과세관청이 결정·경정한 과세표준과 세액이 과대하거나 결손금액이나 환급세액이
과소한 경우에 과세관청에게 내용을 정정하여 결정·경정을 하도록 청구하는 것을 말한다.
납세자가 과세관청에 과세표준이나 세액의 결정·경정을 요구하는 권리를 통상 '경정청구
권'更正請求權이라 한다.

　결정·경정청구 제도는 객관적으로 존재하는 진실한 세액을 초과하여 착오 등으로 과다
하게 신고·납부하거나 후발적後發的인 일정한 사유가 발생하여 과세표준·세액의 산정기
초에 변동이 생긴 경우, 과세관청에게 그 사정을 반영하도록 하여 납세자의 이익을 회복시

---

350) '경정할 것을 미리 알고 수정신고서를 제출한 경우'는 수정신고에 따른 가산세의 경감이나 인정상여 유보
　　처분에 관한 규정에서와 달리 구체적인 내용을 따로 정하지 않고 있다.
351) 세법에서는 이를 '경정 등 청구'로 표현하고 있다[국기법 §45의2 제목; 지기법 §51 제목]. 세법은 과세관청에
　　의한 부과권 행사 방법을 결정과 경정 등으로 구분하여, 부과과세제도를 채택하고 있는 조세를 납세자가 과
　　대신고 한 때에 청구하는 것을 '경정청구'로, 신고납세제도를 채택하는 조세를 과대신고·결정한 때 청구하는
　　것은 '결정청구'로 구분하여 부른다. 일반적으로 실무에서는 '경정청구'라 부르지만, 이 책에서는 경정 등 청구
　　가 납세자의 신고내용을 감액수정하기 위하여 이뤄지는 점을 고려하여 '결정·경정청구'로 명칭하였다.

키는 제도적 장치이다.

하지만 결정 · 경정청구는 납세자가 과세관청에 자신의 과세표준 · 세액을 수정해주도록 청구하는 것일 뿐이므로 결정 · 경정청구 자체로는 아무런 확정력이 없고 과세관청의 결정 · 경정이 있어야 확정된다.

이는 신고납세제도에서나 부과과세제도에서나 마찬가지다. 납세자가 법정신고기한까지 과세표준신고를 하는 경우 신고납세제도에서는 납세자의 납세의무가 확정되는 효력이 있는 반면 부과과세제도에서는 그 효력이 인정되지 않는 큰 차이가 있지만, 결정 · 경정청구의 경우 신고납세제도와 부과과세제도에서 모두 그 자체로는 확정력이 인정되지 않으므로 법적 성질에 차이가 없다.

| 결정 · 경정청구 제도의 연혁 |

시행시기	2001.1.1	2014.1.1	2005.7.13	2008.1.1	2015.1.1	2016.1.1	2020.1.1
주요내용	청구기간 확대 (1→2년)	연말정산 경정청구 도입	청구기간 확대 (2→3년)	결정 · 경정분 청구기간 조정 (3년 → 불복청 구기간)	청구기간 확대 (3→5년)	후발적 경정 청구기간연장 (2→3개월)	기한후 신고자도 대상
통상적 청구기간	법정신고 기한이 지난 후 1년 이내	법정신고 기한이 지난 후 2년 이내	법정신고 기한이 지난 후 3년 이내	법정신고기한 지난 후 3년이 내(결정 · 경정 은 신고후 3년 내인 불복기한 까지)	법정신고기한 지난 후 5년 이내(결정 · 경 정은 신고 후 5 년 내인 불복기 한까지)		
후발적 청구기간	결정 · 경정청구 사유가 발생한 것을 안 날로부터 2개월				90일		
통지기간	결정 · 경정청구를 받은 날부터 2개월 이내에 결정 · 경정이나 불가 통지						
부과권의 행사기간	불복결정 · 판결확정, 상호합의시 1년 이 내 결정 · 경정가능			후발적 결정 · 경정청구에는 경정가능기간을 2 개월로 명시			

* 1994.12.31. 이전에는 '감액수정신고' 제도로 운영

(1) 일반적인 결정 · 경정청구

「과세표준신고서」를 법정신고기한까지 제출하거나 「기한후과세표준신고서」를 제출한 납세자는 '일정한 요건'에 해당하는 경우 법정신고기한이 지난 후 5년 이내에 관할 과세관 청에게 최초 신고나 수정신고한 국세 · 지방세의 과세표준이나 세액의 결정 · 경정을 청구할 수 있다.

하지만 각 세법에 따른 과세관청의 결정 · 경정으로 인하여 증가된 과세표준 · 세액에 대해

서는 해당 처분이 있음을 안 날(처분의 통지를 받은 때는 그 받은 날)부터 90일 이내(법정신고기한이 지난 후 5년 이내로 한정한다)에 결정·경정청구 할 수 있다[국기법 §45의2①; 지기법 §50①].

1) 청구권자

결정·경정청구를 할 수 있는 대상은 각 세법에 따라 법정신고기한까지「과세표준신고서」를 제출하거나「기한후과세표준신고서」를 제출한 납세자이다. 법정신고기한까지「과세표준신고서」를 제출한 납세자란 신고납세제도를 채택하는 조세뿐만 아니라 부과과세제도를 채택하는 조세에서의 납세자를 포함한다.[352]

「기한후과세표준신고서」를 제출한 납세자는 2020년 이후부터 결정·경정청구를 할 수 있다.

2) 요 건

납세자가 한 과세표준신고나 과세관청이 한 결정·경정이 '일정한 요건'으로 다음에 해당하여야 한다.

① 「과세표준신고서」나「기한후과세표준신고서」에 기재된 과세표준·세액이 세법에 따라 신고하여야 할 과세표준·세액을 초과하거나, 그 신고서에 기재된 결손금액이나 환급금액이 세법에 따라 신고하여야 할 결손금액이나 환급세액에 미치지 못할 때

② 각 세법에 따라 정부의 결정·경정이 있는 경우, 해당 결정·경정 후의 과세표준·세액이 세법에 따라 신고하여야 할 과세표준·세액을 초과하거나, 결정·경정한 결손금액이나 환급세액이 세법에 따라 신고할 결손금액이나 환급세액에 미치지 못할 때

3) 청구기간

납세자는 다음과 같은 기간에 과세표준이나 세액을 결정·경정해 줄 것을 청구할 수 있다.

① 법정 신고기한까지「과세표준신고서」나「기한후과세표준신고서」를 제출한 경우 결정·경정청구 기간 : 각 세법에 따른 법정신고기한이 지난 후 5년 이내[353]

---

352) 종합부동산세법의 제정, 개정 경위, 종합부동산세 관련 규정의 체계, 내용에 비추어 보면, 과세관청이 정당한 세액을 특정할 수 있도록 법정신고기한까지 합산배제신고서를 제출한 납세의무자는 합산배제신고를 하지 않고 종합부동산세가 부과된 이후 합산배제 대상주택을 반영하여 종합부동산세를 신고납부한 납세의무자와 마찬가지로 통상의 경정청구를 할 수 있다고 봄이 타당하다. 그러므로 원고가 합산배제신고를 한 것만으로는 경정청구를 할 수 있는 자에 해당한다고 볼 수 없고 경정청구권이 인정되지 않는 경우 과세관청이 경정을 거절하였다고 하더라도 항고소송의 대상이 되는 거부처분으로 볼 수 없다고 한 것은 잘못이다(대법원 2018.6.15. 선고, 2017두73068 판결).

353) 세법개정으로 결정·경정청구 기간이 확대되는 경우(예컨대, 2014.12.23. 개정세법에 따라 통상적인 결정·경정청구기간이 3년에서 5년으로 증가된 경우), 통상 개정세법 시행일 현재 이미 종전의 법률에 따라 결

② 각 세법에 따른 과세관청의 결정·경정이 있는 경우 결정·경정청구 기간 : 결정·경정으로 인하여 증가된 과세표준·세액이 있는 경우 해당 처분이 있음을 안 날(처분의 통지를 받은 때에는 그 받은 날)부터 90일 이내(이 경우 법정신고기한이 지난 후 5년 이내로 한정한다)

4) 결정·경정 기간

납세자로부터 결정·경정청구를 받은 과세관청은 그 청구를 받은 날부터 2개월 이내에 과세표준이나 세액을 결정·경정할 이유가 없다는 뜻을 청구를 한 납세자에게 통지해야 한다[국기법 §45의2③; 지기법 §50③].

하지만 청구를 한 후 2개월 이내에 아무런 통지를 받지 못한 경우에는 통지를 받기 전이라도 2개월이 되는 날의 다음 날부터 이의신청, 심사청구, 심판청구나 「감사원법」에 따른 심사청구 등 불복청구를 할 수 있다.

(2) 후발적 결정·경정청구

일반적인 결정·경정청구 절차 외에도 납세자가「과세표준신고서」를 법정 신고기한까지 제출한 자나 국세·지방세의 과세표준·세액의 결정을 받은 납세자에게 '후발적 사유'가 발생한 경우에는 그 사유가 발생한 것을 안 날부터 90일 이내에 결정·경정청구를 할 수 있다[국기법 §45의2②; 지기법 §50②].

후발적 결정·경정청구제도는 납세의무 성립 후 후발적 사유의 발생으로 과세표준·세액을 산정한 기초에 변동이 생긴 경우에 납세자로 하여금 그 사실을 증명하여 그 감액을 청구하여 담세력에 맞는 적정한 과세를 추구하고 납세자의 권리구제를 확대하기 위한 것이다.

1) 대 상

후발적 결정·경정청구도 「과세표준신고서」를 법정신고기한까지 제출하였거나 과세관청으로부터 과세표준·세액의 결정을 받은 납세자만이 결정·경정청구할 수 있다.

2020년부터 결정·경정청구 대상을 기한후신고를 한 납세자까지 확대하면서도 후발적 결정·경정청구의 경우에는 기한후신고를 한 납세자는 배제하였다.

하지만 납세자가 법정 신고기한까지 「과세표준신고서」를 제출하지 않고 기한 후 신고를 하는 경우, 과세관청이 기한 후 신고에 대한 결정을 하여야 하므로 납세자는 결정·경정청구의 효과를 기대할 수 있다.

정·경정청구기간이 경과한 분에 대하여는 종전의 규정에 따라 결정·경정청구를 할 수 없는 것으로 본다.

2) 후발적 사유

법정신고기한 후 5년 이내 또는 결정·경정처분이 있음을 안 날부터 3개월 이내 등 통상적인 결정·경정청구기간이 지났다 해도, 납세자에게 다음과 같은 '후발적 사유'後發的 事由, later occurring reason가 발생하면 그 사유가 발생한 것을 안 날부터 90일 이내에 과세관청에 과세표준이나 세액의 결정·경정을 청구할 수 있다.

① 최초의 과세표준신고와 결정·경정에서 과세표준·세액의 계산 근거가 된 거래나 행위 등이 그에 관한 소송에 대한 '판결'354)(판결과 같은 효력을 가지는 화해나 그 밖의 행위를 포함한다)에 의하여 다른 것으로 확정되었을 때355)[국기법 §45의2②(1); 지기법 §50②(1)]

② 소득이나 그 밖의 과세물건의 귀속을 제3자에게로 변경시키는 결정·경정이 있을 때[국기법 §45의2②(2)]

③ 조세조약에 따른 상호합의가 최초의 과세표준신고나 결정·경정의 내용과 다르게 이루어졌을 때[국기법 §45의2②(3); 지기법 §51②(2)].

④ 결정·경정으로 인하여 그 결정·경정의 대상이 되는 과세기간 외의 과세기간에 대하여 최초에 신고한 조세의 과세표준·세액이 세법에 따라 신고하여야 할 과세표

---

354) 이 때 '판결'은 어떤 성격의 판결을 의미하는 것인지, 만약 민사나 형사재판의 판결에 따라 달라지는지 여부에 대한 논란이 있다. 판례에 따르면, '판결'의 범위는 과세표준과 세액의 계산근거가 된 거래나 행위 등이 재판과정에서 다투어져 판결의 주문과 이유에 의하여 객관적으로 확인되는 민사사건의 판결만을 의미(서울행정법원 2006.10.11. 선고, 2006구합11934 판결)할 뿐 형사소송이나 조세소송은 제외하는 것으로 보고 있다. 이와 관련하여, 대법원(2020.1.9. 선고, 2018두61888 판결)은, 해당 과세처분관련 형사재판에서 납세의무의 존부나 범위에 관한 판단을 기초로 판결이 확정되었다 해도 이는 특별한 사정이 없는 한 '최초의 신고 또는 경정에서 과세표준·세액의 계산근거가 된 거래 또는 행위 등이 그에 관한 소송에 대한 판결에 의하여 다른 내용의 것으로 확정된 경우'에 해당한다고 볼 수 없다고 보았다.
그 근거로 (ⅰ) 형사사건의 확정판결만으로는 사법상 거래나 행위가 무효로 되거나 취소되지도 않고 (ⅱ) 설사 조세포탈죄의 성립 여부, 범칙소득금액을 확정하기 위한 형사소송절차라고 하더라도 과세절차와는 그 목적이 다르고 그 확정을 위한 절차도 별도로 규정되어 서로 상이하며 (ⅲ) 형사소송절차에는 엄격한 증거법칙 하에서 증거능력이 제한되고 무죄추정의 원칙이 적용되어 확신을 가지게 할 수 있는 정도의 증명력을 가진 증거에 의하여만 유죄의 인정을 하므로 형사소송에서의 무죄 판결은 그러한 증명이 없다는 의미일 뿐이지 공소사실의 부존재가 증명되었다는 의미가 아니어서 이를 근거로 후발적 경정청구사유가 되는 '판결'이라고 볼 수 없다고 판시하였다.
하지만 법문에서 '판결'을 민사재판만을 한정하여 이를 형사재판이나 조세소송의 내용이나 실질적 한계를 이유로 제한할 이유가 없고, 설사 형사소송절차가 그 목적과 절차가 다르다 해도 과세표준·세액의 계산근거가 된 거래·행위의 존부나 법률효과 등이 당초 과세 당시와 다르게 변경된 경우 이를 사후적으로 반영하는 것이 후발적 경정청구의 대상이 되는 판례의 법리에 합당하고(대법원 2017.9.7. 선고, 2017두41740 판결), 조세약자인 납세자 권익보호가 가능하게 될 것이다.

355) 후발적 결정·경정청구사유 중 하나인 '거래 또는 행위 등이 그에 관한 소송에 대한 판결에 의하여 다른 것으로 확정된 경우'란 '최초의 신고 등이 이루어진 후 과세표준·세액의 계산근거가 된 거래나 행위 등에 관한 분쟁이 발생하여 그에 관한 소송에서 판결에 의하여 그 거래·행위 등의 존부나 그 법률효과 등이 다른 내용의 것으로 확정됨으로써 최초의 신고 등이 정당하게 유지될 수 없게 된 경우'를 의미한다(대법원 2006.1.26. 선고, 2005두7006 판결; 2008.7.24. 선고, 2006두10023 판결; 2011.7.28. 선고, 2009두22379 판결; 2017.9.7. 선고, 2017두41740 판결 외).

준·세액을 초과할 때[국기법 §45의2②(4)]

⑤ 최초의 과세표준신고나 결정·경정에 있어서 과세표준·세액의 근거가 된 거래나 행위 등의 효력에 관계되는 관청의 허가, 그 밖의 처분이 해당 국세의 법정신고기한이 지난 후에 취소된 때[국기령 §25의2(1); 지기령 §30(1)]

⑥ 최초의 과세표준신고나 결정·경정에서 과세표준·세액의 근거가 된 거래나 행위 등의 효력에 관계되는 계약이, 해당 조세의 법정신고기한이 지난 후에 해제권의 행사로 해제되거나 그 계약의 성립 후 발생한 부득이한 사유로 인하여 해제되거나 취소된 때[356][국기령 §25의2(2); 지기령 §30(2)]

⑦ 최초의 과세표준신고나 결정·경정에서 장부와 증거서류의 압수, 그 밖에 부득이한 사유로 인하여 과세표준·세액을 계산할 수 없었으나, 법정신고기한이 지난 후에 그 사유가 소멸한 때[국기령 §25의2(3); 지기령 §30(3)]

⑧ 위와 유사한 사유가 해당 조세의 법정신고기한이 지난 후에 발생하는 때[국기령 §25의2(4); 지기령 §30(4)]

3) 청구 기간

후발적 사유로 인한 결정·경정청구는 법정신고기한까지 「과세표준신고서」를 제출하거나 과세관청으로부터 과세표준·세액의 결정을 받은 납세자가 '후발적 사유'가 발생한 것을 안 날부터 90일 이내에 하여야 한다.[357]

납세자가 후발적 결정·경정청구 기간이 지난 후 결정·경정청구를 하는 경우 과세관청은 결정·경정을 하지 않을 수 있다.

'후발적 사유가 발생한 것을 안 날'이란 납세자 본인이 알게 된 날을 말하며, 만약 소송대리인이 판결문을 수령한 경우에는 소송대리인이 판결문을 수령한 날을 말한다.

만약 후발적 사유가 통상의 결정·경정청구 기간이 지나기 전에 발생한 경우에는 납세자는 후발적 사유가 발생한 것을 안 날부터 90일 이내 결정·경정청구를 하지 않더라도 통상

---

356) 주식을 양도하면서 약정된 매매대금에 기초하여 양도소득세를 법정신고기한까지 신고한 후 사후에 매매대금이 감액되어 주식의 양도가액이 줄어들게 되면 당초의 신고는 정당한 과세표준·세액을 초과한 것이므로 특별한 사정이 없는 한 양도인은 대금감액을 이유로 경정청구를 하여 당초의 신고를 바로잡을 수 있다. 이러한 법리는 주권 등의 양도를 과세대상으로 하는 증권거래세의 경우에도 마찬가지로 적용된다. 주식양도계약에서 정한 당초의 매매대금에 기초하여 양도소득세와 증권거래세를 신고하였으나, 정산합의에 따라 당초의 매매대금이 일부 감액됨으로써 주식양도로 인한 정당한 양도가액은 당초의 매매대금이 아닌 감액된 대금이 되는 것이므로, 경정청구를 통해 당초의 신고를 바로잡을 수 있다. 정산합의가 별도의 사후약정에 불과하여 경정청구사유에 해당하지 않는다고 본 것은 잘못이다(대법원 2018.6.15. 선고, 2015두36003 판결).

357) 후발적 사유에 의한 경정청구권은 법률상 명문의 규정이 있는지의 여부에 따라 좌우되는 것이 아니라 조세법률주의, 재산권을 보장하고 있는 헌법의 정신에 비추어 볼 때 조리상 당연히 인정되는 것이다(헌법재판소 2000.2.24. 선고, 97헌마13·245 결정).

의 결정·경정청구 기간까지는 결정·경정을 청구할 수 있다.[358]

4) 결정·경정 기한

후발적 사유로 결정·경정청구를 받은 과세관청은 청구를 받은 날부터 2개월까지 과세표준과 세액을 결정·경정하거나 결정·경정할 이유가 없다는 뜻을 결정·경정청구를 한 납세자에게 통지하여야 한다.

후발적 사유에 따른 결정·경정청구는 일반적인 청구기간에 불구하고 그 사유가 발생한 것을 안 날부터 3월 이내에 결정·경정을 청구할 수 있도록 하고 있으므로, 부과권의 행사기간(부과의 제척기간)이 지난 후라도 납세자는 결정·경정청구를 할 수 있다.[359] 이에 따라 과세관청은 조세 부과권의 행사기간이 지났다 하더라도 납세자의 후발적 사유에 의한 결정·경정청구가 있는 경우 「결정·경정청구서」를 제출받은 날부터 2개월까지 환급 등의 결정·경정을 하여야 한다.

(3) 원천징수대상자의 결정·경정청구

연말정산年末精算이나 원천징수하여 소득세나 법인세를 납부하고 해당 「지급명세서」를 제출기한까지 제출한 일정한 원천징수의무자나 원천징수대상자는 「원천징수영수증」에 기재된 과세표준·세액이 세법에 따라 신고하여야 하는 과세표준·세액을 초과하거나 「원천징수영수증」에 기재된 환급세액이 세법에 따라 환급하여야 하는 세액에 미달하는 때에 연말정산세액이나 원천징수세액의 납부기한이 지난 후 5년 이내에 관할 세무서장에게 결정·경정을 청구할 수 있다[국기법 §45의2④].

연말정산이나 원천징수로 간편하게 세액을 납부한 후 종합소득세 과세표준신고를 하지 않더라도 신고내용에 오류가 있는 경우에는 결정·경정청구를 할 수 있도록 한 것이다.

원천징수대상자에 대한 결정·경정청구 대상은, 일정한 소득에 대하여 연말정산이나 원천징수하여 소득세나 법인세를 납부하고 지급명세서를 제출기한까지 제출한 원천징수의무자나 원천징수대상자이다. 원천징수의무자가 연말정산이나 원천징수에 의해 소득세나 법인세를 납부하고 「지급명세서」를 제출기한까지 제출한 경우에는 통상 원천징수의무자 단위로 결정·경정청구를 하게 된다.

---

358) 일반적 경정청구기간인 5년 내에 후발적 경정청구사유가 발생한 경우 납세자가 후발적 경정청구기간인 3개월이 경과한 후에 일반적 경정청구기간이 남아 있는 경우 후발적 경정청구가 아닌 일반적 경정청구를 할 수 있다. 일반적 경정청구기간이 경과하지 아니하였으면 납세자가 후발적 경정청구기간을 준수하지 못하였다고 하더라도 일반적 경정청구를 할 수 있다(대법원 2018.6.15. 선고, 2015두36003 판결 참조).
359) 대법원 2006.1.26. 선고, 2005두7006 판결 참조.

다음과 같은 일정한 소득에 대하여 연말정산이나 원천징수하여 소득세나 법인세를 납부하고 지급명세서를 제출기한까지 제출한 원천징수의무자나 원천징수대상자는 연말정산 결정·경정청구를 할 수 있다.

■ 근로소득, 퇴직소득, 연금소득 등[소법 §73①]이 있는 납세자

1) 근로소득만 있는 자
2) 퇴직소득만 있는 자
3) 공적연금소득만 있는 자
4) 원천징수되는 보험모집수당 등 사업소득만 있는 자
5) 원천징수되는 기타소득으로서 종교인소득만 있는 자
6) 근로소득과 퇴직소득만 있는 자
7) 퇴직소득과 공적연금소득만 있는 자
8) 퇴직소득과 원천징수되는 보험모집수당 등 사업소득만 있는 자
9) 분리과세 이자소득·배당소득·연금소득·기타소득만 있는 자
10) 1)~8)에 해당하는 분리과세 이자소득·배당소득·연금소득·기타소득이 있는 자

■ 비거주자의 국내원천소득[소법 §119(1)~(2), (4)~(8)의2, (10)~(12)]

1) 국내원천 이자소득 : 이자(국외에서 받은 이자소득 제외) 중 국가, 지방자치단체, 거주자, 내국법인, 외국법인의 국내사업장이나 비거주자의 국내사업장으로부터 지급받는 소득, 외국법인이나 비거주자로부터 지급받는 소득으로서 그 소득을 지급하는 외국법인이나 비거주자의 국내사업장과 실질적으로 관련하여 그 국내사업장의 소득금액 계산에 있어서 손금이나 필요경비에 산입되는 소득. 다만, 거주자나 내국법인의 국외사업장을 위하여 국외사업장이 직접 차용한 차입금의 이자는 제외한다[소법 §119(1)].
2) 국내원천 배당소득 : 내국법인 등 그 밖에 국내로 부터 받는 배당소득과 「국제조세조정에 관한 법률」 제14조의 규정에 따라 배당으로 처분된 금액[소법 §119(2)]
3) 국내원천 선박등 임대소득 : 외국법인·비거주자의 국내사업장에 선박, 항공기, 자동차, 기계 등의 임대소득[소법 §119(4)]
4) 국내원천 사업소득 : 비거주자가 경영하는 일정한 사업소득[소법 §119(5)]
5) 국내원천 인적용역소득 : 국내에서 제공하는 인적용역소득[소법 §119(6)]
6) 국내원천 근로소득 : 국내에서 제공하는 근로소득[소법 §119(7)]
7) 국내원천 퇴직소득 : 국내에서 제공하는 근로의 대가로 받은 퇴직급여 등 퇴직소득[소법 §119(8)]
8) 국내원천 연금소득 : 국내에서 지급받는 연금소득[소법 §119(8)의2]
9) 저작권, 특허권, 상표권 등 권리·자산과 노하우의 사용 및 양도소득[소법 §119(10)]
10) 내국법인의 주식·외국법인의 상장주식·외국법인의 국내사업장의 주식의 일정한 양도소득[소법 §119(11)]

11) 국내에서 지급받는 손해배상금 등 기타소득[소법 §119⑫]

■ **외국법인의 일정한 국내원천소득[법법 §93(1), (2), (4)∼(6), (8)∼⑽]**

1) 국내원천 이자소득 : 이자(외국에서 받는 이자소득 제외)나 기타의 대금이자와 신탁의 이익 중 국가, 지방자치단체, 거주자, 내국법인이나 외국법인의 국내사업장, 비거주자의 국내사업장으로부터 지급받는 소득과 외국법인이나 비거주자로부터 지급받는 소득으로서 그 소득을 지급하는 외국법인이나 비거주자의 국내사업장과 실질적으로 관련하여 그 국내사업장의 소득금액 계산에 있어서 손금이나 필요경비에 산입되는 소득. 다만, 거주자 또는 내국법인의 국외사업장을 위하여 그 국외사업장이 직접 차용한 차입금의 이자는 제외한다[법법 §93(1)].

2) 국내원천 배당소득 : 내국법인 등 그 밖에 국내로부터 지급받는 배당소득(외국법인으로부터 받는 배당소득은 제외)과 「국제조세조정에 관한 법률」 제9조와 제14조의 규정에 의하여 배당으로 처분된 금액[법법 §93(2)]

3) 국내원천 선박등 임대소득 : 거주자·내국법인이나 외국법인의 국내사업장과 비거주자의 국내사업장에 선박·항공기·등록된 자동차나 건설기계, 산업상·상업상·과학상의 기계·설비·장치나 그 밖에 일정한 용구를 임대함으로 인하여 발생하는 소득 [법법 §93(4)]

4) 국내원천 사업소득 : 외국법인이 경영하는 사업에서 발생하는 소득(조세조약에 따라 국내원천사업소득으로 과세할 수 있는 소득 포함)으로서 일정한 것. 다만, 제6호의 규정에 의한 소득을 제외한다[법법 §93(5)].

5) 국내원천 인적용역소득 : 국내에서 연예인, 직업운동가, 자유직업자 등 일정한 인적용역을 제공함으로 인하여 발생하는 소득[법법 §93(6)]

6) 국내원천 사용료소득 : 학술·예술 상 저작물, 산업상 노하우 등 권리·자산 또는 정보를 국내에서 사용하거나 그 대가를 국내에서 지급하는 경우의 당해 대가와 그 권리등의 양도로 인하여 발생하는 소득(단, 소득에 관한 이중과세방지협약에서 사용지를 기준으로 하여 국내원천소득 해당 여부를 규정하고 있는 경우 국외에서 사용된 권리 등에 대한 대가는 국내지급 여부에 불구하고 국내원천소득으로 보지 아니한다)[법법 §93(8)]

7) 국내원천 유가증권소득 : 내국법인이나 외국법인이 주식 등이나 그 밖의 유가증권의 양도로 발생하는 소득[법법 §93(9)]

8) 국내원천 기타소득 : 손해배상금 등의 기타소득[법법 §93⑽]

(4) 결정·경정청구 절차

결정·경정청구를 하고자 하는 납세자는 결정·경정 전의 과세표준·세액, 결정·경정 후의 과세표준·세액, 결정·경정의 청구를 하는 이유 등을 기재한 「과세표준·세액의 결정(경정)청구서」[국기칙 별지 제16호의2 서식]에 최초의 「과세표준 및 세액신고서」사본과 청구 사유를 객관적으로 증명할 수 있는 서류를 첨부하여 납세지 관할 과세관청에 제출하여야 한다.

결정·경정청구를 받은 과세관청은 정당한 청구를 받은 날부터 2월 이내에 과세표준과 세액을 결정·경정하거나 결정·경정해야 할 이유가 없다(거부)는 뜻을 청구한 납세자에게 통지하여야 한다.

납세자가 결정·경정청구를 하여 청구한 대로 과세관청이 결정·경정하지 않거나 거부한 경우에는 통지나 과소결정·경정을 받은 날부터 90일 이내에 이의신청, 심사청구나 심판청구 등 불복을 청구할 수 있다.

만약 과세관청이 의무기간에 결정·경정청구의 내용과는 달리 경정을 하거나 할 이유가 없다는 통지를 하거나, 결정·경정청구에 대한 어떠한 결정도 내리지 않은 채 기간이 지나면 납세자는 비로소 불복청구를 할 수 있다.

만약 과세관청이 결정·경정청구를 받은 날부터 2월 이내에 통지하지 않은 경우 그 청구를 한 납세자는 통지를 받기 전이라도 결정·경정을 하지 않은 것을 처분(부작위不作爲)[360]으로 보아 2개월이 되는 날의 다음 날부터 세법에 따른 이의신청, 심사청구, 심판청구이나 「감사원법」에 따른 심사청구를 할 수 있다.

(5) 결정·경정청구의 효력

납세자의 신고로서 납세의무가 확정되도록 하는 원리를 가진 신고납세제도에서 납세자가 신고한 과세표준과 세액을 증액수정을 하는 경우 과세표준신고로 확정력을 인정하면서도, 감액수정을 하는 경우는 과세표준신고가 아닌 과세관청에 결정·경정을 해주도록 청구하는 제도는 정당한가?

신고납세제도라면 마땅히 납세자가 자신의 책임으로 세금을 자유롭게 정해 과세표준신고를 통해 납세의무를 확정하고, 그 신고내용에 잘못이 있는 경우 그것이 과세표준이나 세액을 증액하든지 감액하든지 간에 수정하여 신고할 수 있어야 옳다.

그러므로 원리상 결정·경정청구 제도는 신고납세제도의 성질과 이를 바탕으로 형성된 세무행정이 집행되고 있는 환경을 고려할 때 조세원리를 형해화하고 납세자권익을 해치는

---

360) "부작위"는 당사자의 신청에 대하여 행정청이 상당한 기간에 일정한 처분을 해야 할 법률상 의무가 있으나 하지 않는 것을 말한다[행심법 §2]. 이는 소극적 행정행위의 하나로서 의무이행 심판청구와 부작위 위법확인소송의 대상이 된다. 결정·경정청구에 대하여 과세관청이 일정한 기한까지 결정·경정하거나 결정·경정할 이유가 없다는 뜻을 통지하지 않으면 불복청구를 할 수 있는 바, 이 경우 처분의 성질이 모호하다. 아무런 처분을 하지 않았다면 행정과 판례에서는 '부작위처분'으로 보지만 이는 '거부처분'으로 보는 것이 타당하다. 그렇지 않으면 납세자는 통지를 이행하도록 하는 불복청구하여 경정거부 통지를 받은 후 다시 불복청구를 해야 하므로 납세자의 불이익이 지나치게 된다.

것으로 감액수정신고 제도로 전환하는 것이 바람직하다.

① 과세권자에 대한 청구

세법에서 납세자의 결정·경정청구는 과세표준신고 등의 신고행위가 아니다. 경정청구권의 행사는 그 자체만으로 납세자의 조세부담을 감소시키는 확정력을 가지지 못하고 단지 과세관청에게 결정·경정청구를 수용하거나 거부하는 법률상의 의무가 부여될 뿐이다.

② 납세의무의 비확정력非確定力

결정·경정청구는 신고납세제도에서 납세자가 수정신고를 함으로써 담세액이 확정되는 감액수정신고와는 달리 과세관청에 과세표준·세액의 수정을 청구하는 절차로서 결정·경정청구만으로는 과세표준·세액을 확정시키는 효력이 없다.

이는 신고납세제도에서 법정신고기한까지 납세자가 신고를 한 경우 납세의무의 확정력이 있고 과세표준·세액을 증액하는 수정신고의 경우에도 확정력을 인정하고 있지만, 결정·경정청구는 성질상 당초 신고를 감액하는 수정신고와 다름이 없음에도 그 확정력은 부인되고 있다.

부과과세제도를 적용받는 조세의 경우에는 원리상 과세관청의 결정으로 납세의무가 확정되므로 결정·경정청구는 물론 과세표준신고와 수정신고를 해도 확정력이 부인될 수 있다.

하지만 신고납세제도에서 납세자의 수정신고를 통해 과세표준·세액을 감액수정하는 것에 불과하고 정부의 결정·경정은 환급을 위한 형식적 절차로 보아야 함에도 감액수정신고가 아닌 결정·청구제도로 두고 확정력을 인정하지 않는 것은 조세제도의 원리와 납세자의 헌법적 권리에 비춰 지나친 국고주의적國庫主義的 태도라 할 것이다.[361]

③ 결정·경정청구의 원칙적 배타성

신고납세제도에서 납세자가 착오로 자신이 부담하여야 할 정당한 세 부담보다 과대하게 신고한 경우에는 원칙적으로 과세관청이 결정·경정하지 않는다면 구제받을 수 없다.

납세자는 결정·경정청구를 통해서만 과세관청으로 하여금 결정·경정을 하게 할 수 있으며 결정·경정청구에도 불구하고 만약 과세관청이 청구대로 결정·경정하지 않거나 정해진 기간까지 결정·경정을 하지 않았다면 납세자는 불복청구를 할 수 있을 뿐이다.

이와 같이 결정·경정청구 이외에 다른 권리구제수단이 없는 성질을 '결정·경정청구의 원칙적 배타성'原則的 排他性이라 한다.[362]

---

361) 신고납세제도의 원리상 결정·경정청구(감액수정신고)를 한 경우 과세관청이 그 신고내용과 다른 경정이 필요한 경우 얼마든지 다른 법정기간 이내 과세표준신고 또는 수정신고와 같이 조사내용에 따른 경정을 할 수 있기 때문에. 결정·경정청구에 따른 정부의 결정은 당연히 환급결정을 위한 형식적 절차에 불과하게 된다.

오늘날 신고납세제도가 보편화된 조세환경에서 과세표준신고 의무를 지는 납세자는 착오로 과다하게 신고·납부한 경우, 결정·경정청구 이외에는 다른 권리구제 수단이 없어 결정·경정청구 제도에 대한 의존성은 갈수록 높아가고 있다.

하지만 결정·경정청구 자체로 확정력을 가지지 못하는 데다 최근 부과권의 행사기간은 갈수록 확장되고 있는데 비해, 결정·경정청구권의 행사기간은 비교적 단기간만 가능하도록 하고 있어 납세자의 권익을 제대로 보장받지 못하고 있다.

(6) 결정·경정청구 제도의 한계

납세자가 정당한 세금을 부담할 수 있도록 자신의 과세표준신고에 대하여 신속하게 시정할 기회를 갖는 것은 매우 중요한 납세자의 권리라고 할 수 있다.

국가나 지방자치단체 등 과세권자의 부과권 행사에 대응하여 사후적으로 납세자가 이의신청 등 불복청구를 통해 권리를 구제받는 것은 많은 비용과 시간이 소요되는 소극적 권리행사에 불과할 뿐만 아니라 납세자 자신이 신고한 과세표준신고에 대하여는 행사할 수 없다.

이 때문에 경정청구권은 조세행정에 있어서 국민주권의 원리, 곧 납세자주권納稅者主權의 관점에서 강조된다.

이처럼 납세자주권納稅者主權을 실현하기 위해 도입된 결정·경정청구제도는 그 중요성에도 불구하고 과세관청의 결정에 의존할 뿐만 아니라 그 행사기간도 비교적 짧아 정당한 세금을 낼 권리 등 납세자의 권익을 제대로 보장받지 못하고 있다.

신고납세제도에서 결정·경정청구 제도의 중요성에 비춰 다음과 같은 제도적 개선이 필요하다.

① 감액수정신고 제도로 전환

부과과세제도에서 과세표준신고는 물론 수정신고를 하거나 결정·경정청구를 하는 경우 반드시 과세관청의 결정을 기다려 납세의무가 확정되어야 하므로 결정·경정청구가 확정력을 가지지 못하는 것은 당연하다.

하지만 납세자의 과세표준신고에 따라 납세의무가 확정되도록 하고 있는 신고납세제도

---

362) 결정·경정청구 기간이 지난 후 신고내용에 착오가 있음을 발견한 경우 조리나 「민법」 제109조(착오로 인한 의사표시)에 따라 결정·경정청구나 신고의 취소행위를 할 수 있는 지에 대하여 조리에 따라 결정·경정청구하거나 법령에 따라 신고의 취소행위가 가능하므로 부당이득의 법리에 의해 진실한 것으로 회복할 수 있다고 보는 '긍정설'과, 결정·경정청구의 배타성으로 결정·경정청구의 법정기한이 지나면 과다하게 신고납부한 사실이 확인되더라도 신고의 취소나 결정·경정청구권을 주장할 수 없다고 보는 '부정설'이 있다. 판례는 결정·경정청구 기간을 둔 법규에 비춰 법정기간이 지난 후에는 결정·경정청구권이 없는 것으로 보아 '부정설'의 입장을 보이고 있다.

에서 납세자가 자신의 세액을 과세관청에게 결정해달라고 청구하고 결정·경정결정을 기다리는 것은 자연스럽지 못하고 불합리하다.

일반적으로 납세자의 신고행위에 확정력을 부여해야 하는 신고납세제도에서는 당연히 납세자가 과세표준신고를 통해 자신의 세액을 확정하고 추후 신고내용이 오류가 발견된 경우 스스로 자기시정을 통해 언제든지 증액이나 감액의 수정신고를 할 수 있어야 한다.

그러므로 신고납세제도에서든 부과부과제도에서든 '결정·경정청구' 제도가 아닌 '감액 수정신고' 제도로 전환하여 수정신고 제도를 '증액수정신고'(현행의 수정신고)와 '감액수정신고'(현행의 결정·경정청구)로 이원화하고, 신고납세제도에서는 증액수정신고와 같이 감액수정신고에 대하여도 납세의무의 확정력을 인정해야 할 것이다.

이렇게 되면 감액수정신고에 대해 과세관청이 하는 환급결정은 확정력과 관계없이 신고납세제도에서 납세자가 과세표준신고를 할 때 환급신고 분에 대하여 결정하는 것과 같은 '절차적 의미'만 가지게 된다.

② 결정·경정청구 기간의 균형성 확보

납세자는 착오신고나 부당경정 등 잘못된 법률관계로 인한 재산적 손실이 있더라도 과세표준신고의 법정기한이 지난 후 5년간 과세관청에 결정이나 경정을 청구할 수 있다.

그러므로 납세자는 과세표준신고 후 5년이 지나면 아무리 오류가 발견되어 과도하게 신고납부를 한 사실이 확인되더라도 결정·경정청구를 통해서라도 결정이나 경정을 받을 수 없게 된다.

과세관청이 스스로 납세자에게 감액결정·경정을 하는 것은 기대하기 어려운 점을 고려할 때 결정·경정청구 기간이 지난 후 조세 부과권의 행사기간(부과의 제척기간)이 남아있는 경우, 납세자는 자신의 권리를 행사할 수 없지만 과세관청은 그 횟수에 관계없이 부과권을 행사할 수 있게 된다.

조세의 본질상 조세 법률관계에서 조세채권자인 국가와 지방자치단체가 어느 정도 우월적 지위에 놓이는 것은 부득이하다 해도 과세권자와 납세자 간의 법적 지위가 불균형한 것은 헌법상 국민주권의 원리와 조세법률주의에도 어긋나는 것이다.[363]

그러므로 계속 확대되고 있는 부과권의 행사기간이나 전산화된 세무환경 등을 고려하여 납세자의 신고와 과세관청의 결정·경정내용에 잘못이 있어 납세자가 세 부담을 과도하게 많이 한 사실이 명백히 확인되는 경우에는, 부과권의 행사기간에 맞춰 결정·경정청구 기간을 보다 확대하여야 한다. 아울러 과세관청은 납세자가 착오로 조세를 과오납한 사실을 발견한 경우에는 부과권의 행사기간이 지난 후에도 직권으로 결정·경정할 의무를 부여해야 한다.

---

363) 헌법재판소 2000.2.24. 선고, 97헌마245 결정 참조.

| 수정신고와 결정·경정청구 제도의 비교 |

구분	수정신고	결정·경정 청구	
		통상적	후발적
대 상	법정 신고기한까지 과세표준 신고를 한 납세자	법정신고기한까지 과세표준신고를 한 납세자	① 법정신고기한까지 과세표준신고를 한 납세자 ② 과세표준과 세액의 결정을 받은 납세자
사 유	과소신고를 한 경우	과대신고나 과대결정을 한 경우	후발적 사유로 과대신고·결정·경정이 된 경우
기 간	결정·경정하여 통지하기 전까지(경정사실을 사전에 안 경우 제외)	법정신고기한이 지난 후 5년 이내	후발적 사유가 발생한 것을 안 날로부터 3개월 이내
효 력	① 부과과세제도 : 증액확정력 없음 ② 신고납세제도 : 증액확정력 인정	① 신고납세·부과과세제도 : 감액확정력 없음 ② 청구 후 2개월 내 감액결정이나 거부통지의무화	

④ 기한 후 신고

'기한 후 신고'期限 後 申告, tax return after Due date란, 법정신고기한까지 「과세표준신고서」를 제출하지 않은 납세자가 관할 과세관청이 세법에 따라 해당 조세의 과세표준·세액(가산세를 포함한다)을 결정하여 통지하기 전까지 「기한후 과세표준신고서」를 제출하는 것을 말한다[국기법 §45의3; 지기법 §51].

기한 후 신고를 하는 경우 「기한 후 과세표준신고서」에 따라 납부하여야 할 세액이 있는 경우에는 그 세액을 납부하여야 한다.

납세자가 「기한후 과세표준신고서」를 제출하거나 그 수정신고를 위해 「기한후 과세표준 수정신고서」를 제출한 경우 관할 과세관청은 신고일부터 3개월 이내에 해당 조세의 과세표준·세액을 결정해야 한다. 만약 그 과세표준·세액을 조사할 때 조사에 오랜 기간이 걸리는 등 부득이한 사유로 신고일부터 3개월 이내에 결정할 수 없는 경우에는 그 사유를 신고한 납세자에게 통지해야 한다.

한편 납세자가 법정신고기한까지 과세표준신고를 하지 못하고 신고기한 만료일이 지난 후 6개월 이내에 기한 후 신고를 한 경우에는 무신고가산세의 일부를 감면받을 수 있다[국기법 §48②(2); 지기법 §57②(2)].

즉 납세자가 조세의 법정신고기한이 지난 후 1개월 이내에 기한 후 신고를 하는 경우에는 무신고가산세의 50%, 1개월 초과 3개월 이내에 기한 후 신고를 하는 경우에는 무신고가산세의 30%, 3개월 초과 6개월 이내에 기한 후 신고를 하는 경우에는 무신고가산세의 20%를 경감받을 수 있다.

하지만 해당 조세에 관하여 세무공무원이 조사에 착수한 것을 알고 「과세표준수정신고서」를 제출한 경우에는 무신고가산세의 감면대상에서 제외된다.

| 기한 후 신고 제도의 연혁 |

시행일	1999.8.31.(제정)	2007.1.1	2010.1.1.	2015.1.1.
신고대상	법정신고기한까지 무신고한 납부세액 있는 납세자(납부세액없거나 환급신고자는 대상 제외)	법정신고기한까지 무신고자(납부세액없거나 환급신고자도 대상)	좌동	좌동
세액납부	• 세액납부의무 • 세액납부시만 결정 가능	좌동	좌동	• 세액납부의무 • 세액납부하지 않아도 결정대상
신고기한	정부의 결정통지가 있기 전	좌동	좌동	좌동
결정기한	(규정없음)	(규정없음)	신고일부터 3개월 이내(미결정 시 사유 통지)	좌동
효력	기한 후 신고에 대한 과세관청의 결정으로 확정	좌동	좌동	좌동

(1) 기한 후 신고의 요건

1) 대상 납세자

세법에 따라 법정 신고기한까지 과세관청에 제출하여야 하는 「과세표준신고서」를 제출하지 않은 납세자는 기한 후 신고를 할 수 있다.

종전에는 법정신고기한까지 과세표준신고를 하지 않은 납세자라도 납부세액이 있는 납세자만 기한 후 신고를 할 수 있었으나, 2007년 이후에는 납부세액이 없거나 환급세액이 있는 경우라도 기한 후 신고를 할 수 있도록 그 대상을 확대하였다.

「기한후 과세표준신고서」를 제출한 납세자는 결정·경정청구나 수정신고도 할 수 있다.

2) 대상 세목

세법에 따라 과세표준신고를 하는 조세라면 모든 조세가 기한 후 신고가 가능하다[국기법 §45의3①; 지기법 §51①].

3) 신고 기한

납세자는 관할 과세관청이 그 조세의 과세표준과 세액을 결정하여 통지하기 전까지 기한후 신고를 할 수 있다. 그러므로 기한 후 신고하고자 하는 내용에 대하여 과세관청이 결정하지 않는 한 언제든지 할 수 있다.

4) 납 부

「기한 후 과세표준신고서」를 제출한 자로서 세법에 따라 납부하여야 할 세액이 있는 납세자는 그 세액을 납부하여야 한다[국기법 §45의3②; 지기법 §51②]. 기한 후 신고한 때 신고에 따라 추가 납부할 세액이 있는 경우 납부 여부에 따라 기한 후 신고의 효력에 차이가 있는 것은 아니다.

과거에는 기한 후 신고와 동시에 기한 후 신고에 따라 추가 납부할 세액이 있는 경우 반드시 신고와 동시에 납부하여야 기한 후 신고로서 효력을 인정했다. 하지만 기한 후 신고가 납세의무의 확정력이 없어 그 성질이 납세자가 스스로 과세관청의 세액결정에 필요한 자료를 제출하고 결정에 따라 납부하여야 할 세액을 우선 납부하는 것에 불과하기 때문에 이를 폐지하였다.

(2) 기한 후 신고의 효과

1) 결정·경정의 참고자료

납세자가 「기한 후 과세표준신고서」를 제출한 경우에는 관할 과세관청은 세법에 따라 그 조세의 과세표준과 세액을 결정한다[국기법 §45의2③; 지기법 §51③].

그러므로 기한 후 신고는 부과과세제도에 의한 조세는 물론 신고납세제도에 의한 조세도 그 자체로는 납세의무의 확정력을 가지지 못한다.

특히 신고납세제도에서 납세자가 기한 후 신고를 하였다 해도 과세관청의 결정이 있어야 비로소 납세의무가 확정되며, 과세관청의 결정 후에 후발적 사유가 있는 경우에는 결정·경정청구도 가능하게 된다.

결국 기한 후 신고는 과세관청이 과세표준을 결정하는 데 있어 참고자료를 제출하는 데 불과하고, 납세자의 입장에서는 납부할 세액이 있는 경우 결정 전에 납부함으로써 가산세의 부담을 경감받는 효과만 있게 된다.

2) 조세포탈죄의 기수시기와 무관

「조세범 처벌법」에 따른 조세포탈죄를 처벌할 수 있는 기수시기旣遂時期는 신고납세제도인 조세의 경우에는 법정 신고기한이 지난 때, 부과과세제도인 조세의 경우에는 결정고지한 세액의 납부기한이 지난 때이다.

그러므로 이미 기수시기가 지나 조세포탈죄가 성립한 후에 한 기한 후 신고는 처벌에 영향을 미치지 않는다. 하지만 만약 조세포탈죄[조범법 §3①]를 저지른 사람이 포탈세액에 대하여 법정신고기한이 지난 후 6개월 이내에 기한 후 신고를 한 경우에는 형을 감경받을 수 있다[조범법 §3③].

3) 조세감면의 적용 배제

납세자가 세법에 따른 과세표준과 세액을 기한 후 신고를 하는 경우 「소득세법」[§80①]이나 「법인세법」[§66①]에 따라 무신고 결정을 하는 경우와 마찬가지로 일정한 「조세특례제한법」에 따른 세액감면(기간감면)을 적용하지 아니한다[조특법 §128②].

① 창업중소기업 · 창업벤처기업에 대한 법인세 · 소득세 세액감면[조특법 §6]

② 중소기업에 대한 법인세 · 소득세 특별세액감면[조특법 §7]

③ 중소기업 · 중견기업의 기술이전 · 대여소득에 대한 법인세 · 소득세 세액감면[조특법 §12①③]

④ 연구개발특구에 입주하는 첨단기술기업 등에 대한 법인세 · 소득세 세액감면[조특법 §12의2]

⑤ 창업중소기업, 창업벤처기업, 지방 소도시 농공단지에 입주하여 농어촌소득 개발사업을 영위하는 기업, 개발촉진지구 등에 입주한 중소기업과 수도권 외의 지역으로 이전하는 중소기업이나 농업회사법인이 감면기간이 지나기 전에 중소기업 간의 통합하는 경우 남은 감면기간에 대하여 양도소득세 등의 이월과세[조특법 §31④⑤]

⑥ 양도소득세가 이월과세 되는 법인전환에 따라 설립되는 창업중소기업세액감면 · 과밀억제권역 밖 지방이전세액감면 · 세액공제의 승계[조특법 §32④]

⑦ 사업전환 중소기업과 무역조정지원기업에 대한 법인세 · 소득세 세액감면[조특법 §33의2]

⑧ 성장관리권역에 소재 이전공공기관 본사 혁신도시이전 시 법인세 · 소득세 세액감면[조특법 §62④]

⑨ 수도권 과밀억제권역 외 지역 이전 중소기업에 대한 법인세 · 소득세 세액감면[조특법

§63]

⑩ 법인의 공장·본사를 수도권 밖으로 이전하는 경우 법인세·소득세 세액감면[조특법
§63의2②]

⑪ 농공단지입주기업 등에 대한 법인세·소득세 세액감면[조특법 §64]

⑫ 영농조합법인·영어조합법인·농업회사법인에 대한 법인세·소득세 세액면제 등[조
특법 §66~§68]

⑬ 사회적기업·장애인 표준사업장에 대한 법인세·소득세 세액감면[조특법 §85의6①②]

⑭ 소형주택 임대사업자에 대한 법인세·소득세 세액감면[조특법 §96]

⑮ 상가건물 장기임대사업자에 대한 법인세·소득세 세액감면[조특법 §96의2]

⑯ 위기지역 창업기업에 대한 법인세·소득세 세액감면[조특법 §99의9②]

⑰ 산림개발소득에 대한 법인세·소득세 세액감면[조특법 §102]

⑱ 해외진출기업의 국내복귀에 대한 법인세·소득세 세액감면[조특법 §104의24①]

⑲ 제주첨단과학기술단지 입주기업에 대한 법인세·소득세 세액감면[조특법 §121의8]

⑳ 제주투자진흥지구나 제주자유무역지역 입주기업에 대한 법인세·소득세 세액감면
[조특법 §121의9②]

㉑ 기업도시개발구역 입주기업 등에 대한 법인세·소득세 세액감면[조특법 §121의17②]

㉒ 아시아문화중심도시 투자진행지구 입주기업 등에 대한 법인세·소득세 세액감면[조
특법 §121의20②]

㉓ 금융중심지 창업기업 등에 대한 법인세·소득세 세액감면[조특법 §121의21②]

㉔ 첨단의료복합단지 입주기업에 대한 법인세·소득세 세액감면[조특법 §121의22②]

제 **2** 절

과세관청의 결정·경정

 ① 부과결정

'부과결정'賦課決定, assessment determination은 과세관청이 과세권(부과권)을 행사할 수 있는 기간에 납세자의 과세요건사실을 확인하여 과세표준과 세액을 결정함으로써 납세의무를 확정하거나 확정된 납세의무를 변경하는 절차를 말한다.

부과과세제도에서 과세관청의 부과결정은 세법이 정한 결정기간까지 결정을 통해 납세자의 납세의무를 확정하는 절차이며, 신고납세제도에서는 납세자의 과세표준과 세액의 신고로 확정된 납세의무를 결정·경정을 통해 변경하는 절차로서 의의를 갖는다.

이처럼 신고납세제도에서나 부과과세제도에서나 과세관청의 결정·경정 등 부과결정은 중요한 조세절차의 하나로서 모든 조세의 공통적인 사항임에도 「국세기본법」이나 「지방세기본법」등의 조세통칙법에서 찾아볼 수 없다.

하지만 부과결정은 납세자의 의사와 달리 과세관청이 일방적으로 하는 것이어서 납세자의 권리와 의무에 매우 큰 영향을 미치는 핵심적인 조세절차 중 하나이다.

그러므로 국세와 지방세에 있어서 정부와 지방자치단체 등 과세관청이 하는 부과결정에 관한 기준과 절차는 다른 어떤 절차보다 더 민주적이고 상세하게 「국세기본법」과 「지방세기본법」등 통칙법에서 통일적으로 규정하는 것이 바람직하다.

(1) 부과결정의 방법

1) 결정의 관할

국세의 경우 과세표준과 세액의 결정·경정은 그 처분을 할 때에 해당 국세의 납세지를 관할하는 세무서장이 한다[국기법 §44]. 그러므로 결정·경정을 하는 국세의 납세지를 관할하는 세무서장이 그 관할권을 가지며, 관할 세무서장이 아닌 다른 세무서장이 한 결정·경정 처분은 효력이 없다.

하지만 다른 관할 세무서장이나 지방국세청장이 세법이나 다른 법령에 따라 권한을 부여받아 결정·경정하는 경우라면 그 효력이 인정된다. 만약 과세관청의 관할구역이 변경되었거나 납세자의 주소나 사업장이 이전하여 납세지가 변경된 경우에는 변경 후의 납세지를 관할하는 세무서장이 부과 결정한다.

2) 결정의 사유

① 부과과세제도의 조세채권 확정

상속세·증여세 등 부과과세제도를 채택하고 있는 조세에서 납세자가 과세표준신고를 한 경우, 과세관청은 그 신고를 받은 날부터 '법정 결정기한'[364]까지 과세표준과 세액을 결정하여야 한다.

하지만 과세표준과 세액을 결정할 때 과세대상 재산의 조사, 과세가액을 평가하는 데 오랜 기간이 소요되는 등 부득이한 사유가 있어 법정 결정기한까지 결정할 수 없을 때는 그 사유를 납세자에게 알려야 한다.

또한 신고에 따라서 과세표준·세액을 결정할 수 없거나 결정 후 당초 결정한 과세표준·세액에 탈루나 오류가 있는 것을 발견한 경우에는 즉시 과세표준·세액을 조사하여 경정한다[상증법 §76].

이처럼 부과과세제도의 조세에서 과세관청의 과세표준과 세액의 결정·경정 등 부과결정은 납세자의 신고와 관계없이 납세의무를 확정하는 효력을 가진다.

② 신고납세제도의 조세채무 확정

법인세·종합소득세 등 신고납세제도를 채택하고 있는 조세에서 과세관청의 부과결정은 주로 납세자의 신고에 의해 1차적으로 확정된 납세의무를 변경하는 기능을 수행한다.

법정 신고기한까지 납세자로부터 과세표준과 세액을 신고를 받은 정부는 납세자의 신고 내용에 오류나 탈루가 있거나 납세협력의무를 이행하지 않은 경우, 그리고 시설규모나 업황 등으로 보아 신고내용이 불성실하다고 판단하는 등 일정한 경우에는 신고된 과세표준과 세액을 결정·경정한다[법법 §66: 소법 §80].

하지만 납세자가 세법에 따른 과세표준신고를 하지 않아 납세의무가 확정되지 아니한 경우에는 납세의무를 확정하기 위하여 과세관청이 과세표준과 세액을 결정한다.

---

364) 법정 결정기한은 상속세의 경우 상속세 과세표준 신고기한부터 6개월, 증여세의 경우 증여세 과세표준 신고기한으로부터 3개월이다[상증령 §78①]. 법정결정기한에 관한 규정은 모법에 위임근거만 유지한 채 시행령에서 정하고 있다. 그런데 이를 놓고 납세자의 납세의무를 조속히 확정하기 위한 취지의 훈시적 규정이라 보고 이를 도과해 과세표준·세액을 결정한 것을 위법하다고 할 수 없다고 하고, 법정결정기한에 관한 규정이 가산세의 산출기한을 제한하기 위한 것으로도 해석할 수 없다고 보고 있다(대법원 2001.6.29. 선고, 99두2000 판결 ; 광주고등법원 2013.6.13. 선고, 2013누306 판결 참조).

③ 결정·경정청구에 대한 결정

납세자가 「과세표준신고서」를 법정신고기한까지 제출하거나 「기한후 과세표준신고서」를 제출한 경우에는 법정신고기한이 지난 후 3년(각 세법에 따른 결정·경정이 있는 경우에는 이의신청, 심사청구나 심판청구 기간) 이내에 최초 신고나 수정신고한 국세의 과세표준과 세액(각 세법에 따라 결정·경정이 있는 경우에는 그 결정·경정 후의 과세표준과 세액)의 경정을 청구할 수 있다.

또한 「과세표준신고서」를 법정 신고기한까지 제출하거나 과세관청으로부터 과세표준과 세액의 결정을 받은 납세자는 후발적 사유가 발생한 것을 안 날부터 3개월 이내에 과세관청에 결정·경정을 청구할 수 있다.

이 때 청구를 받은 과세관청은 결정·경정할 이유가 없다는 뜻을 통지하는 경우를 제외하고는 반드시 그 청구를 받은 날부터 2개월 이내에 과세표준과 세액을 결정·경정하여야 한다.

④ 기한 후 신고에 대한 결정

납세자는 법정 신고기한까지 「과세표준신고서」를 제출하지 않은 경우 관할 과세관청이 세법에 따라 그 과세표준과 세액을 결정하여 통지하기 전까지 「기한 후 과세표준신고서」를 제출할 수 있다. 기한 후 신고서를 제출한 자로서 납부하여야 할 세액이 있는 자는 그 세액을 납부하여야 한다.

납세자가 「기한 후 과세표준신고서」를 제출하거나 기한 후 신고를 한 납세자가 수정신고를 위해 「과세표준수정신고서」를 제출한 경우 과세관청은 신고일부터 3개월 이내에 그 조세의 과세표준과 세액을 결정한다[국기법 §45의3③; 지기법 §51③].

하지만 그 과세표준·세액을 조사할 때 조사나 가액의 평가 등에 오랜 기간이 걸리는 등 부득이한 사유로 신고일부터 3개월 이내에 결정할 수 없는 경우에는 그 사유를 신고한 납세자에게 통지해야 한다.

3) 결정의 방법

과세관청이 세법에 따라 과세표준·세액을 결정·경정하는 경우에는 납세자가 보관하고 있는 장부나 그 밖의 증명서류를 근거로 하여야 한다.

만약 과세관청이 결정을 할 때 납세자가 필요한 장부나 증명서류를 보관하고 있지 않거나 그 중요한 부분이 미비하거나 사실과 다른 허위어서 장부나 그 밖의 증거서류에 따라 과세표준을 계산할 수 없는 경우에는 추계推計할 수 있다.

'추계'에 의한 결정은 납세자의 수입금액에 같은 업종을 가진 성실신고한 납세자의 소득율을 곱하여 산정하는 등 납세자의 소득을 합리적으로 추정하여 결정하는 것을 말한다.

4) 경 정

과세관청은 세법에 따라 과세표준·세액을 결정한 후 그 결정에 오류나 누락이 있는 것을 발견한 때에는 다시 결정, 즉 경정更正할 수 있으며, 경정한 후에는 다시 경정(=재경정, 再更正)할 수 있다[법법 §66④; 소법 §80④].

지방세에서도 지방세의 부과징수가 위법하거나 부당한 것임을 확인한 때에 즉시 그 처분을 취소하거나 변경하도록 하여 과세관청의 경정 의무를 부여하고 있다[지기법 §58].

한편 과세관청의 결정·경정과 관련하여 다음과 같은 의문이 있다. 과세관청이 결정한 후 그 결정이 잘못된 것으로 확인하는 경우 결정·경정청구 없이도 스스로 경정할 의무가 있는가? 만약 그렇다면 조세 부과권의 행사기간(부과의 제척기간)에서만 가능한 것인가?

과세관청의 결정에 대하여 법정청구기간에 납세자가 결정·경정을 청구하는 경우 과세관청이 청구에 따라 결정·경정을 하거나 거부할 수 있지만, 만약 법정청구기간이 지난 후라도 과세관청이 업무수행과정에서 부과결정이 잘못이 있다는 것을 확인한 경우에는 스스로 결정·경정할 의무가 있다고 할 것이다.

과세관청이 스스로 한 결정이 잘못된 것에 대하여 경정을 하는 것은 올바른 과세소득을 계산하는 과정이기에 처분청에게 잘못된 결정을 수정하는 것이 마땅하고 법적 의무도 부여되어 있다고 보아야 한다.

이는 세법에 따라 정당하게 부담할 세금만 내도록 하는 납세자권리 등 중요한 내용이기도 하다.

특히 지방세는 비록 납세자가 결정·경정청구를 하지 않더라도 과세관청이 행한 부과징수가 '위법하거나 부당한 것'으로 확인되면 결정·경정을 의무화하여 납세자에게 환급하도록 명시하고 있다[지기법 §58].**365)**

그러므로 국세도 과세관청이 납세자의 불복청구나 결정·경정청구에 의하지 않더라도 스스로 위법하거나 부당한 것으로 확인하는 경우에는 납세자의 부담이 경감되는 경우라면 직권으로 결정·경정을 할 수 있도록 명시적 규정을 두어야 할 것이다.

다음으로 그 결정·경정은 부과권의 행사기간이 지난 후에는 행사할 수 없다고 보아야 할 것이다.

---

365) '지방자치단체의 장은 지방자치단체의 징수금의 부과징수가 위법 또는 부당한 것을 확인하면 즉시 그 처분을 취소하거나 변경하여야 한다'[지기법 §58]고 규정되어 있어 '위법이나 부당한 사실' 여부가 중요한 것이므로 지방세의 부과 제척기간인 5년이 경과 했다 하더라도 위법이나 부당한 것임을 확인되었을 때에는 즉시 그 처분을 취소하거나 변경하여야 한다(세정 13407-1651, 1997.12.31.).

왜냐하면 과세관청의 결정·경정은 납세자의 부담을 경감시키기도 하지만 오히려 납세자의 부담을 가중시킬 수도 있어서 만약 부과권의 행사기간이 끝난 후에도 과세관청이 결정·경정을 할 수 있다면 부과권의 행사기간이 무력화되고 남용될 소지가 크기 때문이다.

하지만 결정·경정을 통해 납세자에게 유리한 경우라면 부과권의 행사기간과 무관하게 과세관청이 부과·징수가 위법·부당한 것으로 스스로 확인한 경우에는 직권으로 결정·경정을 할 수 있도록 하는 것이 바람직하다.[366]

5) 납세고지

'납세고지'納稅告知, tax notice는 납세자에게 확정된 조세채무가 있는 경우 과세관청이 납부기간을 정하여 그 이행을 청구하는 행위이다.

과세관청이 부과결정을 한 후 조세를 징수하고자 할 때 납세자에게 과세연도, 세목, 세액과 그 산출근거, 납부기한과 납부장소 등을 명시한 「납세고지서」[국징칙 별지 제10호 서식]를 발급하여야 한다[국징법 §9; 지징법 §12].

납세자가 체납액을 납부하면서 조세만 모두 납부하고 체납처분비는 남은 경우 그 체납처분비를 징수할 때에는 「체납처분고지서」를 발급하여야 한다.

공유물, 공동사업이나 그 공동사업에 속하는 재산에 대한 연대납세의무자와 「상속세 및 증여세법」에 따른 연대납세의무를 지는 납세자에게 납세고지를 하는 경우에는, 연대납세의무자 전원을 「납세고지서」에 기재하여야 하며 각자에게 모두 발부하여야 한다.

과세관청이 조세를 부과징수하고자 할 때 납세자에게 송달하는 「납세고지서」의 발급시기는, ① 납부기한이 일정한 경우에는 납기가 시작되기 5일 전까지(세무서장이 시장·군수 등에게 위탁징수할 때 발급하는 납액통지는 납기개시 15일 전까지), ② 납부기한이 일정하지 않은 경우에는 징수결정[367] 즉시, ③ 세법에 따라 징수유예한 경우에는 징수유예기간 만료일의 다음날이다[국징법 §10; 지징법 §13].

만약 「납세고지서」를 세법상 정한 발급시기 이후에 발급한 경우 납세고지의 효력은 어떻게 될까?

---

366) 민법상 소멸시효의 완성과 관련한 시효이익時效利益은 미리 포기할 수 없지만 시효가 완성한 이후 가능하다[민법 §184]. 그러므로 과세관청은 비록 납세자가 납세자의 불복청구나 결정·경정청구가 없다하더라도 위법·부당한 사실을 발견하면 스스로 시효이익을 포기하고 납세자의 권리를 구제해 줄 수 있다는 것을 의미한다. 그러므로 부과징수가 위법·부당한 경우, 즉 납세자에게 유리한 경우 과세관청이 시효이익을 포기하고 직권으로 결정·경정하는 것은 충분히 가능하므로, 지방세의 경우처럼 세법에 명시하는 경우 적정한 과세와 납세자 권익보호에 매우 효과적일 것이다.

367) "징수결정"이란 과세관청에서 국세를 징수하고자 수입징수관이 부과결정을 통보받은 후 수입연도, 수입과목, 세액, 납부기한 등 징수에 필요한 사항에 관하여 내부적으로 의사결정을 하는 것이다. 지방세에서는 "부과결정"으로 표현하고 있다.

과세관청은 이 규정이 훈시적訓示的 규정이므로 발급시기 이후에 납세고지를 하더라도 그 효력에는 영향이 없는 것으로 해석하고 있다.[368] 하지만 이런 경우 「납세고지서」의 발급시기는 세법의 규정에도 불구하고 과세관청이 임의로 정할 수 있게 되고, 결국 징수권의 소멸시효가 완성되기 전이라면 언제든지 가능하게 되므로 제한되어야 한다.

(2) 부과결정의 효력

1) 확정력

정부의 부과결정은 부과과세제도에서 납세의무를 확정하는 효력을 가진다. 신고납세제도에서도 당초 납세자의 신고로 확정된 납세의무를 수정하여 확정하는 효력을 가진다.

하지만 과세관청이 세법에 따라 당초 확정된 세액을 증가시키는 결정·경정은 당초 확정된 세액에 관한 세법에서 정하는 권리·의무 관계에 영향을 미치지 아니한다.

만약 당초 확정된 세액을 감소시키는 결정·경정이라면 그로 인해 감소되는 세액 외의 세액의 경우에는 세법에서 정하는 권리·의무관계에 어떠한 영향도 미치지 않는다[국기법 §22의2; 지기법 §36].

즉 세법은 신고·결정(당초처분)과 이에 대한 결정·경정(경정처분)과의 관계에 대하여 증액결정·경정의 경우 당초처분과 처분이 각각 별개의 독립된 처분으로 보며(병존설), 감액결정·경정의 경우 당초처분이 경정처분에 의해 흡수되어 경정처분만 확정력을 갖는 것으로 본다(역흡수설).

2) 법정확정시기를 도과한 결정

상속세·증여세 등 부과과세제도에서 과세관청의 결정은 납세자의 납세의무를 확정하는 중요한 절차이다.

세법은 대표적인 부과과세제도 세목인 상속세의 경우 상속세 과세표준 신고기한부터 6개월, 증여세는 증여세 과세표준 신고기한부터 3개월 이내에 결정을 하도록 규정하고 있다[상증법 §76③, §78①].

그럼에도 이 법정결정기한은 훈시적 규정으로 보아 과세관청이 언제든지 결정할 수 있는 것으로 보는 것은 매우 심각한 문제를 초래한다. 부과과세제도에서 과세관청은 선택적이거나 언제든지 하면 되는 것이 아니라 납세의무를 확정하는 유일한 법정수단임에도 신고납세제도에서 납세자에게는 법정신고기한과 결정·경정청구 기한 등 엄격한 기한 제도를 강요하면서도 과세관청에게는 사실상 결정기한을 두지 않는 것이나 다름없다.

---

368) 국징법 기본통칙 10-0…1; 지징법 예규 13-1 참조.

이는 조속히 납세의무를 확정해야 하는 조세관계의 당사자로서 의무를 방기한 것일 뿐만 아니라 납세자에게 가산세 등 많은 부담을 지우기 때문에 허용되어서는 안된다.

그러므로 과세관청의 적정한 결정을 위해 법정결정기한을 6개월에서 1년 정도로 어느 정도 늘리더라도 법정결정기한 내에 결정을 의무화해야 한다. 아울러 이를 기준으로 납세자가 부담하는 가산세도 경감되도록 고려할 필요가 있다.

❷ 환급결정

'환급결정'還給決定, tax refund determination은 납세자가 국세·지방세와 체납처분비로서 납부한 금액 중 잘못 납부하거나 초과하여 납부한 금액이 있거나 세법에 따라 환급받을 세액이 있을 경우에 과세관청이 그 잘못 납부하거나 초과납부한 세액이나 환급받을 세액을 '환급금'으로 결정하는 절차를 말한다.[369]

과세관청은 납세자에게 환급세액(세법에 따라 환급세액에서 공제하여야 할 세액이 있을 때에는 공제한 후에 남은 금액)이 발생한 경우 즉시 환급하여야 하고, 착오납부나 이중납부 등으로 인하여 과·오납금이 발생하여 납세자가 「환급신청서」[국기칙 별지 제20호 서식]로 환급청구하는 경우에는 이에 따라 환급하여야 한다[국기법 §51: 지기법 §60].

(1) 환급 채권·채무

1) 조세 환급금의 종류

조세 환급금還給金, tax refund은 과세관청의 환급결정에 의하여 납세자가 반환받을 금액으로 발생원인에 따라 '과·오납금'과 '환급세액'으로 나뉜다.

① 과·오납금

'과·오납금'過·誤納金, overpayed tax은 납세자가 세법에 따라 납부하여야 할 금액을 초과하여 납부(과납過納)하거나 잘못 납부(오납誤納)한 세액을 말한다.

여기에는 납세자가 세액을 납부한 후 납부할 세액을 줄이는 결정·경정(감액경정)을 하거나 부과취소를 함으로써 당초부터 법률상 원인 없이 납부한 금액이 포함된다.

---

369) 하지만 소득세·법인세이나 부가가치세처럼 기간과세하는 세금에 있어서 과세기간을 잘못 적용하여 신고 납부한 경우에는 실제 신고·납부한 날에 실제 신고·납부한 금액의 범위에서 당초 신고·납부하였어야 할 과세기간에 대한 세금을 자진 납부한 것으로 보도록 하고 있어 환급결정에서 제외된다[국기법 §51⑨].

② 환급세액

'환급세액'還給稅額, tax refund은 납세자가 세법에 따라 적법하게 납부한 후 환급받을 세액이 발생하는 환급금을 말한다.

여기에는 당초에 적법하게 세법에 따라 중간예납을 하거나 원천징수하여 납부한 금액이 최종적으로 확정된 세액을 초과하는 경우, 적법한 납부 후에 감면을 받거나 법령이 개정되어 납세의무가 소멸되는 경우와 부가가치세에서 매입세액이 매출세액을 초과하는 경우 등이 해당한다.

2) 환급의 당사자

① 환급채권자

조세 환급금의 채권자는 세법에 따라 납부할 세액을 초과하여 납부하거나 잘못 납부한 납세자와 세법에 따라 환급세액을 환급받을 납세자이다.

하지만 과세의 대상이 되는 소득·수익·재산·행위·거래의 귀속이 명의일 뿐이고 사실상 귀속되는 실질귀속자가 따로 있어 명의대여자에 대한 과세를 취소하고 실질귀속자를 납세의무자로 하여 과세하는 경우, 명의대여자 대신 실질귀속자가 납부한 것으로 확인된 금액은 실질귀속자의 기납부세액으로 먼저 공제하고 남은 금액이 있는 경우에는 실질귀속자에게 환급한다[국기법 §51⑪].

환급채권자인 납세자가 환급금을 수령할 권리는 제3자에게 양도할 수 있다[국기법 §53; 지징법 §63].

만약 환급채권자가 환급금을 제3자에게 양도하고자 하는 경우 환급금지급명령관이 「국세환급금송금통지서」를 발급하기 전에 세무관서장에게 「국세환급금양도요구서」[국기칙 별지 제24호의2 서식]를 제출하여 양도요구를 하여야 한다.

이 경우 과세관청은 양도인이나 양수인이 납부할 조세와 체납처분비가 있으면 그 조세와 체납처분비에 충당하고, 남은 금액에 대해서는 양도의 요구에 지체 없이 따라야 한다.

지방세 환급금에 대한 양도 신청을 받은 지방자치단체장은 그 처리 결과를 7일 이내에 양도인과 양수인에게 통지하여야 한다[지징령 §44③].

② 환급채무자

조세 환급금의 채무자는 환급금을 지급할 의무가 있는 국가나 지방자치단체이다. 세법에 따라 납부할 세액을 초과하여 납부하거나 잘못 납부한 금액이 있거나 환급세액이 발생하였을 때 환급의무를 지는 환급채무자는 환급금 결정 당시 환급금이 발생한 조세의 납세지를 관할하는 세무서장이나 지방자치단체장이 된다.

(2) 환급절차

1) 환급 결정

과세관청은 초과 납부나 잘못 납부한 과오납금이나 환급세액이 있는 때에는 즉시 환급금으로 결정하여야 한다.

원칙적으로 착오납부·이중납부로 인한 환급을 받고자 하는 경우에는 「환급신청서」로 환급청구해야 한다. 하지만 이 경우 납부는 원인무효原因無效이므로 과세관청은 납세자의 환급신청이 없어도 당연히 환급해야 한다.

2) 충 당

'충당'充當, appropriation of tax refund은 납세자의 조세채무와 국가의 환급금채무를 상계相計하는 것을 말한다. 납세자의 동의가 필요한 지 여부에 따라 '필요적 충당'과 '임의적 충당'으로 구분된다.

① 필요적 충당

'필요적 충당'必要的 充當은 납세자에게 환급금이 발생한 경우 과세관청이 납세자의 동의없이 할 수 있는 충당이다.

과세관청은 환급금이 발생한 납세자에게 (ⅰ) 납기 전 징수사유에 해당하여 납세고지에 의하여 납부하는 조세, (ⅱ) 체납된 조세와 체납처분비(다른 세무관서장이 충당을 요구하는 경우는 그 세무관서에 체납된 조세와 체납처분비를 포함한다)에 해당하는 조세가 있는 경우에는 결정한 환급금으로 충당하여야 한다.

이와 같이 납세자에게 환급금이 발생하고 필요적 충당 사유에 해당되면 환급채권자인 납세자의 의사와 관계없이 반드시 충당하여야 한다[국기법 §51②; 지기법 §60②].

이 경우 체납된 조세·체납처분비와 조세환급금은 체납된 조세의 법정납부기한과 환급금 발생일[국기법 §32; 지기법 §62①] 중 늦은 때로 소급하여, 대등액對等額에 관하여 소멸한 것으로 본다.

만약 환급금 중 충당한 후 남은 금액이 있는 경우에는 환급금의 결정을 한 날부터 30일 내에 납세자에게 지급하여야 하며, 환급금을 환급할 때에는 한국은행이 세무관서장의 소관 수입금 중에서 지급한다.

하지만 충당한 후 남은 금액이 10만원 이하이고 지급결정을 한 날부터 1년(지방세의 경우 6개월) 이내에 환급이 이루어지지 아니하는 경우에는 납세자의 동의가 없어도 납세고지하는 조세(지방세의 경우에는 신고납부하는 지방세 포함)에 충당할 수 있도록 하고 있다.

② 임의적 충당

'임의적 충당'任意的 充當은 세법에 따라 환급받을 세액이 있는 납세자가 동의한 경우에만 하는 충당이다.

임의적 충당의 대상은 (ⅰ) 납기 전 징수 사유에 해당하는 경우를 제외한 일반적인 납세고지에 따라 납부하는 조세와 (ⅱ) 세법에 따라 자진납부하는 조세이다.

임의적 충당의 대상인 조세에 대하여 납세자가 충당을 청구한 경우에는 청구를 한 날에 그 조세를 납부한 것으로 본다[국기법 §51④; 지기법 §60④].

한편, 국세에서 원천징수의무자가 원천징수하여 납부한 세액에서 환급받을 환급세액이 있는 경우에 그 환급액은 그 원천징수의무자가 원천징수하여 납부하여야 할 세액에 충당하고 남은 금액을 환급한다(다른 세목의 원천징수세액에의 충당은 「소득세법」에 따른 「원천징수이행상황신고서」에 그 충당·조정명세를 기재하여 신고한 경우에만 충당할 수 있다).

하지만 그 원천징수의무자가 그 환급액을 즉시 환급해 줄 것을 요구하거나 원천징수하여 납부하여야 할 세액이 없는 경우에는 즉시 환급하여야 한다[국기법 §51⑤].

3) 지 급

'지급'支給은 환급금의 채무자인 과세관청이 충당하고 남은 금액을 납세자에게 환급하는 것이다.

국세의 경우, 관할 세무서장은 환급금을 결정한 날부터 30일 이내에 환급금지급명령관에게 환급결정 내용을 통보하고, 지급명령관은 「국세환급금통지서」[370]를 납세자에게 등기우편(납세자에게 계좌이체하는 경우 통상우편으로 가능)으로 송부한다. 이를 받은 납세자는 한국은행·국고대리점에 제시하여 세무서장의 소관 세입금 중에서 환급금을 지급받으면 된다[국기법 §51⑥].

지방세의 경우, 충당 후 남은 금액을 환급금의 결정을 한 날부터 지체 없이 납세자에게 환급한다[지기법 §60⑤]. 이 경우 지방세환급금을 결정한 지방자치단체장은 지방세와 체납처분비에 충당 후 잔액이 있는 경우 지체 없이 환급금통지를 권리자에게 통지하여야 한다. 이때 통지를 받은 권리자는 지방자치단체의 금고에 환급금지급청구를 하면 된다.

(3) 환급가산금

'환급가산금'還給加算金, additional dues on tax refund은 조세 환급금을 충당하거나 지급하는 때에 조세 환급금에 가산하여 지급하는 이자를 말한다. 과세관청이 조세채권 등 법률상 원인

---

370) 「환급금통지서」는 납세자가 환급세액의 계산에 대한 상세한 내용과 근거를 알 수 있어야 함에도 환급금과 환급가산금의 총액에 대하여만 표시하고 그 산출근거는 밝히지 않고 있다. 그러므로 환급통지의 내용도 납세자권리 행사를 위한 '이유의 부기' 원리에 기초하여 「납세고지서」의 산출근거에 준하는 수준의 통지가 되어야 한다.

없이 취한 부당이득의 일종인 조세 환급금에 대하여 환급가산금은 그 법정이자로서의 성질을 가진다. 이러한 환급가산금은 조세 환급금의 '기산일'과 '이율'에 의해 그 금액이 결정된다.

① 이자율

국세와 지방세(가산세를 포함한다)의 환급가산금은 환급금에 환급금의 '기산일'부터 충당하는 날이나 지급결정을 하는 날까지의 기간과 금융회사 등의 예금이자율 등을 고려하여 정한 일정한 이자율에 따라 계산한다.

> 환급가산금 = 환급금 × 이자율* × 이자계산기간

* 이율 : 시중은행의 1년 만기 정기예금 평균 수신금리를 고려하여 기획재정부령이 정한 이자율. 만약 조세불복 인용 확정일부터 40일 이후 환급금을 지급하는 경우에는 환급가산금 이자율의 1.5배를 적용한다[국기령 §43의3②, 국기칙 §19의3; 지기령 §43].

| 국세 · 지방세의 환급가산금 이자율[371] |

적용기간	이자율		근거
2020. 3.13.~현재	18/1,000	연 1.8%	국세기본법 시행규칙 §19의3
2019. 3.20.~2020. 3.12.	21/1,000[372]	연 2.1%	국세기본법 시행규칙 §19의3
2018. 3.19.~2019. 3.19.	18/1,000	연 1.8%	국세기본법 시행규칙 §19의3
2017. 3.15.~2018. 3.18.	16/1,000	연 1.6%	국세기본법 시행규칙 §19의3
2016. 3. 7.~2017. 3.14.	18/1,000	연 1.8%	국세기본법 시행규칙 §19의3
2015. 3. 6.~2016. 3. 6.	25/1,000	연 2.5%	국세기본법 시행규칙 §19의3
2014. 3.14.~2015. 3. 5.	29/1,000	연 2.9%	국세기본법 시행규칙 §19의3
2013. 2.23.~2014. 3.13.	34/1,000	연 3.4%	국세기본법 시행규칙 §19의3
2012. 3. 1.~2013. 2.28.	40/1,000	연 4.0%	국세기본법 시행규칙 §19의3
2011. 4.11.~2012. 2.29.	37/1,000	연 3.7%	국세기본법 시행규칙 §13의2
2010. 4. 1.~2011. 4.10.	11.8/100,000	연 4.3%	기획재정부 고시 제2010-5호, 2010.4.1.
2009. 5. 1.~2010. 3.31.	9.3/100,000	연 3.4%	기획재정부 고시 제2009-6호, 2009.5.1.
2007.10.15.~2009. 4.30.	13.7/100,000	연 5.0%	국세청고시 제2007-10호, 2007.10.15.
2006. 5. 1.~2007.10.14.	11.5/100,000	연 4.2%	국세청고시 제2006-10호, 2006.5.1.
2004.10.13.~2006. 4.30.	10/100,000	연 3.65%	국세청고시 제2004-28호, 2004.10.15.
2003. 4. 2.~2004.10.14.	12/100,000	연 4.38%	국세청고시 제2003-10호, 2003.4.2.

---

371) 환급가산금 이자율은 사실상으로는 환급금을 지급하는 과세관청인 「국세청장 고시」로 정하다가 2009년 「기획재정부장관 고시」, 2011년부터는 「국세기본법 시행규칙」에서 정하고 있다. 하지만 환급가산금 이자율은 그간 1년에 한번정도 개정되는 등 이율변동이 크지 않고 납세자의 권익에 영향이 큼에도 여전히 법률의 위임에 따라 대통령령에, 다시 대통령령의 위임에 따라 「기획재정부령」에 위임되고 있는 것은 문제이다.

적용기간	이자율		근거
2002. 4. 6.~2003. 4. 1.	13/100,000	연 4.75%	국세청고시 제2002-15호, 2002.4.3.
2001. 4. 1.~2002. 4. 5.	16/100,000	연 5.8%	국세청고시 제2001-11호, 2001.3.31.

* 이자계산기간 : 환급가산금기산일로부터 충당하는 날이나 지급결정을 하는 날까지의 기간(일수)

② 환급가산금 기산일

환급가산금은 법률상 원인 없이 취득한 부당이득의 일종으로 법정이자로서의 성질을 가진다. 조세 환급금을 충당하거나 지급할 때에는 환급가산금 '기산일'을 기준으로 하여 충당하는 날이나 지급결정을 하는 날까지의 기간에 일정한 '이자율'에 따라 계산한 금액을 환급금에 가산하여야 한다[국기법 §52①, 국기령 §43의4; 지기법 §62①].[373]

| 환급가산금 기산일 |

구분	환급가산금 기산일
착오납부 · 이중납부 · 납부의 기초가 된 신고나 부과의 경정(결정 · 경정청구에 의한 경정을 제외)하거나 취소함에 따라 발생한 환급금	① 그 조세의 납부일 ② 2회 이상 분할납부된 경우 : 마지막 납부일 ③ 환급금이 마지막 납부액을 초과하는 경우 : 그 금액이 될 때까지 납부일의 순서로 소급하여 계산한 조세의 각 납부일 ④ 중간예납액이나 원천징수 납부액, 지방세 특별징수 납부액은 해당 세목의 법정 신고기한 만료일에 납부 간주

---

372) 2020년 2월부터 조세불복 인용확정일부터 40일 이후 국세와 지방세의 환급금 지급시 환급가산금 이자율의 1.5배를 적용하여 지급하도록 하였다.

373) 그러므로 '환급가산금'이라는 명칭보다 '조세환급이자'라고 성질을 의미하는 명칭으로 변경하는 것이 바람직하다. 한편 환급가산금 기산일은 지방세의 경우 법률[지방세법 §62]에서 정한 반면 국세의 경우 2011년 말 세법개정에서 조세환경의 변화에 탄력적으로 대응한다는 이유로 법률에서 정하던 것을 위임의 대강도 정하지 아니한 채 대통령령[국기령 §43의3]으로 바꿨다. 이에 대하여 헌법재판소(2018.3.29. 선고, 2016헌바391 결정)는 조세 환급금의 원인이 다양하고 조세 환급금의 반환에 관한 규정은 세목의 신설 · 변경 · 폐지, 과세방식 및 납부절차의 변경 등 조세환경의 변화에 적절히 대응할 필요가 있고 환급가산금의 기산일은 이러한 다양한 구체적 사정들을 고려하여 조세 환급금의 반환을 둘러싼 국가와 납세자 사이의 이해관계를 합리적으로 조정하기 위해 하위법령에서 탄력적으로 규율할 필요성이 인정된다. 「국세기본법」 제52조의 기산일에 관한 위임규정이 대통령령이 정할 국세환급가산금의 기산일 확정의 기준이나 기산일의 범위를 직접 규정하고 있지 않지만, 환급가산금의 부당이득에 대한 법정이자로서의 성격, 지방세기본법 등의 환급가산금에 관한 규정 등을 종합하면, 내용을 충분히 예측할 수 있으며, 공평의 원칙상 민법의 부당이득 반환범위의 예에 따라 조세환급사유가 객관적으로 발생한 날인 '조세납부일'과 반환의무자인 국가가 주관적으로 '조세환급사유를 알게 된 때'를 기산일의 상 · 하한으로 하고[민법 §748, §749 참조], 그 범위에서 해당 조세의 성격, 과세방식 및 납부절차, 조세 환급금의 발생 원인, 조세환급을 둘러싼 법률관계의 조기확정 필요성 등을 고려하여 조세 환급가산금의 구체적인 기산점을 정하는 것이므로 조세법률주의나 포괄위임금지원칙에 반하지 아니한다고 결정하였다. 하지만 특히 결정 · 경정청구시의 환급가산금 기산일은 「국세기본법」에서 '납부일'로 정하던 것[국기법 §52①]을 「국세기본법 시행령」에서 '결정 · 경정청구일'로 변경함으로써 납세자의 권리에 매우 중대한 영향을 미치고 있는 점을 고려할 때 입법체계와 기산일의 적정성에 관한 재검토가 필요하다.

구분	환급가산금 기산일
적법하게 납부된 조세의 감면으로 발생한 환급금[374]	감면 결정일
적법하게 납부된 후 법률이 개정되어 발생한 환급금	개정된 법률의 시행일
「소득세법」, 「법인세법」, 「부가가치세법」, 「개별소비세법」, 「주세법」, 「지방세법」에 따른 환급세액을 신고·잘못 신고함에 따른 경정으로 인한 환급금	① 신고일(신고일이 법정 신고기일 전인 경우 법정신고기일)로부터 30일이 지난 때 ② 환급세액을 신고하지 아니하였을 때 결정으로 발생하는 환급세액 : 결정일부터 30일 지난 때
결정·경정청구에 의한 환급금	결정·경정청구일(결정·경정청구일이 국세·지방세 납부일보다 빠른 경우에는 해당 조세 납부일)
「지방세법」에 따라 자동차세의 연 세액年 稅額을 일시납부한 경우 세액을 일할계산하여 발생하는 환급금	소유권이전 등록일·양도일·사용을 폐지한 날. 만약 납부일이 해당일 이후인 경우 : 납부일의 다음날

원칙적으로 과세처분이 존재하지 않거나 당연무효인 경우에 그 과세처분에 따라 납부하거나 징수당한 오납금誤納金에 대한 부당이득 반환청구권은 처음부터 법률상 원인이 없이 납부나 징수된 것이므로 납부한 때에 확정된다.[375]

이 때 과세관청의 부당이득 반환의무는 일반적으로 기한의 정함이 없는 채무로서 이행청구를 받은 다음날부터 이행지체로 인한 지연손해금을 배상할 책임이 있다.

그러므로 납세자는 과·오납한 날부터 결정·경정청구를 한 날까지 법정이자의 성질을 가진 환급가산금에 대한 청구권을 가지며, 결정·경정청구를 한 이후에는 환급가산금 청구권과 이행지체로 인한 지연손해금청구권이 함께 발생하고 선택할 수 있다.[376]

이에 따라 납세자가 조세를 납부한 후 그 조세에 대하여 환급신청을 하는 경우 국가는 납세자에게 납부일의 다음날부터 환급신청일까지 세법에 의한 이율을 적용한 환급가산금을, 환급신청일의 다음날부터는 납세자의 선택에 따라 환급가산금이나 지연손해금을 각 지급할 의무가 있는 것이다.

---

374) 결정·경정청구 기간이 지난 후 고충민원에 의하여 환급결정되는 경우, 행정해석(재조세-716, 2007.6.11.)은 적법하게 납부된 후 감면결정된 것으로 보아 환급가산금을 지급하지 아니하도록 하고 있으나 이는 적절하지 않고 법적근거가 미약하다. 그러므로 직권경정을 통해 환급을 하는 경우 그것이 과세관청의 관용과 선처에 의한 것인지에 관계없이 세법상 환급가산금의 기산일을 '결정·경정청구기간이나 불복기간을 지나 고충민원 등으로 환급결정하는 경우 그 결정일'이라는 규정을 따로 두지 않는 한 일반적인 환급가산금 기산일에 관한 규정을 적용하여야 할 것이다.
375) 대법원 1989.6.15. 선고, 88누6436 판결 참조.
376) 대법원 2009.9.10. 선고, 2009다11808 판결 참조.

그런데 조세의 환급금이 발생하는 주요한 원인의 하나인 과·오납한 조세에 대한 납세자의 결정·경정청구에 의한 조세 환급금의 기산일의 경우 2015년 당초 '납부일'이나 환급신고의 경우 '신고일'이던 것을 '결정·경정청구일'로 변경하였다.

이는 조세 환급금이 부당이득의 성질을 가진 것이라고 해도 결정·경정청구에 의한 환급가산금의 기산일을 민법[§748~§749]상 이행청구 등에 따른 부당이득 이자의 기산일을 준용한 것이라지만, 결정·경정청구의 독특한 성질과 오랫동안 세법에서 조세 환급가산금 기산일에 관한 규정을 따로 두었던 것을 고려하면 설득력이 없다.

납세자의 신고나 과세관청의 결정에 의해 법률상 원인없이 과·오납이 발생하였고 이로써 과세관청이 이익을 받았으며, 법률상 원인없이 동일하게 발생한 과·오납금임에도 납세자의 청구에 따른 것인지 아니면 과세관청의 직권 결정·경정에 따른 것인지에 따라 가산금액에 큰 차이가 발생하여 납세자의 권익에 큰 영향을 미치므로 조속히 개선되어야 한다.

(4) 환급금의 소멸시효

납세자의 환급금과 환급가산금에 관한 권리는 '행사할 수 있는 때'부터 5년간 행사하지 않으면 소멸시효가 완성된다[국기법 §54; 지기법 §64].

'행사할 수 있는 때'란 환급가산금의 기산일[국기령 §43의3①~⑤; 지기법 §62①]을 의미하지만, 납부 후 그 납부의 기초가 된 신고에 대한 결정이나 결정에 대한 경정을 하거나 취소하는 경우에는 결정·경정일이나 부과취소일을 말한다.

환급금의 소멸시효는 「국세기본법」, 「지방세기본법」과 각 세법에 별도의 규정이 있는 것을 제외하고 「민법」을 준용한다.

이에 따라 과세처분의 취소나 무효확인 청구의 소 등 행정소송으로 조세 환급금과 환급가산금을 청구한 경우에는 그 환급금의 소멸시효는 중단된다[민법 §168①]. 만약 세무관서장이 납세자의 환급청구를 촉구하기 위하여 납세자에게 환급청구의 안내·통지나 재통지 등을 하는 경우 조세 환급금의 소멸시효가 중단되고 이 때부터 다시 진행하는 것으로 보아야 한다.[377]

(5) 분식회계에 의한 법인세 환급특례

일반적으로 납세자에게 과오납금이나 환급세액이 발생하면 일시에 지급·충당하는 것이 원칙이지만, 법인인 납세자가 분식회계로 인한 결정·경정청구를 함으로써 환급세액이 있

---

[377] 민법 제168조는 채무의 승인을 소멸시효 중단사유의 하나로 규정하고 있는데, 이때 '채무의 승인'은 시효이익을 받을 당사자인 채무자가 소멸시효의 완성으로 권리를 상실하게 될 자에 대하여 그 권리가 존재함을 인식하고 있다는 뜻을 표시함으로써 성립한다(대법원 2005.2.17. 선고, 2004다59959 판결 참조).

는 경우에는 과세관청이 즉시 환급하지 않고 일정기간 동안 유보하는 '법인세 환급특례' 제도를 두고 있다.

즉 특정한 법인이 분식회계粉飾會計, accounting fraud를 한 후 결정·경정청구를 하여 환급세액이 발생한 경우, 법인세 환급액을 즉시 지급하지 않고 향후 발생하는 법인세에서 공제한 후 그 기간이 만료된 후에도 남은 금액에 대해서만 일시에 환급한다.

이는 법인이 분식회계를 하고 추후 이를 이유로 결정·경정청구를 하는 경우 한꺼번에 많은 환급세액이 발생하여 국가재정이 불안정해지는 것을 막기 위한 취지이지만 납세자의 환급청구권이 침해되는 문제점이 있다.

① 대상과 요건

법인이 '법인세 환급특례'를 적용받기 위해서는 다음과 같은 대상과 요건이 충족되어야 한다.

그러므로 아무리 납세자가 분식회계를 하여 환급세액이 발생해도 이러한 적용대상·요건에 해당하지 않는 경우에는 법인세 환급특례를 적용할 수 없고 일반적인 환급절차에 따라 환급하여야 한다[법법 §66②(4)].

(ⅰ) 내국법인

(ⅱ) 「자본시장과 금융투자업에 관한 법률」[§159]에 따른 「사업보고서」나 「주식회사의 외부감사에 관한 법률」[§8]에 따른 「감사보고서」를 제출할 때 수익이나 자산을 과다계상하거나 손비나 부채를 과소 계상하는 등 사실과 다른 회계처리를 함으로 인하여 그 내국법인, 그 감사인이나 그에 소속된 공인회계사가 경고·주의 등의 조치[378)를 받은 경우

(ⅲ) 분식회계로 법인세 과세표준과 세액을 과다하게 계상하여 결정·경정청구를 한 경우

(ⅳ) 결정·경정청구에 대해 과세관청의 결정·경정 결과 환급세액이 있는 경우

② 환급특례 방법

법인이 사실과 다른 회계처리로 결정·경정청구를 하여 과세관청이 결정·경정을 하면

---

378) "경고·주의 등의 조치"는 ① 「자본시장과 금융투자업에 관한 법률」[§164], 같은 법 시행령 [§175]에 따른 임원해임권고, 일정기간 증권의 발행 제한, 같은 법 위반에 따른 고발 또는 수사기관에의 통보, 다른 법률 위반에 따른 관련기관 또는 수사기관에의 통보, 경고 또는 주의 ② 「자본시장과 금융투자업에 관한 법률」[§429③]에 따른 과징금의 부과 ③ 「자본시장과 금융투자업에 관한 법률」[§444(13), §446(28)에 따른 징역 또는 벌금형의 선고 ④ 「주식회사의 외부감사에 관한 법률」[§16①]에 따른 감사인 또는 그에 소속된 공인회계사의 등록취소, 업무·직무의 정지건의, 특정 회사에 대한 감사업무의 제한 ⑤ 「주식회사의 외부감사에 관한 법률」[§16②]에 따른 주주총회에 대한 임원의 해임 권고 또는 유가증권의 발행제한 ⑥ 「주식회사의 외부감사에 관한 법률」[§20]에 따른 징역 또는 벌금형의 선고 등을 말한다[법령 §103의2(1)~(6)].

서 '법인세 환급특례'를 적용받는 경우, 우선 과다 납부한 세액을 다음과 같이 세액공제를 하여야 하며 그 이후에도 남은 금액이 있는 때에는 환급금과 환급가산금을 일시에 지급한다[법법 §72의2, §66④].**379)**

(ⅰ) 결정·경정일이 속하는 사업연도의 개시일부터 5년 이내에 끝나는 각 사업연도의 법인세액에서 과다 납부한 세액을 차례로 공제한다.

(ⅱ) 내국법인이 해당 사실과 다른 회계처리와 관련하여 그 경정일이 속하는 사업연도 이전의 사업연도에 수정신고[국기법 §45]를 하여 납부할 세액이 있는 경우에는 그 납부할 세액에서 과다납부한 세액을 먼저 공제한다.

법인세 환급특례를 적용받는 결정·경정청구를 한 내국법인이 합병이나 분할로 인한 경우가 아닌 해산을 하는 경우에는 청산소득에 대한 법인세 납부세액을 먼저 빼고 남은 금액을 즉시 환급하여야 한다.

또 합병이나 분할에 의하여 해산하는 경우로서 결정·경정일이 속하는 사업연도의 개시일부터 5년 이내에 끝나는 각 사업연도의 법인세액에서 과다 납부한 세액을 차례로 세액공제하고 남은 금액이 있는 때에는 합병법인이나 분할신설법인(분할합병의 상대방 법인을 포함한다)이 승계하여 잔여기간 동안 차례로 세액공제하고 남은 금액이 있는 경우에 한하여 환급금과 환급가산금을 지급한다.

③ 환급가산금

분식회계에 의한 법인세 환급특례가 적용되는 경우, 환급가산금은 다음 방법에 의하여 계산한 금액으로 한다.

(ⅰ) 결정·경정일이 속하는 사업연도의 개시일부터 5년이 경과한 사업연도에 환급금이 남아 있는 경우 : 5년 이내에 끝나는 각 사업연도의 법인세액에서 과다 납부한 세액을 차례로 공제한 각 사업연도의 세액공제 금액과 순차적으로 세액공제하고 최종적으로 남은 잔액인 환급금에 각각 「국세기본법」상 환급가산금 규정을 적용하여 계산한 금액의 합계액

(ⅱ) 결정·경정일이 속하는 사업연도의 개시일부터 5년 이내의 사업연도에 과다납부한 세액을 전액 공제한 경우 : 5년 이내에 끝나는 각 사업연도의 법인세액에서 과다 납부한 세액을 차례로 공제한 금액에 각각 「국세기본법」상 환급가산금 규정을 적용하여 계산한 금액의 합계액

---

379) 분식회계에 따른 환급특례 규정은 2004.1.1. 개정법 시행 후 사실과 다른 회계처리를 하여 경고나 주의 등의 조치를 받는 분부터 적용한다.

④ 제도적 한계

일반적인 환급금의 지급 형태를 벗어나 장기간에 걸쳐 법인세 세액공제를 하도록 하는 '법인세 환급특례' 제도는 분식회계에 따른 과도한 세액의 환급을 제한함으로써 분식회계 관행을 억제하고 수년간에 걸쳐 과다하게 납부한 많은 세금을 한꺼번에 환급 발생할 수 있는 국가재정상 불안정을 고려한 것이다.

그런데 아무리 분식회계에 의한 것이라 해도 세법에서 정하는 환급세액인 경우 이미 과세관청의 정당한 세입이 아니라는 것이 명백하다.

그럼에도 환급결정한 후 일시에 지급하지 않고 과세관청이 유보한 채 수년간에 걸쳐 납부해야 할 법인세에서 공제하도록 하는 것은 아무리 제도적 취지와 필요성을 감안해도 납세자의 '정당한 세금을 낼 권리'를 제약하는 것으로 지나친 것이다.

그러므로 분식회계에 의한 경정이라 해도 경정으로 인한 환급액은 일반적인 경우와 같이 일시에 환급하는 것이 바람직하다.

하지만 이런 경우에도 납세자의 고의성을 감안하고 입법목적을 달성하기 위하여 환급가산금의 기산일은 세액의 '납부일'이 아니라 '결정·경정한 날'을 기준으로 하는 것은 어느 정도 합리성을 갖는다 할 것이다.

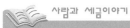

세계 슈퍼리치들의 "Tax Us!", 응답하라 한국 슈퍼리치!

[EMBARGOED UNTIL PUBLICATION 3AM ET MONDAY JUNE 24]
A CALL TO ACTION:
A LETTER IN SUPPORT OF A WEALTH TAX
JUNE 24, 2019

Note: The following nonpartisan letter is written in support of a policy solution, and cosigning this letter does not represent an endorsement of any presidential candidate.

TO: 2020 Presidential Candidates

We are writing to call on all candidates for President, whether they are Republicans or Democrats, to support a moderate wealth tax on the fortunes of the richest 1/10 of the richest 1% of Americans—on us. The next dollar of new tax revenue should come from the most financially fortunate, not from middle-income and lower-income Americans.

America has a moral, ethical and economic responsibility to tax our wealth more. A wealth tax could help address the climate crisis, improve the economy, improve health outcomes, fairly create opportunity, and strengthen our democratic freedoms. Instituting a wealth tax is in the interest of our republic.

"우리의 세금이 너무 적으니 제발 더 많은 세금을 매겨달라!" 윈스턴 처칠이 '이세상에 좋은 세금이란 없다'고 했던 것처럼 세상에 세금을 좋아하는 사람이 한명이라도 있을까만, 이건 지금 미국 '슈퍼리치'들의 실화다. 지난달 24일 조지 소로스 부자, 디즈니 가문 등 미국의 억만장자 19명이 대선후보들에게 부유세wealth tax 청원서한을 보냈다. 부자들에 대한 세금은 공정하고 애국적인 것이고 국가는 부자들에게 더 많은 세금을 매길 책임이 있으니, 중산층이나 저소득층 증세보다 상위 0.1% 부자들에게 부유세를 걷어 미국의 자유와 민주주의를 강하게 하는 데 써달라는 내용이다. 며칠 후 질세라 상위 0.1%는 아니지만 1% 부자들도 동참 의사를 밝혔다.

미국 부자들의 일련의 '이상한 요구'는 한국 못지않은 소득불균형과 양극화에 대한 심각한 인식의 결과다. 그런데도 정부와 정치인들은 경제침체나 사회주의적 발상이라는 이유로 부자증세를 반대하고 달콤한 감세정책만 찾으니 세금을 낼 당사자들이 답답하여 직접 나선 것이다.

사회주의 성향 정치인, 진보 경제학자나 시민운동가들의 흔한 주장이 아니라, 직접 세금을 내야 할 당사자들의 '이상한 요구'는 우리를 당황시키고 한국 부자들을 충격에 빠뜨린다. 한국은 어떤가? 재벌과 대자산가 등 한국 부자들과 그들의 이해를 대변하는 재계는 미국 부자들과 마찬가지로 '세금'을 놓고 투쟁 중이다. 그런데 미국부자들과 달리 한국부자는 경제상황이 어려우니 투자와 고용을 할 수 있도록 더 많은 감세를 해달라고 지극히 '정상적인 요구'를 한다. 미국부자들의 지혜는 놀랍다. 그들의 부자증세 요구는 우스꽝스러운 이벤트가 아니라 자본주의를 망치는 심각한 불평등과 분배 문제를 해결하고 경제를 제대로 살릴 묘안이 될 수 있다.

정부나 정치인들도 곤혹스러워 해법을 구하지 못하는 이때 지속 가능한 공동체와 경제를 위해 한국의 '슈퍼리치'들도 미국 부자들처럼 '이상한 요구'에 나서는 상상을 해본다. 결과는 놀라울 것이다. 정부와 정치인들이 생각을 바꾸고 드디어 국민들은 그들을 신뢰하고 존경하게 될 것이다. 미국 부자들의 지혜, 왜 한국 부자들은 없겠는가? 우리도 이렇게 외치는 한국의 백만장자들을 곧 목도하게 될지 모른다. "우리에게 더 많은 세금을!"

【2019.7.3. 경향신문 〈경제와 세상〉 구재이 칼럼】

제 6 장

조세채권의 확보

"사랑하면서 지혜롭게 되는 것보다 세금내면서 기쁨을 얻기가 더 힘들다."
To tax and to please, no more than to love and to be wise, is not given to men.

– 에드먼드 버크Edmund Burke(1729–1797)

"게으르면 두 배, 자존심이 세면 세 배, 어리석으면 네 배로 세금을 낸다."
We are taxed twice as much by our idleness, three times as much by our pride and four times as much by our foolishness.

– 벤자민 플랭클린Benjamin Franklin(1706–1790)

국민으로부터 과세권을 위임받은 정부는 세법에 따라 재정수요 충족이라는 주된 목표를 달성하기 위해 '자력집행권'을 부여받았습니다. 스스로 납세자의 소득이나 재산을 조사하는 등 강제력을 통해 세금을 거둘 수 있는 무시무시한 권능입니다.

가산세·과태료를 부과하고 세무조사와 조세범처벌을 통해 이를 행사할 수 있습니다. 하지만 이러한 권능은 남용되어서는 안 되고 정당한 목적과 최소한의 범위에서 제한적으로 사용되어야 합니다.

이러한 수단 중에서도 가장 강력한 것은 '세무조사권'입니다. 정부는 세무조사를 통해 탈루된 세금을 확인하고 추징합니다. 과거보다 훨씬 나아졌지만 실제 세무조사를 받은 사람보다 받지도 않은 사람들이 세무조사를 더 두려워하는데, 그만큼 많은 사람들이 제대로 세무처리를 못하거나 의도적인 탈세를 많이 해왔다는 것을 의미합니다.

'세무조사'란 도대체 어떤 것일까요? 세무조사를 하는 세무공무원이나 세무조사를 받는 납세자들은 세무조사의 '정체'를 잘 알고 있을까요?

과거 정부의 세무조사를 통해 대부분의 세금이 결정되던 시절 세무조사는 꼭 거쳐야하는 필수절차였지만, 지금 대부분의 세금은 납세자의 자진신고에 의하여 세금이 확정되기 때문에 세무조사는 '특별절차'가 되었습니다. 이러한 상황에서 정부가 하는 세무조사의 한계는 분명합니다.

납세자의 성실한 신고에 따라 세금을 확정하는 조세시스템에서 세무조사는 부차적이고 보완적인 행정수단에 불과합니다. 모든 납세자를 대상으로 하는 '전수조사'가 아닌 불성실 납세자를 찾아내는 '선별조사', 세금을 확정하기 위한 것이 아니라 납세의무의 사후적 검증절차에 불과한 것입니다.

각 세법에서 '세무공무원은 필요한 경우 질문검사를 할 수 있다'고 세무조사의 법적근거만 겨우 갖추고 있다가 제대로 세무조사의 절차규정을 둔 것은 1996년 납세자권리에 관한 규정이 도입되면서부터입니다. 세무조사의 절차와 예외 등을 정하고 있고 지속적으로 많은 절차와 내용이 보완되었지만, 아직도 세무조사의 기본원칙이나 제도적 한계, 절차위반시의 세무조사의 효력이나 처벌과 배상 등 세무조사에 관한 핵심적 부분이 입법미비 상태입니다.

앞으로 납세자와 가장 접점에 있고 이해가 충돌하는 세무조사는 보다 납세자친화적 절차로 전환되는 것이 절실합니다. 세무조사가 과거처럼 오·남용되지 않고 필요한 범위에서 제기능을 수행하려면 세정당국의 각고의 노력과 함께 세금주권자인 국민의 올바른 인식과 감시가 필요합니다.

가산세와 과태료의 무분별한 부과도 심각한 문제입니다. 매년 많은 새로운 가산세 제도와 부담규모를 새로이 내놓지만 납세자를 보호하는 정당한 사유는 적극적으로 인정되지 않습니다. 살인적 수준의 과태료제도도 마찬가지입니다. 가산세 부담이 본세보다 높아져 지나치게 높거나 신고납세제도에도 전혀 맞지않는다면 한도를 새로 도입하고 페널티보다 인센티브로 전환해 납세자의 자발적인 협력과 협조를 유도해야 합니다.

이러한 조세채권 확보를 위한 세법상의 제도와 행정조치들을 통해 과연 조세현장에서 지금 운용되는 세금제도에서 적정하고 필요한 것인지, 어떻게 바뀌어야 과세권을 적정하게 행사하고 납세자권리를 제대로 지킬 수 있는지 살펴볼 수 있습니다.

제 1 절

세무조사

① 세무조사의 의의

(1) 세무조사의 개념

'세무조사'稅務調査, tax audit, tax investigation란, 국가나 지방자치단체 등 과세관청이 조세행정 목적을 달성하기 위하여 세법에 따라 특정한 납세자를 대상으로 조세의 부과·징수, 세원의 관리에 필요한 정보나 자료를 수집하는 행위를 말한다.

세법은 조사절차로서, ① 부과절차로서 결정·경정 등 부과처분을 위한 조사(각 세법상 결정·경정), ② 징수절차로서 체납처분을 위한 조사[국징법 §27], ③ 조세불복절차로서 심리 기관이 쟁점사실을 확인하기 위한 조사[국기법 §76], ④ 조세범칙사건에 대하여 행하는 조사 활동으로서 조세범칙조사[범절법 제2장] 등을 정하고 있다.[380]

형사절차로서 「조세범처벌절차법」과 「지방세기본법」에 따른 조세범칙조사를 제외하고는 모두 행정조사行政調査의 범주에 속한다.

이 중에서도 좁은 의미의 세무조사는 과세관청이 부과결정을 위해 하는 세무조사만을 의미한다. 이에 따라 세법에서는 '세무조사'란 조세의 과세표준과 세액의 결정·경정 등 부과·징수를 위하여 필요한 질문을 하거나 해당 장부·서류나 그 밖의 물건을 검사·조사하거나 그 제출을 명하는 활동이라고 정의한다[국기법 §2(21); 지기법 §2(36)].

하지만 이는 신고납세제도에서 세무조사의 기능을 제대로 반영하지 못하고 있다. 납세자의 신고에 따라 납세의무가 확정된 조세제도에서 세무조사는 과세표준과 세액을 결정·경정하기 위한 것이 아니라 성실납세를 담보하기 위한 세원관리차원에서 이뤄진다는 점을 포괄할 수 있어야 한다.

그러므로 일반적인 의미에서 세무조사는 세법상 질문조사권에 따라 과세관청이 특정한 납세자를 대상으로 과세표준과 세액의 적정성을 확인하기 위하여 필요한 장부·서류·물건을 조사하고 수집하는 행위라 할 것이다.

---

380) 세무조사가 조세채권을 확정하는 조세행정절차라는 점에서 조세불복절차에 필요한 쟁점사실을 확인하기 위한 조사를 제외하여 나머지 3가지만으로 분류하기도 한다(이태로, 「질문조사권」, 『법학』, 서울대학교 법학연구소, 1972, p.143).

(2) 세무조사의 기능

1) 과세요건사실의 확인

국가나 지방자치단체 등 과세권자가 국민에게 조세를 부과하는 방식은 직접 부과권을 행사하여 납세의무를 확정하는 부과과세제도와 납세자가 스스로 과세표준신고를 통하여 납세의무를 확정하는 신고납세제도로 나뉜다.

부과과세제도에서 과세관청은 모든 납세자에 대하여 과세표준과 세액 등 조세채권을 확정하기 위한 결정의 전 단계로서 세무조사를 하며,[381] 신고납세제도에서는 원칙적으로 납세자의 자발적인 신고에 의해 자신의 조세채무를 확정하고 사후적으로 과세관청이 신고의 적정성을 검증하거나 신고의무를 이행하지 않은 경우 결정·경정을 위한 조사를 실시한다.

하지만 부과과세제도나 신고납세제도에서 모두 세무조사가 과세관청이 납세자의 정당한 과세요건사실을 확인하기 위한 절차라는 점에서는 차이가 없다.

2) 성실신고의 담보

오늘날 조세의 부과방식은 과세권자가 직접 부과권을 행사하는 부과과세제도에서 납세자가 스스로 자신의 조세채무를 확정하는 신고납세제도로 빠르게 전환되고 있다.

신고납세제도의 조세에서는 납세자가 스스로 자신의 조세채무를 직접 확정하고 과세관청은 보충적으로 세무조사를 통해 성실성을 검증하게 된다.

이 때 과세관청이 성실성의 검증을 위해 납세자 전부를 세무조사 한다면 조세채권을 일일이 조사에 의하여 확정하는 부과과세제도와 다를 바 없게 되어 신고납세제도의 제도적 장점을 살리지 못하게 된다. 그렇다고 해서 납세자 스스로의 자발적인 양심과 협력에만 의존할 뿐 적절한 검증과 통제수단을 쓰지 않는다면 불성실한 납세자가 오히려 더 이익을 보게 되고 드디어는 납세자 일반이 불성실한 납세대열에 동참하게 될 것이다.

이 때문에 조세평등주의를 실현하고 납세자의 성실한 이행을 담보하는 수단으로서 세무조사를 적정하게 집행하는 것은 신고납세제도가 일반화된 현대에서 그 역할과 기능이 더욱 중요하게 되었다.

자본주의 사회에서 조세제도가 존재하는 한, 하나의 경제주체로서 납세자는 가능한 한 조세부담을 회피하려는 성향을 가진다고 볼 때 조세제도의 미비와 불균형으로 인하여 납세의무가 공평하고 적정하게 흠 없이 이행되는 것을 기대하기는 쉽지 않은 일이다.

이러한 조세환경에서 세무조사는 최대한 성실신고를 담보할 수 있도록 설계되고 집행되

---

381) 세무공무원은 과세관청의 조사결정에 의하여 과세표준과 세액이 확정되는 세목의 경우 과세표준과 세액을 결정하기 위하여 세무조사를 할 수 있다[국기법 §81의6③].

어 조세부담의 회피를 방지하고 사회 일반에 성실한 납세풍토를 확산시키는 역할을 수행할 수 있어야 한다.

3) 보조적인 세원관리수단

납세자의 자발적인 성실신고를 유도하기 위해서는 납세자가 신고한 내용이 불성실한 경우 적발가능성이 높고 만약 불성실한 납세자로 확정된 경우 상응하는 경제적·사회적 손실이 지나치게 커서 오히려 결국 성실한 납세자의 경제적인 이익이 더 크도록 세무조사를 집행하면 될 것이다.

하지만 불성실한 납세자의 적발과 성실납세 유도를 위한 세무조사의 기능과 효과만 믿고 세무조사를 지나치게 강조하게 되면 세무공무원의 임의성이 과도하게 개입되어 오·남용되기 쉽다.

이렇게 되면 납세자가 법적 안정성이나 예측가능성을 갖지 못하게 되어 잦은 조세마찰이 초래되고 결과적으로 세무조사가 갖는 성실신고 유도기능이 약화되고 적정한 조세채권을 확보하기도 어렵게 된다.

그러므로 신고납세제도에서 세무조사는 최소한에 그쳐야 하고 그 집행도 적정절차 보장의 원리에 따라 민주적인 절차를 따라야 한다.

무엇보다 세무조사가 제 기능을 다하기 위해서는 상시적으로 자연스럽게 세원이 드러나는 과세기반課稅基盤, tax infra structure = 과세인프라을 촘촘하게 구축하고 납세성실성이 취약한 부문을 집중적으로 검증하는 세원관리의 제도적 틀을 갖추는 것이 중요하다.[382]

(3) 세무조사의 성격

1) 행정조사

세무조사는 행정기관인 과세관청이 행정목적을 달성하기 위하여 납세자를 대상으로 과세의 기초가 되는 과세요건사실을 확인하는 절차이다.

그러므로 세무조사는 「행정법」에서 공법행위 중에서 권력적 사실행위로 보는 '행정조사' 行政調査, administrative investigation의 하나이다. 당연히 사법상 형사소추를 위한 조사criminal

---

382) 과세기반을 구축하는 일은 세무조사의 적정화를 위해 매우 중요하며 세무조사의 기능을 제대로 다하게 한다. 그동안 수많은 세무조사와 엄청난 추징세액으로도 달성되지 못한 과표양성화가 최근 과세인프라 구축정책으로 우리나라의 성실납세수준은 상당한 진전이 있었다. 2000년대 초 신용카드사용세액공제 제도의 도입 등 신용카드 조세정책, 현금영수증 제도의 도입과 취약업종의 의무화, 전자세금계산서와 계산서 제도의 도입·의무화, 금융정보분석원FIU 부실혐의거래의 과세자료 활용, 일정규모 이상의 개인사업자에 대한 성실신고확인제도의 도입 등 과세인프라를 구축하고 성실성을 저절로 담보하는 정책은 납세자의 권익을 무시한 강제적인 조세정책이라는 논란 속에서도 매우 효과적인 세원관리수단으로 자리잡았다.

investigation나 국회의 입법조사legislative investigation와는 구별된다.

'행정조사'는 「행정조사기본법」에서 행정기관이 정책을 결정하거나 직무를 수행하는 데 필요한 정보나 자료를 수집하기 위하여 현장조사·문서열람과 시료채취 등을 하거나 조사 대상자에게 보고·자료 제출·출석과 진술을 요구하는 활동으로 정의하고 있다.[383]

세무조사는 납세자의 동의를 받아 진행하는 것이므로 조사를 받아야 할 상대방이 불응한 다 해도 물리적으로 강제할 수 없고 단지 과태료를 부과할 수 있을 뿐이다.[384]

그러므로 세무조사는 납세자의 협력이 필요하고 협력하지 않는 경우 제재制裁가 뒤따르 게 되므로 간접적·심리적인 강제력이 있는 간접강제조사間接强制調査라 할 것이다.[385]

이 때문에 세무조사는 물리적 강제력이 필요하지 않으며 질문·검사의 방법도 물리력을 동원해서 답변이나 물건의 제시를 강요하는 것은 허용되지 않는다.

과세관청이 아무리 국가재정을 원활하게 조달하여야 한다는 중차대한 임무를 가지고 있 다 해도 행정조사로서 한계를 지켜야 하며, 특히 형사절차인 조세범칙조사와는 엄격히 구 분되어야 한다.

하지만 조세행정에 있어 빈번하게 이뤄지는 '심층조사'深層調査, 과거의 '특별조사'는 행정조 사임에도 그 범위를 넘어 압수·수색의 영장 없이 서류를 예치하거나 금융계좌를 추적하는 등 사법조사로 볼 수 있는 조사방법을 사용하는 경우도 많아 행정조사의 독특한 변형을 이 루고 있다.

2) 조세형사절차와의 관계

세무조사는 부과처분 목적으로 과세요건사실을 확인할 수 있는 자료 수집을 위한 행정행 위이므로, 조세에 관한 범죄[조범법 §3~§16]에 해당하는 위반행위인 조세범칙행위 등을 확정 하기 위한 조사활동인 조세범칙조사[범절법 §7~§12]와 그 목적과 수단에서 엄격히 구별된다.

① 행정절차와 형사소추

조세범칙조사는 「조세범처벌법」에 따라 조세범 처벌을 위한 증거의 수집을 목적으로 하 는 준사법절차로 법원의 영장이 있는 경우에는 압수·수색 등 강제적 방법까지 허용된다.

이에 비해 세무조사는 과세자료의 수집을 목적으로 하는 순수한 세무행정상 절차로서 강 제력으로 할 수 없고 납세자의 동의를 전제로 하는 임의적인 방법만 허용될 뿐이다.

---

383) 하지만 「행정조사기본법」은 행정조사에 관한 기본원칙·행정조사의 방법·절차 등에 관한 공통적인 사항 을 규정하고 있으면서도 '조세에 관한 사항'은 적용되지 않도록 하여 세무조사는 원칙적으로 이 법률을 적 용받지 않는다[행조법 §3②(5)].

384) 「국세기본법」[§88]은 세법의 질문·조사권 규정에 따른 세무공무원의 질문에 거짓으로 진술하거나 그 직 무집행을 거부 또는 기피한 자에게 2천만원 이하의 과태료를 부과·징수할 수 있도록 하였다.

385) 이태로, 앞의 책, p.101.

② 진술거부의 처벌과 묵비권의 인정

형사절차인 조세범칙조사에 있어서는 헌법에 따라 조사대상자에게 불리한 진술을 하지 않을 권리, 즉 진술거부권right to silence, 묵비권 黙秘權이 보장되므로[386] 진술을 거부하거나 거짓 진술을 하더라도 처벌 대상이 되지 않는다. 그러나 세무조사는 행정조사로서 세무공무원의 질문에 대하여 거짓으로 진술하거나 직무집행을 거부하거나 기피하면 과태료가 부과된다.

이처럼 질문·검사를 거부하는 조사대상자에게 과태료를 부과·징수할 수 있는 것은 세무조사가 형사상 소추訴追를 목적으로 하지 않기 때문이다. 이는 세무조사와 조세범칙조사가 그 성질과 목적은 물론 방법에서도 큰 차이가 있음을 보여준다.

이에 따라 형사상의 소추를 위해 세무조사권이 사용될 수 없으며 질문·검사 등 세무조사를 통하여 얻어진 자료도 형사소추에 있어서 적법하게 얻어진 증거로 인정되기는 어렵다.

그러므로 납세의무를 확정하기 위한 목적이면서도 영장 없이 수색하거나 예치하는 등 조세범칙조사 방식을 사용한 세무조사는 목적이나 방법의 범위를 벗어난 것으로 정당성이 인정되지 않는다.

3) 세무조사의 처분성

과세관청이 납세자에게 세무조사의 사전통지 절차를 통해 세무조사를 하겠다는 '결정'이 독립적으로 행정청의 처분에 대해 국민의 권리구제를 위한 항고소송抗告訴訟의 대상이 될 수 있는가?

일반적으로 항고소송의 대상이 되기 위해서는 '행정처분'이 있어야 한다. '행정처분'은 행정기관의 공법 상의 행위로서 특정사항에 대하여 법규에 의한 권리의 설정이나 의무 부담을 지우거나 그 밖에 법률상의 효과를 직접 발생하게 하는 등 국민의 권리의무에 직접 관계가 있는 행위를 말한다.

과세관청이 세무조사를 하겠다는 결정은 단지 행정기관의 내부 결정으로서 그 자체로는 상대방이나 관계자들의 법률상 지위에 직접적으로 법률적 변동을 일으키지 아니한다는 견해도 있다.

하지만 세무조사는 세법 상 질문·조사권에 기초하여 과세자료를 수집하기 위해 과세요건을 충족하는 사실을 조사·확인하고 과세에 필요한 직·간접의 자료를 수집하는 절차로서, 납세자의 동의를 전제로 하여 시행되는 임의조사이면서도 세무조사를 받는 국민은 허위진술 등에 대하여 질서범으로서 제재를 함으로써 세무공무원의 질문에 대답하고 성실히

---

386) 모든 국민은 고문을 받지 아니하며, 형사상 자기에게 불리한 진술을 강요당하지 아니한다[헌법 §12②].

조사를 받을 의무를 강제하고 있다.

그러므로 세무조사 대상의 선정과 통지는 납세의무자의 권리·의무에 직접 영향을 미치는 공권력의 행사에 따른 행정작용으로 항고소송의 대상이 된다고 보아야 한다.[387]

② 세무조사의 근거

(1) 조세법

세무조사는 조세의 과세요건사실을 확인하기 위해 조사대상자인 납세자에게 질문하거나 장부와 증명서류를 조사하는 절차이다.

신고납세제도 세목에 있어서는 납세자의 신고내용에 대한 검증을 위해 선택적으로 할 수 있으며, 부과과세제도의 세목에서는 과세표준과 세액을 확정하기 위해 필수적으로 하여야 하는 절차이다.

실체법인 각 세법은 해당 세목에 대하여 결정·경정 등 부과권에 관한 규정을 두는 동시에 과세요건사실 확인을 위한 질문·조사권 등의 유보를 선언하는 형태로 세무조사의 근거를 규정하고, 「국세기본법」과 「지방세기본법」등 통칙법은 세무조사의 정의[388]와 절차를 정하고 있다.

「국세기본법」에서 상속세·증여세 등 과세관청의 조사결정에 의하여 과세표준·세액이 확정되는 세목의 경우 과세표준·세액을 결정하기 위하여 세무조사를 할 수 있다고 하고 있다[국기법 §81의6④].

하지만 부과과세제도를 채택하는 「상속세 및 증여세법」등 세법도 다른 신고납세제도의 세목과 마찬가지로 '세무조사'라는 용어는 직접 사용하지 아니한 채 과세관청이 직무수행상 필요한 경우 납세자 등 관계인에게 질문·조사를 할 수 있다고만 하고 있다.

그러므로 세무조사를 할 수 있는 법적 근거는 국세의 경우[389] 국세에 관한 기본적·공통적인 사항을 정한 「국세기본법」이 아니라 세목별로 따로따로 '질문·조사'에 관한 규정을 둔 실체법인 개별 세법이 된다.

이와 같이 세무조사권에 관한 법률유보와 절차규정 등 법적 형식은 매우 산만하고 비성상적인 구조를 띠고 있다.

---

387) 대법원 2011.3.10. 선고, 2009두23617 판결 참조.
388) '세무조사'의 정의에 관한 규정은 세법에 따로 두지 않고 있다가 2018.12. 「국세기본법」에, 2019.12. 「지방세기본법」에야 신설하였다.
389) 지방세의 경우 「지방세기본법」[§136] 보칙에서 질문·검사권을 두고 세무조사의 근거로 삼고 있다.

① 세무조사의 법적 근거

「소득세법」, 「법인세법」 등 각 실체법에서 정하고 있는 '질문·조사권'은 세무조사의 법적 근거이면서도 세무조사에 관한 정의는 물론 심지어 세무조사라는 용어조차 사용하고 있지 아니하다.

1996년 경제협력개발기구OECD 가입에 즈음하여 「국세기본법」에 '납세자권리'에 관한 규정을 신설하면서 세무조사의 사전통지와 연기신청, 결과통지 등 세무조사의 기본적인 절차 규정을 두면서 세법에서 비로소 '세무조사'라는 용어를 사용하기 시작하였다.

「국세기본법」에서 '세무조사'란 국세의 과세표준과 세액을 결정·경정하기 위하여 질문을 하거나 해당 장부·서류나 그 밖의 물건을 검사·조사하거나 그 제출을 명하는 행위(「조세범처벌절차법」에 따른 조세범칙조사를 포함한다)로 정하고 있다.

그렇다면 세무조사는 법률에서 과세관청에게 권한을 명시적으로 부여해야만 할 수 있는 것인가?

세무조사는 상대방의 수인受忍의무가 없는 임의조사의 형태까지 포괄하고 있어 행정행위에 대한 법률근거만 있다면 그 선행적先行的 요소인 행정조사의 근거도 유보된 것으로 보아 따로 명시적인 근거가 필요 없다는 주장도 있다.[390] 하지만 이는 세무조사가 강제적 임의조사의 성질을 가지는 점을 고려하면 설득력이 부족하다.

우리 세법이 세무조사의 법률적인 유보留保가 필요하다는 전제에서 각 세법에 빠짐없이 '질문·조사' 나 '질문·검사' 규정을 두어 미약하게나마 법률적 근거를 마련하고 있는 것은 이 때문이다.

「소득세법」, 「법인세법」 등 각 세법은 공통적으로 조세에 관한 사무에 종사하는 공무원은 직무수행 상 필요한 때에 납세의무자 등에 대하여 질문하거나 해당 장부, 서류나 그 밖의 물건을 조사하거나 그 제출을 명할 수 있다고 하고 있다.

이 때 세무조사를 실시할 수 있는 요건이라고 할 '직무수행 상 필요한 때'나 '업무를 위해 필요한 때'란 언제를 의미하는 지 구체적으로 내용을 두거나 위임하고 있지 아니하다.

하지만 세무조사의 필요성은 전적으로 세무공무원의 자유재량에 전적으로 일임된 것이 아니라 조사의 목적이나 납세자의 신고나 기장내용 등 구체적 사정을 감안하여 객관성을 갖춰야 할 것이다. 만약 필요성이 객관적으로 인정되지 않는 세무조사를 하였다면 그 조사는 위법한 것이 되고 납세자는 세무조사를 받을 의무를 지지 않아도 된다.

만약 필요성이 객관적으로 인정되지 않는 세무조사를 하였다면 그 조사는 위법한 것이 되고 납세자는 세무조사를 받을 의무를 지지 않아도 된다.

---

390) 박윤흔, 『최신 행정법강의』, 박영사, 1999. p.595.; 정재윤, 앞의 논문, p.7.

이처럼 개별세법에서 두고 있는 세무조사의 근거에 관한 입법형식은 과세관청에게 세무조사의 남용을 가능하게 하고 납세자에게는 세무조사에 있어 납세자권리를 충분히 보장받을 수단을 갖출 수 없게 한다.

그러므로 개별세법에 산재해 있는 세무조사에 관한 법적 근거규정은 세무조사의 착수 · 진행 · 종결 등 일련의 절차에 관한 세부 규정과 함께 세무조사의 법적근거, 원칙, 기준과 한계 등을 보완하여 「국세기본법」 · 「지방세기본법」등 통칙법에서 통일적으로 정하는 것이 바람직하다.[391]

| 세무조사의 법적 근거 |

세법	조항	세무조사의 근거규정
소득세법	§170 【질문 · 조사】	① 소득세에 관한 사무에 종사하는 공무원은 그 직무 수행상 필요한 경우에는 다음 각 호[생략]의 어느 하나에 해당하는 자에 대하여 질문을 하거나 해당 장부 · 서류 또는 그 밖의 물건을 조사하거나 그 제출을 명할 수 있다. 다만, 제21조 제1항 제26호에 따른 종교인소득(제21조 제3항에 해당하는 경우를 포함한다)에 대해서는 종교단체의 장부 · 서류 또는 그 밖의 물건 중에서 종교인소득과 관련된 부분에 한하여 조사하거나 그 제출을 명할 수 있다. ② 제1항을 적용하는 경우 소득세에 관한 사무에 종사하는 공무원은 직무상 필요한 범위 외에 다른 목적 등을 위하여 그 권한을 남용해서는 아니 된다.
법인세법	§122 【질문 · 조사】	법인세에 관한 사무에 종사하는 공무원은 그 직무수행에 필요한 경우에는 다음 각 호[생략]의 어느 하나에 해당하는 자에 대하여 질문하거나 해당 장부 · 서류 또는 그 밖의 물건을 조사하거나 그 제출을 명할 수 있다. 이 경우 직무상 필요한 범위 외에 다른 목적 등을 위하여 그 권한을 남용해서는 아니 된다.
상속세 및 증여세법	§84 【질문 · 조사】	세무에 종사하는 공무원은 상속세나 증여세에 관한 조사 및 그 직무 수행에 필요한 경우에는 다음 각 호[생략]의 어느 하나에 해당하는 자에게 질문하거나 관련 장부 · 서류 또는 그 밖의 물건을 조사하거나 그 제출을 명할 수 있다. 이 경우 세무에 종사하는 공무원은 질문 · 조사하거나 장부 · 서류 등의 제출을 요구함에 있어 직무상 필요한 범위 외에 다른 목적 등을 위하여 그 권한을 남용해서는 아니 된다.

---

391) 세무조사대상의 기준과 선정방식에 관한 국세기본법 규정이 도입된 배정과 취지, 「국세기본법」 제7장의2에 관한 「국세기본법」과 개별 세법의 관계 등을 종합하여 보면, 「국세기본법」 제81조의5(납세자의 성실성 추정 및 세무조사)가 마련된 이후에는 개별세법이 정한 질문 · 조사권은 국세기본법 제81조의5가 정한 요건과 한계 내에서만 허용된다고 보아야 한다(대법원 2014.6.26. 선고, 2012두911 판결 참조).

세법	조항	세무조사의 근거규정
종합 부동산세법	§23 【질문·조사】	종합부동산세에 관한 사무에 종사하는 공무원은 그 직무수행상 필요한 때에는 다음 각 호[생략]의 어느 하나에 해당하는 자에 대하여 질문하거나 당해 장부·서류 그 밖의 물건을 조사하거나 그 제출을 명할 수 있다. 이 경우 직무상 필요한 범위 외에 다른 목적 등을 위하여 그 권한을 남용하여서는 아니 된다.
부가가치 세법	§74 【질문·조사】	① 부가가치세에 관한 사무에 종사하는 공무원은 부가가치세에 관한 업무를 위하여 필요하면 납세의무자, 납세의무자와 거래를 하는 자, 납세의무자가 가입한 동업조합 또는 이에 준하는 단체에 부가가치세와 관계되는 사항을 질문하거나 그 장부·서류나 그 밖의 물건을 조사할 수 있다. ② 납세지 관할 세무서장은 부가가치세의 납세보전 또는 조사를 위하여 납세의무자에게 장부·서류 또는 그 밖의 물건을 제출하게 하거나 그 밖에 필요한 사항을 명할 수 있다. ③ 부가가치세에 관한 사무에 종사하는 공무원이 제1항에 따른 질문 또는 조사를 할 때에는 그 권한을 표시하는 조사원증을 지니고 이를 관계인에게 보여주어야 한다. ④ 제1항 또는 제2항을 적용하는 경우 부가가치세에 관한 사무에 종사하는 공무원은 직무상 필요한 범위 외에 다른 목적 등을 위하여 그 권한을 남용해서는 아니 된다.
개별 소비세법	§26 【질문검사권】	① 세무공무원은 개별소비세에 관한 조사를 위하여 필요하다고 인정하면 과세물품의 판매자 또는 제조자와 과세장소·과세유흥장소·과세영업장소의 경영자에 대하여 다음 각 호[생략]의 사항에 관하여 질문을 하거나 그 장부·서류 또는 그 밖의 물건을 검사할 수 있다. ② 세무공무원은 운반 중인 과세물품과 이를 사용한 제품의 출처 또는 도착지를 질문할 수 있다. 이 경우 단속을 위하여 필요하다고 인정하면 세무공무원은 그 운반을 정지하거나 화물 또는 선박·차량을 봉인하거나 그 밖에 필요한 조치를 할 수 있다. ③ 세무공무원이 제1항 또는 제2항에 따라 질문·검사하거나 그 밖의 필요한 조치를 할 때에는 그 권한을 표시하는 증표를 지니고 관계인에게 보여주어야 하며, 직무상 필요한 범위 외에 다른 목적 등을 위하여 그 권한을 남용해서는 아니 된다.

세법	조항	세무조사의 근거규정
주세법	§52 【질문·검사 및 처분】	① 세무에 종사하는 공무원은 주류·밑술 또는 술덧의 제조자나 주류판매업자에게 질문을 하거나 다음 각 호[생략]의 물건에 대하여 검사를 하는 등 단속을 위하여 필요한 처분을 할 수 있다. ② 세무에 종사하는 공무원은 운반 중인 주류, 밑술 또는 술덧을 검사하거나 그 출처 또는 도착지를 질문할 수 있다 ③ 세무에 종사하는 공무원은 제1항 또는 제2항에 따라 질문, 검사 등 단속을 위하여 필요한 처분을 하는 경우 직무상 필요한 범위 외에 다른 목적 등을 위하여 그 권한을 남용해서는 아니 된다.
증권 거래세법	§17 【질문·검사】	증권거래세에 관한 사무에 종사하는 세무공무원은 증권거래세의 납세의무자와 그 거래상대방에 대하여 증권거래세와 관련되는 사항을 질문하거나 그 업무에 관한 장부·서류나 그 밖의 물건을 검사할 수 있다. 이 경우 직무상 필요한 범위 외에 다른 목적 등을 위하여 그 권한을 남용하여서는 아니 된다.
인지세	§17 【질문·검사】	① 인지세에 관한 사무에 종사하는 세무공무원은 인지세에 관한 조사를 위하여 필요하다고 인정할 때에는 인지세의 납세의무자나 납세의무자와 거래가 있는 자 등에 대하여 과세문서에 관한 질문을 하거나 검사를 할 수 있다. ② 인지세에 관한 사무에 종사하는 세무공무원은 제1항에 따른 질문 또는 검사를 하는 경우 직무상 필요한 범위 외에 다른 목적 등을 위하여 그 권한을 남용해서는 아니 된다.
교통· 에너지· 환경세법	§22 【질문·검사】	① 세무공무원은 교통·에너지·환경세에 관한 조사를 위하여 필요하다고 인정하는 때에는 과세물품의 제조자 및 판매자 등에 대하여 다음 각 호[생략]의 사항에 관하여 질문을 하거나 그 장부·서류 기타의 물건을 검사할 수 있다. ② 세무공무원은 운반중의 과세물품과 이를 사용한 제품의 출처 또는 도달지를 질문할 수 있다. 이 경우에 단속상 필요하다고 인정하는 때에는 세무공무원은 그 운반을 정지하게 하거나 하물 또는 선차에 봉인을 하는 등 필요한 조치를 할 수 있다.
국제조세 조정에 관한 법률	§32 【세무조사협력】	① 권한 있는 당국은 조세조약이 적용되는 자와의 거래에 대하여 세무조사가 필요하다고 판단되는 경우에는 그 거래에 대하여 체약상대국과 동시에 세무조사를 하거나 체약상대국에 세무공무원을 파견하여 직접 세무조사를 하게 하거나 체약상대국의 세무조사에 참여하게 할 수 있다. ② 권한 있는 당국은 체약상대국이 조세조약에 따라 세무조사 협력을 요청하는 경우 수락할 수 있다.

세법	조항	세무조사의 근거규정
지방세 기본법	§140 【세무공무원의 질문·검사권】	① 세무공무원은 지방세의 부과·징수에 관한 조사를 하기 위하여 필요할 때에는 다음에 열거하는 자[생략]에게 질문하거나 그 자의 장부등을 검사할 수 있다. ② 제1항의 경우에 해당 세무공무원은 그 신분을 증명하는 증표를 지니고 이를 관계인에게 내보여야 한다. ③ 세무공무원은 조사 상 필요할 때에는 제1항 각 호에서 열거하는 자로 하여금 보고하게 하거나 그 밖에 필요한 장부등의 제출을 요구할 수 있다.

② 세무조사의 절차규정

국세의 경우 과세관청이 납세자를 세무조사 할 수 있는 근거를 대부분 「소득세법」, 「법인세법」 등 각 실체법에 두고 있으면서도 세무조사에 관한 일반적 절차적 규정은 「국세기본법」에서 따로 정하고 있다.[392]

세법에서 정한 세무조사 규정도 입법의 형식에 있어 통일성이 없고 절차규정과 법적 통제장치도 충분하지 않지만, 통칙법에서 정한 사전통지, 진행절차, 결과처리 등 일련의 세무조사의 절차도 과세관청이 적정하게 조사권을 행사하고 납세자가 조사절차에서 권익을 보호받을 수 있는 정도에 이르지 못하고 있다.

실제 세무조사에 있어 세부적인 사무처리는 물론 세무조사에 있어 핵심사항인 조사의 방법, 구체적 대상 선정, 조사기간이나 조사대상 기간의 확정, 조사 규모와 조사 진행 등 절차는 대부분 국세청장 훈령인 「조사사무처리규정」에 따르고 있다.

이처럼 과세권자와 납세자 간의 상호작용으로 이뤄지는 세무조사 절차가 대부분 조세 법률관계에서 한 당사자인 과세관청이 제정한 행정규칙에 따르게 되면, 과세관청은 법적 구속력을 확보할 수 없고 납세자는 절차적 적정성을 따질 수 없어 과세권의 남용을 통제하고 납세자의 권익을 지키는 것이 어렵다.[393]

(2) 행정규칙

세무조사는 행정기관이 행정 필요에 따라 실시하는 행정조사의 하나에 불과하지만 조세행정이 갖는 특수성으로 인하여 일반적인 행정조사보다 국민의 기본권과 재산권이 침해될

---

392) 지방세의 경우 세무조사의 정의, 법적근거, 절차적 규정을 「지방세기본법」에서 통일적으로 규정하고 있다고 볼 수 있으나, 원칙과 기준, 상세한 절차적 규정이 없는 것은 마찬가지다.

393) 「조사사무처리규정」은 국세청 훈령으로서 행정기관 내부의 사무처리준칙에 불과할 뿐 대외적인 구속력이 있는 법규명령으로 보기 어려우므로, 위 규정에 정한 절차 등을 위반하였다고 하더라도 특별한 사정이 없는 한 그러한 사유만으로 과세처분을 위법하다고 볼 수 없다(서울고법 2018.6.14. 선고, 2017누66338 판결 참조).

가능성이 훨씬 크다.

이는 세무공무원이 단독적으로 실시하는 것이 아니라 납세자 등 대상자에게 질문을 하거나 자료를 제출하게 하는 등 조사를 하는 공무원과 조사를 받는 납세자 간의 상호관계 속에 이뤄지므로 권리와 의무 등 법률관계는 물론 집행절차가 상세하고도 명확히 객관화되지 않으면 안된다.

그럼에도 불구하고 실제 조세행정에서 세무조사의 종류, 조사기간, 조사대상 기간과 조사의 방법 등에 관한 세부적인 절차는 법률보다는 주로 행정규칙에 따라 집행되고 있다.

세무조사에 관한 행정규칙으로는 국세청 훈령인 「조사사무처리규정」과 「세무조사운영준칙」이 있으며 그 밖에 서식이나 업무집행과 관련된 세부적인 사무처리규정도 있다.[394]

이들은 비록 그 내용이 상세하고 세무조사에 대한 적정한 통제장치를 마련하고 있다 하더라도 행정기관의 업무처리지침에 불과하므로 법적 강제력이 없고 납세자가 그 내용을 쉽게 알 수 없다는 한계를 지니고 있다.

하지만 현실적으로 세무조사 행정의 집행기준이 되고 있는 「조사사무처리규정」에서 "적법하고 공정·투명한 조사사무의 집행을 통하여 납세자의 권익보호와 세법질서의 확립 및 효율적인 사무처리에 기여함을 목적으로 한다"[395]고 한 것은 비록 행정규칙의 테두리이지만 세무조사의 목적과 한계가 무엇인지 잘 설명하고 있다.

① 조사사무처리규정

「조사사무처리규정」調査事務處理規程은 세무공무원이 세무조사 행정을 집행하는 데 필요한 절차와 준수하여야 할 사항을 담고 있는 국세청장 훈령으로 세무조사 행정에 있어 실질적으로 가장 큰 영향력을 미치고 있다.

이러한 이유로 1989년 제정된 후 세무조사에 관한 정부의 방침과 법령개정 등을 반영하여 여러 차례의 개정을 거쳐 세무조사에 관한 절차적 사항을 세부적으로 정해 시행되고 있다.

한편 2001년 국세청은 신문·방송 등 언론기관에 대한 일제 세무조사 이후 이 규정을 비공개로 전환하였고 대대적인 개정 후 2007년 다시 공개하였다.[396]

「조사사무처리규정」은 조세범칙조사를 포함하여[397] 세무조사 행정의 집행을 위한 사무

---

394) 「세무조사운영준칙」의 경우 1996.12.30. 공포된 이후 한번도 개정되지 않아 「훈령·예규 등의 발령 및 관리에 관한 규정」(대통령훈령 제248호)에 따라 효력을 상실한 것으로 볼 수 있다.
395) 「조사사무처리규정」 제1조 참조.
396) 행정규칙은 공무원의 사무처리를 위한 행정집행기준을 정한 것으로 공개하지 않아도 무방한 것이지만 대신에 그 법적 근거나 위임없이 납세자의 권리·의무관계를 규율할 수 없다. 그럼에도 과세관청은 사무처리규정에 대하여 공개와 비공개를 반복하면서 세법에서 위임되지 않은 추가적인 절차와 요건을 만들어 이를 기준으로 세무조사를 집행하고 있다.

처리 절차들과 관련된 대부분의 절차를 담고 있으며, 총 4장 103조로 구성되어있다.

제1장 총칙에서는 세무조사의 관할, 조사대상의 선정, 조사계획의 수립, 세무조사의 시작, 세무조사의 진행과 세무조사의 종결 등 세무조사의 절차 별로 기본적인 사항을 정하고 있다.

제2장은 일반세무조사에 관한 것으로, 조사대상 별로 법인과 개인에 대한 조사, 거래질서 정상화를 위한 조사, 국제거래 조사 등으로 구분한 조사관리 사무에 관해, 제3장은 조세범칙조사에 관한 것으로 조세범칙조사 절차와 조세범칙처분에 관한 세부적인 행정사항을 정하고 있다.

하지만 「조사사무처리규정」은 세무조사의 집행절차를 구체적으로 담아 조사공무원이 효과적으로 세무조사를 수행하게 하기 위한 행정지침으로서의 성질을 갖고 있기 때문에 이 규정이 조사를 받는 납세자가 필요로 하는 세무조사 집행에 따른 납세자 권익보호에 관한 사항과 조사권의 객관적인 통제장치를 담고 있다 해도 납세자가 알 수도 없거니와 이 규정을 이유로 보호받을 수 없다.

② 세무조사운영준칙

「세무조사운영준칙」稅務調査運營準則은 세무조사의 객관성을 확보하기 위하여 세무조사의 준거규정이 되는 준칙準則으로 1989년 국세청훈령(제1032호)로 제정하였으나 1996년 이후 제때 개정되지 않고 있으며 사문화되어 있고 사실상 폐지되어 있다고 보여 진다.

총 5장 67조로 구성된 이 준칙은 총칙, 조사관리대상 선정, 세무조사 실시, 조사사무관리와 보칙으로 이루어져 있다.

「조사사무처리규정」이 조사공무원을 위한 구체적인 세무조사의 행정절차만 담고 있는데 비하여 「세무조사운영준칙」은 세무조사행정의 원칙과 기본적 절차를 선언하고 있어 조사공무원이 세무조사에 있어 지켜야 할 규범으로서의 중요한 의의를 가진다.

③ 세무조사의 기본원칙

납세자를 상대로 직접적이고 강행적인 행정집행인 세무조사에서 납세자의 기본권을 보호하고 재산권이 부당하게 침해되는 것을 막기 위해서는 조사공무원과 납세자가 세무조사에 있어 지켜야 할 기본원칙이 법률에 명확하게 선언되어야 한다.

하지만 조사권의 적정한 행사와 납세자의 권리보호를 위해 반드시 필요한 '세무조사의

---

397) 조세범칙조사에 관한 사항은 「조세범칙사무처리규정」에 따로 정하고 있었으나 2006년 「조사사무처리규정」에 흡수되어 세무조사 절차와 함께 규정되어 있다.

기본원칙'은 세법에 유보되어 있지 않다.

행정상으로 세무공무원이 조사를 실시할 때에는 납세자의 권익을 보호하고 세무조사의 목적달성에 필요한 최소한의 범위에서 납세자의 재산권이 부당하게 침해되지 않도록 신의에 따라 성실히 수행하는 것을 세무조사의 기본이념으로 선언하고 있다.[398]

그러므로 세무조사의 기본원칙을 법률로 유보하고 아울러 그 원칙을 실천할 수 있는 구체적인 사항도 정함으로써 세무조사가 공정하고 효율적으로 집행됨은 물론 오·남용되지 않도록 하는 기준으로 삼는 것이 필요하다.[399]

세무조사에 있어서 준수하여야 할 기본원칙으로, ① 조사권 남용금지의 원칙 ② 조사비례의 원칙 ③ 납세수준별 조사의 원칙 ④ 납세자 권익보호의 원칙 ⑤ 조사항변권 보장의 원칙 등을 들 수 있다.

(1) 조사권 남용금지 원칙

'조사권 남용금지調査權 濫用禁止 원칙'이란, 세무조사는 납세자의 성실납세를 유도하기 위한 과세요건사실을 확인하기 위한 수단으로만 실시해야 하고, 정당한 목적의 세무조사라도 재량권의 한계를 준수하여야 한다는 원칙이다.

조사권 남용금지 원칙은 '조사목적상 원칙'과 '조사절차상 원칙'으로 구분할 수 있다.

1) 조사목적상 남용금지

세무조사는 과세관청이 납세자의 성실납세를 검증하고 유도하여 공평과세를 실현할 수 있게 하는 수단이므로 조세행정상 목적으로만 사용해야 하고 그 이외에 다른 목적을 위하여 사용해서는 안된다.

세법도 정치적 목적 등 다른 목적을 위해 조사권을 남용하여서는 안된다고 명시하여 조사권 남용금지의 원칙을 선언하고 있다[국기법 §81의4; 지기법 §80].[400]

---

398) 2010년 「조사사무처리규정」을 개정하면서 그동안 규정되어 있던 세무조사의 기본원칙을 폐지하고 세무조사의 기본이념을 신설하였다[조사규정 §2].
399) 「행정조사 기본법」[§4]에서는 행정조사의 기본원칙으로 다음과 같이 규정하고 있다. ① 조사목적을 달성하는 데 필요한 최소한의 범위 안에서 실시하여야 하며, 다른 목적 등을 위하여 조사권을 남용하여서는 안된다. ② 조사목적에 적합하도록 조사대상자를 선정하여 행정조사를 실시하여야 한다. ③ 유사하거나 동일한 사안에 대하여는 공동조사 등을 실시함으로써 행정조사가 중복되지 않도록 하여야 한다. ④ 법령 등의 위반에 대한 처벌보다 법령을 준수하도록 유도한다. ⑤ 다른 법률에 의하지 않고는 행정조사의 대상자 또는 행정조사의 내용을 공표하거나 직무상 알게 된 비밀을 누설하여서는 안된다. ⑥ 행정조사를 통하여 알게 된 정보를 다른 법률에 따라 내부에서 이용하거나 다른 기관에 제공하는 경우를 제외하고는 타인에게 누설하여서는 안된다.
400) 2001년 언론사 일제 세무조사를 하면서 사회적으로 정치적인 목적의 세무조사에 관한 논란 이후 2002.12.18. 세무조사권의 남용금지에 관한 선언적 입법[국기법 §81의4]이 이뤄졌다.

아울러 누구든지 세무공무원으로 하여금 법령을 위반하게 하거나 지위나 권한을 남용하게 하는 등 공정한 세무조사를 저해하는 행위를 금지하고 있다.

이에 따라 다른 목적을 위해 세무조사를 하는 경우 조사권의 남용에 해당하게 된다. 이 때 '다른 목적'이란 정치적인 목적 등 조사권을 명백히 잘못 사용하는 경우 뿐만 아니라 과외단속, 투기억제 등 다른 정책목표를 달성하기 위한 경우나 세수 부족에 따라 조세의 징수실적을 올리기 위한 세무조사의 경우도 포함된다고 할 것이다.

2) 조사절차상 남용금지

과세관청이 정당한 목적의 세무조사를 실시하는 경우에도 조사공무원은 조사절차상 과세의 형평과 세법상 목적에 비추어 일반적으로 적당하다고 인정되는 한계를 지켜야 한다.

조사절차상 조사권의 남용을 막기 위해서는 조사공무원이 조사를 함에 있어서 적절한 통제장치를 마련하고 조사공무원의 상급자인 관리자와 인사권자가 조사의 집행과정에 영향력을 행사할 수 없도록 함으로써 조사의 중립성이 지켜질 수 있도록 해야 한다.

특히, 세무조사의 내용과 결과 등 조사실적을 조사공무원은 물론 부서나 기관에 대한 평가자료로 활용할 수 없도록 입법하는 등 실효성있는 통제장치가 필요하다.

(2) 조사비례 원칙

'조사비례調査比例 원칙'은 조사목적의 달성에 필요한 최소한의 범위에서 세무조사를 하여야 한다는 원칙이다.

세법에서도 이를 반영하여 '적정하고 공평한 과세의 실현을 위하여 필요한 최소한의 범위에서 세무조사를 하여야 한다'고 명시하고 있다[국기법 §81의4: 지기법 §80].

1) 재조사 금지의 원칙

세무조사 선정할 때는 적정하고 공평한 과세의 실현을 위해 필요한 최소한의 범위에서 선정해야 한다. 이에 따라 신고납세제도에서 세무조사 대상을 선정할 때는 최소한에 그쳐야 한다.

아울러 재조사(중복조사)로 인한 납세자의 불편과 피해를 방지하기 위하여 납세자의 조세탈루 혐의를 인정할 만한 명백한 자료가 있는 경우 등 세법에서 정하는 경우를 제외하고는 같은 세목과 같은 과세기간에 대하여 또다시 세무조사를 할 수 없다.

2) 조사범위 준수의 원칙

세무조사 대상을 선정하는 것 뿐 아니라 선정된 세무조사를 할 때에도 정한 세무조사의 범위와 한계를 지켜서 최소한의 범위에서 세무조사를 실시해야 한다.

세무조사를 할 때는 조사대상 과세기간과 세목, 조사기간과 방법 등 사전에 정한 조사의 범위와 한계를 준수하여야 한다.

이러한 세무조사의 범위와 한계는 세무조사의 착수 전에 미리 정하여 조사공무원과 납세자가 함께 공유하여 납세자가 수긍할 정도에 이르러야 하며 만약 이를 벗어난 경우에는 조사의 효력을 인정하기 어렵다.

예컨대 세무조사를 하면서 장부를 강제로 영치하거나 조사의 범위에서 벗어난 관계인을 조사를 한 경우 조사비례의 원칙을 위배한 것으로 보아야 할 것이다.

(3) 납세수준별 조사 원칙

'납세수준별 조사納稅水準別 調査 원칙'은 납세자의 신고 성실도와 사업규모별 수준에 따라 구분하여 세무조사를 하여야 한다는 원칙이다.

이는 세무조사 대상을 선정할 때 지켜야 할 원칙으로 세무조사가 납세자의 성실한 신고를 유도하기 위하여 납세자의 성실도를 검증하기 위한 것이므로 납세자의 성실도나 사업규모 등 납세수준별로 구분하여 대상을 선정하여야 한다는 것이다.

이를 준수하기 위해서는 업종별 신고 성실도, 계층별·유형별·지역별 세 부담의 형평성 등을 감안하여 일정한 조사비율이 적정하게 유지되도록 해야 한다.

세법에서도 개괄적으로나마 세무조사 대상을 선정하는 방식을 납세수준별 조사원칙에 따라 '정기선정'과 '수시선정'으로 나눠 선정기준을 정하고 있다[국기법 §81의6; 지기법 §82].

정기선정定期選定은 성실성추정의 원칙이 적용되는 납세자의 과세표준신고가 적정한지를 검증하기 위한 것으로, 정기적인 성실도 분석이나 장기 미조사 기간 등을 고려하여 선정하며 무작위추출 방식에 의한 표본조사도 가능하다.

수시선정隨時選定은 납세자가 조세의 탈루혐의가 인정되는 경우 이를 검증하기 위한 것으로, 납세자가 신고를 하지 않거나 부실거래를 하는 등 세법이 정한 의무를 이행하지 않은 경우나 탈세제보 등에 의해 조세탈루의 혐의가 있는 경우 등에 해당하면 수시로 선정하여 조사할 수 있도록 하였다.

(4) 납세자 권익보호 원칙

'납세자 권익보호納稅者 權益保護 원칙'은 과세관청이 세무조사를 할 때 헌법과 법률이 정한 국민과 납세자로서의 권리를 보호하기 위하여 정중하고 공정하게 대우하고 납세자의 편익을 최대한 보장하여야 한다는 원칙이다.

세법도 과세관청이 직무를 수행함에 있어 납세자의 권리가 보호되고 실현될 수 있도록 성실하게 노력하여야 한다고 정하고 있다[국기법 §81의16①; 지기법 §77①].

1) 재산권 보호 원칙

일반적으로 과세관청은 부과·징수에 편리하게 법을 해석하고 행정을 집행하면서 과세목적을 우선하여 달성하는 범위에서 납세자의 권리와 편익을 보호한다.

그러나 세무조사에 있어 납세자가 보호받아야 하는 기본권과 제공받아야 하는 편익은 과세목표의 달성을 우선하면서 희생되거나 제한할 것이 아니라 과세권에 앞서거나 최소한 동등하게 보호되어야 하는 헌법적 가치이다.[401]

원칙적으로 납세자의 자유권과 생명권 등 기본권을 침해하는 과세절차는 적정성을 벗어난 위법한 행정절차가 된다. 특히 조세의 성질상 부득이하게 납세자의 재산권을 침해하는 경우라도 위법하거나 부당하게 침해하는 일이 없도록 그 한계를 엄격히 준수해야 한다.

이에 따라 세무조사에 있어서 납세자가 세무공무원으로부터 「납세자권리헌장」에 열거된 납세자권리를 보호받지 못하여 기본권과 재산권을 침해받은 경우에는 납세자가 조사를 거부하거나 통제기구를 통해 조사를 중단을 요구할 수 있어야 한다.

2) 조사 비밀유지 원칙

납세자가 세무조사를 받는다는 사실이나 진행상황과 조사결과 등 세무조사에 관한 납세자 정보가 외부에 공표되는 경우 납세자는 회복할 수 없는 피해를 입게 되므로 임의로 공개하거나 누설해서는 안 된다.

이처럼 과세관청이 개별 납세자에 대한 세무조사 정보를 공표하는 것은 금지되어야 하며, 사법상 피의사실의 공개를 금지하는 것과 같이 엄격하게 제한되어야 한다.

하지만 사기나 그 밖의 부정한 방법으로 조세를 포탈한 경우 조세탈루사실을 공표하는 것이 공익상 필요하다고 인정되어 객관적인 심사기구를 통해 공개를 결정하거나 조세불복절차가 끝나 과세내용이 확정된 경우는 예외로 할 수 있을 것이다.

---

401) 국민의 모든 자유와 권리는…공공복리를 위하여 필요한 경우에 한하여 법률로써 제한할 수 있으며, 제한하는 경우에도 자유와 권리의 본질적인 내용을 침해할 수 없다[헌법 §37②].

(5) 조사항변권 보장 원칙

'조사항변권 보장調査抗辯權 保障 원칙'은 과세관청이 세무조사에서 과세대상으로 삼고자 하는 경우 납세자는 조사절차에 있어 충분하게 소명할 기회를 부여받아야 하고, 만약 조사공무원과 견해를 달리하는 경우 과세 전에 중립적인 심사절차를 충분히 거칠 수 있어야 한다는 원칙이다.

1) 조사 입증책임의 원칙

세무조사는 원칙적으로 납세자가 기장하고 보관 중인 장부와 증명서류에 따라야 하며, 납세자의 회계내용과 조사내용이 서로 다른 경우에는 객관적이고 확실한 증거에 기초하여 과세대상으로 삼고 이 때에는 사전에 납세자에게 사유를 설명하고 근거자료를 열람시켜야 한다.

2) 조사 참여의 원칙

조사를 받는 납세자는 세무조사 진행과정에서 객관적인 절차를 통해 자신의 행위에 대한 정당한 사유와 내용에 대해 직접 소명할 수 있는 권리를 갖는다.

또한 세무조사가 종결되기 전에 조사공무원으로부터 과세의 대상으로 삼을 내용에 대한 구체적인 설명을 듣고 이에 관한 사유와 증거자료를 제시받아 최종적으로 소명할 기회가 부여되어야 한다.

만약 납세자가 조사공무원에게 이처럼 충분한 소명과정과 절차를 거쳤음에도 과세관청과 견해를 달리하면 과세 전에 조사한 과세관청 이외의 기관에서 객관적인 심사절차를 거칠 수 있어야 한다.[402]

이와 같이 세무조사를 받는 납세자는 자신에 대한 조사에 적극적으로 참여하고 과세권 행사에 적극적으로 대응하고 과세 전에 충분히 심사를 거칠 수 있도록 하는 등 조사 항변권을 보장받아야 한다.

---

402) 국세청은 행정상 세무조사에서 과세관청과 납세자가 이견이 있는 경우 「과세사실판단자문위원회」를 두고 심의하도록 하고 있으나 법적 근거가 없고 과세관청 공무원이 내부적으로만 심사하는 데 그쳐 독립적이고 객관적인 절차로서 미흡하다. 그러므로 조사절차에서 독립된 기관이나 기구를 통한 협의와 심사기능이 강화되도록 법적 절차를 두는 것이 필요하다.

④ 세무조사의 요건

(1) 조사 주체

1) 인적 범위

국민이 과세관청에게 부여한 '과세권'에 기초한 세무조사의 행사주체는 '세무공무원'이다.[403]

세무공무원이란 국가와 지방자치단체에 소속되어 법인세, 소득세, 부가가치세, 지방세 등의 세목 별로 조사사무에 종사하는 공무원으로 국세청장, 지방국세청장, 세무서장이나 지방자치단체의 장으로부터 특정한 납세자에 대한 세무조사의 명령을 받은 공무원을 말한다.

현행 「법인세법」, 「소득세법」, 「부가가치세법」, 「인지세법」, 「증권거래세법」은 조사주체를 '해당 사무에 종사하는 공무원'으로, 「상속세 및 증여세법」, 「개별소비세법」, 「주세법」, 「자산재평가세법」, 「지방세기본법」은 '세무공무원'이나 '세무에 종사하는 공무원'으로 표현하고 있으나 이는 모두 '조사사무를 담당하는 세무공무원'으로 통일적으로 정하는 것이 바람직하다.[404]

세법은 세무조사의 주체를 특정 세목에 대한 세무조사의 명령을 받은 세무공무원 만으로 한정하는 형식으로 규정하고 있지만 일반적으로 조세의 부과·징수·조사 등의 업무를 담당하는 세무공무원으로 보는 것이 타당하다.[405]

하지만 1999년 국세청의 행정조직 개편 이후에는 세무조사가 주로 조사전임부서에 소속된 세무공무원이 수행하는 점을 고려하여 세법상 '○○세의 사무에 종사하는 공무원'은 '조사사무를 담당하는 세무공무원'으로 통일적으로 표현하는 것이 바람직하다.

2) 조사의 관할

세무조사는 납세지 관할 세무서장이나 지방국세청장이 수행한다.[406] 세법에서 일반적으

---

403) 과세관청의 해석에 따르면, 질문조사권의 행사주체는 소득세·법인세 등 각 세율에 관한 사무에 종사하는 공무원만이 될 수 있는 것으로 과세관청은 질문조사권을 행사할 수 없으나, 세무관서의 장이 세무공무원의 자격으로 행사하는 경우에는 행사주체가 될 수 있다.

404) 개별 세법에서 세무조사의 행사주체를 각각 다르게 표현한 것에 별다른 이유를 찾을 수 없다. 이는 일본의 조세체계를 거의 그대로 본뜬 조세법의 한계로 보인다.

405) 이는 각 개별 세법에 세무조사의 근거를 둠으로써 부득이 조사주체를 각 세목에 관한 사무에 종사하는 공무원으로 표현한 것일 뿐 조사권을 부여받은 세무공무원이 특정세목에 한정해서 조사하도록 한 것은 아니다. 한편 「국세기본법」[§81의11]은 특정한 세목만 조사할 필요가 있는 경우를 제외하고는 납세자의 사업과 관련하여 세법에 따라 신고납부의무가 있는 세목을 통합하여 실시하는 것을 원칙으로 하여 통합조사를 하도록 하고 있기도 하다.

406) 세법에서 일반적으로 '세무서장'이나 '지방국세청장'이 납세자를 직접 대상으로 하는 행정행위의 주체가

로 납세지에 관한 규정을 두고 결정·경정 등 부과처분을 할 때 관할을 위반한 경우 무효로 삼고 있으므로 세무조사권과 관련한 행사 관할도 이를 따라야 할 것이다.

하지만 다음과 같이 납세자의 주된 사업장 등이 납세지와 관할을 달리하거나 납세지 관할 세무서장·지방국세청장이 세무조사를 수행하는 것이 부적절한 경우 등에는 국세청장 (같은 지방국세청 소관 세무서 관할 조정의 경우에는 지방국세청장)이 그 관할을 조정할 수 있다 [국기법 §81의6①].**407)**

① 납세자가 사업을 실질적으로 관리하는 장소의 소재지와 납세지가 관할을 달리하는 경우

② 일정한 지역에서 주로 사업을 하는 납세자에 대하여 공정한 세무조사를 실시할 필요가 있는 경우 등 납세지 관할 세무서장이나 지방국세청장이 세무조사를 수행하는 것이 부적절하다고 판단되는 경우

③ 세무조사 대상 납세자와 출자관계에 있는 자, 거래가 있는 자나 특수관계인에 해당하는 자 등에 대한 세무조사가 필요한 경우

④ 세무관서 별 업무량과 세무조사 인력 등을 고려하여 관할을 조정할 필요가 있다고 판단되는 경우

한편 세법에서 일반적으로 납세지에 관한 규정을 두고 결정·경정 등 부과처분을 할 때 관할을 위반한 경우 무효로 삼고 있으므로 세무조사권의 행사 관할도 이를 따라야 할 것이다.

행정상 세무조사 대상을 선정한 후 납세자가 납세지를 이전한 경우에는 이전 후 관할관서에 조사대상 선정사실을 통보하여 조사하게 하고, 세무조사를 시작한 이후에 납세자의 납세지가 변경되거나 조세불복 청구의 결정에 따라 재조사를 하는 때에는 당초 조사관서에서 관할한다[조사규정 §5④].

이러한 조사관할에 관한 조정은 세무조사의 효율성을 높이기 위하여 일정부분 필요성이 인정되지만 특정 세무조사에 대하여 조사권이 남용되거나 객관성을 해칠 수 있으므로 세무관서의 업무량이나 인력에 따른 관할 조정 등 그 필요성이 부족한 경우에는 일정한 법적 통제가 필요하다.

되며 세무조사도 마찬가지이다. 하지만 구 조사규정은, 국세청장도 세무조사에서 특히 중요하다고 인정되는 경우에는 세무조사 대상을 직접 선정하고 수행할 수 있게 하였지만 현재는 명시적인 규정이 없다.

407) 납세자에 대하여 세무조사권을 행사 할 수 있는 과세관청을 결정하는 '조사관할'에 대해서는 세법에서 따로 규정하지 않고 있다가 2014년 신설되었다. 국세청장이 관할을 조정할 수 있는 사유로 세법에서 정한 일정한 사유 이외에도 '조세불복 청구의 결정에 따라 재조사를 하는 경우'[조사규정 §5②(5)]를 들고 있다. 이처럼 조세불복 청구의 결정에 따라 재조사를 하는 때에는 당초 조사관서에서 관할한 하되, 조세불복 청구의 결정에 따라 당초 조사관서에서 재조사를 하는 경우로서 조사관할 조정이 필요한 때에는 관할 조정을 하도록 하고 있다[조사규정 §5④].

(2) 조사 객체

1) 인적 범위

과세관청으로부터 세무조사를 받는 대상(인적 범위)는 원칙적으로 납세의무자이다. 하지만 세무조사의 대상은 세무조사의 통지를 받고 직접적으로 세무조사를 받는 납세의무자 이외에도 비교적 광범위하게 확장된다.

세법에서는 세무조사를 받는 대상을 다음과 같이 열거하고 있다.

| 세무조사의 인적 범위 |

세법	세무조사의 대상
법인세법	① 납세의무자나 납세의무가 있다고 인정되는 자 ② 원천징수의무자 ③ 「지급명세서」 제출의무자와 매출·매입처별계산서합계표의 제출의무자 ④ 국내사업장을 가진 외국법인이 국내에서 하는 사업이나 국내에 있는 자산의 경영이나 관리책임자 ⑤ ①과 거래가 있다고 인정되는 자 ⑥ 납세의무자가 조직한 동업조합과 이에 준하는 단체 ⑦ 「기부금영수증」을 발급한 법인
소득세법	① 납세의무자나 납세의무가 있다고 인정되는 자 ② 원천징수의무자 ③ 납세조합 ④ 「지급명세서」 제출의무자 ⑤ 비거주자의 국내원천소득 등에 대한 원천징수의무자 ⑥ 납세관리인 ⑦ ①과 거래가 있다고 인정되는 자 ⑧ 납세의무자가 조직한 동업조합과 이에 준하는 단체 ⑨ 기부금영수증을 발급하는 자
상속세 및 증여세법	① 납세의무자나 납세의무가 있다고 인정되는 자 ② 피상속인이나 ①과 재산을 주고받은 관계이거나 재산을 주고받을 권리가 있다고 인정되는 자 ③ 상증법[§82]에 따른 「지급명세서」등을 제출할 의무가 있는 자
종합 부동산세법	① 납세의무자 또는 납세의무가 있다고 인정되는 자 ② 국내사업장을 가진 외국법인이 국내에서 수행하는 사업이나 국내에 있는 자산의 경영이나 관리 책임자 ③ ①과 거래관계가 있다고 인정되는 자
부가 가치세법	① 납세의무자 ② 납세의무자와 거래를 하는 자 ③ 납세의무자가 가입한 동업조합이나 이에 준하는 단체

세법	세무조사의 대상
개별 소비세법[408]	① 과세물품의 판매자나 제조자 ② 과세장소·과세유흥장소·과세영업장소의 경영자
주세법	주류·밑술 또는 술덧의 제조자나 주류 판매업자
지방세 기본법	① 납세의무자나 납세의무가 있다고 인정되는 자 ② 특별징수의무자 ③ ①, ②와 물품의 거래가 있는 자나 이러한 거래를 하였다고 인정되는 자 ④ ①~③ 이외의 자로서 지방세의 부과·징수에 관하여 직접 관계가 있다고 인정되는 자

2) 물적 범위

과세관청은 세무조사에 있어 과세요건사실을 확인하기 위하여 납세의무자 등을 대상으로 질문하거나 납세자가 보관하고 있는 관계 장부, 서류나 그 밖의 물건을 검사하거나 제출을 요구할 수 있다.

여기서 '질문'은 조사를 하는 세무공무원이 납세의무자 등을 대상으로 과세요건사실을 확인할 수 있는 모든 내용에 대하여 할 수 있으며, '검사'는 원칙적으로 과세요건사실의 확인에 필요한 범위에서 납세의무자 등의 관계 장부, 서류나 그 밖의 물건을 대상으로 한다.[409]

세무조사의 물적 범위인 장부, 서류나 그 밖의 물건에 대한 조사는 조사대상이 되는 과세기간의 것에 국한되며 다른 과세기간과 관련된 것은 조사대상 기간의 과세요건사실과 불가분의 밀접한 관계가 있는 경우에만 제한적으로 가능하다.

| 세무조사의 물적 범위 |

세법	세무조사의 대상
법인세법	해당 장부, 서류, 그 밖의 물건
소득세법	해당 장부, 서류, 그 밖의 물건
상속세 및 증여세법	관련 장부, 서류, 그 밖의 물건

---

408) 개별소비세에서 질문검사권은, 세법에서 정한 세무조사의 대상 이외에도 세무공무원의 질문·검사권한은 과세물품의 판매자, 제조자, 운반자, 보세구역에서 반출하는 자, 과세장소의 경영자, 단체의 대표자, 이들의 대리인·사용인 기타 자로서 해당 질문·검사에 관련되는 업무에 종사하는 자에게도 미친다.

409) 통상적으로 장부, 서류나 그 밖의 물건은 세무조사의 대상으로 삼고 있으나, 「개별소비세법」[§26①(1)~(6)]에서는 과세물품이나 과세장소 입장, 과세유흥장소의 행위에 관한 것, 「주세법」[§52]에서는 주류, 밑술이나 술덧과 관련한 것을 포함한다.

세법	세무조사의 대상
종합 부동산세법	해당 장부, 서류, 그 밖의 물건
부가가치세법	부가가치세와 관계되는 장부, 서류, 그 밖의 물건
개별 소비세법	① 과세물품이나 이를 사용한 제품으로서 과세물품의 판매자나 제조자가 소지하는 것 ② 과세물품이나 이를 사용한 제품의 제조, 저장, 판매에 관한 장부·서류 ③ 과세물품이나 이를 사용한 제품을 제조, 저장, 판매하기 위하여 필요한 건축물·기계·기구·재료나 그 밖의 물건 ④ 과세장소 입장에 관한 장부, 서류, 그 밖의 물건 ⑤ 과세유흥장소의 유흥음식행위에 관한 장부, 서류, 그 밖의 물건 ⑥ 과세영업장소에서의 영업행위에 관한 장부, 서류, 그 밖의 물건
주세법	① 주류, 밑술, 술덧의 제조자가 보유하는 주류, 밑술, 술덧, 주류 판매업자가 보유하는 주류 ② 주류, 밑술, 술덧의 제조, 저장, 판매에 관한 모든 관련 장부, 그 밖의 서류 ③ 주류, 밑술, 술덧의 제조, 저장, 판매를 위하여 필요한 건축물, 기계, 기구, 용기, 원료, 그 밖의 물건 * 운반 중인 주류, 밑술, 술덧을 검사하거나 그 출처나 도착지를 질문가능
지방세 기본법	장부, 서류, 그 밖의 물건

세무조사를 할 때 세무공무원은 당초 정한 조사에 필요한 범위에서만 질문과 조사를 해야 하며, 납세자에게 과세요건사실과 관련이 없는 것을 제출하도록 요구한 경우 납세자는 거부할 수 있다.

만약 세무조사에 필요한 장부와 증거서류가 없거나 중요한 부분이 미비하거나 허위여서 과세관청이 장부나 그 밖의 증거서류에 의하여 조사·결정할 수 없는 경우 장부, 서류, 그 밖의 물건에 의하지 아니하고 법령이 정하는 합리적인 방법에 따라 과세가액을 추계결정推計決定할 수 있다.[410]

(3) 조사 시기

세법은 세무조사권의 행사시기와 요건으로 '직무수행 상 필요한 때'라고 하여 과세관청이 직무상 필요성이 있는 때라면 언제든지 세무조사를 할 수 있도록 하고 있다.

이는 포괄위임을 넘어 세무조사의 실시를 근본적으로 과세관청에 일임한 것으로 법률의 효력이 의심된다. 한편으로는 정부가 구체적이고 합목적적인 조사대상 선정방식을 운용하도록 재량을 허용한 것으로 볼 수도 있다.

---

410) 추계결정방법은 소법 §80③단서, 소령 §143; 법법 §66③단서, 법령 §104~§105 참조.

그렇지만 과세관청이 이를 악용하여 특정한 납세자에게 조세포탈의 혐의를 두고 이를 '직무수행 상 필요한 때'로 판단하는 경우 세무조사를 제한 없이 실시할 수 있게 되고 이를 탓하는 것은 사실상 불가능하게 된다.

이처럼 직무수행 상 필요한 때 세무조사를 실시할 수 있도록 광범위하게 허용하는 경우 그 정당성의 판단은 전문기술적 판단의 문제로 객관적으로 명백히 흠결欠缺있는 때가 아니면 위법으로 보기 어려워 세무조사 대상의 선정에 있어서 공정성을 다투는 것은 힘들다.

한편 과세관청이 세무조사를 하는 시기는 과세관청이 일방적으로 조사시기와 기간을 정하여 납세자에게 통지하고 있고 납세자가 일정한 요건에 해당하여 연기 신청한 경우 연기할 수 있다.

하지만 납세자의 조세탈루 혐의가 명백하여 조사 시기를 납세자에게 사전에 알리면 조사의 목적을 달성할 수 없다고 인정되어 세무조사의 사전통지가 생략되는 특수한 경우를 제외하고 납세자가 자신의 사업과 생활 상 편의한 시기에 세무조사를 받을 수 있도록 조사시기에 관한 선택권選擇權을 주어야 한다.

(4) 조사장소

세법에는 세무조사의 장소에 관한 규정을 두지 않고 있지만 세무조사의 장소는 실지조사의 경우 원칙적으로 납세자의 주사무소나 주소지에서 실시한다.

하지만 납세자가 주사무소나 주소지 외의 장소로 조사장소를 변경해달라고 신청하거나 납세자의 편의를 위해 부득이한 경우에는 조사관할 관서장의 승인을 받아 조사관서 사무실이나 그 밖의 세무조사에 적합한 장소에서 실시할 수 있다.

행정상으로는 실지조사가 아닌 사무실조사, 간편조사를 하는 경우에는 조사관서의 사무실에서 조사를 실시할 수 있도록 하고있다[조사규정 §33].

이에 따라 과세관청은 「세무조사 사전통지」를 할 때 조사장소를 선택할 수 있음을 고지하고 납세자에게 그 절차를 상세하게 안내해야 하며,[411] 납세자는 세무조사가 사업수행이나 생활의 평온을 방해할 수 있다고 여기는 경우에는 사업장이나 세무서 중 조사장소를 선택하여 정할 수 있어야 한다.

---

411) 「세무조사 사전통지서」나 「세무조사 통지서」에서 세무조사 장소의 선택권이나 세무조사에 있어 전문가의 도움을 받을 권리 등에 관해서 명시하고 있지 아니하여 사전고지되지 않고 있으며, 이에 따라 납세자의 권리행사를 제약하고 있다할 것이다.

⑤ 세무조사의 분류

세무조사 대상의 선정 방법과 시기는 조사의 범위나 선정의 사유에 따라 실시하는 세무조사의 유형에 따라 달라질 수 있지만, 세법은 통합조사와 부분조사에 관한 규정을 제외하고는 세무조사의 유형에 관해 따로 정하고 있지 않다.

하지만 행정상 세무조사의 집행시 세무조사는 다음과 같이 분류하여 실시하고 있다.[412]

(1) 조사세목에 따른 분류

세무조사는 조사를 실시하는 세목 범위에 따라 다음과 같이 분류한다[국기법 §81의11; 조사규정 §3].

① **통합조사**統合調査 : 납세자의 편의와 조사의 효율성을 제고하기 위하여 조사대상으로 선정된 과세기간에 대하여 그 납세자의 사업과 관련하여 신고 · 납부의무가 있는 세목을 함께 하는 세무조사

② **세목별 조사** : 세원관리 상 긴급한 필요가 있거나 부가가치세, 개별소비세, 주세, 재산제세, 원천징수 대상세목 등 세목의 특성을 감안하여 특정 세목만을 대상으로 실시하는 세무조사

(2) 조사범위에 따른 분류

세무조사는 조사를 실시하는 범위에 따라 다음과 같이 분류한다.

① **전부조사**全部調査 : 조사대상 과세기간의 신고사항에 대한 적정 여부를 전반적으로 검증하는 세무조사

② **부분조사**部分調査 : 납세자에 대한 특정항목 · 사항에 대한 확인을 위하여 필요한 부분에 한정하여 실시하는 세무조사

(3) 선정사유에 따른 분류

세무조사는 조사의 선정사유에 따라 다음과 같이 분류하여 실시한다.

① **일반조사**一般調査 : 납세자의 과세표준의 결정 · 경정을 목적으로 조사대상 세목에 대한 과세요건이나 신고사항의 적정 여부를 검증하는 일반적인 세무조사

② **심층조사**深層調査 : 조세를 탈루한 수법이나 규모로 보아 통상의 조사로는 실효를 거두기 어려운 경우 특별한 조사방법으로 실시하는 세무조사

---

412) 조사규정 §3, §17 참조.

심층조사는 2003년 임의예치 방식을 사용하여 조사권 남용논란이 많던 '특별조사'를 폐지한 후에[413) 도입한 것으로, 납세자가 조세 탈루혐의가 명백한 경우 세무조사의 사전통지를 생략하고 납세자의 동의를 얻어 장부·서류 등을 임의 예치任意 豫置할 수 있는 점에서 일반조사와 구분된다.

(4) 조사방법에 따른 분류

세무조사는 조사를 담당하는 조사공무원이 납세자의 주소나 사업장을 방문하는 지에 따라 다음과 같이 분류하여 실시한다.

① **실지조사**實地調査 : 납세자의 주소지나 사업장에 출장하여 직접 납세자나 관련인을 상대로 실시하는 세무조사

② **사무실조사**事務室調査 : 납세자 편의, 회계투명성, 신고성실도, 규모 등을 고려하여 실지조사에 의하지 아니하고도 조사의 목적을 달성할 수 있다고 판단되는 경우 납세자의 회계서류, 증빙자료 등을 제출받아 조사관서 사무실에서 실시하는 세무조사를 말한다.

③ **간편조사**簡便調査 : 상대적으로 성실하게 신고한 것으로 인정되는 중소기업 등을 대상으로 해명자료의 요구·검증과 최소한의 현장조사 방법 등에 의해 단기간의 조사기간 동안 조사를 실시하고 회계·세무 처리과정에서 유의할 사항 안내, 경영·사업자문 등을 하는 세무조사를 말한다.

| 세무조사의 분류 |

분류기준	종류	조사방법
조사세목	통합조사	조사대상으로 선정된 과세기간에 대하여 사업과 관련하여 신고·납부 의무가 있는 모든 세목을 함께 조사하는 세무조사
	세목별 조사	세원관리상 긴급한 필요가 있거나 세목의 특성을 감안하여 특정 세목만을 대상으로 실시하는 세무조사
조사범위	전부조사	보관·기장하고 있는 장부·증거서류·실물조사·생산수율검토·각종 현황조사·거래처조사·거래처 현지확인·금융거래 현지확인 등 신고의 적정성을 전반적으로 검증하는 조사
	부분조사	조세탈루 혐의가 있는 부분, 일부 계정과목에 대하여 전부조사 방법으로 하는 조사

---

413) 국세청은 특별세무조사 폐지에 따라 이를 대체할 조사방법으로 '심층조사'라는 새로운 조사기법을 도입·시행하고 있다. 기업 관계자들은 특별조사 폐지에 대해 '세무조사 방법을 개선하겠다는 의지의 표현으로 긍정적으로 평가할 만하다'면서도 '특별조사 폐지방침이 제대로 시행되는 것이 무엇보다 중요하다'고 지적하고 있다(한국세정신문, 2003.12.8.).

분류기준	종류	조사방법
선정사유	일반조사	납세자의 과세표준·세액의 결정·경정을 목적으로 조사대상 세목에 대한 과세요건이나 신고상황의 적정 여부를 검증하기 위한 조사
	심층조사	탈세정보자료, 간접조사에 의하여 조세탈루혐의가 명백하게 포착된 자에 대한 조사
조사방법	실지조사	납세자의 주소지나 사업장에 출장하여 직접 납세자이나 관련인을 상대로 실시하는 조사
	사무실조사	실지조사에 의하지 아니하고 회계서류나 증빙자료 등을 제출받아 조사관서 사무실에서 실시하는 세무조사
	간편조사	해명자료의 요구·검증과 최소한의 현장조사 방법 등으로 단기간 조사를 실시하고 회계·세무 처리과정에서 유의할 사항 안내, 경영·사업자문 등을 하는 세무조사

⑥ 세무조사 대상의 선정

(1) 조사대상의 선정기준

세무조사의 대상을 선정하는 기준은 다른 세무조사 절차와 마찬가지로 오랫동안 세법에서 규정하지 않고 「조사사무처리규정」에 그 대강을 정하고 과세관청이 매년 정하는 「조사대상 선정지침」에 따라왔지만 2006년에 처음으로 입법화하였다.

세법은 신고납세제도에서 정기·수시에 의한 세무조사 대상의 선정기준과 부과과세제도에서의 세무조사 근거를 제시하고 있으며, 그동안 임의로 이뤄졌던 세무조사의 면제에 관한 기준도 두고 있다[국기법 §81의6; 지기법 §82].

만약 어떤 세무조사가 세법이 정한 선정기준에 어긋나게 선정되어 세무조사를 통해 과세요건사실을 수집하였고 또 그에 따라 과세처분을 함으로써 세금이 부과된 경우에, 그 과세처분은 헌법상 법의 적정절차의 원칙을 어기고 강행법인 세법을 위반한 것이므로 그 과세처분은 위법한 것이 되어 취소의 대상이 된다.[414]

한편 세무조사 대상자의 선정기준은 세무조사의 공평성과 실효성을 확보하고 국민의 알 권리를 보호하기 위하여 합리적인 수준에서 세무조사 운용방향과 함께 공개하도록 의무화하고 있다[조사규정 §8②].[415]

---

414) 오랫동안 판례는 위법한 절차에 의한 세무조사에 기한 과세처분은 절차적 위반에도 불구하고 과세 근거가 사실이라면 부인되지 않아 왔으나, 최근 판례는 절차적 적정성의 원리를 더욱 강조하여 세무조사 선정사유 등 세법상 절차를 지키지 않은 세무조사를 통해 수집한 과세자료에 의해 행한 과세처분은 위법한 것으로 판시하고 있다(대법원 2014.6.26. 선고, 2012두911 판결 참조).

1) 정기선정

과세관청은 신고의 적정성을 검증하기 위하여 정기적으로 다음에 해당하는 경우에 객관적인 기준에 따라 공정하게 조사대상을 선정할 수 있다[국기법 §81의6②; 지기법 §82①].

① 국세청장이 납세자의 신고 내용에 대하여 과세자료, 세무정보·「주식회사의 외부감사에 관한 법률」에 따른 감사의견, 외부감사 실시내용 등 회계성실도 자료 등을 고려하여 정기적으로 성실도를 분석한 결과 불성실 혐의가 있다고 인정하는 경우

② 최근 4과세기간 이상 같은 세목의 세무조사를 받지 아니한 납세자에 대하여 업종, 규모, 경제력 집중 등을 고려하여 국세청장이나 지방자치단체장이 납세자의 이력이나 세무정보 등을 고려하여 정한 기준에 따라 신고내용이 적정한 지를 검증할 필요가 있는 경우[416]

③ 무작위추출방식無作爲抽出方式, random sampling으로 표본조사를 하려는 경우[417]

2) 수시선정

과세관청은 정기선정에 의한 조사 외에 납세자가 다음 중 하나에 해당하는 경우 세무조사 대상으로 수시선정할 수 있다[국기법 §81의6②; 지기법 §82②].

수시선정 사유로 독특한 것은 지방세에서 납세자가 자발적으로 세무조사를 신청한 경우 세무조사를 할 수 있다는 것이다. 하지만 국세에서는 중복조사 등의 문제를 고려하여 허용하지 않고 있다.

① 납세자가 세법에서 정하는 신고(지방세의 경우 납부를 포함한다), 국세에서 「성실신고확인서」의 제출, 세금계산서나 계산서의 작성·교부·제출, 지급명세서의 작성·제출, 지방세에서 담배의 제조·수입 등에 관한 장부의 기록과 보관 등 납세협력의무를 이행하지 아니한 경우

---

415) 국세청은 2010년까지 「세무조사 선정기준 및 연도별 법인 조사대상 선정방향」을 공개하였으나 최근에는 공개하지 않고 있다. 하지만 2013년 「세무조사감독위원회」를, 2014년 「국세행정개혁위원회」를 두고 연간 세무조사운영방향 설정, 비정기조사선정 기준·방식을 심의하고, 중장기 세무조사 행정발전방향을 자문하도록 하였으나, 행정지침의 규정에도 불구하고 현재는 세무조사 선정기준은 공개하지 않고 있다.

416) 국세청은 「법인세 정기조사대상 선정방향(2009)」을 통해, 대기업(매출 5천억원 이상)은 종전 성실도평가, 미조사기준 기준에 의해 선정하던 것을 4년 주기의 순환조사원칙으로 중기업(매출 50억원 이상)은 종전 성실도 평가, 미조사기간 기준에서 성실도 평가로만 선정하고, 영세기업(매출 50억원 미만)은 종전 성실도 평가, 무작위추출방식에서 성실도 평가 원칙에 일부 무작위추출방식을 병행하여 선정하도록 하는 등 매출규모별 차별화된 선정기준을 도입하여 대기업에 대해서만 미조사기간 기준을 적용하도록 하였다. 하지만 2012년에는 다시 연매출 5천억원 이상 대법인의 조사 주기를 4년에서 5년으로 늘리되, 조사대상 연도를 2년에서 3년으로 확대하도록 하였다(2010년 기준 5천억원 이상 법인은 567개로 연간 약 110개 법인을 조사하는 등 대법인 조사비율은 2010년 15.7%→2011년 18.0%→2012년(계획) 19.0%로 높인 것으로 발표하였다.

417) 무작위추출방식에 의하여 표본조사를 실시하려는 경우에는 납세자의 규모, 업종 등을 감안하여 성실한 납세자가 조사를 받는 사례가 과다하게 발생하지 않도록 제한적으로 운영하여야 한다[조사규정 §8①].

② 무자료거래, 위장·가공거래 등 거래내용이 사실과 다른 혐의가 있는 경우(국세의 경우)

③ 납세자에 대한 구체적인 탈세제보가 있는 경우

④ 신고내용에 탈루나 오류의 혐의를 인정할만한 명백한 자료가 있는 경우

⑤ 납세자가 세무공무원에게 직무와 관련하여 금품을 제공하거나 금품제공을 알선한 경우(국세의 경우)

⑥ 납세자가 세무조사를 신청하는 경우(지방세의 경우)

(2) 세무조사 제외대상 기준

세무조사 제도를 오·남용하는 것은 주로 특정 납세자에 대하여 세무조사를 임의로 실시하는 경우가 대부분이겠지만, 만약 특정한 납세자에 대하여 세무조사 선정의 대상에서 원천적으로 제외한다면 이 또한 문제이다. 그러므로 세무조사 선정에서 제외하기 위해서는 합리적인 기준에 따라 세무조사를 면제하여야 하고 당연히 법적 통제를 받아야 할 것이다.

과세관청은 세무조사 대상을 선정함에 있어 일정규모 이하이거나 장부 기록 등이 일정한 요건을 모두 충족하는 납세자에 대하여 객관적인 증거자료에 의하여 과소 신고한 것이 명백한 경우를 제외하고 정기선정에 의한 세무조사를 실시하지 않을 수 있다[국기법 §81의6⑤, 국기령 §63의5].[418]

「국세기본법」상 세무조사 선정제외 대상은 다음의 요건을 모두 충족하는 자로 정하고 있다. 하지만 지방세에서는 따로 세무조사 면제대상을 정하고 있지 아니다.

① 업종별 수입금액이 개인의 경우 「소득세법」에 따른 간편장부 대상자, 법인의 경우 연간 수입금액이 1억원 이하인 사업자

② 장부기록 등이 다음 요건을 모두 충족하는 사업자

(ⅰ) 모든 거래사실이 객관적으로 파악될 수 있도록 복식부기 방식으로 장부를 기록·관리할 것

(ⅱ) 「소득세법」, 「법인세법」에 따라 현금영수증가맹점으로 가입하여야 하는 사업자의 경우, 과세기간 개시 이전에 「여신전문금융업법」에 따른 신용카드가맹점으로 가입하고 해당 과세기간에 신용카드로 결제할 것을 요청하였으나 이를 거부하거나 신용카드매출전표를 사실과 다르게 발급하는 등의 행위[국기법 §84의2①③)각 목]를 하지 아니할 것

---

418) 과세관청은 오랫동안 법적 근거 없이 정책목표의 달성을 위해 특정한 납세자나 납세자 집단에 대하여 세무조사를 임의로 선정에서 제외하여 왔으나 2006.12월 처음으로 세무조사 선정제외에 관한 근거를 세법에 마련하였다. 하지만, 이후에도 일자리창출기업 등 세법에서 정하지 아니한 사유로 세무조사 선정대상에서 제외하는 경우가 빈번하다.

(iii) 「소득세법」, 「법인세법」에 따라 현금영수증가맹점으로 가입하여야 하는 사업자의 경우, 과세기간 개시 이전에 「조세특례제한법」[§126의3]에 따른 현금영수증가맹점으로 가입하고 해당 과세기간에 현금영수증의 발급을 거부하거나 현금영수증을 사실과 다르게 발급하는 등의 행위[국기법 §84의2①(4)각 목]를 하지 아니할 것

(iv) 「소득세법」에 따른 복식부기의무자인 개인의 경우 「소득세법」[§160의5]에 따른 사업용계좌를 개설하여 사용할 것

(v) 업종별 평균수입금액 증가율 등을 고려하여 국세청장이 정하여 고시하는 수입금액 등의 신고기준에 해당할 것

(vi) 해당 과세기간의 법정신고납부기한 종료일 현재 최근 3년간 조세범으로 처벌받은 사실이 없을 것

(vii) 해당 과세기간의 법정신고납부기한 종료일 현재 국세의 체납사실이 없을 것

과세관청은 오랫동안 정부정책에 호응하는 국민 일반에게 대가나 시혜로서 세무조사를 면제하는 정책을 사용해 왔으나, 세무조사 면제의 법적 기준을 마련하여 세무조사를 오·남용하지 않도록 법적 통제수단을 두었다는 데 의의가 있다.

하지만 상세한 면제기준을 법률에 정하지 않고 대부분 시행령에 위임하는 등 과세관청의 재량을 지나치게 인정하고 있고, 실제 행정에서는 법적 근거도 없이 세법이 정한 수입금액 기준을 초과하는 규모의 납세자도 세무조사를 면제하고 있어 과세관청의 자의적인 세무조사 운용을 막는 통제장치로는 미흡하다.

이렇게 과세관청이 특정한 납세자에 대하여 법률의 근거 없이 임의로 세무조사를 면제하게 되면 결과적으로 다른 납세자가 대신 대상이 되는 결과를 초래한다.

그러므로 세무조사의 면제기준은 오로지 조세행정적인 목적에 의해 공평성을 해치지 않도록 객관적으로 정해야 하며, 그 범위는 법률로 명확히 해야 할 것이다.

(3) 세무조사 대상의 선정규모

세무조사 대상의 선정기준은 상세하지는 않아도 세법에 정기선정과 수시선정으로 나눠 대강의 내용을 갖춘 데 비해 그 선정규모에 관해서는 따로 정하지 않고 있다.

행정상으로도 국세청장이 매년 세원관리상황 등을 감안하여 정하는 '세무조사 운영방향'에 따라 세무조사 대상의 선정규모, 세부적인 선정기준과 절차를 정하고 있을 뿐이다. 이에 따라 조사대상의 선정규모, 선정방법의 선택·변경, 조사의 방식 등은 전적으로 정부의 재량에 의존하고 있다.[419)]

또한, 세무조사의 공평성·실효성 확보와 국민의 알권리 보호 등을 종합적으로 감안하여 합리적인 수준에서 세무조사 운용방향과 조사대상자 선정기준을 국민에게 공개하여야 한다[조사규정 §8②].

 세무조사 기간

(1) 세무조사의 기간

1) 원칙적인 조사기간

과세관청이 납세자에 대하여 세무조사를 할 때는 조사대상인 세목, 업종, 규모, 조사 난이도 등을 고려하여 세무조사 기간이 최소한의 기간이 되도록 하여야 한다[국기법 §81의8: 지기법 §84].

만약 조사대상 과세기간 중 연간 수입금액(양도소득세에 대한 조사의 경우 양도가액을 말한다)이 가장 큰 과세기간의 연간 수입금액(양도소득세에서는 양도가액)이 100억원 미만인 납세자(중소 규모 납세자)에 대한 국세와 모든 지방세 세무조사 기간은 20일 이내[420]로 해야 한다[국기법 §81의8②: 지기법 §84①].

---

419) 국세청이 발표하는 「국세통계연보」에 따르면, 전체 사업자 중 세무조사 대상비율은 전체사업자 중 법인은 약 0.7~1%, 개인은 약 0.08~0.1% 수준이다. 매년 세무조사로 인한 추징 소득금액과 세액 규모도 상당하다.
① 세무조사 대상비율

연도별	2005	2007	2010	2012	2014	2015	2016	2017
법인사업자	1.86%	1.18%	1.01%	0.91%	0.95%	0.85%	0.81%	0.71%
5천억 이상	*	24.00%	19.68%	19%	28.7%	20.03%	14.23%	17.24%
개인사업자	0.18%	0.15%	0.10%	0.12%	0.10%	0.81%	0.09%	0.08%

② 세무조사로 인한 추징세액　　　　　　　　　　　　　　　　　　　(단위 : 억원)

연도별	2005	2007	2010	2012	2014	2015	2016	2017
법인사업자	30,158	39,363	35,501	49,377	64,307	55,117	53,837	45,047
5천억 이상	*	18,085	10,408	19,706	34,078	21,532	21,141	15,546
개인사업자	2,298	5,774	5,175	8,571	9,535	9,091	10,889	10,218

③ 세무조사로 인한 추징소득비율

연도별	2006	2008	2010	2012	2014	2015	2016	2017
법인사업자	12.86%	12.12%	13.37%	13.43%	6.92%	10.37%	21.85%	9.25%
5천억 이상	8.57%	4.74%	7.26%	6.33%	3.94%	6.17%	22.10%	5.43%
개인사업자	50.10%	30.92%	51.02%	76.20%	62.68%	55.44%	37.04%	58.65%

* 표는 통계자료 없음. (자료 : 「국세통계연보」, 각 연도, 국세청)
420) 세무조사의 기간은 조사 착수일부터 조사 종결일까지의 기간으로 조사기간 중의 토요일, 공휴일을 포함하여 계산한다. 조사기간 중에 중지된 기간은 세무조사의 기간에 포함하지 않는다[조사규정 §16].

하지만 이 경우도 만약 납세자가 부정행위 등 다음과 같은 일정한 사유가 있는 경우에는 세무조사 기간(세무조사를 연장한 경우 연장하는 기간을 포함한다)의 제한을 받지 아니한다[국기법 §81의8③].

① 무자료거래, 위장·가공거래 등 거래 내용이 사실과 다른 혐의가 있어 실제 거래 내용에 대한 조사가 필요한 경우
② 국제거래를 이용하여 세금을 탈루脫漏하거나 국내 탈루소득을 해외로 변칙 유출한 혐의로 조사하는 경우
③ 명의위장, 이중장부의 작성, 차명계좌의 이용, 현금거래의 누락 등의 방법을 통하여 세금을 탈루한 혐의로 조사하는 경우
④ 거짓계약서 작성, 미등기양도 등을 이용한 부동산 투기 등을 통하여 세금을 탈루한 혐의로 조사하는 경우
⑤ 상속세·증여세 조사, 주식변동 조사, 조세범칙조사와 출자·거래관계에 있는 관련자에 대하여 동시조사를 하는 경우

그런데 세법은 수입금액 100억 미만의 납세자에 대해서만 세무조사의 기간을 명시하고 있을 뿐 나머지 수입금액 100억 이상의 납세자에 대해서는 세법은 물론 행정규칙에서조차 세무조사의 기간을 정하고 있지 않다.[421]

이처럼 세무조사 기간을 '최소한의 기간'이 되도록 하라고 할 뿐 구체적인 조사유형이나 규모 별로 상세하게 정하지 않고 과세관청의 임의에 맡기게 되면 납세자는 세무조사로 인한 부담을 크게 받게 되고 법적 통제가 제대로 이뤄지지 않고 있다.

더구나 세무조사 기간에 대한 법적 규정이 미비한 상황에서는 세무조사 기간의 연장에 관한 통제규정을 두더라도 세무조사의 기간에 관한 법적 통제가 무의미해지고 만다.

그러므로 세무조사 기간은 조사유형과 납세자의 규모에 따라 좀 더 구체적이고 명확하게 정해야 할 것이다. 예컨대 세무조사 기간은 조사 규모와 성격에 따라 최초 조사기간을 정할 때 수입금액 등이 100억 미만의 경우 20일 이내, 100억 이상 1,000억 미만의 경우 30일 이내, 1,000억 초과한 경우에는 40일 이내 등과 같이 세무조사 기간을 구체적으로 한정하는 것이 바람직하다.[422]

---

421) 행정규칙에서는, 세무조사의 기간을 정하고 있는 '중소규모 사업자'에 부가가치세에 대한 세무조사의 경우 1과세기간 공급가액의 합계액이 50억원 미만인 자를 포함하도록 하고 있다[조사규정 §15②].
422) 세무조사 기간을 정해 놓지 않고 기간의 연장이 늘어남에 따라 세무조사 기간은 과세관청의 정책에 따라 크게 영향을 받게 된다. 세무조사 기간은 2010년의 경우 법인이 평균 22.3일, 개인이 19.1일에서 2014년의 경우 법인 36.2일, 개인 23.1일로 각각 크게 늘어난 것으로 나타났다(「조선비즈」 2015.9.23.자 기사).

2) 세무조사 기간의 연장

과세관청은 일정한 사유(세무조사 기간의 연장사유)가 있는 경우 세무조사 과정에서 당초 정한 세무조사의 기간을 연장할 수 있다.

세법에서 세무조사의 기간으로 정한 세무조사를 연장하는 경우로서 최초로 연장하는 경우에는 관할 세무관서의 장의 승인을 받아야 하고, 2회 이후 연장의 경우에는 관할 상급 세무관서의 장의 승인을 받아 각각 20일 이내에서 연장할 수 있다[국기법 §81의8①단서, ③: 지기법 §84①].

① 납세자가 장부·서류 등을 은닉하거나 제출을 지연·거부하는 등 조사를 기피하는 행위가 명백한 경우

② 거래처 조사, 거래처 현지확인이나 금융거래 현지확인이 필요한 경우

③ 세금탈루 혐의가 포착되거나 조사 과정에서 조사유형이 「조세범 처벌절차법」에 따른 조세범칙조사로 전환되는 경우

④ 천재지변이나 노동쟁의로 조사가 중단되는 경우

⑤ 납세자보호관·납세자보호담당관이 세금탈루혐의와 관련하여 추가적인 사실 확인이 필요하다고 인정하는 경우

⑥ 세무조사 대상자가 세금탈루혐의에 대한 해명 등을 위하여 세무조사 기간의 연장을 신청하여 납세자보호관·납세자보호담당관이 인정하는 경우

과세관청이 세무조사의 기간을 연장하게 되면 당초 세무조사의 기간을 통보받고 세무조사를 받는 납세자는 생활과 사업에 예기치 않은 피해를 입을 수 있다.

그럼에도 세법은 과세관청이 조사기간을 연장하고자 하는 경우에는 조사를 받는 납세자에게 연장하여야 하는 사유와 연장기간을 담은 「세무조사기간 연장통지서」로 통지하도록 하고 있을 뿐, 세무조사의 연장과 관련한 승인절차[423]와 통지시기에 관하여 따로 정함이 없다.[424]

그러므로 과세관청이 세무조사 기간을 연장하고자 하는 경우 납세자의 예측가능성 확보를 위해 통지하는 시기가 명확해야 하며, 최소한 당초 조사기간이 끝나기 3일 전까지는 그 통지를 받을 수 있어야 한다.

---

423) 「조사사무처리규정」[§36②]에서는, 중소규모 납세자 이외의 납세자에 대한 세무조사기간의 연장은 「납세자보호위원회」의 승인을 받고, 중소규모 납세자의 경우에는 조사관서의 납세자보호담당관의 승인을 받고 2회 이후의 연장은 지방국세청의 납세자보호담당관(지방국세청장이 조사하는 경우에는 국세청 납세자보호관)의 승인을 받도록 하고 있다.

424) 「국세기본법」 제81조의8 제2항에 따라 세무조사기간을 연장하려는 때에는 연장사유와 기간을 납세자에게 문서로 조사기간이 종료되기 전에 통지하여야 하며, 조사기간 종료 후에 통지한 조사기간 연장통지는 연장의 효력이 없다(기재부 조세정책-191, 2010.2.14.).

3) 세무조사의 중지와 재개

과세관청이 세무조사를 할 때 세무조사를 계속 진행하기 어려운 일정한 사유[세무조사의 중지사유]가 있는 경우에는 세무조사를 중지할 수 있다[국기법 §81의8④~⑦; 지기법 §84②~⑤].

① 세무조사 연기신청 사유에 해당하는 사유가 있어 납세자가 조사중지를 신청한 경우

② 국외자료의 수집·제출, 상호합의절차 개시에 따라 외국 과세기관과의 협의가 필요한 경우

③ 납세자의 소재가 불명한 경우, 납세자가 해외로 출국한 경우, 납세자가 장부·서류 등을 은닉하거나 그 제출을 지연하거나 거부한 경우, 노동쟁의가 발생한 경우 등의 이유로 세무조사를 정상적으로 진행하기 어려운 경우

④ 납세자보호관이나 납세자보호담당관이 세무조사의 일시중지를 요청하는 경우

세무조사의 중지기간 중에 세무공무원은 납세자에 대하여 조세의 과세표준과 세액을 결정·경정하기 위한 질문을 하거나 장부 등의 검사·조사, 그 제출을 요구할 수 없다. 이러한 중지기간은 세무조사 기간이나 세무조사 연장기간에 산입하지 아니한다.

세무조사를 중지한 이후 그 중지사유가 소멸하게 되면 즉시 조사를 다시 계속하여야 한다. 하지만 중지사유가 소멸되지 않았다 해도 조세채권의 확보 등 긴급히 조사를 재개하여야 할 필요가 있는 경우에는 세무조사를 재개할 수 있다.

과세관청이 세무조사를 중지하거나 재개하기 위해서는 납세자에게 그 사유와 함께 조사기간 중 중지된 기간에 해당하는 일수만큼 조사기간이 연장된다는 내용이 기재된 세무조사 중지(재개) 통지를 문서로 보내야 한다.

4) 세무조사 기간의 단축

세무공무원은 세무조사 기간을 단축하기 위하여 노력하여야 하며, 장부기록과 회계처리의 투명성 등 납세성실도를 검토하여 더 이상 조사할 사항이 없다고 판단될 때에는 조사기간 종료 전이라도 조사를 조기에 종결할 수 있다[국기법 §81의8⑧; 지기법 §84⑥].

과세관청이 실시하는 세무조사는 가급적 조기에 종결하여 조사를 받는 납세자의 부담을 줄일 수 있도록 하기 위한 것이다.

또 세무조사를 할 때 다음과 같은 사유로 전부 종결하는데 장기간이 소요될 것으로 판단되는 경우에는 그 부분을 제외하고 조사가 완료된 부분을 먼저 종결할 수 있다[조사규정 §35②~④].

① 조사과정에서 수집된 자료 중 정보교환 등을 통하여 외국의 권한 있는 당국에 확인을

요청한 사실이 있는 경우

② 통합조사를 할 때 전부를 종결하는 데 장기간이 소요될 것으로 판단되는 이전가격조사, 주식변동조사 등 완료되지 않은 부분이 있는 경우

③ 납세자나 조사공무원이 과세기준자문이나 과세사실 판단자문을 신청한 경우

(2) 세무조사의 범위

조사공무원은 세무조사를 실시하는 동안 조사대상 과세기간과 조사대상 세목, 조사기간 등에 대해 사전에 정한 범위와 한계를 준수하여야 한다.

그럼에도 세법에서는 세무조사에 있어서 조사의 대상으로 삼는 과세기간, 즉 세무조사의 범위를 어떻게 정하는 지에 대하여는 규정을 두고 있지 않다.

하지만 구체적인 세금탈루 혐의가 여러 과세기간이나 다른 세목까지 관련되는 것으로 확인되는 등 일정한 경우(세무조사 범위의 확대사유)를 제외하고는 조사 진행 중에 세무조사의 범위를 확대할 수 없다[국기법 §81의9, 국기령 §63의11].

① 다른 과세기간·세목이나 항목에 대한 구체적인 세금탈루 증거자료가 확인되어 다른 과세기간·세목이나 항목에 대한 조사가 필요한 경우

② 조사과정에서 「조세범 처벌절차법」[§2(3)]에 따른 조세범칙조사로 전환하는 경우

③ 명백한 세금탈루 혐의나 세법 적용의 착오 등이 있는 조사대상 과세기간의 특정 항목이 다른 과세기간에도 있어 동일하거나 유사한 세금탈루 혐의나 세법 적용 착오 등이 있을 것으로 의심되어 다른 과세기간의 그 항목에 대한 조사가 필요한 경우

세무조사의 범위를 확대하여야 하는 사유가 있어 과세관청이 세무조사의 범위를 확대하는 경우에는 그 사유와 범위를 해당 납세자에게 문서로 통지해야 한다.

행정상으로는, 중소규모 납세자 이외의 납세자에 대한 조사에서 조사범위를 확대하는 경우에는 「납세자보호위원회」의 승인을, 중소규모 납세자에 대하여 조사범위를 확대하는 경우에는 최초 1회는 조사관할 관서의 납세자보호담당관, 2회 이후 확대는 상급 관서의 납세자보호(담당)관의 승인을 받아야 한다.

만약 세무조사의 성질을 달리하여 부분조사로 조사범위를 확대하는 경우에는 조사관서장의 승인을, 조세범칙조사로 전환하기 위해서는 「조세범칙조사 심의위원회」의 승인을 받아야 한다.

이처럼 과세관청이 조사대상 과세기간을 확대하고자 하는 경우 조사기간의 연장과 마찬가지로 독립적인 납세자권리 보호조직을 통하여 그 적정성에 대하여 사전심의를 받아야 하고, 조사를 받는 납세자는 대상기간의 확대 사실과 사유에 대하여 충분한 기간을 두고 통지받을 수 있어야 한다.

⑧ 세무조사의 절차

세무조사의 절차에 관한 세법상 규정은 조사대상의 선정, 조사의 착수, 진행, 종료와 관리 단계 등 절차 진행에 따른 몇 가지 단계로 구분할 수 있다.

① **대상선정 단계** : 세무조사권의 남용금지와 중복조사의 금지, 납세자의 성실성 추정, 통합조사의 원칙, 세무조사의 관할과 대상 선정기준

② **조사진행 단계** : 세무조사의 사전통지와 연기신청, 「납세자권리헌장」의 교부, 세무조사 시 조력을 받을 권리, 세무조사 기간과 연장·중지, 세무조사 범위 확대의 제한, 장부·서류의 보관 금지, 납세자의 협력의무, 과세관청의 납세자 권리보호의무, 납세자보호위원회

③ **조사종료 단계** : 세무조사 결과의 통지, 과세전적부심사청구

④ **조사관리 단계** : 과세정보의 비밀유지, 자기과세정보 접근권

| 세무조사의 단계 별 절차 |

조사단계	세무조사의 절차	세법
대상선정 단계	① 세무조사권의 남용금지, 중복조사의 금지	국기법 §81의4, 지기법 §80
	② 납세자의 성실성 추정	국기법 §81의3, 지기법 §78
	③ 통합조사의 원칙	국기법 §81의11
	④ 세무조사의 관할과 대상 선정기준	국기법 §81의6, 지기법 §82
조사진행 단계	⑤ 세무조사의 사전통지와 연기신청	국기법 §81의7, 지기법 §83
	⑥ 「납세자권리헌장」의 교부	국기법 §81의2, 지기법 §76
	⑦ 세무조사 시 조력을 받을 권리	국기법 §81의5, 지기법 §81
	⑧ 세무조사 기간(연장·중지와 재개)	국기법 §81의8, 지기법 §84
	⑨ 세무조사 범위의 확대 제한	국기법 §81의9
	⑩ 장부·서류의 보관 금지	국기법 §81의10
	⑪ 납세자의 협력의무	국기법 §81의17, 지기법 §79
	⑫ 과세관청의 납세자 권리보호의무	국기법 §81의16, 지기법 §77
	⑬ 납세자보호위원회	국기법 §81의18
	⑭ 납세자보호위원회에 대한 납세자의 심의 요청·결과통지	국기법 §81의19
조사종료 단계	⑮ 세무조사의 결과 통지	국기법 §81의12, 지기법 §85
	⑯ 과세전적부심사청구	국기법 §81의15, 지기법 §88
조사관리 단계	⑰ 비밀유지	국기법 §81의13, 지기법 §86
	⑱ 납세자의 권리행사에 필요한 정보의 제공	국기법 §81의14, 지기법 §87

(1) 대상선정 단계

1) 세무조사권의 남용 금지

세무공무원은 적정하고 공평한 과세를 실현하기 위하여 필요한 최소한의 범위에서 세무조사를 하여야 하며 다른 목적 등을 위하여 조사권을 남용해서는 안된다[국기법 §81의4①; 지기법 §80①].

이는 세무조사의 목적과 기능을 정하고 그 조사대상의 선정 등 세무조사 전반에 걸쳐 과세관청의 세무조사권의 남용을 통제하기 위하여 한계를 선언한 것이다.

하지만 세무조사권의 남용을 판단하는 데 있어 그 기준으로 '최소한'을 정하고 있을 뿐 그 최소한의 범위가 무엇인지 상세하게 정하고 있지 아니하여 결국 과세관청이 임의로 판단할 수밖에 없다.

또 과세관청이 세무조사권을 남용하였다 해도 제재수단이나 이에 기초하여 과세처분을 하였을 때의 효력에 관해 따로 정하지 않아 이 조항은 실질적으로 선언적 규정일 뿐 세무조사권의 남용을 통제할 수 있는 유효한 법적장치는 되지 못하고 있다.

「조사사무처리규정」[§30②]은 조사공무원이 조사편의 목적으로 다음과 같은 행위를 할 수 없도록 하고 있어 이를 세무조사권을 남용하는 행위로 보아도 될 것이다.[425]

① 세무조사를 실시하면서 관련 법령이나 규정에서 정한 절차에 의하지 아니하고 임의로 관련 장부·서류 등을 압수·수색하거나 일시 보관하는 행위

② 관련 법령이나 규정에서 정한 승인절차에 의하지 아니하고 임의로 조사기간의 연장, 조사범위의 확대나 거래처 현장 확인을 하는 행위

③ 거래처, 관련인 등에 대한 조사를 실시하면서 조사대상자 선정, 전산입력, 조사 통지 등 관련 법령·규정에서 정한 조사절차를 준수하지 아니하고 조사를 실시하는 행위

④ 세무조사와 관련 없이 납세자와 그 관련인의 사생활 등에 관한 질문을 하는 행위

⑤ 그 밖에 세무조사를 실시하면서 납세자의 권리를 부당하게 침해하는 행위

한편 조사관서 장은 조사공무원이 세무조사권을 남용하지 않도록 세무조사를 하면서 조사절차를 잘 준수하는 지에 대하여 잘 관리·감독하여야 한다.

---

425) 2010.4. 개정전 조사규정[§31]은 조사권의 남용금지를 위반한 경우 책임에 대한 일부 내용을 두고 있었으나 삭제되었다. 즉 정당한 절차와 적법한 방법이 아닌 조사편의 등을 위하여 다음의 행위를 한 조사공무원과 조사관리자는 「국세청공무원 상벌규정」에 따라 처리하고 재발방지를 위한 적절한 조치를 취해야 한다. ① 일반조사를 실시하면서 규정과 절차에 의하지 않고 임의로 관련 장부·서류 등을 압수·수색하거나 일시 보관한 사람 ② 조사관할 관서장의 승인없이 임의로 조사기간의 연장, 조사대상 과세기간의 확대, 거래처 현지확인을 한 사람 ③ 거래처 관련인 등에 대한 조사를 실시하면서 조사대상자의 선정·전산입력, 조사통지 등 제반 조사절차를 준수하지 아니하고 조사를 실시한 사람 ④ 세무조사를 실시하면서 납세자의 권리를 부당하게 침해한 사람

2) 재조사의 금지

과세관청은 원칙적으로 같은 세목이나 같은 과세기간에 대하여 재조사를 할 수 없다. 하지만 납세자가 다음에 해당하는 경우에는 재조사를 할 수 있는 예외를 인정하고 있다[국기법 §81의4②: 지기법 §80②].

① 조세탈루의 혐의를 인정할 만한 명백한 자료가 있는 경우

② 거래상대방에 대한 조사가 필요한 경우

③ 2개 이상의 사업연도(또는 과세연도)와 관련하여 잘못이 있는 경우

④ 이의신청, 과세전적부심사청구 등 불복청구의 결과 필요한 처분의 결정[국기법 §65① (3)단서, §81의15⑤(2)단서]에 따라 재조사를 하는 경우

⑤ 납세자가 세무공무원에게 직무와 관련하여 금품을 제공하거나 금품제공을 알선한 경우

⑥ '부분조사'[국기법 §81의11③]를 실시한 후 해당 조사에 포함되지 아니한 부분에 대하여 조사하는 경우

⑦ 각종 과세자료의 처리를 위한 재조사나 조세 환급금의 결정을 위한 확인조사 등을 하는 경우

⑧ 부동산투기·매점매석·무자료거래 등 경제질서 교란 등을 통한 탈세혐의가 있는 자에 대하여 국세에 관하여 일제조사를 하는 경우

⑨ 「조세범 처벌절차법」[§2(1)]에 따른 조세범칙행위의 혐의를 인정할 만한 명백한 자료가 있는 경우(국세의 경우 해당 자료에 대하여 「조세범 처벌절차법」[§5①(1)]에 따라 「조세범 칙조사심의위원회」가 조세범칙조사의 실시에 관한 심의를 한 결과 조세범칙행위의 혐의가 없다고 의결한 경우에는 조세범칙행위의 혐의를 인정할 만한 명백한 자료로 인정하지 아니한다)

⑩ 지방세 범칙사건에 관한 조사[§102~§109]의 경우

⑪ 지방세 세무조사 중 서면조사만 하였으나 지방세관계법에 따른 결정·경정을 다시 할 필요가 있는 경우

같은 세목이나 과세기간에 대하여 반복적으로 세무조사를 하는 것을 금지한 중복조사 금지의 원칙은 납세자의 영업의 자유와 사생활을 보호하고 세무조사의 효율성을 확보하기 위한 행정상 일반원칙인 '1회조사의 원칙'one inspection rule에 기초한 것이다.

이는 세무조사권을 가진 과세관청이 납세자에 대해 무분별하게 세무조사를 하는 것을 방지하여 과세관청에게는 조사권의 남용을 견제하고 납세자에게는 세무조사로 인한 정신적·경제적 위축을 방지하여 국민생활의 안정성을 확보하도록 하기 위한 것이다.

하지만 납세자가 세무조사를 받은 후 명백한 조세탈루 혐의가 있음에도 세무조사가 한

번 이루어진 후 같은 과세기간과 세목이라는 이유로 다시 조사하는 것이 결코 허용되지 않는다면 오히려 조세공평을 이루기 어렵다.

그러므로 명백한 조세탈루가 인정되는 등 조세의 공평성을 위해 세무조사가 필요한 최소한의 경우에는 재조사가 허용될 수 있으며, 이 때 허용의 범위는 단순히 조세탈루의 혐의를 추정하는 정도에 그쳐서는 안 되고 사전에 객관적인 자료에 의해 명백히 그 사실이 확인될 수 있을 정도가 되어야 할 것이다.

3) 납세자의 성실성 추정

세무공무원은 납세자가 성실하며 납세자가 제출한 신고서 등이 진실한 것으로 추정하여야 한다[426)][국기법 §81의3; 지기법 §78].

세법은 납세자에 대한 성실성 추정 원칙에 대한 예외로서 과세관청이 납세자에 대하여 세무조사 대상으로 수시로 선정할 수 있도록 하고 있다[국기법 §81의6③; 지기법 §82②].

① 납세자에 대한 구체적인 탈세제보가 있는 경우

② 신고내용에 탈루나 오류의 혐의를 인정할 만한 명백한 자료가 있는 경우

③ 무자료거래, 위장·가공거래 등 거래내용이 사실과 다른 혐의가 있는 경우(국세에 한한다)

④ 납세자가 조세에 관한 세법에서 정하는 신고, 세금계산서·계산서의 작성·교부·제출, 「지급명세서」의 작성·제출 등의 납세협력의무를 이행하지 아니한 경우(국세에 한한다)

⑤ 납세자가 세무공무원에게 직무와 관련하여 금품을 제공하거나 금품제공을 알선한 경우(국세에 한한다)

⑥ 납세자가 지방세의 신고납부, 담배의 제조·수입 등에 관한 장부의 기록과 보관 등 납세협력의무를 이행하지 아니한 경우(지방세에 한한다)

⑦ 납세자가 세무조사를 신청하는 경우(지방세에 한한다)

성실성 추정 원칙에 따라 납세자는 조세탈루 사실이 객관적으로 확정되지 않는 한 원칙적으로 성실한 납세자로서 정당한 대우를 받을 권리를 가진다.

만약 과세관청이 세무조사를 통하여 조세탈루 혐의가 있는 납세자의 과세요건사실을 확인하고 탈루세액을 추징하였다 해도 세법과 「행정소송법」등에 따른 권리구제 절차가 끝날

---

426) 종전에는 세무조사 대상의 정기선정 사유의 하나인 '국세청장이 납세자의 신고내용에 대하여 성실도를 분석한 결과 불성실 혐의가 있다고 인정하는 경우'도 성실성 추정의 예외로 삼았으나 2006.12.30. 개정에서 삭제되었다.

때까지는 조사결과나 과세사실 등을 공표해서도 안 될 것이다.

세무조사에 있어 이와 같은 성실성 추정 원칙은 과세관청이 세무조사 대상을 선정하는 데 있어 기준이 될 뿐 아니라 조사 진행, 결과 처리 등 모든 절차에 걸쳐 작용하는 것이다.

본래 성실성추정 원칙은 형사절차에 있어서 헌법상 보장되는 '무죄추정無罪推定, presumed innocent의 원칙'을 조세절차에 도입한 것으로 과세관청이 세무조사를 비롯한 조세행정을 집행하면서 납세자를 어떻게 대우해야 하는지에 대한 기준을 설정한 것이다.

그런데 형사절차상 판결에 의해 그 혐의가 확정되지 않는 한 예외를 인정하지 않는 것과는 달리 현행 세법상 성실성 추정 원칙은 조세탈루 사실이 확정되지 않더라도 납세자의 성실성을 부인하여 세무조사를 할 수 있어 그 적용형식과 위상에 차이가 있다.

하지만 성실성 추정 원칙이 있다해도 과세요건사실을 확인하기 위한 세무조사를 제약할 수 없음에도 입법형식에서 불성실 납세자에 대하여 세무조사를 하는 것을 성실성 추정 원칙의 예외로 삼고 있는 것은 잘못이다.

만약 과세관청이 부과결정을 한 경우라도 불복과 조세소송을 통하여 조세탈루 사실이 객관적으로 확정되지 않는 한 납세자의 성실성은 부인되어서는 안된다.

그러므로 성실성 추정 원칙은 과세관청이 단순히 납세자에 대하여 세무조사의 대상으로 삼을 수 있는 지 여부를 결정하는 데 있어서 기준이 아니라 과세관청이 조세행정을 집행함에 있어 납세자를 예우하고 존중하도록 하는 기본원리가 되는 것이다.

4) 통합조사의 원칙

세무조사는 원칙적으로 납세자의 사업과 관련하여 세법에 따라 신고·납부의무가 있는 세목을 통합하여 실시하여야 한다[국기법 §81의11; 지기법 §84의3].

하지만 다음의 경우에는 예외적으로 통합조사를 실시하지 아니하고 세목별조사를 할 수 있다.

① 세목의 특성, 납세자의 신고유형, 사업규모, 세금탈루 혐의 등을 고려하여 특정세목만을 조사할 필요가 있는 경우

② 조세채권의 확보 등을 위하여 긴급히 조사할 필요가 있거나 혐의 내용이 특정사업장, 특정 항목·특정 거래에만 한정되어 그와 관련된 특정 세목만 조사할 필요가 있는 경우

③ 그 밖에 세무조사의 효율성, 납세자의 편의 등을 고려하여 특정 세목만을 조사할 필요가 있는 경우로서 납세자가 특정 세목에 대하여 세무조사를 신청한 경우를 말한다(지방세에 한한다).

통합조사나 세목별 조사에 있어서 다음의 경우에는 해당되는 사항에 대한 확인을 위하여

필요한 부분에 한정한 조사(부분조사)를 실시할 수 있다[국기법 §81의11③; 지기법 §84의3③].

① 결정·경정의 청구에 따른 처리, 부과취소나 변경, 환급금의 결정을 위하여 확인이 필요한 경우

② 「국세기본법」[§65①(3)단서, §81의15⑤(2)단서]·「지방세기본법」[§88⑤(2)단서, §96①(3)단서, §100]에 따른 심판청구에 관하여 준용하는 「국세기본법」[§65①(3) 단서]에 따른 재조사 결정에 따라 사실관계의 확인이 필요한 경우

③ 거래상대방에 대한 세무조사 중에 거래 일부의 확인이 필요한 경우

④ 납세자에 대한 구체적인 탈세 제보가 있는 경우로서 해당 탈세 혐의에 대한 확인이 필요한 경우

⑤ 명의위장, 차명계좌의 이용을 통하여 세금을 탈루한 혐의에 대한 확인이 필요한 경우

⑦ 무자료거래, 위장·가공 거래 등 특정 거래 내용이 사실과 다른 구체적인 혐의가 있는 경우로서 조세채권의 확보 등을 위하여 긴급한 조사가 필요한 경우

⑧ 법인이 주식·출자지분을 시가보다 높거나 낮은 가액으로 거래하거나 「법인세법 시행령」[§88①]의 자본거래로 인하여 해당 법인의 특수관계인인 다른 주주 등에게 이익을 분여分與하거나 분여받은 구체적인 혐의가 있는 경우로서 해당 혐의에 대한 확인이 필요한 경우(국세에 한한다)

이는 과세권의 남용을 방지하기 위하여 같은 세목이나 같은 과세기간에 대하여 재조사를 할 수 없도록 한 재조사 금지의 원칙과 함께 잦은 세무조사로 인한 납세자의 불편을 해소하고 법적 안정성을 확보하도록 하기 위한 것이다.

(2) 조사진행 단계

1) 세무조사의 사전통지와 연기 신청

① 세무조사의 사전통지

과세관청은 세무조사를 위하여 해당 장부, 서류나 그 밖의 물건 등을 조사하는 경우에는 조사를 받을 납세자(납세자가 납세관리인을 정하여 관할 세무서장에게 신고한 경우에는 납세관리인을 말한다)에게 조사를 시작하기 15일 전에 세무조사의 사실을 조사대상 세목, 조사기간, 조사사유나 그 밖에 필요한 사항을 기재한 「세무조사 사전통지서」로 통지하여야 한다.

만약 사전에 통지하면 증거인멸 등으로 조사 목적을 달성할 수 없다고 인정되는 경우에는 사전통지를 생략할 수 있다[국기법 §81의7; 지기법 §83].

국가의 과세권을 실현하기 위한 행정조사인 세무조사에 있어서 조사받을 납세자에게 사

전통지를 하도록 한 것은 납세자를 보호하고 권익을 지킬 수 있도록 한 것으로 사전통지를 제외해야 할 특별한 사정이 없는 한 반드시 준수되어야 한다.

이를 통하여 납세자는 세무조사에 따른 필요한 사전 준비와 생활과 사업상 일정을 조정을 할 수 있는 기회를 얻음으로써 세무조사에 있어 자발적인 협력을 할 수 있게 하고 법적 안정성과 예측가능성을 보장받을 수 있게 된다.

세무조사의 실효성만을 이유로 과세관청의 임의적인 판단에 따라 납세자 권리로서 매우 중요한 세무조사 사전통지를 생략할 수 있는 것은 납세자권익보호에 심각한 허점이 생길 수밖에 없다.

그러므로 조세범칙조사에 한정하거나 세무조사의 사전통지를 생략하고자 하는 경우「납세자보호위원회」나 국세청장의 승인을 받도록 하는 등 사전통지제도가 형해화되지 않도록 일정한 통제가 필요하다.[427]

만약 세무조사를 할 때 사전통지 등 세법에서 명시하고 있는 절차를 지키지 않은 경우 이러한 세무조사 절차에 터 잡아 한 과세처분은 효력이 있는 것인가?

세무조사의 사전통지 등 세무조사의 절차는 조사관서의 장이 조사목적을 달성할 수 있는지 여부를 판단하여 사전통지 여부를 결정하는 것이고, 강행규정인 세법에서 정한 과세요건을 충족했다면 과세관청은 부과·징수하여야 한다.

그러므로 만약 세법이 정한 절차를 지키지 않았다고 해서 조세의 탈루사실이 확인되는데도 이를 과세하지 않는다면 과세소득에 대하여 임의로 과세하지 아니하는 결과가 초래되어 이는 합법성의 원칙을 저해하고 공평과세의 원칙을 위반하는 결과가 되므로 일부 세무조사 절차가 위법이라 하더라도 세무조사에 따른 과세처분은 효력이 유지된다고 보았다.

최근에는 세무조사의 사전통지 등 세무조사의 기준과 절차를 정한「국세기본법」상 규정은 각 개별세법에서 정하고 있는 질문·조사권에 우선 적용되고, 세법에서 정한 절차를 지키지 않았다면 헌법상 법의 적정절차의 원리(적법절차의 원칙)를 준수하지 않은 것으로 위법한 것이며, 이러한 절차에 터 잡아 한 과세처분도 또한 위법한 것으로 본다.[428]

---

427) 세무조사 사전통지를 생략할 수 있는 경우에 대하여 국세청「조사사무처리규정」[§21]은 조세범칙조사에 해당하는 경우, 사전통지를 하면 증거인멸 등의 우려가 있어 조사목적을 달성할 수 없다고 인정되는 경우에는 '조사관서장'의 승인을 받아서 할 수 있도록 하고 있다.

428)「국세기본법」에서 정한 세무조사의 절차와 방식을 위반하고「헌법」에서 정한 적법절차의 원칙,「조세범처벌절차법」,「형사소송법」에서 정한 영장주의를 위반한 중대한 위법사유가 있는 경우 위법한 절차에 따라 취득한 이 사건 전자정보와 이러한 위법성이 치유되지 아니한 상태에서 작성된 확인서를 기초로 이루어진 처분은 위법하다(대법원 2016.12.27. 선고, 2014두46850 판결 참조). 행정조사인 세무조사에는 형사소송법에서 정한 '위법수집 증거배제 법칙'이 적용될 수 없다. 또한 행정처분에 이르는 일련의 절차에 위법사유가 있는 경우 그 처분의 효력에도 당연히 영향을 미치므로, 세무조사의 절차와 방식에 중대한 위법사유가 있는 이상 형사소송법에서 정한 위법수집 증거 배제 법칙을 굳이 준용하지 않더라도 그 처분의 효력을 부인할 수 있다. 또한「헌법」에서 정한 '적법절차 원칙'은 개인의 생명·자유·재산을 보호하기 위한 기능과 함께 공무원의 위법행위를

② 세무조사의 연기신청

납세자는 세무조사의 사전통지를 받고 다음과 같은 사유로 조사를 받기 곤란한 경우에는 사전통지를 한 관할 과세관청에 조사를 연기해 줄 것을 「세무조사 연기신청서」[국기칙 별지 제55호 서식]로 신청할 수 있다[국기법 §81의7②, 국기령 §63의7①; 지기법 §83②, 지기령 §54②].

(i) 천재지변, 화재, 그 밖의 재해로 사업상 심각한 어려움이 있을 때

(ii) 납세자나 납세관리인의 질병·장기출장 등으로 세무조사가 곤란하다고 판단될 때

(iii) 권한있는 기관에 장부, 증거서류가 압수되거나 영치되었을 때

(iv) 그 밖에 (i)~(iii)에 준하는 사유가 있을 때

납세자로부터 세무조사의 연기신청을 받은 과세관청은 연기신청의 승인 여부를 결정하고 그 결과를 조사 개시 전까지 「세무조사 연기신청 결과통지서」에 따라 납세자에게 통지하여야 한다.

하지만 세무조사의 연기를 신청할 수 있는 기간을 따로 규정하지 않고 그 결과통지도 조사개시 전까지 할 수 있도록 한 것은 세무조사의 사전통지 제도가 적정하다고 보기 어렵다.

그러므로 세무조사에 대한 과세관청과 납세자의 준비를 고려하여 납세자는 세무조사 개시일부터 5일 전까지 세무조사의 연기를 신청하고 과세관청은 최소한 조사개시 3일 전까지는 연기신청에 대한 결과를 신청한 납세자가 통지받을 수 있도록 하는 것이 바람직하다.

2) 세무조사의 착수

① 「납세자권리헌장」의 교부

국세청장과 지방자치단체장은 「국세기본법」과 「지방세기본법」에 규정한 납세자의 권리보호에 관한 사항을 포함하는 「납세자권리헌장」을 제정하여 고시하여야 한다.[429]

세무공무원은 세무조사(「조세범 처벌절차법」에 따른 조세범칙조사, 「지방세기본법」에 따른 범칙사건 조사를 포함한다)를 하는 경우, 사업자등록증을 발급하는 경우에는 「납세자권리헌장」의 내용이 수록된 문서를 납세자에게 내주어야 한다[국기법 §81의2; 지기법 §76].

「납세자권리헌장」을 수록한 문서를 납세자에게 내준 세무공무원은 그 문서를 수령하였다는 「수령증」을 받아 보관하여야 한다.

억제한다는 기능도 수행하고 있으므로, 단순히 세무조사의 상대방이 아니라도 '적법절차 원칙'이 적용된다.

429) 1997.1.24. 국세청에 민간전문가와 공무원으로 구성된 「납세자권리헌장 제정위원회」가 설치되어 각계의 의견과 외국사례를 참고하여 「납세자권리헌장」을 제정해 1997.6.30. 국세청고시 제1997-16호로 고시되었다. 국세청은 2007년 「국세기본법」 개정내용을 반영하여 제정 이후 10여년 만에 개정되었고, 다시 10년이 지난 2018.2. 세법개정사항을 반영하는 수준에서 전면 개정되어 재고시하였다.

│ 국세청장이 제정한 「납세자권리헌장」과 납세자권리에 관한 세법규정 │

납세자권리헌장		국세기본법	
구분	내용	조항	내용
과세관청의 의무	1. 헌법과 법률에 따라 납세자권리를 존중하고 보장할 의무 2. 신의성실에 따라 납세의무를 이행할 수 있도록 정보와 편익을 최대한 제공할 의무 3. 납세자권리의 보호·실현을 위해 최선을 다할 의무	§81의16	국세청장의 납세자 권리보호
납세자의 권리	1. 납세자에 대한 성실성을 추정받을 권리	§81의3	납세자의 성실성 추정
	2. 법령에 따라 세무조사 선정될 권리	§81의6	세무조사대상의 선정
	3. 최소한의 기간과 범위로 세무조사 받을 권리	§81의9 §81의11	세무조사범위 확대의 제한 통합조사의 원칙
	4. 세무조사의 사전통지, 연기신청과 결과통지받을 권리	§81의7 §81의11	세무조사 사전통지와 연기신청 세무조사의 결과통지
	5. 세무조사 시 조력을 받을 권리	§81의5	세무조사 시 조력을 받을 권리
	6. 재조사(중복조사)를 받지 않은 권리	§81의4	세무조사권 남용 금지
	7. 장부등의 임의 예치금지를 보장받을 권리	§81의10	장부등의 보관금지
	8. 세무조사의 기간 연장, 중지, 조사범위 확대시 통지받을 권리	§81의8	세무조사 기간
	9. 세무조사 결과 통지받을 권리	§81의12	세무조사의 결과통지
	10. 권리행사에 필요한 정보를 신속히 제공받을 권리	§81의14	정보제공
	11. 위법·부당한 처분 등에 대하여 불복할 권리	§81의15	과세전적부심사
	12. 납세자보호관과 납세자보호위원회로부터 정당한 권익보호받을 권리	§81의16 §81의18 §81의19	국세청장의 권리보호 납세자보호위원회 납세자보호위원회에 대한 납세자의 심의요청과 결과통지
	13. 자신의 과세정보에 대한 비밀보호받을 권리	§81의13	비밀유지
	14. 권리행사에 필요한 정보를 신속하게 제공받을 권리	§81의14	납세자의 권리행사에 필요한 정보 제공
	15. 국세공무원으로부터 언제나 공정한 대우를 받을 권리	§81의16	국세청장의 권리보호

② 「조사원증」의 제시

세무공무원이 세무조사를 위하여 납세자의 주소지나 사업장 등에 출장하여 장부 · 그 밖의 서류의 물건을 조사할 때에는 「조사원증」을 제시하여야 한다.

「조사원증」은 세무조사를 착수할 때마다 조사관할 관서장이 조사대상자 별로 발급하며, 조사공무원은 조사기간 중 「공무원증」과 함께 휴대하여야 한다.

이와 같이 세무조사를 착수하면서 조사받을 납세자에게 「납세자권리헌장」을 교부하고 「조사원증」을 제시하도록 한 것은 납세자에게 보장된 정당한 권리를 미리 숙지시키고 조사공무원의 신분과 권한의 범위를 확인할 수 있도록 하여, 과세관청의 조사권 남용을 억제하고 정당하고 공정하게 세무조사를 집행하도록 유도하기 위한 것이다.

3) 세무조사에 있어서 전문가의 도움(조력)

납세자는 세무조사(「조세범 처벌절차법」에 따른 조세범칙조사, 「지방세기본법」에 따른 범칙사건 조사를 포함한다)를 받는 경우에 세무사, 공인회계사, 변호사[430]로 하여금 조사에 참여하게 하거나 의견을 진술하게 할 수 있다[국기법 §81의5; 지기법 §81].

이는 납세자는 세무조사를 받을 때 세무공무원으로부터 질문을 받거나 관련 장부 · 증거 서류를 제출하여야 하는 등 열세의 지위에 놓이게 되고 조세에 관한 전문적인 지식이 부족하여 조사에 적절히 대응하기 어려운 점을 감안하여 조세전문가를 통해 정당한 권리와 이익을 지킬 수 있도록 한 것이다.

이 경우도 납세자를 대신하여 대리인인 조세전문가가 직접 세무조사를 받는 것은 아니며 단지 세무조사를 받는 납세자의 조력자로서의 위치에 있을 뿐이다.

이는 조사공무원이 조사의 실효성을 이유로 납세자와의 직접적인 대면을 통한 조사를 선호하기 때문에 조사에 참여하고 의견을 진술하는 조세전문가의 지위가 납세자를 대신해 조사를 직접 받는 수준에는 이르지 못하기 때문이다.

그러므로 세무조사에 있어 조세전문가의 도움을 받을 권리는 납세자가 세무조사를 받는 경우 조세전문가로 하여금 납세자를 대신하여 직접 세무조사를 받을 수 있도록 하여 납세자가 불이익한 대우를 받거나 불리한 진술을 강요받는 것을 근본적으로 방지할 수 있을 정도로 이르러라 할 것이다.

하지만 만약 조사공무원이 조사내용과 관련하여 실체적 진실을 확인하기 위하여 납세자의 직접적인 진술이 필요한 경우 조사대리인의 참여 하에 납세자로부터 직접 진술을 받는

---

430) 2011년까지는 세무사, 공인회계사, 변호사 뿐만 아니라 '조세에 관하여 전문지식을 갖춘 사람으로 대통령령으로 정하는 사람'도 조사에 참여하거나 의견을 진술 할 수 있도록 규정하고 있으나, 제정 이후 대통령령은 따로 정하지 않다가 아예 폐지되었다.

것은 제약하지 않아야 한다.

한편 형사사건에 있어서 피의자가 수사를 받을 때 미란다miranda원칙에 따라 불리한 경우 진술을 거부할 수 있고 변호인의 조력을 받을 수 있다고 사전에 고지되어야 하듯이 세무조사 사실을 사전통지할 때 서면으로 세무조사 기간 동안 조세전문가의 도움을 받을 권리가 있음을 표시하는 방법으로 미리 알려야 납세자의 권익이 제대로 보호받을 수 있다.[431]

4) 조사범위 확대의 제한

세무공무원은 조사 진행 중 세무조사의 범위를 확대할 수 없다. 하지만 세무조사에 있어 다음과 같은 사유가 생긴 경우에는 세무조사의 범위를 확대할 수 있으며, 이 경우에는 그 사유와 범위를 납세자에게 문서로 통지하여야 한다[국기법 §81의9, 국기령 §63의10].

① 다른 과세기간·세목·항목에 대한 구체적인 세금탈루 증거자료가 확인되어 다른 과세기간·세목·항목에 대한 조사가 필요한 경우
② 명백한 세금탈루 혐의나 세법 적용의 착오 등이 있는 조사대상 과세기간의 특정 항목이 다른 과세기간에도 있어 동일하거나 유사한 세금탈루 혐의·세법 적용 착오 등이 있을 것으로 의심되어 다른 과세기간의 그 항목에 대한 조사가 필요한 경우

5) 장부의 보관 금지

국세와 지방세 등 세무공무원은 세무조사의 목적으로 납세자의 장부와 증명서류를 세무관서에 임의로 보관할 수 없다[국기법 §81의10; 지기법 §84의2].

하지만 납세자가 다음에 해당하는 경우에는 조사 목적에 필요한 최소한의 범위에서 납세자, 소지자나 보관자 등 정당한 권한이 있는 자가 임의로 제출한 장부와 증명서류를 납세자의 동의를 받아 세무관서에 일시 보관할 수 있다.

① 납세자가 세법에서 정하는 신고,「성실신고확인서」의 제출, 세금계산서·계산서의 작성·교부·제출,「지급명세서」의 작성·제출 등의 납세협력의무를 이행하지 아니한 경우
② 무자료거래, 위장·가공거래 등 거래내용이 사실과 다른 혐의가 있는 경우
③ 납세자에 대한 구체적인 탈세제보가 있는 경우
④ 신고내용에 탈루나 오류의 혐의를 인정할만한 명백한 자료가 있는 경우
⑤ 납세자가 세무공무원에게 직무와 관련하여 금품을 제공하거나 금품제공을 알선한 경우

---

431)「세무조사 사전통지서」에는 세법이 정하는 사유가 있는 경우 세무조사 연기신청을 할 수 있다고만 하고 있을 뿐 세무조사에 있어서 조세전문가의 도움(조력)을 받을 권리가 있다는 사실은 별도로 통지하지 않고 있으므로 사전통지서에 조력권이 있음을 명시하여 통지하는 것이 필요하다.

그러므로 이런 사유에 해당하는 경우라도 세무조사 목적에 어긋나거나 납세자가 임의로 제출하지 않은 경우, 일시 보관에 대한 명시적인 동의가 없는 때에는 보관할 수 없다.

만약 일시 보관하고 있는 서류 등에 대하여 납세자가 반환을 요청한 경우에는 조사에 지장이 없는 한 즉시 반환하여야 한다. 이 경우 세무공무원은 장부, 서류 등의 사본을 보관할 수 있고 그 사본이 원본과 다름없다는 사실을 확인하는 납세자의 서명이나 날인을 요구할 수 있다.

이는 행정조사인 세무조사에서 조사의 효율성을 확보하기 위하여 영장 없이 납세자의 장부나 증명서류를 예치預置할 수 있도록 하는 경우 납세자의 권익이 크게 침해되기 때문에 세무조사에 있어 과세권 남용을 막고 납세자의 권익을 보호하기 위해 입법화된 것이다.

하지만 조세형사절차인 조세범칙조사는 물론 행정조사의 범주에 있는 심층조사에서 과세관청의 판단에 따라 세무조사의 실효성 확보를 위해 폭넓게 세무조사 사전통지를 생략하고 장부나 증명서류를 예치하고 보관이 가능하게 된 것은 납세자의 권익보호에 큰 허점이 되고 있다.

만약 조사공무원이 납세자의 '동의'를 받아 납세자의 장부와 증명서류를 조사하고 세무관서로 가져갈 수 있게 된다면 이 제도는 사실상 유명무실하게 된다. 왜냐하면 세무조사의 속성상 조사공무원이 장부와 증명서류를 조사하여 세무관서에 보관하고자 할 때 납세자가 끝까지 거부하는 것은 사실상 어렵기 때문이다.

6) 과세관청의 납세자 권리보호

① 납세자 권리보호의 실현을 위한 성실 의무

국세청장과 지방자치단체장은 직무를 수행함에 있어 납세자의 권리가 보호되고 실현될 수 있도록 성실하게 노력하여야 한다[국기법 §81의16①; 지기법 §77①].

법문에서는 납세자권리 보호와 실현을 위한 과세관청의 성실의무를 정하고 있는 바, 이 '성실하게 노력'이라는 규정이 단순히 선언적 규정이 아니고 강행성 있는 '성실의무'라면 그 범주와 한계가 어디까지이고 그 책임과 처벌은 어떠한지에 대한 논의가 필요하다.

참고로 납세자의 세무대리를 하면서 권익보호를 담당하는 「세무사법」상 세무사에게 부여되는 '성실의무'[세무사법 §12]에 준하여[432] 그 의무와 처벌에 관한 사항을 두어 제대로 실효성을 확보하는 것이 필요하다.

---

432) 「세무사법」 제12조(성실의무) ① 세무사는 그 직무를 성실히 수행하여 품위를 유지하여야 한다.
　　② 세무사는 고의로 진실을 숨기거나 거짓 진술을 하지 못한다.

② 납세자보호관의 설치·독립적 운영

국세청은 납세자의 권리보호를 위하여 국세청장은 납세자 권리보호업무를 총괄하는 「납세자보호관」을 두고, 세무서와 지방국세청에 납세자 권리보호업무를 수행하는 「납세자보호담당관」을 각각 1인을 두어야 한다[국기법 §81의16②].

국세청 「납세자보호관」은 '개방형직위'開放形職位로 운영하고 「납세자보호관」이나 「납세자보호담당관」이 업무를 수행함에 있어 독립성이 보장될 수 있도록 하여야 한다.

한편 지방자치단체의 장은 「납세자보호관」을 배치하여 지방세 관련 고충민원의 처리, 세무상담, 세무조사·체납처분 등 권리보호요청에 관한 사항, 「납세자권리헌장」 준수 등에 관한 사항, 세무조사 기간 연장과 연기에 관한 사항 등 납세자 권리보호업무를 전담하여 수행하게 하여야 한다[지기법 §77].

국세청장은 납세자 권리보호업무의 추진실적 등의 통계자료를 일반 국민에게 정기적으로 공개하여야 하며, 지방자치단체의 장은 「납세자보호관」의 납세자 권리보호 업무 추진실적을 통계자료의 공개시기·방법에 준하여 정기적으로 공개하여야 한다[국기법 §81의6; 지기령 §51의2④].

이는 과세관청이 조세를 부과·징수할 때에 속성상 국민의 재산권이 침해될 수 밖에 없으므로 과세권의 남용을 막고 국민의 권익보호를 위해 '옴부즈만'ombusman 제도[433]로서 「납세자보호관」을 두게 한 것이다.

이에 따라 독립적으로 과세관청의 직무를 감시하고 납세자의 권익을 지킬 수 있도록 하기 위하여 법률에 그 설치근거와 권한을 명시하였다.

하지만 '옴부즈만' 제도라고는 해도 행정기관 내부의 조직으로 구성되어 있는 경우 현실적으로 과세관청의 행정방침에 따를 수밖에 없어 사실상 독립성을 갖춘 업무수행이 어렵다.

가. 국세청 「납세자보호관」

① 「납세자보호관」의 설치

국세청장은 「납세자보호관」을 '개방형직위'開放形職位로 운영하고 「납세자보호관」·「납세자보호담당관」이 업무를 수행함에 있어 독립성이 보장될 수 있도록 하여야 한다.

국세청 「납세자보호관」은 조세·법률·회계 분야의 전문지식과 경험을 갖춘 사람으로서

---

433) 옴부즈만Ombusman제도는 행정청의 위법·부당한 행위로 인해 권리를 침해받는 국민이 제기하는 민원 등을 조사하여 관계부서에 시정을 권고하며 국민의 권리를 구제하기 위한 제도이다. 행정권의 강화와 비대화에 따라 의회와 법원에 의해 통제하는 것이 많은 시간과 비용이 소요되므로 행정청 내부에서 객관적인 감시와 시정요구를 할 수 있게 한 것이다. 옴부즈만은 민간전문가가 위촉된다.

세무공무원이나 퇴직한 지 3년이 지나지 않은 사람이 아닌 사람을 대상으로 공개모집하여야 한다.

② 「납세자보호관」의 직무와 권한

「납세자보호관」은 다음과 같은 직무와 권한을 가지며, 업무를 효율적으로 수행하기 위하여 담당관에게 그 직무와 권한의 일부를 위임할 수 있다.

(i) 위법·부당한 세무조사, 세무조사 중 세무공무원의 위법·부당한 행위에 대한 일시중지나 중지

(ii) 세무조사 중 위법·부당한 행위를 한 세무공무원 교체명령과 징계요구

(iii) 위법·부당한 처분(세법에 따른 납세의 고지는 제외한다)에 대한 시정요구

(iv) 위법·부당한 처분이 행하여 질 수 있다고 인정되는 경우 그 처분 절차의 일시중지나 중지

(v) 납세서비스 관련 제도·절차 개선에 관한 사항

(vi) 납세자의 권리보호 업무에 관하여 세무서·지방국세청에 납세자 권리보호업무를 수행하기 위하여 두는 「납세자보호담당관」에 대한 지도·감독

(vii) 세금 관련 고충민원의 해소 등 납세자 권리보호에 관한 사항

(viii) 그 밖에 납세자의 권리보호와 관련하여 국세청장이 정하는 사항

이와 같이 「납세자보호관」의 핵심적인 권한은 과세관청이 하는 세무조사가 위법·부당한 경우 그 세무조사를 중지할 수 있는 권한과 납세고지를 제외한 과세관청의 모든 처분과 그 처분을 위한 절차가 위법·부당한 경우 중지시키거나 시정을 요구하는 권한이다.

조세행정에서 과세관청의 처분이나 조세절차가 위법·부당하여 납세자가 권익을 침해당한 경우 납세자는 「납세자보호관」을 통하여 그 권리와 이익의 침해를 막거나 회복할 수 있게 된다.

나. 세무서와 지방국세청의 「납세자보호담당관」

① 「납세자보호담당관」의 설치

납세자의 권리보호를 위하여 세무서와 지방국세청에 소속 공무원 중에서 그 직급·경력 등을 고려하여 국세청장이 정하는 기준에 해당하는 사람으로 납세자 권리보호에 관한 업무를 수행하는 「납세자보호담당관」을 각각 1명씩 둔다.

② 「납세자보호담당관」의 직무와 권한

「납세자보호담당관」은 다음과 같은 직무와 권한을 가진다.

（ⅰ）세금과 관련한 고충민원을 해소하는 등 납세자 권리보호에 관한 사항

（ⅱ）「납세자보호관」으로부터 위임받은 업무

（ⅲ）세무조사 실시 중에 세무공무원의 적법절차 준수여부 점검(실시간 모니터링)[434]

（ⅳ）일정 규모(업종별 매출액이 1억5천만원~6억원) 이하의 납세자에 대한 세무조사 입회

（ⅴ）그 밖에 납세자 권리보호에 관하여 국세청장이 정하는 사항

다. 지방자치단체의 「납세자보호관」

① 「납세자보호관」의 설치

지방자치단체 「납세자보호관」은 지방자치단체 소속 공무원이나 조세·법률·회계 분야의 전문지식과 경험을 갖춘 사람 중에서 그 직급·경력 등을 고려하여 해당 지방자치단체의 조례로 정하는 바에 따라 지방자치단체의 장이 임명하거나 위촉한다.

② 「납세자보호관」의 권한

지방자치단체에 두는 「납세자보호관」은 위법·부당한 처분에 대한 시정요구, 위법·부당한 세무조사의 일시중지 요구나 중지 요구, 위법·부당한 처분이 행하여 질 수 있다고 인정되는 경우 그 처분 절차의 일시중지 요구, 그 밖에 납세자의 권리보호와 관련하여 조례로 정하는 사항에 대한 업무를 처리할 권한을 갖는다.

지방자치단체장은 「납세자보호관」의 업무처리 기간이나 방법, 그 밖의 「납세자보호관」제도의 운영에 필요한 사항은 조례로 정한다.

하지만 「납세자보호관」과 「납세자보호담당관」 등 납세자보호 조직을 법제화하였다 해도 과세관청 내부조직의 하나로 존재하는 경우 재정수입의 충족을 주된 목표로 하는 과세관청의 이익과 납세자의 권익이 대립될 때 납세자를 대변하는 것은 쉽지않은 일이다.

현행 「납세자보호관」 제도는 우선 직제상 과세관청 내부에 속해 있고[435] 지방국세청·세무서의 「납세자보호담당관」의 경우 수시로 부과·징수를 담당하는 조직과 인사 교류되는 등 독립성 유지의 근간인 조직과 인사에서 그 기초가 약하고 권한행사의 절차도 명확하지 못하다.

그러므로 과세관청이 납세자보호 의무를 제대로 수행하기 위해서는 납세자를 직접 상대하면서 권리보호 업무를 수행하는 「납세자보호담당관」도 공무원이 아닌 외부전문가로 임

---

434) 세무서나 지방국세청 납세자보호담당관은 세무조사에 대하여 세무공무원의 적법절차 준수 여부에 대한 점검을 하고 납세자보호위원회 심의, 의결시 그 결과를 납세자보호관에게 보고하고, 납세자보호관이 해당 세무공무원을 교체명령하거나 징계요구할 수 있다.
435) 납세자보호관은 「국세청과 그 소속기관 직제」 제8조의2, 납세자보호담당관은 「국세청과 그 소속기관 직제 시행규칙」 제4조의2에서 공무원 직제로서 설치근거를 유지하고 있다.

명하고, 납세자보호 조직을 과세관청의 소관 조직이 아닌 국무총리나 기획재정부 소속으로 격상하는 등 조직과 업무에서 보다 독립성과 객관성이 확보될 수 있도록 제도를 보완하는 것이 필요하다.

(3) 조사종료 단계

1) 세무조사 결과의 통지

과세관청은 조세범칙조사와 국세·지방세에 관한 세무조사를 마쳤을 때에는 그 조사 결과를 조사를 마친 날부터 20일(주소나 영업소가 국외에 있고 송달하기 곤란한 경우, 주소나 영업소가 분명하지 아니한 경우, 송달받을 자가 송달할 장소에 없는 경우로서 등기우편으로 송달하였으나 수취인 부재로 반송되는 경우 등의 경우에는 40일) 이내에 조사결과를 납세자에게 설명하고, 이를 서면으로 통지하여야 한다.

하지만 납세관리인을 정하지 아니하고 국내에 주소나 거소를 두지 아니한 경우, 재조사 결정에 의한 재조사를 마친 경우, 납세자가 세무조사결과통지서 수령을 거부하거나 회피하는 경우에는 통지하지 아니하여도 된다[국기법 §81의12: 지기법 §85].[436]

만약 다음과 같은 사유로 인해 세무조사 결과의 통지기간 이내에 조사결과를 통지할 수 없는 부분이 있는 경우에는 납세자가 동의하는 경우에 한정하여 조사결과를 통지할 수 없는 부분을 제외한 조사결과를 납세자에게 설명하고, 이를 서면으로 통지할 수 있다.

(ⅰ)「국제조세조정에 관한 법률」이나 조세조약에 따른 국외자료의 수집, 제출, 상호합의절차 개시에 따라 외국 과세기관과의 협의가 진행 중인 경우

(ⅱ) 해당 세무조사와 관련하여 세법의 해석이나 사실관계 확정을 위하여 기획재정부장관이나 국세청장에 대한 질의 절차가 진행 중인 경우

이 경우 상호합의절차 종료, 세법의 해석 또는 사실관계 확정을 위한 질의에 대한 회신 등으로 세무조사 결과통지의 지연사유가 해소된 때에는 그 사유가 해소된 날부터 20일 이내에 이미 통지한 부분 외에 대한 조사결과를 납세자에게 설명하고, 이를 서면으로 통지하여야 한다.

납세자가 과세관청으로 부터 세무조사를 받은 후 그 결과를 통지받는 절차는 납세자에게 매우 중요한 의미를 가진다.

이를 통하여 납세자는 세무조사의 종료사실을 확인하여 일상에 복귀함으로써 비로소 법

---

436) 세무조사결과통지를 제외하는 대상에서 2019년부터 '폐업한 경우'를 제외하였으나, 납세관리인을 정하지 않고 국내에 주소나 거소를 두지 않은 경우에는 아직도 통지를 생략할 수 있도록 하고 있다. 하지만 이 경우도 「납세고지서」의 송달과 마찬가지로 개인이나 법인 사업자의 대표자 주소지가 확인되면 그 주소지로 통지하도록 하여 납세자가 항변권을 행사하지 못하는 일이 없도록 해야 한다.

적 안정성을 회복하고 조사결과에 이의가 있는 경우 과세 전에 심사를 청구하는 등 항변권을 제대로 행사할 수 있게 된다.[437]

그러므로 과세관청은 세무조사 결과 추가적인 과세요건사실의 발견이 없어 추가 납부할 세액이 없는 경우에도 반드시 통지하여야 할 것이다.

하지만 이는 수입금액 100억원 미만의 중소규모 납세자에 대한 세무조사 기간을 20일로 정하고 있는 점을 감안하면, 세무조사 결과를 통지해야 하는 기간이 지나치게 긴 것이다.[438]

세무조사가 끝난 경우 그 결과를 통지하는 절차는 과세관청에게도 매우 중요하다. 왜냐하면 세무조사 결과의 통지시기가 명시되지 않는 경우 조사의 종결이 과세관청의 임의에 달려있게 되고, 그 기간이 지나치게 긴 경우 조사 이외의 다른 요인에 영향을 받을 가능성이 높아진다.

또 조사기간이 지난 후에도 상당한 기간 동안 결과통지가 늦어지게 되면 납세자는 불필요하게 가산세를 부담하게 되고 생활과 사업에 있어 법적 안정성을 해치게 된다.

더구나 세법에서 조사공무원은 세무조사 기간을 단축하기 위하여 노력하여야 하며, 장부기록이나 회계처리의 투명성 등 납세성실도를 검토하여 더 이상 조사할 사항이 없다고 판단될 때에는 조사기간 종료 전이라도 조사를 조기에 종결할 수 있도록 하고 있는 점을 고려하면, 세무조사의 결과를 통지하는 시기는 조사기간이 끝나는 날이나 사실상 조사종결을 결정한 날 중 빠른 날부터 7일 이내에는 통지하는 것이 바람직하다.[439]

2) 과세전적부심사 청구

납세자가 세무서장·지방국세청장 등 과세관청으로부터 세무조사 결과에 대한 서면통지나 일정한 과세예고 통지를 받은 경우에는 통지를 받은 날부터 30일 이내에 통지를 한 과세

---

437) 과세관청이 A납세자에 대한 표본조사를 실시하다가, 일반세무조사, 범칙세무조사로 전환하여 조사를 시행하였고, 그 결과 확인된 과세자료에 따라 B에게 과세처분을 하였으나 조사 결과 수취한 자료를 기초로 원고에 대한 과세처분을 하기 전에 B에게 과세예고 통지를 하여야 함에도 과세예고 통지를 하지 않았다. 한편 이는 과세전적부심사를 거치지 않아도 되는 예외적인 사정이 인정되지도 않는다면 과세예고 통지를 하지 않아 과세전적부심사 청구 관련 원고의 절차적 권리를 침해한 절차상 하자가 있고, 이러한 하자는 앞서 과세처분의 효력을 부정하는 방법으로 통제할 수밖에 없는 중대한 하자로서, 그 존재가 관련 규정에 의하여 객관적으로 명백하여 당연무효이다(대구고등법원 2017.11.24. 선고, 2017누5424 판결 참조).

438) 세무조사결과통지의 기간은 조사규정[개정전 §48]에서 종결 후 7일 이내에 하도록 했던 것을 2010년 4월 개정시 20일 이내로 대폭 늘렸고 2017.12. 통지시기를 도입하면서 그대로 입법했다. 이는 세법에서 납세자 권리에 관한 세부적인 기간과 절차를 제대로 규정하지 않는 경우 과세관청이 어떻게 편의적으로 변경할 수 있는 지를 보여주는 대표적인 사례다.

439) 세무조사결과를 통지하는 시기는 '조사를 마친 날부터 20일 이내'로 하였다. 하지만 조사기간에 관계없이 조사를 일찍 끝내지 못하거나 무한정 종결을 늦출 우려가 있으므로 조사기간을 최소화할 수 있도록 '조사기간이 끝나는 날과 조사종결을 결정한 날 중 빠른 날'을 기준으로 하는 것이 합리적이다.

관청에게 통지 내용의 적법성에 관한 심사를 청구할 수 있다[국기법 §81의15; 지기법 §88].

하지만 국세의 경우 세무서장·지방국세청장으로부터 통지받은 내용이 다음과 같은 것에 해당하면 통지한 해당 과세관청에 하지 않고 국세청장에게 직접 청구할 수 있다[국기령 §63의14①].

(ⅰ) 법령과 관련하여 국세청장의 유권해석을 변경하여야 하거나 새로운 해석이 필요한 것

(ⅱ) 국세청장의 훈령·예규·고시 등과 관련하여 새로운 해석이 필요한 사항

(ⅲ) 세무서·지방국세청에 대한 국세청장의 업무감사 결과(현지에서 시정조치하는 경우를 포함한다)에 따라 세무서장·지방국세청장이 하는 과세예고 통지에 관한 것

(ⅳ) 과세전적부심사 청구금액이 10억원 이상인 것

(ⅴ) 「감사원법」[§33]에 따른 시정요구에 따라 세무서장·지방국세청장이 과세처분하는 경우로서 시정 요구 전에 과세처분 대상자가 감사원의 지적사항에 대한 소명안내를 받지 못한 것

① 대 상

과세전적부심사청구는 과세관청으로부터 받은 세무조사의 결과통지나 과세예고통지 처분을 받은 납세자가 그 통지내용에 이의가 있는 경우 그 적법성을 심사받는 절차이다.

국세의 경우 납세자가 세무조사에 대한 서면통지를 받은 경우나 세무서장·지방국세청장으로부터 다음과 같은 과세예고 통지를 받은 때에도 과세전적부심사청구를 할 수 있다 [국기법 §81의15①].

(ⅰ) 세무서·지방국세청에 대한 지방국세청장·국세청장의 업무감사 결과(현지에서 시정조치하는 경우를 포함한다)에 따라 세무서장·지방국세청장이 과세하는 경우

(ⅱ) 세무조사에서 확인된 것으로 조사대상자 외의 자에 대한 과세자료나 현지 확인조사現地 確認調査[440]에 따라 세무서장·지방국세청장이 과세하는 경우

(ⅲ) 납세고지하려는 세액이 100만원 이상인 경우[441] (단, 「감사원법」 제33조에 따른 시정요구에 따라 세무서장·지방국세청장이 과세처분하는 경우로서 시정요구 전에 과세처분 대상자

---

440) "현지확인조사"의 성격이 무엇인지는 세법에 명시되어 있지않다. 일반적으로 부가가치 환급을 위한 현지확인조사가 대표적인데 「조사사무처리규정」에서는 현지확인조사 대신 '현장확인'으로 바꿔 부르고 있다. 이러한 확인조사, 현장확인은 세무조사와 유사함에도 세무조사로 보지 않아 재조사 금지대상에서도 제외하도록 하고[국기령 §63의2②] 사전통지 대상에서도 제외되고 있다.

441) 납세고지세액을 기준으로 한 과세전적부심사 청구대상이 100만원 이상인 과세예고 통지로 확대되었다. 하지만 이는 납세자가 고지 전에 항변할 수 있는 당연한 권리인 과세전적부심사청구를 할 수 있는 권리를 시혜적·행정편의적으로 부여하고 있음을 보여주는 것이다. 만약 납세고지세액이 100만원에 미치지 못한다 해도 납세자가 고지 전에 심사받을 권리를 박탈할 아무런 이유가 없다.

가 감사원의 지적사항에 대한 소명안내를 받은 경우는 제외한다)

지방세 납세자도 지방자치단체의 장으로부터 세무조사에 대한 서면통지나 다음과 같은 과세예고통지를 받은 경우 과세전적부심사청구를 할 수 있다[지기법 §88①].

 (ⅰ) 지방세 업무에 대한 감사나 지도·점검 결과 등에 따라 과세하는 경우(「지방세기본법」[§150], 「감사원법」[§33], 「지방자치법」[§169, §171]에 따른 시정요구에 따라 과세처분하는 경우로서 시정요구 전에 과세처분 대상자가 지적사항에 대한 소명안내를 받은 경우는 제외한다)

 (ⅱ) 지방세 세무조사에서 확인된 해당 납세자 외의 자에 대한 과세자료, 현지 확인조사에 따라 과세하는 경우

 (ⅲ) 납세고지하려는 지방세액이 30만원 이상인 경우(「지방세법」에서 정한 납기에 따라 납세고지하는 경우는 제외한다)

 (ⅳ) 지방세 비과세·감면의 신청을 반려하는 통지를 하는 경우

② 제외 대상

과세전적부심사의 대상이 되는 세무조사 결과에 대한 통지나 과세예고 통지라 해도 다음의 경우에는 과세전적부심사청구를 허용하지 않고 있다[국기법 §81의15③; 지기법 §88③].**442)**

 (ⅰ) 「국세징수법」[§14]·「지방세징수법」[§22]에 따른 납기 전 징수의 사유가 있거나 세법에서 따른 수시부과의 사유가 있는 경우

 (ⅱ) 「조세범처벌법」 위반으로 통고처분·고발하는 경우나 지방세 조세범칙조사를 하는 경우

 (ⅲ) 세무조사 결과 통지나 과세예고 통지를 하는 날부터 해당 조세 부과권의 행사기간(=부과 제척기간)이 끝나는 날까지의 기간이 3개월 이하인 경우

 (ⅳ) 「국제조세조정에 관한 법률」에 따라 조세조약을 체결한 상대국이 상호합의절차의 개시를 요청한 경우

 (ⅳ) 불복청구나 과세전적부심사 결과 재조사 결정에 의한 조사를 하는 경우

 (ⅴ) 법령과 관련하여 유권해석을 변경하여야 하거나 새로운 해석이 필요한 경우(지방세에 한한다)**443)**

---

442) 납세자가 세무조사에 대한 결과통지 등을 받고 조기결정 신청을 한 경우에는 과세관청이 즉시 결정을 하여야 하므로 실질적으로 과세전적부심사청구를 할 수 없게 된다. 그러므로 '납세자가 세무조사 결과에 대한 통지 등을 받고 「국세기본법」[§81의15⑦]에 따라 조기결정신청을 한 경우'도 과세전적부심사청구를 할 수 없는 경우에 해당한다.

443) 지방세에서 '법령과 관련하여 유권해석을 변경하여야 하거나 새로운 해석이 필요한 것'을 대통령령에서 과세전적부심사의 대상에서 제외하도록 하고 있는바, 행정안전부 등 과세관청의 상급기관에서 다루면 될 일이지 과세전적부심사청구권을 박탈한 것은 과도한 것으로 판단된다.

이처럼 과세전적부심사의 대상에서 제외되거나[444] 납세자가 조기결정신청[국기법 §81의 15⑦]을 한 경우 과세관청은 즉시 결정·경정할 수 있다[국기령 §63의14④].

하지만 과세전적부심사 청구의 대상이 아닌 경우에도 과세관청이 세무조사를 한 경우에는 세무조사의 결과통지를 반드시 하여야 하며 이를 생략하는 것은 절차상 위법한 것이다.

③ 청 구

세무조사의 결과통지를 받은 납세자가 통지내용에 이의가 있어 과세전적부심사청구를 하고자 할 때에는 그 청구의 대상이 되는 해당 과세관청에게 청구내용과 이유 등을 적은 「과세전적부심사청구서」[국기칙 별지 제56호의2 서식(국세청에 청구할 때는 제56호의3 서식)]를 제출하여야 한다. 이 경우 청구와 관련한 증거서류나 증거물이 있는 경우에는 첨부하여야 한다.

국세의 경우 만약 납세자가 통지를 한 세무서장·지방국세청장 외의 다른 세무서장·지방국세청장이나 국세청장에게 「과세전적부심사청구서」를 제출한 때에도 청구의 효력에는 영향이 없다.

이 경우 제출받은 과세관청은 「과세전적부심사청구서」를 소관 세무서장·지방국세청장이나 국세청장에게 바로 송부하고 그 뜻을 청구를 한 납세자에게 통지하여야 한다.

④ 결 정

과세전적부심사청구를 받은 과세관청은 국세의 경우 「국세심사위원회」, 지방세의 경우 「지방세심의위원회」의 심사를 거쳐 결정을 하고 그 결과를 청구를 받은 날부터 30일 이내에 청구인에게 통지하여야 한다.[445]

과세전적부심사청구에 대하여 「국세심사위원회」, 「지방세심의위원회」는 다음과 같이 결정한다[국기법 §81의15④; 지기법 §88④].

(i) 청구가 이유 없다고 인정되는 경우 : 채택하지 아니한다는 결정

(ii) 청구가 이유 있다고 인정되는 경우 : 채택하는 결정. 하지만 청구가 일부 이유있다고 인정되는 경우에는 일부 채택하는 결정

(iii) 청구기간이 지났거나 보정기간에 보정補正하지 아니한 경우 : 심사하지 아니한다는 결정

---

444) 과세전적부심사의 대상에서 제외되는 사유에 해당되어도 세무조사의 결과통지는 제외하거나 생략할 수는 없고 결과통지를 하지 않으면 결정할 수 없다.

445) 납세자가 과세전심사청구를 한 후 세법에 따른 결정·통지기한까지 결과를 통지하지 않은 경우에는 결정·통지가 지연됨으로써 해당기간에 부과되는 납부불성실가산세의 50%를 감면한다[국기법 §48②(3)]. 하지만 이는 전적으로 과세관청의 과실이나 업무처리로 인한 것이므로 납세자가 가산세를 부담할 때와 마찬가지로 정당한 사유가 없는 한 해당 기간에 부과되는 납부불성실가산세를 전액 경감하는 것이 합당하다.

세무조사 결과통지 등을 받은 납세자가 만약 통지내용에 이의가 없어 과세전적부심사를 청구하지 아니하는 경우에는 통지를 한 과세관청에게 통지받은 내용대로 과세표준과 세액을 조기에 결정·경정해 줄 것을 「조기결정신청서」[국기칙 별지 제56호의4 서식]로 신청할 수 있다[국기법 §81의15⑦; 지기법 §88⑥].

이같은 조기결정신청을 받은 과세관청은 신청받은 내용대로 즉시 결정·경정하여야 한다.

하지만 조기결정신청은 납세자가 과세전적부심사청구하지 않겠다는 의사를 표명한 것일 뿐이지 납세고지 후 이의신청 등 불복청구를 할 수 없거나 제한하지 않는다.

⑤ 효 과

납세자가 과세전적부심사청구를 한 경우 과세관청은 그 청구한 부분에 대하여 과세전적부심사의 결정이 있을 때까지 그 결정·경정을 유보하여야 한다.

과세전적부심사청구를 받은 과세관청은, 국세의 경우 「국세심사위원회」,[446] 지방세의 경우 「지방세심의위원회」의 결정이 있는 경우 그 결정내용에 따라 결정·경정하여야 한다.

| 「국세심사위원회」의 구성과 결정 |

구분		세무서	지방국세청	국세청
위원회	위원	21명 이내 (민간위원 임기 2년)	27명 이내 (민간위원 임기 2년)	35명 이내 (민간위원 임기 2년)
	위원장	세무서장	지방국세청장	국세청 차장
	구성	4명 이내 소속공무원, 16명 이내 세무서장이 위촉한 법률·회계지식과 경험이 풍부한 자(민간위원)	6명 이내 소속공무원, 20명 이내 민간위원	10명 이내 소속공무원, 24명 이내 민간위원
	의결 정족수	6명 이상 참석 (민간위원 과반수 이상)	8명 이상 참석 (민간위원 과반수 이상)	10명 이상 참석 (민간위원 과반수 이상)
결정	기한	청구를 받은 날부터 30일 내		
	방법	① 청구가 이유없다고 인정되는 경우 : "채택하지 아니한다"는 결정 ② 청구가 이유있다고 인정되는 경우 : "채택한다"는 결정 ③ 청구기간, 보정없이 보정기간이 지난 경우 : "심사하지 않는다"는 결정		

---

446) 과세전적부심사청구에 대하여는 「과세전적부심사위원회」를 따로 구성하도록 하였으나 2009년부터는 심사청구, 이의신청, 과세전적부심사 등 모든 청구사건을 심의하기 위하여 세무서, 지방국세청, 국세청에 각각 「국세심사위원회」를 두도록 하고 있다[국기법 §66의2].

과세전적부심사 제도는 이의신청, 심사청구, 심판청구 등 납세고지 이후에 이뤄지는 사후적 권리구제 제도와 달리, 납세고지 이전에 납세자에게 과세와 관련한 의견진술의 기회를 부여받고 과세의 적정성을 심사받는 '사전적 권리구제' 제도로서 중요한 의의를 가진다.

하지만 과세전적부심사 청구를 인정하지 않는 예외를 지나치게 폭넓게 인정하고 있어 납세자는 사전적 심사권을 제대로 보장받지 못하고 심사에 있어서도 대부분 세무조사나 처분을 한 기관이 직접 심사하고 조사권이 없어 형식적인 심사에 그치고 있다.

(4) 조사관리 단계

1) 과세정보의 비밀유지 의무

세무공무원은 납세자가 세법에서 정한 납세의무를 이행하기 위하여 제출한 자료나 조세의 부과·징수를 위하여 업무상 취득한 자료 등 과세정보를 타인에게 제공·누설하거나 목적 외의 용도로 사용해서는 안 된다. 만약 이를 위반하여 과세정보를 요구받으면 그 요구를 거부하여야 한다[국기법 §81의13; 지기법 §86].

하지만 다음과 같이 권한 있는 자가 납세자의 과세정보를 요청하는 경우 그 사용 목적에 맞는 범위에서 납세자의 과세정보를 제공할 수 있다.[447]

① 국가행정기관, 지방자치단체 등이 법률에서 정하는 조세, 과징금의 부과·징수 등을 위하여 사용할 목적으로 과세정보를 요구하는 경우

② 국가기관이 조세쟁송을 하거나 조세범을 소추訴追할 목적으로 과세정보를 요구하는 경우

③ 법원의 제출명령이나 법관이 발부한 영장에 의하여 과세정보를 요구하는 경우

④ 세무공무원 간이나 지방자치단체 상호 간에 조세의 부과·징수하거나 국세·지방세의 질문·검사에 필요한 과세정보를 요구하는 경우

⑤ 통계청장이 국가통계 작성 목적으로 국세에 관한 과세정보를 요구하는 경우

⑥ 「사회보장기본법」[§3⑵]에 따른 사회보험의 운영을 목적으로 설립된 기관이 관계 법률에 따른 소관 업무를 수행하기 위하여 과세정보를 요구하는 경우

⑦ 국가행정기관, 지방자치단체나 「공공기관의 운영에 관한 법률」에 따른 공공기관이 급부·지원 등을 위한 자격의 조사·심사 등에 필요한 과세정보를 당사자의 동의를 받아 요구하는 경우

---

447) 권한 있는 사람의 요구로 제공된 과세정보를 알게 된 사람은 타인에게 제공·누설하거나 그 목적 외의 용도로 사용해서는 안된다. 이 경우 과세정보를 제공받아 알게 된 사람 중 공무원이 아닌 사람은 「형법」이나 그 밖의 법률에 따른 벌칙을 적용할 때에는 공무원으로 본다[국기법 §81의13④⑤].
과세정보의 제공을 허용하는 경우로서 ①, ②, ⑤~⑨에 해당하여 과세정보를 요청할 때는 문서로 해야 한다.

⑧ 「국정감사 및 조사에 관한 법률」[§3]에 따른 조사위원회가 국정조사의 목적을 달성하기 위하여 조사위원회의 의결로 비공개회의에 과세정보의 제공을 요청하는 경우
⑨ 다른 법률의 규정에 따라 과세정보를 요구하는 경우

이 경우 과세관청이 과세정보를 제공하는 경우라도 과세정보를 받은 자는 과세정보의 유출과 변조를 방지하기 위한 정보보호시스템의 구축, 과세정보 이용가능 담당자의 지정, 보관기간 경과 시 과세정보 파기, 주기적으로 안정성 확보조치 이행여부 점검과 점검결과 국세청 통보의무 등 과세정보의 안전성 확보를 위한 조치를 하여야 한다.

이처럼 납세자의 과세정보에 대하여 과세관청에게 비밀을 유지하도록 한 것은 납세자가 성실한 납세의무를 이행하기 위하여 제출된 신고서 등 과세정보가 유출되어 개인의 영업정보나 프라이버시privacy, 사생활권가 침해되는 것을 방지함으로써 납세자가 안심하고 납세를 할 수 있도록 하기 위한 것이다.

과세관청은 개별 납세자의 과세정보에 대하여 비밀을 유지할 의무를 지며, 납세자는 과세관청에 대하여 자신의 과세정보에 대하여 비밀을 유지하도록 요구할 권리를 가진다.[448]

그러므로 납세자가 개별 과세정보를 제공할 수 있도록 허용하지 않았음에도 과세관청이 과세정보에 관한 비밀을 유지하지 않은 경우에는 위법이 된다.

한편 과거 과세관청은 일반 국민은 물론 국민의 대의기관인 국회의 정보공개 요청에 대하여 이러한 비밀유지 조항을 들어 납세정보의 공개를 거부하면서 한편으로는 불복절차가 종료되어 확정되지 않았음에도 스스로 기업과 개인납세자에 대한 세무조사의 결과를 공표한 적도 있다.

하지만 납세자의 신고자료 등 성실한 납세의무의 이행과 관련한 것이 아닌 탈세로 인한 과세정보에 대하여는 그 불복절차가 끝나 확정된 후라면 국민의 성실한 납세의식의 고취를 위해 세법이 허용하는 범위에서 공개될 수 있을 것이다.

2) 자기 과세정보의 제공

납세자 본인의 권리 행사에 필요한 정보를 납세자(세무사 등 납세자로부터 세무업무를 위임받은 자를 포함한다)가 요구하는 경우 세무공무원은 신속하게 정보를 제공하여야 한다[국기법 §81의14; 지기법 §87].

이 때 세무공무원이 제공하는 정보의 범위는 납세자 본인이 요구하는 경우에는 납세자

---

448) 비밀유지의무는 과세관청에 그치지않고 원천징수, 연말정산 등의 업무를 수행하면서 납세자의 개인정보와 개별 납세정보를 취급하는 원천징수의무자나 세무사 등 세무대리인과 금융회사 등 납세정보를 제공받은 자 등도 비밀유지 의무를 준수하도록 하는 것이 바람직하다.

본인의 납세와 관련된 정보, 납세자로부터 세무업무를 위임받은 자가 요구하는 경우에는 위임한 자의 납세와 관련된 정보로서 「개인정보 보호법」[§23]에 따른 민감정보에 해당하지 아니하는 정보에 한한다.

세무공무원이 정보를 제공하는 경우 주민등록증 등 신분증명서에 의하여 정보를 요구하는 자가 납세자 본인이나 납세자로부터 세무업무를 위임받은 자임을 확인하여야 한다. 세무공무원이 정보통신망을 통하여 정보를 제공하는 경우에는 전자서명 등을 통하여 그 신원을 확인한다.

이처럼 납세자의 불복청구 등 권리행사를 위해 납세나 과세정보를 요구하는 경우에는 신속히 제공하여 권리행사에 지장이 없도록 해야 한다. 만약 과세관청으로부터 세무조사의 결과통지를 받은 납세자가 통지받은 내용이 미흡하여 과세내용·근거 등 불복청구를 위한 자료를 요청하는 경우 과세관청은 해당되는 과세정보를 즉시 제공하여야 할 것이다.

한편 납세자는 자신의 조세납부에 대하여 그 내용의 적정성과 그 부담의 공평성 여부를 확인·검증할 권리가 있음에도 세법상·행정상 자기 과세정보의 제공에 관한 내용과 절차가 매우 빈약하다.

납세자는 과세관청이 납세관리를 위해 수집, 생산, 사용하거나 보관하고 있는 자신의 납세이력 등 과세정보를 상시적으로 확인할 수 있고 자신의 권리행사나 이익을 위하여 제한 없이 제공받을 수 있어야 한다. 또한 만약 그 과세자료가 사실과 다른 경우 시정을 요구하여 즉시 시정을 받을 수 있어야 한다.

왜냐하면 과세관청이 보유한 과세정보가 잘못된 경우 이를 기초로 하는 조세행정에 영향을 주게 되어 납세자를 불성실한 납세자로 취급되거나 세무조사 대상으로 선정하는 등 불이익을 받게 되기 때문이다.

⑨ 세무조사의 한계

과세관청은 세무조사를 오로지 납세자의 납세의무 확정을 위해 과세요건사실을 확인하는 절차로만 실시해야 한다.

그러므로 세수를 증대할 목적이나 다른 정책목표를 달성하기 위한 수단으로 사용하는 것은 허용되지 않는다. 또 정당한 목적의 세무조사라 해도 납세자의 기본권 보호에 어긋나거나 부당하게 재산권을 침해해서도 안된다.

하지만 우리나라에서는 오랫동안 세무조사를 정치적 목적 등 조세행정 이외의 목적으로 잘못 사용하여 왔으며, 정당한 세무조사 절차에서도 과세관청의 조사권이 지나치게 강조되어 납세자의 기본권은 쉽게 무시되어 왔다.

　이 때문에 많은 국민들은 과세관청에서 실시하는 세무조사의 정당성에 의구심을 갖게 되었고 결국 공평한 과세를 실현하기 위한 세무조사가 성실한 납세풍토를 조성하기는커녕 오히려 국민의 건전한 납세의식을 저해하는 요인이 되어왔다.

　이는 세무조사 제도가 납세자가 인식하고 보호받을 수 있을 정도로 그 절차가 충분히 입법화되지 않고 과세관청이 행정규칙에 따라 일방적으로 집행하였기 때문이다.

　세무조사가 가지는 속성을 고려할 때 세무조사 절차 대부분을 과세관청의 행정규칙에 바탕을 두고 조사공무원의 양심과 재량에 의존하여 집행하게 되면 세무조사권은 남용될 수밖에 없고 그 결과 납세자의 권익은 크게 침해된다.

　이에따라 세무조사가 납세자권리를 충분히 보호하면서도 객관성을 확보하려면 무엇보다도 앞서 조세절차를 정한 법률에 상세한 조사절차와 통제수단을 두어야 한다.

　선진국들도 조세발전 단계에서 대부분 세무조사의 객관성에 관한 국가적인 논란을 거쳐 세무조사 절차를 상세하게 입법화하는 과정을 거쳤다.

　특히 오랫동안 세무조사 제도의 오・남용으로 인해 합리적 운용경험이 부족하고 전반적으로 국민의 납세의식이 아직 미흡한 우리 조세환경에서는 세무조사 절차의 상세한 입법을 통해 납세자가 조사절차를 알게 하고 조사권 남용을 효과적으로 통제할 수 있는 법적 수단을 확보하는 것이 중요하다.

　그러므로 세무조사의 객관성을 확보하고 보다 민주적인 세무조사 제도를 확립하기 위해서 다음과 같은 사항에 중점을 둔 입법적 개선이 요구된다.

　① 세무조사의 법적 근거와 원칙을 명확히 하고 세무조사에 관한 기본적인 절차를 통일
　　적으로 규정한다.

　② 세무조사의 대상선정부터 종결에 이르기까지 모든 절차에 있어서 납세자권리보호가
　　상세하고 제대로 보호되도록 상세히 입법화한다.

　③ 세무조사 절차를 위반한 경우 세무조사와 과세의 효력과 처벌 등 세무조사의 통제수
　　단을 두어 실효성을 확보한다.

　한편 세무조사 제도를 보다 체계적으로 입법화하는 방법으로 세부조사 절차는 물론 조세에 관한 모든 행정절차를 아우르는 「조세절차법」을 따로 제정하거나 조세에 관하여 기본적인 사항과 공통적인 사항을 담고 있는 「국세기본법」이나 「지방세기본법」에 세무조사의 상세한 절차를 확충하는 방안을 고려할 수 있다.

(1) 법적 근거의 확충

세무조사의 법적 근거는 국세의 경우 「소득세법」등 개별 세법, 지방세의 경우 「지방세기본법」에서 정한 '질문·검사'·'질문·조사'에 기초한 것이다.

이는 세무조사가 법적 근거에 관한 포괄적인 규정일 뿐으로 세무조사의 기본적인 개념과 원칙을 두지 않고 서로 다른 용어와 포괄적인 내용으로 일관성과 구체성이 부족하다.

이 때문에 세무조사를 받는 납세자는 물론 세무조사권을 가진 과세관청도 자신의 정당한 권리를 제대로 주장하고 보호받기 어렵다.

그러므로 세무조사가 성실납세를 담보하는 제도이면서도 납세자의 기본권에 큰 영향을 미치는 점을 고려하여 지극히 사무적인 절차를 제외하고는 다음과 같이 세무조사 절차를 충실하게 입법화하는 것이 필요하다.

1) 세무조사권과 납세자방어권의 유보

세무조사는 과세권자가 납세자의 성실신고 여부를 검증하기 위한 고유권한이며, 세무조사를 받는 납세자는 세무조사권에 대하여 정당한 방어권이 있음을 선언한다.

과세관청은 납세의무자를 상대로 질문하거나 장부, 서류와 증명서류를 검사하는 등 세무조사권을 가지며, 동시에 납세자는 세무조사에서 자신의 권리와 이익을 보호받을 수 있도록 충분히 항변할 수 있는 권리가 있음을 같은 무게로 규정해야 한다.

2) 세무조사의 기본개념과 세무조사 기본원칙의 선언

세법에서 사용되는 세무조사에 관한 통일적 정의는 물론 세무조사의 범위, 조사대상 기간, 조사기간 등 세무조사에 필요한 기본적인 사항을 구체적으로 정하고, 조사공무원이 세무조사를 할 때 반드시 지켜야 하는 세무조사의 기본원칙을 선언한다.

3) 구체적인 세무조사 절차

세무조사의 선정, 조사의 착수, 진행, 종결, 부과와 사후관리 등 세무조사 절차 전반에 걸쳐 상세하게 조사공무원과 조사를 받는 납세자의 권리와 의무를 다룬다.

특히 세무조사가 가지는 본래의 제도적 취지를 달성하기 위하여 일방적인 과세관청의 행정집행이 아닌 납세자가 참여하고 의견이 충분히 반영되도록 조사기간 중 조사공무원과 납세자가 조사사항에 관해 충분히 협의하여 조사를 종결할 수 있도록 구체적인 협의·조정절차를 둔다.

4) 세무조사의 효력과 한계

세법에 상세한 절차를 두었다 해도 과세관청이 잘 지키지 않아도 아무런 강제력이 없다면 소용이 없게 된다.

그러므로 세무조사의 절차가 제대로 준수되도록 절차가 위반된 세무조사나 위법한 절차에 기초한 과세처분에 대하여는 효력을 제한하고 처벌과 배상규정을 둔다.

(2) 세무조사 절차의 개선

1) 조사대상 선정기준

현행 세무조사 대상자 선정제도는 신고의 적정성을 검증하기 위하여 일정한 기준에 따라 선정하는 '정기선정'과 조세탈루혐의 등이 있는 경우 '수시선정'이 있다.

대부분 정기선정하는 일반조사는 신고상황과 과세자료를 전산입력하여 성실도를 분석한 결과를 기준으로 선정하고, 수시선정하는 심층조사는 조세탈루혐의의 객관적이고 명백한 증거가 있는 경우에 선정된다.

과세관청이 세무조사 대상을 선정함에 있어 신고성실도에 대한 전산분석 등 공정하고 객관적인 기준을 마련하고 객관성을 유지하기 위해 노력하고 있으나 아직 납세자가 신뢰할 만큼 조사대상 선정시스템이 확고하지는 못하다.

① 정기 선정

세무조사 대상을 정기 선정할 때 주된 선정방법으로 활용되는 '성실도분석 방식'CAF, Compliance Analysis Function은 평가대상 항목이 충분하지 않아 현실거래의 다양성과 변화를 제대로 반영하지 못하고 업종, 규모 등 납세자 특성을 반영하는 정확한 분석기능이 없어 조사대상 선정에 필요한 종합적인 평가기준이 되지 못하는 한계가 있다.

그러므로 전산 성실도분석 방식에만 전적으로 의존하기보다 업종별로 납세성실도를 정확히 검증할 수 있는 실증적인 표본 조사모델의 개발을 서둘러야 한다.[449]

단기적으로 성실도분석 방법에 의하여 조사대상을 선별하더라도 제도적 단점을 최소화하기 위해 납세자 집단별로 상이한 조사대상 선정방식을 운용할 수 있을 것이다.

예를 들면 대법인인 경우 전산분석이나 실지조사에 의한 누적자료가 많으므로 이를 활용하여 심층적·주기적으로 세무조사를 실시하고, 중소기업과 개인납세자는 업종별 성실도분석 방식을 기본으로 하되 무작위추출 방식으로 보완할 수 있다.

---

449) 표본조사모델 방식의 제도로는 미국에서 '납세자순응도측정프로그램'TCMP, '국가조사프로그램'NRP에 기초한 '조사대상선별시스템'DIF이 있다. NRP는 납세성실도를 파악하고 조사대상 선정기준을 개선하기 위해 주로 개인·중소법인을 대상으로 무작위로 표본을 추출해 정밀조사하는 것이다.

한편 세무조사 대상을 선정하는 기준은 납세자의 신뢰를 확보하기 위하여 원칙적으로 공개되어야 한다.

② 수시 선정

수시선정되는 조사대상은 원칙적으로 조세탈루 혐의가 명백히 확인되는 납세자이다.

수시선정은 대부분 과세관청의 주관에 의하여 특정한 선정사유로 이뤄지며, 조사방식도 정기선정되는 세무조사대상이 일반조사의 방식으로 하지만 심층조사의 방식으로 이뤄진다.

이 때문에 일반적으로 객관적인 선정사유를 가지는 정기선정과는 달리 수시선정은 개별적으로 조세탈루 등의 특별한 혐의에 의하여 선정되기 때문에 과세관청의 주관이 많이 개입되게 되고 이 때문에 세무조사의 남용에 관한 논란의 중심에 있다.

특히 수시선정으로 실시하는 '심층조사'는 조세탈루의 혐의가 명백한 경우에 한하여 하도록 하고 있는 데, 이런 사유라면 처음부터 세무조사가 아니라 조세형사절차인 조세범칙조사를 해야 정당한 것이 된다.

그러므로 과세관청이 조세탈루의 혐의 정도에 따라 세무조사와 조세범칙조사를 명확하게 구분하여 실시하는 경우 심층조사는 굳이 필요 없게 되고 세무조사의 공정성과 객관성이 보다 더 확보될 수 있을 것이다.

> **참고** **미국의 세무조사 대상선정 제도[450]**
>
> 미국의 세무조사 대상선정 제도는 '조사대상선별시스템'DIF, Discriminant Function System이라고 부른른다. DIF는 수학공식을 이용하여 신고서의 각 항목 요소에 가중치를 부여하고 신고가 성실하지 못할 가능성이 높은 신고서를 선별하여 세무조사의 대상으로 삼는 방식으로, 이 방식으로 세무조사 대상의 75%를 선정한다. 미국 국세청IRS는 DIF를 위한 기초자료를 수집하는 방법으로는 오랫동안 '납세순응도측정프로그램'TCMP을 사용하다가 2002년부터는 '국가조사프로그램'NRP을 채택하였다.
>
> 미국의 세무조사대상 선정비율은 2017년 기준 개인사업자는 평균 0.5%, 법인사업자는 1%이고, 이중 25%만 현장조사field audit, 나머지는 서면조사correspondence audit로 한다. 미국 국세청은 홈페이지에서 매출, 자산 등 납세자 수준별 세무조사 대상선정과 추징내용을 상세하게 공개하고 있다.
>
> ■ **납세자성실도 측정프로그램**TCMP, Taxpayer Compliance Measurement Program
> TCMP는 무작위추출방식에 따라 조사대상으로 선정된 개인에 대해 정밀한 실지조사를 통하여 납세순응 수준에 관한 데이터를 추출함으로써 조사대상 선정자료로 활용한다.

---

450) 최명근, 「미국의 세무조사대상 선정방법의 개혁」, 2005.: NRP에 관해서는 *Internal Revenue Manual IRM part 4. Examining. Processing, Chapter 22.* 참조.

이는 소득세를 신고한 전체 납세자 중에서 일부를 무작위로 추출한 후 강도높은 정밀조사를 통해 결과와 원인을 기록하여 사업규모별 탈세수준을 파악하는 것이다.

TCMP는 3년마다 한번씩 보통 5만~10만개의 신고서를 분석한다. TCMP자료는 과학적 세무조사를 위한 기초자료가 되는 것은 물론 탈세규모에 대한 통계자료를 생산하고 조세정책을 위한 실증자료로 활용되었다.

이러한 세무조사 선정방식의 가장 큰 장점은 대상자 선정에 있어서 과세관청의 자의적 판단을 최대한 배제할 수 있어 객관적인 세무조사 대상 선정이 되고 결과적으로 납세자의 성실도를 과학적으로 분석하는 시스템이 구축되는 것이다.

하지만, 제대로된 자료구축에 약 5년의 시간이 소요되고 정직하게 납세신고를 한 경우에도 조사대상으로 선정되어 성실한 납세자에게 지나치게 피해를 준다는 비판에 따라 1988년 이후에는 더 이상의 표본조사를 실시하지않고 이전의 TCMP자료에 의해 DIF공식을 적용하였다.

■ **국가조사프로그램**NRP, National Research Program

NRP는 업종별, 거래유형별 납세성실도를 측정하기 위하여 샘플로 선정된 신고내용을 검토하고 문제점이 발견된 납세자를 세무조사대상으로 하는 세무조사선정방법이다. 세무조사를 받는 납세자의 고통을 경감하기 위해 고안되었다. 우리나라 국세청도 2006년부터 미국의 NRP제도를 참고해 만든 방법으로 세무조사 대상을 선정한다고 발표했다.

IRS는 1988년 TCMP표본조사를 중단하게 되자 이후 세무조사 중 조사실적이 전혀 없는 세무조사 비율이 27%까지 이르러 세수결손은 물론 세무행정의 수준이 저하되고 납세자의 불신이 높아지자 2002년 9월부터 NRP을 도입하였다. 처음에는 개인납세자에 한정된 납세순응도 측정프로그램으로 출발하였으나 TCMP보다 효율성이 높다는 것이 입증되면서 점차 소법인Small business, 파트너쉽partnership, 신탁trust 등의 기업으로 확대하였다.

NRP는 총 130만 건 이상의 개인납세자의 신고서를 다양한 항목의 신고분석으로 조사 대상으로 선정하고 실지조사나 서면조사를 통해 탈루유형, 수익과 비용 등 손익데이터를 구축하여 다시 조사대상 선정기준을 갱신하고 있다.

(1) **측정항목의 유형**
   ① 신고성실도filing compliance : 상무부 통계국 Census Bureau 자료에서 표본을 작성하여 측정
   ② 납부성실도payment compliance : IRS가 보유하고 있는 자료를 이용하여 측정
   ③ 세무정보 보고성실도reporting compliance : 개인과 각각 다른 부류의 사업자의 납세신고서에서 표본을 추출하여 측정

(2) **자료수집 방법**
   개인 납세신고 중 일부분을 조사대상으로 선정하여 다음과 같은 방법으로 자료를 수집한다.
   ① 비접촉 조사 : 납세신고서에 대하여 납세자를 추가로 접촉하지 않고 오직 IRS에 제출되어있는 정보에 의하여만 검증한다.
   ② 통신조사 : 납세신고서에 대하여 납세자와 통신을 교환하는 방법으로 실시하며, 이는

TCMP의 현장감사sit-down audits보다 납세자에 대하여 침해적이지 않다.

③ 부분조사 : 납세신고서에 대하여 TCMP의 실지조사를 대신하는 것으로, IRS가 이미 보유한 기록에 의하여 수집된 정보 이외에 더 많은 정보를 입수하고자 할 때는 초점을 납세신고서 상에서 선정된 특정항목에 대하여만 조사를 한다.

④ 정밀조사calibration audit : 납세신고서에 대하여 신고서의 모든 부분을 정밀하게 조사하는 것으로, 장기간 정밀조사하던 TCMP와는 달리 납세자의 조사 부담을 경감시키기 위하여 단기간 조사하며 모든 항목마다 명백한 입증line-by-line substantiation을 요구하지 않는다.

2) 심층세무조사

세법은 세무조사의 정의와 성질에 관해 따로 규정하고 있지 않으나 행정조사의 하나로 그 한계를 벗어날 수 없다는 것은 분명하다.

그럼에도 조세행정에서 과세관청은 통상적인 행정조사인 '일반세무조사(일반조사)' 이외에도 선정기준, 조사방법, 조사대상 과세기간, 조사절차 등에 있어서 행정조사의 범주를 벗어난 '심층세무조사(심층조사)'를 많이 실시하고 있다.

일반조사가 조사대상 납세자의 과세요건의 확인이나 신고상황의 적정성을 검증하기 위한 통상의 세무조사인데 비해 심층조사는 사업의 규모, 업종의 성격, 세금의 탈루수법 등으로 보아 통상적인 조사방법으로는 조사의 실효를 거두기 어려운 경우 조사방법을 강화하고 그 범위를 대폭 확대하여 실시한다.

이렇게 조세탈루혐의가 명백한 납세자를 조사대상으로 특별한 조사방법을 사용하는 등 조세범칙조사와 다를 바 없는 '심층조사'는 그 결과처리도 당연히 조세범 처벌절차에 따라야 함에도 단순히 조세징수에 그치는 경우가 많다.

과세관청이 조세범칙조사라는 사법적인 절차를 따르지 않고 심층조사를 해 온 것은 사법절차를 따르지 않고도 행정규칙이나 관행에 따라 일반적인 세무조사에서는 불가능한 조사수단(예컨대 거래처조사, 금융추적조사·장부 등 서류의 예치·사전통지의 생략 등)을 가지고 우월한 위치에서 과세요건사실을 확인하고 탈루세액을 추징하는 등 세무조사 상 목적을 쉽게 달성할 수 있기 때문이다.

이 때문에 심층조사는 오랫동안 정치적인 목적 등 오·남용의 수단이 되어 왔으며, 정당한 목적의 세무조사라 해도 절차가 민주적이지 못해 납세자의 권익을 크게 침해해 왔다.

근본적으로 심층조사는 그 대상과 절차에 있어서 행정조사의 한계를 넘고 있기 때문에 세무조사권을 남용한 것이다. 즉 조세탈루의 혐의가 명백한 납세자를 대상으로 하고 있으나 이는 당연히 조세범칙조사를 실시하여야 할 것이고, 영장 없이 사법적인 조사방법[451)]을 사용할 수 있도록 하고 있으나 이는 사법절차가 아니라면 위법한 것이기 때문이다.

그러므로 세무조사는 납세성실도의 검증을 위해 '서면조사'correspondence audit, review[452]와 '실지조사'field audit, examination로만 구분하고, 조세탈루가 객관적인 자료에 의하여 명백하게 확인되는 경우라면 처음부터 세무조사가 아닌 조세범칙조사를 실시하도록 제도화하는 것이 바람직하다.

3) 세무조사의 사전통지

납세자가 세법이 정하는 적정절차를 보장받도록 하기 위하여 과세관청이 세무조사를 실시할 때는 세무조사의 실시사실을 해당 납세자와 세무대리인에게 사전에 통지하고 연기신청을 할 수 있도록 하고 있다.

세무조사는 납세자의 협조를 얻어 신고내용의 적정성을 검증하고 과세요건사실을 확인하고자 하는 것이므로 세무조사에 앞서 사전통지절차를 통해 조사의 정당성을 납득시키고 세무조사를 준비할 수 있는 여유를 주는 것이다.

그런데 세무조사의 실효성을 확보하기 위해 과세관청이 필요하다고 인정하는 경우에는 사전통지를 하지 않아도 되는 예외를 폭넓게 인정하고 있고 그 판단도 과세관청의 임의에 따르도록 하여 정기적으로 선정되어 실시하는 일반조사 외에는 사전통지가 잘 지켜지고 있지 않고 있다.

또 사전통지를 하는 경우에도 납세자가 조사의 이유와 조사범위를 이해할 수 있을 정도에 이르지 못하고 형식적인 통지내용을 담고 있다. 사전통지에 있어서 세무조사의 이유는 '법인세 통합조사', '주식변동상황조사' 처럼 기재하면 안되고 포괄적으로 조사의 형태만 기재하지 않고 구체적이고 명백하게 밝혀야 한다.[453]

아울러 세무조사의 사전통지는 사전통지를 생략할 수 있는 대상을 과세관청이 증거인멸로 조사목적을 달성할 수 없는 경우로 정한 것을 조세범칙조사나 상급기관의 승인을 받은 경우에 한정해야 할 것이다.

---

451) 「국세기본법」 제81조의10에서는 세무조사의 목적으로 납세자의 장부, 서류 등을 임의로 보관할 수 없도록 하면서도 납세자의 동의가 있는 경우 세무조사 기간 동안 일시적으로 조사관서에 보관할 수 있도록 하고 있다. 이는 세무조사의 속성을 고려할 때 과세관청이 예치·보관하고자 하는 경우 조사를 받는 납세자는 이에 동의하지 않을 수 없게 되어 결국 강제적인 예치·보관과 다를 바 없게 된다.

452) 국세청은 1999년 9월 직제를 기능별 조직으로 개편하면서 납세자와의 접촉을 없애기 위해 그간 서면분석 등의 이름으로 실시되던 '서면조사' 방법을 폐지하였다. 실지조사 선정 납세자 수에는 한계가 있고 실지조사는 납세자와의 직접적인 접촉을 수반하여 헌법상의 기본권이 침해될 수 있으므로 이를 최소화하면서도 조사가 가능한 서면조사 등의 방법을 부활하여 실시하는 것이 필요하다(안창남, 앞의 책, pp.204~205).

453) 조사사유에는 예컨대 '신고내용이나 과세자료 성실도 전산분석결과 불성실지표의 업종별 전국표준비율 대비 50% 이상 초과' 또는 '구체적인 탈세제보 접수에 따른 분석결과 장부 그 밖의 증거서류의 확인' 등과 같이 납세자가 조사사유를 알 수 있도록 구체적으로 통지되어야 할 것이다.

또한 사전통지시 납세자가 세무조사를 받을 때 조세전문가가 조사를 대리하여 받을 수 있음을 고지하고, 조사장소도 사업장에서 조사받기 곤란한 사유가 있는 경우에는 조사장소를 세무관서 등으로 신청할 수 있다고 명시적으로 밝혀야 한다.[454]

4) 세무조사에서의 항변권 보장

현행의 세무조사에 대한 항변권은 세무조사 진행 중 조사공무원과 납세자 간의 이해관계의 조정이나 공식적인 협의 절차 없이 세무조사를 종결한 후 세무조사 결과통지에 따라 비로소 시작된다.

이런 경우 납세자에 대한 성실성 추정의 원칙에도 불구하고 조사기간 중에 조사공무원은 조세탈루사실을 발견하기 위해 행정집행 위주의 일방적인 조사절차를 진행하게 되고 납세자의 항변권은 무시된다.

이러한 과세관청의 일방적 집행은 세무조사에 있어 납세자의 입장이 충분히 반영되지 못하고 결국 세무조사가 끝난 후에야 대결적인 구조에서 과세의 적정성에 관한 다툼이 시작될 수밖에 없게 한다.

그러므로 세무조사가 끝나기 전 조사기간 중에 납세자와 세무공무원 간에 충분한 과세협의가 보장하게 되면 조사 후 불필요한 불복제기로 인한 과세관청의 행정비용과 납세자의 불복비용을 줄이고 세무조사에 대한 납세자의 신뢰를 높일 수 있다.

이를 위해 세무조사에 있어서 조사공무원이 과세대상으로 삼고자 하는 과세요건사실을 발견한 경우 조사단계에서 납세자로부터 충분히 소명받아 검증하도록 하고 서로 이견이 있는 때에는 협의나 조정 등의 사전조정절차를 거치도록 하는 것이 필요하다.

한편 조사를 종결할 때는 조사결과를 통지하면서 충분한 결정의 이유와 산출근거를 상세히 설명하는 절차를 반드시 밟도록 하여 납세자가 설명이나 통지받은 내용만으로 자신의 항변권을 행사할 정도에 이르러야 한다.

또 세무조사를 마치면 최대한 빠른 시간(예컨대 조사기간이 끝나는 날과 조사종결을 결정한 날 중 빠른 날부터 7일 이내)에 신속히 결과를 설명하고 결과통지를 함으로써 납세자가 빨리 생활의 안정을 회복하도록 도와야 한다. 만약 세무조사를 마쳤으나 만약 추가적인 과세요건사실의 발견이 없는 경우라도 반드시 그 결과를 설명하고 서면으로 결과내용을 통지하도록 명시해야 한다.

---

454) 2018년부터 세무조사 사전통지시기를 조사를 시작하기 10일 전에서 15일 전으로 개선하였으나, 실무에서는 납세자를 방문해 직접교부하고 조사가 대부분 사업장에서 이뤄지는 등 사전통지절차가 있다 해도 납세자의 의견이 제대로 반영되지 않고 있다. 프랑스 「조세절차법」 제47조는 세무조사를 시작하기 15일 전에 통지하고 조사대상 사업연도, 대상세목과 조사시 전문가의 조력을 받을 권리가 있음을 고지하며 사업장소에서 곤란한 경우 세무조사를 받을 장소를 세무서로 신청할 수 있도록 하고 있다.

5) 세무조사와 조세범 처벌

과세관청은 세무조사 뿐만 아니라 조세범칙조사를 실시하고 조세범에 대한 형사처벌을 요구하는 '전속고발권'專屬告發權455)을 가지고 있다.

그럼에도 과세관청은 그동안 조세대상자가 부정한 방법으로 조세를 회피한 사실이 발견되더라도 조세범칙조사를 실시하거나 고발하지 않고 과세권만 행사하는 경우가 많았다.

이 때문에 조세범칙조사는 제대로 실시되지 않고 조세범칙사실을 발견하고도 조세범칙의 적용을 하지 않음으로써 조세에 관한 범칙과 처벌을 정하고 있는 「조세범 처벌법」은 유명무실하게 되었다.

한편으로는 성실납세가 제대로 정착되지 않은 우리나라에서 세무조사만 하면 쉽게 드러나는 조세탈루와 의무위반 행위에 대하여 엄격히 「조세범처벌법」을 적용할 경우 많은 납세자들이 조세범으로 형사처벌을 받게 되는 등 지나치게 가혹하게 되는 측면도 무시할 수 없다.

조세범에 대한 지나치게 엄격한 처벌법규는 오히려 조세범죄에 대하여 관대한 사회분위기를 가져오고, 세무조사를 통해 범칙사실이 발견되어 처벌대신 조세징수로 대신하는 관행을 만들었다.

그러므로 조세범 처벌은 '엄벌주의'嚴罰主義를 완화하되 엄정하게 집행하고, 세무조사는 조세범칙조사와 명확하게 구분하여 적정하게 실시하여야 한다.

이를 위해 조세범칙조사의 실시나 전환에 필요한 요건이나 기준을 조세범처벌 법규에 마련하여 세무조사와 조세범칙조사를 엄격히 구분하여 실시하도록 하고, 조세포탈과 고의적인 의무위반 등 중대한 범칙행위를 제외한 조세범칙행위에 대한 처벌은 과태료로 전환하는 등 조세범처벌의 실효성을 높이는 방향으로 개편해야 한다.

(3) 조세의 입증책임

1) 일반적인 입증책임

'입증책임'立證責任, burden of proof, [독] Beweislast이란 소송절차에서 일정한 법률관계를 판단함에 있어서 사실인지 아닌지를 확인할 수 없을 때 한 쪽에게 불리하게 가정함으로써 입게 되는 위험이나 불이익을 말한다.

세법에서는 세무조사 등 조세절차에서 과세관청과 납세자의 입증책임에 관한 문제가 많이 다뤄지고 있음에도 따로 명시적인 규정을 두고 있지 않고 일반 사법이나 조리에 비추어

---

455) 이 법에 따른 범칙행위에 대해서는 국세청장, 지방국세청장, 세무서장의 고발이 없으면 검사는 공소를 제기할 수 없다[조범법 §21]. : 이 절에 따른 지방자치단체의 장 또는 제113조에 따른 범칙사건조사 공무원의 고발이 있어야 공소를 제기할 수 있다[지기법 §111].

입증책임을 추정하고 있을 뿐이다.

과세요건사실의 입증책임은 일반적으로 권리관계의 발생·변경·소멸 등 법률효과를 주장하는 사람이 지게 된다. 예컨대 '정당한 사유가 있는 사람은 가산세를 면제한다'고 할 때 입증책임은 정당한 사유가 있음을 주장하는 사람에게, '선의善意의 경우에 권리를 취득한다'고 할 때는 권리를 주장하는 사람에게 선의의 입증책임이 있게 된다.

또 세법에서 추정을 하도록 한 경우 그 추정을 바꾸려는 사람에게 반대사실의 입증책임이 있으며, 요건을 정하면서 예외 규정을 두는 경우 그 규정에 관한 효과를 다투는 사람에게 입증책임이 있다.

예컨대 '세무공무원은 납세자가 세법이 정하는 경우를 제외하고는 납세자가 성실하며 납세자가 제출한 신고서가 진실한 것으로 추정하여야 한다'고 할 때, 일반적인 경우 과세관청은 납세자가 성실하지 않다는 입증책임을 지며, 예외의 기준에 해당하는 경우에는 납세자가 자신이 성실하다는 입증책임을 질 것이다.

이처럼 '입증책임 분배의 원칙'[456]에 따라 과세표준·세액의 부과결정 등 납세자에게 부담을 지우는 행정처분의 적법성은 과세관청이 입증책임을 지는 반면, 납세자가 과세표준신고를 하거나 조세의 감면을 주장할 경우에는 납세자가 책임을 지게 된다.

이러한 조세절차에서 입증책임은 세법에서 따로 정하지 않는 경우에도 일반적인 기준에 따라 가려질 수 있지만, 납세자가 불리한 입증책임을 지지 않도록 세법에서 입증책임의 분배에 관한 일정한 기준과 사례를 두는 것이 바람직하다.

| 조세법률관계에 있어서의 입증책임 |

구분	입증책임자	입증대상
권리관계의 발생·변경·소멸의 법률효과 (과세처분, 과세표준신고)	법률효과를 주장하는 자 (과세관청, 납세자)	요건사실 (과세, 과세표준신고의 정당성)
추정(성실성 추정)	추정을 바꾸려는 자 (과세관청)	반대사실 (불성실)
일반 요건의 예외 (성실성 추정의 예외)	예외에 대한 효과를 다투는 자 (예외사유에 해당하는 납세자)	반대사실 (성실성)

* ( )는 입증책임의 분배에 관한 사례

---

456) "입증책임 분배의 원칙"이란 각 주요 사실에 대하여 어느 당사자가 입증책임을 지는 지를 정하는 것을 말한다. 입증책임에 관한 통설인 '법률요건분류설'은 권리를 주장하는 자는 권리관계의 발생을 이유있게 하는 권리근거 규범에 해당하는 요건사실을 입증해야 하고, 권리를 부인하는 상대방은 권리관계의 발생을 방해하고 그 소멸을 가져오며 그 행사를 저지하는 권리장애, 권리소멸, 권리저지 규범에 해당하는 요건사실을 입증하는 방식으로 입증책임을 분배하도록 하고 있다.

2) 세무조사에서의 입증책임

세법은 세무조사 절차에서도 입증책임에 관한 규정을 두고 있지 않다. 세무조사는 그 주체인 과세관청이 과세요건사실을 발견하여 그 내용에 따라 부과 처분하는 것이므로, 그 부과처분의 정당성에 대하여는 원칙적으로 과세관청이 모든 입증책임을 져야 할 것이다.

하지만 신고납세제도에서 과세관청이 납세자의 신고내용을 검증하기 위한 세무조사를 하는 경우 납세자는 자신의 신고가 장부와 증명서류 등에 기초하여 적정하게 이루어졌음을 입증해야 한다.

이와 관련하여 과세관청이 납세자가 신고한 내용의 적정성을 확인하고 검증하는 등 근거 과세를 할 수 있도록 하기 위하여 「국세기본법」과 「소득세법」, 「법인세법」 등 개별 세법[457]에서 납세자에게 장부와 증명서류의 작성·보존 의무를 부여하고 있다.

| 세무조사에 있어서 입증책임 |

구분	입증책임자	입증대상
과세표준신고, 장부나 그 밖의 증명서류의 기장, 보관	납세자	신고서, 장부 등의 정당성
하자없고 정당하게 기장·보존한 장부 등의 제시	과세관청	신고서, 장부 등의 부당성
장부 등의 제시 거부, 조사 기피하는 경우	납세자	거부·조사기피의 정당성 (추계결정 가능)

① 장부 등에 기초한 부과처분의 입증책임

세무조사에 있어서 조사대상인 납세자가 신고한 모든 신고서, 장부, 증명서류의 내용의 정확성은 원칙적으로 납세자가 입증책임을 지며, 신고내용을 검증할 수 있는 장부나 증거 서류가 확인되지 않는 경우 조사공무원은 그 제출을 요구할 수 있다.

납세자가 작성·보존 중인 장부나 증명서류에 하자가 없고 동일한 납세자 집단의 일반적인 거래관행에 비춰 거래의 형태 등이 적정한 경우 조사공무원은 달리 반증이 없는 한 부인할 수 없다.[458]

하지만 납세자가 정당한 이유 없이 장부나 증명서류의 제시요구에 응하지 아니하거나 조사를 방해한 경우, 입증책임은 납세자에게 전가되며 이 경우 과세관청이 추계결정도 할 수 있게 된다.[459]

---

457) 국기법 §85의3; 법법 §112; 소법 §160
458) 예컨대 사실과 다른 세금계산서를 부인하면 소득이 비정상적으로 늘어나게 되고 거래에 대하여 일반적인 거래증빙이 있음에도 금융거래 증빙만을 요구하는 것은 입증책임분배의 원칙에 비춰 적정하지 못할 것이다(대법원 1990.3.27. 선고, 89누7986 판결).
459) 프랑스 「조세절차법」에서는 납세자의 입증책임으로 법정기한에 신고한 사실, 회계내용의 정확성, 조세감면 제도 조건의 실현 여부, 세액공제 내용, 과세표준 신고내용 등에 관련된 부분을, 과세관청에게 입증책임은

② 「확인서」의 증명력

조사공무원이 세무조사를 하면서 납세자·납세자의 사용인 등으로부터 일정한 과세요건 사실을 나타내는 「확인서」를 받아 부과처분하는 경우 과세는 정당성을 가질 수 있는가?

세무조사를 하면서 「확인서」를 받아 과세의 근거로 삼는 경우는 대부분 장부나 증거서류 등에 의하여 과세요건사실의 확인이 충분하지 않은 경우가 될 것이다.

이렇게 과세관청이 장부나 증명서류가 아닌 「확인서」에 의해 과세하려면 우선 그 문서가 당사자나 관계인의 자유로운 의사에 따라 작성되어야 하고, 내용도 과세자료로서의 구체적인 합리성을 가지고 있어 과세대상을 파악하는 것이 가능하고 진실성이 있다고 인정되어야만 가능할 것이다.[460]

그러므로 세무조사 과정에서 납세자 등으로부터 받은 「확인서」가 과세의 입증자료로 인정받기 위해서는 형식에 있어서 강압이나 회유에 의하지 않고 자유로운 의사에 따라 작성되었다는 '임의성任意性'과, 내용에 있어서 구체적 합리성이 있어 다른 증거서류로도 진실한 과세요건을 확인할 수 있는 '합리성合理性'을 모두 갖춰야 한다.[461]

(4) 세무조사에 있어서의 방어권

과세관청의 세무조사가 세법에 따른 세무조사 절차를 위반하거나 부당하게 재산권을 침해한 것으로 인정이 되는 경우 납세자는 세무조사를 '거부'할 수 있는가? 또 위법·부당한 절차에 의한 세무조사를 통해 확인한 과세요건사실에 따라 과세를 한 경우 그 과세는 효력이 있는가?

이처럼 세무조사 절차가 위법하거나 부당한 경우, 그 세무조사의 효력과 책임의 문제는 과세권과 납세자권리의 보장에 가장 핵심적인 사항임에도 세법은 따로 규정하지 않고 있다.

일반적인 세무행정상 조세 법률관계보다 세무조사에 있어 과세관청은 강력한 세무조사권을 행사하게 되어 조사를 받는 납세자의 지위가 훨씬 불리한 위치에 놓이게 됨에도 납세자에게 이에 대응되는 방어권을 인정하지 않는 것은 공평성의 원칙에 맞지 않다.

그러므로 납세자가 세무조사를 받는 경우 정당한 세무조사권의 행사에 대하여 협력의무를 지는 대신 다음과 같은 납세자 방어권을 가진다.

경정사항, 경정 시 과세거래의 존재 여부, 경정 시 기준이 되는 거래가액의 평가 등을 정하고 있다(안창남, 앞의 책, pp.179~180).

460) 대법원 1991.12.10. 선고, 91누4997 판결: 2007.10.26. 선고, 2006두16137 판결 참조.

461) 만약 과세관청이 오로지 「확인서」만을 받아 과세한 경우 논리와 경험에 비춰 그 사실관계가 인정되지 않는다면 그 증명력은 부인되어야 한다. 왜냐하면 증거채택에 관한 법칙인 채증법칙採證法則을 위배하였기 때문이다.

① 위법·부당한 세무조사에 대한 거부권

② 위법·부당한 세무조사에 기초한 과세처분의 심사요구권

③ 조사권 남용에 대한 처벌요구권

④ 위법·부당한 세무조사에 대한 손해배상요구권

1) 위법·부당한 세무조사에 대한 거부권

세무조사는 대부분 납세자의 사업장에 나가 장부와 증거서류를 조사하게 되어 납세자의 기본권은 물론 재산권에 큰 영향을 미치게 되므로 법의 적정절차의 원리에 따라 다른 어느 조세절차보다 엄격한 요건과 절차가 요구된다.

「국세기본법」에서는 「납세자권리헌장」의 교부, 납세자의 성실성 추정, 조세전문가의 조력을 받을 권리, 조사대상자의 선정, 세무조사 기간과 세무조사 사전통지와 결과통지 등 세무조사의 절차를 규정하고 있다.

하지만 조사공무원이 이를 위반하여 세무조사를 하는 경우 납세자는 그 세무조사를 받아야만 하는가에 대하여는 언급이 없다.

만약 과세관청이 세무조사를 하면서 그 요건과 절차를 위반하거나 재량권을 남용한 경우 납세자는 일정한 심사를 거쳐 세무조사의 중단을 청구할 수 있어야 하고 이를 거부하는 경우에도 「조세범처벌법」에 따른 질서범을 구성하지 않아야 할 것이다.[462]

이는 세무조사가 법적 한계를 벗어난 경우 당연히 위법한 것으로 취급되므로 납세자가 거부하여도 정당한 사유로 인정될 수 있기 때문이다.

2) 위법한 세무조사에 기초한 과세처분의 효력 제한

과세요건사실의 충족여부를 확인하기 위한 세무조사권의 행사가 법률이 정한 한계를 벗어난 경우 그 조사에 기초하여 한 부과처분은 효력이 인정되는 것인가?

그동안 과세관청의 해석은 물론 대법원 판례에서 위법·부당한 세무조사에 의해 확인된 과세요건 사실이라 해도 실체적 진실實體的 眞實, [독]materiellen Wahrheit에 부합된다면 효력을 인정하고 있다. 즉 세무공무원이 법적 한계를 벗어나 위법한 세무조사를 하였다 해도, 과세처분과 세무조사는 별개의 것으로 이에 기초한 과세처분에 영향을 미치지 않는다는 것이다.[463]

당시에는 세무조사 절차의 위법성의 정도가 형벌 법규에 저촉되고 공공의 질서와 선량한 풍속에 어긋나는 정도라면, 과세처분은 위법성이 인정되고 결국 취소될 수밖에 없다고 보

---

462) 이태로, 앞의 책, p.110.; 김영조, 앞의 논문, p.75.
463) 대법원 1992.7.28. 선고, 91누10695 판결 참조.

았다.[464]

이후 「국세기본법」에 세무조사에 있어서의 절차와 납세자권리에 관한 규정이 도입되었다. 하지만 설사 세법에서 정한 절차를 위반하였다고 해도, 과세요건사실이 확인되어 과세하는 경우 절차를 위반했다 해도 과세처분에는 전혀 영향이 없는 것으로 보았다.

하지만 최근에는 행정에 있어서 절차적 공정성이 헌법의 기본이념으로 강조되는 점에서 절차적 위반은 위헌으로 새겨야 한다는 견해도 강력해졌다. 세무조사는 부과처분 절차의 일환이며 행정절차의 적법성 보장은 헌법적 요구이므로, 위법한 조사절차상의 사실에 기초하여 이루어진 부과처분은 당연히 무효나 취소의 사유로 보는 수준으로 진전되었다.

프랑스에서는 세무조사의 절차를 상세하게 규정한 「조세절차법」을 무시하거나 소홀히 취급하면 과세처분이 무효가 됨은 물론, 불법한 경로로 입수한 자료에 따른 경정처분도 설사 그 자료가 진실한 것이라 해도 당연무효로 취급되고 있다.[465]

우리도 세법이 정한 세무조사 절차를 위반한 경우 위법·부당한 세무조사가 된다는 사실과 이에 기초한 과세처분이 효력이 없다는 사실을 명문화해야만, 비로소 납세자권익 보장과 조사의 공정성 확보를 위한 실효성이 확보될 것이다.

이 때에는 조사공무원이 절차적 규정을 위반을 하지 않도록 지도·통제할 수 있는 행정시스템과 처벌규정을 갖추어 과세권이 정당성을 확보하고 무력화되지 않도록 하여야 할 것이다.[466]

3) 조사권 남용에 대한 처벌

① 외부적 남용

세무조사는 행정조사로서 조세행정상 목적으로만 사용되어야 함에도 정치적인 목적 등 다른 목적으로 이용될 수 있는 외부적 환경에 노출되어 있다. 역사적으로도 많은 정치세력이 정권연장이나 정적제거, 정치자금의 모금 등 정치적인 목적으로 세무조사를 잘못 사용해왔다.

그러므로 세무조사권의 남용에 대한 조세법적 통제에는 한계가 있을 수밖에 없으며 세무조사가 정치적 영향력에서 벗어날 수 있는 외부적 환경이 아울러 조성되지 않으면 안된다.

② 내부적 남용

과세관청이 세무조사를 하거나 관리하면서 외부로부터 압력을 받는 등의 이유로 세무조

---

464) 대법원 1990.7.27. 선고, 89누5867 판결: 1992.3.31. 선고, 91다32053판결 참조.
465) 안창남, 앞의 책, pp.212~213.
466) 국회재경위, 앞의 책, pp.424~425 참조.

사권을 남용해 위법·부당한 행사를 하는 경우 형사처벌과 함께 징계 대상이 됨을 명문화해야 한다.

세법에서는 적정하고 공평한 과세의 실현을 위하여 필요한 최소한의 범위로 하고 다른 목적 등을 위해서는 세무조사권을 사용하지 못하도록 하고 있을 뿐, 이에 대한 실질적인 통제수단을 따로 두고 있지는 않다.

행정상으로 조사권을 남용한 경우로 다음과 같은 것을 들고 있으면서도, 어떤 처벌이나 법적효과가 있는지 명시하지 않고 있다.[467]

(i) 세무조사를 실시하면서 관련 법령·규정에서 정한 절차에 의하지 아니하고 임의로 관련 장부·서류 등을 압수·수색하거나 일시 보관하는 행위

(ii) 관련 법령·규정에서 정한 승인절차에 의하지 아니하고 임의로 조사기간의 연장, 조사범위의 확대하거나 거래처 현장확인을 하는 행위

(iii) 거래처, 관련인 등에 대한 조사를 실시하면서 조사대상자 선정, 전산입력, 조사 통지 등 관련 법령·규정에서 정한 조사절차를 준수하지 아니하고 조사를 실시하는 행위

(iv) 세무조사와 관련 없이 납세자와 그 관련인의 사생활 등에 관한 질문을 하는 행위

(v) 그 밖에 세무조사를 실시하면서 납세자의 권리를 부당하게 침해하는 행위

4) 위법·부당한 세무조사에 대한 손해배상의무

과세관청의 세무공무원이 불법행위를 하거나 세법해석에 있어서 주의의무를 다하지 못한 경우에는 「헌법」과 「국가배상법」에 따라 납세자의 '손해배상청구권'이 인정된다.[468]

하지만 현실적으로 위법·부당한 부과처분으로 결정된 사례는 셀 수 없이 많고 그 과세가 세무공무원의 불법행위로 인한 것일지라도 손해배상 책임을 묻는 경우는 거의 찾아보기 힘들다.

이는 세무행정의 속성상 납세자와 과세관청과의 관계가 단 한번의 과세처분으로 종결되는 것이 아니라 이후에도 계속적으로 관계를 지속되므로 향후 세무적인 간섭이나 불이익을 받게 되는 점을 고려하기 때문인 것으로 여겨진다.

---

467) 조사규정 §30②. 한편 2010.3월 개정전 조사규정[§31]은 이를 위반한 경우 상벌규정에 의하여 처벌하도록 하고, 조사공무원이 조사를 통해 과세한 처분이 불복청구나 소송을 통해 취소된 경우 부실과세, 조사권의 남용에 대한 심사를 실시하여 심사 결과 법령적용, 사실조사 등에 있어 조사공무원과 관리자가 중대한 귀책사유가 있는 경우에는 징계 등 필요한 조치를 취하도록 하는 등 처벌규정을 두었으나 삭제되었다.

468) 채경수, 앞의 논문, p.32. ; 하지만 강제성을 띠지 않은 비권력적 작용으로서 행정지도가 한계를 일탈하지 않은 경우에는 그로 인하여 어떤 손해가 발생하였다 해도 행정기관은 그에 대한 손해배상 책임이 없다(대법원 2008.9.25. 선고, 2006다18228 판결).

세무조사의 경우에도 과세관청이 위법·부당한 조사권의 행사로 납세자가 손해를 입은 경우 손해배상의 대상이 되며, 불법행위에 대하여 손해배상을 하였다 해도 위법·부당한 조사에 기초한 부과처분이 있는 경우 그 위법성이 바로 치유되지 않는다.

제 **2** 절

가산세

 가산세의 의의

'가산세'加算稅, additional tax는 납세자가 세법에서 정한 의무를 성실하게 이행하게 하기 위하여 그 의무를 이행하지 않은 경우에 세법에 따라 산출한 세액에 가산하여 징수하는 금액을 말한다[국기법 §2: 지기법 §2].

가산세 제도는 본래 납세자가 조세를 성실하게 신고·납부하지 않았을 때 납세자에게 직접적이고 개별적으로 추가적인 경제적 부담을 지워 그 이행을 촉구하기 위한 것이다. 이는 납세자에게 경제적 부담을 증가시켜 성실한 납세를 유도함으로써 과세관청이 조세채권을 원활하게 확보할 수 있게 하는 강력한 장치로서 기능한다.

하지만 신고·납부 등 납세자의 본래의 납세의무와 관련된 가산세 외에도 일반적인 조세행정을 위한 협력의무와 관련한 가산세도 많다. 하지만 이 같은 협력의무의 위반에 대한 가산세는 본질상 납세자의 납세의무의 이행과 직접적으로 무관한 것으로 본질적으로 가산세로서 존재하는 것이 정당한 것이라 하기 어렵다.

이러한 가산세가 아무리 납세자의 의무위반을 제재制裁하기 위한 것이라 해도 의무위반의 정도와 부과되는 제재 사이에 적정한 비례관계가 유지되어야 하며, 그렇지 못한 경우 헌법상 '비례의 원칙'에 어긋나게 되어 국민의 재산권을 부당하게 침해하는 것이 될 것이다.[469]

이에 따라 가산세 제도가 적정하려면 그 목적이 정당하고 침해는 최소한에 그쳐야 하며, 의무위반 정도와 제재수단 간, 납세자가 입게 되는 불이익과 공익목적의 침해수준 간에 합리적인 균형이 확보되어야 한다.[470]

가산세는 존재형식이 '형벌'이 아닌 '조세'이다. 그 법적 성격은 과세관청의 과세권의 행사와 조세채권의 실현을 용이하게 하기 위해 부과하는 행정상 제재에 해당한다.[471]

---

469) 헌법재판소 2005.2.24. 선고, 2004헌바26 결정 ; 2015.2.26. 선고, 2012헌바355 결정 참조.
470) 헌법재판소와 대법원은 가산세와 과태료 등 납세자에 대한 제재가 재산권 침해와 과잉금지 원칙(비례원칙)에 위배 여부를 판단할 때, 납부지연가산세가 산출세액을 초과하고 정당한 사유가 거의 인정되지 못하는 가산세제도라도 세법질서를 위한 제도로서 적정한 것으로 판단하고 있다. 오히려 정부와 국회가 가산세 부담이 과다한 점을 인정하여 지방세 납부불성실가산세와 협력의무가산세의 한도를 정하고 현금영수증 발급의무 위반 50%과태료를 20%가산세제도로 전환하는 등 제도를 개선하고 있다.
471) 헌법재판소 2004.6.24. 선고, 2004헌바27 결정 참조.

따라서 가산세는 그 의무가 규정된 세법에서 정하거나 부과의 기초가 된 해당 조세로 부과되지만 그 조세를 감면하는 경우라도 감면대상에는 포함되지 않는다.

 가산세의 종류

「국세기본법」·「지방세기본법」은 납세자가 신고·납부를 하지 않는 등 세법이 정한 신고나 납부의무를 성실히 이행하지 않은 경우 국세·지방세에 관한 가산세를 부과한다.

이외에도 「소득세법」등 각 개별 세법에서도 납세자에게 부여한 협력의무의 이행을 강제하기 위해 많은 가산세 제도를 두고 있다.

| 국세에 있어서 신고·납부에 관한 가산세 |

구분	가산세	적용대상	가산세액	법조항
국세	무신고가산세	과세표준신고 의무자	[산출세액 × 20%(40%)]과 [수입금액 × 7/10,000(14/10,000)] 중 큰 금액 * 부당행위 무신고 : 납부세액 × 40%(60%)	국기법 §47의2
	과소신고가산세		[산출세액 × 10%(부정40%)]과 [수입금액 × 14/10,000] 중 큰 금액	국기법 §47의3
	초과환급신고 가산세	납부·환급 신고자	산출세액 × 10%(부정40%)	국기법 §47의3
	납부지연가산세		미납세액[초과환급세액] × 일수 ×연체이자율[25/100,000]	국기법 §47의4
	원천징수 등 납부지연가산세	원천징수 의무자	[미납세액 × 3%] + [미납세액 × 일수 × 연체이자율] (한도액 : 미납세액 × 10%)	국기법 §47의5
지방세	무신고가산세	과세표준신고 의무자	무신고납부세액 × 20%(부정40%)	지기법 §53
	과소신고가산세		과소신고세액 × 10%(부정40%)	지기법 §54
	초과환급신고 가산세	납부·환급 신고자	초과환급신고세액 × 10%(부정40%)	지기법 §54
	납부불성실, 환급불성실 가산세		(과소납부분, 초과환급분세액) × 일수 × 연체이자율[25/100,000] * 적용한도 : 미납·초과환급세액 × 75%	지기법 §55
	특별징수납부 등 불성실가산세	특별징수 신고의무자	[미납세액 × 3%] + [미납세액 × 일수 × 연체이자율] (한도액 : 미납세액 × 10%)	지기법 §56

(1) 무신고가산세

'무신고가산세'無申告加算稅, failure-to-file penalty는 납세자가 법정신고기한까지 세법에 따른 「과세표준신고서」를 제출하지 않은 경우 이를 제재하여 일정한 금액을 부과하는 가산세를 말한다.

무신고가산세는 신고의무를 게을리 한 책임의 정도에 따라 '일반 무신고가산세'와 '부당 무신고가산세'로 나뉜다.

1) 무신고가산세의 종류

① 일반 무신고가산세

납세자가 법정신고기한까지 「과세표준신고서」를 제출하지 않은 경우, 세법에 따른 산출세액의 20%를 무신고가산세로 부과한다. 하지만 '부정행위'로 법정신고기한까지 세법에 따른 국세의 과세표준 신고를 하지 아니한 경우에는 40%('역외거래'에서 발생한 부정행위인 경우에는 60%)를 가산세로 한다.

하지만 복식부기의무가 있는 개인[472]이나 법인이 「과세표준신고서」를 제출하지 않은 경우에는 산출세액의 20%와 수입금액의 7/10,000 중 큰 금액을 무신고가산세로 부과한다[국기법 §47의2].

이 때 '수입금액'은 개인의 경우 사업소득[소법 §24~§26, §122에 따라 계산]에 대한 해당 개인의 총수입금액, 법인의 경우, 법인의 수입금액[법법 §60, §76의17, §97에 따라 계산]을 말한다.

납세자	세목	일반 무신고가산세
복식부기의무자가 아닌 개인	모든 세목	산출세액 × $\dfrac{\text{무신고한 과세표준}}{\text{과세표준}}$ × 20%
복식부기의무자인 개인	종합소득세	(①, ② 중 큰 금액) ① 산출세액 × $\dfrac{\text{무신고한 과세표준}}{\text{과세표준}}$ × 20%
법인	법인세	② 수입금액 × 7/10,000

이 때 가산세 계산의 기초가 되는 '산출세액'은 다음의 금액을 포함한다.

(i) 법인세 : 토지 등의 양도소득에 대한 법인세

---

472) "복식부기의무가 있는 개인"이란 「소득세법」에서 간편장부대상자로 정하고 있는 '업종별 일정 규모 미만의 사업자'를 제외한 모든 개인사업자를 말한다. '업종별 일정 규모 미만의 사업자'는 ① 해당 과세기간에 신규로 사업을 개시한 사업자 ② 직전 과세기간에 수입금액(결정·경정으로 증가된 수입금액을 포함한다)의 합계액이 제조업, 숙박·음식점업, 건설업, 운수업, 금융보험업은 1억5천만원, 부동산임대업, 서비스업은 7천5백만원, 농·임·어업, 도·소매업, 부동산매매업, 그 밖의 사업은 3억원에 미달하는 사업자를 말한다[소법 §160③, 소령 §208⑤].

（ⅱ）상속세 : 세대를 건너뛴 상속에 대한 할증과세(산출세액의 130%)

（ⅲ）증여세 : 수증자가 증여자의 자녀가 아닌 직계비속(손자 손녀)인 경우 증여에 대한 산출세액의 130% 할증과세

（ⅳ）부가가치세 : 납부세액(= 매출세액 − 매입세액)

② 부당 무신고가산세

납세자가 과세표준·세액 계산의 기초가 되는 사실을 은폐하거나 가장假裝하는 것에 기초하여 조세의 과세표준·세액의 신고의무를 위반하는 것으로 다음의 '부정행위'로 무신고한 과세표준 등이 있는 경우에는 무신고가산세를 부과한다.

（ⅰ）복식부기의무자 이외의 개인 납세자

과세표준 중 '부정행위'로 무신고한 과세표준에 상당하는 금액이 과세표준에서 차지하는 비율을 산출세액에 곱하여 계산한 금액의 40%('역외거래'[473]에서 발생한 부정행위인 경우는 60%)

이 때 그 비율이 1보다 큰 경우에는 1로, 0보다 작은 경우에는 0으로 한다.

（ⅱ）복식부기의무가 있는 개인이나 법인

부당 무신고가산세액과 부당무신고수입금액 × 14/10,000 중 큰 금액

이 때 '부정행위'는 「조세범처벌법」에 따른 '사기나 기타 부정한 방법'과 동일한 개념으로, 다음 중 어느 하나에 해당하는 행위로서 조세의 부과와 징수를 불가능하게 하거나 현저히 곤란하게 하는 적극적 행위를 말한다[국기령 §12의2①; 조범법 §3⑥].[474]

（ⅰ）이중장부의 작성 등 장부의 거짓기록

（ⅱ）거짓 증명서류(증빙)·거짓 문서의 작성

（ⅲ）장부와 기록의 파기

（ⅳ）재산의 은닉이나 소득·수익·행위·거래의 조작이나 은폐

（ⅴ）고의적으로 장부를 작성하지 아니하거나 비치하지 아니하는 행위, 계산서·세금계산서·계산서합계표·세금계산서합계표의 조작

（ⅵ）전사적 기업자원 관리설비ERP의 조작, 전자세금계산서의 조작

（ⅶ）그 밖에 위계僞計에 의한 행위, 부정한 행위

---

473) "역외거래"는 부과권의 행사기간(부과제척기간)에서의 '역외거래'의 범위와 동일하다[국기법 §26의2①].
474) "부정행위"는 무신고가산세, 과소신고가산세, 초과환급가산세에 모두 적용된다. 과거에는 「국세기본법」에서 정하고 있는 '부정행위'가 조범법[§3①]에서 조세포탈범으로 처벌대상이 되는 '사기나 그 밖의 부정한 행위'와 일치하지 않고 좀 더 넓은 개념을 의미했으나, 2012.2월부터 일치시켰다.

③ 영세율과세표준 무신고가산세

「부가가치세법」에 따른 사업자가 신고를 하지 아니한 경우로서 영세율이 적용되는 과세표준이 있는 경우로 부가가치세 예정·확정신고를 하지 아니한 경우에는 일반(부정) 무신고가산세에 영세율과세표준의 5/1,000를 더한 금액을 무신고 가산세로 부과한다.

2) 가산세의 중복적용 배제

무신고가산세의 적용에 있어서 과소신고가산세나 초과환급신고가산세가 중복적용되는 등의 경우에는 다음과 같이 가산세를 부과한다[국기법 §47의2③~⑥].

① 「소득세법」[소법 §81⑧, §115]의 무기장가산세와 주식등에 대한 장부의 비치·기록의무나 기장 불성실가산세나 「법인세법」[법법 §75③]의 장부의 기록·보관 불성실 가산세의 적용대상이 되는 때 : 그 중에서 비교하여 큰 금액에 해당하는 가산세만 적용하고, 가산세액이 같은 경우 「국세기본법」에서 정하는 무신고가산세, 과소신고가산세, 초과환급신고가산세를 적용한다.

② 부가가치세의 무신고가산세, 과소신고가산세, 초과환급신고가산세의 적용 : 부가가치세 예정신고와 관련하여 가산세가 부과되는 부분은 부가가치세확정신고와 관련한 가산세를 부과하지 아니하고, 변제대손세액을 매입자가 공제하지 않아 과세관청이 결정·경정하는 경우에는 무신고가산세, 과소신고가산세·초과환급신고가산세를 부과하지 않는다.

(2) 과소신고·초과환급신고 가산세

'과소신고 가산세'過小申告 加算稅, accuracy-related penalty는 법정신고기한까지 세법에 따른 「과세표준신고서」를 한 납세자가 납부할 세액을 신고하여야 할 세액보다 적게 신고한 경우 이를 제재하여 일정한 금액을 부과하는 가산세를 말한다.

'초과환급신고 가산세'超過還給申告 加算稅, excess-refund penalty는 환급받을 세액을 신고하여야 할 금액보다 많이 신고한 경우 이를 제재하여 일정한 금액을 부과하는 가산세를 말한다[국기법 §47의3].

이같은 과소신고가산세·초과환급신고가산세도 그 책임의 정도에 따라 '일반 과소신고·초과환급가산세'와 '부당 과소신고·초과환급가산세'로 나뉜다.

1) 과소신고ㆍ초과환급신고가산세의 산정

① 일반 과소신고ㆍ초과환급신고가산세

납세자가 법정신고기한까지 신고한 「과세표준신고서」에 '부당행위'가 아닌 사유로 과소신고한 납부세액과 초과신고한 환급세액을 합한 금액(가산세와 세법에 따른 이자상당가산액은 제외한다)의 10%를 납부세액에 가산하거나 환급세액에서 공제한다[국기법 §47의3①].

납세자	일반 과소신고ㆍ초과환급신고 가산세
모든 납세자	산출세액 $\times \dfrac{\text{과소신고ㆍ초과환급신고 과세표준}}{\text{과세표준}} \times 10\%$

② 부당 과소신고ㆍ초과환급신고가산세

납세자가 신고한 「과세표준신고서」에 '부정행위'로 인한 과소신고한 납부세액이나 초과신고한 환급세액을 합한 금액에 아래와 같이 가산세로 납부세액에 가산하거나 환급세액에서 공제한다[국기법 §47의3②].

(ⅰ) 복식부기의무가 없는 개인

과세표준 중 부정행위로 과소신고ㆍ초과환급신고한 과세표준(부당 과소신고ㆍ초과환급신고 과세표준)이 과세표준에서 차지하는 비율을 산출세액에 곱하여 계산한 금액의 40%(국제거래에서 발생한 부정행위로 인한 경우 60%)

이 경우 그 비율이 1보다 큰 경우에는 1, 0보다 작은 경우에는 0으로 한다.

(ⅱ) 복식부기의무가 있는 개인이나 법인

부당 과소신고ㆍ초과환급신고 가산세액과 부당행위로 과소신고ㆍ초과환급신고한 과세표준과 관련된 수입금액(부당 과소신고ㆍ초과환급신고수입금액)의 14/10,000 중 큰 금액

납세자		세목	부당 과소신고ㆍ초과환급신고 가산세
개인	복식부기 의무자 이외	모든 세목	산출세액 $\times \dfrac{\text{부정행위 과소신고ㆍ초과환급신고 과세표준}}{\text{과세표준}} \times 40\%$
	복식부기 의무자	종합 소득세	다음 ①, ② 중 큰 금액 ① 산출세액 $\times \dfrac{\text{부정행위 과소신고ㆍ초과환급신고 과세표준}}{\text{과세표준}} \times 40\%$
법인		법인세	② 수입금액 $\times 14/10{,}000$

2) 과소신고·초과환급신고 가산세의 한도

과소신고·초과환급신고 가산세의 부과에 있어 과소신고·초과환급신고한 과세표준은 세법에 따라 신고하여야 할 과세표준과 납세자가 신고한 과세표준과의 차액을 한도로 한다.

이 경우 소득세·법인세의 과세표준을 결손으로 신고하거나 부가가치세의 과세표준을 환급받을 세액이 있는 것으로 신고한 때에는 과소신고한 과세표준은 결손이나 환급받을 세액이 없는 것으로 보아 계산한다[국기령 §27의2①].

3) 과소신고·초과환급신고 가산세의 적용 배제

납세자가 과소신고·초과환급신고를 한 때에도 다음과 같은 경우에도 과세관청이 결정·경정할 때에 과소신고·초과환급신고 가산세를 부과하지 않는다[국기법 §47의3④].

① 「부가가치세법」에 따라 재화나 용역의 공급을 받은 사업자가 대손세액공제를 받은 경우로서 공급자의 대손이 그 공급을 받은 사업자의 폐업 전에 확정되었음에도 매입세액에서 차감하지 아니하여 공급을 받는 납세자의 관할세무서장이 대손세액 상당액을 대손이 확정된 날이 속하는 과세기간의 매입세액에서 차감하는 경정[부법 §17의2③ 단서]을 하는 경우

② 상속재산이나 증여받은 재산에 대하여 다음 중 하나에 해당하는 사유로 법정신고기한[상증법 §67, §68]까지 신고하여야 할 과세표준에 미달하게 신고한 경우

  (ⅰ) 신고당시 소유권에 관한 소송 등 사유로 상속재산·증여재산으로 확정되지 아니하였던 경우

  (ⅱ) 상속세 과세표준 계산에 있어서 기초공제·배우자 상속공제·그 밖의 인적공제·일괄공제·금융재산 상속공제·재해손실공제[상증법 §18~§23], 동거주택상속 공제[상증법 §23의2], 공제적용의 한도[상증법 §24], 증여세 과세표준 계산에 있어서 증여재산공제[상증법 §53]·재해손실공제[상증법 §54]에 따른 공제적용의 착오가 있었던 경우

  (ⅲ) 상속세·증여세의 과세대상재산의 평가에 있어서 시가적용이나 보충적 평가방법에 의한 평가기준[상증법 §60②③, §66]에 따라 평가한 가액으로 과세표준을 결정한 경우

  (ⅳ) 법인세 과세표준·세액의 결정·경정으로 「상속세 및 증여세법」[§45의3~§45의5]에 따른 증여의제이익(특수관계법인과의 거래를 통한 이익의 증여의제, 특수관계법인으로부터 제공받은 사업기회로 발생한 이익의 증여의제, 특정법인과의 거래를 통한 이익의 증여의제)이 변경되는 경우(부정행위로 인하여 법인세의 과세표준·세액을 결

정·경정하는 경우는 제외한다)

③ 법인세 과세표준·세액의 결정·경정으로 「상속세 및 증여세법」[§45의3~§45의5]에 따른 증여의제이익이 변경되어 주식의 취득가액이 감소된 경우

(3) 납부지연 가산세

'납부지연 가산세'納付遲延加算稅, failure-to-pay penalty는 납세자(연대납세의무자, 납세자를 갈음하여 납부할 의무가 생긴 제2차 납세의무자, 보증인을 포함한다)가 세법에 따른 법정납부기한까지 조세(인지세를 제외한다)의 납부를 하지 아니하거나 납부하여야 할 세액보다 적게 납부하거나 환급받아야 할 세액보다 많이 환급받은 경우에 이를 제재하여 부과하는 가산세를 말한다[국기법 §47의4].

「인지세법」에 따라 인지세를 납부하지 않거나 과소납부한 경우에는 그 납부하지 않은 세액이나 과소납부분 세액의 300%를 납부지연가산세로 징수한다.

1) 가산세액의 산정

납부지연가산세는 다음 ①과 ②를 합한 금액으로 한다. 이 때 '법정신고기한까지 납부'는 중간예납·예정신고납부·중간신고납부를 포함한다.

① 납부하지 아니한 경우 : 납부하지 아니한 세액이나 과소납부분 세액(이자상당 가산액이 있는 경우 그 금액을 더한다) × 법정납부기한의 다음 날부터 납부일까지의 기간(납세고지일부터 납세고지서에 따른 납부기한까지의 기간은 제외한다) × 금융회사 등이 연체대출금에 대하여 적용하는 이자율 등을 고려하여 정한 이자율

② 초과환급받은 경우 : 초과환급세액(세법에 따라 가산하여 납부하여야 할 이자상당가산액이 있는 경우에는 그 금액을 더한다) × 환급받은 날의 다음 날부터 납부일까지의 기간(납세고지일부터 납세고지서에 따른 납부기한까지의 기간은 제외한다) × 금융회사 등이 연체대출금에 대하여 적용하는 이자율 등을 고려하여 정한 이자율

미납세액·초과환급 받은 세액(이자상당액 포함)	×	법정납부기한·환급받은 날의 다음날부터 자진납부일 또는 납세고지일·납부일까지의 기간	×	금융회사 등이 연체대출금에 대하여 적용하는 이자율 등을 고려하여 정한 이자율

* 대통령령[국기령 §27의4]으로 정하는 이자율 : [2012.2.2~2019.2.11. 기간분] 1일당 30/100,000(연 10.95%)
　　　　　　　　　　　　　　　　　　　　　[2019.2.12~ 기간분] 1일당 25/100,000(연 9.125%)

2) 납부지연 가산세의 적용배제

납세자가 납부지연 가산세의 적용대상이 되는 경우에도 다음에 해당할 때는 법정납부기한의 다음 날부터 납세고지일까지 기간에 대한 납부지연가산세를 적용하지 않는다[국기법 §47의4③].

① 「부가가치세법」에 따른 사업자가 법정납부기한까지 어느 사업장에 대한 부가가치세를 다른 사업장에 대한 부가가치세에 더하여 신고 납부한 경우

② 「부가가치세법」[§18의2③단서]에 따라 변제대손세액을 매입자가 신고하지 않아 관할 세무서장이 결정·경정하는 경우

③ 「부가가치세법」[§53의2]에 따라 전자적 용역을 공급하는 자가 부가가치세를 납부하여야 하는 경우

④ 법인세 과세표준·세액의 결정·경정으로 「상속세 및 증여세법」[§45의3~§45의5]에 따른 증여의제이익이 변경되는 경우(부정행위로 인하여 법인세의 과세표준·세액을 결정·경정하는 경우는 제외한다) 또는 주식의 취득가액이 감소된 경우

⑤ 상속세·증여세를 법정신고기한 내에 신고납부한 후 평가심의위원회를 통해 평가한 가액으로 과세표준을 결정·경정하는 경우

(4) 원천징수 등 납부지연가산세

'원천징수 등 납부지연가산세'는 세법에 따라 조세를 징수하여 납부할 의무를 지는 자가 징수하여야 할 세액을 법정납부기한까지 납부하지 아니하거나 과소납부한 경우 이를 제재하여 부과하는 가산세를 말한다[국기법 §47의5].

이때 '조세를 징수하여 납부할 의무'는 「소득세법」, 「법인세법」에 따라 소득세·법인세를 원천징수하여 납부할 의무, 「소득세법」[§149]에 따른 납세조합이 소득세를 징수하여 납부할 의무, 「부가가치세법」[§52]에 따라 국내에서 용역·권리를 공급받는 자가 부가가치세를 징수하여 납부(대리납부)할 의무를 말한다.

1) 가산세액의 산정

원천징수 등 납부지연가산세는 법정납부기한까지 납부하지 아니하거나 과소납부한 경우에는 납부하지 아니한 세액이나 과소납부분 세액의 50%(아래 ①과 ②중 법정납부기한의 다음 날부터 납세고지일까지의 기간에 해당하는 금액을 합한 금액은 10%)에 상당하는 금액을 한도로 하여 다음의 금액을 합한 금액을 가산세로 한다.

① 납부하지 아니한 세액이나 과소납부 분 세액의 3%

② 납부하지 아니한 세액이나 과소납부 분 세액 × 법정납부기한의 다음 날부터 자진납

부일·납세고지일까지 기간[납세고지일부터 납세고지서에 따른 납부기한까지의 기간은 제외하며, 납세고지서에 따른 납부기한의 다음 날부터 납부일까지의 기간(「국세징수법」 제17조에 따라 체납액의 징수를 유예한 경우에는 그 징수유예기간은 제외한다)이 5년을 초과하는 경우에는 그 기간은 5년으로 한다] × 금융회사 등이 연체대출금에 대하여 적용하는 이자율 등을 고려하여 대통령령으로 정하는 이자율(체납된 국세의 납세고지서별·세목별 세액이 100만원 미만인 경우에는 이 ②가산세 산식은 적용하지 아니한다)

납세자	세목	원천징수 등 납부지연가산세
원천징수의무자	모든 세목	(① + ②) : 한도액 = 미납세액의 50% 　　　　　[①+②중 고지일까지 기간분 금액은 10%] ① 미납세액, 과소납부세액 × 3% ② 납부하지 아니한 세액이나 과소납부분 세액 × 법정납부기한의 다음 날부터 자진납부일·납세고지일까지의 기간(5년한도) × 금융회사 등이 연체대출금에 대하여 적용하는 이자율 등을 고려하여 대통령령으로 정하는 이자율

* 대통령령[국기령 §27의4]으로 정하는 이자율 : 1일당 25/100,000
* 체납된 국세 납세고지서별, 세목별 세액이 100만원 미만인 경우 ②는 적용제외

2) 원천징수 등 납부지연가산세의 적용배제

납세자가 원천징수 등 납부지연가산세의 적용대상이 되는 경우에도 다음에 해당할 때는 그 가산세를 적용하지 않는다[국기법 §47의5③].

① 「소득세법」에 따라 소득세를 원천징수하여야 할 자가 우리나라에 주둔하는 미군인 경우

② 「소득세법」에 따라 소득세를 원천징수하여야 할 자가 공적연금소득, 공적연금 관련 법에 따라 받는 일시금을 지급하는 경우

③ 「소득세법」·「법인세법」에 따라 소득세나 법인세를 원천징수하여야 할 자가 국가, 지방자치단체, 지방자치단체조합인 경우(「소득세법」[§128의2]에 따라 국가등으로부터 근로소득을 받는 사람이 근로소득자 소득·세액 공제신고서를 사실과 다르게 기재하여 부당하게 소득공제·세액공제를 받아 국가 등이 원천징수하여야 할 세액을 정해진 기간에 납부하지 아니하거나 미달하게 납부한 경우에 국가 등이 근로소득자로부터 징수하여야 할 세액에 「국세기본법」[§47의5①]에 따른 가산세액을 더한 금액을 징수 납부하는 것은 제외한다)

(5) 지방세의 가산세

지방자치단체의 장은 「지방세기본법」 등 지방세관계법에 따른 의무를 위반한 자에게 지

방세관계법에서 정하는 바에 따라 가산세를 부과할 수 있다. 이 때 가산세는 해당 의무가 규정된 지방세관계법의 해당 지방세의 세목으로 한다.

만약 지방세를 감면하는 경우에 가산세는 감면대상에 포함시키지 아니한다[지기법 §52].

| 지방세에 있어서 신고 · 납부에 관한 가산세 |

구분	가산세	적용대상	가산세액	법조항
지방세	무신고가산세	과세표준 신고의무자	무신고납부세액 × 20%(부정행위시 40%)	지기법 §53
	과소신고가산세		과소신고세액 × 10%(부정행위시 40%)	지기법 §54
	초과환급신고 가산세		초과환급신고세액 × 10%(부정행위시 40%)	지기법 §54
	납부불성실, 환급불성실 가산세	납부 · 환급 신고자	(과소납부분, 초과환급분세액) × 일수 × 연체이자율[25/100,000] *한도액 : 과소납부(초과환급)세액 × 75%	지기법 §55
	특별징수납부 등 불성실가산세	특별징수 신고의무자	[미납세액 × 3%] + [미납세액 × 일수 × 연체이자율] (한도액 : 미납세액 × 10%)	지기법 §56

1) 무신고 가산세

지방세 납세의무자가 법정신고기한까지 과세표준 신고를 하지 아니한 경우에는 그 신고로 납부하여야 할 세액(가산세와 가산하여 납부하여야 할 이자상당가산액이 있는 경우 그 금액은 제외한다)이 있는 경우에는 무신고납부세액의 20%(사기나 그 밖의 부정한 행위로 무신고한 경우에는 무신고납부세액의 40%)를 가산세로 부과한다[지기법 §53].

2) 과소신고 가산세

지방세 납세의무자가 법정신고기한까지 과세표준 신고를 한 경우로서 신고하여야 할 납부세액보다 납부세액을 적게 신고하거나 지방소득세 과세표준 신고를 하면서 환급받을 세액을 신고하여야 할 금액보다 많이 신고한 경우에는 과소신고한 납부세액과 초과환급신고한 환급세액을 합한 금액(가산세와 가산하여 납부하여야 할 이자상당가산액이 있는 경우 그 금액은 제외한다)에 대한 납부세액의 10%(사기나 그 밖의 부정한 행위로 과소신고 · 초과환급신고한 경우에는 부정 과소신고 납부세액의 40%)를 가산세로 부과한다.

3) 납부불성실 · 환급불성실 가산세

지방세 납세의무자가 지방세관계법에 따른 납부기한까지 지방세를 납부하지 아니하거나 납부하여야 할 세액보다 적게 납부하거나, 환급받아야 할 세액보다 많이 환급받은 경우 다음에 따라 산출한 금액을 합한 금액을 가산세로 부과한다.

① 납부하지 아니한 세액이나 과소납부분 세액(지방세관계법에 따라 가산하여 납부하여야 할 이자상당가산액이 있는 경우 그 금액을 더한다) × 납부기한의 다음 날부터 자진납부일이나 부과결정일까지의 기간 × 금융회사 등이 연체대출금에 대하여 적용하는 이자율 등을 고려하여 대통령령으로 정하는 이자율(25/100,000)

② 초과환급분 세액(지방세관계법에 따라 가산하여 납부하여야 할 이자상당가산액이 있는 경우 그 금액을 더한다) × 환급받은 날의 다음 날부터 자진납부일이나 부과결정일까지의 기간 × 금융회사 등이 연체대출금에 대하여 적용하는 이자율 등을 고려하여 대통령령으로 정하는 이자율(25/100,000)

이 경우 가산세는 납부하지 아니한 세액, 과소납부분(납부하여야 할 금액에 미달하는 금액을 말한다) 세액이나 초과환급분(환급받아야 할 세액을 초과하는 금액을 말한다) 세액의 75%를 한도로 한다.

만약 납세자가 법인세 과세표준·세액의 결정·경정으로 「상속세 및 증여세법」[§45의3~§45의5]에 따른 증여의제이익이 변경되는 경우(부정행위로 인하여 법인세의 과세표준·세액을 결정·경정하는 경우는 제외한다)에 해당해 주식의 취득가액이 감소됨에 따라 양도소득에 대한 지방소득세를 과소납부하거나 초과환급받은 경우에는 납부불성실·환급불성실가산세를 적용하지 아니한다.

지방소득세를 과세기간을 잘못 적용하여 신고납부한 경우에는 실제 신고납부한 날에 실제 신고납부한 금액의 범위에서 당초 신고납부하였어야 할 과세기간에 대한 지방소득세를 신고납부한 것으로 본다.

하지만 해당 지방소득세의 신고가 부정행위로 무신고한 경우나 부정행위로 과소신고·초과환급신고한 경우에는 그러하지 아니하다.

4) 특별징수 납부등 불성실가산세

지방세 특별징수의무자가 징수하여야 할 세액을 지방세관계법에 따른 납부기한까지 납부하지 아니하거나 과소납부한 경우에는 납부하지 아니한 세액이나 과소납부분 세액의 10%를 한도로 하여 다음의 ①, ② 금액을 합한 금액을 가산세로 부과한다.

① 납부하지 아니한 세액이나 과소납부분 세액의 3%에 상당하는 금액

② 납부하지 아니한 세액이나 과소납부분 세액 × 납부기한의 다음 날부터 자진납부일이
나 부과결정일까지 기간 × 금융회사 등이 연체대출금에 대하여 적용하는 이자율 등을
고려하여 정한 이자율(25/100,000)

❸ 가산세의 감면

세법이 가산세 제도를 두고 있는 것은 납세자로 하여금 세법에서 정한 의무를 성실히 이
행하도록 하기 위한 것이다.

하지만 납세자가 아무리 세법이 정한 의무를 이행하지 못하였다 해도 그 의무를 이행하
지 못한 개별적인 사정을 살피지 않고 획일적으로 가산세를 부과하는 것은 과잉금지의 원
칙에 어긋나는 것으로 인정되지 않는다.

세법에서는 납세자에게 천재지변 등과 같이 세법에서 정한 사유(기한연장 사유)가 있거나
의무를 불이행한 것에 대한 정당한 사유가 인정되는 경우에는 가산세를 부과하지 않고, 수
정신고 · 기한 후 신고 등 일정한 기간까지 의무이행을 보정하였거나 가산세의 발생의 책임
이 과세관청에 있는 경우에는 가산세의 부담을 경감한다.

(1) 감면 절차

납세자가 가산세를 감면받고자 하는 경우에는 감면을 받고자 하는 가산세에 관계되는 조
세와 의무를 이행할 수 없었던 사유 등을 기재한 「가산세 감면 등 신청서」[국기칙 별지 제17
호 서식]를 관할 과세관청에게 제출하여야 한다.

이 때 의무를 이행할 수 없었던 사유를 증명할 수 있는 문서가 있는 때에는 신청서에 첨
부하여야 한다.

관할 과세관청은 납세자로부터 「가산세 감면 등 신청서」를 제출받은 때에는 심사하여
「가산세 감면 등 승인여부통지서」로 승인여부를 통지하여야 한다.[475]

만약 납기연장 사유가 집단적으로 발생하는 등 과세관청이 의무불이행의 자유를 객관
적으로 알 수 있는 때는 납세자의 신청이 없는 경우라도 과세관청이 직권으로 감면할 수
있다.

---

475) 가산세의 감면과 관련하여 납세자의 가산세 감면신청과 신청을 받은 과세관청이 해야 하는 감면여부 통지
의 시기는 정하지 않고 있다. 하지만 가산세의 부과는 과세관청이 결정이나 경정할 때 하는 것이 대부분이
므로 신청은 결정이나 경정 전까지 하여야 하고, 자진신고납부를 할 때 가산세의 감면신청은 수정신고 등
그 신고나 청구를 할 때 하여야 한다.

(2) 가산세의 면제

가산세는 행정벌의 성질을 가지고 있으므로 납세자가 그 의무를 이행하지 못한 것을 탓할 수 없는 경우에는 부과할 수 없다.

즉 납세자가 세법에 따라 가산세를 부과 받는 경우 그 부과의 원인이 세법에 따른 '기한 연장 사유'에 해당하거나 의무를 이행하지 아니한 데 '정당한 사유'가 있거나 그밖에 유사한 일정한 경우에는 해당 가산세를 부과 받지 아니한다[국기법 §48①; 지기법 §57①].

1) '기한연장 사유'에 의한 면제

납세자가 세법이 정하는 의무를 이행하지 못하였다 하더라도 납세자에게 세법상 기한연장 사유가 있는 경우에는 가산세를 부과 받지 아니한다.

여기에는 신고 · 신청 · 청구의 기한연장 사유뿐만 아니라 '납세자가 그 사업에서 심각한 손해를 입거나 그 사업이 중대한 위기에 처한 경우'와 '납세자의 형편, 경제적 사정 등을 고려하여 기한의 연장이 필요하다고 인정되는 일정한 경우' 등 납부기한 연장의 사유도 포함된다.

과세표준신고 · 세액의 납부에 있어서 기한연장을 받고자 하는 경우에는 그 사유가 있더라도 신청이나 직권에 의해 과세관청이 인정하는 경우에만 가능하지만, 가산세의 면제에 있어서는 입법상 가산세 부과의 원인이 되는 사유가 기한연장 사유에 해당한다면 아무런 조건이나 제한 없이 가산세를 면제받을 수 있어야 한다.[476]

하지만 가산세를 면제하는 기간연장 사유가 있다 해도 가산세의 부과원인이 되는 기간, 즉 세법에 따른 의무의 이행기한에 발생한 경우에만 인정되고 조세포탈을 위한 증거를 인멸湮滅할 목적이거나 고의적인 행동으로 기한연장 사유가 발생한 경우에는 인정되지 않는다.

---

476) 과세관청은 기한연장 사유에 해당하는 경우라도 세법이 정한 기간까지 기한연장을 신청하여 기한연장의 승인을 받지 않으면 가산세의 면제를 받을 수 없는 것으로 해석하고 있다(제도 46019－10353, 2001.3.30.). 이는 기한연장 승인을 받은 경우에 한해 가산세감면을 하는 것으로 본 것으로 법령을 명백하게 위배한 것으로 과세관청의 주장 취지라면 입법상 '기한연장의 승인을 받은 경우'라고 규정해야 할 것이다. 입법상 '기한연장 사유'에 해당하는 경우 가산세 면제대상이라고 명시하고 있으므로 이 경우 만약 납세자가 가산세의 면제사유인 '기한연장 사유'에 해당하는지에 대하여는 기한연장 신청이나 승인 여부와 무관하게 최소한 기한연장 사유에 해당하는지를 독립적으로 판단해야 할 것이다.

① 납세자가 천재지변, 화재, 전화戰禍, 그 밖의 재해를 입거나 도난을 당한 경우
② 납세자나 그 동거가족이 질병으로 위중하거나 사망하여 상중喪中인 경우
③ 납세자가 그 사업에서 심각한 손해를 입거나, 그 사업이 중대한 위기에 처한 경우(납부의 경우에만 해당한다)
④ 정전, 프로그램의 오류, 그 밖의 부득이한 사유로 한국은행(그 대리점을 포함한다)·체신관서의 정보통신망의 정상적인 가동이 불가능한 때
⑤ 금융회사 등(한국은행 국고대리점·국고수납대리점인 금융회사 등만 해당한다)나 체신관서의 휴무 그 밖의 부득이한 사유로 정상적인 세금납부가 곤란하다고 국세청장이 인정하는 경우
⑥ 권한있는 기관에 장부나 서류가 압수나 영치된 경우
⑦ 납세자의 형편, 경제적 사정 등을 고려하여 기한의 연장이 필요하다고 인정되는 경우로서 국세청장이 정하는 기준에 해당하는 경우(납부의 경우에만 해당한다)
⑧ 「세무사법」 제2조 제3호에 따라 납세자의 장부 작성을 대행하는 세무사(같은 법 제16조의4에 따라 등록한 세무법인을 포함한다)나 같은 법 제20조의2에 따른 공인회계사(「공인회계사법」 제24조에 따라 등록한 회계법인을 포함한다)가 화재, 전화, 그 밖의 재해를 입거나 도난을 당한 경우
⑨ ①, ②, ⑥에 준하는 사유가 있는 때

2) '정당한 사유'에 의한 면제

납세자가 신고·납부 등 세법이 정한 의무를 이행하지 않은 경우라도 그 의무를 이행하지 못한 데 대한 정당한 사유가 있는 때에는 해당 가산세를 부과하지 아니한다.

세법은 가산세가 면제되는 '정당한 사유'가 무엇인지에 관해서는 따로 정하고 있지 아니하다.

판례는 '납세자가 그 의무를 알지 못하는 것이 무리가 아니었다고 할 수 있어서 정당화할 수 있는 사정이 있거나 그 의무이행을 당사자에게 기대하는 것이 무리라고 할 만한 사정이 있을 때'를 정당한 사유로 인정하고 있다.

이 경우 정당한 사유의 판정에 있어서 고의나 과실은 고려되지 않으며 납세자가 법령을 잘 알지 못하였거나 잘못 알고 적용하는 등 고의성이 없이 과실만 있는 경우에는 정당한 사유로 인정되지 않는다.[477]

한편, 납세자에게 가산세의 면제대상이 되는 정당한 사유가 있더라도 당연히 가산세를

---

477) 대법원 2006.10.26. 선고, 2005두3714 판결; 2004.2.26. 선고, 2002두10643 판결; 2002.11.13. 선고, 2001두4689 판결 참조.

면제하지 아니하고 납세자의 신청을 통해 과세관청이 승인하도록 함으로써 가산세의 면제나 감면이 폭넓게 이뤄지지 못하고 있다.

| 가산세의 면제대상 정당한 사유 |

정당한 사유	정당한 사유로 본 사례	정당한 사유로 보지 않은 사례
납세자가 정당하게 의무를 인식하지 못한 경우	① 질의회신이나 세무지도, 공적견해 표명으로 납세의무자가 의무가 없다고 믿은 경우(대법원 1989.4.25. 선고, 88누4218 판결; 1995.11.14. 선고, 95누10181 판결)	단순한 법령의 부지이나 오해에 불과한 경우(대법원 2009.4.23. 선고, 2009두3873 판결)
	② 종전까지 의무가 면제되어 오다가 사정변경으로 그 의무를 이행할 입장에 있게 되었는데 납세자가 이를 알기 어려웠던 관계로 종전의 관행을 계속하였고 과세관청도 이에 대하여 아무런 이의나 시정지시 없이 받아들인 경우(대법원 1980.3.25. 선고 79누165 판결)	
	③ 행위 당시에는 적법한 의무이행이었으나 사정변경으로 인하여 소급적으로 부적법한 것이 되어 외관상 의무이행이 없었던 것처럼 된 경우(대법원 1987.10.28. 선고, 86누460 판결)	세무공무원의 잘못된 설명을 믿고 그 신고납부의무를 이행하지 아니하였다 하더라도 그것이 관계법령에 어긋나는 것임이 명백한 경우
	④ 거래상대방이 위장사업자라는 사실을 몰랐고 이에 대해 과실이 없는 선의의 거래당사자가 위장사업자로부터 교부받은 세금계산서에 의해 소정기간 내에 부가가치세 예정신고 및 확정신고를 한 경우(대법원 1989.10.24. 선고, 89누2134 판결)	과세관청이 기재누락을 시정할 수 있었다하더라도 납세자 측의 과실로 근로소득원천징수영수증에 기재의무를 제대로 이행하지 못한 경우
	⑤ 과세관청의 안내, 언동, 견해를 신뢰하여 신고한 경우(전산출력된 신고안내자료에 의한 신고, 착오발급된 토지가격확인원에 의한 신고, 잘못부과된 세금과공과 공제 신고 등)	
	⑥ 납세자가 기준시가에 의하여 건물 증여세나 상속세를 평가하여 신고하였으나, 과세관청이 감정평가사업에 따라 감정평가액으로 평가하여 과세하는 경우	

정당한 사유	정당한 사유로 본 사례	정당한 사유로 보지 않은 사례
과세관청의 입장 변경으로 과세된 경우	① 국세청 질의회신 등 과세관청의 언동이나 질의회신, 견해 등을 신뢰하여 양도세 예정신고한 후 과세관청이 이를 받아들이는 결정을 하거나 부가세 매입세액공제 대상으로 예규로 잘못 해석해 온 경우	징수유예사유가 발생하였다는 사정이 있다거나 납부기간 경과 전에 징수유예신청을 한 경우라도 과세관청이 납부기한 경과 전에 징수유예결정을 하지 않은 경우
	② 관할세무서가 당초 정당하게 경정·고지하여 납세자가 납부한 세액을 관할지방국세청이 고충민원으로 납세자에게 환급하였다가, 감사원 시정요구로 재고지하는 경우(조세정책과-945, 2009.9.22.; 대법원 1989.10.27. 선고, 88누2830 판결; 대법원 1999.9.21. 선고, 97누17674 판결)	납세자가 형사범으로 수감되어 세법상 의무이행을 법정신고기한까지 못한 경우(대법원 1990.10.23. 선고, 90구2705 판결)
	③ 과세관청이 결정·경정하면서 세액공제나 감면대상으로 결정·경정한 후 당초의 처분을 바로 잡아 추징하는 경우(대법원 1995.11.18. 선고, 95누10181 판결)	납세자의 신고에 의하여 공제감면 적용한 것을 과세관청이 공제감면 부인하여 결정하는 경우
	④ 납세의무자가 과세표준확정신고를 하는데 있어 필요한 장부·증빙서류가 수사기관이나 과세관청에 압수·영치되어 있는 관계로 의무이행을 하지 못한 경우(대법원 1987.2.24. 선고, 85누229 판결)	쟁송 중이어서 납세의무의 이행을 기대할 수 없다거나 회사정리절차 개시 단계에 있었던 경우

3) '부득이한 사유'에 의한 면제

기한연장 사유나 정당한 사유가 아니라도 이와 유사한 경우로서 '부득이한 사유'에 해당하면 해당 가산세를 면제한다[국기법 §48①(3), 국기령 §28①].

① 세법해석에 관한 질의·회신 등에 따라 신고·납부하였으나 이후 다른 과세처분을 하는 경우

② 「공익사업을 위한 토지 등의 취득 및 보상에 관한 법률」에 따른 토지 등의 수용이나 사용, 「국토의 계획 및 이용에 관한 법률」에 따른 도시·군계획이나 그 밖의 법령 등으로 인해 세법상 의무를 이행할 수 없게 된 경우

이처럼 가산세의 면제사유로서 '기한연장 사유'나 '부득이한 사유'는 법령에서 명시하고 있지만 '정당한 사유'에 대하여는 구체적 기준과 내용을 정하고 있지 아니하다. 그 결과 과세관청은 과세에 있어서 납세자의 정당한 사유를 사전적으로 검토하지 않고, 납세자도

이를 알지 못하여 적극적으로 주장할 수 없어 결국 행정벌인 가산세가 지나치게 부과되고 있다.

그러므로 가산세 면제대상인 '정당한 사유'는 그 사유별로 유형화하여 과세관청은 물론 납세자가 충분히 알 수 있도록 규정함으로써 납세자의 사정과 과세관청의 귀책이 충분히 고려되어 가산세 부과가 남용되지 않도록 해야 할 것이다.

(3) 가산세의 감면

납세자는 다음 중 하나에 해당하는 경우 해당 가산세액에서 다음에서 정하는 금액의 가산세를 감면받을 수 있다.

1) 수정신고에 의한 감면

과세표준신고서를 법정신고기한까지 제출한 납세자가 법정신고기한이 지난 후 다음과 같은 기간까지 수정신고한 경우에는 과소신고·초과환급신고가산세의 일정률에 해당하는 세액을 감면한다.

① 법정신고기한이 지난 후 1개월 이내에 수정신고한 경우 : 과소신고·초과환급신고가산세액의 90%

② 법정신고기한이 지난 후 1개월 초과 3개월 이내에 수정신고한 경우 : 과소신고·초과환급신고가산세액의 75%

③ 법정신고기한이 지난 후 3개월 초과 6개월 이내에 수정신고한 경우 : 과소신고·초과환급신고가산세액의 50%

④ 법정신고기한이 지난 후 6개월 초과 1년 이내에 수정신고한 경우 : 과소신고·초과환급신고가산세액의 30%

⑤ 법정신고기한이 지난 후 1년 초과 1년 6개월 이내에 수정신고한 경우 : 과소신고·초과환급신고가산세액의 20%

⑥ 법정신고기한이 지난 후 1년 6개월 초과 2년 이내에 수정신고한 경우 : 과소신고·초과환급신고가산세액의 10%

하지만 납세자가 감면기간에 「과세표준수정신고서」를 제출하였다 해도 과세관청의 '경정이 있을 것을 미리 알고 제출한 경우'에는 그 가산세가 감면되지 않는다.

이 때 수정신고와 기한 후 신고를 하더라도 가산세 감면이 배제되는 과세관청의 '경정이 있을 것을 미리 알고 제출한 경우'란, (ⅰ) 해당 조세에 관하여 세무공무원이 조사에 착수한 것을 알고 「과세표준수정신고서」, 「기한 후 과세표준신고서」를 제출한 경우나 (ⅱ) 해당 조세에 관하여 관할 과세관청으로부터 과세자료 해명통지를 받고 「과세표준수정신고서」를 제출한 경우를 말한다[국기법 §48②, 국기령 §29].

2) 기한 후 신고에 의한 감면

「과세표준신고서」를 법정신고기한까지 제출하지 아니한 납세자가 법정신고기한이 지난 후 기한 후 신고를 한 경우에는 무신고가산세의 일정 비율을 감면한다. 이 때도 '경정이 있을 것을 미리 알고 제출한 경우'에는 감면을 제외한다.

① 법정신고기한이 지난 후 1개월 이내에 기한 후 신고를 한 경우 : 무신고가산세액의 50%

② 법정신고기한이 지난 후 1개월 초과 3개월 이내에 기한 후 신고를 한 경우 : 무신고가산세액의 30%

③ 법정신고기한이 지난 후 3개월 초과 6개월 이내에 기한 후 신고를 한 경우 : 무신고가산세액의 20%

3) 과세관청이나 납세자의 과실범위에 의한 감면

납세자는 과세관청의 의무의 해태 등으로 가산세가 부과된 경우에는 해당 가산세액의 50%를 감면받을 수 있다.

① 과세전적부심사 결정·통지기간(청구받은 날부터 30일 내)에 그 결과를 통지하지 아니한 경우(결정·통지가 지연됨으로써 해당 기간에 부과되는 납부지연가산세에 한정된다)[478]

② 세법에 따른 제출, 신고, 가입, 등록, 개설의 기한이 지난 후 1개월 이내에 해당 세법에 따른 그 의무를 이행하는 경우(해당 의무위반에 대하여 세법에 따라 부과되는 가산세에 한정된다)

③ 세법에 따른 예정신고기한·중간신고기한까지 예정신고·중간신고를 하였으나 과소신고하거나 초과신고한 경우로서 확정신고기한까지 과세표준을 수정하여 신고한 경우(해당 기간에 부과되는 과소신고·초과환급신고가산세만 해당하며, 과세표준과 세액을 경정할 것을 미리 알고 과세표준신고를 하는 경우는 제외한다)

④ 세법에 따른 예정신고기한·중간신고기한까지 예정신고·중간신고를 하지 아니하였으나 확정신고기한까지 과세표준신고를 한 경우(해당 기간에 부과되는 무신고가산세만 해당하며, 과세표준과 세액을 경정할 것을 미리 알고 과세표준신고를 하는 경우는 제외한다)

---

478) 이 경우 과세관청이나 납세자의 과실범위에 의한 감면과 달리 과세전적부심사 결정의 지연에 대하여는 납세자의 귀책사유가 전혀 없음에도 지연기간분에 대한 과세관청의 과실범위를 50%만 인정한 것은 무리이다.

이처럼 가산세를 감면하는 경우라도 모든 가산세를 감면하는 것이 아니라 해당되는 특정한 가산세에 한하여 감면된다.

① 국세·지방세의 법정신고기한이 지난 후 2년 이내에 수정신고한 경우 : 과소신고·초과환급신고가산세의 감면

② 국세·지방세의 법정신고기한이 지난 후 1개월 이내에 기한 후 신고를 한 경우 : 무신고가산세의 감면

③ 국세·지방세에 관한 과세전적부심사의 결정·통지기간 이내에 그 결과를 통지하지 아니한 경우 : 납부지연가산세의 감면[479]

④ 세법에 따른 제출, 신고, 가입, 등록, 개설의 기한이 지난 후 1개월 이내에 해당 세법에 따른 제출 등의 의무를 이행한 경우 : 제출 등의 의무위반에 대하여 세법에 따라 부과되는 협력의무가산세의 감면

| 가산세의 감면 |

대상 가산세	감면 구분		감면사유
해당되는 모든 가산세	전액 면제		납세자가 '기한연장 사유'가 있는 때
			납세자의 의무불이행에 '정당한 사유'가 있는 때
			세법해석에 반하는 처분 등 '부득이한 사유'가 있는 때
과소신고· 초과환급가산세	감면	90%	법정신고기한 후 1개월 이내 수정신고
		75%	법정신고기한 후 1개월 초과 3개월 이내 수정신고
		50%	법정신고기한 후 3개월 초과 6개월 이내 수정신고
		30%	법정신고기한 후 6개월 초과 1년 이내 수정신고
		20%	법정신고기한 후 1년 초과 1년 6개월 이내 수정신고
		10%	법정신고기한 후 1년 6개월 초과 2년 이내 수정신고
무신고가산세		50%	법정신고기한 후 1개월 이내 기한 후 신고
		30%	법정신고기한 후 1개월 초과 3개월 이내 기한후 신고
		20%	법정신고기한 후 3개월 초과 6개월 이내 기한후 신고
납부지연가산세		50%	과세전적부심사 결정기한 이내 통지 지연(지연기간 분)
협력의무가산세		50%	제출·신고·가입·등록·개설기한 후 1개월 이내 이행

---

479) 과세관청이 과세전적부심사의 결정·통지를 지연하는 경우 그 기간에 대한 납부지연가산세의 부과는 다른 감면사유가 세법상 의무를 이행하지 않은 납세자가 일정기간에 이행하면 부담을 경감하는 것인데 반하여 전적으로 과세관청의 의무 불이행이나 태만에 대한 부담의 50%를 납세자에게 지우는 것으로 이는 50% 가산세의 경감혜택이 아니라 50% 부당한 가산세 부과가 된다. 그러므로 과세관청이나 재결기관의 사전·사후적 불복심사시 결정·통지지연으로 인한 통지지연 기간분 가산세는 납세자에게 부담하게 해서는 안될 것이다.

④ 가산세의 부과 한도

가산세 제도는 납세자가 납세의무를 이행하지 않거나 세법이 부여한 각종 협력의무를 위반한 경우 이를 시정하거나 의무의 위반을 방지하기 위한 제도적 장치이다. 그러므로 세법상의 의무를 위반한 경우 부과되는 가산세는 성실히 의무를 이행하는 사람과 그렇지 아니한 사람을 서로 다르게 취급하는 중요한 정책수단이기도 하다.

하지만 아무리 가산세가 조세법상 의무를 이행하기 위한 행정적 제재라고 하더라도 가산세가 무한정 부과된다면 이는 과세대상이 되는 재산의 원본을 침해하거나 오히려 그 정도가 과도하여 성실한 이행을 저해한다면 가산세로서 정당성을 갖지 못할 것이다.

이 때문에 세법은 가산세의 부과 한도를 두어 과도한 가산세의 부과를 방지하도록 하고 있다.

(1) 납부 · 환급불성실가산세의 부과 한도

납세의무자가 지방세를 지방세관계법에 따른 납부기한까지 과소납부하거나 초과환급받은 경우 납부불성실가산세나 환급불성실가산세는 납부하지 아니한 세액, 과소납부분(납부하여야 할 금액에 미달하는 금액) 세액이나 초과환급분(환급받아야 할 세액을 초과하는 금액) 세액의 75%를 그 부과한도로 한다[지기법 §55①후단].

이는 2015년 납세자의 과도한 가산세 부담을 줄이기 위해 도입한 것으로 신고 · 납부에 관계된 가산세의 부과한도를 정한 최초의 사례이다. 이처럼 가산세의 부과 한도를 정한 것은 가산세가 아무리 성실한 납세의무를 확보하기 위한 것이라 해도 한도가 없이 무제한 누적된다면 무거운 가산세 부담이 오히려 납세의 이행을 저해할 수 있고 조세회피에 대한 제재의 성격을 감안해도 최초 산출세액을 초과한다면 불합리하게 되는 점을 고려한 것이다.[480]

이에 따라 지방세 납부 · 환급불성실가산세에 있어서 부과한도는 지방세의 가산금과 중

---

[480] 헌법재판소는 가산세의 부과 수준은 정책적 판단에 따라 정하는 것이므로 산출세액을 초과하는 등 설사 과도하다고 해도 이는 입법자가 정책적 · 기술적인 판단에 따라 정할 문제라고 보았다: 가산세는 조세법상 부과된 협력의무의 이행을 확보하기 위한 행정적 제재의 성격 이외에, 신고 · 납부기한까지 미납부한 금액에 대하여는 납부불성실세액에 대한 이자만큼의 금융혜택을 받은 것으로 보아 그 상당액을 납부하도록 하는 성격이 있으므로 상속세 납부불성실가산세의 경우 미납부세액의 지연이자의 성격도 있고 이는 가산세가 본세를 초과하더라도 동일하다. 납부불성실가산세는 미납기간의 장단과 미납세액의 다과라는 두 가지 요소를 고려하여 금융기관의 이자율을 감안한 가산세율을 곱하여 산출된 가산세를 부과하도록 하고 있어 조세를 미납부한 자에 대한 제재로서의 효과를 달성함과 동시에 과다한 세율로 인한 지나친 부담을 방지하고 있다. 이는 목적의 정당성과 수단의 적절성, 침해의 최소성, 법익의 균형성 등에 비춰 재산권의 본질적 침해나 과잉금지 원칙을 위반한 것으로 볼 수 없다(헌법재판소 2016.12.29. 선고, 2016헌바268 결정).

가산금이 체납된 지방세의 75%를 한도로 한다는 점을 고려하여 미납세액, 과소납부세액이나 초과환급세액의 75%로 하였다.[481] 이처럼 가산세 한도는 대상 세액의 규모, 표준세율, 가산세율, 부과권의 행사기간 등을 고려하여 결정해야 한다.

하지만 국세에서 지방세 납부·환급불성실가산세와 동일한 성질을 가진 납부지연가산세의 경우 그 가산세의 성질과 부과방식이 동일하고 지방세의 부과권의 행사기간이 오히려 장기간임에도 아무런 부과 한도를 두고 있지 아니하다.

그러므로 가산세가 아무리 성실한 납세와 협력의무의 이행을 도모하기 위한 행정상 제재라고 하더라도 산출세액을 초과하는 경우 합리성을 찾기 어렵고 무거운 가산세로 오히려 성실납세를 더욱 어렵게 할 수 있으므로 가산세의 한도를 인정해야 할 것이다 .

이에 따라 국세도 이를 달리 취급해야 할 이유가 없으므로 우선 국세의 납부지연가산세도 부과 한도를 두어야 한다.

(2) 협력의무 가산세의 부과 한도

가산세 제도는 본래 신고·납부 등 납세의무의 성실한 이행을 담보하기 위한 행정제재이지만, 성실한 납세의무 이행 이외에도 과세관청이 필요로 하는 행정이나 과세자료를 확보하기 위한 협력의무를 이행하게 하는 수단으로도 광범위하게 사용되고 있다.

하지만 납세자의 납세의무와 관계없이 순수하게 조세행정을 위한 협력의무를 부여하고 이를 이행하지 않을 때마다 즉각 제재하는 가산세제도를 둔 것은 가산세의 본질과 범주를 벗어난 것으로 바람직하지 않다.

만약 과세관청이 조세행정상 필요한 자료를 제출받는 등 납세자의 협력을 필요로 하는 경우에는 오히려 납세자에게 보조금이나 세액공제를 통해 협력을 구해야 하고 설사 강제력을 부여하여 의무불이행에 대한 제재가 필요하다 해도 가산세보다는 행정벌로서 벌과금을 부과하는 것이 옳다.

그럼에도 세법은 협력의무 위반에 대한 가산세를 계속 확대하면서 이에 대한 납세자의 부담이 지나치게 높아지자, 2007년부터 일부 협력의무에 대한 가산세에 대하여는 그 부과 한도를 두었다.

국세에 있어서 협력의무 위반에 대한 가산세는, 납세자가 다음의 의무위반을 한 경우 그

---

481) 구 「지방세기본법」 제59조(가산금), 제60조(중가산금)에서 가산금을 납부기한이 지난 날부터 체납된 지방세의 3%, 중가산금을 납부기한이 지난 날부터 1개월이 지날 때마다 체납된 지방세의 1.2%에 상당하는 가산금을 60개월의 범위에서 부과하도록 하였다. 이에 따라 가산세의 한도는 가산금(3%)＋중가산금(72%＝월 1.2%×최대 60개월)＝75%로 산정된다(「지방세기본법 일부개정법률안 심사보고서」, 국회 안전행정위원회, 2015.4.).

의무위반의 종류별로 각각 1억원(2011년부터 「중소기업기본법」에 따른 중소기업의 경우 5천만원)을 한도로 가산세를 부과한다. 하지만 이에 해당되는 경우에도 그 협력의무를 고의적으로 위반한 경우에는 그 한도를 적용받지 않는다[482)][국기법 §49①].

하지만 한도를 적용받는 가산세와 그렇지 않은 가산세에 대한 선별기준이나 구분의 필요성이 명확하지 않으므로 과도한 협력의무 가산세로 인한 폐해를 막기 위한 한도액 제도의 취지를 고려하여 모든 협력의무 가산세를 대상으로 하는 것이 바람직하다.

1) 「소득세법」의 한도적용 가산세

① 「영수증수취명세서」 제출·작성 불성실 가산세[소법 §81]

② 「사업장현황신고」 불성실 가산세[소법 §81의3]

③ 증명서류 수취 불성실 가산세[소법 §81의6]

④ 기부금영수증 발급·작성·보관 불성실 가산세[소법 §81의7]

⑤ 계산서·세금계산서, 매출처·매입처별계산서합계표, 매출처·매입처별 세금계산서합계표 등 제출 불성실 가산세[소법 §81의10]

⑥ 지급명세서 제출 불성실 가산세[소법 §81의11]

⑦ 특정외국법인의 유보소득계산명세서 제출 불성실 가산세[소법 §81의13]

2) 「법인세법」의 한도적용 가산세

① 「주주등의 명세서」 등 제출 불성실 가산세[법법 §75의2]

② 기부금영수증 발급·작성·보관 불성실 가산세[법법 §75의4]

③ 증명서류 수취 불성실 가산세[법법 §75⑤]

④ 「지급명세서」 제출 불성실 가산세[법법 §75⑦]

⑤ 신용카드 매출전표, 현금영수증, 계산서 제출불성실 가산세[법법 §75⑧] (위장가공세금계산서·세금계산서 등 관련 가산세는 제외한다)

⑥ 특정외국법인의 유보소득계산명세서 제출 불성실 가산세[법법 §75⑨]

---

482) "고의적으로 위반한 경우"에 해당하는지에 대한 증명책임은 과세관청에게 있고, 이 때의 "고의"는 일정한 결과가 발생하리라는 것을 알면서 행하거나 행하지 아니하는 심리상태를 의미하는 것으로, 고의가 있는지 여부는 사실관계를 종합적으로 고려하여 사실판단해야 한다(서면법령해석 기본 2017-1200, 2017.5.18.).; 실사업자가 재화를 공급하고 명의대여자의 명의로 계산서를 발급한 경우로서 그 위법사실에 대해 사전에 충분히 인식하고 있었음에도 명의대여자의 명의로 계산서를 발급한 경우에는 고의적으로 계산서 발급의무를 위반한 경우에 해당한다(기준법령해석 기본 2019-17, 2019.4.16.).

3) 「부가가치세법」의 한도적용 가산세

① 사업자등록 미등록·타인명의등록 가산세[부법 §60①]

② 세금계산서 발급시기 경과 후 확정신고기한까지 지연발행가산세[부법 §60②(1)], 전자세금계산서 발급명세 기한후 전송 가산세[부법 §60②(3)(4)], 세금계산서 부실기재가산세[부법 §60②(5)]

③ 신용카드매출전표 등으로 결정·경정청구에 의해 공제받는 경우 가산세[부법 §60⑤]

④ 매출처별세금계산서합계표 제출불성실가산세[부법 §60⑥]

⑤ 매입처별세금계산서합계표 제출불성실가산세[부법 §60⑦]

⑥ 「현금매출명세서」·「부동산임대공급가액명세서」 제출불성실가산세[부법 §60⑧]

4) 「상속세 및 증여세법」의 한도적용 가산세

① 「출연재산사용 계획 및 진도보고서」 제출불성실가산세[상증법 §78③]

② 「외부전문가의 세무확인」 장부작성·회계감사 의무 미이행가산세[상증법 §78⑤]

③ 「지급명세서」 명의변경 내용 제출불성실가산세[상증법 §78⑫⑬]

5) 「조세특례제한법」의 한도적용 가산세

① 「창업자금 사용명세」 제출불성실가산세[조특법 §30의5⑤]

② 세금우대자료 제출불성실 가산세[조특법 §90의2①]

| 협력의무 가산세와 한도 |

세법	조항	가산세	가산세액	한도	적용대상
소 득 세 법	§81	「영수증수취명세서」 제출·작성 불성실가산세	미제출 지급액 × 1%	○	사업자(소규모사 업자, 추계 신고자 제외)
	§81의2	「성실신고확인서」 미제출	종합소득산출세액 × (사업소득 /종합소득) × 5%		성실신고확인서 제출의무자
	§81의3	「사업장현황신고」 불성실가산세	무신고 등 수입금액 × 0.5%		면세 개인사업자
	§81의4	공동사업장 등록·신고 불성실 가산세	미등록, 거짓등록과세기간 수입금 액×0.5%, 무신고, 거짓신고과 세기간 수입금액×0.1%	○	
	§81의5	장부기록·보관 불성실 가산세	산출세액 × (무기장 소득금액/ 소득금액) × 20%	-	소규모사업자 제외 사업자
	§81의6	증명서류 수취 불성실 가산세	미수취액 × 2%	○	사업자
	§81의7	기부금영수증 발급·작성· 보관 불성실 가산세	불성실 영수증금액 × 5% 불성실 명세서금액 × 0.2%	○	기부금영수증 발급자
	§81의8	사업용계좌 신고·사용 불성실 가산세	미사용액 × 0.2% 미신고시 MAX[수입금액, 거래 금액] × 0.2%	-	복식부기 의무자
	§81의9	신용카드·현금영수증 발급 불성실 가산세	MAX[거부금액 등×5%, 건별 5천원]	-	신용카드·현금 영수증 가맹점
	§81의 10	계산서·세금계산서, 매출처·매입처별계산서합 계표, 매출처·매입 처별 세금계산서합계표 등 제출 불성실 가산세	무신고 등 수입금액 × 0.5%	○	사업자
	§81의 11	「지급명세서」, 「근로소득간이지급명세서」 제출불성실 가산세	지급명세서 미제출금액 ×1% (3개월내 제출시 0.5%) 근로소득간이지급명세서 미제 출금액 × 0.5%(3개월 내 제출 시 0.25%)	○	지급명세서 제출대상자
	§81의 12	주택임대사업자 미등록	주택임대사업자 미등록기간 주택임대 수입금액 × 0.2%	-	임대주택 사업자
	§81의 13	특정외국법인 「유보소득계산명세서」 제출불성실	특정외국법인의 배당 가능한 유보소득금액 × 0.5%	○	특정외국법인
법 인 세 법	§75의2	「주주등의명세서」, 「주식변동상황명세서」 제출불성실	주식등명세서 액면가액 × 0.5% 주식변동상황명세서 액면가액 ×1%	○	제출대상법인
	§75의3	장부의 기록·보관 불성실	MAX[산출세액 × 20%, 수입 금액 × 0.07%]	-	내국법인(수익사 업있는 비영리 포함)

세법	조항	가산세	가산세액	한도	적용대상
법인세법	§75의4	「기부금영수증」 발급·작성·보관불성실	• 불성실 영수증금액 × 2% • 불성실 명세서금액 × 0.2%	○	비영리 내국법인
	§75의5	증명서류 수취불성실	미수취액 × 2%	○	내국법인 (국가 등 제외)
	§75의6	신용카드·현금영수증 발급 불성실	MAX[거부금액(불성실발급금액) × 5%, 건별 5천원]	–	소비자상대 업종인 법인
	§75의7	「지급명세서」·「근로소득간이지급명세서」 제출불성실	미제출등 공급금액 × 2%	○	원천징수의무 있는 내국법인
	§75의8 ① (1)(3)	「매입처별세금계산서·계산서합계표」 제출불성실	보고불성실 공급가액 × 0.5%	○	내국법인 (국가 등 제외)
	§75의8 ①(2)	계산서 부실발급	부실발급 공급가액 × 1%	○	내국법인
	§75의8 ①(4)	「매입처별계산서합계표」 제출불성실	계산서 지연발급, 가공 계산서, 신용카드, 현금영수증발급, 가공 계산서 등 수취, 타인명의 계산서등 수취등 공급가액 × 2%	–	내국법인
	§75의9	특정외국법인 「유보소득계산명세서」 제출불성실	특정외국법인 유보소득금액 × 0.5%	○	특정외국법인
부가가치세법	§60①	사업자 미등록·타인명의등록	미등록·타인명의등록 기간의 공급가액 × 1%	○	사업자
	§60② (1)	세금계산서 지연발급	확정신고시까지 발행한 공급가액 × 1%	○	사업자
	§60② (2)	세금계산서 미발급	확정신고시까지 미발행 공급가액 × 2%	–	사업자
	§60② (3)	세금계산서 발급명세 지연제출	확정신고시까지 제출한 공급가액 × 0.3%	○	사업자
	§60② (4)	세금계산서 발급명세 미제출	확정신고시까지 미제출 공급가액 × 0.5%	○	사업자
	§60② (5)	세금계산서 부실발급	세금계산서 기재사항착오과실 부실발급 공급가액 × 1%	○	사업자
	§60③ (1)	가공 세금계산서·신용카드 매출전표 등 발급	가공발급분 공급가액 × 3%	–	사업자
	§60③ (2)	가공 세금계산서·신용카드 매출전표 등 수취	가공수취분 공급가액 × 3%	–	사업자
	§60③ (3)	타인에게 세금계산서·신용카드 매출전표등 발급	타인명의공급분 공급가액 × 2%	–	사업자

세법	조항	가산세	가산세액	한도	적용대상
부가가치세법	§60③ (4)	타인명의의 세금계산서·신용카드 매출전표등 수취	타인명의수취분 공급가액 × 2%	–	사업자
	§60③ (5)	공급가액 과다기재 세금계산서·신용카드 매출전표등 발행	과다기재가액 × 2%	–	사업자
	§60③ (6)	공급가액 과다기재 세금계산서·신용카드 매출전표등 수취	과다기재가액 × 2%	–	사업자
	§60④	비사업자가 가공으로 세금계산서 발급, 수취	적힌 공급가액 × 3%	–	비사업자 (미등록자)
	§60⑤	신용카드매출전표등 발급받아 확정신고시 지연제출 매입세액공제	지연제출 공급가액 × 0.5%	○	사업자
	§60⑥ (1)	「매출처별세금계산서 합계표」 미제출	미제출 공급가액 × 0.5%	○	사업자
	§60⑥ (2)	「매출처별세금계산서 합계표」 부실기재	부실기재 공급가액 × 0.5%	○	사업자
	§60⑥ (3)	「매출처별세금계산서 합계표」 확정신고시 지연제출	지연제출 공급가액 × 0.5%	○	사업자
	§60⑦ (1)	경정기관의 확인을 거쳐 경정하면서 매입세액공제	공제받은 공급가액 × 0.5%	○	사업자
	§60⑦ (2)	「매입처별세금계산서 합계표」 미제출·부실제출	세금계산서공제분 공급가액 × 0.5%	○	사업자
	§60⑦ (3)	「매입처별세금계산서 합계표」 공급가액 과다기재	과다신고 공급가액 × 0.5%	○	사업자
	§60⑧	「현금매출명세서」, 「부동산임대공급가액 명세서」 미제출	미제출(차액) 공급가액 × 0.5%	○	사업자
상속세및증여세법	§78③	「출연재산사용 계획 및 진도보고서」 미제출	미제출분 상속세, 증여세 × 1%	○	공익법인
	§78④	주식등 보유기준 초과보유	초과보유주식 매년말 시가 × 5%	–	
	§78⑤	「외부전문가의 세무확인」		○	
		「출연재산 및 공익사업운용명세」등 장부작성, 외부감사의무 미이행	(수입금액 + 해당연도 출연재 산가액) × 7/10,000	–	
	§78⑥	출연자의 특수관계인 1/5 초과 이사, 임·직원 선임	이사·임직원으로 인한 직·간 접경비 전액	–	

세법	조항	가산세	가산세액	한도	적용대상
상속세및증여세법	§78⑦	특수관계주식 등 보유기준(30%, 50%) 초과보유	매년말 초과보유주식 등 시가 × 5%	－	공익법인
	§78⑧	특수관계 내국법인의 이익증대 목적 정당대가 없이 광고·홍보행위	광고·홍보행위에 직접 지출경비 전액	－	
	§78⑨	운용소득 기준금액 미달사용 또는 매각대금 3년 내 기준금액 부족사용	사용액 × 10%	－	
	§78⑩	전용계좌 미사용	전용계좌 미사용액 × 0.5%	－	
		전용계좌 개설·신고 미이행	MAX[수입금액 × 0.5%, 거래금액 × 0.5%]	－	
	§78⑪	결산서류 등 미공시, 오류공시로 공시·시정요구 지정 후 기한 내 미이행	연도말 자산총액 × 0.5%	－	
	§78⑫	「지급명세서」등 미제출, 누락 및 불명제출	미제출 등 금액 × 0.2%(주식 등 명의개서, 신탁업무 취급자의 경우 0.02%)	○	「지급명세서」 제출의무자
조세특례제한법	§30의5 ⑤	「창업자금사용명세」 제출불성실	「창업자금사용명세」 미제출 및 불명 제출액 × 0.3%	○	창업자금을 증여받은 자
	§90의2	세금우대자료 미제출	세금우대자료 기간내 미제출 시 미제출 계약이나 해지 건당 2천원(제출기간 종료월의 다음달 말일까지 제출시 50% 경감)	○	세금우대저축 자료제출기관
	§86의3	소기업·소상공인공제 부금 해지추징	해지로 인한 기타소득	－	중소기업 중앙회
	§100의25	동업기업 무신고, 과소신고, 원천징수세액 납부불성실	• 무신고 : 신고할 소득금액 × 4% • 과소신고 : 적게 신고한 소득금액 × 2% • 원천징수납부불성실 : MAX[미납세액 × 미납일수 × 이율(3/10,000), 미납세액 × 5%] 단, 10% 한도	－	동업기업
	§105	축산업용 기자재 부당 영세율 적용	농민이 아닌 자가 축산업용 기자재·사료 영세율적용 시 공급가액 × 10% + 부가세액 × 10%	－	부당 영세율적용자
	§105의2	농어업용 기자재 부가가치세 환급 시 부정환급 미통보	환급대행자가 농민이 아니거나 부정환급 미통보시 환급세액 × 10%	－	환급대행자

세법	조항	가산세	가산세액	한도	적용대상
조세특례제한법	§106의2	농·임·어업용, 연안여객선박용 석유류 부가세등 부당감면	• 농어민등이 면세유류구입카드등으로 공급받은 석유류를 용도 외 사용시 등 감면세액 + 감면세액 × 40% • 면세유류관리기관인 조합이 카드부정 발급시(부정행위 감면세액 × 40%, 관리부실 20%)	–	• 면세유 공급 받은 농어민 등 • 면세유류관리기관인 조합
	§106의3	면세추천받은 금지금에 대한 부가가치세 부당면세	• 면세추천받은 금지금을 타인에게 공급하는 경우 면세부가세 × 10% • 면세 금지금거래 보고·장부기록, 관리보관의무 미이행 금액 × 1/100	–	금지금도매업자 등과 금융기관
	§106의4	금관련 제품에 대한 부가가치세 매입자 납부특례 위반	금거래계좌를 사용하지 않고 금관련 제품의 가액을 결제받은 경우 그 제품가액 × 20%	–	금사업자
	§106의7	부가가치세 경감세액 사용의무 위반	(미지급경감세액 × 20%) + 이자상당액(=미지급경감세액상당액 × 일수 × 3/10,000)	–	일반택시 운송사업자
	§109의2	노후자동차 교체에 대한 개별소비세 부당감면	감면세액 + 감면세액 × 10% (노후자동차 1대당 신차2대 이상 감면시 40%)	–	노후자동차 교체자
	§111의2	경형승용차·소형화물 자동차 연료에 대한 개별소비세 부당 환급	해당 자동차연료 외로 사용한 유류의 환급세액 + 환급세액 × 40%	–	경형승용차 등 소유자
	§111의3	택시면세유류구매카드로 구입한 부탄을 용도 외 사용	택시운송사업용 외의 용도로 사용한 부탄감면액 + 면세액 × 40%	–	택시운송 사업자

제 **3** 절

과태료

 과태료 제도

세법은 그동안 행정벌로서 가산세 제도, 「조세범 처벌법」은 조세형벌로서 징역이나 벌금과 함께 과태료를 부과하는 규정을 두어 세법질서를 단속하게 했다.

하지만 2018년 말 「조세범 처벌법」에서 정하고 있던 명령사항 등 위반 등 각종 과태료 규정은 행정벌이라는 이유로 「국세기본법」으로 이관되었다.

과세관청이 행정질서벌인 과태료를 부과할 것인지, 행정형벌을 부과할 것인지와 함께 과태료를 부과하기로 한 경우 그 과태료의 액수를 정하는 것은 입법재량에 속한다. 이러한 과태료는 의견 제출 기한 내에 자진납부하거나 각종 경감요건에 해당되는 경우 이를 경감받을 수 있고 다양한 방법을 인정하고 있어 침해의 최소성 원칙을 지키고 있는 것으로 평가된다.

② **과태료의 종류**

과거 과태료의 부과에 관한 규정은 형법의 특별법인 「조세범 처벌법」에서 정하고 있었고, 대부분 세법상 명령위반에 대한 벌칙에 관한 것이었다.

하지만 2018년 말 세법개정시 세법상 의무 위반에 대한 형벌만 남기고 그 밖에 행정질서벌인 과태료에 관한 규정은 모두 각 해당 개별 세목의 실체법으로 이관되었다.

대신 세금계산서와 유사한 계산서 발급의무 위반 등에 대한 처벌규정이 신설되고 해외금융계좌 신고의무 불이행에 대한 '벌금' 등 처벌 제도는 조세형벌 규정에 해당하므로 「국제조세조정에 관한 법률」에서 「조세범 처벌법」으로 이관되었다.

(1) 직무집행 거부 등에 대한 과태료

관할 세무서장 등 과세관청은 세법의 질문·조사권 규정에 따른 세무공무원의 질문에 대하여 거짓으로 진술하거나 그 직무집행을 거부하거나 기피한 자에게 2천만원 이하의 과태료를 부과·징수한다[국기법 §88].

(2) 금품 수수·공여에 대한 과태료

관할 세무서장이나 세관장은 세무공무원에게 금품을 공여供與한 자에게 그 금품 상당액의 2배 이상 5배 이하의 과태료를 부과·징수한다.

만약 「형법」 등 다른 법률에 따라 형사처벌을 받은 경우에는 과태료를 부과하지 아니하고, 과태료를 부과한 후 형사처벌을 받은 경우에는 과태료 부과를 취소한다[국기법 §89].

(3) 비밀유지 의무 위반에 대한 과태료

국세청장은 「국세기본법」[§81의13①]에 따라 제공받은 과세정보를 타인에게 제공·누설하거나 그 목적 외의 용도로 사용한 자에게 2천만원 이하의 과태료를 부과·징수한다.

만약 「형법」 등 다른 법률에 따라 형사처벌을 받은 경우에는 과태료를 부과하지 아니하고, 과태료를 부과한 후 형사처벌을 받은 경우에는 과태료 부과를 취소한다[국기법 §90].

(4) 개별세법에서의 과태료

「국세기본법」 등 세법에서 세법상 명령을 위반하거나 서류제출 등 협력의무를 위반한 경우 부과하는 과태료는 다음과 같다.

세법	과태료 부과 대상자	과태료
소득세법 [§176, §177], 법인세법 [§123, §124]	신용카드가맹점, 현금영수증가맹점에 대한 세법상 명령을 위반한 자	2천만원 이하
	해외현지법인 명세서등(해외부동산등의 투자 명세, 해외부동산등과 관련된 자료는 제외)의 자료제출기한까지 해외현지법인 명세서등을 제출하지 아니하거나 거짓된 해외현지법인 명세서등을 제출한 자, 자료제출이나 보완을 요구받아 기한까지 해당 자료를 제출하지 아니하거나 거짓된 자료를 제출한 자 * 기한까지 자료제출이 불가능하다고 인정되는 경우 등 정당한 사유가 있는 경우에는 과태료 부과제외	5천만원 이하
	해외부동산등의 투자명세, 해외부동산등과 관련된 자료의 제출기한까지 해외부동산등의 투자 명세등을 제출하지 아니하거나 거짓된 해외부동산등의 투자 명세등을 제출, 자료제출이나 보완을 요구받아 기한까지 제출하지 아니하거나 거짓된 자료를 제출한 자 * 기한까지 자료제출이 불가능하다고 인정되는 경우 등 정당한 사유가 있는 경우 과태료 부과제외	해외부동산등의 취득가액·처분가액, 투자운용소득의 10% 이하 (1억원 한도)
	취득자금 출처에 대한 소명대상 금액의 출처에 대하여 소명하지 아니하거나 거짓으로 소명한 자 * 천재지변 등 정당한 사유가 있는 경우에는 과태료 부과제외	미소명·거짓 소명금액의 20% 상당

세법	과태료 부과 대상자	과태료
부가가치세법 [§76]	부가가치세 납세보전, 조사를 위해 장부·서류나 그 밖의 물건을 제출하게 하거나 그 밖에 필요한 사항에 관한 명령을 위반한 자	2천만원 이하
개별 소비세법 [§29]	외국항행선박, 원양어업선박에 사용할 목적으로 개별소비세를 면제받는 석유류 중 외국항행선박·원양어업선박 외의 용도로 반출한 석유류를 판매하거나 그 사실을 알면서 취득한 자	판매가액이나 취득가액의 3배 이하
	개별소비세 납세 보전을 위해 과세물품의 판매자·제조자와 과세장소·과세유흥장소·과세영업장소의 경영자에게 세금계산서 발행, 입장권 사용, 영수증 발행, 표찰標札의 게시揭示, 그 밖에 단속을 위하여 필요한 사항에 관한 명령을 위반한 자	2천만원 이하
주세법 [§56]	주세 보전명령, 납세증명표지에 관한 명령, 면허를 받지 아니하고 제조한 주류·면세한 주류·납세증명표지가 붙어 있지 아니한 주류를 판매의 목적으로 소지하거나 판매한 자, 검정을 받지 아니한 기계·기구·용기를 사용한 자	2천만원 이하
국조법 [§35]	해외금융계좌정보 신고의무자가 신고기한 내에 해외금융계좌정보를 신고하지 아니하거나 과소신고한 자 * 처벌되거나 통고처분을 받고 통고대로 이행한 경우에는 과태료 부과제외, 신고기한 내에 해외금융계좌정보를 신고한 자로서 과소신고한 자는 과태료를 부과하기 전까지 수정신고 가능, 신고기한 내에 무신고한 자는 과태료를 부과하기 전까지 기한 후 신고 가능	미신고: 미신고액의 20% 이하, 과소신고시: 신고금액과 신고해야할 금액간 차액의 20% 이하
	해외금융계좌정보 신고의무자가 신고의무 위반금액의 출처에 대하여 소명하지 아니하거나 거짓으로 소명한 자 * 천재지변 등 정당한 사유가 있는 경우 과태료 부과제외	미소명·거짓소명한 금액의 20% 상당
국조법 [§31의4]	금융정보의 제공을 요구받은 금융회사 등이나 정보의 제공을 요구받은 자가 정당한 사유 없이 제공하지 아니하거나 거짓으로 제공한 자	3천만원 이하
국조법 [§12]	국제거래명세서·국제거래정보통합보고서를 제출할 의무가 있는 자, 자료 제출을 요구받고도 정당한 사유 없이 자료를 기한까지 제출하지 아니하거나 거짓의 자료를 제출한 자	1억원 이하
	국제거래명세서·국제거래정보통합보고서 제출의무를 해태하여 과태료를 부과받은 자에게 30일의 이행기간을 정하여 자료를 제출하거나 거짓 자료를 시정할 것을 요구받고도 기간 내에 자료제출이나 시정 요구를 이행하지 아니하는 자	지연기간에 따라 2억원 이하 추가부과

세법	과태료 부과 대상자	과태료
교통에너지 환경세 [§25]	외국항행선박·원양어업선박에 사용할 목적으로 교통·에너지·환경세를 면제받는 석유류 중 외국항행선박·원양어업선박 외의 용도로 반출한 석유류를 판매하거나 그 사실을 알면서 취득한 자	판매가액·취득 가액의 3배 이하
	납세보전을 위해 과세물품의 제조자·판매자등에 대하여 세금계산서의 발행, 그 밖에 단속상 필요한 사항에 관한 명령을 위반한 자	2천만원 이하
조특법 [§106의2 제21항]	농민, 임업에 종사하는 자, 어민이 농업·임업·어업에 사용하기 위한 면세유를 공급받은 자로부터 취득하여 판매한 자	판매가액의 3배 이하
지방세 기본법 [§108]	「지방세징수법」에 따른 자동차나 건설기계의 인도 명령을 위반한 자	500만원 이하
	지방세관계법에 따른 질문·검사권 규정에 따른 세무공무원의 질문에 대하여 거짓으로 진술하거나 그 직무집행을 거부하거나 기피한 자	

③ 과태료의 부과 세부기준

과태료 대상	위반행위	과태료 금액
소득세법, 법인세법	해외현지법인 명세서등(해외현지법인 명세서, 해외현지법인 재무제표, 손실거래명세서, 해외영업소 설치현황표)을 기한까지 미제출, 거짓제출한 경우	개인은 건별 500만원 법인은 건별 1천만원
	해외부동산등의 투자명세등 : 해외부동산 취득·투자운용(임대) 및 처분명세서	해외부동산등의 취득가액의 1% (5천만원 한도)
	해외현지법인명세서등을 보완요구받은 날부터 60일 이내 미제출, 거짓제출	개인은 건별 500만원 법인은 건별 1천만원
	해외부동산등의 투자명세등을 보완요구받은 날부터 60일 이내 미제출, 거짓제출	해외부동산등의 취득 가액의 1% (5천만원 한도)
	신용카드가맹점에 대한 명령사항을 위반한 경우	신용카드거래 거부· 허위전표발급액의 20%(2천만원 한도)

과태료 대상	위반행위	과태료 금액
소득세법, 법인세법	현금영수증가맹점에 대한 명령사항을 위반한 경우	현금영수증 미발급, 허위발급액의 20%(2천만원 한도)
	그 밖의 명령	건별 50만원
국조법 * 국조법상 과태료는 그 위반행위의 정도, 위반 횟수, 위반행위의 동기와 결과 등을 고려 해당 과태료 금액의 2분의 1 감경·중과 가능(중과시는 한도범위 내만 가능)	「국제거래명세서」 전부·일부를 제출하지 아니하거나 거짓으로 제출한 경우	국외특수관계인별 500만원
	「통합기업보고서」, 「개별기업보고서」, 「국가별보고서」 전부·일부를 제출하지 아니하거나 거짓으로 제출한 경우	보고서별 3천만원
	납세의무자나 국외특수관계인의 자산의 양도, 매입에 관한 각종 계약서, 제품가격, 제조원가계산서, 특수관계와 그 외를 구별한 품목별 가격표, 용역제공시는 이에 준하는 서류, 국제거래가격결정자료, 특수관계인과의 가격결정 내부지침, 해당거래와 관련된 회계처리기준·방법, 국외특수관계인과의 용역거래 거래내용 파악할 수 있는 자료, 정상원가분담액 등에 의한 과세조정과 관련해 원가분담약정서 등의 서류의 전부·일부를 제출하지 아니하거나 거짓으로 제출한 경우	5천만원
	법인의 조직도·사무분장표, 해당거래와 관련된 자의 사업활동내용, 특수관계있는 자와의 상호출자현황 등 자료 중 전부·일부를 제출하지 아니하거나 거짓으로 제출한 경우	3천만원
	소득세, 법인세신고시 누락된 서식·항목 등 자료 중 전부·일부를 제출하지 아니하거나 거짓으로 제출한 경우	7천만원
	자료제출의무 불이행에 따라 과태료를 부과받은 자에게 30일의 이행기간을 정해 자료제출, 거짓자료를 시정요구해도 기간 내에 자료제출이나 시정요구를 이행하지 않는 경우	$(1 + \dfrac{지연기간}{30}) \times$ 각호금액 (2억원 한도)
	권한 있는 당국이 요구한 금융정보 전부를 제공하지 아니하거나 거짓으로 제공한 경우(금융회사등의 장이 권한 있는 당국의 시정 요구에 따라 기한 내에 시정한 경우 해당 과태료 부과제외 가능)	2천만원
	권한 있는 당국이 요구한 금융정보 중 일부를 제공하지 아니한 경우	1천만원
	해외금융계좌를 신고하지 아니하거나 과소 신고한 금액이 20억원 이하인 경우 * 수정신고 경감률:6월내 90%, 6월~1년:70%, 1~2년:50%, 2~4년:30% * 기한후신고경감률:1월내 90%, 1~6월:70%, 6월~1년:50%, 1~2년:30%	해당금액의 10%

과태료 대상	위반행위	과태료 금액
국조법	해외금융계좌를 신고하지 아니하거나 과소 신고한 금액이 20억원 초과 50억원 이하인 경우	2억원 + 해당 금액 중 20억원을 초과한 금액의 15%
	해외금융계좌를 신고하지 아니하거나 과소 신고한 금액이 50억원 초과인 경우	6억5천만원 + 해당 금액 중 50억원을 초과한 금액의 20%
	해외금융계좌정보 신고의무자가 신고의무 위반금액의 출처를 소명하지 아니하거나 거짓으로 소명한 경우(천재지변 등 정당한 사유가 있는 경우 부과제외)	미소명, 거짓소명한 금액의 20%
지방세 기본법	「지방세징수법」[§56②]에 따른 자동차나 건설기계의 인도명령을 위반한 경우	최근 1년간 1회 200만원, 2회 300만원, 3회 이상 500만원 (1/2 범위에서 감경과 중과 가능)
	질문·검사권 규정에 따른 세무공무원의 질문에 대하여 거짓으로 진술하거나 그 직무집행을 거부하거나 기피한 경우	

④ 과태료의 부과 절차

(1) 과태료 부과와 불복청구

과세관청이 세법에 따른 과태료 부과대상자에게 과태료 부과를 하기 위해서는 「질서위반행위규제법」에 따라 사전통지를 한 후 과태료 부과를 하게 된다.

과세관청의 과태료 부과에 과태료 부과대상자가 불복하고자 하는 경우에는 이의신청, 심판청구 등 조세불복이나 행정소송을 제기할 수 없다. 하지만 「질서위반행위규제법」에 따라 과태료 부과 통지를 받은 날부터 60일 이내에 행정청에 서면으로 이의제기를 할 수 있고, 과세관청은 이의제기를 받은 날부터 14일 이내에 관할 법원에 통보하여야 한다.

이에 따라 법원은 「질서위반행위규제법」에 따른 절차에 의해 심문기일을 열어 당사자의 진술을 듣는 등 심리를 통해 이유를 붙인 결정을 함으로써 과태료 재판을 하게 한다.

과세관청이 과태료 부과에 관한 사전통지를 한 후 해당 과태료 부과대상자가 의견 제출기한 이내에 통지한 과태료를 자진납부하는 경우에는 과태료 납부의무는 구체적으로 확정·이행되어 과태료 부과와 징수절차는 자동으로 종료된다.

만약 과태료 부과처분이 존재하지 아니하거나 당연무효라고 볼만한 중대하고 명백한 하자가 있는 경우 납부한 과태료는 부당이득이 되므로 민사소송을 통해 부당이득반환을 청구할 수 있다.

(2) 「질서위반행위규제법」에 의한 부과절차

1) 과태료 사전통지와 사전청문

과세관청이 세법에 따른 명령사항 위반, 협력의무 위반 등 질서위반행위에 대하여 과태료를 부과하고자 하는 때에는 미리 과태료 부과대상자에게 통지하고, 10일 이상의 기간을 정하여 의견을 제출할 기회를 주어야 한다. 이 경우 지정된 기일까지 의견 제출이 없는 경우에는 의견이 없는 것으로 본다.

당사자는 의견 제출기한 이내에 행정청에 의견을 진술하거나 필요한 자료를 제출할 수 있다.

2) 과태료 부과

과세관청은 과태료 부과대상자의 의견 제출 절차를 마친 후에 서면(당사자가 동의하는 경우에는 전자문서를 포함한다)으로 과태료를 부과하여야 한다.

3) 과태료 감경

과세관청은 과태료 부과대상자가 의견 제출 기한 이내에 과태료를 자진하여 납부하고자 하는 경우에는 과태료를 감경할 수 있다. 만약 부과대상자가 감경된 과태료를 납부한 경우에는 해당 질서위반행위에 대한 과태료 부과·징수절차는 종료한다.

4) 법원에 대한 이의제기와 결정

과세관청의 과태료 부과에 불복하는 부과대상자는 과태료 부과 통지를 받은 날부터 60일 이내에 해당 행정청에 서면으로 이의제기를 할 수 있다. 이의제기가 있는 경우에는 행정청의 과태료 부과처분은 그 효력을 상실한다.

부과대상자로부터 이의제기를 받은 과세관청은 이의제기를 받은 날부터 14일 이내에 이에 대한 의견과 증빙서류를 첨부하여 관할 법원에 통보하여야 한다.

관할 법원은 심문기일을 열어 당사자의 진술을 들어야 하며, 과태료 재판은 이유를 붙인 결정으로써 이뤄진다.

⑤ 과태료 부과의 효과

(1) 불복청구 대상 제외

세법에 따른 과세관청의 처분으로서 위법·부당한 처분을 받거나 필요한 처분을 받지 못함으로 인하여 권리나 이익을 침해당한 자는 그 처분의 취소나 변경을 청구하거나 필요한 처분을 청구할 수 있다. 하지만 「조세범 처벌절차법」에 따른 통고처분, 「감사원법」에 따라 심사청구를 한 처분이나 그 심사청구에 대한 처분과 함께 세법에 따른 과태료 부과처분에 대하여는 불복청구를 할 수 없다.

과세관청이 납세자 등에게 세법에 따른 과태료 처분을 한 경우 세법에 따른 불복이나 행정소송을 할 수 없다.

(2) 포상금의 지급기준

국세청장은 조세를 탈루한 자에 대한 탈루세액이나 부당하게 환급·공제받은 세액을 산정하는 데 중요한 자료를 제공한 자 등에게는 20억원~40억원의 범위에서 포상금을 지급할 수 있다.

하지만 이 경우라도 탈루세액, 부당하게 환급·공제받은 세액, 은닉재산의 신고를 통하여 징수된 금액이 5천만원, 해외금융계좌 신고의무 불이행에 따른 과태료가 2천만원 미만인 경우나 공무원이 그 직무와 관련하여 자료를 제공하거나 은닉재산을 신고한 경우에는 포상금을 지급하지 아니한다.

그러므로 해외금융계좌 신고의무 불이행에 대한 과태료를 징수한 금액은 중요한 자료를 제공한 자에 대한 포상금 지급의 기준이 된다.

제 **4** 절

조세범 처벌

① 조세범 처벌제도

세법은 조세채권을 원활하게 확보할 수 있도록 세법상 의무의 이행을 강제하는 가산세와 성실한 조세의 납부를 강제하는 가산금·중가산금 등 행정적인 제재수단을 두고 있다.

이러한 행정적 제재수단은 국가와 지방자치단체의 재정을 조달하는 과세관청이 가진 자력집행력自力執行力, self enforcement[483]에 따라 인정되는 것으로 그 수단은 세법상 목적을 달성할 수 있는 가장 경제적이고 효율적인 것을 선택하여야 한다.

하지만 납세의무의 성실한 이행을 담보하기 위한 수단 중 가장 강력한 것은 납세자가 세법이 정한 의무를 위반한 경우 「조세범 처벌법」에 따라 국가 형벌권을 사용하는 것이다.

이를 위해 조세에 관한 범죄, 즉 조세 범칙행위의 내용과 처벌사항을 정한 「조세범 처벌법」과 조세에 관한 범칙사건의 처리절차를 정한 「조세범 처벌절차법」을 특별히 두고 있다.

조세범 처벌제도는 조세법의 위반행위에 대하여 처벌하여 조세법의 실효성을 보장하려는 직접적인 목적과 함께 납세자에게 심리적 압박을 가하여 장래에 그 의무의 이행을 담보하려는 간접적인 목적도 갖고 있다.[484]

(1) 조세범의 분류

'조세범'租稅犯, tax criminal은 「조세범 처벌법」에서 정하고 있는 세법을 위반한 범죄인이나 범칙행위를 말한다. 이러한 조세범은 다음과 같이 분류된다.

1) 조세수입의 감소에 따른 분류

조세범은 조세수입이 감소되는 지 여부에 따라 '실질적 조세범'과 '형식적 조세범'으로 나눈다.[485]

---

483) "자력집행력"[독]Vollstreckbarkeit이란 행정행위의 내용을 행정청 자체의 강제력으로 실현할 수 있는 효력을 말한다. 이는 일반적으로 행정행위의 본질에 고유하게 내재된 것이 아니라 실정법의 규정에 따라 성립하는 것으로 인식되고 있다.

484) 최명근, 『세법학총론』, 세경사, 1992, pp.573~574.

485) 조세범의 분류에서 '실질적' 또는 '형식적'이라는 표현을 쓰는 것은 형법에서 범죄를 '실질범'과 '형식범'으

실질적 조세범實質的 租稅犯은 세법이 정하고 있는 납세의무를 이행하지 아니하거나 고의적으로 회피함으로써 조세수입을 감소시키거나 감소시킬 우려가 있는 조세범죄를 말하며, 형식적 조세범形式的 租稅犯은 간접적인 과세절차를 위반함으로써 직접적인 조세수입의 감소를 가져오지 않는 조세범죄를 말한다.

2) 실정법상의 분류

「조세범 처벌법」은 더 직접적으로 조세범죄(범죄행위)에 따라 국가나 지방자치단체의 과세권이 침해되었는지 여부와 그 침해의 정도에 따라 '실질적 탈세범', '형식적 탈세범'과 '조세질서범'으로 구분한다.

① 실질적 탈세범

국가나 지방자치단체의 재정권을 침해하여 직접적으로 조세수입을 감소시키는 범칙행위

② 형식적 탈세범

국가나 지방자치단체의 재정권을 침해하여 조세수입의 감소를 추구하였으나 실제로 조세수입이 감소되지는 않은 범칙행위

③ 조세질서범

조세질서의 확보를 위해 정한 의무를 위반하여 과세권의 행사를 방해하는 범칙행위

(2) 조세범의 성격

우리나라에서는 조세에 관한 범죄를 다른 범죄와 같이 일반 형사법에서 다루지 않고 「조세범 처벌법」과 「조세범 처벌절차법」이라는 조세관계법을 별도로 두고 범죄의 구성요건과 처벌내용을 규정하고 있다.

「조세범 처벌법」과 「조세범 처벌절차법」이 아무리 세법이라 해도 그 처벌에 있어서는 징역이나 벌금 등 형벌을 과하기 때문에 실질적으로 다른 형사법과 차이가 없다.

이렇게 세법과 형법이라는 양면성을 가진 조세범 처벌에 관한 법률의 존재형식을 고려할 때 조세범의 성격은 행정범行政犯인지 아니면 형사범刑事犯인지가 모호하다.

조세범 처벌을 국가의 재정권 보호의 입장에서 재정상의 손실을 보전하여 재정수입의 확보를 위한 담보적 기능으로 파악하면 행정범으로 볼 수 있지만, 조세범의 해악성害惡性이 형

로 분류하는 데에 근거한 것이다. '실질범'[독]Materialdelikt은 법률이 보호하는 법익法益을 침해하는 결과나 침해할 위험을 발생시켰을 때 성립하는 범죄를 말하며, '형식범'[독]Formaldelikt은 법익을 침해할 위험이 없지만 행정상 단속을 위해 처벌하는 범죄를 말한다.

법상 범죄의 그것과 다를 바 없어 일반 형사범의 하나로 보면 형사범이 될 것이다.

역사적으로 근대까지 조세범은 행정법규를 위반한 것으로 보아 행정범으로 인식하여 왔으나 최근에는 조세범이 헌법상 국민의 의무인 납세의무를 고의로 회피하여 다른 국민의 세 부담을 증가시키고 국가의 조세채권이라는 실질적인 법익을 중대하게 침해하여 반윤리적이고 정의에 어긋나게 되는 점을 중시하여 형사범으로 보는 견해가 확대되었다.

하지만 「조세범 처벌법」에 '고발전치주의'告發前置主義, 「형법」상 책임제한 등 행정범적인 요소가 많이 있을 뿐만 아니라 조세범칙에 관한 법률이 원활한 국가 재정수입을 위한 조세법의 형식을 취하고 있으므로 「조세범 처벌법」에 따른 조세범칙행위 전부를 「형법」에서 정한 범죄와 동일시하여 형사범으로 보기는 어렵다.

그러므로 국가의 재정권을 제대로 보호받기 위해서는 조세포탈범과 같이 조세범칙행위 중 비교적 중대하다고 할 수 있는 것에 대하여는 행정법규인 「조세범 처벌법」이 아닌 「형법」에 담아 규율하는 것이 필요하다.[486]

> **참고**   **조세범의 본질에 대한 논란**
>
> ■ 조세범의 성격은 행정범인가 형사범인가?
>
> 조세범은 조세법과 밀접한 관계를 맺고 있기 때문에 「형법」이 아닌 행정법규인 「조세범 처벌법」 등 조세관계법에 규정하고 있지만 그 제재수단에 있어서는 징역형·벌금형 등 형벌을 부과하는 점에서 「형법」과의 관련성도 적지 않다.
>
> 그러므로 조세범죄의 성격은 '행정범'行政犯과 '형사범'刑事犯의 양면적인 성질을 모두 지닌다고 할 것이다.
>
> 행정범과 형사범의 구별이 가능하다는 전제에서 이들을 구별하는 기준은 '윤리'가 될 것이다. 「행정범」은 일정한 행정목적을 달성하기 위하여 국가로부터 명령이나 금지되어야 법적 비난의 대상이 되는 반면, 「형사범」은 범죄 자체가 비윤리성·반사회성을 띠므로 국가의 명령이나 금지를 기다리지 않고도 일반 국민이 명백하게 범죄라고 인식한다.[487]
>
> 역사적으로 조세범의 본질과 관련하여 행정범으로 보는 것은 '국고주의'國庫主義 법사상에서, 형사범으로 보는 것은 근대형법의 기본원칙인 '책임주의'責任主義 법사상에서 비롯된 것이다.
>
> ① 국고주의와 행정범
>
>   조세범을 국가의 재정권의 보호를 위한 행정법규를 위반한 것으로 인식함으로써 조세범의 처벌은 국가의 재정수입 확보를 담보하기 위하여 손상된 재정권을 회복하기 위한 재정정책적인 수단으로서 파악한다.
>
>   이러한 국고주의는 조세제도가 성립한 이후 근대까지의 일반적인 조세형법에 대한 인식이 되어왔으며, 지금도 조세징수를 극대화하려는 국가에서 강조되고 있다.

---

486) 2010년 「조세범 처벌법」의 전면 개정에서 「형법」 총칙의 적용 확대, 조세포탈죄 양형체계의 개편, 질서범에 대한 과태료 부과 전환 등을 통해 종래 국고주의 체계를 책임주의 조세형법 체계로 개편하고자 하였다.

② 책임주의와 형사범

조세범도 다른 형사범과 마찬가지로 그 보호법익에 어긋나 반사회적·반윤리적인 행위를 한 것으로 파악함으로써 헌법상 규정된 납세의무를 고의로 회피하는 것은 사회적 해악성害惡性을 처벌하는 일반 형사범죄와 다름이 없다고 인식한다.

이러한 책임주의는 오늘날 대부분의 국가가 복지국가를 지향하면서 재정권의 확보가 중시되면서 선진 제국에서 강조되고 있다.

■ 조세범의 보호범익은 조세채권인가, 조세제도에 대한 공동체의 신뢰인가?

조세범을 처벌하는 것은 조세법이 보호하는 법익法益, [독]Rechtsgut을 침해하거나 침해할 우려가 있기 때문이다. 이 때 조세법이 조세범을 처벌하면서까지 보호하는 법익이 무엇인지에 대하여 '조세채권'이라는 주장과 '조세제도에 대한 사회공동체의 신뢰'라는 주장이 있다.

① 조세채권

조세범을 처벌하는 법규가 보호하는 법익은 완전한 국가의 재정권의 행사라는 것이다. 헌법이 정하는 국민의 납세의무를 게을리 하면 국가의 존립이 위태롭게 되고 국민도 안정적인 생활을 할 수 없게 되기 때문이다. 하지만 현대의 복지국가는 국민으로부터 받은 조세수입으로 사회공동체를 위한 국가적 역무를 수행하는 대리인으로 인식되면서 보호법익을 조세채권으로만 보는 것은 한계가 있다.

② 조세제도에 대한 공동체의 신뢰

사회공동체의 공존을 가능하게 하는 사회제도의 대표인 조세제도에 대하여 공평하게 조세를 부담한다는 일반의 신뢰를 보호하여야 한다는 것이다. 대다수의 사회구성원이 조세법과 세무행정을 신뢰하고 반대급부 없는 조세를 부담하는 것은 모든 사회구성원들이 공평한 조세부담을 할 것이라는 신뢰에 기초한 것으로 보호받아야 하기 때문이다.

(3) 조세범의 특징

1) 책임벌주의

'책임벌주의'責任罰主義, punishment on a position of trust는 범죄의 행위자 외에 그 범죄에 대한 책임이 있는 자가 있는 경우 그 행위자와 책임자를 같이 처벌하는 것을 말한다.

책임벌주의는 '양벌주의'兩罰主義, '쌍벌주의'雙罰主義라고도 하는데, 형사범에 있어서 범죄행위자(범죄주체)와 처벌을 받는 자(형벌주체)가 일치할 것을 요구하는 '행위자 처벌의 원칙'의 중대한 예외이다.[488]

「조세범 처벌법」[§18]과 「지방세기본법」[§18]은, 조세에 관한 법률을 위반한 자에 대한

---

487) 류전철, 「조세범죄의 형사법화의 관점에서 조세포탈범의 고찰」, 『형사정책』, 2003.
488) 책임벌 제도의 존재 근거는 타인의 행위에 대한 무과실책임으로 보는 '무과실책임설'無過失責任說과 감독권자로서 주의의무를 게을리하여 자신의 책임을 다하지 않은 것으로 보는 '과실책임설'果實責任說로 나뉘어진다.

처벌사항을 규정하면서 직접적으로 조세범칙을 위반한 자 외에 고용관계 등으로 소속된 법인·개인에 대하여도 함께 처벌하도록 '양벌 규정'을 두고 있다.

즉 법인(「국세기본법」에 따라 법인으로 보는 단체를 포함한다)의 대표자, 법인·개인의 대리인, 사용인, 그 밖의 종업원이 그 법인·개인의 업무에 관하여 조세범칙행위를 하면 그 행위자를 처벌할 뿐만 아니라 그 법인·개인에게도 해당 조문의 벌금형을 부과한다.

하지만 법인·개인이 그 위반행위를 방지하기 위하여 해당 업무에 관하여 상당한 주의와 감독을 게을리 하지 아니한 경우에는 양벌규정을 적용하지 않는다.

2) 병과주의

'병과주의'倂科主義, [독]Kummulationspinzip는 하나의 범죄에 두가지 이상의 형을 지우도록 하는 처벌기준을 정하고 이를 같이 적용하여 처벌하는 것을 말하며 '병과벌주의倂科罰主義'라고도 한다.[489]

병과는 법률에 따라 반드시 병과하여야 하는 「필요적 병과」, 징역과 벌금을 병과할 수 있는 범칙행위를 따로 정하는 「임의적 병과」로 구분된다.

① 필요적 병과

필요적 병과는 「특정범죄 등의 가중처벌에 관한 법률」[§8②, §9②]에 따라 가중처벌하는 다음의 범칙행위는 포탈세액, 환급·공제받은 세액의 2배 이상 5배 이하의 벌금을 병과한다.

(i) 포탈세액, 환급·공제받은 세액이 연간 5억원 이상인 조세포탈범[조범법 §3①: 지기법 §102①]

(ii) 포탈세액, 환급·공제받은 세액이 연간 5억원 이상인 면세유의 부정유통범[조범법 §4]

(iii) 포탈세액, 환급·공제받은 세액이 연간 5억원 이상인 유사석유제품의 제조범[조범법 §5]

(iv) 재화나 용역을 공급하거나 공급받지않고 세금계산서·계산서의 수수, 매출·매입처별세금계산서합계표의 거짓기재 제출,[490] 이러한 행위의 알선·중개한 공급가액

---

489) 병과주의는 각 범죄에서 정한 형을 합산하여 처벌하는 것이다. 이외에도 여러 가지 죄를 범한 경우 처벌의 원칙에는 여러 죄 가운데 가장 중한 죄의 형을 적용하고 다른 가벼운 형은 여기에 흡수시키는 '흡수주의'와 가장 중한 죄의 형을 가중하는 '가중주의'가 있다. 우리나라 형법은 대부분 '가중주의'를 채택하고 있는 반면 미국은 '흡수주의'로 처벌하고 있다.

490) 「특가법」[§8의2②]은 「조세범 처벌법」[§10③]에서 재화나 용역의 공급이 없는 세금계산서 및 계산서 관련 범칙행위의 하나인 '매출처별·매입처별계산서합계표의 거짓 기재 제출'을 정하고 있지 않다. 이는 입법상의 착오나 누락으로 보인다.

이나 매출·매입 합계액이 30억원 이상인 경우[조범법 §10③④]

② 선택적 병과

선택적 병과는 범칙행위 중 징역형과 벌금형을 같이 규정하여 양형量刑에 있어서 사정과 형편에 따라 병과할 수 있도록 하는 것이다.

다음과 같은 범칙행위에 대하여 정상에 따라 해당 범칙행위에 따른 징역형과 벌금형을 병과할 수 있다[조범법 §3②, §10⑤; 지기법 §102③].

(i) 포탈세액, 환급·공제받은 세액이 연간 5억원 미만의 조세포탈범

(ii) 재화나 용역을 공급하거나 공급받지 않고 세금계산서·계산서의 수수, 매출처별·매입처별세금계산서합계표나 매출처별·매입처별계산서합계표의 거짓기재 하여 제출하거나 이러한 행위의 알선·중개한 공급가액이나 매출·매입 합계액이 30억원 미만인 경우

한편 조세범 처벌에 있어서 병과주의를 적용하는 것은 이미 조세포탈액을 추징하는 등 범칙행위로 누린 경제적 이익을 모두 박탈하고도 추가로 벌금형을 병과하는 것이어서 그 부담이 지나치다는 주장도 있다.

3) 세무공무원의 전속고발권

「형사소송법」에서 검사가 공소를 제기할 때 필요한 소송조건에는 '일반소송조건'으로 공소시효公訴時效가 완성되지 않고 재판권이 있어야 하는 것 이외에도 '특별소송조건'으로 고발告發이 반드시 필요한 경우가 있다.

조세범에 대하여 검사가 공소제기를 하기 위해서는 국세청장·지방국세청장·세무서장이나 지방자치단체장의 고발이라는 '특별소송조건'을 필요로 한다[조범법 §21; 지기법 §111].**491)**

이에 따라 지방국세청장·세무서장, 지방자치단체장 등 과세관청은 통고처분을 받은 자가 통고서를 송달받은 날부터 15일 이내에 통고대로 이행하지 아니한 경우에는 고발하여야 하며, 만약 ① 정상情狀에 따라 징역형에 처할 것으로 판단되는 경우 ② 통고처분대로 이행할 자금이나 납부 능력이 없다고 인정되는 경우 ③ 거소가 분명하지 아니하거나 서류의 수령을 거부하여 통고처분을 할 수 없는 경우 ④ 도주하거나 증거를 인멸할 우려가 있는 경우 등 어느 하나에 해당하는 경우에는 통고처분을 거치지 아니하고 그 대상자를 즉시 고발하여야 한다[범절법 §17].

---

491) 지방세기본법은 지방세 포탈에 대한 '고발'권자로서 특이하게 과세관청의 장이 아닌 '지방검찰청 검사장이 지명한 사람인 범칙사건조사공무원을 고발권자로 따로 정하고 있다[지기법 §111].

이처럼 조세범칙행위에 대하여 세무공무원의 '고발'이라는 특별소송조건을 둔 것은 조세가 특별한 전문분야로서 지식과 경험을 가진 세무공무원으로 하여금 일차적으로 조세범칙조사를 하게 함으로써 침해된 재정권을 신속하게 회복할 수 있도록 하기 위한 것이다.

'고발'告發, accusation이란 형사절차에서 범인이나 피해자 등 직접 당사자 이외의 제3자가 수사기관에 범죄사실을 신고하여 그 소추訴追를 요구하는 절차이다.

세무공무원의 고발이 있어야 함에도 고발 없이 한 공소제기는 무효가 되며, 범칙행위를 한 사람은 처벌받지 아니한다.

이처럼 조세범 처벌에 있어 세무공무원의 전속고발권專屬告發權을 인정하고 있는 것은 조세범이 형사범보다는 행정범의 성격이 강하다는 것을 의미한다.

하지만, 「특정범죄 가중처벌 등에 관한 법률」[§8]에서 규정한 포탈세액, 환급·공제받은 세액이 5억원 이상인 조세포탈범의 경우에는 세무공무원의 고발이 없이도 공소를 제기할 수 있다[특가법 §16].

4) 단기 공소시효

'공소시효'公訴時效, statute of limitations는**492)** 일반적인 형사범이 범죄의 경중輕重에 따라 최대 25년에 달하는 상당한 시효기간을 두고 있으나, 조세범은 행정범으로 불확정한 사실상태에서 장기간 존속하는 것이 행정목적에 바람직하지 않아 대부분 7년**493)**으로 비교적 짧게 규정하고 있다.

하지만 법인의 대표자, 법인·개인의 대리인, 사용인, 그 밖의 종업원이 그 법인·개인의 업무에 관해 사기나 그 밖의 부정한 방법으로 연간 5억원 이상 조세를 포탈하거나 환급·공제받음으로써 「특정범죄 가중처벌 등에 관한 법률」[§8]의 적용을 받는 경우 그 법인에 대한 공소시효는 10년이 지나야 완성된다[조범법 §22; 지기법 §112].

한편 「형사소송법」에서의 공소시효는 중단 없이 정지만을 인정하고 있는 데 비하여 조세범칙행위에 있어서는 과세관청의 통고처분이 있을 때에 시효가 중단되도록 하고 있다[범절법 §10; 지기법 §122].

---

492) 형사범을 처벌을 할 수 있는 기간인 형사시효에는 '공소시효'와 '형刑의 시효'로 나뉜다. 앞의 것은 확정판결 전에 일정한 기간의 경과로 형벌권이 소멸하는 것이며 뒤의 것은 확정판결이 있는 후에 형의 집행권을 소멸시키는 제도이다.
493) 2016년부터 공소시효가 7년으로 늘어났다. 국세와 지방세의 공소시효를 정하고 있던 「조세범처벌법」에서 2015년까지의 범칙행위의 공소시효는 5년이었다.

5) 통고처분

① 의 의

'통고처분'通告處分, noticed disposition은 과세관청이 범칙사건을 조사하여 범칙의 심증心證을 갖게 되었을 때 그 이유를 명시하여 벌금이나 과료科料에 해당하는 금액, 몰수沒收나 몰취沒取에 해당하는 물품, 추징금에 해당하는 금액, 서류의 송달비용, 압수물건의 운반·보관비용을 지정한 장소에 납부할 것을 통지하는 행정처분을 말한다.[494]

통고처분에 대하여 범칙혐의자가 통고를 받은 날부터 15일 이내에 통고내용을 이행하면 범칙행위에 대한 처벌이 끝나며 만약 이행하지 않은 경우에는 통고처분을 한 자는 범칙혐의자를 고발해야 한다.[495] 만약 과세관청이 범칙자가 통고대로 이행할 자력資力이 없다고 인정되거나 정상情狀에 따라 징역형에 처할 것으로 판단되는 경우에는 통고를 하지 않고 즉시 고발하여야 한다[범절법 §9; 지기법 §124].

조세범 처벌절차에서 통고처분 제도를 둔 것은 전문적인 과세관청으로 하여금 조세에 관한 범칙사건을 간편하고 신속하게 처리하도록 하여 사법절차가 장기화됨으로써 발생하는 피해를 줄이고 침해된 재정권을 신속히 회복시키기 위해서이다.

② 성 질

통고처분은 과세관청이 행정법규를 위반한 범칙자에 대하여 사법절차에 의한 형사제재에 앞서 벌금 등을 일정한 장소에 납부할 것을 통지하는 준사법적準司法的 행정행위이다.

이처럼 통고처분은 행정처분과 사법처분의 성격을 동시에 가지므로 통고처분을 받은 사람은 그 처분에 대하여 불복의 의사가 있더라도 이의신청, 심사청구 등 불복은 물론 행정소송도 제기할 수 없다[국기법 §55⑤; 지기법 §89②(2)].

과세관청으로부터 통고를 받은 범칙혐의자는 반드시 통고내용대로 이행하여야 할 의무는 없으나 만약 통고를 받은 사람이 통고 내용대로 이행하면 재판상 확정판결과 같은 효력이 인정되어 '일사부재리 원칙'一事不再理 原則에 따라 통고처분 하였던 범칙행위로 고발하거나 처벌받지 않는다.

한편, 통고처분은 「형사소송법」에서의 '공소제기'와 유사한 절차이므로 처분이 있게 되면 공소시효는 중단된다.

---

494) 통고처분시 그 벌금은 국세청 훈령(「벌과금상당액 양정규정」)으로 제정하여 시행하고 있다.
495) 이 때 15일이 지났더라도 고발되기 전에 통고처분을 이행 하였을 때는 고발하지 않는다[범절법 §17②; 지기법 §124①].

(4) 조세범 처벌제도의 한계

현행의 조세범 처벌제도는 입법형식과 적용에 있어 일정한 한계를 보인다. 이는 크게 입법상 문제와 행정상 문제로 나눠 살펴볼 수 있다.

입법상 문제는 조세포탈 등 조세범죄에 대한 '엄벌주의'嚴罰主義를 규정한 조세범 처벌법규에 관한 것이고, 행정상 문제는 모든 조세범죄를 형평성 있게 처벌하지 못하는 행정집행에 있어서의 결함을 일컫는 것이다.

이 같은 입법상 엄벌주의와 행정상 '집행결함'執行缺陷은 조세형법으로서 규범력을 약화시켜 국민들에게 조세범 처벌법규를 내면화하고 준수하려는 의식을 낮게 만든다.[496]

이런 상황에서는 과세관청도 조세범칙에 대한 전속고발권을 오로지 조세정책적 목표를 달성하기 위한 방편이나 행정편의를 위해 행사하게 되어 더욱 유명무실하게 된다.

그러므로 우선 입법적으로는 「조세범 처벌법」상 '엄벌주의'를 대폭 완화하여 조세포탈죄에 있어 일정규모 이상으로 반도덕적인 조세회피만을 처벌하도록 하고, 조세행정에서 「조세범 처벌법」에 따른 조세범칙에 대한 고발 등 행정집행을 예외 없이 강제할 수 있는 처리기준을 마련하고 준수해야 할 것이다.

❷ 조세범 처벌에 관한 법률

납세자가 세법을 위반한 경우 그 처벌을 하도록 조세범칙에 관한 사항을 규정한 법률은 「조세범 처벌법」이다. 또한 조세범칙사건犯則事件을 공정하고 효율적으로 처리하기 위하여 조세범칙조사와 그 처분에 관한 사항을 정한 법률이 「조세범 처벌절차법」이다.

이외에도 조세에 관한 범죄에 관한 내용을 다루는 '조세형법'으로는[497] 「관세법」[제11장~제12장], 「지방세기본법」[제8장 §101~§126], 「특정범죄 가중처벌 등에 관한 법률」[§8] 등이 있다. 이 중에서 「관세법」과 「지방세기본법」은 조세에 관한 범죄의 유형과 벌칙을 규정하고 있다.

「특정범죄 가중처벌 등에 관한 법률」은 조세포탈죄의 포탈세액이나 실물거래 없는 세금계산서 등의 수수금액이 일정한 금액 이상인 경우에만 적용된다.

한편 조세에 관한 형사소송법이라 할 수 있는 「조세범 처벌절차법」은 조세에 관한 범죄에 대하여 형벌을 부과하는 절차를 다룬 것이다.

---

496) 이상돈, 『조세형법론』, 세창출판사, 2009.
497) "조세형법"은 조세범죄를 규정하고 조세범죄에 대한 형벌을 부과하는 법규범을 통칭하는 것이다. 「조세범 처벌법」과 「조세범 처벌절차법」, 조세범과 관계된 「지방세기본법」[제8장], 「특정범죄 가중처벌 등에 관한 법률」의 일부규정[§8, §8의2]도 조세형법으로 볼 수 있다.

- **특정범죄 가중처벌 등에 관한 법률**

【§8 (조세포탈의 가중처벌)】

① 「조세범 처벌법」 제3조 제1항, 제4조 및 제5조, 「지방세기본법」 제102조 제1항에 규정된 죄를 범한 사람은 다음 각 호의 구분에 따라 가중처벌한다.

　1. 포탈하거나 환급받은 세액 또는 징수하지 아니하거나 납부하지 아니한 세액(이하 "포탈세액등"이라 한다)이 연간 10억원 이상인 경우에는 무기 또는 5년 이상의 징역에 처한다.

　2. 포탈세액등이 연간 5억원 이상 10억원 미만인 경우에는 3년 이상의 유기징역에 처한다.

② 제1항의 경우에는 그 포탈세액등의 2배 이상 5배 이하에 상당하는 벌금을 병과한다.

【§8의2 (세금계산서 교부의무위반 등의 가중처벌)】

① 영리를 목적으로 「조세범 처벌법」 제10조 제3항 및 제4항 전단의 죄를 범한 사람은 다음 각 호의 구분에 따라 가중처벌한다.

　1. 세금계산서 및 계산서에 기재된 공급가액이나 매출처별세금계산서합계표·매입처별세금계산서합계표에 기재된 공급가액 또는 매출·매입금액의 합계액(이하 이 조에서 "공급가액등의 합계액"이라 한다)이 50억원 이상인 경우에는 3년 이상의 유기징역에 처한다.

　2. 공급가액등의 합계액이 30억원 이상 50억원 미만인 경우에는 1년 이상의 유기징역에 처한다.

② 제1항의 경우에는 공급가액등의 합계액에 부가가치세의 세율을 적용하여 계산한 세액의 2배 이상 5배 이하의 벌금을 병과한다.

- **관세법**

〈제11장　벌칙〉

제268조의2 전자문서 위조·변조죄 등
제269조 밀수출입죄
제270조 관세포탈죄 등
제270조의2 가격조작죄
제271조 미수범 등
제272조 밀수 전용 운반기구의 몰수
제273조 범죄에 사용된 물품의 몰수 등
제274조 밀수품의 취득죄 등
제275조 징역과 벌금의 병과
제275조의2 체납처분면탈죄 등

제275조의3 타인에 대한 명의대여죄
제276조 허위신고죄 등
제277조 과태료
제277조의2 금품 수수 및 공여
제278조 「형법」 적용의 일부 배제
제279조 양벌 규정
제280조 삭제〈2008.12.26.〉
제281조 삭제〈2008.12.26.〉
제282조 몰수·추징

(1) 조세범 처벌법

「조세범 처벌법」租稅犯 處罰法은 국세에 관한 세법을 위반한 자에 대한 형벌·과태료 등에 관한 사항을 규정한 법률이다.[498]

일반적인 범죄가 「형법」에 따라 규율되는 데 비하여 조세에 관한 범죄는 행정범적인 성격을 고려하여 「형법」과 별도로 독립적인 법률로 규제하고 있다.

이 법은 1951년 제정된 이래 여러 차례 부분적인 개정만 하다가 2010년 조세포탈죄의 양형체계를 개편하고 단순 행정질서벌의 경우 과태료의 부과로 전환하는 등 전면 개정되었다.

---

[498] 「국세기본법」[§2]에서는 「조세범 처벌법」과 「조세범 처벌절차법」을 조세의 종목과 세율을 정하고 있지 아니함에도 세법의 하나로 규정하고 있다. 「조세범 처벌법」과 「조세범 처벌절차법」은 모두 세법을 위반한 행위에 대한 처벌을 위한 것이지만 「조세범 처벌법」이 실체법적 성질을 가지는 데 반해 「조세범 처벌절차법」은 절차법적 성질을 가진다.

오랫동안 지방세에 관한 조세범 처벌에 관한 사항도 이 법률을 준용하였으나, 2011년부터는 「지방세기본법」[제8장]에 따로 '지방세 범칙행위에 대한 처벌과 처벌절차'를 두게 되어 지금은 원칙적으로 관세를 제외한 국세에만 적용된다.

1) 법적 성격

① 「형법」과의 관계

행정형법의 성질을 가진 「조세범 처벌법」은 일반적인 형사법인 「형법」에 대하여 특별법적 지위에 있다.

이 법은 조세에 관한 범죄구성요건, 다른 법률과의 관계 등 특별한 규정을 두는 경우 이외에 다른 일반적인 사항은 별도로 규정하지 않고 「형법」의 총칙 규정이 준용된다.

하지만 조세범의 특수성을 감안하여 「형법」총칙 규정의 적용에 있어서도 일부 특례를 인정하고 있다. 즉 「형법」총칙 중 '벌금경합에 관한 제한가중' 규정[형법 §38①(2)][499]은 다음 범칙행위를 처벌할 때는 적용하지 아니한다[조범법 §20; 지기법 §110].

(i) 국세와 지방세의 조세포탈[조범법 §3; 지기법 §102]

(ii) 면세유의 부정유통[조범법 §4]

(iii) 면세유류구입카드등의 부정발급[조범법 §4의2]

(iv) 가짜석유제품의 제조·판매[조범법 §5]

(v) 무면허주류의 제조·판매[조범법 §6]

(vi) 세금계산서의 발급의무 위반 등[조범법 §10]

(vii) 납세증명표지의 불법사용 등[조범법 §12]

(viii) 국세 원천징수의무자·지방세 특별징수의무자의 처벌[조범법 §13; 지기법 §107]

(ix) 거짓으로 기재한 근로소득원천징수영수증의 발급 등[조범법 §14]

이러한 범칙행위들은 처벌의 강도를 높이기 위해 벌금형을 가중하는 데 있어 「형법」이 정한 가중한도의 적용을 배제하는 것이다.[500]

---

499) 「형법」제38조(경합범과 처벌례) ① 경합범을 동시에 판결할 때에는 다음의 구별에 의하여 처벌한다. 2. 각 죄에 정한 형이 사형 또는 무기징역이나 무기금고 이외의 동종의 형인 때에는 가장 중한 죄에 정한 장기 또는 다액에 그 2분의 1까지 가중하되 각 죄에 정한 형의 장기 또는 다액을 합산한 형기 또는 액수를 초과할 수 없다. 단 과료와 과료, 몰수와 몰수는 병과할 수 있다.

500) 조세포탈행위에 대한 처벌에 있어서 「형법」상의 벌금제한가중 규정을 배제하도록 한 것과 관련하여 이는 조세포탈죄의 법정형에 관한 문제이고 국가의 입법정책에 속하는 문제로서, 조세포탈범의 처벌에 있어서 그 행위의 반사회성, 반윤리성에 터잡아 그에 대한 징벌의 강도를 높이기 위해 일부 「형법」규정의 적용을 배제한 것은 경제현실이나 사회실정 및 국민의 법 감정을 고려할 때 합리적인 것이고 그것이 형벌체계상의 균형을 잃고 형벌 본래의 목적과 기능을 넘어선 과잉처벌이라고 볼 수 없다(헌법재판소 1998.5.28. 선고, 97헌바68 결정 참조).

② 「지방세기본법」과의 관계

「지방세기본법」은 지방세에 관한 범칙행위와 그 처벌에 관하여 자체적으로 따로 규정을 두고 있다. 과거에는 지방세의 범칙행위에 관하여 「조세범 처벌법」을, 지방세 범칙행위의 처벌에 대하여는 「조세범 처벌절차법」을 준용하도록 하였으나,[501] 2011년 이후에는 지방세에 관한 조세범칙은 모두 「지방세기본법」[제8장]을 적용한다.

(2) 조세범 처벌절차법

1) 의 의

「조세범 처벌절차법」租稅犯 處罰節次法은 조세에 관한 범칙사건을 간편하고 신속하게 처리하기 위하여 조세범칙행위를 조사·처리하는 절차를 규정한 법률이다. 넓게는 「형사소송법」을 포함하여 조세범의 처벌절차를 정한 모든 법률체계를 의미하기도 한다.

조세에 관한 범칙사건의 처리절차를 다루고 있는 「조세범 처벌절차법」은 조세범칙에 대한 공소제기 전 단계까지의 행정상 절차에 관한 내용을 정하고 있다. 「조세범 처벌절차법」에서 규정하고 있는 절차는, 조세범 처벌을 위한 사전단계로서 과세관청에서 실시하는 조세범칙조사와 그 결과 이뤄지는 통고처분·고발 등 사후처리 절차에 한정된다.

그러므로 아무리 조세범이라 해도 「조세범 처벌절차법」에 따른 고발 이후에는 「형사소송법」에 따른 형사절차에 따라 검사의 공소제기에 의해 법원에서 심판된다.

이처럼 조세범의 처벌에 관한 특별한 행정절차를 법률로 규정하고 있는 것은 조세분야의 경우 매우 복잡하고 기술적이므로, 조세범을 발견하는 일을 전문성이 있는 과세관청에 맡겨 효과적으로 대처하고 경미한 재정권의 침해에 대하여는 조속히 회복할 수 있게 하기 위해서이다.

2) 법적 성격

「조세범 처벌절차법」은 「조세범 처벌법」과 마찬가지로 관세를 제외한 국세의 범칙사건에 관한 조사와 처벌절차를 규정하고 있다. 그러므로 원칙적으로 내국세의 조세범칙행위에 대하여만 적용된다.

「조세범 처벌절차법」은 다른 법률과 다음과 같은 관계를 가진다.

---

501) 「지방세기본법」에서 지방세의 범칙행위와 그 처벌에 있어서 「조세범 처벌법」과 「조세범 처벌절차법」을 준용하게 하는 것은 지방세와 국세가 과세주체와 세목 등이 달라 죄형법정주의와 명확성의 원칙에 어긋날 수 있어 「지방세기본법」에서 독립적으로 상세히 정하는 것이 바람직하다.

① 「지방세기본법」·「관세법」과의 관계

「지방세기본법」과 「관세법」에서는 「조세범 처벌절차법」과 별개로 따로 지방세와 관세에 관한 범칙사건의 조사처리절차에 관한 규정[지기법 제8장 제3절, 관세법 제12장]을 두고 있다. 지방세의 경우 오랫동안 「조세범 처벌절차법」을 준용하여 왔으나, 2017년 이후에는 「지방세기본법」의 독립적 규정이 적용된다.

그러므로 「조세범 처벌절차법」은 지방세와 관세에 적용되지 않는다.

② 「형사소송법」과의 관계

「형사소송법」이 모든 범죄의 형사절차를 정하고 있는 데 비해, 「조세범 처벌절차법」은 조세범죄에 한정하여 특별한 행정절차를 정하고 있으므로 「조세범 처벌절차법」은 「형사소송법」의 특별법적인 지위에 있다.

이에 따라 「조세범 처벌절차법」에서 정하고 있는 절차에 대하여는 「형사소송법」의 적용이 배제된다.

하지만 국세와 지방세 범칙사건에 관한 압수·수색과 압수·수색영장에 관하여는 「형사소송법」중 압수·수색과 압수·수색영장에 관한 규정을 준용한다[범절법 §10; 지기법 §116].

참고 국세와 지방세 조세범 처벌절차에 준용되는 「형사소송법」

【§106 (압수)】
① 법원은 필요한 때에는 피고사건과 관계가 있다고 인정할 수 있는 것에 한정하여 증거물 또는 몰수할 것으로 사료하는 물건을 압수할 수 있다. 단, 법률에 다른 규정이 있는 때에는 예외로 한다.
② 법원은 압수할 물건을 지정하여 소유자, 소지자 또는 보관자에게 제출을 명할 수 있다.
③ 법원은 압수의 목적물이 컴퓨터용디스크, 그 밖에 이와 비슷한 정보저장매체(이하 이 항에서 "정보저장매체등"이라 한다)인 경우에는 기억된 정보의 범위를 정하여 출력하거나 복제하여 제출받아야 한다. 다만, 범위를 정하여 출력 또는 복제하는 방법이 불가능하거나 압수의 목적을 달성하기에 현저히 곤란하다고 인정되는 때에는 정보저장매체등을 압수할 수 있다.
④ 법원은 제3항에 따라 정보를 제공받은 경우 「개인정보 보호법」 제2조 제3호에 따른 정보주체에게 해당 사실을 지체 없이 알려야 한다.

【§107 (우체물의 압수)】
① 법원은 필요한 때에는 피고사건과 관계가 있다고 인정할 수 있는 것에 한정하여 우체물 또는 「통신비밀보호법」 제2조 제3호에 따른 전기통신(이하 "전기통신"이라 한다)에 관한 것으로서 체신관서, 그 밖의 관련 기관 등이 소지 또는 보관하는 물건의 제출을 명하거나 압수를 할 수 있다.

② 삭제 〈2011.7.18.〉

③ 제1항에 따른 처분을 할 때에는 발신인이나 수신인에게 그 취지를 통지하여야 한다. 단, 심리에 방해될 염려가 있는 경우에는 예외로 한다.

【§108 (임의제출물 등의 압수)】 소유자, 소지자 또는 보관자가 임의로 제출한 물건 또는 유류한 물건은 영장없이 압수할 수 있다.

【§109 (수색)】

① 법원은 필요한 때에는 피고사건과 관계가 있다고 인정할 수 있는 것에 한정하여 피고인의 신체, 물건 또는 주거, 그 밖의 장소를 수색할 수 있다.

② 피고인 아닌 자의 신체, 물건, 주거 기타 장소에 관하여는 압수할 물건이 있음을 인정할 수 있는 경우에 한하여 수색할 수 있다.

【§110 (군사상 비밀과 압수)】

① 군사상 비밀을 요하는 장소는 그 책임자의 승낙 없이는 압수 또는 수색할 수 없다.

② 전 항의 책임자는 국가의 중대한 이익을 해하는 경우를 제외하고는 승낙을 거부하지 못한다.

【§111 (공무상 비밀과 압수)】

① 공무원 또는 공무원이었던 자가 소지 또는 보관하는 물건에 관하여는 본인 또는 그 해당 공무소가 직무상의 비밀에 관한 것임을 신고한 때에는 그 소속공무소 또는 당해 감독관공서의 승낙없이는 압수하지 못한다.

② 소속 공무소 또는 당해 감독관공서는 국가의 중대한 이익을 해하는 경우를 제외하고는 승낙을 거부하지 못한다.

【§112 (업무상 비밀과 압수)】 변호사, 변리사, 공증인, 공인회계사, 세무사, 대서업자, 의사, 한의사, 치과의사, 약사, 약종상, 조산사, 간호사, 종교의 직에 있는 자 또는 이러한 직에 있던 자가 그 업무상 위탁을 받아 소지 또는 보관하는 물건으로 타인의 비밀에 관한 것은 압수를 거부할 수 있다. 단, 그 타인의 승낙이 있거나 중대한 공익상 필요가 있는 때에는 예외로 한다.

【§113 (압수 · 수색영장)】 공판정 외에서 압수 또는 수색을 함에는 영장을 발부하여 시행하여야 한다.

【§114 (영장의 방식)】

① 압수 · 수색영장에는 피고인의 성명, 죄명, 압수할 물건, 수색할 장소, 신체, 물건, 발부년월일, 유효기간과 그 기간을 경과하면 집행에 착수하지 못하며 영장을 반환하여야 한다는 취지 기타 대법원규칙으로 정한 사항을 기재하고 재판장 또는 수명법관이 서명날인하여야 한다. 다만, 압수 · 수색할 물건이 전기통신에 관한 것인 경우에는 작성기간을 기재하여야 한다.

② 제75조 제2항의 규정은 전항의 영장에 준용한다.

【§115 (영장의 집행)】

① 압수 · 수색영장은 검사의 지휘에 의하여 사법경찰관리가 집행한다. 단, 필요한 경우에는

재판장은 법원사무관 등에게 그 집행을 명할 수 있다.

② 제83조의 규정은 압수·수색영장의 집행에 준용한다.

【§116 (주의사항)】 압수·수색영장의 집행에 있어서는 타인의 비밀을 보지하여야 하며 처분받은 자의 명예를 해하지 아니하도록 주의하여야 한다.

【§117 (집행의 보조)】 법원사무관 등은 압수·수색영장의 집행에 관하여 필요한 때에는 사법경찰관리에게 보조를 구할 수 있다.

【§118 (영장의 제시)】 압수·수색영장은 처분을 받는 자에게 반드시 제시하여야 한다.

【§119 (집행 중의 출입금지)】

① 압수·수색영장의 집행 중에는 타인의 출입을 금지할 수 있다.

② 전항의 규정에 위배한 자에게는 퇴거하게 하거나 집행 종료시까지 간수자를 붙일 수 있다.

【§120 (집행과 필요한 처분)】 ① 압수·수색영장의 집행에 있어서는 건정을 열거나 개봉 기타 필요한 처분을 할 수 있다.

② 전항의 처분은 압수물에 대하여도 할 수 있다.

【§121】 (영장집행과 당사자의 참여) 검사, 피고인 또는 변호인은 압수·수색영장의 집행에 참여할 수 있다.

【§122 (영장집행과 참여권자에의 통지)】 압수·수색영장을 집행함에는 미리 집행의 일시와 장소를 전조에 규정한 자에게 통지하여야 한다. 단, 전조에 규정한 자가 참여하지 아니한다는 의사를 명시한 때 또는 급속을 요하는 때에는 예외로 한다.

【§123 (영장의 집행과 책임자의 참여)】

① 공무소, 군사용의 항공기 또는 선차 내에서 압수·수색영장을 집행함에는 그 책임자에게 참여할 것을 통지하여야 한다.

② 전항에 규정한 이외의 타인의 주거, 간수자 있는 가옥, 건조물, 항공기 또는 선차내에서 압수·수색영장을 집행함에는 주거주, 간수자 또는 이에 준하는 자를 참여하게 하여야 한다.

③ 전항의 자를 참여하게 하지 못할 때에는 인거인 또는 지방공공단체의 직원을 참여하게 하여야 한다.

【§124 (여자의 수색과 참여)】 여자의 신체에 대하여 수색할 때에는 성년의 여자를 참여하게 하여야 한다.

【§125 (야간집행의 제한)】 일출 전, 일몰 후에는 압수·수색영장에 야간집행을 할 수 있는 기재가 없으면 그 영장을 집행하기 위하여 타인의 주거, 간수자 있는 가옥, 건조물, 항공기 또는 선차내에 들어가지 못한다.

【§126 (야간집행제한의 예외)】 다음 장소에서 압수·수색영장을 집행함에는 전조의 제한을 받지 아니한다.

1. 도박 기타 풍속을 해하는 행위에 상용된다고 인정하는 장소

2. 여관, 음식점 기타 야간에 공중이 출입할 수 있는 장소. 단, 공개한 시간내에 한한다.

【§127 (집행중지와 필요한 처분)】 압수・수색영장의 집행을 중지한 경우에 필요한 때에는 집행이 종료될 때까지 그 장소를 폐쇄하거나 간수자를 둘 수 있다.

【§128 (증명서의 교부)】 수색한 경우에 증거물 또는 몰수할 물건이 없는 때에는 그 취지의 증명서를 교부하여야 한다.

【§129 (압수목록의 교부)】 압수한 경우에는 목록을 작성하여 소유자, 소지자, 보관자 기타 이에 준할 자에게 교부하여야 한다.

【§130 (압수물의 보관과 폐기)】
① 운반 또는 보관에 불편한 압수물에 관하여는 간수자를 두거나 소유자 또는 적당한 자의 승낙을 얻어 보관하게 할 수 있다.
② 위험발생의 염려가 있는 압수물은 폐기할 수 있다.
③ 법령상 생산・제조・소지・소유 또는 유통이 금지된 압수물로서 부패의 염려가 있거나 보관하기 어려운 압수물은 소유자 등 권한 있는 자의 동의를 받아 폐기할 수 있다.

【§131 (주의사항)】 압수물에 대하여는 그 상실 또는 파손등의 방지를 위하여 상당한 조치를 하여야 한다.

【§132 (압수물의 대가보관)】
① 몰수하여야 할 압수물로서 멸실・파손・부패 또는 현저한 가치 감소의 염려가 있거나 보관하기 어려운 압수물은 매각하여 대가를 보관할 수 있다.
② 환부하여야 할 압수물 중 환부를 받을 자가 누구인지 알 수 없거나 그 소재가 불명한 경우로서 그 압수물의 멸실・파손・부패 또는 현저한 가치 감소의 염려가 있거나 보관하기 어려운 압수물은 매각하여 대가를 보관할 수 있다.

【§133 (압수물의 환부, 가환부)】
① 압수를 계속할 필요가 없다고 인정되는 압수물은 피고사건 종결 전이라도 결정으로 환부하여야 하고 증거에 공할 압수물은 소유자, 소지자, 보관자 또는 제출인의 청구에 의하여 가환부할 수 있다.
② 증거에만 공할 목적으로 압수한 물건으로서 그 소유자 또는 소지자가 계속 사용하여야 할 물건은 사진촬영 기타 원형보존의 조치를 취하고 신속히 가환부하여야 한다.

【§134 (압수장물의 피해자 환부)】 압수한 장물은 피해자에게 환부할 이유가 명백한 때에는 피고사건의 종결전이라도 결정으로 피해자에게 환부할 수 있다.

【§135 (압수물 처분과 당사자에의 통지)】 전 3조의 결정을 함에는 검사, 피해자, 피고인 또는 변호인에게 미리 통지하여야 한다.

【§136 (수명법관, 수탁판사)】
① 법원은 압수 또는 수색을 합의부원에게 명할 수 있고 그 목적물의 소재지를 관할하는 지방법원판사에게 촉탁할 수 있다.
② 수탁판사는 압수 또는 수색의 목적물이 그 관할구역 내에 없는 때에는 그 목적물소재지

지방법원판사에게 전촉할 수 있다.

③ 수명법관, 수탁판사가 행하는 압수 또는 수색에 관하여는 법원이 행하는 압수 또는 수색에 관한 규정을 준용한다.

【§137 (구속영장 집행과 수색)】 검사, 사법경찰관리 또는 제81조 제2항의 규정에 의한 법원사무관 등이 구속영장을 집행할 경우에 필요한 때에는 타인의 주거, 간수자 있는 가옥, 건조물, 항공기, 선차 내에 들어가 피고인을 수색할 수 있다.

【§138 (준용규정)】 제119조, 제120조, 제123조와 제127조의 규정은 전조의 규정에 의한 검사, 사법경찰관리, 법원사무관 등의 수색에 준용한다.

(3) 지방세기본법

「지방세기본법」地方稅基本法은 지방세법 등 지방세관계법을 위반한 자를 조세범으로 처벌하는 법률이다. 즉, 「지방세기본법」 제8장 제2절에서 지방세에 관한 조세범칙, 같은 장 제3절에서 지방세에 관한 조세범칙조사 절차, 제133조, 제134조에서 각각 처벌내용을 정하고 있다.

 ## 3 조세범칙행위

'조세범칙행위'租稅犯則行爲란 넓은 의미로 세법을 위반한 행위를 말하지만 좁은 의미로는 「조세범 처벌법」이나 「지방세기본법」에서 규정하고 있는 조세에 관한 범죄(조세범칙행위)의 구성요건에 해당하는 행위를 말한다.

조세에 관한 범칙행위를 한 조세범은 크게 '조세 포탈범'과 '조세 질서범'으로 구분된다.

| 조세 포탈범과 조세 질서범의 구분 |

구분	조세 포탈범	조세 질서범
의의	사기나 그 밖의 부정한 행위로 조세를 포탈, 환급·공제한 자	조세행정상 협력의무를 위반한 자
구성요건	① 부정행위 필요 ② 조세수입의 감소 필요 ③ 행위·결과 필요	① 부정행위 불필요 ② 조세수입의 감소 불필요 ③ 행위만 필요, 결과는 불필요
위법성 책임성	① 위법성 필요 ② 벌금형 : 책임능력규정 일부 배제	① 위법성 필요 ② 책임능력규정 모두 적용됨
처벌규정	① 공소시효 7년(특가법 적용시 10년) ② 징역형 처벌 가능	① 공소시효 7년 ② 징역형 처벌 가능, 과태료 부과

1) 조세 포탈범

'조세 포탈범'租稅 逋脫犯, criminal tax evasion; [독]Steuerhinterziehung은 사기나 그 밖의 부정한 행위로써 조세를 포탈하거나 환급·공제를 받는 범죄이다.

조세 포탈범은 과세관청의 과세권을 직접적으로 침해하여 조세수입의 감소를 초래하는 '실질적 탈세범'과, 과세권을 직접적으로 침해하였으나 그 결과 조세수입의 감소를 초래하지 않는 '형식적 탈세범'으로 구분된다.

실질적 탈세범에는 「조세범 처벌법」과 「지방세기본법」에서 정하고 있는 다음의 범칙행위가 해당된다.

① 국세와 지방세 조세 포탈범[조범법 §3; 지기법 §102]

② 면세유 부정유통범[조범법 §4]

③ 면세유류구입카드·출고지시서 부정발급범[조범법 §4의2]

④ 가짜석유 제품의 제조·판매범[조범법 §5]

⑤ 무면허 주류의 제조·판매범[조범법 §6]

⑥ 국세 원천징수·지방세 특별징수 불이행범[조범법 §13; 지기법 §107]

형식적 탈세범에는 「조세범 처벌법」과 「지방세기본법」에서 정하고 있는 다음의 범칙행위가 해당된다.

① 국세·지방세 체납처분 면탈범[조범법 §7; 지기법 §103]

② 성실신고 방해범[조범법 §9; 지기법 §105]

③ 세금계산서 수수의무 위반범[조범법 §10]

2) 조세 질서범

'조세 질서범'租稅 秩序犯, Violator of tax orderliness, [독]Steuergefährdung은 세법이 조세질서의 확보를 위해 정한 의무를 위반하여 과세권의 행사를 방해하는 범칙행위로 '조세 위해범租稅 危害犯'나 '형식적 위해범'이라고도 한다.[502]

조세 질서범에는 「조세범 처벌법」과 「지방세기본법」에서 정하고 있는 다음의 범칙행위가 해당된다.

① 장부 등 소각·파기범[조범법 §8; 지기법 §104]

② 사업자등록 타인명의등록·명의대여범[조범법 §11; 지기법 §106]

③ 납세증명표지의 불법사용·위조·변조범[조범법 §12]

④ 근로소득 원천징수영수증 거짓기재·교부범[조범법 §14]

---

502) 조세질서범은 「행정법」상 행정주체가 재정목적을 달성하기 위해 국민에 대하여 일정한 작위, 부작위, 급부, 수인을 명하는 행정행위인 재정하명財政下命 중 급부하명을 제외한 것을 위반한 것으로 볼 수 있다.

⑤ 해외금융계좌정보의 비밀유지 의무 등 위반범[조범법 §15]

⑥ 해외금융계좌 신고의무 불이행범[조범법 §16]

⑦ 명령사항 등 위반 질서범[지기법 §105]

| 조세범칙의 유형과 처벌 |

구분	조항	조세범칙의 유형		처벌 내용
실질적 탈세범	특가법 §8	조세 포탈범	국세·지방세 포탈세액 등이 10억원 이상	무기 또는 5년 이상 유기징역 * 필요적 병과 : 세액의 2~5배 벌금
			국세·지방세 포탈세액 등이 5억~10억원	3년 이상 유기징역 * 필요적 병과 : 세액의 2~5배 벌금
	조범법 §3, 지기법 §102		포탈세액 등이 3억원 이상이고 신고납부할 세액의 30% 이상	징역(3년 이하) 또는 벌금(세액의 3배 이하) * 선택적 병과 : 정상따라 벌금병과
			그 밖의 모든 조세포탈범(국세, 지방세)	징역(2년 이하) 또는 벌금(세액의 2배 이하) * 선택적 병과 : 정상따라 벌금병과 * 감경 : 2년내 수정신고, 6개월 내 기한후신고 * 상습 : 1/2 가중처벌
실질적 탈세범	조범법 §4	면세유 부정유통	면세유를 부정유통한 석유판매업자	징역(3년 이하) 또는 벌금(포탈세액 등의 5배 이하)
			외국항행선박·원양어업선박에 사용할 목적으로 면세유를 용도 외 반출	징역(3년 이하) 또는 벌금(포탈세액 등의 5배 이하)
	조범법 §4의2		면세유류 구입카드등의 부정 발급	징역(3년 이하) 또는 벌금(3천만원 이하)
	조범법 §5	가짜 석유제품의 제조·판매		징역(3년 이하) 또는 벌금(포탈세액 등의 5배 이하)
	조범법 §6	무면허 주류 제조·판매		징역(3년 이하) 또는 벌금(3천만원 또는 주세의 3배액이 3천만원 초과시 주세의 3배액 중 큰 금액 이하)
	조범법 §13, 지기법 §107	원천징수 특별징수 불이행범	정당한 이유없이 무징수	벌금(1천만원 이하)
			정당한 이유없이 징수한 세금을 무납부	징역(2년 이하) 또는 벌금(2천만원 이하)
형식적 탈세범	조범법 §7, 지기법 §103	체납처분 면탈범	체납처분 면탈목적 재산은닉·탈루·거짓계약	징역(3년 이하) 또는 벌금(3천만원 이하)
			압류물건 보관자가 재산을 은닉·탈루·손괴·소비	징역(3년 이하) 또는 벌금(3천만원 이하)
			면탈행위 방조 및 허위계약 승낙자	징역(2년 이하) 또는 벌금(2천만원 이하)

구분	조항	조세범칙의 유형		처벌 내용
형식적 탈세범	조범법 §9, 지기법 §105	성실신고 방해행위	세무신고 대리인이 조세부과 포탈목적으로 거짓신고	징역(2년 이하) 또는 벌금(2천만원 이하)
			무신고·거짓신고하게 하거나 징수·납부를 선동·교사	징역(1년 이하) 또는 벌금(1천만원 이하)
	조범법 §10	세금 계산서 수수의무 위반 등	세금계산서 등 미발급·거짓기재발급, 합계표의 거짓기재 제출	징역(1년 이하) 또는 벌금(세액의 2배 이하) * 선택적 병과 : 정상따라 벌금병과
			통정하여 세금계산서 등 미수취·거짓기재 수취, 합계표의 거짓 기재 제출	징역(1년 이하) 또는 벌금(세액의 2배 이하) * 선택적 병과 : 정상따라 벌금병과
			거래 없이 세금계산서·계산서 수수, 합계표 제출	징역(3년 이하) 또는 벌금(세액의 3배 이하) * 선택적 병과 : 정상따라 벌금병과
			거래 없이 세금계산서·계산서 수수 및 합계표 제출 등에 관한 행위의 알선·중개	징역(3년 이하) 또는 벌금(세액의 3배 이하) * 세무대리인 알선·중개시 형의 1/2 가중처벌 * 선택적 병과 : 정상따라 벌금병과
	특가법 §8의2		거래없이 세금계산서 수수등과 그 알선·중개한 공급가액이 50억원 이상	3년 이상의 유기징역 * 필요적 병과 : 세액의 2~5배의 벌금병과
			거래없이 세금계산서 수수등과 그 알선·중개한 공급가액이 30억~50억원	1년 이상의 유기징역 * 필요적 병과 : 세액의 2~5배의 벌금병과
조세 질서범	조범법 §8	조세포탈 증거인멸 목적 장부 등의 5년 내 소각·파기		징역(2년 이하) 또는 벌금(2천만원 이하)
	조범법 §11, 지기법 §106	명의대여 사업자등 록등	조세회피 및 강제집행 면탈목적 타인명의 사업자등록	징역(2년 이하) 또는 벌금(2천만원 이하)
			조세회피 및 강제집행 면탈목적 타인에게 명의대여	징역(1년 이하) 또는 벌금(1천만원 이하)
	조범법 §12	납세증명표지의 불법사용·위조·변조 등		징역(2년 이하) 또는 벌금(2천만원 이하)
	조범법 §14	근로소득 원천징수영수증의 거짓 기재·교부		징역(3년 이하) 또는 벌금(총지급액의 20% 이하)
	조범법 §15	해외금융계좌정보의 비밀유지의무 위반		징역(5년 이하) 또는 벌금(3천만원 이하) * 징역형 벌금형 병과가능

구분	조항	조세범칙의 유형		처벌 내용
조세 질서범	조범법 §16	해외금융계좌 신고의무 위반금 액 50억원 초과		징역(2년 이하) 또는 벌금(신고의무 위반금 액의 13% 이상 20% 이하) * 징역형 벌금형 병과가능
	조범법 §12, 지기법 §108	국세 명령사항 위반	납세증명표지없는 주 류, 무면허주류, 면세 주류의 판매	징역(2년 이상) 또는 벌금(2천만원 이하)
			첨부한 종이문서용 전 자수입인지를 재사용한	
		지방세 명령사항 위반	자동차·건설기계 인 도명령 위반	500만원 이하 과태료
			지방세 질문·조사에 거짓진술, 직무집행의 거부·기피	

(1) 조세 포탈범

'조세 포탈범'租稅 逋脫犯은 사기나 그 밖의 부정한 행위로써 세법에 따라 납부하여야 할 국세·지방세 등 조세를 포탈하거나 조세를 환급·공제를 받은 범죄를 말한다[처벌법 §3①].

조세 포탈범은 조세를 포탈하여 국가·지방자치단체의 재정권財政權을 침해하여 조세수입의 직접적인 감소를 가져오므로 법률상 '실질범'에 속한다.[503]

또 조세 포탈범은 범칙자가 자신의 행위가 사기나 그 밖의 부정한 행위에 해당한다는 것을 인식하고 고의로 조세를 포탈하는 것일 뿐 조세포탈의 목적이 있었는지 여부는 따지지 않는다.

그러므로 조세 포탈범은 형법상 목적범目的犯이 아닌 고의범故意犯에 해당한다.

1) 조세 포탈의 성격

'조세 포탈'租稅 逋脫, tax fraud은 사기나 그 밖의 부정한 행위로써 조세를 포탈하거나 조세를 환급·공제받는 것을 말한다.

이는 불법적인 행위를 통해 세법상의 의무를 이행하지 않는 조세범의 대표적인 유형으로 작위作爲·부작위不作爲를 불문하고 법률상 범죄구성요건에 해당된다.

조세포탈은 비슷하게 쓰이고 있는 '조세회피'나 '탈세'와 그 개념과 성격에서 구별된다.

---

503) "실질범"[독]Matenàldelikt은 구성요건의 결과가 발생함으로써 성립하는 '침해범'과 구성요건의 결과를 발생시킬 위험성을 발생시킴으로써 성립하는 '위험범' 등을 모두 포괄한 개념으로, 대부분의 형법상 범죄는 실질범에 속한다. 실질범은 '결과범'[독]Erfolsdelikt이라고도 한다.

① 조세회피와의 차이

'조세회피'租稅回避, tax avoidance는 세법이 예상하는 거래형식을 거치지 않고 비정상적인 거래형식을 취하여 합법적으로 조세부담을 줄이는 행위를 말한다.

이는 사회적 비난의 대상은 될 수 있으나 법규를 위반한 것은 아니기 때문에 조세범의 처벌대상이 되지 않는다.

조세포탈의 경우 외형상 적법한 법적 형식을 취하고 있지 않고 탈루세액의 징수는 물론 조세범으로 처벌된다. 반면에 조세회피는 외형상 적법한 법형식을 취하고 있으면서도 세부담의 부당한 감소 행위가 있는 경우 이를 세법상 정당한 행위나 계산으로 바꾸는 과정(부당행위·계산의 부인)을 통해 탈루세액을 추징하지만 조세범으로 처벌되지는 않는다.

② 탈세와의 차이

'탈세'脫稅, tax evasion는 일반적으로 세법에 따라 납세의무가 확정되어 발생한 조세채무를 면탈하는 행위를 포괄적으로 가리킨다.

하지만 탈세가 일반적인 조세면탈 행위를 포괄적으로 가리키는 데 비해 조세포탈은 탈세 중에서 사기나 그 밖의 부정한 행위로써 납세의무가 발생한 조세를 면탈하는 행위에 한정된다.

그러므로 추징과 형사소추刑事訴追 절차를 거쳐야 하는 조세 포탈이 아닌 그 밖의 탈세 행위는 가산세의 부과대상이 될 뿐 형사 처벌되지 않는다.

만약 어떤 납세자가 조세부담의 경감을 끝까지 시도한다면, 우선 절세와 조세회피 행위를 찾게 되고 형사적인 처벌을 받지 않는 탈세 행위를 거쳐 최종적으로 형사처벌을 무릅쓰고 적극적인 부정한 행위를 통하여 조세포탈을 하게 될 것이다.

| 절세 · 조세회피 · 탈세 · 조세포탈과의 관계 |

범주	조세회피 tax avoidance	절세 tax saving	조세포탈 tax fraud	탈세 tax evasion
법 위반 여부	합법		불법	
행위의 결과	사회적 비난	경제 행위	추징, 형사처벌	추징

2) 구성요건

① 범죄 주체

조세 포탈범의 주체는 세법에 따라 조세를 납부할 의무가 있는 납세의무자, 법인의 대표자, 개인이나 개인의 대리인 등이다.

② 실행 행위

조세 포탈죄는 단순히 조세를 탈루한 사실만으로는 안 되고 '고의성'이 있어서 그 책임을 물을 수 있어야 한다. 「조세범처벌법」과 「지방세기본법」에서는 '사기나 그 밖의 부정한 행위'로써 그 범주를 정하고 있다.

'사기나 그 밖의 부정한 행위'는 다음과 같은 행위로서 조세의 부과와 징수를 불가능하게 하거나 현저히 곤란하게 하는 적극적 행위를 말한다[조범법 §3⑥: 지기법 §102, §38⑤].

(ⅰ) 이중장부의 작성 등 장부의 거짓 기장하는 행위

(ⅱ) 거짓 증명서류(증빙) · 거짓 문서의 작성하거나 받는 행위

(ⅲ) 장부와 기록의 파기 행위

(ⅳ) 재산의 은닉, 소득 · 수익 · 행위 · 거래의 조작이나 은폐 행위

(ⅴ) 고의적으로 장부를 작성하지 아니하거나 비치하지 아니하는 행위

(ⅵ) 계산서 · 세금계산서나 계산서합계표 · 세금계산서합계표의 조작 행위(국세에 한한다)

(ⅶ) 「조세특례제한법」[§5의2⑴]에 따른 전사적 기업자원 관리설비ERP의 조작이나 전자 세금계산서의 조작(국세에 한한다)

(ⅷ) 그 밖에 위계(僞計＝거짓된 계획)에 의한 행위나 부정한 행위

하지만 조세 포탈은 모든 국고수입의 감소를 초래하는 모든 행위를 대상으로 하지 않는다. 즉 조세범죄의 보호법익保護法益이라 할 수 있는 '조세제도에 대한 공동체의 신뢰'의 관점에서 사회통념상 이를 침해하는 행위, 즉 조세를 포탈하고자 적극적으로 부정행위를 한 경우에 한정되는 것이다.

그러므로 어떤 다른 행위를 수반함이 없이 단순히 세법이 정하는 신고를 하지 아니하거나 거짓 신고를 하였다 해도 바로 조세포탈에 해당되는 않는다.

예컨대 다음과 같은 경우에는 '사기나 그 밖의 부정한 행위'로 보지 않는다.[504]

(ⅰ) 세법에 따른 소득금액 결정에 있어서 세무회계와 기업회계와의 차이로 인하여 생긴 금액

(ⅱ) 법인세의 과세표준을 법인이 신고하거나 정부가 결정 · 경정할 때 그 법인의 주주, 사원, 사용인, 그 밖의 특수관계인의 소득으로 처분된 금액

③ 포탈 결과의 발생

납세자가 사기나 그 밖의 부정한 행위의 결과로써 조세를 포탈하였거나 조세의 환급 · 공

---

504) 판례에 의하여 '사기나 그 밖의 부정한 행위'로 인정된 사례는 이중장부 · 허위장부의 작성, 장부의 은닉 · 의도적 훼손, 허위소송, 과세요건사실의 조작 등을 들 수 있으며, 인정하지 않은 사례는 세무회계와 기업회계의 차이로 조세를 면탈한 경우, 사업자등록을 명의대여한 경우 등이다.

제를 받아야 한다.

세법에 따라 납부하여야 하는 경우 정당하게 납부하여야 하는 세액을 납부하지 않거나 과소하게 납부하고, 환급·공제를 받는 경우 정당하게 환급·공제받아야 할 것을 초과하여 받아야 한다.

하지만 이 경우도 단순히 과세표준신고를 하지 않거나 세법에 따른 소득금액을 잘못 산정함으로써 추가납부한 경우에는 조세 포탈로 볼 수 없다.

④ 기수시기의 경과

조세 포탈범은 '기수시기'가 지나야 처벌할 수 있다. '기수시기'旣遂時期, consummated time, [독]Vollendung란 범죄의 실행에 착수하여 그 행위가 종료되어 일정한 결과를 발생시킴으로써 범죄의 구성요건이 완전히 성립되어 실현되는 때를 말한다.

조세 포탈범의 기수시기는 다음과 같다[조범법 §3⑤; 지기법 §102⑥].

(i) 납세의무자의 신고에 의하여 과세관청이 부과·징수하는 조세 : 해당 세목의 과세표준을 과세관청이 결정하거나 조사결정한 후 그 납부기한이 지난 때(만약 납세의무자가 조세를 포탈할 목적으로 세법에 따른 과세표준을 신고하지 아니하므로 해당 세목의 과세표준을 과세관청이 결정하거나 조사결정할 수 없는 경우에는 해당 세목의 과세표준 신고기한이 지난 때[505])

(ii) 납세의무자의 신고로서 납세의무가 확정되는 조세 : 과세표준과 세액의 신고·납부기한이 지난 때

이처럼 조세 포탈범은 기수시기가 지난 기수범旣遂犯만 처벌하고 미수범未遂犯은 처벌하지 않는다.[506]

⑤ 책임성

'책임성'責任性, responsibility은 조세범칙행위에 대한 비난 가능성을 말한다. 위법행위를 비난하기 위해서는 행위자에게 일정한 행위능력과 고의·과실 등 책임요건 등이 구비되어야 한다.[507]

조세 포탈범으로 처벌하기 위해서도 납세자가 조세 포탈에 대한 '고의'를 가지고 수행하

---

505) 납세자가 부과과세제도의 세목에서 과세표준의 신고기한까지 신고납부하지 않은 경우 '조세포탈목적이 있었는 지'에 따라 조세범 처벌의 기수시기가 달라지지만, 조세포탈 목적이 있었는지 여부는 구체적인 사실에 따라 판단한다(재조세 1231-446, 1977.12.9.).
506) 종전의 「조세범 처벌법」[§9①단서]에서는 주세의 미수범도 기수시기가 지난 경우와 마찬가지로 처벌할 수 있도록 하였으나 2010년 전면 개정시 삭제되었다.
507) "책임성"은 구성요건 해당성, 위법성과 함께 범죄성립의 요건의 하나로 단순히 고의성만을 의미하는 것이 아니라 행위능력, 책임요건(고의 또는 과실), 적법행위 기대가능성을 포함하는 것이다.

여야 한다. 조세를 탈루한 사실이 확인되더라도 조세탈루 행위에 고의성이 있었는지를 판단하여 '고의성'이 인정되는 경우에만 처벌할 수 있는 것이다.

이에 따라 세법이 정한 규정을 위반하여 그 결과를 예견하고 수행한 의도, 즉 고의가 인정될 때에는 포탈범으로 처벌되고, 고의 없이 단지 세법에 따른 규정을 위반하였을 때에는 질서범으로 처벌하게 된다.

하지만 고의성의 입증은 매우 어려워서 이를 적용하는 데 있어 많은 논란과 마찰이 있을 수밖에 없다. 그러기에 책임성을 보다 객관화할 수 있는 기준과 요건을 세법에 명확히 하여야 할 것이다.

「조세범처벌법」과 「지방세기본법」에서는 조세 포탈에 대한 '고의성'을 반영하여 '사기나 기타 부정한 행위'의 범위를 정하고 이에 해당한 경우만 조세 포탈범으로 처벌하도록 하고 있다.

3) 처벌 내용

① 「조세범 처벌법」·「지방세기본법」의 처벌

국세 · 지방세 등 조세 포탈범은 2년 이하의 징역이나 조세의 포탈세액이나 환급 · 공제받은 세액의 2배 이하에 상당하는 벌금에 처한다.

하지만 조세 포탈범이 다음 중 어느 하나에 해당하는 경우에는 3년 이하의 징역이나 포탈세액 등의 3배 이하에 상당하는 벌금에 처한다[조범법 §3①: 지기법 §102②].

(i) 조세의 포탈세액이나 환급 · 공제받은 세액이 3억원 이상이고, 그 포탈세액이나 환급 · 공제받은 세액이 신고 · 납부하여야 할 세액이나 정부가 결정 · 고지하여야 할 세액의 30% 이상인 경우

(ii) 조세의 포탈세액이나 환급 · 공제받은 세액이 5억원 이상인 경우

국세 · 지방세 등 조세 포탈죄를 범한 자에게는 「조세범 처벌법」에 따라 정상情狀에 따라 징역형과 벌금형을 병과 할 수 있다. 이 때에는 포탈하거나 포탈하고자 했던 세액이나 환급 · 공제받은 세액은 즉시 징수한다.

② 특가법의 가중처벌

국세 · 지방세 등 조세를 포탈하거나 환급 · 공제받은 세액, 징수하지 아니하거나 납부하지 아니한 세액이 연간 5억원 이상인 경우에는 다음과 같이 가중처벌한다. 이 때에는 포탈세액등의 2배 이상 5배 이하에 상당하는 벌금을 병과한다[특가법 §8].

(i) 조세 포탈세액이나 환급 · 공제받은 세액이 연간 10억원 이상인 때 : 무기 또는 5년 이상의 유기징역

(ⅱ) 조세 포탈세액이나 환급·공제받은 세액이 연간 5억원 이상 10억원 미만인 때 : 3년 이상의 유기징역

이 때 연간 포탈세액이나 환급·공제받은 세액은 각 세목별로 과세기간에 관계없이 조세 포탈 범칙행위의 성립시기를 기준으로 각 연도별로 1.1.~12.31.까지 포탈하거나 환급·공제받은 모든 세액을 합산하여 계산한다.[508]

| 조세 포탈범의 처벌 |

<table>
<tr><td rowspan="2">요
건</td><td>포탈세액</td><td>3억원
미만</td><td colspan="2">3억~5억원</td><td>5억~10억원</td><td>10억원 이상</td></tr>
<tr><td>포탈규모</td><td>-</td><td>납부할
세액의 30%
미만</td><td>납부할 세액의
30% 이상</td><td>-</td><td>-</td></tr>
<tr><td colspan="2">적 용 조 문</td><td colspan="3">조범법 §3, 지기법 §102</td><td colspan="2">특가법 §8</td></tr>
<tr><td colspan="2">처 벌 내 용</td><td colspan="2">2년 이하 징역,
포탈세액등의 2배 이하
벌금</td><td>3년 이하 징역,
포탈세액등의
3배 이하 벌금</td><td>3년 이상
유기징역
(가중처벌)</td><td>무기 또는 5년
이상
유기징역(가중처벌)</td></tr>
<tr><td colspan="2">병 과 적 용</td><td colspan="3">선택적 병과
(정상에 따라 징역형 + 벌금형)</td><td colspan="2">필요적 병과
(징역 + 포탈세액 2~5배 벌금)</td></tr>
<tr><td colspan="2">포탈액 추징</td><td colspan="5">추징</td></tr>
</table>

③ 처벌의 감경과 가중

조세 포탈에 관한 죄를 범한 사람이 법정신고기한이 지난 후 2년 이내에 수정신고하거나 법정신고기한이 지난 후 6개월 이내에 기한 후 신고를 한 경우에는 형을 감경할 수 있다. 반면에 조세 포탈죄를 상습적으로 저지른 사람에게는 형의 2분의 1을 가중한다[조범법 §3③④; 지기법 §102③④].

(2) 면세유의 부정 유통

1) 석유판매업자 처벌

「조세특례제한법」[§106의2①(1)]에 따라 농업, 임업이나 어업에 사용하기 위해 부가가치세와 개별소비세, 교통·에너지·환경세, 교육세, 주행세가 감면되는 석유류(면세유)를 농업, 임업이나 어업 외의 다른 용도로 사용·판매하여 조세를 포탈하거나 환급·공제를 받

---

508) 대법원 2000.4.20. 선고, 99도3822 판결; 2007.2.15. 선고, 2005도9546 판결 참조.

은 석유판매업자는 3년 이하의 징역이나 포탈세액 등의 5배 이하의 벌금에 처한다[조범법 §4①].

2) 외국항행선박 등의 면세유 부정유통 처벌

「개별소비세법」[§18①⑪], 「교통·에너지·환경세법」[§15①③]에 따른 외국항행선박이나 원양어업선박에 사용할 목적으로 개별소비세, 교통·에너지·환경세를 면제받는 석유류를 외국항행선박이나 원양어업선박 외의 용도로 반출하여 조세를 포탈하거나, 외국항행선박이나 원양어업선박 외의 용도로 사용된 석유류에 대하여 외국항행선박이나 원양어업선박에 사용한 것으로 환급·공제받은 자는 3년 이하의 징역이나 포탈세액 등의 5배 이하의 벌금에 처한다[조범법 §4②].

이 경우 외국항행선박이나 원양어업선박 외의 용도로 반출한 석유류를 판매하거나 그 사실을 알면서 취득한 자에게는 관할 세무서장이 판매가액·취득가액의 3배 이하의 과태료를 부과한다.

3) 면세유류구입카드 등의 부정발급

「조세특례제한법」[§106의2⑪(1)]에 따라 거짓이나 그 밖의 부정한 방법으로 '면세유류 구입카드'나 '출고지시서'를 발급하는 행위를 한 자는 3년 이하의 징역이나 3천만원 이하의 벌금에 처한다[조범법 §4의2].

4) 특가법의 가중처벌

농업·임업·어업용 면세유와 외국항행선박이나 원양어업선박용 면세유의 부정유통을 한 사람이 연간 5억원 이상의 조세를 포탈한 경우에는 「특정범죄가중처벌 등에 관한 법률」[§8]에 따라 다음과 같이 가중하여 처벌한다.

이 때에는 반드시 징역형에 그 포탈세액 등의 2배 이상 5배 이하에 상당하는 벌금을 병과한다.

① 포탈하거나 환급받은 세액, 징수하지 아니하거나 납부하지 아니한 세액(포탈세액등)이 연간 10억원 이상인 때에는 무기 또는 5년 이상의 징역에 처한다.

② 포탈세액 등이 연간 5억원 이상 10억원 미만인 때에는 3년 이상의 유기징역에 처한다.

(3) 가짜 석유제품의 제조·판매

「석유 및 석유대체연료 사업법」[§2(10)]에 따른 가짜 석유제품을 제조하여 조세를 포탈한 사람은 3년 이하의 징역이나 포탈한 세액의 5배 이하의 벌금에 처한다[조범법 §5].

만약 유사 석유제품을 제조하여 조세를 포탈한 사람이 연간 5억원 이상 조세를 포탈한 경우에는 「특정범죄가중처벌 등에 관한 법률」[§8]에 따라 다음과 같이 가중하여 처벌한다. 이 때에는 반드시 징역형에 그 포탈세액 등의 2배 이상 5배 이하에 상당하는 벌금을 병과하여야 한다.

① 포탈하거나 환급받은 세액, 징수하지 아니하거나 납부하지 아니한 세액(포탈세액 등) 이 연간 10억원 이상인 때에는 무기 또는 5년 이상의 징역에 처한다.

② 포탈세액 등이 연간 5억원 이상 10억원 미만인 때에는 3년 이상의 유기징역에 처한다.

(4) 무면허 주류의 제조·판매

「주세법」에 따른 면허를 받지 아니하고 주류, 밑술, 술덧을 제조(개인의 자가소비를 위한 제조를 제외한다)하거나 판매한 사람은 3년 이하의 징역이나 3천만원(해당 주세 상당액의 3배의 금액이 3천만원을 초과할 때에는 그 주세 상당액의 3배의 금액) 이하의 벌금에 처한다. 이 경우 밑술과 술덧은 탁주로 본다[조범법 §6].

이 때 그 제조물품에 대한 세액은 제조자로부터 즉시 징수한다.

한편 개인이 자가소비 만을 위해 주류를 제조하는 경우 면허 없이도 허용되는데 이는 가정에서 자기 가족이 직접 소비하는 것에 한정되며 만약 제조한 주류 등을 불특정 다수인에게 공급하여 소비하게 하는 경우에는 영리 목적이나 유·무상 여부와 관계없이 「주세법」위반이 된다.

(5) 체납처분의 면탈

국세·지방세 등 납세의무자나 납세의무자의 재산을 점유하는 자 등이 재산을 다음과 같이 은닉·탈루하거나 거짓 계약을 하였을 때에는 3년 이하의 징역이나 3천만원 이하의 벌금에 처한다[조범법 §7; 지기법 §103].

① 납세의무자나 납세의무자의 재산을 점유하는 자가 체납처분의 집행을 면탈하거나 면탈하게 할 목적으로 그 재산을 은닉·탈루하거나 거짓 계약을 하였을 때

② 「형사소송법」[§130①]에 따른 압수물건의 보관자나 「국세징수법」[§38단서]·「지방세징수법」[§49①]에 따른 압류물건의 보관자가 그 보관한 물건을 은닉·탈루하거나 손괴損壞·소비하였을 때

또 체납처분을 면탈할 목적으로 체납처분의 대상이 되는 물건을 은닉·탈루한 사정을 알

고도 그 행위를 방조幫助하거나 거짓 계약을 승낙한 자는 2년 이하의 징역이나 2천만원 이하의 벌금에 처한다.

한편 체납처분을 피하기 위하여 재산을 은닉하는 등의 행위를 처벌하는 대상은 반드시 체납자일 필요는 없으며 체납액이 없는 납세의무자도 가능하다.

(6) 장부의 소각 · 파기 · 은닉

국세 · 지방세 등 조세를 포탈逋脫하기 위한 증거인멸證據湮滅의 목적으로 세법에서 비치하도록 한 장부나 증명서류(「국세기본법」[§85의3③] · 「지방세기본법」[§44의3]에 따른 전산조직을 이용하여 작성한 장부나 증거서류를 포함한다)를 해당 조세의 법정신고기한이 지난 날부터 5년 이내에 소각 · 파기나 은닉한 사람에 대하여는 2년 이하의 징역이나 5백만원 이하의 벌금에 처한다[조범법 §8; 지기법 §104].

(7) 성실신고 방해 행위

① 세무대리인의 거짓신고

'납세의무자를 대리하여 세무신고를 하는 사람'[509]이 조세의 부과 또는 징수를 면하게 하기 위하여 타인의 조세에 관하여 거짓으로 신고하였을 때에는 2년 이하의 징역이나 2천만원 이하의 벌금에 처한다[조범법 §9①; 지기법 §105①].

---

509) '납세의무자를 대리하여 세무신고를 하는 사람'의 범위에 세무사의 자격이 없으면서 납세의무자의 위임을 받아 대여받은 세무사 명의로 납세의무자를 대리하여 세무신고를 하는 자도 포함되는 것일까? 대법원 (2019.11.14. 선고, 2019도9269 판결)은, 세무대리인의 거짓신고 처벌조항이 행위주체를 단순히 '납세의무자를 대리하여 세무신고를 하는 자'로 정하고 있을 뿐, 세무사법 등의 법령에 따라 세무대리를 할 수 있는 자격과 요건을 갖춘 자 등으로 한정하고 있지 않아서 납세의무자를 대리하여 거짓으로 세무신고를 하는 경우 그 자체로 조세포탈의 결과가 발생할 위험이 매우 크다는 점 등을 고려하여 조세포탈행위와 별도로 그 수단이자 전단계인 거짓신고행위를 처벌하는 것이다. 이에 따라 이 사건 처벌조항의 문언 내용과 입법 취지 등을 종합하여 보면, 이 사건 처벌조항 중 '납세의무자를 대리하여 세무신고를 하는 자'에는 세무사 자격이 없더라도 납세의무자의 위임을 받아 대여받은 세무사 명의로 납세의무자를 대리하여 세무신고를 하는 자도 포함된다고 봄이 상당하다고 보았다. 하지만 「세무사법」은 '납세의무자를 대리하여 세무신고를 하는 자', 즉, '세무대리인'의 자격을 세무사 자격이 있는 자로 제한하고 있고, 이를 위반한 자는 3년 이하의 징역 또는 3천만원 이하의 벌금형에 처하도록 하고 있다[세무사법 §22①1].

하지만 「조세범 처벌법」에서 '납세의무자를 대리하여 세무신고를 하는 자'에 대하여 특별한 제한을 두고 있지 아니하긴 하나, 관련 법률인 「세무사법」에서 세무대리를 할 수 있는 자를 세무사 자격이 있는 자로 엄격하게 제한하고, 이를 위반한 자에 대해 형사처벌까지 하고 있는 점을 고려하면, 세무사 자격이 없는 자가 세무신고를 한 행위는 「세무사법」 제22조 제1항 제1호에 따라 처벌되므로, 이를 다시 「조세범 처벌법」을 적용해 처벌하는 것은 세무대리인의 적정한 신고를 담보하려는 취지이지 무자격자의 세무대리를 규제하기 위한 것이 아니라는 점을 고려하면 '납세의무자를 대리하여 세무신고를 하는 사람'은 「세무사법」에 따른 세무대리인으로 한정해 해석해야 할 것으로 판단된다.

② 거짓신고 등 선동ㆍ교사

납세의무자로 하여금 과세표준의 신고(수정신고 포함)를 하지 아니하게 하거나 거짓으로 신고하게 한 사람이나, 조세의 징수나 납부를 하지 않을 것을 선동煽動하거나 교사敎唆한 사람은 1년 이하의 징역이나 1천만원 이하의 벌금에 처한다[조범법 §9②; 지기법 §②].

(8) 세금계산서 등 수수의무 위반

1) 세금계산서ㆍ계산서 발급 의무자

① '「부가가치세법」에 따라 세금계산서(전자세금계산서를 포함한다)를 발급하여야 할 자'가 세금계산서를 발급하지 아니하거나 거짓으로 기재하여 발급한 행위, ② 「소득세법」, 「법인세법」에 따라 계산서(전자계산서를 포함한다)를 발급하여야 할 자가 계산서를 발급하지 아니하거나 거짓으로 기재하여 발급한 행위, ③ 「부가가치세법」에 따라 매출처별 세금계산서합계표를 제출하여야 할 자가 매출처별 세금계산서합계표를 거짓으로 기재하여 제출한 행위, ④ 「소득세법」, 「법인세법」에 따라 매출처별 계산서합계표를 제출하여야 할 자가 매출처별 계산서합계표를 거짓으로 기재하여 제출한 행위는 1년 이하의 징역이나 공급가액에 부가가치세의 세율을 적용하여 계산한 세액의 2배 이하에 상당하는 벌금에 처한다[조범법 §10①].

2) 세금계산서ㆍ계산서 수취 의무자

① '「부가가치세법」에 따라 세금계산서를 발급받아야 할 자'[510]가 통정通情하여 세금계산서를 발급받지 아니하거나 거짓 기재한 세금계산서를 발급받은 행위, ② 「소득세법」, 「법인세법」에 따라 계산서를 발급받아야 할 자가 통정하여 계산서를 발급받지 아니하거나 거짓기재한 계산서를 발급받은 행위, ③ 「부가가치세법」에 따라 매입처별 세금계산서합계표를 제출하여야 할 자가 통정하여 매입처별 세금계산서합계표를 거짓기재하여 제출한 행위, ④ 「소득세법」, 「법인세법」에 따라 매입처별 계산서합계표를 제출하여야 할 자가 통정하여 매입

---

510) 개정 부가가치세법 제16조 제1항이 시행된 2013.7.1. 이후에 재화 또는 용역을 공급한 '사업자'는 부가가치세법에 따른 사업자등록을 하였는지와 상관없이 '부가가치세법에 따라 세금계산서를 작성하여 발급하여야 할 자'에 해당한다고 보아야 하고, 거래한 판매상들이 부가가치세법에 따른 사업자등록을 하지 않았다고 하더라도, 물품을 공급한 사업자인 이상 '부가가치세법에 따라 세금계산서를 작성하여 발급하여야 할 자'에 해당하고 판매상들로부터 물품을 공급받았음에도 판매상들과 통정하여 세금계산서를 발급받지 않았을 경우 위와 같은 행위는 조세범 처벌법 제10조 제2항 제1호에 해당한다. 이는 「조세범처벌법」에서 처벌대상으로 「부가가치세법」에 따른 세금계산서 발급의무 있는 자가 거래상대방과 공모하여 세금계산서를 발급하지 아니한 경우에는 거래당사자 쌍방을 모두 처벌하도록 하고 있어 세금계산서 발급의무가 있는지 여부는 「부가가치세법」에 따라 판단하므로 사업자등록 여부와 무관하게 '사업자'인 경우 모두 적용대상이 된다(대법원 2019.7.24. 선고, 2018도16168 판결).

처별 계산서합계표를 거짓기재하여 제출한 행위는, 1년 이하의 징역이나 매입금액에 부가가치세의 세율을 적용하여 계산한 세액의 2배 이하에 상당하는 벌금에 처한다[조범법 §10②].

3) 거래 없는 세금계산서·계산서의 수수나 알선·중개

① 거래 없는 세금계산서·계산서의 수수

재화나 용역을 공급하지 아니하거나 공급받지 아니하고 다음의 행위를 한 사람은 3년 이하의 징역이나 공급가액에 부가가치세의 세율을 적용하여 계산한 세액의 3배 이하에 상당하는 벌금에 처한다.

이 때에는 정상情狀에 따라 징역형과 벌금형을 병과할 수 있다[조범법 §10③].

(ⅰ) 「부가가치세법」에 따른 세금계산서를 발급하거나 발급받은 행위

(ⅱ) 「소득세법」, 「법인세법」에 따른 계산서를 발급하거나 발급받은 행위

(ⅲ) 「부가가치세법」에 따른 매출·매입처별세금계산서합계표를 거짓으로 기재하여 정부에 제출한 행위

(ⅳ) 「소득세법」, 「법인세법」에 따른 매출·매입처별계산서합계표를 거짓으로 기재하여 정부에 제출한 행위

② 알선·중개

재화나 용역의 공급하거나 공급받지 아니하고 세금계산서·계산서를 수수하거나 세금계산서합계표·계산서합계표를 거짓 기재하여 제출하는 등의 행위를 알선하거나 중개한 사람도 수수·제출 등의 행위를 한 자와 동일한 형량에 처한다.

이 경우 세무를 대리하는 세무사·공인회계사·변호사가 그 행위를 알선하거나 중개한 때에는 해당 형의 2분의 1을 가중한다[조범법 §10④].[511)]

③ 「특가법」에 의한 가중처벌

영리의 목적으로 거래 없이 세금계산서·계산서를 수수하거나 세금계산서합계표·계산서합계표를 거짓 기재하여 제출한 자와 이러한 행위를 알선·중개한 사람에 대하여는 다음의 구분에 따라 가중하여 처벌한다.

이 때 공급가액 등의 합계액에 부가가치세율을 적용하여 계산한 세액의 2배 이상 5배 이하의 벌금을 병과한다[특가법 §8의2].

---

511) 「세무사법」, [§22②]에는 「조세범 처벌법」에 따른 범죄와 「형법」중 공무원의 직무에 관한 죄를 교사教唆한 자는 그에 대하여 적용할 형의 3분의 1까지 가중하여 처벌하도록 규정하고 있으나, 거래없는 세금계산서 등의 수수 등을 알선·중개한 경우에는 「조세범 처벌법」에 의한 가중처벌을 적용한다.

(ⅰ) 세금계산서·계산서에 기재된 공급가액이나 매출처별세금계산서합계표·매입처별세금계산서합계표에 기재된 공급가액이나 매출·매입금액의 합계액(공급가액등)이 50억원 이상인 때에는 3년 이상의 유기징역

(ⅱ) 공급가액등의 합계액이 30억원 이상 50억원 미만인 때에는 1년 이상의 유기징역

(9) 사업자등록의 명의대여

국세·지방세 등 조세의 회피나 강제집행의 면탈을 목적으로 타인의 성명을 사용하여 사업자등록을 한 사람은 2년 이하의 징역이나 2천만원 이하의 벌금에 처한다. 또 조세의 회피나 강제집행의 면탈을 목적으로 자신의 성명을 사용하여 타인에게 사업자등록을 할 것을 허락한 자는 1년 이하의 징역이나 1천만원 이하의 벌금에 처한다[조범법 §11; 지기법 §106].

(10) 납세증명표지의 불법사용

납세나 면세 사실을 증명하는 표지와 관련하여 다음의 행위를 한 사람은 2년 이하의 징역이나 2천만원 이하의 벌금에 처한다[조범법 §12의2].

① 「주세법」[§44]에 따라 출고하는 주류의 용기에 사용한 '납세증명표지'를 재사용하거나 정부의 승인을 받지 아니하고 타인에게 양도한 자

② 납세증명표지를 위조나 변조한 자

③ 위조나 변조한 납세증명표지를 소지·사용하거나 타인에게 교부한 자

④ 「인지세법」[§8①]에 따라 첨부한 종이문서용 전자수입인지를 재사용한 자

(11) 원천징수·특별징수의무 불이행

국세의 원천징수의무자나 지방세의 특별징수의무자가 정당한 사유없이 그 세금을 징수하지 아니하였을 때에는 1천만원 이하의 벌금에 처한다.

또, 이들이 정당한 이유 없이 징수한 세금을 납부하지 아니하였을 때에는 2년 이하의 징역이나 2천만원 이하의 벌금에 처한다[조범법 §13; 지기법 §107].

(12) 거짓 기재한 근로소득 원천징수영수증의 발급

타인이 「조세특례제한법」[제2장 제10절의2]에 따른 근로장려금을 거짓으로 신청할 수 있도록 근로를 제공받지 아니하고 다음 중 어느 하나에 해당하는 행위를 한 자는 2년 이하의 징역이나 그 원천징수영수증·지급명세서에 기재된 총급여·총지급액의 20% 이하에 상당하는 벌금에 처한다.

① 「근로소득 원천징수영수증」을 거짓으로 기재하여 타인에게 발급한 행위

② 「근로소득 지급명세서」를 거짓으로 기재하여 세무서에 제출한 행위

이 행위를 알선하거나 중개한 자도 같은 형에 처한다[조범법 §14].

「근로소득 원천징수영수증」이나 「근로소득 지급명세서」를 거짓 기재하여 발급하거나 정부에 제출하는 행위에 대한 처벌 규정은 '근로장려세제'EITC의 시행에 따라 2008년 신설한 것으로, 오로지 근로장려금 신청에 사용된 경우만 처벌대상으로 삼을 뿐 「근로소득 지급명세서」를 다른 용도로 사용하거나 이자·배당·퇴직 등 다른 소득에 대해서는 처벌대상으로 삼고 있지 아니하다.

(13) 해외금융계좌정보의 비밀유지 의무 등의 위반

「국제조세조정에 관한 법률」[§31⑥~⑧, §36]에 따라 거주자·내국법인이나 비거주자·외국법인의 금융정보나 해외금융계좌정보에 대하여 타인에게 제공·누설하거나 목적 외 용도 이용하는 것을 금지하는 '비밀유지' 의무를 위반한 사람은 5년 이하의 징역이나 3천만원 이하의 벌금에 처한다.

이 죄를 범한 자는 정상情狀에 따라 징역형과 벌금형을 병과할 수 있다.

이는 종전에 「국제조세조정에 관한 법률」에서 규정하였으나, 「조세범 처벌법」이 세법을 위반한 자에 대한 형벌에 관한 사항을 통합적으로 규정할 수 있도록 하기 위하여 이관하여 2019년부터 적용하도록 하였다.

하지만 세무공무원이 납세자가 세법에서 정한 납세의무를 이행하기 위하여 제출한 자료나 국세의 부과·징수를 위하여 업무상 취득한 '과세정보'와 마찬가지로 비밀유지 의무에서 제외되는 다음 사유[국기법 §81의13①]에 해당하는 경우에는 해외금융계좌정보도 사용목적에 맞는 범위에서 제공할 수 있다.

① 국가행정기관, 지방자치단체 등이 법률에서 정하는 조세, 과징금의 부과·징수 등을 위하여 사용할 목적으로 과세정보를 요구하는 경우

② 국가기관이 조세쟁송이니 조세범 소추訴追를 위하여 과세정보를 요구하는 경우

③ 법원의 제출명령·법관이 발부한 영장에 의하여 과세정보를 요구하는 경우

④ 세무공무원 간에 국세의 부과·징수나 질문·검사에 필요한 과세정보를 요구하는 경우

⑤ 통계청장이 국가통계작성 목적으로 과세정보를 요구하는 경우

⑥ 「사회보장기본법」[§3⑵]에 따른 사회보험의 운영을 목적으로 설립된 기관이 관계법률에 따른 소관업무를 수행하기 위하여 과세정보를 요구하는 경우

⑦ 국가행정기관, 지방자치단체나 「공공기관의 운영에 관한 법률」에 따른 공공기관이 급부·지원 등을 위한 자격의 조사·심사 등에 필요한 과세정보를 당사자의 동의를 받아 요구하는 경우

⑧ 「국정감사 및 조사에 관한 법률」[§3]에 따른 조사위원회가 국정조사의 목적을 달성하기 위하여 조사위원회의 의결로 비공개회의에 과세정보의 제공을 요청하는 경우

⑨ 다른 법률의 규정에 따라 과세정보를 요구하는 경우

이 죄를 범한 자는 정상情狀에 따라 징역형과 벌금형을 병과할 수 있다.

관련 법령

○ 「국제조세조정에 관한 법률」[§31⑥~⑧, §36]

■ 「국제조세조정에 관한 법률」[§31⑥~⑧]
⑥ 금융회사등에 종사하는 사람은 제2항 및 제3항을 위반하여 금융정보의 제공을 요구받으면 그 요구를 거부하여야 한다.
⑦ 제2항부터 제4항까지의 규정에 따라 금융정보를 알게 된 사람은 그 금융정보를 체약상대국의 권한 있는 당국 외의 자에게 제공 또는 누설하거나 그 목적 외의 용도로 이용해서는 아니 되며, 누구든지 금융정보를 알게 된 사람에게 그 금융정보의 제공을 요구해서는 아니 된다.
⑧ 제2항, 제3항 또는 제7항을 위반하여 제공되거나 누설된 금융정보를 취득한 사람은 그 위반 사실을 알게 된 경우 그 금융정보를 타인에게 제공하거나 누설해서는 아니 된다.

■ 「국제조세조정에 관한 법률」[§36] 해외금융계좌정보의 비밀유지
① 세무공무원은 해외금융계좌정보를 타인에게 제공 또는 누설하거나 목적 외의 용도로 사용하여서는 아니 된다. 다만, 「국세기본법」 제81조의13 제1항 각 호의 어느 하나에 해당하는 경우에는 그 사용 목적에 맞는 범위에서 해외금융계좌정보를 제공할 수 있다.
② 제1항에 따라 해외금융계좌정보를 알게 된 사람은 이를 타인에게 제공 또는 누설하거나 그 목적 외의 용도로 사용하여서는 아니 된다.

---

(14) 해외금융계좌 신고의무 불이행

「국제조세조정에 관한 법률」 제34조 제1항에 따른 해외금융계좌정보의 신고의무자[512]로서 신고기한(다음 연도 6월 1일부터 6월 30일) 내에 신고하지 아니한 금액이나 과소 신고한

---

512) 해외금융계좌 신고의무는, 해외금융회사에 개설된 해외금융계좌를 보유한 거주자와 내국법인 중 해당 연도의 매월 말일 중 어느 하루의 보유계좌잔액(보유계좌가 복수인 경우 각 계좌잔액 합산)이 5억원(2017년까지는 10억원)을 초과하는 자에게 해당 해외금융계좌정보를 다음 연도 6월 1일부터 30일까지 납세지 관할 세무서장에게 신고하도록 한 것이다.

금액(신고의무 위반금액)이 50억원을 초과하는 경우에는 2년 이하의 징역이나 신고의무 위반 금액의 13% 이상 20% 이하에 상당하는 벌금에 처한다. 하지만 정당한 사유가 있는 경우에는 그러하지 아니하다.

이 죄를 범한 자에 대해서는 정상에 따라 징역형과 벌금형을 병과할 수 있다.

해외금융계좌 신고의무를 이행하지 않은 경우 벌금액은 다른 제재수단인 과태료 금액과 비교하여 매우 적어 제재의 형평성을 위해 2019년 「조세범 처벌법」으로 이관하면서 그 산정기준을 대폭 상향조정하였다.

(15) '명령사항' 위반 등에 대한 과태료 부과

지방자치단체의 장은 세법질서를 유지하기 위해 필요한 다음의 명령이나 협조의무를 위반한 경우 500만원 이하의 과태료를 부과한다[지기법 §108].

① 「지방세징수법」[§56②]에 따른 자동차나 건설기계의 인도 명령을 위반한 자
② 지방세관계법의 질문·검사권 규정에 따른 세무공무원의 질문에 대하여 거짓으로 진술하거나 그 직무집행을 거부하거나 기피한 자

「조세범처벌법」에서 정했던 명령사항 위반에 대한 과태료 처벌규정은 2018년말 해당 의무를 정하고 있는 각 세법으로 이관되었다.[513]

명령사항의 위반에 대한 처벌에 있어서 범죄의 구성요건으로 삼고 있는 '명령사항'이나 '명령'이 법규명령만을 의미하는 것인지, 과세관청이 정하는 행정규칙까지 포함하는 것인지 그 대상과 범위는 모호하다.

이는 납세자가 법률 규정의 의미를 쉽게 알 수 없고 또 무슨 의무를 위반하였다는 것인지 확인하거나 예측할 수 없게 되어 죄형법정주의罪刑法定主義에 위배된다고 볼 수 있다.

④ 조세범칙조사

'조세범칙조사'租稅犯則調査, criminal tax investigation는 과세관청이 조세에 관한 범칙사건을 처리하기 위하여 범칙혐의자로부터 범칙행위에 관한 증거를 수집하고 심문하는 조사활동을 말한다.

---

513) 세법상 의무위반에 대한 과태료 등은 해당 의무를 부여하는 세법에서 규정하여야 하지만 그동안 「조세범처벌법」은 의무규정 없이 세법상 과태료에 관한 사항을 규정하고 있어 이를 2018년 각 세법으로 이관하였으나, 세금이나 가산세가 아닌 형벌의 일부인 과태료를 세법에서 부과하는 것이 적정한 것인지 살펴볼 필요가 하다.

조세범칙행위의 혐의가 있는 사건에 대한 조사절차임을 강조하여 「범칙사건조사」라고도 한다.[514)]

「조세범칙처벌절차법」[§2(3)]은, 조세범칙조사란 세무공무원이 조세범칙행위 등을 확정하기 위하여 조세범칙사건에 대하여 행하는 조사활동이라고 정의하고 있다.

(1) 세무조사와의 관계

① 세무조사와의 차이

조세범칙조사는 세무조사와 그 조사의 목적·성질과 절차 등에 있어서 차이가 있다.

세무조사는 행정조사의 일종으로 과세관청이 조세행정 목적을 달성하기 위하여 조세의 부과·징수 등 적정한 과세권의 행사에 필요한 과세자료를 수집하는 행정절차이지만, 조세범칙조사는 단순한 행정절차가 아니라 조세에 관한 범칙행위를 한 자를 형사처벌하기 위한 사법절차이다.

이러한 목적과 성질에서의 차이로 세무조사는 세법상 근거만 마련되어 있을 뿐 상세한 절차와 법적 통제수단이 없이 대부분 과세관청이 행정규칙에 따라 집행되고 있지만, 조세범칙조사는 진술거부권과 영장주의 등 엄격한 조사기준을 법률로써 정하고 있다.[515)]

조세범칙조사는 세무조사에 비하여 매우 드물게 이뤄진다. 이는 실제로 조세범칙행위가 적게 일어나기 때문이 아니라 세무조사와 조세범칙조사의 권한을 가진 과세관청이 세무조사와 조세범칙조사를 임의로 선택하여 실시할 수 있기 때문이다.

현실적으로 과세권 행사를 주된 임무로 하는 과세관청이 사법절차인 조세범칙조사를 적극적으로 실시할 유인誘因이 없으며 제도적으로 보완할 수 있는 통제장치도 마련되어 있지 않다.

그러므로 조세범칙조사를 실시할 지 여부를 과세관청이 임의로 판단하지 않고 객관적인 기준에 따라 결정할 수 있어야 하며 이를 위해서는 독립적인 조세범칙조사 전담조직의 운용과 제도적 절차를 갖추어야 한다.

---

514) 「조세범 처벌절차법」은 '범칙사건조사'라는 용어를 사용하였으나, 2019년부터 조사사무처리규정 등 조사실무에서 사용하는 용어인 '조세범칙조사'로 전환했다[조범법 제2조, 제2장]. 하지만, 지방세에서는 '범칙사건조사'라는 용어를 계속 사용하고 있다[지기법 §113].

515) 세무조사에 관한 절차는 납세자권리와 관련하여 「국세기본법」 제7장의2(§81의2~12)에서 대강의 내용을 정하고 있으나 법령이 법적 효력과 처벌규정이 미비하고 세무조사가 세무행정상 빈번하게 이뤄지므로 세무조사 대상의 선정·착수·진행 등 상세한 절차의 집행은 대부분 국세청 훈령인 「조사사무처리규정」에 따르고 있다.

| 세무조사와 조세범칙조사의 비교 |

구분		세무조사	조세범칙조사
근 거		각 세법 보칙(질문검사권)	조세범 처벌절차법(조세범칙조사)
성 격		행정조사(과세권 행사)	사법조사(범칙행위 처벌)
조사 절차	조사 주체	세무공무원	세무공무원 중 「지정서」를 받은 자
	조사 방법	임의조사	임의조사 원칙, 강제조사 가능
	진술 거부	진술거부 불가(질서범 처벌)	진술거부권 인정
조사 결과	내 용	행정처분(납세고지)	준사법 처분(통고·고발 처분)
	불 복	이의신청 등 조세불복절차	통고처분 불이행
	불이행 시	강제징수	고발
조사 가능 기간		부과권의 행사기간 내 (일반적 5~15년)	7년(양벌규정 적용법인 10년)

② 조세범칙조사와 심층조사

행정상 세무조사는 조사목적이나 방법에 따라 '일반세무조사(일반조사)'와 '심층세무조사 (심층조사)'로 구분하여 실시된다.

심층조사는 통상적인 세무조사인 일반조사와 달리 객관적인 조세탈루 혐의가 확인되는 경우 조사의 실효성을 위하여 사전통지를 하지 않고 세무조사에 있어 납세자의 동의를 얻어 장부·서류를 예치하며 금융추적조사를 하는 등 범칙사건조사와 거의 유사하게 실시된다.

심층조사에 있어 그 조사방법과 절차가 조세범칙조사와 유사하게 실시하는 것은 엄정한 과세권을 행사하여 조세탈루 사실을 보다 더 확실하게 확인하기 위한 것이지만, 의무적으로 조세범칙조사로 전환하거나 고발 등 범칙처분을 하지는 않는다.

만약 심층조사 결과 형사소추를 하는 경우에도 조사에 있어 조사대상자에게 형사소추 목적이라는 사실과 조사를 받는 자에게 진술거부권이 있다는 사실을 미리 알리지 않는다면 세법상 세무조사권에 바탕을 둔 심층조사 절차에 따라 수집된 과세자료(진술거부권을 보장하지 않고 영장없는 압수·수색 등에 의해 수집된 증거)는 형사상 증거력을 인정받기 어렵다.

이처럼 세무조사를 조세범칙조사의 형식을 빌어 운용하면 사법절차에 따라 행정조사를 하는 결과가 되어 과세관청의 세무조사권은 남용될 수 밖에 없고 납세자의 권익은 크게 침해된다.

그러므로 행정조사인 세무조사와 형사소추 절차인 조세범칙조사는 발동요건, 적용절차, 권리구제 방법 등에 있어 큰 차이가 있으므로 세무조사와 조세범칙조사를 혼합해 운용하는 심층조사는 지양하고 명백히 조세탈루 혐의가 확인되면 반드시 조세범칙조사로 실시하고 그렇지 않은 경우에는 세무조사의 범주에서 실시하여야 할 것이다.

(2) 조사 주체와 조사대상 선정

조세범칙조사를 실시할 수 있는 권한은 세무공무원에게 있다.

국세에서는 따로 세무공무원을 제한하고 있지 아니하지만, 지방세 조세범칙조사는 세무공무원 중 근무지 등을 고려하여 지방자치단체의 장의 제청으로 그 근무지를 관할하는 지방검찰청 검사장이 지명한 사람을 범칙사건 조사공무원이 담당한다[지기법 §113].

① 국세에서의 조세범칙조사

국세의 경우, 조세범칙사건에 관한 조세범칙조사의 실시 등의 결정은 지방국세청에 둔 「조세범칙조사 심의위원회」에서 심의 결정한다.

「조세범칙조사 심의위원회」는 조세범칙사건에 대한 조세범칙조사의 실시, 조세범칙처분의 결정, 조세범칙조사의 기간 연장이나 조사범위 확대, 양벌규정의 적용 등에 관하여 심의한다[범절법 §5].

위원회는 위원장 1명을 포함하여 20명 이내의 위원으로 구성한다. 위원장은 지방국세청장이 되고, 위원은 지방국세청 소속 공무원 중에서 위원장이 지명하는 6명 이내의 내부위원이 임명되고, 법률·회계나 세무에 관한 학식과 경험이 풍부한 사람 중에서 위원장이 위촉하는 13명 이내 외부위원으로 위촉한다.

위촉위원의 임기는 2년으로 하되, 위원장은 위촉위원이 금고禁錮 이상의 형을 선고받는 등의 사유로 직무수행에 지장이 있다고 인정하는 경우에는 임기 중이라도 위촉을 해제할 수 있다.

위원회의 위원 중 공무원이 아닌 사람은 「형법」이나 그 밖의 법률에 따른 벌칙을 적용할 때에는 공무원으로 본다.

② 지방세에서의 조세범칙조사

지방자치단체의 장의 제청으로 그 근무지를 관할하는 지방검찰청 검사장으로부터 지명받은 범칙사건의 조사공무원은 범칙사건의 혐의가 있는 자를 처벌하기 위하여 증거수집 등이 필요한 경우에는 범칙사건조사(조세범칙조사)를 할 수 있다.

또한, 지방세 포탈 혐의가 있는 금액이 (i) 연간 지방세 포탈 혐의금액(가산세는 제외한다)이 3천만원 이상인 경우, (ii) 법정신고기한까지 과세표준 신고를 하지 아니한 경우로서 그 과세표준의 연간 합계액이 10억원 이상인 경우(납부세액이 없는 경우는 제외한다), (iii) 신고하여야 할 납부세액을 50% 이하로 과소신고한 경우로서 그 과세표준의 연간 합계액이 20억원 이상인 경우에도 각각 조세범칙조사를 하여야 한다[지기법 §113, 지기령 §68②].

(3) 조사 객체

조세범칙조사의 객체는 조사의 대상이 되는 범칙 혐의자, 참고인과 그 밖의 물건이다.

① 범칙혐의자

범칙혐의자는 과세관청으로부터 조세범의 구성요건에 해당하는 범칙행위를 한 혐의를 받는 사람을 말한다.

그러므로 범칙혐의자는 진정한 범칙자인지 여부와 관계없이 조세범칙조사의 권한을 가진 과세관청이 혐의가 있다고 판단하면 조사대상이 될 수 있다. 만약 조세범칙조사의 결과 범칙혐의자가 통고처분을 받고 통고를 이행하면 범칙자가 되게 된다.

② 참고인

참고인은 범칙혐의자 이외의 사람으로서 조세범칙조사의 대상이 되는 범칙행위나 사실에 관하여 증언할 수 있거나 그 범칙사건에 관련이 있는 물건을 소지하고 있는 사람이 된다.

③ 범칙관련 물건

범칙혐의자나 참고인이 소지하고 있는 범칙관련 물건은 범칙사실을 입증하는 물적 증거가 되기 때문에 조세범칙조사에 있어 중요한 조사 대상물이 된다.

범칙관련 물건에는 범칙행위에 사용되었던 기계·기구, 범칙행위로 만들어진 물건, 장부·서류·거래 증빙물 등이 있다.

이는 조세범칙조사에 있어서 주된 압수·수색의 대상이 되며 조사상 필요한 경우에는 몰수·추징의 대상이 되기도 한다.

(4) 조사 관할

조세범칙조사에 있어서 '조사관할'調査管轄이란 조세범의 형사소추를 목적으로 하는 조사를 할 수 있는 행정기관의 인적·물적·지역적 범위를 말한다.

① 사건 관할

국세에 관한 조세범칙사건은 해당 조세범칙사건의 납세지를 관할하는 세무서장이 담당한다.

하지만 지방국세청장이 세무조사를 한 조세범칙사건, 그 밖에 조세범칙조사 대상자가 경영하는 사업의 종류·규모, 조세포탈 혐의금액 등을 고려하여 지방국세청장이 직접 조사할 필요가 있다고 인정하는 사건은 지방국세청장이 할 수 있다[범절법 §3①].

지방세에 관한 조세 범칙사건은 지방세의 과세권이나 지방세징수권이 있는 지방자치단체에 소속된 범칙사건조사공무원이 담당한다[지기법 §118].

하지만 시·도에 소속된 범칙사건 조사공무원은 관할구역의 시·군·구에 소속된 범칙사건 조사공무원과 공동으로 시·군·구세에 관한 범칙사건을 담당할 수 있다.

만약 범칙사건을 관할하는 지방자치단체가 아닌 지방자치단체나 국가기관에 소속된 공무원이 인지한 범칙사건의 경우, 그 범칙사건을 관할하는 지방자치단체에 소속된 범칙사건 조사공무원에게 지체 없이 인계하여야 한다.

② 증거 관할

국에 관한 조세범칙조사에 있어서 범칙사실을 확인하기 위한 증거수집은 국세청, 사건 발견지를 관할하는 지방국세청이나 세무서의 세무공무원이 한다.

지방국세청이나 세무서 외의 행정기관과 그 소속 공무원이 입수한 조세범칙사건에 관한 증거 등은 국세청장이나 관할 지방국세청장이나 세무서장에게 지체 없이 인계하여야 한다[범절법 §4].

지방세에 관한 조세범칙조사에 있어서 범칙사건을 관할하는 지방자치단체가 아닌 지방자치단체나 국가기관에 소속된 공무원이 다른 지방자치단체 관할 범칙사건의 증거를 발견하였을 때에는 그 다른 지방자치단체에 소속된 범칙사건 조사공무원에게 지체 없이 인계하여야 한다[지기법 §118④].

(5) 조사 방법

조세범칙조사는 그 조사방법에 따라, 조사대상인 범칙 혐의자·참고인 등의 동의를 얻어서 장부나 증명서류 등 범칙혐의 물건을 검사하거나 영치하는 '임의조사'任意調査 방법과 조사대상자의 의사와 관계없이 조사대상을 강제로 조사하는 '강제조사'强制調査 방법으로 나뉜다.

임의조사 방법에는 심문·검사·영치 등이 있고, 강제조사 방법에는 압수·수색 등이 있다.

세무공무원은 조세범칙조사를 하기 위하여 필요한 경우에는 조세 범칙행위 혐의자 이나 참고인을 심문하거나 압수·수색할 수 있는데, 압수나 수색을 할 때에는 다음에서 정하는 사람을 참여하게 하여야 한다[범절법 §8, 범절령 §7].

（ⅰ） 조세범칙행위 혐의자

(ii) 조세범칙행위와 관련된 물건의 소유자나 소지자

(iii) 변호사, 세무사, 「세무사법」[§20의2①]에 따라 등록한 공인회계사로서 조세범칙행위 혐의자의 대리인

(iv) 조세범칙행위 혐의자, 관련 물건의 소유자나 소지자의 동거인, 사용인이나 그 밖의 종업원으로서 사리를 분별할 수 있는 성년인 사람. 이는 (i)~(iii)에 해당하는 사람이 참여할 수 없거나 참여를 거부하는 경우에만 해당한다.

(v) 관할 시·군·구의 공무원이나 경찰공무원. 이는 (i)~(iv)에 해당하는 사람이 참여할 수 없거나 참여를 거부하는 경우에만 해당한다.

한편 세무공무원은 조세범칙조사를 실시하기 위하여 필요한 경우에는 다른 국가기관에 협조를 요청할 수 있으며, 그 요청을 받은 국가기관은 특별한 사유가 없으면 요청에 따라야 한다[범절법 §6; 지기법 §119].

① 심 문

'심문'審問, interrogation이란 세무공무원이 조세 범칙사실을 확인하기 위하여 범칙 혐의자 등 조사대상이 되는 자에게 범칙사실, 경위, 그 밖의 증거 등에 관하여 질문하여 증언·자백을 얻는 것을 말한다.

조세범 처벌절차는 형사절차의 하나이므로, 헌법상 보장된 진술거부권묵비권, 黙秘權에 따라 심문을 받는 자에게 증언이나 자백을 강요할 수 없다.

세무공무원이 심문을 하였을 때는 그 경위를 기록한 「심문조서」審問調書를 작성하고 심문을 받은 사람에게 확인하게 한 후 그와 함께 서명날인을 하여야 한다. 만약 심문을 받은 사람이 서명날인을 하지 아니하거나 할 수 없는 때에는 「심문조서」에 그 사유를 남겨야 한다[범절법 §11; 지기법 §117].

② 압 수

'압수'押收, seizure란 범칙사건을 조사하는 세무공무원이 소유자의 의사와 관계없이 조세범칙행위와 관련된 물품·장부 등을 소유자로부터 강제적으로 점유를 취득하는 강제처분이다.[516]

조세범칙조사를 하는 세무공무원이 압수나 수색을 할 때에는 근무지 관할 검사에게 신청하여 검사의 청구를 받은 관할 지방법원판사가 발부한 압수·수색영장이 있어야 한다.

---

516) "강제처분"은 「형사소송법」상 형의 집행을 보전하기 위하여 사람이나 물건에 대하여 강제적으로 행하는 처분을 말한다. 여기에는 강제력이 직접 행사되는 객체를 기준으로 체포·구속과 같은 '인적 강제처분'과 수색·압수와 같은 '대물적 강제처분'으로 나눈다. 강제처분, 특히 기소 전단계의 강제처분은 개인의 자유와 권리를 침해할 가능성이 크므로 최소한으로 제한하고 있다.

하지만 조세범칙행위가 진행 중이거나 조세범칙행위 혐의자가 도주하거나 증거를 인멸할 우려가 있어 압수·수색영장을 발부받을 시간적 여유가 없는 경우에는 해당 조세범칙행위 혐의자나 조세범칙행위와 관련된 물건의 소유자·소지자, 변호사·세무사·공인회계사로서 조세범칙행위 혐의자의 대리인, 조세범칙행위 혐의자의 동거인, 사용인이나 그 밖의 종업원으로서 사리를 분별할 수 있는 성년인 사람에게 그 사유를 알리면 영장 없이도 압수나 수색할 수 있다.

만약 영장 없이 압수나 수색한 경우에는 압수나 수색한 때부터 48시간 이내에 관할 지방법원판사에게 압수·수색영장을 청구하여야 한다. 세무공무원은 압수·수색영장을 발부받지 못한 경우에는 즉시 압수한 물건을 압수당한 자에게 반환하여야 한다[범절법 §9; 지기법 §115].

세무공무원은 압수를 하였을 때에는 「압수조서」押收調書를 작성하고 그 조서에 그 경위經緯를 기록하여 조세범칙행위 혐의자 등 참여자에게 확인하게 한 후 그와 함께 서명날인을 하여야 한다. 이 경우 서명날인을 하지 아니하거나 할 수 없을 때에는 그 사유를 조서에 기록하여야 한다 한다[범절법 §11; 형소법 §106①].

세무공무원은 압수한 물건의 운반이나 보관이 곤란한 경우에는 압수한 물건을 소유자, 소지자나 관공서로 하여금 보관하게 할 수 있다. 이 경우 소유자등으로부터 보관증을 받고 봉인封印이나 그 밖의 방법으로 압수한 물건을 명백히 하여야 한다.

이 밖에 압수나 수색과 압수·수색영장에 관하여는 「형사소송법」 중 압수·수색과 압수·수색영장에 관한 규정을 준용한다[범절법 §11; 지기법 §116].

③ 수 색

'수색'搜索, search은 범칙사건을 조사하는 세무공무원이 조세범칙행위에 대한 증거물이나 몰수할 것으로 판단되는 물건을 발견하기 위하여 범칙혐의자 등의 신체, 물건, 주거, 그 밖의 장소에 대하여 하는 강제처분이다.

조세범칙조사를 하는 세무공무원은 수색이 필요하다고 인정되는 때에는 법원으로부터 압수·수색영장을 발부받아 수색할 수 있으며, 수색을 할 때에는 그 경위를 기록하여 「수색조서」搜索調書를 작성하여야 한다.

만약 수색을 하였으나 증거물이나 몰수할 물건을 발견하지 못한 때에는 그 취지를 기재한 증명서를 교부하여야 한다[형소법 §128].

세무공무원이 영장 없이 압수·수색한 경우에는 압수·수색한 때부터 48시간 이내에 관할 지방법원 판사로부터 '압수·수색영장'을 발부받아야 하며, 이 기간 내에 발부받지 못한 경우에는 즉시 압수한 물건을 압수당한 본인에게 반환하여야 한다.

(6) 조사 종결

범칙조사 공무원은 조세범칙조사를 마쳤을 때 해당 세무관서장에게 보고하여야 한다[조범법 §12; 지기법 §120②].

이 때 국세의 경우에는 지방국세청장이나 세무서장이 「조세범칙조사심의위원회」의 심의를 거치거나 국세청장, 관할 지방국세청장의 승인을 받아 조세범칙조사를 실시한 조세범칙사건에 대하여 조세범칙처분을 하려는 경우에는 그 위원회의 심의를 거쳐야 한다. 하지만 조세범칙행위 혐의자가 도주하거나 증거를 인멸할 우려가 있는 경우에는 지방국세청장은 국세청장의 승인을, 세무서장은 관할 지방국세청장의 승인을 받아 위원회의 심의를 거치지 아니할 수 있다.

지방국세청장이나 세무서장이 위원회에 심의를 요청한 때에는 즉시 그 사실을 처분대상자에게 통지하여야 하며, 통지를 받은 자는 위원회에 의견을 제출할 수 있다.

지방세의 경우에는 범칙처분을 결정하는 행정절차나 「조세범칙조사심의위원회」의 설치 등 법적 근거를 따로 두고 있지 않다.

조세범칙조사를 마친 세무관서장은 조세범칙행위의 확증을 얻었을 때에는 통고처분이나 고발을 하고, 조세범칙의 확증을 갖지 못하였을 때에는 그 뜻을 범칙혐의자에게 통지(무혐의 통지)하여야 한다.

(7) 범칙처분

'범칙처분'犯則處分은 범칙조사 세무공무원이 조세범칙조사를 완료하여 세무관서장이 범칙혐의자에게 하는 최종적인 제재와 행정처분을 말한다.

국세의 경우 과세관청이 「조세범칙조사 심의위원회」의 심의를 거치거나 국세청장이나 지방국세청장의 승인을 받아 조세범칙조사를 실시한 조세범칙사건에 대하여 조세범칙처분을 하려는 경우에는 「조세범칙조사 심의위원회」의 심의를 거쳐야 한다. 하지만 지방국세청장은 국세청장의 승인을, 세무서장은 관할 지방국세청장의 승인을 받아 그 위원회의 심의를 거치지 아니할 수 있다.

과세관청이 「조세범칙조사 심의위원회」에 심의를 요청한 때에는 즉시 그 사실을 처분의 대상자에게 통지하여야 한다. 통지를 받은 자는 위원회에 서면으로 의견을 제출할 수 있다[517][범절법 §14].

---

517) 하지만 「조세범칙조사 심의위원회」에서 조세범칙처분에 대한 심의를 하는 절차에 관한 납세자 통지시기와 내용 등 상세한 사항은 세법에 나와 있지 아니하고 「세무조사사무처리규정」에서 규정하고 있다. 이에 따라 이를 위반하여 조세범칙처분을 한 경우에도 정당성을 다툴 수 없다(서울고법 2018.6.14. 선고, 2016누66338 판결 참조). 행정규칙은 행정청 내부의 규정에 불과하므로 납세자가 세무조사절차상 이를 알거나 주장해도

국세와 지방세 등 조세범칙사건에 대한 처분은 '통고처분', '고발'이나 '무혐의'로 분류된다[범절법 §13; 지기법 §120①].

1) 통고처분

'통고처분'通告處分, pre-trial penalty notification은 국세청장·지방국세청장이나 세무서장이 조세범칙조사 결과 조세범칙행위의 확증을 얻었을 때에 범칙혐의자에게 범칙행위에 해당하는 이유와 벌금상당액이나 추징금, 몰수·몰취할 물품을 납부할 것을 통고하는 행정처분을 말한다.

① 절 차

세무공무원이 통고처분을 할 때에는 범칙혐의자 별로 「통고서」를 작성하여 통고이유와 벌금이나 과료科料에 해당하는 금액, 몰수·몰취沒取에 해당하는 물품, 추징금에 해당하는 금액과 서류의 송달비용, 압수물건의 운반·보관비용 등을 지정한 장소에 납부할 것을 통지한다.[518]

하지만 몰수나 몰취沒取에 해당하는 물품에 대해서는 그 물품을 납부하겠다는 의사표시(납부신청)를 하도록 통고할 수 있다. 이렇게 통고를 받은 자가 그 통고에 따라 납부신청을 하고 몰수·몰취에 해당하는 물품을 가지고 있는 경우에는 공매나 그 밖에 필요한 처분을 할 때까지 그 물품을 보관하여야 한다.

세무공무원은 정상情狀에 따라 징역형에 처할 것으로 판단되는 경우, 통고대로 이행할 자금이나 납부 능력이 없다고 인정되는 경우, 거소가 분명하지 아니하거나 서류의 수령을 거부하여 통고처분을 할 수 없는 경우, 도주하거나 증거를 인멸할 우려가 있는 경우에는 통고처분을 거치지 않고 그 대상자를 즉시 고발하여야 한다.

하지만 범칙자가 통고대로 이행할 자력資力이 없다고 인정되거나 정상情狀에 따라 징역형에 처할 것으로 판단되는 경우에는 통고를 하지 아니하고 즉시 고발하여야 한다[범절법 §9].

만약 통고처분을 받은 자가 통고서를 송달받은 날부터 15일 이내에 통고대로 이행하지 아니한 경우에는 고발하여야 한다. 하지만 15일이 지났더라도 고발되기 전에 통고대로 이행하였을 때에는 고발하지 아니한다.

세무공무원으로부터 통고처분을 받은 자가 통고대로 이행하였을 때에는 동일한 사건에 대하여 다시 조세범칙조사를 받거나 처벌받지 아니한다.

보호받을 수 없으므로 이를 법률로 정해야 한다.

518) 통고서에는 범칙사항으로 "매출세금계산서 미교부"라고만 기재되어 있을 뿐, 범칙일시나 방법, 범칙금액 등에 관하여 아무런 기재가 없다면, 통고처분은 조세범처벌절차법 시행령 등에서 정한 절차를 위반한 중대 명백한 하자가 있어 무효이다(인천지방법원 2013.8.20. 선고, 2012나31550 판결).

② 성 격

통고처분은 조세 범칙행위를 한 범칙혐의자에 대하여 사법절차에 따른 형사상 제재를 하기 전에 세무관서장이 범칙행위의 사실을 통고하고 범칙 혐의자가 이를 인정하는 경우 사법처리를 면제하는 것이다.

이는 형식적으로는 과세관청의 행정처분이지만 일정한 범위에서 사법절차와 권한을 위임 받아 하는 것으로 통고처분의 이행이 완료되면 확정판결과 같은 효력이 인정되므로 실질적으로는 사법절차라고도 할 수 있다.

조세범 처벌절차에서 통고처분 제도를 두는 이유는 과세관청에게 조세범칙행위와 관계된 조세의 징수를 통해 침해된 재정권을 신속하게 회복할 수 있도록 하고, 사법기관에게는 전문성이 있는 과세관청에게 처리를 맡겨 행정의 효율성을 확보하는 한편 국민에게는 간편한 절차를 선택할 수 있도록 하여 국민의 권익을 보호하기 위한 것이다.

③ 효 과

(ⅰ) 공소시효 중단의 효력

세무관서장이 범칙혐의자에게 통고처분을 한 경우 공소시효의 진행이 중단된다. 이는 공소시효가 완성되기 전에 이뤄진 조세범칙조사 결과 통고처분을 받은 범칙혐의자가 통고 불이행하는 경우, 세무공무원의 고발 후 검사가 공소를 제기하기까지 상당한 시일이 소요되는 경우라도 조세범을 처벌할 수 있도록 하기 위함이다[범절법 §16; 지기법 §122].

(ⅱ) 일사부재리의 효력

범칙혐의자가 통고대로 이행한 때에는 「형사소송법」에서의 '일사부재리의 원칙'一事不再理 原則[519]이 적용되어 같은 사건에 대하여 또다시 형사소추를 받지 아니한다[지기법 §123].

그러므로 만약 통고를 받은 범칙혐의자가 통고대로 이행한 범칙사건에 대하여 세무공무원의 고발에 따라 검사가 공소를 제기한 경우에는 공소권을 유지할 수 없다.

2) 고 발

'고발'告發, accusation은 과세관청이 조세범칙조사 결과 범칙행위를 발견한 후 검사에게 범칙사실을 신고하여 그 형사소추를 구하는 것을 말한다.

---

519) 「형사소송법」상 '일사부재리의 원칙'Double Jeopardy; [라]Ne bis in idem은 판결이 확정된 때에 같은 사건에 대하여 다시 심리·판단하는 것을 허용하지 않는 것으로, 일사부재리의 효력이 발생한 사건에 대한 검사의 공소제기는 위법·무효가 된다. 기판력旣判力은 실정법상 규정 유무에 불구하고 실체적 판결의 확정에 의해서 당연히 발생하는 효력이라고 보는 견해가 통설이다.

세무관서장은 범칙혐의자에게 통고처분 없이 고발하거나 일단 통고처분을 한 범칙혐의자가 통고를 받은 날부터 15일 이내에 통고대로 이행하지 아니할 경우에 고발할 수 있다.

또한 범칙혐의자의 거소가 분명하지 아니하거나 범칙혐의자가 서류의 수령을 거부하여 통고처분을 할 수 없을 때에는 통고처분을 거치지 않고 그 대상자를 즉시 고발해야 한다[범절법 §17; 지기법 §124].

① 종 류

조세범칙조사를 한 세무공무원은 범칙혐의자가 일정한 조건에 해당하는 경우에는 고발을 한다.

고발에는 범칙사실의 경중輕重, 범칙혐의자의 사정이나 통고처분에 대한 반응에 따라 '직고발', '통고불이행에 따른 고발', '통고불능으로 인한 고발' 등으로 나뉜다.

(i) 직고발直告發, accusation for prosecution

범칙혐의자가 통고대로 이행할 자력資力이 없다고 인정되거나 범칙행위의 정상情狀에 따라 징역형에 처할 것으로 판단되는 경우에는 통고처분 없이 즉시 고발한다. 또한 범칙혐의자가 도주의 우려가 있거나 증거인멸의 우려가 있는 경우에도 즉시 고발할 수 있다.[520]

(ii) 통고불이행에 따른 고발通告不履行 告發, accusation for non-compliance of notification

범칙혐의자가 통고이행기간(통고를 받은 날로부터 15일) 이내에 통고대로 이행하지 않는 경우에 고발한다. 하지만 통고이행기간이 지났더라도 고발되기 전에 이행하였을 때에는 고발하지 않는다.

(iii) 통고불능으로 인한 고발通告不能 告發, accusation for non-notification

범칙혐의자의 거소가 분명하지 아니하거나 범칙혐의자가 통고처분 서류의 수령을 거부함하여 통고할 수 없는 경우에는 고발절차를 밟는다.

② 절 차

범칙사건에 대하여 세무공무원의 조사보고서에 의한 심리결과 고발의 대상이 되는 경우에는 검사에게 「고발서」告發書를 제출하여야 한다.

고발을 하는 세무공무원은 고발한 경우 압수물건이 있을 때에는 압수목록을 첨부하여 검사에게 인계하여야 한다. 압수물건으로서 소유자등이 보관하는 것에 대해서는 검사에게 보관증을 인계하고, 소유자등에게 압수물건을 검사에게 인계하였다는 사실을 통지하여야 한

---

520) 「조세범 처벌법」[§8]에서는 세무공무원이 범칙사건의 조사를 마쳤을 때, 범칙혐의자의 거소가 분명하지 아니한 경우, 범칙혐의자가 도주할 우려가 있는 경우, 증거인멸의 우려가 있을 경우에는 세무서장 등에 대한 보고에 앞서 조사진행 중이라도 즉시 고발할 수 있다고 하고 있다[조사규정 §113② 참조].

다[범절법 §18; 지기법 §125].

③ 효 과

세무공무원이 범칙혐의자에 대하여 고발하면 검사는 비로소 유효하게 공소권을 행사할 수 있다. 또한 세무관서는 고발한 사건에 대하여 다시 조사를 하거나 통고처분할 수 없다.

하지만 범칙혐의자를 오인하였거나 착오에 의하여 범칙사실을 인정한 것이 발견되는 때에는 고발을 취소할 수 있다.

3) 무혐의

지방국세청장, 세무서장 등 세무공무원은 조세범칙조사를 하여 조세범칙행위의 확증을 갖지 못하였을 때에는 그 뜻을 조세범칙행위 혐의자에게 통지하고 물건을 압수하였을 때에는 그 해제를 명하여야 한다[범절법 §19].

하지만 무혐의 처분을 하였다고 해도 추후 범칙혐의자로부터 새로운 증거가 발견되어 범칙의 심증을 갖게 되면 무혐의 처분에도 불구하고 다시 통고처분하거나 고발 등 사법처분을 할 수 있다.

조세범칙조사도 「국세기본법」에 따라 중복조사 금지의 원칙이 적용되므로 과세관청은 그 한계를 벗어나지 않는 범위에서만 다시 조세범칙조사를 할 수 있을 것이다.

제5절

과세행정 지원

　조세를 원활하게 징수하도록 하기 위해 세법은 납세고지·독촉 등 임의적 징수절차와 압류·환가 등 강제적 징수절차를 두는 한편, 간접적인 조치로서 납세보전제도를 두어 조세의 완전한 징수를 추구하고 있다.

　하지만 여기에 그치지 않고 조세채권을 원활하게 확보하고 조세행정을 효율적으로 운영하기 위하여 추가로 납세자와 관계관청에게 일정한 정보제공 의무를 부여하여 과세관청이 조세행정상 용도로 사용할 수 있도록 하고 있다.

　국세와 지방세에 관한 기본적이고 공통적인 사항을 정하고 있는 조세통칙법인 「국세기본법」·「지방세기본법」은 다음과 같은 '조세채권 확보를 위한 과세행정 지원제도'를 두고 있다.[521]

① **납세자의 협력의무** : 납세관리인 지정, 과세자료의 제출·수집, 장부의 비치·보관 의무

② **국가·지방자치단체의 협력의무** : 조세행정 협조 의무

③ **과세관청의 납세정보 공개** : 과세정보 통계자료의 작성·보관

④ **불성실 납세정보의 확보** : 탈세제보 포상금 지급

| 조세채권확보 · 납세보전제도 |

구분	제도	근거
직접징수 제도	① 임의적 징수절차 : 납세고지, 독촉 ② 강제적 징수절차 : 압류, 환가	국세징수법 지방세징수법
납세보전 제도	① 「납세증명서」의 발급·제출 ② 미납조세의 열람 ③ 관허사업의 제한 ④ 「지급명세서」등 금융정보자료의 체납처분 활용 ⑤ 외국인 체납자료의 법무부 제공	국세징수법 지방세징수법

---

521) '조세채권확보를 위한 행정지원'이란 성질상 대부분 조세채권을 확보하기 위한 제도로, '고액·상습체납자 등의 명단공개'와 각 세법상 가산세 부과대상인 '장부의 비치·보관' 등을 담고 있으나, 징수절차에 속하는 부분을 제외하고 「국세기본법」상 '보칙'에서 규정한 내용을 담았다.

구분	제도	근거
납세보전 제도	⑥ 고액·상습체납자 체납정보의 신용정보회사 제공 ⑦ 고액·상습체납자에 대한 감치 ⑧ 고액·상습체납자에 대한 명단공개 ⑨ 고액체납자에 대한 출국금지 요청	
조세채권 확보를 위한 과세행정 지원	① 납세자의 협력의무 • 납세관리인 선임신고 • 과세자료 제출의무 • 장부 비치·보존 의무 ② 국가·지방자치단체의 조세행정 협조의무 ③ 과세정보 통계자료의 작성·공개 ④ 탈세정보 포상금 지급	국세기본법 지방세기본법

① 납세자의 협력의무

(1) 납세관리인 신고

납세자가 국내에 주소나 거소를 두지 아니하거나 국외로 주소나 거소를 이전할 때에는 조세에 관한 사항을 처리하기 위하여 납세관리인을 설정(선임)하여 관할 과세관청에게 신고하여야 한다. 납세관리인을 신고한 후 변경하거나 해임할 때도 관할 과세관청에 신고하여야 한다[국기법 §82; 지기법 §139].

납세자는 조세에 관한 사항을 처리하게 하기 위하여 변호사·세무사·「세무사법」[§20의2 ①]에 따라 등록한 공인회계사를 납세관리인으로 둘 수 있다.

① 설정신고 절차

납세관리인을 두려는 납세자는 납세자와 납세관리인의 인적사항과 설정이유를 기재한 「납세관리인 설정(변경)신고서」[국기칙 별지 제43호 서식]로 관할 세무관서장에게 신고하여야 한다.

신고를 받은 과세관청은 납세관리인이 적당하지 않다고 인정하는 때에는 기한을 정하여 납세자에게 그 변경을 요구할 수 있으며 그 요구를 받은 납세자는 정해진 기한까지 납세관리인 변경신고를 하여야 한다.

만약 신고하지 않은 경우에는 납세관리인 설정신고는 없었던 것으로 본다.

② 납세관리인의 직권지정

납세자가 국내에 주소나 거소를 두지 않거나 국외로 주소나 거소를 이전할 때 납세관리인 신고를 하여야 함에도 납세관리인 신고를 하지 아니할 때에는 관할 과세관청이 납세자의 재산이나 사업의 관리인을 납세관리인으로 직권 지정할 수 있다[국기법 §82④]. 이 경우 해당 과세관청은 해당 납세자와 납세관리인에게 그 사실을 지체 없이 통지하여야 한다.

③ 납세관리인의 업무범위

납세관리인은 다음과 같은 조세에 관한 사항에 관하여 납세자를 대리하여 업무를 수행할 수 있다[국기령 §64의2].

(i) 세법에 따른 신고, 신청, 청구, 그 밖의 서류의 작성과 제출
(ii) 세무관서장이 발부한 서류의 수령
(iii) 조세의 납부와 환급금의 수령

이러한 납세관리인의 권한은 납세자가 납세관리인을 해임한 때, 납세자나 납세관리인이 사망한 때, 납세관리인이 법원으로부터 금치산禁治産이나 파산선고를 받은 때에는 소멸한다.[522]

④ 상속세의 납세관리인

「상속세 및 증여세법」에 따라 상속세를 부과할 때에 납세관리인이 있는 경우를 제외하고 상속인이 확정되지 아니하였거나 상속인이 상속재산을 처분할 권한이 없는 경우에는 특별한 규정이 없으면 추정상속인, 유언집행자이나 상속재산 관리인에 대하여 「상속세 및 증여세법」중 상속인나 수유자受遺者에 관한 규정을 적용할 수 있다.

비거주자인 상속인이 금융회사 등에 상속재산의 지급·명의개서·명의변경을 청구하려면 납세관리인을 정하여 납세지 관할 세무서장에게 신고하고 그 사실에 관한 확인서(「납세관리인 신고확인서」)를 발급받아 금융회사 등에 제출하여야 한다[국기법 §82⑤⑥].

⑤ 재산세의 납세관리인

재산세의 납세의무자는 해당 재산을 직접 사용·수익하지 아니하는 경우에는 그 재산의 사용자·수익자를 납세관리인으로 지정하여 신고할 수 있다. 지방자치단체의 장은 재산세의 납세의무자가 재산의 사용자·수익자를 납세관리인으로 지정하여 신고하지 아니하는 경우에도 그 재산의 사용자·수익자를 납세관리인으로 지정할 수 있다.

신탁재산의 재산세 납세의무자는 위탁자를 납세관리인으로 지정하여 신고할 수 있다[지기법 §139④~⑥].

---

522) 행정해석[국기통 82-0…2]은 만약 납세관리인의 권한소멸 후 그 소멸한 사실을 모르고 그 납세관리인에게 행한 행위 또는 그 납세관리인이 행한 행위는 납세자(납세의무승계자 포함)에게 효력이 있다고 하고 있으나, 이는 권한이 없는 사람에게 행정행위하거나 권한이 없는 사람이 한 법률행위를 유효한 것으로 보는 것이므로 잘못된 해석이다.

(2) 과세자료의 제출

① 과세자료 제출의무자

세법에 따라 과세자료를 제출할 의무가 있는 자는 과세자료를 성실하게 작성하여 정해진 기한까지 소관 과세관청에게 제출하여야 한다. 하지만 국세의 경우 국세정보통신망을 이용하여 제출할 때에는 지방국세청장이나 국세청장에게 제출할 수 있다.

국가기관, 지방자치단체, 금융회사나 전자계산·정보처리시설을 보유한 자는 과세에 관계되는 자료나 통계를 수집하거나 작성하였을 때에는 국세청장에게 통보하여야 한다[국기법 §85].

② 과세관청의 「지급명세서」 자료 활용

세무서장·지방국세청장이나 국세청장과 지방자치단체장 등 세무관서장은 「금융실명거래 및 비밀보장에 관한 법률」[§4④]의 규정에도 불구하고 「소득세법」[§164]·「법인세법」[§120]·「지방세법」[§103의13, §103의29]에 따라 제출받은 「이자소득·배당소득 지급명세서」를 (i) 상속·증여재산의 확인, (ii) 국세·지방세의 조세탈루 혐의를 인정할만한 명백한 자료의 확인, (iii) 「조세특례제한법」[§100의3]에 따른 근로장려금 신청자격의 확인 (iv) 지방세 체납자의 재산조회와 체납처분에 이용할 수 있다[국기법 §85의2: 지기법 §142].

(3) 장부 비치·보존

① 의 의

납세자는 각 세법에서 규정하는 바에 따라 모든 거래에 관한 장부와 증명서류를 성실하게 작성하여 갖춰 두어야 한다. 이 때 장부와 증명서류는 그 거래사실이 속하는 과세기간에 대한 해당 조세의 법정신고기한 만료일부터 5년간 보존하여야 한다[국기법 §85의3: 지기법 §144].

하지만 2009년부터 이월결손금의 공제기간이 10년으로 확대되면서 장부와 증명서류의 보존기간이 끝난 날이 속하는 과세기간 이후의 과세기간에 「소득세법」[§45②], 「법인세법」[§13(1), §76의13①(1), §91①(1)]에 따라 이월결손금을 공제하는 경우에는 이월결손금을 공제한 과세기간의 법정신고기한의 만료일부터 1년간 더 보존하여야 한다.

② 전산조직을 이용한 장부 작성·보존

납세자는 장부와 증명서류의 전부나 일부를 전산조직을 이용하여 작성할 수 있다. 이 경우 그 처리과정 등을 다음과 같은 기준에 따라 자기테이프, 디스켓나 그 밖의 정보보존 장치에 보존하여야 한다[국기령 §65의7①: 지기령 §80①].**523)**

（ⅰ） 자료를 저장하거나 저장된 자료를 수정·추가·삭제하는 절차·방법 등 정보보존장치의 생산과 이용에 관련된 전자계산조직의 개발과 운용에 관한 기록을 보관할 것

（ⅱ） 정보보존장치에 저장된 자료의 내용을 쉽게 확인할 수 있거나 문서화할 수 있는 장치와 절차가 마련되어 있고, 필요한 경우 다른 정보보존장치에 복제가 가능하도록 할 것

（ⅲ） 정보보존장치에는 거래내용과 변동사항이 포함되어 있고, 과세표준과 세액을 결정할 수 있도록 검색과 이용이 가능한 형태로 보존할 것

이 때 납세자가 「전자문서 및 전자거래 기본법」[§5②]에 따른 전자화문서로 변환하여 공인전자문서센터에 보관한 경우에는 장부와 증명서류를 갖춘 것으로 본다. 하지만 계약서 등 위조·변조하기 쉬운 장부와 증명서류로서 「상법」등 다른 법령에 따라 원본을 보존하여야 하는 문서, 등기·등록·명의개서를 필요로 하는 자산의 취득이나 양도와 관련하여 기명날인이나 서명한 계약서, 소송, 인·허가 관련 서류에 대하여는 제외한다[국기법 §85의3 ④; 지기법 §144④].

❷ 국가·지방자치단체의 협조의무

(1) 국가·지방자치단체의 세무행정 협조

세무공무원은 직무를 집행할 때 필요하면 국가기관, 지방자치단체와 그 소속 공무원에게 협조를 요청할 수 있으며, 요청을 받은 경우에는 정당한 사유가 없으면 협조하여야 한다[국기법 §84].

(2) 납세지도 교부금

'납세지도 교부금'納稅指導 交付金은 과세관청이 납세지도를 담당하는 단체에게 납세지도에 소요되는 경비의 전부나 일부를 지급하는 보조금을 말한다.

과세관청은 납세지도단체가 납세지도에 소요되는 경비를 교부금으로 지급할 수 있다[국기법 §84③].

---

523) 납세자가 장부나 증거서류를 전산조직으로 작성하는 경우에 관한 세부규정으로 「전자기록의 보전방법 등에 관한 고시」(국세청 고시)를 두고 있다. ERP와 같이 당초부터 전산조직을 이용하거나 신용카드 거래정보를 전송받아 보관하는 경우에는 실물을 출력하여 보관하지 않아도 되도록 하고 있다.

조세행정에서 소속원에 대한 세무지도를 담당하고 있는 납세조합에 대하여 납세지도교부금을 지급하기도 하나 현실적으로 유명무실한 규정이 되고 있다.

① 신청·승인

납세지도 교부금을 지급받고자 하는 단체는 납세지도 사업내용, 납세지도에 소요되는 경비와 지급받고자 하는 교부금액, 납세지도 실시기간, 지급되는 교부금이 소요되는 경비에 부족한 경우 그 대책 등을 기재한 「교부금 지급신청서」[국기칙 별지 제50호 서식]를 교부금을 지급받고자 하는 연도의 1월 31일까지 국세청장에게 제출하여야 한다[국기령 §65의2①].

국세청장은 「교부금 지급신청서」가 제출된 경우 사업의 적정성·실현가능성과 효과 등을 감안하여 1월 이내에 지급 여부를 결정하여야 하며, 이 때에는 교부금의 지급목적을 달성하는데 필요하다고 인정되는 조건을 붙일 수 있다.

국세청장이 교부금 지급 여부를 결정하거나 교부금 지급의 조건을 붙인 경우에는 이 사실을 신청자에게 지체 없이 통지하여야 한다.

② 사후관리

교부금을 지급받은 납세지도단체는 교부금을 지급받은 연도의 다음 연도 1월 20일까지 「납세지도사업 실적보고서」를 국세청장에게 제출하여야 한다.

국세청장은 납세지도단체가 교부금을 다른 용도에 사용하거나 교부금의 지급조건에 위반한 때에는 교부금 지급결정의 전부나 일부를 취소하거나 이미 지급된 교부금의 반환을 명하여야 한다[국기령 §65의2⑤⑥].

③ 과세정보 통계자료의 작성·공개

(1) 과세정보 통계자료의 작성·공개 원칙

① 기본원칙

국가·지방자치단체 등 과세관청은 조세정책의 수립과 평가, 조세행정의 적정성 검증과 성실납세 유도에 활용하기 위하여 과세정보를 분석·가공한 통계자료를 작성·관리하여야 한다. 이 경우 통계자료는 납세자의 과세정보를 직접적 방법이나 간접적인 방법으로 확인할 수 없도록 작성되어야 한다.

세원의 투명성, 국민의 알권리 보장과 조세행정의 신뢰증진을 위하여 과세관청은 통계자료를 일반 국민에게 정기적으로 공개하여야 한다.

② 통계자료의 작성

국세청장이 조세정책의 수립이나 평가 등에 활용하기 위하여 과세정보를 분석·가공한 통계자료는 납세자의 과세정보를 직접적인 방법이나 간접적인 방법으로 확인할 수 없도록 작성되어야 한다[국기법 §85의6①].

이는 개별적인 납세자의 신상이나 납세정보가 공개되는 경우 납세자의 프라이버시가 침해될 수 있기 때문이다.

지방자치단체의 장은 지방세 부과·징수·체납, 납세자보호관의 납세자 권리보호 업무 등 지방세 관련 자료를 분석·가공한 통계를 작성하고 공개하여야 한다. 또한 지방세 통계자료나 추계자료 등 지방세 운용 관련 자료는 행정안전부장관에게 제출하여야 한다. 이를 제출받은 행정안전부장관은 지방자치단체의 장으로부터 제출받은 자료를 토대로 지방세 운용상황을 분석하고 그 결과를 공개하여야 한다[지기법 §149].

③ 통계자료의 공개

국세청장은 세원의 투명성, 국민의 알권리 보장와 국세행정의 신뢰증진을 위하여 통계자료를 「국세정보공개심의위원회」의 심의를 거쳐 일반 국민에게 정기적으로 공개하여야 한다. 국세정보를 공개하기 위하여 예산의 범위 안에서 국세정보시스템을 구축·운용할 수 있다[국기법 §85의6②].

한편, 국민의 대의기관인 국회에서 심의나 정책수립에 참고하기 위하여 세법의 제정이나 개정안에 대한 심사에 필요한 통계자료를 요구하는 경우 통계자료를 제공하여야 한다. 또한 정부출연 연구기관 등이 조세정책의 연구 목적으로 통계자료를 요청하는 경우[524) 사용목적에 맞는 범위에서 제공할 수 있다.

지방자치단체의 장은 지방세 부과, 징수, 체납, 납세자보호관의 납세자 권리보호 업무와 관련된 내용을 통계자료로 작성하여 결산의 승인 후 2개월 이내(납세자보호관의 납세자 권리보호 업무의 경우에는 회계연도가 종료된 날부터 2개월 이내)에 지방자치단체의 정보통신망이나 공보에 게시하거나 그 밖의 방법을 통하여 공개하여야 한다. 이는 「지방재정법」[§60①(1)]에 따른 세입·세출예산의 운용상황에 포함하여 공개하여도 무방하다.

---

524) 기초자료의 제공장소는 정보보호시스템과 기초자료를 분석할 수 있는 설비 등을 갖춘 시설로 「국세청 국세통계센터」를 말하며, 제공대상자는 정부출연 연구기관의 장, 시설과 인력규모 등을 고려하여 국세청장과 MOU를 체결한 대학, 공공기관, 민간연구기관의 장으로 한다.

(2) 통계자료의 국회 제공

① 제공 대상

국세청장은 국회 소관 상임위원회가 의결로 세법의 제정법률안·개정법률안, 세입예산안의 심사·국정감사와 그밖에 의정활동에 필요한 통계자료를 요구하는 경우, 국회예산정책처장이 의장의 허가를 받아 세법의 제정법률안·개정법률안에 대한 세수추계나 세입예산안의 분석을 위하여 필요한 통계자료를 요구하는 경우에는 그 목적의 범위에서 통계자료를 제공하여야 하여야 한다.

이때 국세청장은 국회에 제공한 통계자료의 사본을 기획재정부장관에게 송부하여야 한다[국기법 §85의6④].

② 제공절차

국회 소관 상임위원회로부터 통계자료의 제공을 요청받은 국세청장은 제출기간이 따로 명시되지 아니한 경우에는 요청받은 날부터 10일 이내에 제공하여야 한다.

하지만 그 기간에 통계자료를 작성하여 제공하기 곤란한 경우에는 소관 상임위원회와 협의하여 그 기간을 연장할 수 있다.

국세청장은 소관 상임위원회로부터 제공을 요청받은 통계자료가 보관·관리되지 아니하거나 생산할 수 없는 것이면 그 사유를 첨부하여 소관 상임위원회에 통보하여야 한다.

국세청장이 소관 상임위원회에 통계자료를 제공한 경우에는 그 사본을 7일 이내에 기획재정부장관에게 송부하여야 한다.

③ 제공·사용 방법

국세청장은 세법상 비밀유지 규정에도 불구하고 국회 소관 상임위원회가 의결로 국세의 부과·징수·감면 등에 관한 자료를 요구하는 경우에는 그 사용목적에 맞는 범위에서 과세정보를 납세자 개인정보를 직접적·간접적인 방법으로 확인할 수 없도록 가공하여 제공하여야 한다.

국세청장이 국회에 제공되거나 송부된 통계자료(「국세통계심의위원회」의 심의를 거쳐 일반국민에게 공개한 것은 제외한다)를 알게 된 자는 그 통계사료를 목적 외의 용도로 사용해서는 안된다.

(3) 통계자료의 정부출연 연구기관 제공

① 제공 대상

국세청장은 「정부출연 연구기관 등의 설립·운영 및 육성에 관한 법률」[§8①]에 따라 설립된 연구기관의 장 등 연구기관이 조세정책의 연구를 목적으로 통계자료를 요구하는 경우 그 사용 목적에 맞는 범위 안에서 제공할 수 있다[국기법 §86의7⑥~⑧].

② 제공절차

정부출연 연구기관의 장이 요청하는 통계자료의 명칭, 통계자료의 사용 목적, 통계자료의 내용과 범위, 통계자료의 제공방법 등을 적은 문서를 국세청장에게 제출하는 방식으로 통계자료를 요구할 수 있다.

③ 제공 · 사용 방법

통계자료의 제공을 요청받은 국세청장은 요청받은 날부터 30일 이내에 제공하여야 한다. 하지만 그 기간에 통계자료를 작성하여 제공하기 곤란한 경우에는 정부출연 연구기관의 장과 협의하여 그 기간을 연장할 수 있다.

국세청장은 제공을 요청받은 통계자료가 보관 · 관리되지 아니하거나 생산할 수 없는 것인 경우에는 요청받은 날부터 30일 이내에 그 사유를 첨부하여 정부출연 연구기관의 장에게 통보하여야 한다.

국세청장은 통계자료를 제공하는 경우 정부출연 연구기관의 장에게 통계자료의 사용 목적, 사용 방법 등을 제한하거나 통계자료의 안전성 확보를 위하여 필요한 조치를 마련하도록 요청할 수 있다.

그밖에 정부출연 연구기관의 장에 대한 통계자료의 제공방법 등 통계자료의 제공에 필요한 사항은 국세청장이 정부출연 연구기관의 장과 협의하여 정한다.

이처럼 제공되거나 송부된 통계자료를 알게 된 자는 그 통계자료를 목적 외의 용도로 사용할 수 없다.

(4) 통계 기초자료의 연구기관 제공

국세청장은 다음에 해당하는 자가 조세정책의 평가나 연구 등에 활용하기 위하여 통계자료 작성에 사용된 기초자료를 직접 분석하기를 원하는 경우에는 국세청 내에 설치된 시설 내에서 기초자료를 그 사용목적에 맞는 범위에서 제공할 수 있다. 이 경우 기초자료는 개별 납세자의 과세정보를 직접적 · 간접적 방법으로 확인할 수 없는 상태로 제공하여야 한다.

① 「국회법」에 따른 국회사무총장 · 국회도서관장 · 국회예산정책처장 · 국회 입법조사처장 · 「국회미래연구원법」에 따른 국회미래연구원장
② 「정부조직법」 제2조에 따른 중앙행정기관의 장
③ 「지방자치법」 제2조에 따른 지방자치단체의 장

④ 「정부출연연구기관 등의 설립·운영 및 육성에 관한 법률」 제2조에 따른 정부 출연연구기관의 장

⑤ 「고등교육법」에 따른 대학, 「공공기관의 운영에 관한 법률」에 따른 공공기관, 정부출연 연구기관에 준하는 민간연구기관, 기초자료의 적정성 점검 등을 수행하는 기관 중 국세청장이 기초자료를 이용할 필요가 있다고 인정하여 지정하는 기관의 장

이때 기초자료를 제공하는 시설이란 납세정보에 관한 정보보호시스템과 기초자료를 분석할 수 있는 설비 등을 갖춘 시설로, 국세청에 설치된 「국세통계센터」를 말한다.

④ 탈세정보 포상금

'탈세정보 포상금'은 과세관청이 스스로 포착하지 못한 탈세행위를 적발해 내기 위해 일반 국민으로 하여금 관련 정보의 제공을 장려하기 위해 포상금을 지급하는 제도이다.

1951년 「조세범처벌 절차법」이 제정되면서 조세범칙으로 처벌되는 탈세정보를 제공하는 자에게 확정벌금액의 10~25%를 '보상금'으로 지급한 규정이 도입되었고, 1999년에는 그 명칭을 '포상금'으로 전환되었다. 2004년부터는 조세범으로 처벌받지 않아도 탈루세액을 기준으로 포상금을 지급하도록 그 기준을 변경하여 지급대상을 확대했다. 2012년에는 「조세범 처벌절차법」과 「국세기본법」에 유사한 내용으로 규정된 탈세정보 포상금 규정을 「국세기본법」으로 일원화했다.

2013년 지하경제 양성화를 세정목표로 삼은 박근혜 정부는 그 지급한도를 10억원, 2014년 20억원으로 계속 높여 탈세정보의 제공을 활성화하고자 하였다. 추징세액 최저기준도 1억원에서 5천만원으로 낮추고, 포상금 지급율은 추징세액의 5%에서 15%로 높였다.

| 탈세정보 포상금 지급현황 |

연도별	지급 한도액	①정보접수		②포상		③비율(②/①)	
		접수건수	추징세액	포상건수	포상금액	건수	금액
2010	1억원	8,946	477,853	126	2,019	1.41%	0.42%
2011	1억원	9,206	481,229	150	2,727	1.63%	0.57%
2012	1억원	11,087	522,351	156	2,620	1.41%	0.50%
2013	10억원	18,770	1,321,053	197	3,424	1.05%	0.26%
2014	20억원	19,442	1,530,132	336	8,700	1.73%	0.57%
2015	20(30)억원	21,088	1,653,035	393	10,348	1.86%	0.63%

연도별	지급 한도액	①정보접수		②포상		③비율(②/①)	
		접수건수	추징세액	포상건수	포상금액	건수	금액
2016	20(30)억원	17,268	1,211,033	371	11,653	2.15%	0.96%
2017	20(30)억원	15,628	1,306,495	389	11,489	2.49%	0.74%
2018	20(40)억원	20,319	1,305,392	342	12,521	1.68%	0.96%

그 결과 포상금이 대폭 오른 2013년 전년대비 탈세정보 제공건수가 70%, 추징세액은 152% 늘고, 그로 인한 포상금은 154% 늘었다.[525]

이처럼 탈세정보 포상금 제도는 납세자의 성실한 납세를 유도하고 탈세를 방지할 목적으로 운영되면서 탈루된 세액을 추징하고 탈세를 방지하는 측면에서는 매우 유용한 수단이 되고 있다.

하지만 공익제보의 범위를 넘어 과도한 탈세제보를 유도함으로써 경제활동을 제약하고 국민 간 불신을 키우는 제도와 행정이 되지 않도록 개선할 필요가 있다.[526]

(1) 지급대상

국세청장은 성실한 납세풍토의 조성을 위하여 다음 중 하나에 해당하는 사람에게는 20억 원(조세를 탈루한 자에 대한 탈루세액이나 부당하게 환급·공제받은 세액을 산정하는 데 '중요한 자료'를 제공한 자에는 40억원) 범위에서 '포상금'襃賞金을 지급할 수 있다[국기법 §84의2].[527]

하지만 탈루세액, 부당하게 환급·공제받은 세액, 은닉재산의 신고를 통하여 징수된 금액이 5천만원 미만이거나 해외금융계좌 신고의무 불이행에 따른 과태료가 2천만원 미만인 경우, 공무원이 그 직무와 관련하여 자료를 제공하거나 은닉재산을 신고한 경우에는 포상금 지급대상에서 제외한다.

① 조세를 탈루한 자에 대한 탈루세액이나 부당하게 환급·공제받은 세액을 산정하는 데

---

525) 미국의 탈세제보와 포상금 지급과 비교할 때, 2013년 기준 제보건수는 2배, 추징세액은 3배, 포상금지급자는 4배로 많지만, 포상금 지급액은 약 15%에 불과하다. 이는 포상금 제도운용에 있어서 지급대상은 과도하게 많은 반면 지급률과 지급액은 지나치게 낮게 운용되고 있음을 보여준다.

526) 미국IRC §7623은, 포상금의 지급률은 탈루세액의 15~30%로 지급한도는 없지만, 최소한 탈루세액이 200만달러 이상, 개인의 경우 총소득이 2만달러 이상인 경우에 해당되어야 지급대상이 된다. 또한 재판이나 청문회, 뉴스매체에 의한 제보, 내부고발자 규정을 준수하지 않은 제보 등은 지급액이 최대 10% 감액된다. 「탈세제보센터」Whistleblower Office에서 분류 판정하며, 포상금 지급에 불복할 경우 연방조세법원US Tax Court에 항소할 수 있다. 대부분의 국가는 제보와 포상금 제도를 두고 있으나, 일본은 중상모략 등 사회적 갈등을 이유로 1954년 포상금제도를 폐지했다.

527) 하지만 포상금을 지급받을 자가 포상금을 지급받기 위해서는 과세관청이 직권으로 하는지, 별도의 '지급신청'을 하여야 하는지 여부나 포상금 지급이 '임의규정'으로 과세관청의 재량에 따라 판단할 수 있는지에 대하여는 법령에 명확한 규정이나 해석이 없다.

'중요한 자료'를 제공한 자

② 체납자의 은닉재산[528)을 신고한 자

③ 「여신전문금융업법」신용카드가맹점으로서 「소득세법」[§162의2①]·「법인세법」[§117 ①]에 따라 가입한 신용카드가맹점에게 신용카드로 결제할 것을 요청하였으나 거부한 행위나 신용카드에 의한 거래를 이유로 재화·용역의 대가를 현금에 의한 거래(현금영수증을 발급받은 경우는 제외한다)보다 재화·용역을 공급받은 자에게 불리하게 기재하여 신용카드매출전표를 발급하는 행위를 신고한 사람. 하지만 신용카드(직불카드·선불카드 포함) 결제대상 거래금액이 5천원 미만인 경우는 제외한다(거부 등의 행위가 있은 날부터 1개월 이내에 한 신고에 한한다).

④ 「조세특례제한법」[§126의3①]에 따른 현금영수증가맹점이 현금영수증의 발급을 거부하거나 현금영수증의 발급을 이유로 재화·용역의 대가를 다르게 기재하여 현금영수증을 발급하는 행위를 신고한 사람. 하지만 현금영수증 발급대상 거래금액이 5천원 미만인 경우는 제외한다(거부 등의 행위가 있은 날부터 5년 이내 신고에 한한다).

⑤ 현금영수증 발급의무를 위반한 자를 신고한 자

⑥ 타인의 명의를 사용하여 사업을 경영하는 사람을 신고한 자

⑦ 「국제조세조정에 관한 법률」[§34]에 따른 해외금융계좌 신고의무 위반행위를 적발하는 데 '중요한 자료'를 제공한 자

⑧ 타인 명의로 되어 있는 법인, 복식부기의무자의 「금융실명거래 및 비밀보장에 관한 법률」[§2(2)]에 따른 금융자산을 신고한 자

| 참고 | **포상금 지급대상 '중요한 자료'[국기법 §84의2②, 국기령 §65의4⑪; 국조법 §34]** |

1. 조세를 탈루한 자에 대한 탈루세액이나 부당하게 환급·공제받은 세액을 산정하는 데 '중요한 자료'는 다음의 어느 하나에 해당하는 것
   ① 조세탈루, 부당하게 환급·공제받은 내용을 확인할 수 있는 거래처, 거래일, 거래기간, 거래품목, 거래수량, 금액 등 구체적 사실이 기재된 자료나 장부[자료나 장부 제출 당시에 세무조사(「조세범 처벌절차법」에 따른 조세범칙조사를 포함한다)가 진행 중인 것은 제외한다]
   ② ①에 해당하는 자료의 소재를 확인할 수 있는 구체적인 정보

---

528) "은닉재산"이란 체납자가 은닉한 현금, 예금, 주식, 그 밖에 재산적 가치가 있는 유형·무형의 재산을 말한다. 다만, 「국세징수법」 제30조에 따른 사해행위詐害行爲 취소소송의 대상이 되어 있는 재산, 세무공무원이 은닉사실을 알고 조사나 체납처분 절차에 착수한 재산, 그 밖에 체납자의 은닉재산을 신고받을 필요가 없다고 인정되는 재산으로서 체납자 본인의 명의로 등기된 국내에 있는 부동산은 제외한다[국기법 §84의2③, 국기령 §65의4⑫].

③ 그 밖에 조세탈루, 부당하게 환급·공제받은 수법, 내용, 규모 등의 정황으로 보아 중요한 자료로 인정할 만한 자료로서, (ⅰ) 조세탈루나 부당한 환급·공제와 관련된 회계부정 등에 관한 자료 (ⅱ) 조세탈루와 관련된 토지·주택 등 부동산투기거래에 관한 자료 (ⅲ) 조세탈루와 관련된 밀수·마약 등 공공의 안전을 위협하는 행위에 관한 자료 (ⅳ) 그 밖에 조세탈루나 부당한 환급·공제의 수법, 내용, 규모 등 정황으로 보아 중요한 자료로 보는 것이 타당하다고 인정되는 자료
2. 「국제조세조정에 관한 법률」[§34]에 따른 해외금융계좌 신고의무 위반행위를 적발하는 데 '중요한 자료' : 해외금융계좌정보를 제공함으로써 과태료 부과[국조법 §35]나 「조세범 처벌법」[§16]에 따른 처벌의 근거로 활용할 수 있는 자료

(2) 자료제공과 포상금 지급절차

① 자료제공이나 신고

포상금의 지급대상이 되는 자료의 제공이나 신고는 문서, 팩스, 전화자동응답시스템이나 인터넷 홈페이지를 통해 하여야 한다[국기법 §84의2④].

이 때에는 본인의 성명과 주소를 적거나 진술하고, 서명(「전자서명법」[§2(3)]에 따른 공인전자서명을 포함한다), 날인이나 그 밖에 본인임을 확인할 수 있는 인증을 하고, 객관적으로 확인되는 증거자료 등을 제출하는 등의 필요한 요건을 갖춰야 한다.

② 비밀유지

포상금 지급과 관련된 업무를 담당하는 공무원은 신고자나 자료 제공자의 신원 등 신고나 제보와 관련된 사항을 그 목적 외의 용도로 사용하거나 타인에게 제공하거나 누설해서는 안된다.

③ 포상금 지급

국세청장은 다음의 구분에 따른 날이 속하는 달의 말일부터 2개월 이내에 포상금을 지급하여야 한다.

(ⅰ) 조세탈루 신고 포상금 : 탈루세액이나 부당하게 환급·공제받은 금액이 납부(「조세범 처벌법」에 따른 조세범칙행위로 인한 탈루세액 등에 따라 포상금을 지급하는 경우 「조세범 처벌절차법」[§15]에 따른 통고이행이나 재판에 의한 형의 확정을 말한다)되고 「국세기본법」에 따른 불복청구기간이나 「행정소송법」에 따른 제소기간이 지났거나 행정심판과 행정소송에 의한 불복절차가 종료되어 부과처분이 확정된 후에 지급한다.

(ⅱ) 체납자 은닉재산 신고포상금 : 재산은닉 체납자의 체납액에 해당하는 금액을 현금으로 징수한 날

(ⅲ) 신용카드, 현금영수증 발급 거부 등 신고포상금 : 신고내용이 사실로 확인된 날

(ⅳ) 해외금융계좌 신고의무 위반신고 포상금 : 과태료 부과처분에 해당하는 경우에는 과태료금액이 납부되고 「질서위반행위규제법」[§20]에 따른 이의제기 기간이 지났거나 「비송사건절차법」에 따른 불복청구 절차가 종료되어 과태료 부과처분이 확정된 날, 징역형이나 벌금형에 해당하는 경우에는 재판에 의하여 형이 확정된 날

(ⅴ) 타인명의 금융자산 신고 포상금 : 탈루세액이나 부당하게 환급·공제받은 금액이 확인된 날

(3) 포상금

국세청장은 탈루세액, 부당하게 환급·공제받은 자 등을 신고한 사람에게는 다음과 같이 포상금을 지급한다. 국세청장이 포상금을 지급하는 경우 같은 사안에 대하여 중복신고가 있으면, 최초로 신고한 자에게만 포상금을 지급한다[국기령 §65의4⑱⑲].

① 탈루세액 등에 중요한 자료의 제공

탈루세액, 부당하게 환급·공제받은 세액(「조세범 처벌법」[§10①~④]에 따른 세금계산서의 발급의무 위반 등의 경우 공급가액에 부가가치세의 세율을 적용하여 계산한 세액의 30%)에 다음의 지급률을 적용하여 계산한 금액을 포상금으로 지급할 수 있다. 만약 포상금이 40억원을 초과하는 경우에는 40억원을 한도로 한다[국기령 §65의4①②].

여기서 포상금 지급액의 산정기준이 되는 탈루세액 등에 다음과 같은 이유로 세액의 차이가 발생한 경우 그 차액은 포함하지 않는다.

(ⅰ) 세무회계와 기업회계와의 차이로 인하여 세액의 차이가 발생한 경우

(ⅱ) 「상속세 및 증여세법」에 따른 평가가액의 착오로 인하여 세액의 차이가 발생한 경우

(ⅲ) 소득·거래 등에 대한 귀속연도의 착오로 인하여 세액의 차이가 발생한 경우

- (탈루세액 등) 5천만원 이상 5억원 이하 : (지급률) 20%
- (탈루세액 등) 5억원 이상 20억원 이하 : (지급률) 1억원 + 5억원 초과액의 15%
- (탈루세액 등) 20억원 초과 30억원 이하 : (지급률) 3억2천5백만원 + 20억원 초과액의 10%
- (탈루세액 등) 30억원 초과 : (지급률) 4억2천5백만원 + 30억원 초과금액의 5%

(ⅰ) 「조세범 처벌법」[§3①, §4①③, §5, §10①~④]에 따른 조세범칙행위(조세탈루, 면세유 부정유통, 가짜석유제품의 제조·판매, 세금계산서 발급의무 위반)로 인한 탈루세액 등

- (탈루세액 등) 1천만원 이하 : (지급률) 15%
- (탈루세액 등) 1천만원 초과 5천만원 이하 : (지급률) 150만원 + 1천만원 초과액의 10%
- (탈루세액 등) 5천만원 초과 : (지급률) 550만원 + 5천만원 초과액의 5%

(ⅱ) (ⅰ) 외의 탈루세액등
- (탈루세액 등) 1억원 이상 10억원 이하 : (지급률) 5%
- (탈루세액 등) 10억원 초과 20억원 이하 : (지급률) 5천만원 + 10억원 초과액의 3%
- (탈루세액 등) 20억원 초과 : (지급률) 8천만원 + 20천만원 초과액의 2%

② 체납자 은닉재산에 대한 신고

은닉재산의 신고를 통하여 징수된 금액에 다음의 지급률을 곱하여 계산한 금액을 20억원의 범위에서 포상금으로 지급할 수 있다. 만약 포상금이 20억원을 초과하는 경우 그 초과하는 부분은 지급하지 아니한다[국기령 §65의4③].
- (징수금액) 5천만원 이상 5억원 이하 : (지급률) 20%
- (징수금액) 5억원 초과 20억원 이하 : (지급률) 1억원 + 5억원 초과액의 15%
- (징수금액) 20억원 초과 20억원 이하 : (지급률) 3억2천5백만원 + 20억원 초과액의 10%
- (징수금액) 30억원 초과 : (지급률) 4억2천5백만원 + 30억원 초과액의 5%

③ 신용카드ㆍ현금영수증의 발급거부에 대한 신고

신용카드ㆍ현금영수증의 결제ㆍ발급을 거부하거나 사실과 다르게 발급한 금액(사실과 다르게 발급한 경우 발급하여야 할 금액과의 차액)에 따라 다음의 금액을 포상금으로 지급할 수 있다. 만약 포상금으로 지급할 금액 중 1천원 미만의 금액은 없는 것으로 하고, 동일인이 받을 수 있는 포상금은 연간 200만원을 한도로 한다[국기령 §65의4④].
- (거부금액) 5천원 이상 5만원 이하 : (지급금액) 1만원
- (거부금액) 5만원 초과 250만원 이하 : (지급금액) 거래금액의 20%
- (거부금액) 250만원 초과 : (지급금액) 50만원

④ 현금영수증 발급의무 위반

세법상 현금영수증 발급의무 위반을 신고한 자에게는 다음의 구분에 따른 포상금을 지급할 수 있다. 만약 포상금으로 지급할 금액 중 1천원 미만의 금액은 없는 것으로 하고, 동일

인에게 지급할 수 있는 포상금은 연간 200만원을 한도로 한다[국기령 §65의4⑰].

- (미발급금액) 5만원 이하 : (지급금액) 1만원
- (미발급금액) 5만원 초과 250만원 이하 : (지급금액) 미발급금액의 20%
- (미발급금액) 250만원 초과 : (지급금액) 50만원

⑤ 명의위장 사업자등록

타인의 명의를 이용하여 사업자등록을 한 자를 최초로 신고한 사람에게는 신고 건별로 100만원을 포상금으로 지급할 수 있다.

만약 타인의 명의를 사용하여 사업을 경영하는 자가 배우자, 직계존속이나 직계비속의 명의로 사업자등록을 하고 사업을 경영하는 경우, 약정한 기일까지 채무를 변제하지 않아 「신용정보의 이용 및 보호에 관한 법률」[§25②(1)]에 따른 종합신용정보집중기관에 등록된 경우로서 조세를 회피하거나 강제집행을 면탈免脫할 목적이 없다고 인정되는 경우에 해당되면 포상금을 지급하지 아니한다[국기령 §65의4⑭].

⑥ 해외금융계좌 신고의무 위반행위 적발에 중요한 자료 제공

해외금융계좌 신고의무 위반행위가 과태료나 벌금액(징역형에 해당하는 경우 「국제조세조정에 관한 법률 시행령」[§51③(3)]의 과태료 부과기준을 준용하여 산출한 금액)에 다음의 지급률을 곱하여 계산한 금액을 포상금으로 지급할 수 있다. 만약 포상금이 20억원을 초과하면 초과되는 부분은 지급하지 아니한다.

- (과태료 · 벌금액) 2천만원 초과 2억원 이하 : (지급률) 15%
- (과태료 · 벌금액) 2억원 초과 5억원 이하 : (지급률) 3천만원 + 2억원 초과액의 10%
- (과태료 · 벌금액) 5억원 초과 : (지급률) 6천만원 + 5억원 초과액의 5%

⑦ 타인명의 금융자산신고

해당 금융자산을 통한 탈루세액 등이 1천만원 이상인 신고 건별로 100만원을 포상금으로 지급할 수 있다. 하지만 한 사람이 지급받을 수 있는 포상금은 연간 5천만원을 한도로 한다.

| 국세 탈루 등 신고에 대한 포상금 제도 |

구분	포상금	지급시기 (2월 이내)	지급한도
탈루세액 등에 중요한 정보 제공	(탈루세액 등 기준) • 5천만원 이상 5억원 이하 : 20% • 5억원 이상 20억원 이하 : 1억원 + 5억원 초과액의 15% • 20억원 초과 30억원 이하 : 3억2천5백만원 + 20억원 초과액의 10% • 30억원 초과 : 4억2천5백만원 + 30억원 초과금액의 5%	탈루세액등 납부되고, 불복청구 종료일	40억원
체납자 은닉재산 신고	(징수금액 기준) • 5천만원 이상 5억원 이하 : 20% • 5억원 초과 20억원 이하 : 1억원 + 5억원 초과액의 15% • 20억원 초과 20억원 이하 : 3억2천5백만원 + 20억원 초과액의 10% • 30억원 초과 : 4억2천5백만원 + 30억원 초과액의 5%	재산은닉자 체납액 현금징수일	20억원
신용카드 · 현금 영수증 발급거부 신고	(거부금액 기준) • 5천원 이상 5만원 이하 : 1만원 • 5만원 초과 250만원 이하 : 거래금액의 20% • 250만원 초과 : 50만원	신고내용 사실 확인일	신고자별 연간 200만원
현금영수증발급 의무자 미발급신고	(미발급금액 기준) • 5만원 이하 : 1만원 • 5만원 초과 250만원 이하 : 미발급금액의 20% • 250만원 초과 : 50만원	신고내용 사실확인일	신고자별 연간 200만원
명의위장 사업자등록 신고	신고 건별 100만원	신고내용 사실확인일	최초 신고자만 지급
해외금융계좌 신고의무위반 신고	(과태료 · 벌금액 기준) • 2천만원 초과 2억원 이하 : 15% • 2억원 초과 5억원 이하 : 3천만원 + 2억원 초과액의 10% • 5억원 초과 : 6천만원 + 5억원 초과액의 5%	과태료는 처분확정일, 징역 · 벌금 은 형확정일	20억원
타인명의 금융자산신고	(탈루세액등 1천만원 이상인 신고 건별) 100만원	탈루세액등 확인일	신고자별 연간 5천만원

축신 크리스티아누 호날두와 세기의 탈세재판

- ···포르투칼이 나은 불세출의 축구선수인 크리스티아누 호날두Christiano Ronaldo는 엄청난 인기와 소득만큼이나 탈세혐의 조사와 재판과정도 유명하다.

  2017년 스페인 국세청과 검찰은 레알 마드리드 팀의 축구선수인 호날두가 2011~2014년 중 초상권 수익을 신고하지 않아 1천470만 유로(약 192억원)에 달하는 세금을 탈세한 혐의로 기소했다. 언론에 따르면 호날두는 스위스와 영국령 버진 아일랜드 등 조세피난처에 설립한 페이퍼 컴퍼니를 이용해 1억5천만 유로(약 1,870억원)을 숨겼다는 의혹을 제기했다.

  그동안 자신의 혐의를 극구 부인하던 호날두는 2018년부터 이어진 검찰과 세무당국과 유죄인정 협상에 이르는 '플리바겐' 끝에 2019년1월 스페인법정에서 1천890만 유로(약 247억원)의 벌금과 23개월의 징역형에 최종합의했다. 스페인에서는 초범은 집행유예가 가능하기때문에 1분1초가 천문학적 몸값인 그가 탈세로 감옥에 가는 일은 가까스로 면했다. 호날두는 탈세재판을 받으러 가면서 경호상의 이유로 주차장에서 법원의 뒷문

으로 들어갈 수 있게 해달라고 요청했으나, 재판부는 이를 받아들이지 않았다. 호날두는 탈세처벌과 집행유예로 위협을 받자, 할 수 없이 세계최고의 리그인 스페인 축구를 떠나 이탈리아 유벤투스 팀으로 이적하고 말았다.

- ··· 2016년에는 스페인 라리가 FC바로셀로나 팀의 리오넬 메시가 410만 유로(54억원)의 세금을 탈세한 혐의로 2017년 집행유예 21개월을 선고받고 아버지도 15개월 형을 선고받았다. 마르셀루, 루카 모드리치, 디에고 코스타 등 세계적인 축구선수들 모두 혐의를 추궁받자 거액의 벌금을 내고 종결했다.

  반면에 같은 축구선수로 검찰에 의해 기소된 레알 소시에다드 B팀의 알론소 감독은 끝까지 혐의에 동의하지 않고 무죄를 주장하여 결국 무죄로 풀려났다. 알론소는 최고 수준의 축구 선수 중 유일하게 소송을 통해 벌금을 받지 않고 무죄로 풀려났다.

  스포츠계나 연예계 등 고소득자들은 탈세를 위해 주로 가공경비 계상, 조세피난처 이용, 유령회사 설립, 이중계약서 작성 등 다양한 탈세수법을 동원하고 있다.

제 7 장

조세징수절차

"가혹한 세금은 호랑이보다 무섭다."
苛政猛於虎也.

- 공 자(BC551~BC479)

"암탉을 아예 잡아 먹어 없애면 달걀은 영영 맛볼 수 없다."

- J. Bornitz

세금을 징수하는 입장에서 보면 세금에서 가장 중요하다고 볼 수 있는 납세고지와 체납처분 등 조세징수절차를 맨 뒤에 둔 것이 이상하게 생각될 수도 있습니다. 하지만 누구든 조세원리와 납세자권리의 연원, 세금이 지향할 가치와 목표를 먼저 안 후에 엄격해지고 있는 조세부과와 징수절차를 좀더 객관적으로 살펴보는 것이 세금을 이해하는 바람직한 접근법이 될 것입니다.

그것은 성실한 납세자인 국민에게 납세자의 의사와 무관하게 세금을 부과하고 징수하는 제도가 항상 우선시되거나 절대적인 것이 아닐 수 있다는 것을 의미합니다. 악의적인 납세자라는 매우 특별한 경우에만 대부분 적용되어야 할 것이라는 인식이 중요합니다.

세금을 강제로 걷어야 하는 상황이면 납세고지, 독촉과 최고, 납기전 징수, 징수유예, 체납처분유예 등 임의적 징수절차와 압류, 매각과 청산, 체납처분 중지, 조세채권 사해행위의 취소 등 강제적 징수절차가 동원됩니다. 게다가 국세·지방세 등에 우선권을 인정하고 납세증명서 제출, 미납조세 열람, 관허사업의 제한 등 행정적인 제약을 하고, 체납자료의 신용정보회사의 제공과 체납자 명단공개에다 심지어는 체납자에 대한 감치까지 할 수 있도록 하였습니다.

하지만 이들 조세징수절차와 납세보전제도의 목표는 납세자의 자발적 성실성과 협력을 이끌어내기 위한 것이어야 합니다. 일정한 요건에 해당하기만 하면 국민의 기본권을 언제라도 제한한다면 세법 외적인 문제까지 야기될 수 있습니다.

오랫동안 체납정보의 신용정보회사 제공으로 많은 국민들이 힘들어하고 다시 재기를 꿈꿀 수 없게 되는 상황이 고착되었음에도 최근에는 고액·상습체납자에 대한 감치제도까지 새로이 도입되었습니다. 형사처벌에 의한 징역형이 아닌데도 세정당국이 인신을 제약할 수 있는 제도로 많은 논란과 의문이 계속되고 있습니다.

한가지 궁금한 것이 있습니다. 강력한 체납처분 제도를 두면 둘수록 국세와 지방세 등 세금 체납은 더 줄게 될까요? 체납액이 갈수록 늘어가고 있는 이제까지 상황을 보면 그렇지않아 보입니다. 확실한 것은 조세채권을 확보하기 위한 징수절차와 납세보전 제도가 강력하면 강력할수록 일반 국민의 사생활권과 재산권 등 기본권은 심각하게 침해될 소지가 높아진다는 것입니다.

고의적인 체납범을 비롯한 고액·상습체납자에 대해서는 철저한 관리와 엄격한 체납처분이 필요할 수 있지만, 선의의 납세자와 성실하게 납부해온 납세자인 경우 정당한 사유에 대한 충분한 소명절차와 장기간 분할해서라도 자진납부가 가능한 장기 성실납세순응시스템을 구축하는 것이 필요합니다.

　　갈수록 강력해지는 징수절차와 납세보전 제도 하에 놓인 납세자에게 납세자권리와 이익을 지키는 일은 매우 중요합니다. 아무리 체납처분과 조세의 납세보전을 위한 제도나 목적이라 할지라도 기업과 생활의 안정은 물론 납세자의 정당한 사유 등 납세자권리가 침해되지 않도록 하는 제도적 장치가 보완되어야 하고, 납세자의 성실한 납세를 지원할 수 있는 장기적 프로그램 등 '착한 납세절차'도 고려해야 할 것입니다.

제1절

임의적 징수절차

　신고납세제도에서 세법이 정한대로 신고·납부의 의무를 이행하여야 할 납세자가 자진하여 납부하지 않거나 부족하게 납부한 세액과, 부과과세제도에서 과세권자가 결정한 세액은 납세고지 등 조세징수절차를 통해 징수한다.

　조세의 징수절차는 국세는 「국세징수법」, 지방세는 「지방세징수법」에서 상세하게 법률로 정하고 있다.

　「국세징수법」國稅徵收法은 국세의 징수절차에 관한 총칙법總則法으로, 다른 조세는 물론 자력집행력自力執行力, self-enforcement[529]을 가진 공과금의 강제징수 절차에 있어서 준거법準據法의 역할을 하고 있다.

　지방세의 징수절차는 「지방세기본법」에서 지방세의 부과·징수에 관한 세부적 절차를 정하고 체납처분에 관한 사항은 「국세징수법」을 준용하도록 하다가 총칙법總則法으로 「지방세징수법」地方稅徵收法을 제정하여 2017년부터 시행하고 있다.

　하지만 「국세징수법」과 「지방세징수법」은 각각 국세·지방세에 관한 세법에 특별한 규정이 있는 경우 그 세법이 정하는 바에 따르도록 하여 다른 세법보다 우선하여 적용하지는 않는다.

　조세징수절차는 납세의 고지·독촉에 의해 징수하는 '임의적 징수절차'와 독촉에 의한 납부기한까지 해당 조세·체납처분비를 완납하지 않은 경우 압류·환가·청산의 과정을 통해 납세자의 재산에 대하여 강제집행하는 '강제적 징수절차'로 이루어진다.

| 조세징수절차 |

구분	내용
임의적 징수절차	① 납세고지　② 독촉　③ 제2차 납세의무자로부터 징수　④ 위탁징수
강제적 징수절차	① 압류　② 매각　③ 청산　④ 체납처분유예

---

529) "자력집행력"(자력집행권)이란 국가나 지방자치단체가 그의 의사를 스스로의 강제력에 의하여 행정행위의 내용을 실현시키는 힘이나 권리를 말한다. 조세는 국가의 재정수요를 충족하는 수단이므로 공평성과 공익성 측면에서 납세자가 조세채무를 임의로 이행하지 않는 경우 재판절차에 의하지 않고 스스로 강제적으로 이행을 실현시키는 자력집행력이 인정된다.

'임의적 징수절차'는 납세의무가 성립·확정된 조세채권을 과세권자가 징수할 때 과세권자의 납세고지·독촉 등의 징수방법을 사용하는 것을 말하며, 납세자가 스스로 납부함으로써 자력집행력을 발동할 필요가 없는 단계만을 말한다.

여기에는 ① 납세고지, ② 독촉, ③ 제2차 납세의무자로부터의 징수, ④ 시·군 위탁징수 등의 절차가 있다.

① 납세고지

'납세고지'納稅告知, tax notice는 과세관청이 확정된 조세채권에 대하여 납세의무자에게 납부기한을 정하여 납부를 청구하는 것이다.

이는 과세권자가 납세자에게 급부의무給付義務를 이행하도록 청구하는 절차로, 행정법상 '재정하명'財政下命으로, 실제 조세를 납부하도록 명하는 것이므로 그 중에서도 급부하명給付下命에 해당한다.[530]

납세고지는 부과과세제도에서 과세권자가 과세표준을 결정하여 납세자에게 결정통지하는 절차로 대외적으로, 납세자의 납세의무를 확정하는 효력이 있다.

또 신고납세제도에서 납세자의 과세표준신고로 확정된 납세의무를 납세자가 이행하지 않거나 과세권자가 결정·경정하는 경우 조세채무의 이행을 청구하는 절차로서의 의의를 가진다.

이와 같이 납세고지는 과세권자가 납세자에 대하여 일정한 납세의무를 확정하거나 납세의무자에게 급부의무를 이행하라고 청구하는 최초의 절차로서, 조세 법률관계에 있어서 매우 중요한 절차이므로 당사자에게 매우 중대한 권리와 의무를 발생시키므로 조세법률주의가 엄격하게 적용된다.

그러므로 납세고지 절차는 세법에 엄격하고 상세하게 정해져야 하며, 과세권자가 납세의무자에게 납세고지를 할 때에는 세법이 정하는 요건을 엄격히 갖추어야 한다.

만약 과세권자가 납세의무자에게 납세고지를 하면서 세법이 정한 요건을 구비하지 못하면 그 이행청구는 효력이 없다.

---

530) '하명'下命은 개인의 자유를 제한하고 의무를 부과하는 행정행위로서, 내용에 따라 작위·부작위·급부·수인하명, 행정분야에 따라 경찰하명·급부하명·재정하명·군정하명으로 나뉜다. '재정하명'財政下命이란 행정주체가 재정목적을 위하여 국민에 대하여 명하는 행정행위인 작위하명·부작위하명·급부하명·수인하명으로 나뉜다. 하명을 받은 사람이 하명에 의한 의무를 이행하지 않는 경우 행정주체는 강제집행을 통하여 그 의무의 이행을 강제하거나 행정벌 등의 제재를 할 수 있다.

(1) 일반적 납세고지

1) 납세고지의 종류

납세고지는 납세의무자가 자진납부하는 경우를 제외하고 과세권자가 납세의무자로부터 직접 조세를 징수하기 위해 이행청구를 하는 수단이다.

납세고지의 종류에는 고지의 주체나 징수대상에 따라 「납세고지서」, 「체납처분비 고지서」, 「납부통지서」등이 있다.

① 납세고지서

'납세고지서'納稅告知書는 과세권자가 조세를 징수하고자 할 때에 납세자에게 그 조세의 과세연도·세목·세액과 그 산출근거·납부기한과 납부장소를 구체적으로 밝혀 발부하는 문서(전자문서를 포함한다)를 말한다[국징법 §9①: 지징법 §12①].**531)**

② 체납처분비 고지서

'체납처분비 고지서'滯納處分費 告知書는 납세자가 체납액 중 해당 조세와 가산금만을 완납한 경우 과세권자가 체납처분비를 징수하고자 할 때 납세자에게 체납처분비의 징수에 관계되는 조세의 과세연도와 세목, 체납처분비와 그 산출근거·납부기한, 납부장소 등을 기재하여 발부하는 문서를 말한다[국징법 §9②: 지징법 §12②].**532)**

③ 납부통지서

'납부통지서'納付通知書는 납세자의 체납액을 제2차 납세의무자(납세보증인을 포함)로부터 징수하고자 할 때 제2차 납세의무자에게 징수하려는 체납액의 과세기간, 세목, 세액, 그 산출 근거, 납부기한, 납부장소와 제2차 납세의무자로부터 징수할 금액, 그 산출근거와 그 밖에 필요한 사항을 적은 문서를 말한다[국징법 §12: 지징법 §15].**533)**

2) 납세고지의 주체

과세관청이 조세를 징수하고자 「납세고지서」를 발부할 때는 '세입징수관'歲入徵收官의 자격으로 과세관청의 장의 명의로 발부하여야 한다.

---

531) 국세의 경우 '납세고지서'는 「납세고지서」[국징칙 별지 제10호 서식](종합부동산세는 「납세고지서」[국징칙 별지 제10의2호 서식]), 지방세의 경우 「납세고지서」[지징칙 별지 제8호 서식]으로 한다. 이와 달리 납세자가 세법에 따라 조세를 과세관청에 신고납부하는 경우에는 그 조세의 과세기간, 세목稅目, 세액, 납세자의 인적사항을 「납부서」에 적어 납부하여야 한다.

532) '체납처분비 고지서'는, 국세의 경우 「납세고지서」[국징칙 별지 제10호 서식]을 준용하며, 지방세의 경우 「체납처분비 고지서」[지징칙 별지 제9호 서식]로 한다.

533) '납부통지서'는 국세의 경우 「납부통지서」[국징칙 별지 제12호 서식]을 준용하며, 지방세의 경우 「납부통지서」[지징칙 별지 제10호 서식]로 하되, 각각 본래의 「납세고지서」를 첨부한다.

만약 공유물·공동사업 등에 관한 연대납세의무와 상속세·증여세의 연대납세의무를 지는 납세자에게 납세고지를 하는 때에는 연대납세의무자 전원을 「납세고지서」에 기재하여야 하며 각자에게 모두 「납세고지서」를 발부하여야 한다.

지방세의 경우, 시장·군수는 그 시·군 내의 도세를 직접 납세고지를 통해 징수하여 도에 납입할 의무를 지며, 필요할 때에는 도지사는 납세자에게 직접 「납세고지서」를 발급할 수 있다[지징법 §17].

또 지방자치단체의 징수금을 납부할 사람의 주소나 재산이 다른 지방자치단체에 있을 때에는 그 주소지나 재산 소재지의 세무공무원에게 징수를 촉탁囑託할 수 있다[지징법 §18].

3) 납세고지의 방법

「납세고지서」에는 과세표준·세율·세액·납부기한과 함께 세액의 산출근거를 분명히 기재하여야 한다.

만약 「납세고지서」에 과세표준, 세율, 세액과 그 산출근거, 납부기한, 납부장소 등 필요적 기재사항이나 「세입징수관」歲入徵收官의 날인이 누락된 경우에는 그 납세고지는 위법한 것으로 효력이 없다.

이는 납세고지의 요건에 관한 규정이 과세관청에게는 자의성을 배제하고 신중하고 합리적인 처분을 하도록 하면서도 납세자에게는 과세내용을 상세히 알리고 불복의 편의를 제공할 수 있도록 하기 위해 반드시 지켜야 하는 강행규정이기 때문이다.

4) 납세고지의 시기

「납세고지서」를 발부하는 시기는 다음과 같다[국징법 §10; 지징법 §13].

① 납부기한이 일정한 경우 : 납기가 시작되기 5일 전
② 납부기한이 일정하지 아니한 경우 : 징수결정(지방세는 부과결정)[534]을 한 때
③ 세법에 따라 기간을 정하여 징수유예한 경우 : 그 기간이 만료된 날의 다음날

이와 같은 「납세고지서」의 발부시기에 관한 규정을 과세관청은 강행규정이 아닌 훈시적 규정으로 보아 납세고지서가 발부시기 이후에 발부된 경우에도 그 효력에는 영향이 없는 것으로 보고 있다.[535]

---

534) "징수결정"은 조세를 징수하고자 세입징수관이 수입연도, 수입과목, 세액, 납부기한 등 징수에 필요한 사항에 관하여 내부적인 의사결정을 하는 것을 말한다. 세입징수관은 부과통보를 받은 즉시 징수결정하여야 한다[국징통 10-0…2, 3]. 지방세에서는 '부과결정'이라는 용어를 사용한다.
535) 국징통 10-0…1; 운영예규 지징법 운영예규 13-1 참조.

5) 납부기한의 지정

과세관청이 납세고지를 할 때에는 체납처분비를 포함한 조세의 납부기한(세법이 정하는 경우를 제외한다)을 납세·납부의 고지하는 날부터 30일 이내로 지정할 수 있다.

이처럼 세법에 납부기한을 고시하는 날부터 '30일 이내'로 하고 '30일'이 되는 날 등을 납부기한으로 여기지 않고 훈시적 규정으로 여기고 있다. 이런 경우 납기가 개시된 후에 고지하여도 무방하게 되어 납세자는 송달지연에 따른 납부기한의 연장을 적용하더라도 단지 도달한 날부터 14일간의 납부할 기간만 보장받게 된다.

이와 같이 납세자는 '납기 전 징수' 사유에 해당하지 않는 경우에도 과세관청의 사정에 따라 지나치게 짧은 납부기한만 인정되어 기간의 이익을 침해당하거나 상실하게 된다.

6) 납세고지의 효력

「납세고지서」는 조세채권자인 과세관청이 조세채무자인 납세자로부터 조세를 징수할 때 사용하는 청구서로, 징수권 행사에 관한 대외적인 의사표시를 하기 위해 사용된다.

과세관청이 발부하는 「납세고지서」는 납세의무자에게 도달함으로써 효력이 발생한다. 원칙적으로 과세관청이 아무리 「납세고지서」를 발부했다 해도 납세의무자에게 도달되지 않으면 효력이 없다.

신고납세제도의 조세에서 납세자가 신고 후 납부하여야 할 세액을 납부하지 않아 발부하는 납세고지는 이미 확정된 납세의무에 대하여 과세관청이 징수권을 행사하는 절차이므로, 납세고지를 하게 되면 조세 징수권의 소멸시효가 중단된다[국기법 §28①; 지기법 §40①(1)].

이에 비해 부과과세제도의 조세에서는 납세고지가 납세자의 납세의무를 확정시키는 결정통지 절차로서의 성질을 가진다.

이처럼 납세고지는 해당되는 조세의 성질에 따라 부과처분賦課處分으로서 납세의무를 확정시키는 효력과 징수처분徵收處分으로서 납세자에게 조세채무의 이행을 청구하는 효력을 갖기도 한다.

(2) 제2차 납세의무자에 대한 납부통지

과세권자가 납세자의 조세·체납처분비를 제2차 납세의무자(납세보증인을 포함한다)로부터 징수하고자 할 때에는 제2차 납세의무자에게 징수하고자 하는 조세·체납처분비의 과세연도, 세목, 세액과 그 산출근거 납부기한, 납부장소와 제2차 납세의무자로부터 징수할 금액과 그 산출근거 등을 기재한 「납부통지서」로 고지하여야 한다[국징법 §12; 지징법 §13].

이 때에는 본래의 납세자에게도 제2차 납세의무자에게 납부통지를 한 사실을 알려야 한다.

1) 납부통지 대상

제2차 납세의무자로부터 징수할 조세·체납처분비는 다음의 금액을 말하며, 주된 납세자에 대한 체납처분을 끝내기 전이라도 징수할 금액에 부족하다고 인정되는 범위에서 납부통지를 할 수 있다.

| 제2차 납세의무자로부터 징수할 조세 |

납세자		징수할 조세	
주된 납세자	제2차 납세의무자	주된 납세의무	제2차 납세의무
비상장법인	① 무한책임사원 ② 일정한 과점주주	법인의 체납액	① 무한책임사원 : 부족액 전액 ② 일정한 과점주주 : 부족 액 × 지분율
① 무한책임사원 ② 과점주주	법인	과점주주등의 체납액	(자산 − 부채) × 지분율
사업양도인	사업양수인	양도일 이전 확정된 양수도사업에 관한 체납액	사업양수인이 양수한 재산가액
해산법인	① 청산인 ② 잔여재산을 분배 · 인도받은 자	해산법인의 체납액	분배 · 인도받은 재산의 가액

2) 효 력

제2차 납세의무자에 대한 납부통지는 「납세고지서」와 마찬가지로 납세의무를 지우는 효력과 조세채무를 이행하도록 청구하는 효력을 가진다.

만약 제2차 납세의무자가 납부통지한 조세를 납부하면 주된 납세자의 납세의무는 그 납부한 금액의 범위에서 소멸하며, 주된 납세자가 납부할 금액의 일부만을 납부하면 아직 남아있는 금액의 범위에서 제2차 납세의무자의 납세의무는 유지된다.

한편, 주된 납세자에 대한 납세의무에 대하여 징수권의 소멸시효가 중단되면 제2차 납세의무에도 그 효력이 미치며, 제2차 납세의무자에게 납부최고·압류 등을 함으로써 징수권의 소멸시효가 중단되면 주된 납세자에게도 그 효력이 미치게 된다.

(3) 양도담보권자에 대한 납부통지

과세관청이 물적 납세의무를 지는 '양도담보권자'[536]로부터 납세자의 조세·체납처분비를 징수하고자 할 때에는 양도담보권자에게 「납부통지서」로 납부의 고지를 하여야 한다[국징법 §13①; 지징법 §16①].

이때에는 양도담보권자의 주소나 거소를 관할하는 과세권청과 납세자에게 그 뜻을 통지하여야 한다.

양도담보권자에게 납세고지를 할 수 있도록 한 것은, 양도담보재산은 본래 납세의무자의 소유임에도 채권담보의 목적으로 계약에 의해 형식상 채권자에게 권리가 이전되어 있어 직접적인 체납처분의 집행이 어려우므로, 양도담보권자를 제2차 납세의무자로 간주하여 양도담보재산을 대상으로 체납처분을 하여 조세채권을 확보할 수 있도록 하기 위한 것이다.

양도담보권자에게 납부통지를 한 후 그 재산의 양도에 의하여 담보된 채권이 채무불이행 등 변제 이외의 이유로 소멸된 경우(양도담보재산의 환매, 재매매의 예약, 그 밖에 이와 유사한 계약을 체결한 경우에 기한의 경과 등 그 계약의 이행 외의 이유로 계약의 효력이 상실되었을 때를 포함한다)에도 양도담보재산으로서 존속하는 것으로 본다[국징법 §13②; 지징법 §16③].[537]

하지만 양도담보재산이 납부통지 후에 양도담보권자로부터 다시 제3자에게 양도된 경우에는 납부·압류가 되기 전에 양도되었다면 해당 납세의무는 소멸한다.

❷ 독촉과 최고

'독촉'督促, demand은 납세자가 과세관청의 납세고지에서 정한 납부기한까지 납부하지 않은 경우 과세관청이 그 납부를 촉구하는 절차이다.

납세자를 조세를 「납세고지서」에서 정한 납부기한까지 모두 납부하지 아니한 때에는 과세관청은 납부기한이 지난 후 국세의 경우 10일, 지방세의 경우 50일 이내에 납부할 조세의 과세연도·세목·세액·가산금·납부기한과 납부장소를 기재한 「독촉장」[538]을 고지하여야 한다[국징법 §23; 지기법 §61].

연대납세의무자에게 독촉하는 때에는 납세고지와 마찬가지로 모든 연대납세의무자에게

---

536) "양도담보권자"란, 당사자 간의 계약에 의하여 납세자가 그 재산을 양도하였을 때에 실질적으로 양도인에 대한 채권담보의 목적이 된 재산인 '양도담보재산'을 가진 납세자를 말한다[국기법 §42②; 지기법 §75②].
537) '변제 이외의 사유로 소멸된 경우'에는, 양도담보재산에 대하여 환매, 재매매의 예약 등의 계약을 체결한 경우에 환매기간·예약기간 등이 지남으로써 계약의 효력이 상실된 경우를 포함한다. 하지만 「민법」상 상계, 면제, 혼동, 소멸시효의 완성 등으로 담보되는 채권이 소멸하는 경우는 해당하지 않는다.
538) 「독촉장」은, 국세는 [국징칙 별지 제17호 서식], 지방세는 [지징칙 별지 제18호 서식]으로 한다.

각각 「독촉장」을 발부하여야 한다.

그런데 납세고지 후 납세의무자가 납부를 하지 않은 경우라도 독촉을 하지 않는 경우도 있다. 국세·지방세의 '납기 전 징수'[국징법 §14; 지징법 §22]에 따라 징수하는 경우, 양도담보권자인 물적 납세의무자에게 납부통지를 한 경우,[539] 납세자가 납부할 국세나 지방세 체납액이 1만원 미만인 경우에는 「독촉장」을 발부하지 않아도 된다.

'최고'催告, notification, [독]Mahnung는, 제2차 납세의무를 지는 납세자가 「납부통지서」로 고지된 세액을 「납부통지서」로 정한 납부기한까지 납부하지 않은 경우 과세관청이 그 납부를 촉구하는 절차이다.

제2차 납세의무자가 체납액을 그 납부기한까지 완납하지 아니한 때에는 과세관청은 10일 이내에 제2차 납세의무자로부터 징수하고자 하는 조세의 과세연도·세목·세액·납부기한과 납부장소 등을 기재한 「납부최고서」를 발부한다[국징법 §12; 지징법 §15].

이 때에도 독촉과 마찬가지로 제2차 납세의무자가 납부할 체납액이 1만원 미만인 경우에는 납부최고를 하지 않아도 된다.

(1) 독촉기간

납세자가 납세고지서에 의한 납부기한까지 완납하지 아니한 경우에는 납부기한부터 10일 이내에 「독촉장」·「납부최고서」를 발부하여야 한다. 이 때 납부기한은 발부일부터 20일 내로 한다[국징법 §23③; 지징법 §32②③].[540]

하지만 만약 「독촉장」·「납부최고서」을 발부시기 이후에 발부하거나 납부기한을 그 기간 이후로 지정하더라도 그 독촉의 효력에는 영향이 없다.

(2) 독촉의 효력

독촉은 「납세고지서」에서 정한 납부기한까지 조세를 완납하지 않은 경우에 납세자에게 납부를 촉구하는 절차로서, 향후에 압류 등 체납처분을 집행하겠다는 예고통지의 효력을 가진다.

그러므로 과세관청이 납세고지를 한 후 독촉을 하지 않거나 하자있는 독촉을 한 경우에는 이후에 압류 등 체납처분을 하게 되면 독촉의 위법성이 체납처분에 영향을 미치게 되어

---

539) 압류는 독촉을 요건으로 하고 있지만 '확정전 보전압류'[국징법 §24②]의 경우에는 납세고지 전에 압류하는 것이므로 당연히 독촉 대상에서 제외된다. 또한 보증인의 보증을 제외한 물적 납세담보를 처분하는 경우에도 독촉을 필요로 하지 아니한다.

540) 독촉·최고를 하여야 하는 기간(납기지난 후 15일에서 10일로 변경)과 「독촉장」의 납부기한(발부일부터 10일에서 20일로 변경)을 변경은 국세의 경우 「국세징수법」은 2009.1.1. 이후 처음으로 납부기한이 지난 분부터, 지방세는 2019.1.1. 이후 분부터 적용된다.

그 체납처분은 효력을 잃게 된다.[541]

한편, 「독촉장」이 적법하게 납세자에게 송달된 경우에는 조세 징수권의 소멸시효가 중단되어 과세관청이 조세를 징수할 수 있는 기간이 다시 시작된다[국기법 §28; 지기법 §40①(2)].

❸ 납기 전 징수

'납기 전 징수'納期前 徵收, collection before payment due date란, 과세권자가 납세자의 특별한 사정으로 법정납부기한까지 기다려서는 정상적으로 조세를 징수할 수 없는 경우 납세자가 갖는 기한의 이익을 박탈하여 납부기한 전에 조세를 징수하는 제도를 말한다.

이는 재정수입을 담당하는 국가·지방자치단체에게 조세를 보다 충실하게 징수할 수 있도록 하는 조세채권 보전제도의 하나이다.

본래 조세의 납부기한은 조세채무를 지는 납세자에게 부여된 '기한의 이익'[542]이므로, 원칙적으로 그 기한이 끝나기 전까지는 조세의 납부를 강제해서는 안된다.

하지만 만약 납세자의 사정을 고려하게 되면 과세권자가 조세채권을 제대로 확보할 수 없는 경우에 한해, 정상적인 납부기한이 도래하기 전에 신속히 징수할 수 있도록 허용한다.

이처럼 과세권자가 납세의무자로부터 납기 전 징수를 하게 되면 과세권자는 조세채권을 원활하게 확보할 수 있어 매우 유리한 반면, 납세자는 경제적 부담이 가중되어 매우 불리한 상황에 놓이게 되므로 그 적용과 행사는 엄격한 기준과 한계가 필요하다.

(1) 납기 전 징수의 사유

납세자에게 다음에 해당하는 사유가 있는 때에는 과세관청이 납부기한 전이라도 이미 납세의무가 확정된 조세를 징수할 수 있다[국징법 §14①; 지징법 §22①].

① 국세·지방세나 공과금의 체납으로 체납처분을 받을 때
② 강제집행을 받을 때
③ 「어음법」, 「수표법」에 따른 어음교환소에서 거래정지처분을 받은 때

---

541) 판례에서는 독촉을 하지 않고 압류를 하는 경우에 그 위법성이 중대하고도 명백한 하자가 되지 못하므로 압류의 효력에는 영향이 없는 것으로 보기도 한다(대법원 1988.6.28. 선고, 87누1009 판결; 1987.9.22. 선고, 87누383 판결 참조).
542) "기한의 이익"期限利益, due date benefit이란 당사자가 법률행위를 할 때 당사자가 받는 이익을 말한다. 「민법」 제153조(기한이익과 그 포기)는 "① 기한은 채무자의 이익을 위한 것으로 추정한다. ② 기한의 이익은 이를 포기할 수 있다. 그러나 상대방의 이익을 해하지 못한다."고 규정하고 있다. 하지만 기한이익은 채무자가 담보를 손상·감소·멸실하게 한 때, 채무자가 담보제공의 의무를 이행하지 아니한 때나 다른 법률에서 정한 때에는 기한이익을 상실하며, 채권자는 기한이 도래하기 전에 채권을 행사할 수 있게 된다.

④ 경매가 시작되었을 때

⑤ 법인이 해산하였을 때

⑥ 국세나 지방세 등 조세를 포탈하려는 행위[543]가 있다고 인정될 때

⑦ 납세자가 납세관리인을 정하지 않고 국내에 주소·거소를 두지 않게 되었을 때

⑧ 「신탁법」에 따른 신탁을 원인으로 납세의무가 성립된 부동산의 소유권을 이전하기 위하여 등기관서의 장에게 등기를 신청할 때(지방세에 한한다)

이처럼 과세관청이 납기 전 징수를 할 수 있는 조세는 다음중 하나에 해당하는 것으로서 납부기한까지 기다려서는 그 조세를 징수할 수 없다고 인정되는 것에 한한다[국징령 §20; 지징령 §27].

① 납세의 고지를 한 국세·지방세

② 과세표준결정의 통지를 한 국세

③ 원천징수한 국세, 특별징수하는 지방세

④ 납세조합이 징수한 국세·지방세

⑤ 중간예납하는 법인세

⑥ 신고 납부하는 지방세[544]

| 참고 | **납기 전 징수의 사유에 대한 세법상 적용** |

납기 전 징수의 사유는 단순히 징수절차로서의 요건에 그치지 않고 세법에서는 이를 광범위하게 적용요건으로 하고 있어 과세관청의 과세권과 납세자의 권리의무 행사 등 조세법률관계에 있어서 매우 중요하다.

| '납기 전 징수'의 사유를 적용하는 세법절차 |

적용대상	조항	내용
납기 전 징수	국징법 §14 지징법 §22	납부기한 전에 징수할 수 있는 경우
납부기한의 특례	국기법 §7 지기법 §31	「납세고지서」가 도달한 때에 납부기한이 지난 경우 도달일, 납부기한이 도래할 때 도래하는 날을 납부기한으로 보는 경우

---

543) 체납처분을 받는 경우는 국세와 지방세, 공과금을 포함하지만 조세를 포탈하고자 하는 행위는 법문상 국세의 경우 국세를 포탈하고자 하는 행위, 지방세의 경우 지방세를 포탈하고자 하는 행위에 한한다. "조세를 포탈하고자 하는 행위"는 사기, 그 밖에 부정한 방법으로 조세를 면하거나 면하고자 하는 행위, 조세의 환급·공제를 받거나 받고자 하는 행위, 조세의 체납처분의 집행을 면하거나 면하고자 하는 행위를 말한다.
544) 지방세의 경우 신고 납부하는 지방세까지 기한의 이익을 박탈하는 납기 전 징수의 대상으로 삼는 것은 잘못이다. 신고 납부하는 조세는 납세의무의 확정이 되지 않은 상태이므로 이를 납기 전 징수의 대상으로 할 수 없는 것이다.

적용대상	조항	내용
독촉과 납부통지의 예외	국징법 §23 지징법 §31	「독촉장」을 발부하는 대상에서 제외되는 경우
확정 전 보전압류	국징법 §24② 지징법 §33②	확정 후에는 조세를 징수할 수 없다고 인정되는 경우
과세전적부심사 대상제외	국기법 §81의15② 지기법 §88③	과세전적부심사의 대상에서 제외되는 경우
납부기한 연장의 취소	국기법 §6의2 지기법 §27	납부기한 연장 후 연장된 납부기한까지 조세 전액을 징수할 수 없다고 인정되는 경우
징수유예 승인의 취소	국징법 §20 지징법 §29	징수유예 후 그 유예한 기한까지 유예에 관계되는 조세·체납액의 전액을 징수할 수 없다고 인정되는 경우
조세환급금의 직권충당	국기법 §51② 지기법 §60②	신청에 의한 조세환급금 충당대상인 '납세고지하는 경우'에서 제외되는 경우
상속세·증여세의 신고 전 수시결정	상증법 §76②	상속세·증여세의 과세표준·세액 신고기한 전이라도 수시결정할 수 있는 경우
상속세·증여세 연부연납허가의 취소	상증법 §71④	상속세·증여세 연부연납허가 후 기한내 세액 전액을 징수할 수 없다고 인정되는 경우
비거주자의 금융정보요청	국조법 §31②	조세당국이 조세조약에 따라 비거주자나 외국법인의 납기 전 징수를 위해 필요한 금융정보를 요구하는 경우

(2) 납기 전 징수의 절차

1) 고지 전의 절차

과세관청은 납세고지를 하기 전에 납기 전 징수의 대상이 된 경우에는 정상적인 납부기한보다 짧은 납부기한을 정하여 납세자에게 그 뜻을 고지하여야 한다.

2) 고지 후의 절차

과세관청이 납세고지를 한 후 납기 전 징수의 대상이 된 경우에는 보다 짧게 납부기한을 변경하여 그 사실을 납세자에게 통지해야 한다[국징법 §14②; 지징법 §22②].

이 때에는 납세자에게 납부기한 전에 징수하거나 납부기한을 변경한다는 뜻을 기재한 「납부기한 변경고지서」[545]를 보내야 한다.

---

545) 「납부기한 변경고지서」는 국세의 경우 [국징칙 별지 제13호 서식], 지방세의 경우 [국징칙 별지 제19호 서식]으로 한다.

(3) 납기 전 징수의 효과

1) 기한의 이익 상실

납세자는 납기 전 징수로 본래의 납부기한보다 짧게 납부기한을 부여받음으로써 조세채무자로서 조세의 납부기한에 관한 '기한의 이익'을 상실한다.

2) 납세의무 확정시기의 변동

과세관청이 납기 전 징수를 위해 납부기한을 변경하여 고지한 경우 지정된 납부기한, 변경된 납부기한이 납세의무가 확정되는 시기가 되며, 이를 기준으로 조세의 법률효과가 발생한다.

3) 독촉의 생략

납세자가 납기 전 징수의 고지를 받고 지정된 납부기한까지 납부하지 않은 경우 과세관청은 독촉이나 최고 없이 압류 등 체납처분을 할 수 있다.

4) 송달지연으로 인한 납기연장의 제한

「납세고지서」(제2차 납세의무자의 경우 「납부통지서」를 포함한다)나 「독촉장」(제2차 납세의무자의 경우 「납부최고서」를 포함한다)을 송달한 경우에, 도달한 날에 이미 납부기한이 지났거나 도달한 날부터 14일 이내에 납부기한이 도래하는 경우에는 도달한 날부터 14일이 지나는 날을 납부기한으로 본다.

하지만 납기 전 징수를 위한 고지의 경우에는 그 기간을 더욱 단축하여, 「납세고지서」가 도달한 날에 이미 납부기한이 지났을 때에는 그 도달한 날을, 도달한 후 납부기한이 도래하는 때에는 원래 납부기한을 납부기한으로 한다[국기법 §7; 지기법 §31].

(4) 납기 전 징수의 한계

납기 전 징수 제도는 과세권자가 조세채권을 원활하게 확보하기 위해 필요한 것으로 정당성을 갖지만, 납세자는 그 권익을 크게 침해당하므로 매우 엄격한 요건과 적용에 있어서의 제한이 필요하다.

이 때문에 납기 전 징수의 사유를 정하고 납부기한에 대한 특례를 적용하는 데 있어서 많은 부분에서 개선이 필요하다.

즉, 납기 전 징수의 사유로 하고 있는 '체납처분을 받는 경우'라도 체납액의 회수나 금액의 기준(예컨대 1년에 3회 이상 체납하거나 500만원 이상 체납한 경우, 납기 전 징수를 하고자 하는 세액 이상의 일정한 기준)이 필요하고, 조세를 포탈하고자 하는 행위가 있다고 인정되는 때 그 기준과 범위가 구체적으로 설정되어야 할 것이다.

현재와 같이 그 요건이 지나치게 포괄적이거나 모호한 경우에는 과세관청이 자의적으로 해석하거나 포괄적으로 적용하여 납기 전 징수 제도가 남용될 수 있다.

또, 납기 전 징수를 위한 고지에 있어서 고지서가 도달하기 전에 납부기한이 지나게 되면 그 도달한 날을, 도달 후 7일 이내에 납부기한이 도래하더라도 그 도래하는 날(본래 납부기한)을 납부기한으로 하는 것은 아무리 납기 전 사유가 있다 해도 납세자에게 성실한 납세의 기회마저 박탈하는 것이다.

이는 오로지 과세관청이 체납처분 절차를 신속히 진행하기 위한 것일 뿐 조세를 납세자에게 자발적으로 납부하는 것이 원천적으로 불가능하므로, 아무리 납세자의 기한의 이익을 빼앗아야 하는 긴급성이 있다 해도 지나친 것이다.

그러므로 납세자의 권리와 이익에 큰 영향을 미치는 납기 전 징수는 과세권이 남용되거나 납세자의 권익이 침해되지 않도록 보다 명확한 요건과 엄격한 통제가 필요하다.

④ 징수유예

'징수유예'徵收猶豫, reprieve of collection란, 과세관청이 납세고지를 통하여 조세를 부과하는 경우, 납세자가 조세를 정상적으로 납부하기 어려운 일정한 사유가 있어 과세관청이 고지유예·분할고지하거나 조세나 체납액에 대하여 납부기한을 수정하여 납부기한까지 납부하게 하는 제도이다[국징법 §15; 지징법 §25].

이는 징수절차에 있어서 과세관청이 징수권을 일방적으로 행사하지 않고 오히려 징수권의 행사를 완화함으로써 납세자의 사업과 생활의 안정을 도모하는 징수절차상 특례제도이다.

징수유예를 받을 수 있는 납세자는 원천징수의무자, 연대납세의무자, 제2차 납세의무자, 납세보증인이며, 그 내용은 그 시점과 대상에 따라 '고지유예', '분할고지', '징수유예', '체납액의 징수유예'로 나뉜다.

① 고지유예告知猶豫

납세자에게 「납세고지서」의 납부기간 개시 전에 '징수유예를 하는 사유'가 있어 조세를 납부할 수 없다고 인정되는 때에 과세관청이 조세의 고지 자체를 유예하는 것을 말한다.

② 분할고지

납세자에게 「납세고지서」의 납기 개시 전에 '징수유예를 하는 사유'가 있어 조세를 납부할 수 없다고 인정되는 때에 과세관청이 결정한 세액을 분할하여 고지하는 것을 말한다.

③ 납부기한 등의 연장

납세자가 국세·지방세 등 조세의 납세고지나 독촉을 받은 후 납부기한이 끝나기 전에 '납부기한 등의 연장 사유'가 있어 납부기한까지 납부할 수 없다고 인정되는 때에 과세관청이 그 납부기한을 연장하는 것을 말한다.

④ 체납액 등의 징수유예

납세자가 납세의 고지나 독촉을 받은 후에 '징수유예를 하는 사유'가 있어 조세나 체납액을 납부기한까지 납부할 수 없다고 인정되는 때에 과세관청이 납부기한을 다시 정하여 징수를 유예하는 것을 말한다[국징법 §17①; 지징법 §25①].

| 징수유예 제도 |

징수유예의 구분	시기	방법	징수유예 기간
납기개시 전 징수유예	고지 전	고지유예, 분할고지	① 국세 : 일반적인 징수유예 • 소규모 성실납세자 : 18개월 • 그 밖의 것 : 9개월 • 상호합의절차로 인한 징수유예 : 개시일 ~ 종료일 ② 지방세 : 6개월(1회 한해 6개월 연장 가능)
납부기한 등의 연장	납기종료 전	납부기한 등의 연장	
체납액 징수유예	납기 후 체납처분 전	독촉(최고)받은 후 납부기한 수정	
송달불능으로 인한 징수유예	고지서 반송 후 송달불능	주소불명으로 송달이 불가능한 경우 징수유예 후 부과철회	유예일 다음날부터 30일 내

(1) 직권에 의한 징수유예와 징수유예 사유

과세관청은 납부기한(납기)이 시작되기 전이나, 납세자가 납세의 고지나 독촉을 받은 후에 납세자에게 다음 중 어느 하나에 해당하는 사유(징수유예 사유)가 발생하여 고지된 조세나 체납액을 납부기한까지 납부할 수 없다고 인정되는 경우에는 각각 징수유예를 할 수 있다[국징법 §15①; 지징법 §25①].

① 재해나 도난으로 재산에 심한 손실을 입은 경우. 재해는 풍·수해, 벼락, 한해寒害, 냉해冷害, 그 밖의 자연현상의 이변에 의한 천재지변과 화재, 교통사고, 그 밖의 인위적

인 재해를 포함한다.

② 사업에 현저한 손실을 입은 경우. 사업에 '현저한 손실'이란 납세자의 사업에 관하여 심각한 결손을 받은 것을 말하며, 사업에 관하여 생긴 손실 이외의 다른 사유로 인한 손실은 포함되지 않는다.

③ 사업이 중대한 위기에 처한 때. 사업의 '중대한 위기'란, 납세자의 사업에 있어서 급격하게 판매가 감소하거나 재고가 누적되거나, 매출채권의 회수가 곤란해지거나 노동 쟁의로 조업이 중단되는 등의 사유로 자금부족으로 부도가 발생하거나 기업이 도산될 우려가 있는 경우 등을 말한다.

④ 납세자나 그 동거가족의 질병이나 중상해重傷害로 장기치료를 받아야 하는 경우. 이 때 '동거가족'이란 납세자와 가족(「민법」[§779]의 범위)에 있으면서 생계를 같이하는 사람을 말한다.

⑤ 조세조약에 따라 외국의 권한 있는 당국과 상호합의절차가 진행 중인 경우[546]

⑥ 위 ①~④에 준하는 사유가 있는 경우

이외에도 행정상으로는[547] 조세의 징수절차를 즉시 강행하면 납세자에게 돌이킬 수 없는 손해를 입혀 납세자의 경제생활을 위태롭게 할 우려가 있는 다음의 경우를 포함하도록 하고 있다.

① 동거가족 이외의 사람으로 납세자의 친족이나 그 밖에 납세자와 특수관계에 있는 사람의 질병으로 납세자가 그 비용을 부담해야 할 때

② 사업을 영위하지 아니하는 납세자의 소득이 현저히 감소하거나 전혀 없는 때

③ 납세자의 거래처 등인 채무자가 파산선고, 회생절차 개시결정, 어음교환소의 거래정지처분, 사업의 부진이나 실패로 인한 휴·폐업, 이와 유사한 사유가 발생하여 채무자에 대한 매출채권 등이 회수가 곤란하게 된 때

(2) 징수유예의 신청

① 납기시작 전의 징수유예

납세자가 납기개시 전에 고지의 유예를 받거나 세액을 분할하여 고지받고자 하는 경우,

---

546) 상호합의절차가 시작된 경우 고지유예, 분할고지하거나 징수유예, 체납처분유예 등을 할 수 있으나, 이 경우 납세자는 징수유예 등 특례적용신청을 하여야 하고, 과세관청은 상호주의에 따라 상대국이 징수유예나 체납처분유예를 허용한 경우에만 허용된다.

547) '위에 준하는 사유'로 「국세징수법」의 위임 없이 기본통칙으로 정하고 있는 것으로, 법령에 명시되지 아니하여 납세자가 이런 사유로 징수유예가 가능한지를 알 수 없으므로 납세자의 권리 행사와 관련된 것은 가급적 법령에 규정되어야 할 것이다.

고지 예정이거나 고지된 조세의 납부기한, 체납된 조세의 독촉기한·최고기한의 3일 전까지 징수유예를 받고자 하는 이유와 기간, 분납금액, 회수 등 필요한 사항을 기재한 「징수유예 신청서」[548]를 관할 과세관청에 제출하여야 한다[국징법 §15②, 국징령 §23; 지징법 §22, 지징령 §32].

만약 납세자가 납부기한·독촉기한의 3일 전까지 신청서를 제출할 수 없다고 과세관청이 인정하는 경우 납부기한·독촉기한의 만료일까지 제출하게 할 수 있다.

② 고지된 조세의 징수유예

납기개시 전 징수유예(고지유예, 분할고지)와 고지세액에 대한 징수유예를 받고자 하는 경우에는 「납세고지서」에서 정한 납부기한의 3일 전까지 하여야 하지만 체납액의 징수유예를 받고자 하는 경우에는 「독촉장」이나 「납부최고서」에서 정한 독촉기한까지 신청하여야 한다.

그러므로 납부기한이 지난 경우에는 징수유예를 통하여 고지유예, 분할고지를 받거나 고지세액의 징수유예를 받을 수 없고 독촉기한이 지난 체납액은 체납액의 징수유예를 받을 수 없게 된다.

하지만 지방세의 경우, 과세관청인 지방자치단체의 장은 납세자에게 징수유예의 사유가 있을 때에는 납세자의 신청 없이도 직권으로 징수유예를 할 수 있다[지징령 §32②].[549]

(3) 징수유예 승인과 취소

1) 징수유예의 승인

과세관청은 납세자가 신청한 징수유예를 심사하여 고지유예, 분할고지와 징수유예, 체납액 등의 징수유예를 승인한 경우에는 분납금액, 징수유예 기간, 그 밖에 필요한 사항을 기재한 「징수유예 통지서」로 납세자에게 그 사실을 통지하여야 한다.

과세관청이 징수유예를 할 때는 징수유예에 관계되는 금액에 상당하는 납세담보를 제공하도록 요구할 수 있다[국징법 §18].

지방세에 관한 징수유예 결정이 있는 경우, 납세자의 신청에 의하여 결정하는 경우에는 그 신청일, 직권으로 결정하는 경우에는 그 통지서의 발급일을 효력 발생시기로 정하고 있다[지징령 §33②].

---

548) 납세자가 징수유예신청할 때, 국세는 「징수유예신청서」[국징칙 별지 제14호 서식], 지방세는 「징수유예등신청서」[지징칙 별지 제26호 서식]을 사용한다.
549) 국세의 경우에는 '납세자는 고지의 유예를 받거나 세액을 분할하여 고지받으려는 때에는 세무서장에게 신청할 수 있다.'고 하여 납기연장에서와 달리 직권으로 징수유예할 수 있다는 명시적인 규정이 없으나 징수유예 사유가 있는 경우 직권으로 유예를 해주는 것이 당연하다.

2) 징수유예의 승인여부 통보

국세의 경우, 고지의 유예나 세액의 분할 고지를 신청받은 과세관청은 고지 예정인 조세의 '납부기한의 만료일'까지 해당 납세자에게 승인 여부를 통지하여야 한다. 만약 납세자가 고지 예정인 조세의 납부기한 만료일 10일 전까지 신청을 한 경우로서 과세관청이 그 납부기한 만료일까지 승인 여부를 통지하지 아니하였을 때에는 그 납부기한의 만료일에 징수유예를 승인한 것으로 본다[국징법 §15④⑤].**550)**

하지만 징수유예는 납세에 곤란한 사유가 발생한 납세자의 사정을 반영하여 긴급히 구제하기 위한 것인데도 납부기한 만료일까지만 승인 여부를 통지하면 되고 승인되지 않는 경우 납세자는 납부할 시간을 아예 놓치게 되므로 최소한 '납부기한 만료일 전'에는 통지를 받을 수 있도록 해야 할 것이다.**551)**

또, 납부기한 만료일까지 승인 여부를 통지하지 아니하여 징수유예를 승인한 것으로 보는 경우도 심사의 기간을 충분히 확보하기 위해 징수유예신청을 납부기한 만료일 10일 전까지 신청한 경우에 한정하도록 한 것은, 징수유예 신청이 긴박한 사정인 납세자의 사정과 징수유예 신청기한이 납부기한 만료 일 3일 전까지인 점을 고려할 때 지나치게 엄격한 것이다.**552)**

3) 징수유예의 승인취소

납세자가 징수유예 승인을 받은 후 다음에 해당하는 경우에 과세관청은 그 징수유예를 취소하고 유예에 관계되는 조세·체납액을 일시에 징수할 수 있다. 이 때에는 납세자에게 「징수유예취소 통지서」로 그 뜻을 통지하여야 한다.

① 국세·지방세와 체납액을 지정된 기한까지 납부하지 아니한 때

② 담보의 변경요구, 그 밖에 담보를 확보하기 위한 과세관청의 명령에 따르지 아니한 때

③ 징수유예를 받는 자의 재산상황, 그 밖의 사업의 변화로 인하여 그 유예의 필요가 없다고 인정되는 때

---

550) 과거에는, 납세자가 국세의 징수유예를 신청하는 경우에는 납부기한·독촉기한의 3일 전까지 신청하도록 하면서도 신청을 받은 과세관청이 승인할 때에는 통지기간을 따로 정하지 않고, 거부하는 때에 는 아예 통지의무조차 정하지 않고 있었다. 2011년 12월 세법개정시 징수유예신청에 대한 통지의무를 부여하고 일정한 경우에 한정되기는 하나 승인의제 하도록 하였다.

551) 납기연장의 경우 승인여부에 대한 통지기한이 '납부기한 만료일 전까지'이지만, 징수유예의 경우 '납부기한 만료일까지'로 서로 상이하다. 이런 경우 징수유예신청에 대하여 과세관청이 기각(거부)하게 되면 납부할 시간적 여유가 없게 된다.

552) 이런 규정을 두면 징수유예 신청기한은 납부기한 만료일 10일전이 되게 되어 징수유예 사유가 발생한 납세자가 제대로 권리구제를 받을 수 없게 된다.

④ 납기 전 징수 사유(조세의 체납으로 체납처분을 받은 때를 제외한다)에 해당되어 그 유예한 기한까지 유예에 관계되는 조세·체납액의 전액을 징수할 수 없다고 인정되는 때

참고자료 세법에서의 신청과 승인

구분	신청기한	승인 통지		거부 통지
		통지기한	통지효력	
납기연장신청 [국기법 §6; 지기법 §26]	납부기한 만료 3일 전 (부득이한 경우 기한 내)	납부기한의 만료일 전(만료일 1일 전 이상)	승인통지해야 효력 (납기 10일 전 신청분에 한해 통지 없는 경우 승인간주)	납부기한의 만료일(납기 10일전 신청분 외 통지의무 없음)
	직권연장 시 납부기한	–	–	
징수유예신청 [국징법 §15; 지징법 §25]	납기 3일 전	납부기한의 만료일	통지여부 해야 효력 (납기 10일 전 신청분에 한해 통지 없는 경우 승인간주)	납부기한의 만료일(납기 10일전 신청분 외 통지의무 없음)
분할납부신청 [소득세법 §77 외]	과세표준 신고기한	별도 승인통지절차 없음	승인통지 불필요	요건불비 외 거부 불가
연부연납신청 [상증법 §71]	과세표준 신고기한	상속세 신고기한부터 6개월(증여세 3개월) 내	통지기한까지 허가 여부를 서면발송하지 않으면 허가 간주	통지기한 (신고분 결정기한) 내 거부통지
	결정고지 납부기한	납기 지난 후 14일 내 허가 여부		납기 지난 후 통지시 통지 전 기간 가산금등 부과 제외
물납신청 [상증법 §73]	과세표준 신고기한	상속세 신고기한부터 6개월(증여세 3개월)	통지기한까지 허가 여부를 서면발송하지 않으면 허가 간주 단, 1회 30일 한해 허가 통지기한의 연장 가능	통지기한 (신고분 결정기한) 내 거부통지
	결정고지 납부기한	납기 지난 후 14일 내 허가 여부		납기 지난 후 통지시 통지 전 기간 가산금 등 부과 제외
	연부연납 분납할 때 각 회분 납기 30일 전	신청일부터 14일 내 허가 여부		

(4) 징수유예 기간

1) 일반적인 징수유예

납세자가 다음과 같은 사유로 징수유예를 신청한 경우, 징수유예 기간은 유예를 한 날의 다음 날부터 9개월(지방세의 경우 6개월이며, 1회에 한해 6개월 연장 가능) 이내로 하고, 그 기간 중의 분납기한과 금액은 과세관청이 정한다.

① 재해·도난으로 재산에 심한 손실을 입은 경우

② 사업에 현저한 손실을 입은 경우

③ 사업이 중대한 위기에 처한 경우

④ 납세자나 그 동거가족의 질병이나 중상해로 장기치료가 필요한 경우

⑤ ①~④에 준하는 사유가 있는 경우

국세의 경우, 과세관청이 징수를 유예하는 경우 그 유예기간은 유예한 날의 다음 날부터 9개월 이내로 하고, 징수유예기간 중의 분납기한과 분납금액은 관할 과세관청이 정할 수 있다. 이 경우 과세관청은 징수유예 기간이 6월을 초과하는 때에는 가능하면 징수유예 기간 개시 후 6월이 지난 날부터 3월 이내에 분납할 수 있도록 정하여야 한다[국징령 §22 ②].[553]

하지만 과세관청은 다음의 요건을 모두 갖춘 자가 소득세, 법인세, 부가가치세와 이에 부가되는 세목에 대한 징수유예를 신청하는 경우(징수유예를 받고 그 유예기간 중에 신청하는 경우를 포함한다) 그 징수유예의 기간은 유예한 날의 다음날부터 2년(이미 징수유예를 받은 분에 대해서는 유예 받은 기간을 포함하여 산정한다) 이내로 할 수 있고, 징수유예 기간 중의 분납기한과 분납금액은 관할 과세관청이 정할 수 있다.

① 「조세특례제한법 시행령」[§2]에 따른 중소기업에 해당할 것

② 다음 중 어느 하나에 해당하는 지역에 사업장이 소재할 것

　(ⅰ) 「고용정책 기본법」[§32의2②]에 따라 선포된 「고용재난지역」

　(ⅱ) 「고용정책 기본법 시행령」[§29①]에 따라 지정·고시된 지역[554]

　(ⅲ) 「국가균형발전 특별법」[§17②]에 따라 지정된 「산업위기대응특별지역」

---

553) 징수유예를 한 후 징수유예의 사유가 해소되지 않고 법 제20조(징수유예의 취소)에 저촉되지 아니하는 경우에는 납세자의 신청에 의하여 동항의 징수유예기간의 범위(통산하여 9월)안에서 이미 유예한 유예기간을 연장할 수가 있다[국징통 15-22…1].

554) 고용노동부고시 제2019-22호(2019.4.4.) 고용위기지역 고시 : 울산광역시 동구, 전라북도 군산시, 경상남도 창원시 진해구, 경상남도 거제시, 경상남도 통영시, 경상남도 고성군(지원기간 2019.4.5. ~ 2020.4.4.), 고용노동부고시 제2019-23호(2019.4.4.) 전라남도 목포시, 전라남도 영암군(2019.5.4. ~ 2020.5.3.)에 대하여 사업주의 고용유지조치에 대한 지원, 사업주의 직업능력개발훈련에 대한 지원, 지역고용촉진지원금을 지원하도록 하였다.

(ⅳ) 「재난 및 안전관리기본법」[§60②]에 따라 선포된 특별재난지역(선포된 날부터 2년 으로 한정한다)

지방세의 경우, 징수유예의 기간은 그 징수유예를 결정한 날의 다음 날부터 6개월 이내로 하고, 그 기간 중의 분납기한과 분납금액은 관할 지방자치단체의 장이 정한다. 이 때 징수유예의 기한이 경과될 때까지 징수유예의 사유가 지속되는 경우에는 한 차례에 한정하여 6개월 이내의 기간을 정하여 다시 징수유예를 결정할 수 있으며, 그 기간 중의 분납기한과 분납금액은 관할 지방자치단체의 장이 정한다[지징령 §31②③].

2) 상호합의절차로 인한 징수유예

조세의 이중과세방지를 위하여 체결한 조약에 의하여 외국의 권한 있는 당국과 '상호합의절차'가 진행 중이어서 징수유예한 경우 기간은 해당 세액의 납부기한의 다음 날과 상호합의절차의 개시일 중 나중에 도래하는 날부터 상호합의절차의 종료일까지로 한다[국징령 §22③: 지징령 §31④].

3) 송달불능으로 인한 징수유예

과세관청이 주소·거소·영업소·사무소가 분명하지 아니하여 「납세고지서」를 송달할 수 없을 때에는 송시송달 등의 송달절차 없이 납세고지를 유예(송달불능으로 인한 징수유예)를 할 수 있는데, 그 기간은 그 유예한 날의 다음 날부터 30일 이내로 한다.

세법은 징수유예 기간에 대하여 과세관청이 필요에 따라 정하는 것으로 보고 있으나, 징수유예 기간은 납세자에게 매우 중요한 사항이므로 유예하는 최소한의 기간 등을 법제화하여 예측가능성을 도모하도록 하여야 한다.

(5) 징수유예의 효과

납세자가 납기시작 전의 징수유예(고지유예, 분할고지), 고지된 조세의 징수유예, 체납액의 징수유예를 받은 경우 다음과 같은 효과가 있다.

① 가산세·가산금의 부과 제외

납세자가 고지된 조세의 납부기한이 도래하기 전에 조세를 징수유예한 경우, 징수유예한 세액에 대하여 징수유예 기간이 지날 때까지 국세 납부지연가산세[국기법 §47의4①(3)]나 지방세 가산금·중가산금을 징수하지 아니한다[지징법 §28①].

고지된 국세의 납부기한이 지난 후 체납액을 징수유예한 경우에는 징수유예한 세액에 대하여 징수유예 기간이 지날 때까지 납부지연가산세[국기법 §47의4①(1)], 원천징수납부 등 불성실가산세[국기법 §47의5①(2)]를 징수하지 아니한다. 지방세의 경우는 징수유예 기간은 가산금을 부과하기 위한 기간을 계산할 때 산입하지 않는다.

또, 납세자가 납세의 고지나 독촉을 받은 후에 「채무자 회생 및 파산에 관한 법률」[§140]에 따른 징수의 유예를 받은 경우에는 국세의 경우 납부지연가산세[국기법 47의4①(1)(3)], 원천징수납부 등 불성실가산세[국기법 §47의5①(2)], 지방세의 가산금을 징수하지 않는다.

참고 법령 ●

◎ 「채무자 회생 및 파산에 관한 법률」 제140조(벌금·조세 등의 감면)

① 회생절차개시 전의 벌금·과료·형사소송비용·추징금 및 과태료의 청구권에 관하여는 회생계획에서 감면 그 밖의 권리에 영향을 미치는 내용을 정하지 못한다.

② 회생계획에서 「국세징수법」 또는 「지방세징수법」에 의하여 징수할 수 있는 청구권(국세징수의 예에 의하여 징수할 수 있는 청구권으로서 그 징수우선순위가 일반 회생채권보다 우선하는 것을 포함한다)에 관하여 3년 이하의 기간 동안 징수를 유예하거나 체납처분에 의한 재산의 환가를 유예하는 내용을 정하는 때에는 징수의 권한을 가진 자의 의견을 들어야 한다.

③ 회생계획에서 제2항의 규정에 의한 청구권에 관하여 3년을 초과하는 기간 동안 징수를 유예하거나 체납처분에 의한 재산의 환가를 유예하는 내용을 정하거나, 채무의 승계, 조세의 감면 또는 그 밖에 권리에 영향을 미치는 내용을 정하는 때에는 징수의 권한을 가진 자의 동의를 얻어야 한다.

④ 제2항의 규정에 의한 청구권에 관하여 징수의 권한을 가진 자는 제3항의 규정에 의한 동의를 할 수 있다.

⑤ 제2항 및 제3항의 규정에 의하여 징수를 유예하거나 체납처분에 의한 재산의 환가를 유예하는 기간 중에는 시효는 진행하지 아니한다.

---

② 체납처분의 중지

과세관청은 체납액 등의 징수유예를 한 기간 중에는 그 유예한 조세나 체납액에 대하여는 체납처분을 할 수 없다. 하지만 징수유예 기간이라도 참가압류參加押留가 아닌 교부청구交付請求555)는 할 수 있다[국징법 §19③; 지징법 §28①].

---

555) "교부청구"란 국세·지방세 또는 공과금의 체납으로 체납처분을 받을 때, 강제집행을 받을 때, 「어음법」, 「수표법」에 따른 어음교환소에서 거래정지처분을 받은 때, 경매가 개시된 때, 법인이 해산한 때에 해당 관서·공공단체·집행법원·집행공무원·강제관리인·파산관재인 또는 청산인에게 조세·가산금과 체납처분비를 교부하도록 청구하는 것을 말한다[국징법 §56]. "참가압류"란 압류하고자 하는 재산이 이미 다른 기관에서 압류하고 있는 재산인 때 교부청구에 갈음하여 「참가압류통지서」를 그 재산을 이미 압류한 기관에 송달하여 그 압류에 참가하는 것을 말한다[국징법 §57].

③ 징수권의 소멸시효 정지

납세자가 징수유예를 승인받는 경우, 그 징수유예 기간에는 조세 징수권의 소멸시효가 진행되지 않는다[국기법 §28③: 지기법 §40③)].

④ 상호합의 절차에서의 가산금특례 적용

외국의 권한 있는 당국과의 상호합의절차가 진행 중이어서 국세와 지방세의 징수유예 받은 경우에는 「국제조세조정에 관한 법률」[§24⑤]에 따른 가산금에 대한 특례를 적용하여 징수유예 기간에 대해 아래와 같이 이자상당액을 가산하여 징수한다[국징령 §19⑤: 지기법 §83③].

이자상당액의 가산액 =

징수유예(체납처분유예)를 한 국세·지방세(상호합의절차에 의한 조정시 조정금액) × 납부기한의 다음날(상호합의개시일 중 나중에 도래하는 날로 부터 상호합의 종료일)까지의 날짜 × 국기령[§27의4]에 따른 이자율

* 국기령[§27의4]에 규정한 율 : 1일 10만분의 25(2019.2.12. 이후), 1일 10만분의 30(2012.2.2.~2019.2.11.)

(6) 송달불능으로 인한 징수유예

'송달불능으로 인한 징수유예'란 납세자의 주소·거소·영업소·사무소(주소 등)의 소재가 분명하지 아니하여 「납세고지서」를 송달할 수 없는 때에 과세관청이 송달할 수 있을 때까지 그 징수를 유예하는 제도이다[국징법 §16①: 지징법 §26].

송달불능으로 인한 징수유예는 납세자의 주소 등이 분명하지 아니하여 등기우편에 의한 고지를 하여도 반송된 경우, 주소나 영업소가 국외에 있어 고지할 수 없는 경우 등 일반적인 서류송달의 방법으로는 송달을 할 수 없는 때로 제한되며, 공시송달 방법으로 송달하는 것은 포함되지 않는다.

1) 징수유예 기간

지방세 고지서의 송달불능으로 인한 징수유예는 징수유예를 결정한 날부터 6개월 이내의 기간 동안 가능하다[지징령 §34②]. 국세의 경우 송달불능으로 인한 징수유예 기간을 따로 정하고 있지 아니하다.

2) 징수유예 후 부과철회

과세관청은 「납세고지서」의 송달불능으로 인하여 징수를 유예한 조세의 징수를 확보할 수 없다고 인정하는 때에는 그 부과의 결정을 철회할 수 있다.

'조세의 징수를 확보할 수 없다고 인정하는 때'란 납세자로부터 조세를 징수할 수 없는 것은 물론 제2차 납세의무자, 물적 납세의무자 등도 없어 징수유예한 조세를 더 이상 징수할 수 없다고 판단하는 경우를 말한다.

하지만 송달불능으로 인하여 징수를 유예하거나 부과결정을 철회한 후 납세자의 행방이나 재산을 발견한 때에는 과세관청은 지체 없이 다시 징수절차를 밟거나 부과결정을 하여야 한다[국징법 §16③; 지징법 §26③].

한편, 「납세고지서」의 송달불능으로 부과철회를 한 경우에는 당초부터 고지의 효력이 없어지는 것이므로, 다른 징수유예와는 달리 징수권의 소멸시효에 있어서 중단의 효력이 없다.

⑤ 체납처분 유예

'체납처분 유예'滯納處分 猶豫, reprieve of delinquency disposition란, 납세자에게 특별한 사정이 있는 경우에 체납처분의 요건이 이미 충족되어 있음에도 국세·지방세나 체납처분비 등 체납액에 대하여 압류·매각 등 체납처분을 일시적으로 유보하는 처분을 말한다.

(1) 체납처분 유예의 요건

과세관청은 체납한 납세자(체납자)가 다음의 요건을 모두 갖춘 때에는 체납액에 대하여 체납처분에 의한 재산의 압류나 압류재산의 매각을 유예할 수 있다[국징법 §85의2①; 지징법 §105①].

① 체납자가 국세청장(지방세의 경우 지방자치단체 조례)이 성실납세자로 인정하는 기준에 해당하는 경우[556]

② 재산의 압류나 압류재산의 매각을 유예함으로써 사업을 정상적으로 운영할 수 있게

---

556) "국세청장이 성실납세자로 인정하는 기준"이 무엇인 지에 대하여 하위법령에 위임되어있지도 않고 국세청장이 고시하고 있지도 아니하여 적용되기 어렵다. 다만, 집행기준 : 85의2-0-2(체납처분유예의 승인기준)은 다음의 요건을 모두 충족하는 납세자가 체납처분유예를 신청하는 경우에 승인할 수 있다고 정하고 있다. ① 1년 이상 성실하게 장부를 비치·기장한 자, 이에 준하는 성실납세자 ② 최근 3년 내에 조세포탈범으로 처벌받지 아니한 자 ③ 체납처분을 유예함으로써 사업의 정상운영이 가능한 자 ④ 조세포탈의 우려가 없다고 인정되는 자

되어 체납액의 징수가 가능하다고 인정되는 경우

(2) 체납처분 유예의 기간

납세자가 체납처분 유예를 신청한 경우 체납처분 유예의 기간은 유예한 날의 다음 날부터 1년 이내로 한다. 이 경우 과세관청은 유예된 체납세액은 체납처분 유예 기간에 분할하여 징수할 수 있다.

징수유예와 마찬가지로, 중소기업으로서 고용재난지역 등 일정한 지역[국징령 §82의2②각호]에 사업장이 소재하는 납세자가 소득세, 법인세, 부가가치세, 이와 부가되는 세목에 대한 체납처분 유예를 신청하는 경우 그 체납처분 유예 기간은 유예한 날의 다음날부터 2년(체납처분 유예를 받은 분에 대해서는 유예 받은 기간을 포함하여 산정한다) 이내로 할 수 있다.

(3) 체납처분 유예의 절차

체납처분 유예의 신청, 통지, 취소통지의 절차는 징수유예의 절차[국징법 §23~§25; 지기법 §80~§83] 규정을 준용한다.

또한, 체납처분 유예를 취소하는 경우와 이에 따라 일시에 체납액을 징수하는 절차도 징수유예의 취소[국징법 §20; 지기법 §84] 규정을 준용한다.

(4) 체납처분 유예의 효과

① 압류·매각의 유예

납세자가 체납처분 유예를 승인받은 경우에는 과세관청은 체납처분 유예와 관계되는 체납액에 대하여 압류나 압류한 재산의 매각을 할 수 없다.

또한 과세관청이 필요하다고 인정하는 때에는 이미 압류한 재산이라도 압류를 해제할 수 있다.

② 납세담보의 제공요구

과세관청이 체납처분 유예를 위하여 재산의 압류를 유예하거나 압류한 재산의 압류를 해제하는 경우에는 그에 상당하는 납세담보의 제공을 요구할 수 있다.

만약 '성실납세자'가 「체납세액 납부계획서」[557]를 제출하고 「체납정리위원회」가 그 납부계획이 타당하다고 인정하는 경우 납세담보의 제공을 요구하지 아니한다.

---

557) 「체납세액 납부계획서」에는 체납세액 납부에 제공되는 재산·소득에 관한 사항, 체납세액의 납부일정에 관한 사항, 그 밖에 체납세액 납부계획과 관련된 사항을 적어야 한다[국징령 §82의2④].

③ 지방세 가산금·중가산금 부과

납세자가 체납처분 유예를 받은 경우에는 체납처분 유예기간 중에도 지방세 가산금과 중가산금이 부과되며 아무런 영향을 미치지 아니한다.

④ 징수권의 소멸시효의 정지

체납처분 유예의 기간에는 과세관청이 징수권을 행사할 수 없으므로 조세징수권의 소멸시효가 정지된다.[558]

⑤ 신용정보의 제공대상 제외

과세관청은 조세징수나 공익 목적을 위하여 필요한 경우로서 신용정보업자나 신용정보집중기관 등이 체납자의 인적사항, 체납액에 관한 자료를 요구한 경우에는 이를 제공할 수 있다.[559]

이때 체납액·결손처분액에 관한 자료를 제공하는 대상은 체납 발생일부터 1년이 지나고 체납액이 500만원 이상인 자와 1년에 3회 이상 체납하고 체납액이 500만원 이상인 납세자이다[국징법 §7의2].

하지만 납세자가 신용정보의 제공대상에 해당하는 납세자인 경우라도 체납처분 유예를 받은 경우에는 그 기간동안은 신용정보업자 등에게 신용정보를 제공하는 대상에서 제외된다[국징령 §10의2①②].

| 징수유예와 체납처분 유예의 비교 |

구분	징수유예	체납처분 유예
대상자	납세자	체납된 납세자
대상조세	독촉기한 내의 고지된 국세·지방세 등 조세	독촉기한이 지난 국세·지방세과 체납처분비
사유	다음 중 하나에 해당하는 경우 ① 재해·도난으로 재산에 심한 손실을 입은 때 ② 사업에 심각한 손실을 입은 때 ③ 사업이 중대한 위기에 처한 때 ④ 납세자·동거가족의 질병·중상해로 장기치료를 요하는 때	① 성실납세자 기준에 해당되는 때 ② 재산의 압류나 압류재산의 매각을 유예함으로써 사업을 정상적으로 운영할 수 있게 되어 체납액의 징수가 가능하다고 인정되는 때

---

558) 징수권의 소멸시효는 세법에 따른 분납기간, 징수유예 기간, 체납처분유예 기간, 연부연납 기간, 세무공무원이 사해행위 취소의 소를 제기하여 그 소송이 진행 중인 기간 동안에는 진행하지 아니한다[국기법 §28③].
559) 다만, 체납된 국세와 관련하여 이의신청, 심사청구, 심판청구, 행정소송이 계류 중인 경우에도 신용정보를 제공하지 않는다[국징법 §7의2단서].

구분	징수유예	체납처분 유예
사유	⑤ 조세조약에 따라 상호합의절차가 진행 중인 때(국조법 징수유예 특례 적용) ⑥ ①~⑤에 준하는 사유	
유예기간	① 재해·도난·질병 등, 사업상 중대한 위기·심각한 손해 : 국세 9개월 이내 (6월 경과 시부터 3개월 분납), 지방세 6개월(1회 연장 가능) ② 상호합의 절차 진행 중 : 합의절차 종료일까지	① 체납처분 유예일 다음날부터 1년 이내 ② 고용 재난지역 등에 소재한 중소기업이 법인세 등 체납처분유예신청시 : 2년
효과	① 납기연장 효과, 체납처분의 제외 ② 기간 중 납부지연가산세 등 부과 제외 ③ 징수권의 소멸시효 정지 ④ 상호합의절차 진행 중 징수유예 시 이자상당액 가산징수	① 압류·매각처분의 유예 ② 기간 중 납부지연가산세 등의 부과 ③ 징수권의 소멸시효 정지 ④ 신용정보 제공에서 제외

제 **2** 절

강제적 징수절차

납세자가 납세고지된 세액을 납부기한까지 납부하지 않는 경우 과세관청은 자력집행권自力執行權을 행사하여 강제적으로 조세채권을 확보하는 절차를 밟게 된다. 이를 '강제적 징수절차'強制的 徵收節次라 한다.

이러한 강제적 징수절차를 조세행정에서는 일반적으로 '체납처분滯納處分 절차'라고 부르는데 이는 조세의 부과처분과 구별되는 별개의 행정처분이지만 서로 밀접한 관계가 있다.

만약 부과처분에 하자가 있는 경우 취소하지 않는 한 그 부과처분에 기초하여 한 체납처분은 위법이라 할 수 없지만, 그 부과처분에 중대하고도 명백한 하자가 있어 무효인 경우에는 체납처분도 효력을 잃게 된다.**560)**

이러한 강제적 징수절차에는 ① 압류, ② 매각, ③ 청산, ④ 체납처분 유예 등이 있다. 강제적 징수절차에 관한 세법은 국세의 경우 「국세징수법」, 지방세의 경우 「지방세징수법」에서도 정하고 있으나 지방세의 체납처분은 「지방세기본법」에서 따로 정하고 있는 사항을 제외하고는 국세 체납처분의 예를 준용하도록 하여 국세징수법을 준거법으로 따르도록 하고 있다[지기법 §107].

❶ 압 류

(1) 압류의 의의와 원칙

1) 압류의 의의

'압류'押留, seisure란, 과세관청이 체납되거나 체납될 것으로 우려되는 납세자로부터 조세채권을 확보하기 위하여 그 재산에 대하여 처분을 금지시키거나 다른 채권에 비해 우선권을 행사하여 환가換價할 수 있는 상태에 두는 처분을 말한다.

이는 체납처분의 1단계로 납세자가 재산을 처분하는 것을 금지시켜 조세채권을 미리 확보하는 강제행위로서 과세관청이 조세채권을 신속하게 스스로 확보할 수 있도록 영장 없

---

560) 대법원 1987.9.22. 선고, 87누383 판결 참조.

이[561] 간편한 방법으로 할 수 있게 한 것이다.

이 때문에 압류는 납세자의 재산권을 크게 침해하게 되므로 그 행사에 있어 요건을 엄격하게 갖춰야 하고 그 집행도 신중하게 하여야 한다.

한편, 「민사집행법」에서의 강제집행절차인 압류는 체납처분 절차에서의 압류와 그 대상·방법 등에 있어서 별다른 차이가 없으나 효력 면에서는 차이가 있어 준용되지 아니한다.

2) 압류의 원칙과 한계

① 초과압류 금지 : 과세관청이 조세를 징수하기 위하여 압류를 하는 경우라도 필요한 재산 외의 재산을 압류할 수 없다.

② 제3자 권리침해 금지 : 압류재산을 선택할 때에는 체납처분의 집행에 지장이 없는 범위에서 전세권·질권·저당권 등 체납자의 재산과 관련하여 제3자가 가진 권리를 침해하지 아니하도록 하여야 한다.

(2) 압류의 요건과 권한

1) 압류의 요건

과세관청은 조세채권을 확보하기 위하여 납세자가 다음 중 하나에 해당하는 경우에는 납세자의 재산을 압류할 수 있다[국징법 §24; 지징법 §33].

① 납세자가 「독촉장」·「납부최고서」를 받고 지정된 기한까지 관계된 조세와 가산금을 모두 납부하지 아니한 때

② 납세자에게 '납기 전 징수' 사유에 해당하여 납세자가 납기 전에 납부의 고지를 받고 지정된 기한까지 완납하지 아니한 때

③ 납세자에게 '납기 전 징수' 사유가 있어 조세가 확정된 후에는 해당 조세를 징수할 수 없다고 인정되는 때(확정 전 보전압류)

2) 압류의 권한

체납처분을 위하여 재산을 압류할 수 있는 사람은 납세자의 해당 조세를 관할하는 과세관청에 소속된 세무공무원(세관에서 조세를 징수할 경우에는 소관 세관의 소속 공무원)이다.

만약 체납자가 관할구역 외에 거주하거나 압류할 재산이 관할구역 외에 있어 체납자의 거주지나 그 재산소재지를 관할하는 과세관청에게 체납처분을 인계하는 때에는 인수한 과

---

561) 체납처분을 위한 압류와 그 성실이 유사하지만 조세범칙사건을 조사하기 위한 '압수'는 형사소추를 위한 절차로 반드시 법원의 영장이 있어야 한다[범절법 §3].

세관청의 세무공무원이 압류할 수 있다.

(3) 압류의 대상

압류의 대상이 되는 재산은, ① 체납자에 귀속되는 것으로서 ② 세법의 효력을 미치는 지역에 소재하고 ③ 금전적 가치가 있으며 ④ 양도·추심이 가능하고 ⑤ 압류금지의 대상이 아니어야 한다.

1) 체납자에 귀속한 재산

과세관청이 압류사유가 있어 압류할 수 있는 재산은 압류할 때에 체납자에게 귀속되고 있는 것이어야 한다. 만약 압류하려는 재산이 다음에 해당하는 경우 체납자에게 귀속되는 것으로 추정推定한다.

① 동산·유가증권 : 체납자가 소지하고 있을 것
② 등록된 공·사채 등 : 등록 명의가 체납자일 것
③ 등기·등록된 부동산, 선박, 건설기계, 자동차, 항공기, 전화가입권, 지상권, 광업권 등의 권리와 특허권, 그 밖의 무체재산권 등 : 체납자가 등기·등록의 명의인일 것
④ 등기되지 않은 부동산 소유권, 그 밖의 부동산에 관한 권리, 등록되지 않은 저작권 : 점유의 사실, 「가옥대장」, 「토지대장」이나 그 밖의 장부·서류 등에 의해 체납자에게 귀속한다고 인정되는 것
⑤ 합명회사·합자회사의 사원의 지분 : 「정관」, 「상업등기부」상 사원의 명의가 체납자일 것
⑥ 유한회사의 사원의 지분 : 「정관」, 「사원명부」, 「상업등기부」상 명의인이 체납자일 것
⑦ 채권 : 「차용증서」, 예금통장, 「매출장」, 그 밖의 거래관계 장부·서류 등에 의해 체납자에게 귀속한다고 인정되는 것

한편 배우자이나 동거친족이 납세자의 재산·수입에 의하여 생계를 유지하고 있을 때에는 「민법」이나 그 밖의 법령에 특별한 규정이 있는 경우를 제외하고는 납세자의 주거에 있는 재산은 납세자에 귀속한 것으로 추정한다.

2) 국내에 소재한 재산

아무리 납세자에게 귀속되는 재산이라 해도 국내·외에 관계없이 어디에 소재하든 제한 없이 압류가 가능한 것은 아니다. 압류의 대상이 되는 재산은 「국세징수법」, 「지방세기본법」의 효력이 미치는 지역에 있어야 하므로 압류는 국내에 있는 재산에 대하여만 가능하다.

3) 금전적 가치가 있는 재산

과세관청이 압류할 수 있는 재산, 즉 압류의 대상이 되는 재산은 금전적 가치가 있어야 한다. 따라서 금전이나 물건의 급부를 목적으로 하지 않는 행위나 경업競業금지 등과 같이 부작위不作爲를 목적으로 하는 채권 등은 압류의 대상이 될 수 없다.

4) 양도·추심이 가능한 재산

압류의 대상이 되는 재산은 양도나 추심推尋할 수 있는 것이어야 한다. 양도나 추심이 가능한 지 여부는 다음과 같이 판단한다.

① 유가증권 중 지시금지 어음·수표는 「어음법」[§11], 「수표법」[§14]에 따르며 지명채권指名債券의 양도방식에 따라 양도할 수 있다.
② 상속권, 부양청구권, 위자료청구권, 재산분할청구권 등 납세자 개인에 전속하는 권리, 즉 일신전속권一身專屬權은 양도할 수 없다. 하지만 그 권리의 행사로 인하여 금전적 채권 등으로 전환되었을 때는 가능하다.
③ 요역지要役地[562]의 소유권에 붙은 지역권, 채권에 붙은 유치권, 질권, 저당권 등은 주된 권리와 분리하여 양도할 수 없다.
④ 상호는 영업을 폐지하거나 영업과 함께 하는 경우가 아니면 양도할 수 없다.

5) 압류금지 대상이 아닌 재산

일반적으로 체납자에게 귀속되고 금전으로 환가가 가능한 재산은 모두 압류대상이 될 수 있으나 체납자와 동거가족의 최저생활의 보장 등 납세자의 생활과 사업의 존립을 어렵게 하는 경우에는 압류할 수 없다.

이에 따라 세법은 압류금지 재산을 정하고 있는데, 여기에는 어떠한 경우에도 절대로 압류할 수 없는 '절대적 압류금지재산', 체납자가 체납액 충당할 만한 다른 재산을 제공하는 경우 압류할 수 없는 '조건부 압류금지재산', 체납자의 생계유지를 위하여 일정한 한도에서 압류를 제한하는 '압류가 제한되는 급여·퇴직금' 등이 있다.

만약 절대적 압류금지 재산임이 외관상으로 분명한 것을 압류하면 그 압류는 무효이며, 외관상 분명하지 아니하여 세무공무원이 착오로 압류한 경우에는 취소의 대상이 된다.

세법 외에도 다른 법률에서 입법목적을 달성하기 위해 압류를 금지하거나 제한하는 경우가 있다. 즉 「민사집행법」[§195]에서는 '압류금지재산'을 정하고 있는 바, 세법에서는 포함하고 있지 아니한 것으로는, 일상생활에 필요한 안경·보청기·의치 등 신체보조기구, 일

---

562) "요역지"란 지역권地役權의 설정에 있어서 두 개의 토지 중 편익을 얻는 쪽의 토지를 말하며 편익을 주는 토지인 승역지承役地가 반대의 개념이다.

상생활에 필요한 장애인용 경형자동차, 재해 방지나 보안을 위해 의무 설치된 소방설비·경보기구·피난시설 등은 명시되지 않고 있다.

| 압류를 금지하거나 제한하는 재산 |

구분	압류 금지·제한 대상
절대적 압류금지 재산 [국징법 §31]	① 체납자와 동거가족의 생활에 없어서는 안될 의복·침구·가구와 주방기구 ② 체납자와 그 동거가족이 필요한 3월간의 식료와 연료 ③ 인감도장이나 그 밖에 직업에 필요한 인장印章 ④ 제사·예배에 필요한 물건, 비석과 묘지 ⑤ 체납자나 그 동거가족의 상사喪事·장례에 필요한 물건 ⑥ 족보나 그 밖에 체납자의 가정에 필요한 장부·서류 ⑦ 직무상 필요한 제복·법의法衣 ⑧ 훈장이나 그 밖에 명예의 증표 ⑨ 체납자와 그 동거가족의 학업에 필요한 서적과 기구 ⑩ 발명·저작에 관한 것으로서 공표되지 아니한 것 ⑪ 법령에 따라 급여하는 사망급여금과 상이급여금傷痍給與金 ⑫ 의료·조산업, 동물진료업에 필요한 기구·약품이나 그 밖의 재료 ⑬ 「주택임대차보호법」[§8], 같은 법 시행령에 따라 우선변제를 받을 수 있는 금액 ⑭ 체납자의 생계유지에 필요한 소액 금융재산으로서, (ⅰ) 사망보험금 중 1천만원 이하의 보험금, (ⅱ) 보장성보험의 해약환급금 중 150만원 이하의 금액, (ⅲ) 보장성보험의 만기환급금 중 150만원 이하의 금액(각각의 계약이 둘 이상인 경우에는 종류별로 합산하여 판단한다), (ⅳ) 상해·질병·사고 등을 원인으로 체납자가 지급받는 보장성보험의 보험금 중 진료비, 치료비, 수술비, 입원비, 약제비 등 치료와 장애 회복을 위하여 실제 지출되는 비용을 보장하기 위한 보험금, 치료와 장애 회복을 위한 보험금 중 나머지 보험금의 2분의 1에 해당하는 금액(이는 보험계약별로 판단한다), (ⅴ) 개인별 잔액이 150만원 미만인 예금(적금, 부금, 예탁금과 우편대체를 포함한다)
조건부 압류금지 재산 [국징법 §32]	① 농업에 필요한 기계·기구, 가축류의 사료, 종자와 비료 ② 어업에 필요한 어망漁網·어구漁具와 어선 ③ 직업·사업에 필요한 기계·기구와 비품
압류가 제한되는 급여·퇴직금 [국징법 §33]	① 급료·연금·임금·봉급·상여금, 세비·퇴직연금, 그 밖에 이와 비슷한 성질의 급여채권 : 총액(급여 − 소득세, 개인지방소득세)의 2분의 1에 해당하는 금액 단, 그 금액이 (ⅰ) 「국민기초생활 보장법」에 따른 최저생계비를 고려한 세법이 정한 금액(월 150만원)에 미달하는 경우 : 150만원, (ⅱ) 표준적인 가구의 생계비를 고려하여 세법이 정한 금액{월 300만원 + [(총급여의 1/2 월할액 − 300만원) ×1 / 2]}을 초과하는 경우 : 그 금액 ② 퇴직금 그 밖에 이와 비슷한 성질의 급여채권 : 총액의 2분의 1에 해당하는 금액

(4) 압류의 절차

과세관청은 납세자가 체납하였거나 체납한 경우 재산을 압류를 하기 위하여 예비적 절차로 수색이나 질문·검사를 한 후 압류를 하기 위한 본 절차를 진행하게 된다.

세무공무원이 체납처분을 하기 위하여 질문·검사, 수색을 하거나 재산을 압류할 때에는 그 신분을 표시하는 증표(신분증명서)를 휴대하고 그 대상자와 참여자 등 관계자에게 제시하여야 한다[국징법 §25].

체납처분 집행을 위하여 재산을 압류할 때나 수색을 할 때나 질문·검사를 할 때에는 그 장소에 있는 관계자 이외의 사람에게는 퇴거를 명하거나 그 장소의 출입을 제한할 수 있다.

1) 질문·검사

세무공무원이 체납처분을 집행할 때 압류할 재산의 소재·수량을 알고자 할 때에는 체납자는 물론 체납자와 거래관계가 있는 사람, 체납자의 재산을 점유하는 사람, 체납자와 채권·채무관계가 있는 사람, 체납자가 주주나 사원인 법인, 체납자인 법인의 주주나 사원 등 관계자에 대하여 질문하거나 장부, 서류, 그 밖의 물건을 검사할 수 있다[국징법 §27].

2) 수 색

세무공무원은 다음과 같은 경우 체납자의 가옥, 선박, 창고, 그 밖의 장소를 수색하거나 폐쇄된 문, 금고, 기구를 열게 하거나 직접 열 수 있다[국징법 §26①].
① 재산을 압류하기 위하여 필요한 때
② 체납자의 재산을 점유하는 제3자가 재산의 인도를 거부한 때
③ 제3자의 가옥, 선박, 창고, 그 밖의 장소에 체납자의 재산을 은닉한 혐의가 있다고 인정되는 때

체납처분을 위한 수색의 시기는 해뜰 때부터 해질 때까지만 가능하지만 해가 지기 전에 개시한 수색은 해가 진 후에도 계속할 수 있다. 하지만 유흥주점, 무용장, 주류, 식사 그 밖의 음식점과 같이 야간에 주로 영업을 하는 장소는 해가 진 후에도 영업 중이라면 수색을 개시할 수 있다.

3) 「수색조서」의 작성·교부

세무공무원이 압류할 재산을 찾기 위하여 수색을 하였지만 압류할 재산이 없는 때에는 수색한 일시, 수색한 재산·장소 등을 기재한 「수색조서」를 작성하여 체납자나 참여자와 함께 서명이나 날인을 하여 그 등본을 수색을 받은 체납자나 참여자에게 교부하여야 한다

[국징법 §26⑤⑥].

과세관청이 체납처분을 위하여 수색에 착수한 때에는 조세징수권의 소멸시효가 중단되며, 제3자의 주거 등을 수색한 경우에는 「수색조서」로 체납자에게 통지해야 시효중단의 효력이 발생한다.

수색에 있어 참여자는 수색이나 검사를 받는 사람과 그 가족·동거인·사무원, 그 밖의 종업원을 대상으로 하며, 만약 이들이 참여를 거부하거나 참여자가 없는 때에는 2명 이상의 성년자나 특별시·광역시·시·군의 공무원, 경찰공무원을 증인으로 참여시켜야 한다[국징법 §28].

4) 「압류조서」의 작성 · 교부

세무공무원이 수색한 결과 체납자의 재산을 발견하여 압류할 때에는, 압류에 관계되는 조세의 내용, 압류재산의 종류·수량·품질과 소재지, 압류일, 조서 작성일을 기재한 「압류조서」를 작성하여야 한다.

여기에는 참여자의 서명이나 날인을 받아야 하며 참여자가 거부한 때에는 그 사실을 「압류조서」에 기록하여야 한다.

압류재산이 동산·유가증권·채권·채권과 소유권을 제외한 재산권(무체재산권 등)인 경우에는 체납자에게, 질권이 설정된 동산·유가증권인 경우에는 그 점유자에게 각각 「압류조서」의 등본을 발급하여야 한다[국징법 §29].

이 경우 만약 세무공무원이 체납자의 재산을 압류를 하면서 「압류조서」를 작성하지 않거나 「압류조서」에 참여자의 서명이나 날인이 없는 경우에 압류가 효력이 있는 지에 대하여 의문이 있다.

판례와 행정해석은 모두 「압류조서」는 단순히 압류의 사실을 기록하여 증명하는 것으로, 본질적인 요소라 할 수 없어 압류의 효력에는 영향을 미치지 않는다고 보고 있다.

5) 압류의 본 절차

세무공무원이 압류할 때 그 방법과 절차는 압류 대상자산 별로 다음과 같다.

압류 재산	압류 절차	압류사실의 통지대상
동산·유가증권	세무공무원의 점유	체납자
채권	압류의 뜻을 채무자에 통지	체납자, 채무자
부동산 등기·등록을 필요로 하는 재산	압류의 등기·등록을 소관 등기소·관계관서에 촉탁	체납자

압류 재산	압류 절차	압류사실의 통지대상
무체재산권 등	압류의 뜻을 권리자에 통지	체납자, 권리자
국·공유 재산에 관한 권리	압류의 등록을 관계기관에 촉탁	체납자

① 동산·유가증권의 압류

동산이나 유가증권의 압류는 세무공무원이 점유占有, possession; [독]besitz하면 이뤄진다.

하지만 점유를 위하여 과세관청으로 운반하기 곤란한 재산은 시장·군수·체납자나 제3자로 하여금 보관하게 할 수 있다. 이 경우에는 봉인封印이나 그 밖의 방법으로 압류일과 압류한 세무공무원의 소속 과세관청의 명칭을 표시하는 등 압류재산이라는 사실을 명백히 하여야 한다[국징법 §39①].

② 채권의 압류

과세관청이 체납자의 채권을 압류할 때는, 채권의 변제를 금지하고 세무공무원에게 지급하도록 해당 채권의 채무자(제3채무자)에게 압류에 관계되는 조세, 압류한 채권의 종류와 금액을 기재한 「채권압류통지서」를 통지함으로써 이뤄진다. 이때에는 체납자에게 그 사실을 「채권압류통지서」에 의하여 통지하여야 한다[국징법 §41].

압류 대상이 되는 채권은 국세·지방세·체납처분비를 한도로 압류 당시 지급 원인이 확정되어 있고 발생이 확실하다고 인정되는 것으로 신원보증금·계약보증금 등과 같은 조건부채권도 가능하다. 하지만 만약 압류 후 채권이 없는 것으로 확정된 때에는 즉시 압류를 해제하여야 한다.

급여·임금·봉급·퇴직연금 등을 채권압류한 경우에는 압류 후에 수입할 금액에도 채권압류의 효력이 미친다.

이렇게 압류한 채권은 국세·지방세·체납처분비를 한도로 하여 체납자인 채권자를 대위代位하여563) 제3채무자로부터 자기의 이름으로 추심推尋하여 체납액에 충당한다.

만약 채권압류 후 채무자에게 채권압류의 통지를 하였고 그 채무이행의 기한이 지났음에도 이행하지 아니한 때에는 과세관청은 기간을 정하여 최고催告하고, 그 기한까지도 이행하지 아니한 때에는 채권자를 대위하여 채무자를 상대로 소송을 제기하여야 한다.

하지만 과세관청이 그 채무자가 채무이행의 자력資力이 없다고 인정하는 때에는 채권압류를 해제할 수 있다[국징령 §45].

---

563) 세무서장이 채권압류를 하거나 채권자에 대위하여 추심할 수 있는 범위는 국세·가산금과 체납처분비를 한도로 하는 것이 원칙이지만, 만약 초과하는 경우 필요하다고 인정하는 때나 우선채권이 있는 채권, 불가분의 급부를 목적으로 하는 채권의 압류 등 불가피한 경우에는 압류한 채권 전액을 대위할 수 있다[국징법 §43].

③ 등기·등록된 재산의 압류

부동산·공장재단·광업재단·선박의 압류는 「압류조서」를 첨부하여 압류등기(압류의 변경등기를 포함한다)를 「체납처분에 의한 압류등기촉탁서」에 따라 소관 등기소에 촉탁囑託하고 체납자에게 압류사실을 통지하여야 한다.

만약 압류를 위하여 부동산·공장재단·광업재단을 분할·구분·합병·변경의 등기를 할 때는 합병·변경의 등기나 분할·구분의 등기를 소관 등기소에 촉탁하여야 한다.

만약 등기되지 아니한 부동산을 압류할 때에는 토지대장 등본·가옥대장 등본·부동산 종합증명서를 갖추어 보존등기를 소관 등기소에 촉탁하고 체납자에게 압류사실을 통지하여야 한다[국징법 §45].

한편, 「항공법」에 따라 등록된 비행기나 회전익回轉翼, 회전날개항공기, 「건설기계관리법」에 따라 등록된 건설기계, 「자동차관리법」에 따라 등록된 자동차를 압류할 때에는 압류의 등록을 관계관서에 촉탁하고, 체납자에게 압류사실을 통지해야 한다.

이 때 건설기계나 자동차에 대한 압류는 체납자에게 인도할 것을 명하여 점유할 수 있다.

이와 같이 등기·등록된 재산의 압류는 압류의 등기·등록이 완료된 때 발생하며, 압류의 효력은 압류재산의 소유권이 이전되기 전에 '법정기일'[국징법 §35②]이 도래한 조세에 대한 체납액에 대해서도 미친다[국징법 §47].[564]

④ 무체재산권 등의 압류

지상권·전세권·광업권 등 무체재산권無體財産權(무체재산권 등)[565]의 압류는 권리자에게 압류사실을 통지함으로써 이뤄진다.

이전에 등기·등록을 필요로 하는 그 무체재산권 등의 압류는 「압류조서」를 첨부하여 압류의 등기·등록(변경의 등기·등록을 포함한다) 관계관서에 촉탁하여야 한다. 이 때에는 체납자에게 압류의 등기·등록 촉탁의 사실을 통지하여야 한다[국징법 §51].

⑤ 국·공유재산에 관한 권리의 압류

체납자가 국유·공유재산을 매수한 것이 있는 때에는, 과세관청은 그 소유권 이전 전이라도 그 재산에 관한 체납자의 정부·공공단체에 대한 권리[566]를 압류할 수 있다.

---

564) 부동산이 압류등기된 경우 그 소유권 이전 시까지 「국세기본법」 제35조 제1항에 따른 법정기일이 도래한 다른 국세에 대하여 압류의 효력이 미치는 것이며, 납부기한이 남아있는 국세에 대하여 압류의 효력이 미치지 아니한다. 한편, 국세의 체납으로 압류등기된 부동산이 해당 체납액의 납부로 「국세징수법」 제53조의 압류해제의 요건을 충족하였으나 압류해제가 안된 상태에서 다른 국세가 체납된 경우 그 압류의 효력은 다른 체납국세에도 미치는 것이다(서면1팀-1258, 2005.10.20).

565) '무체재산권 등'이란 채권과 소유권을 제외한 재산권으로 지상권·전세권·광업권·입어권·양도가능한 전화가입권 등을 포함한다.

566) "정부·공공단체에 대한 권리"란 국유·공유재산에 대하여 매수대금을 일시불·연불 등으로 납부할 것을

국유·공유재산에 관한 권리의 압류는 「압류조서」를 첨부하여 계약자의 주소와 성명, 국유·공유재산 등을 기재한 문서로 관계기관에 그 등록을 촉탁하고 납세자에 촉탁사실을 통지하여야 한다.

압류재산을 매수한 사람은 대금을 완납한 때에 국유·공유재산에 관하여 체납자가 갖는 정부나 공공단체에 대한 모든 권리·의무를 승계한다[국징법 §52].

6) 압류재산의 사용·수익

구분	원칙	예외
압류 동산	사용·수익 불가	체납자, 사용·수익권을 가진 제3자에게 보관시킨 경우로 국세징수에 지장이 없는 경우 허가
압류 부동산 등	체납자·사용수익권을 가진 제3자가 사용·수익 가능	현저하게 가치가 감손될 우려가 있을 때 사용수익을 제한

① 압류 동산

운반하기 곤란하여 압류를 위해 점유할 수 없는 동산을 체납자나 제3자에게 보관하도록 하는 경우, 과세관청은 조세징수에 지장이 있다고 인정하는 때를 제외하고 체납자나 사용·수익할 권리를 가진 제3자에게[567] 그 동산의 사용하거나 수익하도록 허가할 수 있다[국징법 §39].

압류한 동산을 사용·수익하고자 하는 사람은 소관 과세관청에 「압류재산의 사용·수익허가신청서」[국징칙 별지 제28호 서식]를 제출하여 허가를 받아야 한다. 허가 신청을 받은 과세관청은, 해당 사용·수익 행위가 압류재산의 보전保全에 지장을 주는지를 조사하여 30일 이내에 그 허가 여부를 신청인에게 통지하여야 한다.

만약 신청인이 허가를 받은 경우, 압류재산을 사용하거나 수익할 때 선량한 관리자의 주의를 다하여야 하며, 세무서장이 해당 재산의 인도를 요구하는 경우에는 지체 없이 이에 따라야 한다.

② 압류 부동산 등

체납자나 사용·수익할 권리를 가진 제3자[568]는 과세관청이 압류한 부동산·공장재단·

조건으로 매수계약이 성립되어 있는 경우 장래 매수대금 완납시에 그 재산의 소유권을 이전받을 수 있는 권리를 말한다.
567) 압류한 동산을 사용·수익할 권리를 가진 제3자란 압류 동산에 대하여 체납자와 계약에 의한 임차권, 사용대차권 등을 말한다.
568) 압류한 부동산등을 사용·수익할 권리를 가진 제3자란 압류 부동산등에 대한 지상권자와 임차권자 등을 말한다.

광업재단·선박·항공기·건설기계·자동차를 압류기간 동안 허가를 받아 사용하거나 수익할 수 있다. 하지만 과세관청은 그 가치가 현저하게 감손될 우려가 있다고 인정하는 때에는 그 사용·수익을 제한할 수 있다[국징법 §49].

한편, 관세관청은 체납처분을 집행하는 데 필요하다고 인정하는 때에는 발항發航준비를 완료한 선박·항공기를 제외하고는 선박·항공기·건설기계·자동차에 대하여 일시 정박碇泊이나 정류停留를 하게 할 수 있으며, 이 때에는 그 감시와 보존에 필요한 처분을 하여야 한다[국징법 §49].

(5) 압류의 해제

1) 압류해제 요건

과세관청은 재산을 압류한 후 다음의 압류해제 요건에 해당하는 경우에는 압류를 해제하여야 하거나 해제할 수 있다.

압류의 해제요건은 해제가 강제성이 따르는 지에 따라 '필요적 압류해제 요건'과 '임의적 압류해제 요건'으로 구분된다.

① 필요적 압류해제 요건

과세관청은 재산을 압류한 후 다음 요건에 해당하면 반드시 압류를 해제하여야 한다[국징법 §53①].

(i) 납부, 충당, 공매公賣의 중지, 부과의 취소나 그 밖의 사유[569]로 압류의 필요가 없게 된 때

(ii) 매각 5일 전까지 소유권을 확인할 만한 증거서류를 제출한 제3자의 소유권 주장[국징법 §50]이 상당한 이유가 있다고 인정하는 때

(iii) 제3자가 체납자를 상대로 소유권에 관한 소송을 제기하여 승소 판결을 받고 그 사실을 증명한 때

② 임의적 압류해제 요건

과세관청은 재산을 압류한 후 다음의 요건에 해당하면 압류재산의 전부나 일부를 해제할 수 있다[국징법 §53②].

(i) 압류 후 재산가격이 변동하여 체납액 전액을 현저히 초과한 경우

(ii) 압류에 관계되는 체납액의 일부가 납부되거나 충당된 경우

---

569) "그 밖의 사유"는 압류된 다른 재산을 매각한 대금이나 교부청구로 교부받은 금액으로 체납액이 모두 충당되거나 관계된 체납액을 법률규정의 변경으로 압류에 관계된 체납액이 모두 면제되어 체납액이 소멸되는 경우 등을 포함한다.

(iii) 부과의 일부를 취소한 경우

(iv) 체납자가 압류할 수 있는 다른 재산을 제공하여 그 재산을 압류한 경우

2) 압류해제 절차

과세관청이 재산의 압류를 해제한 때에는 당초 압류통지를 하였던 권리자·제3채무자·제3자에게 압류해제의 사실을 「압류해제 통지서」로 통지하여야 한다[국징법 §54].

압류를 위해 압류의 등기·등록을 한 재산을 압류해제하는 경우에는 「압류해제조서」를 첨부하여 압류말소의 등기·등록을 관계관서에 촉탁하여야 한다.

압류를 해제할 재산이 동산과 유가증권인 경우에는 당초 작성한 「압류조서」의 여백에 압류의 해제일과 그 이유를 기재하여 「압류해제조서」에 갈음할 수 있다.

3) 압류재산의 반환

① 반환의 의의

'반환'返還, restoration이란, 압류가 해제된 경우에 압류재산을 보관하고 있던 세무서장이나 제3자가 압류재산을 체납자나 압류 이전의 권리자에게 되돌려 주는 것을 말한다.

반환은 점유의 이전을 의미하는 인도引渡로서 현실적 인도뿐만 아니라 소유권을 양도할 때 양수자가 이미 점유하고 있는 경우 건네준다는 합의로도 소유권이 이전되는 간이인도簡易引渡도 포함된다.

② 반환의 장소

압류를 해제할 때 해제하는 재산의 인도는 인도할 때 물건이 소재하는 장소에서 이뤄진다. 하지만 압류와 관계된 부과의 일부가 취소된 후 잔액을 납부함으로써 압류가 해제되는 경우를 제외하고는 부과취소 등 과세관청의 책임으로 압류를 해제하는 경우에는 압류할 때 물건이 존재하였던 장소에서 인도한다.

③ 제3자 보관 압류재산의 반환

과세관청으로부터 허가를 받아 제3자가 보관 중이던 압류재산의 반환은 그 보관자에게 압류해제 통지를 하고 압류재산은 체납자나 정당한 권리자에게 반환하여야 한다. 이 경우 압류재산의 보관증을 받았을 때에는 반환하여야 한다.

이때 과세관청이 필요하다고 인정되면 보관자에게 그 재산의 인도를 위촉할 수 있으며, 보관자로부터 압류재산을 수령할 것을 체납자나 정당한 권리자에게 통지하여야 한다.

④ 영수증의 수령

과세관청이 보관 중인 재산을 반환할 때에는 반환받는 자로부터 영수증을 받거나 「압류조서」에 영수사실을 기입하고 서명이나 날인하여 영수증에 갈음하게 하여야 한다.

(6) 압류의 효력

과세관청이 조세채권을 확보하기 위해 체납자 등의 재산을 압류하게 되면 대외적으로 많은 법률효과를 가져온다.

압류의 효력은 압류대상에 관계없이 모든 재산에 공통적으로 가지는 '일반적 효력'과 압류대상이 특정한 재산인 경우에 가지는 '개별적 효력'으로 나뉘어진다.

1) 일반적 효력

① 처분금지의 효력

과세관청이 납세자의 재산을 압류를 하게 되면 그 대상이 된 재산은 법률상, 사실상 처분을 금지하는 효력을 가진다.

이때 금지되는 처분에는 재산이나 채권의 양도, 권리의 설정 등 압류권자인 과세관청에 불리한 처분만을 의미하며, 전세계약의 해제와 같이 과세관청에 유리한 처분은 포함되지 않는다.

하지만 처분금지의 효력은 과세관청과 체납자 사이의 상대적인 효력이므로, 압류부동산을 체납자가 처분하거나 권리설정을 한 경우 과세관청에 대항할 수 없고 그 당사자 사이에서만 유효하다.

② 징수권 시효중단의 효력

과세관청이 납세자의 재산을 압류하면 진행되고 있던 그 압류와 관계되는 국세징권의 소멸시효가 중단되며, 납부 등으로 압류가 해제되면 과거의 시효진행과 관계없이 새로이 징수권의 소멸시효가 진행된다.

이에 따라 과세관청이 압류를 하기만 하면 체납액에 대비하여 압류재산의 환가·충당 가능성 등 사정을 고려하지 않고, 납세자의 모든 체납액에 대한 징수권의 소멸시효가 중단되는 것이다.

조세행정에서는[570] 한번 압류를 하면 압류 이후에 발생한 또 다른 체납액에도 효력을 미치고, 납세자의 모든 조세에 대하여 징수권의 소멸시효가 중단된다고 본다.

---

570) 국세청 서면1팀-490, 2008.4.7. 참조.

③ 우선징수의 효력

압류에 관계되는 국세·지방세·체납처분비는 압류재산의 매각대금에서 교부청구한 다른 국세·지방세에 우선하여 징수한다.

또, 압류에 관계되는 지방세의 경우도 교부청구한 다른 지방자치단체의 교부금이나 국세·체납처분비보다 우선하여 징수한다.

④ 과실에 대한 효력

압류의 효력은 압류재산으로부터 생기는 천연과실天然果實, natural fruits이나 법정과실法定果實, legal fruits[571])에 미친다[국징법 §36].

하지만 체납자나 제3자가 압류재산의 사용·수익을 하는 경우에는 그 재산으로부터 생기는 천연과실은 그 재산을 매각하여 권리를 이전할 때까지 수취하지 아니한 천연과실을 제외하고는 압류의 효력이 없다.

원본에 대한 압류의 효력은 그 압류 후에 생긴 법정과실에도 미치므로 따로 압류할 필요가 없지만, 압류할 때까지 이미 발생한 법정과실에 대하여는 그 과실의 급부의무를 지는 사람에게 압류통지를 하여야 한다.

이렇게 압류의 효력이 압류재산은 물론 천연과실과 법정과실에 모두 미치도록 한 것은 민사상 강제집행이 천연과실에만 효력이 미치도록 하고, 모든 법정과실은 따로 압류가 필요하도록 한 것과 비교된다[민사집행법 §194].

⑤ 종물에 대한 효력

주물主物, [독]Hauptsache을 압류하면 그 효력은 종물從物, [독]Zubehör에 미친다.

이에 따라 한 사람에게 귀속되는 것으로 주물의 보조적인 역할을 하는 종물從物은 주된 역할을 하는 주물主物의 처분에 따른다.

주물은 본래 다른 물건의 보조적인 이용 없이도 경제적 가치를 가지지만 종물은 스스로 독립된 경제적 가치를 가지지 못하고 부속되는 성질을 가진다[민법 §100].

예컨대 주된 권리인 채권에 종된 권리인 전세권, 질권, 저당권 등 물권 자체는 직접 압류할 수 없으므로, 그 담보되는 채권을 압류하면 물권에도 압류의 효력이 미치게 된다.

⑥ 가압류·가처분에 대한 효력

가압류·가처분 재산에 대한 체납처분의 집행은 재판상의 가압류假押留나 가처분假處分[572)]

---

571) "천연과실"은 물건의 용법에 의하여 취득하는 산출물로 과일·야채·달걀·우유 등 천연과실 중 성숙한 것은 토지·입목과 분리하여 동산으로 볼 수 있으므로 타인의 토지나 입목 위에 천연과실을 소유한 경우에는 그 천연과실 만을 별도로 압류할 수 있다. "법정과실"은 물건의 사용대가로서 받는 금전 그 밖의 물건으로 임대차·소비대차에서 발생하는 임대료·이자 등을 말한다.

으로 영향을 받지 아니한다[국징법 §35].

그러므로 가압류나 가처분받은 재산을 압류하여 매각하는 경우에는 가압류나 가처분과 관계없이 집행할 수 있다.

하지만 처분금지 가처분이 된 재산을 압류한 경우로 가처분권자가 본안소송本案訴訟에서 승소하여 소유권이전을 하는 때에는 가처분 이후에 이루어진 체납처분에 의한 압류등기를 말소 신청할 수 있으므로, 과세관청은 그 가처분에 대한 본안소송의 확정결정을 기다려 그 결과에 따라 공매 여부를 결정하여야 한다.

⑦ 상속·합병에 대한 효력

체납자의 재산을 압류한 후 체납자가 사망하였거나 체납자인 법인이 합병에 의하여 소멸된 때에도 압류의 효력은 상속인이나 합병법인에게 미치므로 체납처분은 속행되어야 한다.

체납자가 사망한 후 체납자 명의의 재산에 대하여 한 압류는 그 재산을 상속한 상속인에게 한 것으로 본다[국징법 §37].

2) 개별적 효력

① 유가증권 압류의 효력

과세관청은 유가증권을 압류한 경우에는 그 유가증권에 관계되는 금전채권을 추심할 수 있으며, 이 때에는 그 한도 안에서 체납자의 압류에 관계되는 체납액을 징수한 것으로 본다[국징법 §40].

② 채권압류에 있어 채권자 대위의 효력

과세관청이 채권을 압류하는 경우 제3채무자에게 압류사실을 통지한 후에는 조세·체납처분비를 한도로 하여 체납자인 압류된 채권의 채권자를 대위代位573)하여 제3채무자로부터 채권을 자기의 이름으로 추심할 수 있다[국징법 §41②].

이 때 채권자에 대위하여 추심할 수 있는 범위는 국세·지방세와 체납처분비를 한도로 하여야 하지만, 우선채권이 있는 채권이나 분할하는 데 가치를 훼손할 수밖에 없는 불가분의 급부不可分 給付, [독]unteilbare leistung를 목적으로 하는 채권에 대한 압류 등 체납액의 징수를

---

572) "가압류"란 법원의 판결·결정에 의한 가압류를 말하며, "가처분"이란 법원의 판결·결정에 의한 가처분을 말한다. 하지만 「민사집행법」 제300조 제2항(지위에 관한 가처분)에 의한 지위를 정하는 가처분 등은 금전급부를 내용으로 하는 체납처분과 경합이 생기지 아니하므로 포함되지 않는다.

573) "대위"代位, subrogation란 권리의 주체·객체인 지위에 갈음하는 것으로 법률상 ① 대위자(채권자)가 피대위자의 지위에서 그 권리를 행사하는 채권자대위권[민법 §404] ② 피대위자가 가지는 일정한 물건·권리가 법률상 당연히 대위자에게 이전하는 대위변제[민법 §480, §481], 배상자의 대위[민법 §399], 공동저당권에서의 차순위자의 대위[민법 §368], 보험목적에 관한 보험자의 대위[상법 §681], 위부委付에 의한 대위[상법 §718] ③ 담보물권의 효력이 그 목적물에 갈음하는 것에 미치는 물상대위物上代位[민법 §342, §370] 등이 있다.

위하여 불가피한 경우에는 압류한 채권의 전액에 대하여 대위할 수 있다.

③ 계속수입 압류의 효력

급료, 임금, 봉급, 세비, 퇴직연금, 그 밖에 이와 유사한 채권574) 등 계속수입에 대한 압류는 국세·지방세과 체납처분비를 한도로 하여 압류 후에 수입할 금액에 그 효력 미친다[국징법 §44].

만약 체납자의 계속수입을 압류한 후 겸임, 승급 등으로 증가된 수입이 발생한 것에도 당초 압류의 효력이 미친다고 본다.

④ 부동산 등 압류의 효력

부동산, 공장재단, 광업재단, 선박에 대한 압류의 효력은 그 압류의 등기·등록이 완료된 때에 발생하며, 압류재산의 소유권이 이전되기 전에 「국세기본법」[§35②]·「지방세기본법」[§71①(3)]에서 정한 법정기일이 도래한 조세에 대한 체납액에 대하여도 미친다[국징법 §47].

(7) 확정 전 보전압류

① 의 의

'확정 전 보전압류'確定前 保全押留, preservative seizure before determination란 납세자에게 납기 전 징수 사유가 있어 조세를 확정한 후에는 그 국세를 징수할 수 없다고 인정되는 때에 과세권자로 하여금 조세로 확정되리라고 추정되는 금액 한도에서 납세자의 재산을 압류할 수 있게 하는 제도를 말한다[국징법 §24②].

원칙적으로 압류를 하기 위해서는 납세자가 납부기한까지 납부를 하지 않아 체납자의 지위에 있어야 하지만, 확정 전 보전압류는 납세고지는 물론 납세의무가 확정되지 않았음에도 과세권자에게 특별히 사전에 압류할 수 있도록 허용한다.

이와 같이 확정 전 보전압류는 과세권자에게 납세의무가 확정될 것이 명확한 납세자로부터 조세를 징수할 수 없을 것으로 예상되는 경우에는 과세 전이라도 조세채권을 확보할 수 있도록 하는 '조세채권 보전제도'의 하나이다.

그러나 조세채권을 일실하지 않도록 사전에 재권확보를 할 수 있도록 한 취지를 감안하더라도 납세자에게 구체적으로 확정되지도 않은 미래의 조세까지 압류할 수 있도록 한 것은 징수권을 남용할 소지가 지나치게 커서 엄격한 통제와 입법적 개선이 요구된다.

---

574) "그 밖에 이와 유사한 채권"이란 임대차 계약에 따른 임대료 등 계속적 급부를 목적으로 하는 계약으로 발생하는 수입을 청구할 수 있는 권리를 의미한다.

② 절 차

국세의 경우, 세무서장이 확정 전 보전압류를 하고자 하는 때에는 미리 지방국세청장의 승인을 얻어 압류하고 납세자에게 「압류통지서」로 그 사실을 통지하여야 한다.

하지만 국세의 경우만 상급기관의 승인을 받는 정도여서 납세의무가 확정되지 않은 상태에서 하는 압류에 대한 통제기능이 미약하고, 「압류통지서」에도 어떤 근거와 기준에 따라 확정 전 보전압류를 하였는지 납세자가 납득할 만한 상세한 내용을 담아야 함에도 이를 상세하게 통지하지 않고 있다.

③ 요 건

과세관청이 확정 전 보전압류를 하기 위해서는, 납세자에게 '납기 전 징수'의 사유가 있어 조세를 확정한 후에는 그 조세를 징수할 수 없다고 인정되어야 한다[국징법 §24②; 지징법 §33②].

참고 '납기전 징수'의 사유[국징법 §14①; 지징법 §22①]

① 국세·지방세나 공과금의 체납으로 체납처분을 받을 때
② 강제집행을 받을 때
③ 경매가 시작되었을 때
④ 법인이 해산하였을 때
⑤ 「어음법」·「수표법」에 따른 어음교환소에서 거래정지처분을 받았을 때
⑥ 경매가 시작되었을 때
⑦ 국세와 지방세를 포탈하고자 하는 행위가 있다고 인정되는 때
⑧ 납세관리인을 정하지 아니하고 국내에 주소나 거소를 두지 아니하게 된 때
⑨ 「신탁법」에 따른 신탁을 원인으로 납세의무가 성립된 부동산의 소유권을 이전하기 위하여 등기관서의 장에게 등기를 신청할 때(지방세에 한한다)

확정 전 보전 압류는 조세로 확정되리라고 추정되는 금액의 한도에서 압류하여야 하며, 압류일부터 3개월까지 징수하고자 하는 조세를 확정하지 않는 경우에는 압류의 효력이 소멸된다.

④ 확정전 보전압류의 해제

과세관청이 확정 전 보전압류를 한 후 다음에 해당하는 때에는 압류를 곧바로 해제하여야 한다[국징법 §24⑤; 지징법 §33⑤].

（ⅰ） 확정 전 보전압류의 통지를 받은 납세자가 납세담보를 제공하고 압류해제를 요구한 때

(ⅱ) 과세관청이 확정 전 보전압류를 한 날부터 3개월이 지날 때까지 압류에 의하여 징수하려는 조세를 확정하지 아니하였을 때

확정 전 보전압류는 3개월까지 조세를 '확정'할 것을 사후적 요건으로 하고 있으므로 만약 3개월까지 확정되지 않은 경우에는 당초 압류처분이 소급하여 무효가 된다.

이때 압류의 효력발생에 있어 중요한 '확정'의 의미는 무엇이며 언제를 말하는 것인가? 세법에서는 확정의 의미를 따로 정하지 않고 있으나 행정해석에서는[575] '확정'은 압류에 의하여 징수하고자 하는 국세의 「납세고지서」를 발송하는 때로 보고 있다.

하지만 주소가 분명하지 않아 「납세고지서」가 반송되어 공시송달한 경우에는 확정된 것으로 볼 것인가?

이 경우 과세관청은 「납세고지서」의 발송일에 확정한 것으로 보도록 하고 있는데[576] 이는 확정 전 보전압류의 제도적 취지와 성격을 고려할 때 지나치게 국고주의적인 것이다.

왜냐하면 확정 전 보전압류 제도는 압류를 할 때 정당한 압류의 요건은 갖추지 못했으나 추후 납세고지를 하더라도 조세채권을 일실하지 않도록 특별히 압류를 허용한 것이므로, 그 한계는 필요한 최소한의 범위에 그쳐야 하며 3개월의 기간을 둔 것은 과세관청으로 하여금 그 때까지 정상적인 압류의 요건을 갖추도록 유보한 것이기 때문이다.

결국 '확정'이란 고지되는 조세에 있어 납세의무의 확정시기를 의미하므로 「납세고지서」에서 정한 납부기한이라 보아야 하며 「납세고지서」가 납세자에게 실제로 송달된 때라고 해석하는 것이 타당하다.[577]

⑤ 효 과

확정 전 보전압류한 재산이 금전이나 납부기한까지 추심할 수 있는 예금·유가증권인 경우 납세자의 신청에 따라 확정된 조세에 충당할 수 있지만, 그 재산이 부동산이라면 그 압류에 관계되는 조세의 납세의무가 확정되기 전에는 공매할 수 없다[국징법 §24⑥, §61③; 지징법 §71③].

또 전세권·질권·저당권의 설정을 등기·등록한 사실이 확인되는 재산을 확정 전 보전압류한 경우, 압류와 관련하여 정당하게 확정된 세액은 압류 등기일·등록일을 법정기일로

---

575) 확정 전 보전압류를 한 날부터 3개월이 경과할 때까지 압류에 의하여 징수하고자 하는 국세의 납세고지서를 발송한 경우 압류는 유효하다(징세 46101-353, 1998.2.13.).
576) 징세 46101-221, 2002.5.7. 참조 : 이렇게 고지서의 발송일을 '확정'시기로 보는 경우 결국 납세자가 3개월 내에 고지서를 받지 않고도 압류를 하는 것이 되어 근원적으로 위법한 것이다. 「납세고지서」 발송일을 기준으로 하도록 하고 있는 세법상 규정은 국세우선권의 '법정기일'[국기법 §35①(3)나목] 규정이 유일한 것으로, 채권자가 고지 여부를 확인하여 조세의 존재를 적극적으로 확인할 수 있는 날인 '법정기일'을 기준으로 압류의 요건을 판단하는 것은 적절하지 않다.
577) 대법원 1990.4.27. 선고, 87누2761 판결 참조.

보아 조세 우선권을 주장할 수 있다[국기법 §35①].

 매각과 청산

'매각'賣却이란 과세관청이 압류한 금전 이외의 재산을 체납액에 충당하기 위하여 금전으로 강제적으로 환가換價하는 행정처분을 말한다.

이는 체납자의 재산권에 중대하고도 결정적인 영향을 미치는 행위로서 원활한 조세징수와 납세자의 재산권 보호를 위하여 그 방법과 절차는 법률로 엄격히 정하고 있다.

매각의 방법은 원칙적으로 공매公賣의 방법으로 하지만, 예외적으로 수의계약隨意契約도 인정하고 있다.

(1) 매각의 성격

과세관청이 압류재산을 매각하는 행위는 체납자가 직접 매각하는 것과 동일한 효과가 발생하지만, 환가대금은 과세관청이 체납자의 체납액에 우선 충당하게 된다.

압류재산을 매수한 사람은 환가대금과 권리이전에 필요한 경비를 지급하거나 부담할 의무를 지며, 과세관청은 체납자를 대위代位하여 권리이전 절차를 밟아야 하고 매각재산에 대한 담보책임을 진다.

(2) 매각의 요건

1) 매각 대상물

압류한 동산·유가증권·부동산·무체재산권과 체납자로부터 대위하여 받은 채권이 매각의 대상이다. 압류재산이 통화通貨인 경우에는 따로 매각이 필요하지 않다.

압류한 채권 중 그 변제기간이 추심을 하려는 때부터 6개월 이내에 도래하지 아니한 것과 추심이 현저히 곤란한 것은 압류재산의 매각절차에 따라 매각할 수 있으며, 압류한 유가증권으로 그 유가증권에 관계되는 금전채권을 추심하는 경우[국징법 §40]에는 매각하지 아니한다.

2) 압류에 관계된 조세의 확정

압류에 관계된 조세가 '확정'되어야 매각할 수 있다[국징법 §61③]. 따라서 확정 전 보전압류를 한 경우에는 그 압류에 관계된 조세의 납세의무가 확정되기 전에는 압류재산을 매각할 수 없다.

또 압류에 관계된 조세가 확정되었다 해도 「국세기본법」·「지방세기본법」에 따른 이의신청·심사청구·심판청구절차가 진행 중이거나 행정소송이 계속 중에 있는 조세의 체납으로 인하여 압류한 재산은 그 신청·청구에 대한 결정이나 소訴에 대한 판결이 확정되기 전에는 공매할 수 없다.

하지만 압류한 재산이 부패·변질되거나 감량되기 쉬운 것으로서 빨리 매각하지 아니하면 그 재산가액이 감손될 우려가 있는 때는 예외로 한다[국징법 §61④].

3) 매수인의 제한

공매재산의 소유자인 체납자와 세무공무원은 직접·간접을 불문하고 압류재산을 매수하지 못한다[국징법 §66].

그리고 양도담보재산에 대하여 양도담보설정자의 체납액을 징수하기 위하여 매각하는 경우에 있어서 양도담보권자는 압류재산의 매수가 제한되는 체납자에서 제외되며 그 제한되는 범위는 실질상 자기가 취득할 목적으로 자기 계산 하에서 타인의 명의로 매수하는 것도 포함된다.

(3) 공 매

1) 의 의

'공매'公賣, public sale란 과세관청이 압류한 재산을 조세채권에 충당하기 위하여 불특정 다수의 매수희망자로 하여금 자유경쟁을 통하여 최고가격으로 매각하여 금전으로 환가하는 재산의 매각절차를 말한다.

2) 공매기관

체납자에게 대위하여 받은 물건을 공매붙이는 것은 압류(참가압류를 포함한다)를 한 세무서장이나 지방자치단체의 장 등 과세관청이 하는 것이 원칙이다.

하지만 압류한 재산 공매에 전문지식이 필요하거나 그 밖의 특수한 사정이 있어 직접 공매하기에 적당하지 아니하다고 인정되는 때에는 「한국자산관리공사 설립 등에 관한 법률」에 따른 「한국자산관리공사」로 하여금 공매를 대행하게 할 수 있다.

이 경우도 공매는 과세관청이 한 것으로 보며, 공매대행을 하는 경우 「한국자산관리공사」의 직원은 세무공무원으로 보아 세법, 「형법」, 그 밖에 벌칙을 정한 법률을 적용한다.

한편, 「자본시장과 금융투자업에 관한 법률」[§8의2④⑴]에 따른 증권시장에 상장된 주식을 압류한 경우 그 주식은 공매에 의하지 않고 시장에서 직접 매각할 수 있다[국징법 §61②].

3) 공매대행수수료

「한국자산관리공사」가 공매를 대행하는 경우에는 다음과 같이 공매대행수수료를 지급할 수 있다. 만약 기준금액이 12억원을 초과하는 경우에는 12억원으로 한다.

① 「한국자산관리공사」가 압류재산을 매각한 경우 : 그 건별 매각금액의 3.0%(최저 30만원)

② 「한국자산관리공사」가 공매대행의 의뢰를 받은 후에, 체납자나 제3자가 해당 체납액을 완납하여 공매가 중지되거나 매각결정이 취소된 경우 완납수수료 : 해당 납부세액의 0.6%(최저 12만원) ~ 1.2%(최저 24만원)

③ 「한국자산관리공사」가 공매대행의 의뢰를 받은 후에, 과세관청이 직권이나 한국자산관리공사의 요구에 의하여 공매대행의 의뢰가 해제된 경우 해제수수료 : 해당 해제금액(체납액·매각예정가격 중 적은 금액)의 0.6%(최저 12만원) ~ 1.2%(최저 24만원)

④ 매수인이 매수대금을 지정된 기한까지 납부하지 아니한 경우에 해당하여 매각결정을 취소한 경우의 매각결정취소수수료 : 해당 매수대금의 1.2%(최저 24만원)

4) 공매장소

공매는 지방국세청, 세무서, 세관이나 재산이 소재한 시·군에서 실시한다. 하지만 과세관청이 필요하다고 인정하는 때에는 다른 장소에서 공매할 수 있다[국징법 §64].

5) 공매대상

공매대상이 되는 압류재산은 다음과 같다.

① 동산

② 유가증권(유가증권으로 관계되는 금전채권을 추심하는 경우에는 공매대상에서 제외한다)

③ 부동산

④ 무체재산권

⑤ 압류채권으로서 체납자에게 대위하여 받은 물건(단, 통화는 제외)·압류채권 중 그 변제기간이 추심을 하려는 때로부터 6월 이내에 도래하지 않거나 추심이 현저히 곤란한 것은 공매할 수 있다.

6) 공매절차

① 매각예정가격의 결정

과세관청은 압류재산을 공매에 붙이고자 할 때에는 공매대상이 되는 재산의 '매각예정가격'을 정해야 한다. 만약 매각예정가격을 정하기 어려운 때에는 「지가공시 및 토지 등의 평가에 관한 법률」에 따른 감정평가업자나 감정에 관한 업무를 할 수 있는 금융회사 등 감정인에게 평가를 의뢰하여 그 가액을 참고할 수 있다[국징법 §63, 국징령 §70].

② 공매의 공고

공매를 하고자 할 때에는 매수대금의 납부기한, 공매재산의 명칭·소재·수량·품질·매각예정가격이나 그 밖에 중요한 사항,[578] 입찰·경매의 장소와 일시(기간입찰의 경우에는 입찰기간), 개찰開札의 장소와 일시, 공매보증금[579]의 금액, 공매재산이 공유물의 지분인 경우 공유자(체납자 제외)에게 우선매수권이 있다는 사실 등의 내용을 담아야 한다.

이 경우 같은 재산에 대한 공매·재공매 등 여러 차례의 공매에 관한 사항을 일괄하여 공고할 수 있다[국징법 §67②].

공매의 공고는 지방국세청, 세무서, 세관, 시·군이나 그 밖의 적절한 장소에 게시하며, 필요에 따라 관보나 일간신문에 게재할 수 있다. 이같은 게시·게재와 아울러 국세 정보통신망이나 지방세 통합정보통신망을 통하여 공고내용을 알려야 한다[국징법 §67③④].

만약 매각결정을 통지하기 전에 매각대상인 재산의 압류를 해제한 때에는 공매의 취소를 공고하여야 한다[국징법 §69].

한편 「한국자산관리공사」가 공매를 대신하여 공매공고를 한 경우에는 곧 바로 소관 과세관청에 통지하여야 한다.

③ 공매의 방법

공매는 공고한 날부터 10일이 지난 후에 하는 것이 원칙이지만, 그 재산의 보관에 가격에 비하여 많은 비용이 들거나 신속히 매각하지 않으면 그 가액이 현저히 줄어들 우려가 있는 경우에는[580] 공고기간 중이라도 공매할 수 있다[국징법 §70].

공매는 '입찰'이나 '경매'(국세정보통신망을 이용한 것을 포함한다)의 방법에 따른다[국징법 §67①].

'입찰'入札은 압류재산을 매각하는 경우에 그 재산을 매수할 청약자에게 각자 입찰가액이

---

578) "그 밖에 중요한 사항"이란 공매에 참가하는 자가 알아야 할 필요가 있는 사항으로, 공매부동산의 매각에 의하여도 소멸하지 아니하는 지상권·전세권·대항력 있는 임차권·가등기 등, 공매재산의 매수인에 대하여 일정의 자격이나 그 밖의 요건을 필요로 하는 경우에는 그 뜻 등을 말한다.

579) "공매보증금"은 입찰보증금으로 입찰가격의 100분의 10 이상, 계약보증금으로 매수가격의 100분의 10 이상으로 하며, 국·공채, 「자본시장과 금융투자업에 관한 법률」에 따른 유가증권시장이나 코스닥시장에 상장된 유가증권이나 「보험업법」에 따른 보험사업자가 발행한 보증보험증권으로 이를 갈음할 수 있다. 만약 낙찰자·경락자가 매수계약을 체결하지 아니한 때에는 입찰보증금은 국고에 귀속한다[국징법 §65].

580) 예를 들면, 앞의 경우는 상당량의 훼손품·반제품 등과 생선·식료품, 부패·변질의 우려가 있는 화학약품 등과 같이 특수의 보관설비에 보관하여야 하고 이를 위하여 상당한 고액의 보관비를 필요하는 경우가 해당하며, 뒤의 경우는 선어, 야채, 생선, 식료품, 크리스마스용품 같은 계절품목 등과 같은 것을 공매하는 경우가 해당한다.

나 그 밖의 필요한 사항을 기재한 「입찰서」로 매수신청을 하여, 매각예정가격 이상의 입찰자 중 최고가 입찰자를 낙찰자로 하여 매수인으로 정하고 입찰대상 재산의 매각을 결정하는 방법을 말한다.

'경매'競賣는 압류재산을 매각하는 경우에 그 재산을 매수할 청약자에게 구두 등으로 순차로 고가의 매수신청을 하여, 매각예정가격 이상의 청약자 중 최고가 청약자를 낙찰자로 하여 매수인으로 정하고 경매대상 재산의 매각을 결정하는 방법을 말한다.

경매의 방법에 의하여 재산을 공매할 때에는 경매인을 선정하여 취급하게 할 수 있다.

④ 공매의 통지

과세관청은 공매의 공고를 한 때에는 즉시 그 내용을 체납자, 납세담보물 소유자, 공매재산이 공유물의 지분인 경우 공유자, 공매재산에 전세권·질권·저당권·그 밖의 권리를 가진 사람[581] 등에게 통지하여야 한다[582][국징법 §68].

이는 체납자 등이 공매의 통지를 받음으로써 적법한 조세부과나 압류처분에 따라 공매절차가 유효하게 이루어지는지 여부를 확인하여 다툴 수 있도록 하고 정당한 경우 체납세액을 납부하여 공매절차를 중지·취소시킬 수 있도록 함으로써 체납자 등에게 공매로 인한 강제적인 재산권 상실에 대응할 수 있는 기회를 부여하기 위한 것이다.

그러므로 공매사실의 통지는 강제력에 의한 공매처분에서 납세자의 기본적 권리와 재산상의 이익을 보호하기 위한 절차적 요건이므로, 만약 체납자 등에게 공매통지를 하지 않았거나 공매통지를 하였더라도 그것이 적법하지 아니한 경우에는 절차상의 흠으로 그 공매처분은 위법한 것이 된다.[583]

⑤ 입찰과 개찰

입찰하고자 하는 사람은 매수하고자 하는 재산의 명칭, 입찰가격, 입찰보증금을 기재한 「입찰서」를 개찰開札 개시 전에 공매를 집행하는 공무원에게 제출하여야 한다.

공매를 집행하는 공무원은 「입찰서」의 제출을 마감한 후 공매공고에 기재한 장소나 일시를 공개하여 개찰하여야 한다. 개찰은 공매를 집행하는 공무원이 공개하도록 하고 각각 기재된 입찰가격을 불러 「입찰조서」에 기록하여야 한다.

입찰에 있어서는 매각예정가격 이상 중에서 최고액으로 입찰한 사람을 낙찰자로 한다.[584] 매각예정가격 이상으로 입찰한 사람이 없는 때에는 곧바로 그 장소에서 재입찰에

---

581) "그 밖의 권리를 가진 사람"이란 지상권, 지역권, 전세권, 등기된 임차권을 가진 자, 가등기권자와 교부청구를 한 사람을 포함한다.

582) 공매공고로서 공매통지에 갈음할 수 없으므로 '공매통지서'가 반송된 경우에는 「국세기본법」 제11조(공시송달)의 규정에 의하여 공시송달을 하여야 한다(대법원 1964.8.9. 선고, 63누156 판결).

583) 대법원 2008.11.20. 선고, 2007두18154 판결; 2002.10.25. 선고, 2002다42322 판결 참조.

붙일 수 있다.

낙찰이 될 가격으로 입찰한 사람이 2명 이상인 때에는 즉시 추첨으로 낙찰자를 정한다. 만약 입찰한 사람 중 출석하지 아니하거나 추첨을 하지 아니한 사람이 있는 때에는 입찰사무에 관계없는 공무원으로 하여금 대신하여 추첨하게 할 수 있다[국징법 §73].

⑥ 공유자의 우선매수권

공매재산의 공유자는 공매에 있어서 우선매수권을 가진다. 즉, 공매재산이 공유물의 지분인 경우 만약 공유자가 매각결정의 통지 전까지 공매보증금을 제공하고, 매각예정가격 이상인 최고입찰가격과 같은 가격으로 공매재산을 우선매수 하겠다는 신고를 한 경우 과세관청은 공유자에게 매각결정을 해야 한다.

만약 여러 사람의 공유자가 우선 매수하겠다는 신고를 하고 매각결정 절차를 마친 때에는 특별한 협의가 없으면 공유지분의 비율에 따라 공매재산을 매수한다.

공유자에게 매각 결정되었으나 그 매수인이 매각대금을 납부하지 아니한 때에는 매각예정가격 이상 중에서 최고액으로 입찰한 사람에게 매각결정을 할 수 있다[국징법 §73의2].

⑦ 재공매

'재공매'再公賣, public resale란 재산을 공매에 붙여도 매수희망자가 없거나 입찰가격이 매각예정가격 미만인 때에 다시 입찰에 붙이는 것을 말한다.

또한 공매재산에 대하여 낙찰자가 매수대금의 납부기한까지 대금을 납부하지 아니한 때에도 당초 매매를 해약하고 다시 공매를 한다.

압류재산에 대하여 공매를 하여도 유찰되거나 입찰한 사람이 없는 때에는 매각예정가격의 50%에 해당하는 금액을 한도로 다음 회부터 공매를 할 때마다 매각예정가격의 10%에 해당하는 금액을 체감遞減하여 공매하며, 매각예정가격의 50%에 해당하는 금액까지 체감하여 공매하여도 매각되지 아니하는 때에는 새로이 매각예정가격을 정하여 재공매할 수 있다.585)

하지만 매각예정가액 이상인 입찰이 없어 즉시 그 장소에서 재입찰하는 경우에는 그러하

---

584) 낙찰자는 다음에 게기하는 조건의 전부에 해당하는 자로 결정한다. ① 낙찰자로 결정하고자 하는 자의 입찰가격이 매각예정가격 이상이고 최고액의 입찰자일 것 ② 공매보증금을 받는 경우에는 소정의 공매보증금을 납부한 자일 것 ③ 「국세징수법」 제66조(매수인의 제한), 제72조(공매참가의 제한)의 규정이나 기타 법령에 의하여 매수인이 될 수 없는 자가 아닐 것 ④ 공매재산의 매수에 일정한 자격이나 조건을 필요로 하는 경우(예 : 「주세법」에 따른 주정을 공매하는 때)에는 그 자격이나 조건을 구비한 자일 것

585) 1999.12.28. 「국세징수법」 §74④(매각예정가액의 100분의 50까지 매각되지 않은 경우 매각예정가액을 다시 산정하여 재공매) 개정 전까지는, 매각예정가격을 최초 가격의 100분의 50에 상당하는 금액까지 체감하여도 매각되지 아니하는 경우에는 최초 가격의 100분의 50 미만으로 재공매할 수 없고 수의계약에 의하여 매각하여야 하는 것으로 해석하였다(대법원 1998.3.13. 선고, 97누8236 판결 참조).

지 아니하다.

한편, 재공매를 하는 때에는 공매의 공고기간을 5일까지 줄여서 공고할 수 있다[국징법 §74].

7) 공매의 중지

공매를 집행하는 공무원은 매각결정통지 전에 체납자나 제3자가 그 국세·지방세와 체납처분비를 완납한 때에는 공매를 중지하여야 한다. 이 때에는 매수하고자 하는 입찰자 등 관계인에게 구술口述이나 그 밖의 방법으로 알려 공매취소의 공고에 갈음한다.

또한, 여러 재산을 일괄하여 공매에 붙이는 경우에 공매하는 재산 일부의 공매대금으로 체납액의 전액에 충당될 때에는 나머지 공매대상 재산의 공매는 중지하여야 한다.

8) 공매참가의 제한

과세관청은 다음에 해당한다고 인정되는 사실이 있는 사람에게는, 그 사실이 있은 후 2년간 공매장소 출입을 제한하거나 입찰에 참가시키지 아니할 수 있다. 그 사실이 있은 후 2년이 지나지 아니한 자를 사용인이나 그 밖의 종업원으로 사용한 자와 이러한 자를 입찰대리인으로 한 자에 대하여도 마찬가지다[국징법 §72].[586]

① 입찰을 하고자 하는 사람의 공매 참가, 최고가격으로 입찰하는 사람의 결정, 매수인의 매수대금의 납부를 방해한 사실
② 공매에 있어서 부당하게 가격을 떨어뜨릴 목적으로 담합한 사실
③ 거짓 명의로 매수신청을 한 사실

(4) 수의계약

1) 수의계약의 의의

'수의계약'隨意契約, optional contract은 압류재산을 매각하는 경우에 입찰·경매 등의 경쟁방법에 의하지 아니하고 과세관청이나 「한국자산관리공사」가 매수인과 가액을 결정하여 매각하는 계약을 말한다.

압류재산을 매각할 때에는 공정성을 확보하기 위해 수의계약을 하지 않는 것이 원칙이지만, 만약 공매를 하게 되면 압류재산의 가치가 하락하는 등 부득이한 사유가 있는 경우 수의계약으로 매각할 수 있다.

---

586) 이는 「형법」 제136조(공무집행방해), 제315조(경매입찰의 방해) 등 형벌규정의 적용에 의한 처벌의 유무에 관계없이 공매참가를 제한할 수 있다.

2) 수의계약의 대상

압류재산이 다음 중 하나에 해당하는 경우에는 수의계약에 의하여 매각할 수 있다[국징법 §62①].

① 수의계약으로 매각하지 아니하면 매각대금이 체납처분비에 충당하고 남을 여지가 없는 경우

② 부패·변질이나 감량滅量되기 쉬운 재산으로서 속히 매각하지 아니하면 그 재산가액이 줄어들 우려가 있는 경우

③ 압류한 재산의 추산推算 가격이 1천만원 미만인 경우

④ 법령으로 소지나 매매가 규제된 재산인 경우

⑤ 제1회 공매 후 1년간 5회 이상 공매하여도 매각되지 아니한 경우

⑥ 공매하는 것이 공익을 위하여 적절하지 아니한 경우[587]

3) 수의계약의 대행

과세관청은 필요한 경우 수의계약을 「한국자산관리공사」로 하여금 대행하게 할 수 있다. 이 경우 수의계약은 과세관청이 한 것으로 보며, 공매기관으로서의 「한국자산관리공사」의 성격은 수의계약에 있어서도 준용된다[국징법 §62②].

4) 수의계약의 절차

수의계약으로 압류재산을 매각하고자 할 경우 그 매각 5일 전까지 체납자나 이해관계자에게 통지하여야 한다. 수의계약으로 압류재산을 매각하는 경우에는 참여자로부터 공매보증금을 받지 아니한다.

(5) 매각결정

1) 매각결정 통지와 매각대금 납부

'매각결정'賣却決定, disposal determination은 과세관청이 공매에 있어서의 낙찰자·경락자나 수의계약에 의한 매각에 있어서의 매수인이 될 사람에게 매수청약을 한 재산을 매각하기로 결정하는 처분을 말한다.

---

587) "공매가 공익상 적절하지 아니한 때"란 「토지수용법」, 「도시계획법」등에 따라 토지를 수용할 수 있는 자로부터 압류토지를 수용할 뜻이 고지된 때, 「징발법」에 따라 징발관이 압류물건을 징발할 의사를 통지한 때 등을 말한다.

① 과세관청의 매각결정

과세관청은 낙찰자를 결정한 때에는 낙찰자를 매수인으로 정하여 매각결정 기일에 매각결정을 하여야 한다. 이때, 매각결정 전에 공매 중지 사유가 있는 경우, 낙찰자가 공매참가의 제한을 받는 자로 확인된 경우, 공유자가 우선매수의 신고를 한 경우, 그 밖에 매각결정을 할 수 없는 중대한 사실이 있다고 과세관청이 인정하는 경우에는 매각결정을 하여서는 안된다.

매각결정의 효력은 매각결정 기일에 매각결정을 한 때에 발생한다.

이처럼 과세관청이 압류재산을 매각결정한 때에는 매수인에게 매수대금의 납부기한을 정하여 「매각결정 통지서」를 교부한다. 만약 권리이전에 관하여 등기·등록이 필요하지 않은 재산의 매수대금을 즉시 납부시킬 때에는 통지서를 교부하지 않고 구술로 통지할 수 있다.

매수대금의 납부기한은 매각결정을 한 날부터 7일 내로 하며, 과세관청이 필요하다고 인정하는 때에는 30일을 한도로 연장할 수 있다. 만약 매수인이 매수대금을 지정된 기한까지 납부하지 않은 때에는 납부기한을 최고하는 날부터 10일 내로 하여 최고催告하여야 한다.

② 「한국자산관리공사」의 매각결정

「한국자산관리공사」는 압류재산에 대하여 매각을 결정한 때에는 매수인에게 매수대금의 납부기한을 정하여 매각결정의 통지를 하여야 하며, 과세관청에게도 그 사실을 통지하여야 한다[국징령 §75의2].

「한국자산관리공사」는 공매나 수의계약을 대행함에 있어서 계약보증금, 입찰보증금이나 매수대금을 수령한 때에는 금전의 배분을 대행하는 경우를 제외하고는 즉시 소관 세무서의 세입·세출 외 현금출납공무원에게 인계하거나 세입·세출외 현금출납공무원 계좌에 입금시키고 그 사실을 통지하여야 한다[국징령 §76의2].

2) 매각대금 납부의 효과

① 매수자의 매각재산 취득

매수인은 매수대금을 납부한 때에 매각재산을 체납자로부터 승계하여 취득한다[국징법 §77①].

재산의 매각에 따른 위험부담은 매수대금의 전액을 납부한 때에 이전된다.

따라서 매각재산의 매수인으로부터 매수대금의 전액을 납부받기 전에 화재·도난 등으로 인한 그 재산상에 생긴 위험은 체납자가 부담하고, 매수대금의 납부가 있은 후에 그 재산상에 생긴 위험은 재산의 등기절차나 실제적인 인도 여부에 불구하고 매수인이 부담하게 된다.

② 체납자의 체납액 징수

과세관청이 매수대금을 수령한 때에는 수령한 금액 한도에서 체납자로부터 체납액을 징수한 것으로 본다[국징법 §77②].

그러므로 체납자는 공매를 집행하는 공무원이 매각대금을 영수한 때에 비로소 그 매각대금에 관한 위험의 부담에서 벗어나게 되며, 그 체납액에 대한 중가산금의 계산도 끝나게 된다.

3) 매각 시 권리이전

체납자가 매각재산의 권리이전 절차를 밟지 아니하는 때에는 과세관청이 대신하여 그 절차를 밟는다.

만약 공매나 수의계약을 「한국자산관리공사」가 대행한 경우에는 「한국자산관리공사」가 권리이전의 절차를 대행할 수 있다[국징법 §79].

과세관청이나 「한국자산관리공사」가 매각재산에 대한 권리이전의 절차를 밟고자 할 때에는 권리이전의 등기·등록이나 매각에 따라 소멸되는 권리[588]의 말소등기의 「촉탁서」에 매수인이 제출한 「등기청구서」와 「매각결정통지서」, 「배분계산서」의 등본을 첨부하여 촉탁하여야 한다.

4) 매각결정의 취소

과세관청은 다음 중 하나에 해당하는 경우에는 압류재산의 매각결정을 취소하고 그 뜻을 매수인에게 통지하여야 한다.

① 매각결정을 한 후 매수인이 매수대금을 납부하기 전에 체납자가 매수인의 동의를 얻어 압류와 관련된 체납액과 체납처분비를 납부하고 매각결정의 취소를 신청하는 경우 이렇게 매각결정을 취소하는 경우 계약보증금은 매수인에게 반환한다.

② 매수인이 매각결정을 한 날부터 7일 이내(필요시 30일 내 한도로 연장) 매수대금을 납부하지 아니하여 최고하였으나 지정된 기한까지 납부하지 아니하는 경우

이렇게 매각결정이 취소된 경우 체납처분비, 압류와 관계되는 조세 순으로 충당하고 남은 금액은 체납자에게 지급한다[국징법 §78].[589]

---

588) "매각에 수반하여 소멸되는 권리"에는 매각재산 상에 설정된 저당권 등의 담보물권, 이러한 담보물권 등에 대항할 수 없는 용익물권, 등기된 임차권, 기타 압류에 대항할 수 없는 권리 등이 있으며, 이는 매수인이 매수대금을 납부한 때에 소멸하는 것으로 한다.

589) 2010.1월 개정 전 「국세징수법」은 매각결정이 취소되는 경우 계약보증금은 국고에 귀속하도록 하고 있었으나, 「헌법재판소」는 2009.4. 공매절차에서 매각결정을 받은 매수인이 대금을 납부하지 않아 공매가 취소된 경우 매수인이 납부한 계약보증금을 국고에 귀속하도록 하는 것은 헌법상 평등의 원칙에 어긋나는 것으로

(6) 청 산

'청산'淸算, liquidation이란, 금전의 압류, 압류재산의 매각처분 등 체납처분 절차로 얻은 금전을 조세나 그 밖의 채권에 배분할 금액을 확정시키는 배분처분을 말한다. 청산은 체납처분을 종결하는 것으로 체납처분 절차 중 최종단계에 해당한다.

1) 배분금전의 범위

과세관청은 압류한 금전, 채권·유가증권·무체재산권 등을 압류하며 체납자나 제3채무자로부터 받은 금전, 압류재산의 매각대금과 그 예치이자, 교부청구로 받은 금전 등을 세법이 정하는 배분방법[국징법 §81]에 따라 배분하여야 한다.

하지만 「한국자산관리공사」가 공매·수의계약을 대행한 경우에는 배분도 대행할 수 있으며 이 금전배분은 과세관청이 한 것으로 본다[국징법 §80].

2) 배분방법

채권, 유가증권, 무체재산권 등을 압류하여 체납자나 제3채무자로부터 받은 금전과 압류재산의 매각대금과 그 예치이자는 다음의 국세·지방세과 체납처분비와 그 밖의 채권에 각각 배분한다[국징법 §81①].
① 압류에 관계되는 국세·지방세와 체납처분비
② 교부청구를 받은 국세·지방세와 체납처분비·공과금
③ 압류재산에 관계되는 전세권·질권·저당권에 의하여 담보된 채권

압류한 금전과 교부청구로 받은 금전은 각각 그 압류·교부청구에 관계되는 국세·지방세과 체납처분비에 충당한다[국징법 §81②].

| 청산에 있어 배분과 충당 |

배분대상 금전	배분이나 충당 방법
① 채권, 유가증권, 무체재산권 등을 압류하여 체납자나 제3채무자로부터 받은 금전	다음 채권에 배분 ① 압류에 관계되는 국세·지방세와 체납처분비 ② 교부청구를 받은 국세·지방세와 체납처분비, 공과금 ③ 압류재산에 관계되는 전세권·질권·저당권에 의하여 담보된 채권
② 압류재산의 매각대금	
③ 압류한 금전	압류·교부청구에 관계되는 국세·지방세와 체납처분비에 충당
④ 교부청구로 받은 금전	

보아 '헌법불합치' 결정을 내렸다(헌법재판소 2009.4.30. 선고, 2007헌가8 결정 참조).

이와 같이 금전을 배분하고도 나머지가 있는 때에는 체납자에게 지급하여야 한다.

만약 매각대금이 국세·지방세 등 조세와 체납처분비, 그 밖의 채권총액에 부족한 때에는「민법」이나 그 밖의 법령에 따라 배분할 순위와 금액을 정하여 배분하여야 한다.

이 경우 압류한 국유·공유재산에 관한 권리의 매각대금의 배분순위는 그 매수대금의 부불잔액賦拂殘額590)을 우선순위로 하고, 체납액에 충당한 후 나머지는 체납자에게 지급한다[국징법 §82].

배분이나 충당에 있어서 조세에 우선하는 채권이 있음에도 불구하고 착오로 배분순위를 잘못 정하거나 부당한 교부청구 등의 사유로 체납액에 먼저 배분하거나 충당한 경우에는, 그 배분하거나 충당한 금액을 조세에 우선하는 채권자에게 조세 환급금 환급 절차를 준용하여 지급한다.

만약 법정기일 전에 전세권·질권·저당권을 등기·등록하지 않아 우선 분배받지 않는 전세권자·질권자·저당권자로서 과세관청으로부터 압류통지를 받고 채권신고하지 아니한 경우에도 그 매각대금 중 분배 후 남은 금액을 지급하여야 한다[국징령 §79].

3) 배분계산서의 작성

금전을 배분할 때에는 배분한 매각대금의 총액, 배분의 순위, 금액, 매각대금 교부일 등을 기재한「배분계산서」를 작성하고 체납자에게 교부하여야 한다[국징법 §83].

이 경우 배분대상자는 과세관청이「배분계산서」를 작성하기 전까지 배분요구를 하여야 배분받을 수 있다.

체납처분은「배분계산서」를 작성함으로써 종결되므로, 매각재산의 매수자가 매수대금을 완납한 때에 과세관청이나「한국자산관리공사」는 지체없이「배분계산서」를 작성하여야 한다.

매각재산에 대하여 전세권·질권·저당권을 가진 사람, 가압류 채권자, 배분요구를 한 사람은 과세관청에게「배분계산서」등 배분과 관련한 서류의 열람이나 복사를 신청할 수 있으며 과세관청은 응하여야 한다.

4) 배분금전의 예탁

과세관청은 배분한 금전을 받을 채권자에게 지급하지 못한 것과 체납자에게 지급할 금전은 한국은행(국고대리점 포함)에 예탁하여야 한다. 이 때에는 그 뜻을 채권자 나 체납자에게 통지하여야 한다[국징법 §84].

---

590) "부불잔액"이란 국·공유재산을 매수한 사람이 그 대금 중 국가·공공단체에 납부하지 아니한 잔여금액을 말한다.

③ 체납처분 중지

'체납처분 중지'滯納處分 中止, discontinuance of delinquency disposition란, 체납처분의 대상인 총재산의 추산가액推算價額이 체납처분비에 충당하고 나머지가 생길 여지가 없는 때에 과세관청이 체납처분의 집행을 마치는 것을 말한다.

이는 체납처분으로 인한 절차를 집행해도 체납액에 충당할 금액이 미미할 것으로 추정되는 경우에 체납처분의 집행을 중지시켜 행정력의 낭비와 납세자의 권리 침해를 막기 위한 것이다.

체납처분 중지는 실제적으로 체납에 충당할 재산이 없는 것이 확정되는 경우가 아니라 압류한 재산가액을 추정하여 체납액 등에 충당할 잔여액이 없는 경우에도 적용한다.

그럼에도 조세행정에서는 체납처분 중지가 결손처분의 사유와 같은 것으로 보아 결손처분만 이뤄질 뿐 체납처분 중지는 이뤄지지 않고 있어 제도 자체가 유명무실하게 운영되고 있다.

(1) 체납처분 중지의 사유

체납처분의 목적물인 총재산을 기준으로 다음과 같은 경우 체납처분을 중지한다[국징법 §85; 지징법 §104].

① 체납처분의 목적물인 총재산의 추산가액이 체납처분비에 충당하고 나머지가 생길 여지가 없는 때

② 체납처분의 목적물인 재산이 「국세기본법」[§35①(3)]·「지방세기본법」[§99①(3)]에 따른 채권의 담보가 된 재산인 경우에 그 추산가액이 체납처분비와 해당 채권금액에 충당하고 나머지가 생길 여지가 없는 때. 하지만, 체납처분의 목적물인 재산에 대하여 교부청구나 참가압류가 있는 경우 체납처분을 중지하지 아니할 수 있다.

(2) 체납처분 중지의 절차

과세관청은 체납한 납세자에 대하여 체납처분을 할 때 체납처분 중지의 사유에 해당하는 경우에는 체납처분을 중지하여야 한다.

또한 체납자는 물론 체납자와 체납처분의 목적물인 재산의 소유자가 다른 경우 재산의 소유자도 체납처분 중지의 사유가 있는 때에는 체납처분의 중지를 요청할 수 있다.

국세의 경우, 체납처분을 중지하고자 할 때에는 「국세체납정리위원회」의 심의를 거쳐 1개월간 공고하여야 한다[국징법 §85].

공고는 지방국세청·세무서·세관·특별자치시·특별자치도·시·군·자치구의 게시판이나 그 밖의 적절한 장소에 체납자의 주소·거소와 성명, 체납액, 체납처분 중지의 이유 등을 게시하고 필요에 따라 관보나 일간신문에 게재할 수 있다.

공고의 기간은 세무서장이 「국세체납정리위원회」의 체납처분 중지에 관한 의결통지를 받은 날부터 10일 이내에 하여야 한다.

(3) 체납처분 중지의 효과

1) 압류의 해제

과세관청이 체납처분을 중지한 때에는 체납처분의 대상인 재산의 압류를 해제하여야 한다[국징령 §82③].

2) 징수권의 소멸시효 중단

체납처분의 중지를 위해서는 수색·압류·교부청구 절차를 거쳐야 하므로 조세징수권의 소멸시효가 중단된다.

체납처분의 중지를 결정하고 1개월간의 공고기간이 끝나면 체납처분 절차가 종료되면 징수권의 소멸시효가 새로이 진행된다.

④ 조세채권 사해행위의 취소

조세채권에 대한 사해행위의 취소詐害行爲 取消, countersuit against the fraudulent acts란, 체납자가 매매 행위 등을 통해 자신의 재산을 감소시켜 조세를 징수할 수 없게 한 경우 그 재산을 원래대로 회복시켜 조세를 징수하는 것을 말한다.

체납처분을 집행할 때[591] 체납자가 조세의 징수를 면탈하려고 재산권을 목적으로 한 법률행위[592]를 한 경우에는 과세관청은 그 사해행위의 취소를 법원에 청구할 수 있다[국징법 §30; 지징법 §30].

이러한 과세관청의 권리를 '사해행위 취소권'이라 하며, 세법상 사해행위 취소권의 행사는 「민법」[§406, §407]·「신탁법」[§8]에 따른 채권자 취소권을 준용한다.

---

591) "체납처분을 집행할 때"란 과세관청이 사해행위의 취소를 요구할 수 있는 시점을 정한 것으로서 사해행위의 시점을 정한 것이 아니다.
592) 사해행위 취소의 대상이 되는 "재산권을 목적으로 한 법률행위"란 매매·증여 등 재산권을 이전하는 법률행위, 지상권의 설정, 채무면제 등 재산의 가치를 감소시키는 일체의 재산권에 관한 법률행위를 말한다. 체납자가 체납액을 면탈하기 위하여 압류부동산을 특수관계인에게 증여한 경우에는 「국세징수법」 제30조의 규정에 의한 사해행위 취소의 대상이 될 수 있다.

| 참고 | 「민법」·「신탁법」의 「채권자취소권」 |

【민법 §406(채권자 취소권)】

① 채무자가 채권자를 해함을 알고 재산권을 목적으로 한 법률행위를 한 때에는 채권자는 그 취소, 원상회복을 법원에 청구할 수 있다. 그러나 그 행위로 인하여 이익을 받은 자나 전득轉得한 자가 그 행위나 전득 당시에 채권자를 해함을 알지 못하는 경우에는 그러하지 아니하다.

② 전항의 소는 채권자가 취소원인을 안 날로부터 1년, 법률행위 있은 날로부터 5년 내에 제기하여야 한다.

【민법 §407(채권자취소의 효력)】

전조의 규정에 의한 취소와 원상회복은 모든 채권자의 이익을 위하여 그 효력이 있다.

【신탁법 §8(사해신탁)】

① 채무자가 채권자를 해함을 알면서 신탁을 설정한 경우 채권자는 수탁자가 선의일지라도 수탁자나 수익자에게 「민법」 제406조 제1항의 취소 및 원상회복을 청구할 수 있다. 다만, 수익자가 수익권을 취득할 당시 채권자를 해함을 알지 못한 경우에는 그러하지 아니하다.

② 제1항 단서의 경우에 여러 명의 수익자 중 일부가 수익권을 취득할 당시 채권자를 해함을 알지 못한 경우에는 악의의 수익자만을 상대로 제1항 본문의 취소 및 원상회복을 청구할 수 있다.

③ 제1항 본문의 경우에 채권자는 선의의 수탁자에게 현존하는 신탁재산의 범위 내에서 원상회복을 청구할 수 있다.

④ 신탁이 취소되어 신탁재산이 원상회복된 경우 위탁자는 취소된 신탁과 관련하여 그 신탁의 수탁자와 거래한 선의의 제3자에 대하여 원상회복된 신탁재산의 한도 내에서 책임을 진다.

⑤ 채권자는 악의의 수익자에게 그가 취득한 수익권을 위탁자에게 양도할 것을 청구할 수 있다. 이때 「민법」 제406조 제2항을 준용한다.

⑥ 제1항의 경우 위탁자와 사해신탁詐害信託의 설정을 공모하거나 위탁자에게 사해신탁의 설정을 교사·방조한 수익자·수탁자는 위탁자와 연대하여 이로 인하여 채권자가 받은 손해를 배상할 책임을 진다.

(1) 사해행위 취소권의 행사요건

과세관청은 납세자가 조세의 징수를 면탈하고자 고의로 자신이 소유하고 있는 재산을 양도하고 양수인은 그 정을 알고 양수한 때에 체납자나 재산양수인을 상대로 소송을 제기할 수 있다.

그러므로 체납자에 대하여 법원에 사해행위취소를 청구하기 위해서는 반드시 '사해의사詐害意思'와 '사해사실詐害事實'이 존재한 사실을 주장하여야 한다.[593]

1) 사해 의사詐害意思

납세자가 체납액의 징수를 면하고자 재산권을 목적으로 하는 법률행위를 하게 되면 조세채권자에게 손해를 입힌다는 사실을 알았어야 한다. 또 재산의 양수인도 양도인이 조세채권을 면탈하기 위하여 양도한다는 사실을 알아야 한다.

그러므로 양도인과 양수인이 법률행위를 통해 조세채권자에게 손해를 입히려고 한 사실, 즉 고의성故意性이 인정되어야 한다.

체납자의 사해 의사(고의성)는 조세채권자인 정부가 입증책임을 지며 양수인의 경우 양수인 자신이 선의善意의 양수인이라는 것을 입증하여야 한다.

2) 사해 사실詐害事實

체납자가 사해행위詐害行爲, fraudulent acts, 즉 조세채권자에게 손해를 입힌 재산이전 행위를 한 사실이 있어야 하며 이 행위로써 더 이상 조세를 징수할 수 없게 되어야 한다.

그러므로 납세자가 설사 사해행위를 하였다 해도 체납자의 재산이 조세채무보다 많아 자력資力이 있는 경우에는 사해행위 취소권을 행사할 수 없다.

이처럼 사해의사와 행위가 있다 해도 과세관청이 사해행위의 취소를 요구할 수 있는 경우는 압류를 면하고자 양도한 재산 이외에 다른 자력이 없어 국세를 완납할 수 없는 경우에 한한다. 만약 제2차 납세의무자, 보증인 등으로부터 국세의 전액을 징수할 수 있는 경우에는 납세의무자를 자력이 없는 것으로 보지 아니한다.

(2) 사해행위 취소권의 행사절차

1) 취소소송의 제기

과세관청은 사해행위 취소의 요건에 해당하더라도 직권으로 사해행위를 취소할 수 없고 체납자나 양수인을 상대로 민사소송을 제기하여 그 취소를 구하여야 한다.[594]

---

593) 신탁계약이 사해행위인지는 신탁계약의 체결 당시를 기준으로 하여 판단할 뿐 과거 사정을 일일이 고려하지 않는다(대법원 2009.2.26. 선고, 2008다89323 판결 참조); 수개의 재산처분행위가 있는 경우 원칙은 각 재산별로 사행성여부를 판단하지만 특별한 사정이 있는 경우 일괄하여 사해성 여부를 판단하며, 소극적 재산이 적극적 재산을 초과하여야 만 사해행위에 해당된다(대법원 2008.12.11. 선고, 2008다72745 판결 참조).

594) 사해행위 취소권은 「민사소송법」에 따라 조세채권자인 국가가 원고가 되어 법원에 대하여 소송의 방법에 의하여 재판상으로만 이를 행사할 수 있는 것으로, 소제기에 따른 진행상황에 대해서는 제소한 지방법원이나 지방법원지원에 대응하는 관할 지방검찰청의 지휘를 받아 처리한다.

사해행위 취소권의 행사는「민법」상 채권자 취소권債權者 取消權의 행사기간과 같이 취소원인을 안 날로부터 1년, 법률행위가 있은 날로부터 5년 이내에 할 수 있다.

2) 취소의 범위

사해행위 취소의 소송을 제기할 때 체납액이 사해행위의 목적이 된 재산의 처분예정가액보다 적은 때에는 다음에 의한다.

① **사해행위를 한 재산의 분할이 가능한 때** : 체납액에 상당하는 부분의 사해행위의 취소와 재산의 반환을 청구한다.

② **사해행위를 한 재산의 분할이 불가능한 때** : 사해행위의 전부 취소와 재산의 반환을 청구한다. 하지만 그 재산의 처분예정가액이 체납액을 크게 초과할 때는 그 재산의 반환 대신 체납액에 해당하는 손해배상을 청구할 수 있다.

3) 취소 후의 체납처분

사해행위가 취소되어 납세자의 일반재산으로 바뀐 재산이나 재산의 반환에 대신하여 받은 손해배상금에 대하여 압류 등 체납처분을 속행한다.

① 인도받은 동산·유가증권은 압류한다. 판결에도 불구하고 체납자가 인도하지 아니할 때에도 압류해야 한다.

② 등기를 말소하라는 판결을 받은 부동산, 그 밖의 재산은 판결 즉시 등기말소를 하고 압류한다.

③ 손해배상금을 지급받은 경우 채권압류 시 제3채무자로부터 받은 금전과 같이 체납액에 충당한다. 또한 판결에도 불구하고 손해배상금을 지급하지 아니할 때에는「민사집행법」에 따라 강제집행한다.

④ 반환을 받은 재산을 체납처분하여 조세에 충당한 후 나머지가 있는 경우에는 그 나머지는 체납자에게 주지 아니하고 그 재산을 반환한 수익자·전득자轉得者595)에게 반환한다.

---

595) "전득자轉得者"는「민법」에서 채무자의 악의적인 재산 감소 행위에 의하여 이익을 얻은 사람에게서 다시 목적물을 넘겨받는 사람을 말한다. 사해행위 취소소송은 수익자·전득자를 상대로 제기하며, 취소의 대상이 되는 사해행위는 채무자와 수익자 사이의 법률행위에 국한되고 수익자와 전득자 사이의 법률행위는 취소의 대상이 되지 않는다(대법원 2006.7.4. 선고, 2004다61280 판결).

(3) 사해행위 취소의 효과

1) 체납자의 재산으로 환원

사해행위 취소권의 행사로 민사소송에서 원고인 국가·지방자치단체 등 과세관청이 승소하면 체납자가 사해행위로 한 재산양도 행위는 취소되며, 그 재산의 인도, 권리의 말소나 손해배상금의 지급에 의해 체납자의 일반재산으로 환원된다.

하지만 체납자의 일반재산으로 환원되었다 해도 과세관청이 바로 환가를 할 수 있는 것은 아니므로, 부동산의 경우 사해행위와 관련한 등기의 말소와 함께 압류 등 필요한 조치를 취해야 한다.

2) 사해행위에 대한 과세 취소

사해행위의 취소대상이 되는 납세자의 양도·증여 등 재산이전 행위에 대하여 양도소득세·증여세·부가가치세 등 조세를 부과한 경우 사해행위 취소권의 행사로 민사소송에서 과세관청이 승소하면 사해행위에 대한 과세는 취소된다.

3) 조세 징수권 소멸시효의 정지

국세·지방세 등 조세 징수권의 소멸시효는 세법에 따른 분납 기간·징수유예 기간·체납처분유예 기간·연부연납 기간과 마찬가지로, 세무공무원이 사해행위 취소의 소를 제기하여 그 소송이 진행 중인 기간 동안에는 진행하지 않는다[국기법 §28③; 지기법 §40③].

하지만 소송이 각하·기각·취하된 경우에는 시효정지의 효력이 없다.

이는 체납자의 사해행위로 재산이 제3자에게 이전되어 압류할 수 없는데도 시효가 계속 진행되면, 소송에서 과세관청이 승소해도 더 이상 징수 할 수 없게 되어 사해행위 취소권이 무력화되는 것을 방지하기 위한 것이다.

사해행위 취소권은 「국세기본법」·「지방세기본법」에 따른 '짜고 한 거짓계약 취소권'과 비교할 때 조세채권 보전제도라는 점에서 유사하지만, 그 대상이나 적용요건 등에 있어서 차이가 있다.

| '사해행위 취소'와 '짜고 한 거짓계약 취소' |

구분	사해행위의 취소 〔국징법 §30; 지기법 §97〕	짜고 한 거짓계약의 취소 〔국기법 §35⑥; 지기법 §71④〕
적용 대상	양도·증여 등 재산이전 행위의 계약, 등기·등록	임대차계약, 담보권·가등기·양도담보의 설정계약과 등기·등록, 대항요건과 확정일자를 갖춘 임대차계약
제도의 목적	납세보전 제도 (압류 가능한 재산의 확보)	납세보전 제도 (압류에 있어 조세 우선권의 확보)
취소 방법	민사소송	민사소송
적용 요건	① 양도인과 양수인의 사해의사 ② 사해행위로 조세채권 징수부족	① 짜고 거짓으로 설정계약 ② 짜고 거짓으로 설정한 재산의 매각 으로 조세채권의 징수부족
입증 책임	① 양도인의 사해 : 과세관청 ② 양수인의 선의 : 양수인	① 짜고 한 거짓계약 : 과세관청 ② 법정기일 1년 내 특수관계인 사이 설정 : 납세자(짜고 한 거짓계약 추 정 제도)
취소권 행사의 준용	민법[§406, §407], 신탁법[§8] 준용	세법 고유의 규정
조세징수권 소멸시효	소송기간 중 정지	소송기간 중 계속 진행

제**3**절

조세 우선권

① 조세 우선권

'조세 우선권'租稅 優先權, priority of taxes이란, 정부·지방자치단체 등 과세관청으로 하여금 징수권의 행사를 원활하게 하기 위하여 납세자의 재산을 강제매각 절차에 따라 매각하거나 추심推尋할 때 그 매각대금 중에서 국세·지방세 등 조세를 우선하여 징수할 수 있게 하는 권한을 말한다.

일반적으로 강제매각 절차에서는 모든 채권이 동등하게 취급되고 특정한 채권을 우선변제의 대상으로 삼을 수 없는 '채권자 평등주의'債權者 平等主義 또는 '채권평등 원칙'債權平等 原則이 적용된다.

하지만 조세에 대하여는 예외적으로 담보권이 없어도 다른 채권보다 우선하여 변제받도록 하여 조세채권을 원활하게 확보할 수 있도록 하였다.

이렇게 강제징수절차에서 국세·지방세 등 조세에 대하여 다른 채권보다 특별하게 우선권을 인정하고 있는 것은, 조세가 국가·지방자치단체의 존립과 활동에 필요한 재원財源을 충당하는 공공성公共性과 공익성公益性이 높기 때문이다.

조세 우선권에는 성질에 따라, ① 다른 공과금이나 그 밖의 채권과의 관계에서의 우선권 ② 강제환가 절차상 배분순위에 있어서 우선권 등으로 나눠볼 수 있다.

국세·지방세나 체납처분비는 다른 공과금이나 그 밖의 채권에 우선하여 징수한다[국기법 §35①; 지기법 §71①].

이러한 조세 우선권도 강제징수 절차에서 납세자의 재산을 환가換價하는 경우 국세·지방세와 다른 공과금, 그 밖의 채권과의 우선순위를 비교하는 경우에만 한정하여 적용된다.

1) 다른 공과금이나 그 밖의 채권과의 우선권 문제

조세 우선권에 있어 우선권의 비교대상이 되는 '다른 공과금'은 자력집행력自力執行力이 부여된 채권 중 국세·지방세·관세·임시수입 부가세와 이에 관계되는 체납처분비 이외의 것을 말하며[국기법 §2⑻], '그 밖의 채권'은 자력집행력이 인정되지 않은 일반 채권을 말한다.

2) 강제징수 절차상 배분순위 문제

조세 우선권에 의한 우선권의 적용은, 납세자의 재산을 환가하기 위한 강제징수 절차에 따라 매각하거나 추심할 때 그 매각대금 중에서 조세를 징수하는 경우에 한정된다.

그러므로 조세 우선권은 납세자의 재산이 국세·지방세를 포함한 모든 채권을 변제하기에 부족한 경우에만 적용될 뿐, 채권을 변제하기에 충분한 경우에는 당연히 조세 우선권 문제가 발생하지 않는다.

또 강제징수 절차가 개시되기 전에는 납세자가 국세·지방세 등 조세보다 다른 채권을 먼저 변제하는 것을 제한하지도 않는다.

② 조세 우선권의 제한

강제징수 절차에 있어 원칙적으로 국세·지방세나 체납처분비는 다른 공과금이나 그 밖의 채권에 우선하여 징수한다.

하지만 ① 강제집행 등에 든 직접경비, ② 일정한 피담보채권, ③ 소액 주택·상가 임차보증금과 임금채권 등 법률에 의한 우선변제 채권 등과 같은 공과금이나 그 밖의 채권에 대하여는 조세우선권이 인정되지 않는다[국기법 §35①단서; 지기법 §71①단서].

이와 같이 조세 우선권을 과도하게 적용할 경우 국민의 법 질서를 교란시키고 국민생활을 침해하기 쉽기 때문에, 조세의 일반적 우선권은 인정되지만 획일적으로 다른 채권보다 우선 징수하는 것은 아니다.

(1) 직접경비의 우선

1) 지방세·공과금의 체납처분비

지방세나 공과금의 체납처분을 할 때 그 체납처분 금액 중에서 국세나 체납처분비를 징수하는 경우 직접경비直接經費인 그 지방세나 공과금의 체납처분비는 우선징수된다.

반면에 국세나 공과금의 체납처분을 할 때 그 체납처분 금액 중에서 지방자치단체의 징수금을 징수하는 경우 그 국세나 공과금의 체납처분비는 우선징수된다.

2) 강제집행 등에 소요된 비용

강제집행·경매·파산 절차에 따라 재산을 매각할 때 그 강제집행·경매·파산 절차에 든 비용은 그 매각금액 중에서 징수하는 국세·지방세나 체납처분비보다 우선 징수된다.

이처럼 우선권이 인정되는 강제집행·경매·파산절차에 든 비용에는 다음과 같은 것이 있다.

① 강제집행의 준비비용인 집행문의 부여, 판결의 송달, 집행신청을 하기 위한 출석에 필요한 비용(재판 외의 비용에 한함)과 강제집행의 개시에 따라 발생한 비용인 집행관의 수수료, 체당금替當金, 감정 비용, 담보를 제공하는 비용, 압류재산의 보존비용 등과「민사소송법」에 따른 경매절차에서 채무자가 부담하여야 할 비용

② 「채무자 회생 및 파산에 관한 법률」에 따른 관리, 환가·배당에 관한 비용, 파산관재인이 파산재단을 위한 강제집행 등의 절차를 속행할 때의 비용

(2) 담보된 채권의 우선

1) 법정기일 전 설정된 피담보채권

세법이 정하는 '법정기일'法定期日 전에 다음의 권리가 설정된 재산을 매각하여 그 매각금액에서 조세를 징수하는 경우, 그 권리에 의하여 담보된 채권, 임대차보증금 반환채권은 매각금액 중에서 징수하는 국세·지방세에 우선한다.

① 전세권, 질권, 저당권

② 「주택임대차보호법」[§3의2②]·「상가건물 임대차보호법」[§5②]에 따라 대항요건과 확정일자를 갖춘 임차권

③ 납세의무자를 등기의무자로 하고 채무불이행을 정지조건으로 하는 대물변제代物辨濟의 예약에 따라 채권 담보의 목적으로 가등기·가등록을 마친 가등기 담보권

| 담보권이 설정된 채권의 우선 |

담보물권	개념	담보된 채권의 범위
전세권 傳貫權, deposit	전세금을 지급하고 타인의 부동산을 점유하여 그 용도에 좇아 사용·수익하는 권리로 등기된 것 [민법 §303①]	전세금 외에 위약금이나 배상금 등으로 등기된 금액 포함
질권 質權, pledge	채권의 담보로서 채무자나 제3자(물상보증인)로부터 받는 목적물을 채무의 변제시까지 유치하고, 변제가 없을 때에는 그 목적물을 환가하여 우선 변제 받을 수 있는 담보물권 [민법 §329~§355]	원본, 이자, 위약금, 질권 실행비용, 질물 보존비용, 채무불이행·질물의 하자로 인한 손해배상금 등 포함
저당권 抵當權, mortgage	채무자나 제3자가 채무담보로 제공한 부동산 등 목적물을 채권자가 인도받지 않고 담보제공자의 사용·수익에 맡겨두고 변제가 없을 때 목적물로부터 우선변제를 받는 담보물권 [민법 §356]	저당권이 설정된 재산의 가액 한도 등기된 채권최고액의 범위 내 채권의 원금, 이자, 위약금, 채무불이행으로 인한 손해배상, 저당권실행비용 포함

담보물권	개념	담보된 채권의 범위
임차권	「주택임대차보호법」 제3조의2 제2항, 「상가건물 임대차보호법」 제5조 제2항에 따라 대항요건과 확정일자를 갖춘 임차권	법정기일 전 대항력 확보된 임대차보증금 반환채권
가등기 담보권	납세의무자를 등기의무자로 하고 채무불이행을 정지조건으로 하는 대물변제代物辨濟의 예약에 따라 채권 담보의 목적으로 가등기·가등록을 마친 가등기담보권	법정기일 전에 가등기, 가등록된 가등기담보된 채권

담보권은 피담보채권의 우선변제를 확보하기 위하여 등기·등록 등 공시방법으로 설정하는데, 이러한 저당권 등의 피담보채권에 대하여 아무런 제한 없이 조세채권이 우선한다면 담보권자는 그가 예측할 수 없었던 조세채권의 체납 때문에 채권을 확보할 수 없는 손해를 입게 되고, 이는 사법상 거래질서에 커다란 혼란을 초래할 수 있다.

만약 담보권을 취득하려는 자가 조세의 부담 여부를 전혀 예측할 수 없는 시기나 과세관청이 임의로 정하는 시기를 기준으로 그 조세채권이 담보권에 우선할 수 있다고 한다면, 이는 재산권인 담보권의 본질적인 내용을 침해하거나 그 내용을 과도하게 제한함과 동시에 사법상 담보물권 제도의 근간을 흔드는 것이 될 수 있다.

이 때문에 담보권의 목적인 재산의 매각대금에서 과세관청이 조세를 징수하는 경우 조세의 '법정기일' 전에 설정된 저당권 등에 의하여 담보된 채권에 대하여는 조세를 우선징수할 수 없도록 함으로써 조세징수의 확보와 사법질서의 존중이라는 두 가지의 공익 목적을 합리적으로 조정하고자 하였다.[596]

조세채권과 담보권 사이의 우선 여부를 가리는 기준일인 '법정기일'은 조세 우선권을 인정하는 공익목적과 담보권의 보호 사이의 조화를 위해 담보권자가 조세채권의 존재 여부와 범위를 확인할 수 있고 과세관청 등에 의하여 임의로 변경될 수 없는 시기가 될 것이다.

이처럼 담보권의 설정시기와 조세의 '법정기일'을 비교하여 국세·지방세와 피담보채권의 우선순위를 판정하도록 한 것은, 조세의 성립이나 존재를 알지 못하는 담보권자에게 예측가능성을 보장하여 권리를 최대한 침해하지 않도록 하기 위한 것이다.

그러므로 국세·지방세의 법정기일 후에 담보권이 설정된 경우에는 담보권자가 이미 조세의 존재를 알고 담보권을 취득한 것이므로 그 피담보채권이 국세·지방세보다 우선하지 못하지만, 해당 조세의 법정기일 전에 담보권을 설정된 경우에는 조세의 존재를 알 수 없는 상태에서 담보권을 취득한 것이므로 피담보채권이 우선변제 받을 수 있다.

---

596) 헌법재판소 2012.8.23. 선고, 2011헌바97 결정; 2009.9.24. 선고, 2007헌바61 결정; 2007.5.31. 선고, 2005헌바60 결정; 1996.12.26. 선고, 96헌가21 결정 참조.

2) 담보된 채권보다 항상 우선하는 조세의 범위

① 체납처분비

국세·지방세 등 조세의 법정기일이 전세권·질권·저당권의 설정을 등기·등록한 시기보다 늦은 경우에는 국세·지방세는 우선하여 징수할 수 없으나, 체납처분비는 항상 피담보채권보다 우선하여 징수된다.

② 그 재산에 대하여 부과된 조세

과세관청이 납세자의 재산을 강제 환가換價할 때 '그 재산에 대하여 부과된 조세'597)는 법정기일 전에 저당권 등의 설정을 등기·등록한 경우라도 우선하여 징수한다.

만약 그 재산 중 일부를 매각하는 경우 우선 징수하는 금액은 그 재산에 대하여 부과된 조세에 총재산가액 중 매각재산가액이 차지하는 비율을 곱하여 산출한 금액으로 한다.

이 때 '그 재산에 대하여 부과된 조세'는, 국세의 경우 상속세·증여세·종합부동산세, 지방세의 경우 재산세·자동차세(자동차 소유에 대한 것에 한한다)·특정 부동산에 대한 지역자원시설세(소방분에 대한 것만 해당한다)·지방교육세(재산세와 자동차세에 부가되는 것만 해당한다)가 해당한다[국기법 §35③; 지기법 §71⑤].

재산을 상속·증여한 경우 그 재산에 대하여 부과된 조세는 피상속인·증여인이 조세의 체납이 없는 상태에서 설정한 저당권 등에 담보된 채권보다 우선하지 않지만, 본래의 납세의무자인 상속인·수증인이 설정한 저당권 등에 담보된 채권보다는 법정기일에 관계없이 항상 우선한다.

3) 법정기일

압류된 재산에 대한 조세 우선권을 판정할 때, 담보된 채권의 설정을 등기하거나 등록한 날과 비교하여 우선징수의 기준이 되는 국세·지방세의 '법정기일'法定期日이란 다음과 같은 날을 말한다598)[국기법 §35①(3); 지기법 §71①(3)].

① 납세자의 과세표준·세액신고에 따라 납세의무가 확정되는 조세(중간예납하는 법인세와 예정신고·납부하는 부가가치세·양도소득세를 포함한다)에 있어서 신고한 해당 세액 : 신고일

여기서 '신고일'은 신고서의 접수일을 말하며, 만약 우편신고를 하는 경우 우편날짜도

---

597) "그 재산에 대하여 부과된 조세"는 강제환가 대상 재산 자체에 부과된 조세를 말하며, 채권확보 조치의 관계없이 강제환가를 할 때 항상 우선적으로 변제받게 된다.
598) 담보권자가 조세채권의 존부·범위를 확인할 수 있고 과세관청에 의하여 임의로 변경될 수 없는 시기라면 입법자가 합리적인 판단에 의하여 정할 입법재량에 속하는 사항이므로 특별한 사정이 없는 한 이를 헌법에 위반된다 할 수 없다(헌법재판소 2001.7.19. 선고, 2000헌바68 결정; 2007.5.31. 선고, 2005헌바60 결정).

장(=통신일부인)이 찍힌 날, 전자신고를 하는 경우 국세 정보통신망, 지방세 통합정보통신망에 입력된 날을 말한다.

② 과세관청이 과세표준·세액을 결정·경정하거나 수시부과 결정하는 경우 고지한 해당 세액(납부지연가산세 중 납세고지서에 따른 납부기한 후의 납부지연가산세, 원천징수 등 납부지연가산세 중 납세고지서에 따른 납부기한 후의 원천징수 등 납부지연가산세를 포함한다) : 「납세고지서」의 발송일[599]

여기서 '발송일'은 우편송달을 하는 경우 우편발송일, 교부송달을 하는 경우에는 고지서 등의 교부를 위한 출장일, 공시송달을 하는 경우 반송되거나 수령 거부된 당초 고지서 등의 발송일(단, 주소불분명 등으로 처음부터 공시송달에 의하는 경우 공시송달의 공고일), 전자송달을 하는 경우 국세 정보통신망, 지방세 통합정보통신망에 저장된 때를 말한다.

③ 인지세, 원천징수의무자나 납세조합으로부터 징수하는 소득세·법인세·농어촌특별세 : 납세의무의 확정일

④ 특별징수의무자로부터 징수하는 지방세 : 납세의무의 확정일

⑤ 제2차 납세의무자(보증인을 포함한다)의 재산에서 국세·지방세를 징수하는 경우 : 「납부통지서」의 발송일

⑥ 양도담보재산에서 국세·지방세를 징수하는 경우 : 「납부통지서」의 발송일

⑦ '확정 전 보전압류'確定 前 保全押留[국징법 §24②; 지징법 §33②]로 납세자의 재산을 압류한 경우에 그 압류와 관련하여 확정된 세액 : 압류등기일·등록일. 이 경우에는 확정 전 보전압류로 확정되는 조세가 ①∼⑤에 해당되어도 그 법정기일의 적용을 배제한다.

⑧ 가산금 : 지방세 가산금을 가산하는 고지세액의 납부기한이 지난날[600]

---

599) 납세고지서 발송일은 담보권자가 그 시점에서 담보권설정자의 조세채무의 존부와 범위를 납세증명서, 사실증명, 미납조세열람제도 등으로 확인할 수 있으므로 담보권자의 예측가능성을 해하지 아니하고, 과세관청의 자의가 개입될 소지를 허용하지 아니하므로 합리적인 기준이라 할 수 있고, 나아가 달리 그 기준시기의 설정이 현저히 불합리하다고 볼 사유가 없어 이 법률조항이 입법재량의 범위를 벗어난 것이라고 할 수 없다(헌법재판소 2012.8.23. 선고, 2011헌바97 결정).

600) 지방세 가산금의 법정기일은 따로 언급되지 않다가 2016년 12월에 신설 규정되었다. 종전의 대법원 판례에서는 "가산금은 납부기한이나 그 이후 소정의 기한까지 체납된 세액을 납부하지 아니하면 과세관청의 가산금 확정절차 없이 당연히 발생하고 그 액수도 확정되는 점에 비추어 보면 가산금의 법정기일은 납부기한이 경과되고 그 납세의무가 확정되는 날로 봄이 상당하다 할 것이다"라고 하였다(대법원 2001.12.28. 선고, 2000다52882 판결).

| 조세 우선권에서의 법정기일 |

구분	대상국세	법정기일
원칙	① 납세자의 과세표준·세액신고에 의해 납세의무가 확정되는 국세(중간예납 법인세, 예정신고·납부 부가세·양도소득세 포함)의 신고세액	과세표준·세액 신고일
	② 과세관청이 과세표준·세액을 결정하는 경우 고지세액	「납세고지서」 발송일
예외	③ 인지세, 원천징수의무자·납세조합으로부터 징수하는 국세	납세의무의 확정일
	④ 특별징수의무자로부터 징수하는 지방세	납세의무의 확정일
	⑤ 제2차 납세의무자(보증인 포함) 재산에서 징수하는 국세	「납부통지서」 발송일
	⑥ 양도담보 재산에서 징수하는 국세	「납부통지서」 발송일
	⑦ 확정 전 보전압류와 관련하여 확정된 세액	압류등기·등록일
	⑧ 지방세 가산금	고지세액의 납부기한이 지난날

(3) 법령에 따른 우선변제 채권

1) 주택·상가건물 임대차보증금

「주택임대차보호법」[§8]·「상가건물 임대차보호법」[§14]가 적용되는 임대차관계에 있는 주택이나 건물을 매각할 때, 그 매각금액 중에서 국세·지방세를 징수하는 경우에, 배당에서 임대차에 관한 보증금 중 일정금액으로서 임차인이 우선하여 변제받을 수 있는 금액(＝소액 임차보증금)에 관한 채권은 국세·지방세보다 우선 변제된다[국기법 §35①(4); 지기법 §71①(4)].

하지만 소액 임차보증금이 국세·지방세보다 우선하기 위해서는 「국세징수법」[§67]에 따른 공매공고일 이전에 「주택임대차보호법」[§3](전세권의 등기, 주택의 인도와 주민등록)·「상가건물 임대차보호법」[§3](건물의 인도와 사업자등록)에서 정한 대항력對抗力을 갖추어야 한다.

조세의 법정기일이나 담보된 채권(피담보채권)의 설정일에도 불구하고 가장 우선하여 변제되는 주택·상가건물의 소액 임차보증금은 다음과 같다.[601]

---

601) 현재 적용되는 우선변제받을 주택 임차인과 소액 임차보증금의 범위[주택임대차보호법 시행령 §10~§11]는 2018.9.18., 상가건물임차인과 소액 임차보증금의 범위[상가건물임대차보호법 시행령 §6~§7]는 2013.12.30. 개정된 것으로, 조세의 법정기일이나 피담보채권의 설정일이 그 이전의 경우에는 종전의 규정을 적용한다.

적용지역	소액 상가보증금		소액 주택보증금	
	우선변제대상자	우선변제액	우선변제대상자	우선변제액
서울특별시	6,500만원	2,200만원	1억1천만원	3,700만원
수도권 중 과밀억제권역, 세종특별시, 용인시, 화성시	5,500만원	1,900만원	1억원	3,400만원
광역시(과밀억제권역, 군 지역 제외), 안산시, 군포시, 광주시, 파주시	3,800만원	1,300만원	6,000만원	2,000만원
그 밖의 지역	3,000만원	1,000만원	5,000만원	1,700만원

* 근거 : 「주택 임대차보호법」[§3]·시행령[§3, §4], 「상가건물 임대차보호법」[§2, §14]·시행령[§6, §7]
* 적용대상 환산 = 보증금 + (월세 × 100)
* 우선변제 보증금의 일정액 범위와 기준의 한도 : 임대건물가액(임대인소유의 대지가격 포함)의 1/2 범위

2) 임금 등 근로관계로 인한 채권

사용자의 재산을 매각하거나 추심推尋하여 그 매각금액·추심금액 중에서 국세·지방세를 징수하는 경우에, 「근로기준법」[§38②]·「근로자퇴직급여 보장법」[§12②]에 따라 국세·지방세에 우선하여 변제되는 임금, 퇴직금, 재해보상금, 그 밖의 근로관계채권(그 밖의 근로관계채권은 국세에 한한다)은 국세·지방세에 우선하여 변제된다[국기법 §35①(5); 지기법 §71①(5)].

최종 3개월분의 임금[602]과 재해보상금은 체납처분비를 제외하고는 담보된 채권이나 국세·지방세에 항상 우선하며, 그 밖의 임금채권은 전세권·질권·저당권(=담보된 채권)의 설정일과 법정기일에 따라 우선변제 여부를 결정한다.

이에 따라 임금 등 근로관계로 인한 채권은 다음과 같이 우선변제의 순위가 결정되게 된다.

---

602) "최종 3월분의 임금채권"이란, 최종 3개월 사이에 지급사유가 발생한 임금 채권을 의미하는 것이 아니라 최종 3개월간 근무한 부분의 임금 채권을 의미하며, 구정·추석·연말의 3회에 걸쳐 각 기본급의 일정비율씩 상여금을 지급받고 그 상여금이 근로의 대가로 지급되는 임금의 성질을 갖는 경우 「근로기준법」 소정의 우선 변제권이 인정되는 상여금은 퇴직 전 최종 3개월 사이에 있는 연말과 구정의 각 상여금 전액이 아니라 퇴직 전 최종 3개월의 근로의 대가에 해당하는 부분이다(대법원 2002.3.29. 선고, 2001다83838 판결).

① 담보된 채권(피담보채권)의 설정이 법정기일 전에 등기 · 등록된 경우

② 담보된 채권의 설정이 법정기일 후에 등기 · 등록된 경우

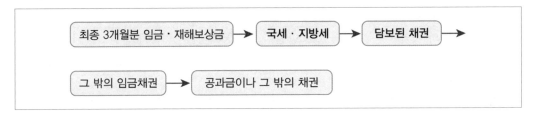

| 임금채권 등의 우선변제 |

구분	1순위	2순위	3순위	4순위	5순위
법정기일 전 저당권 등이 설정된 경우	소액보증금, 3개월 임금, 3년간 퇴직금, 재해보상금	질권 · 저당권 담보된 채권	최종 3개월 외 임금 · 기타 근로관계채권	국세	일반채권
법정기일 후 저당권 등이 설정된 경우	소액보증금, 3개월 임금, 3년간 퇴직금, 재해보상금	국세	질권 · 저당권 담보된 채권	3개월 임금 · 기타 근로관계채권	일반채권
담보된 채권이 없는 경우	소액보증금, 3개월임금, 3년간 퇴직금, 재해보상금	3월분 이외 임금 · 기타 근로관계채권	국세	일반채권	–

* 국세 · 지방세 중 '그 재산에 대하여 부과된 국세'는 최우선 변제된다.

【주택임대차보호법 §8(보증금 중 일정액의 보호)】

① 임차인은 보증금 중 일정액을 다른 담보물권자擔保物權者보다 우선하여 변제받을 권리가 있다. 이 경우 임차인은 주택에 대한 경매신청의 등기 전에 제3조 제1항의 요건을 갖추어야 한다.

② 제1항의 경우에는 제3조의2 제4항부터 제6항까지의 규정을 준용한다.

③ 제1항에 따라 우선변제를 받을 임차인 및 보증금 중 일정액의 범위와 기준은 제8조의2에 따른 주택임대차위원회의 심의를 거쳐 대통령령으로 정한다. 다만, 보증금 중 일정액의 범위와 기준은 주택가액(대지의 가액을 포함한다)의 2분의 1을 넘지 못한다.

【상가건물 임대차보호법 §14(보증금 중 일정액의 보호)】

① 임차인은 보증금 중 일정액을 다른 담보물권자보다 우선하여 변제받을 권리가 있다. 이 경우 임차인은 건물에 대한 경매신청의 등기 전에 제3조제1항의 요건을 갖추어야 한다.

② 제1항의 경우에 제5조 제4항부터 제6항까지의 규정을 준용한다.

③ 제1항에 따라 우선변제를 받을 임차인 및 보증금 중 일정액의 범위와 기준은 임대건물가액(임대인 소유의 대지가액을 포함한다)의 3분의 1 범위에서 해당 지역의 경제여건, 보증금 및 차임 등을 고려하여 대통령령으로 정한다.

○ 우선변제되는 임금 관련 채권에 관한 법률

【근로기준법 §38(임금채권의 우선변제)】

① 임금, 재해보상금, 그 밖에 근로 관계로 인한 채권은 사용자의 총재산에 대하여 질권 또는 저당권에 따라 담보된 채권 외에는 조세·공과금 및 다른 채권에 우선하여 변제되어야 한다. 다만, 질권 또는 저당권에 우선하는 조세·공과금에 대하여는 그러하지 아니하다.

② 제1항에도 불구하고 다음 각 호의 어느 하나에 해당하는 채권은 사용자의 총재산에 대하여 질권 또는 저당권에 따라 담보된 채권, 조세·공과금 및 다른 채권에 우선하여 변제되어야 한다.

   1. 최종 3개월분의 임금

   2. 재해보상금

【근로자퇴직급여 보장법 §11(퇴직금의 우선변제)】

① 퇴직금은 사용자의 총재산에 대하여 질권 또는 저당권에 의하여 담보된 채권을 제외하고는 조세·공과금 및 다른 채권에 우선하여 변제되어야 한다. 다만, 질권 또는 저당권에 우선하는 조세·공과금에 대하여는 그러하지 아니하다.

② 제1항의 규정에 불구하고 최종 3년간의 퇴직금은 사용자의 총재산에 대하여 질권 또는 저당권에 의하여 담보된 채권, 조세·공과금 및 다른 채권에 우선하여 변제되어야 한다.

③ 제2항의 규정에 의한 퇴직금은 계속근로기간 1년에 대하여 30일분의 평균임금으로 계산한 금액으로 한다.

③ 조세채권 사이의 우선권

강제징수절차에 있어서 국세·지방세과 체납처분비(=조세 등)와 공과금이나 그 밖의 채권 사이의 관계와는 달리 조세채권 상호간에는 원칙적으로 모든 조세채권이 평등하게 징수권을 가진다.

하지만 조세채권 사이의 원칙적인 평등주의에도 불구하고 조세채권 상호간에도 예외적으로 압류·담보의 상태에 따라 일정한 우선권이 인정되고 있다.

즉, '압류우선의 원칙'押留優先 原則, 압류선착주의에 따라 압류에 관계되는 조세는 교부청구한 다른 조세에 우선하여 징수할 수 있으며, '담보우선의 원칙'擔保優先 原則, 담보우선주의에 따라 납세담보물을 매각하는 경우 담보제공과 관련된 조세등은 다른 조세등에 우선하여 징수한다.

이는 조세징수에 열의가 있는 과세관청에 징수의 우선권을 부여하는 한편 다른 조세의 교부청구를 예상하여 지나치게 압류하는 폐단을 방지하기 위한 것이다.

(1) 압류우선의 원칙

국세·지방세의 체납처분에 의하여 납세자의 재산을 압류한 경우에 다른 국세·지방세와 체납처분비의 교부청구交付請求[603](참가압류를 한 경우를 포함한다)가 있으면, 압류에 관계되는 국세·지방세와 체납처분비는[604] 교부청구된 다른 국세·지방세와 체납처분비에 우선하여 징수한다[국기법 §36①; 지기법 §73①].

이에 반하여 이미 다른 국세·지방세나 체납처분비로 압류된 재산에 대하여 국세·지방세의 교부청구를 한 경우에는 교부청구에 관계되는 국세·지방세나 체납처분비는 압류에 관계되는 국세·지방세의 다음 순위로 징수한다[국기법 §36②; 지기법 §73②].

이와 같이 국세·지방세의 체납처분에 의하여 납세자의 재산을 압류한 경우에는 압류우선의 원칙에 따라 징수 순위를 가리게 되며, 만약 동시에 도달한 경우 압류에 관계된 체납액의 비율로 안분하여 지급하게 된다.

---

603) "교부청구"란 세무서장이 관서·공공단체·집행법원·집행공무원·강제관리인·파산관재인 또는 청산인에 대하여 국세·가산금과 체납처분비의 교부를 청구하는 것을 말한다. 이때 압류하고자 하는 재산이 이미 다른 기관에서 압류하고 있는 재산인 때에는 교부청구에 갈음하여 「참가압류통지서」를 그 재산을 이미 압류한 기관에 송달함으로써 그 압류에 참가할 수 있다[국징법 §56, §57; 지방법 §28④].
604) "압류에 관계되는 국세"란 압류의 원인이 되는 국세 뿐만 아니라 「국세징수법」 제47조에 따라 압류의 효력이 미치는 국세를 포함한다(대법원 2005.11.24. 선고, 2005두9088 판결 참조).

(2) 담보우선의 원칙

납세담보가 되어 있는 재산(납세담보물)을 매각한 때에는 압류우선의 원칙에 불구하고 그 국세·지방세나 체납처분비는 매각대금 중에서 다른 국세·지방세나 체납처분비에 우선하여 징수한다[국기법 §37; 지기법 §74].

이 때 납세담보물은 「국세기본법」[§29]·「지방세기본법」[§87]에 따라 담보로 제공되는 국채·지방채, 세무서장이 확실하다고 인정하는 유가증권, 토지·보험에 든 등기·등록된 건물, 공장재단, 광업재단, 선박, 항공기, 건설기계(물상보증物上保證[605]으로 제공된 제3자의 재산도 포함)를 말한다.

④ 가등기된 재산의 조세 우선권

가등기[606]된 재산을 압류한 후 본등기가 이뤄진 경우에는 국세·지방세나 체납처분비의 법정기일 전에 가등기된 재산은 가등기의 순위보전효력順位保全效力이 유지되지만 법정기일 후에 가등기된 경우에는 순위보전효력을 상실한다.

법정기일 후에 납세의무자를 등기의무자로 하고 채무불이행을 정지조건으로 하는 '대물변제代物辨濟의 예약'[607]에 따라 채권 담보의 목적으로 가등기(가등록을 포함한다)를 마친 사실이 증명되는 재산을 매각하여 그 매각금액에서 국세를 징수하는 경우 그 재산을 압류한 날 이후에 그 가등기에 따른 본등기가 이루어지더라도 그 국세는 그 가등기에 의해 담보된 채권보다 우선한다[국기법 §35②; 지기법 §71②].

이 경우 가등기가 설정된 재산을 압류하거나 공매公賣할 때에는 그 사실을 가등기권리자에게 지체 없이 통지하여야 한다.

하지만 국세·지방세(그 재산에 대하여 부과된 국세·지방세를 제외한다)의 법정기일 전에 가등기된 재산에 대하여는 그러하지 아니하다.

---

605) "물상보증"이란 다른 사람의 채무를 담보하기 위하여 자기의 재산에 물권·저당권을 설정하는 것을 말하며, 채무를 담보한 자를 물상보증인이라고 한다. 그러므로 물상보증으로 납세담보로 제공된 재산은 납세담보를 제공할 자가 조세채무를 불이행한 경우 담보제공한 재산의 범위내에서 유한책임을 지게 되며, 세무관서는 조세채무의 이행을 물상보증인에게 청구하거나 물상보증 재산이 아닌 물상보증인의 일반재산에 대하여 집행하지 못한다. 물상보증인이 납세담보로 제공한 재산을 매각하여 채무자의 국세 등에 충당한 경우에는 채무자에 대하여 구상권을 행사할 수 있다[민법 §341, §370].
606) "가등기, 가등록"이란 본등기·본등록을 할 수 있는 형식적·실질적 요건을 완비하지 못한 경우에 장래의 본등기·본등록의 순위보존을 위하여 하는 등기·등록을 말하며, 가등기·가등록에 기한 본등기·본등록의 순위는 가등기·가등록의 순위에 의한다.
607) "채무불이행을 정지조건으로 하는 대물변제의 예약"이란 소비대차의 당사자간에서 채무자가 기한까지 변제를 하지 않으면 채권담보의 목적물의 소유권이 당연히 채권자에게 이전된다고 미리 약정하는 것을 말한다.

(1) 그 재산에 대해 부과된 조세의 우선[608]

일반적으로 국세·지방세의 법정기일 전에 저당권 등이나 가등기된 재산인 경우에는 이에 따른 권리를 주장할 수 있지만, 저당권 등이나 가등기의 설정을 등기·등록한 '그 재산에 대하여 부과된' 국세·지방세는 아무리 법정기일 전에 등기·등록하였다 해도 항상 우선한다.

이 경우 그 재산 중 일부를 매각하게 되면 우선 징수하는 금액은 그 재산에 대하여 부과된 국세·지방세에 총재산가액 중 매각재산가액이 차지하는 비율을 곱하여 산출한 금액으로 한다.

예를 들어 상속세(증여세 포함) 부과대상인 재산의 경우, 피상속인(증여인 포함)이 조세의 체납이 없는 상태에서 설정한 저당권 등에 담보된 채권보다는 우선하지 않지만, 본래의 납세의무자인 상속인(수증인 포함)이 설정한 저당권 등에 담보된 채권보다는 법정기일에 관계없이 항상 국세·지방세 등 조세채권이 우선하게 된다.

'그 재산에 대하여 부과된 조세'란 국세의 경우 상속세·증여세·종합부동산세를 말하며, 지방세의 경우 재산세, 자동차 소유에 대한 자동차세, 특정 부동산에 대한 지역자원시설세, 재산세와 자동차세에 부가되는 지방교육세를 말한다

하지만 그 재산에 대하여 부과된 국세·지방세라 해도 담보물권을 취득하는 사람이 장래 그 재산에 대하여 부과될 것을 상당한 정도로 예측할 수 있는 것으로서 오로지 그 재산을 소유하고 있는 것 자체에 담세력을 인정하여 부과되는 것만 한정하여 우선권이 인정될 것이다.

그러므로 담보물권자의 이익이 과도하게 침해되지 않도록 제한적으로 엄격하게 해석하고 적용하여야 한다.

(2) 가등기와 압류의 효력

납세자의 재산이 담보가등기가 된 경우 국세·지방세와의 우선순위는 사실상 저당권 등의 설정의 경우와 동일하게 취급된다.

즉 조세의 법정기일 전에 가등기한 경우에는 순위보전효력順位保全效力이 인정되어 과세관

---

608) 「국세기본법」(1990.12.31. 법률 제4277호로 개정된 것) 제35조 제1항 제3호에서 "그 재산에 대하여 부과된 국세와 가산금은 제외한다"는 부분 중 '당해재산'의 소유 그 자체를 과세의 대상으로 하여 부과하는 이른바 강학 상의 재산세에 해당하는 국세와 가산금 부분은 담보권자의 예측가능성을 해치지 아니하므로 과세요건 명확주의에 위반되지 아니하고, 재산권인 저당권 등의 본질적인 내용을 침해하거나 그 내용을 과도하게 제한하는 것이라고 볼 수 없으며, 그리고 어떤 국세가 우선징수권이 인정되는 당해세에 해당되는지에 관한 구체적·세부적 판단을 담당할 기관은 개별 법령의 해석, 적용의 권한을 가진 법원의 영역에 속한다(헌법재판소 1999.5.27. 선고, 98헌바90 결정 참조).

청은 채권자의 소유가 된 재산으로부터 조세를 징수할 수 없게 되며, 조세의 법정기일 후에 가등기된 경우에는 그 재산으로부터 조세를 징수할 수 있게 된다.

만약 가등기에 따른 본등기가 압류 전에 이뤄진 경우에는 타인의 재산에 압류를 하는 결과가 되므로 당연히 압류의 효력이 없게 된다.

⑤ 짜고 한 거짓계약의 취소

세법은 법정기일 전에 저당권·질권·저당권의 설정이나 임대차, 가등기담보·양도담보가 설정된 경우에는 국세·지방세 등 조세보다 우선 변제받을 수 있도록 하여 담보권자의 예측가능성을 보장하고 있다.

하지만 이를 이용하여 국세·지방세의 부담을 회피하기 위하여 제3자와 짜고 거짓으로 재산에 전세권·질권·저당권의 설정계약, 대항요건과 확정일자를 갖춘 임대차계약, 가등기 설정계약, 양도담보 설정계약(담보권설정계약 등)을 한 경우에는 과세관청이 그 등기·등록의 취소를 법원에 청구할 수 있도록 '짜고 한 거짓계약의 취소' 절차를 두고 있다.

즉, 납세자가 제3자와 짜고 거짓으로 재산에 전세권·질권·저당권의 설정계약, 가등기 설정계약·양도담보 설정계약을 하고 그 등기·등록을 함으로써 그 재산의 매각금액으로 국세·지방세를 징수하기가 곤란하다고 인정할 때에 과세관청은 그 행위의 취소를 법원에 청구할 수 있다.

(1) 짜고 한 거짓계약의 취소 요건

① 제3자와 짜고 거짓으로 담보권설정계약 등을 등기·등록

제3자와 짜고 거짓으로 전세권·질권·저당권의 설정계약, 가등기 설정계약, 양도담보 설정계약, 「주택임대차보호법」[§3의2②]·「상가건물 임대차보호법」[§5②]에 따라 대항요건과 확정일자를 갖춘 임대차계약을 체결함으로써 그 재산의 매각금액으로 조세를 징수하기가 곤란하다고 인정할 때에는 그 행위의 취소를 법원에 청구할 수 있다등기·등록하여야 한다[국기법 §35⑥; 지기법 §71④].

이 경우 짜고 거짓으로 계약하였는 지 여부는 과세관청이 입증하여야 하지만, 납세자가 조세의 법정기일 전 1년 내에 일정한 특수관계인 자와 전세권·질권·저당권 설정계약, 임대차 계약, 가등기 설정계약, 양도담보 설정계약을 한 경우에는 짜고 한 거짓 계약으로 추정하도록 하여 납세자에게 거짓으로 계약한 것이 아니라는 입증책임을 지도록 하고 있다.

② 재산의 매각금액으로 조세등의 징수가 곤란

담보권이 법정기일 후가 아닌 법정기일 전에 설정되고 조세 등을 징수하기 곤란하다고 인정되는 경우에만 적용되고, 설사 제3자와 짜고 거짓으로 등기·등록을 하였다 해도 국세·지방세 등 조세를 징수하기 곤란하지 않은 것으로 인정되는 경우에는 적용되지 않는다.

(2) 짜고 한 거짓계약의 추정

납세자가 국세·지방세의 법정기일 전 1년 내에 '일정한 특수관계인'과 담보권설정계약 등을 한 경우에는 '짜고 한 거짓계약'으로 추정한다.

일반적으로 짜고 한 거짓계약의 취소를 위한 입증책임은 원칙적으로 과세관청에게 있으나 짜고 한 거짓계약으로 추정하는 경우에는 납세자가 짜고 한 거짓계약이 아니라는 것을 입증하여야 한다.

이는 특수관계인 간에 짜고 한 거짓계약일 경우 그 사실을 과세관청이 입증하는 것이 매우 어려운 점을 감안한 것이지만 특수관계인 간의 담보권 설정계약이라 하여 일단 짜고 한 거짓계약으로 추정하는 것은 제도의 남용소지를 안고 있다.

| 짜고 한 거짓계약을 한 것으로 추정되는 '일정한 특수관계인'의 범위 [609] |

구분	국세	지방세
혈족·인척 등 친족관계	① 6촌 이내의 혈족 ② 4촌 이내의 인척 ③ 배우자(사실상의 혼인관계에 있는 사람을 포함한다) ④ 친생자로서 다른 사람에게 친양자로 입양된 사람과 그 배우자·직계비속	(좌동)
임원·사용인 등 경제적 연관관계	① 임원과 그 밖의 사용인 ② 본인의 금전이나 그 밖의 재산으로 생계를 유지하는 사람 ③ ①, ②의 사람과 생계를 함께하는 친족	(좌동)

---

609) [국기령 §18의2]에서 짜고 한 거짓 계약으로 추정하는 '친족이나 그 밖의 특수관계인'으로 준용하는 [국기령 §20]의 '특수관계인' 규정은, 출자자의 제2차 납세의무에서 과점주주의 범위[국기법 §39②]에서도 동일한 기준으로 적용된다.

구분	국세	지방세
주주·출자자 등 경영지배관계	① 본인이 개인인 경우 : 가. 본인이 직접 또는 그와 친족관계 또는 경제적 연관관계에 있는 자를 통하여 법인의 경영에 대하여 지배적인 영향력을 행사하고 있는 경우 그 법인 ② 본인이 법인인 경우 : 가. 개인 또는 법인이 직접 또는 그와 친족관계나 경제적 연관관계에 있는 자를 통하여 본인인 법인의 경영에 대하여 지배적인 영향력을 행사하고 있는 경우 그 개인이나 법인 나. 본인이 직접 또는 그와 경제적 연관관계나 가목의 관계에 있는 자를 통하여 어느 법인의 경영에 대하여 지배적인 영향력을 행사하고 있는 경우 그 법인	(좌동)
해당 법인의 경영에 대하여 지배적인 영향력의 판단	① 영리법인인 경우 : 가. 법인의 발행주식총수·출자총액의 50% 이상을 출자한 경우 나. 임원의 임면권의 행사, 사업방침의 결정 등 법인의 경영에 대하여 사실상 영향력을 행사하고 있다고 인정되는 경우	(좌동)
	② 비영리법인인 경우 : 가. 법인의 이사의 과반수를 차지하는 경우 나. 법인의 출연재산(설립을 위한 출연재산만 해당)의 50% 이상을 출연하고 그 중 1인이 설립자인 경우	② 비영리법인인 경우 : 가. (좌동) 나. 법인의 출연재산(설립을 위한 출연재산만 해당)의 30% 이상을 출연하고 그 중 1명이 설립자인 경우

제 **4** 절

납세보전제도

　납세자가 조세를 납부기한까지 납부하지 않은 경우 과세관청은 체납처분 절차에 의하여 강제적으로 징수절차를 밟는 한편 체납한 조세, 가산세와 체납처분비를 부과하여 불성실한 납세자에게 추가적으로 금전적인 부담을 주어 성실한 납세를 유도한다.

　이와 같이 납세자에 대하여 이뤄지는 직접적인 징수절차 이외에도 납세자 일반의 성실납세를 유도하고 조세의 체납을 방지하여 조세수입을 안정적으로 확보하기 위해 간접적인 방법으로 법률적·행정적 수단을 두고 있는 데 이를 '납세보전제도'納稅保全制度, tax perpetuation system라 한다.

　납세보전제도로는, ① 「납세증명서」발급, ② 미납조세의 열람, ③ 관허사업의 제한, ④ 「지급명세서」의 체납처분 활용과 외국인 체납자료 법무부 제공, ⑤ 고액·상습체납자의 체납자료의 신용정보회사 등 제공, ⑥ 고액·상습체납자의 명단공개, ⑦ 고액·상습체납자에 대한 감치, ⑧ 고액체납자의 출국금지 요청 등이 있다.

| 체납자 등에 대한 납세보전 제도 |

납세보전제도	대상자
납세증명서 발급	① 국가·지자체, 정부관리기관에서 대금지급수령 시 ② 국세·지방세를 납부할 의무 외국인 출국시 ③ 외국 이주, 1년 초과 외국체류목적 여권 신청시 ④ 신탁 원인으로 소유권을 이전위해 등기신청시
미납조세의 열람	임차인이 열람가능한 임대인의 ① 임대인의 체납액, ② 고지서상 납기가 되지 않은 국세·지방세, ③ 법 정신고기한내 신고한 국세·지방세 중 미납조세
관허사업의 제한	① 사전적 제한 : '체납의 정당한 사유'없이 조세 체납한 자 ② 사후적 제한 : 관허사업 경영하면서 '정당한 사유' 없이 3회 이상 체납, 소득세·법인세·부가세 체납액 500만원(지방세 30만원~100만원) 이상인 자
외국인체납자료의 법무부 제공	① 체납발생일부터 1년경과 지방세체납액이 100만원 이상인 외국인 ② 지방세 3회 이상 체납, 체납액이 5만원 이상인 외국인

납세보전제도	대상자
체납자료의 신용정보회사 등 제공	① 체납발생일부터 1년 경과 국세·지방세 체납액이 500만원 이상인 자 ② 1년에 3회 이상 체납하고 국세·지방세 체납액이 500만원 이상인 자
고액·상습체납 자 명단공개	① 체납자 : 체납 발생일부터 1년이 지난 조세가 국세 2억원, 1천만원 이상 3 천만원 이상 체납자 ② 불성실기부금 수령단체 : 공개일 기준 최근 2년 이내 횟수기준 3회 이상이 나 세액기준 1천만원 이상, 최근 3년간 「기부자별 발급명세」등 미작성· 미보관, 기부금액·기부자가 위장발급된 기부금영수증을 5회 이상 교부나 총 발급금액 5천만원 이상인 자 ③ 조세포탈죄로 유죄판결 확정된 자로 포탈세액 등이 연간 2억원 이상인 자 ④ 해외금융계좌정보의 신고의무자로서 무신고·과소신고한 금액이 50억원 을 초과하는 자
고액·상습체납 자에 대한 감치	①, ②, ③ 모두 해당자 ① 3회 이상 체납, 발생일부터 각 1년이 경과, 총체납금액이 2억원 이상 ② 체납된 국세의 납부능력이 있음에도 정당한 사유없이 체납한 경우 ③ 「국세정보위원회」의 의결에 따라 체납자 감치 필요성이 인정되는 경우
고액체납자에 대한 출국금지 요청	'정당한 사유' 없이 국세 5천만원, 지방세 3천만원 이상 체납한 아래 자 ① 배우자·직계존비속이 국외로 이주(국외 3년 이상 체류 포함)한 사람 ② 요청일 현재 최근 2년간 미화 5만달러 상당액 이상을 국외로 송금한 사람 ③ 미화 5만달러 상당액 이상 국외자산 발견자 ④ 명단이 공개된 고액·상습체납자 ⑤ 요청일기준 1년간 체납된 국세 5천만원, 지방세 3천만원 이상으로 정당한 사유 없이 국외출입횟수가 3회 이상이나 국외체류일수 6개월 이상인 자 ⑥ 사해행위취소소송, 제3자와 짜고 한 거짓계약에 대한 취소소송 중인 사람

 납세증명서 제출

'「납세증명서」 제출'納稅證明書 提出제도는 납세자가 특정한 행위를 하는 경우 반드시 과세 관청이 발행하는 「납세증명서」를 발급받아 제출하도록 하여 조세의 성실한 납부를 유도하는 제도이다[국징법 §5; 지징법 §5].

이 때 「납세증명서」納稅證明書, tax payment certificate란 국가·지방자치단체가 발급일 현재 국세·지방세별로 각각 다음을 제외하고 납세자에게 다른 체납액이 없다는 사실을 증명하는 문서를 말한다.

① 「국세징수법」[§15~§17]·「지방세징수법」[§25~§26]에 따른 징수유예액

② 「채무자 회생 및 파산에 관한 법률」[§140]에 따른 징수유예액

③ 체납처분에 의하여 압류된 재산의 환가유예에 관련된 체납액

④ 「국세징수법」[§85의2]・「지방세징수법」[§105]에 따른 체납처분유예액

(1) 납세증명서의 제출의무

납세자가 다음의 행위를 하는 경우에는 「납세증명서」를 제출하여야 한다[국징법 §5(1)~
(3); 지징법 §5①].

① 국가・지방자치단체, 「감사원법」[§22①(3)(4)]에 의하여 검사대상이 되는 정부관리기관
으로부터 대금의 지급을 받을 때[610]

② 국세・지방세를 납부할 의무가 있는 외국인이 출국할 때

③ 내국인이 외국에 이주하거나 1년을 초과하여 외국에 체류할 목적으로 외교부장관에
게 거주목적의 여권을 신청할 때

④ 「신탁법」에 따른 신탁을 원인으로 부동산의 소유권을 수탁자에게 이전하기 위하여
등기관서의 장에게 등기를 신청할 때[611]

하지만 납세자가 「납세증명서」를 제출하여야 하는 경우에도 그 주무관서장은 국세청장
(국세 정보통신망을 통한 조회의 경우)이나 세무서장, 지방자치단체장에게 조회하거나 납세자
의 동의를 받아 「전자정부법」[§36①]에 따른 행정정보의 공동이용을 통하여 그 체납사실
여부를 확인하여 「납세증명서」의 제출을 생략하게 할 수 있다[국징령 §5③; 지징령 §5③].

(2) 「납세증명서」 제출의 면제

납세자가 다음 중 하나에 해당하는 때에는 「납세증명서」를 제출하지 않아도 된다[국징령
§5①; 지징령 §5①].

① 「국가를 당사자로 하는 계약에 관한 법률 시행령」[§26①각호(그중 (1)라목 제외)]・「지
방자치단체를 당사자로 하는 계약에 관한 법률 시행령」[§25①각호(그중 (7)가목 제외)]
에 규정하는 수의계약과 관련하여 대금을 지급받는 경우

② 국가・지방자치단체가 대금을 지급받아 그 대금이 국고・지방자치단체의 금고에 귀
속되는 경우

---

610) 대금을 지급받는 자가 원래의 계약자 외의 자인 경우에는, ① 채권양도로 인한 경우 : 양도인과 양수인 양
쪽의 납세증명서를 제출할 것, ② 법원의 전부명령轉付命令에 의한 경우 : 압류채권자의 납세증명서를 제출
할 것, ③ 「하도급거래 공정화에 관한 법률」[§14①(1)(2)]에 따라 건설공사의 하도급대금을 직접 지급받는
경우 : 수급사업자의 납세증명서를 제출하여야 한다[국징령 §4].

611) 이 경우라도, 신탁 대상 부동산의 소유권 이전 관련 확정판결, 그 밖에 이에 준하는 집행권원執行 權原에
의하여 등기를 신청하는 경우에는 「납세증명서」를 제출하지 않을 수 있다.

③ 조세의 체납처분에 의한 채권압류에 의하여 세무공무원이 그 대금을 지급받는 경우

④ 「채무자 회생 및 파산에 관한 법률」[§355]에 의한 파산관재인이 「납세증명서」를 발급받지 못하여 파산절차의 진행이 곤란하다고 관할 관할법원이 인정하고, 해당 법원이 「납세증명서」의 제출예외를 관할 과세관청에게 요청하는 경우

⑤ 납세자가 계약대금 전액을 체납세액으로 납부하거나 계약대금 중 일부금액으로 체납세액 전액을 납부하려는 경우

(3) 납세증명서의 발급

납세자가 조세에 관한 「납세증명서」를 발급받고자 하는 경우, 개인은 주소지(주소가 없는 외국인의 경우에는 거소지)나 사업장소재지를 관할하는 세무서장, 법인은 본점(외국법인인 경우에는 국내 주사업장) 소재지를 관할하는 세무서장에 문서[612]를 제출하여야 한다. 전자문서를 국세나 지방세의 정보통신망에 의해 제출할 수도 있다[국징령 §6].

❷ 미납조세의 열람

'미납조세의 열람'未納租稅 閱覽은 주택이나 상가 건물에 대한 임대차계약을 하기 전에 임대인이 납부하지 아니한 국세·지방세를 열람할 수 있게 하여 조세의 징수를 도모하고 임차인의 재산권을 보호할 수 있게 하는 제도이다.

「주택임대차보호법」[§2]에 따른 주거용 건물, 「상가건물임대차 보호법」[§2]에 따른 상가 건물을 임차하여 사용하고자 하는 사람은 그 건물에 대한 임대차 계약을 하기 전에 임대인의 동의를 얻어 임차할 건물의 소재지 관할 과세관청에게 임대인이 납부하지 아니한 국세·지방세의 열람을 신청할 수 있다[국징법 §6의2①; 지징법 §6①].

(1) 열람할 수 있는 미납조세

임차인이 열람할 수 있는 '임대인이 납부하지 아니한 조세'는 다음에 한정된다[국징법 §6의2②; 지징법 §6②].

① 임대인의 체납액

② 「납세고지서」·「납부통지서」를 발급한 후 납기가 되지 않은 국세·지방세

---

612) '문서'는 국세의 경우 「납세증명서」[국징칙 별지 제1호 서식], 지방세의 경우 「납세증명서」[지징칙 별지 제1호 서식]으로 한다. 「납세증명서」의 발급신청은 본인 이외의 제3자(본인의 위임을 받은 경우)도 할 수 있으며, 우편에 의하여도 할 수 있다.

③ 각 세법에 따른 과세표준·세액의 신고기한까지 신고한 국세·지방세 중 납부하지 아니한 조세

(2) 미납조세의 열람절차

　미납조세의 열람을 신청하는 사람은, 임대인의 주소, 성명, 임차하고자 하는 건물에 관한 사항 등을 기재한 서류(「미납국세 열람신청서」[국징칙 별지 제1호의2 서식])에 임대인의 동의를 증명할 수 있는 서류와 임차하려는 자의 신분을 증명할 수 있는 서류를 첨부하여 과세관청에 제출하여야 한다.

　임차하려는 사람으로부터 신청을 받은 관할 과세관청은 반드시 열람신청에 응하여야 한다.

　미납조세의 열람 신청은 각 세법에 따른 과세표준·세액의 신고기한까지 임대인이 신고한 국세·지방세 중 납부하지 아니한 조세의 경우 신고기한으로부터 30일이 지난 때(종합소득세의 경우에는 신고기한으로부터 60일이 지난 때)부터 할 수 있다[국징령 §7의2; 지징령 §8].

(3) 조세 우선권과의 관계

　미납조세의 열람은 주택·상가 임대인이 납부하여야 할 조세를 납부하지 못하여 주택·상가가 압류되어 공매 처분되는 경우 조세의 우선징수권으로 인해 세입자가 불의의 피해를 입는 것을 예방하기 위하여 임대차계약 전에 임대인의 동의를 얻어 임대인이 납부하지 아니한 조세의 내용을 열람할 수 있도록 한 것이다.

　하지만 조세 우선권의 기준이 되는 법정신고기한이 지났다고 해도 일정한 기간이 지나지 않으면 미납조세의 열람을 신청할 수 없게 되어, 임차인은 임차에 관한 의사결정을 하거나 임차권의 등기·확정일자 등 필요한 행위를 할 수 없다.

　이 때문에 미납조세의 열람 제도는 조세 우선권과 관련하여 납세자의 재산권 보호를 위한 것이라기보다, 납세자로부터 조세징수를 유도하기 위한 납세보전제도의 성격이 더 크다고 할 수 있다.

③ 관허사업의 제한

　'관허사업의 제한'官許事業 制限은 일정한 체납자가 영업활동을 위해 행정기관의 허가·인가·면허·등록과 그 갱신을 하는 경우 과세관청이 행정기관으로 하여금 허가 등을 하지 않도록 하여 해당 사업의 영위나 직업의 선택을 제한하는 제도이다.

'관허사업'은 허가·면허·등록 등 명목 여하에 관계없이 법령에 의하여 일반적인 제한이나 금지를 해제하거나 권리를 설정하여 일정한 사실행위나 법률행위를 적법하게 할 수 있도록 하는 행정처분이 필요한 사업을 말한다.

이렇게 관허사업의 제한 제도를 둔 것은 관허사업을 영위하는 납세자가 조세를 체납한 경우 그 사업을 더 이상 영위하지 못하게 하여 조세징수를 도모하기 위한 것이다.

하지만 아무리 입법목적을 고려하더라도 관허사업제한은 그 대상과 방법에 있어 헌법상 보장된 국민의 기본권인 '직업선택의 자유'를 지나치게 제한하는 것이다.

납세자가 얼마를 체납하든 간에 새로운 관허사업의 개시를 제한하도록 요구할 수 있고 이미 관허사업을 영위하고 있는 경우에도 그 허가 등의 취소를 요구함으로써 더 이상 그 사업을 영위할 수 없도록 하기 때문이다.

그러므로 관허사업 제한의 대상은 회수와 금액 등 체납의 규모가 상당한 수준에 이르고 체납의 정당한 이유가 없는 납세자를 대상으로 공익을 위하여 헌법상 보장된 기본권인 개인의 직업선택의 자유를 제한하는 것이 불가피한 최소한의 범위로 축소되어야 할 것이다.

(1) 관허사업 제한의 구분

이러한 관허사업의 제한은 '사전적 관허사업 제한'과 '사후적 관허사업 제한'으로 구분된다.

① 사전적 관허사업 제한

납세자가 '체납의 정당한 사유'[국징령 §8] 없이 조세를 체납한 때에, 과세관청은 허가·인가·면허·등록과 그 갱신을 필요로 하는 '관허사업'의 주무관서에 그 납세자에 대하여 해당되는 허가 등을 하지 아니할 것을 요구할 수 있다[국징법 §7①; 지징법 §7①].

② 사후적 관허사업 제한

납세자가 허가·인가·면허·등록과 그 갱신을 필요로 하는 '관허사업'을 경영하면서 조세를 3회 이상 체납[613]한 경우로서 그 사업과 관련한 소득세·법인세·부가가치세 등 국세의 체납액이 500만원(지방세의 경우 30만원 이상 100만원 이하의 범위에서 지방자치단체 조례로 정하는 금액) 이상인 때에는, '체납의 정당한 사유'에 해당하거나 납세자에게 납세가 곤란한 사정이 있은 사실을 과세관청이 인정하는 때를 제외하고 그 주무관서에 사업의 정지·허가

---

613) 3회의 체납횟수는 「납세고지서」 1통을 1회로 보아 계산한다[국징령 §9①]. 이 때 체납에는 관허사업 자체에 관한 것에 국한하지 아니하고 그 밖의 원인으로 인한 체납과 본래의 납세의무 외에 제2차 납세의무, 납세보증인의 의무, 연대납세의무, 양도담보권자의 물적 납세의무에 의한 체납액이 포함되며, 관허사업의 제한요구 시점에 3건 이상의 체납국세가 있어야 하는 것으로 해석된다.

등의 취소를 요구할 수 있다[국징법 §7②; 지기법 §7②].

관허사업의 제한 대상에서 제외하는 '납세가 곤란한 사정이 있은 사실을 과세관청이 인정하는 때'란, 관허사업을 영위하는 납세자가 체납세액의 납부를 하지 못하는 일시적인 곤란한 사정이 있으나 과세관청이 납세자에게 관허사업 제한을 하지 않아도 그 조세채권이 확보가 가능하다고 판단하는 경우 등을 말한다.

(2) 체납의 정당한 사유

납세자에게 사전적·사후적인 관허사업 제한의 대상에서 제외되는 '체납의 정당한 사유'는 다음의 하나에 해당하는 것으로서 과세관청이 인정하는 것을 말한다[국징령 §8; 지징령 §9].
① 공시송달의 방법에 의하여 납세가 고지된 경우
② 납세자가 천재지변, 화재, 전화戰禍, 그 밖의 재해를 입거나 도난을 당하여 납세가 곤란한 경우
③ 납세자나 그 동거가족의 질병으로 납세가 곤란한 경우
④ 납세자가 그 사업에 심한 손해를 입어 납세가 곤란한 경우
⑤ 납세자가 강제집행, 「어음법」·「수표법」에 따른 어음교환소에서 거래정지처분을 받거나 경매가 시작된 때[국징법 §14①(3)~(5)]
⑥ 납세자의 재산이 '체납처분중지 사유'[국징법 §85①②][614]에 해당하는 때
⑦ ①~⑥에 준하는 사유가 있는 때[615]
⑧ 「부가가치세법」[§3의2]에 따라 물적 납세의무가 있는 수탁자가 그 물적 납세의무와 관련한 부가가치세 등을 체납한 경우

(3) 요구와 철회 절차

과세관청이 납세자가 영위하고 있는 관허사업의 제한을 주무관청에 요구하는 경우에는, 관허사업을 제한하고자 하는 이유와 그 밖에 필요한 사항을 기재한 「관허사업 제한요구서」로 하여야 한다[국징령 §10①].
이를 요구받은 주무관서는 정당한 사유[616]가 없으면 요구에 따라야 하며, 그 조치결과를

---

614) 국징법[§85] ① 체납처분의 목적물인 총재산의 추산가액이 체납처분비에 충당하고 잔여가 생길 여지가 없는 때에는 체납처분을 중지하여야 한다. ② 체납처분의 목적물인 재산이 「국세기본법」 제35조 제1항 제3호에 규정하는 채권의 담보가 된 재산인 경우에 그 추산가액이 체납처분비와 당해 채권금액에 충당하고 잔여가 생길 여지가 없는 때에도 또한 제1항과 같다.
615) 국징령[§8(7)]에 규정되어 있으나 따로 시행규칙에서 정한 내용이 없다.
616) 관허사업의 제한을 요구받은 주무관서가 제한을 거부할 "정당한 사유"에 해당하는지 구체적으로 법령에서 정하고 있지 아니하다. 하지만 관허사업과 관련한 일정한 사유가 발생한 경우 관허사업의 제한요구를 받은

바로 과세관청에 통지하여야 한다. 과세관청이 관허사업의 제한 요구를 한 이후 관련한 해당 조세를 징수하였을 때에는 바로 그 요구를 철회하여야 한다.

④ 금융거래정보의 활용과 체납자료의 제공

(1) 「지급명세서」등 금융거래정보의 체납처분 활용

과세관청은 「금융실명거래 및 비밀보장에 관한 법률」[§4④]에 불구하고 「소득세법」[§164]·「법인세법」[§120]에 따라 제출받은 이자소득·배당소득에 대한 「지급명세서」등 금융거래에 관한 정보를 체납자의 재산조회 등 체납처분을 위하여 사용할 수 있다[국징법 §7의3].

(2) 외국인 체납자료의 법무부 제공

지방세의 채권확보를 위해, 행정안전부장관이나 지방자치단체의 장은, ① 체납 발생일부터 1년이 지나고 체납액이 100만원 이상인 자, ② 지방세를 3회 이상 체납하고 체납액이 5만원 이상인 외국인에 대한 관리와 지방세 징수 등을 위하여 법무부장관에게 외국인 체납자의 인적사항, 체납액에 관한 자료를 제공할 수 있다[지징법 §10].

만약 외국인 체납자료를 전산정보처리조직에 의하여 처리하는 경우에는 체납 자료파일을 작성하여 지방세정보통신망을 통하여 법무부장관에게 제공할 수 있다.

체납액에 관한 자료를 제공받은 법무부장관은 이를 업무 외의 목적으로 누설하거나 이용해서는 아니 된다.

⑤ 고액·상습체납자 체납자료의 신용정보회사 제공

「신용정보의 이용 및 보호에 관한 법률」[§2⑸⑹]에 따른 신용정보회사·신용정보집중기관[617]이 과세관청에게 '일정한 체납자'의 인적사항·체납액에 관한 자료(체납자료)를 요구한 경우 국세·지방세의 징수나 공익목적을 위하여 필요한 경우에는 제공할 수 있다[국징법

주무관서에서 판단할 사항이며(징세 46101-58, 1999.1.6. 참조), 예컨대 관허사업 관련 법령에 국세체납으로 인한 행정사업의 처분의 근거규정이 없다 해도 이는 정당한 사유에 해당 되지 않는다고 본다(국세청 서면1팀-882, 2006.6.29. 참조).

617) 이외에도 "그 밖에 대통령령이 정하는 자"에게 체납·결손처분자료를 제공할 수 있도록 위임하고 있으나 현재 대통령령에 규정된 것은 없다.

§7의2: 지징법 §9].

하지만 다음과 같은 경우에는 체납자료를 제공하지 않는다[국징법 §7의2단서: 지징법 §9].

① 체납된 조세와 관련하여 「국세기본법」, 「지방세기본법」에 따른 이의신청, 심사청구, 심판청구, 행정소송이 계류 중인 경우

② 체납처분유예를 받은 경우[국징법 §85의2①: 지징법 §105①]

③ 재해·도난으로 재산에 심한 손실을 받은 경우[국징법 §15①(1): 지징법 §25①(1)]

④ 사업에 현저한 손실을 받은 경우[국징법 §15①(2): 지징법 §25①(2)]

⑤ 사업이 중대한 위기에 처한 경우[국징법 §15①(3): 지징법 §25①(3)]

(1) 자료의 제공대상

과세관청이 신용정보회사 등에 체납자료를 제공할 수 있는 '일정한 납세자'는 다음 중 하나에 해당하는 납세자를 말한다.

① 체납 발생일부터 1년이 지나고 체납액이 500만원 이상인 자

② 1년에 3회 이상 체납하고 체납액이 500만원 이상인 자

(2) 자료의 제공절차

과세관청에 체납자료를 요구하는 사람은 요구하는 자료의 내용, 이용목적 등을 기재한 문서를 과세관청에게 제출하여야 한다. 이 요구받은 과세관청은 체납·결손처분 자료화일이나 문서로 제공할 수 있다.

과세관청으로부터 체납자료[618]를 제공받은 사람은 업무목적 외로 누설하거나 이용해서는 안된다.

(3) 자료 제공 후 사후관리

과세관청이 체납자료를 제공한 후 납세자가 체납액을 납부하여 제공대상 자료에 해당되지 아니하게 된 경우에는 사유 발생일부터 15일 이내에 자료제공자에게 그 사실을 통지하여야 한다[국징령 §10의2④].

---

618) 체납자료를 전산정보처리조직에 의하여 처리하는 경우에는 체납처분 자료화일(자기테이프·자기디스크 기타 이와 유사한 매체에 제공대상 자료가 기록·보관된 것)을 작성할 수 있다. 지방세의 경우에는 체납처분은 물론 결손처분 자료도 포함한다.

⑥ 고액·상습체납자의 명단공개

국세청장이나 지방자치단체의 장은 세법상 비밀유지 의무[국기법 §81의13; 지기법 §86]에도 불구하고 고액이나 상습적인 체납자, 납세자의 탈세를 조장하는 이해관계인에 대하여는 그 인적사항, 체납액 등을 외부에 공개할 수 있다.

이는 사회적으로 탈세와 불성실 납세를 추구하는 심리를 차단하고 성실납세 풍토를 조성하기 위한 것이다.

하지만, 납세자가 세금을 체납이나 납세협력의무를 이행하지 않았다는 이유로 명단이 공개되는 경우 회복할 수 없는 피해를 받게 되므로, 명단공개 대상에서 제외할 수 있는 범위를 두어야 하고 명단공개에 앞서 해당 납세자가 소명자료를 제출할 수 있어야 한다. 아울러 과세관청은 체납자 등 공개대상자의 재산상황, 그 밖의 사정을 고려하여 공개할 실익이 있는지를 적극적으로 판단하여야 한다.

이와 같이 명단공개는 과세관청이 임의로 정하고 일방적으로 공개하는 것이 아니라, 사전에 납세자에게 반드시 통지하고 소명을 받아야 하며, 이는 명단 공개에 따른 개인의 인격권과 사생활의 침해 가능성을 최소화하기 위한 것이다.

(1) 정보공개 대상과 제외

1) 정보공개 대상

국세청장·지방자치단체의 장은 다음의 체납자, 납세자의 이해관계인의 인적사항 등을 공개할 수 있다[국기법 §85의5①; 지징법 §11].

① 체납 발생일부터 1년이 지난 조세가 국세의 경우 2억원, 지방세의 경우 1천만원 이상 3천만원의 범위에서 지방자치단체 조례로 정한 금액 이상인 체납자의 인적사항·체납액 등

② 다음과 같은 '불성실기부금 수령단체'의 인적사항·국세추징 명세 등
  (ⅰ) 명단공개일을 기준으로 최근 2년 이내에 3회 이상 국세를 추징당하였거나 추징당한 세액의 합계액이 1천만원 이상인 때
  (ⅱ) 명단공개일을 기준으로 최근 3년간의 「기부자별 발급명세」[소법 §160의3]·「기부법인별 발급명세」[법법 §112의2]를 작성하여 보관하고 있지 아니한 때
  (ⅲ) 명단공개일을 기준으로 최근 3년 이내에 기부금액·기부자의 인적사항이 사실과 다르게 발급된 기부금 영수증을 5회 이상 교부하였거나 그 발급금액의 합계액이 5천만원 이상인 때

③ 「조세범처벌법」[§3①, §4, §5]에 따른 범죄로 유죄판결이 확정된 자로서 「조세범처벌법」[§3①]에 따른 포탈세액 등이 연간 2억원 이상인 자의 인적사항, 포탈세액 등

④ 「국제조세조정에 관한 법률」[§34①]에 따른 해외금융계좌정보의 신고의무자로서 신고기한 내에 신고하지 아니한 금액이나 과소 신고한 금액이 50억원을 초과하는 자의 인적사항, 신고의무 위반금액 등

2) 정보공개 제외

체납자 등이 정보공개 대상인 경우라도 다음에 해당되면 공개할 수 없다[국기법 §85의5① 단서, 국기령 §66①; 지징법 §11①단서, 지징령 §19①].

① 체납된 조세가 이의신청·심사청구·심판청구 등 불복청구 중에 있는 경우

② 고액상습체납자 명단공개의 제외사유

　(ⅰ) 체납액의 30% 이상을 납부한 경우

　(ⅱ) 「채무자 회생 및 파산에 관한 법률」[§243]에 따른 회생계획인가의 결정에 따라 체납된 세금의 징수를 유예 받고 그 유예기간 중에 있거나 체납된 세금을 회생계획의 납부일정에 따라 납부하고 있는 경우

　(ⅲ) 재산상황, 미성년자 해당 여부, 그 밖의 사정 등을 고려할 때 「국세정보공개심의위원회」(국세의 경우)·「지방세심의위원회」(지방세의 경우)가 공개할 실익이 없거나 공개하는 것이 부적절하다고 인정하는 경우

　(ⅳ) 「부가가치세법」[§3의2]에 따른 물적 납세의무가 있는 수탁자가 물적 납세의무와 관련된 부가가치세를 체납한 경우

③ '불성실기부금수령단체' 명단공개의 제외사유

　(ⅰ) 이의신청·심사청구·심판청구, 「감사원법」에 따른 심사청구·「행정소송법」에 따른 행정소송 중에 있는 경우

　(ⅱ) 위원회가 공개할 실익이 없거나 공개하는 것이 부적절하다고 인정하는 경우

④ 조세포탈범 명단공개의 제외 사유 : 위원회가 공개할 실익이 없거나 공개하는 것이 부적절하다고 인정하는 경우

⑤ 해외금융계좌 신고의무 위반자 명단공개

　(ⅰ) 위원회가 신고의무자의 신고의무 위반에 정당한 사유가 있다고 인정하는 경우

　(ⅱ) 「국제조세조정에 관한 법률」[§37]에 따라 수정신고·기한 후 신고를 한 경우(해당 해외금융계좌와 관련하여 세무공무원이 세무조사에 착수한 것을 알았거나 과세자료 해명 통지를 받고 수정신고, 기한 후 신고를 한 경우는 제외한다)

(2) 국세정보위원회

국세의 체납자, 「국세기본법 시행령」[§66⑥]에 따른 불성실기부금수령단체의 인적사항·체납액·국세추징명세 등에 대하여 명단 공개 여부와 체납자에 대한 감치 필요성 여부를 의결하기 위하여 국세청에 「국세정보위원회」를 둔다.

지방세의 체납자에 대한 명단공개 여부는 지방자치단체에 두는 「지방세심의위원회」에서 심의한다[국기법 §85의5②; 지징법 §11①].

1) 위원회의 구성

「국세정보위원회」의 위원은, 국세청장이 국세청의 고위공무원단에 속하는 일반직 공무원 중에서 임명하는 사람(공무원위원) 8명과, 법률이나 회계에 관한 학식과 경험이 풍부한 자 중에서 국세청장이 위촉하는 사람(민간위원) 12명 등 총 20명으로 구성되며, 위원장은 민간위원 중에서 국세청장이 지명하는 사람이 된다. 민간위원의 임기가 2년이다.

2) 위원회 회의

위원회의 회의는 위원장과 위원장이 지정하는 공무원위원 5명과 민간위원 5명으로 구성하며, 위원장을 포함한 구성원 과반수의 출석으로 개의하고, 출석위원 과반수의 찬성으로 의결한다.

위원회의 위원은 명단공개대상자이거나 그 사람의 친족이거나 친족이었던 경우, 그 사람의 사용인이거나 사용인이었던 경우, 명단공개의 직접적인 원인이 된 세무조사에 관여하였던 경우, 명단공개일 전 최근 5년 이내에 명단공개대상자에 관한 법이나 세법에 따른 신고·신청·청구에 관여하였던 경우, 그 법인이나 단체에 속하거나 명단공개일 전 최근 5년 이내에 속하였던 경우, 그 밖에 명단공개대상자의 업무에 관여하거나 관여하였던 경우(제척사유)에는 위원회의 심의·의결에서 제척된다.

아울러 위원회의 위원은 제척사유에 해당하면 스스로 해당 안건의 심의·의결에서 회피하여야 한다.

(3) 명단공개 절차

1) 공개대상 사전예고와 심의

과세관청은 위원회의 심의를 거친 공개 대상자에게 체납자, 불성실기부금수령단체로 명단공개 대상자임을 사전에 예고 통지하여 통지일부터 6개월간의 소명 기회를 주어야 한다 [국기법 §85의5③; 지징법 §11③].

이때에는 체납된 세금의 납부를 촉구하고 만약 공개제외 사유에 해당되는 경우 이에 관한 소명자료를 제출하도록 안내한다.

위원회는 통지일부터 6개월이 지난 후 체납액의 납부 이행, 「기부금영수증 발급명세」의 작성·보관 의무 이행 등을 고려하여 체납자·불성실기부금수령단체 명단공개 여부를 재심의한 후 공개대상자를 선정한다.

2) 공개방법

고액·상습 체납자 등의 명단공개는 국세의 경우 관보에 게재하거나 국세정보통신망, 관할 과세관청의 게시판, 지방세의 경우 관보나 공보, 행정안전부·지방자치단체의 정보통신망·게시판에 게시하는 방법으로 한다[국기법 §85의5④; 지징법 §11④].

명단을 공개할 때 공개할 사항은 고액·상습 체납자의 경우 체납자의 성명·상호(법인의 명칭을 포함한다), 나이, 직업, 주소나 영업소, 체납액의 세목·납기, 체납요지 등이며, 체납자가 법인인 경우에는 법인의 대표자를 함께 공개한다.

불성실기부금수령단체의 경우에는 단체의 명칭, 대표자, 국세추징 건수·세액, 허위영수증의 발급 건수·발급 금액 등을 공개한다.

조세포탈범의 명단을 공개할 때 공개할 사항은 조세포탈범의 성명·상호(법인의 명칭을 포함한다), 나이, 직업, 주소, 포탈세액 등의 세목·금액, 판결 요지, 형량 등으로 한다. 이 경우 조세포탈범의 범칙행위가 「조세범 처벌법」[§18 양벌규정]에 해당하는 경우에는 해당 법인의 명칭·주소·대표자, 해당 개인의 성명·상호, 주소를 함께 공개한다.

해외금융계좌 신고의무 위반자의 명단을 공개할 때 공개할 사항은 신고의무 위반자(법인인 경우에는 법인 대표자를 포함한다)의 성명·법인명, 나이, 직업, 주소, 신고의무 위반금액 등으로 한다. 국세청장이 해외금융계좌 신고의무 위반자의 명단을 국세 정보통신망이나 관할 세무서 게시판에 게시하는 경우, 공개일부터 5년간 공개한다. 만약 신고하지 아니하거나 과소신고한 해외금융계좌와 관련하여 세법에 따라 납부하여야 할 세액, 과태료, 벌금을 납부하지 아니하였거나 형의 집행이 완료되지 아니한 경우에는 명단을 계속하여 공개한다.

⑦ 고액·상습체납자에 대한 감치

국세청장은 '일정한 고액·상습 체납자'에 대하여 체납자의 주소·거소를 관할하는 지방검찰청이나 지청의 검사에게 체납자의 감치를 신청할 수 있다.

이 경우 법원은 검사의 청구에 따라 일정한 체납자에 대하여 결정으로 30일의 범위에서 체납된 국세가 납부될 때까지 그 체납자를 감치監置에 처할 수 있도록 하였다.

이는 정당한 사유가 없는 고액·상습체납자에 대한 감치제도를 도입하여 체납자에 대한 징수의 실효성을 높이기 위한 것이기는 하지만, 체납범에 대한 조세범처벌절차가 있음에도 불구하고 행정상 조세 체납에 대한 별도의 인신구속 절차로, 그 긴급성과 실효성이 인정되는 것인지 의문이다.

(1) 감치 대상자

아래와 같은 요건에 모두 해당되는 '일정한 고액·상습 체납자'에 대하여는 감치에 처할 수 있다.

① 국세를 3회 이상 체납하고 있고, 체납발생일부터 각 1년이 경과하였으며, 체납금액의 합계가 2억원 이상인 경우
② 체납된 국세의 납부능력이 있음에도 불구하고 정당한 사유 없이 체납한 경우
③ 「국세기본법」[§85의5②]에 따른 「국세정보위원회」의 의결에 따라 해당 체납자에 대한 감치 필요성이 인정되는 경우

(2) 감치 절차

국세청장은 '일정한 체납자'에 대하여 감치를 신청하려고 하는 경우에는 체납자에게 소명자료를 제출하거나 의견을 진술할 수 있는 기회를 주어야 한다.

그 결과 감치의 필요성이 인정되는 경우에는 체납자의 주소·거소를 관할하는 지방검찰청이나 지청의 검사에게 체납자의 감치를 신청할 수 있다. 해당 납세자는 그 결정에 대하여 즉시항고를 할 수 있다.

(3) 감치의 제한과 사후관리

'일정한 고액·상습 체납자'에 해당되어 감치에 처하여진 체납자는 동일한 체납사실로 인하여 재차 감치되지 아니한다.

감치에 처하는 재판을 받은 체납자가 그 감치의 집행 중에 체납된 국세를 납부한 경우에는 감치집행을 종료하여야 한다.

감치집행시 세무공무원은 감치대상자에게 감치사유, 감치기간, 감치집행의 종료 등 감치결정에 대한 사항을 설명하고 그 밖의 감치집행에 필요한 절차에 협력하여야 한다.

감치에 처하는 재판 절차나 그 집행, 그 밖에 필요한 사항은 「대법원규칙」으로 정한다.

⑧ 고액 체납자에 대한 출국금지

국세청장과 지방자치단체의 장은 정당한 사유 없이 5천만원 이상의 '일정한 체납자'에 대하여 법무부장관에게 「출입국관리법」[§4③]에 따라 출국금지를 요청하여야 한다[국징법 §7의4; 지징법 §8].

이는 조세채권의 보전을 위한 제도로서, 헌법상 사생활 보호와 거주이전의 자유를 제한하는 매우 강력한 것이므로 매우 제한적으로 행사되어야 함에도, 그 범주도 지나치게 넓을 뿐만 아니라 세법상 규정이 임의규정도 아니고 그 기준에 해당되면 반드시 이행하도록 하는 '강행규정'의 형식으로 규정하고 있다.

(1) 대상자

과세관청이 출국금지를 요청해야 하는 '일정한 체납자'란, 정당한 사유 없이 국세의 경우 5천만원, 지방세의 경우 3천만원 이상 체납한 자 중에서 아래에 해당하는 자로, 관할 세무서장이 압류·공매, 담보 제공, 보증인의 납세보증서 등으로 조세채권을 확보할 수 없고, 체납처분을 회피할 우려가 있다고 인정되는 사람을 말한다.

① 배우자나 직계존비속이 국외로 이주(국외에 3년 이상 장기체류 중인 경우를 포함한다)한 사람
② 출국금지 요청일 현재 최근 2년간 미화 5만달러 상당액 이상을 국외로 송금한 사람
③ 미화 5만달러 상당액 이상의 국외자산이 발견된 사람
④ 「국세기본법」[§85의5①(1)]에 따라 명단이 공개된 고액·상습체납자
⑤ 출국금지 요청일을 기준으로 최근 1년간 체납된 국세 5천만원, 지방세 3천만원 이상인 상태에서 사업 목적, 질병 치료, 직계존·비속의 사망 등 정당한 사유 없이 국외 출입횟수가 3회 이상이거나 국외 체류 일수가 6개월 이상인 사람
⑥ 「국세징수법」[§30]·「지방세징수법」[§39]에 따라 사해행위詐害行爲 취소소송 중이거나 「국세기본법」[§35④]·「지방세징수법」[§71④]에 따라 제3자와 짜고 한 거짓계약에 대한 취소소송 중인 사람

(2) 절 차

국세청장과 지방자치단체의 장은 법무부장관에게 체납자에 대한 출국금지를 요청하는 경우, 해당 체납자에게 출국금지 요청사실과 출국금지 요청 대상으로 삼는 어떤 사유에 해당하는지와 함께 조세채권을 확보할 수 없고 체납처분을 회피할 우려가 있다고 인정하는

사유를 구체적으로 밝혀야 한다.

법무부장관에게 출국금지를 요청할 때에는, 체납자가 해당되는 항목, 압류·공매, 담보 제공, 보증인의 납세보증서 등으로 조세채권을 확보할 수 없는 사유, 체납자가 체납처분을 회피할 우려가 있다고 인정하는 사유 등을 구체적으로 밝혀 요청해야 한다.

과세관청의 출국금지 요청에 대하여 법무부장관이 출국금지를 한 경우, 요청한 국세청장과 지방자치단체의 장에게 그 결과를 「정보통신망 이용촉진 및 정보보호 등에 관한 법률」 [§2①(1)]에 따른 정보통신망을 통하여 통보하여야 한다.

(3) 사후관리

국세청장과 지방자치단체의 장은 체납액 징수, 체납자 재산의 압류, 담보 제공 등으로 출국금지 사유가 해소된 경우에는 즉시 법무부장관에게 출국금지의 해제를 요청하여야 한다.

출국금지 중인 사람이 체납액의 납부, 부과결정의 취소 등에 따라 체납된 조세가 국세 5천만원, 지방세 3천만원 미만으로 된 경우나 출국금지 요청의 요건이 해소된 경우에는 지체 없이 법무부장관에게 출국금지의 해제를 요청하여야 한다.

또한 국세청장과 지방자치단체의 장은 출국금지 중인 사람에게 다음의 어느 하나에 해당하는 사유가 발생한 경우로서 체납처분을 회피할 목적으로 국외로 도피할 우려가 없다고 인정할 때에는 법무부장관에게 출국금지의 해제를 요청할 수 있다.

① 국외건설계약 체결, 수출신용장 개설, 외국인과의 합작사업 계약 체결 등 구체적인 사업계획을 가지고 출국하려는 경우

② 국외에 거주하는 직계존비속이 사망하여 출국하려는 경우

③ ①, ② 외에 본인의 신병치료 등 불가피한 사유로 출국금지를 해제할 필요가 있다고 인정되는 경우

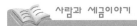

세무조사의 흑역사 소환! 우리나라에 이런 시절도 있었다.

- …1987년 성○○국세청장은 대통령선거에 충당할 자금을 전두환 대통령으로부터 지시받고 세무조사 면제와 무마의 대가로 11개 기업으로부터 54억원의 대선자금을 모금하였다는 사실이 밝혀졌으나 국세청장만 사법처리하고 수사종결되었다.

- …1991년 서○○국세청장이 대통령 선거에서 정주영 현대그룹회장이 출마하자 현대그룹에 대해 특별조사를 벌여 1,308억원을 추징하였다. 이에 불복한 현대그룹은 소송을 걸어 1996년5월 대법원에서 결국 승소하여 대부분의 세금이 취소되었다.

- …1993년 추○○국세청장은 서울지방국세청 요원까지 동원하여 포항제철에 대한 특별조사를 벌여 김영삼 정권과 불편한 관계에 있던 박○○포항제철 명예회장을 퇴진시켰다. 반면에 추○○국세청장은 그후 건설교통부장관으로 승진하였다.

- …1994년 김영삼 정권은 언론사에 대한 세무조사를 실시하여 엄청난 규모의 탈세사실을 확인하였다. 하지만 친정부적인 언론을 만들기 위한 정치적 목적으로 대부분 과세, 사법처리하지 않고 일부만 과세하고 국세청은 조사와 관련된 자료를 파기하였다.

- …1995년 추○○국세청장은 김영삼대통령의 아들 김○○의 50억원 불법실명전환에 대한 세무조사를 진행했다. 김○○안기부차장으로부터 대통령차남 관련 건임을 전달받고 이○○대호건설사장을 통해 불법실명전환한 비자금 50억원의 출처 등에 대한 국세청의 세무조사를 중단시킨 것으로 확인되었다.

- …1997년 임○○국세청장, 이○○차장, 주○○조사국장이 이회창 한나라당 총재의 동생과 함께 세무조사대상인 대기업의 재무구조와 약점을 담은 「100대 기업명단」으로 해당 기업주로부터 150여억원의 대통령선거의 자금을 마련해 한나라당에 전달한 것으로 밝혀져 사법처리되었다.

- …1997년 김영삼대통령의 차남 김○○은 기업인들에게서 60여억원을 받고 세무조사 중단 등을 부탁해 알선수재와 조세포탈혐의로 구속, 1심에서 징역 3년을 선고받은 뒤 2심재판부의 보석결정으로 풀려났다.

- …1999년 세풍사건 관련 공판에서, 신동아그룹회장인 최○○은 이○○국세청차장의 요구로 5억원의 대선자금을 냈다. 그의 회사는 1997년 내내 세무조사를 받고 있었지만 한나라당측에 선거자금을 건넨 후 세무조사가 보류되었다.

- …1999년 국세청은 IMF이후 정부의 구조조정정책에 미온적인 한진그룹에 대한 세무조사 결과, 조○○한진그룹회장 등 3부자를 탈세혐의로 검찰에 고발하였고 한진그룹 4개 계열사와 그 사주일가의 1조원이 넘는 탈루소득을 찾아내 5,416억원의 세금을 추징한다는 발표를 하였다. 하지만 대부분 법원이 조세포탈혐의가 없는 것으로 판단하였다.

- …2008년 국세청은 노무현대통령을 죽음으로 내몬 검찰수사로 이어진 태광실업 특별세무조사를 실시하였다. 하지만 2018년 국세행정개혁TF의 점검결과 조사권을 남용한 정치적 세무조사였다는 사실이 확인되었다.

참고문헌

구재이, 「가산세제의 합리적 입법 및 행정운용 방안 연구」,『납세자의 권리 보호와 과세
권 행사와의 조화』, 한국조세재정연구원, 2014.

「납세자권리의 보장수준에 관한 연구」, 가천대학교 박사학위논문, 2007.

『우리나라 세무조사제도의 개선방안』, 연구보고서, 전국경제인연합회, 2002.

"납세문화 정착을 위한 조세제도 및 세무행정 개선방안",『조세연구』,
(사)한국조세연구포럼, 2004.

권강웅, 『지방세강론』, 영화조세통람사, 2011.

김두형, 「조세법의 해석론에 관한 연구」, 경희대학교 박사학위논문, 1996.

김민호, 「조세법에서의 차용개념의 해석과 적용에 관한 연구」,『공법연구』제31집 제1호,
2002.

김삼목, 『납세자권리보장에 관한 연구 : 조세행정의 적정절차 보장을 중심으로』, 동아대
학교, 1996.

김완석, 『알기 쉬운 조세법 체계로의 개편방향』, 한국조세연구원, 2006.

『납세환경의 개선에 관한 연구』, 한국조세연구소, 2000.

김웅희, "납세자기본권의 헌법적 연구",『세무와 회계 연구』제1권 제1호, 한국세무사
회, 2012.

김종률, "헌법상 납세자기본권의 절차적 보장에 관한 연구",『변호사』제28집, 1998.

김종필, 「위임입법의 입법적 통제에 관한 연구」, 건국대학교 석사학위논문, 2002.

김재길, 『세법학이론』, 박영사, 2008.

김학기, 「조세법률주의와 위헌심사에 관한 연구」, 건국대학교 석사학위논문, 1999.

나석주, 『우리나라 조세구제제도의 개선방안에 관한 연구』, 건국대학교 석사학위논문,
2007.

나성길, 『조세입법론에 관한 연구』, 경희대학교 박사학위논문, 1999.

류전철, 「조세범죄의 형사법화의 관점에서 조세포탈범의 고찰」,『형사정책』제15권 제1호,
한국형사정책학회, 2003.

박윤흔, 『최신 행정법 강의』, 박영사, 2009.

박균성, 『행정법론』, 박영사, 2019.

서보학, 「예금자 비밀보호와 계좌추적의 요건 및 한계」,『형사정책』제14권 제1호, 한국
형사정책학회, 2002.

서희열, 『세법총론』, 세학사, 2018.

안창남, 『프랑스 조세절차법 연구』, 한국세무사회 부설 한국조세연구소, 2001.

오기수, 『조선시대의 조세법』, 어울림, 2012.

우명동, 『조세론』, 도서출판 해남, 2007.

유일언, 「납세자의 권리보호와 세무조사제도의 관계에 관한 연구」, 『법학연구』, 충남대학교, 2001.

이상돈, 『조세형법론』, 세창출판사, 2009.

이전오, 「대체적 조세분쟁 해결절차의 도입에 관한 연구 – 조정을 중심으로」, 『세무학연구』 제24권 제1호, 2007. 3, 한국세무학회, 2007.

이종탁, 『세법개론강의』, 광교이택스, 2018.

이창희, 『세법강의』, 박영사, 2018.

이철송, 『조세범 처벌법의 개선방향』, 한국조세연구원, 1966

임상엽, 『최신세법개론』, 상경사, 2016.

임승순, 『조세법』, 박영사, 2019.

장경원, 「조세형법에 관한 고찰 : 우리나라 조세범 처벌법을 중심으로」, 원광대 행정대학원 석사학위논문, 1992.

장기용, 『세법총론』, 두남, 2012.

정병용, "조세법상 준거개념의 사법관련성에 관한 연구", 건국대학교 박사학위논문, 2005.

조용주, 「조세범처벌의 문제점과 적절한 양형을 위한 연구」, 『조세연구』 제6집, 2008.

최명근, 『세법학총론』, 세경사, 2007.

「우리나라 세무행정 개혁방안」, 한국경제연구원, 2004.

「조세법학, 어떻게 접근할 것인가」, 『조세연구』, 한국조세연구포럼, 2001.

『납세자의 권익보장 제고에 관한 연구』, 한국세무사회 부설 한국조세연구소, 1996.

『한국조세의 제 문제』, 조세통람사, 1988.

『납세자보호관 제도의 법제화 연구』, 한국경제연구원, 2006.

『납세자기본권』, 경제법륜사, 1997.

「미국 내입세입청 감독위원회 신설과 그 시사점」, 『월간조세』, 2002년11월호, 영화조세통람사, 2002.

최임환, 『국부론』, 삼성출판사, 2004.

한상국, 오영근, 『조세범 처벌법의 개편방안』, 한국조세연구원, 1999.

함영복, 『조세기본법규론』, 영화조세통람사, 2013.

한국조세연구포럼, "조세분쟁의 사전·사후조정제도의 도입방안에 관한 연구", 2005.

허원, 『특수관계인 관련법령의 문제점 및 개선방안』, 한국경제연구원, 2019.

국세청, 『국세통계연보』 각 연도.

국회예산정책처, "납세자의 권리보호를 위한 개선방향", 『정책보고서』 제96 - 13호

기획재정부, 『부담금운용 종합보고서』 각 연도.

기획재정부, 『조세지출예산서』, 각 연도.

조세심판원, 『세법개요 및 국세심판·판례해설』 2004.

헌법재판소, 『판례집』

국기법	… 국세기본법	국조법	… 국제조세조정에 관한 법률
국기령	… 국세기본법 시행령	국조령	… 국제조세조정에 관한 법률 시행령
국기칙	… 국세기본법 시행규칙	국조칙	… 국제조세조정에 관한 법률 시행규칙
국징법	… 국세징수법	개소법	… 개별소비세법
국징령	… 국세징수법 시행령	개소령	… 개별소비세법 시행령
국징칙	… 국세징수법 시행규칙	개소칙	… 개별소비세법 시행규칙
조범법	… 조세범 처벌법	조특법	… 조세특례제한법
조범령	… 조세범 처벌법 시행령	재평법	… 자산재평가법
조범칙	… 조세범 처벌법 시행규칙	주세령	… 주세법 시행령
범절법	… 조세범 처벌절차법	종부법	… 종합부동산세법
범절령	… 조세범 처벌절차법 시행령	농특법	… 농어촌특별세법
범절칙	… 조세범 처벌절차법 시행규칙	교통법	… 교통·에너지·환경세법
소법	… 소득세법	국기통	… 국세기본법 기본통칙
소법령	… 소득세법 시행령	국징통	… 국세징수법 기본통칙
소법칙	… 소득세법 시행규칙	소법통	… 소득세법 기본통칙
법법	… 법인세법	법법통	… 법인세법 기본통칙
법법령	… 법인세법 시행령	부법통	… 부가가치세법 기본통칙
법법칙	… 법인세법 시행규칙	상증통	… 상속세 및 증여세법 기본통칙
		조범통	… 조세범 처벌법 기본통칙
부법	… 부가가치세법	범절통	… 조세범 처벌절차법 기본통칙
부법령	… 부가가치세법 시행령		
부법칙	… 부가가치세법 시행규칙	조사규정	… 조사사무처리규정
		조사준칙	… 세무조사운영준칙
상증법	… 상속세 및 증여세법	벌과규정	… 벌과금상당액 양정규정
상증령	… 상속세 및 증여세법 시행령	포상규정	… 탈세정보포상금 지급규정
상증칙	… 상속세 및 증여세법 시행규칙		
지방법	… 지방세법	행소법	… 행정소송법
지기법	… 지방세기본법	민소법	… 민사소송법
지특법	… 지방세특례제한법	행절법	… 행정절차법
		행조법	… 행정조사기본법
		특가법	… 특정범죄 가중처벌 등에 관한 법률

■ 구재이

〈약력〉

- 국립세무대학, 방송대 법학사
- 고려대 대학원 경제학 석사
- 가천대학교 대학원 경영학 박사
- 고려대학교 대학원 법학박사(수료)

- 세무법인 굿택스 대표이사(현)
- 서울시 마을세무사, 공익감사단 위원(현)
- 대통령직속 국가기후환경회의 저감위원(현)
- 기재부 국세예규심사위원(현)
- 한국조세연구소 운영·연구위원(현)
- 경기도시공사 세무·회계자문위원장(현)
- (사)한국조세연구포럼 고문(현)
- (사)한국납세자연합회 자문위원(현)
- (사)한국조세정책학회 부회장(현)
- 소상공인 중소자영업자 지원대책TF 위원(현)
- 경향신문 경제와세상 칼럼리스트(현)
- 조세일보·국세신문 객원논설위원(현)
- 삼일인포마인 칼럼위원(현)

- 대통령직속 재정개혁특별위원회 조세소위 위원
- 국세청 국세행정개혁TF 위원
- (사)한국조세연구포럼 제12대 학회장
- 국정기획자문위원회 경제1분과 전문위원
- 한국세무사고시회 제22대 회장
- 참여연대 조세개혁센터 부소장
- 광주시민주권참여위원회 위원장
- (사)서담/청소년을 위한 나눔문화재단 감사
- 서울시 세정개혁위원회 위원
- 법제처 국민법제관
- 웅지세무대, 가천대학교 경영학부 겸임교수
- (사)한국세무학회, 한국회계정보학회 부회장
- 국민권익위원회 전문위원 및 규제개혁심의위원
- 행정안전부 지방세과표심의위원회 위원
- 법무부 중소기업회계기준 자문위원회 위원
- 한국세무사회 연구이사
- 한국세무사회 상담위원·조세제도연구위원
- 국세청 국세심사위원
- 국세청 공평과세추진 및 평가위원회 위원
- 국세청 서면질의심의위원회 위원
- 이천지역세무사회장
- 이천시의회 결산검사위원
- 국립세무대학총동문회 수석공보이사·부회장
- 고려대 법무대학원·경희대 법무대학원 강사

〈저서·논문〉

단행본
- 세금, 알아야 바꾼다(공저) (2018)
- 종교단체 세무(2018)
- 성실신고확인 실무(2017)
- 업무용승용차 손금특례 실무(2016)
- 조세절차론(2010)
- 세무실무편람(공저) (2014~2019)
- 우리나라 세무조사제도의 적정성확보방안(2001)

논문
- 경유차 감축을 위한 수송용 에너지세제 개편방안(2019)
- 납세자기본권 연구(2017)
- 업무용승용차 과세제도의 문제점 및 개선방안(2016)
- 성실신고확인제도의 문제점 및 개선방안(2015)
- 가산세의 합리적 입법 및 행정개선방안(2014)
- 납세자권익보장을 위한 조세입법개선방안(2011)
- 납세자권리의 보장수준에 관한 연구(2007)
- 납세문화 정착을 위한 국세행정 개선방안(2004)
- 우리나라 세무조사제도 문제점과 개선방안 연구(2001)
- 납세자 권익보호와 적정절차 보장을 위한 세무조사 법제화방안(2001)

주요 기고문
- '13월의 월급', 불편한 진실(경향신문)
- 투기 없는 집값안정, 꿈은 아니다(경향신문)
- 일본의 '소비세' 인상이 주는 교훈(경향신문)
- 가업상속공제와 '경제살리기'(경향신문)
- 거꾸로 가는 조세개혁(경향신문)
- 경유세 빠진 미세먼지 '재난대책'(경향신문)
- 핀셋증세, 그 다음 보편적 증세(경향신문)
- 세금, 이제는 어떻게 내느냐가 중요하다(월간조세)
- 국세청의 위기와 기회(월간조세)
- 세무조사제도 개혁의 가능성과 한계(월간조세)
- 납세자권리 보장수준 연구(월간조세)
- 조세의 블랙홀 간이과세제도 개편되어야한다(한겨레신문)
- 세무조사 기본을 바꿔야 한다(월간조세)
- 신용카드 조세정책의 빛과 그림자(월간조세)
- 고양이에게 생선가게를 맡긴 국민(한겨레신문)
- 법인세 인하, 과연 누구를 위한 것인가(한국세정신문)
- 국세행정정보 폭넓게 공개되어야 한다(한국세정신문)
- 법과 시스템에 의한, 납세자와 공평과세를 위한 국세행정(월간국세)
- 세무조사제도의 틀을 바꾸는 작업의 중요성(국회)
- 왜 세무조사 법제화인가(월간조세)

납세자 권리란 무엇인가

2020년 8월 7일 초판 인쇄
2020년 8월 14일 초판 발행

저 자 구 재 이
발 행 인 이 희 태
발 행 처 **삼일인포마인**
서울특별시 용산구 한강대로 273 용산빌딩 4층
등록번호 : 1995. 6. 26 제3-633호
전   화 : (02) 3489-3100
F A X : (02) 3489-3141
I S B N : 978-89-5942-898-4 93320

저자협의
인지생략

♣ 파본은 교환하여 드립니다.   정가 70,000원